dictionnaire de linguistique

dictionnaire de linguistique

par

Jean Dubois
Université de Paris-X (Nanterre)

Mathée Giacomo
Université de Paris-III

Louis Guespin
Université de Rouen

Christiane Marcellesi
Université de Rouen

Jean-Baptiste Marcellesi
Université de Rouen

Jean-Pierre Mével

LIBRAIRIE LAROUSSE

17, rue du Montparnasse, et 114, boulevard Raspail, Paris VIe

Le présent volume appartient à la dernière édition (revue et corrigée) de cet ouvrage. La date du copyright mentionnée ci-dessous ne concerne que le dépôt à Washington de la première édition.

© Librairie Larousse, 1973

Librairie Larousse (Canada) limitée, propriétaire pour le Canada des droits d'auteur et des marques pour le commerce Larousse. — Distributeur exclusif au Canada : les Editions Françaises Inc., licencié quant aux droits d'auteur et usager inscrit des marques pour le Canada.

ISBN 2-03-020299-1

PRÉFACE

Aux lexicographes, un Dictionnaire de linguistique *pose trois grands problèmes : le premier tourne autour de la nature du dictionnaire d'une science et d'une technique, l'étendue de la nomenclature répertoriée, le type de définition, la forme des exemples et des illustrations; le deuxième porte sur le domaine à explorer, défini par ses confins avec les autres sciences, ici en l'espèce la psychologie, la sociologie, l'histoire, la physiologie, la logique et les mathématiques; le dernier relève de l'opportunité de la réalisation, c'est-à-dire du jugement que l'on peut avoir sur le moment où la diffusion d'une science en rend la connaissance et la pratique nécessaires à un grand nombre, et où, par un mouvement qui est en étroits rapports avec cette diffusion, une certaine forme de stabilisation s'opère dans la terminologie, certains concepts de base devenant communs à l'ensemble des écoles et des tendances linguistiques qui, par leur existence, assurent, par ailleurs, l'évolution de leur science.*

Qu'est-ce qu'un dictionnaire scientifique et technique? En ce qui nous concerne, ce dernier doit pouvoir répondre aux questions des lecteurs qui, dans des textes linguistiques, rencontrent des termes qui sont pris dans une acception particulière ou qui n'appartiennent pas au lexique de la langue commune; ce que les lecteurs demandent, c'est une sorte de traduction des termes qu'ils ignorent, à l'aide des mots et des concepts les plus courants de la grammaire de l'enseignement. Mais cette traduction, cette forme de glossaire que l'on est conduit à donner à un dictionnaire scientifique et technique, pose à son tour plusieurs questions : la définition du terme ignoré utilise des mots qui doivent être connus du lecteur, mais à quel niveau se situe ce lecteur idéal? Prenons quelques exemples : si le lecteur cherche dans ce dictionnaire de linguistique les termes courants de la grammaire traditionnelle : antécédent, relatif, adverbe, adjectif, démonstratif, emprunt, *etc., il s'attend à trouver une explication qui le renvoie à cette grammaire, mais il sollicite aussi de connaître les limites de cette définition et les critiques qui ont pu lui être faites par les linguistes; si le lecteur cherche des termes comme* diésé, pseudo-clivé, cénème, tmèse, *etc., les explications du lexicographe doivent tenir compte d'un degré de technicité différent que l'on suppose chez le lecteur; certains mots appartiennent à des écoles linguistiques bien précises (structuralisme, distributionnalisme, grammaire générative, glossématique, etc.) ou à un domaine précis (phonétique, psycholinguistique, neurolinguistique, grammaire comparée, etc.); ils devront être définis avec les termes et les notions qui appartiennent à cette école et à ce domaine. Il existe dans les dictionnaires techniques et scientifiques des* niveaux de technicité différents *à la fois par les mots d'entrée, par les définitions et par les commentaires qui suivent ces définitions.*

Un tel dictionnaire exige, en effet, que l'on ajoute à une définition souvent abstraite des exemples qui l'expliquent. Ces définitions et ces exemples forment un développement encyclopédique, *un commentaire du concept auquel renvoie le mot d'entrée. Contrairement à un dictionnaire de langue, qui fait une description des emplois d'un mot dans le cadre de la phrase et donne une définition de ses significations diverses, le dictionnaire scientifique et technique décrit la « chose », le concept qui est derrière le mot. L'exemple fournit en quelque sorte une deuxième définition, qui passe par la connaissance grammaticale traditionnelle du français. C'est pourquoi ce dictionnaire prend la forme d'une encyclopédie : après le mot d'entrée, définition et commentaires se mêlent pour fournir un énoncé complet sur la notion que recouvre le mot.*

Le dictionnaire encyclopédique est astreint à la règle de l'ordre alphabétique, le plus commode pour la recherche; il découpe, segmente, parcellarise les énoncés; mais il faut en même temps que le lecteur puisse replacer les développements qu'il lit dans un champ plus vaste, sinon dans une théorie. Il faut ainsi qu'une notion comme qualificatif *puisse renvoyer au concept qu'elle implique,* adjectif, *et que, à son tour,* adjectif *renvoie à* partie du discours *ou* classe grammaticale *autant qu'à* déterminatif, *puisque les adjectifs non-qualificatifs sont des* déterminatifs. *De plus, la définition de l'adjectif est différente selon que l'on se place dans la perspective structuraliste, générativiste ou traditionnelle. Il existe donc un énoncé total que le lecteur doit pouvoir reconstruire par le jeu des renvois. On y parviendra de deux manières : d'une part, il y a des articles longs, comme* signe, grammaire générative, redondance, transformation, syntagme, rapports paradigmatiques, etc. *Ceux-ci forment, en quelque sorte, les notions de base, les concepts clés qui permettent d'accéder aux termes plus spécifiques (des astérisques signalent les développements longs faits aux mots ainsi notés), et inversement on remontera à ces articles de synthèse à partir des mots particuliers par un même jeu d'astérisques et de renvois : on peut remonter de* qualificatif *à* adjectif *et aller d'*adjectif *à* déterminatif *ou à* classe grammaticale. *On a voulu faire du* Dictionnaire de linguistique *non seulement un ouvrage de consultation, visant à combler des lacunes ponctuelles, mais aussi un ouvrage de formation linguistique, aidant à constituer un ensemble d'exposés explicatifs. Par là, nous espérons faire du dictionnaire scientifique et technique une sorte de « manuel libre », « manuel » puisqu'il pourra être reconstitué en un discours ordonné, et « libre » puisqu'il sera formé par le lecteur lui-même à son niveau et selon le type de questions qu'il se pose.*

Il reste que le nombre des questions que les lecteurs peuvent se poser à propos de textes linguistiques est considérable; or tout dictionnaire a ses limites. Celles-ci se trouvent dans deux directions : dans l'extension du domaine de la linguistique et dans le raffinement des analyses. La linguistique est au contact des autres sciences humaines que sont la psychologie et la sociologie. Les zones frontières sont déterminées par les disciplines des confins, des marges, celles qui définissent les rapports entre le langage et les autres comportements, individuels ou sociaux : la psycholinguistique et la sociolinguistique. Le langage est aussi une activité supportée par un organisme humain; cette activité physiologique s'exprime à deux niveaux : le niveau périphérique, celui des organes de la parole (phonétique), et le niveau central, des commandes motrices et sensorielles, celui du cortex (la neurolinguistique). La linguistique touche encore la communication animale, car il y a à la fois continuité et discontinuité dans l'échelle phylogénétique. Les confins sont définis par un ensemble de sciences qui empruntent leurs hypothèses et leurs méthodes à la physiologie ou à la biologie (phonétique acoustique et physiologie de l'audition). Les linguistes, sous l'influence des techniciens de la communication, ont aussi analysé la langue comme un code; s'inspirant des mathématiques et de la logique, ils ont traité les textes comme des objets susceptibles d'être formalisés. La terminologie et les concepts des mathématiques, de la théorie de l'information et de la logique ont largement pénétré la linguistique, non sans s'être adaptés aux problèmes spécifiques des langues naturelles. Science historique encore, la linguistique voit dans la langue une image de l'histoire de la communauté socio-culturelle, mais la langue participe aussi à l'histoire du peuple, car elle modèle une image du monde et elle est une institution sociale. La linguistique est proche de l'histoire, parce qu'elle traite des mêmes textes avec la même intention d'en dévoiler les structures profondes.

En retour, la linguistique est largement mise à contribution par les sciences humaines; ses procédures d'analyse ont été reprises en anthropologie, en histoire et en littérature; on a fait appel à ses hypothèses en psycholinguistique et en neurolinguistique. Aussi trouvera-t-on dans ce dictionnaire des mots qui appartiennent à la psychologie, à la sociologie, à la physiologie, etc. Ils sont traités avec moins d'ampleur que ceux qui appartiennent en propre à la linguistique, car on peut espérer que les lecteurs feront appel à d'autres dictionnaires de psychologie, de sociologie, de mathématiques, etc. Ce dictionnaire de linguistique ne vise pas à être un dictionnaire de toutes les sciences de l'homme.

Le raffinement de l'analyse limite aussi l'étendue du lexique étudié. Chaque école linguistique a développé avec ses théories et ses méthodes propres un vocabulaire spécifique, adapté aux besoins de la théorie, sinon même construit de toutes pièces : il existe dans le développement d'une science ou d'une technique des moments néologiques. Or, ce dictionnaire ne vise pas à être l'expression exclusive d'une école, d'une tendance, d'une personne, encore moins d'une simple opinion; il lui fallait faire place à tous les grands courants actuels dans la mesure où tout lecteur peut être conduit à se poser des questions sur le structuralisme distributionnel ou fonctionnaliste, sur la grammaire générative ou la glossématique, les grammaires formelles, etc. Mais, en même temps, il ne pouvait être question de suivre chaque école dans ses raffinements d'analyse et ses détails terminologiques. Il y a un seuil, que l'on peut déterminer empiriquement, à partir duquel le lecteur informé ne peut plus résoudre ses questions que par le texte même qu'il est en train de lire. On a donc procédé à un choix arbitraire, en nous arrêtant à un degré de technicité qui était jugé celui de l'Enseignement supérieur, mais en deçà de la recherche spécialisée.

Mais pourquoi faire maintenant un dictionnaire de linguistique ? Si le moment a paru opportun, ceci est dû à la convergence de plusieurs facteurs qui tiennent au développement de la linguistique elle-même. Lorsqu'une science est du domaine exclusif d'un petit nombre de spécialistes, elle a tendance à développer des terminologies abondantes et disparates : la nécessité pour chaque école, sinon pour chaque linguiste, d'affirmer une originalité souvent mineure amène à proposer de nouveaux termes qui ne se distinguent des anciens ou de ceux des autres écoles que par leur forme et non par leur contenu. Cette prolifération terminologique est inhérente aux premiers développements d'une science ou d'une technique. Mais lorsque cette science commence à échapper aux seuls spécialistes qui tendaient à s'en assurer la possession exclusive, il se produit une décantation terminologique qui n'épargne pas les nomenclatures les plus assurées. La vulgarisation est un révélateur puissant d'une déflation terminologique. Un deuxième facteur, non moins important, intervient lorsque, dans l'histoire d'une science, se développent de nouvelles théories qui mettent radicalement en cause celles qui les avaient précédées : le structuralisme s'était identifié trop facilement avec la vérité et la science idéale; il a été contesté par la grammaire générative, considérée elle aussi trop vite comme transcendant l'homme et son histoire; objet de critiques internes, la théorie générative s'est à son tour dissociée en plusieurs nouvelles hypothèses. Les linguistes ont alors pris conscience des implications philosophiques de leurs théories et de la relation qu'elles entretiennent avec le développement des sociétés dans lesquelles ils vivent; ils ont reconnu la dimension historique et sociale de leur activité scientifique. Ainsi, la linguistique ne peut être dissociée de la place accordée aux problèmes du langage et de la communication dans les sociétés développées. Le matérialisme mécaniste des néo-grammairiens, le positivisme des distributionnalistes et des fonctionnalistes, l'innéisme des générativistes participent à des idéologies qui s'expliquent elles-mêmes dans l'histoire des sociétés qui les produisent. L'instant où les linguistes ont conscience des présupposés philosophiques qui sous-tendent le développement des sciences humaines fixe le moment où la métalangue d'une science est susceptible d'analyse : le dictionnaire scientifique et technique est alors possible; il devient même indispensable pour comprendre la place de la linguistique dans le monde actuel.

Quelques mots, enfin, sur l'information linguistique qui est à la base de ce dictionnaire : la documentation, commencée il y a dix ans par un dépouillement systématique des ouvrages écrits et traduits en français, par un recensement des termes les plus importants utilisés dans les textes étrangers, a été complétée par l'utilisation systématique des index des principaux manuels utilisés en France; elle a été comparée avec celle des lexiques ou des dictionnaires qui ont précédé celui-ci. La bibliographie qui accompagne le dictionnaire répertorie l'ensemble des ouvrages de linguistique qui ont paru utiles aux lecteurs informés, à l'exclusion de tout article publié dans une revue.

Nous souhaitons que ce Dictionnaire de linguistique *soit utile à tous ceux pour qui il a été fait : les étudiants des universités, les enseignants et tous ceux pour qui les sciences humaines représentent une des caractérisques fondamentales du progrès scientifique.*

Les auteurs.

Nous remercions B. GARDIN, de l'Université de Rouen, pour le concours qu'il nous a apporté en rédigeant les articles *analyse distributionnelle, linguistique, style, stylistique.*

BIBLIOGRAPHIE

BIBLIOGRAPHIE

AARSLEFF (Hans), *The Study of Language in England, 1780-1860*, Berkeley, Princeton Univ. Pr., 1967, 288 p.
ABERCROMBIE (David), *Elements of General Phonetics*, Edimbourg, University Press et Chicago, Aldine, 1967, 203 p.
ABRAHAM (Samuel) et KIEFER (Ferenc), *A Theory of Structural Semantics*, La Haye, Mouton, 1966, 98 p.
ADELUNG (Johann Christoph), *Deutsche Sprachlehre*, Vienne, 1783; 3ᵉ éd., Berlin, 1795.
— *Mithridates, oder allgemeine Sprachen Kunde, mit dem « Vater unser » als Sprachprobe in beynahe fünfhundert Sprachen und Mundarten*, Berlin, 1806-1807, 6 vol.
AEBLI (Hans), *Über die geistige Entwicklung des Kindes*, Stuttgart, Klett, 1963.
AJURIAGUERRA (Julian de) et HÉCAEN (Henry), *le Cortex cérébral. Etude neuro-psychopathologique*, Paris, Masson, 1949; nouv. éd., 1960, 459 p.
AJURIAGUERRA (Julian de), BRESSON (F.), FRAISSE (P.), INHELDER (B.), OLÉRON (P.) et PIAGET (J.) [eds], *Problèmes de psycholinguistique*, Paris, P.U.F., 1963, 219 p.
AJURIAGUERRA (Julian de), AUZIAS (M.), COUMES (F.), DENNER (A.) et coll., *l'Ecriture de l'enfant*, Neuchâtel, Delachaux et Niestlé, 1964, 2 vol.
AKHMANOVA (O. S.), *Psycholinguistique. Eléments d'un cours de linguistique*, en russe, Moscou, 1957.
— *Dictionnaire de termes linguistiques*, en russe, Moscou, 1966.
AKHMANOVA (O. S.), MEL'ČUK (I. A.), FRUMKINA (R. M.) et PADUCEVA (E. V.), *Exact Methods in Linguistic Research*, Moscou, éd. en russe, 1961, trad. anglaise, Berkeley et Los Angeles, Univ. of California Press, 1963.
AKIN (Johney) et coll. (eds.), *Language Behavior : a Book of Readings in Communication*, La Haye, Mouton, 1970, 359 p.
ALAJOUANINE (Théophile), OMBRÉDANE (André) et DURAND (Marguerite), *le Syndrome de désagrégation phonétique dans l'aphasie*, Paris, Masson. 1939. 138 p.
ALARCOS LLORACH (Emilio). *Fonología española*, Madrid, 1950; 5ᵉ éd., 1961.
ALBRECHT (Erhard), *Die Beziehungen von Erkenntnisstheorie, Logik und Sprache*, Halle, Niemeyer, 1956, 152 p.
— *Beiträge zur Erkenntnisstheorie und das Verhältnis von Sprache und Denken*, Halle, Niemeyer, 1959, 570 p.
— *Sprache und Erkenntnis, logisch-linguistische Analysen*, Berlin, Deutscher Verlag der Wissenschaften, 1967, 328 p.
ALLARD (Michel), ELZIÈRE (May), GARDIN (Jean-Claude) et HOURS (Francis), *Analyse conceptuelle du Coran sur cartes perforées* : I, *Code*, 110 p.; II, *Commentaire*, 187 p., La Haye, Mouton, 1963, 2 vol.
ALLEN (Robert Livingston), *The Verb System of Present-Day American English*, La Haye, Mouton, 1966, 303 p.
ALLEN (William Sidney), *Phonetics in Ancient India*, Londres, Oxford Univ. Pr., 1953, 96 p.
— *On the Linguistic Study of Languages*, Cambridge, University Press, 1957.
ALLETON (Viviane), *l'Ecriture chinoise*, Paris, P.U.F., coll. « Que sais-je? », 1970.
AMMER (Karl), *Einführung in die Sprachwissenschaft*, Halle, Niemeyer, 1958.
— *Sprache, Mensch und Gesellschaft*, Halle, Niemeyer, 1961.
ANDERSON (John M.), *The Grammar of Case. Towards a Localistic Theory*, Cambridge, University Press, 1971, 244 p.
ANDERSON (Wallace Ludwig) et STAGEBERG (Norman Clifford) [eds], *Introductory Readings on Language*, New York, Holt, Rinehart and Winston, 1962; nouv. éd. 1966, 551 p.
ANDREEV (N.) [éd.], *Matériaux pour la traduction mécanique*, en russe, Leningrad, 1958.
ANSHEN (Ruth Nanda) [ed.], *Language. An Enquiry into its Meaning and Function*, New York, Harper, 1957, 366 p.
ANTAL (László), *Questions of Meaning*, La Haye, Mouton, 1963, 95 p.
— *Content, Meaning and Understanding*, La Haye, Mouton, 1964, 61 p.
ANTOINE (Gérald), *la Coordination en français*, Paris, d'Artrey, 1963, 2 vol., 1411 p.
APOSTEL (Léo), MANDELBROT (Benoît) et MORF (Albert), *Logique, langage et théorie de l'information*, Paris, P.U.F., 1957, 216 p.
APRESJAN (J. D.), *Recherche expérimentale sur la sémantique du verbe russe*, en russe, Moscou, 1967.
— *Eléments sur les idées et les méthodes de la linguistique structurale contemporaine*, trad. du russe, Dunod, 1973, 392 p.

ARCAINI (Enrico), *Principi di linguistica applicata*, Bologne, Il Mulino, 1967; trad. fr. *Principes de linguistique appliquée*, Paris, Payot, 1972, 302 p.

ARENS (Hans), *Sprachwissenschaft : der Gang ihrer Entwicklung von der Antike bis zur Gegenwart*, Fribourg et Munich, K. Albert, 1955, 567 p.

ARMSTRONG (Lilias Eveline) et WARD (Ida Caroline), *Handbook of English Intonation*, Leipzig et Berlin, B. G. Teubner, 1926, 124 p.

ARNAULD (Antoine) et LANCELOT (Claude), *Grammaire générale et raisonnée*, Paris, 1660; rééd. Republications Paulet, 1969, 157 p.

ARRIVÉ (Michel) et CHEVALIER (Jean-Claude), *la Grammaire*, Paris, Klincksieck, 1970, 321 p.

ASCOLI (Graziadio Isaïa), *Lezioni di fonologia comparata del sanscrito, del greco e del latino*, Turin et Florence, Loescher, 1870.

ASSIRELLI (Oddone), *La dottrina monogenistica di Alfredo Trombetti, sua genesi, suo svolgimento, sua ultima meta*, Faenza, Stab. grafica Fili Lega, 1962, 397 p.

AUSTIN (John Langshaw), *Philosophical Papers*, Oxford, Clarendon Pr., 1961.
— *Sense and Sensibilia*, Oxford, Clarendon Pr., 1962.
— *How to do Things with Words*, Cambridge, Mass., Harvard Univ. Pr., 1962; trad. fr. *Quand dire, c'est faire*, Paris, Le Seuil, 1970, 186 p.

AUSTIN (William M.) [ed.], *Papers in Linguistics in Honor of Leon Dostert*, La Haye, Mouton, 1967, 180 p.

AYER (Alfred Jules), *Language, Truth and Logic*, Londres, Gollancz, 1936; 2ᵉ éd., 1958, 254 p.
— *Philosophy and Language*, Oxford, Clarendon Pr., 1960, 35 p.
— *The Problem of Knowledge*, Baltimore, Md, Penguin Books, 1964.

BACH (Adolf), *Deutsche Mundartforschung : Ihre Wege, Ergebnisse und Aufgaben*, Heidelberg, Carl Winter, 1934; 2ᵉ éd., 1950, 179 p.
— *Geschichte der deutschen Sprache*, Leipzig, Teubner, 1938, 240 p.

BACH (Emmon), *An Introduction to Transformational Grammars*, New York, Holt, Rinehart and Wintson, 1964, 205 p.; trad. fr. *Introduction aux grammaires transformationnelles*, A. Colin, 1973, 224 p.

BACH (Emmon) et HARMS (Robert T.) [eds.]. *Universals in Linguistic Theory*, New York, Holt, Rinehart and Winston, 1968, 210 p.

BAILEY (Richard W.) et BURTON (Dolores M.), *English Stylistics : a Bibliography*, Cambridge, Mass., M.I.T. Press, 1968, 198 p.

BALDINGER (Kurt), *Die Semasiologie, Versuch eines Überblicks*, Berlin, Akademie Verlag, 1957, 40 p.

BALLY (Charles), *Traité de stylistique française*, Paris, Klincksieck, 1909, 2ᵉ éd., 1919.
— *le Langage et la vie*, Genève, Atar, 1913; 3ᵉ éd., 1952, 237 p.
— *Linguistique générale et linguistique française*, Paris, E. Leroux, 1932; 4ᵉ éd. Berne, A. Francke, 1965, 440 p.

BAR-HILLEL (Yehoshua), *Language and Information, Selected Essays on their Theory and Application*, Jérusalem et Reading, Mass., Addison-Wesley, 1954; nouv. éd., 1964, 388 p.
— *Four Lectures on Algebraic Linguistics and Machine Translation*, Jérusalem, 1963.
— *Pragmatics of Natural Languages*, Dordrecht, D. Reidel, 1971, 231 p.

BARR (James), *Sémantique du langage biblique*, Paris, coéd. Aubier-Montaigne, Le Cerf, Delachaux et Niestlé, Desclée De Brouwer, 1971, 372 p.

BARTHES (Roland), *le Degré zéro de l'écriture*, Paris, Le Seuil, 1953.
— *Essais critiques*, Paris, Le Seuil, 1964, 278 p.
— *Système de la mode*, Paris, Le Seuil, 1967, 302 p.

BARTOLI (Matteo), *Saggi di linguistica spaziale*, Turin, V. Bona, 1945, 306 p.

BARWICK (Karl), *Probleme der stoischen Sprachlehre und Rhetorik*, Berlin, Akademie Verlag, 1957, 111 p.

BASTIDE (Roger) [éd.], *Sens et usage du terme structure dans les sciences humaines et sociales*, La Haye, Mouton, 1962, 165 p.

BAUDOUIN DE COURTENAY (Jan), *Versuch einer Theorie phonetischer Alternationen*, Strasbourg, Trübner, 1895, 124 p.

BAZELL (Charles Ernest), *Linguistic Form*, Istanbul, 1953.
— *Linguistic Typology (Inaugural Lectures)*, Londres, School of Oriental and African Studies, 1958.

BAZELL (Charles Ernest), CATFORD (J. C.), HALLIDAY (M. A. K.) et ROBINS (R. H.) [eds.], *In Memory of J. R. Firth*, Londres, Longmans, 1966, 500 p.

BEAUZÉE (Nicolas), *Grammaire générale ou Exposition raisonnée des éléments nécessaires du langage pour servir de fondement à l'étude de toutes les langues*, Paris, 1767.

BECHERT (Johannes), CLÉMENT (Danièle), THÜMMEL (Wolf) et WAGNER (Karl Heinz), *Einführung in die generative Transformationsgrammatik. Ein Lehrbuch*, Munich, Hueber, 1970.

BELEVITCH (Vitold), *Langage des machines et langage humain*, Bruxelles, Office de publicité, 1956, 121 p.

BELLUGI (Ursula) et BROWN (Roger) [eds.], *The Acquisition of Language. Report of the Fourth Conference Spon-*

sored by the Committee on Intellective Processes Research of the Social Science Research Council, Lafayette, Indiana, Purdue University, 1964, 191 p.

BELYAEV (Boris Vasilievitch), *The Psychology of Teaching Foreign Languages*, traduit du russe, Oxford, Pergamon Pr., 1963.

BENDIX (Edward Herman), *Componential Analysis of General Vocabulary : The Semantic Structure of a Set of Verbs in English, Hindi and Japanese*, Bloomington, Indiana University Press et La Haye, Mouton, 1966; traduit en partie dans *Langages*, n° 20, Paris, Larousse, déc. 1970, « Analyse componentielle du vocabulaire général », p. 101-125.

BENSE (Max), *Semiotik. Allgemeine Theorie der Zeichen*, Baden-Baden, Agis Verlag, 1967, 79 p.

BENVENISTE (Emile), *Origines de la formation des noms en indo-européen*. Paris, A. Maisonneuve, 1935, 224 p.
- *Noms d'agent et noms d'actions en indo-européen*, Paris, Klincksieck, 1948, 175 p.
- *Hittite et indo-européen*, Paris, A. Maisonneuve, 1962. 141 p.
- *Problèmes de linguistique genérale*, Paris, Gallimard, 1966-1974, 2 vol.
- *le Vocabulaire des institutions indo-européennes*, Paris, Ed. de Minuit, 1969-70, 2 vol.

BERTOLDI (Vittorio), *Glottologia. Principi, problemi, metodi*, Naples, Stab. Tip. editoriale, 1942, 160 p.
- *Il linguagio umano nella sua essenza universale e nella storicità dei suoi aspetti*, Naples, Libreria ed. Liguori, 1949, 189 p.
- *La storicità dei fatti di lingua*, Naples, Libreria ed. Liguori, 1951, 143 p.

BERTONI (Giulio), *Storia della lingua italiana*, Rome, Castellani, 1934, 144 p.
- *Lingua e cultura*, Florence, Olschki, 1939, 302 p.

BERTSCHINGER (Max), *To Want : an Essay in Semantics*, Berne, A. Francke, 1941, 242 p.

BETH (W. Evert), *Formal Methods, an Introduction to Symbolic Logic and to the Study of Effective Operations in Arithmetic and Logic*, Dordrecht, D. Reidel, 1962, 170 p.

BIARDEAU (Madeleine), *Théorie de la connaissance et philosophie de la parole dans le brahmanisme classique*, La Haye, Mouton, 1964, 486 p.

Bibliographie linguistique des années 1939-1947, Utrecht et Anvers, Spectrum, 1949, 2 vol.
Bibliographie linguistique, 1948-1967, Utrecht et Anvers, Spectrum, 20 vol. parus.

BIERWISCH (Manfred), *Modern Linguistics. Its Development, Methods and Problems*, trad. de l'allemand, La Haye, Mouton, 1971, 105 p.

BIERWISCH (Manfred) et HEIDOLPH (Karl Erich) [eds.], *Progress in Linguistics*, La Haye, Mouton, 1970, 334 p.

BLACK (Max), *Language and Philosophy. Studies in Method*, Ithaca, N. Y., Cornell University Press, 1949.
- *Models and Metaphors : Studies in Language and Philosophy*, Ithaca, N. Y., Cornell University Press, 1962.

BLANCHÉ (Robert), *Raison et discours. Défense de la logique réflexive*, Paris, Vrin, 1967, 276 p.

BLANCHE-BENVENISTE (Claire) et CHERVET (André), *l'Orthographe*, Paris, Maspero, 1969, 238 p.

BLINKENBERG (Andreas), *l'Ordre des mots en français moderne*, Copenhague, Det kgl Danske Videnskabernes Selskabs historisk — filologiske Meddelelser XVII, 1 et XX, 1, 1928-1933, 2 vol.
- *le Problème de la transitivité en français moderne*, Copenhague, Munksgaard, 1960, 366 p.

BLOCH (Bernard) et TRAGER (George L.), *Outline of Linguistic Analysis*, Baltimore, Waverly Press, 1942.

BLOCH (Oscar) et WARTBURG (Walther von), *Dictionnaire étymologique de la langue française*, Paris, P.U.F., 1949; 4ᵉ éd., 1964, 720 p.

BLOK (D. P.) [ed.], *Proceedings of the Eighth Conference of Onomastic Sciences, Amsterdam 1963*, La Haye, Mouton, 1966, 677 p.

BLOOMFIELD (Leonard), *Introduction to the Study of Language*, New York, Holt, 1914.
- *Language*, New York, Holt, Rinehart and Winston, 1933, et Londres, Allen and Unwin, 1935; nouv. éd. Londres, Allen and Unwin, 1965, 566 p.; trad. fr. *le Langage*, Paris, Payot, 1970, 525 p.
- *Linguistic Aspects of Science*, Chicago, University Press, 1939, 59 p.
- *A Leonard Bloomfield Anthology*, éd. par Ch. F. Hockett, Bloomington et Londres, Indiana University Press, 1970, 553 p.

BOAS (Franz), *Race, Language and Culture*, New York, Macmillan, 1940, 647 p.
- (ed.) *Handbook of American Indian Languages*, Washington, D. C., Bureau of American Ethnology, Smithsonian Institution, t. I, 1911, t. II, 1922.

BOBON (J.), *Introduction historique à l'étude des néologismes et des glossolalies en psychopathologie*, Paris, Masson, 1952, 342 p.

BOCHENSKI (Innocent Marie Joseph), *Formale Logik*, Fribourg et Munich, Karl Alber, 1956, 639 p.

BOLELLI (Tristano), *Per una storia della ricerca linguistica*, Naples, 1965.

BOLINGER (Dwight), *Aspects of Language*, New York, Harcourt, Brace and World, 1968, 326 p.

BOOTH (Wayne C.), *The Rhetoric of Fiction*, Chicago, University Press, 1961.

BOPP (Franz), *Über das Konjugationsystem der Sanskritsprache in Vergleichung mit jenem der griechischen, lateinischen, persischen und germanischen Sprache*, Iéna, 1816.
- *Vergleichende Zergliederung des Sanskrits und der mit ihm verwandten Sprachen*, Iéna, 1824.

— *Vergleichende Grammatik, des Sanskrits, Zend, Griechischen, Lateinischen, Gothischen und Deutschen*, Berlin, 1833; 2ᵉ éd., 1857-1860, 2 vol.; trad. fr. par Michel Bréal, *Grammaire comparée des langues indoeuropéennes comprenant le sanscrit, le zend, l'arménien, le grec, le latin, le lithuanien, l'ancien slave, le gothique et l'allemand*, Paris, Impr. impériale et impr. nationale, 1866-1874; nouv. éd. 1885-1889, 5 vol.

BORST (Arno), *Der Turmbau von Babel*, Stuttgart, Hiersemann, 1957-1964, 4 vol.

BOTHA (Rudolf P.), *The Function of the Lexicon in Transformational Generative Grammar*, La Haye, Mouton, 1968, 272 p.

— *The Methodological Status of Grammatical Argumentation*, La Haye, Mouton, 1970, 70 p.

— *Methodological Aspects of Transformational Generative Phonology*, La Haye, Mouton, 1971, 266 p.

BOUHOURS (R. P. Dominique), *les Entretiens d'Ariste et d'Eugène*, Paris, 1671.

BOURCIEZ (Edouard), *Eléments de linguistique romane*, Paris, Klincksieck, 1910; 5ᵉ éd. revue par l'auteur et Jean Bourciez, 1967, 783 p.

BOUVERESSE (Jacques), *la Parole malheureuse. De l'alchimie linguistique à la grammaire philosophique*, Paris, Ed. de Minuit, 1971, 476 p.

BRAIN (Walter Russel), *Speech Disorders. Aphasia, Apraxia and Agnosia*, Londres, Butterworth, 1961; 2ᵉ éd., 1965, 184 p.

BRÉAL (Michel), *Mélanges de mythologie et de linguistique*, Paris, Hachette, 1877.

— *Essai de sémantique (science des significations)*, Paris, Hachette, 1897; 4ᵉ éd., 1908, 372 p.

BREKLE (Herbert Ernst), *Generative Satzsemantik und transformationelle Syntax im System der englischen Nominalkomposition*, Munich, Fink, 1970, 221 p.

BREKLE (Herbert Ernst) et LIPKA (Leonhard), *Wortbildung, Syntax und Morphologie : Festschrift zum 60. Geburtstag von Hans Marchand*, La Haye, Mouton, 1968, 368 p.

BRESSON (François), JODELET (François) et MIALARET (Gaston), *Langage, communication et décision*, t. VIII du *Traité de psychologie expérimentale*, sous la dir. de P. Fraisse et J. Piaget, Paris, P.U.F., 1965, 308 p.

BRICHLER-LABAEYE (Catherine), *les Voyelles françaises. Mouvements et positions articulatoires à la lumière de la radiocinématographie*, Paris, Klincksieck, 1970, 258 p.

BRIERE (Eugene John), *A Psycholinguistic Study of Phonological Interference*, La Haye, Mouton, 1968, 84 p.

BRIGHT (William) [ed.], *Sociolinguistics : Papers of the UCLA Conference on Sociolinguistics*, La Haye, Mouton, 1966, 324 p.

BROADBENT (Donald Eric), *Perception and Communication*, Oxford, Pergamon, 1958, 338 p.

BRØNDAL (Viggo), *le Système de la grammaire*, Copenhague, Munksgaard, 1930.

— *le Français, langue abstraite*, Copenhague, Munksgaard, 1936.

— *Essais de linguistique générale*, Copenhague, Munksgaard, 1943.

— *les Parties du discours*, Copenhague, Munksgaard, 1948.

— *Substrat et emprunt en roman et en germanique. Etude sur l'histoire des sons et des mots*, Copenhague et Bucarest, 1948.

— *Théorie des prépositions, introduction à une sémantique rationnelle*, Copenhague, Munksgaard, 1950.

BROWER (Reuben A.) [ed.], *On Translation*, Cambridge, Mass., Harvard University Press, 1959, 306 p.

BROWN (Roger Langham), *Wilhelm von Humboldt's Conception of Linguistic Relativity*, La Haye, Mouton, 1967, 132 p.

BROWN (Roger W.), *Words and Things*, Glencoe, Illinois, Free Press, 1958.

BRUGMANN (Karl Friedrich), *Zum heutigen Stand der Sprachwissenschaft*, Berlin, 1885.

— *Kurze vergleichende Grammatik der indogermanischen Sprachen auf Grund der « Grundriss der vergleichenden Grammatik der indogermanischen Sprachen von K. Brugmann und B. Delbrück »*, Strasbourg, Trübner, 1904, 777 p.; trad. fr. sous la direction d'A. Meillet et R. Gauthiot, *Abrégé de grammaire comparée des langues indo-européennes*, Paris, Klincksieck, 1905, 856 p.

BRUGMANN (Karl Friedrich) et DELBRÜCK (Berthold), *Grundriss der indogermanischen Sprachen*, Strasbourg, Trübner, 1886-1900, 7 vol.

BRUGMANN (Karl Friedrich) et OSTHOFF (Hermann), *Morphologische Untersuchungen*, Leipzig, 1890.

BRUNER (Jerome S.), GOODNOW (J. J.) et AUSTIN (George A.), *A Study of Thinking*, New York, Wiley, 1956.

BRUNOT (Ferdinand), *la Doctrine de Malherbe d'après son Commentaire sur Desportes*, Paris, Picard, 1891; rééd., Paris, A. Colin, 1969.

— *Histoire de la langue française des origines à 1900*, Paris, A. Colin, 1905-1937, 10 tomes.

— *la Pensée et la Langue*, Paris, Masson, 1922; 3ᵉ éd., 1936.

BUCHANAN (Cynthia Dee), *A Programed Introduction to Linguistics : Phonetics and Phonemics*, Boston, Heath, 1963, 270 p.

BÜHLER (Karl), *Sprachtheorie. Die Darstellungsfunktion der Sprache*, Iéna, 1934; 2ᵉ éd., Stuttgart, 1965.

BULL (William E.), *Time, Tense and the Verb*, Berkeley et Los Angeles, University of California Press, 1963; nouv. éd., 1968, 120 p.

BÜNTIG (Karl Dieter), *Einführung in die Linguistik*, Francfort, Athenäum, 1971.
BURNEY (Pierre), *l'Orthographe*, Paris, P.U.F., coll. « Que sais-je? », 1959.
— *les Langues internationales*, Paris, P.U.F., coll. « Que sais-je? », 1961.
BURT (Maria K.), *From Deep to Surface Structure*, New York, Harper and Row, 1972, 200 p.
BUYSSENS (Eric), *les Langages et le discours. Essai de linguistique fonctionnelle dans le cadre de la sémiologie*, Bruxelles, Office de publicité, 1943, 98 p.
— *Vérité et langue. Langue et pensée*, Bruxelles, Institut de sociologie, 1960, 52 p.
— *Linguistique historique*, Paris, P.U.F., 1965, 158 p.
— *la Communication et l'articulation linguistique*, Paris, P.U.F., 1967, 176 p.
— *les Deux Aspectifs de la conjugaison anglaise au XXe siècle*, Paris, P.U.F., 1968, 328 p.

CALAME-GRIAULE (Geneviève), *Ethnologie et Langage, La parole chez les Dogon*, Paris, Gallimard, 1965, 589 p.

CANTINEAU (Jean), *Etudes de linguistique arabe*, Paris, Klincksieck, 1960, 312 p.

CAPELL (Arthur), *Studies in Sociolinguistics*, Mouton, La Haye, 1966, 167 p.

CARNAP (Rudolf), *Der logische Aufbau der Welt*, Berlin, 1928, 290 p.; 2e éd. en anglais, *The Logical Structure of the World et Pseudoproblems in Philosophy*, Los Angeles, Univ. of California Pr., 1961; nouv. éd., Londres, Routledge and Kegan, 1967, 364 p.
— *Philosophy and Logical Syntax*, Londres, Kegan Paul, 1935, 100 p.
— *Logische Syntax der Sprache*, Vienne, 1934, 274 p.; trad. anglaise, *The Logical Syntax of Language*, Londres, Routledge and Kegan, 1937, 352 p.
— *Introduction to Semantics* (1942), 259 p., et *Formalization of Logic* (1943), 159 p., Cambridge, Mass., Harvard University Press, 1958.
— *Meaning and Necessity, A Study in Semantics and Modal Logic*, Chicago, University of Chicago Press, 1946; 4e éd., 1964, 258 p.
— *Logical Foundations of Probability*, Chicago, University of Chicago Press, 1950; 2e éd., 1962, 613 p.

CARNOCHAN (J.), CRYSTAL (D.) et coll., *Word Classes*, Amsterdam, North-Holland, 1967, 261 p.

CARNOY (Albert), *les Indo-Européens : préhistoire des langues, des mœurs et des croyances de l'Europe*, Bruxelles, Vromant, 1921, 256 p.
— *la Science du mot, traité de sémantique*, Louvain, Universitas, 1927, 428 p.

CARROLL (John B.), *The Study of Language. A Survey of Linguistics and Related Disciplines in America*, Cambridge, Mass., Harvard University Press, 1953, 289 p.
— *Language and Thought*, Englewood Cliffs, New Jersey, Prentice-Hall, 1964.

CASSIRER (Ernst), *Philosophie der symbolischen Formen*, t. I., *Die Sprache*, Berlin, 1923; 4e éd. Darmstadt, 1964.

CATACH (Nina), *l'Orthographe française à l'époque de la Renaissance*, Genève, Droz et Paris, Minard, 1968, 496 p.

CATACH (Nina), GOLFAND (Jeanne) et DENUX (Roger), *Orthographe et lexicographie*, Paris, Didier, 1972, 2 vol.

CATFORD (John Cunnison), *A Linguistic Theory of Translation*, Londres, Oxford University Press, 1965, 103 p.

CATON (Charles E.) [ed.], *Philosophy and Ordinary Language*, Urbana, Illinois, University Press, 1963.

CAVACIUTI (Santino), *La teoria linguistica di Benedetto Croce*, Milan, 1959, 192 p.

CHAKRAVARTI (Prabhata-Chandra), *The Linguistic Speculation of the Hindus*, Calcutta, University Press, 1933, 496 p.

CHAMBERS (W. Walker) et WILKIE (John R.), *A Short History of the German Language*, Londres, Methuen, 1970.

CHAO (Yuen Ren), *Cantonese Primer*, Cambridge, Mass., Harvard University Press, 1947, 242 p.
— *Mandarin Primer*, Cambridge, Mass., Harvard University Press, 1948, 336 p.
— *Language and Symbolic Systems*, Cambridge, University Press, 1968, 240 p.

CHAPPELL (Vere C.) [ed.], *Ordinary Language. Essays in Philosophical Method*, Englewood Cliffs, N. J., Prentice-Hall, 1964.

CHATMAN (Seymour) et LEVIN (Samuel R.) [eds.], *Essays in the Language of Literature*, Boston, Houghton Mifflin Co., 1967.

CHAUMJAN (S. K.), *Problèmes de phonologie théorique*, en russe, Moscou, 1962; trad. angl., *Problems of Theorical Phonology*, La Haye, Mouton, 1968, 224 p.
— *Linguistique structurale*, en russe, Moscou, 1965; trad. angl., *Principles of Structural Linguistics*, La Haye, Mouton, 1971, 359 p.

CHAUMJAN (S. K.) et SOBOLEVA (P. A.), *Modèles d'application génératifs et dénombrements des transformations en russe*, en russe, Moscou, 1963.
— *Fondements de la grammaire générative de la langue russe*, en russe, Moscou, Nauka, 1968.

CHAURAND (Jacques), *Histoire de la langue française*, Paris, P.U.F., « Que sais-je? », 1969.

CHERRY (Colin), *On Human Communication. A Review, a Survey and a Criticism*, Cambridge, Mass., MIT Press, 1957; 2e éd., 1966, 337 p.
— *Information Theory*, Londres, Batterworths, 1961.

CHEVALIER (Jean-Claude), *Histoire de la syntaxe. Naissance de la notion de complément dans la grammaire française (1530-1750)*, Genève, Droz, 1968, 776 p.
— « *Alcools* » *d'Apollinaire. Essai d'analyse des formes poétiques*, Genève, Droz et Paris, Minard, 1970, 280 p.

CHEVALIER (Jean-Claude), ARRIVÉ (Michel), BLANCHE-BENVENISTE (Claire) et PEYTARD (Jean), *Grammaire Larousse du français contemporain*, Paris, Larousse, 1964, 495 p.

CHOMSKY (Caroll), *The Acquisition of Syntax in Children from 5 to 10*, Cambridge, Mass., MIT Press, 1970.

CHOMSKY (Noam), *Syntactic Structures*, La Haye, Mouton, 1957; 8e impr., 1969, 118 p.; trad. fr. *Structures syntaxiques*, Paris, Le Seuil, 1969, 141 p.
— *Current Issues in Linguistic Theory*, La Haye, Mouton, 1964; 4e éd., 1969, 119 p.
— *Aspects of the Theory of Syntax*, Cambridge, Mass., MIT Press, 1965, 251 p.; trad. fr. *Aspects de la théorie syntaxique*, Paris, Le Seuil, 1971, 284 p.
— *Topics in the Theory of Generative Grammar*, La Haye, Mouton, 1966, 95 p.; 2e éd., 1969.
— *Cartesian Linguistics. A Chapter in the History of Rationalist Thought*, New York, Harper and Row, 1966; trad. fr. *la Linguistique cartésienne*, suivie de *la Nature formelle du langage*, Le Seuil, 1969.
— *Language and Mind*, New York, Harcourt, Brace and World, 1968, 88 p., nouv. éd., 1972, 224 p.; trad. fr. *le Langage et la pensée*, Paris, Payot, 1970, 145 p.
— *Studies on Semantics in Generative Grammar*, La Haye, Mouton, 1972, 207 p.

CHOMSKY (Noam) et HALLE (Moris), *The Sound Pattern of English*, New York, Harper and Row, 1969, 470 p.; trad. fr. (partielle) *Principes de phonologie générative*, Le Seuil, 1973.

CHOMSKY (Noam) et MILLER (George A.), *l'Analyse formelle des langues naturelles* (trad. des chap. XI et XII du vol. II du *Handbook of Mathematical Psychology*, sous la dir. de D. R. Luce, New York, Wiley, 1963), Paris, Gauthier-Villars et Mouton, 1968, 174 p.

CHTCHERBA (Lev Vladimirovitch), *les Voyelles russes du point de vue qualitatif et quantitatif*, en russe, Moscou, 1912.
— *Phonétique française*, en russe, Moscou, 1937.

CHURCH (Alonzo), *Introduction to Mathematical Logic*, vol. I, Princeton, University Press, 1956, 378 p.

CLÉDAT (Léon), *Grammaire raisonnée de la langue française*, Paris, Le Soudier, 1894.
— *Manuel de phonétique et de morphologie historique du français*, Paris, Hachette, 1917, 288 p.

COCCHIARA (Giuseppe), *Il linguagio del gesto*, Turin, Bocca, 1932, 131 p.

COFER (Charles N.) et MUSGRAVE (Barbara S.) [eds.], *Verbal Behavior and Learning : Problems and Processes Proceedings of the Second Conference Sponsored by the Office of Naval Research and New York University*, New York, McGraw-Hill, 1963, 397 p.

COHEN (David) [ed.], *Mélanges Marcel Cohen*, La Haye, Mouton, 1970, 461 p.

COHEN (Jean), *Structure du langage poétique*, Paris, Flammarion, 1966, 231 p.

COHEN (Jonathan L.), *The Diversity of Meaning*, Londres, Methuen, 1962; 2e éd., 1966.
— *The Implications of Induction*, Londres, Methuen, 1970.

COHEN (Marcel), *Histoire d'une langue : le français (des lointaines origines à nos jours)*, Paris, Hier et Aujourd'hui, 1947; 3e éd., Paris, Ed. sociales, 1967, 513 p.
— *Linguistique et matérialisme dialectique*, Gap, Ophrys, 1948, 20 p.
— *Regards sur la langue française*, Paris, SEDES, 1950, 142 p.
— *le Langage : structure et évolution*, Paris, Editions sociales, 1950, 144 p.
— *l'Ecriture*, Paris, Editions sociales, 1953, 131 p.
— *Grammaire et style*, Paris, Editions sociales, 1954, 240 p.
— *Cinquante Années de recherches*, Paris, Imprimerie nationale et Klincksieck, 1955, 388 p.
— *Pour une sociologie du langage*, Paris, Albin Michel, 1956, 396 p.
— *Notes de méthode pour l'histoire du français*, Moscou, Editions en langues étrangères, 1958, 100 p.
— *la Grande Invention de l'écriture et son évolution*, Paris, Imprimerie nationale, 1959, 3 vol.
— *Nouveaux Regards sur la langue française*, Paris, Editions sociales, 1963, 320 p.
— *le Subjonctif en français contemporain*, Paris, SEDES, 1965, 226 p.
— *Encore des regards sur la langue française*, Paris, Editions sociales, 1966, 310 p.

COLLART (Jean), *Varron, grammairien latin*, Paris, Les Belles Lettres, 1954, 378 p.

CONDON (John Carl), *Semantics and Communication*, New York, Macmillan, 1966, 115 p.

Conseil de l'Europe, *les Théories linguistiques et leurs applications*, Paris, A.I.D.E.L.A. et Didier, 1967, 189 p.

CONTRERAS (Heles W.), *The Phonological System of a Bilingual Child*, Lafayette, Indiana, University Press, 1961, 226 p.

COOPER (William S.), *Set Theory and Syntactic Description*, La Haye, Mouton, 1964, 52 p.

CORNFORTH (Maurice), *Marxism and the Linguistic Philosophy*, Londres, Lawrence and Wishart, 1965, 384 p.

CORNU (Maurice), *les Formes surcomposées en français*, Berne, Francke, 1953, 268 p.

COSERIU (Eugenio), *La geografía lingüística*, Montevideo, Universidad, 1955.
— *Logicismo y antilogicismo en la gramática*, Montevideo, 1957.
— *Sincronía, diacronía e historia*, Montevideo, Universidad, 1958.
— *Teoría del lenguaje y lingüística general*, Madrid, 1962.

COSTABILE (Norma), *Le strutture della lingua italiana*, Bologne, Patron, 1967, 211 p.

COYAUD (Maurice), *Introduction à l'étude des langages documentaires*, Paris, Klincksieck, 1966, 148 p.
— *Linguistique et Documentation*, Paris, Larousse, 1972, 176 p.

CROCE (Benedetto), *Estetica come scienza dell'espressione e linguistica generale : teoria e storia*, Milan, R. Sandron, 1902; 4ᵉ éd., Bari, Laterza, 1912; 8ᵉ éd., 1950.

CROTHERS (Edward J.) et SUPPES (P.), *Experiments in Second Language Learning*, New York, Acad. Pr., 1967.

CRYMES (Ruth), *Some Systems of Substitution Correlations in Modern American English*, La Haye, Mouton, 1968, 187 p.

CULIOLI (Antoine), FUCHS (Catherine) et PÊCHEUX (Michel), *Considérations théoriques à propos du traitement formel du langage (tentative d'application au problème des déterminants)*, Paris, Dunod, 1970, 50 p.

CURRY (Haskell B.) et FEYS (Robert), *Combinatory Logic*, vol. I, Amsterdam, North-Holland, 1958; 2ᵉ éd., 1968, 417 p.

CURTIUS (Georg), *Grundzüge der griechischen Etymologie*, Leipzig, Teubner, 1858-1868, 2 vol.; 5ᵉ éd., 1879, 858 p.
— *Das Verbum der griechischen Sprache*, Leipzig, Hirzel, 1863-1876, 2 vol.

DAHL (Östen), *Topic and Comment. A Study in Russian General Transformational Grammar*, Göteborg, Almquist, 1969, 53 p.

DAMOURETTE (Jacques) et PICHON (Edouard), *Essai de grammaire française. Des mots à la pensée*, Paris, d'Artrey, 1927-1950, 7 vol.

DANCE (Frank Esburn) [ed.], *Human Communication Theory*, New York, Holt, Rinehart and Winston, 1967, 332 p.

DANTO (Arthur Coleman), *Analytical Philosophy of Knowledge*, Cambridge, University Press, 1968, 270 p.

DARMESTETER (Arsène), *De la création actuelle de mots nouveaux dans la langue française, et des lois qui la régissent*, Paris, Vieweg, 1877, 307 p.
— *la Vie des mots étudiés dans leurs significations*, Paris, Delagrave, 1887; 13ᵉ éd., 1921, 212 p.
— *Cours de grammaire historique de la langue française*, Paris, Delagrave, 1891-1897, 4 vol.

DARMESTETER (Arsène) et HATZFELD (Adolphe), *Dictionnaire général de la langue française*, Paris, Delagrave, 1895-1900, 2 vol.

DAUZAT (Albert), *Essai de méthodologie linguistique dans le domaine des langues et des patois romans*, Paris, Champion, 1906, 295 p.
— *la Vie du langage*, Paris, A. Colin, 1910, 312 p.
— *Essais de géographie linguistique*, Paris, Champion et d'Artrey, 1915-1938, 3 vol.
— *la Géographie linguistique*, Paris, Flammarion, 1922; nouv. éd., 1943, 296 p.
— *Histoire de la langue française*, Paris, Payot, 1930, 588 p.

DAUZAT (Albert), DUBOIS (Jean) et MITTERAND (Henri), *Nouveau Dictionnaire étymologique*, Paris, Larousse, 1964; 3ᵉ éd., 1972.

DAVIDSON (Donald) et HARMAN (Gilbert) [eds.], *Semantics of Natural Language*, Dordrecht, Reidel, 1969, 769 p.

DAVIS (Martin) [ed.], *The Undecidable. Basic Papers on Undecidable Propositions, Unsolvable Problems and Computable Functions*, New York, Raven Press, 1965, 440 p.

DEAN (Leonard F.) et WILSON (Kenneth G.) [eds.], *Essays on Language and Usage*, Londres, Oxford University Press, 1959; 2ᵉ éd., 1963, 346 p.

DE CECCO (John Paul) [ed.], *The Psychology of Language. Thought and Instruction*, New York, Holt, Rinehart and Winston, 1966, 446 p.

DEESE (James E.), *The Structure of Associations in Language and Thought*, Baltimore, Johns Hopkins Press, 1965.

DE LAGUNA (Grace Andrus), *Speech : its Function and Development*, New Haven, Yale University Press, 1927, 363 p.

DELATTRE (Pierre), *The General Phonetics Characteristics of Languages*, Boulder, Colorado, 1962.
— *Studies in French and Comparative Phonetics : Selected Papers in French and English*, La Haye, Mouton, 1966. 286 p.

DELAVENAY (Emile), *la Machine à traduire*, Paris, P.U.F., coll. « Que sais-je ? », 1959.

DELAVENAY (Emile et Katherine), *Bibliographie de la traduction automatique*, La Haye, Mouton, 1960, 69 p.

DELBRÜCK (Berthold), *Syntaktische Forschungen*, Halle, 1871-1888, 5 vol.
— *Einleitung in das Studium der indogermanischen Sprachen*, Leipzig, Breitkopf, 1880, 141 p.

DE MAURO (Tullio), *Storia linguistica dell'Italia unita*, Bari, Laterza, 1963, 521 p.
— *Introduzione alla semantica*, Bari, Laterza, 1965, 238 p.; trad. fr., *Une introduction à la sémantique*, Paris, Payot, 1969, 222 p.
— *Ludwig Wittgenstein, his Place in the Development of Semantics*, Dordrecht, Reidel, 1967, 62 p.
— « Introduction » et « commentaire ». de la trad. ital. de F. de Saussure, *Corso di linguistica generale*, Bari, Laterza, 1968.

DEROY (Louis), *l'Emprunt linguistique*, Paris, Les Belles Lettres, 1956, 486 p.

DERRIDA (Jacques), *l'Ecriture et la différence*, Paris, Le Seuil, 1967, 440 p.
— *De la grammatologie*, Paris, Ed. de Minuit, 1967, 448 p.

DEUTSCH (Karl W.), *Nationalism and Social Communication*, Cambridge, MIT Press, 2ᵉ éd. 1966.

DEVOTO (Giacomo), *Storia della lingua di Roma*, Bologne, Cappelli, 1940, 429 p.
— *I fondamenti della storia linguistica*, Florence, Sansoni, 1951, 95 p.

DEWÈZE (A.), *Traitement de l'information linguistique par l'homme, par la machine*, Paris, Dunod, 1966, 228 p.

DICKOFF (James) et JAMES (Patricia), *Symbolic Logic and Language*, New York, McGraw-Hill, 1965.

DIERICKX (Jean) et LEBRUN (Yvan) [éds], *Linguistique contemporaine. Hommage à Eric Buyssens*, Bruxelles, Institut de sociologie, 1970.

DIEZ (Friedrich), *Grammatik der romanischen Sprachen*, Bonn, Weber, 1836-1844, 3 vol.; trad. fr., *Grammaire des langues romanes*, Paris, Vieweg, 1874-1876, 3 vol.

DIK (Simon), *Coordination : Its Implications for the Theory of General Linguistics*, Amsterdam, North-Holland, 1968, 318 p.

DINGWALL (William Orr), *Transformational Generative Grammar*, Washington, D.C., Center for Applied Linguistics, 1965, 82 p.

DINNEEN (Francis Patrick), *An Introduction to General Linguistics*, New York, Holt, Rinehart and Winston, 1967, 452 p.

« Diogène », *Problèmes du langage* (Contributions de Emile BENVENISTE, Noam CHOMSKY, Roman JAKOBSON, André MARTINET, etc.), Paris, Gallimard, 1966, 217 p.

DIRINGER (David), *The Alphabet*, Londres, Hutchinson, 1949, 607 p.; 3ᵉ éd., 1968, 2 vol.

DIXON (Robert Malcolm Ward), *Linguistic Science and Logic*, La Haye, Mouton, 1963, 108 p.
— *What is Language ? A New Approach to Linguistic Description*, Londres, Longmans, 1965, 216 p.

DIXON (Theodor R.) et HORTON (David L.) [eds.], *Verbal Behavior and General Behavior Theory*, Englewood Cliffs, New Jersey, Prentice-Hall, 1968, 596 p.

DOBLHOFER (Ernest), *le Déchiffrement des écritures*, Paris, Arthaud, 1959, 388 p.

DOLEŽEL (Lubomir) et BAILEY (Richard W.) [eds.], *Statistics and Style*, New York, Am. Elsevier, 1969, 245 p.

DONZÉ (Roland), *la Grammaire générale et raisonnée de Port-Royal. Contribution à l'histoire des idées grammaticales en France*, Berne, Francke, 1967, 257 p.

DRANGE (Theodore M.), *Type Crossings, Sentential Meaninglessness in the Border Area of Linguistics and Philosophy*, La Haye, Mouton, 1966, 218 p.

DUBOIS (Claude-Gilbert), *Mythe et Langage au XVIᵉ siècle*, Bordeaux, Ducros, 1970, 174 p.

DUBOIS (Jacques). V. GROUPE μ.

DUBOIS (Jean), *le Vocabulaire politique et social en France de 1869 à 1872*, Paris, Larousse, 1962, 460 p.
— *Etude sur la dérivation suffixale en français moderne et contemporain*, Paris, Larousse, 1962, 118 p.
— *Grammaire structurale du français* : I, *Nom et pronom*; II. *le Verbe*; III, *la Phrase et les transformations*, Paris, Larousse, 1965-1969, 3 vol.

DUBOIS (Jean) et DUBOIS-CHARLIER (Françoise), *Eléments de linguistique française : Syntaxe*, Paris, Larousse, 1970, 296 p.

DUBOIS (Jean) et DUBOIS (Claude), *Introduction à la lexicographie : le dictionnaire*, Paris, Larousse, 1971, 208 p.

DUBOIS (Jean), LAGANE (René), NIOBEY (Georges), CASALIS (Jacqueline et Didier) et MESCHONNIC (Henri), *Dictionnaire du français contemporain*, Paris, Larousse, 1966.

DUBOIS-CHARLIER (Françoise), *Eléments de linguistique anglaise : syntaxe*, Paris, Larousse, 1970, 276 p.
— *Eléments de linguistique anglaise : la phrase complexe et les nominalisations*, Paris, Larousse, 1971, 296 p.

DUCHÁČEK (Otto), *Précis de sémantique française*, Brno, Universita J. E. Purkyně, 1967, 263 p.

DUCROT (Oswald) et coll., *Qu'est-ce que le structuralisme ?* Paris, Le Seuil, 1968, 448 p.

DUCROT (Oswald) et TODOROV (Tzvetan), *Dictionnaire encyclopédique des sciences du langage*, Paris, Le Seuil, 1972, 480 p.

DU MARSAIS (César Chesneau), *Logique et Principes de grammaire*, Paris, 1769.

EATON (Trevor), *The Semantics of Literature*, La Haye, Mouton, 1966, 72 p.

EBELING (Carl L.), *Linguistic Units*, La Haye, Mouton, 1960, 143 p.

EBERLE (Rolf A.), *Nominalistic Systems*, Dordrecht, Reidel, 1970, 217 p.

EDMUNDSON (H. P.) [ed.], *Proceedings of the National Symposium on Machine Translation*, Englewood Cliffs, N.J., Prentice-Hall, 1961.

EGGER (Emile), *Apollonius Dyscole. Essai sur l'histoire des théories grammaticales dans l'Antiquité*, Paris, Durand, 1854, 349 p.

EHRMANN (Madeline Elizabeth), *The Meanings of the Models in Present Day American English*, La Haye, Mouton, 1966, 106 p.

ELLIS (Jeffrey), *Towards a General Comparative Linguistics*, La Haye, Mouton, 1966, 170 p.

ELSON (Benjamin) et PICKETT (V. B.), *An Introduction to Morphology and Syntax*, Santa Ana, Calif., Summer Institute of Linguistics, 1962.

ELWERT (Wilhelm Theodor) [ed.], *Probleme der Semantik*, Wiesbaden, Steiner, 1968, 61 p.

EMMET (Dorothy), *Rules, Roles and Relations*, New York, Macmillan and Co., 1966.

EMPSON (William), *The Structure of Complex Words*, Londres, Chatto and Windus, 1951; 5ᵉ éd., 1969, 452 p.

ENGLER (Rudolf), *Théorie et critique d'un principe saussurien : l'arbitraire du signe*, Genève, Impr. populaire, 1962, 67 p.
— *Cours de linguistique de F. de Saussure : édition critique*, Wiesbaden, Otto Harrassowitz, fasc. 1, 1967, 146 p.

ENTWISTLE (William J.), *Aspects of Language*, Londres, Faber, 1953.

Essais sur le langage, textes de E. CASSIRER, A. SECHEHAYE, W. DOROSZEWSKI, K. BÜHLER, N. TROUBETZKOY, GH. BALLY, E. SAPIR, G. GUILLAUME, A. GELB, K. GOLDSTEIN, A. MEILLET, Paris, Ed. de Minuit, 1969. 348 p. *(Journal de Psychologie, 15 janvier - 15 avril 1933.)*

FALK (Eugene H.), *Types of Thematic Structure*, Chicago, University Press, 1967.

FANT (Gunnar), *Acoustic Theory of Speech Production*, La Haye, Mouton, 1960; 2ᵉ éd., 1971.

FAVEZ-BOUTONIER (Juliette), *le Langage*, Paris, C.D.U., 1967, 115 p.

FAY (H. Warren), *Temporal Sequences in the Perception of Speech*, La Haye, Mouton, 1966, 126 p.

FEIGL (Herbert) et SELLARS (W. S.) [eds.], *Readings in Philosophical Analysis*, New York, Appleton, 1949, 626 p.

FERREIRO (Emilia), *les Relations temporelles dans le langage de l'enfant*, Genève, Droz, 1971, 390 p.

FÉVRIER (James G.), *Histoire de l'écriture*, Paris, Payot, 1948; 2ᵉ éd. 1959, 608 p.

FILIPOV (J. A.), *Création littéraire et cybernétique*, en russe, Moscou, 1964.

FILLMORE (Charles J.), *Indirect Object Construction in English and the Ordering of Transformation*, La Haye, Mouton, 1965, 54 p.

FINCK (Franz Nikolaus), *Die Haupttypen des Sprachbaus*, Leipzig, Teubner, 1910; 2ᵉ éd., 1923, 156 p.

FIRTH (John Rupert), *Speech*, Londres, Benn, 1930, 79 p.
— *The Tongues of Men*, Londres, Watts, 1937, 160 p.
— *Papers in Linguistics, 1934-1951*, Londres, Oxford University Press, 1951, 246 p.

FISHMAN (Joshua A.), *Yiddish in America : Sociolinguistic Description and Analysis*, Bloomington, Indiana, University Press et La Haye. Mouton, 1965, 94 p.
— *Sociolinguistics. A Brief Introduction*, Rowley, Mass., Newbury House, 1971.
— (ed.) *Language Loyalty in the United States. The Maintenance and Perpetuation of Non-English Mother Tongues by American Ethnic and Religious Groups*, La Haye, Mouton, 1966, 478 p.
— (ed.) *Readings in the Sociology of Language*, La Haye, Mouton, 1968, 808 p.
— (ed.) *Advances in the Sociology of Language*, La Haye, Mouton, 1971.

FISHMAN (Joshua A.), FERGUSON (Charles A.) et Das GUPTA (J.) [eds.], *Language Problems of Developing Nations*, New York, Wiley, 1968, 521 p.

FLETCHER (H.), *Speech and Hearing in Communication*, New York, Van Nostrand, 1953.

FLEW (Anthony) [ed.], *Essays on Logic and Language*, Oxford, Blackwell, 1951-1953, 2 vol.

FLORES D'ARCAIS (Giovanni) et LEVELT (Willem J. M.) [eds.], *Advances in Psycholinguistics*, Amsterdam, North-Holland, 1970, 464 p.

FODOR (Jerry A.) et KATZ (Jerrold J.) [eds.], *The Structure of Language. Readings in the Philosophy of Language*, Englewood Cliffs, N.J., Prentice-Hall, 1964, 612 p.

FÓNAGY (Iván), *Die Metaphern in der Phonetik. Beitrag zur Entwicklungsgeschichte des wissenschaftlichen Denkens*, La Haye, Mouton, 1963, 132 p.

FONTANIER (Pierre), *les Figures du discours*, Paris, Flammarion, 1968, 502 p.

FOUCAULT (Michel), *les Mots et les choses*, Paris, Gallimard, 1966, 408 p.

FOUCHÉ (Pierre), *Etudes de phonétique générale*, Paris, Les Belles Lettres, 1927, 132 p.
— *Phonétique historique du français*, Paris, Klincksieck, 1952-1961, 3 vol., 540 p.
— *Traité de prononciation française*, Paris, Klincksieck, 1956, 529 p.

FOULET (Lucien), *Petite Syntaxe de l'ancien français*, Paris, Champion, 1919; réimpr., 1968, 353 p.

FOURQUET (Jean), *les Mutations consonantiques du germanique*, Paris, Les Belles Lettres, 1948, 127 p.
— *Prolegomena zu einer deutschen Grammatik*, Düsseldorf, Schwann, 1955, 135 p.

FREGE (Gottlob), *Translations from the Philosophical Writings of Gottlob Frege*, éd. par Peter T. Geach et Max Black, Oxford, Blackwell, 1952; 2ᵉ éd., 1960, 244 p.
— *Funktion, Begriff, Bedeutung. Fünf logische Studien*, éd. par Gunther Patzig, Göttingen, Vandenhoeck et Ruprecht, 1962, 101 p.

FREI (Henri), *la Grammaire des fautes. Introduction à la linguistique fonctionnelle*, Paris, Geuthner et Genève, Kündig, 1929, 215 p.

FREUD (Sigmund), *Zur Auffassung der Aphasien*, Leipzig et Vienne, Denliche, 1891; trad. angl. *On Aphasia, a Critical Study*, New York, International Universities Press, 1953, 105 p.

FRIEMAN (Robert R.), PIETRZYK (Alfred) et ROBERTS (A. Hood) [eds.], *Information in the Language Sciences*, New York, American Elsevier, 1968.

FRIEND (Joseph Harold), *The Development of American Lexicography, 1798-1864*, La Haye, Mouton, 1967, 129 p.

FRIES (Charles Carpenter), *The Structure of English : an Introduction to the Construction of English Sentences*, New York, Harcourt and Brace et Londres, Longmans, 1952; 5ᵉ éd., 1964.
— *Linguistics and Reading*, New York, Harcourt, Brace and World, 1963.

FRUMKINA (R.), *Méthodes statistiques de l'étude du lexique*, en russe, Moscou, 1964.

FUCKS (Wilhelm), *Mathematische Analyse von Sprachelementen, Sprachstil und Sprachen*, Cologne, Westdeutscher Verlag, 1955.

FURTH (Hans G.), *Thinking without Language : Psychological Implications of Deafness*, New York, Free Press, 1966.

GABELENTZ (Georg von der), *Die Sprachwissenschaft*, Leipzig, Weigel, 1891.

GAENG (Paul A.), *Introduction to the Principles of Language*, New York; Harper and Row, 1971, 243 p.

GAIFMAN (Haim), *Dependency Systems and Phrase Structure Systems*, Santa Monica, Calif., Rand Corporation, 1961.

GALANTER (Eugene), *Contemporary Psychophysics*, New York, Holt, Rinehart and Winston, 1962.

GALLIOT (Marcel), *Essai sur la langue de la réclame contemporaine*, Toulouse, Privat, 1955, 579 p.

GALMICHE (Michel). *Sémantique générative*, Paris, Larousse, 1975, 192 p.

GANZ (Joan Safran), *Rules, a Systematic Study*, La Haye, Mouton, 1971, 144 p.

GARDE (Paul), *l'Accent*, Paris, P.U.F., 1968, 176 p.

GARDIN (Jean-Claude), *Syntol*, New Brunswick, N.J., Rutgers University Press, 1965, 106 p.

GARDINER (Alain Henderson), *The Theory of Speech and Language*, Oxford, Clarendon Press, 1932; 2ᵉ éd., 1951, 360 p.

GARVIN (Paul Lucian) [ed.], *A Prague School Reader on Esthetics, Literary Structures and Style*, Washington, D.C., 1955.
— (ed.) *Natural Language and the Computer*, New York, McGraw-Hill, 1963, 398 p.
— (ed.) *Soviet and East European Linguistics*, La Haye, Mouton. 1963, 620 p.
— (ed.) *A Linguistic Method. Selected Papers*, La Haye, Mouton, 1964.
— (ed.) *Computation in Linguistics, a Case Book*, Bloomington, Indiana, University Press, 1966, 332 p.
— (ed.) *Method and Theory in Linguistics*, La Haye, Mouton, 1970, 325 p.

GAUDEFROY-DEMOMBYNES (Jean), *l'Œuvre linguistique de Humboldt*, Paris, G. P. Maisonneuve, 1931, 200 p.

GEACH (Peter T.), *Reference and Generality : an Examination of Some Medieval and Modern Theories*, Ithaca, Cornell University Press, 1962.

GELB (Ignace Gay), *A Study of Writing*, Chicago, University Press, et Londres, Kegan Paul, 1952, 295 p.

GENOUVRIER (Emile) et PEYTARD (Jean), *Linguistique et Enseignement du français*, Paris, Larousse, 1970, 288 p.

GHIZZETTI (Aldo) [ed.], *Automatic Translation of Languages*, Oxford, Pergamon Press, 1966.

GILLIÉRON (Jules), *Généalogie des mots qui désignent l'abeille...*, Paris, Champion, 1918, 366 p.
— *Pathologie et thérapeutique verbales*, Paris, Champion, 1921, 208 p.

GILLIÉRON (Jules) et EDMONT (Edmond), *Atlas linguistique de la France*, Paris, Champion, 1902-1912, 9 vol.; *Supplément*, Champion, 1920.
— *Atlas linguistique de la Corse*, Paris, Champion, 1914-1915, 4 fasc.

GILLIÉRON (Jules) et ROQUES (Mario), *Etudes de géographie linguistique*, Paris, Champion, 1912, 165 p.

GILSON (Etienne), *Linguistique et Philosophie. Essai sur les constantes philosophiques du langage*, Paris, Vrin, 1969, 312 p.

GINSBURG (Seymour), *The Mathematical Theory of Context-Free Languages*, New York, McGraw-Hill, 1966, 232 p.

GLADKII (A. V.), *Leçons de linguistique mathématique*, trad. du russe, Paris, Dunod, 1970, 2 vol., 232 et 168 p.

GIRARD (Gabriel), *l'Orthographe française sans équivoque et dans ses principes naturels ou l'Art d'écrire notre langue selon les lois de la raison et de l'usage*, Paris, P. Giffart, 1716.
— *la Justesse de la langue française, ou les Différentes Significations des mots qui passent pour synonymes*, Paris, L. d'Houry, 1718, 263 p.; nouv. éd. sous le titre *Synonymes français, leurs significations et le choix qu'il en faut faire pour parler avec justesse*, 1746, 490 p.
— *les Vrais Principes de la langue française ou la Parole réduite en méthode*, Paris, Le Breton, 1747, 2 vol.

GIRAULT-DUVIVIER (Charles Pierre), *Grammaire des grammaires* [ou *Analyse raisonnée des meilleurs traités sur la langue française*], Paris, A. Cotelle, 1811; 18ᵉ éd., 1863, 2 vol.

GLEASON (Henry Allan), *An Introduction to Descriptive Linguistics*, New York, Holt, Rinehart and Winston, 1955; nouv. éd., 1961, 503 p.; trad. fr. *Introduction à la linguistique*, Paris, Larousse, 1969, 380 p.
— *Linguistics and English Grammar*, New York, Holt, Rinehart and Winston, 1965, 519 p.

GODEL (Robert), *les Sources manuscrites du « Cours de linguistique générale » de Ferdinand de Saussure*, Genève, Droz et Paris, Minard, 1957, 283 p.

GOLDSTEIN (Kurt), *Language and Language Disturbances*, New York, Grune and Stratton, 1948, 374 p.

GOODENOUGH (Ward H.) [ed.], *Explorations in Cultural Anthropology : Essays in Honor of George Peter Murdock*, New York, McGraw-Hill, 1964.

GOODMAN (Nelson), *Fact, Fiction and Forecast*, Cambridge, Mass., MIT Press, 1955; 2ᵉ éd., Indianapolis, Bobbs-Merrill Co., 1965, 128 p.

GORDON (Patrick), *Théorie des chaînes de Markov finies et ses applications*, Paris, Dunod, 1965, 146 p.

GORSKI (D. P.) [ed.], *Pensamiento y lenguaje*, México, 1962, 365 p.

GÖTZ (Dieter) et BURGSCHMIDT (Ernst), *Einführung in die Sprachwissenschaft für Anglisten*, Munich, Hueber, 1971.

GOUGENHEIM (Georges), *Etude sur les périphrases verbales de la langue française*, Paris, Les Belles Lettres, 1929; Nizet 1971, 388 p.
— *la Langue populaire dans le premier quart du XIXᵉ siècle, d'après le Petit Dictionnaire du peuple de J.-C. — L. P. Desgranges*, Paris, Les Belles Lettres, 1929.
— *Eléments de phonologie française*, Paris, Les Belles Lettres, 1935.
— *Système grammatical de la langue française*, Paris, d'Artrey, 1938, 400 p.
— *Dictionnaire fondamental de la langue française*, Paris, Didier, 1961, 256 p.
— *les Mots français dans l'histoire et dans la vie*, Paris, Picard, 1963-1974, 3 vol.
— *Etudes de grammaire et de vocabulaire français*, Paris, Picard, 1970, 368 p.

GOUGENHEIM (Georges), MICHÉA (René), RIVENC (Paul) et SAUVAGEOT (Aurélien), *l'Elaboration du français élémentaire*, Paris, Didier, 1956; nouv. éd. 1964, 257 p.

GRABMANN (Martin), *Mittelalterliches Geistesleben*, Munich, Hueber, 1926-1936; nouv. éd. 1956, 3 vol.

GRAMMONT (Maurice), *la Dissimilation consonantique dans les langues indo-européennes et dans les langues romanes*, Dijon, Imprim. Darantières, 1895, 215 p.
— *Traité de phonétique*, Paris, Delagrave, 1933; 8ᵉ éd. 1965, 490 p.

GRANGER (Gilles Gaston), *Pensée formelle et sciences de l'homme*, Paris, Aubier, 1960, 228 p.
— *Essai d'une philosophie du style*, Paris, A. Colin, 1968, 316 p.

GRASSERIE (Raoul Robert Guérin de la), *Essai de syntaxe générale*, Louvain, J. B. Istas, 1896, 240 p.
— *Du verbe comme générateur des autres parties du discours*, Paris, Maisonneuve, 1914, 314 p.

GRAVIT (Francis W.) et VALDMAN (Albert) [eds.], *Structural Drill and the Language Laboratory*, New York, Humanities, 1963.

GRAY (Louis Herbert), *Foundations of Language*, New York, Macmillan, 1939; 2ᵉ éd. 1950, 530 p.

GREENBERG (Joseph H.), *Essays in Linguistics*, Chicago, University of Chicago, 1957, 108 p.
— *The Languages of Africa*, La Haye, Mouton, 1963, 171 p.
— *Language Universals*, La Haye, Mouton, 1966.
— *Anthropological Linguistics*, New York, Random House, 1968, 212 p.
— (ed.) *Universals of Language*, Cambridge, Mass., MIT Press, 1963, 269 p.

GREIMAS (Algirdas Jules), *Sémantique structurale*, Paris, Larousse, 1966, 262 p.
— *Du sens*, Paris, Le Seuil, 1970, 320 p.
— (ed.) *Sign, Language, Culture*, La Haye, Mouton, 1970, 723 p.
— (ed.) *Essais de sémiotique poétique*, Paris, Larousse, 1972, 240 p.

GREVISSE (Maurice), *le Bon Usage*, Gembloux, Duculot et Paris, Geuthner, 1939; 8ᵉ éd., 1964, 1192 p.

GRIMM (Jakob), *Deutsche Grammatik*, Göttingen, 1819-1837, 4 vol., nouv. éd., Berlin, Dümmler, 1870-1898, 5 vol.
— *Geschichte der deutschen Sprache*, Leipzig, 1848; 3ᵉ éd., 1868, 726 p.

GRIMSLEY (Ronald), *Sur l'origine du langage*, suivi de trois textes de Maupertuis, Turgot et Maine de Biran, Genève, Droz et Paris, Minard, 1971, 108 p.

GROOT (Albert Wilhem de), *Betekenis en betekenisstructuur*, Groningue, J. B. Wolters, 1966, 158 p.

GROSS (Maurice), *Grammaire transformationnelle du français. Syntaxe du verbe*, Paris, Larousse, 1968, 184 p.

GROSS (Maurice) et LENTIN (André), *Notions sur les grammaires formelles*, Paris, Gauthier-Villars, 1967, 198 p.

GROSSE (Ernst Ulrich) [ed.], *Strukturelle Textsemantik*, Fribourg, 1969.

Groupe μ (Jacques Dubois, F. Edeline, J. M. Klinkenberg, P. Minguet, F. Pire, H. Trinon), *Rhétorique générale*, Paris, Larousse, 1970, 208 p.

GUILBERT (Louis), *la Formation du vocabulaire de l'aviation*, Paris, Larousse, 1965, 712 p.
— *le Vocabulaire de l'astronautique*, Paris, Larousse, 1967, 362 p.

GUILHOT (Jean), *la Dynamique de l'expression et de la communication*, La Haye, Mouton, 1962, 230 p.

GUILLAUME (Gustave), *le Problème de l'article et sa solution dans la langue française*, Paris, Hachette, 1919, 318 p.
— *Temps et Verbe. Théorie des aspects, des modes et des temps*, 134 p., suivi de *l'Architectonique du temps dans les langues classiques*, 66 p., Paris, Champion, 1929; nouv. éd., 1964.
— *Langage et Science du langage*, Paris, Nizet et Québec, Presses de l'Université Laval, 1964; 2ᵉ éd. 1969, 287 p.
— *Leçons de linguistique : série A, 1946-1948. Structure sémiologique et structure psychique de la langue* (publ. par Roch Valin), Klincksieck, 1971, 271 p.
— *Leçons de linguistique, série B, 1948-1949 : Psychosystématique du langage. Principes, méthodes et applications*, I, Klincksieck, 1971, 224 p.

GUIRAUD (Pierre), *Langage et Versification d'après l'œuvre de Paul Valéry. Etude sur la forme poétique dans ses rapports avec la langue*, Paris, Klincksieck, 1953, 240 p.
— *les Caractères statistiques du vocabulaire, essai de méthodologie*, Paris, P.U.F., 1954, 116 p.
— *la Stylistique*, Paris, P.U.F., « Que sais-je? », 1954; 7ᵉ éd., 1972.
— *la Sémantique*, Paris, P.U.F., « Que sais-je? », 1955; 7ᵉ éd., 1972.
— *l'Argot*, Paris, P.U.F., « Que sais-je? », 1956.
— *la Grammaire*, Paris, P.U.F., « Que sais-je? », 1958; 5ᵉ éd. 1970.
— *Problèmes et méthodes de la statistique linguistique*, Paris, P.U.F., 1960, 146 p.
— *les Locutions françaises*, Paris, P.U.F., « Que sais-je? », 1961; 4ᵉ éd., 1973.
— *la Syntaxe du français*, Paris, P.U.F., coll. « Que sais-je? », 1962.
— *l'Ancien Français*, Paris, P.U.F., « Que sais-je? », 1963; 4ᵉ éd., 1971.
— *le Moyen Français*, Paris, P.U.F., « Que sais-je? », 1963; 5ᵉ éd., 1972.
— *l'Etymologie*, Paris, P.U.F., « Que sais-je? », 1964; 3ᵉ éd., 1972.
— *les Mots étrangers*, Paris, P.U.F., « Que sais-je? », 1965; 2ᵉ éd., 1971.
— *le Français populaire*, Paris, P.U.F., « Que sais-je? », 1965; 3ᵉ éd., 1973.
— *Structures étymologiques du lexique français*, Paris, Larousse, 1967, 212 p.
— *Patois et Dialectes français*, Paris, P.U.F., « Que sais-je? », 1968.
— *les Mots savants*, Paris, P.U.F., « Que sais-je? », 1968.
— *la Versification*, Paris, P.U.F., « Que sais-je? », 1970.
— *Essais de stylistique*, Paris, Klincksieck, 1970, 288 p.
— *la Sémiologie*, Paris, P.U.F., « Que sais-je? », 1971; 2ᵉ éd., 1973.

GUIRAUD (Pierre) et KUENTZ (Pierre), *la Stylistique. Lectures*, Paris, Klincksieck, 1970, 329 p.

GUMPERZ (John J.) et HYMES (Dell) [eds.], *The Ethnography of Communication*, Menasha, Wisconsin, American Anthropologist, 1964; nouv. éd., New York, Holt, Rinehart and Winston, 1968.

GUSDORF (Georges), *la Parole*, Paris, P.U.F., 1953, 124 p.

GVOZDEV (A. N.), *Problèmes de l'étude du langage enfantin*, en russe, Moscou, 1961.

HAAG (M.), *le Style du langage oral des malades mentaux étudié par comparaison statistique entre groupes neurologiques*, Paris, thèse, 1965.

HALL (Robert Anderson), *Linguistics and your Language*, New York, Doubleday, 1960, 265 p.
— *Idealism in Romance Linguistics*, Ithaca, N. Y., Cornell University Press, 1963, 109 p.
— *Introductory Linguistics*, Philadelphie, Chilton, 1964, 508 p.
— *Pidgin and Creole Languages*, Ithaca, N. Y., Cornell University Press, 1966.

HALLE (Morris), *The Sound Pattern of Russian*, La Haye, Mouton, 1959; 2ᵉ éd., 1971.

HALLE (Morris) et KEYSER (Samuel J.), *English Stress*, New York, Harper and Row, 1971, 200 p.

HALLIDAY (Michael Alexander Kirkwood), MCINTOSH (Angus) et STREVENS (Peter Derek), *The Linguistic Sciences and Language Teaching*, Londres, Longmans, 1964.

HALLIG (Rudolf) et WARTBURG (Walther von), *Begriffssystem als Grundlage für die Lexicographie, Versuch eines Ordnungsschemas*, Berlin, Akademie Verlag, 1952, 140 p.; 2ᵉ éd., 1963, 316 p.

HAMMEL (Eugene A.) [ed.], *Formal Semantic Analysis*, Menasha, Wisconsin, American Anthropologist, 1965.

HAMP (Eric P.), *A Glossary of American Technical Linguistic Usage, 1925-1950*, Utrecht et Anvers, Spectrum, 1957.

HAMP (Eric P.), HOUSEHOLDER (Fred W.) et AUSTERLITZ (Robert) [eds.], *Readings in Linguistics*, II, Chicago et Londres, Chicago University Press, 1966, 395 p.

HANSEN LOVE (Ole), *la Révolution copernicienne du langage dans l'œuvre de Wilhelm von Humboldt*, Paris, Vrin, 1972, 96 p.

HANSON (Norwood Russel), *Patterns of Discovery*, Cambridge, Cambridge University Press, 1965.

HANZELI (Victor Egon), *Missionary Linguistics in New France : a Study of Seventeenth and Eighteenth Century Descriptions of American Indian Languages*, La Haye, Mouton, 1969, 141 p.

HARMS (Robert T.), *Introduction to Phonological Theory*, Englewood Cliffs, New Jersey, Prentice-Hall, 1968, 142 p.

HARNOIS (Guy), *les Théories du langage en France, de 1660 à 1821*, Paris, Les Belles Lettres, 1929, 96 p.

HARRIS (James), *Hermes or Philosophical Inquiry Concerning Universal Grammar*, Londres, 1751; 2ᵉ éd., 1765, réimpr. Londres, Scolar Press, 1968, 459 p.; trad. fr. *Hermès ou Recherches philosophiques sur la grammaire universelle*, Paris, Imprimerie de la République, 1796.

HARRIS (Zellig S.), *Methods in Structural Linguistics*, Chicago, University of Chicago Press, 1951; nouv. éd., *Structural Linguistics*, 1963, 384 p.
— *String Analysis of Sentence Structure*, La Haye, Mouton, 1962.
— *Discourse Analysis Reprints*, La Haye, Mouton, 1963, 73 p.
— *Mathematical Structures of Language*, New York, Wiley, 1968, 230 p.; trad. fr. *Structures mathématiques du langage*, Paris, Dunod, 1971, 260 p.
— *Papers in Structural and Transformational Linguistics*, Dordrecht, Reidel, 1970, 850 p.
— *Notes du cours de syntaxe*, Paris, Ed. du Seuil, 1976, 240 p.

HARRISON (Bernard), *Meaning and Structure of Language*, New York, Harper and Row, 1972, 400 p.

HARTMANN (Peter), *Theorie der Grammatik* : t. I, *Die Sprache als Form* (1959); t. II, *Zur Konstitution einer allgemeinen Grammatik* (1961); t. III, *Allgemeinste Strukturgesetze in Sprache und Grammatik* (1961); T. IV, *Grammatik und Grammatizität* (1963), La Haye, Mouton.
— *Syntax und Bedeutung*, Assen, Van Gorcum, 1964.
— *Sprache und Erkenntnis*, Heidelberg, C. Winter, 1958, 160 p.

HARWEG (Roland), *Pronomina und Textkonstitution*, Munich, W. Fink, 1968, 392 p.

HATHAWAY (Baxter), *A Transformational Syntax. The Grammar of Modern American English*, New York, Ronald Press Co., 1967, 315 p.

HATZFELD (Helmut A.), *A Critical Bibliography of the New Stylistics*, Chapel Hill, University of North Carolina Press, 1953-1966, 2 vol.

HAUDRICOURT (André) et JUILLAND (Alphonse), *Essai pour une histoire structurale du phonétisme français*, Paris, Klincksieck, 1949; 2ᵉ éd., La Haye, Mouton, 1971, 135 p.

HAUDRICOURT (André) et THOMAS (Jacqueline M. C.), *la Notation des langues. Phonétique et phonologie*, Paris, Imprimerie de l'Institut géogr. nat., 1967, VI-166 p., + 2 disques.

HAUGEN (Einar), *The Norwegian Language in America : a Study in Bilingual Behavior*, Philadelphie, University of Pennsylvania Press, 1953, 2 vol.
— *Bilingualism in the Americas : a Bibliography and a Research Guide*, Montgomery, University of Alabama Press, 1956.

HÄUSLER (Frank), *Das Problem Phonetik und Phonologie bei Baudouin de Courtenay und in seiner Nachfolge*, Halle, Max Niemeyer, 1968, 161 p.

HAYAKAWA (Samuel Ichiye), *Language in Thought and Action*, Londres, Allen and Unwin, 1952; 2ᵉ éd., 1965, 350 p.

HAYS (David G.), *Introduction to Computational Linguistics*, New York, American Elsevier Publications Co., 1967, 231 p.

HÉCAEN (Henry) et ANGELERGUES (René), *Pathologie du langage*, Paris, Larousse, 1965, 200 p.

HÉCAEN (Henry) et DUBOIS (Jean), *la Naissance de la neuropsychologie du langage, 1825-1865 (Textes et documents)*, Paris, Flammarion, 1969, 280 p.

HEESTERMAN (J. C.) et coll. (eds.), *Pratidānam : Indian, Iranian and Indo-European Studies Presented to Franciscus Bernardus Jacobus Kuipers on his 60th Birthday*, La Haye, Mouton, 1968, 654 p.

HEIDEGGER (Martin), *Die Kategorien und Bedeutungslehre der Duns Scotus*, Tübingen, 1916; trad. fr., *Traité des catégories et de la signification chez Duns Scot*, Paris, Gallimard, 1970, 240 p.

HENLE (Paul) [ed.], *Language, Thought and Culture*, Ann Arbor, University of Michigan Press, 1958.

HENRY (Albert), *Métonymie et Métaphore*, Paris, Klincksieck, 1971, 163 p.

HÉRAULT (Daniel), *Eléments de théorie moderne des probabilités*, Paris, Dunod, 1967, 256 p.

HERBERT (Albert James), *The Structure of Technical English*, Londres, Longmans, 1965.

HERDAN (Gustav), *Language as Choice and Chance*, Groningue, Noordhoff, 1956.
— *Type-Token Mathematics : A Textbook of Mathematical Linguistics*, La Haye, Mouton, 1960.
— *The Calculus of Linguistic Observations*, La Haye, Mouton, 1962, 271 p.
— *Quantitative Linguistics*, Londres, Butterworth, 1964, 284 p.
— *The Advanced Theory of Language as Choice and Chance*, Berlin, Springer, 1966.

HERDER (Johann Gottfried von), « Abhandlung über den Ursprung der Sprache », dans le tome V des *Herder's sämmtliche Werke*, éd. par B. Suphan, Berlin 1877.

HERTZLER (Joyce O.), *The Sociology of Language*, New York, Random House, 1965.

HIGOUNET (Charles), *l'Ecriture*, Paris, P.U.F., coll. « Que sais-je? », 1955.

HILL (Archibald A.), *Introduction to Linguistic Structures : From Sound to Sentence in English*, New York, Harcourt, Brace and World, 1958.
— (ed.) *Linguistics Today*, New York, Harper and Row, 1968, 320 p.

HIRTLE (Walter), *The Simple and Progressive Forms. An Analytical Approach*, Québec, Presses de l'Université Laval, 1967, 115 p.

HIZ (Henry), *The Role of Paraphrase in Grammar*, Washington, D.C., Georgetown University Press, 1964.

HJELMSLEV (Louis), *Principes de grammaire générale*, Copenhague, Øst et Søn, 1928, 363 p.
— *la Catégorie des cas. Etude de grammaire générale*, Aarhus, Universitets-forlaget, 2 vol. 1935-1937, 184 p. et 78 p.
— *Prolégomènes à une théorie du langage*, en danois, Copenhague, 1943; trad. fr., avec *la Structure fondamentale du langage*, Paris, Ed. de Minuit, 1968, 236 p.
— *Essais linguistiques*, Copenhague, Nordisk Sprog-og Kultursorlag, 1959; nouv. éd. Paris, Ed. de Minuit, 1971, 288 p.
— *le Langage. Une introduction*, en danois, Copenhague, Berlingske Forlag, 1963; trad. fr., Paris, Ed. de Minuit, 1966, 191 p.

HOCKETT (Charles F.), *A Manual of Phonology*, Bloomington, Indiana, Indiana University Press, 1955.
— *A Course in Modern Linguistics*, New York. Macmillan. 1958; 9ᵉ impr., 1965, 621 p.
— *Language, Mathematics and Linguistics*, La Haye, Mouton, 1967, 243 p.
— *The State of the Art*, La Haye, Mouton, 1968, 123 p.

HOENIGSWALD (Henry Max), *Language Change and Linguistic Reconstruction*, Cambridge, University Press, 1960; nouv. éd., Chicago et Londres, Chicago University Press, 1965.

HOIJER (Harry) [ed.], *Language in Culture*, Chicago, Chicago University Press, 1954.
— *Proceedings of a Conference on the Interrelations of Language and the other Aspects of Culture, held in Chicago*, Chicago, Chicago University Press, 1963.

HOLDER (Preston) [ed.], *Introduction to Handbook of American Indian Languages*, Lincoln, University of Nebraska Press, 1966.

HÖLLHUBER (Ivo), *Sprache, Gesellschaft, Mystik, Prolegomena zu einer pneumatischen Anthropologie*, Munich et Bâle, F. Reinhardt, 1963, 337 p.

HOMBURGER (Lilias), *les Langues négro-africaines*, Paris, Payot, 1941, 350 p.
— *le Langage et les langues*, Paris, Payot, 1951, 256 p.

HORÁLEK (Karel), *Filosofie jazyka*, Prague, University Karlova, 1967, 160 p.

HÖRMANN (Hans), *Psychologie der Sprache*, Berlin et Heidelberg, Springer Verlag, 1967; nouv. éd., 1970, 396 p.; trad. fr., *Introduction à la psycholinguistique*, Paris, Larousse, 1972.

HOUSEHOLDER (Fred W.) et SAPORTA (Sol) [eds.], *Problems in Lexicography, Report of the Conference on Lexicography*, Bloomington, Indiana, I.J.A.L., 1962, 286 p.; nouv. éd., New York, Humanities, 1967.

HUGHES (John P.), *The Science of Language : an Introduction to Linguistics*, New York, Random House, 1962.

HUMBOLDT (Wilhelm von), *Über die Verschiedenheit des menschlichen Sprachbaus*, Berlin, 1836; rééd. Darmstadt, Claasen and Roether, 1949.
— *Die Sprachphilosophischen Werke*, Berlin, 1884, 700 p.
— *De l'origine des formes grammaticales et de leur influence sur le développement des idées* suivi de *Lettre à M. Abel Rémusat*, Paris, 1859; rééd. Bordeaux, Ducros, 1969, 156 p.

HUNDSNURSCHER (Franz), *Neuere Methoden der Semantik. Eine Einführung anhand deutscher Beispiele*, Tübingen, Niemeyer, 1970.

HUPPE (Bernard Felix) et KAMINSKY (Jack), *Logic and Language*, New York, Knopf, 1956, 216 p.

HYMES (Dell) [ed.], *Language in Culture and Society : a Reader in Linguistics and Anthropology*, New York, Harper and Row, 1964, 800 p.

IMBS (Paul), *les Propositions temporelles en ancien français*, Paris. Les Belles Lettres, 1956, 608 p.
— *l'Emploi des temps verbaux en français moderne. Etude de grammaire descriptive*, Paris, Klincksieck, 1960, 276 p.

ISTRIN (V. A.), *le Développement de l'écriture en russe*, en russe, Moscou, 1961.

IVANOV (V. V.) et TOPOROV (V. N.), *Systèmes modelants secondaires dans les langues slaves*, en russe, Moscou, 1965.

IVIĆ (Milka), *Trends in Linguistics*, trad. du serbo-croate, La Haye, Mouton, 1965, 260 p.

JABERG (Karl), *Aspects géographiques du langage*, Paris, Droz, 1936, 120 p.
— *Sprachwissenschaftliche Forschungen und Erlebnisse*, Paris, Droz, 1938, 347 p.

JACOB (André), *Temps et Langage*, Paris, A. Colin, 1967, 404 p.
— (éd.) *Points de vue sur le langage* (textes choisis et présentés par A. Jacob), Paris, Klincksieck, 1969, 637 p.
— *les Exigences théoriques de la linguistique selon Gustave Guillaume*, Paris. Klincksieck, 1970, 292 p.

JACOBS (Roderick A.) et ROSENBAUM (Peter S.), *English Transformational Grammar*, Waltham, Mass., Blaisdell, 1968.
— (eds.) *Readings in English Transformational Grammar*, Waltham, Mass., Blaisdell, 1970, 277 p.

JAKOBOVITS (Leon A.) et MIRON (Murray S.) [eds.], *Readings in the Psychology of Language*, Englewood Cliffs, New Jersey, Prentice-Hall, 1967. 636 p.

JAKOBSON (Roman), *Kindersprache, Aphasie und allgemeine Lautgesetze*, Uppsala, 1941; trad. fr. *Langage enfantin et aphasie*, Paris, Ed. de Minuit, 1969.
— *Essais de linguistique générale*, Paris, Ed. de Minuit, 1963-1973, 2 vol., 260 et 320 p.
— *Selected Writings, I : Phonological Studies*, La Haye, Mouton, 1962, 678 p.
— *Selected Writings, II : Word and Language*, La Haye, Mouton, 1971, 752 p.
— *Selected Writings, III : The Poetry of Grammar and the Grammar of Poetry*, La Haye, Mouton, 1967.
— *Selected Writings, IV : Slavic Epic Studies*, La Haye, Mouton, 1966, 751 p.
— (ed.) *Structure of Language and its Mathematical Aspects*, Providence, R.I., American Mathematical Society, 1961, 279 p.
— *Studies on Child Language and Aphasia*, La Haye, Mouton, 1971, 132 p.
— *Questions de poétique*, Paris, Le Seuil, 1973, 512 p.

JAKOBSON (Roman), FANT (George M.) et HALLE (Morris), *Preliminaries to Speech Analysis*, Cambridge, Mass., MIT Press, 1952; 9ᵉ éd. 1969, 64 p.

JAKOBSON (Roman) et HALLE (Morris), *Fundamentals of Language*, La Haye, Mouton, 1963; 2ᵉ éd. 1971.

JAKOBSON (Roman) et KAWAMATO (Shigeo) [eds.], *Studies in General and Oriental Linguistics*, Tokyo, T.E.C. Co., 1970.

To Honor Roman Jakobson : Essays on the Occasion of his 70th Birthday, La Haye, Mouton, 1967, 3 vol.

JENSEN (Hans), *Die Schrift in Vergangenheit und Gegenwart*, Berlin, Deutsche Verlag der Wissenschaften, 1958, 582 p.

JESPERSEN (Otto), *Progress in Language with Special Reference to English*, Londres, Swan Sonnenschein, 1894.
— *How to Teach a Foreign Language*, trad. du danois, Londres, Swan Sonnenschein, 1904.
— *Growth and Structure of the English Language*, Leipzig, Teubner, 1905; 9ᵉ éd., Oxford, Blackwell, 1948.
— *A Modern English Grammar*, Londres, Allen and Unwin, 1909-1949, 7 vol.
— *Language, its Nature, Development and Origin*, Londres, Allen and Unwin, 1922, 448 p.; nouv. éd. 1968.
— *The Philosophy of Grammar*, Londres, Allen and Unwin, 1924, 359 p.; trad. fr. *la Philosophie de la grammaire*, Paris, Ed. de Minuit, 1971, 516 p.
— *Mankind, Nation and Individual from a Linguistic Point of View*, Oslo, 1925; nouv. éd., Londres, Allen and Unwin, 1946.
— *Essentials of English Grammar*, Londres, Allen and Unwin, 1933, 387 p.
— *Analytic Syntax*, Copenhague, Munksgaard, 1937; trad. fr. *la Syntaxe analytique*, Paris, Ed. de Minuit, 1971, 264 p.

JONES (Daniel), *English Pronouncing Dictionary*, Londres, J. M. Dent, 1917; 12ᵉ éd. 1963, 537 p.
— *An Outline of English Phonetics*, Cambridge, Heffer, 1918; 8ᵉ éd. New York, Dutton, 1956.
— *The Phoneme : its Nature and Use*, Cambridge, Heffer, 1950; 2ᵉ éd., 1962, 267 p.
— *The Pronunciation of English*, Cambridge, University Press, 1956; 4ᵉ éd. 1966.

JOOS (Martin), *The English Verb*, Madison, University of Wisconsin Press, 1964, 249 p.; 2ᵉ éd. 1968.
— (ed.) *Readings in Linguistics*, t. I : *The Development of Descriptive Linguistics in America 1925-1956*, Chicago, University of Chicago Press, 1957; 4ᵉ éd., 1966, 421 p.

JØRGENSEN (Jens Jørgen), *A Treatise of Formal Logic*, trad. du danois, Copenhague, Munksgaard et Londres, Oxford University Press, 1931, 3 vol.
— *Introduction à l'étude de la logique*, en danois, Copenhague, 1956.

JOYAUX (Julia), *le Langage, cet inconnu*, Paris, S.G.P.P., 1969, 320 p.

JUILLAND (Alphonse), *Outline of a General Theory of Structural Relations*, La Haye, Mouton, 1961, 58 p.

JUILLAND (Alphonse) et CHANG-RODRIGUEZ (E.), *Frequency Dictionary of Spanish Words*, La Haye, Mouton, 1964, 500 p.

JUILLAND (Alphonse), BRODIN (Dorothy) et DAVIDOVITCH (Catherine), *Frequency Dictionary of French Words*, La Haye, Mouton, 1971, 503 p.

JUMPELT (R. W.), *Die Übersetzung naturwissenschaftlicher und technischer Literatur*, Berlin, Langenscheidt, 1961, 214 p.

JÜNGER (Friedrich Georg), *Sprache und Denken*, Francfort, Klostermann, 1962, 232 p.

JUNKER (Heinrich), *Sprachphilosophisches Lesebuch*, Heidelberg, Winter, 1948, 302 p.

KAHN (Félix), *le Système des temps de l'indicatif chez un Parisien et chez une Bâloise*, Genève, Droz, 1954, 221 p.

KAPLAN (H. M.), *Anatomy and Physiology of Speech*, New York, McGraw-Hill, 1960.

KATZ (Jerrold Jacob), *The Problem of Induction and its Solution*, Chicago, University of Chicago Press, 1960.
— *The Philosophy of Language*, New York, Harper and Row, 1966, 326 p.; trad. fr. *la Philosophie du langage*, Paris, Payot, 1971, 272 p.
— *Semantic Theory*, New York, Harper and Row, 1972, 384 p.

KATZ (Jerrold J.) et POSTAL (Paul M.), *An Integrated Theory of Linguistic Descriptions*, Cambridge, Mass., MIT Press, 1964, 178 p.; trad. fr., *Théorie globale des descriptions linguistiques*, Mame, 1974, 270 p.

KEY (Thomas Hewitt), *Language : Its Origin and Development*, Londres, 1874.

KIEFER (Ferenc), *On Emphasis and Word Order in Hungarian*, La Haye, Mouton, 1967.
- *Mathematical Linguistics in Eastern Europe*, New York, American Elsevier, 1968.
- (ed.) *Studies in Syntax and Semantics*, Dordrecht, Reidel, 1969, 243 p.

KING (Robert D.), *Historical Linguistics and Generative Grammar*, Englewood Cliffs, New Jersey, Prentice-Hall, 1969.

KIRCHNER (Gustav), *Die Zehn Hauptverben der Englischen*, Halle, Niemeyer, 1952, 605 p.

KLAUS (Georg), *Semiotik und Erkenntnistheorie*, Berlin, Deutsche Verlag der Wissenschaften, 1963, 1964 p.

KLUM (Arne), *Verbe et adverbe*, Uppsala, 1961.

KOCH (Walter A.), *Recurrence and a Three-Modal Approach to Poetry*, La Haye, Mouton, 1966, 57 p.

KOLŠANSKIJ (G. B.), *Logique et structure de la langue*, en russe, Moscou, 1965.

KORZYBSKI (Alfred), *Science and Sanity, An Introduction to Non-Aristotelian Systems and General Semantics*, New York, Science Press, 1933; 4ᵉ éd., Lakeville, Connect., Institute of General Semantics, 1958, 806 p.

KOTARBIŃSKI (Tadeusz), *Eléments de la théorie de la connaissance, de la logique formelle et de la méthodologie des sciences*, en polonais, Varsovie, 1929; 2ᵉ éd., 1961.

KOUTSOUDAS (Andreas), *Writing Transformational Grammars*, New York, McGraw-Hill, 1967.

KRENN (Herwig) et MÜLLNER (Klaus), *Bibliographie zur Transformationsgrammatik*, Heidelberg, Winter, 1968.

KRISTEVA (Julia), *Recherches pour une sémanalyse, Sêmeiôtikè*. Paris, Le Seuil, 1969, 384 p.
- *le Texte du roman*, La Haye, Mouton, 1971, 209 p.

KRISTEVA (Julia), REY-DEBOVE (Josette) et UMIKER (Donna Jean) [eds.], *Essays in Semiotics. Essais de semiotique*, La Haye, Mouton, 1971, 649 p.

KRONASSER (Heinz), *Handbuch der Semasiologie*, Heildelberg, Carl Winter, 1952, 204 p.

KUKENHEIM (Louis), *Contribution à l'histoire de la grammaire italienne, espagnole et française à l'époque de la Renaissance*, Amsterdam, North-Holland, 1932.
- *Esquisse historique de la linguistique française et de ses rapports avec la linguistique générale*, Leyde, Universitare Pers, 1962, 205 p.

KÜNG (Guido), *Ontologie und logistiche Analyse der Sprache*, Vienne, Springer, 1963; trad. anglaise, *Ontology and the Logistic Analysis of Language*, Dordrecht, Reidel, 1967, 210 p.

KURYLOWICZ (Jerzy), *Etudes indoeuropéennes*, I, Cracovie, 1935, 294 p.
- *Esquisses linguistiques*, Varsovie et Cracovie, Polska Akademia Nauk, 1960.
- *The Inflexional Categories of Indo-European*, Heidelberg, Carl Winter, 1964.

LABOV (William), *The Social Stratification of English in New York City*, Washington, D.C., Center of Applied Linguistics, 1966, 655 p.

LACAN (Jacques), *Ecrits*, Paris, Le Seuil, 1966, 912 p.

LADEFOGED (Peter), *Elements of Acoustic Phonetics*, Chicago, University of Chicago Press, et Edimbourg, University of Edinburg Press, 1962.
- *Three Areas of Experimental Phonetics*, Londres, Oxford University Press, 1967, 180 p.

LADO (Robert), *Language Testing*, Londres, Longmans, 1961, 389 p.
- *Language Teaching : A Scientific Approach*, New York, McGraw-Hill, 1964, 239 p.

LAFON (Jean Claude), *Message et phonétique*, Paris, P.U.F., 1961, 168 p.

LAKOFF (George), *Irregularity in Syntax*, New York, Holt, Rinehart and Winston, 1970, 207 p.

LAMB (Sidney M.), *Outline of Stratificational Grammar*, Washington, D.C., Georgetown University Press, 1966.

LAMBERT (Karel) [ed.], *The Logical Way of Doing Things*, New Haven, N.J., Yale University Press, 1969, 325 p.

LAMÉRAND (Raymond), *Syntaxe transformationelle des propositions hypothétiques du français parlé*, Bruxelles, AIMAV, 1970, 157 p.

LANDAR (H.), *Language and Culture*, Londres, Oxford University Press, 1966.

LANGACKER (Ronald W.), *Language and its Structure*, New York, Harcourt, Brace and World, 1968, 372 p.

LANGENDOEN (D. Terence), *The Study of Syntax. The Generative Transformational Approach to the Structure of American English*, New York, Holt, Rinehart and Winston, 1969, 174 p.
- *Essentials of English Grammar*, New York, Holt, Rinehart and Winston, 1970, 223 p.

LAROUSSE (Pierre), *Grand Dictionnaire universel*, Paris, Larousse, 1866-1876, 17 vol.

LAUSBERG (Heinrich), *Romanische Sprachwissenschaft*, Berlin, W. de Gruyter, 1956, 2 vol.
- *Handbuch der literarischen Rhetorik*, Munich, Hueber, 1960, 601 p.

LECOMTE (Gérard), *Grammaire de l'arabe*, Paris, P.U.F., « Que sais-je? », 1967.

LEES (Robert B.), *The Grammar of English Nominalizations*, Bloomington, Indiana, Indiana University Press, 1963; 4ᵉ éd., La Haye, Mouton, 1966, 205 p.
- *The Phonology of Modern Standard Turkish*, Bloomington, Indiana, Indiana University Press, 1964.

LEHISTE (Ilse), *Acoustic Characteristics of Selected English Consonants*, La Haye, Mouton, 1964, 197 p.
— *Some Acoustic Characteristics of Dysarthric Speech*, New York, Phiebig, 1965, 142 p.
— *Readings in Acoustic Phonetics*, Cambridge, Mass., MIT Press, 1967, 358 p.

LEHMANN (Winfred P.) [ed.], *A Reader in Nineteenth Century Historical Indo-European Linguistics*, Bloomington, Indiana University Press, 1967.

LEHMANN (Winfred P.) et MALKIEL (Yakov) [eds.], *Directions for Historical Linguistics : a Symposium*, Austin, Texas, University Press, 1968.

LEISI (Ernst), *Der Wortinhalt, seine Struktur im Deutschen und Englischen*, Heidelberg, 1953.

LENNEBERG (Eric Heinz) [ed.], *New Directions in the Study of Language*, Cambridge, Mass., MIT Press, 1964, 194 p.
— *The Biological Foundations of Language*, New York, Wiley, 1967, 489 p.

LENNEBERG (Eric H.) et ROBERTS (John M.), *The Language of Experience. A Study in Methodology*, Bloomington, Indiana, Indiana University Press, 1956.

LÉON (Pierre R.), *Laboratoire de langues et correction phonétique. Essai méthodologique*, Philadelphie, Chilton Co., et Paris, Didier, 1962; 2ᵉ éd., 1968, 275 p.
— *Essais de phonostylistique*, Paris, Didier, 1971, 186 p.

LÉON (Pierre R.) et MARTIN (Philippe), *Prolégomènes à l'étude des structures intonatives*, Paris, Didier, 1970, 226 p.

LEOPOLD (Werner F.), *Speech Development of a Bilingual Child. A Linguistic Record*, Evanston, Illinois, Northwestern University Press, 1939-1949, 4 vol.
— *Bibliography of Child Language*, Evanston, Illinois, Northwestern University Press, 1952, 116 p.

LEPSCHY (Giulio C.), *La linguistica strutturale*, Turin, Einaudi, 1966; trad. fr., *la Linguistique structurale*, Paris, Payot, 1966, 240 p.

LEROI-GOURHAN (André), *le Geste et la parole*, Paris, A. Michel., 1964-1965, 2 vol.

LEROND (Alain), *l'Habitation en Wallonie malmédienne (Ardenne belge). Etude dialectologique. Les termes d'usage courant*, Paris, Les Belles Lettres, 1963, 504 p.

LEROUX (Robert), *l'Anthropologie comparée de Guillaume de Humboldt*, Paris, Les Belles Lettres, 1958, 72 p.

LEROY (Maurice), *les Grands Courants de la linguistique moderne*, Bruxelles, Presses universitaires de Bruxelles, et Paris, P.U.F., 1964, 198 p.

LERSCH (Laurenz), *Die Sprachphilosophie der Alten*, Bonn, 1838-1841, 3 vol.

LESTER (Mark) [ed.], *Readings in Applied Transformational Grammar*, New York, Holt, Rinehart and Winston, 1970, 314 p.
— *Introductory Transformational Grammar of English*, New York, Holt, Rinehart and Winston, 1971, 335 p.

LEVIN (Samuel R.), *Linguistic Structures in Poetry*, La Haye, Mouton, 1962; 3ᵉ éd., 1969, 64 p.

LÉVI-STRAUSS (Claude), *Anthropologie structurale*, Paris, Plon, 1958, 454 p.

LEVITT (Jesse), *The « Grammaire des grammaires » of Girault-Duvivier*, La Haye, Mouton, 1968, 338 p.

LEWIS (Morris Michael), *Infant Speech, a Study of the Beginnings of Speech*, New York, Harcourt and Brace, 1936, 335 p.

Lexicologie et lexicographie françaises et romanes. Orientations et exigences actuelles [Actes du colloque de Strasbourg, 12-16 nov. 1957], Paris, C.N.R.S., 1959, 293 p.

LIEB (Hans Heinrich), *Sprachstudium und Sprachsystem; Umrisse einer Sprachtheorie*, Stuttgart, Kohlhammer, 1970, 306 p.

LIEBERMAN (Philip), *Intonation, Perception and Language*, Cambridge, Mass., MIT Press, 1967, 210 p.

LIEBERSON (Stanley) [ed.], *Explorations in Sociolinguistics*, New York, Humanities, 1967, 191 p.

LINDKVIST (Karl Gunnar), *Studies on the Local Sense of the Prepositions « in, at, on and to » in Modern English*, Lund, Gleerup et Copenhague, Munksgaard, 1950, 428 p.

LINSKY (Leonard) [ed.], *Semantics and the Philosophy of Language*, Urbana, Illinois, University of Illinois Press, 1952, 289 p.
— *Referring*, New York, Humanities, 1967.

LITTRÉ (Emile), *Dictionnaire de la langue française*, Paris, Hachette, 1863-1872, 5 vol.

LIVET (Charles Louis), *la Grammaire française et les grammairiens au XVIᵉ siècle*, Paris, Didier, 1859, 536 p.

LJUDSKANOV (A.), *Traduction humaine et traduction mécanique*, Paris, Dunod, 1969, 2 vol.

LOCKWOOD (David G.), *Introduction to Stratificational Linguistics*, New York, Harcourt Brace, 1972, 260 p.

LOHMANN (Johannes), *Philosophie und Sprachwissenschaft*, Berlin, Duncker und Humblot, 1965, 297 p.

LONGACRE (Robert E.), *Grammar Discovery Procedures*, La Haye, Mouton, 1964.

LORIAN (Alexandre), *l'Expression de l'hypothèse en français moderne : antéposition et postposition*, Paris, Minard, 1964, 128 p.

LOTMAN (J. M.), *Leçons sur la poétique structurale*, en russe, Tartu, 1964.

LUCE (R. Duncan), BUSH (Robert R.) et GALANTER (Eugene) [eds.], *Handbook of Mathematical Psychology*, New York, Wiley, 1963, 3 vol., 490, 537 et 606 p.

LUKASIEWICZ (Jan), *Aristotle's Syllogistic from the Standpoint of Modern Formal Logic*, Oxford, Clarendon Press, 1951; 2ᵉ éd., 1957.

LUNT (Horace G.) [ed.], *Proceedings of the Ninth International Congress of Linguists* [Cambridge, Mass., 27-31 août 1962], La Haye, Mouton, 1964, 1174 p.

LURIYA (Aleksandr Romanovitch), *The Role of Speech in the Regulation of Normal and Abnormal Behavior*, trad. du russe, Oxford, Pergamon, 1961, 100 p.
— (ed.) *The Mentally Retarded Child*, trad. du russe, Oxford, Pergamon, 1963, 207 p.
— *Traumatic Aphasia : Its Syndromes, Psychology and Treatment*, trad. du russe, La Haye, Mouton, 1970, 479 p.

LURIYA (Aleksandr Romanovitch) et YUDOVICH (F. I.), *Speech and the Development of Mental Processes in the Child*, trad. du russe, Londres, Staples Press, 1959, 126 p.

LYONS (John), *Structural Semantics. An Analysis of Part of the Vocabulary of Plato*, Oxford, Blackwell, 1963, 237 p.
— *Introduction to Theoretical Linguistics*, Cambridge, Cambridge University Press, 1968, 519 p.; trad. fr. *Linguistique générale. Introduction à la linguistique théorique*, Paris, Larousse, 1970, 384 p.
— *Chomsky*, Londres, Collins, 1970, 120 p.; trad. fr. Paris, Seghers, 1971, 183 p.
— (ed.) *New Horizons in Linguistics*, Harmondsworth, Penguin, 1970, 367 p.

LYONS (John) et WALES (Roger J.) [eds.], *Psycholinguistics Papers : The Proceedings of the Edinburgh Conference*, Edimbourg, University Press, 1966, 243 p.

McCAWLEY (James D.), *The Phonological Component of a Grammar of Japanese*, La Haye, Mouton, 1968, 208 p.

McINTOSH (Angus), *An Introduction to a Survey of Scottish Dialects*, Edimbourg, Nelson, 1952.

McINTOSH (Angus) et HALLIDAY (Michael Alexander Kirkwood), *Patterns of Language : Papers in General Descriptive and Applied Linguistics*, Londres, Longmans, 1966, 199 p.

McNEILL (David), *The Acquisition of Language. The Study of Developmental Psycholinguistics*, New York, Harper and Row, 1970, 183 p.

MAGNUSSON (Rudolf), *Studies in the Theory of the Parts of Speech*, Lund, Gleerup et Copenhague, Munksgaard, 1954, 120 p.

MALMBERG (Bertil), *la Phonétique*, Paris, P.U.F., « Que sais-je? », 1954; 10ᵉ éd., 1973.
— *Structural Linguistics and Human Communication*, Berlin, Springer, 1963, 210 p.
— *New Trends in Linguistics*, Stockholm, 1964; trad. fr. *les Nouvelles Tendances de la linguistique*, Paris, P.U.F., 1966, 343 p.
— (ed.) *A Manual of Phonetics*, Amsterdam, North-Holland, 1968.
— *les Domaines de la phonétique*, en suédois, Stockholm, 1969; trad. fr. P.U.F., 1971, 300 p.
— *Phonétique générale et romane*, La Haye, Mouton, 1971, 478 p.

MARCELLESI (Jean-Baptiste), *le Congrès de Tours, études sociolinguistiques*, Paris, Le Pavillon-Roger Maria, 1971, 357 p.

MARCHAND (Hans), *The Categories and Types of Present-Day English Word Formation*, Wiesbaden, O. Harrassowitz, 1960, 379 p.

MARCUS (Solomon), *Linguistica Matematică*, Bucarest, 1963; nouv. éd., *Introduction mathématique à la linguistique structurale*, Paris, Dunod, 1967, 292 p.
— *Grammatici si automate finite*, Bucarest, 1964.
— *Poetica Matématică*, Bucarest, Ed. academiei, 1970, 400 p.

MAROUZEAU (Jules), *la Linguistique ou science du langage*, Paris, Geuthner, 1921; 3ᵉ éd. 1950, 127 p.
— *Lexique de la terminologie linguistique*, Paris, Geuthner, 1931; 3ᵉ éd. 1951, 265 p.
— *Précis de stylistique française*, Paris. Masson. 1940. 174 p.

MARR (Nikolai Iakovlevitch), *Der Japhetische Kaukasus und das dritte ethnische Element im Bildungsprozess der mittelandischen Kultur*, en russe, Moscou, 1920; trad. allemande, Stuttgart, Kohlhammer, 1923, 76 p.

MARTIN (Richard Milton), *Truth and Denotation, a study in Semantical Theory*, Chicago, University Press, 1958, 304 p.

MARTIN (Robert), *le Mot « rien » et ses concurrents en français, du XIVᵉ siècle à l'époque contemporaine*, Paris, Klincksieck, 1966, 340 p.
— *Temps et Aspect. Essai sur l'emploi des temps narratifs en moyen français*, Klincksieck, 1971, 451 p.

MARTINET (André), *Phonology as Functional Phonetics*, Londres, Oxford University Press, 1949.
— *la Prononciation du français contemporain 1945*, Genève, Droz, 1954; 2ᵉ éd., 1971, 249 p.
— *Economie des changements phonétiques. Traité de phonologie diachronique*, Berne, A. Francke, 1955; 2ᵉ éd., 1964, 396 p.
— *la Description phonologique, avec application au parler franco-provençal d'Hauteville (Savoie)*, Genève, Droz, et Paris, Minard, 1956, 109 p.
— *Eléments de linguistique générale*, Paris, A. Colin, 1960; 2ᵉ éd., 1967, 224 p.
— *A Functional View of Language*, Oxford, Clarendon Press, 1962; trad. fr. *Langue et Fonction*, Paris, Gonthier, 1971, 224 p.

— *la Linguistique synchronique, études et recherches*, Paris, P.U.F., 1965, 248 p.
— *le Français sans fard*, Paris, P.U.F., 1969, 224 p.
— (éd.) *le Langage*, Paris, « Encycl. de la Pléiade », Gallimard, 1968, 1544 p.
— (éd.) *Linguistique, guide alphabétique*, Paris, Denoël-Gonthier, 1969, 490 p.

MARTINET (André) et WEINREICH (Uriel) [eds.], *Linguistics to day*, New York, Linguistic Circle of New York, 1954, 280 p.

MARTY (Anton), *Untersuchungen zur Grundlegung der allgemeinen Grammatik und Sprachphilosophie*, Halle, H. Niemeyer, 1908.
— *Psyche und Sprachstruktur*, Berne, Francke, 1940.

MATHIOT (Madeleine), *An Approach to the Cognitive Study of Language*, New York, Humanities, 1968.

MATORÉ (Georges), *le Vocabulaire et la Société sous Louis Philippe*, Genève, Droz, 1951, 371 p.
— *la Méthode en lexicologie. Domaine français*, Paris, Didier, 1953; nouv. éd., 1963, 127 p.
— *l'Espace humain*, Paris, La Colombe, 1962, 208 p.
— *Histoire des dictionnaires français*, Paris, Larousse, 1968, 280 p.

MAURER (K.) [ed.], *Poetica. Zeitschrift für Sprach und Literaturwissenschaft*, Munich, Fink, 1967 et suiv.

MEHLER (Jacques) [ed.], *Cognitive Psychology Handbook*, Englewood Cliffs, New Jersey, Prentice-Hall, 1970.

MEIGRET (Louis), *le Tretté de la grammaire française*, Paris, 1550.

MEILLET (Antoine), *Introduction à l'étude comparative des langues indo-européennes*, Paris, Hachette, 1903; 8ᵉ éd., 1937, réimpr. 1964.
— *les Dialectes indo-européens*, Paris, Champion, 1908; 2ᵉ éd. 1922, 142 p.
— *Aperçu d'une histoire de la langue grecque*, Paris, Hachette, 1913; 7ᵉ éd., Klincksieck, 1965, 344 p.
— *Caractères généraux des langues germaniques*, Paris, Hachette, 1917; 7ᵉ éd., 1949, 242 p.
— *les Langues dans l'Europe nouvelle*, Paris, Payot, 1918; 2ᵉ éd., 1928.
— *Linguistique historique et linguistique générale*, Paris, Champion et Klincksieck, 1921-1936, 2 vol.; t. I, 335 p., réed., 1958; t. II, 235 p., réed., 1952.
— *la Méthode comparative en linguistique*, Paris et Oslo, 1925, réed. Champion, 1966, 117 p.
— *Esquisse d'une histoire de la langue latine*, Paris, Hachette, 1928; nouv. éd. avec une bibliographie par J. Perrot, Klincksieck, 1966, 296 p.

MEILLET (Antoine) et COHEN (Marcel) [éds], *les Langues du monde*, Paris, Champion, 1924; 2ᵉ éd., C.N.R.S., 1952, 1 296 p.

MEILLET (Antoine) et VENDRYES (Joseph), *Traité de grammaire comparée des langues classiques*, Paris, Champion, 1924; 3ᵉ éd., 1963.

MEL'ČUK (I. A.), *Analyse syntaxique automatique*, en russe, Novosibirsk, 1964.

MÉNAGE (Gilles), *Observations sur la langue française*, Paris, 1672.

MENYUK (Paula), *Sentence Children Use*, Cambridge, Mass., MIT Press, 1969, 165 p.

MESCHONNIC (Henri), *Pour la poétique. Essai*, Paris, N.R.F. Gallimard, 1970, 180 p.

Méthodes de la grammaire. Tradition et nouveauté [Actes du colloque tenu à Liège, 18-20 nov. 1964], Paris, Les Belles Lettres, 1966, 195 p.

METZ (Christian), *Essais sur la signification au cinéma*, Paris, Klincksieck, 1967, 246 p.
— *Langage et cinéma*, Paris, Larousse, 1971, 224 p.

MEYER-LÜBKE (Wilhelm), *Grammatik der romanischen Sprachen*, Leipzig, Reisland, 1890-1906, 4 vol.
— *Einführung in das Studium der romanischen Sprachwissenschaft*, Heidelberg, Carl Winter, 1901, 224 p.
— *Historische Grammatik der französischen Sprache*, Heidelberg, Carl Winter, 1913.

MILIC (Louis T.), *Style and Stylistics. An annotated Bibliography*, New York, Free Press, 1968.

MILLER (George A.), *Language and Communication*, New York, McGraw-Hill, 1951; trad. fr. *Langage et Communication*, Paris, P.U.F., 1956, 404 p.

MILLER (George A.) et GALANTER (Eugene), *Plans and the Structure of Behavior*, New York, Holt and Co., 1960.

MILLER (Robert L.), *The Linguistic Relativity Principle and Humboldtian Ethnolinguistics*, La Haye, Mouton, 1968, 127 p.

MISRA (Vidya Niwas), *The Descriptive Technique of Pāṇini*, La Haye, Mouton, 1967, 175 p.

MITTERAND (Henri), *les Mots français*, Paris, P.U.F., « Que sais-je? », 1960.

MOHRMANN (Christine), SOMMERFELT (Alf) et WHATMOUGHT (eds.), *Trends in European and American Linguistics, 1930-1960*, Anvers et Utrecht, Spectrum, 1961.

MOHRMANN (Christine), NORMAN (F.) et SOMMERFELT (Alf) [eds.], *Trends in Modern Linguistics*, Anvers et Utrecht, Spectrum, 1963, 118 p.

MOIGNET (Gérard), *Essai sur le mode subjonctif en latin post-classique et en ancien français*, Paris, P.U.F., 1959, 2 vol.
— *les Signes de l'exception dans l'histoire du français*, Genève, Droz, 1959, 248 p.

- *l'Adverbe dans la locution verbale*, Québec, Presses de l'Université Laval, 1961, 36 p.
- *le Pronom personnel français. Essai de psycho-systématique historique*, Paris, Klincksieck, 1965, 180 p.

MOK (Quirinus Ignatius Maria), *Contribution à l'étude des catégories morphologiques du genre et du nombre dans le français parlé actuel*, Paris, Mouton, 1968, 159 p.

MOLES (Abraham), *Théorie de l'information et perception stylistique*, Paris, Flammarion, 1958, 224 p.

MOLES (Abraham) et VALLANCIEN (B.), *Phonétique et Phonation*, Paris, Masson, 1966, 258 p.

- (éds) *Communications et langages*, Paris, Gauthier-Villars, 1963, 215 p.

MOLES (sous la direction d'Abraham), assisté de ZELTMANN (Claude), *la Communication*, Paris, Centre d'étude et de promotion de la lecture, 1971, 576 p.

MOLHO (Maurice), *Linguistique et Langage*, Bordeaux, Ducros, 1969, 164 p.

MONNEROT-DUMAINE (Maurice), *Précis d'interlinguistique générale et spéciale*, Paris, Maloine, 1959, 211 p.

MORIER (Henri), *Dictionnaire de poétique et de rhétorique*, Paris, P.U.F., 1961, 492 p.

MORRIS (Charles W.), *Signs, Language and Behavior*, Englewood Cliffs, N.J., Prentice-Hall, 1946; nouv. éd., 1955, 365 p.

- *Signification and Signifiance*, Cambridge, Mass., MIT Press, 1964.

MOSER (Hugo), *Deutsche Sprachgeschichte*, Stuttgart, 1957.

MOTSCH (Wolfgang), *Syntax des deutschen Adjektivs*, Berlin, Akademie Verlag, 1966.

MOULOUD (Noël), *Langage et Structures*, Paris, Payot, 1969, 252 p.

MOUNIN (Georges), *les Problèmes théoriques de la traduction*, Paris, Gallimard, 1963, 297 p.
- *la Machine à traduire. Histoire des problèmes linguistiques*, La Haye, Mouton, 1964, 209 p.
- *Histoire de la linguistique, des origines au XXe siècle*, Paris, P.U.F., 1967; 2e éd., 1970.
- *Clefs pour la linguistique*, Paris, Seghers, 1968, 190 p.; nouv. éd. 1971.
- *Saussure ou le Structuraliste sans le savoir*, Paris, Seghers, 1968, 191 p.
- *Introduction à la sémiologie*, Paris, Ed. de Minuit, 1970, 251 p.
- *Clefs pour la sémantique*, Paris, Seghers, 1972, 268 p.

MOWRER (Orval Hobart), *Learning Theory and the Symbolic Processes*, New York, Wiley, 1960.

MULDER (Johannes W. F.), *Sets and Relations in Phonology. An Axiomatic Approach to the Description of Speech*, Oxford, Clarendon Press, 1968, 259 p.

MULLER (Charles), *Essai de statistique lexicale : l'Illusion comique*, Paris, Klincksieck, 1964, 204 p.
- *Etude de statistique lexicale : le vocabulaire du théâtre de Pierre Corneille*, Paris, Larousse, 1967, 380 p.
- *Initiation à la statistique linguistique*, Paris, Larousse, 1968, 249 p.

MUNDLE (C.W.K.), *A Critique of Linguistic Philosophy*, Londres, Oxford University Press, 1970, 292 p.

MYNAREK (Hubertus), *Mensch und Sprache, über Ursprung und Wesen der Sprache in ihrer anthropologischen Valenz*, Fribourg, Herder, 1967, 160 p.

NASH (Rose), *Multilingual Lexicon of Linguistics and Philology : English, German, Russian, French*, Paris, Klincksieck, 1969, 390 p.

NIDA (Eugene Albert), *Morphology : the Descriptive Analysis of Words*, Ann Arbor, Michigan, University Press, 1949, 342 p.
- *Outline of Descriptive Syntax*, Glendale, Calif., 1951.
- *Message and Mission, the Communication of Christian Faith*, New York, Harper and Row, 1960.
- *A Synopsis of English Syntax*, Norman, Oklahoma, Summer Institute of Linguistics, 1960; 2e éd., La Haye, Mouton, 1966, 174 p.
- *Towards a Science of Translating*, Leyde, Brill, 1964, 331 p.

NOLAN (R.), *Foundations for an Adequate Criterion of Paraphrase*, La Haye, Mouton, 1970.

NYROP (Kristoffer), *Grammaire historique de la langue française*, Copenhague, Gyldendal, 1899-1930, 6 vol.
- *Etudes de grammaire française*, Copenhague, Höst, 1919-1929, 7 vol.

OETTINGER (Anthony G.), *Automatic Language Translation*, Cambridge, Mass., Harvard University Press, 1960.

OGDEN (Charles Kay), *Opposition*, Londres, P. Kegan, 1932; rééd., Bloomington, Indiana, University Press, 1967, 103 p.

OGDEN (Charles Kay) et RICHARDS (Ivor Armstrong), *The Meaning of Meaning*, Londres, P. Kegan, 1923; 8e éd., Routledge et Kegan, 1946.

OHMAN (Suzanne), *Wortinhalt und Weltbild*, Stockholm, 1951.

OLDFIELD (Richard Charles) et MARSHALL (J. C.) [eds.], *Language : Selected Readings*, Harmondsworth, Penguin Books, 1968, 392 p.

OLSHEWSKY (Thomas M.) [ed.], *Problems in the Philosophy of Language*, New York, Holt, Rinehart and Winston, 1969, 774 p.

OLSSON (Yngre), *On the Syntax of the English Verb : with Special Reference to « have a Look » and Similar Complex Structures*, Stockholm et Uppsala, Gothenburg, 1961.

OMBRÉDANE (André), *l'Aphasie et l'élaboration de la pensée explicite*, Paris, P.U.F., 1951, 444 p.

ORRICK (Allan H.), *Nordica et Anglica : Studies in Honor of Stefan Einarsson*, La Haye, Mouton, 1968, 196 p.

ORTIGUES (Edmond), *le Discours et le Symbole*, Paris, Aubier, 1962.

OSGOOD (Charles Egerton), *Method and Theory in Experimental Psychology*, Londres, Oxford University Press, 1953, 800 p.

OSGOOD (Charles Egerton) et coll., *The Measurement of Meaning*, Urbana, Illinois, University Press, 1957, 342 p.

OSGOOD (Charles Egerton) et SEBEOK (Thomas A.) [eds.], *Psycholinguistics. A Survey of Psycholinguistic Research, 1954-1964*, Bloomington, Indiana University Press, 1965, 307 p.

OSTHOFF (Hermann), *Das Verbum in der Nominalkomposition im Deutschen, Griechischen, Slavischen und Romanischen*, Iéna, 1878, 372 p.

— *Zur Geschichte des Perfects in Indogermanischen, mit besonderer Rücksicht auf Griechisch und Lateinisch*, Strasbourg, Trübner, 1884, 653 p.

OSTHOFF (Hermann) et BRUGMANN (Karl), *Morphologische Untersuchungen auf dem Gebiete der indogermanischen Sprachen*, Leipzig, Hirzel, 1878-1910, 3 vol.

PAGÈS (Robert), *le Langage, textes et documents philosophiques*, Paris, Hachette, 1959, 96 p.

PAGET (Richard Arthur Surtees), *Human Speech*, Londres, Kegan, 1930, 360 p.

PALMER (Frank Robert), *A Linguistic Study of the English Verb*, Londres, Longmans, 1965; 3ᵉ éd., 1968, 199 p.

— (ed.) *Prosodic Analysis*, Londres, Oxford University Press, 1971, 284 p.

PAP (Arthur), *Elements of Analytic Philosophy*, New York, Macmillan, 1949, 526 p.

— *An Introduction to the Philosophy of Science*, Glencoe, Illinois, Free Press, 1962.

PAPP (Ferenc), *Mathematical Linguistics in the Soviet Union*, La Haye, Mouton, 1966, 165 p.

PARIENTE (Jean-Claude) [éd.], *Essais sur le langage* [textes de E. Cassirer, A. Sechehaye, W. Doroszewski, K. Bühler, etc.], Paris, Ed. de Minuit, 1969, 348 p.

PARRET (Herman), *Language and Discourse*, La Haye, Mouton, 1971, 292 p.

PASSY (Paul), *Etude sur les changements phonétiques et leurs caractères généraux*, Paris, Didot, 1890.

PAUL (Hermann), *Principien der Sprachgeschichte*, Halle, Niemeyer, 1880; 2ᵉ éd., 1886.

PAULUS (Jean), *la Fonction symbolique et le langage*, Bruxelles, C. Dessart, 1969, 173 p.

PÊCHEUX (Michel), *Analyse automatique du discours*, Paris, Dunod, 1969, 152 p.

PEDERSEN (Holger), *Linguistic Science in the Nineteenth Century*, éd. danoise, 1924; trad. par J. W. Spargo, Cambridge, Mass., Harvard University Press, 1931; réimpr., *The Discovery of Language*, Bloomington, Indiana, University Press, 1959.

PEI (Mario), *The Story of Language*, Londres, Allen and Unwin, 1952; 2ᵉ éd., 1966, 491 p.; trad. fr., *Histoire du langage*, Paris, Payot, 1954, 298 p.

— *Invitation to Linguistics : a Basic Introduction to the Science of Language*, Londres, Allen and Unwin, 1965, 266 p.

— *Glossary of Linguistic Terminology*, New York, Doubleday, 1966, 299 p.

PEIRCE (Charles Sanders), *Selected Writings*, éd. par Ph. P. Wiener, New York, Dover, 1958.

— *Collected Papers*, Cambridge, Mass., Harvard Univ. Pr., 1960, 8 vol.

PENFIELD (Wilder) et ROBERTS (Lamar), *Speech and Brain-Mechanisms*, Princeton, University Press, 1959, 286 p.; trad. fr. *Langage et Mécanismes cérébraux*, Paris, P.U.F., 1963, 311 p.

PERLMUTTER (David M.), *Deep and Surface Structure Contraints in Syntax*, New York, Holt, Rinehart and Winston, 1971, 137 p.

PERROT (Jean), *la Linguistique*, Paris, P.U.F., coll. « Que sais-je? », 1953; 8ᵉ éd., 1969.

PETERFALVI (Jean-Michel), *Introduction à la psycholinguistique*, Paris, P.U.F., 1970, 160 p.

PEYTARD (Jean), *Syntagmes. Linguistique française et structures du texte littéraire*, Paris, Les Belles Lettres, 1971, 289 p.

PIAGET (Jean), *la Formation du symbole chez l'enfant*, Neuchâtel, Delachaux et Niestlé, 1945, 314 p.

PIAGET (Jean) [sous la dir. de], *Logique et connaissance scientifique*, Paris, Gallimard, « Encycl. de la Pléiade », 1967, 1 345 p.

PIÉRON (Henri), *Vocabulaire de la psychologie*, Paris, P.U.F., 1951; 4ᵉ éd., 1968.

PIKE (Kenneth L.), *Phonetics*, Ann Arbor, University of Michigan Press, 1943.

— *The Intonation of American English*, Ann Arbor, University of Michigan Press, 1945.

— *Phonemics, a Technique for Reducing Language to Writing*, Ann Arbor, Univ. of Michigan Press, 1947.

— *Language in Relation to a Unified Theory of the Structure of Human Behavior*, Blendale, Calif., 1954-1960, 3 vol.; 2ᵉ éd., La Haye, Mouton, 1967.

PITTAU (Massimo), *Problemi di filosofia del linguaggio*, Cagliari, Editrice Sarda, 1967, 152 p.

POLITZER (Robert), *Foreign Language Learning*, Englewood Cliffs, N.J., Prentice-Hall, 1965.

POP (Sever), *la Dialectologie. Aperçu historique et méthodes d'enquêtes linguistiques*, Louvain et Gembloux, Duculot, 1950, 2 vol.

PORSET (Charles) [éd.], *Varia Linguistica*, vol. 4 [textes de Maupertuis, Turgot, Condillac, Du Marsais et A. Smith], Bordeaux, Ducros, 1970, 353 p.

PORTE (J.), *Recherche sur la théorie générale des systèmes formels et sur les systèmes connectifs*, Louvain, Nauwelaerts, et Paris, Gauthier-Villars, 1965, 146 p.

PORZIG (Walter), *Das Wunder der Sprache*, Berne, A. Francke, 1950, 415 p.
— *Die Gliederung des indogermanischen Sprachgebiets*, Heidelberg, C. Winter, 1954, 251 p.

POSTAL (Paul Martin), *Constituent Structure : A Study of Contemporary Models of Syntactic Description*, Bloomington, Indiana University Press, et La Haye, Mouton, 1964; 3ᵉ éd. 1969.
— *Aspects of Phonological Theory*, New York, Harper and Row, 1968, 326 p.
— *Cross-Over Phenomena*, New York, Holt, Rinehart and Winston, 1971, 262 p.

POTTER (Ralph Kimball) et coll., *Visible Speech*, New York, Van Nostrand, 1947, 441 p.

POTTIER (Bernard), *Systématique des éléments de relation. Etude de morphosyntaxe structurale romane*, Paris, Klincksieck, 1962, 380 p.
— *Recherches sur l'analyse sémantique en linguistique et en traduction mécanique*, Publ. Fac. des Lettres de Nancy, 1963.
— *Introduction à l'étude de la philologie hispanique : Phonétique et phonologie espagnole*, Paris, Ediciones hispano-americanas, 1965, 103 p.
— *Introduction à l'étude des structures grammaticales fondamentales*, Publ. Fac. des Lettres de Nancy, 1966.
— *Introduction à l'étude de la morphosyntaxe espagnole*, Ediciones hispano-americanas, 1966, 125 p.
— *Présentation de la linguistique, fondements d'une théorie*, Paris, Klincksieck, 1967, 78 p.
— *Grammaire de l'espagnol*, Paris, P.U.F., coll. « Que sais-je? », 1969.

POUTSMA (H.), *A Grammar of Late Modern English*, t. I : *The Sentence;* t. II : *Part of Speech;* t. III : *The Verb and the Particles*, Groningue, Noordhoff, 1926-1928, 3 vol.

PRIETO (Luis), *Principes de noologie : fondements de la théorie fonctionnelle du signifié*, La Haye, Mouton, 1964, 130 p.
— *Messages et signaux*, Paris, P.U.F., 1966, 168 p.

Principles (The) of the International Association, Londres, 1949.

PRIOR (Arthur N.), *Formal Logic*, Oxford, Clarendon Press, 1955; 2ᵉ éd. 1962, 341 p.
— *Time and Modality*, Oxford, Clarendon Press, 1957, 148 p.
— *Papers on Time and Tense*, Oxford, Clarendon Press, 1968, 166 p.

PUHVEL (Jaan) [ed.], *Substance and Structure of Language*, Berkeley, University of California Press, 1969, 223 p.

PULGRAM (Ernst), *Introduction to the Spectrography of Speech*, La Haye, Mouton, 1959.

PURTILL (Richard L.) *Logical Thinking*, New York, Harper and Row, 1972, 157 p.

QUELLET (Henri), *les Dérivés latins en -or. Etude lexicographique, statistique, morphologique et sémantique*, Paris, Klincksieck, 1970, 247 p.

QUEMADA (Bernard), *Introduction à l'étude du vocabulaire médical, 1600-1710*, Paris, Les Belles Lettres, 1955.
— *les Dictionnaires du français moderne (1539-1863), Etudes sur leur histoire, leurs types et leurs méthodes*, Paris, Didier, 1968, 684 p.

QUINE (Willard van Orman), *From a Logical Point of View*, Cambridge, Mass., Harvard University Press, 1953.
— *Word and Object*, Cambridge, Mass., MIT Press, 1960, 294 p.

QUIRK (Randolph), *The Use of English* (avec des compléments de A. C. Gimson et J. Warburg), Londres, Longmans, 1962; 2ᵉ éd. 1968, 333 p.

RAJA (K. K.), *Indian Theories of Meaning*, Madras, 1963.

RAMUS (Pierre de la RAMÉE, dit), *Gramère*, Paris, 1562; nouv. éd., *Grammaire*, 1572.

RASK (Ramus Christian), *Investigation sur l'origine du vieux norrois ou islandais*, en danois, Copenhague, 1818.
— *A Grammar of the Anglo-Saxon Tongue*, trad. du danois, Copenhague, 1830; 2ᵉ éd., Londres, 1865.
— *A Grammar of the Icelandic or Old Norse Tongue*, trad. du suédois, Londres, 1843, 272 p.

REFORMATSKI (A. A.), *Introduction à la linguistique*, en russe, Moscou, 1955.

REIBEL (David D.) et SCHANE (Sanford A.) [eds.], *Modern Studies in English. Readings in Transformational Grammar*, Englewood Cliffs, N. J., Prentice-Hall, 1969, 481 p.

REICHENBACH (Hans), *Eléments of Symbolic Logic*, New York et Londres, Macmillan, 1947, 437 p.

RENOU (Louis) [éd.], *la Grammaire de Pāṇini*. Texte sanscrit, traduction française avec extraits de commentaires, Paris, Ecole française d'Extrême-Orient, 1948-1954; nouv. éd., 1966, 2 vol.

REUCK (A. V. S. de) et O'CONNOR (M.) [eds.], *Symposium on Disorders of Language*, Londres, Churchill, 1964, 356 p.

RÉVÉSZ (Géza) [ed.], *Thinking and Speaking : a Symposium*, Amsterdam, North-Holland, 1954, 205 p.
— *Origins and Prehistory of Language*, trad. de l'allemand, New York, Philosophical Library, 1956, 240 p.

REVZIN (Isaac Iosifovitch), *les Modèles linguistiques*, en russe, Moscou, 1962; trad. fr. Paris, Dunod, 1968, 212 p.

REY (Alain), *la Lexicologie*, Paris, Klincksieck, 1970, 324 p.
— *Littré, l'humaniste et les mots*, Paris, Gallimard, 1970, 352 p.

REY-DEBOVE (Josette), *Etude linguistique et sémiotique des dictionnaires français contemporains*, La Haye, Mouton, 1971, 330 p.

RICHARDS (Ivor Armstrong), *The Philosophy of Rhetoric*, Londres, Oxford University Press, 1936, 138 p.

RICHAUDEAU (François), *Recherches en psycholinguistique*, Paris, C.E.P.L., 1971.

RICHELLE (Marc), *l'Acquisition du langage*, Bruxelles, Dessart, 1971, 215 p.

RIES (John), *Was ist Syntax ?* Marbourg, Elwert, 1894, 164 p.

RIFFATERRE (Michael), *Essais de stylistique structurale*, Paris, Flammarion, 1971, 368 p.

ROBBINS (Beverly L.), *The Definite Article in English Transformations*, La Haye, Mouton, 1968, 248 p.

ROBERTS (A. Hood), *A Statistical Linguistic Analysis of American English*, La Haye, Mouton, 1965.

ROBERTS (Paul), *English Syntax*, New York. Harcourt. Brace and World, 1964, 404 p.

ROBINS (Robert Henry), *Ancient and Medieval Grammatical Theory in Europe*, Londres, Longmans, 1951, 104 p.
— *General Linguistics : An Introductory Survey*, Londres, Longmans, 1967; trad. fr. *Linguistique générale. Une introduction*, A. Colin, 1973, 400 p.
— *A Short History of Linguistics*, Londres, Longmans, 1967, 248 p.

ROBINSON (Richard G.), *Definition*, Oxford, Clarendon Press, 1950.

ROGET (Peter), *Roget's Thesaurus* (éd. abrégée avec des additions de J.-L. et S.-R. Roget), Harmonsdworth, Penguin, 1953 (éd. originale, 1852).

ROMNEY (A. Kimball) et D'ANDRADE (R. Goodwin) [eds.], *Transcultural Studies in Cognition*, Menasha, Wisconsin, American Anthropologist, 1964, 186 p.

ROOS (Heinrich), *Die Modi Significandi des Martinus von Dacia*, Münster, Aschendorff, 1952, 167 p.

ROSE (Christine Brooke), *A Grammar of Metaphor*, Londres, Secker and Warburg, 1958, 343 p.

ROSENBAUM (Peter), *The Grammar of English Predicate Complement Constructions*, Cambridge, Mass., MIT Press, 1967, 128 p.

ROSENFIELD (Lawrence William), *Aristotle and Information Theory*, La Haye, Mouton, 1971, 149 p.

ROSENGREN (Inger), *Semantischen Strukturen : Eine quantitative Distributions-analyse einiger mittelhoch deutscher Adjective*, Copenhague, Munksgaard et Lund, Gleerup, 1966.

ROSETTI (Alexandre), *le Mot. Esquisse d'une théorie générale*, Copenhague et Bucarest, 2ᵉ éd., 1947.
— *Linguistica*, La Haye, Mouton, 1965, 268 p.
— *Sur la théorie de la syllabe*, La Haye, Mouton, 1959; 2ᵉ éd. 1963, 43 p.

ROSIELLO (Luigi), *Linguistica illuminista*, Bologne, Il Mulino, 1967, 219 p.

ROUDINESCO (Elisabeth), *Initiation à la linguistique générale*, Paris, l'Expansion scientifique française, 1967, 96 p.

ROUGIER (Louis), *la Métaphysique et le Langage*, Paris, Flammarion, 1960, 256 p.

ROULET (Eddy), *Syntaxe de la proposition nucléaire en français parlé. Etude tagmémique et transformationnelle*, Bruxelles, AIMAV, 1969, 187 p.

ROUSSEAU (Jean-Jacques), *Essai sur l'origine des langues, où il est parlé de la mélodie et de l'imitation musicale* [Genève, 1781], éd., introduction et notes par Ch. Porset, Bordeaux, Ducros, 1970, 24 p.

ROUSSELOT (Jean-Pierre) et LACLOTTE (F.), *Précis de prononciation française*, Paris. Welter, 1902.

RUEGG, *Contributions à l'histoire de la philosophie linguistique indienne*, E. de Boccard, 1960.

RUSSELL (Bertrand), *An Inquiry into Meaning and Truth*, Londres, Macmillan, 1940; trad. fr. *Signification et Vérité*, Paris, Flammarion, 1958, 408 p.
— *Logic and Knowledge, Essays 1901-1950*, Londres, Macmillan, 1956.

RUWET (Nicolas), *Introduction à la grammaire générative*, Paris, Plon, 1967; 2ᵉ éd., 1970, 448 p.

RYLE (Gilbert), *The Concept of Mind*, New York, Barnes and Noble, 1949.

SAHLIN (Gunvor), *César Chesneau du Marsais et son rôle dans l'évolution de la grammaire générale*, Paris, P.U.F., 1928.

SALOMON (Louis Bernard), *Semantics and Common Sense*, New York, Holt, Rinehart and Winston, 1964, 180 p.

SALZINGER (Kurt et Suzanne) [eds.], *Research in Verbal Behavior and Some Neurophysiological Implications*, New York et Londres, Academic Press, 1967, 510 p.

SANDFELD (Kristian), *Syntaxe du français contemporain*, Paris, Champion, 1928-1936, 2 vol.; nouv. éd., Genève, Droz et Paris, Minard, 1965, 3 vol.
— *Linguistique balkanique. Problèmes et résultats*, Paris, Champion, 1930, 243 p.

SANDMANN (Manfred), *Subject and Predicate*, Edimbourg, Edinburg Univ. Publ., 1954, 270 p.

SANDYS (John Edwin), *History of Classical Scholarship from the Sixth Century B.C. to the End of the Middle Ages*, Cambridge, University Press, 1903; 3ᵉ éd., 1921.

SAPIR (Edward), *Language : an Introduction to the Study of Speech*, New York, Harcourt, Brace and World, 1921; trad. fr., *le Langage*, Paris, Payot, 1953, 222 p.
— *Selected Writings in Language, Culture and Personality*, Berkeley, University of California Press, 1949; trad. fr., *Anthropologie*, Paris, Ed. de Minuit, 1967, 2 vol.
— *Linguistique* [articles traduits de l'américain], Paris, Ed. de Minuit, 1968, 289 p.

SAPIR (Edward) et HOIJER (Harry), *The Phonology and Morphology of the Navaho Language*, Berkeley, University of California Press, 1967, 124 p.

SAPORTA (Sol) [ed.], *Psycholinguistics : a Book of Readings*, New York, Holt, Rinehart and Winston, 1961, 551 p.

SAPORTA (Sol) et CONTRERAS (H.), *A Phonological Grammar of Spanish*, Seattle, University of Washington Press, 1962.

ŠAUMJAN (S. K.). V. CHAUMJAN.

SAUSSURE (Ferdinand DE), *Mémoire sur le système primitif des voyelles dans les langues indo-européennes*, Leipzig, 1878.
— *De l'emploi du génitif absolu en sanskrit*, Leipzig, 1880.
— *Cours de linguistique générale*, Lausanne, Payot, 1916, 331 p.; nouv. éd., 1972, 532 p.

SAUVAGEOT (Aurélien), *les Procédés expressifs du français contemporain*, Paris, Klincksieck, 1957, 243 p.
— *Français écrit, français parlé*, Paris, Larousse, 1962, 235 p.
— *Portrait du vocabulaire français*, Paris, Larousse, 1964.

SCHAFF (Adam), *le Concept et le Mot*, en polonais, Varsovie, 1946.
— *Introduction à la sémantique*, en polonais, Varsovie, 1960; trad. fr. Paris, Anthropos, 1968, 335 p.
— *Langage et connaissance*, suivi de *six essais sur la philosophie du langage*, en polonais, Varsovie, 1964; trad. fr. Paris, Anthropos, 1969, 374 p.

SCHANE (Sanford A.), *French Phonology and Morphology*, Cambridge, Mass., MIT Press, 1968, 161 p.

SCHEFFLER (Israel), *The Anatomy of Inquiry : Philosophical Studies in the Theory of Science*, New York, Knopf, 1963.

SCHERER (George A.) et WERTHEIMER (M.), *A Psycholinguistic Experiment in Foreign Language Teaching*, New York, McGraw-Hill, 1964.

SCHLEGEL (Karl Wilhelm Frederick), *Über die Sprache und Weisheit der Indier* in *Œuvres complètes*, t. VIII, Vienne, 1846.

SCHLEICHER (August), *Linguistische Untersuchungen. Die Sprache Europas in systematischer Übersicht*, Berlin, 1850.
— *Die deutsche Sprache*, Berlin, 1860; 2ᵉ éd., 1869.
— *Die darwinische Theorie und die Sprachwissenschaft*, Berlin, 1865.
— *Laut- und Formenlehre der polabischen Sprache*, Berlin, 1871.

SCHMIDT (Franz), *Logik der Syntax*, Berlin, Deutscher Verlag der Wissenschaften, 1957, 128 p.

SCHRAMM (Wilbur Lang), *Approaches to a Science of English Verse*, Iowa City, University Press, 1935, 82 p.

SCHUCHARDT (Hugo), *Der Vokalismus des Vulgärlateins*, Leipzig, Teubner, 1866, 3 vol.
— *Romanische und Keltische, gesammelte Aufsätze*, Berlin, Oppenheim, 1886, 440 p.
— *Hugo Schuchardt-Brevier*, éd. par L. Spitzer, Halle, Niemeyer, 1928, 483 p.

SEARLE (John R.), *Speech-Acts, An Essay in the Philosophy of Language*, Cambridge, University Press, 1969; trad. fr. *les Actes du langage. Essai de philosophie du langage*, Paris, Hermann, 1973.

SEBEOK (Thomas A.), *Finnish and Hungarian Case Systems : their Forms and Function*, Stockholm, 1946.
— (ed.) *Style in Language*, Cambridge, Mass., MIT Press, 1964.
— (ed.) *Current Trends in Linguistics* : t. I., *Soviet and Eastern European Linguistics;* t. II, *Linguistics in East Asia and Southeast Asia;* t. III, *Theoretical Foundations;* t. IV, *Iber-American and Caribbean Linguistics;* t. V, *Linguistics in South Asia;* t. VI, *Linguistics in South-West Asia and North Africa;* t. VII, *Linguistics in Sub-Saharan Africa*, New York, Humanities, 1963-1971, 7 vol.
— (ed.) *Portraits of Linguists. A Biographical Source Book for the History of Western Linguistics, 1746-1963*, Bloomington et Londres, Indiana University Press, 1966, 2 vol.

SEBEOK (Thomas A.), HAYES (A. S.) et BATESON (M. C.) [eds.], *Approaches to Semiotics : Cultural Anthropology, Education, Linguistics, Psychiatry, Psychology*, Cambridge, Mass., MIT Press et La Haye, Mouton, 1964.

SEBEOK (Thomas A.) et ZEPS (Valdis), *Concordance and Thesaurus of Cheremis Poetic Language*, La Haye, Mouton, 1961, 259 p.

SECHEHAYE (Albert), *Programme et Méthodes de la linguistique théorique*, Paris et Genève, 1908.
— *Essai sur la structure logique de la phrase*, Paris, Champion, 1926; nouv. éd., 1950.

SERÍS (Homero), *Bibliografía de la lingüistica española*, Bogota, Instituto Caro y Cuervo, 1964.

SERRUS (Charles), *le Parallélisme logico-grammatical*, Paris, Alcan, 1933.
— *la Langue, le sens, la pensée*, Paris, P.U.F., 1941.

SERVIEN (Pius), *le Langage des sciences*, Paris, Blanchard, 1931; 2ᵉ éd., Hermann, 1938.

SEUREN (Pieter A. M.), *Operators and Nucleus : a Contribution to the Theory of Grammar*, Cambridge, Cambridge University Press, 1969.

SHANNON (Claude Elwood) et WEAWER (Warren), *Mathematical Theory of Communication*, Urbana, Illinois, University Press, 1949.

SIERTSEMA (Bertha), *A Study of Glossematics. Critical Survey of its Fundamental Concepts*, La Haye, Nijhoff, 1954, 240 p.

SINCLAIR DE ZWAART (H.), *Acquisition du langage et développement de la pensée : sous-systèmes linguistiques et opérations concrètes*, Paris, Dunod, 1967, 176 p.

SKINNER (Burrhus Frederick), *Verbal Behavior*, New York, Appleton-Century-Crofts, 1957.

SLAMA-CAZACU (Tatiana), *Langage et Contexte*, La Haye, Mouton, 1961, 251 p.

SLOBIN (D.) [ed.], *The Ontogenesis of Grammar*, New York, Academic Press, 1971.

SMABY (R. M.), *Paraphrase Grammars*, Dordrecht, Reidel, 1971.

SMITH (Frank) et MILLER (George A.) [eds.], *The Genesis of Language. A Psycholinguistic Approach*, Cambridge, Mass., MIT Press, 1968, 400 p.

SNELL (Bruno), *Der Aufbau der Sprache*, Hambourg, Claassen, 1952, 219 p.

SOHNGEN (Gottlieb), *Analogie und Metapher, kleine Philosophie und Theologie der Sprache*, Fribourg et Munich, K. Alber, 1962, 137 p.

SØRENSEN (Hans Christian), *Aspect et Temps en slave*, Aarhus, Universitetforlaget, 1949, 188 p.
— *Studies on Case in Russian*, Copenhague, Ronsenkilde, 1957, 96 p.

SØRENSEN (Holger Steen), *Word-Classes in Modern English*, Copenhague, 1958, 189 p.

SPANG-HANSEN (Henning), *Probability and Structural Classification in Language Description*, Copenhague, 1950.
— *Recent Theories on the Nature of the Language Sign*, Copenhague, 1954, 142 p.

SPENCER (John Walter), ENKVIST (Nils Erik) et GREGORY (Michael), *Linguistics and Style : on Defining Style, an Essay in Applied Linguistics* et *An Approach to the Study of Style*, Londres, Oxford, University Press, 1964, 109 p.

SPITZER (Leo), *Stilstudien*, Munich, Hueber, 1928; 2ᵉ éd., 1961, 2 vol.; trad. fr., *Etudes de style*, Paris, Gallimard, 1970, 536 p.

STAAL (J. F.), *Word Order in Sanskrit and Universal Grammar*, Dordrecht, Reidel, 1967, 98 p.

STALINE (Joseph Vissarionovitch), *le Marxisme et les Problèmes de linguistique*, Ed. de Moscou, 1952; rééd. dans les *Cahiers marxistes-léninistes*, n° 12-13, Paris, Maspero, 1966.

STATI (Sorin), *Teorie di metoda in sintaxa*, Bucarest, Ed. Academie de la République socialiste de Roumanie, 1967, 271 p.

Statistique et analyse linguistique [Colloque de Strasbourg, 20-24 avril 1964], Paris, P.U.F., 1966, 135 p.

STÉFANINI (Jean), *la Voix pronominale en ancien et moyen français*, Ophrys, Gap, 1962, 753 p.

STEINBERG (Danny D.) et JAKOBOVITS (Leon A.) [eds.], *Semantics. An Interdisciplinary Reader in Philosophy, Linguistics and Psychology*, Cambridge, University Press, 1971, 603 p.

STEINBERG (N.), *Grammaire française*, Moscou, 1966, 2 vol.

STEINTHAL (Heymann), *Geschichte der Sprachwissenschaft bei den Griechen und Römern mit besonderer Rücksicht auf die Logik*, Berlin, Dümmler, 1863; 2ᵉ éd., 1890.

STEN (Holger), *les Temps du verbe fini (indicatif) en français moderne*, Copenhague, Munksgaard, 1952, 264 p.

STERN (Hans Heinrich), *Foreign Language in Primary Education*, Hambourg, 1963, 103 p.

STERN (Nils Gustaf), *Meaning and Change of Meaning*, Göteborg, 1931, 456 p.

STETSON (R. H.), *Motor Phonetics*, La Haye, 1928; nouv. éd., Amsterdam, North-Holland, 1951, 216 p.

STEVENS (Stanley Smith) et DAVIS (Hallowell), *Hearing : its Psychology and Physiology*, New York, Wiley, 1938, 489 p.

ŠTINDLOVA (Jitka), *les Machines dans la linguistique : colloque international sur la mécanisation et l'automation des recherches linguistiques*, La Haye, Mouton, 1968, 336 p.

STOCKWELL (Robert P.), BOWEN (J. Donald) et MARTIN (John W.), *The Grammatical Structures of English and Spanish*, Chicago, University Press, 1965, 328 p.

STRAKA (Georges), *Album phonétique*, Québec, Presses de l'Université Laval, 1965, 1 brochure, 33 pages et planches, 188 p.

STRANG (Barbara M. H.), *Modern English Structure*, New York, St. Martin's Press, et Londres, Arnold, 1962.

STRAWSON (Peter Frederick), *Introduction to Logical Theory*, New York, Wiley, et Londres, Methuen, 1952, 266 p.
— *Individuals : an Essay in Descriptive Metaphysics*, Londres, Methuen, 1959; nouv. éd., 1964.

STREVENS (Peter Derek), *Papers in Language and Language Teaching*, Londres, Oxford University Press, 1965, 152 p.
— (ed.) *Five Inaugural Lectures*, Londres, Oxford, University Press, 1966, 129 p.

STURTEVANT (Edgar Howard), *An Introduction to Linguistic Science,* New Haven, Connect., Yale University Press, 1949.

SUMPF (Joseph), *Introduction à la stylistique du français,* Paris, Larousse, 1971, 192 p.

SUTHERLAND (Robert D.), *Language and Lewis Carroll,* La Haye, Mouton, 1970, 245 p.

SVENNUNG (Josef), *Anredeformen, Vergleichende Forschungen zur indirekten Anrede in der dritten Person,* Uppsala, Almqvist, 1958, 495 p.

TCHANG TCHENG-MING (B.), *l'Ecriture chinoise et le geste humain. Essai sur la formation de l'écriture chinoise,* Paris, Geuthner, 1938, 206 p.

TESNIÈRE (Lucien), *Eléments de syntaxe structurale,* Paris, Klincksieck, 1959; 2ᵉ éd., 1965, 672 p.

THIMONNIER (René), *le Code orthographique et grammatical du français,* Paris, Hatier, 1971, 320 p.

THOMAS (Owen), *Transformational Grammar and the Teacher of English,* New York, Holt, Rinehart and Winston, 1965, 240 p.

THOMSEN (Vilhelm), *Sprogvidenskabens Historie,* Copenhague, 1902; trad. allemande, Halle, 1927.

THORNDIKE (Edward Lee) et LORGE (Irving), *The Teacher's Word Book of 30 000 Words,* New York, Columbia University Press, 1944, 274 p.

THUROT (Charles), *Notices et Extraits de divers manuscrits latins pour servir à l'histoire des doctrines grammaticales au Moyen Age,* Paris, Impr. impériale, 1868, 592 p.

THUROT (François), *Tableau des progrès de la science grammaticale (Discours préliminaire à « Hermes »),* introduction et notes par André Joly, Bordeaux, Ducros, 1970, 143 p.

TISSOT (R.), *Neuropsychopathologie de l'aphasie,* Paris, Masson, 1966, 114 p.

TODOROV (Tzvetan), *Littérature et Signification,* Paris, Larousse, 1967, 120 p.

— (éd.) *Théorie de la littérature* [textes choisis des formalistes russes], Paris, Le Seuil, 1966, 320 p.

TOGEBY (Knud), *Structure immanente de la langue française,* Copenhague, 1951; 2ᵉ éd., Paris, Larousse, 1965, 208 p.

— *Immanence et Structure,* Copenhague, Akademische Forlag, 1968, 272 p.

TRABALZA (Ciro), *Storia della grammatica italiana,* Milan, Hoepli, 1908, 561 p.

Traduction automatique et linguistique appliquée, Paris, P.U.F., 1964, 286 p.

TRAGER (George Leonard) et SMITH (Henry Lee), *Outline of English Structure,* New York, American Council, 1957, 91 p.

TRIER (Jost), *Der deutsche Wortschatz im Sinnbezirk des Verstandes,* Heidelberg, Carl Winter, 1931,.347 p.

TROMBETTI (Alfredo), *L'unitá di origine del linguaggio,* Bologne, Beltrami, 1905, 222 p.

— *Elementi di glottologia,* Bologne, Zanichelli, 1923, 755 p.

TROUBETZKOY (Nikolaï Serguieievitch), *Grundzüge der Phonologie,* Prague, 1939; trad. fr. par J. Cantineau, *Principes de phonologie,* Paris, Klincksieck, 1949; réimpr. 1967, 430 p.

ULDALL (Hans Jorgen), *Outline of Glossematics. A Study in the Methodology of the Humanities with Special Reference to Linguistics.* Part I : *General Theory,* Copenhague, Munksgaard, 1957, 90 p.

ULLMANN (Stephen), *The Principles of Semantics,* Oxford, Blackwell et Glasgow, Jackson, 1951; 2ᵉ éd., 1957, 314 p.

— *Précis de sémantique française,* Berne, Francke, 1952, 342 p.

— *Semantics : an Introduction to the Science of Meaning,* Oxford, Blackwell, 1962.

— *Language and Style : Collected Papers,* Oxford, Blackwell, 1964, 270 p.

UNESCO, *Description et Mesure du bilinguisme,* Ottawa, 1967.

UNESCO, *Bilingualism in Education,* Londres, 1965.

USPENSKIJ (B. A.), *Principes d'une typologie structurale,* en russe, Moscou, 1962; trad. angl. *Principles of Structural Typology,* La Haye, Mouton, 1968, 80 p.

VACHEK (Josef) [éd.], *Dictionnaire de linguistique de l'Ecole de Prague,* Utrecht et Anvers, Spectrum, 1960, 104 p.

— *A Prague School Reader in Linguistics : Studies in the History and Theory of Linguistics,* Bloomington, Indiana, University Press, 1964, 485 p.

VALDMAN (Albert) [ed.], *Trends in Language Teaching,* New York, McGraw-Hill, 1966.

VALIN (Roch), *Petite Introduction à la psychomécanique du langage,* Québec, Presses de l'Université Laval, 1954, 91 p.

VAN GINNEKEN (Jacques), *la Reconstruction typologique des langues archaïques de l'humanité,* Amsterdam, Noord-Holland, 1939, 182 p.

VAN WIJK (Nicolas), *les Langues slaves,* La Haye, Mouton, 2ᵉ éd., 1956, 118 p.

VASILIU (E.) et GOLOPENTIA-ERETESCU (Sanda), *Sintaxa transformationala a limbii romane,* Bucarest, Ed. Académie de la République socialiste de Roumanie, 1969, 329 p.

VENDLER (Zeno), *Linguistics in Philosophy,* Ithaca, N. Y., Cornell University Press, 1967, 203 p.

— *Adjectives and Nominalizations,* La Haye, Mouton, 1968, 134 p.

VENDRYES (Joseph), *le Langage, Introduction linguistique à l'histoire*, Paris, La Renaissance du Livre, 1929; nouv. éd., A. Michel, 1968, 448 p.

VERTOV (A. A.), *la Sémiotique et ses problèmes fondamentaux*, en russe, Moscou, 1968.

VIET (Jean) [éd.], *Liste mondiale des périodiques spécialisés. Linguistique*, La Haye, Mouton, 1972, 243 p.

VILDOMEC (Verobsj), *Multilingualism*, Leyde, Nijhoff, 1963, 262 p.

VINAY (Jean-Paul) et DARBELNET (Jean), *Stylistique comparée du français et de l'anglais*, Paris, Didier, 1958, 331 p.; nouv. éd., 1968.

VINOGRADOV (Viktor Vladimirovitch), *la Langue russe*, en russe, Moscou, 1945.
— *Grammaire de la langue russe*, en russe, Moscou, 1960.
— *les Problèmes théoriques de la linguistique soviétique actuelle*, en russe. Moscou, 1964.

VISSER (F. Th.), *A Historical Syntax of the English Language*, Leyde, Brill, 1963-1966, 2 vol., 1 305 p.

VYGOTSKY (Lev S.), *Thought and Language*, trad. du russe. Cambridge. Mass., MIT Press, 1962, 168 p.

WACKERNAGEL (Jakob), *Vorlesungen über Syntax*, Bâle, Birkhäuser, 1920-1924, 2 vol.

WAGNER (Robert Léon), *les Phrases hypothétiques commençant par « si » dans la langue française, des origines à la fin du XVIe siècle*, Genève, Droz, 1939, 552 p.
— *Introduction à la linguistique française*, Genève, Droz, et Lille, Giard, 1947, 143 p., *Supplément bibliographique, ibid.*, 1955, 72 p.
— *Grammaire et Philologie*, Paris, C.D.U., 1953-1954, 2 fasc., 193 p.
— *les Vocabulaires français;* t. I, *Définitions, les dictionnaires*, Paris, Didier, 1967, 192 p.; t. II, *les Tâches de la lexicologie synchronique, glossaires et dépouillements. Analyse lexicale*, Paris, Didier, 1970.
— *la Grammaire française*, Paris, SEDES, 1968, 152 p.

WAGNER (Robert Léon) et PINCHON (Jacqueline), *Grammaire du français classique et moderne*, Paris, Hachette, 1962; éd: rev., 1967, 640 p.

WAHRIG (Gerhard), *Neue Wege in der Wörterbucharbeit*, Hambourg, 1967.

WAISMANN (F.) [ed. R. Harre], *The Principles of Linguistic Philosophy*, Londres, Macmillan, 1965, 422 p.

WARTBURG (Walther von), *Französisches etymologisches Wörterbuch* [F.E.W.], Tubingen, puis Bâle-Paris, 1922-1970. 136 fascicules parus.
— *Bibliographie des dictionnaires patois*, Genève, Droz, 1934, 147 p.
— *Evolution et Structure de la langue française*, Berne, Francke, 1934; 5 éd., 1958.
— *Problèmes et Méthodes de la linguistique*, Paris, P.U.F., 1963.

WEINREICH (Uriel), *Languages in Contact*, New York, Linguistic Circle of New York, 1953; réimpr. La Haye, Mouton, 1963, 161 p.

WEINRICH (Harald), *Tempus*, Stuttgart, Kohlhammer, 1964, 358 p.; trad. fr., Le Seuil, 1973.

WEIR (Ruth Hirsch), *Language in the Crib*, La Haye, Mouton, 1962; 2e éd., 1970, 216 p.

WEISGERBER (Johann Leo), *Von den Kräften der deutschen Sprache*, Düsseldorf, Schwann, 1949-1951, 4 vol.
— *Die vier Stufen in der Erforschung der Sprachen*, Düsseldorf, Schwann, 1963, 303 p.

WEXLER (Peter J.), *la Formation du vocabulaire des chemins de fer en France (1778-1842)*, Genève, Droz, 1955, 160 p.

WHATMOUGH (Joshua), *Language, a Modern Synthesis*, Londres, Secker and Warburg, 1956, 270 p.

WHITNEY (William Dwight), *Language and the Study of Language*, New York, Scribner, 1869, 505 p.
— *The Life and Growth of Language*, New York, Adler, 1876 : trad. fr., *la Vie du langage*, Paris, Baillière, 1877.

WHORF (Benjamin Lee), *Language, Thought and Reality : Selected Writings*, New York, Wiley, 1956; trad. fr., *Linguistique et Anthropologie. Les origines de la sémiologie*, Paris, Denoël-Gonthier, 1969, 224 p.

WINTER (Werner) [ed.], *Evidence for Laryngeals*, La Haye, Mouton, 1965, 271 p.

WITTGENSTEIN (Ludwig), *Philosophical Investigations*, Oxford, Blackwell, et New York, Macmillan, 1953; trad. fr., *Investigations philosophiques*, Paris, Gallimard, 1961, 368 p. avec le *Tractatus logico-philosophicus*.
— *le Cahier bleu et le cahier brun*, Paris, Gallimard, 1965, 448 p.

WITTWER (Jacques), *les Fonctions grammaticales chez l'enfant*, Neuchâtel, Delachaux et Niestlé, 1959, 296 p.

WOTJAK (Gerd), *Untersuchungen zur Struktur der Bedeutung*, Berlin, Akademie Verlag, 1971.

WUNDERLICH (Dieter), *Tempus und Zeitreferenz im Deutschen*, Munich, Hueber, 1970.
— [ed.] *Probleme und Fortschritte der Transformationsgrammatik*, Munich, Hueber, 1971, 318 p.

WUNDT (Wilhelm), *Völkerpsychologie :* t. I, *Die Sprache*, Leipzig, Engelmann, 1900, 2 vol.

WYATT (Gertrud L.), *Language Learning and Communication Disorders in Children*, New York, Free Press, 1969.

YULE (Georg Udny), *The Statistical Study of Literary Vocabulary*, Cambridge, Cambridge University Press, 1944, 306 p.

ZGUSTA (Ladislav), *Manual of Lexicography*, La Haye, Mouton, 1971, 360 p.

ZIFF (Paul), *Semantic Analysis*, Ithaca, New York, Cornell University Press, 1960.

ZINKIN (N. I.), *les Mécanismes de la parole,* en russe, Moscou, 1958, 370 p.; trad. angl., *Mechanisms of Speech,* La Haye, Mouton, 1968, 461 p.

ZIPF (George Kingsley), *Selected Studies in the Principle of Relative Frequency in Language,* Cambridge, Mass., Harvard Univ. Pr., 1932.
— *The Psycho-Biology of Language,* Cambridge, Mass., Riverside Press, 1935.
— *Human Behavior and the Principle of Least Effort,* Cambridge, Mass., Addison-Wesley, 1949.

ZVEGINCEV (A. V.), *Essai pour une linguistique globale,* en russe, Moscou, 1962.
— *Histoire de la linguistique aux XIXe et XXe siècles,* en russe, Moscou, 1964, 2 vol.
— *Sémasiologie,* en russe, Moscou, 1957.

ZWANENBURG (W.), *Recherches sur la prosodie de la phrase française,* Leyde, Universitare Pers, 1964, 136 p.

DICTIONNAIRE

a

abduction

En phonétique, on donne le nom d'*abduction* au mouvement par lequel les cordes vocales s'écartent l'une de l'autre, entraînant l'ouverture de la glotte et l'interruption de l'attitude vocale.

En effet, pour la phonation, les cordes vocales s'accolent légèrement sur toute leur longueur dans un mouvement d'adduction*. L'air pulmonaire dû à l'expiration ne peut s'écouler à travers le larynx que par petites bouffées successives, grâce à la vibration des cordes vocales, qui donne ainsi naissance à l'onde sonore laryngée, appelée voix*, qui est indispensable à la production des sons du langage. L'abduction se produit lors de l'abandon de l'attitude vocale à l'occasion d'une pause dans la chaîne parlée, ou pour la production des consonnes sourdes dites « aspirées » comme le [p], le [t], et le [k] de l'anglais, pendant la réalisation desquelles la glotte est ouverte. L'abduction est produite par l'écartement des cartilages aryténoïdes auxquels sont fixées les extrémités postérieures des cordes vocales, à l'arrière du larynx.

abessif

On désigne sous le nom d'*abessif* un cas* indiquant la situation à proximité immédiate d'un lieu (ex. : *La maison est* PRÈS DE L'ÉGLISE).

ablatif

On désigne sous le nom d'*ablatif* le cas* exprimant la séparation et, par extension, la fonction locale d'éloignement d'un lieu (ex. : *La barque s'éloigne* DU RIVAGE). Dans diverses langues, on donne le nom d'*ablatif* à un cas de la déclinaison qui assume la fonction de plusieurs autres cas; ainsi, l'ablatif latin est à la fois un ablatif, un intrumental, un comitatif, un agentif et souvent un locatif (v. ces mots). En latin, l'*ablatif absolu* est une proposition jouant le rôle d'un circonstant indépendant, dont le sujet est à l'ablatif et le verbe au participe ablatif (*me nolente* = malgré moi, « moi ne voulant pas »).

abréviation

Toute représentation d'une unité ou d'une suite d'unités par une partie de cette unité ou de cette suite d'unités est une *abréviation*. On distingue : (1) l'*abréviation du syntagme*, par laquelle certaines déterminations sont omises dans certains contextes : la désignation du *Parti communiste* par *le Parti* est une abréviation due au contexte social (les gens raccourcissant ainsi la désignation de ce à quoi ils font souvent référence). Dans le discours suivi, une fois qu'on a donné certaines précisions, on peut les passer sous silence; si j'ai dit que *Le jardinier du château est venu me voir* et que je raconte tout ce qu'il a fait chez moi, je le désignerai par la suite tout simplement par *le jardinier;* (2) l'*abréviation du mot* (*simple, dérivé* ou *composé*), qui consiste à en supprimer une partie. L'abréviation est alors la troncation* d'un mot. C'est un procédé très fréquent dans la langue populaire : l'*automobile omnibus* est devenue l'*autobus* (l'abréviation donne un mot-valise qui ne conserve que le début du premier mot et la fin du dernier), puis *autobus* est devenu *bus* par suppression de la partie initiale (aphérèse); *télévision* est devenu *télé* par suppression de la partie finale (apocope).

L'abréviation peut être la réduction du mot entier à quelques lettres seulement de ce mot : on réduit *page* à l'abréviation p. et *pages* à pp. L'abréviation peut être enfin constituée par une suite de mots réduits : ainsi le sigle ORSEC est la réunion des abréviations OR (organisation) et SEC (secours), et, dans C.N.R., C. est l'abréviation de Conseil, N. de National et R. de Résistance. Selon les cas, les mots accessoires (prépositions notamment) sont omis ou non : P.S.d.F. a été l'abréviation de Parti Socialiste de France (par opposition à P.S.F., Parti Socialiste Français), mais dans S.F.I.O. (pour Section Française de l'Internationale Ouvrière), les unités *de l'* ne sont pas représentées. Les éléments de l'abréviation sont généralement, mais pas toujours, représentés par des lettres suivies d'un point.

absentia. V. IN ABSENTIA.

absolu

1. *Ablatif absolu.* V. ABLATIF.

2. On dit d'un *adjectif* qu'il est *absolu* ou qu'il a le *sens absolu* quand, au sens propre, il n'est pas en principe susceptible de degrés de comparaison. Ainsi, *géographique* ne peut pas avoir de comparatif ou de superlatif. On emploie aussi *absolu* après *superlatif* pour désigner les constructions comme *il est très grand,* qui excluent toute comparaison. (V. RELATIF, SUPERLATIF.)

3. On appelle *temps absolus,* l'ensemble des formes verbales du français exprimant le temps par rapport au moment de l'énoncé (présent, imparfait, futur, etc.); par opposition, les *temps relatifs* expriment l'aspect accompli par rapport aux temps absolus : ainsi le futur antérieur et le passé antérieur expriment l'accompli par rapport à un futur ou à un passé exprimé dans l'énoncé.

absolument

On appelle *verbe employé absolument* un verbe transitif employé sans complément d'objet; ex. : *Pierre* MANGE *à cinq heures.*

abstrait

1. *Nom abstrait,* syn., en grammaire traditionnelle, de NOM NON-CONCRET. (V. CONCRET.)

2. En grammaire générative, on dit d'un *verbe* qu'il est *abstrait* quand il est théoriquement impliqué par les transformations de nominalisation ou d'adjectivisation, mais qu'il ne reçoit pas une réalisation morphophonologique. Ainsi, le nom *ingénieur* implique une nominalisation à partir du verbe théorique *ingéni-*, comme *ajusteur* est dérivé de *ajuster;* l'adjectif *audible* implique une dérivation adjectivale à partir d'un verbe théorique, de racine *aud(i)-*. On dit de même qu'un *nom* est *abstrait* quand on doit supposer un radical non réalisé pour rendre compte d'un mot dérivé; ainsi, le collectif *marmaille* (sur le modèle de *valetaille*) implique un nom abstrait de type *marm-*.

3. En grammaire générative, par opposition aux phrases effectivement prononcées par les locuteurs d'une langue (ou phrases concrètes), on appelle *phrase abstraite* la phrase de structure profonde formée des symboles les plus généraux (SN [syntagme nominal], SV [syntagme verbal], etc.). Le degré d'abstraction de la structure profonde est d'autant plus grand que la distance est grande entre la forme de la phrase réalisée et la forme profonde sous-jacente. Par exemple, une grammaire qui analyse le verbe transitif comme issu de deux propositions dont la première est factitive (*Jean lit un livre* est issu de [Jean + fait] + [que + un livre + est lu par Jean]) a un *caractère plus profond* que la grammaire qui fait correspondre en ce cas la structure de surface et la structure profonde (*Jean lit un livre* issu de Jean + lit un livre). [Nous avons remplacé ici les symboles par des mots de la langue.]

abus

En lexicographie, les notations *par abus* ou *abusivement* sont des marques de rejet qui signalent les sens ou les expressions qui sont rejetés par les puristes : extensions de l'emploi d'un mot hors de son champ d'application original, emprunts à d'autres langues ou transformations diverses altérant le sens « premier ». Ainsi, l'emploi de *bien achalandé* (dans *boutique bien achalandée*) avec la valeur de « fréquenté par de nombreux clients » est « reçu »; mais le sens de « bien pourvu de marchandises » est jugé *abusif;* l'expression *contrôler une course,* qui est un calque de l'anglais, est rejetée par les puristes.

I. accent

1. Dans la langue courante, on appelle *accent* l'ensemble des habitudes articulatoires (réalisation des phonèmes, intonation, etc.) qui donnent une coloration particulière, sociale, dialectale ou étrangère, à la parole d'un locuteur (accent bourguignon, accent anglais, accent des faubourgs, etc.). [V. BASE ARTICULATOIRE.]

2. En linguistique, l'*accent* est un procédé phonique qui permet de mettre en valeur une unité linguistique supérieure au phonème (syllabe, morphème, mot, syntagme, phrase) pour la distinguer des autres unités linguistiques de même niveau. L'accent caractérise toujours une combinaison de phonèmes qu'il différencie d'une ou plusieurs autres suites de phonèmes par ailleurs identiques : on le classe donc parmi les prosodèmes*, ou éléments suprasegmentaux, au même titre que la quantité et la pause.

La caractéristique accentuelle peut s'effectuer au moyen d'une plus grande force expiratoire : l'accent est alors appelé *accent d'énergie* (ou accent d'intensité, accent dynamique, accent expiratoire, etc.). Elle peut aussi s'effectuer par une variation de la hauteur mélodique due à une augmentation ou à une diminution de la fréquence de vibration des cordes vocales : ce type d'accent est appelé *accent d'intonation* ou *ton* (ou accent musical, accent mélodique, etc.). En fait, des éléments musicaux interviennent dans la manifestation de l'accent d'énergie, de même que des éléments quantitatifs.

L'accent d'énergie a une *fonction distinctive* dans les langues où il est mobile, comme en anglais, en russe et dans toutes les langues romanes, à l'exception du français. L'anglais oppose les mots *ímport* « importation » et *impórt* « importer » par le seul fait que la syllabe initiale est prononcée avec plus de force que la deuxième dans le premier mot, avec moins de force dans le deuxième.

De même, l'italien présente de nombreuses paires minimales reposant uniquement sur la différence de place de l'accent : *áncora* « ancre », *ancóra* « encore »; *débito* « dette », *debíto* « dû »; *príncipi* « princes », *princípi* « débuts ».

Dans les langues où sa place n'est pas libre, l'accent d'énergie a une *fonction démarcative* : il indique soit la fin du mot, comme en français où il affecte toujours la dernière syllabe, soit le début du mot, comme en tchèque où il affecte toujours la première syllabe.

L'accent d'énergie exerce aussi une *fonction culminative* comme sommet d'une unité phonétique qui peut être le mot ou le groupe de mots : en français, la séquence *un enfant malade* constitue un seul groupe phonétique dont l'accent porte sur la dernière syllabe *-lade*, tandis que la séquence *un enfant jouait* présente deux accents, l'un portant sur *-fant*, l'autre sur *-ait*, correspondant à deux unités phonétiques.

L'importance de l'accent d'énergie dans les langues varie suivant la force avec laquelle est prononcée la syllabe accentuée par rapport aux syllabes inaccentuées : en français, la différence est très faible, les syllabes inaccentuées gardant toute leur précision articulatoire, mais dans les langues germaniques, les syllabes accentuées sont très fortes et les syllabes inaccentuées faibles. Le ton, de même que l'accent d'énergie, peut avoir une fonction distinctive, démarcative ou culminative. Dans un grand nombre de langues, surtout en Afrique et en Extrême-Orient, mais aussi en Europe septentrionale, les variations de ton permettent de distinguer un mot d'un autre.

En scandinave, il y a deux types d'accents aigu-grave qui ne jouent que pour les mots contenant au moins deux syllabes. L'accent grave correspond en fait ici à l'absence d'accent aigu. L'une des syllabes est prononcée sur un ton plus aigu que les autres. C'est la place de l'accent qui a une valeur distinctive. Cet accent est appelé *accent de syllabe*. Ex. : *kómma* [1] = virgule; *kommá* [2] = « venir ».

En chinois (dialecte de Pékin), il existe quatre tons, c'est-à-dire quatre niveaux de hauteur auxquels sont prononcés les mots (montant, descendant, brisé, uni), dont l'utilisation permet de distinguer des signes ayant par ailleurs un signifiant identique. Ex. : *chu* [1] = porc; *chu* [2] = bambou; *chu* [3] = seigneur, *chu* [4] = habitation. Cet accent est appelé accent de mot.

Dans la plupart des langues européennes, la variation de ton est surtout importante pour la phonétique de la phrase. L'accent d'intonation est alors un accent de phrase qui permet l'expression d'états psychiques différents et le renforcement du message transmis par les unités segmentales. Sa fonction est donc surtout expressive. Le mot « accent » a le sens d'intonation dans les expressions : *accent plaintif, accent de surprise*, etc.

Dans certaines langues, l'intonation est le seul moyen de véhiculer certaines informations, comme la nature interrogative de l'énoncé : en italien, l'interrogation *è venuto ?* se différencie de l'affirmation *è venuto* uniquement par la montée de l'intonation sur la dernière syllabe.

Le français, qui utilise uniquement l'intonation dans la langue parlée, dispose cependant d'autres moyens tels que la locution *est-ce que ?* ou l'inversion *(pleut-il ?)*.

II. accent

L'*accent* est un signe diacritique utilisé conjointement avec les lettres pour noter certains phonèmes; ainsi, en français *é* note [e] dans *été*, *è* note [ɛ] dans *relève*, *â* note [ɑ] dans *mâle*. L'accent est également employé pour distinguer des homonymes : *ou* (conjonction) et *où* (relatif), ou pour indiquer la présence d'un phonème disparu : *âne* [anc. français *asne*]. (V. aussi AIGU, CIRCONFLEXE, GRAVE.)

accentuation

En phonétique, l'*accentuation* consiste à mettre en valeur une ou plusieurs syllabes à l'intérieur d'un mot ou d'un groupe de mots en les prononçant avec une caractéristique phonique qui les distingue des autres mots : plus grande force expiratoire (accent* d'énergie) ou timbre plus aigu (ton*).

accentué

On dit d'une syllabe qu'elle est *accentuée* quand elle porte un accent*.

accentuel

Le terme d'*accentuel* qualifie tout ce qui, unité ou rapport linguistique, se définit par le rôle de l'accent.

Une *unité accentuelle* est un morphème ou une suite de morphèmes, constituant d'une phrase et portant un seul accent principal : l'unité accentuelle correspond au « mot » (mot-racine, mot composé, mot dérivé) ou au syntagme de base (déterminant + nom).

Une *opposition accentuelle* est une opposition qui s'établit entre des signes linguistiques (morphème, mot ou syntagme) qui ne diffèrent que par la place de l'accent (comme les mots italiens *capitáno* « capitaine », *capitanó* « il commanda », *capítano* « ils arrivent par hasard »), ou par le degré de hauteur de l'accent tonal (comme en chinois les mots chu^1 = porc; chu^2 = bambou; chu^3 = seigneur; chu^4 = habitation).

Un *contraste accentuel* est celui qui s'établit entre deux séquences successives de la chaîne parlée se différenciant par la présence de l'accent sur l'une et non sur l'autre, par exemple dans le syntagme français *un enfant pauvre* entre les syllabes *un en-fant* et la syllabe *pauvre*, ou par la variation de hauteur d'une syllabe à l'autre dans les langues qui présentent un ton de syllabe.

acceptabilité

On dit d'un énoncé qu'il est *acceptable* quand il est à la fois grammatical, c'est-à-dire généré par les règles de la grammaire (v. GRAMMATICALITÉ) et facilement compris ou naturellement émis par les sujets parlants. L'*acceptabilité* est un concept attaché au modèle de performance*; elle dépend donc non seulement de la conformité aux règles de grammaire (toute phrase agrammaticale est inacceptable), mais encore des règles définies par la situation (contexte) ou par les propriétés psychologiques du sujet. Il existe des *degrés d'acceptabilité;* ainsi, à partir d'une certaine longueur, une phrase est inacceptable, mais cette inacceptabilité varie selon que la phrase est écrite ou parlée, selon qu'il s'agit de l'émetteur ou du récepteur.

acception

En lexicographie, on dit d'un mot qu'il a plusieurs *acceptions* quand il a plusieurs sens différents selon les contextes; ainsi, le mot *carte* a plusieurs acceptions dans *carte à jouer, carte géographique*, etc. Un mot qui a plusieurs acceptions est polysémique*.

accessoire

Les mots *accessoires* sont des mots non-accentués qui sont dépourvus d'autonomie syntaxique (articles, prépositions). On dit aussi *mot vide, mot-outil*.

accident

On appelle *accident* chacun des modes d'une chose, par opposition à la substance et aux attributs qui constituent l'essence d'une chose. L'opposition *accident* vs *substance* fonde la distinction *adjectif* ou *verbe* vs *substantif* dans la grammaire traditionnelle; dans *L'enfant court, court* est un accident et *enfant* une substance; dans *Le temps est pluvieux, pluvieux* est un mode de *temps*.

accidentel

On appelle *propriétés accidentelles* les propriétés de qualité, de quantité, de lieu, d'état, etc., qui peuvent être attribuées aux personnes ou aux choses qui sont les « substances ». Les propriétés accidentelles ou accidents sont les prédicats des substances dans des propositions bien formées logiquement; dans *Le livre est rouge, livre* est la substance et *rouge* est la propriété accidentelle; dans *Georges est ici, ici* est la propriété accidentelle attribuée à *Georges*.

accolades

Les *accolades* constituent un système de notation qui, en grammaire générative, indique que l'on a le choix entre deux suites possibles pour convertir un élément en un autre. Si la règle de réécriture du syntagme verbal (SV) est la suivante :

$$SV \to \left\{ \begin{array}{c} V + SN \\ V \end{array} \right\}$$

cela signifie que le syntagme verbal peut être réécrit soit par un verbe suivi d'un syntagme nominal *(Pierre mange sa soupe)*, soit par un verbe seul *(Pierre court)*. [V. RÉÉCRITURE.]

accommodation. V. ASSIMILATION.

accompli

L'*accompli* est une forme de l'aspect* indiquant, par rapport au sujet de l'énonciation (« JE [dis que] »), le résultat d'une action faite antérieurement. *Pierre a mangé, Pierre avait mangé, Pierre aura mangé* sont, respectivement, un accompli présent, un accompli passé et un accompli futur. L'accompli est exprimé en français par les formes verbales dites « composées ». On utilise dans le même sens les termes de perfectif ou de parfait.

accord

L'*accord* est le phénomène syntaxique par

lequel, en français par exemple, un nom ou un pronom donné exerce une contrainte formelle sur les pronoms qui le représentent, sur les verbes dont il est sujet, sur les adjectifs ou participes passés qui se rapportent à lui. Le résultat de cette contrainte formelle est que les pronoms concernés prennent les marques de personne, de genre et de nombre, les verbes celles de personne et de nombre, les adjectifs et participes concernés celles de genre et de nombre en rapport avec le nom ou le pronom. Ainsi, dans *Les pommes sont cuites*, étant donné *pommes*, nom de genre féminin, pour lequel on a choisi le nombre pluriel, l'article (qui suit les règles de l'adjectif) prend la forme du féminin pluriel, parce qu'il se rapporte à *pommes*, le verbe *être* se met au pluriel et à la troisième personne, le participe passé *cuit* prend le genre et le nombre de *pommes*. En réalité, les différentes langues n'effectuent pas les accords de la même manière. Certaines, comme le bantou, répètent sur tous les mots de la phrase certaines marques du sujet, conférant ainsi à l'énoncé une grande unité formelle. D'autres, comme l'anglais, réduisent à peu de choses les accords (l'article et l'adjectif sont invariables).

En français, l'adjectif et l'article prennent les marques du nom auquel ils se rapportent. Le verbe prend une personne et un nombre correspondant à ceux de son sujet. Cette variation rappelle ainsi que celui ou ce dont on parle est « singulier » ou est « pluriel », ce qui permet de lever telle ou telle ambiguïté. La variation en personne permet également de rappeler le rapport existant entre le sujet et le locuteur : dans *nous parlons*, le locuteur est sujet (« je » est parmi les sujets de *parlons*), ce qui n'est pas le cas dans *vous parlez*. L'adjectif est souvent le nom, attributs du sujet ou du complément d'objet, suivent la variation en nombre et en genre du sujet ou du complément d'objet comme dans *Elles sont belles*, ou dans *Je les juge belles;* dans la langue parlée, la variation en nombre de *belles* n'est manifeste que dans les cas de liaison.

Un problème particulier d'accord est celui qui est posé par le participe passé conjugué avec l'auxiliaire *avoir* (ou à la forme pronominale avec l'auxiliaire *être* quand le pronom signifie « à moi, à toi, etc. »); la règle veut qu'il varie comme le complément d'objet direct (variation analogue à celle de l'attribut du complément d'objet direct), à condition que celui-ci soit placé avant le verbe (v. RECTION). Ex. : *La pomme que je lui ai* DONNÉE *est mûre. La main que je me suis* FOULÉE *me fait mal.*

acculturation

On désigne du nom d'*acculturation* tous les phénomènes socio-culturels qui relèvent de l'acquisition, du maintien ou de la modification d'une culture*, en particulier l'adaptation d'un individu ou d'un groupe social à un nouveau contexte socio-culturel ou socio-linguistique (on parlera ainsi de l'acculturation des émigrés récents).

accusatif

On donne le nom d'*accusatif* au cas* exprimant la fonction grammaticale de complément dans le syntagme verbal du type : verbe suivi de syntagme nominal (ex. en latin : *Claudius* CLAUDIAM *amat*). Dans les déclinaisons grecque, latine, etc., l'accusatif peut assumer des fonctions grammaticales ou locales traduites dans d'autres langues par l'allatif, l'illatif, etc. De même, on a dénommé *accusatif d'objet interne* (en grec : *polemein* POLEMON [livrer un combat]) un complément correspondant au français *vivre* SA VIE; ce complément d'un verbe normalement intransitif représente la racine du verbe; l'*accusatif de relation* est un complément qui exprime le point de vue (« en ce qui concerne PIERRE, quant à PIERRE »), c'est-à-dire que sa valeur est celle d'une incise.

achoppement syllabique

On appelle *achoppement syllabique* l'interversion, oubli ou addition de sons ou de syllabes qui interviennent non parce que la vitesse du débit est trop grande, mais parce que des troubles se présentent dans la programmation de l'énoncé. (Ex. : *boujour* pour *bonjour; depuis jours j'ai observé* pour *depuis deux jours j'ai observé; mason* pour *maison*).

acoustique

1. L'*acoustique* est la partie de la physique qui étudie la structure des sons et la façon dont l'oreille réagit à ces sons.

2. La *phonétique acoustique* étudie la nature physique du message vocal indépendamment de ses conditions de production et de réception. Les progrès de la phonétique articulatoire* et de l'expérimentation phonétique ont montré que les articulations sont beaucoup moins stables qu'on ne le croyait autrefois. Ainsi, un même effet acoustique peut être obtenu de façons différentes par des procédés de compensation : le [ø] du français *peu* [pø] peut être obtenu à partir de [e], soit par un retrait de la langue, soit par un arrondissement des lèvres.

Les paramètres acoustiques qui définissent un son sont : la *hauteur*, due à la fréquence de la vibration qui le produit; l'*intensité*, due à l'amplitude et à la fréquence, et le *timbre*, dû à l'audibilité des tons partiels ou harmoniques. Le son laryngé, étant provoqué par une vibration composée, est complexe, avec un ton fondamental correspondant à la vibration de l'ensemble et des harmoniques correspondant aux vibrations partielles.

Chacune des cavités de résonance, jouant le rôle d'un filtre acoustique, renforce les tons partiels dont la fréquence coïncide avec la sienne. Si on renforce les harmoniques hauts, on obtient un son de timbre clair; si le fondamental ou les harmoniques bas sont renforcés, le ton devient grave. Les fréquences renforcées constituent les formants qui caractérisent le timbre de chaque son. Les méthodes de l'électro-acoustique moderne permettent d'analyser n'importe quel son linguistique et de présenter le résultat de l'analyse sous forme d'un spectre qui montre la structure acoustique du son (partiels, fréquence, intensité). Elles enrichissent les résultats qui pouvaient être obtenus précédemment par une oreille très sensible ou par l'analyse mathématique de la courbe de vibration. Les consonnes occlusives se caractérisent par l'absence d'une structure de formants nettement définie. Les voyelles sont caractérisées par deux formants qui sont ensemble responsables du timbre particulier de chaque type vocalique. Ces deux formants correspondent aux principaux résonateurs de l'appareil phonatoire : le pharynx et la bouche.

D'autres formants peuvent intervenir pour déterminer les qualités secondaires des voyelles, comme la nasalité. Si les deux formants principaux se trouvent au milieu du spectre, comme pour [a], [k], [g], ou, au contraire, aux deux extrémités, nettement séparés l'un de l'autre, comme pour [i] et [u], il est possible de parler d'un type de sons compact et diffus. Si les formants se situent dans la zone de haute fréquence du spectre, on a un son aigu comme [i], [y] (s'opposant à [u]) et [t] et [d] (s'opposant à [p] et [b]).

Il est donc possible, d'après la structure du spectre acoustique, de réaliser une classification des sons du langage correspondant à la classification articulatoire. Une première tentative a été réalisée par R. JAKOBSON, G. FANT et M. HALLE dès 1952 *(Preliminaries to Speech Analysis),* en fonction du principe du binarisme*. Pour ces linguistes et phonéticiens, les sons du langage s'opposent par la présence ou l'absence d'un trait phonétique qui peut être formulé en termes articulatoires, génétiques* ou acoustiques. Il y aurait ainsi douze oppositions acoustiques dans lesquelles chaque langue opère un choix phonologique : vocalique/

non-vocalique, consonantique/non-consonantique, compact/diffus, continu/non-continu, strident/mat, bloqué/non-bloqué, voisé/non-voisé, nasal/oral, tendu/lâche, grave/aigu, diésé/non-diésé, bémolisé/non-bémolisé.

L'analyse acoustique des consonnes et des voyelles peut aider à mettre en lumière l'influence qu'elles exercent les unes sur les autres, ce qui ouvre la voie à de nouvelles théories sur la syllabe*, à de nouvelles interprétations des phénomènes d'interaction tels que la métaphonie, ou des phénomènes d'évolution diachronique.

La phonétique acoustique se propose aussi la synthèse du langage, qui permet de vérifier par l'audition les résultats obtenus par l'analyse et de s'assurer qu'aucun aspect fondamental de la composition acoustique du son n'a été laissé de côté. La synthèse du langage peut aussi permettre aux aveugles l'accès aux textes écrits, grâce à certaines machines qui transforment le texte écrit en parole synthétique et peuvent donc servir de machine à lire.

acrophonie

On donne le nom d'*acrophonie* au principe de transcription selon lequel la constitution d'une écriture syllabique (écriture notant une syllabe par un seul signe graphique) a été faite à partir d'une écriture idéographique (où le signe graphique note un mot), en attribuant à l'idéogramme la valeur phonique de la première syllabe du mot qu'il représente.

actanciel

1. On appelle *modèle actanciel* d'un récit un modèle par lequel on peut rendre compte d'une structure narrative par les rapports institués entre les actants ou protagonistes d'un récit, d'un mythe, etc., représentés par des « êtres » animés ou non-animés.

2. L. TESNIÈRE qualifie d'*actancielles* les propositions transférées en actant (v. TRANSLATION). Dans *Alfred espère qu'il réussira*, *qu'il réussira* est une proposition transférée en substantif et en actant (*qu'il réussira* prend la place de *son succès*, *le succès*, *la victoire*, etc., qui sont des actants possibles du verbe *espérer*).

actant

1. Le nom d'*actant* est donné à celui qui fait l'action indiquée par le verbe (intransitif) ou le groupe verbal formé du verbe et de son objet (transitif) : il répond à la question implicite *que fait X ? X* est l'actant ou agent de l'action.

2. Dans l'analyse structurale du récit, l'*actant* est le protagoniste de l'action, distinct du bénéficiaire, au bénéfice de qui se fait l'action; actant et bénéficiaire peuvent se confondre dans la même personne.

3. L. TESNIÈRE appelle *actants* les unités désignant les êtres ou les choses qui, d'une manière ou d'une autre, même en tant que simples figurants, participent au procès exprimé par le verbe. Ainsi, dans la phrase *Jacques donne un bonbon à son fils*, *bonbon* et *fils*, qui ne représentent pas ceux qui font l'action, sont tout de même des actants. Les actants sont toujours des substantifs ou des équivalents de substantifs. Les verbes sont ainsi caractérisés par le nombre d'actants qu'ils peuvent avoir. (Il y a des verbes sans actant comme *pleuvoir*, des verbes à un actant comme *tomber*, des verbes à deux actants comme *frapper*, des verbes à trois actants comme *donner*.) Le *prime actant* est le sujet de la phrase active, le *second actant* l'objet (dans la phrase active) et le contre-sujet* dans la phrase passive. Le *tiers actant* désigne celui au bénéfice ou au détriment duquel se fait l'action (complément indirect, complément second ou complément d'attribution). [V. aussi PLACE.]

acte de parole

On appelle *acte de parole* l'énoncé effectivement réalisé par un locuteur déterminé dans une situation donnée (v. COMPÉTENCE, PERFORMANCE); on parle aussi dans ce cas d'*événement de parole*.

acteurs

Acteurs de la communication. V. COMMUNICATION.

actif

On appelle *verbe actif* un verbe dont la flexion s'oppose aux flexions des voix* moyenne et passive; ce système de formes verbales implique que le sujet du verbe est l'agent d'une action s'exerçant sur un objet autre que lui-même. On dit ainsi que, dans la phrase latine *Paulus legit librum* (Paul lit un livre) où *Paulus* (Paul) est sujet et agent de l'action de *legere* (lire) qui s'exerce sur *librum* (le livre), le verbe *legere* est à la *voix active;* la phrase est une *phrase active*. En français, on appelle *verbe actif* un verbe transitif ou intransitif dont la flexion s'oppose à la forme passive et à la forme pronominale sans spécifier si le sujet est en même temps l'agent : la phrase *Les parents aiment leurs enfants* est une phrase active, le verbe *aimer* est à la voix active (opposée à la voix pronominale *s'aimer* et à la voix passive *être aimé*).

action

1. On appelle *verbe d'action,* par opposition à *verbe d'état,* un verbe qui exprime une action (« modifier quelque chose, effectuer un mouvement, produire un objet, etc. »), comme *courir, marcher, descendre, lire, vendre*, etc.

2. *Action-réponse.* V. RÉPONSE.

actualisateur

On appelle *actualisateur* tout processus permettant l'actualisation, c'est-à-dire le passage de la langue à la parole. Les actualisateurs sont les différents procédés que la langue exploite pour relier les notions virtuelles (concepts) aux objets et procès de la réalité extérieure (référents).

On peut opposer les unités lexicales, signes complets (liaison d'un signifiant et d'un signifié), et les actualisateurs qui sont les ligaments grammaticaux. Dans *ce livre, livre* correspond à la description saussurienne du signe (liaison d'un concept et d'une image acoustique), pendant que *ce* assure le lien entre le concept de *livre* et la réalité matérielle présente dans la situation (= le livre déterminé que j'ai sous les yeux). De même, dans le verbe, le morphème temporel sert d'actualisateur au concept; *-a* dans *marcha* localise le procès conceptuel « marcher » sur l'axe du temps. (V. EMBRAYEUR.)

actualisation

L'*actualisation* est l'opération par laquelle une unité de la langue passe en parole. Actualiser un concept, c'est l'identifier à une représentation réelle du sujet parlant. Par l'actualisation, tout concept est localisé (situé dans le temps ou dans l'espace) et quantifié (il reçoit un quantificateur).

La situation de communication peut à elle seule assurer l'actualisation: *Va! Feu! Bonjour!* Toutefois, c'est plus souvent la situation linguistique qui, dans le cas des énoncés à un seul terme, assure l'actualisation; *oui* répond à un événement linguistique précédent (question de l'interlocuteur). Parfois encore, l'actualisation est sous-jacente à l'énoncé; le lecteur d'un panneau portant l'inscription « interdit » rétablira, en fonction de la situation de communication, l'énoncé linguistique sous-jacent, par exemple « le passage est interdit ».

Il faut distinguer de ces cas particuliers d'énonciation la considération du caractère implicite ou explicite de l'actualisation. Ainsi, en français, la quantification est explicite dans le nom comme dans le verbe *(un chien / des chiens; je cours / nous courons)*. L'opposition entre actualisation explicite et implicite ne vaut, pour cette langue, que dans le cas de la localisation. *Des hommes* est explicitement actualisé du point de vue quantitatif (le pluriel marquant une certaine quantité d'hommes, plus d'un homme), mais implicitement du point de vue qualitatif (certains hommes, qui étaient plusieurs).

Selon les langues, les impératifs de l'actualisation différeront. Ainsi, considérant seulement l'aspect, le verbe indo-européen ne localisait pas l'action verbale dans le temps. L'actualisation temporelle n'était alors qu'implicite (en dépendance du contexte).

Dans la plupart des langues, un certain type d'actualisation est généralement nécessaire pour donner au message un caractère achevé : un énoncé minimal comprendra en principe deux termes : l'actualisateur et l'actualisé. A ce titre, le premier morphème cité ci-dessus *(Va!)* peut être considéré comme actualisé par la catégorie du nombre *(va / allez)*.

Toutefois, certains linguistes considèrent qu'il existe des langues où l'actualisation n'est pas nécessaire, où le simple fait d'être utilisée comme message suffit à actualiser l'unité lexicale.

actuel. V. VIRTUEL.

addition

En grammaire générative, l'*addition* est une opération consistant à ajouter un élément au cours d'une transformation. Cet élément doit être vide de sens puisque, en théorie, les transformations n'apportent aucune modification au sens des phrases de base. Ainsi, si on analyse la phrase *Je pense que Paul viendra demain* comme issue des deux propositions :

{ *Je pense cela,*
  Paul viendra demain,

par transformation complétive qui fond ces deux propositions en une seule phrase, l'élément *que,* ajouté au cours de cette transformation, est une conjonction vide de sens. (V. OPÉRATEUR.)

adduction

En phonétique, on donne le nom d'*adduction* au mouvement par lequel, au moment de la phonation, les cordes vocales se rapprochent, mais sans se toucher complètement, et par lequel la glotte se rétrécit. L'adduction caractérise la mise en place des organes phonatoires au niveau du larynx pour l'adoption de l'attitude vocale : en effet, le rétrécissement de la glotte entraîne une accumulation de l'air sous-glottique dû à l'expiration, qui ne peut s'écouler que par petites bouffées, grâce à la vibration des cordes vocales. Cet écoulement cyclique de l'air donne naissance à l'onde sonore laryngée que l'on appelle la voix* et qui est indispensable à la production des sons du langage.

L'adduction est le mouvement contraire de l'abduction*; elle est provoquée par l'accolement des aryténoïdes, auxquels sont fixées les extrémités postérieures des cordes vocales, à l'arrière du larynx.

adéquat

On dit d'une grammaire qu'elle est *faiblement adéquate* (ou qu'elle a une capacité* générative faible) si elle génère l'ensemble des phrases grammaticales d'une langue; une grammaire est *fortement adéquate* (ou elle a une capacité générative forte) si non seulement elle génère l'ensemble voulu de phrases, mais si elle assigne aussi à chaque phrase la description structurelle correcte. Une grammaire descriptive est ainsi une grammaire faiblement adéquate, car, pour une même langue, on peut avoir un grand nombre de grammaires possibles, et ces grammaires décrivent de nombreux énoncés peu acceptables. En revanche, une grammaire générative a une forte adéquation parce qu'elle représente la connaissance intuitive des règles que possède le sujet parlant, qu'elle rend compte des ambiguïtés, et des énoncés syntaxiquement proches.

adéquation

Quand on distingue les deux formes sous lesquelles les énoncés d'une langue s'offrent à nous, la forme écrite et la forme parlée, on pose le problème de l'*adéquation* de la première à la deuxième : ce terme désigne les rapports que l'écrit entretient avec le parlé qu'il représente. Ces rapports sont caractérisés par le fait que l'écrit est la représentation plus ou moins exacte des énoncés parlés de la langue. Dans le même sens, on dira une *adéquation* de l'alphabet latin par rapport à l'italien est plus grande que par rapport au français. (V. aussi ADÉQUAT.)

adessif

On donne le nom d'*adessif* au cas* exprimant la position « sur un lieu », à proximité immédiate d'un lieu (ex. : *Le livre est* SUR LA TABLE).

ad hoc

En grammaire générative, on dit d'une règle de grammaire qu'elle est *ad hoc* quand elle a été construite uniquement pour rendre compte du phénomène qu'elle décrit, et qu'elle ne permet aucune généralisation.

adjacent
Deux éléments sont dits *adjacents* quand ils sont contigus dans une structure donnée. Ainsi, le syntagme nominal objet est *adjacent au verbe* dans la structure de base SN + Aux + V + SN (syntagme nominal + auxiliaire + verbe + syntagme nominal).

I. adjectif

1. La grammaire traditionnelle définit l'*adjectif* comme le mot qui est joint au nom pour exprimer la qualité de l'objet ou de l'être, ou de la notion désignée par ce nom *(adjectif qualificatif)*, ou bien pour permettre à ce nom d'être actualisé dans une phrase *(adjectif déterminatif)*. Des adjectifs aussi différents que *bas, noir, fragile, petit, laid, glacial, hugolien, superbe, municipal, spirituel* sont qualificatifs. Au contraire, la liste des déterminatifs est relativement restreinte, mais ils sont diversifiés en adjectifs numéraux, possessifs, démonstratifs, relatifs, interrogatifs et exclamatifs, indéfinis. Si l'on s'en tient au critère du sens, on doit constater toutefois que, dans beaucoup de ses emplois, l'adjectif qualificatif non seulement caractérise (ou qualifie), mais aussi détermine. Ainsi, dans *Elle porte un pull-over rouge*, *rouge* permet de distinguer parmi les autres un pull-over qui est ainsi individualisé. La grammaire traditionnelle a fini, de ce fait, par préférer à la dénomination de déterminatifs celle de non-qualificatifs.

Les adjectifs qualificatifs ont pu être subdivisés en *adjectifs qualificatifs proprement dits* (exprimant une qualité) et *adjectifs de relation* ou *relationnels* : ces derniers sont dérivés de noms, par ex. *universitaire* de *université*, *porcin* de *porc*, *économique* de *économie*, et indiquent qu'il existe un rapport entre le nom qualifié et le nom dont l'adjectif dérive, l'usage définissant le ou les rapports exprimés : ainsi, *l'agitation révolutionnaire* peut être « l'agitation pour faire la révolution », « l'agitation de ceux qui veulent faire la révolution », « l'agitation qui est la révolution ». L'adjectif relationnel peut avoir des emplois synonymes ou complémentaires à ceux du « complément de nom » introduit par *de* : *l'influence de la France* et *l'influence française* sont synonymes, mais *la situation française* peut être équivoque : « la situation de la France » ou « la situation en France ». Dans ce dernier cas, il y a extension de l'emploi de l'adjectif relationnel.

L'adjectif qualificatif (adjectif qualificatif proprement dit ou adjectif relationnel) peut être *épithète* ou *attribut*. Il est épithète quand il entre dans le groupe nominal dont le mot principal est le nom auquel l'adjectif est joint (on dit qu'il le « qualifie » ou qu'il s'y « rapporte »); il n'y a dans ce cas aucun verbe qui mette en rapport l'adjectif avec le nom. Ainsi, dans *la porte étroite, une extraordinaire aventure, un petit bonhomme*, *étroite*, *extraordinaire* et *petit* sont épithètes. Quand l'adjectif exige ou implique la présence d'un verbe (celui-ci pouvant être « sous-entendu »), on dit qu'il est attribut du nom; c'est le cas dans *Il est remarquable, On le considère comme sincère, Il se montre sérieux*, et avec un verbe non exprimé dans *Jacques, tranquille, se met à parler* (v. ADVERBIAL).

On caractérise parfois formellement cette catégorie par le fait que ses éléments varient en genre et en nombre selon le genre et le nombre du nom qualifié; les traités de grammaire avancent souvent dans ce cas une règle orthographique selon laquelle le féminin se forme en général en ajoutant *-e* à la forme du masculin si celui-ci n'en comporte pas. Les règles de la langue parlée sont différentes, l'adjectif y apparaissant généralement comme invariable. De toute manière, on ne rend compte ainsi que d'une partie des faits : à *un livre intéressant* on peut bien opposer *une histoire intéressante,* mais nombre d'adjectifs n'ont pas d'opposition de genre (adjectifs à forme écrite de masculin terminée par *-e* comme *remarquable,* noms adjectivés comme *marron*); parfois même, aucune variation n'est possible ni en genre ni en nombre (adjectifs composés comme *bleu-vert* : *des teintes bleu-vert*).

Les adjectifs qualificatifs (à l'exclusion de ceux de sens absolu, comme *métallique, géographique,* etc.) ont des degrés de comparaison*. On distingue ainsi un superlatif relatif *(Il est le plus sage de la classe)* et un superlatif absolu *(Il est très sage),* un comparatif de supériorité *(Il est plus grand que son ami),* un comparatif d'égalité *(Il est aussi grand que son ami)* et un comparatif d'infériorité *(Il est moins grand que son ami).* De ce fait, l'adjectif employé sans degré de comparaison est dit *adjectif au positif.*

L'adjectif peut être substantivé (employé comme nom); on a ainsi *les Noirs, les affreux, le haut;* il peut être employé comme adverbe en conservant la variation en genre et en nombre *(Elles sont assises studieuses)* ou en devenant invariable *(Il crie fort).*

2. En linguistique structurale, l'*adjectif* est un morphème défini à la fois par certains types d'environnements, comme la phrase attributive *(Pierre est heureux)* et le syntagme nominal *(Le malheureux enfant),* et par son caractère non nécessaire à la constitution du syntagme nominal (on dit que l'adjectif dans le syntagme nominal est une expansion* ou qu'il est introduit par une épithétisation*). La linguistique structurale distingue des classes d'adjectifs selon la possibilité qu'ils ont ou non de recevoir des degrés de comparaison *(plus grand,* mais *aîné* ne peut subir une indication de degré); selon qu'ils sont des formes racines ou des formes dérivées *(fort* s'oppose à *métallique,* la syntaxe n'étant pas la même, puisque certains adjectifs dérivés ne peuvent être attributs; *solaire* ne peut être attribut : *un système solaire),* selon qu'ils sont épithètes des seuls noms animés ou de l'ensemble des noms *(pensif* s'oppose à *grand),* selon la nature sémantique de la propriété qu'ils dénotent (adjectifs de couleur, de dimension, etc.).

II. adjectif

On donne le nom de *locution adjective* à la suite de mots qui joue le rôle d'un adjectif; dans une *table de bois, de bois* peut être analysé comme une locution adjective correspondant à un adjectif ou un participe : *chaise cassée.* De même dans *fauteuil Louis XV* l'expression *Louis XV* joue le rôle d'un adjectif.

adjectif verbal

1. En latin, la forme, de sens passif, terminée par *-ndus, -nda, -ndum* est dite *adjectif verbal* par opposition au gérondif de sens actif en *-ndum,* génitif *-ndi,* dat. et abl. *-ndo.* L'adjectif verbal employé comme épithète* exprime purement et simplement l'action que subit le nom auquel il se rapporte; l'adjectif verbal employé comme attribut* exprime l'action que le nom a l'obligation de subir.

2. En français, l'*adjectif verbal* est une forme de sens actif qui, contrairement au participe présent invariable, s'accorde en genre et en nombre avec le nom auquel elle se rapporte. La forme du masculin singulier, généralement semblable à celle du participe correspondant, est en *-ant* : toutefois, l'adjectif verbal de verbes en *-quer* et *-guer* est en *-cant* (et non pas *-quant*), *-gant* (et non pas *-guant*); on a, en outre, des terminaisons en *-ent* dans *adhérent, affluent, coïncident, compétent,* *confluent, convergent, différent, déférent, divergent, émergent, équivalent, excellent, expédient, négligent, précédent, somnolent, violent.*

La distinction des sens de l'adjectif verbal et du participe correspond à la distinction des sens d'un verbe et d'un adjectif. Alors que l'action exprimée par le participe présent est passagère, limitée dans le temps, celle qui est dénotée par l'adjectif verbal correspond à une qualité plus ou moins permanente sans délimitation de durée. Ainsi, *La petite troupe s'avance provoquant les passants* et *La petite troupe s'avance, provocante* s'opposent : le participe présent *provoquant* exprime une action simultanée à celle de *s'avancer;* l'adjectif verbal *provocante* exprime un état indépendant, au moins pour la durée, de l'action de « s'avancer ». De même, l'adjectif verbal exclut le complément d'objet (qui caractérise le verbe) et il a des compléments construits comme les compléments d'adjectif.

Dans certains cas, le rapport entre le nom qualifié et l'adjectif n'est pas un rapport de sujet à verbe actif : *la troupe provocante,* c'est bien « la troupe qui provoque », mais *une couleur voyante* est « une couleur que l'on voit » (l'adjectif verbal a donc quelquefois le sens passif), une *femme bien portante* c'est « une femme qui se porte bien » (voix pronominale) et *une soirée dansante,* c'est « une soirée au cours de laquelle on danse, qui est consacrée à la danse » (les rapports entre le verbe correspondant à l'adjectif verbal et le nom sont complexes).

adjectival

1. On appelle *syntagme adjectival* un syntagme constitué d'un adjectif (abréviation Adj) éventuellement précédé d'un adverbe de degré ou de quantité (abréviation Adv$_{deg}$), et d'un complément de l'adjectif sous forme de syntagme prépositionnel (abréviation SP). Ainsi, le syntagme adjectival *très fier de son fils* dans la phrase *Paul est très fier de son fils* est constitué de l'adjectif *fier,* de l'adverbe de degré *très* et du complément de l'adjectif *de son fils.* Dans certaines grammaires, le complément du comparatif (abréviation Comp) est considéré comme un constituant du syntagme adjectival, dont la règle de réécriture est alors : SA → (Adv$_{deg}$) Adj (SP) (Comp). [*Paul est plus content de son sort que Pierre*]. L'adjectif est la « tête » du syntagme adjectival. (*Transformation adjectivale.* V. ADJECTIVISATION.)

2. En grammaire distributionnelle, on appelle *adjectivaux* les membres d'une classe syntaxique qui est définie par les environnements propres de l'adjectif, mais qui comporte deux sous-classes; la première est définie par ceux des adjectifs qui entrent dans des phrases prédicatives, du type *Jean est heureux,* et dans des comparatifs et des superlatifs, du type *Jean est plus heureux, Jean est le plus heureux;* la seconde sous-classe est définie par le même critère de la phrase prédicative, mais les « adjectifs » qui la constituent n'ont ni comparatif ni superlatif [*aîné, cadet, circulaire, double, dernier,* etc.] (V. aussi ADJECTIF 2.)

adjectivisateur, adjectivateur

On appelle *adjectivisateur* un morphème, en particulier un suffixe, qui fait passer un terme de la catégorie des noms dans celle des adjectifs (c'est un translatif). Ainsi, en français, le suffixe *-el* est un adjectivisateur dans *structurel* de *structure, constitutionnel* de *constitution.*

adjectivisation, adjectivation

On appelle *adjectivisation* la transformation qui convertit un syntagme prépositionnel (préposition suivie d'un syntagme nominal) en un syntagme adjectival ou en un adjectif.

Soit la phrase : *L'industrie de France doit exporter.* Si le syntagme prépositionnel *de France* est converti en un syntagme adjectival *français* par la *transformation adjectivale* ou *adjectivisation,* on obtient la phrase transformée : *L'industrie française doit exporter.*

adjoint

En grammaire structurale, on appelle *adjoint* tout constituant d'une phrase qui n'est pas structurellement indispensable et qu'on peut enlever sans que le reste de la phrase (composé d'un sujet et d'un prédicat) cesse pour cela d'être grammatical. Ainsi, dans la phrase *Jean lit un livre dans le jardin, dans le jardin* est un *adjoint* (de lieu); car, si on l'enlève, la phrase *Jean lit un livre* reste grammaticale. (On donne parfois comme synonyme à *adjoint* le terme d'*expansion*.) On distingue les *adjoints de phrase* qui sont des modificateurs de la phrase, réduite à ses constituants indispensables, et les *adjoints de noms* ou *de syntagmes,* comme les adjectifs, qui sont les modificateurs d'un nom avec la fonction d'épithète. Les adjoints sont groupés en classes selon leur fonction sémantique : ainsi, les *adjoints de phrase* peuvent être des adjoints de lieu, de temps, de conséquence, de but, de manière, etc. (V. CIRCONSTANT.)

adjonctif

L. TESNIÈRE appelle *adjonctifs* les coordonnants ou jonctifs* dont le type est *et* par opposition aux disjonctifs dont le type est *ou*.

adjuvant

On donne le nom d'*adjuvant* à la fonction assurée dans un récit par un personnage (ou une force quelconque) qui agit pour faciliter la satisfaction du désir du héros. (V. ACTANT.)

adnominal

1. En grammaire traditionnelle, le terme *adnominal* désigne la fonction (d'un adjectif, d'un génitif ou d'un complément) qui consiste à modifier le nom ou le syntagme nominal dans une construction endocentrique*. Ainsi *rouge* dans *le livre rouge* et *de Pierre* dans *le livre de Pierre,* ou *Petri* dans le latin *liber Petri* ont une fonction *adnominale.*

2. Dans la terminologie de O. JESPERSEN, les verbes constituent une *catégorie adnominale,* car les noms étant analysés comme une catégorie du premier degré* (le thème ou sujet), les verbes modifient le nom dans la phrase de base (ils constituent le prédicat ou commentaire). [V. CATÉGORIE.]

adoucissement

On donne le nom d'*adoucissement* à un phénomène d'évolution historique ou d'alternance synchronique, appelé aussi *affaiblissement* ou *lénition*, par lequel, dans certaines langues et dans une position donnée (en général à l'intervocalique), les consonnes sont réalisées avec un degré mineur de fermeture sous l'influence des voyelles : les fricatives non-voisées sont réalisées comme des voisées, les occlusives non-voisées comme des occlusives ou des fricatives voisées, les occlusives voisées ou les fricatives voisées comme des spirantes, les géminées comme des consonnes simples, etc. L'adoucissement d'une consonne peut aller jusqu'à sa disparition.

Ce phénomène qui, en celtique, affecte l'ensemble du système consonantique, est observable dans le passage du système consonantique latin au système consonantique des langues romanes de l'Ouest (français, espagnol, portugais, etc.) : latin *hibernum* → français *hiver*, italien *inverno;* latin *rotam* → français *roue,* espagnol *roda;* latin *ripam* → français *rive;* latin *aqua* → ancien français *aigue,* français *eau,* espagnol *agua;* latin *rosam* → français *rose* [roz], etc. D'un point de vue synchronique, l'espagnol présente une alternance entre les réalisations occlusives voisées [b], [d], [g], qui apparaissent soit après une pause, soit après et/ou avant une consonne, et les réalisations fricatives voisées correspondantes [β], [δ], [γ], qui apparaissent à l'intervocalique.

adresse

L'*adresse* est un terme de lexicographie désignant l'item lexical (mot ou mot composé) sous lequel sont mises les informations qui le concernent (prononciation, étymologie, définition, exemples, idiotismes, synonymes, antonymes). Dans un dictionnaire d'usage, l'adresse se confond avec l'unité graphique délimitée par deux blancs typographiques et réduite à une des formes du paradigme verbal, nominal, adjectival, etc. Ainsi, les formes diverses *je vais, il allait, nous irons,* etc., sont réunies sous l'infinitif *aller,* qui constitue l'adresse; les noms ont pour adresse le singulier.

Les problèmes posés par la détermination des adresses sont souvent complexes. Si un mot graphique a deux distributions et significations différentes, il aura deux entrées homographes si ces deux sens ont deux étymologies différentes; ainsi, *cousin* (terme de parenté, du latin *consobrīnus*) et *cousin* (moustique, du latin populaire *cūlicinus*). Si un mot se présente en synchronie avec des sens différents correspondant à des distributions distinctes, le lexicographe peut constituer autant d'adresses qu'il y a de sens distincts; il y a alors plusieurs homonymes, comme *acte* (de théâtre), *acte* (de loi), *acte* (au sens d'action), ou *carte* (géographique), *carte* (feuille épaisse), *carte* (à jouer); il peut aussi constituer une seule adresse regroupant les divers sens sous un même mot, ce dernier étant alors polysémique*, comme *grève* (plage) et *grève* (cessation du travail). L'adresse peut comporter une ou plusieurs *sous-adresses* lorsque la forme d'un mot (féminin ou pluriel d'un nom, forme pronominale d'un verbe, etc.) a un sens particulier : ex. *calculatrice* est une sous-adresse de *calculateur*, car elle définit un type de machine différente.

adstrat

On donne le nom d'*adstrat* à la langue ou au dialecte parlé dans une région voisine du pays où l'on parle la langue prise comme référence; l'*adstrat* peut influencer cette dernière de diverses manières. L'anglais est un adstrat du français (et réciproquement). Il est à noter que, de nos jours, en raison du développement des moyens de communication, la notion d'adstrat n'implique pas nécessairement la contiguïté géographique, mais aussi une contiguïté politique et économique de pays très éloignés.

adverbe

La grammaire traditionnelle définit l'*adverbe* comme un mot qui accompagne un verbe, un adjectif ou un autre adverbe pour en modifier ou en préciser le sens. En réalité, l'adverbe étant invariable, on a classé parmi les adverbes d'autres mots comme *oui* ou *voici*, qui ne correspondent pas à cette définition.

Les adverbes sont classés selon leur sens en : **adverbes de manière**, comme *incognito, mal, gratis, volontiers*, etc., et aussi *français* dans *parler français*; **adverbes de quantité** et **d'intensité**, comme *assez, plus, beaucoup, trop, tout, moins*; **adverbes de temps**, comme *après, bientôt, depuis, ensuite, aussitôt*; **adverbes de lieu**, comme *ailleurs, arrière, derrière, devant, loin, partout, ici, là, là-bas*, etc.; **adverbes d'affirmation**, comme *assurément, aussi, certainement* et surtout *oui* et *si*; **adverbes de négation**, comme *non, aucunement, guère, jamais, rien, personne, ne* et les locutions dont *ne* est le premier élément : *ne ... que, ne ... pas, ne ... point, ne ... jamais* (la langue familière tend à considérer le second élément comme ayant lui-même le sens négatif); **adverbes de doute**, comme *apparemment, sans doute*. Certains adverbes ont, comme les adjectifs, des degrés de comparaison* : ce sont, notamment : *loin, longtemps, près, souvent, tôt, tard*, les adjectifs neutres employés adverbialement et modifiant un verbe (comme *bon, fort, sec, bas, cher*), certaines locutions adverbiales, la plupart des adverbes de manière en -*ment*, enfin *bien, mal* et *peu*. Assez mobile dans la phrase, l'adverbe peut souvent être déplacé, pour des raisons stylistiques (équilibre, rythme, harmonie, mise en relief); toutefois, d'une manière générale, l'adverbe se place avant l'adjectif ou l'adverbe qu'il modifie, mais (à l'exception de *ne*) après le verbe quand celui-ci est à un temps simple, immédiatement après l'auxiliaire ou après le participe quand le verbe est à un temps composé. La catégorie traditionnelle de l'adverbe regroupe en réalité des espèces de mots qui n'ont rien de commun sinon l'invariabilité (encore y a-t-il un adverbe variable : *tout*) : (1) adverbes proprement dits équivalant à des syntagmes prépositionnels compléments circonstanciels, (2) mots-phrases* et (3) modalisateurs*.

adverbial

1. En grammaire traditionnelle, le terme d'*adverbial* désigne la fonction (d'un adverbe, d'un complément circonstanciel) consistant à modifier le verbe dans une construction endocentrique* : ainsi *prudemment* dans *Pierre conduit prudemment* ou *ce matin* dans *Pierre est venu ce matin* ont une fonction *adverbiale*.

2. On parle de l'*emploi adverbial* d'un adjectif quand celui-ci a la valeur d'un adverbe et caractérise non pas seulement le nom auquel il se rapporte grammaticalement, mais aussi le procès exprimé par le verbe, comme dans *L'homme avançait courageux;* certains grammairiens considèrent qu'il y a là un emploi épithète, mais il s'agit plutôt d'un emploi attribut. D'une manière plus générale, on parle aussi d'emplois adverbiaux quand des adjectifs s'emploient avec un verbe pour caractériser le procès exprimé par celui-ci (ils sont invariables dans ce cas) : *Il parle bas, Il crie fort.*

3. On appelle *locutions adverbiales* des suites figées de mots qui équivalent pour le sens et la fonction dans la phrase à des adverbes. Souvent, les locutions adverbiales sont d'anciens compléments circonstanciels dont les éléments ne sont plus saisis séparément : *au petit bonheur, à pied, tout de suite, sans façon, en un tournemain*. Les locutions adverbiales sont des adverbes formés d'une suite figée de morphèmes.

adverbialisateur

On donne le nom d'*adverbialisateur* à un morphème, en particulier à un suffixe, qui fait passer un terme de la catégorie des adjectifs dans celle des adverbes; dans la terminologie fonctionnelle, c'est un translatif*. Ainsi, en français, le suffixe *-ment* est un adverbialisateur dans *poli / poliment, correct / correctement.*

adversatif

Une conjonction ou un adverbe sont dits *adversatifs* quand ils marquent une opposition, comme *mais, pourtant, cependant, bien que, tandis que, alors que,* etc.

affaiblissement

Syn. : ADOUCISSEMENT, LÉNITION.

affectif

1. On appelle *langage affectif* ou *expressif* celui qui traduit l'intérêt personnel que nous prenons à nos paroles par une manifestation naturelle et spontanée des formes subjectives de la pensée.

2. Le *sens affectif* d'un mot est constitué par l'ensemble des associations affectives qui sont liées à son emploi (syn. : CONNOTATION), par opposition au *sens cognitif* (syn. : DÉNOTATION) qui représente sa relation à l'objet signifié. Ainsi, le terme de *collaboration* a un sens cognitif (action de collaborer, de participer à une action, un effort) et un sens affectif péjoratif qu'il a longtemps gardé de son utilisation pendant l'occupation allemande en France, au cours de la Seconde Guerre mondiale.

affermissement

L'*affermissement* est un phénomène d'évolution historique constaté en particulier dans l'évolution du système consonantique de plusieurs langues indo-européennes, où il a souvent succédé à un phénomène d'affaiblissement* en liaison avec l'apparition de l'accent* d'énergie. Ainsi, en italique tardif, les consonnes occlusives non-voisées, qui s'étaient affaiblies en occlusives non-voisées lâches, retrouvent leur tension initiale, les occlusives voisées [b, d, g], qui s'étaient affaiblies en fricatives [β, δ, γ], retrouvent leur occlusion, etc. (Contr. : ADOUCISSEMENT.)

affinité

On parle d'*affinité* entre deux ou plusieurs langues, qui n'ont entre elles aucune parenté génétique, quand elles présentent certaines ressemblances typologiques (organisation de la phrase, vocabulaire général, déclinaison, etc.). Par exemple, les similitudes existant entre la déclinaison latine et la déclinaison russe sont dues à une parenté génétique puisque la grammaire comparée* attribue aux deux langues une origine commune : l'indo-européen; en revanche, les ressemblances entre le takelma et l'indo-européen sont dues, elles, à une certaine affinité. (V. FAMILLE, TYPOLOGIE.)

affirmatif

La *phrase affirmative,* opposée à la phrase négative, est définie par son statut, l'affirmation : *Paul viendra* est une phrase affirmative opposée à la phrase négative *Paul ne viendra pas.*

affirmation

L'*affirmation* est le mode* de la phrase de base (assertive [déclarative], interrogative ou impérative) consistant à présenter le prédicat de la phrase comme vrai, possible, probable, contingent ou nécessaire (par opposition à la négation*).

affixal

On appelle *transformation affixale,* en grammaire générative, la transformation qui fait permuter les symboles Af (affixe) et v (verbal) dans la suite Af + v → v + Af. Les constituants de l'auxiliaire T_{ps}(temps), Inf (infinitif), PP (participe passé) sont des affixes; les verbes et la copule *être* sont des verbaux. Ainsi dans la phrase de structure profonde :

L'enfant + Pas + *dormir,*

où Pas (passé) est un affixe représenté par *ait,* la transformation affixale fait permuter Pas et *dorm(ir),* ce qui donne la phrase de structure de surface :

L'enfant + *dorm(ir)* + Pas.

La combinaison *dorm(ir)* et *ait* donne *dormait.* (On dit aussi *transformation d'affixe.*)

affixe

1. L'*affixe* est un morphème non-autonome qui est adjoint à un radical d'un mot pour en indiquer la fonction syntaxique (morphème casuel), pour en changer la catégorie (morphème entrant dans les nominalisations, les adjectivisations, etc.) ou en modifier le sens (morphème exprimant dans les verbes le factitif, l'inchoatif, etc.). Les affixes constituent une classe où l'on distingue, selon la place qu'ils occupent par rapport au radical, les *suffixes* qui sont placés après le radical (en français *-ment* dans *vivement*), les *préfixes* qui sont placés avant le radical (en français, *re-* dans *refaire*) et les *infixes* qui sont insérés dans le radical (en latin *n* dans *jungo,* dont le radical est *jug*).

2. En grammaire générative, les *affixes* sont des morphèmes grammaticaux qui ont pour propriété de se combiner avec des morphèmes lexicaux; ainsi, ils entrent dans la réécriture de Temps, Infinitif, Participe Passé, etc., et ils correspondent alors à l'ensemble des désinences de temps, de participe et d'infinitif; par leur présence, ils déclenchent la transformation affixale. (V. AFFIXAL.)

3. *Transformation d'affixe,* syn. de TRANSFORMATION AFFIXALE.

4. *Affixe dérivationnel,* celui qui sert à former avec un radical un thème capable de fonctionner comme verbe, nom, adjectif ou adverbe; ainsi *-ation* est un affixe dérivationnel en français et en anglais. (V. SUFFIXE.) *Affixe flexionnel,* celui qui entre dans la flexion casuelle des noms ou des adjectifs ou dans la flexion verbale. (V. DÉSINENCE.) *Affixes verbaux,* classe d'affixes comprenant les affixes (ou désinences) de temps (présent, passé, nombre et personne), d'infinitif et de participe passé.

affriquée

Une *affriquée* est une consonne qui combine très étroitement une occlusion et une frication. Ainsi la consonne initiale anglaise dans *child* (à peu près [tʃ], mais notée [č]) ou la consonne initiale de l'italien *giorno* [dʒorno]. Bien que l'occlusion soit plus importante au début de l'affriquée et la frication à la fin, ces deux mouvements sont simultanés et non successifs comme on l'a longtemps cru. Dès le début de la prononciation de l'affriquée, les organes phonatoires sont en place pour une semi-occlusion, qui tend de plus en plus à renforcer son caractère fricatif, d'où le nom de *semi-occlusive* ou *semi-fricative* que l'on donne aussi à ce type d'articulations. Dans l'histoire des langues, il semble que les affriquées aient tendance à perdre leur caractère occlusif pour devenir des fricatives. Cette évolution qui s'est produite dans le passage de l'ancien français au français moderne ([tsir] → « cire », [tʃɛr] → « cher »), est en cours en italien contemporain ([ditʃi] prononcé [diʃi] « tu dis »), en particulier sous l'influence des dialectes d'Italie centrale, sans qu'on puisse dire si elle se poursuivra jusqu'au bout, car des évolutions inverses peuvent également être constatées.

Sur le plan acoustique, les affriquées se différencient des occlusives par le caractère strident* qui correspond à un bruit d'intensité particulièrement élevée, et des fricatives par le caractère discontinu* correspondant à un silence (au moins dans les bandes de fréquences situées au-dessus des vibrations des cordes vocales) suivi et/ou précédé d'une diffusion de l'énergie sur une large bande de fréquence (sous la forme soit d'une explosion, soit d'une transition abrupte des formants vocaliques) s'opposant à l'absence de transition abrupte entre son et silence.

agent

1. On appelle *complément d'agent* le complément du verbe passif sujet de la phrase active correspondante. Ainsi, en français, dans la phrase *Paul est blessé par Pierre*, le complément d'agent (précédé de la préposition *par* ou *de*) *par Pierre* est le sujet de la phrase active correspondante *Pierre blesse Paul*.

2. En grammaire structurale, la différence entre les verbes intransitifs et les verbes pronominaux à sens passif, d'une part *(La branche casse, Les fruits se vendent cher)*, et les passifs, d'autre part *(La branche est cassée, Les fruits sont vendus cher)*, est celle de types de phrases *orientées vers le procès* ou *l'action* (intransitif, pronominal à sens passif) et de types de phrases *orientées vers l'agent* (passif).

agentif

1. On donne le nom d'*agentif* au cas* exprimant l'agent du procès, quand ce dernier n'est pas le sujet grammatical de la phrase. Le complément d'agent du verbe passif peut être exprimé par l'agentif (ex. : *Paul est blessé* PAR PIERRE).

2. *Syntagme agentif*, nom donné au complément d'agent des phrases passives.

agglomérat

1. On appelle *agglomérat* un groupe de deux voyelles ou de deux consonnes successives. Par exemple, il y a un agglomérat consonantique [ks] dans le latin [duks], *dux* « chef ».

2. On appelle *agglomérat sémantique* le contenu d'une unité significative où les sèmes, traits pertinents distinctifs, n'ont entre eux aucune relation particulière et sont simplement ajoutés les uns aux autres (association additive); ainsi, *fille* est un agglomérat sémantique formé de [+humain], [−mâle], etc. L'agglomérat sémantique s'oppose à la configuration*, où les sèmes ont entre eux des relations particulières; ainsi pour *géant*, [+humain] implique [grand] et on peut représenter la configuration par [« homme » ⇢ « grand »].

agglutinant

On appelle *langues agglutinantes* les langues qui présentent la caractéristique structurelle de l'agglutination, c'est-à-dire l'accumulation après le radical d'affixes distincts pour exprimer les rapports grammaticaux. (V. AGGLUTINATION.) Ainsi, en turc, à partir de *-ler* (marque du pluriel) et de *-i*, (marque du possessif), on formera, avec le radical *ev*, « maison » les mots *evler* « maisons » (nominatif pluriel), *evi* « maison » (possessif singulier), *evleri* « maisons » (possessif pluriel). Les mots d'une langue agglutinante sont ainsi analysables en une suite de morphèmes nettement distincts. Les langues agglutinantes se distinguent des langues flexionnelles*.

agglutination

1. L'*agglutination* est la réunion en une seule unité de deux ou plusieurs termes originairement distincts, mais qui se trouvent fréquemment ensemble dans un syntagme. On trouve ainsi en français populaire, *le levier (l'évier)*; ce processus a une grande importance dans l'évolution diachronique, car il entre dans la formation de nombreux mots : ainsi, en français, les mots *lierre (l'hierre), aujourd'hui (au jour d'hui)* résultent de l'agglutination.

2. Sur le plan de la typologie des langues, le processus d'*agglutination* caractérise les langues qui accumulent après la racine et, plus rarement, avant elle, des affixes nettement distincts, utilisés pour exprimer les divers rapports grammaticaux. Le basque est une langue agglutinante. (Contr. : DÉGLUTINATION.)

agrammaticalité V. GRAMMATICALITÉ.

agrammatisme

On donne le nom d'*agrammatisme* à un aspect linguistique particulier de l'aphasie* d'expression; il se caractérise par la suppression quasi constante des morphèmes grammaticaux (prépositions, articles, pronoms sujets, désinences verbales) et la réduction des phrases à la seule séquence des morphèmes lexicaux : ex : *hôpital vite trois heures piqûre,* c'est-à-dire (on m'a conduit très) vite (à l')hôpital (à) trois heures, (on m'a fait une) piqûre.

agraphie

L'*agraphie* est une perturbation de l'écriture, consécutive à une lésion corticale, indépendamment de tout trouble moteur; elle est en général liée à l'aphasie* et présente des caractères différents selon qu'il s'agit d'aphasie motrice ou d'aphasie sensorielle.

aigu

1. On qualifie d'*aigu* un ton ou un bruit caractérisé par la prédominance dans le spectre acoustique des fréquences élevées. Les phonèmes médians, par exemple les voyelles palatales [i] et [y], les consonnes dentales [t] et [d], etc., sont caractérisés par un timbre aigu (syn. : CLAIR, contr. : GRAVE*). Ce trait acoustique est essentiellement dû à la forme du résonateur buccal, réduit et compartimenté.

2. L'*accent aigu* est un signe diacritique indiquant, en français, avec *e (é)*, la voyelle fermée [e]. Il a été utilisé pour la première fois par R. ESTIENNE en 1520. La graphie *é* peut noter plus rarement un [ɛ] *e* ouvert, comme le second *é* de *événement.* Tous les [e] ne sont pas notés par cet accent : *clef, pied.*

aire

On appelle *aire linguistique* le domaine géographique propre à un fait ou à un groupe de faits donnés.

alalie

Employé au XIXe siècle pour désigner les troubles du langage connus sous le nom d'aphasie* motrice, le mot *alalie* a disparu au profit d'*aphasie.*

Alexandrins

Les grammairiens de la ville d'*Alexandrie* ont développé au IIIe siècle av. J.-C. une série de recherches qui, sans être elles-mêmes linguistiques, ont contribué par leurs fins à asseoir pour des millénaires une certaine conception de la langue. Leur travail a surtout été un travail d'édition consistant à rechercher, à collationner et à publier avec des commentaires les textes les plus célèbres de la Grèce de l'époque classique. En effet, les textes anciens différaient à bien des égards de la langue grecque du IIIe siècle av. J.-C., surtout telle qu'elle était parlée à Alexandrie. Aussi les éditeurs alexandrins des textes anciens ont-ils pris l'habitude de les accompagner de commentaires et de traités de grammaire destinés à faciliter la lecture des chefs-d'œuvre du passé. C'est ainsi qu'est née l'opinion que cette langue était plus « pure » et plus « correcte » que le parler quotidien d'Alexandrie. De là est issue la tradition qui consiste à privilégier la langue écrite par rapport à la langue parlée et à estimer qu'en évoluant la langue se corrompt et perd de sa pureté.

alexie

On appelle *alexie,* ou *cécité verbale,* un trouble de la lecture consécutif à une lésion corticale de l'aire postérieure de la zone du langage, sans qu'il y ait de troubles de l'appareil visuel. On distingue en général : l'*alexie littérale,* où le sujet, capable de lire relativement bien les mots, ne peut lire les lettres; l'*alexie verbale,* où le sujet, capable de lire les lettres, ne peut lire les mots, et l'*alexie phrastique,* où le sujet, capable de lire les lettres et les mots, ne peut lire ni comprendre les phrases.

algorithme

On désigne du nom d'*algorithme* une succession d'opérations élémentaires rigoureusement décrites, aboutissant à la résolution d'une classe particulière de problèmes. La grammaire peut être considérée comme un algorithme : ensemble d'instructions explicites permettant la production des phrases.

aliénable
Il y a *possession aliénable* quand l'item possédé est lié de manière contingente au possesseur *(Le chapeau de Pierre)*, et *possession inaliénable* quand l'item possédé est lié de manière nécessaire au possesseur *(Le bras de Pierre. Le fils de Jean)*.

alinéa. V. PONCTUATION.

allatif
On donne le nom d'*allatif* au cas* qui exprime la direction vers laquelle tend le procès exprimé par le verbe (ex. : *Il vient* PRÈS DE MOI).

alliance de mots
On appelle *alliance de mots* le rapprochement de deux termes contradictoires dont le groupement est cependant interprétable métaphoriquement (ex. : *Se hâter lentement. Une obscure clarté*).

alliciant
Par une unité ou une suite d'unités dite *alliciant*, le locuteur essaie de prévenir une réaction hostile ou de gagner la sympathie des destinataires. Il en est ainsi pour *mon cher, mon ami* mis en apostrophe ou pour *excellent, bon* se rapportant à quelque chose qui touche au destinataire. L'emploi de l'alliciant, qui est en quelque sorte une *captatio benevolentiae*, peut servir à prévenir des réactions à un discours qui peut mécontenter le destinataire.

allitération
L'*allitération* est la répétition d'un son ou d'un groupe de sons à l'initiale de plusieurs syllabes ou de plusieurs mots d'un même énoncé (ex. : *farfouiller, chuchoter, sussurer*, etc.). L'alliteration est utilisée comme procédé de style dans la prose poétique ou en poésie; elle permet parfois, dans certaines poésies anciennes, de reconstituer une prononciation qui avait disparu au moment où le texte a été transcrit et qui n'avait donc pu être enregistrée.

allocutaire
On appelle parfois *allocutaire* le sujet parlant considéré à la fois comme celui qui reçoit des énoncés produits par un locuteur et comme celui qui y répond (v. INTERLOCUTEUR); au sens plus précis de « celui qui se voit adresser le message », on dit plus souvent *destinataire**.

allocutif
Chez J. DAMOURETTE et E. PICHON, l'*allocutif* est la personne à qui s'adressent les paroles de celui qui parle. (V. PERSONNE.)

allocution
On désigne quelquefois du mot *allocution* l'acte par lequel un locuteur s'adresse à quelqu'un d'autre.

allographe
Dans l'écriture, l'*allographe* est la représentation concrète de l'une des représentations concrètes du graphème*, élément abstrait. L'allographe est au graphème ce que l'allophone est au phonème. Les caractères formels de l'allographe dépendent notamment de l'environnement; c'est ainsi qu'en grec le « sigma », correspondant à S, a deux allographes qui sont en distribution complémentaire : l'un des deux est toujours à l'initiale ou à l'intérieur des mots (σ), l'autre toujours en finale (ς). Ce sont donc des variantes : l'apparition exclusive de l'une ou de l'autre est commandée par l'environnement. De même, *L* majuscule et *l* minuscule sont deux allographes du même graphème. Chaque graphème peut avoir un ou plusieurs allographes; un graphème est donc constitué par une classe d'allographes. (V. IDIOGRAPHÈME.)

allomorphe
Lorsque l'on donne le nom de morphème à l'unité significative minimale, on appelle *allomorphes* les variantes de ce morphème en fonction du contexte. Les allomorphes peuvent être conditionnés phonologiquement (lorsque le choix de l'allomorphe est fonction de la forme phonologique de l'unité avec laquelle il se combine); par exemple, [le] / [lez] dans les syntagmes [le parã] [lezãfã] *(les parents / les enfants)*.

Le conditionnement peut être morphologique (lorsque le choix de l'allomorphe est fonction d'un autre morphème avec lequel il se combine); par exemple, *all-(er) / i-(ra) / v-(a)*, où l'allomorphe *i-* est conditionné par la désinence *-ra* du futur, 3ᵉ personne du singulier.

Le concept d'allomorphe permet, entre autres avantages, de mettre en évidence l'opposition morphème *vs* morphe. Le morphe est une des formes réalisées du morphème : les formes *all- / i- / v-* sont trois morphes appartenant au même morphème de la langue; le morphème est alors défini comme une classe de morphes. (V. ARCHILEXÈME, ARCHIPHONÈME.) L'existence de morphes distincts réalisant le même morphème en fonction de contextes phonologiques ou morphologiques permet le traitement commun des formes normales et des formes irrégulières à l'intérieur d'une description grammaticale : on dira ainsi qu'il y a un morphème de pluriel qui, en français, se réalise par plusieurs morphes (s, x, etc.). C'est seulement au niveau d'application des règles morphophonologiques que le morphème sera traduit en morphes, avec un choix éventuel entre divers allomorphes.

allongement compensatoire

On appelle *allongement compensatoire* l'allongement de la durée d'un phonème consécutif à la disparition d'un phonème contigu, comme celui des voyelles dans des mots comme *maître*, *fenêtre*, après la chute du *s* qui existait dans des formes plus anciennes (*maistre, fenestre,* etc.).

allophone

Le terme d'*allophone* est employé le plus fréquemment avec le sens de « variante combinatoire d'un phonème ». Dans cette acception, les allophones d'un phonème sont les réalisations de ce phonème réparties dans la chaîne parlée de telle sorte qu'aucune d'entre elles n'apparaît jamais dans le même environnement qu'une autre (le phonème est alors défini comme une classe de sons). Le choix de chaque allophone en un point donné de la chaîne parlée est déterminé mécaniquement par le contexte et prévisible à coup sûr. Cette interprétation postule pour chaque phonème un nombre déterminé d'allophones, le nombre de distributions phonémiques possibles en un point de la chaîne parlée étant limité comme le nombre de phonèmes d'une langue. Ainsi, le phonème espagnol /d/ a deux allophones, un [δ] fricatif en position intervocalique ([naδa] « rien »), un [d] occlusif au contact d'une consonne ou en initiale absolue ([fonda] « auberge », etc.). La notion d'allophone, qui s'est développée aux États-Unis, est souvent contradictoire, pour les linguistes qui l'utilisent, avec les notions de neutralisation et d'archiphonème, développées en Europe essentiellement par l'école de Prague; selon le principe « une fois un phonème, toujours un phonème », il ne saurait être question qu'un allophone soit attribué à deux phonèmes différents.

On trouve chez certains linguistes l'utilisation du terme *allophone* avec une acception beaucoup plus large. Toute variante d'un phonème, qu'elle soit combinatoire ou libre (stylistique, sociale, individuelle), est un allophone de ce phonème. Chaque phonème possède donc un nombre infini d'allophones qui ont en commun les traits pertinents de ce phonème, mais se diversifient par ailleurs par des variations non pertinentes, plus ou moins importantes.

allosème

Dans la terminologie de E.A. NIDA, où *sème* désigne le trait minimal de signification, un *allosème* est un sème susceptible de réalisations différentes selon l'environnement sémantique dans lequel il se trouve. A l'intérieur du sémème, ensemble des traits sémantiques constituant la signification de l'unité considérée, certains sèmes sont considérés comme allosèmes. Par exemple, dans *pied bot* vs *pied de chaise*, on peut dégager un sème [extrémité inférieure], mais ce sème ne se réalise que sous la forme des allosèmes [extrémité inférieure d'un animé] dans le premier cas, et [extrémité inférieure d'un non-animé] dans le second.

Cette distinction présente l'avantage d'éviter à l'analyse componentielle d'en rester à la distinction traditionnelle entre sens central et sens second (dans l'exemple cité, *pied* aurait pour sens central « extrémité d'une jambe », et pour sens second « emploi métaphorique pour un meuble »). Il convient toutefois de signaler un autre traitement possible qui attribue à l'unité significative des traits de transfert : le sémantisme de l'unité est considéré comme immuable (rejet des allosèmes), et c'est la combinaison de plusieurs unités qui développe un trait de transfert. Dans l'exemple proposé, le sème [+animé] de *pied* sera un trait de transfert.

allotone

Un *allotone* est une variante non-pertinente, conditionnée par le contexte phonique, d'un ton ou tonème, de même qu'un allophone est une variante d'un phonème. Ainsi, en grec, le mot ayant un accent aigu sur la dernière syllabe prend un accent grave lorsqu'il est suivi d'un autre mot. (V. BARYTON et OXYTON.)

alphabet

1. On donne le nom d'*alphabet* à tout ensemble de signes utilisés par une écriture alphabétique* pour noter en principe des phonèmes, parfois des suites de phonèmes. Ainsi, l'*alphabet latin* est composé de 26 lettres et sert à noter (avec de légères modifications et l'addition de signes diacritiques) le français ainsi que l'ensemble des langues romanes et anglo-saxonnes, le tchèque, le turc, etc.; l'*alphabet grec,* issu de l'alphabet phénicien, sert à transcrire le grec; l'*alphabet cyrillique,* issu des capitales de l'alphabet grec, sert à transcrire le russe et le bulgare. (V. ÉCRITURE.)

2. En grammaire générative, un *alphabet* est un ensemble fini de symboles désignant les éléments d'une langue.

alphabet phonétique

La transcription d'un discours, c'est-à-dire son enregistrement linguistique par la graphie, implique l'existence d'un système de signes symbolisant les sons du langage. Si l'on veut représenter le maximum de nuances phoniques, même celles qui n'ont pas de fonction linguistique, la transcription sera présentée entre crochets, ainsi [...]; si l'on ne veut représenter que les traits phoniques doués d'une fonction linguistique, la transcription se fera entre barres obliques, ainsi /.../. En fait, il n'existe pas de transcription phonétique parfaite, sinon celle qui est réalisée avec l'enregistrement du fait acoustique brut par des appareils d'analyse du son tels que les oscillographes, car il n'est pas possible de noter toutes les nuances phoniques de chaque réalisation d'un phonème. Simplement, une notation phonologique est plus simple qu'une notation phonétique dans la mesure où elle ne se soucie pas de noter les différentes variantes d'un même phonème et utilisera un seul signe là ou la transcription phonétique doit recourir à plusieurs signes différents pour signaler les principales variations (combinatoires, sociales ou individuelles) d'une même unité distinctive. La consonne initiale du mot français *rail* sera notée /r/ dans une transcription phonologique, mais suivant l'accent du locuteur, elle sera notée phonétiquement [r], [R], ou [ʁ]. Le but d'un *alphabet phonétique international* est donc de fournir un répertoire de signes correspondant aux principales réalisations phonétiques des différentes langues du monde, et dans lesquels la notation phonologique opère un tri.

Le principe de l'alphabet phonétique est : « un seul signe pour chaque son, un seul son pour chaque signe ». Quelques alphabets s'écartent de nos habitudes traditionnelles d'écriture, comme le *Visible Speech* de BELL, où les symboles sont les diagrammes simplifiés des organes vocaux en position d'émission des divers sons, et comme l'*Alphabetic Notation* de O. JESPERSEN, qui combine des lettres grecques correspondant aux différents organes vocaux et des chiffres arabes indiquant la position de ces organes pendant l'articulation. La plupart des alphabets sont des modifications de notre alphabet traditionnel. Le plus connu est l'« alphabet phonétique international » (A.P.I.), créé en 1888 par l'*Association phonétique internationale* (en particulier par D. JONES, H. SWEET, P. PASSY, etc.), puis mis à jour et perfectionné par elle au cours de longues années. Cet alphabet utilise des lettres empruntées aux alphabets grec et latin, en leur donnant la valeur qu'elles ont dans ces langues, ou des symboles dessinés par les phonéticiens comme le /ʃ/ ou le /ʒ/. Ceux-ci se sont efforcés, au départ, d'éviter l'utilisation des signes diacritiques, ou signes (comme les accents) ajoutés aux lettres pour modifier leur valeur, mais ils ont cependant dû finir par y recourir. Cet alphabet tend à se répandre de plus en plus largement parmi les linguistes, mais certains préfèrent encore, pour des raisons de commodité pratique, se limiter à l'utilisation des signes existant sur le clavier des machines à écrire, bien que cela augmente considérablement le nombre des signes diacritiques nécessaires.

Principaux signes de l'alphabet phonétique international
v. p. 24 et 25

AUTRES SIGNES UTILISÉS

Les affriquées sont normalement représentées par des groupes de deux consonnes (ts, tʃ, dz, dʒ, etc.) ou bien par les signes ◠ ou ◡ (t͡s ou t‿s, etc.).

Longueur, accent, ton

: longueur
. longueur moyenne
ˈa accent placé au début de la syllabe accentuée
ˌa accent secondaire
ā ton haut
a̱ ton bas
á ton haut montant
a̖ ton bas montant
à haut descendant
a̗ ton bas descendant
â ton montant descendant
ǎ ton descendant-montant

Signes diacritiques : ã nasalité

ILLUSTRATION DES SIGNES DE L'A.P.I.

Consonnes

p, b, t, d, k, m, n, l, f et h ont la valeur qu'ils ont communément dans les langues européennes.

  ɡ fr. *gare, gu* de *gué*; angl. *get*
  ʈ hindi ट (*ṭ*); suédois *rt* dans *kort*
  ɖ hindi ड (*ḍ*); suédois *rd* dans *bord*
  c fr. dialectal *quai*; hongrois *ty* dans *kutya*; perse *k* dans *yak*
  ɟ fr. dialectal *guêpe*; hongrois *gy* dans *nagy*
  ʔ arabe *hamza*; all. du Nord *Verein* (fɛrʔain)
  q arabe ق ; esquimau κ

Principaux signes de l'alphabet

		LABIALES		DENTALES	
		bi-labiales	labio-dentales	dentales et alvéolaires	rétroflexes
	VOISEMENT	− +	− +	− + − +	− +
CONSONNES	occlusives	p b		t d	ʈ ɖ
	fricatives	ɸ β	f v	θ ð s z	ʂ ʐ
	nasales	m	ɱ	n	ɳ
	latérales			l	ɭ
	« fricatives			ɬ ɮ	
	vibrantes				
	« roulées			r	
	« battues			ɾ	ɽ
	« fricatives			ɹ	
	continues sans friction et semi-voyelles	w ɥ	ʋ		
VOYELLES	fermées	(y ʉ u)			
	semi-fermées	(ø o)			
	semi-ouvertes	(œ ɔ)			
	ouvertes	(ɒ)			

Les articulations secondaires

phonétique international

PALATALES			VÉLAIRES			
palato-alvéolaires	alvéolo-palatales	palatales	vélaires	uvulaires	pharyn-gales	glottales
− +	− +	− +	− +	− +	− +	− +
ʃ ʒ	ɕ ʑ	c ɟ ç j ɲ ʎ	k g x ɣ ŋ ɫ	q ɢ χ ʁ N	ħ ʕ	ʔ h ɦ
				R ʀ		
		j (ɥ)	(w)			

```
                palatales            vélaires
                         centrales
                    i  y  ɨ  ʉ  ɯ  u
                      e  ø        ɤ  o
                              ə
                      ɛ  œ        ʌ  ɔ
                         æ        ɐ
                         a     ɑ  ɒ
```

sont indiquées entre parenthèses.

ɢ perse ڨ
ɸ all. *w* dans *Schwester;* japonais *h* devant *u* comme dans *Huzi (Fuji)*
β esp. *b* intervocalique comme dans *saber*
θ angl. *th* dans *thing;* esp. *c, z* dans *placer, plaza;* grec θ
ð angl. *th* dans *this;* esp. *d* dans *cada;* danois *d* dans *gade;* grec δ
s angl. *see;* fr. *son*
z angl. *zeal;* fr. *zèle;* russe з
v comme *v* en angl., fr., it.; all. *w;* russe в
ɹ angl. du Sud dans *dry;* angl. américain *ir* dans *bird*
ṣ marathi ष (ṣ); suédois *rs* dans *tvärs;* pékinois variété de ʃ
ʐ pékinois variété de ʒ
ʃ fr. *ch;* angl. *sh;* all. *sch;* russe ш; it. *sc* dans *pesce, sci* dans *uscio*
ʒ angl. *s* dans *measure;* fr. *j* dans *jour, g* dans *géant;* *ll* en espagnol d'Amérique du Sud; russe ж
ç all. *ch* dans *ich;* jap. *h* devant *i* comme dans *hito*
ɕ polonais *ś* dans *geś, si* dans *gesia*
ʑ polonais *ź* dans *źle, zi* dans *ziarno*
x écossais *ch* dans *loch;* all. *ch* dans *ach;* esp. *j* dans *hijo, g* dans *gente;* russe х
ɣ esp. *g* de *luego;* danois *g* de *koge;* grec γ; arabe غ
χ arabe خ
ħ variété d'arabe ح
ʁ variété *r* de fr. dit parisien (*r* uvulaire fricatif)
ʕ arabe ع
ɦ *h* voisé, angl. entre sons voisés, dans *behave, manhood*
m̩ it. *n* dans *invidia;* esp. *n* dans *anfora*
ṇ marathi ण (ṇ)
ɲ fr. et it. *gn;* esp. *ñ*
ŋ angl. *ng* dans *sing;* esp. *n* dans *cinco, tengo;* all. *ng* dans *ding*
ɴ esquimau *eNima* « mélodie »
ɫ angl. *l* dans *table;* russe л ; une variété du polonais *ł*
ɬ gallois *ll* dans *Llangollen;* kaffir *hl* dans *hlamba* (laver)
ɮ zoulou *dhl* dans *dhla* (manger)
ḷ marathi ळ (ḷ)
ʎ it. *gl* dans *egli; gli* dans *voglio;* esp. *ll* dans *calle;* grec λι dans ἥλιος
r *r* roulé comme en anglais, italien, espagnol, russe, écossais. Ce signe est aussi utilisé quand c'est possible linguistiquement pour transcrire le *r* battu [ɾ], le *r* fricatif dental [ɹ], le *r* uvulaire roulé [R], le *r* uvulaire fricatif [ʁ].
ʀ *r* uvulaire roulé (« grasseyé »)
ř tchèque *ř*
ɾ esp. *r* dans *pero*
ɽ *r* rétroflexe comme en hindi ड़ (ṛ)

Glides

w angl. *will, walk;* fr. *ou* dans *ouate*
ɥ fr. *u* dans *nuit, nuage* (*u* non syllabique)
ʋ hollandais *w;* hindi व
j fr. *i* dans *mien* (*i* non syllabique); angl. *y* dans *yet, you; j* dans l'all. *Jahr*

Voyelles
- i fr. *si*
- e fr. *thé;* it. *pesca* « pêche »; russe петь
- ɛ fr. *mettre, maître;* all. *Bett;* it. *pesca* « pêche » *era* « ère »; russe этот
- a fr. parisien *patte;* russe мясо
- α parisien *pâte, pâle;* russe, premier *a* de палка
- ɔ fr. *porte, fort;* all. *Sonne;* it. *cosa*
- o fr. *beau;* all. *wohl;* it. *dove*
- u fr. *tout;* all. *gut;* it. *subito;* angl. *too*
- y fr. *lune;* all. *über;* norvég. *tjue*
- ø fr. *peu;* all. *schön*
- œ fr. *œuf, veuve;* all. *zwölf*
- ɒ angl. du Sud *hot*
- ʌ américain *cup*
- ɤ shan ˈkɤ « sel »
- ɯ shan ˉmɯ « main »; roumain *î* de *mîna* « main »
- ɨ russe ы dans сын
- ʉ norvég. *hus*
- ɪ angl. *bit;* all. *bitte* (peut être transcrit avec *i*)
- ʊ angl. du Sud *book* (peut être transcrit avec *u*)
- ʏ all. *fünf, Glück* (peut être transcrit avec *y*)
- æ angl. du Sud *cat;* russe пять (peut être transcrit avec *a* ou ɛ)
- θ suédois *dum*
- ə angl. *about* (voyelle « neutre » ou « schwa »); fr. *e* muet de *petit;* all. *e* dans *bitte*
- ɐ angl. *sofa;* portugais de Lisbonne *para*

alphabétique (écriture)

Les systèmes d'écriture à référence phonétique ou phonologique sont l'*écriture alphabétique* et l'écriture syllabique*; ils s'opposent à l'écriture idéographique*. Dans l'écriture alphabétique les graphèmes* ont pour référence phonologique, en principe, des phonèmes uniques; ainsi les alphabets latin et cyrillique. (V. RÉFÉRENCE.) Aucune langue pratiquement ne respecte, ce qui serait l'idéal dans ce domaine, la correspondance terme à terme (adéquation parfaite) entre les phonèmes et les graphèmes. Il est probable également que les systèmes n'ont jamais été entièrement phonologiques et ils ont tendance à le devenir de moins en moins : ainsi, l'alphabet phénicien ne notait que les consonnes (par vingt-deux graphèmes), mais prêtait au destinataire l'aptitude à suppléer les voyelles qu'il fallait introduire entre les consonnes. Il ne faut pas confondre ce système, qui écrira *katib* ктв, comme *kitab*, avec le système syllabique*. L'alphabet grec, au contraire, représentait les voyelles et les consonnes, mais partiellement seulement la longueur des voyelles, et n'indiquait pas du tout les accents toniques, pourtant si importants en grec.

alternance

1. *Alternance combinatoire.* V. VARIATION COMBINATOIRE et SANDHI.

2. *Alternance indépendante,* variation subie par un phonème ou un groupe de phonèmes dans un système morphologique donné. Cette variation peut affecter le vocalisme des éléments constitutifs au cours de la flexion (latin : *facio/feci*) ou entre mots simples et mots composés ou dérivés (latin : *facio/efficio*); l'alternance peut avoir la forme voyelle / zéro (grec : *leipô / elipon*). L'*alternance vocalique* est aussi appelée *apophonie*. Les différentes formes d'une alternance sont appelées des degrés : ainsi, pour le verbe grec « laisser », il y a alternance entre un degré plein *leipein* (inf. prés.) et un degré zéro *elipon* (aoriste); de même, en latin, entre *esse* (inf.) et *sum* (ind. prés.). Il y a une alternance de timbre entre *leipein* (inf. prés.) et *leloipa* (parfait), qui correspond au degré fléchi. Il existe un troisième type d'alternance, l'alternance quantitative, par exemple en grec *tithêmi* s'opposant à *thes* (ind. prés. / impératif). L'*alternance consonantique* est représentée par la mutation consonantique du germanique primitif : les occlusives sonores de l'indo-européen deviennent des sourdes, les occlusives sourdes deviennent des spirantes sonores et les occlusives sonores aspirées deviennent des spirantes sonores.

alternant

En grammaire générative, certaines règles de réécriture doivent être dédoublées pour permettre la génération de deux types de séquences de symboles (ou de symboles uniques) à droite de la flèche. Ces règles sont dites *alternantes*. On peut en prendre pour exemple la réécriture de SV :

$$RS \times (a) : SV \rightarrow V_i$$

(à lire : règle syntagmatique $\times$ (a) : SV est à réécrire en V_i [verbe intransitif]);

$$RS \times (b) : SV \rightarrow V_t + SN$$

(à lire : règle syntagmatique $\times$ (b) : SV est à réécrire en V_t [verbe transitif] suivi d'un syntagme nominal).

Les verbes du lexique incorporé à la grammaire générative considérée devront en conséquence comporter la spécification V_i/V_t.

La notion de règle alternante est à distinguer de l'opposition entre règle obligatoire et règle facultative. Le caractère facultatif d'une règle se marque graphiquement par l'emploi de parenthèses. Par exemple, on peut écrire $RS \times (a)$ de la façon suivante :

$$RS \times (a) : SV \rightarrow V_i \text{ (Adv)}$$

Dans le cas de la règle alternante, une liberté existe, mais aussi la nécessité d'un choix. Pour indiquer cette nécessité en évitant la multiplication des sous-règles, la présentation est souvent faite entre accolades :

$$RS \times : SV \rightarrow \left\{ \begin{array}{c} V_i \\ V_t + SN \end{array} \right\}$$

Une autre possibilité consiste à présenter les combinaisons possibles en séquences séparées par des virgules à l'intérieur d'une accolade. Par exemple :

$$RS \times : SV \rightarrow \left\{ V_i, V_t + SN \right\}$$

alvéolaire

On donne le nom d'*alvéolaire* à un phonème consonantique articulé au niveau des alvéoles des dents d'en haut, le plus souvent par application de la pointe de la langue (v. APICO-ALVÉOLAIRE); ce type de consonnes entre dans la classe des dentales*. En français, les consonnes [s] et [z] sont des fricatives alvéolaires.

alvéoles

Les *alvéoles* postérieures des incisives supérieures constituent l'articulateur supérieur pour la prononciation de certaines consonnes dites « alvéolaires », comme les consonnes françaises et anglaises [t, d, s, z, l, n] classées phonologiquement parmi les dentales, mais réalisées phonétiquement comme des alvéolaires.

alvéopalatales

Les *consonnes alvéopalatales,* dites aussi *palato-alvéolaires* ou *postalvéolaires,* sont des consonnes prépalatales articulées à la limite des alvéoles et du palais dur, ayant comme articulateur inférieur la pointe ou la région prédorsale de la langue; les fricatives [ʃ], [ʒ], les affriquées [tʃ], [dʒ] sont des alvéopalatales. Phonologiquement, les alvéopalatales sont à classer parmi les palatales, dont elles présentent les caractéristiques acoustiques (aigu, diffus).

amalgame

1. On dit qu'il y a amalgame quand deux ou plusieurs monèmes* sont fondus de manière tellement indissoluble que si l'on retrouve les divers signifiés de chacun sur le plan du contenu, on n'observe qu'un seul segment sur le plan de la forme. Dans le français *au* il y a amalgame de *à le*, c'est-à-dire que cette forme unique correspond à plusieurs choix : à la préposition *à*, à l'article défini et aux marques de masculin singulier. De même dans *aimons,* la terminaison *-ons* amalgame le monème de présent indicatif et celui de première personne du pluriel. L'amalgame est très fréquent en latin, comme dans toutes les langues flexionnelles, mais pratiquement absent des langues agglutinantes.

2. Dans les contacts de langues, quand il n'y a pas substitution (abandon de la langue naturelle au profit d'une autre) ou commutation (usage alterné de deux ou plusieurs langues), il y a *amalgame* des deux langues, c'est-à-dire utilisation préférentielle de l'une des deux avec de nombreuses interférences* de l'autre.

ambiguïté

L'*ambiguïté* est la propriété de certaines phrases réalisées qui présentent plusieurs sens. L'ambiguïté peut tenir au lexique, certains morphèmes lexicaux ayant plusieurs sens. Ainsi, la phrase :

Le secrétaire est dans le bureau

a au moins deux sens, car *secrétaire* est soit une personne, soit un meuble (on parle alors d'*ambiguïté lexicale*).

L'ambiguïté peut tenir au fait que la phrase a une structure syntaxique susceptible de plusieurs interprétations. Ainsi, *Le magistrat juge les enfants coupables* répond soit à l'interprétation *Le magistrat juge que les enfants sont coupables*, soit à l'interprétation *Le magistrat juge les enfants qui sont coupables* (on parle alors d'*ambiguïté syntaxique* ou d'*homonymie de construction*). Les ambiguïtés syntaxiques sont dues à ce que la même structure de surface relève de deux (ou plus de deux) structures profondes différentes. Ainsi, *Georges aime Marie autant que Jean* répond soit à *Georges aime Marie autant que Jean aime Marie*, soit à *Georges aime Marie autant qu'il aime Jean*. De même, *Pierre regarde manger un poulet* est syntaxiquement ambigu, la phrase de structure profonde étant soit *Pierre regarde (des gens) manger un poulet*, soit *Pierre regarde un poulet manger (quelque chose)*.

amnésique

L'*aphasie amnésique* est une forme d'aphasie* caractérisée par un manque de mots dans le discours spontané et des déficits à la dénomination des objets, des images d'objets, des couleurs, etc.

amplification

La rhétorique traditionnelle appelle *amplification* le procédé linguistique par lequel on prolonge un membre de phrase sur lequel on veut insister; l'amplification consiste souvent à ajouter au dernier élément un autre élément de même nature coordonné par *et* : ainsi, *mouvement ouvrier* et *mouvement syndical* sont souvent synonymes; il y a amplification dans *mouvement syndical et ouvrier* pour désigner le seul mouvement syndical.

amplitude

En phonétique acoustique, on appelle *amplitude* de l'onde vocale l'écart entre le point de repos des particules d'air vibrant et le point extrême qu'elles atteignent dans leur mouvement.

L'amplitude de la vibration est responsable de l'intensité du son (si la fréquence* est constante). On peut rendre l'intensité d'un son quatre fois plus grande en en doublant l'amplitude. L'amplitude peut être augmentée par la combinaison de deux ou plusieurs vibrations de fréquence identique : ainsi, l'onde sonore produite par la vibration des cordes vocales est rendue audible grâce au renforcement de son amplitude à travers différents résonateurs de l'appareil phonatoire.

amuïssement

On appelle *amuïssement* le processus par lequel un phonème finit par ne plus être prononcé; par exemple, en français la consonne *h* dite aspirée, à l'initiale de *héros*, les voyelles finales, ou, dans certaines positions, la voyelle neutre [ə] dite « *e* muet », « instable » ou « caduc » (dans la première syllabe du mot *petit* [pti], ou dans la deuxième syllabe du mot *appeler* [aple]).

amusie

L'*amusie* est la perte du langage musical consécutive à des lésions corticales. Le sujet atteint d'amusie est incapable de reconnaître et de reproduire les sons musicaux, alors qu'il en était capable avant sa maladie.

anacoluthe

Rupture dans la construction d'une phrase, l'*anacoluthe* est formée de deux parties de phrase qui sont syntaxiquement correctes, mais dont la séquence donne une phrase complexe syntaxiquement, anormale ou déviante. Ainsi, les suites *celui qui n'est pas encore convaincu* et *c'est à lui que je m'adresse* sont syntaxiquement correctes, mais la séquence *celui qui n'est pas encore convaincu, c'est à lui que je m'adresse* constitue une anacoluthe.

analogie

Le terme d'*analogie* a désigné, chez les grammairiens grecs, le caractère de régularité prêté à la langue. Dans cette perspective, on a dégagé un certain nombre de modèles de déclinaison, par exemple, et on a classé les mots, selon qu'ils étaient ou non conformes à l'un de ces modèles. L'analogie a fondé ainsi la régularité de la langue. Par la suite, l'analogie a servi à expliquer le changement linguistique et, de ce fait, a été opposée à la norme*. L'analogie fonctionne ainsi, selon l'expression de F. DE SAUSSURE, comme la « quatrième proportionnelle ». Ce type d'enchaînement logique joue, par exemple, quand on prononce le pluriel de *cheval* comme le singulier. Dans ce cas, le sujet parlant procède ainsi : au singulier [l(ə) toro], *le taureau*, correspond un pluriel [letoro], *les taureaux*, donc, au singulier, [l(ə)ʃ(ə)val], *le cheval*, correspondra un pluriel [le ʃ(ə)val], *les chevals. On dira « x sera à *je dis* ce que *vous lisez* est à *je lis* » : c'est ainsi qu'on obtient la forme *vous disez. De ce point de vue, l'analogie joue donc un rôle important dans l'évolution des langues et les néo-grammairiens l'ont utilisée pour rendre compte des exceptions à leurs lois phonétiques.

analogique

On appelle *changement analogique* toute évolution de la langue que l'on peut expliquer par un phénomène d'analogie*. La « faute » consiste à donner comme pluriel à *le cheval* [ləʃaval], *les chevals [leʃaval] en conformité avec le type *le mouton* [lə mutɔ̃], *les moutons* [lemutɔ̃] ou, au contraire, à donner comme pluriel à *le chacal* [ləʃakal] *les chacaux [leʃako] en conformité avec *le cheval* [ləʃaval], *les chevaux* [leʃəvo].

analogistes

Chez les grammairiens grecs, à partir du IIe siècle av. J.-C. s'est développée une discussion sur l'importance qu'il convenait d'accorder à la régularité dans l'étude des phénomènes linguistiques. Les *analogistes* soutenaient que la langue est fondamentalement régulière et exceptionnellement irrégulière, alors que la thèse inverse avait la faveur des anomalistes*. Les analogistes se sont attachés à établir des modèles* (« paradigmes ») selon lesquels la plupart des mots (dits alors « réguliers ») pouvaient être classés. De ce fait, ils étaient conduits à corriger tout ce qui pouvait apparaître comme une irrégularité sans parfois même s'apercevoir que ce qui est irrégulier d'un côté peut être parfaitement régulier d'un autre côté. Ainsi, la déclinaison de *boûs, boos* paraît irrégulière par rapport à *korax, korakos*, mais elle est régulière si on se place du point de vue historique, une fois admis les divers traitements du son transcrit par le digamma, lettre ancienne disparue de l'alphabet grec : boFs / boFos. Les recherches des analogistes ont beaucoup contribué à l'établissement de la grammaire.

analogue

On classait autrefois comme *analogues* les langues dont l'ordre des mots est relativement fixe, comme le français. Il s'agissait là d'une analogie avec ce qu'on croyait être l'ordre logique. Dans la classification typologique de l'abbé Girard, *analogue* s'opposait à *inversif*.

analysabilité

En grammaire générative, l'*analysabilité* est la propriété d'une suite terminale générée par la base*, qui fait que cette suite possède la structure exigée pour qu'une transformation donnée puisse s'appliquer. Ainsi, si la transformation passive est définie comme une transformation qui s'applique aux suites de la forme

Pass + SN_1 + Aux + V + SN_2

(Pass = passif, SN_1 et SN_2 = syntagmes nominaux, Aux = auxiliaire, V = verbe), alors la suite générée par la base

Pass + le père + Prés + le journal

est analysable dans la structure précédente et elle peut se voir appliquer la transformation passive. Au contraire, la suite :

Pass + l'enfant + court

n'est pas susceptible d'une telle analyse structurelle; la transformation passive ne peut s'appliquer : elle est bloquée (v. TRANSFORMATION).

I. analyse

1. *Analyse grammaticale,* exercice scolaire par lequel on découvre, ou on fait découvrir, dans une phrase la nature et la fonction des mots qui la constituent. Ainsi, dans la phrase *Ils l'ont élu député,* on devra donner dans l'analyse grammaticale la nature (nom) et la fonction (attribut de l'objet *le*) du mot *député.*

2. *Analyse logique, a)* chez CH. BALLY, procédé d'analyse de la phrase fondé sur le postulat que les énoncés réalisés comprennent chacun deux parties, l'une qui est le corrélatif du procès, le dictum*, l'autre par laquelle le sujet parlant exerce une intervention (pensée, sentiment, volonté) sur le dictum; c'est la modalité*; *b)* exercice scolaire par lequel on découvre, ou fait découvrir, selon une nomenclature institutionnalisée, dans une phrase complexe, des propositions* (forme prise dans une phrase complexe par des phrases élémentaires et munie éventuellement du mot qui les introduit); on donne la « nature » et la « fonction » de ces propositions.

3. *Analyse structurelle,* en grammaire générative et transformationnelle, un des aspects de la transformation consistant à tester une phrase, générée par la base, pour voir si elle a une structure qui rende possible l'application de cette transformation (V. ANALYSABILITÉ, TRANSFORMATION.)

II. analyse de contenu

Le contenu d'un texte peut être décrit en termes qualitatifs ou en termes statistiques; c'est l'objet de l'*analyse de contenu.* On peut se demander : « Comment ce texte est-il organisé et que pouvons-nous déduire de cette organisation pour caractériser son auteur ? » ou « Quels sont les principaux éléments de contenu de ce texte ? ». Il s'agit en quelque sorte de systématiser et d'essayer de fonder sur des bases rigoureuses ce qu'on appelle couramment « lire entre les lignes », de définir des règles qui déterminent l'organisation des textes. Il faut donc reconnaître la même idée sous des formes différentes et définir les paraphrases.

Il y a deux manières principales de découvrir le sens implicite sous le sens apparent. L'une consiste à utiliser le plus large environnement du texte (les circonstances de sa production, son but général), l'autre est de se concentrer sur les traits du texte dont on peut présumer qu'ils sont indépendants du contrôle conscient de l'émetteur.

Face à la première, qu'on ne sait guère pour le moment définir de manière rigoureuse, la seconde méthode, dite « analyse de co-occurrence », se présente comme un affinement des comptages de fréquence. Au lieu de compter l'occurrence des concepts A, B et C, on compte le nombre de fois que A apparaît en même temps (dans la même phrase, le même paragraphe ou la même unité au sens large) que B et on compare avec le nombre total d'apparitions de l'un et de l'autre (de A et de B réunis). L'index qui en résulte peut être utilisé pour mettre en évidence la force de l'association entre les deux idées dans l'esprit de l'émetteur. La nature précise de l'association dans le texte n'est pas prise en considération — la phrase *Les conservateurs détestent les progressistes* associe ainsi *conservateurs* et *progressistes.* Aussi de telles co-occurrences sont-elles largement indépendantes du contrôle conscient.

Une autre méthode utilisée est l'analyse d'évaluation assertive. On soumet à des sujets, choisis en fonction de la recherche, des propositions du type « A vous semble plutôt... X », où A est un mot ou une proposition et X un adjectif comme *vrai, grand, faux, petit,* etc. La convergence entre les sujets permet de définir leur culture, leur opinion, etc.

Une autre méthode est fondée sur l'utilisation d'un texte dont on supprime tous les 3es (ou les 4es, ou les 5es, etc.) mots. Avec un seul texte ou un seul groupe de textes on peut tester plusieurs sujets ou plusieurs groupes qu'on invite à remplir les blancs. Les écarts dans le nombre de bonnes réponses permettront de classer les sujets ou les groupes selon leur degré de compréhension. Il suffira évidemment de mettre le classement en parallèle avec les points de la description socio-culturelle des sujets ou des groupes de sujets pour établir des relations de type sociolinguistique* entre un texte déterminé et des conditions socio-culturelles.

Cette procédure permet également de comparer des textes (ou des ensembles de textes) du point de vue de la lisibilité. Le sujet est alors invariant et les textes variables. Les caractères socio-culturels des textes sont mis en rapport avec le nombre de fautes rencontrées pour chacun d'eux.

III. analyse de discours

On appelle *analyse de discours* la partie de la linguistique qui détermine les règles commandant la production des suites de phrases structurées.

L'analyse de discours, ou analyse d'énoncé, trouve son origine dans la distinction faite par F. DE SAUSSURE entre la langue* et la parole*, bien que le linguiste genevois ait pensé que cette dernière, soumise au hasard et à la décision individuelle, ne relevait pas d'une étude rigoureuse. L'influence des formalistes russes, qui avaient élaboré un type radicalement nouveau d'analyse littéraire, et le travail de l'école de Genève ont maintenu, depuis F. DE SAUSSURE jusqu'aux années 50, le courant d'une linguistique de la parole opposant à la fonction de communication, essentielle pour l'étude de la langue, une fonction d'expression (phénomènes émotionnels, subjectifs, individuels) qui pose les problèmes de l'étude des énoncés supérieurs à la phrase, notamment de tout ce qui touche à l'énonciation.

La linguistique essaie de rendre compte non seulement de la phrase, mais aussi des suites de phrases à partir de trois séries de travaux; les uns tentent de définir les règles qui commandent la succession des signifiés d'un texte : c'est l'analyse de contenu. De leur côté, les lexicologues, après avoir longtemps pris comme base opérationnelle le mot, ou unité graphique isolée, ont reconnu la nécessité de prendre en considération des environnements plus larges (co-occurrences, incompatibilités, oppositions); l'unité lexicale est ainsi réinsérée dans le tissu des phrases qui la contiennent et son étude implique la référence au discours dans lequel elle apparaît (d'où la nécessité d'une typologie des discours). De même, les linguistes de l'école de Prague insistent sur l'idée de sous-codes propres à chacune des fonctions du langage. Enfin, le distributionnalisme américain, qui ne se préoccupe ni des fonctions du langage, ni de la distinction théorique entre langue et parole, admet que la linguistique doit s'attacher également aux énoncés supérieurs à la phrase, et il élabore (avec Z. S. HARRIS), au moyen de classes d'équivalence*, une véritable procédure de réduction et de formalisation du discours.

L'analyse de discours dans l'école française a pour objets essentiels la relation du sujet parlant au processus de production des phrases (énonciation) ou la relation du discours au groupe social à qui il est destiné (socio-linguistique). L'analyse de discours proprement linguistique se fonde sur des opérations de réduction de phrases et sur certains concepts de la grammaire transformationnelle. Selon Z. S. HARRIS, on établit un certain nombre de classes d'équivalence (découpage du texte en éléments apparaissant dans des contextes identiques); mais on est conduit à admettre que seule la connaissance des règles de la langue permet de « normaliser les énoncés » et de réduire, par exemple *Des millions de bouteilles ont été vendues* à *On a vendu des millions de bouteilles*, ces opérations permettant d'établir plus rapidement les classes d'équivalence. Le discours résulte de l'application de règles à un certain nombre de phrases de base : la structure du discours est son histoire transformationnelle.

Dans ce cas, la production des énoncés est étudiée à partir de propositions de base qui aboutissent à des phrases de surface (phrases réalisées); le mode de passage de la phrase profonde à la phrase de surface est considéré comme l'indice d'un comportement linguistique qu'on met ensuite en parallèle avec un comportement non linguistique. Ainsi, l'analyse des énoncés de la guerre d'Algérie peut se faire à partir des propositions de base :

$$L'Algérie \left\{ \begin{array}{l} est\ incluse\ dans,\ est\ dépendante\ de \\ est/n'est\ pas \end{array} \right\} l'Algérie,\ la\ France$$

sur lesquelles peuvent intervenir les modalités (*devoir* et *pouvoir*, entre autres); on obtient alors les phrases de surface. *L'Algérie est la France, L'Algérie n'est pas la France, L'Algérie est dépendante de la France, l'Algérie est indépendante de la France, l'autodétermination de l'Algérie*, etc., dont les réalisations diverses peuvent être mises en relation avec les comportements politiques.

analytique

1. Un *jugement* est dit *analytique* quand il est nécessairement vrai, sa véracité étant assurée par le sémantisme des mots qui le constituent et par les règles syntaxiques de la langue qui mettent ces mots dans un certain type de relation : ainsi *Pierre est un homme* est un jugement analytique, car *Pierre* a dans ses traits « humain » et la relation syntaxique de la phrase lui attribue ce trait. Un jugement est dit *synthétique* quand il n'est vrai que dans une situation donnée, que sa véracité dépend des circonstances, comme *Pierre est ivre*.

2. Une *langue analytique* est une langue isolante*; en particulier, on qualifie ainsi le français.

3. On dit qu'une phrase est *analytique* si l'interprétation sémantique (le sens) du syntagme prédicatif est entièrement contenue dans le sujet; par exemple, *Mon père est un homme* est une phrase analytique. On dira de même qu'une phrase relative est analytique si le sens de la principale est entièrement contenu dans celui de la relative; par exemple, la phrase *Ceux qui parlent français parlent une langue* est une phrase analytique.

4. Une *procédure analytique* est un type d'analyse linguistique qui consiste à découper l'énoncé en phrases, syntagmes, morphèmes pour aboutir aux unités ultimes, les phonèmes. Cette procédure de « haut en bas » s'oppose à la procédure synthétique, qui consiste à aller de bas en haut dans l'analyse, à partir des unités les plus petites pour les grouper ensemble selon des règles combinatoires et aboutir ainsi à la phrase. La procédure analytique est celle de L. HJELMSLEV, par exemple, la procédure synthétique celle de Z.S. HARRIS.

anaphore

1. En rhétorique, l'*anaphore* est la répétition d'un mot (ou d'un groupe de mots) au début d'énoncés successifs, ce procédé visant à emphatiser le terme ainsi répété. Par exemple : « *Mon bras qu'avec respect toute l'Espagne admire / Mon bras qui tant de fois a sauvé cet empire*, etc. » (CORNEILLE, *le Cid*.)

2. En grammaire, l'*anaphore* est un processus syntaxique consistant à reprendre par un segment, un pronom en particulier, un autre segment du discours, un syntagme nominal antérieur, par exemple. Ainsi, il y a anaphore par *en* dans la phrase : *Des vacances, j'en ai vraiment besoin.* Il y a anaphore par *tous* dans *Femmes, enfants, vieillards, tous étaient venus*. Le segment représenté est dit *antécédent*.

anaphorique

On dit d'un pronom personnel ou démonstratif qu'il est *anaphorique* quand il se réfère à un syntagme nominal antérieur ou à un syntagme nominal qui suit *(Pierre, je* LE *vois; j'*EN *ai assez de le voir inactif; j'apprécie* CELUI *qui parle franchement*, etc.). Cet emploi anaphorique s'oppose à l'emploi déictique* du démonstratif, comme dans les phrases : *De ces cravates, j'aime mieux* CELLE-CI *plutôt que* CELLE-LÀ; ELLE *est surprise* (*elle* renvoyant à une personne présente, mais non dénommée antérieurement).

anarthrie

L'*anarthrie* est le nom donné à l'aphasie* d'expression, caractérisée par des perturbations dans la programmation des phonèmes et des séquences de phonèmes.

anastrophe

On appelle *anastrophe* un renversement dans l'ordre habituel des mots. Si l'on pose que l'ordre habituel du latin est *Claudius Claudiam amat*, on dira qu'il y a anastrophe de l'accusatif dans *Claudiam Claudius amat;* il y a anastrophe de *inter* dans *quos inter* (au lieu de *inter quos*), anastrophe du pronom dans *me voici* (au lieu de *voici + moi*). En grammaire générative, de tels déplacements sont dus soit à des transformations stylistiques facultatives, soit à des transformations de pronominalisation (par exemple, dans le contexte d'impératif, pour *me voici*), ou encore à des transformations emphatiques.

animaux

Les *noms d'animaux* constituent une sous-catégorie des noms qui désigne des êtres vivants non-humains et qui se caractérise par une syntaxe différente de celle des noms humains. Ainsi, le verbe *penser* implique un sujet humain; si on lui donne un sujet non-humain*, on attribue à l'animal les propriétés de l'homme. (V. HUMAIN, RECATÉGORISATION.)

animé

Les *noms animés* constituent une sous-catégorie des noms qui, sémantiquement, dénotent des êtres vivants, hommes ou animaux *(Georges, père, chat),* ou considérés comme tels *(ange, démon, dieu),* et qui se caractérisent par une syntaxe différente des noms non-animés (on dit aussi *inanimés);* par exemple, les deux classes de noms animés et non-animés se distinguent par l'opposition *en / son* dans les règles du possessif (*J'ai vu sa fin* [animé] / *J'en ai vu la fin* [non-animé]), l'opposition entre *qui* (animé) et *que* (non-animé), interrogatifs compléments (*Qui vois-tu ? Que vois-tu ?*), l'opposition de genre entre masculin (mâle) et féminin (femelle) [*lion / lionne; paysan / paysanne*], etc. On dit aussi que des morphèmes comme *Jean, homme, chien, enfant* ont le trait distinctif [+animé] et que des morphèmes comme *rocher, table, arbre, Paris* ont le trait distinctif [−animé]. Les verbes et les adjectifs ont un trait contextuel [+animé] ou [−animé] (ou les deux) selon qu'ils sont compatibles avec des noms, sujet ou complément, affectés du trait [+animé] ou [−animé]. Ainsi, le verbe *parler* a le trait contextuel [+animé sujet] parce qu'il implique que son sujet soit un nom [+animé] humain ou, par métaphore, animal; en revanche *germer* implique un sujet non-animé. Selon que *appréhender* a le trait contextuel [+à objet animé] ou [−à objet animé], il a le sens de « arrêter » (qqn) ou de « comprendre » (qqch). Dans le cas des adjectifs et des verbes, on note aussi en grammaire générative de la façon suivante : *parler* a le trait contextuel [+ [+animé] −] ou [+ [+animé] Aux −] et le verbe *appréhender* (une personne) a le trait [+−[+animé]], le tiret long indiquant la place du verbe.

annulation

Dans la notation quasi arithmétique de Y. BAR-HILLEL, la classification catégorielle d'un élément comme *mourir* s'exprime sous la forme d'une fraction dont le dénominateur dénote avec quelle autre catégorie cet élément peut se combiner, et dont le numérateur dénote la catégorie de la construction obtenue. Ainsi, *mourir* est exprimé sous la forme $\frac{\Sigma}{n}$, qui signifie que si *Pierre* est un nom, la phrase Σ *Pierre est mort* est grammaticale, puisque *mourir* combiné avec un nom donne une phrase. On peut établir la grammaticalité au moyen d'une *règle d'annulation,* comme en arithmétique :

$$n.\frac{\Sigma}{n} = \Sigma$$

autrement dit n et n s'annulent et il reste Σ, ce qui signifie que l'expression est une phrase; le point après n représente ici le signe de concaténation*.

anomalie

1. Chez les grammairiens du IIe siècle av. J.-C., le mot *anomalie* désignait le caractère d'irrégularité de la langue (opposé à l'analogie) et, par extension, tout emploi qui ne pouvait pas s'expliquer en faisant jouer une régularité d'un certain type. Sur l'anomalie était fondée la thèse des anomalistes, qui soutenaient que dans la langue l'importance des exceptions était plus forte que celle des régularités. (V. ANALOGIE.)

2. En linguistique moderne, une phrase est dite *anomale* quand elle présente des divergences au regard des règles de la langue. Pour les anomalies grammaticales, on use plutôt des termes d'*agrammaticalité* et de *degrés de grammaticalité,* et on réserve celui d'*anomalie* pour désigner la déviation sémantique. Ainsi, la phrase *Il écoute la musique qui reluit sur ses chaussures* est sémantiquement anomale, car le sujet de *reluire* doit avoir les traits [+ objet concret] et [susceptible de recevoir et de renvoyer la lumière]; elle n'est donc interprétable que par métaphore, c'est-à-dire en modifiant les traits du verbe. La différence entre anomalie et agrammaticalité dépend du contenu des composantes syntaxique et sémantique, et comme ce contenu varie avec les théories linguistiques, elle est souvent floue.

anomalistes

Chez les grammairiens grecs, par opposition aux analogistes*, les *anomalistes* insistaient sur l'importance des irrégularités dans la langue grecque. La grammaire ainsi conçue devenait avant tout une collection d'exceptions. Sans nier l'importance de l'analogie*, ils mettaient en évidence le grand nombre d'irrégularités dont le raisonnement ne pouvait rendre compte (ainsi pour l'article grec on avait le masculin *ho* et le féminin *hê,* mais le neutre *to*). De même, ils insistaient sur les distorsions qui existent dans la langue entre le nombre, ou le genre grammatical, et la réalité : *Athenai* « Athènes », pluriel, ne désigne qu'une cité, *paidion* « enfant » est neutre. Pour eux, la langue n'était pas le produit d'une convention humaine, source de régularité, mais plutôt de la nature. De ce fait, l'usage, beaucoup plus que les schèmes logiques, devait être pris en considération dans l'établissement des grammaires. On peut dire que, d'une certaine manière, certaines discussions actuelles sur la place de la théorie et de l'usage en linguistique continuent la polémique des anomalistes et des analogistes.

anontif

Le terme *anontif* désigne chez L. TESNIÈRE la troisième personne du verbe et correspond aux pronoms personnels proprement dits de la grammaire générative (opposés aux noms personnels) : *il, elle, eux,* etc.

antanaclase

On appelle *antanaclase* la figure de rhétorique qui consiste en la répétition d'un mot avec des sens différents, comme dans *Le cœur a ses raisons que la raison ne connaît point* (PASCAL).

antécédent

1. En grammaire générale, on dit qu'un membre de phrase, une proposition sont *antécédents* quand ils sont placés devant le terme ou la suite de termes pris comme base de référence. Ce sont surtout les subordonnées placées devant les principales qui sont appelées antécédentes. Ainsi, dans les phrases du type *S'il vient, tu le préviendras,* la proposition conditionnelle *s'il vient* est dite antécédente (s'oppose à *conséquent*).

2. En grammaire traditionnelle, on appelle *antécédent* le nom ou pronom qui précède un relatif et auquel ce dernier se rapporte;

dans *Il n'a pas aimé le film que je lui avais conseillé, film* est antécédent de *que*.

3. On appelle aussi *antécédent* le segment auquel se réfère un pronom anaphorique; dans la phrase *Pierre est malade; il ne peut pas venir, Pierre* est l'antécédent du pronom *il*. (V. ANAPHORE.)

4. En grammaire générative, on appelle *antécédent* le syntagme nominal de la phrase matrice dans lequel vient s'enchâsser une relative; on appelle aussi *antécédent* le nom constituant de ce syntagme nominal et qui est sous-jacent au relatif. Dans la phrase *J'ai lu le livre que tu m'avais donné*, le syntagme nominal *le livre*, dans lequel vient s'enchâsser la relative *que tu m'avais donné* (tu m'avais donné que livre), est l'antécédent de cette relative. *Livre* est le nom antécédent du relatif *que* (issu de « que livre »). [V. RELATIVISATION.]

antépénultième
On donne le nom d'*antépénultième* à la syllabe qui précède l'avant-dernière (ou pénultième) syllabe d'un mot. Dans *anticorps*, la syllabe *an* est l'antépénultième et la syllabe *ti* la pénultième.

antérieur
1. En phonétique, il y a réalisation d'une *voyelle antérieure* lorsque la masse de la langue s'avance dans la partie antérieure de la bouche. Comme elle s'élève en même temps vers le palais dur, les voyelles antérieures sont dites aussi voyelles palatales* (en français, [i], [e], [ɛ], [y], [ø], [œ], [a], etc.). Les voyelles antérieures sont aiguës* sur le plan acoustique, par concentration de l'énergie dans les hautes fréquences du spectre, avec élévation du formant haut jusqu'à 2 500 p/s pour [i]. (CONTR. : POSTÉRIEUR.)

2. *Passé antérieur, futur antérieur*. V. PASSÉ, FUTUR.

anthroponymie
L'*anthroponymie* est la partie de l'onomastique* qui étudie l'étymologie et l'histoire des noms de personne : elle fait nécessairement appel à des recherches extra-linguistiques (histoire, par exemple). Ainsi, on constatera, grâce à la linguistique, que des noms comme *Febvre, Fèvre, Faivre, Fabre, Faure* (et les mêmes noms précédés de *le*) remontent au latin *faber* et représentent des formes que ce mot a prises dans diverses régions. En revanche, la stabilité de l'état civil a fait que ce mot ayant cessé de désigner le forgeron est devenu le patronyme de personnes exerçant d'autres métiers, et ce sont les mouvements de population qui font que telle forme méridionale issue de *faber* sert de nom à un Parisien ou à un Picard.

anticadence
On donne le nom d'*anticadence* à la différenciation des membres de phrase enchaînés par des éléments d'intonation tendue, incitante, qui reste suspendue au lieu de retomber comme dans la cadence, par exemple *Tout s'éveillait au village / les femmes allaient au puits / les paysans portaient aux bêtes leur fourrage / des enfants criaient / d'autres pleuraient*. Les traits obliques indiquent les frontières établies par la voix au moyen d'anticadences.

anticipant
On dit qu'un pronom joue un rôle d'*anticipant* quand il se substitue à un syntagme nominal qui sera réalisé ensuite dans le contexte ou la phrase. Ainsi, le pronom interrogatif joue un rôle d'anticipant dans la phrase *Qui est venu ? un ami;* il se substitue, en effet, à un syntagme nominal présumant une réponse par un nom de personne *(qui ?);* le syntagme nominal de réponse est ainsi anticipé.

anticipation
On appelle *anticipation* l'action régressive exercée par un phonème sur un phonème antérieur (syn. ASSIMILATION RÉGRESSIVE) : ainsi, le *p* du latin *capsa* a été assimilé à *s* par anticipation de ce dernier en devenant le français *chasse*. Lors du passage à l'italien, les séquences latines de deux consonnes différentes se sont souvent réduites à une géminée par anticipation de la seconde consonne : *actum* → *atto, axem* → *asse*, etc.

antimentalisme
L'*antimentalisme* est une des caractéristiques de l'école de Yale, dont le représentant

le plus connu est L. BLOOMFIELD, et qui, en linguistique, représente l'aspect extrême du positivisme.

L. BLOOMFIELD formule deux hypothèses sur le sens : (1) une description « scientifique » complète des référés serait nécessaire pour définir l'emploi que les locuteurs font des mots correspondants; (2) on pourrait, en dernière analyse, décrire alors dans les mêmes termes le sens de tous les mots. Mais c'est un objectif lointain et hors du domaine de la linguistique.

De ce fait, la *signification* d'une forme est la situation dans laquelle le locuteur l'emploie et la réponse qu'elle évoque chez l'auditeur; elle ne dépend pas de la subjectivité du sujet parlant (de sa manière de penser), la parole n'est pas, pour lui, un effet de la pensée; cette analyse est donc antimentaliste et s'inspire du behaviourisme. L. BLOOMFIELD a présenté la signification en termes de stimulus et de réponse selon le schéma célèbre : *S. r. s. R.* Un stimulus externe *(S)* conduit quelqu'un à parler *(r)*; cette réponse linguistique du locuteur constitue pour l'auditeur un stimulus linguistique *(s)* qui est à l'origine d'une réponse pratique *(R)*. *S* et *R* sont des données extra-linguistiques, alors que *r* et *s* sont des éléments de l'acte linguistique : ainsi, le désir d'une tartine de pain et de confiture « se fait sentir » chez Paul, ce désir est *S;* Paul, ne pouvant se préparer la tartine lui-même, la demande à sa mère, c'est l'acte linguistique, *r,* qui « répond » à ce stimulus *S; r* agit comme stimulus linguistique *s* sur la mère qui prépare la tartine (ou ne la prépare pas) *R*. Dans cette perspective, il y a corrélation entre la division du travail et le développement du langage. Les linguistes behaviouristes et antimentalistes ne se préoccupent ainsi que des événements accessibles à tous les observateurs (les données observables), quels qu'ils soient (conception positiviste), que des faits définis par les coordonnées du temps et de l'espace, que de mécanismes impliquant des opérations réelles et précises. Le but fixé est une description formalisable, non psychologique, rigoureuse et cohérente des faits grammaticaux.

antiontif

Le terme *antiontif* désigne chez L. TESNIÈRE la deuxième personne du verbe, opposée à l'*auto-ontif**. (V. PERSONNE.)

antiphrase

On donne le nom d'*antiphrase* à l'emploi d'un mot ou d'un groupe de mots dans un sens contraire à sa véritable signification par un souci stylistique, par ironie ou pour se soumettre à un tabou. Ainsi, la phrase exclamative *c'est gai!* peut exprimer le regret ou le dépit.

antithèse

L'*antithèse* est un mode d'expression consistant à opposer dans le même énoncé deux mots, ou groupes de mots, de sens opposé; ex. : *Et* monté *sur le faîte il aspire à* descendre (CORNEILLE, *Cinna*). Il y a antithèse entre *monté* et *descendre*.

antonomase

L'*antonomase* est une figure de style par laquelle, pour désigner une personne, on utilise un nom commun à la place du nom propre, ou inversement un nom propre à la place d'un nom commun; tel comploteur romanesque et tourmenté sera ainsi un *Lorenzaccio* (nom propre employé à la place d'un nom commun). L'antonomase est également un phénomène d'évolution linguistique : en français, *renard* est l'ancien nom propre du « goupil » Renard.

antonymie

Les *antonymes* sont des unités dont les sens sont contraires; cette notion de « contraire » se définit en général par rapport à des termes voisins, ceux de complémentaire *(mâle* vs *femelle)* et de réciproque *(vendre* vs *acheter)* [v. COMPLÉMENTARITÉ, RÉCIPROCITÉ]. On peut prendre comme exemple d'antonymie l'opposition *grand* vs *petit*. Pour les définir, on use habituellement de l'opération ou test de comparaison qui met en évidence une de leurs caractéristiques, la gradation; on compare la qualité représentée par l'adjectif et un degré plus haut de cette qualité (comparatif), comme dans *Jean est plus petit que Jacques,* ou bien on compare deux états de la même chose ou du même être dans le temps ou dans l'espace, comme dans *Notre maison est plus grande qu'autrefois.* On dira alors qu'il y a antonymie lorsque *Notre maison est plus grande que la vôtre (n'est grande)* implique *Votre maison est plus petite que la nôtre (n'est petite).* C'est-à-dire SN_1 étant *notre maison,* SN_2 *votre maison,* x étant l'adjectif *grand,* y l'adjectif *petit,* x et y étant les unités susceptibles d'être graduées (généralement par *plus*), T représentant le temps, M le mode, A l'aspect, on aura la formule suivante :

$$\text{Comp} \left\{ ([SN_1, x] \, T_i + M_k + A_m)([SN_2, x] \, T_j + M_l + A_n) \right\}$$
$$\supset$$
$$\text{Comp} \left\{ ([SN_2, y] \, T_j + M_l + A_n)([SN_1, y] \, T_i + M_k + A_m) \right\}$$

Quand $SN_1 = SN_2$, on a des phrases comme :
Notre maison à présent est plus grande que (elle n'était) autrefois. ⊃ *Notre maison était autrefois plus petite que (elle n'est) à présent.*

Certains termes sont gradués d'une manière implicite, comme *petit, grand, peu de, beaucoup de,* qui impliquent un point de comparaison qui n'est pas explicité (une sorte de norme de l'expérience de la communauté socio-culturelle) : en raison de la polarisation des oppositions, inhérente à l'expression du jugement, on peut avoir l'impression que les qualités opposées, traduites par les antonymes, sont absolues, mais il n'en est rien; les propriétés des antonymes *grand* vs *petit, bon* vs *mauvais* sont indépendantes l'une de l'autre, alors que pour les complémentaires la négation d'une des propositions (où se trouve, par exemple, l'adjectif *mâle*) implique la négation de l'autre proposition (où se trouve l'adjectif *femelle*). Soit la phrase contenant l'adjectif *voûté* (dont l'antonyme est *droit*) :

X est plus voûté que Y et Y est plus voûté que Z.

Si on admettait que *voûté* et son contraire *droit* représentaient des qualités indépendantes, Y serait alors pourvu de deux qualités indépendantes, car il serait *plus droit que X et plus voûté que Z.* Lorsque l'on a affaire à des contraires implicitement gradués, on présuppose une norme; ainsi lorsque l'on dit *Cet homme est mauvais,* cela signifie que « cet homme est plus mauvais qu'il n'est normal de l'être ». C'est cette gradation implicite qui explique que, dans les interrogations, on ait tendance à n'employer qu'une des unités de la paire d'antonymes. En anglais, la question est *How old are you ?*, mais jamais *How young are you ?*, *old* peut impliquer alors une réponse où le nombre d'années est grand ou petit. L'opposition des contraires est ainsi neutralisée au profit d'un des deux termes considéré comme non-marqué; c'est le plus souvent le terme jugé supérieur. On retrouve cette neutralisation dans les nominalisations comme *longueur* vs *largeur.* On demandera la *longueur* d'un fleuve (petit ou grand), jamais la *petitesse;* on demandera la *largeur* d'une planche (large ou étroite), jamais son *étroitesse;* on prend des nouvelles de la *santé* d'un ami (en bonne santé ou malade), mais non de sa *maladie.* En ce cas, l'antonyme non-marqué est appliqué à ce qui est jugé supérieur dans la norme considérée.

Il existe cependant des points communs avec les réciproques et les complémentaires : ainsi, dans la paire de réciproques *acheter* vs *vendre,* la proposition *Jean a vendu la maison à Pierre* implique la proposition *Pierre a acheté la mai-*

son à Jean, comme dans les antonymes (mais cette implication réciproque ne se retrouve pas pour la paire de réciproques *demander* vs *répondre :* la question n'implique pas la réponse). Inversement, l'affirmation d'une propriété représentée par un terme d'une paire de contraires implique souvent dans la logique commune la négation de la propriété contraire : ainsi, dire que *la maison est petite* implique souvent que *la maison n'est pas grande,* de la même façon que, dans une paire de complémentaires, l'un des termes implique la négation de l'autre *(Jean n'est pas marié* implique *Jean est célibataire).* On comprend dès lors que l'on ait du mal à distinguer les antonymes des complémentaires et des réciproques, et que, dans la terminologie linguistique, on ait parfois réuni ces trois catégories de termes sous le nom générique d'antonymes, qui recouvre alors les contraires, les réciproques et les complémentaires.

aoriste
L'*aoriste* est un temps des verbes grecs qui, avec des désinences spécifiques de personnes et de nombre, se présente soit avec un infixe *s* adjoint à la racine (aoriste sigmatique* ou aoriste premier), soit avec une racine sans infixe et souvent au degré réduit (aoriste fort* ou aoriste second). L'aoriste s'oppose au présent (non-accompli) et au parfait (accompli), qui présentent l'action dans son développement par rapport au sujet; la valeur aspectuelle de l'aoriste est celle d'une action indépendante d'une relation avec le sujet d'énonciation (l'aoriste est non-déterminé par rapport au temps de l'action); c'est la forme non-marquée de l'aspect en grec. Il exprime soit l'action arrivée à son terme (aoriste proprement dit ou résultatif), soit l'action à son début (aoriste ingressif ou inchoatif), ou encore une action de caractère général, universel et atemporel puisqu'il n'implique pas de localisation dans le temps (aoriste gnomique).

aperture
On donne le nom d'*aperture* à l'ouverture du chenal buccal pendant l'émission d'un phonème. Pour certains linguistes, les particularités spécifiquement vocaliques sont en rapport unique avec les différents degrés d'aperture et « le *degré d'aperture* est une marque spécifiquement vocalique » (N. TROUBETSKOY, *Principes de phonologie,* p. 231). Pour d'autres linguistes comme F. DE SAUSSURE, tous les sons peuvent être classés d'après leur degré d'aperture entre l'aperture minimale qui correspond aux consonnes occlusives et l'aperture maximale qui correspond aux consonnes les plus ouvertes.

aphasie
Les *aphasies* sont des perturbations de la communication verbale sans déficit intellectuel; elles peuvent porter sur l'expression et/ou sur la réception des signes verbaux, oraux ou écrits. Ces troubles sont déterminés par des lésions focales (foyers lésionnels) de l'hémisphère cérébral gauche chez les sujets droitiers, et aussi le plus souvent chez les sujets gauchers (qui présentent toutefois des caractéristiques spécifiques). Dans cet hémisphère gauche, les travaux de neuropsychologie et de neurolinguistique ont défini une zone du langage et, à l'intérieur de cette zone, des aires anatomiques dont l'atteinte entraîne des troubles différents du comportement verbal.

Dans le cas de lésions de l'aire antérieure de cette zone (autour du pied de la frontale 3, aire de Broca), il existe des *aphasies d'expression* ou *aphasies motrices.* L'émission verbale est principalement, sinon uniquement, troublée : elle est parfois réduite à un mot ou à quelques expressions stéréotypées. Dans les cas les moins sévères, le langage spontané est pauvre et tend chez certains malades à prendre l'aspect d'un style télégraphique, les sujets s'exprimant essentiellement par des noms ou des formes nominales du verbe (agrammatisme*). Le trouble porte sur la réalisation des syllabes phoniques, sans qu'il y ait atteinte du système phonologique. La réception des signes verbaux et la compréhension ne sont pas troublées; la lecture est intacte, mais l'écriture est troublée (agraphie*), sans que le caractère et l'intensité des perturbations graphiques soient de même ordre que dans l'expression orale.

L'*aphasie de conduction,* rangée par l'école française dans les aphasies d'expression, se caractérise par un trouble de la répétition des mots et des phrases et par un langage spontané que pertubent des télescopages de mots et des autocorrections, là aussi sans atteinte de la compréhension. La lésion responsable de cette forme siège à la jonction pariéto-temporale postérieure.

En cas de lésions de l'aire postérieure de la zone de Wernicke (région temporale), on a des *aphasies sensorielles* ou *aphasies de Wernicke*. L'émission verbale est fluente, mais rendue plus ou moins incompréhensible par des mots déformés (néoformes et paraphasies littérales : *liver* pour *niveler*), des mots substitués aux termes attendus (paraphasies verbales, *chaise* pour *table,* par exemple), des itérations (persévérations). L'écriture manifeste les mêmes caractéristiques, les erreurs étant des paragraphies; il en est de même pour la lecture à haute voix, les erreurs étant des paralexies. La compréhension ou la réception verbale sont toujours troublées, comme la compréhension du langage écrit. On distingue trois grands types d'aphasies sensorielles : la première, à dominante de surdité verbale, porte principalement sur la réception des signes verbaux; la seconde, à dominante d'incompréhension verbale, porte sur la compréhension des signes verbaux, par ailleurs bien « entendus »; la troisième, à dominante de désorganisation de l'attention, se manifeste par une émission particulière diffluente et paraphasique, mais elle est de régression rapide. Ces trois types d'aphasie sensorielle semblent correspondre à trois aires distinctes de la zone de Wernicke.

Le cumul de l'aphasie d'expression et de l'aphasie sensorielle donne un syndrome complexe, appelé en France *aphasie de Broca* (ce dernier terme désignant l'aphasie motrice dans d'autres classifications).

A côté de ces grandes formes, on distingue aussi une *aphasie amnésique :* le sujet manque de mots dans le langage spontané et la dénomination d'objets ou d'images présente des déficits; sous sa forme pure, le sujet ne présente pas d'autres troubles, mais le plus souvent l'aphasie amnésique se superpose à l'aphasie sensorielle.

Enfin, il existe des cas où le langage n'est perturbé que dans une seule de ses modalités (expression orale ou écrite, réception orale ou écrite). L'alexie pure, ou trouble de la lecture indépendant de tout trouble du langage et de l'écriture, est indiscutable; en revanche, l'agraphie pure, ou trouble de l'écriture indépendant de troubles du langage oral, est contestée (elle coexiste en général avec un état confusionnel ou un déficit intellectuel). La surdité verbale pure (perte isolée de la réception des sons du langage) est exceptionnelle, mais est généralement admise.

L'analyse linguistique des aphasies (ou neurolinguistique) a confirmé les diverses variétés de troubles du langage, et surtout le maintien des caractéristiques de chacune au cours de l'évolution de la maladie. Elle a mis en évidence que la seule unité des aphasies est négative : la compétence linguistique du sujet parlant (sa connaissance intuitive des règles) reste préservée, tandis que les performances (les réalisations qui dépendent de différents facteurs psychophysiologiques) peuvent être perturbées isolément.

aphémie
Utilisé au XIXe siècle pour désigner les troubles du langage parlé consécutifs à des lésions corticales, le terme d'*aphémie* est aujourd'hui remplacé par celui d'*aphasie* motrice*.

aphérèse
L'*aphérèse* est un changement phonétique qui consiste en la chute d'un phonème initial ou en la suppression de la partie initiale (une ou plusieurs syllabes) d'un mot. Cette chute est, parfois, due à une confusion avec l'article : ainsi s'explique la formation du mot français *boutique* (gr. *apothéké* « lieu de dépôt, magasin »). Le phénomène d'aphérèse est fréquent en italien, où il explique la formation de mots comme : *rena* (du latin *arenam*), *rondine* (lat. *hirundinem*), etc., et la présence de doublets : *scuro / oscuro, cagione / occasione*, etc. De même, en Corse, quand le mot, précédé de l'article, *a, i*, commence par *in-*, le *i* initial disparaît par aphérèse et il y a crase de l'article et du début du mot : [intsalata] « salade », [antsalata] « la salade ». Le démonstratif latin *illum, illam* a donné par aphérèse l'article français *le, la*. Il y a aphérèse d'une ou deux syllabes dans certains mots populaires ou argotiques français : *autobus* est devenu *bus* par aphérèse.

apical
On appelle *apical* un phonème réalisé avec la pointe de la langue rapprochée de la partie antérieure du palais dur, des alvéoles ou des dents (apicales dentales comme le /s/ espagnol, apicales alvéolaires comme le /r/ italien, apicales rétroflexes comme le /t/ indien).

apicalisé
On appelle *apicalisée* une consonne qui tend à être réalisée comme une apicale, c'est-à-dire avec un rapprochement ou un contact de la pointe de la langue au niveau des dents, des alvéoles ou du palais dur : par exemple, le [s] français, normalement réalisé comme une prédorsale, c'est-à-dire avec la partie antérieure du dos de la langue, peut, dans certaines prononciations individuelles, être réalisé avec la pointe de la langue comme le [s] espagnol.

apico-alvéolaire
On appelle *apico-alvéolaire* le phonème réalisé avec la pointe de la langue contre les alvéoles inférieures comme le [θ] anglais

apico-dental
On appelle *apico-dental* le phonème réalisé avec la pointe de la langue contre les dents, comme le [s] espagnol de *casa*.

apico-prépalatal
Une consonne *apico-prépalatale* est une consonne dont la réalisation comporte le contact ou le rapprochement de la pointe de la langue contre la région antérieure du palais dur. Les consonnes cacuminales ou rétroflexes, comme celles qui existent dans les langues indiennes ([ṭ], [ḍ], [ṣ], etc.), sont des apico-prépalatales. Les phonèmes /ʃ/ et /ʒ/, généralement réalisés en français comme des prédorso-prépalatales, peuvent l'être parfois comme des apico-prépalatales, sans que cette différence entraîne des oppositions phonologiques.

apocope
L'*apocope* est un changement phonétique qui consiste en la chute d'un ou plusieurs phonèmes ou syllabes à la fin d'un mot : le latin *illinc* vient de *illince* par apocope du phonème final; les mots français *métro* et *cinéma* viennent par apocope de *métropolitain* et *cinématographe*. (CONTR. : APHÉRÈSE.) L'infinitif connaît très tôt l'apocope de la dernière syllabe dans la plupart des dialectes italiques (*dormire → dormi, cantare → canta*, etc.) et en roumain, où une forme apocopée subsiste aux côtés d'une forme longue (*dormire/ a dormi, cintare/a cinta, vindere/ a vinde, taceare/a tacea*, etc.). La chute des voyelles finales lors du passage du vieil anglais à l'anglais moderne est un phénomène d'apocope : *(ic) singe → (I) sing* « je chante »; en général, le contraste entre les formes du germanique primitif, les formes plus courtes de l'ancien anglais

et les mots grandement réduits de l'anglais moderne est dû à une succession d'apocopes *[beranan] → beran → bere → (to) bear « porter ».

Une apocope se produit aussi lors du passage en italien littéraire, dès le Moyen Age, des mots *bontade, mercede, virtude* aux formes brèves *bontà, mercè, virtù*.

Le plus souvent, l'apocope correspond à un phénomène de sandhi et vient de l'habitude de traiter certains mots de la phrase comme s'ils faisaient partie du mot qui précède ou qui suit. Ainsi, l'élision, en français, de l'article et de l'adjectif démonstratif est un phénomène d'apocope, qui permet d'éviter la rencontre de deux voyelles : *la fille/l'amie*.

apodose

On désigne du nom d'*apodose* la proposition principale qui, placée après une subordonnée conditionnelle (dite *protase*), en indique la conséquence ou la conclusion. Ainsi, dans la phrase *Si Pierre oublie encore l'heure du rendez-vous, je vais me fâcher*, la principale *je vais me fâcher* est l'apodose, et *Si Pierre oublie l'heure du rendez-vous* est la protase.

apophonie

Syn. d'ALTERNANCE VOCALIQUE.

aposiopèse

On appelle *aposiopèse* l'interruption d'une phrase par un silence brusque suivi d'une anacoluthe. Ex. : *Dix mille écus en or chez soi est une somme assez... Ô ciel! je me serai trahi moi-même* (MOLIÈRE, *L'Avare*).

apostrophe

Un mot est mis en *apostrophe* quand il sert à désigner par son nom ou son titre la personne (ou ce qui est assimilé à une personne) à qui on s'adresse au cours de la conversation. *Monsieur* et *Jacques* sont des apostrophes (sont mis en apostrophe) dans *Pardon Monsieur!* et *Jacques, tais-toi ?* L'apostrophe doit être distinguée de l'emphase dans certaines phrases nominales à deux éléments. *Jacques, au travail!* offre un exemple d'apostrophe si on s'adresse à Jacques et une emphase si on s'adresse à quelqu'un d'autre (exclamation). En revanche, si on admet que, voyant Jacques, on puisse parler de lui à la troisième personne pour exprimer de l'étonnement, la forme et le contexte ne permettront pas la distinction. (V. APPELLATIF.)

apparat critique

L'*apparat critique* désigne l'ensemble des notes, variantes, conjectures, etc., reproduites au bas des pages d'une édition et permettant au lecteur de se faire une opinion sur la teneur et les variantes possibles du texte.

appareil

On appelle *appareil phonatoire* l'ensemble des organes de la parole et des muscles qui les actionnent. (On dit aussi APPAREIL VOCAL.)

apparent

On donne la fonction de *sujet apparent* au pronom neutre *il*, sujet grammatical de verbes impersonnels dont le sujet réel est une proposition infinitive, une proposition complétive ou un syntagme nominal. Dans *Il convient de sortir, Il est évident que Pierre s'est trompé, Il est arrivé un malheur*, les divers pronoms *il* sont sujets apparents respectivement de *convient*, de *est évident* et de *est arrivé*. Ils remplacent le sujet réel de la phrase, déplacé de la position avant le syntagme verbal à une position après le syntagme verbal. (V. SUJET.)

apparenté

On dit que deux langues sont *apparentées* quand on sait (ou quand on peut supposer grâce aux découvertes de la grammaire comparée) que ces deux langues se sont développées à partir d'une langue unique.

appartenance

1. On dit qu'un élément *appartient* à un ensemble (A) et on écrit O ∈ A quand cet élément est énuméré parmi les objets, ou notions, dont la réunion constitue A (définition en extension*) ou quand elle est impliquée dans la définition de l'ensemble (ensemble par compréhension*). La notion d'*appartenance* doit être distinguée de la notion d'inclusion*. On dira qu'un élément appartient à un ensemble et qu'un sous-ensemble est inclus dans un ensemble. La notion d'appartenance est largement utilisée en sémantique; un mot étant

analysé, pour le sens, en un paquet de sèmes, chacun de ceux-ci *appartient* à l'ensemble des sèmes* constituant le sens du mot. On dira ainsi que le sème « pour s'asseoir » ∈ ensemble de sèmes du concept de « siège ».

2. On appelle *appartenance* l'emploi prédicatif du verbe *être* exprimant qu'un être ou un objet fait partie d'une classe, comme dans la phrase *Jean est professeur* (Jean appartient à la classe des professeurs), par opposition aux sens d'identité* et d'inclusion*.

appel
On donne le nom d'*expressions d'appel* aux expressions et constructions syntaxiques orientées vers l'interlocuteur qui est concerné directement par le contenu. On dit plus souvent APPELLATIFS.

appellatif
1. Les *appellatifs* sont des termes de la langue utilisés dans la communication directe pour interpeller l'interlocuteur auquel on s'adresse en le dénommant ou en indiquant les relations sociales que le locuteur institue avec lui : MADAME, *êtes-vous prête ?* CAMARADES, *tous à la manifestation!* PAUL, *viens ici.* Les appellatifs sont des noms propres, des termes de parenté ou des noms spécifiques (*papa, maman, Sire, Monsieur*, etc.). On trouve ces termes dans l'énoncé indirect avec une syntaxe particulière : *J'ai rencontré hier madame Dupont.*

2. On appelle *fonction appellative*, la fonction grammaticale remplie par les appellatifs de la communication directe. Cette interpellation de l'interlocuteur par le locuteur est traduite par le vocatif dans les langues qui ont des cas.

application
1. On dit de deux unités lexicales ou de deux expressions qu'elles ont la même *application* quand elles sont reliées chacune respectivement à la même situation : ainsi, l'expression anglaise *sorry* et l'expression française *excusez-moi* ont la même application dans la culture européenne.

2. On appelle *champ d'application* le domaine d'activité sociale dans lequel un mot est utilisé avec une acception particulière. Ainsi, lorsque le champ d'application est l'institution politique, le mot *chambre* prend une acception particulière.

appliquée (linguistique)
Par *linguistique appliquée* on désigne l'ensemble des recherches qui utilisent les démarches de la linguistique proprement dite pour résoudre certains problèmes de la vie courante et professionnelle, et certaines questions que posent d'autres disciplines. Partie utilitaire et pratique de la linguistique, elle est nécessaire, mais ne peut évidemment constituer la fin unique des recherches en matière de langage. Les applications de la linguistique aux recherches pédagogiques constituent un domaine essentiel de la linguistique appliquée. Quelle que soit la discipline enseignée, toute pédagogie requiert la mise au point d'un discours, et de ce fait, la linguistique est partie prenante. Dans certaines matières, la langue est à la fois le moyen (discours pédagogique) et l'objet, comme dans tout ce qui touche chez nous à l'enseignement du français et des « langues vivantes », mais aussi à l'analyse de textes (littérature notamment); la linguistique est alors l'élément de tout progrès sérieux : d'où, de nos jours, les recherches qui, sans dénomination propre, portent sur « linguistique et pédagogie », « linguistique et enseignement du français », « analyse linguistique des textes littéraires ». Il en va de même quand la linguistique est utilisée à des fins documentaires pour permettre les classements les plus rationnels (analyse documentaire).

Dans certains cas, on a abouti à la constitution de disciplines intermédiaires : c'est ainsi que la psycholinguistique* étudie le fonctionnement et la genèse du langage, et les relations existant entre les faits psychiques et les faits de langue; la neurolinguistique et la pathologie du langage s'occupent des rapports que les troubles du langage peuvent entretenir avec telle ou telle lésion corticale ou telle ou telle maladie mentale (v. APHASIE). La sociolinguistique* se donne pour fin d'étudier les relations entre le comportement linguistique et le comportement social : en tant que membre de groupes (classe, famille, club sportif, profession, etc.), un être humain peut avoir une manière particulière d'utiliser la langue. De même, la géographie* linguistique peut se donner comme objet de mettre en rapport des variations géographiques et des variations linguistiques. Enfin, l'ethnolinguistique met en rapport la linguistique avec l'ethnographie et l'ethnologie. Dans tous ces domaines, la linguistique fournit ses modèles et ses hypothèses sur le langage, et elle offre des techniques appropriées à l'étude des comportements verbaux, manifestations du sujet, du groupe social ou de l'ethnie : c'est alors qu'on peut parler proprement de linguistique appliquée. Mais il est bien évident aussi que, en contrepartie, la psychologie, la sociologie ou l'ethnographie peuvent offrir des hypothèses, des techniques d'enquête et des procédures expérimentales qui permettent l'étude de certains problèmes linguistiques : on est dès lors dans le domaine de la psychologie, de la sociologie ou de l'ethnographie appliquée. La linguistique appliquée est ainsi un domaine de recherches interdisciplinaires par excellence.

appositif
Relative appositive. V. RELATIVE.

apposition
Le terme *apposition* est utilisé de manière différente selon les grammairiens. Il s'applique toujours au mot ou au groupe de mots qui, placé à la suite d'un nom, désigne la même réalité que ce nom, mais d'une autre manière (identité de référence) et en est séparé par une pause (dans la langue parlée) et une virgule (dans la langue écrite) : ainsi, *chef-lieu de la Corse* est en apposition dans *Ajaccio, chef-lieu de la Corse, est la ville natale de Napoléon.* Au sens strict, l'apposition est donc un emploi détaché du nom et s'oppose à l'adjectif apposé que l'on voit dans *L'enfant, fessé, se promit de ne plus recommencer.* Le critère de la pause (et de la virgule) n'est pas admis par tous les grammairiens; de fait, dans les groupes comme *le professeur Durand, le mont Pélion* et *la ville de Paris*, on analyse aussi *Durand, Pélion* et *Paris* comme des appositions à *professeur, mont* et *ville*. Enfin, par une dernière extension du mot, l'adjectif détaché a fini par être appelé également *apposition.*

Le nom mis en apposition n'a pas par lui-même de fonction syntaxique, l'apposition n'étant pas à proprement parler une fonction grammaticale. Ainsi, un substantif peut être apposé à un sujet comme *le professeur* dans *M. Dupont, le professeur, a les cheveux frisés;* à un attribut, comme *plein de prévenances* dans *Je le vois gentil, plein de prévenances;* à un complément d'objet, comme *espèce de gros village aux rues tortueuses* dans *J'aperçois « la ville », espèce de gros village aux rues tortueuses;* à un complément adnominal, comme *vieille femme ridée* dans *Je revois la coiffe de ma grand-mère, une vieille femme ridée;* à un mot mis en apostrophe, comme *le génie de la classe* dans *Vous, Duval, le génie de la classe, répondez.* Un nom en apposition peut simplement rappeler un trait de la personne ou de la chose désignée ou bien lui donner un équivalent, grâce à une périphrase; parfois aussi l'apposition permet de lever un doute sur l'identité de la personne ou de la chose dont il est question ainsi, dans *Pierre Corneille, écrivain français, a vécu au XVIIe siècle, écrivain français* ajoute simplement un trait à la caractérisation de *Pierre Corneille*, alors que *l'aîné des deux Corneille* dans *Pierre, l'aîné des deux Corneille* permet de lever tout risque de quiproquo. Toutefois, les deux emplois (comme tous les emplois de l'apposition) sont prédicatifs et tendent à décrire la personne ou la chose désignée.

appui

On appelle *voyelle* ou *consonne d'appui* un élément phonique parasite qui s'insère entre deux phonèmes pour faciliter la prononciation du mot. Les voyelles d'appui s'insèrent généralement entre deux consonnes comme la voyelle [ə] dans la prononciation méridionale de *bifteck* ou *beefsteak* [bifətɛk] ou dans la prononciation populaire de *arc-bouter* [arkəbute].

arbitraire

Dans la théorie saussurienne et plus généralement en linguistique, l'*arbitraire* caractérise le rapport qui existe entre le signifiant et le signifié. La langue est arbitraire dans la mesure où elle est une convention implicite entre les membres de la société qui l'utilisent; c'est dans ce sens qu'elle n'est pas « naturelle ». Le concept qu'exprime un mot comme *corde* n'a aucun rapport de nécessité avec la suite des sons [kɔrd] ou la graphie *corde*, c'est-à-dire avec un signe* linguistique spécifique. La preuve en est que des langues aussi voisines que le français et l'italien ont pour désigner des objets identiques des mots entièrement différents : la même voiture sera *macchina* en italien et *voiture* en français. *Arbitraire* exclut dans cette acception la possibilité pour le sujet parlant de faire dépendre de sa volonté personnelle le choix de la forme exprimant tel signifié ou le choix d'un signifié pour telle forme. Il y a donc opposition entre l'acception linguistique d'*arbitraire* et ses autres acceptions dans la langue courante. L'arbitraire du signe est à mettre en rapport avec son caractère immotivé : en dehors de quelques onomatopées et de quelques formations, plus nombreuses toutefois que ne le pensait F. DE SAUSSURE, il n'y a aucune raison, au départ, pour qu'à tel signifiant corresponde tel signifié : ce n'est que dans la dérivation que les signes deviennent motivés; ainsi l'utilisation de *dix* pour exprimer le nombre dont il est le signifiant est immotivée, mais *dizième,* par exemple, est motivé par rapport à *dix*. On parle alors d'*arbitraire relatif*. Enfin, l'arbitraire se distingue du caractère nécessaire* qui définit une relation intérieure au signe, entre le signifiant et le signifié : une fois le rapport établi dans la langue, il ne dépend pas des individus de changer les correspondances entre les signifiés et les signifiants; la règle s'impose à tous et, si elle change d'une époque à l'autre, ce n'est jamais par la volonté d'individus isolés.

arbre

L'*arbre* est une représentation de la structure en constituants d'une phrase (celle-ci peut être représentée aussi par une parenthétisation*).

Si, en grammaire générative, la base* contient les règles :
P → SN + SV (la phrase est formée d'un syntagme nominal suivi d'un syntagme verbal)
SN → D + N (le syntagme nominal est formé d'un déterminant suivi d'un nom)
SV → V + SN (le syntagme verbal est formé d'un verbe suivi d'un syntagme nominal)
D → le (le déterminant est *le*)
N → père, journal (le nom peut être *père* ou *journal*)
V → lit (le verbe est *lit*)
la phrase P est formée de la suite des symboles :
$$D + N + V + D + N$$
et, si l'on remplace les symboles catégoriels par leurs valeurs possibles *(journal* étant exclu de la position sujet par le verbe *lit), on a
le + père + lit + le + journal.
La structure de cette phrase peut être représentée (décrite) par l'arbre suivant :

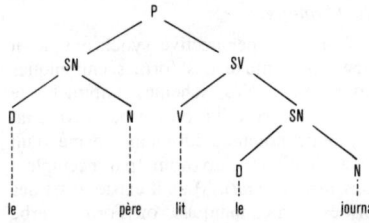

Les traits pleins représentent les branches de l'arbre et les traits pointillés représentent la substitution aux symboles catégoriels de mots de la langue. On distingue ainsi les règles de formation d'arbre, où un symbole est réécrit par d'autres symboles constituants, et les règles de réécriture lexicale, qui substituent un mot de la langue à un symbole.

Dans cet arbre, SN et SV sont des nœuds : chaque nœud est étiqueté, c'est-à-dire qu'il reçoit une étiquette qui est un symbole catégoriel*; les lignes pleines qui joignent les nœuds sont des branches. On dit que le nœud P domine les nœuds SN et SV et que le nœud SN domine D et N. Le symbole à gauche de la flèche dans les règles est le nœud dominant; les symboles à droite de la flèche sont les nœuds dominés.

Cet arbre constitue la représentation ou description structurelle de P : on dit aussi que c'en est l'indicateur syntagmatique ou marqueur syntagmatique.

archaïsme

1. L'*archaïsme* est une forme lexicale ou une construction syntaxique appartenant, dans une synchronie donnée, à un système disparu ou en voie de disparition. A un moment donné, dans une communauté linguistique, il existe simultanément, selon les groupes sociaux et selon les générations, plusieurs systèmes linguistiques; en particulier, il existe des formes qui n'appartiennent qu'aux locuteurs plus âgés; celles-ci seront considérées par les locuteurs plus jeunes comme des archaïsmes par rapport à la norme commune. Ainsi, CH. DELESCLUZE utilise en 1871, pendant la Commune, le terme de *réacteur,* qui paraît vieilli aux jeunes révolutionnaires, qui le mettent entre guillemets et n'utilisent pour leur compte que le mot *réactionnaire.*

2. Dans une perspective synchronique, il existe en syntaxe des formes canoniques répondant à des schèmes habituels de phrases; ainsi celui du verbe suivi d'un syntagme nominal, lui-même formé d'un déterminant et d'un nom (par exemple : *sans dire un mot*). Mais il existe aussi des formes non-canoniques, où l'ordre verbe + syntagme nominal est inversé (ainsi : *sans coup férir*). La seconde construction, répondant diachroniquement à une forme de phrase qui a existé en ancien français, est qualifiée d'*archaïsme.* De même, le mot *férir,* qui ne s'emploie que dans cet idiotisme, est un archaïsme relativement à *frapper.*

3. En stylistique, l'*archaïsme* est l'emploi d'un terme appartenant à un état de langue ancien et passé d'usage dans la langue contemporaine : l'archaïsme fait partie de l'ensemble des écarts entre la langue standard et la communication littéraire. Le verbe *cuider* est un archaïsme au moment où LA FONTAINE en use dans ses *Fables.*

archilexème

La lexicologie structurale ayant calqué sa terminologie sur celle de l'analyse phonologique, la notion d'*archilexème* est parallèle à celle d'*archiphonème.* L'archiphonème représente la neutralisation d'une opposition (par exemple l'opposition t/d neutralisée en finale en allemand dans *Tod*), c'est-à-dire l'ensemble des traits phonologiques communs aux phonèmes considérés.

L'archilexème représentera de même la neutralisation d'une opposition de traits sémantiques, c'est-à-dire qu'il devra présenter l'ensemble des traits sémantiques (sèmes) communs aux diverses unités de la série.

A ce titre, *siège* est l'archilexème de la série *pouf, tabouret, chaise, fauteuil,* etc., pour autant que (1) il neutralise l'opposition multilatérale existant entre ces termes, et que (2) il présente l'ensemble des traits pertinents communs à toutes ces unités (soit ici, grosso modo, [inanimé] + [objet manufacturé] + [pour s'asseoir]).

Certains archilexèmes sont sciemment fabriqués, en particulier dans les vocabulaires scientifiques, comme *gaz* (= ensemble des traits sémantiques pertinents communs à oxygène, azote, hydrogène, etc.), *ases* (= ensemble des traits sémantiques pertinents communs à l'ensemble des formations chimiques suffixées en *-ase* : *diastases,* etc.). On notera également le cas d'*agrume,* archilexème venu remplir récemment une case vide du vocabulaire commercial et agricole.

archiphonème

On appelle *archiphonème* l'ensemble des particularités distinctives communes à deux phonèmes dont l'opposition est neutralisable*. Ainsi, en français standard, l'opposition d'ouverture intermédiaire semi-fermé [e] et semi-ouvert [ɛ] qui fonctionne en syllabe finale ouverte *(lait-lé)* est neutralisée dans certaines positions : en syllabe fermée, où seule est possible la voyelle [ɛ] (ex. : *vert, pertinent*); en syllabe ouverte intérieure, où la voyelle est généralement réalisée avec un degré d'aperture intermédiaire entre la semifermeture et la semi-ouverture (ex. : *maison, pédant*); l'opposition de type normatif [e] *vs* [ɛ] (ex. : *pécheur - pêcheur*) tend dans cette position à disparaître. De même, l'opposition [o] *vs* [ɔ] est neutralisée en syllabe ouverte finale, où l'on a toujours [o] : *mot, sot*.

Dans les positions de neutralisation d'une opposition, les traits distinctifs sont les traits communs aux deux termes de cette opposition (par exemple : vocalique, palatal, non labialisé, ouverture intermédiaire pour [e] *vs* [ɛ]). Ce sont ces traits qui définissent phonologiquement l'archiphonème, représenté graphiquement par la lettre majuscule [E] ou [O]. L'archiphonème est donc l'intersection des ensembles formés par les traits pertinents de deux phonèmes dont l'opposition est neutralisable.

archisémème

La notion d'*archisémème* est utilisée en sémantique structurale pour définir le signifié de familles sémantiques. Le signifié de chaque mot étant considéré comme un *sémème** ou paquet de sèmes* (ensemble de sèmes), les sèmes communs aux sémèmes des mots de cette famille constituent un sous-ensemble inclus dans chacun des sémèmes (v. INCLUSION), c'est-à-dire l'intersection de tous les sémèmes (S). Soit la série de noms de « chaises ». L'ensemble des descriptions des chaises fait apparaître certains caractères (dossier en bois, quatre pieds, pour s'asseoir) dont certains seront propres à certaines chaises seulement et d'autres communs à toutes les chaises : on aura ainsi : s_1 = avec dossier, s_2 = sur pied, s_3 = pour une seule personne, s_4 = pour s'asseoir; l'ensemble des s de *chaise* constitue le sémème de *chaise* (S). En appliquant la même procédure à *fauteuil* (S_2), on pourra attribuer à ce dernier s_1, s_2, s_3, s_4, et en plus s_5 (= avec bras). En procédant de même avec tous les noms de sièges (S_3 = pouf, S_4 = tabouret, S_5 = canapé) l'archisémème A de *siège* sera le sous-ensemble des s inclus dans tous les S. on posera l'inclusion :

$$A \subset \{ S_1, S_2, S_3, S_4, S_5 \}$$

C'est-à-dire l'intersection

$$A = S_1 \cap S_2 \cap S_3 \cap S_4 \cap S_5$$

On aura

$$A = \{ S_2, S_4 \}$$

Calqué sur l'archiphonème (non susceptible de réalisation phonologique), l'archisémème est, lui, susceptible de réalisation lexicale (c'est le cas de *siège*) : mieux vaudrait sans doute parler ici de configuration sémique minimale.

argot

L'*argot* est un dialecte social réduit au lexique, de caractère parasite (dans la mesure où il ne fait que doubler, avec des valeurs affectives différentes, un vocabulaire existant), employé dans une couche déterminée de la société qui se veut en opposition avec les autres; il a pour but de n'être compris que des initiés ou de marquer l'appartenance à un certain groupe. L'argot proprement dit a été d'abord celui des malfaiteurs (*jobelin, narquin, jargon* de bandes de voleurs de grands chemins). Il s'est développé d'autres argots dans certaines professions (marchands ambulants) ou dans certains groupes (écoles, armée, prisonniers). Certaines professions tendent à doubler les termes techniques de termes argotiques. Tous ces argots ont en commun entre eux et parfois avec la langue populaire un certain nombre de procédés de formation (troncation, suffixation parasitaire, interversion de sons ou de syllabes). Ils utilisent aussi des procédés de codage : par exemple en *largonji* (jargon), addition de *ji* à la fin du mot et agglutination de *l* au début du mot; le *loucherbem* (boucher) transporte à la finale, avant la suffixation, la consonne initiale (*en loucedé* = en douce). Enfin, pour renouveler le stock des bases lexicales, les argots utilisent volontiers l'image (la *cafetière* pour la tête, la *brioche* pour le ventre), la substitution de synonymes partiels (le *paternel* pour le père) et les emprunts aux dialectes, ou bien, en donnant souvent aux termes une valeur péjorative, aux langues étrangères (avec valeur péjorative, un *bled*, un *Engliche*, une *mousmé;* avec valeur méliorative, un *caïd*).

arrière

Les *voyelles d'arrière* sont réalisées avec la masse de la langue ramenée en arrière de la bouche, le plus près possible du voile du palais (en français, [u], [o], [ɔ] sont des voyelles d'arrière). On les appelle aussi *voyelles postérieures* ou *voyelles vélaires**, par opposition aux *voyelles antérieures** (voyelles d'avant ou palatales). Les *consonnes d'arrière* sont réalisées avec la partie postérieure de la langue (consonnes dorsales) contre la région postérieure du palais et la région vélaire.

Sur le plan acoustique, les *phonèmes d'arrière* sont caractérisés par la concentration de l'énergie dans les basses fréquences du spectre (les deux formants sont dans le domaine bas du registre) et ont un timbre grave* qui s'explique par l'ampleur du résonateur buccal et son absence de compartimentation.

arrondi

Le trait *arrondi* caractérise les articulations vocaliques réalisées avec l'arrondissement des lèvres. Les voyelles vélaires sont souvent arrondies (le russe, le roumain présentent une voyelle vélaire non-arrondie : i). Le français oppose à une série de voyelles palatales non-arrondies une série de voyelles palatales arrondies : [y], [ø], [œ]. Cette articulation entraîne l'adjonction d'un résonateur secondaire, le résonateur labial (syn. : LABIALISÉ), ce qui explique que, sur le plan acoustique, les phonèmes arrondis soient bémolisés*.

arrondissement

L'*arrondissement* est le mouvement articulatoire qui accompagne en général la protraction des lèvres (labialisation* des voyelles dites « labialisées » ou « arrondies », comme les vélaires dans la plupart des langues [u, o, ɔ] et les labiopalatales : en français par exemple [y, ø, œ]).

artefact

On dit qu'il y a *artefact* dans une recherche quand on a considéré comme résolu le problème posé et qu'on en retrouve dans sa conclusion les prémisses de sa recherche. Ainsi, supposons qu'un sociologue veuille voir si les diversifications sociopolitiques correspondent à des diversifications linguistiques et qu'il établisse d'abord un classement sociopolitique des locuteurs et examine ensuite, en se référant à ce classement, le comportement linguistique des individus; il y aura artefact puisque l'isomorphisme des structures est impliqué par la méthode suivie et ne peut donc pas être démontré grâce à elle.

article

On donne le nom d'*articles* à une sous-catégorie de déterminants (en français *le, un, ∅, des*) constituants obligatoires du syntagme nominal; dans *L'enfant joue, je lis un livre, l'* et *un* sont les articles, constituants nécessaires des syntagmes nominaux dont ils signalent la présence et dont ils marquent une borne. Ils peuvent être précédés d'un préarticle *(tout un livre)* ou suivis d'un postarticle *(le même enfant)* et se distinguent des démonstratifs *(ce, cet, cette, ces)* qui occupent la même place, mais n'ont pas la même syntaxe (en particulier lors de la pronominalisation). Ils peuvent avoir le trait [+défini] comme *le, la, les* ou le trait [−défini], comme *un, une, des* (la grammaire traditionnelle les appelle *articles définis* et *articles indéfinis*). Constituant obligatoire, l'article (défini) est effacé devant les noms propres comme *Jean, Paris, Médor,* etc. (article défini + Jean); l'article (indéfini) peut prendre la forme zéro comme dans *toute personne* (toute + ∅ + personne).

Article partitif. V. PARTITIF.

articulateur

Les *articulateurs* sont les organes phonatoires qui interviennent sur le passage de l'air laryngé et dont les mouvements, en modifiant la forme des cavités de résonance, donnent aux sons du langage leur timbre caractéristique. L'articulateur supérieur (lèvre supérieure, incisives supérieures, alvéoles supérieurs, les différentes zones du palais dur, les différentes zones du palais mou, la luette, la paroi pharyngale) est en général immobile, sauf s'il s'agit de la lèvre ou de la luette. L'articulateur inférieur est toujours mobile : lèvre inférieure, pointe de la langue, différentes zones du dos de la langue, etc.

I. articulation

L'*articulation* est l'ensemble des mouvements des organes vocaux qui déterminent la forme des différents résonateurs sur le passage de l'air laryngé, et donc la nature des ondes sonores utilisées pour la production des sons du langage. L'articulation est déterminée par deux ordres de coordonnées, dont les premières définissent le mode d'articulation, c'est-à-dire la façon dont l'air s'écoule (vibration des cordes vocales, ouverture plus ou moins grande du chenal expiratoire), et les secondes définissent le point d'articulation (lieu d'articulation en phonologie), c'est-à-dire l'endroit où se situe le resserrement le plus étroit du chenal expiratoire.

II. articulation (double)

On appelle *double articulation*, dans l'hypothèse fonctionnaliste de A. MARTINET, l'organisation spécifique du langage humain selon laquelle tout énoncé s'articule sur deux plans. Au premier plan, ou première articulation, l'énoncé s'articule linéairement en unités douées de sens (unités significatives : phrases, syntagmes, mots, etc.) dont les plus petites sont appelées monèmes (ou morphèmes) : la phrase *l'enfant dormira* s'articule ainsi en cinq monèmes [l-ãfã-dorm-ir-a]. dont chacun peut être remplacé, dans le même environnement, par d'autres monèmes sur l'axe paradigmatique, ou peut se retrouver, dans un environnement différent, combiné à d'autres monèmes sur l'axe syntagmatique.

Au deuxième plan, ou deuxième articulation, chaque monème s'articule à son tour dans son signifiant en unités dépourvues de sens (unités distinctives) dont les plus petites sont les phonèmes, en nombre limité dans chaque langue. Le monème *dorm-* est formé de quatre phonèmes dont chacun peut être remplacé par d'autres dans le même environnement ou se combiner à d'autres pour former un monème différent. Le signifié peut également se décomposer, mais non linéairement, en unités de sens, ou sèmes : *enfant* = [humain] + [très jeune].

La double articulation évite une surcharge de la mémoire et permet une économie d'efforts à l'émission et à la perception du message; sans la double articulation, il faudrait recourir à un son différent pour désigner chaque élément de la réalité, chaque nouvelle expérience. Il est ainsi possible, à partir de quelques dizaines de phonèmes dont les possibilités de combinaison sont loin d'être toutes exploitées, de former quelques milliers de monèmes dont les divers agencements véhiculent l'infinité des messages linguistiques d'une langue donnée.

La double articulation semble, pour A. MARTINET, une caractéristique du langage humain, qu'elle différencie fondamentalement des autres productions vocales non-linguistiques et des autres systèmes de communication, tels que codes et quasi-langages (langage gestuel, langage musical, langage des animaux, etc.). Il est possible de décomposer un message musical en unités minimales dénuées de sens que sont les notes, mais il n'existe pas de plan intermédiaire correspondant à la première articulation où les notes s'agenceraient en séquences douées de sens susceptibles d'apparaître dans un autre passage musical, avec le même sens. Inversement, dans certains codes (code télégraphique, code des signaux routiers), il existe un système de signes totalement ou partiellement arbitraires, dont chacun correspond à un type particulier d'expérience, mais ceux-ci répondent à des besoins particuliers très limités et à des situations définies, préalablement connues du récepteur comme de l'émetteur du message.

Ainsi, au-delà de la variété d'articulation des langues dans la façon dont les monèmes se combinent pour former les énoncés et dans la gamme des choix dont disposent les individus des différentes communautés linguistiques, la double articulation apparaît comme un universel du langage.

III. articulation

On appelle *articulations du discours* des morphèmes ou suites de morphèmes qui servent à indiquer les rapports logiques entre les phrases ou, à l'intérieur des phrases, entre des constituants : ainsi, les conjonctions *et, ou, mais,* etc., les adverbes *cependant, aussi bien,* etc., sont des articulations logiques.

I. articulatoire (base)

On parle de *base articulatoire* pour désigner l'ensemble des habitudes articulatoires qui caractérisent une langue. Certaines langues ont une prédilection pour les articulations antérieures (labiales, dentales, apicales, palatales), comme le français, dont le système phonétique est dominé par l'articulation labiale; d'autres, comme le portugais, préfèrent les articulations postérieures vélaires; d'autres encore les articulations pharyngales, laryngales, etc. Certaines langues ont une articulation tendue et énergique, comme le français, qui donne un timbre précis aux voyelles, tandis que d'autres, comme l'anglais, sont caractérisées par un relâchement articulatoire qui crée une tendance à diphtonguer les voyelles. Dans certaines langues, les consonnes subissent une forte influence de la part des voyelles qui suivent; dans d'autres, cette influence est très restreinte. L'indépendance phonétique du mot dans la phrase varie également avec la langue (elle est moins grande en français qu'en anglais, par exemple).

L'une des principales difficultés, lors de l'apprentissage phonétique d'une langue étrangère, consiste justement dans l'abandon, ou dans la possibilité d'abandon provisoire, de la base articulatoire de la langue avec laquelle on est familiarisé, pour acquérir tout un ensemble de nouvelles habitudes articulatoires qui caractérisent la nouvelle langue. (V. ACCENT 1.)

II. articulatoire (phonétique)

La *phonétique articulatoire* est une des branches les plus anciennes de la phonétique*. L'ancienne phonétique de l'Inde en offre, en effet, déjà des exemples très précis. Elle étudie les sons utilisés dans le langage humain d'après les mécanismes de leur production par l'appareil vocal. La description exacte et détaillée de tous les sons, que la phonétique s'était fixée comme objectif, s'est vite avérée impossible, malgré, ou plutôt par, la découverte de techniques d'observation et d'appareils de mesure de plus en plus perfectionnés. Il est vite apparu que les productions sonores de l'appareil vocal humain sont infinies. Il est seulement possible de décrire des classes de sons et les mécanismes généraux de la production du langage.

Cette description s'effectue en fonction de trois variables : l'activité du larynx (voisement ou sonorisation), l'endroit où se situe le resserrement maximum de la bouche (point d'articulation), la façon dont s'effectue l'écoulement de l'air à travers le chenal phonatoire (mode d'articulation). Il est parfois nécessaire de faire intervenir une quatrième variable correspondant à l'intervention d'un articulateur secondaire qui modifie la modulation du son élémentaire.

Le larynx est l'organe fondamental de l'émission du son. Sa fonction est avant tout respiratoire. Pour cet organe, comme pour les autres organes phonatoires, la fonction vocale est une fonction secondaire, sociale et non biologique.

L'importance du larynx réside dans le fait qu'il contient les cordes vocales, replis de tissus horizontaux situés de part et d'autre du passage habituel de la colonne d'air montant des poumons. Les cordes vocales représentent le stade le plus évolué, chez les mammifères supérieurs, du diaphragme musculaire qui termine l'appareil respiratoire chez tous les animaux dotés d'un système respiratoire communiquant avec le monde extérieur, et qui, déjà chez les édentés les plus primitifs, entre en vibration sous l'action de l'air pulmonaire pour donner des sons. L'activité du thorax joue également un grand rôle, puisque c'est la contraction des muscles intercostaux, des muscles abdominaux, du diaphragme, puis leur relâchement qui détermine le cycle de la respiration : inspiration (phase active) et expiration (phase passive). L'acte de phonation se situe pendant le temps qui correspond à la phase passive de la respiration. Lors de la phonation, le rythme respiratoire est modifié pour répondre aux besoins de l'émission sonore. Le temps inspiratoire est très court pour ne pas entrecouper le débit phonatoire; le temps expiratoire, au contraire, est allongé pour permettre une durée de l'émission aussi longue que possible (souffle).

Les cordes vocales s'entrouvrent au maximum pendant la respiration, formant un triangle dont la pointe s'appelle la glotte, et se rapprochent à la fin de l'expiration. Quand la pression de l'air excède celle des muscles, elle force les cordes vocales à s'ouvrir et à laisser passer une bouffée d'air. L'air étant repoussé de façon continue par les poumons, un cycle d'ouvertures et de fermetures successives est créé qui donne naissance à une vibration sonore d'origine laryngée, la voix. Beaucoup de sons de la parole sont constitués de la voix glottale modifiée de diverses manières par les formes du passage respiratoire au-dessus du larynx. Si, pendant l'expiration, la fermeture des cordes vocales est incomplète, il se produit un frottement glottal qui constitue un second type fondamental du son, c'est le chuchotement*. La voix comme le chuchotement sont modifiés par la position des organes vocaux dans la bouche et le larynx.

Certains sons ne sont pas modifiés par l'articulation supra-laryngale. On les appelle « sons glottaux »; ils sont connus également sous le nom de clics* (occlusive glottale, fricative glottale, sonante glottale).

L'hypopharynx est le premier résonateur qui modifie l'onde sonore et la pousse vers la bouche et les lèvres d'une part, vers le rhino-pharynx et les fosses nasales d'autre part, par le jeu de l'extrémité du voile du palais ou luette. L'espace buccal est délimité par des parois fixes (voûte du palais et maxillaire supérieur), des parois mobiles et rigides (maxillaire inférieur), des parois molles et mobiles (voile du palais, larynx, lèvres). Le déplacement des parois mobiles modifie la forme de la cavité buccale ou ajoute d'autres cavités (nasale, labiale), ce qui entraîne une modification de l'onde sonore. Le mouvement des différents organes entrant en jeu dans l'émission du son constitue l'articulation. Ces organes s'appellent articulateurs. Ils sont en général au nombre de deux, l'inférieur, en général mobile, se rapprochant du supérieur, qui est en général fixe. Mais les articulateurs peuvent être tous deux mobiles.

Si la circulation de l'air pulmonaire est libre à travers le chenal buccal et n'est gênée par aucune occlusion ni aucun resserrement, le son obtenu est une voyelle. Le timbre de celle-ci est modifié par le plus ou moins grand abaissement de la langue (voyelle ouverte, semi-ouverte, semi-fermée, fermée) et par le déplacement de la masse de la langue (voyelle antérieure ou palatale, centrale ou médiane, postérieure ou vélaire). Les consonnes sont obtenues par l'occlusion ou le resserrement du chenal buccal et peuvent être, suivant la nature de l'occlusion ou du resserrement, occlusive, fricative, affriquée (semi-occlusive ou semi-fricative), liquide (latérale et vibrante). Les consonnes non-occlusives sont dites aussi continues. Il existe une classe de sons intermédiaires entre les voyelles et les consonnes : les glides (semi-consonnes ou semi-voyelles).

D'après la nature des articulateurs (point d'articulation), on distingue les articulations bilabiales, labiodentales, apicales, prédorsales, dorsales, postdorsales, interdentales, dentales alvéolaires, postalvéolaires, rétroflexes, prépalatales, médiopalatales, palatales, postpalatales, vélaires, uvulaires ou pharyngalisées. L'articulateur bilabial peut aussi intervenir comme articulateur secondaire pour déterminer un son labialisé ou arrondi.

artificiel

On qualifie d'*artificielles* (par opposition à *naturelles*) des langues créées intentionnellement par des individus ou des groupes d'individus afin de servir de moyen de communication entre des locuteurs parlant des langues différentes. L'*espéranto* (dont l'*ido* est une forme simplifiée née ultérieurement) a été créé en 1887 par un médecin polonais, LAZARE ZAMENHOFF; il est employé dans le monde entier par quelques centaines de milliers de personnes. Les racines ont été choisies selon le critère de la plus grande internationalité, et les caractères grammaticaux tendent à simplifier l'apprentissage (invariabilité des unités lexicales, accent toujours sur l'avant-dernière syllabe, catégories reconnaissables à la terminaison -o pour les noms, -a pour les adjectifs, -e pour les adverbes; une seule conjugaison et un seul auxiliaire, *esti* « être », possibilité de composition lexicale par juxtaposition). Le *volapük* a été créée en 1880 à partir de l'anglais par MARTIN SCHLEYER, curé dans les environs de Constance. Son échec est dû à ses imperfections (simplifications capricieuses, déclinaisons arbitraires, conjugaison archaïque). Des linguistes ont créé l'*interlingua*. (V. CODE, NATURELLE [LANGUE].)

aryténoïdes

Les *aryténoïdes* sont les deux cartilages du larynx à chacun desquels est fixée l'extrémité arrière des cordes vocales. Le mouvement des aryténoïdes, qui peuvent se rapprocher plus ou moins étroitement ou s'écarter l'un de l'autre, détermine l'accolement et, par conséquent, l'ouverture et la fermeture de la glotte*.

asémantique

Une phrase est *asémantique* quand, violant les règles sémantiques de la langue, elle n'est pas interprétable sémantiquement. Ainsi *Le corridor élucide le trottoir* est une phrase asémantique, car le verbe *élucider* implique que le sujet ne soit pas affecté du trait [+ objet concret] et que le complément soit, en revanche, affecté des traits [+ abstrait] et [+ complexe]. Dans certains cas, l'agrammaticalité et l'asémantisme sont confondus; en effet, dans la phrase précédente, on peut considérer que les incompatibilités constatées relèvent de règles de la syntaxe (v. GRAMMATICALITÉ). Il existe des *degrés d'asémantisme* correspondant à des possibilités différentes d'interprétation (en particulier possibilité d'interpréter métaphoriquement).

aspect

L'*aspect* est une catégorie grammaticale qui exprime la représentation que se fait le sujet parlant du procès exprimé par le verbe (ou par le nom d'action), c'est-à-dire la représentation de sa durée, de son déroulement ou de son achèvement (aspect inchoatif, progressif, résultatif, etc.), alors que les temps*, les modaux* et les auxiliaires* de temps expriment les caractères propres du procès indiqué par le verbe indépendamment de cette représentation du procès par le sujet parlant. L'aspect se définit, par exemple, par l'opposition en français entre l'accompli (perfectif ou parfait) *Pierre a mangé* et le non-accompli (ou imperfectif) *Pierre mange*. Par rapport à la phrase sous-jacente « Je dis que », où « Je » est le sujet de l'énonciation, l'énoncé *Pierre a mangé* est analysé par le sujet comme le résultat présent d'une action passée, et *Pierre mange* comme une action présente en train de se dérouler : l'aspect accompli et l'aspect non-accompli sont tous deux des présents. De même, relativement à la phrase énonciative « Je dis que », *Pierre mangeait* et *Pierre avait mangé* sont des passés, mais le premier envisage l'action dans son déroulement et le second comme une action achevée. L'aspect est donc distinct du temps (présent, passé, futur), qui situe le procès relativement à l'énoncé, et non relativement à l'énonciation « Je dis que ».

L'aspect se distingue (1) des modaux comme *devoir* et *pouvoir,* suivis de l'infinitif, qui expriment les modalités logiques, nécessaire / contingent, probable / possible *(Il peut pleuvoir demain)*, et (2) des auxiliaires de mode (semi-auxiliaires) ou aspectuels, qui expriment le procès dans son déroulement, mais relativement à un moment de l'énoncé, comme *aller, venir de, être en train de, être sur le point de, finir de, commencer à,* suivis de l'infinitif *(Pierre vient de partir, Pierre va aller chercher son billet à la gare).* Certains linguistes réunissent sous la dénomination d'aspect (1) l'opposition d'aspect, dite alors « opposition de phase », et (2) les aspectuels*.

En grammaire générative, l'aspect (le parfait), les temps et les modaux sont des constituants de l'auxiliaire*.

aspectuel

La dénomination d'*aspectuels* est donnée parfois aux auxiliaires de temps ou semi-auxiliaires* pour les différencier de l'aspect et du temps.

aspiration

L'*aspiration* est un bruit dû à l'ouverture de la glotte pendant l'occlusion buccale et qui accompagne la prononciation des occlusives sourdes dans certaines langues : la glotte étant ouverte, mais tendant à prendre la position de la voix et donc à se resserrer pour la prononciation de la voyelle suivante, l'air s'échappe pendant ce temps en frottant contre les parois, ce qui produit un bruit de souffle, l'aspiration. L'aspiration est notée par [h]; ainsi, le grec ancien *tithêmi* comporte une occlusive dentale aspirée notée *th*. L'*aspiration vocalique* peut précéder l'émission d'une voyelle, sans son consonantique; ainsi, l'anglais *hill* commence par une aspiration.

Les occlusives sourdes sont réalisées comme non aspirées en français et dans la plupart des langues européennes, à l'exclusion du groupe germanique, où l'aspiration se produit régulièrement devant une voyelle accentuée. Le sanscrit et d'autres langues de l'Inde présentent aussi des occlusives sonores aspirées [bh, gh, dh]. Si l'aspiration est très forte, les aspirées tendent à devenir des affriquées (en haut-allemand, les aspirées germaniques sont devenues des affriquées). L'aspiration peut avoir une simple valeur phonétique et constituer seulement une habitude articulatoire, comme en anglais, mais elle peut aussi avoir une valeur phonologique comme dans les dialectes grecs qui opposent une série d'occlusives sourdes aspirées (provenant historiquement d'anciennes géminées) à une série d'occlusives sourdes non-aspirées : p/ph, t/th, k/kh; il y a *corrélation d'aspiration* quand l'opposition entre consonnes aspirées et non-aspirées est phonologiquement pertinente.

aspiré

Une *occlusive aspirée* est une occlusive caractérisée par un bruit sourd, ou souffle, que l'on entend entre l'explosion de la consonne et la voyelle suivante, surtout si celle-ci est accentuée. En effet, dans l'articulation des occlusives non-aspirées, la glotte est fermée et les cordes vocales sont prêtes à entrer en vibration pour la réalisation de la voyelle suivante; dans l'articulation des consonnes aspirées, la glotte est ouverte, et avant l'accolement des cordes vocales pour la mise en vibration vocalique, il se passe un certain temps pendant lequel l'air s'écoule en produisant le bruit du souffle. Les consonnes occlusives aspirées existent en anglais, ainsi qu'en sanscrit et dans d'autres langues de l'Inde.

assertif

La *phrase assertive,* opposée à la phrase interrogative et à la phrase impérative, est définie par son statut*, l'assertion (syn. : PHRASE DÉCLARATIVE). *Paul vient* est une phrase assertive ou déclarative, opposée à la phrase interrogative *Paul vient-il ?* et à la phrase impérative *Paul, viens!*

assertion

L'*assertion* est le mode ou type de communication institué par le sujet parlant entre lui et son (ou ses) interlocuteur(s) et consistant à faire dépendre ses propositions d'une phrase implicite *Je te dis que* (« Je porte à ta connaissance le fait que »).

L'interrogation dépend de la phrase implicite *Je te demande si* et l'impératif de la phrase *Je t'ordonne que.*

assibilation

On appelle *assibilation* la transformation d'une occlusive en une sifflante : ainsi, dans l'évolution du français, il y a eu assibilation dans le cas de *k* latin suivi de *e* ou de *i* (latin *centum* [kɛntum] devenant *cent* [sɑ̃]), de *r* intervocalique *(chaire* devenu dans le dialecte parisien *chaise),* et *t* devant *i* dans *inertie* [inɛrsi], *patience* [pasjɑ̃s], etc.

assimilation

On appelle *assimilation* un type très fréquent de modification subie par un phonème au contact d'un phonème voisin, et qui consiste pour les deux unités en contact à avoir des traits articulatoires communs. Cette modification peut correspondre à une mise en place anticipée des organes phonatoires en vue de la prononciation d'un phonème qui suit : c'est l'assimilation régressive; ainsi, le latin *capsa* a donné le français *châsse* par assimilation régressive de *p* à *s* qui suit. Elle peut correspondre, au contraire, à un retard dans l'abandon de la position des organes phonatoires correspondant à la prononciation du phonème précédent : c'est l'assimilation progressive; ainsi, le turc *gitti* vient de *git + di* « il alla » par assimilation de *d* à *t* qui précède. L'assimilation est double quand le phonème est modifié à la fois par celui qui le précède et par celui qui le suit. L'assimilation joue un rôle très important dans l'évolution des langues, par exemple pour des processus de mutation tels que la palatalisation : assimilation à distance (v. MÉTAPHONIE).

Quand le phénomène concerne deux phonèmes contigus, il y a assimilation sur le mode d'articulation (dans *absurde,* l'occlusive voisée [b] devient [p] sourd devant [s] : [apsyrd]) ou sur le point d'articulation (dans certaines prononciations de *cinquième,* la vélaire [k] avance son point d'articulation pour devenir dentale [sɛ̃tjɛ̃m]. (Syn. : ACCOMMODATION; contr. : DISSIMILATION.)

associatif

1. On appelle *sens associatif d'un mot* l'ensemble des mots qu'un sujet (ou groupe de sujets) associe à un terme qu'on lui présente dans une épreuve d'association de mots (il s'agit de dire quels sont les mots que le terme présenté évoque); ces mots ainsi associés constituent la *structure associative* du mot-stimulus. Ainsi, si l'on présente à des sujets le mot *diable*, on dira que le sens associatif de ce mot est défini par la hiérarchie des réponses d'associations à ce mot (*enfer, sombre, sinistre, méchant, péché*, etc.). On appelle *lien associatif* le rapport qui unit le mot-stimulus au mot-réponse qui lui est associé dans l'épreuve d'association de mots.

2. F. DE SAUSSURE appelle *rapports associatifs* l'ensemble des rapports très divers, formels ou sémantiques, par lesquels un mot est associé à d'autres. Le rapport associatif unit des termes *in absentia* dans une série, justifiée par une association mentale qui les conserve ainsi en mémoire; les membres d'une série associative sont dans un ordre indéterminé et souvent en nombre infini. (V. PARADIGMATIQUE.)

association

1. On appelle *association de mots* l'ensemble des relations qui peuvent exister entre une unité donnée et une ou plusieurs unités latentes, non manifestées; les liens associatifs rapprochent des items en une série virtuelle. Ainsi, si l'on donne à un sujet un mot et qu'on lui demande de dire tous les mots qui lui viennent à l'esprit, tous les items donnés comme réponses forment les associations du mot; le rapport associatif, de virtuel qu'il était, devient tangible, observable. Les rapports associatifs sont attribués aux traits sémantiques des mots associés (similaires ou opposés) ou à l'expérience acquise de leur co-occurrence.

2. On appelle *association syntagmatique* l'association entre deux mots qui sont proches dans la chaîne parlée; si un sujet à *table* répond *s'asseoir*, il y a association syntagmatique. L'*association paradigmatique* est une association entre deux mots substituables au même endroit de la chaîne parlée; si le sujet à *table* répond *chaise*, on dira que l'association est paradigmatique.

assonance

On appelle *assonance* la répétition, à la finale d'un mot ou d'un groupe rythmique, de la voyelle accentuée qu'on avait déjà rencontrée à la finale d'un mot ou d'un groupe rythmique précédent : par exemple, dans le vers suivant de P. ELUARD, les assonances en [ɛ] : *Sous le ciel grand ouvert la mer ferme ses ailes.*

assourdissement

Le phénomène d'*assourdissement*, appelé aussi *dévoisement* ou *dévocalisation*, consiste en une perte de la voix ou vibration laryngée par une fermeture de la glotte qui stoppe le passage de l'air. Ce phénomène peut correspondre à un changement historique ou à une alternance synchronique due à des variations combinatoires : le phonème [b] de *robe* se dévoise dans l'expression *une robe toute rouge* au contact du phonème non-voisé [t] et se réalise comme une occlusive non-voisée [b̥] (sans toutefois se confondre avec le phonème français [p], auquel il s'oppose aussi par l'opposition *tendu* vs *lâche*).

assumer

On dit d'un énoncé qu'il est *assumé* quand le sujet parlant prend à son compte l'assertion (positive ou négative), l'interrogation ou l'ordre qu'il formule à l'intention d'un interlocuteur; on dit d'un énoncé qu'il n'est pas assumé quand le sujet parlant met une distance entre lui et son énoncé au moyen d'une modalisation (emploi d'adverbes ou du conditionnel, d'incises, qui impliquent le doute, le rejet implicite, etc.). Ainsi, *Paul viendra demain* (assumé) s'oppose à *Paul viendra peut-être demain* ainsi qu'à *Paul, à ce qu'on dit, viendra demain, Paul viendrait demain*, etc. (non-assumé).

astérisque

1. Placé avant un mot, l'*astérisque* indique une forme hypothétique, considérée comme l'étymon d'un mot de la langue. Par exemple, le verbe français *corroyer*, attesté dès le XIe siècle, est d'origine germanique; on reconstitue une forme **conredare*, du latin populaire, non attestée, mais considérée comme la source directe du mot français.

2. Placé avant une phrase, l'*astérisque* indique un énoncé agrammatical. Ainsi, la phrase **Pierre voit le* est une phrase agrammaticale. (V. aussi PONCTUATION.)

asyllabème

Certains linguistes classent sous l'appellation de *asyllabèmes* les unités phoniques qui ne peuvent pas fonctionner comme centre de syllabe. Cette notion coïncide en partie avec la notion traditionnelle de consonnes (« qui sonne avec »); mais il est des langues, comme le tchèque, où les liquides [r] et [l] fonctionnent comme centres de syllabe et entrent donc dans la classe des syllabèmes. Inversement, certaines voyelles peuvent entrer dans la catégorie d'asyllabèmes lorsqu'elles se réalisent comme des glides : par exemple, en italien, la voyelle [i] a un allophone asyllabique [j] en fin de syllabe (*mai* prononcé [mai] ou [maj]).

asyndète

L'*asyndète* est, d'une manière générale, l'absence de liaison formelle entre deux unités linguistiques organisées ensemble.

En linguistique, l'*asyndète* est l'absence d'un mot de liaison là où la règle voudrait qu'il y en eût un. Ainsi, dans l'expression *sur le plan forme*, il y a asyndète par absence de subordonnant, puisque le bon usage veut qu'on dise *sur le plan de la forme*. En revanche, l'asyndète par absence de coordonnant est un effet de style quand dans les énumérations on supprime *et* devant le dernier terme, comme, dans *Femme, enfants, parents, il a tout sur les bras*. Enfin, la langue a maintenu l'asyndète dans des locutions de caractère formulaire comme *bon pied, bon œil*. Il peut y avoir aussi asyndète entre des propositions, comme dans *Il court, saute tout le temps* (asyndète du coordonnant *et*). Les grammaires normatives du français moderne interdisent l'asyndète du subordonnant introduisant une proposition. Ce tour, qui était fréquent en ancien français, apparaît aussi dans beaucoup de langues vivantes : au lieu de *I think that you are ill* (« Je pense que vous êtes malade »), l'anglais dit souvent *I think you are ill*.

atemporel

On appelle *atemporel* le temps du verbe qui indique le non-passé (par rapport au passé [imparfait, passé composé, passé simple]) et le non-futur (par rapport au futur, au conditionnel); il est dénommé *présent* dans la nomenclature traditionnelle, mais ne correspond qu'à une partie des emplois de ce dernier; il s'agit du présent « à valeur générale » que l'on a par exemple dans *La lune tourne autour de la terre*. (V. aussi GNOMIQUE [aoriste].)

athématique

En linguistique indo-européenne, et en particulier en grec, on donne le nom d'*athématiques* aux radicaux nominaux ou verbaux qui se terminent par une consonne ou une sonante et non par une voyelle thématique ajoutée à la racine (voyelle *e* alternant avec *o*) et formant avec celle-ci le thème. Ainsi, en grec, les verbes du type *luô, luomai* sont des verbes thématiques (lu + o + mai), mais l'aoriste athématique *elusa* est formé non sur le thème, mais sur la racine (e + lu + sa).

atlas linguistique

Ouvrage dont le modèle a été longtemps l'*Atlas linguistique de la France* établi par JULES GILLIÉRON grâce aux enquêtes d'EDMOND EDMONT. Un *atlas linguistique* se compose (1) d'un *questionnaire* indiquant les notions à faire dénommer par les sujets interrogés, les types de phrases à obtenir, les conversations à engager; (2) d'une détermination des points d'enquête et des personnes interrogées; (3) enfin, partie essentielle, de *cartes* linguistiques* sur lesquelles on reporte point par point les formes, les mots et les types de construction enregistrés. Les atlas linguistiques jouent un grand rôle en dialectologie*. (V. GÉOGRAPHIE LINGUISTIQUE.)

atone

1. On dit de toute syllabe qui ne porte pas d'accent qu'elle est *atone*. Dans le mot espagnol *cabeza*, la première et la troisième syllabe sont atones. (Contr. : TONIQUE.)

2. On appelle *atones* les pronoms personnels (appelés aussi conjoints) qui se placent immédiatement avant le verbe ou l'auxiliaire avec la fonction de complément; ainsi, les formes *le, me, se* sont des formes atones dans *Je le vois, Il me parle, Il se félicite*. (Contr. : TONIQUE, DISJOINT.)

attaque

L'*attaque* est le mouvement de mise en place des cordes vocales pour les articulations vocaliques : elle peut être douce (comme à l'initiale en français, où les cordes vocales se mettent immédiatement dans la position de vibration) ou dure (comme à l'initiale en allemand, où les cordes vocales commencent par fermer tout le passage à l'air, puis s'entrouvrent brusquement).

attitude

On appelle *verbes d'attitude* (par opposition à *verbes performatifs**) les verbes qui décrivent l'action accomplie simultanément à l'énonciation de la proposition qui suit le verbe d'attitude : *jurer, promettre, souhaiter* sont des verbes d'attitude.

attraction

1. On donne le nom d'*attraction* à la modification morphologique que subit un mot sous l'influence d'un autre mot avec lequel il est syntaxiquement en rapport. Ainsi, en latin, il y a attraction, par l'attribut nominal, en genre et en nombre, d'un démonstratif neutre sujet d'une phrase prédicative avec *esse* : la phrase *Hoc est error* devient *Hic est error*, le neutre *hoc* devenant le masculin *hic* par attraction de *error*.

Les dénominations d'*attraction temporelle*, *attraction modale* sont remplacées par celles de *concordance* de temps, de mode*.

2. On appelle *attraction paronymique* le phénomène d'étymologie populaire par lequel on donne les mêmes emplois ou des emplois équivalents à des mots qui à l'origine ne se rapprochaient que par la forme : le sens de « remarquable » qu'on donne souvent à *émérite* est dû à l'attraction paronymique de *mérite*.

attribut

Pour la grammaire traditionnelle, l'*attribut* est la manière d'être ou la qualité dont l'énoncé reconnaît l'appartenance à quelqu'un ou à quelque chose par le moyen d'un verbe exprimé ou sous-entendu : dans *Notre homme est* FOU, *fou* est attribut d'un sujet, avec lequel il est mis en rapport par l'intermédiaire du verbe *être* ou d'un verbe similaire *(sembler, paraître, devenir)*. Il peut être aussi attribut du complément d'objet direct après des verbes comme *appeler, avoir, choisir, connaître, consacrer, couronner, créer, croire, déclarer, dire, élire, estimer, faire, instituer, juger, nommer, ordonner, proclamer, rendre, réputer, saluer, savoir, trouver, vouloir*, etc. La construction de l'attribut est généralement directe; dans *Il semble* BON, *Je le juge* COUPABLE, *bon* (attribut du sujet) et *coupable* (attribut du complément d'objet direct) sont construits directement; il n'en va pas de même pour *ennemi, fou, chef, intelligent* dans *Il est considéré comme* ENNEMI, *On le traite de* FOU, *Il se conduit en* CHEF, *On le prend pour* INTELLIGENT : *comme, de, en, pour* sont des prépositions qui introduisent souvent l'attribut. L'attribut peut être un nom précédé ou non de l'article *(La pluie est* UNE MANNE CÉLESTE, *Elle est* FEMME), un pronom *(C'est* LUI), un adjectif *(Il est* ROUGE), un participe *(C'est* PARTI*)* ou une locution adjective *(Il est* À COUTEAUX TIRÉS *avec elle)*, un adverbe devenu adjectif *(C'est* BIEN*)* ou un infinitif *(Lutter c'est* VIVRE*)*; il peut être aussi une proposition conjonctive *(Le malheur, c'est* QU'IL EST TOMBÉ À DIX MÈTRES DE L'ARRIVÉE*)*, bien qu'une partie des grammairiens y voient le sujet du verbe. L'attribut se place le plus souvent après le verbe *(Il est* TRAVAILLEUR*)*, mais l'inversion est fréquente à des fins expressives *(*HAUTE *est la* *montagne*), dans les locutions toutes faites (MAUDIT *soit le travail*) et quand l'attribut est un adjectif interrogatif (QUELLE *est cette étrange lueur ?*).

attributif

1. En grammaire traditionnelle, la *fonction attributive* est celle des adjectifs et des syntagmes nominaux constituants des syntagmes verbaux dans la phrase prédicative avec *être*. Dans *Pierre est heureux, Pierre est un enfant, heureux* et *un enfant* ont une fonction attributive.

2. En grammaire structurale et générative, dans les syntagmes verbaux constitués de la suite : verbe + syntagme nominal + syntagme prépositionnel, on donne au syntagme prépositionnel la dénomination d'*attributif* (ou complément d'objet secondaire). Cette fonction est exprimée dans les langues casuelles par le datif : *Pierre donne une pomme* À SON FRÈRE. Les verbes qui ont cette construction sont dits aussi attributifs; ainsi *prêter, louer, lire, etc., quelque chose à quelqu'un*.

3. On donne le nom de *syntagme attributif* au syntagme verbal quand celui-ci est formé de la copule (*être*) suivie d'un adjectif (ou syntagme nominal) attribut, ou d'un complément de lieu. Dans les phrases *Pierre* EST HEUREUX, *Pierre* EST UN INGÉNIEUR, *Pierre* EST ICI, *est heureux, est un ingénieur, est ici* sont des syntagmes attributifs.

audibilité

L'*audibilité* est la capacité de reconnaître la forme temporelle des signaux sonores : reconnaissance de la forme des transitions d'attaque et d'extension (consonnes, diphtongues, etc.) dans leur assemblage à des sons vocalisés. On peut réserver à cette faculté de reconnaissance dans des conditions diverses (influence de la réverbération, du bruit, etc.) le nom de *netteté*.

audi-mutité

On désigne du nom d'*audi-mutité*, chez un enfant, un déficit important de l'expression linguistique sans trouble de l'audition, et de la reconnaissance auditive des signes verbaux sans déficit intellectuel majeur : l'enfant « entendant muet » se comporte devant sa langue maternelle comme devant une langue étrangère; la réalisation du langage peut être à peu près nulle.

audiogramme

Un *audiogramme* est la représentation graphique de la sensibilité de l'oreille aux différents sons.

audiométrie

On appelle *audiométrie* la mesure de l'aptitude à saisir les différents sons de la parole.

auditeur

Celui qui reçoit des énoncés produits par un locuteur est appelé *auditeur*. (V. RÉCEPTEUR, INTERLOCUTEUR.)

augment

L'*augment* est un affixe préposé à la racine verbale dans la flexion de certaines formes du passé. En grec, l'augment consiste en un élément *e* ou *ē* qui constitue une syllabe supplémentaire lorsque la racine verbale commence par une consonne (*augment syllabique* : ex. : *ephere* « il portait », de *pherein* « porter ») ou forme une voyelle longue lorsque la racine verbale commence par une voyelle (*augment temporel;* ex. : *ēge* « il conduisait », de *agein* « conduire », de *e + age*).

augmentatif

On dit d'un préfixe *(archi-, extra-, sur-, super-)* ou d'un suffixe *(-issime)* qu'il est *augmentatif* quand il a le sens de « à un très haut degré, à un point élevé ». Ainsi, *extradur* est formé de l'adjectif *dur* et de l'augmentatif *extra*, le mot signifiant « qui est très dur »; l'adjectif *richissime* est formé de l'adjectif *riche* et de l'augmentatif *-issime*.

autocorrection

On appelle *autocorrections* les corrections qu'un sujet parlant apporte aux erreurs de son propre énoncé au moment où il aperçoit que celui-ci ne correspond pas à ce qu'il voulait dire; chez certains sujets aphasiques, les autocorrections se répètent plusieurs fois de suite après qu'un item erroné a été émis.

autodominé

En grammaire générative, on dit qu'un élément A est *autodominé* quand il est dominé par lui-même, c'est-à-dire par un élément A de même catégorie. Soit la règle de réécriture de la coordination :
N → N et N
on dira que les N à droite de la flèche sont autodominés et que le N à gauche de la flèche est autodominant. L'autodominance permet le récursivité*.

auto-enchâssement. V. ENCHÂSSEMENT.

autonome

A. MARTINET dit qu'une unité est *autonome* quand elle peut apparaître dans différents points de l'énoncé sans que la différence de place modifie en quoi que ce soit son rôle ou son acception propres. Cette distinction lui permet d'opposer des monèmes non-autonomes comme *voisin*, des monèmes autonomes comme *hier* et des monèmes fonctionnels* dont l'adjonction rend autonome un monème qui ne l'était pas (ainsi la préposition *dans* dans le syntagme *dans la maison*).

autonymie

On parle d'*autonymie* quand un signe renvoie à lui-même en tant que signe. Ce mot est issu de la logique, où un terme autonyme est celui dont il est uniquement fait mention.

L'usage autonymique d'un mot dans un énoncé est à rapprocher de l'emploi du mot-entrée dans le dictionnaire. Le dictionnaire propose à l'usager une forme hors discours (entrée), et il lui offre de cette forme (1) des définitions, (2) des fragments de discours où s'illustre le fonctionnement du mot. Ainsi l'entrée dans un dictionnaire est hors discours, et représente le niveau métalinguistique, c'est-à-dire celui où l'usage du code est appliqué réflexivement à un élément du code.

Cette fonction du langage peut s'exprimer dans des situations différentes de la réflexion lexicographique. Tout mot d'un énoncé peut être détaché — par le locuteur ou l'interlocuteur — de son environnement et considéré en situation autonyme. Cas de la réflexion du locuteur sur son discours : *J'ai dit « peut-être », je n'ai pas dit « oui »*. Cas de la réflexion de l'interlocuteur : *Vous me dites « tout de suite » : maintenant, ou dans une heure ?*

L'autonymie, comme tout phénomène métalinguistique (demande de répétition, de définition, recherche dans le dictionnaire) est un phénomène de prise de conscience linguistique. Il se distingue des autres situations métalinguistiques par le fait qu'il concerne toujours l'énoncé rapporté par le locuteur (autocitation) ou par autrui (citation).

auto-ontif

Le terme *auto-ontif* désigne chez L. TESNIÈRE la première personne du verbe.

autorégulation

Syn. de FEED-BACK.

autorité

On dit que quelqu'un est une *autorité* ou fait autorité en matière de langue quand une communauté socio-culturelle lui reconnaît le droit de définir ce qui est à dire et ce qui n'est pas à dire. Ainsi, en France, l'Académie et chacun des académiciens sont des autorités. L'autorité reconnue peut fort bien aussi ne pas avoir eu l'intention d'offrir l'exemple de ce qu'il fallait dire ou ne pas dire : les écrivains deviennent ainsi les garants du bon usage, et des autorités linguistiques. Les autorités prennent, en effet, généralement comme fondements de leurs jugements, ou bien leur propre usage, ou bien l'usage des bons auteurs (v. BON USAGE), ou bien certains états passés de la langue (v. LANGUE CLASSIQUE), ou bien certains faits historiques et étymologiques, ou enfin certains modèles logiques. Il est rare que, dans ce domaine, les avis des linguistes soient sollicités.

auxiliaire

1. En grammaire traditionnelle et structurale, on donne le nom d'*auxiliaire* à une catégorie grammaticale qui comprend les verbes *avoir* et *être* suivis d'un participe passé *(avoir vu, être tombé)*. En français, ils entrent dans la constitution des formes composées de verbes *(il a mangé, il est venu, il est pris, il a été renversé);* (1) dans un verbe actif, ils opposent les formes composées (traduisant l'accompli) aux formes simples (traduisant le non-accompli) [v. ASPECT]; (2) ils opposent un verbe transitif passif à un verbe transitif actif *(être* ou *avoir été* + participe passé). Les deux auxiliaires ont des distributions différentes : *avoir* est l'auxiliaire des verbes transitifs actifs *(il a fini)* et de quelques intransitifs *(il a couru), être* est l'auxiliaire de la plupart des verbes intransitifs *(être venu)* ou des verbes transitifs passifs *(être mangé),* ou cumulé avec *avoir* dans les formes surcomposées passives *(avoir été mangé).*

On appelle *auxiliaires de temps* (ou auxiliaires verbaux) les verbes et locutions verbales qui, suivies de l'infinitif, expriment le déroulement ou l'achèvement d'une action, le factitif, l'inchoatif, etc. (v. SEMI-AUXILIAIRES), comme *aller, venir de, être sur le point de,* etc. On appelle *auxiliaires de mode* les modaux comme *pouvoir* et *devoir,* suivis de l'infinitif (v. MODAL).

2. En grammaire générative, on donne le nom d'*auxiliaire* à une catégorie grammaticale (abréviation Aux) qui est un constituant obligatoire du syntagme verbal et qui comprend elle-même un constituant obligatoire de temps (Présent [Prés], Passé [Pas], Futur [Fut]) et des constituants facultatifs Aspect (ou Parfait) et Modal (Modaux comme *pouvoir,* Aspectuels comme *aller).* On a parmi les différentes formulations proposées :

$$SV \to Aux + V + SN$$

Le syntagme verbal se compose d'un auxiliaire, d'un verbe (racine verbale) et d'un syntagme nominal.

$$Aux \to T_{ps} (Parf) (M) (Parf) V$$

L'auxiliaire est formé de Temps (T_{ps}), de Modal (M), de Parfait (Parf), répété deux fois, et d'une racine verbale (V). Le Temps est constitué de Présent ou de Passé en combinaison facultative avec Futur (ce qui donne soit le futur présent, soit le futur passé ou bien le conditionnel). Le Parfait est composé de *avoir* ou de *être* (pour les intransitifs), suivis d'un affixe de participe passé (P.P.). Enfin, le Modal est constitué de Modaux proprement dits *(pouvoir, devoir* et l'infinitif) ou d'Aspectuels *(aller, venir de, commencer à,* etc.), suivis de l'affixe d'infinitif.

$$T_{ps} \to (Futur) \left\{ \begin{array}{l} Prés \\ Pas \end{array} \right\}$$

$$Parf \to \left\{ \begin{array}{l} avoir \\ être \end{array} \right\} + PP$$

$$M \to \left\{ \begin{array}{l} Modal \\ Aspectuels \end{array} \right\} + Inf$$

On peut ainsi avoir avec les diverses réécritures de l'auxiliaire : *il mange, il a mangé, il doit manger, il a dû manger, il doit avoir mangé, il a dû avoir mangé,* etc.

On appelle *auxiliaire être* ($Aux_{être}$) la forme *être* suivie d'un affixe de participe passé ajouté au cours de la transformation passive dans les structures de phrases qui admettent le passif (verbe suivi d'un syntagme nominal).

avalent
Chez L. TESNIÈRE, le verbe qui ne peut avoir normalement d'actant* est qualifié d'*avalent.* La grammaire traditionnelle qualifie ces verbes d'impersonnels *(il pleut, il neige, il faut,* etc.).

avant
Les *voyelles d'avant,* appelées aussi *voyelles antérieures* ou *voyelles palatales,* sont les voyelles réalisées avec la masse de la langue placée en avant de la bouche, au niveau du palais dur : par exemple, en français, les voyelles [i, e, ɛ, a, y, ø, œ].

axe
Dans la terminologie de F. DE SAUSSURE, les rapports syntagmatiques s'opposent aux rapports associatifs. Les linguistes post-saussuriens ont pris l'habitude d'opposer l'*axe syntagmatique* (axe horizontal des rapports entretenus par les unités dans la chaîne parlée) et l'*axe paradigmatique* (axe vertical des rapports virtuels entretenus par les unités susceptibles de commuter). [V. RAPPORTS SYNTAGMATIQUES, PARADIGMATIQUES.]

axiomatique
Une *théorie axiomatique* comporte quatre éléments : (1) un vocabulaire ou liste des symboles à employer; (2) des règles de formation, définissant quelles suites de symboles sont syntaxiques et acceptables comme formules du système; (3) des axiomes, ensemble de formules correctes, mais non démontrées du système; (4) des règles d'inférence déterminant l'ensemble des théorèmes en partant de l'ensemble des axiomes.

axiome
On appelle *axiomes* l'ensemble des formules correctes, mais non démontrées, d'un système ou d'une théorie linguistique. En grammaire générative, le symbole de départ des règles syntagmatiques constitue l'axiome : c'est le symbole Σ (phrase).

barbarisme

On donne le nom de *barbarisme* à la forme d'un mot qui n'est pas générée par les règles de la langue et, en particulier, par les règles morphophonologiques, à une époque déterminée (dans une synchronie donnée); les barbarismes sont des formes agrammaticales. Ainsi, *cueillira* (pour *cueillera*) est un barbarisme. On considère aussi comme barbarismes les formes qui ne sont pas reçues* dans une norme ou un usage jugé correct; ainsi, un verbe comme *solutionner* pourra être considéré par les grammairiens puristes comme un barbarisme. (V. SOLÉCISME.)

baryton

On appelle *barytons* en grammaire grecque les mots dont la syllabe finale porte l'accent grave; ce dernier équivaut à une absence de ton (par opposition à l'accent aigu). Les syllabes finales qui portent un accent aigu changent de ton dans le contexte d'autres mots et portent alors un accent grave; ainsi, *basileús* devient *basileùs* lorsqu'il est suivi d'un autre mot.

barytonaison

La *barytonaison* est le passage en grec de l'accent aigu (présence de ton) à l'accent grave (absence de ton) placé sur la syllabe finale d'un mot, lorsque ce dernier est immédiatement suivi d'un autre mot. (V. BARYTON.)

bas

1. Le *formant bas,* ou premier formant, est le formant du pharynx (situé dans les zones de fréquence inférieures du spectre acoustique), par opposition à l'autre formant principal, le formant buccal, appelé *formant haut* ou deuxième formant et situé dans les fréquences supérieures.

2. Les *voyelles basses* sont celles qui sont réalisées lorsque la langue est dans une position basse et détermine une grande ouverture buccale. Dans la prononciation de [a], la voyelle la plus basse et aussi la plus ouverte, la langue est presque plate, dans une position très proche de la position de repos, avec seulement une cambrure suffisante pour que se crée un point d'articulation. Les voyelles *semi-ouvertes* ([ɛ] et [ɔ]) sont prononcées avec une deuxième position de la langue, plus proche de la position intermédiaire et dite *basse supérieure.*

Dans ces deux positions basses de la langue, les résonateurs du pharynx et de la bouche ont un volume relativement égal, de sorte que les deux formants principaux sont rapprochés et se trouvent dans la zone centrale du spectre. Les voyelles basses sont donc acoustiquement compactes.

I. base

1. En grammaire générative, la *base* définit les structures profondes de la langue. Elle est constituée de deux parties : (1) la composante catégorielle ou syntagmatique, système de règles qui définit les suites permises de symboles catégoriels et, à l'intérieur de ces suites, les relations grammaticales entre les symboles catégoriels (c'est-à-dire les symboles représentant des catégories). Ainsi, si la phrase Σ est formée de SN + SV (suite permise des symboles SN, syntagme nominal, et SV, syntagme verbal), la relation grammaticale entre SN et SV est celle de sujet et de prédicat; (2) le lexique, liste de morphèmes dont chacun est affecté de traits qui en définissent les propriétés phonologiques, syntaxiques et sémantiques : ainsi, *mère* est défini par les traits : nom, nom commun, féminin, animé, humain, etc.

2. On donne le nom de *base* au radical nu, sans désinence, d'un mot : ainsi, *parl* est une *base verbale (parler, parlait, parlons,* etc.*).*

II. base (phrase de)
1. En grammaire générative, la *phrase de base* est la phrase simple générée par la base syntagmatique de la grammaire. Ainsi, les phrases *Pierre écrit à Georges, Pierre n'écrit pas à Georges, Pierre écrit-il à Georges ?, Pierre, écris à Georges!,* etc., sont des phrases de base.

2. En grammaire structurale et traditionnelle, la *phrase de base* est la phrase déclarative, affirmative et active. La phrase *Georges écrit à Pierre* est une phrase de base, mais non *Georges n'écrit pas à Pierre,* qui est une phrase dérivée de la phrase de base par l'addition de particules négatives.

III. base
Base articulatoire. V. ARTICULATOIRE.

battement
Un *battement* est un mouvement unique et très rapide d'un articulateur (la pointe de la langue contre les alvéoles ou le palais, ou la luette contre la racine de la langue ou la paroi pharyngale) qui a pour effet d'arrêter brusquement le passage de l'air, et par lequel se réalise le type de vibrante dite battue ou « flapped » (v. BATTU).

Le battement, qui comporte une seule interruption du passage de l'air, est à distinguer du roulement, qui consiste en une série d'interruptions récurrentes et qui est utilisé beaucoup plus couramment par les langues du monde.

battu
Un *son battu* est un son réalisé avec un mouvement unique et très rapide de battement d'un articulateur.

Comme le son roulé (en anglais *trill*), le son battu (en anglais *flap*) est généralement noté [r] et appartient à la classe des liquides vibrantes, dont il présente les caractéristiques acoustiques (discontinu, vocalique, consonantique).

Le son battu peut correspondre à la réalisation habituelle de la liquide vibrante, ce qui est rare, ou bien apparaître seulement comme une variante combinatoire. Ainsi, en tchèque, la vibrante, qui est habituellement roulée avec un nombre d'interruptions pouvant être de 3 ou 4 à l'intérieur, et de 4 ou 5 à l'initiale, est réalisée en position finale comme un son battu, avec une seule interruption : le phonème /r/ est réalisé comme un son roulé dans le mot /kora:l/ et comme un son battu dans le mot /kola:r/.

bech-la-mar, bichlamar, bêche-de-mer
Le *bech-la-mar* est une langue composite constituée par un pidgin mélanésien (à base grammaticale mélanésienne et à vocabulaire anglais) employé couramment dans les îles du Pacifique Sud.

béhaviourisme
Le *béhaviourisme* est une théorie psychologique qui explique les phénomènes linguistiques en analysant les seuls comportements observables et en les ramenant à des réponses à des situations, ces dernières étant définies comme des stimuli qui provoquent les réponses. La communication est ainsi réduite au schéma connu S-R (stimulus-réponse). Cette théorie, sous-jacente au structuralisme américain de L. BLOOMFIELD, permet de renvoyer les problèmes du sens à l'expérience de la communauté socio-culturelle. Le béhaviourisme a été critiqué par les linguistes générativistes (N. CHOMSKY) comme incapable de rendre compte de la créativité du sujet parlant et de l'apprentissage du langage chez l'enfant. (V. ANTIMENTALISME.)

bémolisation
La *bémolisation* est l'abaissement de l'intensité d'un son par la diminution de sa fréquence. Cet effet peut être obtenu par trois procédés différents : la labialisation, qui a pour effet d'adjoindre le résonateur labial au résonateur buccal et de diminuer l'ouverture de l'orifice labial; la pharyngalisation, qui a pour effet de réduire l'orifice postérieur de la cavité buccale ou passage pharyngal; la rétroflexion, qui, par l'élévation de la pointe de la langue, provoque

une augmentation du volume de la cavité buccale en avant de l'étranglement le plus étroit.

Le trait de bémolisation est désigné dans la transcription phonémique par le signe musical correspondant, placé au-dessus ou au-dessous du signe de la consonne bémolisée.

bémolisé

Un *son bémolisé* est un son caractérisé par un abaissement de l'intensité dû à différents procédés. Les sons bémolisés par labialisation sont les plus fréquents dans les langues du monde, comme le français, qui oppose les voyelles arrondies [y], [o], [œ] bémolisées aux correspondantes non-bémolisées [i], [e], [ɛ]. Les phonèmes bémolisés par pharyngalisation sont fréquents dans les langues sémitiques, comme l'arabe, qui oppose / s̬i : n / « Chine » - / si : n / « nom de la lettre *s* ». Les phonèmes bémolisés par rétroflexion existent dans les langues de l'Inde (le bengali oppose deux noms de lettres [s̬a] - [sa]) et dans toutes les langues qui présentent des consonnes cacuminales.

Du point de vue acoustique, les phonèmes bémolisés sont caractérisés par une concentration de l'énergie dans les fréquences du spectre plus basses que pour le phonème correspondant non-bémolisé et par l'abaissement du deuxième, éventuellement du troisième formant de la voyelle suivante.

bénéficiaire

On appelle *bénéficiaire* celui au bénéfice de qui se fait l'action indiquée par le verbe; ce peut être le complément prépositionnel *à Paul* dans *Pierre donne une pomme à Paul;* ce peut être le sujet dans *Pierre se lave.* (V. DESTINATAIRE.)

biformantique

Les spectres acoustiques des sons du langage se caractérisent par une structure *biformantique* plus ou moins nette lorsqu'ils ne présentent que deux formants principaux, correspondant aux deux principaux résonateurs : le pharynx (F_1) et la bouche (F_2). Les voyelles graves orales comme [a], [ɔ] par exemple sont *biformantiques*.

bilabial

Une *consonne bilabiale* est une consonne labiale réalisée par une occlusion ou une constriction dues au rapprochement des deux lèvres l'une contre l'autre. Le français ne comporte que des occlusives bilabiales, orales [p] et [b], ou nasales [m]. L'espagnol présente une bilabiale constrictive [β], comme dans [saβer] « savoir », due à une spirantisation de l'occlusive voisée [b] en position intervocalique.

Acoustiquement, les consonnes bilabiales se distinguent des autres consonnes labiales (labiodentales) par une turbulence moindre, due au fait qu'il s'agit de consonnes lisses, comportant une obstruction simple, et non de consonnes stridentes, comportant une obstruction complexe, labiale et dentale à la fois.

bilabiodentale

Une consonne *bilabiodentale* est une consonne réalisée par le rapprochement de la lèvre inférieure vers un point intermédiaire entre la lèvre supérieure et les incisives supérieures. Ainsi, dans le mot allemand *fünf*, la consonne écrite *n* est réalisée à un point d'articulation intermédiaire entre la position bilabiale de la voyelle qui la précède et la position labiodentale de la consonne qui la suit. Cette spécificité articulatoire notée [ɱ] n'a pas d'importance phonologique, les articulations bilabiodentales étant à classer parmi les labiodentales, dont elles partagent les caractéristiques acoustiques (grave, diffus, strident).

bilabiopalatal

Un *son bilabiopalatal* est un son complexe, comportant un double point d'articulation, l'un palatal et l'autre bilabial. En français, les consonnes chuintantes [ʃ] et [ʒ] des mots *chat* et *jaune*, le glide [ɥ] de *nuit*, les voyelles [y], [ø], [œ] de *vu, vœu, heure*, dites aussi voyelles palatales arrondies ou labialisées, sont des sons bilabiopalataux.

bilabiovélaire

Un *son bilabiovélaire* est un son réalisé avec un double point d'articulation, l'un vélaire et l'autre bilabial, comme en français le glide [w] de *oui*. Les voyelles postérieures sont fréquemment réalisées comme des bilabiovélaires, ainsi les voyelles [u], [o], [ɔ], dites aussi vélaires arrondies ou labialisées.

bilatéral
1. Une *consonne bilatérale* est une consonne latérale dont l'articulation comporte un écoulement de l'air de part et d'autre du point d'articulation. C'est en fait le type le plus courant de consonne latérale, comme la latérale dentale (ou alvéolaire) du français (le [l] de *loup*, de *lit*, de *aller*) ou la latérale palatale de l'espagnol *llorar, calle*, de l'italien *figliɔ* ou la latérale vélarisée du portugais.

Il arrive que la latérale soit réalisée comme une unilatérale sans qu'il s'ensuive de différence acoustique perceptible. Il n'y a donc pas d'utilisation phonologique de cette différence articulatoire.

2. Une *opposition bilatérale* est une opposition phonologique entre deux phonèmes possédant en commun un ensemble de traits distinctifs que l'on ne retrouve dans aucun autre phonème de la langue considérée. Ainsi, en français comme dans de nombreuses autres langues, les phonèmes /p/ et /b/ sont dans un rapport d'opposition bilatérale, car ce sont les seules occlusives bilabiales. Toute opposition faisant partie d'une corrélation est nécessairement bilatérale. Les oppositions qui ne sont pas bilatérales sont dites « multilatérales ».

bilinguisme
1. D'une manière générale, le *bilinguisme* est la situation linguistique dans laquelle les sujets parlants sont conduits à utiliser alternativement, selon les milieux ou les situations, deux langues différentes. C'est le cas le plus courant du plurilinguisme.

2. Dans les pays où vivent ensemble des communautés de langues différentes, le *bilinguisme* est l'ensemble des problèmes linguistiques, psychologiques et sociaux qui se posent aux locuteurs conduits à utiliser, dans une partie de leurs communications, une langue ou un parler qui n'est pas accepté à l'extérieur, et, dans une autre partie, la langue officielle ou la langue communément acceptée. C'est notamment le cas des familles ou des groupes d'émigrés insuffisamment intégrés à leur patrie d'adoption et qui continuent à utiliser dans les relations intérieures au groupe qu'ils constituent la langue de leur pays d'origine. C'est le cas de certaines communautés juives un peu partout dans le monde, des travailleurs africains en France, des Portoricains aux États-Unis, etc.

3. Dans les pays où un dialecte* a été institutionnalisé comme langue au détriment des autres parlers (français dans la partie nord de la France, par exemple) ou aux dépens de langues de même origine (français en pays occitan), ou en recouvrant des langues d'autres familles linguistiques, le *bilinguisme* est la situation de la plupart des habitants qui pratiquent plus ou moins, dans la vie quotidienne, le parler indigène, mais dans beaucoup d'autres cas la langue officielle. Ce type de bilinguisme est le plus répandu, et la grande majorité des êtres humains est en ce sens plus ou moins bilingue.

4. Dans le cas de déplacement massif de populations ou de « contacts de langues » à des frontières politiques ou linguistiques, le *bilinguisme* est la situation dans laquelle chacune des communautés (parfois l'une seulement), tout en donnant à sa propre langue un caractère officiel, est conduite à pratiquer assez couramment la langue de l'autre communauté : en Gaule, après les grandes invasions, il y a eu pendant un temps assez long un état de bilinguisme (gaulois / latin).

5. Dans certains États comme la Belgique, le *bilinguisme* est l'ensemble des dispositions officielles qui assurent ou tendent à assurer à chacune des langues parlées dans le pays un statut officiel. On parle de même de bilinguisme pour caractériser la situation existant dans chacune des régions des États multinationaux plurilingues où la langue de l'union et la langue locale ont un statut officiel. Ainsi, l'Union soviétique est un État plurilingue; la langue de l'Union est le russe; les langues des nationalités sont le russe, l'ukrainien, le biélorusse, l'estonien, le lituanien, le letton et de nombreuses langues moins importantes : ainsi, la situation de l'Ukraine est caractérisée par le *bilinguisme d'État* russo-ukrainien.

6. Le *bilinguisme* est un mouvement par lequel on essaie de généraliser, par des mesures officielles et par l'enseignement, l'usage courant d'une langue étrangère en plus de la langue maternelle. Le bilinguisme est dans ce cas un mouvement politique fondé sur une idéologie selon laquelle l'apprentissage d'une langue étrangère dans des conditions définies doit permettre de donner aux individus des comportements et des manières de penser nouveaux et faire ainsi disparaître les oppositions nationales et les guerres.

7. Sur le plan individuel, le *bilinguisme* est l'aptitude à s'exprimer facilement et correctement dans une langue étrangère apprise spécialement. (V. COMPOSÉ, COORDONNÉ.)

8. On a proposé d'appeler *bilinguisme* la situation où les langues concernées sont de même statut et *diglossie* la situation où une des deux langues a un statut socio-politique inférieur. Cette distinction ne s'est pas imposée, et *bilinguisme* reste le terme général. En sens inverse, dans la mesure où *polyglotte* qualifie un individu qui pratique plusieurs langues pour les avoir apprises individuellement, alors que *plurilingue* est un terme plus général, on peut envisager de réserver *diglossie* au cas où le polyglotte ne pratique, outre sa langue maternelle, qu'une seule langue étrangère. Cette spécialisation du terme *diglossie* n'est pas, non plus, admise d'une manière générale.

binaire

1. Une *opposition binaire* est un type particulier et privilégié de relation entre les traits distinctifs d'un système phonologique. Le choix de chaque trait distinctif équivaut à un choix entre deux termes d'une alternative : soit la présence ou l'absence d'une certaine qualité (par exemple, nasalisé *vs* non-nasalisé, voisé *vs* non-voisé), soit deux qualités polaires de la même catégorie (par exemple, grave *vs* aigu). Si l'on considère que l'un des deux termes de l'alternative est positif et l'autre négatif, chaque trait exige en fait de l'auditeur une décision par oui ou par non.

2. En grammaire générative, on a appelé *transformation binaire,* dans une première étape de la théorie, une transformation généralisée portant sur deux phrases de la structure profonde, l'une étant la matrice et l'autre la constituante (V. TRANSFORMATION). Ainsi, *Je dis cela* et *Paul viendra* sont les deux phrases de la structure profonde qui, soumises à des transformations, deviennent *Je dis que Paul viendra;* cette phrase est donc issue d'une transformation binaire.

binarisme

On donne le nom de *binarisme* à une théorie phonologique qui a reçu des applications dans d'autres domaines de la linguistique et dans d'autres sciences humaines, l'anthropologie en particulier. Cette théorie a été développée par le linguiste ROMAN JAKOBSON (bien que lui-même n'ait jamais employé ce terme) et ses collaborateurs

(M. HALLE). L'hypothèse de départ de cette théorie est que la plupart, sinon la totalité, des relations entre les unités phoniques distinctives des différentes langues s'établissent en fonction du principe binaire (présence ou absence d'un trait distinctif). Toutes les oppositions que l'on peut rencontrer dans les différentes langues du monde sont ainsi ramenées à une échelle dichotomique de 12 oppositions binaires susceptibles d'être définies aux différents niveaux qui correspondent aux étapes successives du processus de communication, en particulier le niveau articulatoire et le niveau acoustique, mieux connus pour le moment. Ce sont les oppositions : consonantique vs non-consonantique, vocalique vs non-vocalique, compact vs diffus, voisé vs non-voisé, nasal vs non-nasal, continu vs discontinu, strident vs mat, tendu vs lâche, bloqué vs non-bloqué, grave vs aigu, bémolisé vs non-bémolisé, diésé vs non-diésé. L'hypothèse binariste permet de répondre, mieux que ne l'avaient fait les classifications phonologiques plus traditionnelles, aux exigences scientifiques de simplicité et d'universalité.

binauriculaire

Le terme de *binauriculaire* caractérise tout phénomène qui intéresse les deux oreilles.

L'audition normale est dite *audition binauriculaire*, car la réception des ondes sonores se fait par les deux oreilles. Mais les ondes sonores diffèrent d'une oreille à l'autre par des variations d'intensité sonique et par un écart de temps dans la réception des fractions correspondantes de l'onde sonore. Ces différences permettent la localisation des sources sonores qui est l'effet binauriculaire le plus important : pour localiser un son, on interprète les écarts, d'une oreille à l'autre, entre les écarts, d'une oreille à l'autre, entre les temps d'arrivée et les intensités de l'onde sonore. C'est également grâce au caractère binauriculaire de l'audition normale que l'on peut isoler les bruits pertinents des bruits de fond, dans une enceinte où plusieurs conversations se poursuivent : par exemple, en capter une et ignorer les autres.

La reproduction stéréophonique cherche à restaurer les conditions de l'audition binauriculaire pour donner à l'auditeur l'impression de la participation à l'audition directe.

bisémique

On dit d'un mot qu'il est *bisémique* quand il a deux sens différents selon les contextes; ainsi *chasser un animal* (chercher à le tuer ou à le capturer) et *chasser une personne* (la faire sortir, l'éloigner) sont des sens différents de *chasser,* qui est dit *bisémique*. (V. POLYSÉMIE.)

bit

Dans la théorie de la communication, le *bit* est l'unité de mesure de la quantité d'information. Le terme *bit* (on dit aussi *binit*) lui-même est une abréviation de l'expression anglaise *binary digit*. Les données, dans les systèmes d'information mécanique ou électronique, comme l'ordinateur, ne sont représentées que par deux états possibles; c'est donc une notation binaire que l'on emploie pour illustrer ces indications. Le système binaire n'utilise que deux symboles : 0 ou 1. Les deux notations sont appelées *bits*. Le bit est donc la plus petite parcelle d'information que l'on puisse trouver dans la machine. Si on considère un code, ou système de signes, susceptible de servir de base à la transmission d'un message, ce code, comportant deux signaux possibles, tous deux également probables (0 et 1, par exemple), a une capacité de 1 bit chaque fois qu'il est utilisé; un code qui a 4 choix possibles équiprobables a une capacité de 2 bits; un code qui a 8 choix possibles équiprobables a une capacité de 3 bits. Autrement dit, la capacité en bits d'un code de ce type est le logarithme à base 2 du nombre de signaux alternatifs qu'il comporte.

blanc typographique

Dans la transcription des phrases d'une langue, on sépare typographiquement, par des *blancs*, des unités, appelées *mots*, qui sont elles-mêmes constituées d'un ou de plusieurs morphèmes. Ainsi, dans *Les coffres-forts ont été forcés*, les unités *Les coffres-forts* et *ont été forcés* sont séparées les unes des autres par des *blancs typographiques*, mais elles ont deux (ou plus de deux) morphèmes (le + s, coffre + s + fort + s, etc.) : le blanc typographique s'oppose ainsi au trait d'union, qui réunit deux unités qui, dans d'autres contextes, pourraient être analysées comme autonomes (ainsi *coffre-fort*), ou à l'absence de blanc typographique lorsque deux unités, par ailleurs autonomes, se trouvent réunies dans un mot composé (ainsi *gentilhomme*). Les emplois respectifs du trait d'union, du blanc typographique et de l'absence de blanc dans les mots composés reposent sur des règles complexes et souvent arbitraires : ainsi *chou-rave* s'oppose à *chou rouge*, *pomme de terre* s'oppose à *pomme-cannelle*. Les entrées d'un dictionnaire sont, par convention, des mots compris entre deux blancs typographiques au sens le plus strict.

blèsement

On appelle *blèsement* un trouble de la parole caractérisé par la substitution ou la déformation systématique d'une ou plusieurs consonnes. Ainsi, le zézaiement, qui est une forme de blèsement, consiste à remplacer la fricative sonore [ʒ] par la sifflante sonore [z].

bloqué

1. Un phonème *bloqué* est un phonème dont le spectre acoustique est caractérisé par un taux élevé de la décharge d'énergie dans un intervalle de temps réduit, tandis que le spectre des phonèmes non-bloqués présente un taux plus bas de la décharge dans un temps plus long. Les phonèmes bloqués sont articulatoirement glottalisés, avec une compression ou une occlusion de la glotte. L'alphabet phonétique international note ce trait par le signe suivant : [ʔ]. Les oppositions entre occlusives bloquées et non-bloquées apparaissent dans certaines langues indigènes d'Amérique (en navaho, par exemple), d'Afrique, d'Extrême-Orient et du Caucase : dans cette dernière région, le tcherkesse offre des paires minimales telles que /tʔa/ « creuse » *vs* /ta/ « nous », /cʔa/ « nom » *vs* /ca/ « dent », /pʔa/ « endroit » *vs* /pa/ « essouffle-toi ».

2. On dit, en grammaire générative, qu'une transformation est *bloquée* quand elle ne peut pas s'appliquer, c'est-à-dire quand la phrase sur laquelle elle doit opérer n'a pas l'analyse structurelle voulue (v. ANALYSABILITÉ); par exemple, en anglais, la transformation affixale est bloquée quand l'affixe de temps ne précède pas immédiatement la racine verbale; en ce cas, une autre transformation (transformation *do*) est appliquée I + Passé + *not* + *know* → *I did not know*.

boîte de Hockett

La *boîte de Hockett* est une représentation graphique de la structure d'une phrase en constituants immédiats; elle a été présentée par C. F. HOCKETT dans *A Course in Modern Linguistics* (1958).

le	petit	chat	noir	mange	ait	un	poisson
article	adjectif	nom	adjectif	racine verbale	désinence	article	nom
groupe nominal				verbe		syntagme nominal	
syntagme nominal				syntagme verbal			
phrase							

bon usage

La norme, ensemble de règles qu'il faut respecter pour bien parler la langue (« bien » se référant ici à des modèles qui restent à définir), a pour fondements le plus souvent soit l'autorité de certaines personnes (écrivains) ou de certaines institutions, soit le *bon usage*. Celui-ci coïncide avec la manière dont certains utilisateurs de la langue emploient celle-ci dans des conditions données. Selon la culture du groupe qui établit le bon usage, la liste de ces utilisateurs est plus ou moins fermée : le bon usage du latin pris comme modèle pour les thèmes est la langue de Cicéron et de César; de ce fait, un tour qui n'est pas attesté chez Cicéron ou chez César est suspect. En revanche, la liste des écrivains français établie par M. GREVISSE pour son livre *le Bon Usage* couvre plusieurs pages. Les conditions d'utilisation qui définissent le bon usage peuvent exclure telle ou telle circonstance : un tour cicéronien attesté uniquement dans la correspondance familière n'est pas de bonne langue; une phrase que HUGO met dans la bouche de Gavroche n'est pas nécessairement à imiter. Enfin, quand la liste des écrivains définissant le bon usage est longue, on peut être amené à se référer à des écrivains de diverses époques. La notion de bon usage est alors limitée par celle d'archaïsme. Un trait de la langue classique doit, pour rester dans le bon usage, être encore attesté à l'époque contemporaine. La notion de bon usage est différente de celle d'autorité, bien que le bon usage puisse fonder l'autorité et que l'autorité puisse se référer au bon usage : ainsi, un grammairien normatif pourra se voir reconnaître l'autorité sans être lui-même un écrivain. En sens inverse, des écrivains n'ayant jamais eu l'intention de légiférer en matière de langue, n'ayant même jamais imaginé que leur œuvre serait un modèle d'écriture peuvent être inclus dans la liste des auteurs de bon usage. Parfois, c'est à sa propre pratique courante de la langue qu'un groupe social déterminé se réfère pour définir le bon usage : ainsi, la bourgeoisie parisienne aux XVIIe et XVIIIe siècles a défini son usage comme le bon usage de la langue française.

boustrophédon

On donne le nom de *boustrophédon* à un type d'écriture dans lequel les lignes se succèdent dans l'ordre où l'on trace les sillons d'un champ, c'est-à-dire alternativement de gauche à droite et de droite à gauche.

brachylogie

La *brachylogie* est une ellipse consistant, dans une suite de phrases qui comportent des constituants identiques, à supprimer ces derniers après la première phrase; ex. : *Les mains cessent de prendre, les bras d'agir, les jambes de marcher* (LA FONTAINE).

branche

1. Dans un ensemble formé par toutes les langues de même origine, on désigne comme une *branche* le sous-ensemble constitué par les langues de parenté plus étroite et qui se sont généralement séparées à une date plus récente. (V. GLOTTOCHRONOLOGIE.)

2. *Branche d'un arbre*. V. ARBRE.

bref

On dit qu'un *son du langage* est *bref* quand son extension dans le temps (ou durée*) est plus réduite que celle des autres sons auxquels on le compare. En général, les consonnes sont plus brèves que les voyelles. Parmi les consonnes, les occlusives sont plus brèves que les fricatives, les voisées sont plus brèves que les non-voisées. Parmi les voyelles, les voyelles fermées sont plus brèves que les voyelles ouvertes : [i] est une voyelle plus brève que [e], [e] est plus brève que [ɛ], à son tour plus brève que [a], etc.; les voyelles postérieures sont plus brèves que les voyelles antérieures. En français, toutes les voyelles finales sont brèves par rapport aux autres.

Un *phonème* est *bref* quant il s'oppose linguistiquement à un autre phonème de la même langue, de durée supérieure, mais présentant les mêmes traits distinctifs par ailleurs. La durée des phonèmes brefs est en général inférieure de 50 p. 100 à celle des phonèmes longs.

Alors que toutes les langues connaissent des sons brefs, les phonèmes brefs n'existent que dans les langues qui présentent l'opposition phonologique de durée, comme l'anglais, qui oppose un [i] (bref) à un [i:] (long) : *sit - seat*, ou l'italien, qui oppose des consonnes brèves à leurs partenaires longues : /vano/ « vain » *vs* /vanno/ « ils vont »; /pala/ « pelle » *vs* /palla/ « balle ».

brévité, brièveté

Le terme technique de *brévité* désigne la valeur temporelle des sons ou des phonèmes brefs.

brisure

On appelle *brisure* (ou fracture) un type particulier de métaphonie ou de dilation aboutissant à la diphtongaison de la voyelle considérée. Ce phénomène peut être un phénomène d'évolution historique, comme dans le vocalisme des langues scandinaves et des langues germaniques. Mais ce peut être aussi un phénomène d'ordre synchronique, comme dans de nombreux dialectes italiques méridionaux où l'alternance morphologique féminin *vs* masculin et surtout singulier *vs* pluriel s'accompagne d'un phénomène de brisure par diphtongaison conditionnée de la voyelle tonique. Le [ɛ] est diphtongué en [je] devant un [i] ou un [u] final dans le dialecte sicilien, qui présente des alternances du type [vɛkkja] « vieille » *vs* [vjekkju] « vieux »; [bɛdda] « belle » *vs* [bjeddu] « beau », [bjeddi] « beaux », [lɛgga] « qu'il lise » *vs* [ljeggu] « je lis ».

bruit

1. Dans la production des sons du langage, on appelle *bruit* le son produit par une obstruction totale ou partielle du passage de l'air, de sorte que le bourdonnement laryngé ne constitue pas ou ne constitue qu'une partie de la source sonore. Les sons du langage qui comportent un bruit dans leur articulation sont les consonnes, par opposition aux voyelles, constituées uniquement du ton laryngé diversement modulé.

2. Dans la théorie de la communication, on appelle *bruit* toute perte de l'information consécutive à un trouble dans le circuit communicant. A partir du moment où le message à transmettre est introduit dans le canal de transmission jusqu'au moment où ce message parvient au récepteur, ou destinataire, qui le décode, des causes de nature différente peuvent perturber la transmission du message et diminuer, de ce fait, la quantité d'information transmise. Ces causes diverses sont rassemblées sous le terme de *bruit;* le mot *bruit* peut tout aussi bien désigner le bruit propement dit qu'une mauvaise transmission due à quelque défectuosité technique, ou une audition défectueuse. En un mot, le bruit désigne tout ce qui altère un message de façon imprévisible, tout ce qui fait qu'une séquence donnée de symboles introduite (input) dans le canal de communication ressort sous forme de symboles différents (output). En ce sens, par exemple, les psychologues estiment que la colère peut être considérée comme un bruit troublant le circuit communicant dans le cas de la communication vocale. On appelle *erreur* la différence entre la séquence de symboles introduite dans le canal de communication et les symboles qui en ressortent transformés par un facteur quelconque. Ce facteur d'erreur est le bruit. L'une des caractéristiques du bruit est d'être imprévisible, ce qui diminue la probabilité d'apparition du signe et, par là même, l'efficacité du code*, pour la transmission du message. La diminution de la quantité d'information transmise qui résulte de la non-équiprobabilité des signaux a pour conséquence la répétition du signal; celle-ci est désignée sous le nom de redondance*. La redondance compense les pertes dues au bruit.

bruyante

Le terme de *bruyantes* est parfois réservé à un type de consonnes considérées comme présentant un degré d'obstacle plus grand que les autres, c'est-à-dire les occlusives [p, b, t, d, k, g] et les fricatives [f, v, s, z], etc. Les bruyantes s'opposent aux sonantes (nasales, latérales, vibrantes et glides), dont l'articulation comporte, au moins partiellement, un écoulement libre de l'air qui les rapproche des voyelles.

buccal

La *cavité buccale* est la plus importante des cavités supraglottiques. Sa forme et donc son influence acoustique sur les ondes qui la traversent varient plus que celles de toute autre partie du conduit vocal par les déplacements de ses parois mobiles, la langue, l'extrémité du palais mou ou luette, le maxillaire inférieur. Pendant la phonation, la cavité buccale est limitée en avant par les incisives et en arrière par le point d'articulation, c'est-à-dire le point de resserrement le plus étroit. La position de la langue par rapport à la paroi supérieure de la cavité buccale détermine les articulations dentales, alvéolaires, prépalatales, palatales, postpalatales, vélaires, uvulaires.

Au niveau acoustique, les variations de la localisation de l'articulation se traduisent par une opposition compact *vs* diffus et grave *vs* aigu.

but
1. En grammaire traditionnelle, on appelle *complément de but, proposition subordonnée circonstancielle de but*, le complément ou la subordonnée qui indiquent dans quelle intention est faite l'action indiquée par le verbe principal, vers quel objectif tend l'action de la principale; ex. : *Il travaille pour réussir. Fais pour le mieux. Envoie les lettres rapidement pour que tout le monde soit averti à temps.*

2. En grammaire structurale, on donne parfois le nom de *but* à l'objet d'un verbe transitif (ou patient), par opposition au nom sujet, qui est l'actant*; dans la phrase *Pierre rédige un article*, le complément *un article* est dit le but du verbe *rédiger*, dont le sujet-actant est *Pierre*.

c

cacophonie

On donne le nom de *cacophonie* à une répétition, jugée désagréable à entendre, des mêmes sons (phonèmes ou syllabes). On peut citer comme exemple ce vers de Voltaire : *Non, il n'est rien que Nanine n'honore.*

cacuminal

On appelle *consonne cacuminale* (dite aussi, plus souvent, *rétroflexe* et, plus rarement, *cérébrale*) une consonne dont l'articulation comporte un contact du revers de la pointe de la langue contre le sommet de la voûte palatale (lat. *cacumen*). C'est un type d'articulation apico-prépalatale, à résonance creuse, le plus souvent occlusive. On en trouve des exemples en Inde, où le hindi présente une série de consonnes cacuminales (les cacuminales sont représentées par un point sous la consonne) : [ṭ], [ḍ], [ṛ], [ṇ]. En Europe, ce type d'articulations est surtout représenté dans le sud de la péninsule italique (Calabre et presqu'île de Salente), en Sicile, en Sardaigne, dans le sud de la Corse (Sotta) et en quelques points isolés des montagnes des Asturies. Dans ces derniers exemples, il n'existe le plus souvent qu'un seul exemple de consonne cacuminale, l'occlusive voisée [ḍ], prononcée avec plus ou moins d'énergie, simple ou géminée suivant les variantes locales et correspondant en général, historiquement, à l'aboutissement d'une latérale dentale géminée ou d'une latérale palatale ([bɛḍu] « beau », [aḍa] « ail »).

Le suédois présente aussi un exemple d'articulation cacuminale dû au fait que un [r] apical se fond dans un [t] ou un [d] suivant pour former une seule consonne apico-prépalatale dans *kort* « bref » et *bord* « table ». Il existe aussi des voyelles cacuminales, réalisées avec une élévation du revers de la pointe de la langue vers la voûte du palais; on les trouve dans certaines régions d'Angleterre et en anglais américain, où elles résultent en général de la chute d'un [r] apical (*girl, more, far,* etc.).

cadence

La *cadence* est le relâchement, la descente de l'intonation qui marque la fin d'une unité linguistique (mot, syntagme, phrase) à un rythme régulier.

caduc

Le terme de *caduc* s'applique à certains phonèmes, en particulier à certaines voyelles, susceptibles de disparaître dans le flux de la chaîne parlée. Le [ə] français atone de *petit,* par exemple, qui se prononce dans le groupe de mots *une petite fille* [ynpətitfij], mais qui disparaît dans des groupes de mots tels que *la petite fille* [laptitfij], *les petits enfants* [lɛpti zɑ̃fɑ̃], est une voyelle *caduque* ou voyelle *instable.*

calque

On dit qu'il y a *calque linguistique* quand, pour dénommer une notion ou un objet nouveaux, une langue A (le français, par exemple) traduit un mot, simple ou composé, appartenant à une langue B (allemand ou anglais, par exemple) en un mot simple existant déjà dans la langue ou en un terme composé formé de mots existants aussi dans la langue. Le calque se distingue de l'emprunt proprement dit, où le terme étranger est intégré tel quel à la langue qui l'emprunte. Quand il s'agit d'un mot simple, le calque se manifeste par l'addition, au sens courant du terme, d'un « sens » emprunté à la langue B; ainsi, le mot *réaliser*, dont le sens est « rendre réel, effectif », a pris aussi celui de « comprendre » *(Il a réalisé la situation)* par calque de l'anglais *to realize*. Quand il s'agit d'un mot composé, la langue A conserve souvent l'ordre des éléments de la langue B, même lorsque cet ordre est contraire à celui que l'on observe ailleurs dans l'usage de la langue; ainsi, *quartier-maître* est formé des mots français *quartier* et *maître*, mais c'est un calque de l'allemand *Quartiermeister,* dont il conserve l'ordre (alors que, en français, le déterminant *quartier* devrait suivre le déterminé *maître*). De même, les composés *Est-Allemand, Nord-Coréen, Sud-Africain*, etc., sont des calques de l'anglais. Ce type de formation est devenu productif en français.

canal

1. Le *canal* (terme technique de la théorie de la communication) est le moyen par lequel, au cours du processus de la communication, les signaux du code sont transmis; c'est le support physique nécessaire à la manifestation du code sous forme de message : ainsi, les câbles électriques pour la télégraphie ou la communication téléphonique, la page pour la communication écrite, les bandes de fréquence radio, les systèmes mécaniques de nature diverse. Dans le cas de la communication verbale, l'air est le canal grâce auquel sont transmis les signaux du code linguistique.

2. En phonétique, le terme de *canal* est parfois employé comme synonyme de *chenal**, par exemple le *canal buccal*.

canonique

On dit d'une phrase, d'une forme de la langue qu'elle est *canonique* quand elle répond aux normes les plus habituelles de la grammaire. Ainsi, en français, la phrase a la forme canonique SN + SV (syntagme nominal suivi de syntagme verbal) et le syntagme verbal a la forme V + SN (verbe suivi de syntagme nominal); mais il existe aussi des formes non-canoniques du syntagme verbal, comme dans *sans coup férir,* où SN complément précède V.

capacité générative

Une grammaire générative capable de générer, à partir d'un mécanisme fini, toutes les phrases grammaticales d'une langue, et rien que celles-ci, possède une *capacité générative faible*. Si, en plus, elle assigne à chaque phrase ainsi formée une description structurelle (représentée par un marqueur syntagmatique), qui comprend toute l'information nécessaire pour associer une interprétation sémantique et une interprétation phonétique à la phrase ainsi générée, elle possède une *capacité générative forte* (V. ADÉQUAT.)

caractérisation

1. Dans la terminologie de la grammaire générative, le mot *caractérisation* peut équivaloir à *génération* ou *engendrement*. En ce sens, on dit d'une grammaire qu'elle caractérise la langue d'un corpus en tant (1) qu'elle assigne à chaque phrase du corpus une description structurelle et (2) qu'elle permet la dérivation des phrases grammaticales ne figurant pas au corpus.

Par exemple, une grammaire d'un corpus contenant :
le chien aboie
le voyageur part
le garçon descend
caractérisera de façon satisfaisante la langue du corpus si elle permet (a) d'indiquer la structure sous-jacente commune aux trois énoncés, et (b) de produire les énoncés *le chien part, le voyageur descend*, etc., et non **le voyageur aboie*.

2. La *caractérisation* d'une unité lexicale polysémique pourra être formée de la définition de ses propriétés syntaxiques, différentes selon le sous-sens employé. Les lexicologues soviétiques ont établi que, par exemple, l'emploi dans leur langue de noms d'animaux pour désigner un trait moral est restreint à la fonction de prédicat. De même en français, où l'on dira aisément *Jeanne est une oie*, mais beaucoup moins naturellement, dans la suite de l'énoncé, *L'oie me dit bonjour.* De même, le verbe *jouer* gouverne en russe des prépositions et des cas différents selon qu'il s'agit de *jouer aux échecs* ou de *jouer du piano*. On dira avec U. WEINREICH que *jouer*$_1$ et *jouer*$_2$ ont une caractérisation syntaxique différente.

3. La linguistique soviétique a également étudié le problème opposé, c'est-à-dire la *caractérisation* sémantique des faits syntaxiques : certains schémas syntaxiques semblent se spécialiser en fonction du matériau sémantique auquel ils s'appliquent. A la limite, on aboutit à la tentative de J. APRESJAN, tendant à établir que la considération détaillée des propriétés syntaxiques d'un mot constitue son sens.

caractéristique
On qualifie de *caractéristique* ce qui constitue un trait distinctif. (Syn. : PERTINENT.)

I. cardinal
On appelle *adjectifs numéraux cardinaux*, ou *noms de nombres cardinaux*, les adjectifs ou noms exprimant la quantité, le nombre précis (*un, vingt, cent, mille,* etc.), par opposition à ceux qui expriment l'ordre, le rang (ordinaux), la distribution en plusieurs catégories (distributifs). Les numéraux cardinaux sont rangés par la grammaire distributionnelle et la grammaire générative dans la classe des déterminants (comme les démonstratifs, les articles, les possessifs, les indéfinis), parce qu'ils peuvent ne pas être précédés d'un article *(il a deux fils)*; les numéraux ordinaux *(premier, second, troisième,* etc.) et les numéraux distributifs *(triple, quadruple,* etc.) sont des adjectifs qualificatifs qui, dans la fonction d'épithètes, sont généralement antéposés.

II. cardinal
On appelle *son cardinal* un son dont la position articulatoire a été adoptée comme norme. Les fondateurs de l'alphabet phonétique international, en particulier DANIEL JONES, devant l'impossibilité de trouver un signe graphique correspondant à chaque son, ont dégagé un système d'articulation standard pouvant servir de référence, de point de comparaison pour les articulations voisines, en particulier pour les articulations vocaliques. Il a été ainsi établi un système de 8 voyelles cardinales ou voyelles cardinales primaires, de formation et de qualité acoustiques bien connues : i, e, ε, a, ɑ, ɔ, o, u. L'observation aux rayons X a montré que les différentes positions de la langue correspondant à ces 8 voyelles forment dans la cavité buccale un trapèze idéal dont la représentation permet de décrire les voyelles qui diffèrent des voyelles cardinales. Les voyelles

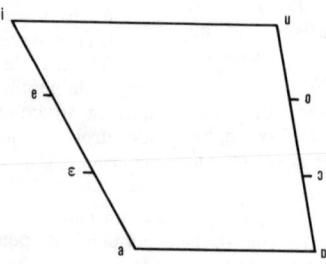

cardinales constituent des pôles articulatoires en fonction de deux dimensions : la position de la partie la plus élevée de la langue et le degré d'ouverture de la bouche (voyelle d'avant la plus ouverte, voyelle d'arrière la plus fermée, etc.). Entre ces pôles se situent les positions intermédiaires séparées par des degrés de différenciation acoustique approximativement égaux : i (u) - e (o), e (o) - ε (ɔ), ε (ɔ) - a (α).

L'intervention d'une troisième variable, la position des lèvres, permet de dégager un système de voyelles cardinales secondaires : y, ø, œ, α, ʌ, ɣ, ɯ. Dans le système primaire, les lèvres sont protractées pour les voyelles postérieures et ont une position neutre pour les voyelles antérieures; dans le système secondaire, au contraire, les lèvres sont protractées pour les voyelles antérieures et ont une position neutre pour les voyelles postérieures. On a

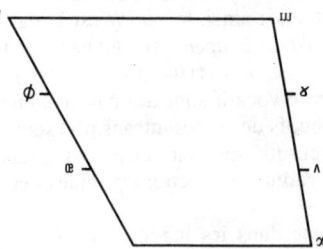

ainsi un deuxième trapèze vocalique dont les voyelles d'arrière sont cependant beaucoup plus rares que les autres dans les langues du monde.

carte linguistique
On appelle *carte linguistique* une partie d'un atlas linguistique représentant le pays dont les parlers sont étudiés; des numéros y signalent les localités où les enquêtes ont été effectuées. Des tracés de divers types (isoglosses*) séparent les zones où l'on trouve un trait linguistique déterminé des zones où l'on en trouve un autre.

I. cas
Le *cas* est une catégorie grammaticale associée au syntagme nominal, dont il traduit la fonction syntaxique dans la phrase. Considérons, par exemple, la fonction de sujet : si le verbe est transitif, tout en n'étant pas suivi d'un complément d'objet à l'accusatif (PIERRE *regarde*), le cas utilisé pour la fonction sujet est alors l'*ergatif;* si le verbe est intransitif, passif ou transitif avec un complément à l'accusatif (PIERRE *regarde Paul*), le cas utilisé pour la fonction sujet est le *nominatif,* toutefois, dans de nombreuses langues, le nominatif recouvre toutes les fonctions du sujet. Si le syntagme nominal est l'objet d'un verbe transitif, comme dans *L'enfant lit* UN LIVRE, le cas est *l'accusatif;* si le complément est un syntagme prépositionnel attributif d'un verbe qui a aussi un syntagme nominal complément, le cas est le *datif* (*L'enfant lit un livre* À SON PÈRE); si la fonction est celle d'appellatif (PIERRE, *viens*), le cas est le *vocatif;* si le syntagme prépositionnel est complément attributif d'un verbe intransitif, comme dans *Pierre va* À LYON, ou un complément circonstanciel dans une phrase comme *L'enfant lit un livre* DANS LE SALON, il est catégorisé par les traits sémantiques qui définissent sa relation au procès du verbe. Ainsi, le *comitatif* est le cas de l'accompagnement *(Pierre vient* AVEC SES PARENTS), l'*instrumental* est le cas du complément de moyen ou d'instrument *(Pierre*

le blessé AVEC UN COUTEAU*)*, l'*agentif* est le cas du complément d'agent, en particulier dans les phrases passives *(Pierre a été blessé* PAR PAUL*)*.

Les fonctions syntaxiques « locales » reposent sur l'opposition entre le mouvement (la direction) et le « non-mouvement » : le cas *directionnel* s'oppose au cas *locatif*. Chacun de ces deux cas locaux est subdivisé selon l'opposition entre l'intérieur et l'extérieur du lieu : ainsi, le mouvement « venant de l'extérieur d'un lieu » est traduit par le cas *ablatif,* celui de « venant de l'intérieur du lieu » par le cas *élatif;* le mouvement « vers l'extérieur d'un lieu » (vers, près de) est traduit par l'*allatif,* et « vers l'intérieur du lieu » par l'*illatif;* le *locatif* est subdivisé en *inessif* (« à l'intérieur d'un lieu »), *abessif* (« près d'un lieu, à l'extérieur ») et *adessif* (« près d'un lieu, sur le lieu »). D'autres cas correspondent à des transformations : ainsi, le *génitif* est le cas du complément du nom indiquant la possession *(Le chapeau* DE PIERRE*)* et issu de la phrase *Pierre a un chapeau.* (V. aussi PARTITIF, TRANSLATIF.) Alors que l'ergatif, le nominatif, l'accusatif et le vocatif sont des *cas grammaticaux,* les compléments circonstanciels (et attributifs de verbes intransitifs) sont des *cas concrets.*

Le nominatif et l'accusatif sont dits aussi *cas directs* et les autres *cas obliques* (terminologie qui traduit les fonctions primaires et les fonctions secondaires relativement au verbe).

Les cas sont exprimés dans les langues (1) par la position des syntagmes relativement au verbe (en français et en anglais); (2) par des prépositions *(de/à* en français : *Pierre va à Paris / Pierre vient de Paris)* et (3) par des affixes nominaux qui varient avec les noms. C'est à ces affixes, dont l'ensemble forme la *flexion nominale* ou la *déclinaison des noms,* que l'on réserve en général la dénomination de *cas.* Ainsi, en ancien français, il y a deux cas : le *cas sujet* (souvent marqué au singulier par un affixe *s*), qui traduit la fonction du sujet, et le *cas régime* (marqué au singulier par l'absence de *s*), qui exprime toutes les autres fonctions. Le français moderne ne connaît la flexion casuelle que pour les pronoms où il y a une opposition entre *je* (sujet) et *me* (complément).

Les *langues à cas,* ou *langues casuelles,* n'ont en général qu'un nombre limité de désinences (ou affixes) pour traduire les différentes fonctions : aussi tel cas formel d'une langue réunit-il des fonctions grammaticales ou concrètes assurées dans une autre langue par deux ou plus de deux cas. L'ablatif latin réunit les emplois de l'instrumental, de l'agentif et parfois du locatif; le génitif grec réunit les emplois du génitif et de l'ablatif, etc. (V. SYNCRÉTISME.)

La classification nominale se fait sur différents critères selon les langues; la flexion casuelle est aussi variée qu'il existe de classes de noms, et elle interfère avec les classifications par genre et avec les affixes de nombre.

II. cas

On appelle *grammaire de cas* une grammaire générative établie par CH. FILLMORE où le symbole initial phrase (Σ) se développe en une séquence constituée par Modalité et Proposition; le premier constituant représente la négation, le temps, le mode, l'aspect, le second constituant comporte un verbe et une collection de noms variés, c'est-à-dire une structure logique comportant un prédicat (verbe, V) et un ensemble d'arguments (les noms, C).

$$\text{Prop} \rightarrow V + C_1 \ldots + C_n$$

Le verbe est le constituant fondamental et le pivot de la phrase. C'est à partir du verbe que l'on définit, au niveau de la structure profonde, les différents rôles, c'est-à-dire les relations casuelles. On a ainsi comme cas :

AGENT : l'être animé instigateur du procès.
INSTRUMENT : la cause immédiate du procès.
OBJET : l'entité qui change ou dont on questionne l'existence.
LOCATIF : le lieu du procès.
DATIF : l'entité qui subit l'effet de l'action.
CONTRE-AGENT : l'entité contre laquelle l'action est menée.

Ainsi les deux phrases
Pierre ouvre la porte,
La clef ouvre la porte
seront dérivées, la première de:
[V, ouvrir], [agent, Pierre], [objet, porte].

la seconde de:
[V, ouvrir], [instrument, la clef], [objet porte],

casuel

Une *langue casuelle* est une langue qui a des affixes nominaux traduisant des fonctions grammaticales ou concrètes.

La *flexion casuelle* d'un nom est l'ensemble des formes nominales constituant la déclinaison de ce nom. (V. CAS.)

catachrèse

Procédé consistant à élargir le sens d'un mot au-delà de son domaine strict, la *catachrèse* est une métaphore* dont l'usage est si courant qu'elle n'est plus sentie comme telle; ex. : *les pieds d'une table, les ailes d'un moulin.*

catalyse

En glossématique, la *catalyse* est une opération par laquelle la chaîne syntagmatique (par exemple le syntagme latin *ludunt*) est complétée de façon à satisfaire à toutes les fonctions conditionnant la forme de la chaîne (c'est-à-dire capable de satisfaire ici le pluriel et la troisième personne de *ludunt*). En ce cas, on peut catalyser *ludunt* par *pueri* (les enfants) ou *liberi mei* (mes enfants), puisque c'est la fonction « sujet-verbe » qui détermine la personne et le nombre de *ludunt*. La chaîne établie par catalyse doit être grammaticalement acceptable dans la langue considérée, et elle ne doit pas avoir été altérée dans son sens.

catastase

On appelle *catastase* la première phase de l'articulation des consonnes, correspondant à la mise en place des organes phonateurs.

catégrématique

Dans la terminologie de E. BENVENISTE, le *niveau catégorématique* est le niveau de la proposition : cette dernière ne constitue pas une classe d'unités distinctives, elle ne peut donc pas entrer comme partie dans une totalité de rang plus élevé, qui, serait, par exemple, le discours.

catégorème

Dans la terminologie de B. POTTIER, le *catégorème* est l'ensemble des traits sémantiques définissant les relations syntaxiques d'une forme avec les autres; il correspond à la catégorie grammaticale. Par exemple, *triste* a le catégorème « adjectif ».

catégorie

1. Le terme de *catégorie* désigne une classe dont les membres figurent dans les mêmes environnements syntaxiques et entretiennent entre eux des relations particulières. Ainsi, on dira que les mots *chaise, table, bibliothèque,* etc., qui peuvent figurer dans le même environnement syntaxique (par exemple : *Pierre essuie avec un chiffon la ...*), appartiennent à la même catégorie. Dans cet emploi, le terme de *catégorie* se confond avec celui de *classe**.

2. On distingue aussi deux types de catégories. Les unes, les *catégories syntaxiques,* définissent les constituants* selon leur rôle dans la phrase; ainsi, le syntagme nominal et le syntagme verbal, constituants immédiats de la phrase, sont des catégories syntaxiques de premier rang ou catégories principales; les parties du discours (ou espèces de mots), constituants des syntagmes, sont des catégories de deuxième rang. Les autres définissent les modifications que peuvent subir les membres de ces catégories de deuxième rang en fonction du genre, du nombre, de la personne, etc. C'est souvent à ce dernier emploi que l'on restreint l'usage du mot *catégorie.* Les catégories syntaxiques que sont le nom, l'adjectif, le verbe, etc., sont des *catégories lexicales,* parce que les membres de ces classes sont des morphèmes lexicaux; le temps, la personne, le nombre, le genre sont des *catégories grammaticales* parce que les membres de ces classes sont des morphèmes grammaticaux (désinences verbales, flexion nominale). Les catégories lexicales sont dites *catégories primaires;* les catégories grammaticales sont dites *catégories secondaires.*

catégoriel

1. En grammaire générative, on appelle *composante catégorielle* la partie de la base qui définit, d'une part, le système des règles régissant les suites permises et, d'autre part, les relations grammaticales entre les symboles catégoriels formant les structures profondes de la langue. Ainsi, supposons que la composante catégorielle définisse les deux règles suivantes :

(1) P → SN + SV
(2) SV → Aux + V + SN

Ces deux règles signifient que le noyau P (de la phrase Σ) est formé d'un syntagme nominal (SN) suivi d'un syntagme verbal (SV) et que le syntagme verbal (SV) est formé de l'auxiliaire (Aux), du verbe (V) suivi d'un syntagme nominal (SN). La relation grammaticale établie dans la règle (2) est celle du verbe (transitif) et de son complément d'objet.

2. On appelle *symbole catégoriel* un symbole représentant une catégorie : SN est le symbole de la catégorie du syntagme nominal, N est le symbole de la catégorie du nom. Le symbole peut prendre des valeurs diverses; ainsi, pour N on peut avoir les valeurs *table, chaise, enfant, laideur,* etc.

3. *Système catégoriel,* nom donné à la notation quasi arithmétique de Y. Bar-Hillel. Dans un système catégoriel, il n'y a que deux catégories grammaticales fondamentales, la phrase Σ et le nom (n). Les items lexicaux autres que le nom sont définis dans le lexique par leurs combinaisons avec l'une ou l'autre des catégories fondamentales. Ces catégories dérivées définissent avec quelle autre catégorie l'élément en question peut se combiner pour former un constituant de phrase et quelle est la classe catégorielle résultant de cette combinaison.

4. K. Goldstein appelle *attitude catégorielle* l'attitude du sujet parlant appréhendant un objet non pas dans son existence actuelle, mais comme représentant les propriétés générales de l'objet : c'est le passage du concret à l'abstrait. Cette attitude catégorielle ne serait pas conservée chez certains malades mentaux; ainsi, devant l'image d'un champignon, au lieu de donner le terme générique sollicité, le malade donnerait un terme spécifique, en étant incapable d'envisager la classe tout entière des champignons, définie par ses propriétés.

catégorisation

La *catégorisation* est une opération consistant, en même temps que l'on segmente la chaîne en éléments discontinus, à classer ces segments en catégories grammaticales ou lexicales selon les propriétés distributionnelles que ces segments possèdent.

causal

On dit d'une conjonction qu'elle est *causale* quand elle coordonne ou subordonne une proposition à une autre dont elle exprime la cause. Ainsi, dans les phrases : *L'incendie a rapidement progressé parce que les matériaux étaient très inflammables* ou *car les matériaux étaient très inflammables,* les conjonctions *parce que* (de subordination) et *car* (de coordination) sont des conjonctions causales, et la proposition *car* (ou *parce que*) *les matériaux étaient très inflammables* est une proposition causale.

causatif

1. Le *causatif,* ou *factitif,* est une forme verbale qui exprime que le sujet fait en sorte que l'action ait lieu, au lieu de la faire directement lui-même. Dans la phrase *Pierre a fait construire par un entrepreneur une maison dans la banlieue lyonnaise,* le sujet grammatical de la phrase est *Pierre;* mais l'agent (l'actant) de *construire* est spécifié (c'est *un entrepreneur*). L'agent peut ne pas être spécifié, comme dans *Pierre a fait construire une maison.* En français, le causatif s'exprime (1) par le verbe *faire,* (2) par le verbe transitif lui-même *(Pierre construit une maison dans la banlieue lyonnaise),* (3) par les suffixes *-(i)fier* et *-(i)ser* : *raréfier, synthétiser.* On distingue parfois le factitif, qui exprime une action que l'on fait faire à quelqu'un, spécifié ou non, et le causatif, qui exprime un état résultant de l'action que l'on a faite : ainsi, le causatif *Pierre a caramélisé du sucre* signifie que *Pierre a fait* (en chauffant) *que le sucre est devenu caramel.*

2. On donne le nom de *causatif existentiel* à une classe de verbes transitifs (le plus commun en français est *faire*) dont l'objet est le résultat de l'action du verbe; ainsi, quand je dis *Pierre écrit un livre, livre* est l'objet résultatif de *écrire,* qui est alors un *causatif existentiel,* par opposition à l'objet simple dans *Pierre lit un livre* (le livre « existe » avant l'action de lire).

cavité

L'appareil vocal comporte différentes *cavités* que traverse l'air issu du larynx au moment de l'acte de phonation. Ces cavités sont dires *suprapharyngales* ou *supraglottiques.*

Les deux cavités principales sont le pharynx et la bouche, auxquels peuvent s'adjoindre éventuellement, comme cavités secondaires, les fosses nasales et la cavité labiale.

La *cavité pharyngale* est limitée vers le bas par le larynx et vers le haut par la racine de la langue et le voile du palais. La *cavité buccale,* dite aussi *cavité antérieure,* est limitée à l'avant par des incisives et à l'arrière par le point d'articulation*, c'est-à-dire le lieu de resserrement le plus étroit du chenal buccal pendant l'articulation. La cavité nasale intervient dans la phonation quand l'abaissement de l'extrémité du voile du palais, ou luette, permet l'écoulement libre, par les fosses nasales, d'une partie de l'air issu du larynx. La cavité labiale est comprise entre les incisives et les lèvres plus ou moins protractées. Elle intervient dans la phonation quand la projection des lèvres, qui s'accompagne en général d'un arrondissement, permet un allongement vers l'avant de la cavité labiale : ainsi pour la prononciation des consonnes labiales ([p] [m] [v] dans les mots français *pain, mer, vitre*) ou des voyelles labialisées ou arrondies ([u], [œ] dans les mots français *loup, heure,* etc.).

Chacune de ces cavités exerce l'influence d'un résonateur sur le son complexe produit par l'air vibrant issu de la glotte. Elle renforce certaines fréquences (celles qui correspondent à sa fréquence de résonance propre) et en affaiblit d'autres; elle fonctionne ainsi comme un filtre acoustique.

La forme et le volume de chaque cavité peuvent être modifiés par le mouvement de ses parois mobiles (langue, luette, maxillaire inférieur, lèvres), ce qui entraîne une variation de sa fréquence de résonance et donc de son influence acoustique sur le son laryngé.

cécité

On appelle *cécité verbale* l'incapacité de lire constatée chez des sujets atteints de lésions corticales et ne présentant, par ailleurs, aucun trouble de la vision, ni perturbation du langage.

cénématique

Le terme de *cénématique* est utilisé par le linguiste danois L. HJELMSLEV et les membres du Cercle linguistique de Copenhague pour désigner la science dont l'objet est l'étude des unités minimales distinctives, appelées « cénèmes ». Ce terme est choisi comme susceptible de s'appliquer à des langues hypothétiques dont la substance d'expression ne serait pas phonique.

cénème

Le terme de *cénème,* qui veut dire « unité vide » (vide de sens), est employé, de préférence à celui de phonème, par L. HJELMSLEV et les linguistes de l'école de Copenhague pour désigner au plan de l'expression les unités distinctives minimales en faisant abstraction de la nature phonique du langage considérée comme accessoire, accidentelle. Le cénème est une figure d'expression qui s'oppose au *plérème,* figure de contenu.

central

1. Dans les fonctions du langage, certains linguistes de l'école de Prague opposent les *fonctions centrales* (généralement réduites à une seule, celle de communication) aux *fonctions secondaires* ou *dérivées* (par exemple, les fonctions conative, émotive, etc.). Cette conception a eu pour conséquences, entre autres, de réduire la définition de la phrase à la phrase assertive et d'exclure de la description de la langue les faits de parole.

2. Les *voyelles centrales* (dites aussi *moyennes* ou *mixtes*) sont les voyelles réalisées avec la partie centrale du dos de la langue, rapproché du milieu de la voûte palatine, par opposition aux *voyelles antérieures* et *postérieures*. Le [ə], dit « caduc », du français *petit* est une voyelle centrale intermédiaire; le [ɪ] du roumain *mîna* (« main ») est une voyelle centrale fermée. Le suédois, le norvégien, l'anglais (*hurt, sir,* etc.) présentent aussi des voyelles centrales.

centralisé

Une *voyelle centralisée* est une voyelle dont l'articulation tend à se rapprocher de la voyelle centrale [ə]; par exemple la voyelle notée [ɐ] par l'alphabet phonétique international et que l'on entend en anglais dans un mot comme *sofa* ou en portugais de Lisbonne dans la première syllabe de *para*.

centrifuge

Les *phonèmes centrifuges* sont caractérisés articulatoirement par une cavité de résonance ayant la forme d'un cor et dont le volume est plus grand en avant de l'étranglement le plus étroit qu'en arrière. Les phonèmes centrifuges sont acoustiquement compacts*. Les voyelles ouvertes [a, ɑ], les consonnes vélaires et palatales [k, g, p, ʎ, ʃ, ʒ] sont centrifuges.

centripète

Les *phonèmes centripètes* sont caractérisés articulatoirement par une cavité de résonance assumant la forme d'un résonateur de Helmutz, c'est-à-dire un résonateur dont le volume est plus grand en arrière de l'étranglement le plus étroit qu'en avant. Les phonèmes centripètes sont acoustiquement diffus*. Les voyelles fermées [i, u], les consonnes labiales et dentales [p, b, m, t, d, etc.] sont centripètes.

cérébral

Une *consonne cérébrale* est une consonne cacuminale* ou rétroflexe.

certitude

On donne parfois le nom de *certitude* à la modalité* logique du nécessaire (ex. : *Il* DOIT PLEUVOIR *demain*).

I. chaîne

1. Une langue apparaît d'abord comme une succession dans le temps d'événements vocaux, une suite de sons formant des énoncés et à laquelle on donne le nom de *chaîne parlée*. C'est une succession d'unités discrètes et associées à un sens qu'il faut définir la langue : l'ordre des sons notamment, mais aussi en français celui des mots ont une valeur significative; l'interversion aboutit quelquefois à une contrepèterie, plus souvent à une anomalie sémantique (par exemple, *Le soldat redoute le danger, Le danger redoute le soldat*). Il est à noter que le caractère successif de la langue apparaît moins dans la représentation graphique et dans l'écriture : ces dernières ne sont pas, comme la chaîne parlée, unidimensionnelles et linéaires, mais sont ou peuvent être pluridimensionnelles; c'est la raison pour laquelle on parle de chaîne parlée et non, par exemple, de chaîne de la langue. L'analyse de la chaîne parlée fait apparaître l'existence, à côté de l'axe selon lequel se succèdent les unités (axe syntagmatique*), d'un axe selon lequel se font les substitutions (axe paradigmatique*).

2. L'expression *chaîne de communication verbale* est parfois également employée pour désigner la chaîne des actions qui relient le cerveau du locuteur à celui de l'auditeur dans la transmission du message vocal.

II. chaîne (analyse en)

L'*analyse en chaîne* de Z. S. HARRIS consiste à décrire les énoncés comme des concaténations de morphèmes ou de séquences de morphèmes. Etant donné un énoncé et la connaissance des classes de morphèmes, on demande à un informateur si telle ou telle séquence est une phrase; on obtient alors un ensemble de structures définissables comme des séquences de morphèmes et qui apparaissent comme des phrases. La phrase est alors la séquence minimale acceptée par l'informateur : c'est la *chaîne centrale*. Ces chaînes peuvent se voir ajouter d'autres séquences de morphèmes qui ne sont pas acceptées comme phrases; ces chaînes sont des adjonctions, chacune d'entre elles pouvant s'insérer à une place déterminée d'une chaîne centrale ou d'une partie de chaîne. Chaque chaîne centrale comprenant alors un nombre zéro ou plus d'adjonctions est une phrase; si *Pierre est heureux* est une phrase, *Pierre est très heureux* qui comprend une adjonction est encore une phrase.

champ

Déterminer un *champ,* en linguistique, c'est, selon les présupposés épistémologiques, chercher à dégager la structure d'un domaine donné ou en proposer une structuration.

La lexicologie cherche à définir des *champs linguistiques.* Le terme reste ambigu, puisqu'on pourra envisager le champ sémantique d'un mot, le champ lexical d'une famille de mots ou le champ lexical d'une réalité extérieure à la langue. Par exemple, on pourra tenter d'établir le champ sémantique du mot *père,* le champ lexical des mots *père, mère, frère, sœur,* le champ lexical de la parenté.

Les premières tentatives (après TRIER, IPSEN, PORZIG) de délimitation de champs portent en fait sur des *champs conceptuels* (par exemple, le champ des mots désignant la « connaissance »). Elles ont souvent été faites par des ethnographes et des anthropologues. Le souci linguistique n'est ici que secondaire : il s'agit, par des procédures souvent très raffinées, d'exploiter des données linguistiques pour bâtir les schèmes conceptuels d'une société. On a étudié en ce sens les vocabulaires de la parenté (comme chez les Iroquois Sénéca), les classifications botaniques populaires (aux structures particulièrement intéressantes en un pays de vieille culture comme la France), le vocabulaire des animaux domestiques, etc.

Ainsi conçues, ces recherches ne concernent pas directement la linguistique : la structuration en langue ne recoupe pas la structuration conceptuelle (non-isomorphisme de la pensée et de l'expression). En particulier, ces recherches ne rendent compte que de la désignation des unités dans un certain système conceptuel (*mère* par rapport à *père, fils, fille,* par exemple) et non de la polysémie essentielle au lexique (*mère de famille* vs *mère de vinaigre, cellule mère, maison mère, la mère supérieure, notre mère Eve*).

Une solution proposée a consisté à partir en tout état de cause des données d'un champ conceptuel (le vocabulaire politique et social), et à élaborer ensuite des procédures proprement linguistiques pour l'étude des relations établies entre les termes. A l'intérieur du champ conceptuel non-linguistiquement découpé, il s'agit de mettre en évidence des réseaux linguistiques de synonymie ou d'antonymie et de corrélations diverses. Partie d'un champ conceptuel, cette procédure distingue en particulier les unités par leur champ dérivationnel. La notion de *champ dérivationnel* repose sur la constatation que la même séquence phonique se distingue, dans ses diverses significations, par une série différente de dérivés. Par exemple, *s'abstenir*[1] déterminera une série *abstention, abstentionniste,* pendant que *s'abstenir*[2] déterminera une série *abstinence, abstinent.*

On a poussé plus loin encore cette tentative, en se fondant sur le principe que deux morphèmes qui ont des significations différentes diffèrent aussi quelque part dans leur distribution. On recherchera donc le *champ syntaxique* des unités; par l'étude des ressemblances et des différences dans le comportement syntaxique, on pourra aboutir à des conclusions sur ressemblances et différences sémantiques. En effet, la structure syntaxique est si prégnante du point de vue du sens que, dans certaines constructions syntaxiquement définies, même un verbe imaginaire recevrait un sémantisme par la construction qui lui est attribuée (voir à ce sujet les créations de LEWIS CAROLL ou de HENRI MICHAUX). Les champs seraient donc syntaxiques avant que d'être sémantiques. On remarquera toutefois que certaines réserves peuvent être faites : l'étude structurale de l'étymologie établit un rapport de dépendance entre structure phonologique et sémantisme (protosémantisme d'une matrice TK, accueillante à des étymologies diverses); si la structure syntaxique joue un rôle dans le sémantisme, elle ne saurait être seule en cause. On doit se demander ensuite si ce regroupement sémantique en fonction de la syntaxe ne négligerait pas d'autres rapports sémantiques essentiels : un rapprochement légitime, sur des critères distributionnels, entre *A est la femme de B* et *A est la voisine de B,* ne doit pas masquer le rapport sémantique *femme*[1] / *femme*[2] manifesté dans *A est une femme / A est la femme de B.*

Une autre mise en question de la problématique traditionnelle du champ lexical résulte d'une tentative d'application de l'analyse componentielle* au vocabulaire général. L'analyse componentielle, cherchant à établir la configuration des unités minimales de signification à l'intérieur du morphème, est particulièrement fructueuse pour qui étudie, en fait de champ lexical, un champ conceptuel. Mais si l'on quitte les domaines conceptuels précis (politique, technique, etc.) et les domaines structurés par l'expérience concrète (plantes médicinales, animaux domestiques, etc.), on entre dans le vocabulaire général en un point arbitraire, et l'on s'aperçoit qu'une structuration du champ peut être établie tout autrement. L'auteur de cette tentative, E. H. BENDIX, structure un groupe de verbes anglais (puis hindis et japonais) par la considération de la présence ou de l'absence, parmi leurs composants sémantiques, d'une relation *A has B* (A possède B).

Quelles que soient les réserves que l'on puisse faire sur les procédures engagées et parfois sur les conclusions excessives qui ont pu en être tirées, il semble qu'il faille conclure à la possibilité d'une structuration proprement linguistique des champs lexicaux, indépendante de la structure conceptuelle. (V. aussi SÉMANTIQUE [CHAMP].)

champ d'application. V. APPLICATION.

champ de dispersion

On appelle *champ de dispersion* l'ensemble des variations qui affectent la réalisation d'un même phonème soit dans des contextes différents (par variation combinatoire), soit dans un même contexte dans le parler d'une même personne ou des membres d'une même communauté. L'éventail des réalisations possibles d'un même phonème ne doit pas passer certaines limites articulatoires et acoustiques qui ne coïncident pas toujours exactement avec les limites du champ de dispersion des phonèmes voisins. Il existe entre deux champs de dispersion une région appelée « marge de sécurité » sur laquelle on peut empiéter dans des circonstances exceptionnelles (l'auditeur, ayant conscience du caractère anormal dans lequel s'effectue l'émission du message, fera davantage appel au contexte), mais sur laquelle on ne peut empiéter trop régulièrement sans risques pour la compréhension et, à plus longue échéance, pour l'équilibre du système phonologique.

changement

1. Le *changement*, appelé aussi *variation*, est sans doute le caractère le plus important du langage. A deux époques données, on constate qu'un mot, ou une partie de mot, ou un procédé morphologique, ne se présentent pas de la même manière, même si l'écriture peut parfois faire illusion. Ainsi, la terminaison du mot *chevaux* s'est prononcée d'abord [-aws] avant d'évoluer vers le son actuel [-o]. *Soupe* a d'abord désigné la tranche de pain sur laquelle on versait le bouillon avant de désigner l'ensemble constitué par la tranche et le bouillon, ou même le liquide seulement. Le changement géographique (v. GÉOGRAPHIE LINGUISTIQUE, DIALECTOLOGIE) se constate partout dès qu'on ne se préoccupe pas seulement de l'écriture, mais aussi de la prononciation et, d'une manière plus large, de la langue parlée. Il est bien connu que l'intonation générale de la phrase diffère parfois d'un village à l'autre alors qu'on y utilise la même langue ou le même dialecte : les consonnes et les voyelles n'ont pas exactement le même son. Le français parlé par un homme du peuple et le français parlé dans un salon présentent des différences telles qu'on peut deviner souvent l'origine sociale de celui qui parle. Enfin, les conditions dans lesquelles on parle (type de discours) ont une très grande importance dans ce domaine.

Parmi les types de changements on a aussi le changement phonétique, régulier et social, le changement phonologique, qui se produit sans exception, le changement analogique, etc. Ce dernier n'est pas régulier et ne s'applique que dans certaines situations, à certaines unités données; ainsi, si oubliant la règle particulière des pluriels en *-aux*, un locuteur forme *les chevals*, il n'y a pas de raison pour que cette forme se généralise ou, si cela arrive, que *journal* subisse le même sort. Quand une situation de bilinguisme est à l'origine du changement, on parle d'interférence*, d'emprunt* et de calque*.

2. On appelle *changements phonétiques* les modifications plus ou moins rapides que subissent les sons d'une langue au cours de son histoire.

Il y a lieu de distinguer les changements phonétiques proprement dits, simple transformation des habitudes de prononciation d'un phonème donné sans influence sur la structure phonologique de la langue considérée, et les changements phoniques (phonologiques), variations qui entraînent la modification de la structure phonématique de la langue par la disparition et/ou l'apparition d'un ou plusieurs phonèmes. Ainsi, le passage des voyelles longues de l'anglais ancien à des diphtongues (*stan* [sta:n] → *stone* [stown]) en anglais moderne constitue un changement phonétique. Par contre, le passage des prononciations affriquées de l'ancien français [ts], [dz] à des prononciations fricatives [s], [z] en français moderne correspond à un changement phonique puisqu'il a entraîné la disparition de deux phonèmes [ts] et [dz] et l'homonymie de mots tels que *cire* et *sire*.

Cependant, comme cette distinction est liée à l'opposition établie par la linguistique contemporaine entre « son » et « phonème », on a longtemps donné le nom de *changement phonétique* à toute modification affectant la prononciation des sons d'une langue, qu'elle ait ou non une importance linguistique. Sous l'apparent désordre des changements phonétiques qui accompagnent l'évolution des différentes langues, JACOB GRIMM a été un des premiers, à la suite du danois RASMUS RASK, à mettre en évidence, dès 1822, une certaine logique et une certaine régularité des changements phonétiques par sa découverte de la mutation germanique, appelée plus tard « loi de Grimm »*. Son intuition a été développée, cinquante ans plus tard, par les néo-grammairiens tels que W. SCHERER et HERMANN PAUL qui se sont efforcés de montrer que les changements phonétiques obéissent à des lois* « immuables », les exceptions étant expliquées par l'analogie et les emprunts. Les travaux ultérieurs ont montré que les changements phonétiques obéissent plutôt à des tendances qu'à des lois impérieuses.

3. En grammaire générative, le *changement structurel* est un des aspects de la transformation consistant, après l'analyse* structurelle, à effectuer diverses opérations de suppression, de réarrangement, etc., sur la structure ainsi analysée. (V. TRANSFORMATION.)

chenal vocal

L'expression *chenal vocal* est souvent employée, ainsi que celle de *conduit* ou de *canal vocal*, pour désigner la partie supraglottique de l'appareil phonatoire, dont la forme et les réactions acoustiques au passage de l'air évoquent vaguement celles d'un tuyau.

chevauchement

Le terme de *chevauchement* est utilisé couramment en linguistique pour indiquer l'intersection de deux ensembles : un morphème comme *menteur* est un nom et un adjectif; les deux classes des noms et des adjectifs se chevauchent.

chiasme

On appelle *chiasme* une inversion de l'ordre dans les parties symétriques de deux phrases, formant antithèse ou constituant un parallèle. Ainsi, il y a un chiasme dans *Un roi chantait en bas, en haut mourait un Dieu* (HUGO).

choix
Un énoncé n'a de sens que si sa production ne dépend pas entièrement du contexte, mais nécessite de la part du locuteur une décision, un *choix* entre plusieurs items, entre plusieurs types de phrase, etc., au cours du processus de l'énonciation. Ce choix, ou sélection, s'exerce donc sur les unités minimales significatives ou morphèmes, qui sont ainsi des unités de choix; entre plusieurs unités possibles dans un cadre typique de phrase, on choisit en fonction du message à transmettre une unité (appelée monème* par A. MARTINET).

chromatique
L'*accent chromatique,* appelé aussi *accent musical, accent de hauteur* (ou *ton*), consiste en une élévation du timbre de la voix due à une plus forte tension des cordes vocales et portant sur un mot ou sur une syllabe d'un mot. Le terme de *chromatique* s'explique par l'association naturelle entre la sensation visuelle de couleur et la sensation acoustique de timbre.

chronogenèse
Dans la linguistique de G. GUILLAUME, la *chronogenèse* est une opération systématique consistant à spatialiser le temps, qui correspond à la conjugaison des verbes.

chronothèse
Dans la linguistique de G. GUILLAUME, on désigne du nom de *chronothèse* chaque étape du procès de représentation du temps correspondant aux différents modes du verbe (infinitif, subjonctif, indicatif, mais non l'impératif, qui est un mode d'expression de l'événement verbal).

chuchotement
La *voix chuchotée* est le bourdonnement laryngé produit par la vibration des cordes vocales lorsque celles-ci occupent une position intermédiaire entre la position correspondant à la respiration normale (cordes vocales écartées et glotte ouverte) et celle qui correspond à la phonation (cordes vocales accolées et glotte fermée). Pour la production de la voix chuchotée, les cordes vocales sont partiellement accolées, mais la partie de la glotte qui se trouve entre les aryténoïdes reste ouverte en laissant passer l'air. La source sonore est alors faite d'un bruit d'écoulement semblable à celui d'un jet d'air qui traverse toutes les cavités supraglottiques et sert de support au message phonique. La voix chuchotée donne en principe une image complète de l'articulation et rend normalement l'expression phonétique à l'audition comme à l'analyse harmonique. Cependant, l'intensité est moins importante et la portée plus réduite que pour la voix normale.

chuintant
Les *consonnes chuintantes* sont des consonnes fricatives, en général postalvéolaires ou prépalatales, telles que [ʃ] dans le français *chou* et [ʒ] dans le français *joue*. Elles se différencient des consonnes qui leur sont le plus proches, les sifflantes [s] et [z], par un léger recul du point d'articulation et surtout par un jeu différent des lèvres, arrondies et protractées pour l'articulation chuintante.

L'adjonction de la cavité labiale entraîne un abaissement de la fréquence de vibration, de sorte que le spectre des chuintantes se distingue du spectre des sifflantes par une concentration de l'énergie dans des zones plus basses du registre (2 000 à 3 000 cycles par seconde au lieu de 4 000 et plus).

chute
On appelle *chute* un changement phonique dû à la disparition d'un ou de plusieurs phonèmes à l'initiale d'un mot (aphérèse : latin *arena* → italien *rena*), à l'intérieur d'un mot (syncope : *parabola* → français *parole*), à la fin d'un mot (apocope : *tramway* → *tram*).

chva ou schwa
1. Ce terme, qui est la transcription d'un mot hébreu signifiant « néant », est parfois employé pour désigner la voyelle neutre, centrale [ə], appelée « *e* muet » ou « *e* caduc » en français, et que l'on trouve fréquemment en position atone dans d'autres langues romanes, comme le portugais de Lisbonne, le roumain (ex. : *mînă* [mɯsna] « main »), certains dialectes italiques centro-méridionaux (Campa-

nie, Abbruzzes. etc.; ex. : [ʎu lattə] « le lait »).

2. On a expliqué par une série de sons vocaliques chva$_1$, chva$_2$, et chva$_3$ un certain nombre de correspondances entre les langues indo-européennes : ainsi, en latin l'alternance a/ē dans *jacio/jeci* est expliquée par jək (degré zéro) et jaek (degré e), ə donnant *a* et *ae* donnant *ē*.

cible

En traduction, on appelle *langue cible* la langue dans laquelle est traduit un texte dont la langue connue est dite *langue source*.

circonflexe

L'*accent circonflexe* est un signe diacritique indiquant en français, par exemple, en combinaison avec *e* (*ê*) la voyelle ouverte [ɛ], avec *a* (*â*) la voyelle postérieure [ɑ], avec o (*ô*) la voyelle fermée [o], dans *forêt, mât, rôle*. Il sert à distinguer des homonymes (*sûr* vs *sur, jeûne* vs *jeune*, etc.); il est le plus souvent la marque d'une voyelle ou d'une consonne amuïe (*âne*, de *as(i)num; crûment* de *cruement*). Il était utilisé dans les textes latins imprimés pour indiquer le *ô* exclamatif et les formes réduites des génitifs (*dominûm* pour *dominorum*).

circonstanciel

En grammaire traditionnelle, on donne le nom de *circonstanciels* aux compléments qui indiquent les circonstances dans lesquelles une action a été réalisée (compléments circonstanciels de temps, de lieu, de manière, de cause, de but, d'accompagnement, de prix, d'instrument, de moyen, etc.). Dans *Il est mort vendredi dernier, vendredi dernier* est un complément circonstanciel de temps de *est mort*. (V. CIRCONSTANT.)

circonstant

1. En grammaire structurale et générative, on donne le nom de *circonstants* aux syntagmes prépositionnels compléments de groupe verbal ou de phrase. Dans *Il va* À PARIS. *Il habite une maison* EN BANLIEUE. *Il tire de l'eau* DU PUITS, etc., les syntagmes prépositionnels *à Paris, en banlieue, du puits* sont des circonstants, mais le syntagme prépositionnel de la structure profonde peut ne présenter aucune préposition réalisée en surface : dans *Il vient* DEMAIN, *demain* est un syntagme prépositionnel circonstant. On fait suivre le terme « circonstant » du trait sémantique spécifiant la nature de la relation sémantique (temps, lieu, manière, etc.) : *à Paris* est un circonstant de lieu, *demain* un circonstant de temps.

2. L. TESNIÈRE définit le *circonstant* comme l'unité ou la suite d'unités qui expriment les circonstances de temps, de lieu, de manière dans lesquelles se déroule le procès exprimé par le verbe. Le circonstant sera ainsi soit un adverbe, soit un équivalent d'adverbe. Le circonstant s'oppose aux actants*, qui désignent ceux qui, d'une manière ou d'une autre, participent au procès. Le nombre des circonstants n'est pas fixe (en principe) comme celui des actants : dans une phrase, il peut n'y en avoir aucun, il peut y en avoir un nombre indéfini. La translation* d'un verbe en substantif quand ce substantif est circonstant a pour résultat une subordonnée circonstancielle.

circulaire

En lexicographie, on appelle *définitions circulaires* des énoncés tels que le premier renvoie au second et le second au premier. Un exemple caricatural serait : coq = mâle de la poule; poule = femelle du coq.

On remarquera bien sûr que la circularité n'est jamais poussée à ce point. En particulier, elle comporte généralement des relais : A est défini par B qui est défini par C, et ce sera, par exemple, C qui sera défini par A. Ce sont les circuits trop courts, comme celui que l'on a signalé plus haut, qui doivent être évités.

En fait, la circularité des définitions de dictionnaire est inhérente au genre lexicographique : les termes métalinguistiques (c'est-à-dire les termes permettant de fournir des indications sur une unité du code) sont également des unités de la langue; par exemple, le terme métalinguistique *mot* (ex. : *football*, MOT d'origine anglaise, désignant, etc.) fonctionne comme unité de la langue dans un énoncé du type : *Il dit de grands mots, Il a le mot pour rire*, etc.

On remarquera avec G. GOUGENHEIM que les définisseurs (termes à valeur essentiellement métalinguistique) ne sont, dans les situations habituelles de communication, ni fréquents ni même parfois usuels. Un terme comme *véhicule* est rare dans la langue quotidienne, mais à peu près indispensable à la métalangue lexicographique. Pour échapper à la circularité, dans un dictionnaire de base à l'usage d'étrangers, on pourra sortir du domaine linguistique strict en fournissant un dessin illustrant le définisseur; toutefois, des définisseurs abstraits comme *action, état* ne pourront guère être définis que de façon circulaire, par référence aux verbes *agir, être*.

civilisation

1. En sociolinguistique, on définit par *civilisation* tous les éléments de la vie humaine qui sont transmis par la société, qu'ils soient matériels ou idéologiques.

2. On appelle *mot de civilisation* un mot qui exprime une notion représentative d'une civilisation, de la communauté socio-culturelle à une époque donnée.

3. On appelle *langue de civilisation* une langue qui sert de support à une littérature écrite et qui joue un rôle important dans la diffusion et le maintien d'un certain type de culture.

clair

Une *voyelle claire* est une voyelle acoustiquement aiguë*, c'est-à-dire génétiquement palatale, telle que [i], [e], [ɛ], [a], [y], [o] et [œ]. Les voyelles claires s'opposent aux voyelles sombres* ou graves. Le terme de *clair*, souvent employé traditionnellement, même par la première génération de phonologues et de phonéticiens structuralistes, traduit l'association naturelle entre l'impression auditive d'acuité sonore et l'impression visuelle d'acuité lumineuse, au nom de laquelle MALLARMÉ dénonçait le paradoxe des signes *jour* et *nuit* qui associent la lumière du jour à une voyelle sombre [u] et l'obscurité de la nuit à des sonorités claires [ɥ] et [i].

claquant

Un *son claquant* (dit aussi *claquement* ou *clic*) est un son réalisé au moyen de deux occlusions : une occlusion principale, formée soit par les lèvres, soit par la partie antérieure de la langue contre les dents ou contre le palais et qui produit différents types de claquantes (labiale, dentale, rétroflexe, palatale, latérale), et une seconde occlusion, dite « occlusion d'appui », obligatoirement vélaire, produite par l'élévation de la partie postérieure du dos de la langue contre le palais mou. Cette double occlusion détermine une cavité où l'air est raréfié par un mouvement de succion. Quand l'occlusion antérieure prend fin, l'air se précipite de l'extérieur dans cet espace intermédiaire privé d'air avec un bruit de claquement; juste à ce moment, l'occlusion vélaire prend fin également, de sorte que le son claquant peut être voisé ou non, nasal ou non.

Le bruit du baiser, le bruit qui sert à marquer un certain énervement ou celui qui sert à exciter les chevaux sont des sons claquants, respectivement labial, dental et latéral. (V. CLAQUEMENT.)

claquement

La *corrélation** *de claquement* caractérise les langues dites « langues à clics », comme le zoulou, où les différents types de clics (palatal, latéral, etc.) forment des séries de localisation parallèles à des séries correspondantes sans claquement. L'opposition de claquement est une opposition de localisation privative qui se retrouve dans plusieurs séries du même système. (V. CLAQUANT.)

classe

Ensemble d'objets ou d'événements linguistiques ayant une ou plusieurs propriétés communes.

1. En grammaire distributionnelle, une *classe grammaticale* sera définie comme l'ensemble des unités ayant les mêmes possibilités d'apparaître en un point donné de l'énoncé.

La notion de *classe grammaticale* s'oppose ainsi à la notion de partie* du discours telle que la définit la grammaire traditionnelle, par référence à une théorie de l'adéquation entre le nom et la substance, le verbe et le procès, etc.

L'étude des potentialités d'occurrence permettra de constituer des classes à partir de la considération d'un corpus. Soient les phrases :

Le chien   mord.
Le voyageur disparaît.
Le soleil   brille.
L' enfant   arrive.

L'étude du corpus permettra de dégager les classes 1, 2, 3, correspondant aux « parties du discours » article, nom, verbe. La constitution de classes et leur affinement en sous-classes (du type N_{an} / N_{inan}, V_i / V_t, c'est-à-dire nom animé / nom inanimé, verbe intransitif / verbe transitif, etc.) doivent permettre au grammairien de formuler les règles qui produiront toutes les phrases acceptables de la langue et elles seules. Dans le corpus donné plus haut, la sous-classification doit permettre d'éviter **Le chien brille, *Le soleil mord,* et permettra *Le chien arrive, le soleil disparaît.*

La notion de *classe distributionnelle* rend compte de certaines ambiguïtés des énoncés réalisés. *Je vais voir* peut noter un mouvement (« Je me rends là-bas, pour voir ») ou un futur (« Je verrai dans peu de temps »), selon l'appartenance de classe du segment *vais :* V ou Aux (verbe ou auxiliaire). On peut ainsi, au sein d'une grammaire structurale, opposer l'ambiguïté due à la classe (*Je vais voir* au sens 1 et au sens 2) et l'ambiguïté due à la structure de constituants : *Des boutiques de frivolités désuètes* pourra s'analyser en *(Des boutiques de) (frivolités désuètes)* ou *Des boutiques (de frivolités) désuètes.*

La notion de classe distributionnelle s'est révélée fructueuse en linguistique structurale à divers niveaux (analyse phonologique, analyse morphématique, et jusqu'à l'analyse de discours de Z. S. HARRIS). Mais elle ne peut rendre compte de toutes les ambiguïtés de la langue; cette constatation est un des points de départ de la critique de N. CHOMSKY. *La peur du gendarme* n'est désambiguïsé ni par la considération des classes distributionnelles, ni par l'analyse en constituants immédiats. Seule l'histoire dérivationnelle de la phrase (passage de la structure profonde à la réalisation morphophonologique) peut rendre compte de la double interprétation sémantique de la structure superficielle.

2. La notion de *classe* est utilisée en sémantique structurale sur le modèle de la logique des classes. Par exemple, on établit la taxinomie des termes de parenté en étudiant les rapports de classe entre les différentes unités; la classe des denotata du mot *parent* est plus grande que celle des denotata du mot *père*, on dira que *père* est à l'égard de la classe des parents en relation d'*hyponymie*. Ce terme remplace avantageusement le terme ambigu d'*inclusion :* en effet, si *parent* est plus inclusif pour autant qu'il regroupe plus de denotata (définition en extension de la classe /parent/), *père* est plus inclusif en tant qu'il groupe plus de traits sémantiques (définition en compréhension de la classe

/père/). L'opposition hyperonyme *(parent)* / hyponyme *(père)* est plus satisfaisante; elle est fréquemment utilisée en sémantique structurale.

3. On appelle *classe de morphèmes* l'ensemble de morphèmes ayant le même environnement. Dans l'environnement du suffixe adverbial *-ment* figurent *(doux) douce, (amical) amicale, (péjoratif) péjorative*, etc.; ces morphèmes constituent une classe de morphèmes définis par l'environnement *-ment;* ils s'opposent à une autre classe de morphèmes comme *rouge, aîné, bon*, etc., qui ont en commun avec la classe précédente certains environnements, mais qui n'ont pas celui-là.

4. On appelle *classe de mots*, en linguistique structurale et distributionnelle, une catégorie* de mots définis par des distributions analogues dans des cadres de phrase préalablement déterminés. Ainsi, on définira une classe de déterminants par la position exclusive qu'ils ont en français de précéder une autre catégorie, les noms. Les classes de mots remplacent les parties du discours de la grammaire traditionnelle.

5. On appelle *classes nominales* les catégories caractérisées par l'emploi de certains suffixes, appelés *indices de classe* ou *classificateurs*, entre lesquelles certaines langues négro-africaines répartissent les noms selon la nature des êtres ou des choses qu'ils désignent (humain, actant, nombre, etc.).

6. On appelle *classe paradigmatique* ou *distributionnelle* le regroupement en une même classe des morphèmes lexicaux ou grammaticaux qui peuvent être substitués les uns aux autres dans de nombreuses phrases, c'est-à-dire qui possèdent les mêmes propriétés distributionnelles. Soit la phrase :
Je mange un morceau de —
Les morphèmes suivants peuvent commuter à la place indiquée par le tiret : *viande, pain, fromage*, etc. Ils appartiennent à la même classe distributionnelle.

7. On appelle *classe des suites (de morphèmes)* l'ensemble de suites de morphèmes ayant les mêmes environnements. Ainsi, les suites de morphèmes *presse-citron, pousse-café, tire-bouchon* appartiennent à la même classe parce qu'elles ont les mêmes environnements dans le syntagme nominal comme *ce—, le—*, etc.

8. On appelle *classes d'équivalence* les classes fondées sur l'équivalence* ou identité de distribution; leur établissement est l'objet de la linguistique distributionnelle en analyse de discours* (Z. S. HARRIS).

La première opération consiste à rechercher entre les énoncés des termes identiques (pivots). Tout ce qui précède et tout ce qui suit le pivot, dans un énoncé donné, est dit équivalent de tout ce qui, dans un autre énoncé, précède ou suit le même pivot. On détermine ainsi une première série de classes. Dans un deuxième temps, tout ce qui précède (ou suit) deux éléments d'une même classe d'équivalence apparaissant dans des énoncés différents est rangé dans de nouvelles classes. On peut ainsi établir un tableau à double entrée où l'ordre horizontal représente les rapports entre classes d'équivalence et l'ordre vertical les différents segments d'énoncés.

Reprenons une partie du texte cité par Z. S. HARRIS : *Des millions de gens ne peuvent pas se tromper; quatre personnes sur cinq dans l'ensemble* disent qu'elles préfèrent la lotion capillaire X; quatre personnes sur cinq dans l'ensemble ne peuvent pas se tromper : vous aussi et toute votre famille, vous préférerez la lotion capillaire X. Vous serez satisfait. On aura un premier pivot ne peuvent pas se tromper. D'où une classe A comprenant *Des millions de gens, quatre personnes sur cinq*. On aura un second pivot, *quatre personnes sur cinq*. D'où une classe B comprenant *disent qu'elles préfèrent la lotion capillaire X, ne peuvent pas se tromper*.

Le tableau prendra la forme :

A	B
A_1 *Des millions de personnes*	B_1 *ne peuvent pas se tromper*
A_2 *Quatre personnes sur cinq*	B_2 *disent qu'elles préfèrent la lotion capillaire X*

Pour aller plus loin dans la réduction, il faut supposer connues certaines règles de la langue (rapport entre le « pronom » et le référé, par exemple; transformations grammaticales permettant de poser *a priori,* en langue, l'équivalence de l'actif et du passif correspondant, ou de la relative et de la phrase de base dont elle dérive).

classème

Dans la terminologie de B. POTTIER, le *classème* est constitué par l'ensemble des sèmes* génériques.

Toute unité lexicale se définit, du point de vue sémantique, par un ensemble de sèmes (traits sémantiques minimaux), ou sémème. Ce sémème se compose de sèmes de nature diverse :

a) un ensemble de sèmes purement virtuels, de nature connotative (*rouge* = « danger »); l'ensemble de ces sèmes constitue le virtuème (ces sèmes virtuels ne s'actualisant que dans certaines combinaisons données de discours);

b) un ensemble de sèmes constants, mais spécifiques : c'est par des sèmes spécifiques que *rouge* se distinguera (1) de *vert* (autre couleur) et (2) de *pourpre* (nuance du rouge). Cet ensemble constitue le sémantème;

c) enfin, un second ensemble de sèmes constants, mais génériques. Un sème générique indique l'appartenance à une classe (pour *rouge* : couleur). Cet ensemble sémique constitue le classème.

Ainsi, le classème constitue, avec le sémantème et le virtuème, l'ensemble sémique total de l'unité lexicale, son sémème, selon la formule:

$$\text{sémème} = \underset{\text{virtuème}}{\text{sémantème} - \text{classème}}$$

Chez A.J. GREIMAS, la considération du contexte (simplement évoquée précédemment par l'opposition connotation / dénotation) entraîne une certaine distorsion de la terminologie ci-dessus. La manifestation en discours de deux ou plusieurs noyaux sémiques (configuration sémique en langue) entraîne la manifestation de sèmes contextuels. Ce sont ces sèmes contextuels qui recevront ici le nom de *classèmes*. Les sèmes contextuels nés du rapprochement de *chien/commissaire* avec *aboie (le chien aboie / le commissaire aboie)* dépendent, en effet, de la classe « sujet » : classe des animaux dans le premier cas, classe des humains dans le second. Le sème contextuel [cri animal] et/ou [cri humain] recevra donc le nom de classème.

classificateur

On appelle *classificateur* un affixe utilisé, en particulier dans les langues négro-africaines, pour indiquer à quelle classe nominale appartient un mot. (Syn. : INDICE DE CLASSE.)

classification

1. La *classification* est une opération linguistique qui consiste à répartir les unités linguistiques dans des classes ou des catégories qui ont les mêmes propriétés distributionnelles, sémantiques, etc. (V. CATÉGORISATION; *Classification croisée,* v. CROISÉ.)

2. On classe les langues en leur assignant une parenté plus ou moins grande fondée sur une communauté d'origine plus ou moins ancienne et des points de ressemblance plus ou moins nombreux : c'est une *classification génétique* ou *historique* qui permet d'établir des familles* de langues. On les classe aussi selon des listes de critères linguistiques préétablis (syntaxiques, morphologiques), sans se préoccuper d'autres ressemblances et encore moins d'une possible communauté d'origine : on a alors une classification typologique ou typologie*.

classique

1. On qualifie de *classique* un état* de langue correspondant à un moment de la culture pris comme référence et norme (en particulier dans l'institution scolaire); les états de langue qui précèdent sont appelés *préclassiques* et ceux qui suivent *postclassiques*. Le concept de « classique » est lié à l'idée finaliste que la langue a atteint à un moment donné un état d'équilibre et de perfection, par rapport auquel les états antérieurs apparaissent imparfaits et les états postérieurs comme manifestant une décadence.

2. On donne le nom de *français classique* à un « état de langue », s'étendant du début du XVIIe siècle à la fin du XVIIIe, considéré comme relativement stable et comme s'opposant par un ensemble de traits au français de la Renaissance (XVIe siècle) et au français contemporain (fin du XVIIIe - XIXe siècle).

clausule

A la fin d'un membre de phrase ou d'une phrase, les mots peuvent être disposés de manière à réaliser un certain rythme quantitatif, tonique ou accentuel. La prose latine fondait les *clausules* métriques sur certaines combinaisons de brèves et de longues : la clausule héroïque reproduisait ainsi la fin de l'hexamètre ($- \cup \cup - \cup$), vers des poèmes héroïques. Les clausules rythmiques sont fonction des accents toniques de mot ou de suites de mots.

clic, click

Un *clic* est un son claquant*. Certaines langues africaines dites « langues à clics » en font une utilisation linguistique : ce sont quelques langues bantoues, dont le zoulou est la plus importante, et deux langues génétiquement isolées, parlées elles aussi en Afrique du Sud : le hottentot et le bochiman. (V. CLAQUEMENT.)

cliché

En stylistique, on appelle *cliché* toute expression recherchée qui constitue un écart de style par rapport à la norme et qui se trouve banalisée par l'emploi trop fréquent qui en a déjà été fait *(l'aurore aux doigts de rose, l'astre des nuits)*.

On distingue le cliché de divers autres phénomènes linguistiques : avant d'être un cliché, l'expression *aux doigts de rose* est chez HOMÈRE une épithète de nature accolée à *aurore* pour des considérations prosodiques et stylistiques particulières. Le syntagme figé *(grande personne, prendre le train)* n'est pas non plus assimilé au cliché pour autant qu'il ne constitue pas un écart stylistique.

clitique

On donne parfois le nom de *clitiques* aux pronoms atones du français, comme dans *il ME l'a dit* (TE, SE, LE, etc.).

clivage

En grammaire générative, le *clivage* est une opération d'enchâssement de relative accompagnée de l'extraction d'un des syntagmes nominaux de cette relative. (V. CLIVÉ.)

clivé

En grammaire générative, une phrase est *clivée* quand l'enchâssement d'une relative dans la matrice s'accompagne de l'extraction d'un syntagme nominal constituant de la phrase relativisée. Ainsi, en français, il y a transformation de clivage et phrase clivée quand à partir de *J'aime le chocolat* on obtient *C'est le chocolat que j'aime* par extraction de *le chocolat* et relativisation par *que*. (V. PSEUDO-CLIVAGE.)

cluster

Syn. : AGGLOMÉRAT.

coalescence

La *coalescence*, ou contraction, est la fusion de deux ou plusieurs éléments phoniques en un seul, comme le passage de la diphtongue latine [aw] à la voyelle française [ɔ] (latin *aurum* → *or*) ou l'apparition de la voyelle [ɛ] en français moderne à partir de la séquence formée par la voyelle palatale [a] ou [ɛ] et le glide [j] dans des mots comme *lait, reine,* etc., prononcés à une époque antérieure [lajt], [rɛjn].

co-articulation

On appelle *co-articulation* la coordination de divers mouvements articulatoires pour la réalisation d'une même unité phonique. Ainsi, la fusion intime entre les différents éléments d'une même syllabe se traduit par des phénomènes de co-articulation tels que la nasalisation des voyelles, dans toutes les langues, sous l'influence assimilatrice des consonnes nasales suivantes par un mouvement anticipé d'ouverture des fosses nasales. De même, dans un mot comme *abus,* l'articulation du [b] présente un arrondissement des lèvres qui anticipe progressivement la réalisation du [y]. La réalisation d'un même phonème implique la combinaison de plusieurs articulations, dont certaines correspondent à des choix phonétiques (habitudes articulatoires) ou phonologiques, mais dont d'autres sont nécessairement entraînées par la présence de certains traits : ainsi, l'ouverture vocalique s'accompagne d'une durée plus longue, car le mouvement des mâchoires se superpose au mouvement des lèvres.

codage

Syn. : ENCODAGE.

code

Un *code* est un système de signaux — ou de signes, ou de symboles — qui, par convention préalable, est destiné à représenter et à transmettre l'information entre la source — ou émetteur — des signaux et le point de destination — ou récepteur.

Un code peut être formé de signaux de différentes natures, soit de sons (code linguistique), soit de signes écrits (code graphique), ou de signaux gestuels (mouvements des bras d'un homme qui tient un drapeau sur un bateau ou sur une piste d'aérodrome), ou de symboles comme les panneaux de signalisation routière, ou encore de signaux mécaniques comme les messages tapés en morse, etc.

Les signaux qui forment un code sont en nombre restreint; le nombre même de ces signaux est le plus souvent conventionnel et il ne varie qu'avec l'accord des usagers du code.

Intégré dans le processus de la communication, un *code* est un système de transmutation de la forme d'un message* en une autre forme qui permet la transmission du message. Par exemple, l'écriture est un code qui permet de transformer en message graphique un message acoustique; de même des signaux morses sont un code permettant de transformer un message graphique en un message de forme mécanique. L'opération de transmutation de la substance message en sa nouvelle forme codée s'appelle *codage* ou *encodage*. L'encodage se fait au niveau de l'émetteur-encodeur. Une fois codé, le message peut être transmis par l'intermédiaire du canal*, qui est le moyen par lequel le code ou les signaux sont transmis. La forme codée n'a subi aucune modification de sens. Cette forme parvient ensuite au point de destination — destinataire ou récepteur-décodeur — au niveau duquel s'effectue l'opération de *décodage,* au cours de laquelle la forme codée se voit assigner un sens. L'ensemble des processus constituant la transmission du code, du codage au décodage, constitue le processus de la communication*. Le code étant une forme qui permet la transmission d'un message, d'une information, les signaux émis, nouvelle forme de la substance message, doivent pouvoir être compris par le récepteur afin que la communication puisse s'établir. Le code est donc un système conventionnel explicite. La convention est donnée, explicitement formulée. La forme codée peut de ce fait être identifiée par le récepteur.

Les langues naturelles, qui sont les systèmes de communication par excellence, ont la forme d'un système de signes, ou code linguistique, formés de signes* vocaux — ou phonèmes — en nombre restreint, combinables, et dont les règles de combinaison, conventionnelles et communes à l'ensemble des utilisateurs du code, permettent la formation de signes linguistiques d'un niveau supérieur, les morphèmes.

coder

Une fois qu'on a décidé de la série des concepts à communiquer, *coder* c'est établir les éléments physiques capables d'emprunter le canal, et qui correspondent à ces concepts. (V. CODE.)

cognitif

On appelle *fonction cognitive*, ou *fonction référentielle*, du langage la fonction de communication, considérée par certains linguistes comme la seule importante : cette fonction se traduit dans la langue par la phrase assertive servant à informer, à faire connaître une pensée à un interlocuteur. (V. DÉNOTATION.)

co-hyponyme

Les *co-hyponymes* d'un terme A sont les unités lexicales dont le signifié est inclus dans celui de A, qui est dit superordonné*. Soit la série *chaise, pouf, tabouret, fauteuil, banquette*, on dira que ces mots (et d'autres) sont co-hyponymes entre eux et hyponymes* de *siège*. Pour être co-hyponymes, les unités, dans la hiérarchie des inclusions successives, doivent être de même niveau (ne doivent pas entretenir des rapports d'inclusion). *Tulipe, rose, œillet*, etc., sont co-hyponymes entre eux et hyponymes du superordonné *fleur*. En revanche, *tulipe noire* ou *œillet de Nice* sont hyponymes, respectivement *tulipe noire* de *tulipe*, *œillet de Nice* de *œillet*, mais non co-hyponymes.

collectif

1. On appelle *collectif* un trait distinctif de la catégorie du nombre* indiquant la représentation d'un groupe d'entités, par ailleurs isolables : ainsi, *la chênaie* désigne « un groupe de chênes ». Le terme *chênaie* a le trait distinctif « collectif », noté [+ collectif].

2. On appelle *nom collectif* un nom désignant une réunion d'entités, par ailleurs isolables, conçue comme une entité spécifique. Les noms collectifs peuvent être dérivés de noms comptables au moyen d'affixes spécifiques, comme *chênaie* par rapport à *chêne* au moyen de l'affixe *-aie*. Ces affixes peuvent avoir une valeur péjorative comme *-aille* dans *valetaille*. Les noms collectifs peuvent être aussi des noms-racines, comme *la foule*, ou des noms de nombre dérivés comme *dizaine, douzaine*.

collocation

On appelle *collocation* la distribution établie entre les morphèmes lexicaux d'un énoncé, abstraction faite des relations grammaticales existant entre ces morphèmes : ainsi, les mots *construction* et *construire*, bien qu'appartenant à deux catégories grammaticales différentes, ont les mêmes collocations, c'est-à-dire qu'ils se rencontrent avec les mêmes mots.

coloration

On appelle *coloration* le phénomène d'assimilation progressive (anticipation) ou régressive par lequel une voyelle communique sa couleur* aux consonnes contiguës : ainsi, la consonne vélaire [k] reçoit une coloration palatale dans le mot *qui, cinquième*, etc. La coloration des consonnes par les voyelles avoisinantes est une tendance caractéristique du français, surtout du français populaire et des dialectes, par rapport à d'autres langues comme l'anglais et l'allemand. La coloration peut aboutir à un changement phonologique, dont un des exemples le plus frappant est le phénomène de palatalisation qui a marqué fortement le passage du système phonologique latin à celui des langues romanes par l'apparition de nouveaux phonèmes : [k] + [i] ou [e] → [tʃ] en italien et en espagnol, [ts] en ancien français, etc. L'évolution de certaines langues, comme celle du vieil irlandais, offre un système complet de coloration des consonnes auquel on donne le nom d'infection*.

combinaison

1. La *combinaison* est le processus par lequel une unité de la langue entre en relation, sur le plan de la parole, avec d'autres unités elles aussi réalisées dans l'énoncé. (V. RANG, RAPPORT.)

Sans définir le terme de *combinaison*, F. DE SAUSSURE le fait entrer en opposition avec le terme de *substitution*. On peut donc dire à sa suite que l'axe syntagmatique est celui des combinaisons, pendant que l'axe paradigmatique est celui des substitutions. On appelle *syntagme* la combinaison de plusieurs éléments dans un énoncé.

Pour F. DE SAUSSURE, certaines des combinaisons constatées dans l'énoncé réalisé sont du domaine de la parole, pour autant que ces combinaisons ne répondent pas à des mécanismes linguistiques impératifs : « Le propre de la parole, c'est la liberté des combinaisons. » Si l'on se réfère à la définition de la parole comme « 1° les combinaisons par lesquelles le sujet parlant utilise le code de la langue en vue d'exprimer sa pensée personnelle; 2° le mécanisme psycho-physique qui lui permet d'extérioriser ces combinaisons », on est amené à chercher des exemples de *combinaisons libres* relevant de la parole. On n'en trouve guère, sauf au niveau de la phrase. Les exemples de F. DE SAUSSURE sont, en effet, toujours des exemples de combinaison déterminée par la langue. (V. RAPPORTS SYNTAGMATIQUES.)

En effet, les combinaisons non libres sont du domaine de la langue. F. DE SAUSSURE donne deux types d'exemple :

(1) les expressions *à quoi bon ?, allons donc!, à force de, pas n'est besoin de...* etc. Il fait alors remarquer que « ces tours ne peuvent être improvisés et qu'ils sont fournis par la tradition ». On remarquera qu'il en va de même pour toute construction, et que la distribution* de *manger (X mange Y)* ou de *Paul (Paul + fait, mange, voit X* ou *X voit, écoute, parle à + Paul)* n'est pas moins impérative si elle est plus délicate à établir.

(2) le dérivé *indécorable*. Ce mot est fabriqué selon le principe de la quatrième proportionnelle, à partir de *décorer*, sur le modèle du rapport *pardonner / impardonnable*. F. DE SAUSSURE voit là une combinaison de la langue, non de la parole. C'est dire que toute néologie relève du mécanisme de la langue.

2. En phonétique, on appelle *combinaison* l'agencement par simultanéité ou par contiguïté de deux ou plusieurs articulations. Les phonèmes complexes résultent de la combinaison de deux articulations simultanées (l'une occlusive et l'autre fricative pour les affriquées comme le [dʒ] de l'anglais *Jane,* l'une vélaire et l'autre labiale pour les labiovélaires comme le [w] du français *oui* [wi], etc.). La combinaison de deux phonèmes contigus obéit à des règles combinatoires* qui varient suivant les différentes langues, et s'accompagne de modifications résultant de l'influence réciproque que ces phonèmes exercent l'un sur l'autre (changements combinatoires*).

3. En psycholinguistique, on appelle *combinaison* l'association, dans la séquence « item-stimulus et réponse », de mots déjà rencontrés dans une suite réelle de la langue, dans une phrase.

combinatoire

1. L'*analyse combinatoire* repose sur le postulat qu'une grammaire est un mécanisme fini, c'est-à-dire que ses unités et ses règles sont en nombre fini. La méthode combinatoire de la grammaire structurale consiste (1) en la prise en considération des seuls contextes des unités (analyse du corpus), (2) en la recherche des contraintes qui s'exercent sur les unités dans la chaîne parlée.

La théorie de F. DE SAUSSURE se fonde sur la nécessité de définir toute unité de la langue selon deux axes : celui des oppositions (axe paradigmatique) et celui des combinaisons (axe syntagmatique).

Sur l'axe des combinaisons, les unités entretiennent des rapports de contraste et non d'opposition. On définira la *fonction combinatoire* des unités comme leur possibilité de s'associer entre elles pour former des groupes qui permettent la réalisation d'unités de niveau supérieur : combinatoire de phonèmes aboutissant au morphème, combinatoire de morphèmes aboutissant au lexème ou au syntagme, et cela jusqu'au discours.

Une analyse combinatoire part d'un corpus de matériaux linguistiques et tente de rendre compte des énoncés par des formules structurelles spécifiant les classes acceptables de séquences. Il s'agit, à tous les niveaux, d'arriver à une taxinomie, à un classement ordonné. La distribution des segments est repérée à tous les niveaux par des procédures de même nature.

Par exemple, la lexicologie structurale emprunte l'essentiel de sa démarche à l'analyse phonologique; pour l'analyse combinatoire, les contraintes qui s'exercent sur les morphèmes ne sont pas différentes par nature de celles qui pèsent sur les phonèmes. La *combinatoire sémantique* est définie, dans la même perspective, comme un calcul du sens des énoncés à partir de leur syntaxe, c'est-à-dire des combinaisons de morphèmes.

La critique que fait N. CHOMSKY de la linguistique structurale porte, entre autres, sur la notion de combinatoire; ce n'est pas sans raison que la linguistique structurale s'est intéressée à la théorie de l'information : elle y cherche ses modèles d'explication des faits du langage. Or, ni le modèle distributionnel, ni le modèle de grammaire de constituants immédiats n'expliquent la totalité des phénomènes de production d'énoncés. La notion de créativité du langage (aptitude de tout locuteur à comprendre ou produire un nombre indéfini d'énoncés jamais encore formulés) accroît la difficulté de rendre compte de l'ensemble des faits par l'analyse combinatoire. La réflexion sur les grammaires formelles a permis de prendre conscience des possibilités et des limites de cette procédure linguistique.

2. En phonétique, un *changement combinatoire* est la modification phonétique que subit un phonème au contact d'un phonème voisin et qui résulte en général de la tendance à l'assimilation*. Ainsi la plupart des consonnes modifient leur point d'articulation et leur timbre selon la nature des voyelles qui les entourent : la consonne [k] est plus ou moins vélaire et plus ou moins aiguë suivant qu'elle se trouve devant une voyelle palatale (aiguë), comme [i], ou devant une voyelle vélaire (grave), comme [u]. Le phonème français /k/ présente ainsi deux variantes* combinatoires, dont l'une, palatalisée, apparaît par exemple dans le mot *qui* et l'autre apparaît dans le mot *cou*.

Les changements combinatoires que subissent les consonnes au contact des voyelles relèvent principalement de quatre phénomènes : la palatalisation, la vélarisation, la labialisation, la labiovélarisation. (V. aussi VARIANTE.)

comitatif

Le *comitatif* est le cas* exprimant l'accompagnement (ex. : *Il est venu* AVEC SES PARENTS), souvent réalisé par un syntagme prépositionnel. Le comitatif se confond parfois avec l'instrumental, avec lequel il a en commun certains moyens morphologiques (par exemple, la préposition *avec*).

commentaire

Le *commentaire* est la partie de l'énoncé qui ajoute quelque chose de nouveau au thème, qui en « dit quelque chose », qui informe sur lui, par opposition au topique* qui est le sujet du discours, l'élément qui est donné par la situation, par la question de l'interlocuteur, qui est l'objet du discours, etc. Ainsi, dans *Pierre est venu hier, Pierre* est le topique et *est venu hier* est le commentaire, qui, dans les langues indo-européennes, s'identifie au prédicat*.

commun

1. L'adjectif *commun* prend des sens différents selon qu'il est utilisé en grammaire historique ou en grammaire descriptive.

(a) En grammaire historique, *commun* qualifie un état, généralement non attesté, qui serait celui d'une langue donnée (parfois non attestée elle-même) avant sa différenciation en langues ou dialectes différents. Ainsi, on postule pour les différentes langues slaves, germaniques, un slave commun, un germanique commun.

b) En grammaire descriptive, *commun* caractérise l'ensemble des formes admises par des peuples de langues ou dialectes apparentés pour communiquer entre eux : ainsi, le grec commun ou *koinê* des IVe-IIIe siècles av. J.-C.

c) Enfin, les planificateurs linguistiques ont établi des langues d'union, comme l'ibo commun, où les différences dialectales sont éliminées, afin de constituer une langue de large intercommunication.

2. En grammaire traditionnelle, on appelle *noms communs* (par opposition à *noms propres*) les noms qui s'appliquent à un être ou à un objet appartenant à toute une catégorie, à toute une espèce : *homme, livre, enfant* sont des noms communs.

communauté

1. On appelle *communauté linguistique* un groupe d'êtres humains utilisant la même langue ou le même dialecte à un moment donné et pouvant communiquer entre eux. Quand une nation est monolingue, elle constitue une communauté linguistique. Mais une communauté linguistique n'est pas homogène; elle se compose toujours d'un grand nombre de groupes ayant des comportements linguistiques différents; la forme de langue que les membres de ces groupes utilisent tend à reproduire d'une manière ou d'une autre, dans la phonétique, la syntaxe ou le lexique, les différences de génération, d'origine ou de résidence, de profession ou de formation (différences socio-culturelles). Une communauté linguistique n'est donc jamais entièrement homogène. Elle se subdivise en de nombreuses autres communautés linguistiques inférieures. Tout individu appartenant à la communauté peut évidemment appartenir en même temps à plusieurs groupements linguistiques. Il est parfois difficile de distinguer des différences de communauté linguistique les différences de style relevant des diverses fonctions de la langue et des diverses situations sociales où la langue est employée (style soutenu, familier, etc.).

Ainsi, on peut dire que les habitants d'une vallée qui utilisent un certain idiome appartenant à une langue déterminée forment une communauté linguistique; de même une nation tout entière, de même, d'une certaine manière, Québécois et Français de France, ou simplement les membres d'une profession utilisant un argot* ou un vocabulaire technique; de même, enfin, un groupe donné, par exemple des lycéens ou des soldats à un moment donné de leur existence. Le concept de communauté linguistique implique simplement que soient réunies certaines conditions spécifiques de communication remplies à un moment donné par tous les membres d'un groupe et uniquement par eux; le groupe peut être stable ou instable, permanent ou éphémère, à base sociale ou géographique.

2. La notion de *communauté socio-culturelle* est différente des notions de communauté linguistique et de groupe de langue maternelle. La communauté socio-culturelle est une collection d'individus qui, à partir de facteurs sociaux (historiques, professionnels, raciaux, nationaux, géographiques) ont en commun certains comportements humains qui les opposent à d'autres individus considérés de ce fait comme appartenant à d'autres communautés socio-culturelles. La communauté socio-culturelle est caractérisée, entre autres, par un certain nombre de représentations collectives relevant notamment de l'idéologie et de la culture. Dans les civilisations modernes, l'individu peut appartenir à un grand nombre de communautés socio-culturelles (géographique, politique, philosophique, etc.). Dans la mesure où on peut supposer l'existence d'un rapport entre les faits de parole (modèle d'utilisation) et la société, la définition des communautés socio-culturelles a une grande importance pour l'étude de la langue.

communication

1. La *communication* est l'échange verbal entre un sujet parlant, qui produit un énoncé destiné à un autre sujet parlant, et un interlocuteur dont il sollicite l'écoute et/ou une réponse explicite ou implicite (selon le type d'énoncé). La communication est intersubjective. Sur le plan psycholinguistique, c'est le processus au cours duquel la signification qu'un locuteur associe aux sons est la même que celle que l'auditeur associe à ces mêmes sons.

Les *participants à la communication,* ou acteurs de la communication, sont les « personnes » : l'ego, ou sujet parlant qui produit l'énoncé, l'interlocuteur ou allocutaire, enfin ce dont on parle, les êtres ou objets du monde.

La *situation de communication* est définie par (1) les participants à la communication, dont le *rôle* est déterminé par *je (ego)*, centre de l'énonciation; (2) les dimensions spatio-temporelles de l'énoncé ou contexte situationnel : relations temporelles entre le moment de l'énonciation et le moment de l'énoncé (les aspects et les temps), relations spatiales entre le sujet et les objets de l'énoncé, présents ou absents, proches ou éloignés, relations sociales entre les participants à la communication ainsi qu'entre eux-mêmes et l'objet de l'énoncé (les types de discours, les facteurs historiques, sociologiques, etc.). Ces *embrayeurs de la communication* sont symbolisés par la formule « je, ici, maintenant ».

Le *statut de la communication* est défini par la distance sociale, ou intersubjective, instituée par *je* avec ses interlocuteurs (ainsi la différence entre *tu* et *vous* traduit une intimité ou une relation sociale différente), et par la manière dont *je* envisage son énoncé. Ainsi, l'énoncé peut être plus ou moins pris en considération, assumé par le locuteur : cela se traduit par les modes et les aspects du verbe, et par des adverbes comme *peut-être, sans doute,* c'est-à-dire par ce qu'on appelle les modalisations*.

2. Au sens que lui donnent les théoriciens des télécommunications et les linguistes, la *communication* est le fait qu'une information est transmise d'un point à un autre (lieu ou personne). Le transfert de cette information est fait au moyen d'un message qui a reçu une certaine forme, qui a été codé. La première condition, en effet, pour que la communication puisse s'établir, est le codage de l'information, c'est-à-dire la transformation du message sensible et concret en un système de signes, ou code, dont la caractéristique essentielle est d'être une convention préétablie, systématique et catégorique.

Quand la communication s'établit, nous disons que les parties composantes de cette transmission forment un système de communication. Le schéma de la communication suppose la transmission d'un message* entre un émetteur et un récepteur possédant en commun, au moins partiellement, le code nécessaire à la transcription du message. Un système comporte les éléments suivants :

1º Le code, qui comprend des signaux spécifiques et un ensemble de règles de combinaisons propres à ce système de signaux; dans les langues naturelles, le code est constitué par les phonèmes, les morphèmes et les règles de combinaison de ces éléments entre eux (par opposition à la parole, constituée par les énoncés réalisés, ou messages);

2º Le canal, support physique de la transmission du message, moyen par lequel le code ou les signaux sont transmis : c'est l'air pour le cas de la communication verbale, mais le canal peut avoir des formes très diverses : bandes de fréquence radio, lumières, systèmes mécaniques ou électroniques divers, etc.;

3º L'émetteur, qui est à la fois la source du message, l'émetteur proprement dit, comportant les mécanismes du codage et l'appareil émetteur lui-même. On dit de l'émetteur qu'il est un encodeur, c'est-à-dire qu'il sélectionne à l'intérieur du code un certain nombre de signaux permettant de transmettre le message;

4º Le récepteur-décodeur. C'est à la fois l'appareil qui reçoit le message (oreille ou récepteur-radio) et le destinataire proprement dit du message (cerveau humain pour le langage parlé, auditeur pour la radio, etc.). Le processus du décodage se fait au niveau du récepteur-destinataire par la « recherche en mémoire » des éléments sélectionnés par l'émetteur et constituant le message;

5° Le recodage, ou réencodage, opération par laquelle le message codé, puis décodé, reçoit une nouvelle forme. Par exemple, on dicte un télégramme (forme acoustique), qui est transcrit sur une feuille de papier (forme graphique), puis tapé en morse (forme mécanique) et finalement transmis sous forme d'impulsions électriques.

Il est possible de figurer graphiquement quelques schémas de communication.

a) *Schéma mathématique* qui peut traduire ce qui se passe dans un matériel téléphonique :

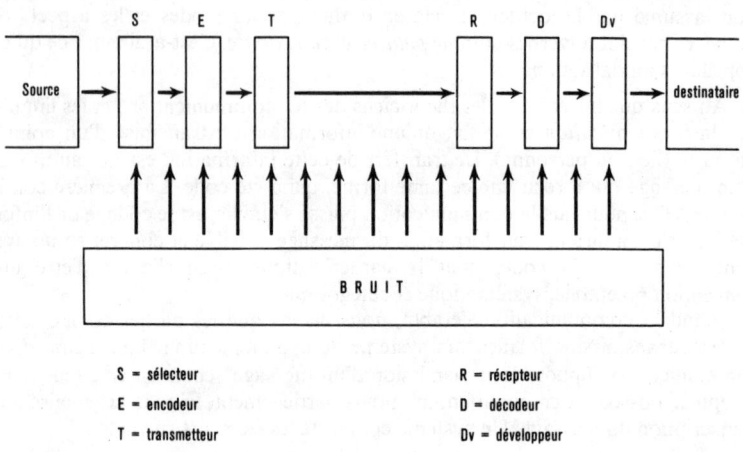

S = sélecteur
E = encodeur
T = transmetteur

R = récepteur
D = décodeur
Dv = développeur

b) *Schéma de la traduction* qui introduit la notion de recodage du message :

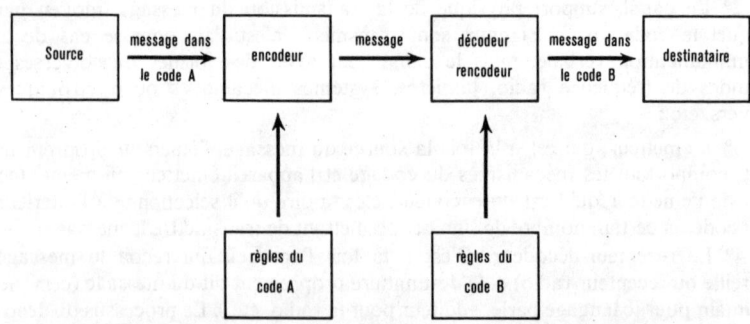

Dans ce type de communication, l'émetteur et le destinataire n'ont pas le même code.

c) *Schéma linguistique de R. Jakobson :*

CONTEXTE

DESTINATEUR――――――― *MESSAGE* ―――――――*DESTINATAIRE*
CONTACT
CODE

Dans ce schéma, R. JAKOBSON introduit la notion de contexte (ou référent) saisissable par le destinataire et qui est soit verbal, soit susceptible d'être verbalisé — et la notion de contact, canal physique et connexion psychologique entre le destinateur et le destinataire, contact qui leur permet d'établir et de maintenir la communication.

d) *Schéma de F. de Saussure.* Ce schéma représente le circuit de la parole humaine entre deux interlocuteurs A et B. F. DE SAUSSURE expose que le point de départ du circuit se trouve dans le cerveau de l'un des interlocuteurs, A par exemple, où les faits de conscience, appelés concepts par F. DE SAUSSURE, sont associés aux représentations des signes linguistiques ou images acoustiques servant à leur expression. Un concept donné déclenche dans le cerveau une image acoustique correspondante (phénomène psychique); puis le cerveau transmet aux organes de phonation une impulsion corrélative à l'image (processus physiologique); les ondes sonores se propagent alors de la bouche de A à l'oreille de B (processus physique); enfin, le circuit se prolonge en B dans l'ordre inverse : de l'oreille au cerveau, transmission physiologique de l'image acoustique; dans le cerveau, association psychique de cette image avec le concept correspondant. Si B parle à son tour, son cerveau donnera aux organes de phonation une impulsion, et le processus suivra par les mêmes phases successives que le processus précédemment décrit. L'ensemble de ce processus est reproduit graphiquement de la façon suivante par F. DE SAUSSURE :

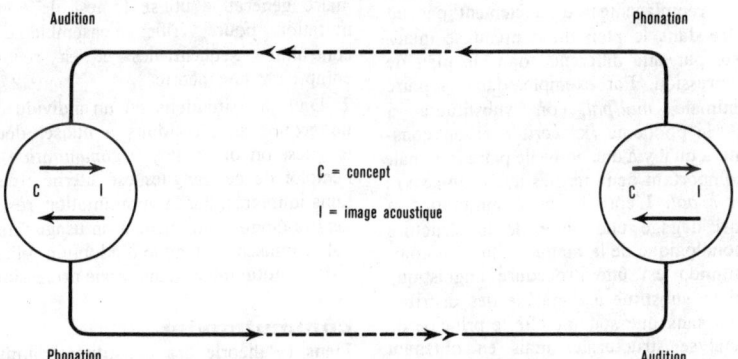

C'est donc au niveau du cerveau que se déroulent les opération d'encodage et de décodage, le cerveau jouant le rôle à la fois d'émetteur et de récepteur du message. C'est dans le cerveau également que sont déposés les éléments du code et que s'enchaînent les opérations de « recherche en mémoire », le cerveau joue donc un peu le rôle de l'unité centrale d'un ordinateur.

communion

On appelle *communion phatique* la fonction d'un énoncé qui a pour objet principal non de communiquer une information, d'exprimer un ordre ou un sentiment, mais de maintenir le contact entre le locuteur et l'interlocuteur (le terme *allô* au téléphone; certaines interjections, etc.), ou de manifester conventionnellement un désir d'entrer en communication (ainsi : *Il fait beau*, qui peut servir de formule d'introduction dans une conversation).

commutable

On dit que deux éléments d'expression (phonèmes, morphèmes, syntagmes) sont *commutables* quand ils entrent dans de nombreuses constructions identiques, c'est-à-dire quand ils ont des environnements identiques : ils peuvent alors se substituer l'un à l'autre avec la même validité grammaticale. Ainsi, *crayon* et *stylo* sont commutables dans des constructions comme : *J'écris avec un —. Prête-moi ton —, j'ai oublié le mien*, etc.

commutation

1. La *commutation* est une épreuve (test) qui doit servir à montrer si la substitution d'un élément à un autre dans le plan de l'expression, en un rang déterminé (phonème, morphème), entraîne une différence dans le plan du contenu ou, inversement, si le remplacement d'un élément par un autre dans le plan du contenu se manifeste par une différence dans le plan de l'expression. Par exemple, dans la paire minimale *mal/pal*, on substituera à /m/ le phonème /k/ écrit *c* et on constatera qu'il y a une nouvelle paire minimale (comportant deux termes ayant un sens) : *cal / pal*. L'épreuve de commutation a ainsi dégagé une unité de la structure phonologique de la langue : /m/. La commutation est une procédure linguistique qui se substitue à l'analyse des distributions sans que soit modifié le principe de l'analyse structurale, mais en obtenant plus rapidement des résultats.

La *commutation* est donc l'opération par laquelle le linguiste vérifie l'identité paradigmatique de deux formes de la langue. Cette identité paradigmatique doit être distinguée de l'identité formelle ou sémantique; elle se définit simplement par l'aptitude à entrer dans les mêmes constructions.

Ainsi, la non-identité sémantique de *table* et *chaise* n'empêche pas la commutation : *La table est verte / La chaise est verte*. La non-identité formelle de *pomme de terre* et de *carotte* n'empêche pas la commutation : *La pomme de terre est un légume / La carotte est un légume*.

Le test de commutation demande que soient définis des critères pertinents : *chaise* et *table* commutent dans le paradigme du mobilier, non dans celui des sièges. Il reste que la description sémantique du français doit aussi rendre compte de l'acceptabilité de l'énoncé *s'asseoir sur la table* : la commutation *chaise / table* reste ici possible, malgré le sémantisme propre à *table*.

L'exemple proposé établit que le test de commutation, inauguré dans la perspective de l'analyse en constituants immédiats (un élément ou groupe d'éléments est dit *constituant* s'il commute avec d'autres éléments ou groupes d'éléments de la langue), est exploité par la grammaire générative : utilisant pour la description linguistique la compétence du locuteur natif (intuition linguistique) et refusant le recours systématique au corpus, la grammaire générative utilise le test de commutation pour vérifier l'ensemble des contraintes séquentielles et en rendre compte par une théorie.

2. Dans les situations où un individu ou un groupe sont conduits à utiliser deux langues, on dit qu'il y a *commutation* si l'emploi de ces langues est alterné : certains immigrés, par la commutation, réservent la langue maternelle à un usage familial et utilisent la langue d'adoption à l'extérieur, notamment dans la vie professionnelle.

commutativité

Dans la théorie des constituants immédiats, on appelle *commutativité* l'aptitude de divers éléments ou groupes d'éléments de la langue à entrer dans les mêmes constructions. Par exemple, la commutativité de *chaise* et *fauteuil* est grande : la majorité des environnements acceptant *chaise* admettent aussi *fauteuil* (moyennant les adaptations grammaticales nécessaires); la commutativité de *chaise* et *table* est moindre (les formes **passer à chaise, *chaise d'opération,* etc., sont agrammaticales). C'est dire que le rapport paradigmatique entre *chaise* et *fauteuil* est plus étroit que celui qui relie *chaise* et *table*.

compact

Les *phonèmes compacts* sont ceux dont le spectre acoustique présente une concentration de l'énergie plus élevée dans une région relativement étroite et centrale, par rapprochement des deux formants principaux (du pharynx et de la bouche). Les phonèmes compacts sont articulatoirement centrifuges : il s'agit des voyelles ouvertes [a], [ɛ], [ɔ], [u], etc., et des consonnes vélaires et palatales [k], [g], [ʎ], [ʃ], [ʒ], etc., dont la cavité buccale présente un résonateur plus ample en avant du resserrement le plus étroit qu'en arrière. Les phonèmes compacts s'opposent aux phonèmes diffus.

comparaison

1. La *comparaison* est une opération qui consiste, en grammaire comparée*, à étudier parallèlement deux langues en dégageant les différences, ou surtout les correspondances, qui en révèlent souvent la parenté.

2. La rhétorique distingue la *comparaison* de la métaphore* par un caractère formel : la comparaison, ou mise en parallèle de deux sens, est toujours introduite par *comme* ou un synonyme *ainsi que, de même que,* etc.; en outre, le terme qu'on compare et celui auquel on le compare sont également présents : ainsi dans *Un* BONHOMME *rond comme un* TONNEAU. Dans la métaphore, l'absence d'unités introductrices de la comparaison entraîne la substitution au terme originel du terme qu'on lui compare : *Elle avait sur la tête une véritable pièce montée* (substitution de « véritable pièce montée » à « chapeau »); *Cet homme, un véritable tonneau, pèse 102 kilos* (identification par apposition).

3. En grammaire traditionnelle, on appelle *subordonnée de comparaison* une proposition subordonnée introduite par *de même que, ainsi que, comme,* etc., et instituant une comparaison entre cette subordonnée et une phrase principale. Parmi les subordonnées de comparaison se trouvent aussi les subordonnées introduites par *que,* dépendant d'un comparatif : dans *Pierre est plus prudent que Paul, que Paul* est une subordonnée de comparaison.

4. Les *degrés de comparaison* sont des indices affectés à un adjectif (ou un adverbe) qui représentent une qualité susceptible d'être plus ou moins élevée, plus ou moins intense. Le degré peut être envisagé en lui-même, indépendamment de toute comparaison avec d'autres êtres ou objets (degré absolu), ou par comparaison avec d'autres êtres ou objets (degré relatif). On exprime le degré d'une qualité (adjectif) ou d'une modalité (adverbe) par le positif (qualité énoncée telle quelle), le comparatif (qualité donnée comme remarquable en soi, ou plus ou moins élevée, ou égale par rapport à d'autres), le superlatif (qualité donnée comme supérieure en absolu ou supérieure ou inférieure par rapport à d'autres).

comparatif

Le *comparatif* est le degré de comparaison de l'adjectif ou de l'adverbe qui exprime la qualité ou la modalité à un degré égal, supérieur ou inférieur soit à cette même qualité ou modalité chez un autre être ou objet, soit à une autre qualité. On distingue donc un *comparatif d'égalité* ou *équatif (Pierre est aussi grand que Paul, Pierre est aussi grand que bête),* un *comparatif de supériorité (Pierre est plus grand que Paul, Pierre est plus travailleur qu'intelligent),* un *comparatif d'infériorité (Pierre est moins grand que Paul, Pierre est moins ignorant que simplement distrait).* Les comparatifs sont constitués avec des adverbes de quantité *(assez, moins, plus),* mais aussi avec des affixes : ainsi en latin les comparatifs de supériorité *(major* de *magnus)* sont formés avec l'affixe *-ior.*

comparatisme

On donne le nom de *comparatisme* aux recherches de grammaire comparée*.

comparatiste

On appelle *comparatistes* les linguistes spécialistes des études de grammaire (ou linguistique) comparée, qui font prévaloir dans leur démarche scientifique les conclusions, les hypothèses ou les points de vue de la grammaire comparée*.

comparée (grammaire)

La *grammaire comparée*, ou *linguistique comparée*, est l'une des deux branches de la linguistique, l'autre étant la *linguistique descriptive*. Les succès qu'elle a rencontrés au XIXe siècle, notamment dans l'étude des langues indo-européennes, ont été tels qu'on a longtemps réduit la linguistique scientifique à l'étude historique comparative. Son élaboration commença avec J. G. Herder, J. Grimm, A. W. et F. von Schlegel et W. von Humboldt, qui en jetèrent les bases théoriques, mais surtout avec F. Bopp, A. Schleicher et la découverte de la parenté des langues indo-européennes. La grammaire comparée confronte les mots (surtout le vocabulaire usuel) de deux langues ou de plusieurs langues données. Il peut y avoir ressemblance pour la forme et le sens entre certains mots, comme en anglais et en allemand *son* et *Sohn*, *mother* et *Mutter*, *brother* et *Bruder*, *six* et *Sechs*, *seven* et *Sieben*, *have* et *habe;* on pose alors pour chacun de ces mots l'hypothèse qu'ils remontent à une forme unique qui a évolué de deux manières différentes. C'est là qu'on a fait intervenir les lois phonétiques (v. néo-grammairiens) permettant de retracer les étapes successives par lesquelles la forme unique (ou étymon) est passée pour aboutir aux formes modernes (ou attestées). On a établi ainsi la parenté* qui permet de dire que deux langues se sont développées à partir d'une même langue (parenté génétique). Le terme de *comparé*, ou *comparatif*, aurait pu, en réalité, s'appliquer aussi à une discipline s'occupant des affinités fortuites. La grammaire comparée s'est confondue avec la grammaire historique parce qu'elle est née et s'est développée à l'époque romantique férue d'histoire nationale et de culture populaire; d'où la tendance à admettre que chaque langue reflète les modes de pensée du peuple qui l'utilise et que l'unité de langue correspond à l'unité de race. La famille indo-européenne, représentée par la plupart des langues d'Europe (famille* de langues), a fourni à la grammaire comparée la meilleure matière de recherche. En effet, ces langues, qui, contrairement à ce qu'on a pu penser, n'avaient pas une supériorité intrinsèque sur les autres, avaient conservé des textes anciens remontant à des centaines, voire des milliers d'années. Dans la mesure où les langues sont parentes et représentent des formes progressivement divergentes, les différences sont de moins en moins grandes au fur et à mesure qu'on remonte dans le temps. Il est sans doute possible de prouver l'existence d'une famille indo-européenne par le simple examen de l'état contemporain de chacune des langues, mais l'existence de textes a facilité bien des choses. En appliquant à l'étude des langues indo-européennes les méthodes éprouvées, les linguistes comparatistes ont pu se passer de tout texte ancien pour établir d'autres parentés : la comparaison du fox, du cree, du menominee et de l'ojibwa a permis de décrire le proto-algonkin central; on a pu aussi établir les parentés entre langues africaines, par exemple. Certaines disciplines relevant de la linguistique historique, comme la glottochronologie*, ont même permis de dater certains faits et de mesurer le degré de parenté.

compensatoire

En phonétique, les *procédés de compensation*, ou *procédés compensatoires*, sont des types d'articulation différents qui permettent d'obtenir le même effet acoustique. Ainsi, dans la prononciation de la voyelle [œ] du français *œuf* [œf], réalisée en général comme une voyelle antérieure semi-ouverte et arrondie, le facteur articulatoire d'arrondissement peut disparaître, sans que cela se traduise par une modification du spectre acoustique, s'il est remplacé par un léger retrait de la langue. Ces deux procédés ont pour effet d'abaisser la fréquence propre de la cavité buccale en augmentant son volume, ce qui entraîne une bémolisation du timbre vocalique. Le premier procédé est le plus normal en français, le second est le procédé normal en anglais, par exemple pour la voyelle de *girl,* mais la voyelle française et la voyelle anglaise appartiennent au même type acoustique.

En phonologie diachronique, on appelle *phénomène compensatoire* un changement qui a pour effet de pallier les risques de confusion entraînés par un autre changement antérieur ou simultané. Ainsi, dans le dialecte piémontais, la disparition des voyelles finales autres que *a* a pour conséquence une augmentation du nombre des homonymes dans la langue; mais, par ailleurs, l'apparition d'une série vocalique labiopalatale [y], [ø], [œ] supplémentaire réduit la proportion d'homonymes et permet le maintien d'un équilibre.

compétence

Dans la terminologie de la grammaire générative, la *compétence* est le système de règles intériorisé par les sujets parlants et constituant leur savoir linguistique, grâce auquel ils sont capables de prononcer ou de comprendre un nombre infini de phrases inédites. La compétence d'un sujet parlant français explique la possibilité qu'il a de construire, de reconnaître et de comprendre les phrases grammaticales, d'interpréter les phrases ambiguës, de produire des phrases nouvelles. Cette intériorisation de la grammaire rend compte aussi de l'intuition* du sujet parlant, c'est-à-dire de la possibilité qu'a ce dernier de porter un jugement de grammaticalité sur les énoncés présentés. La tâche de la linguistique est de définir cette compétence, commune aux locuteurs qui appartiennent à la même communauté linguistique. La compétence, concept de la grammaire générative, correspond en partie à la « langue », concept de la linguistique structurale. La compétence s'oppose à la performance*, définie par l'ensemble des contraintes qui s'exercent sur la compétence pour en limiter l'usage : la performance rend compte des utilisations diverses de la langue dans les actes de parole.

On distingue une *compétence universelle*, formée de règles innées qui soustendent les grammaires de toutes les langues, et une *compétence particulière*, formée des règles spécifiques d'une langue, apprises grâce à l'environnement linguistique. Par exemple, si dans une structure du type $SN_1 + V + SN_2$ les deux syntagmes nominaux SN_1 et SN_2 sont identiques, s'ils sont co-référents (comme dans *Pierre lave Pierre*), il y a alors une transformation réflexive *(Pierre se lave).* La transformation réflexive est une règle universelle, mais le fait que la transformation se fasse par un pronom réfléchi (comme en français) ou par la forme moyenne du verbe (comme partiellement en grec) appartient à la grammaire de chaque langue et relève de la compétence particulière.

Les actes de parole, c'est-à-dire les phrases effectivement réalisées, relèvent, eux, de la performance.

complément

On désigne sous le nom de *complément* un ensemble de fonctions assurées dans la phrase par des syntagmes nominaux (ou des propositions qui peuvent se substituer à eux), que ces derniers soient objets, directs ou indirects, constituants de syntagmes verbaux ou de phrases ou qu'ils soient circonstants, constituants de syntagmes verbaux ou de phrases et complétant le sens des syntagmes constituants de la phrase élémentaire (SN + SV). Selon la nature de la relation sémantique entre le complément et le verbe, et selon que ce dernier est introduit par une préposition ou non, on parlera de *complément de relation* (le mot complété renferme l'idée d'une relation et le complément est l'objet de cette relation : *Le constructeur* DE L'IMMEUBLE) et de *complément de détermination* (le complément précise le complété : *Le chapeau* DE PIERRE); de *complément d'objet direct (Pierre lit* UN LIVRE), de *complément d'objet indirect (Pierre obéit* À SES PARENTS), de *complément circonstanciel (Pierre est* À LA MAISON). Dans une phrase comme *Pierre affirme qu'il viendra demain,* la fonction de la proposition *qu'il viendra demain* est celle d'un syntagme nominal complément de *affirme.*

On appelle *complément prédicatif* le constituant obligatoire d'un syntagme verbal dont le verbe est la copule : ce complément prédicatif peut être un adjectif *(Pierre est HEUREUX)* ou un syntagme nominal *(Pierre est UN INGÉNIEUR).*

On appelle *complément du sujet* la séquence qu'on trouve après les verbes ou les locutions impersonnelles et qui représente ce que la grammaire traditionnelle appelle le *sujet réel* de la phrase; ce complément donne le contenu sémantique du pronom sujet; ainsi, dans *Il est arrivé un malheur, malheur* est le complément du sujet (ou sujet réel de *est arrivé*). [V. aussi EXPANSION.]

complémentaire (distribution)

Deux éléments d'une langue sont dits *en distribution complémentaire* s'il n'existe aucun environnement où l'un puisse se substituer à l'autre. La notion de distribution complémentaire peut s'appliquer aux divers niveaux de l'analyse linguistique. Selon le niveau d'analyse, les unités en distribution complémentaire seront désignées différemment.

Par exemple, en phonologie, lorsque deux sons d'une langue sont en distribution complémentaire, constituant un même phonème, on les dira allophones*. C'est le cas de sons notés graphiquement en allemand par le digramme *ch;* leur réalisation phonétique est très différente dans *Bach, Buch,* etc., et dans *ich, Bücher,* etc. L'on dira que *ch* dur et *ch* mou sont en distribution complémentaire en allemand.

Sur le plan morphologique, il en va de même. Le pluriel du déterminant *le,* représenté graphiquement par *les,* recouvre en fait deux allomorphes* en distribution complémentaire, [le] et [lez], non susceptibles de commuter et spécialisés, le premier avec un environnement de droite à initiale consonantique, le second avec un environnement de droite à initiale vocalique ([le paRɑ̃]-[le zɑ̃fɑ̃]).

complémentarité

On dit que des unités lexicales sont *complémentaires* quand la négation de l'une dans un énoncé implique l'affirmation de l'autre, sur la base des propositions suivantes :

x est non-A ⊃ x est B
x est non-B ⊃ x est A

Ce qui se lit :

x n'est pas A IMPLIQUE x est B
x n'est pas B IMPLIQUE x est A

C'est le rapport qui existe entre *marié* et *célibataire,* par exemple. Par opposition à la complémentarité, l'antonymie* ne s'accompagne pas d'une double implication. La complémentarité doit être considérée comme un cas particulier de l'incompatibilité* pour des ensembles de deux termes. Ainsi, dans le cas de l'incompatibilité proprement dite, on aura

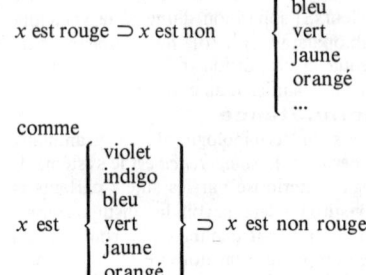

Il faut noter, toutefois, que contrairement à l'incompatibilité la complémentarité est fondée sur le principe dichotomique, qui joue un grand rôle en linguistique. L'utilisation de l'un des termes de la dichotomie présuppose l'applicabilité des termes. Ainsi, *marié* et *célibataire* peuvent être aussi peu appliqués en fait à *curé* ou à *chat* qu'à *bâton* (anomalie sémantique).

Toutefois, on constate bien souvent que dans ces dichotomies il peut y avoir des phénomènes de neutralisation. Ainsi, *mâle* et *femelle* sont normalement complémentaires; mais *chien* peut se voir appliquer aussi bien *mâle* que *femelle,* alors que *chienne* ne peut se voir appliquer que *femelle.*

complétive

On appelle *complétives* des phrases enchâssées dans d'autres phrases, à l'intérieur desquelles elles jouent le rôle d'un syntagme nominal sujet ou complément. Ainsi, dans *Jean annonce qu'il viendra demain,* la complétive *qu'il viendra demain* (subordonnée à *Jean annonce*) joue le rôle d'un syntagme nominal complément de *annonce (Jean annonce son arrivée).* Dans la phrase *Il est clair qu'il a été surpris,* la complétive *qu'il a été surpris* joue le rôle de sujet réel de *est clair (qu'il a été surpris est clair).* En français, les complétives peuvent être introduites par la conjonction (ou opérateur) *que (Je sais que Pierre est rentré)* ou être à l'infinitif, précédé ou non de la préposition (ou opérateur) *de (Je désire rentrer chez moi. Je crains de le rencontrer);* elles sont plus rarement au participe présent *(Je la vois courant vers la sortie).*

complétivisation

En grammaire générative, la *complétivisation* est une transformation consistant à enchâsser dans un syntagme nominal ou verbal une phrase qui joue le rôle d'une complétive. Ainsi, les phrases *Je dis que Paul viendra, Je crains de sortir, Le fait que Pierre est malade,* etc., sont issues par complétivisation de suites sous-jacentes comportant un constituant Σ (phrase); par exemple, *Je dis que Paul viendra* (Je dis cette chose + que Paul viendra) est issu de :

Σ_1 → Mod + P
(modalité + noyau)
P → SN + SV
(syntagme nominal + syntagme verbal)
SV → Aux + V + SN
(auxiliaire + verbe + syntagme nominal)
SN → Dét + N + Σ_2
(déterminant + nom + phrase)

et où Σ_2 sera représenté par *(que) Paul viendra : Je dis cela que Paul viendra.*

complétiviseur

En grammaire générative, le *complétiviseur* est un élément introduit au cours de la transformation complétive (complétivisation) pour réaliser l'enchâssement d'une phrase dans le groupe verbal ou le groupe nominal. Ainsi, en français, le morphème *que* est un complétiviseur dans : *Je dis* QUE *Paul est malade. Le fait* QUE *Pierre soit malade me chagrine.* La préposition *de* et l'affixe infinitif sont des complétiviseurs dans la phrase : *Je crains* DE *le rencontr*ER.

complexe

On appelle *phrase complexe* toute phrase générée par un ensemble de règles dont une au moins contient le symbole de la phrase à droite de la flèche, c'est-à-dire qu'un symbole est réécrit par une suite de constituants dont un au moins est une phrase. Ainsi, le syntagme nominal complément de *Je sais* dans la phrase *Je sais ce que Paul dira* est réécrit :

SN → D + N + Σ

alors que, dans les phrases simples, SN est réécrit par D + N *(Je lis* UN LIVRE*).* La phrase complexe est donc nécessairement formée de phrases simples; dans *Je sais ce que Paul dira,* les deux phrases sont *Je sais cela* et *Paul dira cela;* ces phrases simples sont coordonnées ou subordonnées, la phrase principale (ou matrice) est modifiée par la seconde phrase (ou constituante), qui est introduite par un relatif, une conjonction de subordination, etc. Les phrases simples qui sont les constituants d'une phrase complexe sont appelées *propositions.*

componentiel

L'*analyse componentielle* est une procédure visant à établir la configuration des unités minimales de signification (composants sémantiques, traits sémantiques, ou sèmes) à l'intérieur de l'unité lexicale (morphème lexical ou mot).

L'analyse componentielle est née de la constatation faite par les anthropologues américains de l'inadéquation des concepts, formés dans les civilisations indo-européennes, pour la description des cultures amérindiennes. Des procédures se sont peu à peu élaborées, soucieuses beaucoup plus de champs* conceptuels que de champs linguistiques; c'est-à-dire que les enquêteurs cherchent à obtenir, à travers des énoncés de la langue, des renseignements de nature, non pas linguistique, mais socio-culturelle (par exemple, quels sont les concepts rendant compte des liens familiaux dans telle civilisation). Les préoccupations d'ordre linguistique apparaissent toutefois avec les besoins de la traduction (en particulier, traduction de la Bible dans diverses civilisations au substrat économico-culturel aussi éloigné de celui du Proche-Orient antique que de celui des civilisations gréco-latines dans lesquelles s'est opérée la première diffusion des textes bibliques). Dès lors, sur la constatation linguistique de l'impossibilité d'une correspondance terme à terme entre langues, le recours à l'analyse componentielle s'est effectué dans une optique linguistique : quelle est la structure sémique capable de rendre compte des unités A, B, C de telle langue? la structure sémique des unités X, Y, Z de telle autre langue permet-elle d'établir un réseau de correspondances?

1. On présente ici les procédures de E. A. николай. La méthode proposée est comparative. Les distinctions sémantiques obtenues sont présentées en diagramme. Ensuite, une fois délimités les composants pertinents (sèmes) dans une culture donnée, on peut procéder à l'analyse componentielle de termes individuels. Il faudra décrire l'unité en terme de contexte linguistique et de contexte culturel. Le principe de base est qu'une description lexicale par oui ou par non est fallacieuse; le descripteur est confronté non à un problème de « vrai ou faux », mais « à celui du degré de vérité et de fausseté ». Les procédures devront rendre compte de cette exigence.

a) On procède d'abord au repérage du champ sémantique. Ainsi, travaillant sur le mot *sorcier* dans différentes langues primitives, le descripteur classe en liste verticale tous les noms du sorcier dans les langues considérées; en horizontale, toutes les fonctions du sorcier, quel que soit le mot employé. Les informateurs devront indiquer quel mot de la liste verticale correspond aux diverses fonctions de la liste horizontale (par ex. : le X soigne le bétail, le Y jette les sorts, etc.). Cette procédure permet un listage plus cohérent et plus complet des données.

b) Ensuite vient le repérage par le diagramme du champ. Un terme unique peut revêtir des sens très différents, mais il y a des relations clairement reconnues, reflétant généralement des faits culturels. Ici encore le contact de langues peut être mis à profit : la racine *kbd* de l'hébreu se traduit en français par « lourd, beaucoup, lent, abondant, pénible, difficile, oppressant, indolent, passif, richesse, respect, honneur, grand ». On aboutit à quatre types de gloses :
— quantité (sans valeur de jugement) : lourd, beaucoup;
— inertie sans valeur de jugement : lent;
— inertie avec jugement péjoratif : indolent, passif;
— valeurs culturellement reconnues : richesse, respect, honneur, grand;
— abondance (comme valeur négative) : pénible, difficile, etc.

On peut construire le diagramme :

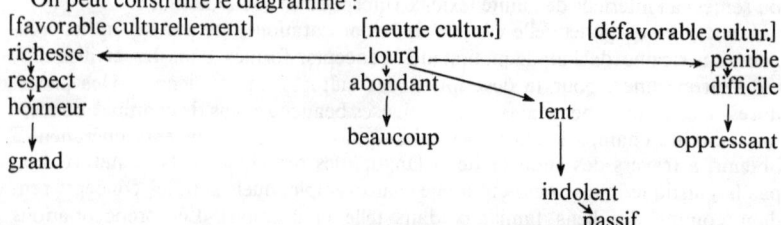

c) Le stade ultime de la procédure est l'analyse componentielle de termes individuels. Par exemple, le terme *jwok* en anuak (Soudan). A partir du corpus d'emploi du terme *jwok* tel qu'il a été recueilli auprès d'informateurs, on aboutit à un tableau de la forme suivante :

Composants	Contextes (phrases des informants)									
	1	2	3	4	5	6	7	8	9	10
Pouvoir extraordinaire	+	+			+	+	+	+	+	+
Personnalité humaine					+	+			±	±
Personnalité non-humaine	+	+								
Crainte	±	+	+	+	±	±	±	+	+	±
Respect	+	±	+	+	+	+	+		±	+
Séquences inhabituelles de causalité							+	+	+	+
Objets			+	+			+			
Processus							+	+	+	+

Les contextes sont :
1. *Celui qui a fait le monde est jwok;*
2. *Il faut apaiser les jū piny (pluriel de jwok) par des offrandes et sacrifices;*
3. *Les sanctuaires familiaux sont jwok;*
4. *Ce bosquet est jwok;*
5. *Le sorcier est jwok;*
6. *Les blancs sont jwok;*
7. *Les radios, les voitures, les avions, l'électricité sont jwok;*
8. *Tout ce qui est bizarre est jwok;*
9. *Le malade a été pris par le jwok;*
10. *Que faire ? tout dépend du jwok.*

En rapportant les phrases au tableau, on remarque que, selon des méthodes traditionnelles de définition, des discussions interminables s'élevaient pour savoir si *jwok* dénote un dieu personnel ou un pouvoir impersonnel. L'analyse componentielle permet de rejeter un système du « ou bien - ou bien » en faveur d'un système du « et - et », plus pertinent du point de vue lexical et culturel.

2. En face de cette application à des domaines conceptuellement définis, il existe une tentative d'extension de l'analyse componentielle au vocabulaire général (E. H. BENDIX). Les composants sémantiques recherchés sont ici dégagés de l'opposition mutuelle d'un groupe de verbes sélectionnés (verbes anglais, hindis et japonais correspondant grossièrement aux verbes français *obtenir, trouver, donner, prêter, emprunter, prendre, se débarrasser de, perdre, garder*). Il s'agit d'établir la présence ou l'absence d'un composant [A possède B] dans les verbes choisis. L'objectif à long terme étant une description sémantique de toute unité lexicale par les composants sémantiques (de type [A possède B]), il faudrait ensuite introduire les verbes étudiés dans de nouveaux groupements, où de nouvelles oppositions détermineraient de nouveaux composants sémantiques : par exemple, une fois reconnue la présence du sème relationnel [A possède B] dans *A prête B*, l'insertion de *prêter*, sous la forme *A prête B à C*, dans un groupe *montrer, raconter, dessiner, faire*, pourrait amener la considération d'un autre sème relationnel [A est en rapport avec C par B]. Les avantages de cette procédure sont essentiellement (1) de ne pas se plier au découpage conceptuel, puisque le point d'entrée dans l'étude du vocabulaire peut être arbitraire, (2) de permettre d'éviter les sèmes *ad hoc,* puisque chaque test visera à établir la présence ou l'absence d'un sème et non à épuiser la constitution sémantique d'une unité, (3) de viser à l'économie, puisque les sèmes seront aussi généraux que possible.

La méthode mise au service de ce projet consiste essentiellement en une batterie de tests où l'informateur est chargé non de porter un jugement d'acceptabilité sur les phrases, mais de choisir entre les phrases ou de les classer en fonction de leur interprétabilité. Voici un exemple de test de classement destiné à évaluer la présence ou l'absence du composant [B est à A] dans le verbe *prêter*. Classer :
1. *Puisqu'il me l'a seulement prêté, ce n'est pas vraiment à moi;*
2. *Puisqu'il me l'a seulement prêté, c'est vraiment à moi.*

L'analyse componentielle, dans les deux formes présentées ici entre autres, offre un ensemble de procédures bien au point. Il reste qu'elle est souvent contestée (1) au titre des objections traditionnelles faites à l'ethnolinguistique : systématisme de toute grille de décryptage, danger de création d'artefacts*, (2) au titre du fonctionnement réel de discours : s'il est important de comprendre comment le sens d'un mot est déterminé par les sens des autres mots du vocabulaire, il reste à rendre compte du rapport entre mots isolés et mots en discours (comment le sens d'une phrase se compose du sens des mots individuels).

comportement verbal
On désigne sous le nom de *comportement verbal* l'activité du sujet parlant consistant à émettre et à comprendre des énoncés linguistiques. (V. BÉHAVIOURISME.)

composant
1. Syn. de COMPOSANTE.
2. Dans la terminologie de l'analyse componentielle*, le *composant sémantique* est l'unité minimale de signification, non susceptible de réalisation individuelle. C'est toujours à l'intérieur d'une configuration sémantique, ou lexème, que se réalise le composant sémantique. Ainsi, un composant sémantique [crainte] intervient ou non dans telle ou telle occurrence d'un mot comme *jwok* (puissance divine, divinité, etc.) en anuak du Soudan. L'analyse componentielle se donne pour tâche de dégager les composants sémantiques propres à tel terme de la langue, ou propres à la description d'une occurrence donnée de tel terme de la langue.

Pour l'application de l'analyse componentielle au vocabulaire général, on a proposé de modifier la conception du composant sémantique en faisant ressortir que, loin d'être une unité positive mécaniquement additionnable à une autre, le composant sémantique pouvait être décrit en terme de relation : l'on obtiendrait ainsi un ensemble de relations aussi simples et économiques que possible, capables d'assurer la description de vastes ensembles du vocabulaire général. Par exemple, la considération de la présence ou de l'absence d'un composant sémantique relationnel [A possède B] permet un premier tri dans l'ensemble des verbes *prêter, prendre, obtenir, emprunter, louer,* etc.

composante
En grammaire générative, on donne le nom de *composante* (ou plus rarement de *composant*) à chacune des parties constitutives d'une grammaire : composante sémantique, composante syntaxique, composante transformationnelle et composante phonologique, ou à chacune des parties de la base d'une grammaire : composante catégorielle, composante lexicale.

composé

1. On appelle *mot composé* un mot contenant deux, ou plus de deux, morphèmes lexicaux et correspondant à une unité significative : *chou-fleur, malheureux, pomme de terre* sont des mots composés. (V. COMPOSITION.)

2. On appelle *passé composé* l'ensemble des formes verbales actives constituées d'un auxiliaire *avoir* (ou *être*) et d'un participe passé, et qui traduisent l'aspect* accompli; le passé composé, dans cette terminologie, s'oppose au *passé simple,* qui est constitué de la racine verbale et d'un affixe de temps passé. (V. PASSÉ, TEMPS.)

3. On dit d'un *bilinguisme* qu'il est *composé* (par opposition à *coordonné**), quand chez un sujet bilingue un même objet correspond à un mot différent dans chaque langue. C'est la situation des sujets qui ont appris une langue étrangère à l'école et pour qui la langue seconde traduit une même situation culturelle. (V. BILINGUISME.)

composition

Par *composition,* on désigne la formation d'une unité sémantique à partir d'éléments lexicaux susceptibles d'avoir par euxmêmes une autonomie dans la langue. A ce titre, la composition est généralement opposée à la dérivation*, qui constitue les unités lexicales nouvelles en puisant éventuellement dans un stock d'éléments non susceptibles d'emploi indépendant. On oppose ainsi des mots composés comme *timbre-poste, portefeuille,* et des dérivés comme *refaire, malheureux,* etc.

Les critères de la composition ne sont pas rigoureux. La nomenclature traditionnelle ne reconnaît comme composés que les termes dont les composants sont graphiquement soudés *(portefeuille)* ou reliés par un trait d'union *(chou-fleur).* C'est par une évolution récente que les lexicologues tentent de définir les procédés de composition (V. LEXIE, SYNAPSIE, SYNTHÈME). Dans cette optique, *chemin de fer* et *moulin à café* relèvent, en effet, du processus linguistique de la composition.

I. compréhension

On dit qu'un énoncé est *compris* quand la réponse de l'interlocuteur dans la communication instaurée par le locuteur est conforme à ce que ce dernier en attend, que la réponse faite soit un énoncé ou un acte. (V. INTERCOMPRÉHENSION.)

En analyse* de contenu, comme la comparaison des sujets (ou groupes de sujets) se fait en prenant comme invariant un texte ou un ensemble de textes, on évalue la compréhension des sujets par la restitution du texte ou par les procédures de condensation utilisées.

II. compréhension

On définit un ensemble *par compréhension* quand on indique les caractères (les propriétés) que les éléments de l'ensemble présentent nécessairement. On oppose la définition *par compréhension* à la définition *par extension** (énumération des attributs). Un concept s'étend à d'autant plus d'éléments qu'il réunit moins de caractères; ainsi, la compréhension et l'extension sont en raison inverse l'une de l'autre. Par exemple, on peut définir un cas *en compréhension :* l'accusatif latin indique l'objet d'un verbe transitif, l'expansion dans le temps, dans l'espace, etc.; on peut le définir aussi en extension: l'accusatif latin est défini par l'ensemble des formes qui présentent certaines caractéristiques (ainsi *rosam, Romam, annos* dans *rosam carpsit, Romam iit, tres annos vixit).*

comptable

On appelle *noms comptables* une sous-catégorie de noms désignant des entités perçues comme susceptibles d'entrer dans l'opposition *un / plusieurs* (singularité / pluralité); les noms *non-comptables* ou *massifs* désignent les entités qui sont considérées comme non susceptibles d'entrer dans cette opposition un / plusieurs. Ainsi, les morphèmes *table, télévision, homme, chien,* etc., sont des noms comptables, caractérisés, en français en particulier, par le fait qu'ils peuvent être accompagnés d'adjectifs numéraux : ils ont le trait [+comptable]. Les morphèmes *courage, laideur, vin, blé,* etc., sont des noms non-comptables; ils ne peuvent pas être accompagnés de numéraux : ils ont le trait [−comptable]. Toutefois, des noms peuvent être comptables en un sens et non-comptables dans un autre; ainsi *bois* est comptable dans le sens « forêt » et non-comptable dans le sens de « matière dont sont faites les arbres »; *veau* est comptable dans *Un veau est né à la ferme* et non-comptable dans *J'ai mangé du veau*. (V. RECATÉGORISATION.)

conatif

1. Le *conatif* est un type de formation verbale propre à exprimer l'effort; ainsi, en français l'imparfait peut être un conatif. Dans certaines langues, le conatif peut être exprimé par des affixes spécifiques.

2. R. JAKOBSON utilise le terme de *fonction conative* pour désigner la fonction impérative ou injonctive.

concaténation

Dans une règle de réécriture, le signe de *concaténation* + indique que des éléments constituants sont enchaînés les uns aux autres dans un ordre fixé par la formule. Dans la règle de grammaire

SN → D + N,

le signe + indique que le syntagme nominal doit être converti par D (symbole du déterminant) concaténé à N (symbole du nom), noyau du syntagme nominal.

Lorsque dans une règle de réécriture un constituant facultatif est concaténé à un élément constituant obligatoire, la concaténation des deux éléments est indiquée par la simple juxtaposition. Ainsi

Aux → T_{ps}(Parf) (M) (Parf)

indique que les constituants Temps, Parfait, Modal et Parfait sont concaténés, le constituant Temps étant le seul obligatoire.

concept

On donne le nom de *concept* à toute représentation symbolique, de nature verbale, ayant une signification générale qui convient à toute une série d'objets concrets possédant des propriétés communes. (V. RÉFÉRENT, SIGNIFIÉ.)

concessif

Une proposition subordonnée est dite *concessive* quand elle indique la raison qui pourrait s'opposer à l'action indiquée par la principale; elle est introduite par les conjonctions ou locutions conjonctives *bien que, quoique, malgré que, encore que, même si, quelque... que, si... que, tout... que*, etc. (*Bien que la séance fût terminée, de petits groupes restaient dans la salle*).

concomitance

Le terme de *concomitance* désigne un fait de redondance phonologique qui se produit lorsque deux phonèmes /p/ *vs* /b/ par exemple, ou deux séries corrélatives, s'opposent par plus d'un trait pertinent. Ainsi, en français, la corrélation /p f t s ʃ k/ *vs* /b v d z ʒ g/ repose sur une double opposition, une opposition de voisement et une opposition de tension. Quand l'une des oppositions est neutralisée, c'est l'autre qui assure la fonction distinctive. En cas de dévoisement de la consonne voisée (ex. : *un rude coup*) ou de voisement de la consonne non-voisée (ex. : *une patte de mouche*) le /d/ et le /t/ se distinguent respectivement par la laxité et la tension; par contre, en cas de tension de la consonne normalement lâche (ex. : *Bis!* prononcé avec force), le /b/ se distingue de la consonne homorganique /p/ (ex. : *Pisse!*) par le trait de voisement. Il n'est pas toujours simple de distinguer, en cas de concomitance, l'opposition sur laquelle repose principalement la fonction distinctive. Dans l'exemple précédent, c'est l'opposition de voisement qui a la principale fonction distinctive, car sa neutralisation est d'ordre combinatoire et n'entraîne pas de confusion. La neutralisation de l'opposition de tension, par contre, est d'ordre phonostylistique et entraînerait une ambiguïté s'il n'y avait pas l'opposition de voisement.

I. concordance

La *concordance* est un fait d'accord d'un type particulier. Alors que le phénomène auquel on réserve le nom d'*accord* indique le changement d'un mot, en nombre, en genre et en personne, conformément au genre, au nombre ou à la personne d'un autre mot relevant d'une catégorie différente, on appelle *concordance* le phénomène par lequel le verbe d'une subordonnée se met au mode ou au temps du verbe de la principale dont il dépend, contrairement au mode ou au temps que ce verbe aurait s'il n'était pas subordonné. Le latin connaissait des phénomènes fréquents de *concordance des modes :* notamment, quand un verbe était au subjonctif, tous les verbes dépendant de la proposition dans laquelle ce subjonctif se trouvait tendaient à se mettre au subjonctif, même quand ils auraient dû être à l'indicatif. Par un tour incorrect, mais fréquent, le français connaît la concordance dans la subordonnée exprimant la condition quand la principale est au conditionnel; on entend, par exemple : *Si j'aurais su, je ne serais pas venu* au lieu de *Si j'avais su, je ne serais pas venu.*

Le français connaît plus souvent la *concordance des temps,* fréquente aussi en latin; c'est ainsi que, quand le verbe principal est au présent ou au futur, le verbe de la subordonnée, à l'indicatif, se met au temps que réclame le sens; en revanche, quand le verbe de la principale est au passé, le temps du verbe de la subordonnée s'accorde à ce passé; on a l'imparfait pour exprimer la simultanéité par rapport au verbe principal *(Je disais qu'il venait = Je disais : il vient),* le futur du passé (dont les formes se confondent avec celles du conditionnel) pour la postériorité *(Je disais qu'il viendrait = Je disais : il viendra),* le plus-que-parfait pour l'antériorité *(Je disais qu'il était venu = Je disais : il est venu),* le futur antérieur du passé pour une action postérieure à celle du verbe principal, mais antérieure à un moment pris comme référence *(Je disais qu'il serait arrivé avant notre départ = Je disais : il sera arrivé avant notre départ).*

Quand le verbe de la subordonnée est au subjonctif, le système fonctionne de la même manière; en principe, le présent du subjonctif joue le rôle du présent et du futur, l'imparfait du subjonctif celui de l'imparfait de l'indicatif, le passé du subjonctif, les rôles du passé composé et du futur antérieur, le plus-que-parfait ceux du passé antérieur, du plus-que-parfait de l'indicatif, du futur antérieur du passé, du conditionnel passé. En réalité, la langue commune a tendance à substituer à ce système à quatre temps un système à deux temps (présent - futur exprimant la simultanéité ou l'action postérieure; passé exprimant l'action antérieure). On a ainsi :

LANGUE SOUTENUE
Je veux qu'il vienne (action de venir, postérieure à *je veux*).
Je doute qu'il vienne (action de venir postérieure ou simultanée par rapport à *je doute*).
Je voulais qu'il vînt (action de venir, postérieure à *je voulais*).
Je doutais qu'il vînt (action de venir, postérieure ou simultanée à *je doutais*).

LANGUE COMMUNE
Je veux, je doute } *qu'il vienne*
Je voulais, je doutais

Ce qu'on appelle les règles de concordance n'ont pas une application universelle. FERDINAND BRUNOT a même écrit : « Ce n'est pas le temps principal qui amène le temps de la subordonnée, c'est le sens. Le chapitre de la concordance des temps se résume en une ligne : il n'y en a pas. » C'est ainsi qu'on dira : *Certains ne croyaient pas que la terre soit ronde* (vérité générale indépendante). Sans aller aussi loin que F. BRUNOT, on peut considérer que la concordance est simplement un ajustement syntaxique des structures de surface, mais ne correspond pas à une structure profonde définie.

II. concordance

En technique lexicographique, une *concordance* est un index de mots présentés avec leur contexte. Une fois réalisée, l'indexation des mots d'un texte, d'un auteur, d'une époque fournit des renseignements sur les références des mots et éventuellement sur leur fréquence; aussi est-il souvent intéressant d'offrir à l'utilisateur la possibilité d'étudier parallèlement les divers emplois du même vocable. Le développement des techniques de dépouillement lexical a entraîné la publication de nombreuses concordances, en particulier au

Centre du vocabulaire français de Besançon, dirigé par B. QUEMADA.

concret

1. On appelle *noms concrets* une sous-catégorie de noms qui réfèrent à des objets du monde physique (ou de ce qui est considéré comme tel), par opposition aux *noms abstraits*, qui dénotent des entités appartenant à l'ensemble idéologique : ainsi, les noms *rocher, chaise, Jean, bière, dieu*, etc., sont des noms concrets, ils ont le trait [+concret], alors que *courage, pensée, jalousie*, etc., sont des noms non-concrets ou abstraits. Ils ont le trait [−concret]. Ces deux classes de noms se caractérisent par des syntaxes différentes; certains verbes impliquent un sujet concret, mais excluent un sujet abstrait. Ainsi, *courir, marcher, aboyer, germer* impliquent des noms concrets (animés et non-animés); leur emploi avec des noms abstraits ne peut se faire qu'avec un sens dit figuré.

2. *Cas concret, fonctions concrètes.* V. CAS. *Phrase concrète.* V. ABSTRAIT.

conditionné

On dit d'une forme linguistique (phonème, morphème, syntagme) qu'elle est *conditionnée* quand elle figure dans une phrase toutes les fois que certaines conditions précises apparaissent. La forme conditionnée est co-occurrente des conditions elles-mêmes. Ainsi, en anglais, l'affixe du pluriel des noms a trois formes /-z/, /-s/, /-iz/. Ces allomorphes du même morphème /Z/ sont *conditionnés phonologiquement* en ce sens qu'après les radicaux terminés par / b d g v ð m n ŋ r l ə j w h / on a /-z/, après les racines terminées par / p t k f θ / on a /-s/ et après les racines terminées par / s z ʃ ʒ č ž / on a /-iz/. Le pluriel de *ox* est *oxen* [aksin]; /-in/ est un allomorphe du pluriel qui n'est utilisé qu'avec *ox* /aks/ : il est *conditionné morphologiquement*.

conditionnel

1. On appelle *conditionnel* le mode* de la phrase que le locuteur ne prend que partiellement à son compte ou qu'il n'assume pas : *Paul viendrait-il ? Il pleuvrait demain que cela ne m'étonnerait pas. Pourriez-vous venir demain ?*

2. On donne le nom de *conditionnel* à un ensemble de formes verbales qui, en français, sont formées de la combinaison du futur et du passé (on dit aussi « forme en *-rais* », par opposition à la « forme en *-ra* » [futur] et à la « forme en *-ais* » [passé]), et qui traduisent le futur dans les complétives d'une phrase au passé : *Je pensais qu'il viendrait* correspond à la phrase au « présent » *Je pense qu'il viendra*.

conditionnement

En psycholinguistique, le *conditionnement* est un mécanisme physiologique d'association entre une stimulation (des stimuli) et un processus d'excitation interne ou externe qui la suit immédiatement, ou du moins de très près, et cela à plusieurs reprises. En ce cas, l'association ainsi réalisée transfère l'efficacité à la stimulation initiale qui déclenche alors les réactions qui dépendaient initialement de l'excitation; ainsi, la vue de la nourriture déclenche le processus salivaire chez le chien; si cette vue de nourriture est précédée d'un son de cloche, et cela à plusieurs reprises, le processus salivaire pourra être déclenché par le seul son de la cloche; il y a eu donc transfert d'efficacité. Le *conditionnement opérant* est une technique expérimentale proposée par le psychologue béhaviouriste B. F. SKINNER, par opposition au *conditionnement pavlovien*. Dans ce dernier cas, le sujet passif subit la situation expérimentale stimulus-réponse; dans le cas de SKINNER, le sujet est libre d'agir, mais sa réponse est suivie d'un renforcement établissant ainsi le circuit stimulus-réponse. (V. MÉDIATION.)

conduit

1. Le *conduit auditif* est une partie de l'oreille externe faisant communiquer le pavillon avec l'oreille moyenne. C'est un passage long d'environ 25 mm, ouvert à l'extrémité externe et fermé à l'autre par la membrane du tympan. Le conduit auditif joue le rôle d'un résonateur acoustique : il amplifie les ondes sonores qui le traversent à une fréquence proche de sa fréquence propre, qui est de 3 000 à 4 000 cycles par seconde. Il permet ainsi de déceler des sons la communauté linguistique. Ainsi, *rouge* dénote une couleur précise, définissable en termes de longueurs d'onde, pour la communauté française. La connotation est alors ce que la signification a de particulier à un individu ou à un groupe donné à l'intérieur de la communauté; par exemple, la connotation politique de *rouge* ne sera pas identique pour toute collectivité francophone. Une telle définition de la connotation ne va pas sans poser problème : si l'association de *rouge* et de *danger* est une connotation (pour autant qu'elle ne participe pas à la dénotation du terme), on remarquera cependant que cette valeur est reconnue de tout locuteur français.

Référence est souvent faite au contenu émotionnel du vocabulaire pour définir la connotation. Pendant que l'événement culturel symbolisé par le mot fournit la dénotation, le contenu émotionnel du mot, ressenti dans une culture donnée et forgé par cette culture, est à la base du sens connotatif. L'existence même du sujet parlant implique que tout mot possède un contenu connotatif.

Pour L. BLOOMFIELD, il y a trois types de connotation, manifestés dans (1) les niveaux de langue, (2) les tabous linguistiques et (3) le degré d'intensité des formes linguistiques. C'est dire que l'étude de la connotation a sa place au sein de la socio-linguistique. Pour L. HJELMSLEV, l'étude de la connotation échappe à la linguistique : les connotations apparaissent comme un contenu, qui a pour plan de l'expression l'ensemble du langage de dénotation. Ainsi, alors que le fonctionnement dénotatif de la langue est proprement linguistique (dans le cadre de la théorie saussurienne du signe), le jeu des connotations est supérieur au niveau de la langue : l'étude ne peut en être entreprise que dans le cadre d'une sémiotique, étude générale des signes et non plus des seuls signes linguistiques.

E. H. BENDIX fournit un test susceptible de distinguer connotation et dénotation, par l'utilisation de l'opérateur *mais*. On opérera sur un groupe de deux phrases, par exemple :

a) *Il m'amuse, mais il m'ennuie.*
b) *Il m'amuse, mais il ne m'ennuie pas.*

Dans une première approche, on remarquera que (a) est absurde (contradictoire) et (b) inintéressant (tautologique). C'est que *mais* + proposition contredit la dénotation de *amuser* (rendre gai, faire passer agréablement le temps, etc.).

Dans une seconde approche, on remarquera que certains contextes linguistiques peuvent rendre (a) logique et (b) juste légèrement déviant. C'est que *mais* + proposition contredit alors une connotation de *amuser* (lorsque *amuser* connote « faire perdre du temps »).

Il reste toutefois à noter le caractère vague du concept de connotation. En face de la dénotation, signification, référentielle de l'unité lexicale, la connotation joue souvent le rôle de débarras : sera caractérisé comme connotation tout ce qui n'est pas du domaine de la dénotation.

Le désordre terminologique peut aller fort loin. On citera cette phrase d'U. WEINREICH, qui contredit en bonne partie ce qui a été exposé ci-dessus : « Un critère de hiérarchisation (des composants sémantiques de l'unité lexicale) a été l'isolement de la désignation ou connotation (« sens lexical » dans la terminologie d'H. PAUL, « sens distinctif » chez L. BLOOMFIELD) pour l'étude linguistique, pendant qu'on reléguait la « pure » référence ou dénotation (« sens occasionnel, selon H. PAUL) à quelque autre champ d'étude. »

On considérera cependant les indications données précédemment comme correspondant à un usage plus courant des deux termes.

conscience linguistique

La linguistique saussurienne donne le nom de *conscience linguistique* au sentiment intime que le locuteur a des règles et des valeurs linguistiques : c'est la faculté de langage, proche de l'intuition* du locuteur natif de la linguistique générative.

consécutif

Une proposition est dite *consécutive* quand, subordonnée à une autre, elle en exprime la conséquence. Ainsi dans *Il est tellement paresseux qu'on ne peut obtenir de lui ce travail*, la proposition *qu'on ne peut obtenir de lui ce travail* est une proposition consécutive.

conséquent

1. On dit d'une proposition subordonnée qu'elle est *conséquente* quand elle suit la proposition principale : dans *Je sortirai, s'il fait beau*, *s'il fait beau* est un terme conséquent par rapport à *Je sortirai*.

2. On appelle *conséquent*, tout terme grammatical, appartenant à la classe des relatifs ou des conjonctions, qui introduit une proposition relative ou conjonctive annoncée dans la principale par un terme grammatical (appelé *antécédent**), corrélatif du terme *conséquent*. Ainsi, dans la phrase *Je l'ai retrouvé tel que je l'ai connu il y a dix ans,* le mot *tel* est antécédent et le mot *que* est conséquent.

consonantique

Un *son consonantique*, ou *contoïd*, est un son qui présente les caractéristiques essentielles des consonnes, c'est-à-dire un obstacle sur le passage de l'air entraînant une turbulence ou même une interruption du flux d'air qui se traduisent dans le spectre acoustique par une réduction de l'énergie totale. Tous les sons traditionnellement considérés comme des consonnes sont consonantiques. Ceux qu'on appelle traditionnellement semi-consonnes, les glides* comme [w], [j], [ɥ], ainsi que les voyelles, sont non-consonantiques.

consonne

La *consonne* est un son comportant une obstruction, totale ou partielle, en un ou plusieurs points du conduit vocal. La présence de cet obstacle sur le passage de l'air provoque un bruit qui constitue la consonne ou un élément de la consonne. Selon que ce bruit correspond à la fermeture ou au resserrement du conduit vocal après la prononciation d'une voyelle ou à son ouverture avant la prononciation d'une voyelle, la consonne est dite explosive comme le /p/ dans le mot français *pas*, ou implosive comme le /r/ dans le mot français *or*. En général, les consonnes se perçoivent mal toutes seules, sans le soutien d'une voyelle contiguë.

En phonétique articulatoire, on distingue différents types de consonnes d'après le mode d'articulation (ou mode de franchissement de l'obstacle*) et le point d'articulation* (ou obstacle).

En fonction du mode d'articulation, on distingue (1) les consonnes voisées des consonnes non-voisées selon que les cordes vocales vibrent ou non, (2) les consonnes nasales des consonnes orales selon que la position de la luette permet ou non l'écoulement de l'air par les fosses nasales, (3) les consonnes tendues (ou fortes) des consonnes lâches (dites aussi faibles ou douces) selon le degré de tension des muscles articulatoires. Selon le degré d'obstruction du conduit vocal, on distingue : (a) les occlusives, caractérisées par une fermeture totale; (b) les fricatives (ou constrictives), pour lesquelles le conduit vocal est simplement resserré; (c) les affriquées, qui combinent une occlusion et une frication; (d) les vibrantes, pour lesquelles l'écoulement de l'air est interrompu par de brèves occlusions successives; (e) les latérales, qui comportent un écoulement de part et d'autre d'une occlusion centrale; (f) les glides (semi-consonnes ou semi-voyelles), pour lesquelles le conduit vocal est à peine plus resserré que pour les voyelles. Toutes les consonnes pour lesquelles l'écoulement de l'air est interrompu (occlusives, affriquées, vibrantes) sont dites « momentanées ». Toutes les autres sont dites « sonantes » (ou « continues », ou « duratives »).

Le point d'articulation, ou obstacle, peut se situer dans le pharynx ou dans le larynx pour les consonnes dites « glottalisées », qui peuvent être occlusives ou fricatives. L'occlusion est double pour les clics ou consonnes claquantes, qui comportent deux occlusions, dont l'une obligatoirement vélaire. Les autres types de consonnes se différencient surtout par la nature des deux articulateurs principaux qui constituent l'obstacle : l'articulateur supérieur (lèvres, incisives, alvéoles supérieurs, palais dur antérieur, central ou postérieur, palais mou dit aussi « voile du palais », luette) et l'articulateur inférieur (lèvres ou incisives inférieures, pointe de la langue, revers de la pointe de la langue, dos de la langue antérieur, central ou postérieur).

Suivant la nature de l'articulateur supérieur, on distingue les labiales, les dentales, les alvéolaires, les prépalatales, les centro-palatales, les postpalatales, les vélaires (ou gutturales), qui se différencient en sous-types suivant la nature de l'articulateur inférieur. Les labiales peuvent être bilabiales ou labiodentales, les dentales peuvent être apicodentales ou apico-interdentales, les alvéolaires et les palatales peuvent être soit apicales ou apico-rétroflexes, soit dorsales (prédorso-alvéolaires, dorso-palatales), les vélaires peuvent être apicales ou dorsales (apico-vélaires, dorso-vélaires).

L'intervention d'un articulateur secondaire peut créer un deuxième obstacle qui oppose aux consonnes simples les consonnes complexes comme les affriquées, les chuintantes ou les glides bilabiovélaires ou bilabiopalatales.

Du point de vue acoustique, il n'est pas facile de définir les constituants acoustiques de la consonne. Leur interprétation spectrale est complexe, surtout pour les occlusives, qui apparaissent comme des parties blanches représentant le silence provoqué par l'interruption de l'écoulement de l'air. Dans tous les cas, on ne peut vraiment interpréter les spectres acoustiques des consonnes qu'en ayant recours aux effets produits sur les formants des voyelles placées à côté.

constante

1. On appelle *constante* une grandeur dont la présence est la condition nécessaire de la grandeur à laquelle elle est liée par une fonction et qui est la variable. Ainsi, dans une règle de la forme
$$SN \rightarrow D + N$$
(syntagme nominal se réécrit déterminant suivi de nom), les symboles D et N sont traités comme des constantes.

2. Au terme de *constante*, défini par opposition à *variable*, on substitue très souvent en linguistique invariant*. Une constante est constituée, par exemple, dans deux énoncés qui ne varient que sur certains points, par les parties d'énoncés qui ne changent pas. Dans *Jacques a bu de l'eau* et *Jacques a vu de l'eau*, je dirai que les constantes sont *Jacques a* et *de l'eau* (si je m'en tiens à l'analyse en mots) ou *Jacques a* et *-u de l'eau* (si je m'en tiens aux signes de l'écriture).

constatif

On dit d'une phrase qu'elle est *constative* quand elle décrit seulement l'événement (par opposition à performative*); par exemple : *Je me promène.*

constellation

En glossématique, le terme *constellation* désigne de manière précise la fonction qui existe entre deux fonctifs*, variables tous les deux.

constituant

En linguistique structurale, on appelle *constituant* tout morphème (ou mot) ou syntagme (c'est-à-dire toute expression) qui entre dans une construction plus vaste. Dans *Pierre vient à la maison avec ses amis,* les syntagmes *Pierre* et *vient à la maison avec ses amis* sont les constituants de la phrase. On distingue les constituants nucléaires, comme le sujet *Pierre* et le prédicat *vient à la maison,* parce qu'ils constituent le noyau*, et les constituants extra-nucléaires, comme l'adjoint* *avec ses amis.*

constituant immédiat

1. La théorie de la *structure en constituants immédiats* d'une phrase pose comme principe que toute phrase de la langue est formée non d'une simple suite d'éléments discrets, mais d'une combinaison de constructions formant les constituants d'une phrase, ces constituants étant à leur tour formés de constituants (de rang inférieur) : une phrase est ainsi faite de plusieurs *couches* de constituants. Soit la phrase :

L'enfant lance la balle.

La théorie des constituants en décrit la structure comme la combinaison (concaténation*) de deux constituants : un syntagme nominal *(L'enfant)* et un syntagme verbal *(lance la balle).* Chacun de ces deux *constituants immédiats* de la phrase est, à son tour, formé de constituants : le syntagme nominal *l'enfant* est formé d'un déterminant *(l')* et d'un nom *(enfant),* le syntagme verbal *lance la balle* est formé d'un verbe *(lance)* et d'un syntagme nominal *(la balle),* à son tour formé d'un déterminant *(la)* et d'un nom *(balle).* Les mots *l', enfant, lance, la, balle* sont les *constituants ultimes* de la phrase. Cette structure en constituants, représentable par un arbre* ou par un système de parenthèses (v. PARENTHÉTISATION), est la description structurelle de la phrase.

La théorie générale a été établie par L. BLOOMFIELD et la détermination des constituants a été réalisée par la méthode distributionnelle dont R. S. WELLS, CH. F. HOCKETT et Z. S. HARRIS ont élaboré les principes en définissant les notions de constituant discontinu*, d'expansion* et de transformation*, et lui ont donné toute son efficacité. La critique de l'analyse en constituants a été le point de départ de la grammaire générative. (V. aussi BOÎTE DE HOCKETT.)

2. On appelle *grammaire de constituants,* ou *grammaire syntagmatique,* une grammaire consistant en une liste finie d'éléments où l'élément de gauche dans la paire, formant une catégorie unique, correspond à une suite finie d'éléments à droite, formant une ou plusieurs catégories. Ainsi, une grammaire de constituants peut comporter les paires suivantes :

phrase : syntagme nominal + syntagme verbal
syntagme nominal : déterminant + nom
syntagme verbal : verbe + syntagme nominal
nom : garçon
etc.

constituante

On appelle *suite constituante,* en grammaire générative, toute suite enchâssée dans une suite matrice*. Soit la phrase *Prends le livre qui est sur le bureau,* la relative *qui est sur le bureau* est la suite constituante enchâssée dans la matrice *Prends le livre.*

constriction

On appelle *constriction* un resserrement du conduit vocal provoquant une turbulence de l'air laryngé qui s'entend comme un bruit de frottement, ou bruit fricatif, et qui caractérise la réalisation des consonnes dites constrictives ou fricatives comme en français [f], [v], [s], [z], [ʃ], [ʒ].

constrictive

Une *constrictive* est une consonne dont l'articulation comporte un resserrement ou constriction* en un point ou un autre du conduit vocal, de sorte que l'air, sans être complètement arrêté, s'écoule avec un bruit de frottement ou de frication, d'où le nom de *fricative** que l'on donne aussi à ce type de consonnes. Les consonnes [f], [v], [s], [z], [ʃ], [ʒ], [x], [χ] sont des fricatives.

Acoustiquement, la turbulence de l'air provoquée par le resserrement du chenal buccal se traduit sur le spectrogramme par une zone brouillée. Le segment fricatif se distingue aussi des autres segments consonantiques par une plus grande durée. Enfin, certaines différences spectrales permettent de distinguer entre elles les consonnes fricatives : ainsi [s] et [ʃ] se distinguent des autres fricatives par une plus haute intensité, mais l'énergie se concentre, pour [s] surtout, dans la région du spectre au-dessus de 4 000 cycles par seconde, et pour [ʃ] entre 2 000 et 3 000 cycles par seconde. Cependant, comme pour les occlusives, c'est surtout la nature des transitions du second formant* des voyelles voisines qui permet de distinguer une fricative d'une autre.

construction

1. En grammaire structurale, on appelle *construction* tout groupe pertinent de mots (ou de morphèmes) qui entre dans une construction plus vaste. Ainsi, *Le jeune enfant aime le chocolat* est formé de *Le jeune enfant,* qui est une construction constituante de la phrase; *jeune enfant* est lui-même une construction constituante du syntagme *Le jeune enfant.*

2. En grammaire traditionnelle, on appelle *construction* la manière dont les mots se groupent dans la phrase selon leur sens et selon leur rôle syntaxique, d'après les règles propres à chaque langue.

contact de langues

Le *contact de langues* est la situation humaine dans laquelle un individu ou un groupe sont conduits à utiliser deux ou plusieurs langues. Le contact de langues est donc l'événement concret qui provoque le bilinguisme* ou en pose les problèmes. Le contact de langues peut avoir des raisons géographiques : aux limites de deux communautés linguistiques, les individus peuvent être amenés à circuler et à employer ainsi tantôt leur langue maternelle, tantôt celle de la communauté voisine. C'est là, notamment, le contact de langues des pays frontaliers. Il peut y avoir aussi déplacement massif d'une communauté parlant une langue, conduite à s'installer pour quelque temps, longtemps, ou toujours, dans la zone géographique occupée par une autre communauté linguistique. Ce type de contacts de langues que l'ancienne Gaule a connu, notamment au moment des invasions germaniques, reste fréquent dans les cas d'immigration collective (Irlandais ou Portoricains aux Etats-Unis; d'une manière plus générale, c'est le type de contacts caractéristiques de l'extension à la plus grande partie de l'ancienne Gaule du parler francien donnant naissance au français.

Mais il y a aussi contact de langues quand un individu, se déplaçant, par exemple, pour des raisons professionnelles, est amené à utiliser à certains moments une langue autre que la sienne. D'une manière générale, les difficultés nées de la coexistence dans une région donnée (ou chez un individu) de deux ou plusieurs langues se résolvent par la commutation ou usage alterné, la substitution ou utilisation exclusive de l'une des langues après élimination de l'autre ou par l'amalgame, c'est-à-dire l'introduction dans des langues de traits appartenant à l'autre. L'utilisation du français dans les provinces de langues différentes s'est accompagnée et s'accompagne de ces trois types de situation.

contamination

On appelle *contamination* l'action analogique exercée par un mot, une construction, un élément phonique, sur un autre mot, une autre construction, un autre élément phonique; ainsi, *fruste* a subi l'action analogique de *rustre,* et son sens a été modifié par contamination. De même, la construction *se souvenir de* a contaminé la construction de *se rappeler* qui, en langue familière, se construit avec la préposition *de.*(V. ANALOGIE.)

contenu

Dans la terminologie de L. HJELMSLEV, le mot *contenu* s'oppose à *expression,* comme chez F. DE SAUSSURE *signifié* s'oppose à *signifiant*. Tout message comporte une face expressive et signifie quelque chose. Le contenu, c'est la face abstraite du message, son aspect conceptuel, l'objet du message.

Or, l'objet du message, tout comme l'expression du message, peut être considéré sous deux aspects complémentaires, comme forme (structure) et comme substance. La substance du contenu, c'est la mise en rapport du monde extérieur et de la faculté de parler, l'intention de communiquer quelque chose au sujet du réel. La forme du contenu, c'est la structuration de l'intention de communication par une langue donnée. La structure du contenu découpe la situation de façon spécifique. On constate que les traits de situation sont récursifs à l'intérieur d'une langue donnée. Pour reprendre un exemple de L. HJELMSLEV, on opposera, dans la désinence latine *-ibus*, un découpage en quatre éléments sur le plan de l'expression (quatre phonèmes) et un découpage en deux éléments sur le plan du contenu : datif-ablatif et pluriel.

L'étude du contenu débouche sur deux types d'analyse : (1) l'analyse* de contenu, couramment pratiquée par la sociologie et nettement distincte de l'analyse de discours; l'étude porte sur le rapport entre le niveau psycho-social et le monde réel, et les renseignements obtenus portent sur un domaine non linguistique; (2) la sémantique structurale, qui est déjà en projet chez L. HJELMSLEV. Au titre de cette étude, on pourra envisager le mot comme une entité à deux faces, lexème et sémème. Tandis que le lexème sera étudié par les méthodes de la lexicologie structurale (définition du lexème par ses rapports paradigmatiques et syntagmatiques), le sémème sera étudié comme unité de contenu, c'est-à-dire en fonction des « mots clefs » caractéristiques d'une société à une époque donnée, et du système de mots subordonnés qui en dépendent. Le lexème *chaise* une fois étudié dans ses rapports structuraux en lexicologie, il reste à étudier le sémème *chaise* dans l'ensemble des sièges, en fonction de la technologie et de la civilisation fournissant le paradigme des sièges dans le français contemporain.

context

On appelle règles *context sensitive* les règles dépendantes du contexte, c'est-à-dire où, dans la réécriture :

$$X \rightarrow VYZ$$

(X se réécrit Y dans le contexte V et Z), V et Z ne sont pas nuls.

On appelle règles *context free* les règles indépendantes du contexte, c'est-à-dire les règles où X peut être remplacé, dans la réécriture ci-dessus, par Y quels que soient V et Z.

contexte

1. L'environnement*, c'est-à-dire les unités qui précèdent et qui suivent une unité déterminée, s'appelle aussi *contexte* ou *contexte verbal*.

2. L'ensemble des conditions sociales qui peuvent être prises en considération pour étudier les relations existant entre le comportement social et le comportement linguistique est souvent désigné comme le *contexte social* d'utilisation de la langue. On dit aussi *contexte situationnel, contexte de situation* : ce sont les données communes à l'émetteur et au récepteur sur la situation culturelle et psychologique, les expériences et les connaissances de chacun des deux.

3. Les grammaires syntagmatiques font un grand usage de la notion de *contexte* : on peut les diviser en grammaires indépendantes du contexte et grammaires dépendantes du contexte. Soit une règle de réécriture

$$N \rightarrow N + et + N$$

(N peut être réécrit N + et + N); cette règle s'appliquera sans aucune limitation contextuelle (il suffira simplement que N apparaisse pour que la règle soit applicable); c'est une règle indépendante du contexte.

En revanche, si N ne peut être réécrit N + et + N que quand il est précédé ou suivi ou bien précédé et suivi de certaines unités, on dira que la règle est dépendante du contexte et on aura :

N → N + et + N dans le contexte X + ... + Y, c'est-à-dire N peut être réécrit N +

+ N quand N est précédé de X et suivi de Y. Il faudra donc que j'aie un énoncé de forme X N Y pour que la règle s'applique. Elle ne s'appliquera évidemment pas si j'ai X N Z ou Z N Y. (*Grammaire* [*règles*] *dépendante, indépendante du contexte*. V. SYNTAGMATIQUE.)

contextuel
Trait contextuel. V. TRAIT.

contiguïté
En linguistique distributionnelle, la seule relation existant entre deux morphèmes ou deux suites de morphèmes est la *contiguïté*, c'est-à-dire la proximité immédiate de deux morphèmes ou suites de morphèmes; ainsi, dans la suite SN + SV, SN est défini par sa contiguïté à SV.

contingent
L'opposition *contingent* vs *nécessaire* (ou ce qui est accidentel *vs* ce qui est permanent ou obligatoire) se manifeste surtout dans le verbe (contingent : *Il peut arriver ce soir* vs nécessaire : *Il doit arriver ce soir*), mais elle intéresse aussi dans certaines langues les noms et les adjectifs (contingent : *Je suis ivre* vs permanent : *Je suis un homme*).

continu
Un *son continu* est un son dont la prononciation comporte un écoulement continu de l'air laryngé (en partie ou dans sa totalité). Les voyelles sont des *continues*, ainsi que toutes les consonnes autres que les occlusives, les affriquées et les vibrantes. En effet, les voyelles, les glides, les consonnes fricatives ne comportent pas d'occlusion du conduit vocal. Les latérales et les nasales comportent des occlusions buccales, mais celles-ci s'accompagnent d'un écoulement simultané de l'air, soit à travers la cavité buccale, de part et d'autre de l'occlusion, soit à travers les fosses nasales.

Les consonnes continues sont dites également « sonantes » ou « duratives », par opposition aux « momentanées ».

contoïd
Le terme *contoïd* est le terme employé par certains linguistes américains (K.L. PIKE, C. HOCKETT) pour désigner les sons consonantiques*. Dans cette terminologie, les contoïd s'opposent aux *vocoïd*, qui présentent les caractéristiques essentielles des voyelles.

contour
Le *contour d'intonation,* ou contour tonal, est l'ensemble des caractéristiques mélodiques qui constituent l'unité de la phrase. Chaque phrase est caractérisée par un contour d'intonation consistant en une ou plusieurs variations de hauteur et un contour final. La différence entre les contours finals permet, semble-t-il, d'opposer linguistiquement trois types principaux de phrases, dans l'ensemble des langues européennes tout au moins : le relèvement terminal de la hauteur mélodique qui se termine à un niveau plus élevé que le niveau mélodique de soutien caractérise la phrase interrogative. La phrase impérative est caractérisée par un abaissement final de la hauteur de la voix au-dessous du niveau de soutien. La phrase assertive est marquée par l'absence de ces deux traits.

contracte
1. Quand deux voyelles contiguës se sont réduites à une seule selon certaines lois phonétiques, la voyelle unique qui résulte de cette contraction est dite *voyelle contracte*. Ainsi, dans le grec *teikhous,* venant de *teikheos, ou* est une voyelle contracte.

2. On appelle *noms* et *adjectifs contractes,* en grec, ceux qui sont caractérisés par la contraction de la voyelle de la désinence avec la voyelle du thème ou celle du radical (ex. : *teikhous* issu de *teikheos*). Les *verbes contractes* sont ceux dont le radical est terminé par les voyelles *a, e* ou *o,* qui se combinent avec la voyelle thématique *e* ou *a (timômen* de *tima-o-men).*

contracté
En grammaire traditionnelle, on appelle *articles contractés* les formes prises par l'article défini quand celui-ci se combine avec les prépositions *à* et *de* pour former des mots uniques : *à le* devient *au; à les* devient *aux; de le* devient *du; de les* devient *des. (En les* devenait *ès,* ce qui s'est maintenu dans *licence ès lettres.)*

contraction

Syn. : COALESCENCE.

contrainte

La grammaire distributionnelle, travaillant à partir d'un corpus, s'est attachée à la formulation des *contraintes* séquentielles, c'est-à-dire des nécessités ou des interdits que fait poser en tel point du message la partie déjà réalisée de celui-ci.

D'une manière générale, la linéarité de la chaîne parlée interdit d'avoir en un point unique de l'énoncé deux unités de même niveau : l'émission d'un phonème exclut en ce point tous les autres phonèmes; mais, en outre, l'existence d'une unité conditionne la possibilité d'occurrence d'unités subséquentes.

La question de l'ordre des mots peut éclairer le problème. En latin, après un début *pater*, on attend aussi bien un verbe qu'un nom *(pater amat filium / pater filium amat);* en français, le début *le père* fait peser sur l'ordonnancement de l'énoncé une contrainte beaucoup plus forte. Ainsi, une grammaire comportant pour règles de base X = (a, b) et Y = (c, d), X et Y étant soit des phonèmes, soit des morphèmes ou des lexèmes, doit préciser les contraintes séquentielles de la langue considérée : XY (X) est seul possible ou XYX et XXY sont également possibles, ou XY est différent de Y X, etc.

Les contraintes séquentielles peuvent concerner le premier élément de l'énoncé : la nécessité d'un « sujet apparent » dans le français *il pleut, il neige* peut être considérée sous cet angle.

On comprend que la linguistique distributionnelle ait volontiers confronté cette notion de contrainte avec les données de la théorie de l'information. Après *j'ai vu un...* la langue française est contrainte à un choix paradigmatique, très vaste encore; après « *j'ai vu un diplo...* », un choix est encore possible *(diplôme, diplomate, diplomé,* etc.); après « *j'ai vu un diplod...,* » la séquence « *-ocus* » devient obligatoire : sa probabilité d'occurrence devient absolue. On a pu se servir de cette considération pour une tentative de délimitation du mot : sur la base de la probabilité d'occurrence des phonèmes, on déterminerait les limites entre les segments de l'énoncé.

La notion de contrainte (ou de son opposé, la liberté d'occurrence) est particulièrement utile à la constitution d'une grammaire de constituants immédiats. Une des règles de l'analyse en constituants immédiats pose que la meilleure division est celle qui aboutit à des constituants ayant la plus grande liberté d'occurrence — et donc sujets à moins de contraintes séquentielles. Dans le groupe *une grande bonne volonté,* un découpage / *grande* / *bonne volonté* / est plus vraisemblable, qu'un découpage / *grande bonne* / *volonté* /, pour autant que / *grande* + SN / et / *bonne volonté* / se rencontreront dans beaucoup plus de contextes (= seront moins contraints) que / *grande bonne* /; le même raisonnement vaudrait pour *chère petite amie, vraie bonne farce,* etc.

contraire

On appelle *contraires* des unités de sens opposé dont l'une est la négation de l'autre et vice versa.

La notion de *contraire* en logique est plus vaste que la notion d'antonymie* de deux termes en lexicologie. Un grand nombre des oppositions paradigmatiques permettant aux termes de la langue de signifier ne sont pas des oppositions contradictoires.

E. SAPIR fait remarquer que l'antonymie repose sur la comparaison : *petit* et *grand* ne réfèrent pas à des notions contraires, mais précisent des points sur un axe des grandeurs toujours ordonné, au moins de façon implicite. Dans la phrase *Un petit éléphant, c'est grand, grand* réfère implicitement à l'ordre de grandeur des animaux, pendant que *petit* réfère à l'ordre de grandeur des éléphants.

Un type d'opposition comme la complémentarité est plus proche de la notion de contraire; en effet, le test de la négation y donne des résultats probants; par exemple, pour l'opposition *nuit / jour,* on remarque que *Il ne fait pas jour* implique *Il fait nuit,* alors que dans la relation précédemment définie comme antonymie, le test donne des résultats différents : *Il n'est pas grand* n'implique pas *Il est petit.*

Il reste à noter la possibilité d'exprimer une notion de réciprocité, elle aussi à l'origine d'unités de sens contraire. La relation entre *actif* et *passif* est caractéristique de ce troisième type de contraires en français.

Toutefois, il est remarquable que ces distinctions logiques entre les diverses acceptions de *contraire* soient généralement neutralisées dans la langue : tout se passe, en général, comme si les antonymes s'opposaient en soi, et non par référence à l'origine de la comparaison. Le critère de l'interrogation s'oppose sur ce point à celui de la négation. Si *Ce livre n'est pas mauvais* n'implique pas *Ce livre est bon,* la réponse *non* à *C'est un bon livre ?* est très généralement perçue comme signifiant *C'est un mauvais livre.* Entre la relation d'implication logique et les mécanismes et la langue, il semble qu'il faille introduire le filtre d'un modèle psycholinguistique.

contraste

En phonologie, le *contraste* est la différence phonologique entre deux unités contiguës de la chaîne parlée. C'est un rapport d'ordre syntagmatique, à distinguer de l'*opposition,* qui est un rapport d'ordre paradigmatique entre unités alternatives.

Il peut y avoir contraste entre une syllabe accentuée et une syllabe atone qui la précède ou qui la suit, entre deux phonèmes différents qui se succèdent, etc. Le contraste maximal est celui qui permet la constitution des premières séquences syllabiques dans le langage de l'enfant. Dans la syllabe /pa/, il y a le contraste entre la fermeture maximale de l'occlusive et l'ouverture maximale de la voyelle, le contraste compact / diffus, le contraste grave / aigu. Le contraste, c'est-à-dire la différence entre les unités successives, est indispensable à la compréhension, ce qui limite les effets de la tendance à l'assimilation.

Cette importance du contraste dans la transmission du message explique aussi la loi du contraste phonologique minimal, c'est-à-dire l'incompatibilité pour deux phonèmes différenciés par une marque de corrélation* de se combiner dans le même morphème : ainsi, on ne peut trouver les combinaisons telles que /pb/, /td/, /kg/ dans les langues où existe la corrélation de voisement comme en français.

L'observation de l'acquisition du langage enfantin amène R. JAKOBSON à considérer l'ordre suivant : (a) d'abord acquisition d'un *contraste* entre une voyelle large et une occlusive d'avant-bouche. Habituellement, ce contraste est réalisé par A et une occlusive labiale (PA ou BA); (b) ensuite acquisition de deux *oppositions* consonantiques. Généralement, l'ordre est : opposition orale *vs* nasale /p/ *vs* /m/, puis opposition labiale *vs* dentale /p/ *vs* /t/.

C'est ensuite seulement que l'acquisition d'une opposition vocalique (voyelle large *vs* voyelle étroite, par exemple /a/ *vs* /u/ ou /i/) permet d'enrichir la gamme des contrastes syntagmatiques.

contrastif

1. La *fonction contrastive* de l'accent est celle qui consiste à individualiser un segment par rapport aux autres segments de même type présents dans l'énoncé, et qui contribue à faciliter la segmentation.

2. La *grammaire contrastive* est la grammaire de correspondance par laquelle on réunit sous forme unique les grammaires descriptives* de deux langues. Elle a pour fin de donner les schèmes possibles dans une langue pour tout ensemble donné de schèmes de construction dans l'autre langue. Elle permet de prédire avec une certaine exactitude quelles parties de la structure de la langue présenteront des difficultés pour les étudiants et la nature de ces difficultés.

contre-finale

Le terme de *contre-finale* est parfois employé pour désigner la voyelle qui suit immédiatement la syllabe tonique, car elle se comporte comme les voyelles finales lors du passage du latin au français, c'est-à-dire qu'elle s'amuït, sauf s'il s'agit d'un [a]. Les mots latins *víridem, sólidum, cámera,* etc., ont perdu la voyelle de l'avant-dernière syllabe pour aboutir aux mots français correspondants *vert, sou, chambre*, etc.

contrepèterie, contrepetterie

La *contrepèterie* est une sorte de jeu ou un lapsus consistant à permuter certains éléments phoniques (syllabes ou phonèmes) de telle manière que l'on obtienne un nouvel énoncé qui apparaisse comme une déformation burlesque du premier énoncé : *Mon oncle perd courage devant les amas de patentes* devient *Mon oncle perd courage devant les appas de ma tante*. Le terme de *contrepèterie* désigne aussi l'énoncé lui-même issu de cette déformation.

contre-sujet

L. TESNIÈRE appelle *contre-sujet* le second actant* d'une phrase passive (ainsi dénommé parce que ce mot est sujet quand la phrase est à l'actif). Dans *Alfred frappe Bernard, Alfred* est le prime actant (et le sujet). Dans *Bernard est frappé par Alfred, Alfred* est le second actant passif (et le contre-sujet).

contre-tonique

Le terme de *contre-tonique* est parfois employé pour désigner la syllabe portant un accent secondaire qui précède la syllabe tonique à deux ou plusieurs syllabes de distance, comme en latin vulgaire *dòrmitórium* ou en italien moderne *làvamáno, pòrtabagágli, còntravelaccíno, càcciatorpediniéra*.

contrôlabilité

La *contrôlabilité* est une notion fondée sur le postulat que les sujets parlants (ou certains d'entre eux) peuvent rompre la dépendance des faits linguistiques (ou de certains d'entre eux) à l'égard des faits sociaux. Elle varie selon les sujets parlants : les personnes qui ont acquis, grâce à leur environnement socio-culturel, une grande maîtrise du modèle de performance contrôlent facilement le choix des unités lexicales (rejet d'unités par des phénomènes de masquage, utilisation d'autres par connivence ou simulation), alors que les milieux non cultivés ont, sauf exceptions, moins de possibilités dans ce domaine. La contrôlabilité varie aussi selon la nature des faits linguistiques; ainsi, le système phonétique ou phonologique est difficile à contrôler : à partir d'un certain âge, on garde l'« accent » et les articulations acquises auparavant; la contrôlabilité est un peu plus grande pour les faits de syntaxe, très grande pour le lexique.

contrôle

Quand il parle, un locuteur peut être apte soit à éviter certaines unités linguistiques qui révéleraient ce qu'il est, soit, au contraire, à en utiliser certaines autres qui sont particulières à des individus avec lesquels il veut être confondu; cette aptitude linguistique est le *contrôle :* il permet, par exemple, aux Méridionaux de prononcer la terminaison *-sme* [sm] et non [zm], comme ils le font s'ils ne contrôlent pas leur prononciation. (V. CONTRÔLABILITÉ.)

convention

On parle de *convention* quand on pose que la communication linguistique est fondée sur une sorte d'accord ou de contrat implicite, non formulé, inconscient même, sur lequel repose le code*. La notion de convention, développée par F. DE SAUSSURE avec le concept d'arbitraire* du signe, s'est opposée de tout temps, et notamment chez les Grecs, aux théories de l'origine naturelle du langage selon lesquelles, en particulier, la source du rapport entre le signifiant et le signifié serait dans les choses elles-mêmes.

conventionnel

On dit de la langue qu'elle est *conventionnelle* si on considère qu'elle est une institution sociale résultant de la coutume et de la tradition, donc d'un contrat tacite entre les hommes. Par opposition, on dira que la langue est *naturelle* si on considère qu'elle tient son origine d'un principe inné, inhérent à l'homme lui-même. (V. ARBITRAIRE.)

convergence

Des langues, différentes au départ, peuvent tendre à subir parallèlement les mêmes changements : ainsi, le passé simple disparaît simultanément en français et dans le sud de l'Allemagne. On parle de *convergences à base géographique* quand les langues sont parlées dans des régions contiguës, et de *convergences fortuites* quand on rapproche, par exemple, le tswana d'Afrique du Sud et l'allemand.

conversion

On appelle *conversion* la transformation d'une catégorie en une autre à l'aide de morphèmes grammaticaux; ainsi, on dira qu'il y a conversion du nom en adjectif dans le cas d'addition du suffixe *-if (crainte / craintif)*. (V. TRANSFORMATION.)

convertir

En grammaire générative, *convertir* c'est faire passer une phrase d'une étape à une autre étape de sa dérivation.

co-occurrence

Si on appelle occurrence d'un élément linguistique x le fait que x figure dans une phrase donnée, les éléments qui figurent avec lui dans cette phrase sont ses *co-occurrences*. Ainsi, dans la phrase *Le garçon joue*, on dira que *garçon* a pour co-occurrents *le* et *joue*. On appelle distribution de x l'ensemble des co-occurrents qui figurent ou peuvent figurer avec x. Dans la phrase ci-dessus, la distribution de *garçon* est la suivante :

le — joue;

le tiret entre *le* et *joue* représente l'occurrence de l'élément x, à définir.

co-occurrent

On dit que les éléments B, C et D sont *co-occurrents* d'un autre élément A quand A figure avec ces éléments, chacun dans une position déterminée, pour produire un énoncé. L'environnement de A est constitué par la position relative des co-occurrents B, C et D. Ainsi, on dira que D, N, Adj sont des co-occurrents de V dans la phrase française du type D + N + Adj + V *(L'enfant attentif écoute)*, la position relative des co-occurrents D, N et Adj étant définie relativement à V, dont ils constituent l'environnement dans cette phrase.

coordination

1. La grammaire traditionnelle caractérise la *coordination* par le fait qu'un mot (dit *conjonction de coordination*) relie deux mots ou deux suites de mots qui sont de même nature (catégorie) ou de même fonction. Ainsi, dans *le pull rouge et bleu*, *rouge* et *bleu* sont de même nature et ont pour fonction de qualifier *pull*. Cette définition pose trois types de problèmes :

a) Il y a coordination entre des termes de nature et de fonction différentes (du moins selon les acceptions que ces mots ont dans la grammaire traditionnelle); ainsi, dans *un objet vert et d'étrange aspect*, *vert* et *d'étrange aspect* ne sont ni de même nature ni de même fonction et sont pourtant coordonnés. En réalité, ces deux unités peuvent se trouver à la même place (dans la même distribution) : *un objet vert, un objet d'étrange aspect; un objet d'étrange aspect et vert* sera plus rare, mais pour des raisons d'équilibre rythmique. C'est ce fait essentiel qu'intuitivement les grammairiens avaient reconnu depuis longtemps;

b) Par « suite de mots », il faut entendre des propositions, des membres de phrase, des unités isolées : ainsi, dans *Un coup de matraque violent et qui fait mal*, *qui fait mal* (proposition) est coordonné à l'adjectif *violent;*

c) La juxtaposition n'est qu'un cas particulier de la coordination; elle est caractérisée par l'absence du coordonnant *(Il court, saute dans tous les sens; Un vin sec, qui fait 15°; Une nuit claire, étoilée, mystérieuse)*. Mis à part l'absence de la conjonction de coordination, les rapports entre les termes juxtaposés sont les mêmes qu'entre les termes coordonnés.

La coordination peut être copulative *(Entrons dans ce café et buvons un verre)*, disjonctive *(Un homme riche et néanmoins malheureux)*, causale *(Il faut l'aimer car il est juste)*, consécutive *(Je pense donc je suis)*, transitive (avec *or*), comparative *(Plus il mange, plus il a faim)*.

2. Les constructions endocentriques* se divisent en deux types, le type *par coordination* et le type *par subordination**. Les constructions endocentriques par coordination ont les mêmes propriétés syntaxiques que chacun de leurs composants pris séparément; ainsi, *le fils et la fille* ont les mêmes propriétés syntaxiques que *le fils* (un des composants); il en est de même pour *le fils ou la fille.* Ces syntagmes sont des syntagmes coordonnés; cependant, le premier type *(le fils* ET *la fille)* se distingue du second *(le fils* OU *la fille)* puisque, dans le premier cas, le verbe est au pluriel et, dans le second, il est au singulier.

coordonnant
Au terme de conjonctions de coordination (caractérisées longtemps par l'existence d'une liste fermée *et, ni, ou, mais, or, car, donc),* on préfère souvent le mot plus général de *coordonnants,* dans lesquels on englobe des mots comme *soit, soit que, néanmoins, pourtant, en effet, autant,* etc. (V. aussi CONNECTEUR.)

coordonné
1. On dit d'un bilinguisme qu'il est *coordonné* par opposition à *composé** quand, chez un sujet bilingue, les univers culturels auxquels se réfère chacune des langues sont entièrement distincts; c'est la situation des vrais bilingues pour qui, par exemple, le français (langue A) est la langue de l'école, celle de l'administration, etc., et l'alsacien (la langue B) est la langue de la famille, des relations sociales, etc.; les deux langues correspondent à des situations culturelles différentes. (V. BILINGUISME.)

2. *Coordonnées déictiques.* V. DÉICTIQUE.

Copenhague (école de)
La longue tradition des linguistes danois qui se sont consacrés à la grammaire générale explique l'importance de *l'école de Copenhague,* qui se réclame de F. DE SAUSSURE et qui a développé avec beaucoup de rigueur et un grand souci de cohérence certains aspects importants du *Cours de linguistique générale.* Toutefois, avec V. BRØNDAL, l'objet de la linguistique est de retrouver dans la langue certaines conceptions de la logique, de rechercher notamment le nombre des catégories et leur définition. Cette conception annonce la recherche d'universaux* de langage sur l'importance de laquelle a insisté depuis N. CHOMSKY. La critique de V. BRØNDAL vise la grammaire comparée* et son caractère historique (qu'explique un goût romantique pour les temps anciens), son positivisme fondé sur l'examen des petits faits vrais grâce à une observation exacte et minutieuse, sa volonté d'établir des lois, des rapports constants entre les faits constatés, volonté qui rappelle les buts des sciences exactes. Les linguistes de Copenhague posent une théorie des mutations brusques, par sauts, qui permettent de passer d'un état à un autre état. Cette conception permet de rendre compte de la résolution des synchronies successives dans la dynamique de la diachronie. Les concepts opposés de langue et parole, celui de structure gardent évidemment dans cette perspective toute leur importance. C'est L. HJELMSLEV *(Principes de grammaire générale,* 1928*)* qui, avec H.J. ULDALL *(Outline of Glossematics,* 1952-1957, *Prolégomènes,* 1943-1953*),* donna à l'école de Copenhague sa théorie : la glossématique* *(Travaux du Cercle de linguistique de Copenhague, Acta linguistica, Bulletin du Cercle de linguistique de Copenhague);* K. TOGEBY a donné une description du français selon cette théorie *(Structure immanente de la langue française).*

copulatif
1. On appelle *fonction copulative* du verbe *être* la fonction attributive *(Pierre est heureux),* celle d'identification* *(Cet enfant est Pierre)* et la fonction locative *(Pierre est à la maison).*

2. Un *verbe copulatif* est un verbe qui est suivi d'un adjectif ou d'un syntagme nominal attribut. Les verbes *devenir, rester, paraître, sembler,* etc., sont des verbes copulatifs *(il devient un ingénieur; il reste seul, il paraît fatigué,* etc.*).*

copule
1. Le verbe *être* est appelé *copule* quand, dans une phrase de base, il constitue avec un attribut (adjectif, syntagme nominal ou syntagme prépositionnel) le prédicat d'un syntagme nominal sujet. La copule sert à énoncer les propriétés qui définissent le sujet dans des *phrases prédicatives.* Ainsi dans :

> *Pierre est heureux,*
> *Pierre sera un ingénieur,*
> *Pierre était à la maison,*

le verbe *être* est une copule. On distingue la copule *être* et l'auxiliaire *être* des phrases passives ou l'auxiliaire *être* des verbes intransitifs *(Il a été renversé par une voiture, Il est venu).*

2. La conjonction *et* est dite *copule* quand elle lie deux (ou plus de deux) phrases ou constituants de phrases.

cordes vocales

Les *cordes vocales* sont une paire de lèvres symétriques formées d'un muscle et d'un ligament élastique, situées de part et d'autre du larynx entre l'os cricoïde, ou « pomme d'Adam », à l'avant et les cartilages aryténoïdes à l'arrière. Sur chaque aryténoïde est fixée une extrémité d'une corde vocale. L'écartement des aryténoïdes entraîne l'ouverture en V des cordes vocales, qui restent jointes à l'avant, sur le cricoïde. La glotte est l'espace compris entre les cordes vocales : elle est longue d'environ 18 mm et s'ouvre de 12 mm environ. Quand les aryténoïdes se joignent, entraînant dans leur mouvement les cordes vocales, qui s'accolent, la glotte est fermée et l'air ne passe plus. La longueur et l'épaisseur des cordes vocales sont modifiées par le mouvement des aryténoïdes.

Pendant la phonation, les cordes vocales sont fermées; l'air issu des poumons s'accumule derrière et sa pression finit par écarter les cordes vocales. L'air s'écoule, la pression diminue, les cordes se referment. La pression se rétablit alors et le cycle recommence. La colonne d'air issue des poumons est donc sectionnée en une suite de bouffées ou impulsions dont la fréquence* dépend de la vitesse avec laquelle les cordes vocales s'éloignent ou se rapprochent. L'air qui sort du larynx vibre donc selon une fréquence qui dépend de plusieurs facteurs (longueur et épaisseur des cordes vocales, pression de l'air issu des poumons, etc.). En parlant, on modifie constamment ces facteurs pour obtenir la fréquence désirée, qui varie, dans un discours normal, de 60 à 350 cycles par seconde.

Cette possibilité de régler la vitesse de vibration des cordes est en partie individuelle : elle dépend entre autres de l'âge et du sexe. Plus les cordes sont longues et épaisses, plus les vibrations sont longues; plus elles sont brèves et minces et plus la fréquence augmente, et avec elle l'intensité du son. C'est pourquoi la voix des femmes et des enfants est plus aiguë que celle des hommes.

En phonétique expérimentale, le mouvement des cordes vocales peut être observé soit en utilisant l'effet stroboscopique, soit à l'aide d'un miroir dentaire, à l'œil nu ou sur un film tourné à une cadence très rapide et projeté ensuite au ralenti. Les vibrations des cordes vocales apparaissent alors comme latérales et verticales, mais les vibrations verticales prédominent.

Du point de vue acoustique, la vibration des cordes vocales produit un bourdonnement audible, la voix*, qui est ensuite modifiée par les résonateurs supralaryngaux. Il s'agit du ton fondamental laryngé qui se traduit dans le spectre acoustique par la présence d'une excitation périodique de basse fréquence.

La vibration des cordes vocales est appelée sonorisation ou voisement. Les phonèmes qui utilisent la vibration des cordes vocales sont les plus nombreux dans les langues du monde. Il s'agit en général de toutes les voyelles (bien que quelques langues amérindiennes, comme le comanche, semblent présenter des voyelles non-voisées). Il s'agit aussi de la majorité des consonnes : ainsi en français, les consonnes non-voisées [p], [t], [k], [f], [s], [ʃ] sont au nombre de 6 sur 24 phonèmes consonantiques et ont toutes un partenaire voisé ([p]-[b], [t]-[d], [k]-[g], [f]-[v], [s]-[z], [ʃ]-[ʒ]).

Sur l'origine de la vibration des cordes vocales, deux théories s'affrontent.

Selon la théorie la plus ancienne, dite « théorie myo-élastique », la vitesse de vibration des cordes vocales dépend avant tout de causes mécaniques, l'ouverture de la glotte étant forcée par la pression de l'air subglottique; le contrôle nerveux existe, mais seulement dans un premier stade, pour la mise en position de phonation, par la fermeture ou le rétrécissement des cordes vocales. Selon une théorie plus récente émise dès 1935 par R. HUSSON et dite « théorie neuro-chronaxique », ce n'est pas la pression de l'air qui provoque le mouvement des cordes, ce sont les cordes elles-mêmes qui livrent passage à la pression de l'air, en réponse à des influx nerveux : ainsi les cordes vocales pourraient vibrer sans l'aide d'aucun souffle d'air. Cette deuxième théorie, qui suppose une genèse cérébrale du phénomène sonore, est en contradiction avec de nombreux faits pathologiques, en particulier l'impossibilité d'un passage à travers le système nerveux des fréquences de l'ordre des fréquences acoustiques. Elle semble devoir être définitivement abandonnée.

On appelle *fausses cordes vocales* une paire de lèvres semblables aux précédentes (dites par opposition « vraies cordes vocales ») et qui s'étendent au-dessus d'elles, de la pomme d'Adam aux aryténoïdes. Elles restent probablement ouvertes, de même que l'épiglotte, pendant le discours. Leur rôle dans la phonation est controversé et semble en tout cas de très faible importance.

co-référence

Lorsque l'on a une phrase comme *Pierre regarde Pierre dans la glace,* Pierre *sujet* et Pierre *objet* peuvent désigner la même personne; ils ont en ce cas la même référence; ils sont co-référents au même « objet ». Dans ce cas précis, la co-référence entraîne la réflexivisation du second *Pierre* et la phrase dérivée est alors *Pierre se regarde dans la glace.* Le deuxième *Pierre* peut être différent du premier et, en ce cas, il n'y a pas co-référence et il ne se produit pas de réflexivisation; ex. : *Un homme est un homme. Pierre n'est plus Pierre.* En grammaire générative et transformationnelle, il est donc nécessaire de prévoir parmi les traits qui définissent un item lexical un indice particulier qui puisse définir deux termes comme co-référents dans une phrase donnée.

coronis

On appelle *coronis* le signe employé par les grammairiens grecs, analogue à l'esprit doux et servant à marquer la crase* /ɔ/.

corpus

La grammaire descriptive d'une langue s'établit à partir d'un ensemble d'énoncés qu'on soumet à l'analyse et qui constitue le *corpus* de la recherche. Il est utile de distinguer le *corpus* des termes voisins désignant des ensembles d'énoncés : l'« univers » est l'ensemble des énoncés tenus dans une circonstance donnée, tant que le chercheur n'a pas décidé si ces énoncés entraient en totalité ou en partie dans la matière de sa recherche. Ainsi un dialectologue qui s'intéresse aux mots d'origine étrangère dans un parler donné réunira d'abord ou fera réunir un grand nombre d'énoncés produits librement ou sur incitation des enquêteurs. Beaucoup de ces énoncés pourront fort bien n'avoir aucun rapport avec la recherche et ne contenir aucun des mots qui intéressent le linguiste. La totalité des énoncés recueillis est l'univers. A partir de l'univers des énoncés réunis, disons en vrac, le linguiste trie les énoncés qu'il va soumettre à l'analyse : dans le cas qui nous intéresse ce pourra être l'ensemble des phrases, ou groupes de phrases, comprenant des mots présentant tel trait phonétique ou bien une terminaison ou une origine étrangère. Ce sont uniquement ces segments d'énoncés qui seront soumis à l'analyse et qui constitueront le corpus. On pourra aussi, sur des bases statistiques, délimiter soit dans l'univers, soit dans le corpus, des passages qui seront soumis à une analyse quantitative : par exemple, une page toutes les dix pages; les pages ainsi retenues constituent un échantillon du texte. Par extension, on considérera comme échantillon toute partie représentative du tout. Le corpus peut évidemment, si le chercheur le juge utile ou nécessaire, être constitué par l'univers d'énoncés tout entier. De même une analyse quantitative pourra fort bien se passer d'échantillonnage.

Le corpus lui-même ne peut pas être considéré comme constituant la langue (il reflète le caractère de la situation artificielle dans laquelle il a été produit et enregistré), mais seulement comme un échantillon de la langue. Le corpus doit être représentatif, c'est-à-dire qu'il doit illustrer toute la gamme des caractéristiques structurelles. On pourrait penser que les difficultés sont levées si un corpus est exhaustif, c'est-à-dire s'il réunit tous les textes produits. En réalité, le nombre d'énoncés possibles étant indéfini, il n'y a pas d'exhaustivité véritable et, en outre, de grandes quantités de données inutiles ne peuvent que compliquer la recherche en l'alourdissant. Le linguiste doit donc chercher à obtenir un corpus réellement représentatif. Enfin, le linguiste doit se méfier de tout ce qui peut rendre son corpus non représentatif (méthode d'enquête choisie, anomalie que constitue l'intrusion du linguiste, préjugé sur la langue, etc.). Le chercheur doit constamment veiller à éviter tout ce qui conduit à un artefact*.

La grammaire générative, ayant pour but de rendre compte non d'un nombre fini d'énoncés produits mais d'un nombre indéfini de phrases possibles, ne part pas d'un corpus qui ne pourrait jamais être constitué. Si on voulait tout de même en envisager l'existence, le corpus serait alors simplement défini par toutes les phrases possibles dans telle langue, ou dans telle langue et à telle époque et dans tel contexte, etc.; il n'y a de preuve de grammaticalité qu'a contrario, dans la mesure où on ne doit trouver aucune phrase dont la grammaire édifiée ne rende compte.

correction
La *correction* est une notion différente de celle de grammaticalité*. On dit qu'un énoncé est *correct* quand il est conforme non seulement à la grammaire de la langue, mais aux règles du « bien-dire » fixées par une couche sociale généralement réduite, mais socialement dominante.

corrélatif
1. On dit de deux termes qu'ils sont *corrélatifs* quand ils indiquent un rapport de dépendance entre la proposition principale (ou matrice) et la proposition subordonnée. Ainsi, *si* est corrélatif de *que* dans la phrase : *Il est* SI *habile* QU'*il est sorti à son avantage de cette situation.*

2. En phonologie, dans la terminologie du Cercle de Prague, on appelle *paire corrélative* une paire de phonèmes se trouvant l'un vis-à-vis de l'autre dans un rapport d'opposition bilatérale, proportionnelle et privative. En français, les phonèmes /p/ et /b/ constituent une paire corrélative. Ils sont dans un rapport d'opposition bilatérale (étant les seuls à avoir en commun les traits distinctifs occlusif et bilabial), proportionnelle (l'opposition voisé *vs* non-voisé se retrouve dans d'autres paires du même système comme /t/ *vs* /d/, /k/ *vs* /g/, etc.) et privative (le trait de voisement est absent dans /p/, phonème non-marqué, et présent dans /b/, phonème marqué).

Les phonèmes qui entrent dans une paire corrélative sont dits « appariés », les autres « non-appariés ».

corrélation

1. Dans la terminologie du Cercle de Prague, une *corrélation* est un ensemble de paires de phonèmes dites « paires corrélatives* » dont les deux termes s'opposent par l'absence ou la présence d'une même particularité phonique, appelée « marque* de corrélation » : le voisement, par exemple, en français dans les paires telles que /p/ *vs* /b/, /t/ *vs* /d/, /k/ *vs* /g/, /f/ *vs* /v/, etc., et la nasalité dans les paires telles que /ɛ/-/ɛ̃/, /ɔ/-/ɔ̃/, /α/-/α̃/, /b/-/m/, /d/-/n/, etc. Le système consonantique du français s'ordonne en fonction de ces deux corrélations de voisement et de nasalité :

orales	non-voisées	p f t s ʃ k
	voisées	b v d z ʒ g
nasales		m n

Lorsqu'un phonème participe à plusieurs corrélations, tous les phonèmes faisant partie des mêmes paires corrélatives se réunissent en faisceaux* de corrélation à plusieurs termes.

2. Il y a *corrélation* entre deux caractéristiques dans une analyse statistique d'un corpus lorsque celles-ci sont liées l'une à l'autre de telle manière que les variations de leurs valeurs se font toujours dans le même sens *(corrélation positive)* ou dans un sens opposé *(corrélation négative).*

correspondance

1. On dit de deux termes appartenant chacun à une langue parente qu'ils sont *en correspondance* quand ils sont issus par une série de changements réguliers d'un même étymon de la langue mère. Ainsi, le latin *quis* et le grec *tis* sont issus d'un radical tiré de la racine indo-européenne $k^w is$; ils sont en correspondance.

2. *Grammaire de correspondance.* V. CONTRASTIVE (GRAMMAIRE).

couche

En grammaire des constituants, une phrase est formée de constituants qui se définissent à chaque *couche* ou rang* par les unités supérieures qu'ils constituent avec leurs combinaisons et par les unités inférieures dont ils sont constitués. Une phrase est donc composée de plusieurs *couches* de constituants : la couche des morphèmes est constituée de phonèmes appartenant à la couche inférieure, et elle sert à constituer la couche supérieure, celle des syntagmes et de la phrase.

couleur

Le terme de *couleur* est souvent employé en phonétique, par association entre les sensations auditives et les sensations visuelles, pour désigner une caractéristique acoustique principale ou secondaire, correspondant en général à un trait de hauteur ou d'acuité. On dit ainsi des voyelles et des consonnes palatales (acoustiquement aiguës) qu'elles ont une couleur « claire », ou une couleur « palatale », qu'elles communiquent par assimilation aux consonnes contiguës. Les voyelles vélaires acoustiquement graves ont une couleur « grave » ou « vélaire » qu'elles communiquent aux consonnes contiguës.

coup de glotte

On appelle *coup de glotte* le son produit par une occlusion dans le pharynx ou dans le larynx, où il est possible de fermer momentanément le passage de l'air en accolant complètement les cordes vocales l'une contre l'autre. Ce son n'a pas de valeur phonologique en français, où il apparaît parfois devant une voyelle initiale prononcée avec force. Mais c'est une consonne normale dans certaines langues comme le danois et l'allemand, où il précède régulièrement toute voyelle initiale accentuée, assurant ainsi une fonction démarcative. Il est noté /ʔ/.

coupe

La *coupe de syllabe* ou *frontière syllabique* est la limite entre deux syllabes. Elle se place généralement à l'intérieur du mot entre une voyelle ou une consonne implosive* (toute consonne se trouvant après le noyau vocalique de la syllabe) et une consonne explosive* (toute consonne se trouvant devant une voyelle) : ainsi dans les mots français *matin* [ma-tɛ̃] ou *verdir* [vɛr-dir].

La *corrélation de coupe de syllabe* correspond à l'opposition du mode de liaison prosodique qu'on rencontre dans certaines langues comme le norvégien, le suédois, l'anglais, l'allemand, le hollandais et d'autres langues comme le hopi (langue de la famille uto-aztèque). Dans ces langues, les voyelles sont normalement longues quand elles sont sans entraves dans leur déroulement complet, mais elles sont brèves quand le déroulement de la syllabe est interrompu par l'insertion de la voyelle suivante; l'opposition entre voyelle brève et voyelle longue existe en syllabe ouverte, mais elle est neutralisée en syllabe fermée. Les langues à corrélation de coupe de syllabe ont tendance à réaliser les phonèmes vocaliques à déroulement complet par des diphtongues.

co-variance

Le concept de *co-variance* utilisé en sociolinguistique s'oppose à celui de *dépendance*. Étant donné un ordre de données sociales (clivages en groupes) et un ordre de faits linguistiques, il y a *co-variance* quand certains des faits retenus varient en même temps; l'étude de la co-variance pose au départ que les deux ordres sont indépendants l'un de l'autre, quitte à constater par la suite la dépendance de l'un par rapport à l'autre; car il peut y avoir isomorphisme*.

crase

On donne le nom de *crase* à la contraction, en grec, de la voyelle ou de la diphtongue finale d'un mot avec la voyelle ou la diphtongue initiale du mot suivant; la crase est notée en grec par un signe appelé « coronis » (ex. : *tålla* pour *ta alla*).

créativité

La *créativité* est l'aptitude du sujet parlant à produire spontanément et à comprendre un nombre infini de phrases qu'il n'a jamais prononcées ou entendues auparavant. Ainsi, tout sujet parlant le français peut comprendre la phrase *Vous trouverez dans ce dictionnaire environ 1 800 termes définis par une équipe de linguistes*, alors qu'il y a peu de chances qu'il l'ait jamais entendue. On peut distinguer deux types de créativité, la première consistant dans des variations individuelles dont l'accumulation peut modifier le système des règles *(créativité qui change les règles)*, la seconde consistant à produire des phrases nouvelles au moyen des règles récursives de la grammaire *(créativité gouvernée par les règles);* la première dépend de la performance (ou parole), la seconde de la compétence (ou langue).

créole

On donne le nom de *créoles* à des sabirs*, pseudo-sabirs* ou pidgins* qui, pour des raisons diverses d'ordre historique ou socio-culturel, sont devenus les langues maternelles de toute une communauté. On n'a pas de sabir, de pseudo-sabir ou de pidgin pour langue maternelle, mais, comme des millions d'Haïtiens, on peut avoir un *créole*. Les pseudo-sabirs unilatéraux, à base de français, d'anglais, de portugais, de néerlandais ou d'espagnol, ont été employés par des Noirs de communautés diverses, que rassemblaient les négriers et à qui se posaient les problèmes d'intercompréhension. Il y a des *créoles français* en Haïti, à la Martinique, à la Guadeloupe, des *créoles anglais* à la Jamaïque et aux États-Unis (gullah), des *créoles portugais* ou *néerlandais*. Le nombre de mots d'origine africaine y est très réduit, sauf exceptions. Les conditions de formation de ces créoles à partir de pseudo-sabirs (utilisation d'impératifs, d'infinitifs, de formes syntaxiques simples) expliquent leurs caractères communs. Les ressemblances entre des créoles éloignés géographiquement ou de familles différentes s'expliquent ainsi. En fait, leur origine mixte différencie les créoles des dialectes d'une langue et leur statut socio-culturel les oppose à la langue même.

creux

L'expression *son creux* est parfois employée pour caractériser certaines consonnes telles que les rétroflexes*. Des séries fondamentales de consonnes peuvent se scinder en séries apparentées dont la marque de différenciation est l'opposition *son creux / son plat*. Les consonnes rétroflexes s'opposent comme des consonnes à son creux aux dentales habituelles, à son plat. La sonorité creuse correspond à une amplification de la cavité antérieure et donc à un abaissement du timbre dû, dans le cas des rétroflexes, à l'élévation de la pointe de la langue contre le sommet de la voûte palatine.

On appelle « fricatives à langue en creux » [s], [z], [ʃ], [ʒ], par opposition aux « fricatives à langue plate » [t], [v], etc., les sifflantes et les chuintantes pour l'articulation desquelles la langue prend une forme de gouttière et se creuse en un sillon médian.

cricoïde

L'*os cricoïde* est un cartilage à la base du larynx appelé couramment « pomme d'Adam », sur lequel sont fixées les extrémités antérieures, immobiles, des cordes vocales.

crochets V. PONCTUATION.

croisé

1. On dit d'une *classification* qu'elle est *croisée* quand chaque terme entrant dans cette classification est défini par une suite de traits qui correspondent à des sous-catégorisations distinctes d'une même catégorie. Ainsi, la catégorie du nom est sous-catégorisée en nom propre et nom commun; chacune de ces sous-catégories est subdivisée en animé ou non-animé : il y a des noms propres animés *(Pierre),* non-animés *(Paris),* des noms communs animés *(un enfant)* et non-animés *(la table);* et chacune de ces sous-catégories peut elle-même se subdiviser en masculins et féminins; ces sous-catégorisations se *croisent*. Pour pallier cette difficulté, on procédera à une classification croisée; ainsi :
PIERRE : nom, propre, animé, masculin;
TABLE : nom, commun, non-animé, féminin.

2. On donne parfois le nom d'*étymologie croisée* aux phénomènes d'attraction* paronymique consacrés par la langue, *étymologie populaire* étant dans ce cas réservé aux erreurs individuelles.

croisement

On appelle *croisement* l'action de deux mots agissant l'un sur l'autre par contamination*; ainsi *recroqueviller* semble dû au croisement de *coquille* et de *croc.*

cryptanalyse

La *cryptanalyse* est le déchiffrement de messages chiffrés dont on ne connaît pas le code. R. JAKOBSON, réfléchissant sur une suggestion de B. BLOCH, oppose la démarche du décodeur (en possession du « chiffre ») et celle du cryptanalyste, pour faire comprendre l'opposition entre la réception du message par le locuteur natif et la réception par l'étranger ou le linguiste débutant l'étude d'une langue étrangère. Les techniques de la cryptanalyse offrent elles un cadre méthodologique pour l'élaboration du système phonologique des langues? R. JAKOBSON objecte : *a)* la difficulté constituée par l'existence de traits expressifs (détachement, emphase, etc.); *b)* la difficulté constituée par la détermination des traits configuratifs (démarcatifs de mots, par exemple).

La technique cryptanalytique risque de multiplier le nombre des phonèmes et des traits distinctifs bien au-delà de leur inventaire effectif : le cryptanalyste aura du mal à se faire une théorie rigoureuse de la pertinence linguistique. De toute façon, la situation habituelle du linguiste descriptiviste est celle de connaissance des règles principales de la langue décrite. Or, la feinte ignorance des structures étudiées risque de fausser la démarche cryptanalytique par le recours clandestin ou inconscient aux significations.

culminatif

Fonction culminative de l'accent. V. ACCENT.

culture

La *culture* est l'ensemble complexe des représentations, des jugements idéologiques, et des sentiments qui se transmettent à l'intérieur d'une communauté. Dans cette acception, le mot englobe, mais en les débordant très largement, les concepts qui relèvent de la littérature et des beaux-arts; de même les connaissances scientifiques d'un individu, désignées souvent par « culture scientifique », ne sont qu'une partie de sa culture au sens sociologique du terme. La culture comprend ainsi notamment toutes les manières de se représenter le monde extérieur, les rapports entre les êtres humains, les autres peuples et les autres individus. Y entre aussi tout ce qui est jugement explicite ou implicite porté sur le langage ou par l'exercice de cette faculté. Ainsi, la croyance que le soleil « se levait » et « se couchait » a fait partie de la culture des Français jusqu'aux temps modernes; les religions, notamment avec leurs tabous, entrent dans la culture des peuples; la manière conventionnelle dont les Français se représentent les Italiens, les Espagnols, les Allemands, etc., et partant tous les préjugés raciaux (et racistes) en relèvent également.

Que l'on accepte ou non les relations établies par les linguistes entre la langue et la culture (v. WHORF*-SAPIR [HYPOTHÈSE DE]), l'étude linguistique implique d'une manière ou d'une autre la description d'une culture. Le langage contient, en effet, une série de choix sur la manière de se représenter le monde : par exemple, le nombre grammatical avec l'existence d'une opposition singulier/pluriel ou d'un système à trois, quatre ou cinq nombres ou plus est déjà une certaine organisation du monde. Cela ne signifie pas, au contraire, que la représentation contenue implicitement ou explicitement dans une langue sature la culture du peuple qui la parle et à plus forte raison constitue la seule réalité qu'il connaisse.

cunéiforme

L'*écriture cunéiforme* est caractérisée par ses éléments en forme de coins, ou clous, qui représentent l'empreinte qu'a laissée le roseau taillé des scribes de la Mésopotamie sur les tablettes d'argile fraîche. Héritée du sumérien, elle a été utilisée surtout pour transcrire l'akkadien, puis le hittite.

I. cycle

Le *cycle* est l'unité de mesure de la fréquence d'un son. Le cycle représente en fait le mouvement accompli par un corps vibrant (pendule, diapason, corde, etc.) à partir d'un certain point fixe correspondant à la position de repos jusqu'à une extrémité du mouvement avec retour à l'autre extrémité en passant par le point de départ. Le nombre de cycles par seconde, ou hertz, s'appelle la « fréquence de vibration ».

Quand les vibrations donnent naissance à un son, comme c'est le cas pour la production des sons vocaux, la hauteur du son dépend de la fréquence. Plus la fréquence est élevée, plus le son est aigu.

II. cycle

En grammaire générative, les transformations* T_1, T_2, T_3,... T_n, qui s'appliquent à la structure profonde pour la convertir en une structure de surface, doivent être linéairement ordonnées. Quand il s'agit d'une seule suite générée par la base, ce principe s'applique facilement, mais quand les transformations opèrent sur deux (ou plus de deux) suites, dont la deuxième est enchâssée dans la première, la question de l'ordre d'application des transformations, c'est-à-dire du *cycle transformationnel,* se pose. Ainsi, la phrase *Il n'est pas prouvé que Paul n'ait pas été tué accidentellement par cette voiture qui n'avait pas été arrêtée par le feu rouge* comporte dans les trois propositions une transformation passive et une transformation négative. L'ordre des transformations est toujours de la phrase la plus profondément enchâssée *(le feu rouge avait arrêté cette voiture)* jusqu'à la phrase matrice *(on a prouvé quelque chose);* dans le *principe cyclique,* on applique toutes les transformations d'abord à la phrase la plus profondément enchâssée, puis à toutes les autres phrases jusqu'à la matrice (ainsi, on appliquera la transformation passive et la transformation négative à *le feu rouge avait arrêté cette voiture* avant de passer à la phrase *La voiture avait tué accidentellement Paul*); dans le *principe non-cyclique,* on appliquera d'abord la transformation passive à toutes les phrases, toujours de la plus profonde jusqu'à la matrice, puis la transformation négative, et ainsi de suite.

cyclique

Principe cyclique. V. CYCLE.

d

data V. DONNÉES.

datation
En lexicographie, l'étymologie du mot d'entrée est souvent accompagnée de la date de la première attestation écrite, suivie de la référence à l'ouvrage où ce premier emploi a été relevé; cette *datation* passe pour la première apparition du mot dans la langue. Ex. : ÉTABLIR 1080 *(Chanson de Roland)*, du latin *stabilire*, de *stabilis*, stable.

datif
On appelle *datif* le cas* exprimant la fonction grammaticale d'attributif* (syntagme prépositionnel introduit par les prépositions *à, de,* etc.) dans un syntagme verbal comportant déjà un syntagme nominal complément d'objet (ex. : *Pierre donne une pomme* À SON FRÈRE).

décision
La *décision* est un processus psychologique qui a lieu quand un sujet doit choisir entre plusieurs conduites possibles. Le concept est utilisé en linguistique sous les noms de « choix » et « sélection »; par exemple, dans le fonctionnalisme l'unité de choix est le monème*.

déclaratif
1. On appelle *phrase déclarative* une phrase assertive*.

2. On appelle *verbe déclaratif* un verbe qui exprime l'énonciation pure et simple d'une assertion, comme *dire, raconter, déclarer, annoncer, affirmer,* etc., par opposition aux *verbes d'opinion*, qui impliquent que l'assertion qui suit n'est pas assumée *(croire)*, qu'elle est donnée comme une simple opinion *(penser)*.

déclinaison
On appelle *déclinaison* l'ensemble des formes pourvues d'affixes que présente un nom, un pronom ou, par accord*, un adjectif, pour exprimer les fonctions grammaticales ou les fonctions spatio-temporelles d'un syntagme nominal. La déclinaison est un système, ou paradigme, de formes nominales, pronominales ou adjectivales, la conjugaison étant le paradigme de formes que présente un verbe en fonction de la personne, du nombre, etc. Les déclinaisons comportent un nombre variable de formes affixées, c'est-à-dire de cas*; le sanskrit en a huit, le grec ancien cinq, le latin six (sept avec le locatif), l'ancien français deux. Le nombre des déclinaisons varie aussi selon les classes de mots ainsi définies par la différence des désinences casuelles : le latin, par exemple a cinq déclinaisons nominales.

décodage
Identification et interprétation des signaux par le récepteur du message émis, le *décodage* désigne un des éléments du processus de la communication*. Le code* étant un système de transmutation d'un message en une autre forme qui permet sa transmission depuis un émetteur jusqu'à un récepteur par l'intermédiaire d'un canal, la substance « message » est devenue, par l'opération de l'encodage, une substance codée; il y a alors transfert d'une forme, non d'un sens. La forme prise par le message doit pouvoir être comprise par le récepteur afin que s'établisse la relation sociale qui est la finalité de la communication. La convention (le code) est donnée, explicitement formulée. La forme codée peut alors être

identifiée par le récepteur-décodeur (v. DÉCODEUR); l'identification de cette forme est appelée *décodage*. Le message décodé reçoit ensuite une nouvelle forme au cours d'une opération appelée *recodage*. Le processus de décodage s'effectue au niveau du récepteur-destinataire, qui « recherche en mémoire » les éléments appartenant au code sélectionnés auparavant pour la transcription du message. R. JAKOBSON écrit que le processus du décodage va du son au sens, des éléments aux symboles.

décodeur

Dans le circuit de la communication, le *décodeur* est soit l'appareil récepteur-décodeur (récepteur radio, par exemple), soit la personne, ou récepteur-destinataire, qui reçoit le message. Lorsqu'il s'agit d'une personne, l'appareil récepteur est l'oreille et le conduit auditif.

décomposition

La *décomposition* est un phénomène qui consiste, en grec ancien (grec homérique), dans la résolution d'une voyelle longue ou d'une diphtongue en deux voyelles; ainsi *horāsthai* est décomposé en *horaasthai*.

découpage. V. SEGMENTATION.

décroissant

Une *diphtongue décroissante* est une diphtongue dont l'élément le plus fermé se trouve en deuxième position : l'anglais présente des diphtongues décroissantes ([aw] dans *house* ou [aj] dans *fine*), ainsi que le portugais (*leite* « lait », *noite* « nuit », etc.).

décryptage

Le *décryptage* est la transcription en clair d'un message dont on ignore le code. C'est par métaphore que « décryptage » est parfois utilisé comme synonyme de « décodage ».

En linguistique, la situation de décryptage est celle du linguiste confronté à un texte dont il ne connaît pas le système d'écriture ou la langue. Les techniques de la cryptanalyse* ayant réussi pour le déchiffrement de certaines écritures, on a proposé de les appliquer à l'étude des systèmes phonologiques : la formation de linguistes parmi les locuteurs natifs rend ce recours peu utile.

défectif

Un *mot défectif* est un mot qui, appartenant à une classe possédant des flexions nominales (cas) ou verbales (temps et personne), n'a pas le paradigme complet des formes. Ainsi, le verbe *gésir*, est défectif, car il n'est utilisé que dans *gisant* ou *ci-gît;* le verbe *traire* est défectif, car il n'est pas utilisé au passé simple, etc.

défectivité

On dit qu'il y a *défectivité* quand un membre d'une classe A (racine verbale, par exemple) ne pouvant, en règle générale, figurer dans un énoncé sans qu'un membre de la classe B (désinences verbales, par exemple) ne soit immédiatement co-occurrent, cette co-occurrence ne peut se faire pour certains membres de la classe A (verbes défectifs, par exemple). (V. DÉFECTIF.)

défense

On appelle *défense* l'ordre donné à un ou plusieurs interlocuteurs de ne pas réaliser telle ou telle action, de rejeter tel ou tel comportement, etc. La défense est un impératif négatif : *Ne viens pas. Ne soyez pas stupide.*

défini

1. En grammaire traditionnelle, l'*article* défini* spécifie que le nom qui suit désigne une chose ou une personne précise. L'article *non-défini* (ou *indéfini*) indique l'absence d'une spécification précise. En français, l'article défini est *le*, l'article non-défini est *un*.

2. En grammaire générative, on appelle *défini* un trait inhérent de certains articles par opposition au trait [− défini] inhérent à d'autres articles (v. INDÉFINI); ce trait « défini » est interprété sémantiquement comme instituant une référence précise ou comme ayant une valeur de générique. Ainsi, *La personne (que tu sais) a téléphoné* s'oppose à *Une personne a téléphoné* ou *L'homme est un animal qui parle* s'oppose à *Un homme ne saurait agir ainsi.*

3. On donne le nom de *passé défini* au passé simple dans une analyse des formes verbales françaises mettant en évidence le caractère précis et ponctuel que l'expression du passé prend dans ces formes.

définition

1. Il y a deux types de *définitions*, la définition par référence à la chose que le signe dénote (définition référentielle, définition ostensive) et la définition par le moyen de signes appartenant à un système construit, à une langue artificielle ou métalangue (définition sémantique, définition logique).

2. Dans un dictionnaire, la *définition* est l'analyse sémantique du mot d'entrée. Elle est constituée d'une série de paraphrases synonymiques du mot d'entrée, chaque paraphrase, distincte des autres, constituant un sens, ou, dans la terminologie lexicographique, une acception. Les définitions (ou sens), distinguées les unes des autres par des numéros, des tirets, des barres, etc., se succèdent selon un rapport historique ou logique (parfois dans l'ordre de la fréquence en langue). D'une part, si l'analyse sémantique est confondue avec l'analyse de l'objet auquel se réfère le mot, la définition est une description de cet objet, tel qu'il est découpé dans le monde par le lexique d'une langue. D'autre part, si l'analyse sémantique se confond avec une analyse syntaxique, la paraphrase synonymique constituant la définition peut être une phrase de même structure profonde; ainsi, lorsque l'on définit *vérification* par *action de vérifier,* on implique que « action de vérifier » est la structure profonde du dérivé *vérification*, constitué de *vérifier* + *-cation* (*-cation* représentant « action de »); si *tuer* est *faire mourir*, la définition indique que *tuer* est issu d'une phrase comportant le verbe racine *mourir* et le factitif *faire*.

3. En glossématique, la *définition* d'un signe est la division du contenu en plérèmes* ou la division de l'expression en cénèmes*.

déglutination

On appelle *déglutination* un changement dans l'aspect phonique d'un mot résultant d'une coupure non étymologique due le plus souvent à une confusion de la voyelle initiale avec l'article précédent : en ancien français, *l'amie* est devenue *la mie;* en italien, *l'arena, l'oscuro* sont devenus *la rena, lo scuro*.

dégrammaticalisation

La *dégrammaticalisation* est un processus qui, au cours de l'évolution de la langue, fait de procédés grammaticaux des procédés proprement lexicaux (v. LEXICALISATION). La dégrammaticalisation comporte des degrés; elle est pratiquement inexistante dans *se mettre à fuir* (forme inchoative du verbe *fuir*); elle est déjà plus forte dans *prendre la fuite;* elle est complète au XXe siècle dans *s'enfuir*, comme l'atteste l'orthographe en un seul mot de *en* et de *fuir :* on ne peut plus dire comme au XVIIe siècle *ils s'en sont enfuis*. La dégrammaticalisation peut aboutir postérieurement à une regrammaticalisation. Les ablatifs absolus du latin se dégrammaticalisent en passant en français : de là proviennent les expressions figées du type *à mon corps défendant;* mais un des ces ablatifs *pendente* (*pendente somno, pendente pugna*) s'est regrammaticalisé par la formation d'une nouvelle unité grammaticale, la préposition *pendant*.

degré

Degré d'acceptabilité, d'aperture, de comparaison, de grammaticalité, degré zéro. V. CES MOTS.

dégroupement

En lexicographie, la détermination des entrées d'un dictionnaire (mots servant d'adresses*), faite sur des bases distributionnelles, aboutit à *dégrouper* les sens différents d'un terme en les constituant chacun comme des mots homonymes distincts. Ainsi, le verbe *défiler* au sens de « défaire, séparer » est distingué d'un autre verbe *défiler* au sens de « passer en file »; ces deux homonymes étaient, en général, confondus sous la même entrée, parce qu'ils ont la même étymologie; leur *dégroupement* en deux entrées distinctes découle de l'analyse distributionnelle, qui met en évidence que les deux sens ne se trouvent pas dans le même environnement (l'un est transitif, l'autre intransitif) et que les deux verbes n'ont pas les mêmes dérivés *(défilage, défilateur* d'une part, *défilade, défilé* de l'autre).

déictique

1. On appelle *déictique* tout élément linguistique qui, dans un énoncé, fait référence (1) à la situation dans laquelle cet énoncé est produit, (2) au moment de l'énoncé (temps et aspect du verbe), (3) au sujet parlant (modalisation); ainsi, les démonstratifs, les adverbes de lieu et de temps, les pronoms personnels, les articles (« ce qui est proche » opposé à « ce qui est lointain », par exemple) sont des déictiques; ils constituent les aspects indiciels du langage. (V. DEIXIS.)

2. On appelle *coordonnées déictiques* la situation dans laquelle un énoncé est produit, définie par sa relation au locuteur *(je),* au lieu *(ici)* et au temps *(maintenant)* de l'énoncé.

deixis

Tout énoncé se réalise dans une situation que définissent des coordonnées spatiotemporelles : le sujet réfère son énoncé au moment de l'énonciation, aux participants à la communication et au lieu où est produit l'énoncé. Les références à cette situation forment la *deixis,* et les éléments linguistiques qui concourent à « situer » l'énoncé (à l'embrayer sur la situation) sont des déictiques*. La deixis est donc un mode particulier d'actualisation* qui utilise soit le geste (deixis mimique), soit des termes de la langue appelés *déictiques* (deixis verbale). Le déictique, ou présentatif*, est ainsi assimilé à un geste verbal (équivalence entre *donne* assorti d'un geste, et *donne ceci*).

U. WEINREICH signale les facteurs suivants de la situation de communication comme pouvant être utilisés pour la deixis (de façon évidemment très diverse selon les langues) : (1) l'origine du discours (« le *je* de 1re personne ») et l'interlocuteur (« le *tu* de 2e personne »); (2) le temps du discours, modifiant le verbe, parfois le nom (en hopi, par exemple), parfois la phrase comme un tout (en chinois); (3) le lieu du discours, le plus généralement organisé selon la catégorie de la « personne » en français *(ici / là* situent par rapport à la première personne, le latin *iste* situe par rapport à la deuxième personne); (4) l'identité de deux actes de discours : c'est un jugement sur l'identité de deux référés qui justifie le fonctionnement des pronoms. Dans *J'ai vu Pierre, il va bien,* le pronom *il* s'est substitué à *Pierre,* dont le sujet a constaté l'identité de référence avec le premier *Pierre.* (V. EMBRAYEUR.)

délabialisé

Un *son délabialisé* est un son fondamentalement labialisé, mais qui, dans certains cas, perd ce caractère, ou bien a un taux de labialisation inférieur à son taux normal. Par exemple, le phonème [ʃ] dans le mot *acheter* [aʃte] est délabialisé sous l'influence de la voyelle et de la consonne non-labiales qui l'environnent.

On emploie parfois le terme de *délabialisé* comme synonyme de *non-labialisé* pour désigner un son pendant l'articulation duquel les lèvres restent neutres ou sont étirées, au lieu d'être arrondies, par exemple [i] ou [e].

délibératif

On appelle *délibératif* la forme verbale ou la construction propre à exprimer l'idée que le sujet de l'énonciation s'interroge sur la décision qu'il doit prendre. En latin, le subjonctif sert de délibératif dans l'interrogation *quid faciam ?,* qui correspond à l'expression française *que faire ?*

délimitation

La *délimitation* est une opération consistant à identifier les unités minimales en segmentant la chaîne parlée au moyen du critère de substitution. (V. COMMUTATION.)

délocutif

1. On appelle *délocutifs* les verbes dérivés d'une locution et dénotant une activité du discours. Ainsi, selon E. BENVE-

NISTE, le latin *salutare,* qui veut dire « prononcer à l'intention de l'interlocuteur le mot *salus* », est un délocutif.

2. Dans la terminologie de J. Damourette et E. Pichon, le *délocutif* est la personne se référant aux êtres absents de l'acte de communication, aux choses et aux notions dont on parle (3ᵉ personne).

démarcatif

1. En phonétique, un *signal démarcatif* est un élément phonique qui marque les limites d'une unité significative, mot ou morphème, à l'initiale ou à la finale. Ce rôle peut être joué par l'accent, dans les langues où l'accent est fixe au début ou à la fin du mot et n'a pas de valeur distinctive. Ainsi, en tchèque, l'accent du mot, toujours placé sur la syllabe initiale, en signale le début. (V. accent.)

Certains traits distinctifs peuvent également avoir une valeur démarcative, comme en grec où l'aspiration n'apparaît qu'à l'initiale de mot, et a une double fonction, distinctive et démarcative : [heks] *six* — [eks] *hors de.*

Certains traits phoniques dépourvus de valeur distinctive peuvent avoir une fonction démarcative. Ainsi en russe, dans les mots et expressions suivants : /danos/ [danos] *dénonciation* et /danos/ [dənos] *et le nez aussi,* /jixida/ [jix'idə] *personne rancunière et* /jix ida/ [jix idə] *leur Ida :* la fermeture de la voyelle dans le premier exemple, l'absence de palatalisation dans le second indiquent la fin d'un mot. La fermeture vocalique est ici un *signe démarcatif positif,* la palatalisation est un *signal démarcatif négatif,* puisque c'est son absence qui signale la frontière de mot.

Le signal démarcatif peut également être constitué par un groupe de phonèmes qui n'apparaissent qu'à la frontière des unités significatives (signal positif) ou en sont exclus (signal négatif). Ainsi, en français, la gémination n'apparaît qu'à la frontière de mots (en dehors des cas de prononciation académique ou de certains futurs), comme *il l'a lu* [illaly] différent de *il a lu* [ilaly]. De même, en anglais, le groupe [l] vélarisé + voyelle n'apparaît qu'à la frontière de mot, où il différencie par exemple *we learn* et *will earn.* Par contre, en italien standard, la gémination n'apparaît jamais qu'à l'intérieur du mot et peut donc être considérée comme un signal démarcatif négatif.

2. En linguistique distributionnelle, on donne le nom de *démarcatif* aux éléments linguistiques (prépositions, conjonctions de subordination, en particulier) qui marquent le début d'une expansion (phrase ou syntagme nominal). Ainsi, *que* est un démarcatif dans *Je sais que Paul viendra,* et *de* est un démarcatif dans *Je parle de ton départ.*

démonstratif

1. La grammaire traditionnelle définit les *démonstratifs* comme des déictiques, adjectifs ou pronoms, servant à « montrer », comme avec un geste d'indication, les êtres ou les objets impliqués dans le discours. Souvent, il s'agit simplement de noter que l'être ou l'objet dont on parle est connu parce qu'il en a déjà été question ou parce que, pour diverses raisons, il est présent à l'esprit du destinataire. En français, l'adjectif démonstratif, qui appartient à la classe des adjectifs déterminatifs, a les formes *ce* et (généralement devant un mot commençant par une voyelle ou un *h* muet) *cet,* féminin *cette,* pluriel *ces.*

Rattachées par un trait d'union au nom que détermine l'adjectif démonstratif, les particules adverbiales démonstratives *-ci* et *-là* indiquent que le nom est proche ou éloigné de celui qui parle. Le pronom a des « formes simples » : masculin *celui,* féminin *celle,* neutre *ce* et pluriel *ceux,* féminin *celles* et des « formes composées » utilisant *-ci* (démonstratif prochain) et *-là* (démonstratif lointain); *-ci* et *-là* sont ajoutés par un trait d'union au masculin-féminin, sans trait d'union au neutre, où *-là* perd également son accent et *cela* se contracte souvent en *ça.* Les formes simples ne s'emploient que suivies d'un complément prépositionnel *(ceux de Corneille)* ou d'une proposition relative *(ceux que j'ai lus),* alors que les formes composées sont impossibles dans ce cas. On constate (mais les puristes condamnent cette construction) l'emploi de *celui*, *celle(s)* et *ceux* suivis d'un adjectif ou d'un participe *(Quelles bouteilles as-tu prises ? — Celles mises de côté)*.

2. La grammaire structurale et générative fait des *adjectifs démonstratifs* des déterminants; selon les analyses, le démonstratif est considéré comme un déterminant de même nature que l'article, commutable avec lui, ou bien il est un préarticle qui, en structure profonde, est suivi d'un article défini; cet article défini est effacé en surface (cela explique la fonction déictique et la fonction anaphorique dévolues aux démonstratifs).

dénominatif

En grammaire traditionnelle, on appelle *dénominatifs* les adjectifs, les verbes et les noms qui sont formés à partir de radicaux de noms. Ainsi, les termes *constitutionnel* (de *constitution*), *numéroter* (de *numéro*), *décanat* (de *doyen*) sont des dénominatifs.

dénotatif

Fonction dénotative du langage. Syn. de FONCTION COGNITIVE.

dénotation

1. La *dénotation* d'une unité lexicale est constituée par l'extension du concept constituant son signifié. Par exemple, le signe *chaise* étant une association du concept « siège, à quatre pieds, avec un placet, avec un dossier » et de l'image acoustique [ʃɛz], la dénotation sera : *a, b, c,... n sont des chaises*. A ce titre, la dénotation peut être opposée à la désignation : alors que, par la dénotation, le concept renvoie à la classe des objets, dans la désignation le concept renvoie à un objet isolé (ou un groupe d'objets) faisant partie de l'ensemble. La classe des chaises existantes, ayant existé ou possibles constitue la dénotation du signe « chaise », tandis que « cette chaise-ci » ou « les trois chaises » constituent la désignation du signe « chaise » dans le discours.

2. Toutefois, dans la terminologie de S. MILL, reprise par la linguistique moderne, la *dénotation* se définit par opposition à *connotation*. A ce titre, la dénotation est l'élément stable, non subjectif et analysable hors du discours, de la signification d'une unité lexicale, tandis que la connotation est constituée par ses éléments subjectifs ou variables selon les contextes. Par exemple, *nuit*, définissable de façon stable comme opposé de *jour*, comme intervalle entre coucher et lever du soleil, etc. (dénotation), comporte aussi pour certains locuteurs ou dans certains contextes la connotation « tristesse », « deuil », etc. *Rouge,* dénotant une couleur, et en particulier certaine gamme de vibrations lumineuses parmi d'autres, connote dans certains contextes le danger.

On a légitimement reproché au concept de connotation d'être un « fourre-tout », où l'on dépose tout ce qui relève de l'intuition et n'est pas analysable dans la signification d'une unité. Dès lors, le concept de dénotation perd aussi son intérêt comme le second terme de cette opposition. On note par ailleurs qu'une telle conception de la dénotation va à l'encontre de l'optique de la linguistique saussurienne, en présentant la signification d'une unité comme positive, alors que le postulat essentiel de la linguistique moderne est que les unités sont définies par les relations dans lesquelles elles entrent. On ne peut parler de la dénotation de l'unité *fer,* par exemple, hors contexte. La dénotation ne peut naître que de son réseau de relations dans des énoncés, comme *Le fer s'oxyde à l'air libre, La blanchisseuse manie le fer, Le cheval a perdu un fer*. Des lors, à quel titre demander un traitement spécial (connotatif) pour l'unité *fer* dans un environnement du type *Un homme de fer, Ce siècle de fer ?*

dense

Le terme de *dense,* aujourd'hui tombé en désuétude, désigne dans la terminologie ancienne une consonne occlusive (dite « muette » dans cette même terminologie) qui comporte une émission d'air très forte, disproportionnée par rapport à la faible tension des muscles buccaux, de sorte que la pression de l'air semble trop puissante et provoque souvent une impression de souffle ou d'aspiration. Les grammairiens anciens opposaient les consonnes denses, comme en grec λ [l], aux consonnes moyennes, β [b], ou ténues, π [p]. L'opposition de densité est souvent confondue avec l'opposition d'aspiration* et l'opposition de pression* ou d'intensité*.

dental

Phonétiquement, une *consonne dentale* est une consonne réalisée en rapprochant la lèvre inférieure, la pointe ou le dos de la langue des incisives supérieures. Suivant la nature de l'articulateur inférieur, on distingue : les labiodentales ou dentilabiales ([f], [v]), les apicodentales, qui peuvent être réalisées par l'introduction de la pointe de la langue entre les dents (comme l'interdentale espagnole [θ] à l'initiale de *cinco*) ou par le contact de la pointe de la langue contre les dents supérieures, comme le [s] espagnol de *suegra;* les apico-alvéolaires, réalisées par le contact de la pointe de la langue contre les alvéoles, comme la vibrante apicale de l'italien et de l'espagnol [r]; enfin, les prédorso-alvéolaires, réalisées par le contact de la partie antérieure du dos de la langue contre les alvéoles, comme le [s] du français *sel*.

Phonologiquement, les labiodentales sont classées avec les labiales, dont elles présentent les traits distinctifs (grave et diffus), mais toutes les autres articulations sont classées comme dentales et caractérisées phonologiquement par les traits aigu et diffus, c'est-à-dire une concentration de l'énergie dans les hautes fréquences du spectre, avec une diminution de la quantité totale d'énergie.

dentilabial

Les *consonnes dentilabiales* (appelées de préférence labiodentales*, car c'est l'articulateur labial qui a le plus d'importance linguistique) sont des consonnes réalisées par le rapprochement de la lèvre inférieure contre les incisives supérieures : ainsi, en français, [f], [v]. Ces consonnes se classent phonologiquement parmi les labiales, dont elles présentent les caractéristiques grave* et diffus*, mais elles se distinguent des bilabiales par leur caractère strident*, dû à l'intervention sur le passage de l'air d'un obstacle supplémentaire constitué par la barrière des dents.

dépendant

1. En grammaire traditionnelle, *dépendant* est souvent synonyme de *subordonné*, de *régi* ou de *complément*.

2. En linguistique structurale, on appelle *morphèmes dépendants* des morphèmes tels que leur occurrence dépend de l'occurrence d'un autre morphème dans une construction donnée et tels qu'un changement affectant le premier implique un changement affectant l'autre. Ainsi on a l'opposition :
Je connais la personne à qui vous pensez,
Je connais ce à quoi vous pensez,
qui peut être décrite comme un seul morphème discontinu :
    la personne Qu-i
    ce   Qu-oi

3. En grammaire générative, il existe deux variétés de grammaires syntagmatiques, selon que dans la règle de réécriture fondamentale
$$XAY \rightarrow XZY$$
(A dans le contexte X et Y se réécrit Z dans le même contexte) les symboles X et Y sont ou ne sont pas nuls. Dans le premier cas, on a des *grammaires indépendantes du contexte,* dans le second cas des *grammaires dépendantes du contexte*. La règle de réécriture du syntagme nominal
$$SN \rightarrow D + N$$
(déterminant + nom) est une règle indépendante du contexte. Mais la règle de constitution du syntagme verbal
$$SV \rightarrow V + SN$$
(verbe + syntagme nominal) appartient à une grammaire dépendante du contexte, puisque SN ne pourra être réécrit après V que si ce dernier appartient à la catégorie des V_t (verbes transitifs).

déphonologisation

Une *déphonologisation* est une mutation, dans l'évolution phonique d'une langue, qui entraîne la suppression d'une différence phonologique. La déphonologisation peut aboutir à créer entre les deux termes de l'ancienne opposition phonologique un rapport de variantes combinatoires : ainsi, dans une partie des dialectes grand-russes, les deux phonèmes [e] inaccentué et [a] inaccentué sont devenus les deux variantes combinatoires d'un même phonème représenté par [e] après les consonnes mouillées, par [a] après les consonnes non-mouillées. La déphonologisation peut aussi aboutir à une identité; en français, l'opposition [a] et [α] *patte - pâte* a pratiquement disparu, les deux termes de l'opposition étant identifiés avec le phonème antérieur [a]. De même, certains dialectes polonais ont confondu en une seule série [s, z, ʃ, 3] deux séries de consonnes anciennement distinctes [s, z, ʃ, 3] et [t ʃ, d 3].

déplacement
En grammaire générative, le *déplacement* est l'opération consistant à modifier l'ordre de deux constituants adjacents d'une phrase (ou deux suites de constituants) dans des conditions définies par une transformation*. Par exemple, la transformation pronominale comporte, entre autres opérations élémentaires, une opération de déplacement : le syntagme nominal pronominalisé qui, dans la structure, se trouve après le verbe est déplacé pour être mis devant le constituant auxiliaire et après le constituant syntagme nominal sujet; ainsi, en simplifiant, on a : *Pierre voit le film* → *Pierre voit le* → *Pierre le voit.*

On dit aussi qu'il y a permutation des deux constituants *le* et *voit.*

déponent
On donne le nom de *déponent* à la voix* moyenne du latin, c'est-à-dire, selon l'analyse des grammairiens latins, aux verbes qui ont « abandonné » *(deponere)* la flexion active pour prendre la flexion passive, tout en gardant le sens actif. Les déponents correspondent le plus souvent à des verbes intransitifs ou pronominaux français *(mori,* mourir; *fungi,* s'acquitter de), mais non nécessairement *(sequi,* suivre).

dépréciatif
Syn. : PÉJORATIF.

dérivation
1. Pris en un sens large, le terme de *dérivation* peut désigner de façon générale le processus de formation des unités lexicales. Dans un emploi plus restreint et plus courant, le terme de *dérivation* s'oppose à *composition* (formation de mots composés).

La dérivation consiste en l'agglutination d'éléments lexicaux, dont un au moins n'est pas susceptible d'emploi indépendant, en une forme unique. *Refaire, malheureux* sont des dérivés; on remarque que les éléments *re-, -eux* ne sont pas susceptibles d'emploi indépendant, pendant que *faire* et *malheur* sont des unités lexicales par elles-mêmes. Les éléments d'un dérivé sont :
— le radical, constitué par un terme indépendant *(faire* dans *refaire)* ou dépendant* *(-fec-* dans *réfection);*
— les affixes, éléments adjoints appelés *préfixes* s'ils précèdent le radical *(re-, dé-* dans *refaire, défaire),* ou *suffixes* s'ils le suivent *(-eux, -iste* dans *malheureux, lampiste).* On remarquera toutefois que les préfixes peuvent correspondre à des formes ayant l'autonomie lexicale *(contre,* adverbe et préposition, est préfixe dans *contredire; bien,* adverbe et substantif, est préfixe dans *bienfaisant),* alors que les suffixes ne sont pas susceptibles d'emploi indépendant.

C'est dire les limites d'une opposition entre dérivation et composition reposant sur le critère de l'autonomie lexicale des composants : dans *contredire,* ou *bienfaisant,* l'autonomie des termes n'est pas moindre que dans le mot composé *portefeuille*. En outre, les préfixes ne jouent aucun rôle sur la catégorie grammaticale de l'unité de signification résultante *(dé-* permet de dériver un verbe : *défaire;* un substantif : *défection;* un participe-adjectif : *défait),* alors que les suffixes permettent le changement de catégorie grammaticale : l'adjectif *noir* aura ainsi une série de dérivés verbaux et nominaux *noircir, noirceur.* Ce fait incite à rapprocher la formation par préfixe de la composition, rendant plus ténue la frontière entre composition et dérivation.

La lexicologie traditionnelle fait également usage du concept de *dérivation impropre* (ou *hypostase*) pour désigner le processus par lequel une forme peut passer d'une catégorie grammaticale à une autre sans modification formelle. La substantivation du verbe ou de l'adjectif, par exemple, sera un cas de dérivation impropre : *boire, manger* dans *le boire et le manger; doux, amer* dans *le doux et l'amer.*

Composés et dérivés ont en commun de se comporter dans l'énoncé comme les unités lexicales simples susceptibles d'apparaître dans les mêmes contextes. Par exemple, *un vieux gentilhomme* n'est pas un homme vieux et gentil, mais bien un gentilhomme qui est vieux; pour *un beau portefeuille,* on voit plus clairement qu'il est impossible de faire porter l'adjectif sur aucun des deux éléments du composé pris séparément.

Sans doute des habitudes scolaires masquent-elles parfois l'unité du syntagme ainsi obtenu : ainsi, malgré la tendance à dire des [bɔnɔm], la correction demande-t-elle des [bɔ̃zɔm], malgré l'inséparabilité des deux éléments, vérifiée par l'existence d'une opposition sémantique entre *un petit bonhomme* et *un petit homme bon.*

La lexicologie a exploré les champs dérivationnels* des unités lexicales avec l'espoir d'y trouver un critère objectif proprement linguistique pour la structuration du lexique. Ainsi, l'on distinguera deux unités *juste* selon le champ dérivationnel :

juste $_1$ adv. *juste*, subst. *justesse (une pensée juste, penser juste, jouer juste)*
juste $_2$ *justement, injustement, justice, injustice (un homme juste).*

Cependant, les différences des sous-sens des unités lexicales ne se manifestent pas nécessairement par une différence du champ dérivationnel.

2. En grammaire générative, la *dérivation* est un processus par lequel les règles de la base génèrent des phrases à partir de l'élément initial et en leur assignant une description structurelle, de telle manière que chaque suite découle de la précédente par l'application d'une seule règle de grammaire. La dérivation est dite *terminale* quand on arrive à une suite terminale* d'éléments, à laquelle on ne peut plus appliquer de règles de grammaire. La dérivation peut être représentée par un arbre* ou une parenthétisation étiquetée. On appelle aussi dérivation l'ensemble des suites ainsi générées, de l'élément initial à la suite terminale en passant par les suites intermédiaires.

dérivationnel

A côté d'une conception sémantique du champ* lexical, certains linguistes mettent l'accent sur la possibilité de structurer un champ dérivationnel. Dans cette perspective, on appellera *champ dérivationnel,* soit *(a)* l'ensemble constitué par un terme donné d'une langue et tous les dérivés qu'il permet de former, soit *(b)* un ensemble de termes du vocabulaire reliés entre eux par un système cohérent d'opérateurs.

(1) L'analyse du champ dérivation-

nel de *s'abstenir* conduira à distinguer deux verbes *s'abstenir* : *s'abstenir*$_1$, qui forme champ dérivationnel avec *abstinence*, *abstinent*, et *s'abstenir*$_2$, qui forme champ dérivationnel avec *abstention*, *abstentionniste*.

(2) Le champ dérivationnel d'un certain nombre des termes de parenté en français est marqué par l'exploitation comme opérateurs, détournés de leur valeur sémantique dans le vocabulaire général, des termes *grand, petit, beau, arrière*. Ainsi, le champ dérivationnel de *père, mère* comporte le recours à *arrière, beau, grand (arrière-grand-père)* (on notera l'exclusion de *beau-grand*), le champ dérivationnel de *oncle, tante* comporte le recours à *arrière, grand* mais non à *beau (arrière-grand-tante*, etc.*)*. Avec des opérateurs dérivationnels, en partie semblables *(arrière, beau)* et en partie opposés *(petit)*, on formera le champ dérivationnel de *fils, fille*. *Cousin, cousine* ont encore un champ différent.

désambiguïsation

Quand une phrase est ambiguë (quand elle peut subir deux analyses structurales différentes ayant deux sens différents), on peut procéder à sa *désambiguïsation* en lui substituant des phrases synonymes non-ambiguës. Ainsi, pour désambiguïser *Le magistrat juge les enfants suspects*, on verra si on peut lui substituer *Le magistrat juge les enfants : ces enfants sont suspects* ou bien *Le magistrat juge quelque chose : les enfants sont suspects*.

désambiguïser

En théorie, il existe des phrases ambiguës (v. AMBIGUÏTÉ), en particulier des phrases dont la structure de surface renvoie à plusieurs structures profondes interprétées différemment : *Pierre aime Jacqueline autant que Claude* (Pierre aime Jacqueline et Claude; Pierre et Claude aiment Jacqueline). Mais les phrases réalisées sont *désambiguïsées*, c'est-à-dire que le choix entre les deux structures profondes est déterminé :

a) par le contexte ou la situation;
b) par la culture de la communauté;
c) par les procédés prosodiques (intonation de la phrase, pauses, accent d'intensité, etc.).

désarrondissement

On appelle *désarrondissement*, ou *délabialisation*, l'altération subie par un phonème normalement arrondi (ou labialisé) et qui perd cette caractéristique dans une alternance synchronique ou à la suite d'un changement historique : ainsi, la voyelle anglaise de *come* provient d'un désarrondissement du [o] de l'ancien anglais.

désaspiration

On appelle *désaspiration* l'altération subie par une consonne normalement aspirée qui perd cette caractéristique soit dans une alternance synchronique par variation combinatoire, soit à la suite d'un changement diachronique. En grec, une consonne aspirée subit une désaspiration si elle est suivie dans le mot d'une autre consonne aspirée qui ne lui est pas contiguë. En diachronie, les consonnes aspirées de l'indo-européen [bh], [dh], [gh] ont subi une désaspiration dès l'étape préhistorique et ont abouti à [b], [d], [g].

descendant

Syn. : DIPHTONGUE DÉCROISSANTE.

descriptif

1. L'adjectif *descriptif* est employé parfois après *étude, recherche, linguistique* pour désigner une méthode d'analyse qui s'attache à rendre compte des seules phrases réalisées, formant le corpus de la recherche. (V. aussi SYNCHRONIQUE.)

2. Une *grammaire descriptive* (1) énumère explicitement au moyen de règles en nombre fini les phrases réalisées d'une langue constituant un corpus représentatif, et (2) donne une analyse de leur structure. La grammaire descriptive s'oppose à la *grammaire normative*, qui ajoute des contraintes sociales d'utilisation aux règles qu'elle établit; elle se distingue de la *grammaire générative*, qui génère au moyen de règles toutes les phrases grammaticales d'une langue (réalisées ou potentielles) et non pas seulement celles d'un corpus. La grammaire descriptive décrit les seules structures de surface des phrases, la grammaire générative décrit les structures profondes et les relations qui unissent ces dernières aux structures de surface. Le corpus de la grammaire descriptive ne comporte pas seulement les phrases jugées acceptables (comme la grammaire normative), elle comporte aussi les énoncés jugés « incorrects », mais qui figurent dans les énoncés réalisés par des locuteurs natifs; la grammaire n'aboutit pas à constituer un ensemble d'injonctions pédagogiques du type *Dites, ne dites pas,* mais à décrire un état de langue réel.

description

1. On appelle *description* la représentation structurelle des phrases, des morphèmes qui constituent les phrases, des phonèmes qui constituent les morphèmes, des règles de combinaison de ces morphèmes, etc.

2. En grammaire générative, la *description structurelle* d'une phrase fournit les renseignements nécessaires qui déterminent les transformations et finalement l'interprétation sémantique et l'interprétation phonétique de la phrase.

descriptivisme

On donne parfois le nom de *descriptivisme* à la théorie distributionnelle dont le seul but est d'induire d'un corpus des règles dont l'application puisse rendre compte d'une manière complète de tous les énoncés de ce corpus.

désidératif

On appelle *désidératif* la forme verbale susceptible d'exprimer l'idée de désir; le désidératif peut être traduit par un suffixe spécifique, comme en latin le suffixe *-urire.* Sur le verbe *edere / esse,* manger, on a formé un désidératif *esurire,* désirer manger.

désignateur

Dans la terminologie sémantique de Ch. W. Morris, le *désignateur* est un signe possédant un designatum, c'est-à-dire comportant un ensemble de conditions telles que, si elles sont remplies par une situation et si le terme est utilisé par référence à cette situation, l'occurrence donnée du désignateur dénote. Par exemple, *canard* pourra être défini, dans un de ses sous-sens, comme possédant un designatum [sucre quand on prend le café] : si la situation est *on prend le café* et si le signe renvoie à cette situation (et non à une discussion sur la chasse, par exemple), l'occurrence *canard* dénote en fonction de son designatum.

désignation

On appelle *désignation* le fait qu'un signe renvoie à un objet, à un procès, à une qualité, etc., de la réalité extra-linguistique telle qu'elle est structurée par les formations idéologiques (culture, expérience) d'un groupe humain donné. Ce à quoi renvoie le signe recevra le nom de designatum, selon une opposition conceptuelle : designatum *vs* denotatum. (V. DÉNOTATION.)

Le designatum, dans une réflexion sémiotique superficielle, semble s'identifier à une chose. Ainsi, le designatum du signe *arbre* sera tel arbre particulier de la réalité extra-linguistique. Toutefois, les mots renvoient également à des procès (ainsi en français les verbes, par exemple *courir,* mais aussi des substantifs, par exemple *course*), à des qualités (adjectifs, par exemple *bon;* adverbes, par exemple *bien*). D'autre part, on notera aussi que l'existence d'une relation de désignation n'implique aucunement l'existence de la chose ou référent. Ainsi, le signe *licorne* est en relation de désignation avec un animal inexistant.

designatum

On préfère quelquefois le terme de *designatum* à celui de *signifié**.

désinence

On appelle *désinence* l'affixe qui se présente à la finale d'un nom, d'un pronom ou d'un adjectif (désinences casuelles) ou à la finale d'un verbe (désinences personnelles) pour constituer avec la racine, éventuellement pourvue d'un élément thématique, une forme fléchie. Ainsi, le nominatif latin *dominus* est constitué de la racine *domin,* de la voyelle thématique *o* passée ici à *u* et de la désinence casuelle (celle de nominatif) *s*. Le pluriel *chantons* est formé de la racine *chant* et de la désinence personnelle *ons*. (V. CAS, DÉCLINAISON, FLEXION.)

destinataire

1. On appelle *destinataire* le récepteur dans le schéma de communication*.

2. On appelle *destinataire* celui à qui est destinée l'action exprimée par le verbe ou celui au bénéfice de qui se fait l'action indiquée par le verbe (ex. : *Il donne un livre* À SON FILS).

destinateur

On désigne parfois du nom de *destinateur* (celui qui destine son message à quelqu'un) le locuteur*.

détaché

Adjectif détaché. V. DÉTACHEMENT.

détachement

Par le *détachement*, un adjectif est séparé du substantif ou du pronom auquel il se rapporte soit par une simple pause que transcrit la virgule, soit par une forme verbale. Le détachement a généralement des raisons stylistiques. Il peut avoir une valeur simplement descriptive et insister sur un point particulier, comme dans *L'homme, égaré, divaguait constamment*. Il peut aussi tenir la place d'une proposition subordonnée circonstancielle de cause, de concession (le sens est alors souvent souligné par un adverbe) : *Riche, il aidait les pauvres. Il était, quoique orgueilleux, capable de reconnaître parfois ses torts.*

Syntaxiquement, l'adjectif détaché ou apposé est issu d'une proposition relative appositive. (V. RELATIVE.)

détente

La *détente*, appelée aussi *métastase* par rapport à la tension ou catastase, est la phase finale de l'articulation d'un phonème pendant laquelle les organes phonatoires abandonnent la position qui les caractérise pour adopter la position de repos ou se préparer à l'émission du phonème suivant.

déterminant

1. Dans un sens large, les *déterminants* sont les constituants du syntagme nominal qui dépendent du nom, tête ou constituant principal du syntagme nominal. En ce cas, les déterminants sont les articles, les adjectifs, les compléments du nom; ce sont les éléments qui actualisent le nom (déterminé), qui lui donnent ses déterminations.

2. En un sens plus étroit, mais plus courant, les *déterminants* forment une classe de morphèmes grammaticaux dépendant en genre et en nombre du nom qu'ils spécifient. Les déterminants sont les articles, les possessifs, les démonstratifs, les adjectifs interrogatifs, relatifs et indéfinis, les numéraux.

3. En grammaire générative, le *déterminant* (abréviation D) est un constituant obligatoire du syntagme nominal :

$$SN \rightarrow D + N$$

Le déterminant est lui-même formé de plusieurs constituants :

$$D \rightarrow (Préart) + Art + (Postart)$$

c'est-à-dire que le déterminant est réécrit obligatoirement par l'article* (article proprement dit et déterminatif) et facultativement par un préarticle* et un postarticle.

déterminatif

1. On donne le nom d'*adjectif déterminatif* à une classe de déterminants distincts des articles (et par opposition à la classe des adjectifs qualificatifs); ce sont des préarticles (TOUTE *la ville*) ou des postarticles (*l'*AUTRE *personne*) ou des déterminants substituables aux articles avec lesquels ils sont incompatibles (adjectifs possessifs, démonstratifs, interrogatifs : SA *maison*, CETTE *maison*, QUELLE *maison*). Parmi les déterminatifs, les grammaires traditionnelles rangent les adjectifs **numéraux** *(deux livres, un deuxième jour)*, **possessifs** *(sa voiture)*, **démonstratifs** *(cette page)*, **relatifs** *(laquelle erreur)* **interrogatifs** ou **exclamatifs** *(quelle bêtise)* et **indéfinis** *(chaque film)*.

2. *Relative déterminative.* V. RELATIVE.

3. On donne le nom de *syntagme déterminatif* à un syntagme composé d'un déterminant et d'un déterminé : ainsi, dans

Le livre est intéressant, le livre est un syntagme déterminatif où *le* est le déterminant et *livre* le déterminé. Le syntagme latin *liber Petri* est déterminatif, *liber* est le déterminé et *Petri* le déterminant.

détermination

1. On appelle *détermination* la fonction assurée par la classe des déterminants et consistant à actualiser le nom, c'est-à-dire à lui donner la propriété de nom défini ou indéfini.

2. En glossématique, le terme *détermination* désigne de manière précise la fonction qui existe entre les deux fonctifs* quand l'un des deux est une constante et l'autre une variable.

déterminé

Dans le syntagme nominal des phrases réalisées, le *déterminé* est la tête du syntagme nominal, le constituant fondamental, les autres éléments étant les déterminants. Ainsi, dans les syntagmes nominaux *le chapeau de Pierre, les pommes de terre frites, les coffres-forts,* etc., les constituants *chapeau, pommes, coffres* sont les déterminés.

deux-points. V. PONCTUATION.

déverbal

On appelle *déverbaux* les noms formés à partir de radicaux verbaux. Ainsi, les noms *appontement* (de *apponter*), *marche* (de *marcher*), etc., sont des déverbaux. Parfois, le nom de *déverbal* est réservé à ceux de ces dérivés qui sont formés avec le suffixe zéro (*bond* de *bondir, bouffe* de *bouffer,* etc.). (Syn. : POSTVERBAL.)

déverbatif

Dans la terminologie de E. BENVENISTE, on appelle *déverbatif* un verbe dérivé d'un verbe; ainsi, le latin *cantare* « chanter » est un déverbatif de *canere* « chanter ».

dévocalisation

En phonétique synchronique, le phénomène de *dévocalisation* est celui par lequel certains phonèmes réalisés habituellement comme voisés, c'est-à-dire avec une vibration des cordes vocales, perdent cette caractéristique au contact de phonèmes non-voisés qui leur sont contigus. Ainsi, en français, les consonnes voisées [b], [d], [l], [m] perdent ce trait sous l'influence assimilatrice des phonèmes non-voisés, comme dans les mots ou expressions suivants : *une roʙe courte, un ruᴅe travail, caʟfeutré, le mêᴍe pain* que l'on note phonétiquement [ynrɔbkurt], [œ̃ryd travaj], [kalføtre], [ləmɛmpɛ̃]. Dans le cas où le trait de voisement a une valeur phonologique, comme pour [b], [d], etc., la dévocalisation peut se produire sans gêner la communication, car le trait de douceur (ou laxité) qui double en français le voisement se maintient et soutient l'opposition entre le phonème dévoisé et son partenaire non-voisé et fort [p], [t], etc.

En phonétique historique, le phénomène de dévocalisation est celui par lequel, dans certaines langues, et à un moment donné de l'évolution du système phonologique, certaines consonnes voisées perdent ce caractère lors du passage à un stade ultérieur : ainsi, les consonnes voisées [b], [d], [g] du germanique préhistorique ont subi une mutation par dévocalisation et sont devenues non-voisées : [p], [t], [k].

dévoisé

Une *consonne dévoisée* ou *dévocalisée* est une consonne normalement voisée, mais qui perd ce trait au contact de phonèmes non-voisés, par dévoisement ou dévocalisation*. Les phonèmes du français [d] et [g] sont dévoisés dans les mots et expressions : *médecin* [medsɛ̃], *un vague projet* [œ̃vagprɔʒɛ].

dévoisement

Syn. : DÉVOCALISATION.

diachronie

La langue peut être considérée comme un système fonctionnant à un moment déterminé du temps (synchronie*) ou bien analysé dans son évolution *(diachronie);* par la diachronie, on suit les faits de langue dans leur succession, dans leur changement d'un moment à un autre de l'histoire : chez F. DE

SAUSSURE, *diachronie* est d'abord l'un des points de vue que le linguiste peut choisir et qui, de manière fondamentale, s'oppose à la synchronie. Dans cette perspective, toute étude diachronique est une explication historique du système synchronique et les faits diachroniques sont les changements subis par la langue.

La *diachronie* est aussi la succession de synchronies qui, dans l'esprit de F. DE SAUSSURE, peut seule rendre compte de façon adéquate de l'évolution de la langue.

On appelle également *diachronie* le caractère des faits linguistiques considérés dans leur évolution à travers le temps, ou bien la discipline qui s'occupe de ce caractère (la linguistique diachronique).

Les problèmes de la diachronie sont complexes. La diachronie constate d'abord les changements qui se produisent et les localise dans le temps. Mais il n'est guère possible de faire dans ce domaine un travail rigoureux sans mettre à sa place chaque étape historiquement constatée par laquelle passe un phonème, par exemple, sans intégrer le fait dans le système tel qu'il a fonctionné à un moment donné.

L'importance de la diachronie dans la linguistique au XIXe siècle tient au fait que l'évolution de la langue tendait à n'être qu'un moyen de connaître l'histoire des peuples. La distinction rigoureuse entre synchronie et diachronie est donc une réaction contre cette perspective historiciste de la linguistique. Cette distinction a aussi des fins méthodologiques. On peut arguer que le sujet parlant connaît mal ou ignore l'histoire de sa langue et que, par conséquent, la connaissance des stades antérieurs ne permet pas de comprendre le fonctionnement du système considéré synchroniquement. Ainsi, le fait que *taie* vient de *tega* n'a aucune influence sur l'emploi actuel du mot; l'étymologie* de *tête* remontant à un mot latin signifiant « boîte crânienne » ou « cruche » est une simple curiosité sans grande importance pour le fonctionnement actuel du mot *tête* (*tête, tête de file, tête chercheuse*, etc.). De même, la recherche des causes de l'évolution aboutit souvent à des faits extra-linguistiques qui, eux non plus, n'expliquent pas l'état actuel. Enfin, on s'est demandé si toute recherche sur des états de langue* passés pouvait aboutir à une certitude quelconque, dans la mesure où le chercheur n'a pas la compétence* linguistique des sujets parlants de l'époque qu'il étudie. En sens inverse, on peut soutenir qu'il n'y a pas de synchronie sans diachronie. Cette dernière est toujours sous-jacente dans un état de langue donné qui serait chaque fois plein du passé et gros de l'avenir, sans qu'on puisse considérer qu'il y ait jamais rien d'étale dans la langue. Ainsi, après la Seconde Guerre mondiale, on trouvait en Corse trois termes pour désigner le « porte-plume » *pinna, porta-pinna* et le mot français emprunté. Les grands-parents se servaient du premier, les parents du premier et du deuxième (en donnant au premier une valeur méliorative), les enfants du deuxième et du troisième (en donnant au second une valeur méliorative). Il n'y a donc pas à un moment donné un seul mais plusieurs systèmes qui entrent en concurrence et qui projettent ainsi la diachronie dans un état synchronique.

Les structuralistes fonctionnalistes se refusent aujourd'hui à maintenir le postulat de la distinction absolue entre la diachronie et la synchronie, ne serait-ce que pour des raisons méthodologiques : en effet, l'évolution d'un système A en un système B qui lui est postérieur ne peut être décrit qu'en termes de transformation de la structure synchronique A en une autre structure synchronique B; c'est, en effet, l'organisation générale du système qui est en cause quand on parle, par exemple, de phonologie diachronique et celle-ci ne peut se faire sans une connaissance préalable des états synchroniques.

diachronique

On caractérise comme *diachroniques* des études, des recherches, une linguistique, dans la mesure où elles ont comme point de vue la diachronie*, c'est-à-dire l'évolution des faits linguistiques. Sont qualifiés également de *diachroniques* tous les faits considérés comme des éléments ou des facteurs d'un système en cours d'évolution, comme appartenant à des états différents de développement.

diacritique

On appelle *signe diacritique* un signe graphique adjoint à un graphème simple de l'alphabet afin de transcrire un phonème différent de celui que transcrit ce graphème (ainsi l'utilisation de l'accent circonflexe en français indique parfois l'opposition entre [a] antérieur, sans circonflexe, et [α] postérieur, avec circonflexe). Le *c* sans cédille devant *a* transcrit le son [k] *(cadavre)* et avec cédille le son [s] *(çà)*.

diagnostique

On appelle *environnement diagnostique* d'un morphème lexical polysémique le contexte qui permet de déterminer la différence typique d'un de ses sens relativement à tous les autres. Ainsi, on dit que l'environnement de *appréhender* constitué par un syntagme nominal objet nom de personne *(appréhender quelqu'un)* distingue le sens de « procéder à l'arrestation de quelqu'un » des autres sens *appréhender un danger* (le craindre) ou *appréhender quelque chose* (le saisir, le comprendre). On dit qu'il s'agit d'un environnement diagnostique.

diagramme

Le *diagramme d'une phrase* est la figure graphique propre à représenter l'analyse en constituants d'une phrase. Les diagrammes utilisés sont l'arbre* et la parenthétisation* étiquetée.

dialectal

1. Par opposition à « courant », « classique », « littéraire », « écrit », *dialectal* sert à caractériser une forme de langue comme une variété régionale n'ayant pas le statut et le prestige socio-culturel de la langue elle-même.

2. Par opposition à « linguistique », *dialectal* sert à caractériser les différences qui n'opposent pas des langues mais des variétés d'une même langue. Alors que les limites ou les frontières qui séparent le *picard* du *normand* sont dites indifféremment dialectales ou linguistiques, celles qui séparent le *picard* du *flamand* (de famille germanique) sont uniquement linguistiques.

3. *Dialectal* caractérise la région où l'on retrouve un certain nombre de traits linguistiques qui rapprochent les parlers utilisés en les opposant à d'autres.

4. On utilise enfin cet adjectif pour qualifier la situation où existent des dialectes voisins, mais différant entre eux *(situation dialectale)* ou bien le processus aboutissant à l'apparition de dialectes à partir d'une langue unique *(différenciation dialectale)*.

5. On parle quelquefois de *géographie dialectale*, de *cartes dialectales*, d'*atlas dialectaux* pour désigner la géographie linguistique, les cartes linguistiques, les atlas linguistiques (v. ces mots).

dialectalisation, dialectisation

Une langue se *dialectalise* quand elle prend, selon les régions où elle est parlée, des formes nettement différenciées entre elles; la notion de dialectisation présuppose l'unité antérieure, au moins relative, de la langue concernée. Les premiers comparatistes ont accepté le principe de langues mères uniformes et de la « naissance » de langues filles après une rupture soudaine et bien tranchée. Dans cette perspective, la dialectalisation se confond avec la rupture. Aujourd'hui, on pose plutôt des langues mères connaissant des variations minimes, mais qui préfigurent les différenciations ultérieures. Ainsi, le latin parlé en Gaule était certainement différent du latin parlé en Italie ou en Dacie; selon la théorie des ondes, l'étendue des aires dans lesquelles on rencontre un trait s'explique par la propagation, inégale, de certaines innovations à partir de certains centres et le maintien ailleurs de formes anciennes.

dialecte

Le grec *dialektos* désignait les systèmes différents utilisés dans toute la Grèce, chacun pour un genre littéraire déterminé, et considérés comme la langue d'une région de la Grèce où ils devaient recouvrir des dialectes au sens moderne du terme, régionaux ou sociaux; l'ionien, non seulement en Ionie, mais dans toute la Grèce, était utilisé pour le genre historique, le dorien l'était pour le chant choral.

Le dialecte est une forme d'une langue qui a son système lexical, syntaxique et phonétique propre et qui est utilisé dans un environnement plus restreint que la langue elle-même.

1. Employé couramment pour *dialecte régional* par opposition à « langue », le *dialecte* est un système de signes et de règles combinatoires de même origine qu'un autre système considéré comme la langue, mais n'ayant pas acquis le statut culturel et social de cette langue indépendamment de laquelle il s'est développé : quand on dit que le picard est un dialecte français, cela ne signifie pas que le picard est né de l'évolution (ou à plus forte raison de la « déformation ») du français.

Dans les pays comme la France, où l'on trouve une langue officielle et normalisée, le dialecte est un système permettant une intercompréhension relativement facile entre les personnes qui ne connaîtraient que le dialecte et les personnes qui ne connaîtraient que la langue; le dialecte est alors exclu des relations officielles, de l'enseignement de base, et ne s'emploie que dans une partie du pays ou des pays où l'on utilise la langue. Les dialectes régionaux français d'oïl sont : le francien, l'orléanais, le bourbonnais, le champenois, le picard, le haut-normand et le wallon, le lorrain, le bourguignon, le franc-comtois, le bas-normand, le gallo, l'angevin et le parler du Maine, le poitevin, le saintongeais et l'angoumois (ces trois derniers étant parfois considérés comme des dialectes de langue d'oc).

Parfois, l'intercompréhension peut être toute relative; elle peut se réduire au sentiment de parler la même langue ou à l'habitude prise de rattacher les formes locales divergentes à une même tradition écrite : on distingue ainsi un arabe littéraire ou classique et des arabes dialectaux comme le tunisien, l'algérien; les différences entre ces arabes dialectaux sont parfois bien plus importantes que celles qui opposent des langues comme l'allemand et le néerlandais.

Dans certains pays à écriture idéographique, les *dialectes* peuvent n'avoir en commun que la représentation graphique et une parenté génétique : les dialectes chinois sont par rapport au chinois mandarin de véritables langues; les utilisateurs natifs du cantonais et du chinois mandarin ne se comprennent que par écrit.

Dans les pays sans langue officielle normalisée, les dialectes sont des formes de langue voisines les unes des autres, dont les utilisateurs se comprennent plus ou moins et, par opposition à d'autres, ont l'impression d'appartenir à une même communauté linguistique. Ce sont aussi les formes locales à partir desquelles on a construit une langue d'union.

2. Le *dialecte social* est un système de signes et de règles syntaxiques utilisé dans un groupe social donné ou par référence à ce groupe. Ce système peut être réduit à des unités lexicales qui, mis à part la valeur affective, doublent les unités du vocabulaire général dans un domaine déterminé. Quand ce système est créé ou employé comme un ensemble secret de signes, c'est un argot* (argot des malfaiteurs, des lycéens, des soldats, de certains travailleurs migrants). Parfois, la valeur de signe social (manifestation de la volonté d'appartenir ou de se référer à un groupe social) l'emporte sur le caractère ésotérique.

Le système peut être réduit à un ensemble de termes désignant des notions ou des objets pour lesquels la langue commune n'a pas de signes ou de signes suffisamment précis : on a alors des langues spéciales ou des vocabulaires techniques. Parfois, le terme technique est lui-même doublé d'un terme argotique (argot de métier); dans ce cas-là, la distinction est quelquefois difficile à faire. L'objet des langues spéciales n'est pas d'être ésotériques. Leur caractère difficilement intelligible est dû à l'ignorance par les non-initiés des notions exprimées.

Le système peut être enfin un ensemble de signes et de règles syntaxiques; il est désigné plus couramment par les termes de patois* (ou parler patois), langue courante, langue cultivée, langue populaire; ces dialectes sont propres chacun à une certaine couche sociale et leur emploi révèle l'origine ou la référence de son utilisateur.

dialectisation. V. DIALECTALISATION.

dialectologie

Le terme de *dialectologie*, pris parfois comme simple synonyme de géographie* linguistique, désigne la discipline qui s'est donné pour tâche de décrire comparativement les différents systèmes ou dialectes* dans lesquels une langue se diversifie dans l'espace et d'établir leurs limites. Le mot s'emploie aussi pour la description de parlers pris isolément, sans référence aux parlers voisins ou de même famille.

Née des recherches des néo-grammairiens pour établir les « lois phonétiques », conçue de manière systématique en Allemagne par GEORGE WENKER, la dialectologie a été établie définitivement par les travaux de J. GILLIÉRON et les atlas* linguistiques, même si, par la suite, certains des présupposés ou des principes méthodologiques ont été abandonnés.

A partir de certains traits lexicaux ou syntaxiques considérés comme pertinents, on procède à des enquêtes afin de caractériser les parlers* locaux par rapport à ces critères choisis préalablement. Les points de la région étudiée où l'on passe d'un trait à un autre sont dits isoglosses* ou lignes d'isoglosses qui sont reportées sur des cartes linguistiques : pour le nom de l'*abeille* en France, les isoglosses délimitent les régions où on dit *é, aps, aveille, abeille, mouchette, mouche à miel*, etc. Plusieurs lignes d'isoglosses, ou mieux plusieurs faisceaux d'isoglosses, délimitent des parlers ou des dialectes régionaux, ou plutôt des aires dialectales, qu'on s'efforce de faire coïncider avec des données humaines, socio-culturelles, géographiques, économiques, etc. La *dialectologie structurale* tente de procéder à la description des parlers en construisant les diasystèmes* représentant les similarités existant entre deux parlers.

La *dialectologie* est aussi l'étude conjointe de la géographie linguistique et des phénomènes de différenciation dialectale ou dialectisation*, par lesquels une langue relativement homogène à une époque donnée subit au cours de l'histoire certaines variations, diachroniques en certains points et d'autres variations dans d'autres, jusqu'à aboutir à des dialectes, voire à des langues différentes. La dialectologie fait alors intervenir pour expliquer la propagation ou la non-propagation de telle ou telle innovation des raisons géographiques (obstacles ou absence d'obstacles), politiques (frontières plus ou moins perméables), socio-économiques, socio-culturelles (esprit de clocher, notion de prestige) ou linguistiques (existence de substrat*, de superstrat*, d'adstrat*).

On établit ainsi la carte des ondes linguistiques faisant apparaître des zones centrales où l'innovation est généralisée et des zones périphériques dans lesquelles se maintiennent les archaïsmes.

La dialectologie est enfin, sous le nom de dialectologie sociale, l'étude des dialectes sociaux et relève alors de la sociolinguistique*.

diasystématique, diasystème

En raison des difficultés rencontrées par la dialectologie quand elle a voulu déterminer des frontières* linguistiques (v. GÉOGRAPHIE LINGUISTIQUE), la théorie linguistique structurale (avec notamment U. WEINREICH dans son article « Is a Structural Dialectology possible? », *Word* 14 [1954], p. 388-400) a essayé de construire des *diasystèmes* ou supersystèmes, c'est-à-dire des systèmes d'un niveau supérieur à celui des systèmes homogènes et discrets. Les diasystèmes sont déterminés par l'analyse linguistique à partir de deux systèmes qui ont des ressemblances partielles.

Cette construction n'est pas toujours uniquement le résultat d'un travail scientifique; elle peut aussi être pratiquée intuitivement par les locuteurs bilingues (c'est-à-dire, ici, maîtres de deux langues, deux dialectes ou d'une langue et d'un dialecte).

Soit deux variétés dialectales avec un système de cinq voyelles identiques dans l'un et l'autre parler : le diasystème sera 1,2 // i e a o u //. Supposons que dans l'une des deux variétés la voyelle antérieure intermédiaire soit beaucoup plus ouverte que dans l'autre; on aura le diasystème suivant :

$$1,2 \ // \ i \smile a \smile o \smile u \ \underset{2}{\smile} \frac{1/e}{\varepsilon} \ //$$

Si l'on veut décrire deux variétés dont l'une a trois voyelles antérieures et l'autre quatre, on représentera ainsi la correspondance

$$1,2 \ // \ a \smile o \ \frac{1/i \smile e \smile æ/}{2/i \smile e \smile \varepsilon \smile æ/} \ //$$

La description diasystématique permet de rendre compte de la complexité des phénomènes dialectaux caractérisés par la constante variété et la continuité.

diathèse
Syn. : VOIX 1.

dichotique
Syn. : BINAURICULAIRE.

dictionnaire

Le *dictionnaire* est un objet culturel qui présente le lexique d'une (ou plusieurs) langue sous la forme alphabétique, en fournissant sur chaque terme un certain nombre d'informations (prononciation, étymologie, catégorie grammaticale, définition, construction, exemples d'emploi, synonymes, idiotismes); ces informations visent à permettre au lecteur de traduire d'une langue dans une autre ou de combler les lacunes qui ne lui permettaient pas de comprendre un texte dans sa propre langue. Le dictionnaire vise aussi à donner la maîtrise des moyens d'expression et à accroître le savoir culturel du lecteur. Le mode de lecture du dictionnaire est la « consultation ».

Le *dictionnaire* est donc un ouvrage enregistrant une certaine description du lexique d'une langue ou de plusieurs langues mises en parallèle. On distingue le dictionnaire monolingue (portant sur une seule langue) et le dictionnaire plurilingue (portant sur deux ou plusieurs langues).

La lexicographie*, technique traditionnelle de confection des dictionnaires, travaille sur l'unité de traitement lexicographique, souvent assez éloignée de l'unité lexicale établie par la lexicologie*, science linguistique plus jeune et souvent plus rigoureuse. Le dictionnaire ne peut, en effet, échapper à l'arbitraire pour diverses raisons : l'objectif est souvent incertain, par hésitation entre l'impossible exhaustivité et les limites matérielles et pratiques; le volume des articles peut varier selon la décision de l'auteur, qui consacrera plus ou moins de place aux emplois techniques, aux emplois métaphoriques, etc.; la distinction entre vocabulaire général et langue de spécialité ne peut être observée; les critères permettant de retenir un néologisme comme consacré en langue ne sont pas évidents, etc.

Beaucoup de ces lacunes de la lexicographie peuvent trouver leur remède dans les acquisitions de la lexicologie. Toutefois, la majorité des dictionnaires actuellement disponibles ne diffèrent pas fondamentalement des types que la tradition lexicographique a consacrés.

Lorsque l'ordre des informations est purement conceptuel, on parle généralement d'encyclopédie. Quand le classement est alphabétique, le critère retenu est non directement conceptuel, mais lexical, et l'on parlera de dictionnaire encyclopédique.

Malgré le critère du mot, ce type de dictionnaire est extérieur à l'objet de la linguistique pris dans son sens étroit. Lorsqu'un signe (*chaise*, par exemple) est analysé, il ne s'agit pas d'y étudier le rapport signifiant / signifié, constitutif du signe dans la perspective saussurienne, mais le rapport entre signifié et expérience, c'est-à-dire un rapport pragmatique, qui ne saurait figurer qu'au deuxième degré dans l'analyse linguistique.

On a remarqué que la dénomination de ce type d'ouvrages tend à se modifier : la référence à la visée encyclopédique tend à s'effacer, et le public se voit offrir des dictionnaires du cinéma, de psychologie, etc., dont l'appellation ne convient pas à la définition ancienne du dictionnaire.

1. LES DICTIONNAIRES DES LANGUES SCIENTIFIQUES OU TECHNIQUES

L. GUILBERT note la possibilité d'une visée proprement linguistique en matière de dictionnaire du langage scientifique. A côté du traitement encyclopédique signalé ci-dessus, il y a place pour des dictionnaires étudiant le vocabulaire technique dans ses relations linguistiques; la relation sémantique dans le vocabulaire technique est, en effet, différente de ce qu'elle est dans le vocabulaire général, le mot du vocabulaire général étant le plus souvent polysémique (*pied* = extrémité de la jambe; extrémité d'une chose : *pied d'un champignon;* partie la plus massive d'un ensemble : *pied d'une montagne*, etc.), alors que le terme technique est généralement monosémique (*pied* = tige, en mycologie; = unité de mesure, en métrologie, etc.). De même, la série dérivationnelle d'un terme peut dépendre de la technique à laquelle il est référé : *lingot* appartient à divers vocabulaires techniques (métallurgie, balistique, art graphique, horticulture), mais la série *lingot, lingotage, lingoter, lingotière, lingotiforme* n'appartient qu'au vocabulaire de la sidérurgie.

Un dictionnaire qui s'assigne pour tâche la description d'un vocabulaire technique en fonction de ces remarques fait œuvre proprement linguistique.

2. LES DICTIONNAIRES DE LANGUE

Les dictionnaires de langue sont des dictionnaires monolingues qui présentent sous la forme alphabétique le lexique d'une langue; ils ont pour visée commune la recherche d'un usage. La norme à laquelle référence est faite a certes changé du dictionnaire de l'Académie de 1694 aux dictionnaires de langue contemporains. Toutefois, le caractère arbitraire du choix demeure; souvent le lexicographe fonde ses choix sur un compromis entre la description historique (diachronique) et la description contemporaine (synchronique) et, pour ce faire, crée un état de langue idéal, hors du temps. Les dictionnaires de langue restent une nécessité pratique puisqu'ils permettent à la fois de combler les lacunes dans l'information des lecteurs sur leur langue et puisqu'ils aident à la maîtrise des moyens d'expression; les linguistes contemporains cherchent, en levant certains blocages (croyance à la supériorité de l'ancien, croyance à l'existence d'une langue meilleure dans l'absolu), à adapter leurs descriptions lexicographiques aux méthodes de description proprement linguistiques.

3. LES DICTIONNAIRES DE LANGUE « LINGUISTIQUES »

On se reportera à *dictionnaire de* TRAITS pour voir les tentatives en ce sens. Pour la France, l'existence d'un court dictionnaire de langue *(Dictionnaire du français contemporain)* soucieux d'intégrer les acquis essentiels des méthodes linguistiques constitue un important effort dans ce sens.

4. LES DICTIONNAIRES PLURILINGUES

Ils représentent la forme la plus ancienne de la réflexion lexicographique. Ils reposent sur un postulat contesté par la linguistique structurale, mais indispensable à toute tentative de traduction : celui de la correspondance terme à terme entre deux ou plusieurs langues étrangères. Ce postulat est souvent exploité de la façon la plus simple. Par exemple, anglais *coin* = français *pièce;* sans plus de précisions, le renseignement fourni est inexploitable. Une précision du type *pièce* (de monnaie) reste largement insuffisante : les possibilités lexicales de l'une et l'autre unité ne sont pas fournies (champ dérivationnel *coin* vs *to coin* (pièce vs battre monnaie); *pièce* vs *piécette* (coin vs ø); possibilités syntagmatiques : *donner la pièce* vs *to tip*, etc.). Indispensables pratiquement, ces dictionnaires ne peuvent fournir, sur le plan théorique, que des compromis faisant sans cesse appel à l'intuition, en particulier par la richesse des constructions proposées en exemple.

(Pour l'opposition *dictionnaire* vs *lexique* en grammaire générative, v. LEXIQUE.)

dictum

Pour CH. BALLY, une analyse* logique de la phrase conduit à postuler l'existence d'éléments corrélatifs au procès (par exemple *la pluie, la guérison, l'arrivée*, etc.) et d'éléments corrélatifs à l'intervention du sujet parlant; ces éléments indiquent le jugement porté, les sentiments éprouvés par ce dernier *(croire* ou *ne pas croire, se réjouir* ou *regretter, vouloir* ou *ne pas vouloir)*. La première série d'éléments constitue le *dictum*, la deuxième la modalité*. Ainsi, dans *Je crois qu'il est venu, Je crains qu'il ne soit venu*, on a le même *dictum (il est venu)* et deux modalités : la modalité *craindre (vouloir que ne... pas)* et la modalité d'opinion. On aura encore le même dictum dans *Je crains sa venue*.

diérèse

Une *diérèse* est le traitement bisyllabique d'une séquence qui comporte deux éléments vocaliques formant habituellement une seule syllabe : ainsi, le mot *nuage* est réalisé en français standard comme un monosyllabe [nɥaӡ], mais il peut être réalisé, dans une prononciation méridionale, par exemple, comme un dissyllabe, le glide [ɥ] étant traité comme une voyelle [y]. Le phénomène inverse de la diérèse est la synérèse*.

diésé

Les phonèmes *diésés* sont des phonèmes de tonalité plus aiguë que les phonèmes non diésés correspondants. Leur spectre acoustique est caractérisé par un déplacement vers le haut du deuxième formant (le formant buccal) et de l'ensemble des composants de haute fréquence. Cet effet est produit au niveau articulatoire par le relèvement d'une partie de la langue contre le palais qui accompagne l'articulation principale et par une dilatation de l'orifice postérieur de la cavité buccale. Ces deux mouvements, palatalisation et dilatation pharyngale ont pour résultat d'élever la fréquence de la cavité buccale par réduction de son volume et par élargissement de son ouverture. La dilatation pharyngale joue surtout un rôle important pour diéser les consonnes graves, et elle peut même être alors le facteur principal. Du fait de cette dilatation, les phonèmes diésés sont dits aussi phonèmes « à fente élargie », par opposition aux phonèmes « à fente non élargie ».

L'opposition entre consonnes diésées et consonnes non-diésées joue un rôle important en gaélique, en roumain, en hongrois, dans l'ensemble des langues slaves (russe, polonais, etc.). Le russe oppose /mat/ *mère* et /mat/ *échec;* /krof/ *sang* et /krof/ *abri*. Dans ces langues, l'opposition *diésé* vs *non-diésé* affecte le plus souvent les consonnes dentales (diffuses et aiguës), mais elle s'étend parfois aussi aux autres classes de consonnes (vélaires et labiales). Certaines langues présentent l'opposition diésé *vs* non-diésé, bémolisé *vs* non-bémolisé pour des phonèmes correspondants : ainsi, une langue du Caucase oppose /g'/ *vs* /g/ *vs* /g̓/. Enfin, la langue du Cachemire oppose quatre phonèmes homorganiques : l'un diésé et bémolisé, l'autre diésé non-bémolisé, le troisième bémolisé non-diésé, le dernier non-bémolisé non-diésé.

différenciation

1. En phonétique, on appelle *différenciation* tout changement phonétique qui a pour but d'accentuer ou de créer une différence entre deux phonèmes contigus. Ainsi, c'est par un processus de différenciation que s'explique le traitement de l'ancienne diphtongue française *ei* (dans *mei* « moi », *rei* « roi ») qui s'est transformée en *oi*, prononcé d'abord comme *o + i*. Les deux éléments de la diphtongue se sont éloignés de plus en plus l'un de l'autre quant au timbre. C'est par un développement analogue que s'explique la formation de la diphtongue *ue* de l'espagnol moderne *fuego, puerta*, à partir d'une ancienne diphtongue *uo*. C'est sans doute aussi par le même processus que l'allemand *ei* de *mein* « mon », *Bein* « jambe » en est venu à se prononcer comme *ai (a + i)*.

La tendance à la différenciation, de même que la tendance à la dissimilation*, correspond à la nécessité de maintenir le contraste entre les différentes séquences de la chaîne parlée pour répondre aux exigences de la compréhension menacées par la tendance à l'assimilation*.

2. On appelle *différenciation sémantique* la méthode d'évaluation de la valeur connotative des mots (distinguée du sens dénotatif*). Élaborée par CH. E. OSGOOD, elle consiste à faire coter par des sujets des mots sur les trois dimensions « évaluation » *(bon* ou *mauvais)*, « puissance » *(fort* ou *faible)* et « activité » *(rapide* ou *lent)*. Cette cotation permet, par exemple, de rapprocher des mots corrélés connotativement comme *rouge* et *amour;* à côté d'une carte cognitive, elle permet de dresser une carte affective d'un mot.

diffus

Les *phonèmes diffus* sont caractérisés par une configuration de leur spectre acoustique telle que les deux formants principaux (du pharynx et de la bouche) se situent aux deux extrémités du spectre au lieu d'être rapprochés au centre comme pour les phonèmes compacts. Cet effet de sonorité est provoqué du point de vue articulatoire par la forme et le volume de la cavité buccale, beaucoup plus petite en avant qu'en arrière. Les fréquences du résonateur buccal (deuxième formant) sont beaucoup plus élevées que celles du résonateur pharyngal (premier formant). Les consonnes labiales et dentales sont donc diffuses, ainsi que les voyelles fermées, par opposition aux consonnes vélaires et palatales et aux voyelles ouvertes, qui sont compactes. Cette différence dans le spectre des voyelles en fonction de leur ouverture apparaît très nettement si on prononce en série les voyelles [i], [e], [ɛ], [a] : les deux formants, très écartés au départ, se rapprochent par un déplacement vers le centre du spectre : le formant haut descend et le formant bas remonte.

diglossie

1. On donne, d'une manière générale, le nom de *diglossie* à la situation de bilinguisme*.

2. On donne parfois à *diglossie* le sens de situation bilingue dans laquelle une des deux langues est de statut socio-politique inférieur. Toutes les situations bilingues que l'on rencontre en France sont des diglossies, que ce soit en pays d'oïl (bilinguisme français et dialectes français), en pays d'oc (bilinguisme français et dialectes de langue d'oc), en Roussillon (français et catalan), en Corse (français et dialectes rattachés à la famille italienne), en Bretagne (français et langue gaélique), en Pays-basque (français et basque), en Alsace et en Flandre (français et parlers germaniques).

3. Parfois, on appelle *diglossie* l'aptitude d'un individu à pratiquer couramment une langue autre que sa langue maternelle.

digramme

On appelle *digramme* un groupe de deux lettres employé pour transcrire un phonème unique. Ainsi, le phonème /ʃ/ est transcrit en français par le digramme *ch*.

dilation

La *dilation*, ou assimilation à distance, est la modification du timbre d'un phonème due à l'anticipation d'un autre phonème qui ne lui est pas contigu : la forme moderne du mot français *chercher* [ʃɛrʃe] est due à une dilation de la consonne dentale [ts] ou [s] initiale par la palatale intérieure [tʃ] ou [ʃ] : *circare* → *chercher*. La métaphonie* est un cas particulier de dilation dû à l'influence de la voyelle finale.

diminutif

1. Le *diminutif* est un nom qui se réfère à un objet considéré comme petit et en général accompagné d'une connotation affective (hypocoristique). Ce sont les conditions d'emploi (contexte affectif ou familier) qui caractérisent le diminutif. Le diminutif peut être une forme réduite (*Steph* pour *Stéphane*, *Chris* pour *Christiane*, *Ed* pour *Édouard*, *Math* pour *Mathieu*, etc.), une forme réduite redoublée (*Nini* pour *Véronique*, *Jojo* pour *Joseph* ou *Georges*, *Toto* pour *Antoine*), ou le nom redoublé *(Jean-Jean)* ou une forme suffixée *(Jeannot* pour *Jean*, *Charlot* pour *Charles)*.

2. Les *suffixes diminutifs* s'ajoutent à une base lexicale de nom propre ou de nom commun, adjectif, adverbe même, pour présenter l'être, l'objet ou la qualité comme petits ou insuffisants. Les dérivés ainsi obtenus peuvent du reste devenir des intensifs; *-et* / *-ette*, *-ot* / *-otte*, *on* sont des suffixes diminutifs : *aigrelet, maisonnette, pâlot, ânon; frisquet*, dans *il fait frisquet*, est un diminutif d'adverbe (d'une forme dialectale de *frais*), mais il a ici une valeur intensive.

diphtongaison

La *diphtongaison* est un changement phonique résultant d'une alternance synchronique ou d'une évolution diachronique; ce changement est dû à la segmentation d'une voyelle en deux éléments vocaliques formant une seule syllabe, dont l'un est plus fermé que l'autre. Les voyelles ouvertes latines ont subi une diphtongaison en position libre en italien : ex. : latin *bonum* → italien *buono*, latin *pedem* → italien *piede*, etc.

diphtongue

Une *diphtongue* est une voyelle qui change une fois de timbre au cours de son émission, de sorte que l'on entend une certaine qualité vocalique au début de la diphtongue, une autre à la fin. Les *triphtongues* connaissent deux changements de timbre. L'anglais est riche en diphtongues (*house, fine, boat, bear*, etc.), de même que l'allemand (*Haus, mein, heute*, etc.). L'italien en présente deux *(uovo, piede)* ainsi que l'espagnol (*siete, muerte*, etc.). L'ancien français était également riche en diphtongues, qui ont laissé des traces dans l'écriture de mots tels que *fleur, haut, fait*, etc. La présence de diphtongues dans une langue donnée est liée le plus souvent à un type d'articulation relâchée : le français moderne, excessivement tendu par rapport aux langues germaniques par exemple, n'offre pas de diphtongues.

direct

1. En grammaire traditionnelle, on dit d'un complément qu'il est *direct* quand il n'est pas précédé d'une préposition. Dans la phrase *Il regarde le ciel, le ciel* est un complément (d'objet) *direct;* dans *Il viendra samedi, samedi* est un complément (circonstanciel) direct. On dit d'un complément qu'il est *indirect* quand il est précédé d'une préposition (le terme ne s'emploie que lorsqu'il s'agit d'un complément d'objet); dans *Il jouit de ses vacances, vacances* est un complément d'objet indirect de *jouit.* Les pronoms sont compléments directs ou indirects selon que le nom auxquels ils se substituent serait précédé ou non dans la phrase d'une préposition. Dans *Il lui parle, lui* est un complément *indirect,* car il se substitue à *à Jean, à sa femme,* etc.

2. On appelle *cas directs* les cas* exprimant les fonctions grammaticales de sujet et de complément dans la phrase de base du type *Pierre lit un livre, Pierre s'enfuit* (ce sont les cas ergatif, nominatif et accusatif). Les *cas directs* sont opposés aux *cas obliques**.

3. *Discours, style direct, indirect.* V. DISCOURS, STYLE.

directionnel

On appelle *directionnel* un cas* exprimant le mouvement vers un lieu (allatif) ou la pénétration dans un lieu (illatif) : *Il vient* VERS MOI. *Il vient* À PARIS. Il s'oppose au locatif.

discontinu

1. En linguistique structurale, on appelle *constituant discontinu* une suite de deux (ou plus de deux) morphèmes (non contigus) formant ensemble un seul constituant immédiat de rang supérieur et relevant ainsi d'une seule catégorie. Ainsi, en français, le constituant « négation » est formé des deux morphèmes *ne* et *pas;* ce constituant est discontinu dans *Il* NE *vient* PAS, *Il* N'*est* PAS *venu* et continu dans *Je désire* NE PAS *le voir.* Il en est de même en anglais pour la suite verbe + particule qui forme un constituant discontinu *(He* TOOKS *it* OVER*).*

2. En phonétique, une *consonne discontinue* est une consonne pour l'articulation de laquelle l'écoulement de l'air est totalement interrompu. Les occlusives [p], [t], etc., les affriquées [tʃ], [dʒ], etc., les vibrantes [r] sont des discontinues, par opposition aux fricatives, aux latérales, aux nasales, aux glides qui comportent pendant toute la durée de leur réalisation un écoulement de l'air au moins partiel. Ce trait se manifeste acoustiquement par un silence (blanc), au moins dans la zone de fréquences située au-dessus du fondamental, suivi ou précédé d'une diffusion de l'énergie sur une large bande de fréquences.

I. discours

1. Le *discours* est le langage mis en action, la langue assumée par le sujet parlant. (Syn. : PAROLE.)

2. Le *discours* est une unité égale ou supérieure à la phrase; il est constitué par une suite formant un message ayant un commencement et une clôture. (Syn. : ÉNONCÉ.)

Analyse de discours. V. ANALYSE. *Parties du discours.* V. PARTIES.

3. Dans son acception linguistique moderne, le terme de *discours* désigne tout énoncé supérieur à la phrase, considéré du point de vue des règles d'enchaînement des suites de phrases. La perspective de l'analyse de discours s'oppose donc à toute optique tendant à traiter la phrase comme l'unité linguistique terminale.

Dans la problématique antérieure à l'analyse de discours, le terme de *discours* ne pouvait être, du point de vue linguistique, que synonyme d'*énoncé*. L'opposition *énoncé* / *discours* marquait simplement l'opposition entre linguistique et non-linguistique. La linguistique opérait sur les énoncés qui, regroupés en corpus, s'offraient à l'analyse; les règles du discours, c'est-à-dire l'étude des processus discursifs justifiant l'enchaînement des suites de phrases, étaient renvoyées à d'autres modèles et à d'autres méthodes, en particulier à toute perspective qui prendrait en considération le sujet parlant, comme la psychanalyse; c'est dans ces termes que J. LACAN, pose le problème initial du discours quand il étudie la fonction et le champ de la parole et du langage en psychanalyse.

C'est en méditant les écrits de J. LACAN qu'E. BENVENISTE pose comme linguistique le problème du discours. Pour lui, la phrase, unité linguistique, n'entretient pas avec d'autres phrases les mêmes rapports que les unités linguistiques d'autre niveau entretiennent entre elles, rapports qu'avait notés F. DE SAUSSURE. Les phrases ne constituent pas une classe formelle d'unités opposables entre elles, comme les phonèmes s'opposent aux phonèmes, les morphèmes aux morphèmes et les lexèmes aux lexèmes. Avec la phrase, on quitte le domaine de la langue comme système de signes; le domaine abordé est celui du discours, où la langue fonctionne comme instrument de communication. C'est dans ce domaine que la phrase, cessant d'être un terme ultime, devient une unité : la phrase est l'unité du discours.

Indiquons cependant un autre usage fait par E. BENVENISTE du terme de discours, dans une opposition récit *vs* discours. Il importe de la signaler, car la conception actuelle du discours ne privilégie pas cette opposition, qui risquerait ainsi d'être source de confusion. Pour cet auteur, le récit représente le degré zéro de l'énonciation : dans le récit, tout se passe comme si aucun sujet ne parlait, les événements semblent se raconter d'eux-mêmes; le discours se caractérise, au contraire, par une énonciation, supposant un locuteur et un auditeur, et par la volonté du locuteur d'influencer son interlocuteur. A ce titre seront opposés : toute narration impersonnelle (récit) et tous les rapports, oraux ou écrits, où un sujet s'énonce comme locuteur, s'adresse à un interlocuteur et organise son propos selon la catégorie de la personne *(je* vs *tu)*.

L'analyse de discours moderne, sans négliger cette opposition, ne saurait considérer l'absence de sujet d'énonciation comme supprimant les processus discursifs : d'autres types de discours — par exemple le discours pédagogique — sont par ailleurs marqués eux aussi par l'effacement du sujet d'énonciation (ex. : *L'eau bout à 100°*).

L'élargissement de l'objet de la linguistique à l'énoncé conçu comme discours amène à rechercher des méthodes d'analyse : la conception de l'énoncé comme discours demande que soient formulées les règles d'enchaînement, les processus discursifs.

La première tentative en ce sens est celle de Z. S. HARRIS, traitant les phrases comme des unités justiciables d'un traitement comparable à celui auquel l'analyse distributionnelle soumet les autres unités de la langue. Les discours présentent des traits formels caractéristiques. Toutefois, comme, à la différence de ce qui se passe pour les unités d'un rang inférieur (morphèmes, par exemple), l'identité de deux environnements est rare au niveau de la phrase, Z. S. HARRIS doit d'abord définir la notion d'équivalence : le rapprochement des deux énoncés,

Ici les feuilles tombent vers le milieu de l'automne et *Ici les feuilles tombent vers la fin du mois d'octobre,* permet d'affirmer l'équivalence linguistique entre *vers le milieu de l'automne* et *vers la fin du mois d'octobre,* puisque l'environnement est identique. L'analyste fondera sur ce principe la recherche de classes d'équivalence. Le travail, regroupé en un tableau, fait apparaître les récurrences de classes dans le texte.

Z. S. HARRIS ayant travaillé, pour illustrer sa méthode, sur un texte publicitaire très répétitif, les analystes de discours qui ont tenté le réemploi de la méthode sur des textes moins caractérisés ont dû s'autoriser ce que se refusait l'auteur, à savoir la sélection de vocables dans le corpus en vue de la constitution d'un énoncé fortement récurrent. On aboutit ainsi à une nouvelle conception du discours à partir d'un texte construit. Le discours politique de la guerre d'Algérie, par exemple, a été étudié comme le discours qui engage une représentation de la relation entre les termes Algérie et France (*Langages,* 23, 57-86).

Toutefois, le discours tel qu'il est défini plus haut ne saurait se contenter de ce type d'analyse. Si ces procédures de classification sont légitimes, il reste à rendre compte du modèle de communication justifiant les processus discursifs. R. JAKOBSON et E. BENVENISTE, par la considération des fonctions du langage, vont modifier le concept de parole; par les marques de l'énonciation, le sujet parlant ordonne la langue en fonction de *je* et de *tu.* Les embrayeurs sont les unités du code qui « embrayent » le message sur la situation, constituant le code en discours : ainsi, *je* peut désigner, selon le cas, des personnes différentes et prendre de ce fait une signification toujours nouvelle. Une des préoccupations actuelles de l'analyse de discours est le recensement méthodique de ces marqueurs de l'énonciation, dont seuls les plus évidents ont été jusqu'à présent signalés.

Le concept de discours a radicalement modifié les perspectives de la linguistique contemporaine : l'analyse de discours renouvelle la problématique de la lexicologie; en concevant la phrase comme une unité, en réintroduisant le sujet d'énonciation et les formations idéologiques en face du locuteur-auditeur idéalisé de N. CHOMSKY, elle débouche sur la constatation de la nécessité d'une étude renouvelée des rapports entre langue et société.

II. discours direct, indirect

On dit que le *discours* (ou *style*) est *direct* quand un narrateur, répétant les paroles de quelqu'un, les reproduit telles qu'elles ont été dites : le discours direct maintient notamment toutes les formes liées à la personne de celui qui parlait ou à celle du destinataire (pronoms), au lieu où le locuteur parlait (opposition ici / là-bas), au moment où il parlait (temps des verbes). Ainsi, si on répète au style direct les paroles de quelqu'un qui a dit *Je vous considère comme un honnête homme et le déclare ici,* on introduira dans la narration cette phrase sans changement; on maintient les marques *je* vs *vous,* le présent de *considère* et *déclare* et la référence à l'endroit où on parle, *ici.*

Le discours est *indirect* quand la phrase répétée est non pas reproduite telle quelle dans le récit, mais introduite par un subordonnant, généralement *que* (c'est-à-dire transformée en un syntagme nominal). Cette transformation entraîne aussitôt la disparition des marques d'énonciation *je* vs *tu,* et impose des références de lieu et de temps non plus en rapport avec la personne qui a prononcé la phrase, mais avec la personne qui fait le récit en répétant les paroles. La phrase devient : *Il disait qu'il le considérait comme un honnête homme et le déclarait là même*. Tous les pronoms sont à la troisième personne (c'est le narrateur qui a alors le privilège de la première personne); le temps imparfait (passé duratif) et *là même* se justifient par rapport au narrateur.

L'opposition discours direct *vs* discours indirect avait une grande importance en latin puisque non seulement les temps, mais aussi les modes des verbes pouvaient être modifiés (infinitif pour le verbe représentant le premier verbe du discours direct, subjonctif pour les verbes qui lui étaient subordonnés). De même tout le système des pronoms était modifié non seulement par la substitution de la troisième personne à la première et à la deuxième, mais aussi par des règles complexes gouvernant l'emploi des réfléchis. En français, de même qu'en latin, certains interrogatifs changent selon que le discours est direct ou indirect (v. INTERROGATIF). Ainsi à *Est-ce que tu travailles ?* correspond *Je te demande si tu travailles*.

Le français a aussi ce qu'on appelle le *discours indirect libre*. Les substitutions de pronoms et de référents *je/ ici/ maintenant* étant effectuées, on supprime (on n'exprime pas) le subordonnant introduisant le discours indirect proprement dit. Des exemples de ce qui est un tour de la langue courante sont très fréquents chez LA FONTAINE, qui mêle volontiers dans un souci stylistique discours direct, discourt indirect et discours indirect libre :

> *La dame au nez pointu répondit que la terre*
> *Était au premier occupant.*
> *« C'était un beau sujet de guerre*
> *Qu'un logis où lui-même il n'entrait qu'en rampant.*
> *Et quand ce serait un royaume*
> *Je voudrais bien savoir, dit-elle, quelle loi*
> *En a pour toujours fait l'octroi*
> *A Jean, fils ou neveu de Pierre ou de Guillaume,*
> *Plutôt qu'à Paul, plutôt qu'à moi. »*

Les deux premiers vers sont au discours indirect. Le troisième et le quatrième sont au discours indirect libre: il suffit de mettre *que* devant *c'était* et on retrouve le discours indirect auquel tout le reste (temps, pronoms) est conforme. Les cinq derniers vers sont au discours direct grâce à *dit-elle*. On retrouve notamment la première personne. Le discours indirect libre peut être ou non marqué par des guillemets.

discret

L'énoncé est une grandeur *discrète* parce qu'il est constitué d'unités distinctes les unes des autres et faisant partie d'un système dont les éléments sont en nombre limité; ainsi, les phonèmes, constituant les morphèmes d'une langue, sont des *unités discrètes,* puisque toute substitution de phonème entraîne une variation significative du morphème : ainsi l'opposition des unités discrètes *b* vs *p* dans *bas* vs *pas*. Les morphèmes à leur tour constituent des unités discrètes, la substitution de *panneau* à *passant* dans la phrase *Le passant a été renversé* modifie le sens de la phrase. Le caractère discret des unités linguistiques est la condition fondamentale de la segmentabilité des énoncés, c'est-à-dire de la possibilité de segmenter la chaîne parlée, considérée comme une grandeur discrète, en unités de différents rangs*. La *discrétion* est une des propriétés fondamentales reconnues au langage par la linguistique, avec des différences selon les formes d'analyse. Ainsi, dans l'école structuraliste fonctionnelle, le phonème est une unité discrète au rang phonématique, et la courbe d'intonation est à ce niveau non segmentable; en revanche, dans l'école distributionnelle, la courbe d'intonation est segmentable en morphèmes distincts les uns des autres.

disjoint

1. Deux ensembles* dont l'intersection est un ensemble vide (A ∩ B = ø), qui n'ont aucun élément commun, sont dits *ensembles disjoints.*

2. On appelle *formes disjointes, pronoms disjoints* les formes toniques ou accentuées des pronoms personnels, en français *moi, toi, soi, lui/elle, eux,* employés après les prépositions *(sans toi),* en emphase *(moi, je suis d'accord),* etc. Ces formes sont dites *disjointes,* relativement au verbe, car elles ont, par rapport au groupe verbal, une place relativement libre, par opposition aux *formes conjointes (me, te, se, le)* dont la place est définie avant le groupe verbal et qui ne peuvent en être séparées par aucun autre élément *(je le vois).* Ces formes disjointes sont souvent assimilées à des préfixes; elles sont atones et inaccentuées.

disjonctif

On appelle *disjonctifs* les conjonctions de coordination (ou coordonnants) dont le type est *ou* (alors que *et* et *ni* sont des adjonctifs*).

disponible

Dans la perspective des études du français fondamental (G. GOUGENHEIM), la notion de *disponibilité* du vocabulaire s'oppose à celle de fréquence. On appelle *vocabulaire disponible* l'ensemble des mots de fréquence faible et peu stable, mais usuels et utiles, qui sont à la disposition du locuteur.

Une étude du français de base serait insuffisamment fondée par la considération des fréquences. Sans doute la fréquence est-elle un attribut essentiel du mot (P. GUIRAUD), mais il suffit de considérer les relevés de fréquence pour s'apercevoir que l'image du vocabulaire qu'ils fournissent demande à être corrigée par le concept de vocabulaire disponible. En effet, selon la table des fréquences, on conclurait au rôle essentiel des mots grammaticaux (articles, pronoms, etc.), puis des verbes, puis des noms. En ajoutant à ce critère celui de la stabilité de la fréquence, on conclurait à la primauté des verbes, puis des adjectifs, sur les substantifs. C'est dire que (1) dans tout texte, un mot grammatical X a plus de chances d'apparaître qu'un mot lexical Y, et que (2) à fréquence générale égale, l'adjectif A a plus de chances de se répartir également dans x textes que le substantif S.

Mais le plus frappant est que les listes de fréquence comportent peu de substantifs concrets, en bonne position de fréquence. C'est là la raison majeure pour introduire le critère de disponibilité. En effet, beaucoup de mots, et singulièrement les substantifs concrets, sont liés au thème de la conversation. Si, à niveau de langue égal, on a toutes chances de relever dans des textes d'égale longueur un nombre fixe d'occurrences de *être* ou de *de*, il n'en va pas de même de *table, fer, bras,* etc.

Les textes destinés à établir les listes du vocabulaire disponible amènent à des conclusions inverses de celles qui portent sur la fréquence générale des unités. Ainsi, sur un thème donné, on constate alors la stabilité essentielle des noms concrets du champ étudié (ex. : *bifteck* chez le boucher, etc.). Les verbes sont alors (1) peu nombreux et (2) instables.

Une seconde constatation portera sur le degré de disponibilité. Les mots concrets d'un même centre d'intérêt semblent susceptibles d'apparaître selon un degré de disponibilité. Par exemple, *phalange,* faisant partie du vocabulaire disponible rattaché au thème du corps humain, aura un degré de disponibilité plus faible que *doigt,* figurant dans le même vocabulaire.

C'est la combinaison des résultats obtenus par la considération des fréquences et par l'introduction du critère de disponibilité qui a fourni la liste des mots du « français fondamental ».

dissimilation

On appelle *dissimilation* tout changement phonétique qui a pour but d'accentuer ou de créer une différence entre deux phonèmes voisins, mais non contigus. C'est un phénomène de différenciation à distance. Il s'agit le plus souvent d'éviter une répétition gênante entre deux phonèmes identiques.

Un processus de dissimilation de la voyelle atone par la voyelle tonique explique de nombreuses évolutions telles que le passage du mot latin *nátare* au mot italien *nuótare* (avec l'étape intermédiaire *nótare)*, et, dès le latin vulgaire, la réduction des diphtongues *au* en *a* : *aúgustus* → *ogustus* (« août »). C'est également par un phénomène de dissimilation consonantique que s'explique le passage du latin *peregrinum* à l'italien *pellegrino*, du latin *arbor* à l'espagnol *arbol* et à l'italien *albero*, d'une ancienne forme française *couroir* au français moderne *couloir*, etc.

dissyllabe
Un *dissyllabe* est un mot de deux syllabes, comme le mot *maison* [mezɔ̃].

dissyllabique
Une langue *dissyllabique* est une langue comportant un fort pourcentage de mots de deux syllabes.

distance
1. Par certains mots, consciemment ou non, un locuteur peut laisser voir qu'il n'appartient pas, ou ne veut pas appartenir, ou n'a rien de commun avec le groupe ou les personnes dont il parle. Ces mots sont des *marques de distance;* ainsi *monsieur* peut devenir une marque de distance.

2. On peut aussi parler de *distance* à propos du rapport que le locuteur veut établir non entre lui et autrui, mais entre lui et son discours. Plus la distance est grande, plus le discours est didactique. L'individu en tant que tel n'intervient pas dans les énoncés (disparition de tout ce qui se réfère à lui personnellement, comme le pronom *je,* par exemple).

distinctif
On appelle *traits distinctifs* les éléments phoniques ultimes susceptibles d'opposer dans une même langue deux énoncés de sens différent dont le signifiant est par ailleurs identique.

En français, les mots *pain* et *bain* s'opposent par le trait de voisement, présent à l'initiale du second mot et absent à l'initiale du premier. Les mots *banc* et *temps* s'opposent par la distinction acoustique minimale à l'initiale entre le trait grave (labial) et le trait aigu (dental).

Les traits distinctifs sont des unités inférieures au phonème : on peut les atteindre à travers une analyse du phonème par commutation, mais non par segmentation. En effet, les traits distinctifs ne peuvent apparaître dans la chaîne parlée qu'en se combinant simultanément à d'autres en un faisceau, le phonème*, dont la réalisation concrète implique d'autres traits phoniques non distinctifs.

Les traits distinctifs sont appelés aussi *mérismes** par E. BENVENISTE. De nombreux linguistes emploient indifféremment le terme de *trait pertinent** comme synonyme de *trait distinctif.* D'autres, comme R. JAKOBSON, pensent qu'il convient de différencier ces deux termes en considérant comme traits pertinents tous les éléments phoniques qui permettent l'identification du message, même s'ils n'ont pas de fonctions distinctives (l'aspiration des occlusives non-voisées en anglais, le voisement des consonnes nasales en français, la labialisation des voyelles postérieures dans de nombreuses langues, etc.).

Les traits distinctifs peuvent, en principe, être définis aux différents stades de la transmission du message linguistique (neurologique, articulatoire, acoustique, auditif). En fait, une définition cohérente des traits distinctifs n'est encore possible qu'au niveau articulatoire (moteur ou génétique) et au niveau acoustique. Certains linguistes préfèrent utiliser la terminologie articulatoire, qui permet une

MATRICE DES TRAITS

	o	a	e	u	ə	i	l	ŋ	ʃ	tʃ	k
1. vocalique / non-vocalique	+	+	+	+	+	+	+	−	−	−	−
2. consonantique / non-consonantique	−	−	−	−	−	−	+	+	+	+	+
3. compact / diffus	+	+	+	−	−	−		+	+	+	+
4. grave / aigu	+	+	−	+	+	−					
5. bémolisé / non-bémolisé	+	−		+	−						
6. nasal / oral								+	−	−	−
7. tendu / lâche									+	+	+
8. continu / discontinu									+	−	−
9. strident / mat										+	−

DISTINCTIFS DE L'ANGLAIS.

ʒ	dʒ	g	m	f	p	v	b	n	s	θ	t	z	ð	d	h	#
−	−	−	−	−	−	−	−	−	−	−	−	−	−	−	−	−
+	+	+	+	+	+	+	+	+	+	+	+	+	+	+	−	−
+	+	+	−	−	−	−	−	−	−	−	−	−	−	−		
			+	+	+	+	+	−	−	−	−	−	−	−		
−	−	−	+	−	−	−	−	+	−	−	−	−	−	−		
−	−	−		+	+	−	−		+	+	+	−	−	−	+	−
+	−	−		+	−	+	−		+	+	−	+	+	−		
	+	−							+	−		+	−			

[t de JAKOBSON, FANT et HALLE : *Preliminaries to Speech Analysis (1956)*] vérification plus aisée de la réalisation des traits distinctifs en l'absence de tout matériel expérimental. D'autres préfèrent définir les traits distinctifs en termes acoustiques, à partir des données fournies par les spectrogrammes de l'onde sonore, afin de mieux rendre compte de leur rôle dans le fonctionnement de la langue, surtout dans le cadre de l'hypothèse bininariste. D'après R. JAKOBSON, tous les systèmes phonologiques du monde reposent sur une douzaine d'oppositions binaires dans lesquelles chaque langue effectue un tri. Le système de chaque langue peut être représenté par une matrice dans laquelle les phonèmes se définissent par un choix positif ou négatif entre les deux termes des différentes oppositions. Tous les traits distinctifs utilisés par la langue n'interviennent pas nécessairement dans la définition de chaque phonème et peuvent n'assurer qu'une fonction de trait pertinent. La matrice phonologique tient compte de cette différence en représentant par un 0 ou un blanc l'absence de choix distinctif entre les deux termes d'une opposition. Mais, pour connaître la réalisation des phonèmes dans la prononciation standard d'une langue donnée, il faut prévoir une matrice phonétique qui représente également les traits pertinents. (V. aussi ACCENT et TRAIT.)

distributif
Les *distributifs* sont des adjectifs numéraux, des indéfinis, etc., qui expriment une idée de répartition d'objets, pris chacun en particulier. Ainsi, les adjectifs indéfinis *chaque* et *chacun* sont des distributifs. En latin, il existe des adjectifs numéraux distributifs de la forme *terni* « trois par trois », *singuli* « un par un », etc.

distribution
En linguistique structurale, dans les énoncés significatifs d'une langue, la *distribution* d'un élément est la somme de tous les environnements de cet élément (ou contexte*). Ainsi, la suite de morphèmes *l'enfant*, considérée comme un seul élément, est définie à partir des phrases significatives :

> *L'enfant court,*
> *L'enfant lance la balle,*
> *L'enfant est heureux,* etc.

par les contextes « début de phrase » et *court, lance la balle, est heureux,* etc. Cette définition repose sur l'hypothèse que chaque élément se rencontre dans certaines positions par rapport à d'autres éléments d'une manière qui n'est pas arbitraire. En ce cas, l'élément *l'enfant* a deux environnements co-occurents : le « début de phrase », d'une part, et « lance la balle, court, est heureux », etc., d'autre part. Lorsque des unités apparaissent dans les mêmes contextes, on dit qu'elles ont les mêmes distributions, qu'elles sont *équivalentes distributionnellement;* si elles n'ont aucun contexte commun, elles sont alors en *distribution complémentaire*. Le plus souvent les unités ont des distributions partiellement équivalentes, soit que l'une des distributions contienne l'autre, soit qu'elles se chevauchent ou se recouvrent partiellement avec une aire commune.

distributionnelle (analyse)
L'*analyse distributionnelle* est la méthode d'analyse caractéristique de la linguistique structurale. Elle apparaît aux États-Unis vers 1930 (L. BLOOMFIELD, *Language,* 1933), en réaction contre les grammaires mentalistes. Elle a son origine dans la constatation empirique que les parties d'une langue ne se rencontrent pas arbitrairement les unes par rapport aux autres; chaque élément se rencontre dans certaines positions particulières par rapport aux autres. Il s'agit en fait, là, d'une très ancienne constatation, mais qui n'avait jamais été érigée en méthode.

Plusieurs facteurs expliquent l'apparition de cette méthode aux États-Unis. Le fait tout d'abord que les tendances philologique, historique ou comparative en grammaire se trouvaient peu représentées. Une situation linguistique particulière, d'autre part : l'existence, sur le continent américain, de 150 familles de langues amérindiennes (plus de 1 000 langues) pose aux administrateurs et aux ethnologues des problèmes importants. Ces langues se présentent sous la forme d'un matériel linguistique non codifié et oral, et on ne peut faire une confiance absolue aux bilingues. La linguistique se développe donc tout d'abord dans le cadre de l'anthropologie. Cette pratique particulière trouve sa justification théorique dans le béhaviourisme (psychologie du comportement), qui crée une psychologie comportementale objective, sans recourir à l'introspection. La psychologie devient une science naturelle qui étudie le comportement humain compris comme l'ensemble d'une excitation ou stimulus et d'une réponse ou action. Le langage est un stimulus lui aussi, et une réponse. Le sens d'un message est défini comme étant l'ensemble de la situation de communication. Pour le connaître, il faudrait être omniscient; il est donc inconnaissable et ne peut pas être utilisé par le linguistique.

Il s'agit alors de décrire les éléments d'une langue par leur aptitude (possibilité ou impossibilité) à s'associer entre eux pour aboutir à la description totale d'un état de langue en synchronie.

On part de l'observation d'un corpus achevé, que l'on considère comme un échantillon représentatif de la langue et qu'on s'interdit de modifier. On infère la langue du corpus par généralisation. La détermination du corpus se fait selon un certain nombre de critères qui doivent assurer son caractère représentatif et l'homogénéité des énoncés en écartant *a priori* les variations de situation. On emploie aussi au besoin certaines techniques de sollicitation d'énoncés.

En vertu du principe d'immanence*, on définit les règles de composition de la langue sans faire appel à des facteurs tels que le sujet parlant ou la situation. On s'attache à relever l'interdépendance des éléments internes de la langue dont la caractéristique fondamentale est d'être discrets.

Le corpus se présente sous forme d'énoncés linéaires, ensembles complexes qu'on va réduire en différents éléments qui se présentent à différents niveaux d'organisation. La langue présentant une série de rangs hiérarchisés (phonologique, morphologique, phrastique) où chaque unité est définie par ses combinaisons dans le rang supérieur. Pour identifier les éléments à chaque niveau, il faut segmenter la chaîne parlée, dans une procédure qui élimine le recours au sens. On a recours à des comparaisons très nombreuses d'énoncés qui permettent de dégager des groupements, des configurations caractéristiques. Dans la pratique, on utilise (lorsqu'on le peut) le sens à titre de technique pour vérifier l'identité ou la non-identité des énoncés et « rien de plus... Jamais il ne sera interprété, analysé; encore moins sera-t-il pris comme mesure » (J. DUBOIS).

Une fois les éléments dégagés, on établit leurs environnements. L'environnement d'un élément A étant la disposition effective de ses co-occurrents (ce qui reste quand j'enlève A de l'énoncé), on parle d'environnement de droite, de gauche.

Les co-occurrents de A dans une position déterminée sont appelés la sélection de A pour cette position. La somme des environnements d'un élément dans les énoncés du corpus constitue la distribution de cet élément.

A l'inverse, toutes les combinaisons d'éléments n'étant pas possibles, dans une langue donnée (ex. : *il marchait,* et non *mar il chait*), on peut définir les éléments par les restrictions imposées aux éléments qui les composent. (Ces restrictions de combinaison participent de la redondance* de la langue.)

Le regroupement des distributions des éléments aboutit à l'établissement de *classes distributionnelles* : les phonèmes ne sont pas définis selon des critères phonétiques, mais d'après leurs combinaisons et les restrictions de ces combinaisons; on définira la classe des noms comme étant constituée par les éléments qui admettent articles, déterminants à gauche, verbes à droite, etc. Il faut noter au niveau de la terminologie l'utilisation particulière de morphe* et morphème* par la linguistique américaine.

L'étude des distributions fait apparaître des éléments qui présentent une distribution complémentaire (non superposables, formant des sous-ensembles disjoints) et la même relation au même point de la structure du contenu (ex. : *je, me, moi* en français) : ce sont deux allomorphes d'un même morphème.

Si l'analyse distributionnelle refuse le sens comme critère, elle le retrouve au bout de l'étude. C'est ainsi que si nous considérons (intuitivement) qu'il existe une plus grande différence de sens entre les morphèmes A et B qu'entre les morphèmes A et C, nous constatons souvent que les distributions respectives de A et de B présentent plus de différences les unes par rapport aux autres que n'en présentent les distributions respectives de A et C. Les différences de sens et les différences de distribution sont liées : le sens est fonction de la distribution (sans qu'on puisse parler de parallélisme parfait de structure). La lexicologie et la lexicographie trouvent là une méthode.

Appliquée aux énoncés longs, l'analyse distributionnelle opère d'après les mêmes principes*, mais selon une procédure particulière : c'est l'analyse de discours*.

Visant essentiellement la description des éléments d'une langue par leur aptitude à s'associer entre eux de manière linéaire, l'analyse distributionnelle ne peut pas rendre compte des phrases ambiguës (du type *J'ai acheté ce livre à mon frère*).

Elle présente de la langue un modèle à états finis, c'est-à-dire que, à partir des formules combinatoires qu'elle extrait de l'observation du corpus, on peut construire un ensemble de phrases indéfini, mais dénombrable. Il n'existe pas, synchroniquement, avec un tel point de vue, de phrases nouvelles. Elle ne rend donc pas compte de la créativité du sujet parlant.

Enfin, sa méthode se veut purement descriptive et inductive, sans l'être totalement. Elle représente encore une étape taxinomique* de la linguistique. C'est de l'analyse de ces insuffisances que naît la grammaire générative,

dit
Dans la théorie béhaviouriste du langage, des *dits* (angl. *tacts*) sont des réponses verbales évoquées par un objet ou par certaines propriétés de l'objet. Ainsi, si un fauteuil est qualifié de « rouge », cette réponse est régie par la qualité « rougeur » du fauteuil; cette qualité est alors le stimulus qui provoque la réponse, selon l'hypothèse du psychologue américain B. F. SKINNER. Les dits sont opposés aux mandes*.

documentaire

On appelle *analyse documentaire* la représentation, au moyen de termes et de procédés syntaxiques conventionnels, d'un certain contenu des documents (articles, publications) scientifiques aux fins de classement, de recherche d'information. Les termes conventionnels servant à coder les résumés forment le *lexique documentaire;* la syntaxe et le lexique conventionnels forment une métalangue de documentation constituant le *langage documentaire*.

dominer V. ARBRE.

données

Parmi les actes de parole, toute théorie linguistique en retient certains pour en faire ses *données* empiriques (ou data), réunies en un corpus.

Par exemple, il ne faut pas s'illusionner sur les possibilités d'étudier un acte de parole : il faut qu'il soit achevé pour qu'en commence l'étude; cette étude n'aura donc lieu que sur un acte passé, ce qui comporte de nombreuses conséquences.

De même, l'étude des sons du langage ne saurait jamais être vraiment exhaustive : même le phonéticien ne retient pour sa recherche que certains aspects d'une émission phonique; à plus forte raison le phonologue n'est-il intéressé que par les traits pertinents des sons du langage.

On ne peut donc confondre faits empiriques et faits physiques. On devra garder présent à l'esprit que toute observation des faits de langue est sous-tendue par une théorie sous-jacente : même en phonologie, domaine qui pourrait paraître objectif, la construction théorique (au niveau de la théorie linguistique générale et au niveau des hypothèses sur la structure phonologique de la langue considérée) est responsable de la construction de l'objet étudié. En linguistique, comme dans toute autre science, la distinction entre objet réel et objet de science est à observer avec soin.

La polémique est vive entre les linguistes soucieux d'abord de recueillir des données et les linguistes soucieux de formuler d'abord des hypothèses théoriques. Pour N. CHOMSKY, l'adéquation observationnelle, c'est-à-dire la rigueur dans la présentation des faits observés, est l'objectif le plus bas que puisse s'assigner le linguiste. Une grammaire qui rend compte de la compétence linguistique du locuteur natif et spécifie les données en termes de généralisations exprimant les régularités sous-jacentes, atteint un deuxième niveau. Mais seule une théorie linguistique générale peut atteindre le troisième niveau, celui de la capacité à juger entre diverses grammaires fondées sur les données, à les évaluer en fonction du critère de simplicité.

Dans cette optique nouvelle, les données ne s'assimilent plus à un simple corpus. Elles doivent englober à la fois l'ensemble infini des événements physiques appelés actes de parole et l'intuition du locuteur natif au sujet de ces événements. Ce sont à la fois les énoncés et les jugements sur ces énoncés qui constitueront les données.

Par exemple, N. CHOMSKY considère comme impossible l'acquisition du langage par l'enfant à partir des énoncés qu'il entend. Il faut qu'il possède un mécanisme inné, le système d'acquisition *(language acquisition device)* capable à la fois de forger les différentes grammaires suceptibles de rendre compte des énoncés entendus et de choisir entre ces grammaires celle qui répond au mieux au critère de simplicité.

Dans l'appréciation à porter sur cette conception des données linguistiques, il faudra bien distinguer (1) l'importance polémique épistémologique sur la priorité à donner, en un état donné de la science, à la recherche des faits ou à la théorie, (2) la prise de conscience de la nécessité de préciser l'objet de l'étude linguistique, et enfin (3) le développement de la théorie générative transformationnelle comme une réaction contre l'empirisme de la linguistique américaine qui l'avait précédé.

dorsal

Une *consonne dorsale* est une consonne dont la réalisation comporte le rapprochement de la partie supérieure de la langue et du palais. (V. DOS.)

dorso-alvéolaire

Une consonne *dorso-alvéolaire* est une consonne réalisée avec la partie antérieure du dos de la langue qui se rapproche des alvéoles, comme le [s] français (tandis que le [s] espagnol est réalisé comme une apico-dentale). Les articulations dorsoalvéolaires se classent phonologiquement avec les dentales, dont elles présentent les caractéristiques acoustiques (aigu, diffus).

dos

On appelle *dos de la langue* toute la partie supérieure de la langue comprise entre la pointe et la racine. Toutes les articulations réalisées par le rapprochement de cette partie de la langue vers le palais sont dites *dorsales*, du nom latin *dorsum*. Selon que c'est la partie antérieure, centrale ou postérieure du dos de la langue qui entre en jeu dans l'articulation, on distingue les articulations prédorsales, dorsales ou postdorsales. Ces différences articulatoires n'entraînent pas de différence acoustique notable et ne sont pas utilisées phonologiquement par les langues du monde. Quand l'articulateur inférieur est constitué par le dos de la langue, l'articulateur supérieur peut être le palais dur ou le palais mou (voile du palais). On distingue dans ce cas les consonnes dorso-palatales et les consonnes dorso-vélaires.

double

On donne parfois le nom de *consonne double* aux *consonnes géminées,* comme en italien le [nn] de *panno* « drap », le [tt] de *latte* « lait », bien qu'il ne s'agisse pas véritablement de la répétition d'une même articulation, mais plutôt d'une consonne plus longue et plus forte que la consonne homorganique correspondante.

doublet

On appelle *doublet* un couple de mots issus d'un même étymon*, mais dont l'un est le résultat du jeu des lois phonétiques telles qu'elles peuvent être induites des autres mots de la langue, et dont l'autre est un calque direct fait sur le mot de la langue mère, et qui n'a subi que des adaptations minimes : *livrer* et *libérer* (venant tous deux du latin *liberare*), *natal* et *Noël* (venant tous les deux de *natalis*). La forme qui a subi l'évolution générale est dite « populaire », la forme calquée directement est dite « savante ». F. DE SAUSSURE considère l'expression de *doublet* comme impropre, puisqu'un seul des deux mots a subi une évolution phonétique normale, l'autre étant une forme figée dès l'origine.

douteux

On dit d'une phrase qu'elle est *douteuse* quand, générée par la grammaire d'une langue que définit la compétence d'un sujet parlant, elle est agrammaticale au regard d'une autre grammaire de la même langue, définie par un (ou plusieurs) autre sujet parlant. En ce cas, la phrase est douteuse au regard de la compétence générale de la communauté linguistique. La phrase douteuse est précédée d'un point d'interrogation.

doux

Une *consonne douce* est une consonne dont l'articulation est réalisée avec moins de force que celle de sa partenaire *forte*. Ce trait correspond, du point de vue articulatoire, à un relâchement des muscles des organes buccaux, plus proche de la position de repos, et à un affaiblissement de la pression de l'air qui traverse le chenal buccal, la résistance offerte au point d'articulation étant moins forte. Cette pression de l'air moins élevée derrière le point d'articulation s'accompagne aussi d'une durée plus brève. Dans certaines langues, comme le français, le russe, l'opposition *douce* vs *forte* double l'opposition *voisée* vs *non-voisée* et assume la fonction distinctive en cas de dévoisement de la voisée ou de voisement de la non-voisée dans les expressions *coupe de champagne* ou *rude travail;* dans d'autres cas, c'est l'opposition *douce* vs *forte* qui disparaît : ainsi, un [b] crié énergiquement égale en force un [p], de sorte que *bis* crié ne diffère de *pisse* que par le trait voisé normalement redondant. Dans certaines langues, les consonnes douces s'opposent aux consonnes fortes sans aucune participation de la voix : c'est le cas dans le système phonologique de l'allemand de Suisse et de certains dialectes italiques comme le corse méridional.

Du fait que l'opposition consonantique *douce* vs *forte* se confond avec l'opposition vocalique *lâche* vs *tendue*, le terme de *douce* ou *faible* est aujourd'hui employé comme synonyme de *lâche*.

Du point de vue acoustique, une consonne douce est caractérisée par une zone de formants moins nettement définie, par une diminution de la quantité totale d'énergie et de son expansion dans le temps.

dualité

La *dualité* est le trait distinctif de la catégorie du nombre* indiquant la représentation de « deux » entités isolables par opposition à « plus de deux » entités (pluralité); elle est exprimée par le duel (en grec par exemple) ou par le pluriel *(les yeux, les oreilles,* en français*).* La dualité est notée par les traits [−singularité, +dualité].

duel

Le *duel* est un cas grammatical de la catégorie du nombre* traduisant la dualité (« deux ») par opposition à « un » et à « plus de deux ») dans les noms comptables; il comporte dans des langues, comme le grec, un ensemble spécifique de désinences nominales et verbales. Le duel est noté par [−sing, +duel]. (V. TRIEL.)

dur

Un phonème *dur*, appelé de préférence *tendu** ou *fort**, par opposition aux phonèmes *doux**, *lâche** ou *faible**, est caractérisé par une tension des muscles buccaux. Les consonnes non-voisées [p], [t], [k], [f], [s], [ʃ] sont dures en français, par opposition aux consonnes voisées et douces [b], [d], [g], [v], [z], [ʒ].

duratif

On appelle *duratifs* les morphèmes lexicaux et, en particulier, les verbes et les adjectifs qui expriment par eux-mêmes la notion de durée: ils s'opposent aux morphèmes lexicaux non-duratifs, qui n'expriment pas cette notion. Ainsi, les verbes *savoir, posséder, réfléchir*, etc., sont duratifs; ils ont le trait [+duratif], comme les adjectifs *petit, ivre, rougeaud*, etc.; au contraire, les verbes *mourir, allumer, arriver*, etc., et les adjectifs *étincelant, agacé*, etc., sont non-duratifs. On oppose ainsi *voir* à *regarder* (duratif), *entendre* à *écouter* (duratif). [On dit aussi STATIF et NON-STATIF.]

durée

La *durée* (ou quantité) d'un son est son extension dans le temps. Tous les sons du langage, à l'exception des occlusives, peuvent durer autant que le permet le souffle, c'est-à-dire l'air expulsé par les poumons pendant une expiration. Même les occlusives sont susceptibles d'un certain allongement, la fermeture du chenal vocal pouvant être maintenue dans certaines limites.

Cette durée est mesurable instrumentalement pour chaque son concret dont la moyenne donne la durée d'un phonème.

La durée d'un phonème dépend de la vitesse du débit, de la longueur du groupe prononcé (plus le groupe est long et plus les phonèmes sont brefs), de ses qualités phonétiques propres. Les règles qui lient la durée d'un phonème à ses qualités phonétiques sont à peu près les mêmes dans toutes les langues : plus une voyelle est fermée, plus elle est brève ([i] est plus bref que [e], [e] est plus bref que [ɛ], etc.); les voyelles postérieures, acoustiquement graves, sont plus brèves que les voyelles antérieures, acoustiquement aiguës. Les consonnes fricatives sont plus longues que les occlusives, les voisées plus brèves que les non-voisées.

La durée d'une voyelle (et donc de la syllabe dont elle est le noyau) est en relation avec l'accent : la syllabe plus longue que les syllabes voisines est entendue comme la syllabe accentuée. La place de l'accent dit « accent d'intensité » dépend donc aussi de la longueur de la syllabe et ne dépend pas seulement de son intensité.

La durée est également liée au timbre : deux voyelles de formants identiques ont un timbre différent si leur durée est différente. Si les différences de durée existent dans toutes les langues, seules certaines langues les utilisent phonologiquement pour différencier des morphèmes et des mots.

Il s'agit, en général, d'une opposition à deux termes : un terme bref et un terme long; le latin présentait une opposition de ce type qui permettait d'opposer, par exemple, le présent *venit* ([e]) au parfait *venit* ([e:]), les langues germaniques modernes connaissent également cette opposition, par exemple en anglais, où s'opposent un [i:] long et un [i] bref, comme l'attestent les paires *seat* vs *sit*, [si:t] *vs* [sit], *beat* vs *bit*, etc. Les langues finno-ougriennes se servent beaucoup des différences quantitatives; certaines, comme l'estonien, connaissent même trois degrés de longueur vocalique, avec un terme bref, un terme long, et un terme très long ([sada] « cent » s'oppose à [sa:da] « envoie » (impératif) et à [sa::da] « avoir la permission de »).

Les différences de durée consonantique peuvent également avoir une valeur phonologique dans certaines langues. Dans ce cas, les consonnes longues sont souvent scindées en deux par la frontière syllabique et sont dites alors « géminées » ou « doubles ». L'opposition consonnes longues *vs* consonnes simples a une grande importance dans la langue italienne, qui, à la différence des autres langues romanes, a considérablement augmenté le nombre des géminées présentes en latin (/pani/ *vs* /panni/ « pains » *vs* « vêtements »).

La durée a un rôle phonologique très restreint en français moderne, où les géminées apparaissent seulement à la frontière de mot pour opposer certains groupes tels que *il a dit* et *il l'a dit*. La différence de durée vocalique a peut-être encore une valeur phonologique dans certaines variétés telles que le parisien ou le français de Normandie, où elle permet d'opposer des mots tels que *mètre* et *maître*, et les formes de certains adjectifs comme *aimé* [ɛme] *vs aimée* [ɛme:].

dynamique

1. On donne le nom de *dynamique* au terme non-accompli dans l'opposition aspectuelle définie par le couple *être* (accompli) [statique] et *devenir* (non-accompli) [dynamique].

2. En phonétique, l'*accent dynamique*, ou accent d'intensité, est un trait prosodique qui est une variété intersyllabique des traits de force : la syllabe sur laquelle il porte est prononcée avec plus de force que les autres syllabes de la même séquence, grâce au mécanisme sublaryngal, en particulier aux mouvements de l'abdomen et du diaphragme. Cet accent a une fonction culminative qui se combine soit avec la fonction démarcative, lorsqu'il est fixe comme en tchèque, soit avec la fonction distinctive, lorsque sa place est totalement ou relativement libre, comme en italien. (V. ACCENT.)

dysarthrie

La *dysarthrie* est un trouble de l'articulation des phonèmes dû soit à une lésion centrale (lésion corticale) entraînant un déficit dans la programmation de ces phonèmes, soit à des lésions périphériques entraînant une paralysie de certains organes moteurs d'exécution.

dyslexie

La *dyslexie* est un défaut d'apprentissage de la lecture, caractérisé par des difficultés dans la correspondance entre des symboles graphiques, parfois mal reconnus, et des phonèmes, souvent mal identifiés. Le trouble intéresse de façon prépondérante soit la discrimination phonétique, soit la reconnaissance des signes graphiques ou la transformation des signes écrits en signes verbaux (ou réciproquement).

dysorthographie

1. On appelle *dysorthographie* un trouble de l'apprentissage de l'orthographe qui se rencontre chez les enfants d'intelligence normale, lié ou associé à une dyslexie.

2. On appelle *dysorthographie* une faute d'orthographe, quelle qu'en soit l'origine.

dysphasie

1. Chez l'enfant, la *dysphasie* est un trouble de la réalisation du langage, dont la compréhension est peu atteinte, et qui est consécutif à un retard dans l'acquisition et le développement des diverses opérations qui sous-tendent le fonctionnement du langage.

2. Syn. d'APHASIE.

dysprosodie

La *dysprosodie* est une anomalie du rythme, de l'intonation ou de la hauteur du ton dans le discours de certains malades aphasiques: ralentissement du débit et syllabation chez les aphasiques moteurs, présence d'un accent « étranger » consécutif à une distorsion du rythme de la parole. (V. APHASIE.)

écart

1. Quand on compare deux états de langue et qu'on constate dans l'un la présence d'une unité là où dans l'autre on constate l'emploi d'une autre unité de sens équivalent, on définit un *écart* entre deux états de langue : ainsi, il y a écart entre l'ancien français *rei* (le roi) prononcé [rei] et le français moderne *roi* prononcé [rwa], cet écart permettant de constituer des classes de variations systématiques. On peut de même définir des écarts géographiques ou sociaux.

2. Quand on définit une norme, c'est-à-dire un usage général de la langue commun à l'ensemble des locuteurs, on appelle *écart* tout acte de parole qui apparaît comme transgressant une de ces règles d'usage; l'écart résulte alors d'une décision du sujet parlant. Lorsque cette décision a une valeur esthétique, l'écart est, dans une certaine stylistique*, analysé comme un fait de style.

échange verbal

On donne le nom d'*échange verbal* à la communication* considérée sous l'angle du dialogue : le locuteur produit un énoncé qu'il « donne » à un interlocuteur qui, en réponse, lui « donne » un autre énoncé.

échantillon

Dans une analyse descriptive d'énoncés obtenus dans une population donnée, l'étude linguistique (phonologique, syntaxique ou lexicale) porte sur un nombre restreint d'éléments prélevés dans l'ensemble des énoncés qui auraient pu être obtenus dans cette même population : on a donc déterminé une fraction dans l'univers statistique que constitue l'ensemble des énoncés possibles. Cette fraction forme un *échantillon*. L'échantillon est dit représentatif de l'ensemble dont il est tiré si les résultats obtenus ne diffèrent pas significativement des résultats qu'on aurait obtenus au cas où on aurait déterminé d'autres fractions dans cet ensemble; cela veut dire que les résultats de l'échantillon peuvent être projetés sur l'ensemble des données considérées. (V. CORPUS.)

écholalie

On appelle *écholalie* la répétition par un malade aphasique de mots ou de phrases prononcées devant lui sans qu'ils aient pour lui de signification. Ces répétitions intégrales et rapides constituent souvent les seules « réponses » aux questions posées.

économie

Le principe de l'*économie linguistique* repose sur la synthèse entre les forces contradictoires (besoin de communication et inertie) qui entrent constamment en conflit dans la vie des langues. Il permet d'expliquer un certain nombre de faits en phonologie diachronique.

Pour un phonème, il est indispensable et suffisant qu'il soit distinct des autres phonèmes de la langue. D'une part, toute réalisation de phonèmes qui ne permet pas à une opposition de se maintenir nettement met en danger l'existence indépendante des deux phonèmes et l'intégrité du système. Pour qu'un système réponde aux exigences de la compréhension, il faut que la marge de sécurité entre les phonèmes soit suffisante, afin que les inévitables déviations articulatoires de la parole n'aboutissent pas à la confusion. D'autre part, il est plus économique de recourir à un minimum de traits pertinents, en réduisant le nombre des articulations utilisées à des fins distinctives : chacune, étant plus fréquente dans la parole, sera plus facilement reproduite à l'émission et perçue à l'audition. C'est pourquoi les phonèmes isolés, non intégrés dans un système, sont instables, exposés à disparaître ou à se créer un partenaire corrélatif, et c'est pourquoi les systèmes phonologiques les plus stables sont ceux qui présentent le plus grand nombre de corrélations* et de faisceaux de corrélations, c'est-à-dire des ensembles de phonèmes résultant des combinaisons des mêmes traits distinctifs.

Ainsi, le passage de l'espagnol médiéval à l'espagnol moderne s'est traduit par une réorganisation très économique du système phonologique. Les fricatives voisées [v], [z], [ʒ] ont disparu, ainsi que les affriquées voisées [dz] et [dʒ] et l'affriquée non-voisée dentale [ts]. Deux phonèmes non-voisés sont apparus, dans la série des dentales [θ] et dans celle des vélaires [x]. L'économie réalisée dans cette mutation se traduit (1) par la diminution du nombre de phonèmes (donc d'unités distinctives minimales), liée sans doute à la faiblesse de leur rendement fonctionnel, (2) par une plus grande différenciation des points d'articulation (une interdentale, une alvéolaire, une vélaire au lieu de deux alvéolaires et de deux palatales) diminuant les risques de confusion, (3) par une cohérence majeure du système due à la formation de trois faisceaux de corrélation (occlusives non-voisées, occlusives voisées, fricatives non-voisées, labiales, dentales, vélaires).

écrit

1. L'expression *langue écrite* a deux sens différents. Dans un premier sens, la langue écrite est l'ensemble des formes spécifiques qu'on utilise quand on « écrit », c'est-à-dire quand on fait un travail d'écrivain ou qu'on rédige des textes exigeant une certaine tenue (dans ce cas, la langue écrite est la *langue littéraire*). *Langue écrite* s'oppose aussi à *langue familière* ou à *langue populaire*. L'école enseigne ainsi qu'il y a des « choses » qu'on dit et qu'on n'écrit pas : ainsi *ça* est une forme parlée, *cela* une forme écrite. Dans un second sens, la *langue écrite* est la transcription de la *langue orale* ou *parlée*. Or, on le sait, il existe une distorsion très accusée entre certains systèmes de marques de l'oral et des systèmes correspondants de l'écrit : pour indiquer le genre dans les adjectifs, la langue parlée oppose surtout des terminaisons féminines consonantiques à des masculins vocaliques comme dans le féminin [plɛzɑ̃t] *plaisante* vs [plɛzɑ̃] *plaisant*, mais應 plutôt aux deux séries de formes la même prononciation à finale vocalique [eme] *aimé* vs *aimée, mis* vs *mise*, mais on a *tranquille* pour le masculin et le féminin. De même la langue écrite a une variation en nombre pour presque tous les noms masculin en ajoutant *-e* et parfois d'autres consonnes : *plaisant* vs *plaisante, aimé* vs *aimée, mis* vs *mise*, mais on a *tranquille* pour le masculin et le féminin. De même la langue écrite a une variation en nombre pour presque tous les noms et adjectifs (auxquels on ajoute *-s* pour marquer le pluriel), alors que la langue parlée n'a de formes particulières au pluriel que dans les cas de liaison et aussi pour quelques mots : *enfant* vs *enfants*, mais [ɑ̃fɑ̃], [ɑ̃fɑ̃zadɔre]; *cheval* vs *chevaux*, [ʃəval] vs [ʃəvo].

La langue écrite peut aussi s'opposer à la langue parlée par le vocabulaire et par des structures de phrases beaucoup plus complexes.

2. D'une manière générale, les formes écrites, qui ont plus de stabilité et de possibilité de diffusion que les formes orales, ont été à la base de la constitution des langues nationales des grands États. Ainsi, l'allemand : en Allemagne, en Autriche, dans une grande partie de la Suisse, dans de petits secteurs d'autres pays européens, les gens considèrent que leur langue est l'allemand. Malgré des différences considérables entre les formes parlées (différences plus grandes qu'entre les langues scandinaves — suédois, danois, norvégien), il n'existe qu'une seule langue écrite dans toute cette région; aussi toute personne qui sait lire et écrire peut-elle communiquer avec une autre utilisant l'allemand écrit. A partir d'un dialecte de moyen allemand, cette forme s'est généralisée comme allemand écrit *(Schriftdeutsch)* et présente une grande uniformité.

L'italien écrit moderne s'est de même développé à partir du toscan grâce surtout au prestige de *la Divine Comédie* de DANTE. Empruntant par la suite aux divers dialectes, notamment à celui de Rome, cette forme est ainsi une sorte de moyenne de tous les dialectes italiens.

3. D'une manière générale, la langue écrite est beaucoup plus stable que la langue parlée : la représentation du système français du genre et du nombre de la langue écrite, présenté plus haut, est celui que la langue parlée (comme la langue écrite) connaissait encore au milieu du XVIe siècle. La langue écrite change elle aussi, mais très lentement. Ainsi, le texte suivant fait ressortir le changement : *« A quoy Panurge baissa sa teste du cousté gauche et mist le doigt meillieu en l'oreille dextre, élevant le poulce contremont. »* s'écrirait *« A quoi* (sur quoi) *Panurge baissa sa* (la) *tête du côté gauche et mit le doigt milieu* (le médius) *en l'oreille dextre* (dans l'oreille droite), *élevant* (levant) *le pouce contremont* (en l'air) ». La langue écrite est le principal facteur de conservation linguistique. Toutefois, il arrive qu'une réforme permette de tolérer les changements; par exemple, l'orthographe suédoise a subi une révision assez complète à peu près une fois par génération depuis le début du XIXe siècle.

4. La langue écrite a souvent un lexique différent de celui de la langue parlée; mais, contrairement à une illusion assez répandue, celui de la seconde est aussi riche que celui de la première. Les vocabulaires parlés sont caractérisés par la richesse en homonymes, que l'orthographe distingue généralement (cf. la plaisanterie célèbre sur *sot, seau, sceau, saut*), et en synonymes ou en mots presque synonymes (la langue parlée emprunte, en effet, à différents dialectes des mots différents de même signifié).

Mais les différences entre langue écrite et langue parlée peuvent être importantes. Ainsi, des formes écrites très différentes *(hindî et ourdou* dans l'Inde) existent pour des formes parlées identiques : la différence de contexte (l'ourdou, qui utilise l'alphabet arabe, est la langue des musulmans) a provoqué une évolution telle qu'on a deux langues écrites différentes à partir d'une même langue parlée.

En sens inverse, on peut très bien n'avoir qu'une langue écrite correspondant à des formes parlées très différentes : c'est le cas de l'arabe, dont la forme écrite, dite « arabe littéraire », recouvre des langues très différentes entre elles, dites « arabes dialectaux ». Mais, dans ce domaine, les cas typiques sont ceux des langues idéographiques, comme le chinois, qui peuvent écrire de la même manière des langues entièrement différentes.

5. D'une manière générale, la langue écrite est un facteur puissant de culture et d'unification. La conséquence est qu'on confond souvent la forme écrite avec la langue elle-même, si bien qu'on oppose des langues écrites (français, anglais, hindî) aux langues non-écrites, c'est-à-dire à celles qui n'ont pas de textes (langues primitives connues parfois uniquement grâce aux remarques des missionnaires ou des chercheurs), mais qui, évidemment, peuvent être transcrites. Les langues non-écrites trouvent de nos jours une certaine uniformité en se constituant des formes écrites dites « langues* d'union ».

écrit-parlé

Le terme *écrit-parlé* désigne le type de discours dans lequel le locuteur lit ou déclame un texte complètement rédigé par lui ou par un autre. *L'écrit-parlé* a ainsi ses règles propres qui le différencient des énoncés produits oralement, mais aussi des textes rédigés pour être lus par le destinataire et non retransmis oralement.

écriture

L'écriture est une représentation de la langue parlée au moyen de signes graphiques. C'est un code de communication au second degré par rapport au langage, code de communication au premier degré. La parole se déroule dans le temps et disparaît, l'écriture a pour support l'espace qui la conserve. L'étude des différents types d'écriture élaborés par l'humanité a donc un étroit rapport avec l'étude de la langue parlée, ainsi qu'avec celle des civilisations dans lesquelles elles se sont perfectionnées. Une étude de l'écriture doit se développer sur deux plans parallèles : d'une part, une étude historique de l'écriture depuis son « invention » jusqu'à ses états actuels; d'autre part, une étude linguistique qui tente de dégager les règles de fonctionnement de l'écriture, ainsi que ses rapports avec la langue parlée.

1. Les origines de l'écriture

A. LEROI-GOURHAN a situé les origines de l'écriture vers 50000 avant notre ère pour le moustérien évolué (incisions régulièrement espacées dans la pierre ou dans l'os) et vers 30000 avant notre ère pour l'aurignacien (figures gravées ou peintes). Vers 20000 la figuration graphique est devenue courante, et vers 15000 elle atteint une maîtrise technique presque égale à celle de l'époque moderne. Les graphismes, couramment appelés *pictogrammes,* sont la première grande invention de l'homme dans le domaine de l'écriture; il s'agit d'un type spatial d'écriture; certaines de ces écritures évolueront vers la *linéarité phonétique,* vers des *alphabets,* reproduisant plus ou moins le phonétisme et la linéarité de la chaîne parlée.

2. Les conditions de l'évolution de l'écriture

Les modifications constatées dans les différents types d'écriture au cours de leur histoire relèvent de facteurs divers : les conditions économiques des sociétés, les progrès intellectuels et plus particulièrement la faculté d'abstraction et la connaissance de la structure de la langue parlée. Selon A. MEILLET : « C'est la structure de la langue qui a conditionné chaque invention décisive dans le développement de l'écriture » (*Scientia,* déc. 1919).

Cette évolution va d'une représentation figurative du signifié à un code formé de signes abstraits, symboles des sons de la langue : les systèmes d'écriture tendent vers une abstraction de plus en plus grande, jusqu'à être de véritables codes de communication — les systèmes d'écriture alphabétique — dont les signes ont rompu tout lien avec le sens du mot, obéissent à des règles particulières et sont soumis à des contraintes spécifiques. L'évolution révèle ainsi une conscience de plus en plus affinée de la structure de la langue. Parti pour l'essentiel du pictogramme, qui n'impliquerait pas de rapport explicite entre le récit et un énoncé oral, l'idéogramme révèle la prise de conscience des mots distincts de la chaine parlée, puis, par un effort d'abstraction, de la syllabe. Peu à peu, l'emploi des signes-sons — ou phonogrammes — mêlés aux idéogrammes marque une étape vers une analyse des éléments minimaux phonétiques.

On est sur le chemin de l'écriture phonologique lorsque l'on reconnaît que certaines parties de mots se prononcent comme des mots entiers : par exemple, si on représente *chapeau* par la juxtaposition des deux idéogrammes *chat + pot*. Les écritures alphabétiques enfin témoignent d'une appréhension des phonèmes en tant qu'unités constitutives des mots.

Les systèmes d'écriture évoluent vers une économie de plus en plus grande. Aux systèmes pictographiques, peu explicites pour qui ne faisait pas partie de la communauté, aux systèmes idéographiques, peu économiques dans la mesure où chaque objet est représenté par un signe, succèdent des systèmes économiques par le nombre des signes employés, transmettant une infinité de messages grâce à un minimum de signes (écritures alphabétiques ou syllabiques).

Différentes classifications ont été proposées concernant les divers types d'écriture découverts jusqu'à nos jours. La classification traditionnelle présentée par M. COHEN est historique. Elle distingue trois étapes : *a)* les pictogrammes, écriture de type archaïque, figurative, qui représente le contenu du langage (et non le langage avec les mots et les sons); *b)* les idéogrammes, signes représentant de façon plus ou moins symbolique le signifié des mots; *c)* les phonogrammes, signes abstraits représentant des éléments de mots ou des sons, comme dans les écritures alphabétiques.

Cette classification a été en partie contestée par les recherches ultérieures. A. LEROI-GOURHAN remet en cause le premier stade uniquement figuratif et le caractère réaliste et concret des pictogrammes, auxquels il donne le nom de *mythogrammes*. A la typologie en trois stades, on substitue aujourd'hui une classification en cinq catégories :

a) Les phrasogrammes, qui sont des inscriptions transmettant des messages entiers, sans distinguer les mots. Ils sont divisés en deux sous-groupes : les pictogrammes et les signes conventionnels (signes totémiques, tabous, signes magiques, etc.);

b) Les logogrammes, qui sont les marques des différents mots. Le terme, proposé par L. BLOOMFIELD, recouvre la même réalité que celui d'idéogramme. Tous deux désignent les mots, les unités sémantiques du discours. Ils sont de deux types : les logogrammes sémantiques, qui évoquent la forme de ce qu'ils indiquent; les logogrammes phonétiques, qui sont liés au phonétisme du mot; polysémiques, ils sont employés pour désigner des homonymes;

c) Les morphémogrammes, qui marquent les diverses parties du mot, les morphèmes;

d) Les syllabogrammes, qui distinguent les différentes syllabes; on en trouve dans les écritures assyro-babylonienne et créto-mycénienne;

e) Les phonogrammes, qui sont les marques des éléments phoniques minimaux de la chaîne parlée, les phonèmes. On distingue les écritures phonétiques consonantiques, qui ne marquent que les consonnes (hébreu, arabe), et les écritures phonétiques vocalisées, qui marquent consonnes et voyelles.

3. Les pictogrammes

Ce sont des dessins complexes qui fixent le contenu du message sans se référer à sa forme linguistique, à un énoncé parlé. Il n'y a pas encore de figuration détaillée du langage. Ce type d'écriture se rencontrerait chez les populations à groupements denses de chasseurs et de pêcheurs (Indiens d'Amérique, Esquimaux, Sibériens, Africains Bochimans et Océaniens). On distingue : les pictogrammes-signaux, qui sont une sorte d'aide-mémoire servant à déclencher une récitation (comme les strophes des chants de prêtres peintes sur les robes de peau des sorciers-prêtres de Sibérie) et les pictogrammes-signes, qui portent en eux-mêmes leur signification, qui « parlent à la vue ». Les découvertes de A. LEROI-GOURHAN ont remis en question la thèse classique du pictogramme présenté comme le mode d'écriture le plus ancien et le plus rudimentaire. La découverte des incisions régulièrement espacées du paléolithique supérieur apporte la preuve d'un graphisme symbolique non figuratif. Quant aux scènes figuratives des tracés aurignaciens, elles ne seraient pas lues comme l'histoire racontée par un tableau, mais comme des tracés conventionnels, abstraits, servant probablement de support mnémotechnique à un contexte oral irrémédiablement perdu; cette manière synthétique de marquage transmettait une conceptualisation : chaque marque aurait une valeur d'après sa place dans l'ensemble marqué, comme dans les grottes de Lascaux où on peut remarquer des rapports topographiques constants entre les figures d'animaux représentés. A ces dessins, A. LEROI-GOURHAN préfère donner le nom de *mythogrammes*.

4. Les idéogrammes

L'idéogramme est défini par M. COHEN comme un « signe-chose », « un caractère ou un ensemble de caractères représentant une notion qui par ailleurs est exprimée par un mot unique ». Lorsque le signe-chose est lu dans la langue des utilisateurs de l'écriture, il devient un « signe-mot », chaque petite image représentant un mot, chaque mot étant représenté par une seule petite image. Ce sont les « signes figuratifs » de CHAMPOLLION. Ces dessins dénotent l'objet lui-même, d'une façon plus ou moins réaliste ou stylisée. Le manque d'économie de ce système (chaque dessin représentant un seul signifié) le fait évoluer; les signes deviennent polysémiques (le dessin d'une massue, peut signifier « massue », puis « battre ») ou prennent une valeur de trope* (un croissant de lune se lit *mois,* etc.).

a) *L'écriture maya.*

Cette écriture n'a pas encore été déchiffrée, et les hypothèses concernant sa structure et son fonctionnement ont varié. Les Indiens Mayas avaient une conception cyclique du temps, d'où la nécessité pour eux de noter les événements qu'ils considéraient comme récurrents. De même, leur numération était fondée sur les révolutions des astres. La plupart des textes mayas retrouvés sont donc probablement des chroniques historiques, des notations d'événements où les dates et les chiffres sont nombreux. La connaissance et l'usage de l'écriture étaient l'apanage des prêtres et des familles royales; liée aux cultes religieux, l'écriture aurait été instaurée par un personnage nommé Itzamna, identifié comme un dieu; cette double limitation — dans l'usage et dans le nombre des utilisateurs — explique que la tradition ne s'en est pas conservée.

D'après l'hypothèse classique, l'écriture maya serait de type picto-idéographique, formée de signes analogues aux hiéroglyphes égyptiens; chacun d'eux est égal en hauteur et en largeur; ils sont disposés dans de grands carrés ou rectangles, parallèlement aux côtés, mais on ne sait pas dans quel sens il faut les lire. On aurait relevé 350 signes de ce type. Abandonnant l'hypothèse hiéroglyphique, le Soviétique Y. V. KNOROZOV revient à l'hypothèse alphabétique du premier déchiffreur des Mayas, DIEGO DE LANDA. Pour lui, l'écriture maya se composerait de « complexes graphiques », dont chacun à son tour comprendrait quelques graphèmes, liés en carrés ou en ronds et faits de signes (têtes d'hommes, animaux, plantes, etc.). La discussion reste actuellement ouverte.

b) *L'écriture de l'Égypte antique.*

On distingue trois types d'écriture égyptienne : l'écriture hiéroglyphique proprement dite, la plus ancienne, découverte sur les monuments; l'écriture cursive, dont la plus ancienne est l'écriture hiératique (les scribes, transposant sur le papier l'écriture des monuments, schématisent et allègent les signes, utilisent des ligatures en un tracé presque ininterrompu, de droite à gauche); l'écriture démotique, variante de l'écriture cursive, plus simplifiée que l'écriture hiératique; utilisée par l'administration, elle devient d'un usage courant, « populaire » (d'où le nom de « démotique »).

Le grand pas franchi par l'écriture hiéroglyphique égyptienne est l'emploi de signes phonétiques, ou phonogrammes, à côté des signes idéographiques, ou signes-mots.

Jusque vers 2500 av. J.-C., les hiéroglyphes égyptiens inscrits sur les monuments sont pictographiques; les dessins, représentant des êtres animés ou des parties de ces êtres, des végétaux, des objets, etc., sont peu schématisés. Les signes pouvaient aussi représenter des actions ou des sentiments : le dessin d'un homme portant la main à la bouche signifiait *manger* ou *avoir faim*. On compte 700 à 800 dessins. Dans le hiératique et dans le démotique, les tracés se sont simplifiés au point que les objets ne pouvaient plus se reconnaître.

Comme pour les Mayas, l'écriture était, pour les anciens Égyptiens, d'origine divine, inventée par le dieu Thot. Elle est donc d'abord un objet divinisé, le métier sacré d'une caste privilégiée de scribes. Puis elle se répand largement, d'abord à cause de son usage ornemental, ensuite grâce à la fabrication du papier avec le papyrus.

Les signes de ces trois types d'écriture, plus ou moins schématisés, sont figuratifs. Mais ils peuvent avoir des fonctions différentes.

Ou bien il s'agit de signes-mots à proprement parler, ou logogrammes, désignant en même temps le mot et le concept. Le sens propre d'un signe polysémique est précédé d'un petit trait distinctif vertical.

Ou bien il s'agit de signes-mots perdant leur sens propre et accompagnant d'autres signes-mots en qualité de déterminatifs : ils ne sont pas « lus ». Ils sont de deux sortes : les déterminatifs d'espèce, qui précisent dans quelle catégorie sémantique se trouve le signe-mot qu'ils accompagnent; les déterminatifs de genre, plus tardifs, qui signalent à laquelle de ces catégories appartient le signe-mot qu'ils accompagnent : peuples, hommes, bêtes, oiseaux, etc.

Ou bien il s'agit de signes-mots faisant fonction de phonogrammes, qui permettent non seulement d'écrire le nom de l'objet qu'ils représentent, mais aussi les consonnes qui forment ce nom. Ils servent de « compléments phonétiques », destinés à lever l'ambiguïté des signes-mots polysémiques et polyphones. Les plus nombreux de ces phonogrammes correspondent à des suites de deux consonnes. Une trentaine de signes, correspondant à une seule consonne, constituent un alphabet consonantique à l'intérieur du système égyptien.

c) *L'écriture en Mésopotamie.*

Dès le IVe millénaire avant notre ère, des peuples de langue sémitique se sont concentrés dans la vallée du Tigre et de l'Euphrate; parmi eux, le peuple sumérien a développé une civilisation avancée. Sa langue est restée vivante du IVe millénaire au IIe millénaire avant notre ère. Vers 2400 av. J.-C., les Sumériens perdent leur individualité au profit des Sémites Akkadiens, qui leur empruntent leur langue comme langue sacrée, secrète, et utilisent la langue écrite sumérienne comme langue savante; par la suite, les Akkadiens écrivent leur propre langue grâce à ce même système.

Pour les Akkadiens aussi, l'écriture est d'origine mythique; elle est attribuée à Oannès, homme-poisson venu sur terre pour enseigner aux hommes les arts, les sciences et les techniques.

L'écriture prend son origine dans le pictogramme. Mais l'emploi de grosses tablettes d'argile gravées à l'aide d'un roseau taillé en biseau lui donne un aspect fragmenté particulier, combinaison de traits à tête large, triangulaires, en forme de clous (d'où le nom d'*écriture cunéiforme*). Puis elle devient cursive, partiellement horizontale, les objets sont représentés très schématiquement, dans une position horizontale, et interrompus. Ce ne sont plus alors des signes-choses, mais des signes-mots.

Ce système d'écriture rappelle sur bien des points le système égyptien. Certains signes fonctionnent comme logogrammes. Le stock se révèle sans doute insuffisant pour noter tous les mots de la langue, divers procédés permettant d'augmenter les possibilités du système : attribution d'un signifié nouveau à un signe grâce à quelques traits supplémentaires, juxtaposition de plusieurs signes : le signe *oiseau* + le signe *œuf* désignent l'action d'*enfanter*. Certains signes fonctionnent comme déterminatifs accompagnant un autre signe : des déterminatifs de genre indiquent à quelle catégorie sémantique appartient le signe qu'ils accompagnent; des déterminatifs de nombre signalent la dualité et la pluralité; des compléments phonétiques remédient aux ambiguïtés des *polyphones* (un seul dessin a 20 lectures différentes) et des *homophones* (17 signes se lisent *si*). Plusieurs signes peuvent être employés juxtaposés; ils valent non par leur sens, mais par leur prononciation. C'est encore un pas vers la notation phonétique de la langue. La juxtaposition des sons représentés constitue la prononciation du mot à transcrire. M. COHEN nomme *rébus à transfert* ces groupements qui préparent le terrain pour une prise de conscience des unités phoniques de seconde articulation et pour une rupture entre le signifiant et le graphisme. Les signes-sons transcrivent soit un seul son, une syllabe vocalique comme *a, e, i, o,* soit des syllabes entières. Mais les Suméro-Akkadiens ne sont pas parvenus à l'analyse méthodique de la syllabe en ses composants phoniques et conservèrent jusqu'au bout un système mixte avec emploi de signes-mots.

d) *L'écriture chinoise.*

L'écriture apparaît en Chine vers 2850 av. J.-C., avec un système non pictographique, calqué sans doute sur les systèmes à cordelettes : le système dit « pakwa », attribué à l'empereur fabuleux Fou-hi, comportait 64 signes-symboles en barres continues ou interrompues; vers 2500 av. J.-C. se développe un type d'écriture pictographique très schématisée, source de l'écriture actuelle.

L'écriture chinoise s'est simplifiée entre 200 av. J.-C. et 200 apr. J.-C., et s'est stabilisée au IVe siècle sous la forme encore en usage. C'est une cursive tracée au pinceau, dont l'aspect esthétique a une utilisation ornementale. Les caractères sont séparés, inscrits dans un carré idéal, disposés en colonnes lues de haut en bas en commençant par la droite. Le signe est une figuration dépouillée, non réaliste de l'objet.

Le chinois est alors surtout monosyllabique. Chaque dessin représente donc à la fois un mot et une syllabe, et chaque mot dispose d'un signe, ce qui rend le système peu économique : 6 000 à 8 000 caractères sont courants; on compte 9 000 signes dans un dictionnaire du Ier siècle, 50 000 dans un autre du XVIIIe siècle, 80 000 dans certains dictionnaires savants.

Cela a nécessité, à cette époque, la recherche d'une certaine économie graphique grâce à différents procédés : l'agrégat (ou complexe) logique est une combinaison de deux ou plusieurs pictogrammes; les symboles mutuellement interprétatifs permettent de faire face à l'ambiguïté due à la présence d'homophones nombreux; les caractères empruntés indiquent le même son; les déterminatifs, ou caractères-clés, servent à lever la quasi-homophonie des mots : ce sont soit des déterminatifs phonétiques, qui ne sont pas « lus » mais qui s'ajoutent à un élément homophone dont ils indiquent la catégorie sémantique, soit des radicaux déterminatifs sémantiques (deux caractères se combinent pour donner un nouveau signe, dont la prononciation, le plus souvent, est autonome par rapport à la prononciation des deux signes constitutifs). Ces termes-clés sont au nombre de 214 et permettent un grand nombre de combinaisons. La réforme de 219 avant notre ère a été une tentative d'unification et de simplification par la suppression des caractères faisant double emploi et par l'éclaircissement des ambiguïtés grâce aux clés. La situation du chinois moderne est passablement différente.

5. Écritures syllabiques et alphabétiques

Elles se situent le plus souvent au terme d'une évolution qui, pour des raisons d'économie et de commodité, aboutit à noter certains sons, en tant que sons, à côté des idéogrammes, puis à ne noter que les sons.

En général, les alphabets sont d'abord *syllabiques;* ils deviennent *phonétiques* avec une analyse plus poussée, bien que souvent empirique, de la structure de la langue.

a) *L'écriture de l'Inde.*

L'écriture la plus ancienne actuellement connue est celle de *Mohenjo-Daro,* découverte dans la vallée de l'Indus sur des sceaux et des vases en poterie. Elle est hiéroglyphique.

L'*écriture brahmi* est plus connue (300 av. J.-C.). Elle a été créée pour transcrire les langues littéraires de groupes de population parlant des langues indo-européennes, dont la plus importante est le *sanskrit*. L'écriture brahmi est syllabique; elle note les consonnes et indique les voyelles par un signe complémentaire.

b) *L'écriture phénicienne.*
On a longtemps considéré les Phéniciens comme les inventeurs de l'alphabet. Leur écriture comporte 22 à 25 caractères non idéogrammatiques qui ne notent que les consonnes. Plus que d'un alphabet consonantique, il s'agit d'une notation syllabique qui n'a noté de la syllabe que la consonne, élément essentiel pour indiquer le sens, en laissant suppléer la voyelle par le lecteur. L'alphabet phénicien dégage le « squelette consonantique » du mot; il ne s'agit pas encore d'une véritable écriture alphabétique qui noterait tous les sons de la langue.

c) *L'écriture grecque.*
Les Grecs ont emprunté aux Phéniciens leurs caractères syllabiques à fonction consonantique et les ont ajustés aux caractéristiques de la langue grecque : les signes syllabiques phéniciens en ont noté les consonnes, certains d'entre eux ont servi à noter les voyelles. D'où une notation totalement alphabétique de 24 signes.

d) *Extension de l'écriture alphabétique.*
Ce système s'est répandu dans toute l'Europe sans nouveaux perfectionnements, en particulier chez les Romains, dont les tracés dérivent des tracés grecs (alphabet latin).

Au Moyen Âge, la théorie phonétique très fine de la grammaire arabe est à l'origine du grand intérêt porté au système graphique, étroitement lié par ailleurs à la religion : les exégèses du Coran s'accompagnent d'une explication mystique de la valeur de chaque signe graphique. Avec la constitution de l'État omeyyade apparaît le souci d'embellir le signe graphique. L'écriture devient un art lié à l'exercice de la religion : adjonction d'éléments géométriques, floraux, etc.

Au Moyen Âge encore, les peuples dits barbares commencent à inventer leur écriture :
— l'*écriture ogamique* (vers le Ve siècle, en Irlande méridionale et au pays de Galles) a l'aspect d'une série d'entailles dont chaque groupe est une lettre;
— l'*écriture runique,* chez les Germains, présente des caractères taillés dans le bois, formés d'un trait vertical et de plusieurs traits horizontaux;
— l'*alphabet glagolitique,* chez les Slaves, s'est employé concurremment avec l'alphabet *cyrillique,* qui a fini par l'emporter.

Dans l'ensemble, ces alphabets attestent une analyse minutieuse de la chaîne sonore en éléments minimaux. Mais, pour diverses raisons, et en particulier à cause de l'évolution phonétique des langues, une distorsion se produit entre l'alphabet et le système phonétique de la langue, entre ce système et l'orthographe du mot : il faut parfois plusieurs signes pour noter un seul son [$\int$]; ou bien un seul signe note plusieurs sons (*x*); les linguistes, pour leurs travaux, ont ressenti le besoin d'une notation précise de tous les sons du langage, un signe pour chaque son, un seul son par signe : d'où la naissance d'alphabets phonétiques, en particulier de l'*Alphabet* phonétique international.*

effacement

En grammaire générative, l'*effacement* est une opération consistant à supprimer un constituant d'une phrase dans des conditions définies par une transformation. Ainsi, dans la phrase issue d'une transformation complétive :

Pierre désire que Pierre voie Paul

le syntagme nominal sujet de la proposition complétive est identique au sujet de la proposition matrice; cette identité des deux syntagmes nominaux sujets déclenche une transformation d'effacement d'éléments identiques. L'opération d'effacement consiste à supprimer le syntagme nominal sujet de la complétive (ce qui entraîne une transformation infinitive) :

Pierre désire voir Paul.

On peut, dans des conditions différentes, avoir un *effacement de l'agent* du verbe passif; ainsi, lorsque le SN sujet de la phrase active est vide :

« On » a amélioré la circulation,

on peut avoir une phrase passive avec effacement de l'agent :

La circulation a été améliorée.

De même, il y a une règle d'effacement de l'objet du verbe transitif; à côté d'emplois comme :

Jacques boit du vin, de l'eau, etc.,

il existe des phrases comme

Jacques boit

avec effacement de l'objet.

Formellement, l'*effacement* est défini par la règle de réécriture suivante :

X → ø dans le contexte E... + F,

ce qui signifie que le symbole X se réécrit par ø (est effacé) dans le contexte défini E... + F. Ainsi, une règle d'effacement efface un des deux éléments identiques au cours de l'enchâssement d'une proposition constituante dans une proposition matrice.

Appliquons cette règle à la phrase de structure profonde :

Je pense que je viendrai demain

(le *je* de la matrice et le *je* de la complétive sont identiques); les conditions de l'effacement étant définies (l'élément effaceur est celui de la matrice, l'élément effacé est celui de la complétive), on obtient alors :

Je pense venir demain.

effectif
Syn. : RÉSULTATIF.

effet
Effet de sens. V. PSYCHOMÉCANIQUE.

égalité
L'*égalité* est la relation qu'on établit entre des ensembles définis de manières différentes, mais constitués des mêmes éléments. Si j'ai, pour les lettres de l'alphabet français, un ensemble A = { a, b, c, d } est un ensemble B constitué par les quatre premières lettres, on dit que A égale B et on écrit

$$A = B$$

L'égalité est une relation réflexive (A = A), transitive (si A = B et A = C, B = C) et symétrique (si A = B, B = A). (V. RÉFLEXIVITÉ, SYMÉTRIE, TRANSITIVITÉ.)

ego
En linguistique, *ego* désigne le locuteur considéré comme sujet de l'énonciation, c'est-à-dire sujet de la phrase déclarative sous-jacente à tout énoncé : « je te dis que ». Ainsi, le genre du pronom *je* (sujet d'énoncé) varie selon le sexe de *ego* : *je suis heureux* vs *je suis heureuse.*

égocentrique
Quand on décrit le mode d'énonciation, on parle de système *égocentrique* parce que le locuteur se désigne en principe lui-même par le pronom de première personne (*ego* en latin, *je* en français); le rôle de locuteur passant d'un des interlocuteurs à l'autre, *ego* désigne successivement des personnes différentes, mais se réfère toujours à celui qui parle au moment où il parle. Le locuteur est ainsi toujours au centre de la situation d'énonciation, le destinataire étant représenté par *tu (vous).*

éjectif
Les *consonnes éjectives,* dites aussi *glottalisées,* sont des consonnes indépendantes de la respiration. Elles utilisent uniquement l'air supralaryngal, le passage de l'air respiratoire étant fermé par accolement des cordes vocales. Les occlusives éjectives sont obtenues par une double occlusion, l'une buccale, qui se relâche la première avec un bruit

d'éclatement, l'autre glottale, qui se relâche en second (coup* de glotte). Du point de vue acoustique, ces consonnes s'opposent comme des phonèmes bloqués* aux consonnes correspondantes non-éjectives et donc acoustiquement non-bloquées. Les consonnes éjectives sont notés par le signe ['] placé en haut et à droite de la consonne qu'il affecte. Les langues indiennes d'Amérique, certaines langues d'Afrique, d'Extrême-Orient, du Caucase septentrional, les langues sémitiques présentent des occlusives éjectives; le circassien, par exemple, oppose [c'a] *nom* et ⌊ca⌋ *dent*. Les fricatives éjectives sont plus rares.

éjection
L'*éjection* est un processus articulatoire qui tend à expulser l'air contenu dans la glotte par un accolement des cordes vocales et une compression de l'espace glottique. Ce mouvement se traduit acoustiquement par un taux élevé de la décharge d'énergie dans un intervalle de temps très réduit. (V. ÉJECTIF.)

élargissement
On appelle *élargissement* l'addition d'un morphème ou d'un élément nouveau à un mot. La racine latine *frag* (« briser ») présente un élargissement par l'infixe *-n-* ajouté au présent dans *frango*.

élatif
1. On appelle *élatif* le cas* exprimant le mouvement de l'intérieur d'un lieu vers l'extérieur (ex. : *Pierre sort* DE LA MAISON).
2. On donne parfois le nom d'*élatif* au superlatif* relatif.

élément
1. On appelle *élément (d'un ensemble*)* tout objet, ou toute notion, qui, par définition ou énumération, entre dans la constitution de l'ensemble. Soit le phonème /a/; il appartient, ou n'appartient pas, à l'ensemble A : il lui appartient si
A = { /a/, /i/, /e/, /ɛ/ }
ou si
A = { phonèmes vocaliques du français } ;
Il ne lui appartient pas si
A = { b, d, g }
ou si
A = { phonèmes consonantiques du français }.

2. On appelle *élément linguistique* toute unité, item grammatical ou item lexical qui forme le constituant d'un syntagme ou d'une phrase; on appelle aussi *élément linguistique* des suites de morphèmes, comme les mots, les syntagmes, les phrases, ou encore tout phonème, constituant d'un morphème. (On dit aussi ÉLÉMENT D'EXPRESSION.)

élision
L'*élision* est un phénomène de phonétique combinatoire à la frontière de mot (sandhi), par lequel une voyelle finale atone disparaît devant l'initiale vocalique du mot suivant. Dans certaines langues, l'élision se produit systématiquement tout au long de la chaîne parlée, si les mots ne sont pas séparés par une pause. Dans d'autres langues, l'élision ne se produit que dans certains cas : en italien moderne les mots *santo, santa* présentent une élision dans les expressions *sant'Antonio, Sant'Agata*, etc. De même, en français, l'article singulier s'élide devant une voyelle : on dit *la fille* mais *l'amie, le garçon* mais *l'enfant*.

ellipse
Dans certaines situations de communication ou dans certains énoncés, certains éléments d'une phrase donnée peuvent ne pas être exprimés, sans que pour cela les destinataires cessent de comprendre. On dit alors qu'il y a *ellipse*, que les phrases sont incomplètes ou elliptiques.

a) L'*ellipse* peut être situationnelle : dans certaines situations, il n'est pas indispensable de prononcer certains mots pour que le destinataire comprenne. Si on demande à un artiste peintre ce qu'il a fait de sa journée et qu'il dise « J'ai peint », l'ellipse porte sur « tableaux », que la situation permet de suppléer. De même, quand on demande « A quelle heure pars-tu? » et qu'il est répondu « A 3 heures », l'ellipse de « je pars » est permise par le contexte (ici la phrase précédente).

b) L'*ellipse* peut être aussi *grammaticale*. Des mots que la connaissance de la langue (des règles syntaxiques) permet de suppléer peuvent être omis. Ainsi, si je produis l'énoncé « Complètement perdu », ce sont les mots *je* et *suis* que la structure de la phrase impose d'introduire; le sens de ce qui précède n'intervient en rien.

L'ellipse peut être une ellipse du sujet, comme dans *Soit dit entre nous.* Il y a également ellipse quand plusieurs propositions sont juxtaposées, comme dans *Il court, saute, trépigne, hurle.* L'ellipse du sujet est typique du « style télégraphique » *(Arriverons demain).* Il y a aussi ellipse du verbe dans les formules comme *Heureux qui comme Ulysse* et dans les phrases comme *Chacun prend ce qui lui tombe sous la main : Jacques une pioche, Charles une fourche et Étienne un gros caillou.*

L'ellipse peut avoir un caractère archaïque (elle est fréquente dans les proverbes et les dictons) ou un caractère familier (elle peut ainsi exprimer l'ordre avec force comme dans « Dans mes bras! »). (V. EFFACEMENT.)

elliptique
On qualifie d'incomplètes, d'inachevées ou d'*elliptiques* certaines phrases dans lesquelles il manque un élément. (V. EFFACEMENT, ELLIPSE.)

éloigné
Dans la catégorie de la personne, une distinction est faite entre la personne proche* (celle qui est la plus proche, l'objet principal de la communication, l'objet ou la personne mentionnés en premier) et la personne *éloignée* (la personne la plus éloignée, l'objet secondaire de la communication); cette distinction est donc étroitement liée à l'opposition entre *je, tu* et *il*. L'opposition « proche » *vs* « éloigné » est traduite dans certaines langues (comme la cree) par la flexion des verbes et des noms; en français, l'opposition *celui-ci* vs *celui-là* recouvre, dans certains de ses emplois, cette distinction.

emboîtement
1. Chez U. WEINREICH, soucieux d'établir une théorie sémantique susceptible de s'intégrer comme composante d'une grammaire générative transformationnelle, l'*emboîtement* (nesting) s'oppose à l'*enchaînement** (linking). Une construction est dite un emboîtement lorsqu'elle n'entraîne pas une nouvelle configuration* des traits sémantiques. Ainsi, alors que *fleur jaune* demande à être décrit comme un produit logique (toute la définition sémique de *jaune* portant sur *fleur*, toute la définition sémique de *fleur* portant sur *jaune*) pour correspondre à un denotatum, au contraire dans la construction d'emboîtement, par exemple *acheter des fleurs*, il ne naît pas une nouvelle configuration de traits non ordonnés. L'emboîtement se manifeste en particulier dans les relations à deux arguments : *il achète des fleurs* est ordonné (sémantisme de *acheter* → sémantisme de *fleurs*) parce que le schéma est *X achète Y* et diffère de *Y achète X*.

2. Syn. d'ENCHÂSSEMENT.

embrayeur
Les *embrayeurs* sont une classe de mots dont le sens varie avec la situation; ces mots, n'ayant pas de référence propre dans la langue, ne reçoivent un référent que lorsqu'ils sont inclus dans un message. (V. DÉICTIQUE.)

Par exemple, *je, papa, hier, ici* ne prennent de valeur que par référence à un locuteur émetteur et par référence au temps de l'énonciation. *Je, papa, ici* exigent que soit connu le locuteur; trouvés dans un énoncé transcrit sur un papier non signé, ils ne permettent pas la pleine compréhension du message; *hier* demande que soit connu le temps de l'énoncé.

Mais on ne peut pas définir les embrayeurs par le seul critère de l'absence de signification générale unique. Par exemple, toutes sortes d'opérateurs logiques (connecteurs) utilisés dans les langues naturelles *(or, mais, donc)* n'ont jamais dans le discours la valeur conceptuelle propre qu'ils ont en logique;

ils servent à marquer à chaque fois une relation particulière entre deux concepts ou deux propositions. Le critère essentiel est donc bien le renvoi obligatoire au discours.

Selon la description des fonctions du langage, on réservera le nom d'*embrayeur* aux unités du code renvoyant obligatoirement au message. Sans en dresser la liste, R. JAKOBSON signale le pronom et les temps des verbes. En effet, par leur faculté de signaler un événement antérieur ou postérieur à l'énonciation du message, les temps verbaux jouent le rôle d'embrayeurs. Dans un essai de classification des catégories verbales (en fonction de l'opposition entre embrayeurs et non-embrayeurs), R. JAKOBSON arrive aux conclusions suivantes :

PROTAGONISTE IMPLIQUÉ		PROTAGONISTE NON-IMPLIQUÉ	
Catégorie ne caractérisant qu'un seul terme de l'énoncé.	Catégorie mettant en rapport un terme de l'énoncé avec un autre.	Catégorie ne caractérisant qu'un seul terme de l'énoncé.	Catégorie mettant en rapport un terme de l'énoncé avec un autre.
Mise en rapport du protagoniste du procès de l'énoncé avec le protagoniste du procès de l'énonciation :	Relation entre le procès de l'énoncé et ses protagonistes par référence aux protagonistes du procès de l'énonciation :	Mise en rapport du procès de l'énoncé et du procès de l'énonciation :	Mise en rapport du procès de l'énoncé, du procès de l'énonciation et de la source d'information (le sujet parle en rapportant des allégations d'autrui) :
la personne. Ex. : *Je te vois*.	*le mode*. Ex. : *Il viendrait volontiers* (conception qu'a le locuteur *je* du caractère de la relation entre l'action *venir* et son acteur *il*).	*le temps*. Ex. : *Tu viendras* (le procès de l'énoncé est postérieur au procès de l'énonciation).	*le « testimonial »*. Ex. : *Selon des sources officieuses, M. X. viendrait prochainement*.

émetteur

1. Dans la communication, *l'émetteur* est celui qui produit un message réalisé selon les règles d'un code spécifique.

La communication* étant le transfert d'une information, d'un message, d'un lieu ou d'une personne à un autre lieu ou à une autre personne, par l'intermédiaire d'un canal et sous une forme codée, l'émetteur est l'appareil ou la personne qui est à la source du message. L'appareil émetteur est en même temps un appareil encodeur, procédant à l'encodage qui va du sens au son et qui est le processus par lequel certains signaux du code sont sélectionnés et introduits dans le canal.

Dans son schéma de la communication, R. JAKOBSON donne à l'émetteur le nom de *destinateur* et au récepteur le nom de *destinataire*. (V. aussi LOCUTEUR.)

2. On appelle *grammaire de l'émetteur* une grammaire de production de phrases établie afin de rendre compte des mécanismes par lesquels un locuteur produit des phrases en effectuant une suite de choix parmi les règles possibles. La grammaire de l'émetteur (ou d'encodage) s'oppose à la grammaire du récepteur (ou de décodage) et elle relève du modèle de performance.

émique. V. TAGMÉTIQUE.

émission
Utilisé par référence à la théorie de l'information, le terme d'*émission* désigne l'acte de produire, d'émettre des phrases.

émotif
On donne parfois le nom de *fonction émotive* à la fonction expressive* du langage.

emphase
Le terme d'*emphase,* repris à la rhétorique, désigne en syntaxe transformationnelle un accent particulier porté sur un constituant de la phrase. Le signifié « emphase » peut se trouver représenté uniquement au niveau phonologique (intonation particulière frappant un mot de la phrase), mais aussi par des constructions syntaxiques *(Paul, lui, c'est un ami).*

Dans une première forme de la syntaxe générative transformationnelle, l'emphase est introduite par une transformation d'emphase portant sur la phrase P et opérant un changement structurel précédant la transformation affixale*.

Dans une théorie plus récente, l'emphase est un des éléments facultatifs de la modalité de phrase, dans l'optique du schéma initial $\Sigma \rightarrow$ Mod + P (à lire : phrase de base = modalité de phrase + noyau). La réécriture de la modalité de phrase est alors :

$$\text{Mod} \rightarrow \left\{ \begin{array}{l} \text{Déclaratif} \\ \text{Interrogatif} \\ \text{Impératif} \end{array} \right\} + (\text{Nég}) + (\text{Emph}) + (\text{Passif})$$

c'est-à-dire que, outre un choix impératif entre les trois éléments placés entre les accolades, il reste la possibilité de sélectionner facultativement un ou plusieurs des trois constituants entre parenthèses : négation (Nég), emphase (Emph) et passif (Passif).

Si nous étudions diverses possibilités, nous aurons :
$\Sigma \rightarrow$ Déclaratif + Emph + P
Pierre, lui, lit le journal;
$\Sigma \rightarrow$ Interrogatif + Emph + P
Pierre, lui, lit le journal ? etc.

On notera que, dans cette théorie, les transformations consécutives à la présence de tel ou tel constituant de phrase sont ordonnées les unes par rapport aux autres. A cet égard, on remarquera la présence du constituant Emphase entre Négatif (constituant facultatif antérieur) et Passif (constituant facultatif postérieur). On tiendra compte du fait que, une fois Mod réécrit (c'est-à-dire une fois sélectionnés les éléments retenus pour le constituant de phrase d'une phrase donnée), le constituant le plus proche de P sera celui qui s'appliquera en premier, c'est-à-dire qui déclenchera d'abord la première transformation qui le concerne. Ainsi Passif, s'il est retenu, s'appliquera en premier, déclenchant la transformation passive, et l'emphase, si elle est choisie, s'appliquera sur P passivé.

La règle de réécriture du constituant Emph est la suivante :

$$\text{Emph} \rightarrow \left\{ \begin{array}{l} \text{SN} \\ \text{SA} \\ \text{SP} \end{array} \right\} + \text{Accent}_{\text{emph}}$$

On remarque que l'emphase comporte ainsi deux constituants : entre accolades, le syntagme à choisir en fonction du syntagme sur lequel doit porter l'emphase dans P, et ensuite un accent d'emphase.

En choisissant, par exemple, de faire porter l'emphase sur SN, on aura donc une dérivation (abrégée ici) :

$\Sigma \rightarrow$ Mod + P
Mod $\rightarrow$ Déclaratif + Emph
Emph $\rightarrow$ SN + Accent$_{emph}$

et donc :

Déclaratif + SN + Accent $_{emph}$ + P

Du point de vue des topiques, on remarquera le caractère particulier d'une phrase (ici déclarative) comportant la transformation d'emphase. Le constituant Emphase topicalise le syntagme porteur d'emphase (= celui-ci devient le topique de la phrase); or, la modalité affirmation topicalise le SN sujet de P. Dans *Paul, je l'ai vu*, *Paul* est topicalisé par l'emphase, et *je* par la déclaration. On a donc ici une phrase à double topique.

Les phrases du type *C'est Paul* apparaissent proches de la phrase de la structure profonde, mais elles sont à distinguer de la forme emphatique. De même, une phrase du type *C'est Paul que j'ai vu* est ambiguë; elle peut être issue de l'enchâssement d'une phase relativisée dans une autre *(j'ai vu quelqu'un hier + ce quelqu'un est Paul)*.

emphatique

1. En grammaire générative, la *transformation emphatique* (ou *transformation d'emphase*) soumet à l'analyse structurelle la suite obtenue après l'application des règles de réécriture à une phrase Σ comportant dans son constituant de phrase l'élément Emphase*.

Le constituant Emphase doit être réécrit selon la règle suivante :

Emph $\rightarrow \left\{ \begin{array}{c} SN \\ SA \\ SP \end{array} \right\}$ + Accent $_{emph}$

La réécriture acquise — par exemple sous la forme particulière Emph $\rightarrow$ SN + Accent $_{emph}$ —, ainsi que la réécriture des divers constituants de Σ, il reste à faire jouer les règles transformationnelles.

La transformation emphatique comporte deux opérations : (1) un déplacement de l'accent d'emphase, qui se porte sur le constituant placé immédiatement devant lui pour donner un syntagme emphatisé; et (2) une transformation de pronominalisation.

Très schématiquement, une phrase comme *Pierre voit Paul* peut être donnée comme correspondant au noyau P dans une dérivation : (Décl = déclaratif) :

$\Sigma \rightarrow$ Décl + Emph + P
Emph $\rightarrow$ SN + Accent $_{emph}$
P : *Pierre voit Paul.*

L'emphase portant (par hypothèse) sur *Pierre*, on aura par réécriture la suite :

Décl + Pierre + Accent $_{emph}$ + Pierre + voit + Paul.

Par application de la règle 1 (déplacement de l'accent) :

Décl + Pierre $_{emph}$ + Pierre + voit + Paul,

puis, par application de la règle 2 (pronominalisation) :

Décl + Pierre $_{emph}$ + il + voit + Paul.

L'application d'une règle morphophonologique réalisera l'emphase par l'accent et la pause; la graphie utilisera la virgule *(Pierre, il voit Paul)*.

2. L'expression de *vélarisation emphatique* désigne chez N. S. TROUBETZKOY une articulation consonantique secondaire consistant en un renflement de la racine de la langue qui occasionne un déplacement du larynx avec une dilatation de passage (pharyngalisation). La vélarisation emphatique joue un rôle dans les langues sémitiques et en arabe, où elle existe dans les séries apicales, gutturales, sifflantes et laryngales. Elle entraîne un recul du point principal d'articulation et se traduit acoustiquement par un phénomène de bémolisation : ainsi en arabe, le mot [si:n] « Chine » s'oppose au mot [si:n] « nom désignant la lettre s » par la vélarisation emphatique de la consonne initiale.

3. L'expression de *mouillure emphatique* désigne chez N.S. TROUBETZKOY une articulation consonantique secondaire qui n'a pas de valeur phonologique (à la différence de la mouillure* simple), mais qui accompagne habituellement, dans certaines langues du Caucase oriental (tchétchène, ingouche, batse, lakke, oude), l'articulation de certaines consonnes. La mouillure emphatique consiste en une élévation du larynx, qui donne à la consonne et aux voyelles voisines un son fricatif spécial « enroué », et un déplacement de la masse de la langue vers l'avant, qui donne aux voyelles voisines une teinte palatale plus claire (acoustiquement diésée*) et une prononciation plus ouverte : [i] tend vers [e]; [u] tend vers [ø].

emphatiser

Emphatiser une phrase, c'est lui faire subir une transformation emphatique. Soit la phrase *Pierre a vu ce film;* elle peut subir une emphatisation qui extrapose l'objet, par exemple, dans *Ce film, Pierre l'a vu.*

emploi

1. On appelle *emploi* toute utilisation d'un item grammatical ou lexical, ou de tout type de phrase dans un acte de parole.

2. On appelle *emploi* par opposition à *sens,* la signification d'un mot selon le contexte dans lequel il se trouve. On dit aussi dans certaines écoles linguistiques (comme l'école anglaise de FRIES) qu'un mot n'a pas de sens propre, mais qu'il a seulement des emplois.

emprunt

Il y a *emprunt* linguistique quand un parler A utilise et finit par intégrer une unité ou un trait linguistique qui existait précédemment dans un parler B et que A ne possédait pas; l'unité ou le trait emprunté sont eux-mêmes appelés *emprunts.* L'emprunt est le phénomène socio-linguistique le plus important dans tous les contacts de langues (v. BILINGUISME), c'est-à-dire d'une manière générale toutes les fois qu'il existe un individu apte à se servir totalement ou partiellement de deux parlers différents. Il est nécessairement lié au prestige dont jouit une langue ou le peuple qui la parle (mélioration), ou bien au mépris dans lequel on tient l'un ou l'autre (péjoration).

Contrairement à une opinion assez répandue, la tendance à l'emprunt n'est pas le lot exclusif des temps modernes. Ainsi, le français, à certaines époques, a emprunté autant que de nos jours, mais au latin ou au grec : à partir du XIVe siècle, les clercs et les savants, qui utilisaient autant le latin que le français, ont donné à notre langue, à partir des langues anciennes, une grande partie de son vocabulaire. La médecine s'est forgé un lexique à partir des racines grecques. Le vocabulaire politique s'est développé, au milieu du XVIIIe siècle, à partir de l'anglais, dans les milieux anglophiles; de même, une partie du lexique anglais des sports s'est introduite en France à la fin du XIXe siècle par les milieux aristocratiques, qui firent pénétrer aussi les mots du turf. Dans le domaine économique et commercial, on importe souvent d'un pays étranger le mot avec la chose. En sens inverse, au XIXe siècle, les mots introduits par des groupes sociaux dont le français commun n'était pas la langue d'origine (Auvergnats, Savoyards, Bretons, Picards) ont pris des valeurs péjoratives. Il en est de même, de nos jours, pour des mots empruntés à l'arabe, comme *barda, bled* ou *smalah.*

L'intégration du mot emprunté à la langue emprunteuse se fait de manières très diverses selon les mots et les circonstances. Ainsi, le même mot étranger, emprunté à des époques différentes, prend des formes variées.

L'intégration, selon qu'elle est plus ou moins complète, comporte des degrés divers : le mot peut être reproduit à peu près tel qu'il se prononce (et s'écrit) dans la langue B; il y a toutefois généralement, même dans ce cas, assimilation des phonèmes de la langue B aux phonèmes les plus proches de la langue A : ainsi, l'italien *paparazzo* désignant certains journalistes photographes sera utilisé en français avec la prononciation [papaʀatso] et le pluriel [papaʀatsi]; il n'y a pas intégration pour le pluriel, mais il y a souvent intégration pour [ʀ] (on a en italien [r] roulé) et éventuellement pour l'accent tonique, mis en français généralement sur la dernière syllabe [-tso] et non sur l'avant-dernière [-ʀa-], comme en italien. L'absence d'intégration phonétique et morphologique implique la maîtrise des deux systèmes (celui de A et celui de B) et une certaine affectation de la part du sujet parlant; elle peut se produire aussi quand le parler A est submergé par B. A un niveau plus avancé d'intégration, seuls quelques traits très fréquents de la langue B sont maintenus : par exemple, les affixes anglais *-ing (camping)* ou *-er (docker)*. Enfin, l'intégration est totale quand tous les traits étrangers à A disparaissent et se voient substituer les traits les plus voisins ou non de B, avec parfois des rapprochements avec certains autres mots de B : ainsi, le germanique *sauerkraut* a été intégré en français sous la forme *choucroute*.

L'emprunt, contrairement au calque, implique toujours, au moins au départ, une tentative pour répéter la forme ou le trait étranger.

énallage

En rhétorique, on donne le nom d'*énallage* au procédé qui consiste à utiliser à la place de la forme grammaticale attendue une autre forme qui en prend exceptionnellement la valeur. Ainsi, on parlera d'énallage dans le cas de l'infinitif de narration en français *(et flatteurs d'applaudir)*, ou quand un adjectif prend la place d'un adverbe *(Il chante terrible)*, etc.

enchaînement

La notion d'*enchaînement* (linking) est essentielle dans la théorie sémantique d'U. WEINREICH, soucieux de définir la place d'une théorie sémantique dans une grammaire générative et d'en indiquer les premiers linéaments. L'enchaînement peut être défini comme le processus sémantique aboutissant à la formation de groupes de traits sémantiques non ordonnés.

Pour comprendre cette définition, il importe d'envisager le but qu'U. WEINREICH propose à la théorie sémantique : il s'agit d'expliquer comment le sens d'une phrase, dont on a déterminé la structure, dépend d'une détermination complète du sens de ses éléments.

Le processus de l'enchaînement (linking) s'oppose à celui de l'emboîtement* (nesting). L'enchaînement est l'effet d'une conjonction grammaticale d'unités entraînant un produit logique des désignations*, c'est-à-dire des conditions qui font que les unités en présence dénotent des réalités extra-linguistiques. Supposons que, pour que le signe *chaise* dénote chacune des chaises de la réalité extra-linguistique, il faille lui attribuer les sèmes « avec pieds », « avec placet », « avec dossier »; et que, pour que *bleu* dénote, il faille lui attribuer les sèmes « couleur » (classème*) et, par exemple, indigo, vert. Nous aurons pour *chaise* un ensemble de conditions de dénotation que nous pourrons désigner par $C_1 \, C_2 \, C_3$ et pour *bleue* $C_4 \, C_5 \, C_6$. Auquel cas l'expression grammaticale *chaise bleue* sera un enchaînement (linking), puisque l'ensemble sera un produit $C_1 \cdot C_2 \cdot C_3 \cdot C_4 \cdot C_5 \cdot C_6$. Pour correspondre à la construction *chaise bleue,* un objet réel devra correspondre à toutes les conditions présentées ci-dessus, soit $C_1 ... C_6$. C'est dire qu'une *chaise bleue* devra être entièrement *chaise* et entièrement *bleue.*

L'emboîtement caractérisera en revanche une expression comme *acheter une chaise : acheter* réclame un complément comportant, par exemple, les traits C_1 C_2 C_3 qui sont ceux de *chaise;* mais le résultat de la construction n'est pas une addition. En particulier, *acheter* est une relation à deux places *(x achète y),* si bien que la relation est asymétrique, et que *x achète y* est différent de *y achète x.*

L'enchaînement peut être assuré non seulement par des constructions grammaticales (du type *chaise bleue*), mais aussi par des formants particuliers (du type *et*).

Les traits sémantiques d'un enchaînement peuvent avoir à être décrits comme ordonnés, malgré le caractère de produit logique de l'ensemble. Ainsi (l'exemple est tiré d'U. WEINREICH), si je forme la construction grammaticale *un petit éléphant,* je puis produire, à un niveau supérieur, *un petit éléphant, c'est grand,* sans contradiction; les règles d'association habituelles de l'enchaînement sont suspendues, la petitesse de l'éléphant étant ici à considérer comme différente de la petitesse en d'autres enchaînements (opposez **une petite souris, c'est grand,* sémantiquement inacceptable).

enchâssement

1. En grammaire générative, l'*enchâssement* est l'opération qui, au cours d'une transformation, consiste à inclure totalement une suite Σ_2 dans une autre suite Σ_1 en l'insérant à la place d'un des constituants de cette dernière. La suite Σ_1 est appelée la *phrase matrice** (ou *phrase réceptrice*), la suite Σ_2 est appelée *phrase constituante* (ou *phrase enchâssée*).
Soit les deux phrases
    (1) Σ_1 *Je n'ai pas lu D + livre,*
    (2) Σ_2 *Vous m'avez donné D + livre.*
D étant déterminant. Si la deuxième suite, au cours d'une relativisation (transformation relative), vient s'enchâsser à la place du constituant D de la phrase matrice (1), on obtient, à l'issue de diverses opérations, la phrase *composée* ou *complexe :*
Je n'ai pas lu le livre que vous m'avez donné.

2. On appelle *auto-enchâssement* l'enchâssement dans une phrase matrice d'un élément de même nature syntaxique : ainsi, l'enchâssement d'une relative dans le syntagme nominal d'une phrase matrice qui est déjà elle-même enchâssée dans le syntagme nominal d'une première phrase est un cas d'auto-enchâssement. Dans la phrase *L'arbre que les bûcherons que nous avons vus ont marqué pour l'abattre est centenaire,* la phrase *Nous avons vu les bûcherons* est enchâssée dans une phrase *Les bûcherons ont marqué l'arbre,* elle-même enchâssée dans un des constituants de la matrice *L'arbre est centenaire.*

enclinomène

On appelle *enclinomène* un mot dépourvu d'accent d'intensité et susceptible de s'appuyer sur un autre mot en constituant avec lui une unité accentuelle. Parmi les enclinomènes, on distingue les enclitiques* et les proclitiques*.

enclise

L'*enclise* désigne le phénomène grammatical par lequel une particule, dite *enclitique**, forme avec le mot qui précède une seule unité accentuelle. Ainsi, la particule latine *-que* (« et ») est adjointe à un mot pour le coordonner au précédent : *Dei hominesque* (les dieux et les hommes).

enclitique

Un *enclitique* est un morphème grammatical non-accentué joint au terme qui le précède pour ne former avec lui qu'un seul mot porteur de l'accent. Ainsi, le grec *tis* (« un, un certain ») dans *anthrôpos tis* (« un homme ») est un enclitique.

encodage

Le mot *encodage* désigne un des éléments du processus de la communication*. Le code étant un système de transmutation d'un message en une autre forme permettant sa transmission entre un émetteur et un récepteur par l'intermédiaire d'un canal, l'encodage — ou codage — est le processus par lequel certains signaux du code sont sélectionnés (choisis) et introduits dans le canal; c'est l'opération de transmutation du message en une forme codée qui permet sa transmission.

encodeur

On appelle *encodeur* l'appareil émetteur (personne ou machine) qui effectue les opérations d'encodage.

endocentrique

Dans une phrase analysée en constituants immédiats, un syntagme (ou construction) est dit *endocentrique* par rapport à un de ses constituants quand sa distribution est identique à celle de l'un de ses constituants. Soit la phrase :
 Le pauvre enfant est venu.
Le syntagme nominal (ou construction) *le pauvre enfant* est dit *endocentrique* par rapport à son constituant *l'enfant* parce qu'il a la même distribution (la même fonction) que le syntagme nominal *l'enfant (L'enfant est venu)*. La construction, ou syntagme, *le pauvre enfant* est l'expansion, ou extension, du syntagme nominal *l'enfant* par rapport auquel elle est endocentrique.

En revanche, dans la phrase :
 Il est venu à la maison,
la construction (syntagme prépositionnel) *à la maison* n'est pas endocentrique par rapport à son constituant *la maison* ou par rapport à son constituant *à;* elle aurait la même distribution que *ici :*
 Il est venu ici.
Les syntagmes prépositionnels sont *exocentriques* par rapport aux syntagmes nominaux qui en sont un des constituants.

Toute construction (ou syntagme) est nécessairement ou endocentrique ou exocentrique.

Les deux principales constructions endocentriques sont celles par coordination *(L'enfant et sa mère sont venus)* et par subordination *(L'enfant que tu connais, Le pauvre enfant,* etc.*)*.

engendrer V. GÉNÉRER.

énoncé

1. Le mot *énoncé* désigne toute suite finie de mots d'une langue émise par un ou plusieurs locuteurs. La clôture de l'énoncé est assurée par une période de silence avant et après la suite de mots, silences réalisés par les sujets parlants. Un énoncé peut être formé d'une ou plusieurs phrases; on peut parler d'énoncé grammatical ou agrammatical, sémantique ou asémantique. On peut adjoindre à *énoncé* un adjectif qualifiant le type de discours (énoncé littéraire, polémique, didactique, etc.), le type de communication (énoncé parlé ou écrit), le type de langue (énoncé français, latin, etc.). Un ensemble d'énoncés constitue les données empiriques (corpus) de l'analyse linguistique; selon la théorie utilisée, celle-ci expliquera les énoncés produits ou prédira les énoncés possibles au regard des règles régissant les phrases de ce corpus. En linguistique distributionnelle, l'énoncé est un segment de la chaîne parlée de longueur indéterminée, mais délimité nettement par des marques formelles : prise de parole d'un locuteur suivant un silence durable ou la cessation de parole d'un autre locuteur, cessation de parole suivie de la prise de parole d'un autre locuteur ou d'un silence durable. Ainsi, dans l'échange de mots : *As-tu pris ton manteau ? — Oui. — Alors mets-le pour sortir parce qu'il fait froid,* on a trois énoncés : (1) *As-tu pris ton manteau ?,* (2) *Oui,* (3) *Alors mets-le pour sortir parce qu'il fait froid.* Mais un discours ininterrompu de deux heures est aussi un énoncé.

2. *Énoncé* est employé parfois pour *phrase**, dans la mesure où l'analyse des énoncés s'est souvent réduite à l'analyse des phrases qui les composent.

3. Quelquefois, l'*énoncé* est le signifié d'une suite de phrases ou d'une phrase. On préfère employer *dictum** pour éviter toute confusion avec *énoncé* au sens 1.

4. L'expression *analyse d'énoncé* est employée souvent de préférence à *analyse** *de discours*, dans la mesure où ce dernier terme est ambigu (*discours* dans la langue courante désigne un certain type d'énoncé). En outre, les corpus étant souvent constitués de segments d'énoncés qui ne forment pas une suite continue, *énoncé*, qui admet plus facilement, sans ambiguïté, le nombre pluriel, est, dans ce cas, préférable à *discours*.

énonciation

L'*énonciation*, dont C. BALLY a souligné l'importance dans son livre *Linguistique générale et linguistique française*, est une notion qui reste souvent assez vague. *Énonciation* s'oppose à *énoncé**, au sens le plus courant de ce mot, comme *fabrication* s'oppose à objet *fabriqué*. L'énonciation est l'acte individuel d'utilisation de la langue, alors que l'énoncé est le résultat de cet acte, c'est l'acte de création du sujet parlant. (V. CRÉATIVITÉ.) Ainsi, l'énonciation est constituée par l'ensemble des facteurs et des actes qui provoquent la production d'un énoncé. Elle englobe la communication*, qui n'en est forcément qu'un cas particulier. Pour J. R. SEARLE, l'étude de l'énonciation peut porter sur la direction ou l'objectif de l'action. Ainsi, *Je dis que Jacques vient* est une assertion n'impliquant pas qu'on attend une réponse, contrairement à l'interrogatif *Jacques vient-il ?* On peut aussi s'occuper des positions respectives du locuteur et de l'allocutaire (par exemple, pour la différence entre la demande et l'ordre), du degré d'engagement pris (la différence entre la simple expression d'intention et la promesse), de la différence dans le contenu propositionnel (la différence entre les prédictions et les constats), de la manière dont la proposition se relie aux intérêts du locuteur et de l'allocutaire (la différence entre *crier* et *gémir*, entre *mettre en garde* et *informer*), des états psychologiques exprimés, des différentes manières par lesquelles un énoncé se relie au reste de la conversation (la différence entre la simple réponse à la réplique précédente et l'objection à ce qui vient d'être dit).

Dans les écrits français, l'énonciation peut être caractérisée au moyen de quatre concepts : (1) le sujet parlant adopte vis-à-vis de son énoncé une attitude déterminée par laquelle il s'y inscrit ou au contraire s'en évade complètement (distance). L'apparition du pronom *je*, notamment, peut être une manière de réduire la distance. L'utilisation de la troisième personne ou l'absence de références au locuteur accroissent la distance. Le discours didactique est par excellence un discours dans lequel le locuteur creuse la distance entre lui et son énoncé; (2) le locuteur indique s'il adhère ou refuse d'adhérer à son énoncé. L'adhésion plus ou moins grande est manifestée par des modalisateurs; (3) la transparence ou l'opacité se définissent par le rapport que le récepteur entretient avec l'énoncé; il ne s'agit pas, là encore moins qu'ailleurs, de notions discrètes. On peut considérer qu'il y a continuité de la transparence maximale à l'opacité maximale. La transparence est ainsi le caractère de l'énoncé constitué de manière que le récepteur pourrait être la source d'énonciation; l'énoncé à transparence très grande est la maxime ou d'une manière générale les énoncés gnomiques; (4) la tension définit la dynamique du rapport établi entre le locuteur et le destinataire; le discours est alors une tentative pour situer l'interlocuteur ou le monde extérieur par rapport à l'énoncé.

On peut faire intervenir également les concepts de simulation, tentative pour tromper les destinataires sur ce qu'on est en utilisant le modèle d'autrui, de mas-

énonciateur

On donne le nom d'*énonciateur* au sujet d'énonciation.

énonciatif

Phrase énonciative. Syn. de PHRASE ASSERTIVE*.

quage, tentative pour faire oublier ce que l'on est en n'utilisant pas son propre modèle, de connivence, utilisation des performances d'autrui sans les reprendre à son compte et en sachant que le destinataire n'ignore pas cette distance.

Le *sujet d'énonciation* est le locuteur, considéré comme l'ego*, lieu de production d'un énoncé. (V. DEIXIS, EMBRAYEUR.)

ensemble

L'*ensemble*, notion mathématique utilisée communément en linguistique, est défini soit par énumération (en extension*), soit en définissant des critères (en compréhension*). Ainsi, on posera un ensemble constitué par les phonèmes { a, b, d, k } et eux seuls, et on écrira { a, b, d, k }, qu'on lira « ensemble constitué par les phonèmes { a, b, d, k } ». Les phonèmes { a, b, d, k } sont les éléments de l'ensemble et lui « appartiennent » (V. APPARTENANCE.) On peut aussi le définir en énonçant une propriété que seuls les éléments de l'ensemble possèdent : on définira ainsi l'ensemble des phonèmes vocaliques du français par les propriétés qui les opposent aux consonnes; un tel ensemble est « défini en compréhension ». La linguistique générale fait souvent appel, notamment en syntaxe, à ce deuxième type d'ensemble, dans la mesure, par exemple, où il est impossible de définir en extension (de donner la liste de ses éléments) l'ensemble indéfini des phrases grammaticales d'une langue.

Deux ensembles peuvent être égaux. L'égalité* est la propriété des ensembles définis différemment, mais constitués des mêmes éléments; ainsi, on notera :
A = B
A { ensemble des lettres notant les phonèmes vocaliques du français }
B { a, e, i, o, u, y }
les relations entre ensembles sont l'inclusion⊂, l'intersection ∩, la réunion ∪. Les ensembles vides (intersections d'ensembles disjoints) ont une intersection nulle.

entité

Entité linguistique. Syn. de ITEM. (V. aussi UNITÉ.)

entravé

Une *voyelle entravée*, par opposition à une *voyelle libre*, est une voyelle appartenant à une syllabe terminée par une consonne. Dans le mot français *carton*, [a] est une voyelle entravée, mais non [ɔ̃]. Cette position entraîne parfois une qualité vocalique déterminée : ainsi, en français, il n'y a pas de voyelle entravée semi-fermée, l'opposition d'aperture intermédiaire est neutralisée au profit de la voyelle semi-ouverte [ɛ] ou [ɔ] dans *verdoyant* [vɛrdwajɑ̃], *ortie* [ɔrti], etc.

entropie

Le terme d'*entropie*, emprunté à la théorie de la communication*, représente le degré d'incertitude où l'on est de l'apparition de chaque signal. Ainsi, pour un nombre donné de réponses possibles, l'entropie est maximale lorsque toutes les réponses ont la même fréquence; elle est faible lorsque deux réponses, par exemple, ont une haute fréquence d'apparition, les autres étant très peu fréquentes. L'entropie augmente donc avec l'incertitude du récepteur sur la réponse qui va lui être donnée.

énumération

L'expression *par énumération*, en parlant d'un ensemble*, est préférée parfois à *par extension* en raison de la transparence de son sens.

environnement

Étant donné une unité ou une suite d'unités A, l'*environnement*, ou *contexte*, est constitué par les unités ou les suites d'unités qui précèdent ou qui suivent A et qui peuvent, d'une manière ou d'une autre, faire peser sur A certaines contraintes. Dans *portillon*, le contexte de [t] est constitué par *por* et *illon*. Si la présence de *por* ne semble pas avoir de conséquence sur [t], il n'en va pas de même pour *illon*, qui fait donner à [t] une articulation palatale. Au contraire, dans la prononciation du nom *Alsace* c'est la présence de [l] qui fait donner au son qui suit un caractère voisé, sonore.

épanalepse

On appelle *épanalepse* la répétition d'un ou plusieurs mots au début ou à la fin de groupes successifs. Ex. : *Ô flots que vous savez de lugubres histoires! Flots profonds redoutés des mères à genoux* (HUGO).

épenthèse

On appelle *épenthèse* le phénomène qui consiste à intercaler dans un mot ou un groupe de mots un phonème non étymologique pour des raisons d'euphonie, de commodité articulatoire, par analogie, etc. Ainsi, dans le mot italien et portugais *inverno*, il y a eu épenthèse du *n* par rapport au mot latin *hibernum*.

épexégèse

On appelle *épexégèse* un groupe de mots ou une proposition (relative, en particulier) en apposition à un mot. Ainsi, la relative dans *Marseille,* QUI EST LE CHEF-LIEU DES BOUCHES-DU-RHÔNE, *a vu son trafic s'accroître*.

éphelcystique

On donne le nom d'*éphelcystique* à la lettre *n (nu* en grec*)*, qui peut s'ajouter à certaines finales vocaliques, en particulier pour éviter un hiatus : *esti* ou *estin* (« il est »).

épicène

On appelle *épicènes* les noms qui, appartenant à la catégorie des animés, ont la propriété d'avoir un double genre*, correspondant chacun à un des termes de l'opposition de sexe (genre naturel). Ainsi, le nom *enfant* est épicène, car il peut être féminin dans *Une enfant est heureuse* (féminin et femelle) et masculin dans *Un enfant est heureux* (masculin et mâle); le masculin est toutefois un terme générique recouvrant les deux significations. Les pronoms *je* et *tu* sont épicènes en ce sens que l'accord de l'adjectif attribut dépend du genre naturel : *Je suis heureux* vs *Je suis heureuse*.

épiglotte

L'*épiglotte* est un cartilage en forme de poire situé en haut du larynx, dont elle protège l'entrée. La pointe de l'épiglotte est reliée à la pomme d'Adam et l'autre extrémité libre. Quand on avale, l'extrémité libre de l'épiglotte se déplace de façon à fermer la trachée, pour empêcher les aliments d'y entrer. Pendant la respiration normale et pendant la phonation, l'épiglotte est rejetée en arrière de la langue de façon à laisser ouvert le passage de l'air laryngé.

épisémème

L. BLOOMFIELD appelle *épisémème* le sens d'une forme tactique, c'est-à-dire d'une disposition grammaticale conventionnelle minimale; ainsi, l'ordre SN-V (forme tactique) a le sens (épisémème) de actant-action en français.

épithèse

On appelle *épithèse*, ou *paragogé*, le phénomène qui consiste à ajouter un ou plusieurs phonèmes non étymologiques à la fin d'un mot. Ainsi, les formes verbales latines *esse, sum, cantant* ont donné les formes italiennes correspondantes *essere, sono, cantano*.

épithète

D'une manière générale est une *épithète* toute unité qui détermine sans mot de liaison un substantif ou un équivalent du substantif. De ce point de vue, les appositions sont aussi des épithètes, mais la nomenclature traditionnelle a réservé le terme d'*épithète* à une des fonctions de l'adjectif ou des équivalents de l'adjectif. Sont des épithètes *grand, extraordinaire*, et l'adverbe *bien* dans *C'est un grand enfant, Vivre une aventure extraordinaire, C'est un homme bien*. L'adjectif épithète s'accorde en genre et en nombre avec le nom, alors que l'adverbe employé comme adjectif épithète reste invariable. L'adjectif a ainsi, selon la nomenclature officielle, deux fonctions, épithète et attribut, mais cette saisie de la réalité masque l'importance des emplois de l'adjectif en position détachée (v. DÉTACHEMENT). L'adjectif épithète peut être préposé au nom auquel il se rapporte, et, dans ce cas, il est intercalé entre le substantif et le déterminant : *grand* dans *mon grand garçon*. Théoriquement, tout adjectif épithète, en français, peut se placer avant ou après le substantif; pratiquement, l'ordre neutre est l'ordre nom-adjectif, et c'est par conséquent l'ordre adjectif-nom qui doit être expliqué. Quelques adjectifs comme *beau*, *grand, long, petit, vieux* sont généralement antéposés ; l'ordre épithète+nom est même obligatoire dans des suites lexicalisées comme *manger à belles dents*. Certains adjectifs en fonction d'épithète changent de sens selon qu'ils sont antéposés ou postposés : c'est le cas de *même, propre, seul, simple*. Parfois, c'est simplement la valeur (adjectivale ou adverbiale) qui diffère, comme dans *un vrai conteur* et *un conteur vrai, un personnage triste* et *un triste personnage*. L'antéposition de l'épithète renforce parfois la valeur de l'adjectif, comme dans *une extraordinaire aventure, un surprenant personnage*. Enfin, des raisons diverses (convenance et euphonie) règlent la place des adjectifs monosyllabiques. En dehors de tous ces cas, l'adjectif épithète est normalement postposé.

épithétisation

L'*épithétisation* est une transformation qui enchâsse une phrase formée de la copule *être* et d'un adjectif dans le syntagme nominal d'une autre phrase au moyen d'une relativisation, suivie d'un effacement du relatif et de la copule.

Soit les deux phrases :

(1) *J'ai connu une fille,*
(2) *D + fille est charmante,*

où D est un déterminant relatif ; on obtient par la relativisation et l'effacement des éléments identiques *(fille)* :

→ *J'ai connu une fille qui fille est charmante.*
  J'ai connu une fille qui est charmante.

L'effacement de la copule *(est)* et du relatif *(qui)* donne :

J'ai connu une fille charmante.

L'adjectif *charmante*, issu de cette transformation, est *épithète* du nom *fille*.

équatif

On donne le nom d'*équatif* au comparatif d'égalité *(Pierre est aussi grand que Paul)*.

équation

On parle parfois d'*équation sémantique* pour désigner la formule sémique d'une unité lexicale (le sémème*). Le terme désigne également les formules proposées par une équipe de lexicographes soviétiques (dont J. APRESJAN) pour leur dictionnaire explicatif et combinatoire. Il s'agit, en fait, dans la terminologie des auteurs, de fonctions lexicales, c'est-à-dire de la relation de sens entre un mot (ou un groupe de mots) C_0 et un autre mot (ou groupe de mots) C_1. On donnera pour exemple la relation sémantique existant entre le nom d'un phénomène et la désignation de son plus haut degré, relation notée par le symbole Magn (latin *magnus*). Pour *dormir*, la description du degré Magn comportera en français : « profondément », « à poings fermés », « comme une souche », etc.

Au titre de ses fonctions lexicales, un mot (ou groupe de mots) est décrit par une sorte d'équation sémantique, celle-ci ne permettant pas toutefois d'épuiser la caractérisation sémantique de l'unité considérée.

équilibre

Le concept d'*équilibre* est lié à la notion de structure : à un moment donné, la structure est définie par l'ensemble des relations que les termes d'une langue entretiennent entre eux, ces relations étant les règles de combinaison des éléments entre eux. Cette structure constitue donc un équilibre ; toute modification dans une des règles, dans une des relations, a pour conséquence une *rupture de l'équilibre* décrit et une modification de l'ensemble des relations.

équiprobable

On dit de deux ou plusieurs événements qu'ils sont *équiprobables* quand ils ont autant de chances de se produire les uns que les autres.

équivalence, équivalent

1. On appelle *équivalence* l'implication réciproque : Si la phrase P_1 implique la phrase P_2 et que P_2 implique P_1 (par exemple relation actif-passif), on dira que P_1 et P_2 sont équivalents.

2. On dit que deux grammaires sont *faiblement équivalentes* quand elles génèrent le même ensemble de phrases ; elles sont *fortement équivalentes* quand, non seulement elles génèrent le même ensemble de phrases, mais que, de plus, elles leur assignent la même description structurelle. (V. CAPACITÉ GÉNÉRATIVE.)

3. Deux items sont *en équivalence distributionnelle* quand ils ont les mêmes distributions dans un cadre déterminé. L'*équivalence* est le rapport (symbolisé généralement par le signe =) qui existe entre deux éléments (1) qui se trouvent dans des environnements identiques; (2) qui se trouvent dans des environnements eux-mêmes équivalents. Si l'on prend les énoncés suivants :

Jacques mange des pommes,
Jacques mange la soupe,
La cuisinière fait cuire la soupe,
Il faut acheter des pommes,

selon (1), *des pommes* et *la soupe* sont équivalents; de ce fait, selon (2), *la cuisinière fait cuire* et *il faut acheter* sont équivalents, puisque *la soupe* et *des pommes* sont eux-mêmes équivalents. L'équivalence n'est une synonymie que tout à fait exceptionnellement : c'est pour des raisons pratiques qu'on a choisi des phrases contenant *pommes* et *soupe*.

4. *Classe d'équivalence.* V. CLASSE.

ergatif

On donne le nom d'*ergatif* à un cas*, distinct du nominatif, qui exprime l'agent du procès. Dans les langues qui connaissent des constructions ergatives, l'ergatif est l'agent dans des phrases de la forme $SN_1 + V + SN_2$, le verbe étant à la troisième personne non-marquée; le nominatif est alors le sujet de phrases où le verbe est intransitif. Dans d'autres langues, l'ergatif exclut l'accusatif et il est le cas du sujet de verbes transitifs employés intransitivement *(Pierre regarde)*, le nominatif étant le cas du sujet de l'intransitif et du passif.

espèce de mots

Syn. de PARTIE DU DISCOURS.

esprit

L'*esprit* est un signe diacritique particulier à la langue grecque, qui se place sur la première lettre des mots commençant par une voyelle ou la consonne [ρ], ou sur la deuxième voyelle des mots commençant par une diphtongue. On distingue l'esprit doux (᾿), qui ne correspond à aucun phonème, et l'esprit rude (῾), qui correspond à une aspiration (en français, l'esprit rude grec est transcrit en général par un *h*).

essif

On appelle *essif* le cas* exprimant un état contingent (ex. : EN TANT QUE PROFESSEUR), par opposition au *translatif**.

état

On appelle *verbes d'état*, par opposition à *verbes d'action*, les verbes qui expriment que le sujet de la phrase est dans un état donné. (Ces verbes, comme *être, devenir, rester*, constituent avec le syntagme nominal ou l'adjectif qui suit un syntagme verbal attributif.)

état de langue

1. On appelle *état de langue* un moment déterminé dans l'histoire d'une langue, c'est-à-dire un ensemble d'énoncés appartenant à une période précise, par exemple les énoncés français produits entre 1630 et 1660. La notion d'état de langue implique que, pour des raisons méthodologiques, les variations dans le temps, ici entre 1630 et 1660, ne sont pas prises en considération et que la langue est considérée comme stabilisée pendant cette période. Les différences (qui existent certainement d'un point du temps à un autre) sont négligées ou minimisées. C'est la plus ou moins grande finesse de l'étude qui détermine la durée pendant laquelle la langue est considérée comme étale. Pour le Congrès socialiste de Tours en 1920, par exemple, si l'on se réfère au compte rendu des journaux et à la manière dont ils désignent les congressistes, on pourra considérer que chaque jour représente un état de langue et que sur les cinq jours il y a évolution (donc possibilité d'étude diachronique). Inversement, on pourra considérer que du *Cid*, ou même de *la Chanson de Roland*, à notre époque, il y a dans le français un certain nombre d'invariants qu'on veut dégager. Dans ce cas, tous les textes français, de *la Chanson de Roland* à nos jours, relèveraient du même état de langue.

2. L'*état de langue* est aussi le système dégagé à partir d'une étude synchronique, c'est-à-dire la grammaire et le lexique d'une langue définie à un moment donné du temps. On dira, par exemple, qu'au Moyen Âge on a un état de langue qui, à un adjectif masculin comme [bɔ̃] (finale comportant une consonne ou une voyelle nasale) oppose un féminin [bɔnə] (terminé par ə central). Un autre état de langue (état actuel) opposera à [grɑ̃], masculin à terminaison vocalique, le féminin [grɑ̃d], à terminaison consonantique. Chaque état de langue peut et doit être décrit de manière indépendante sans référence à l'évolution dont il résulte ou au système futur auquel il aboutit. C'est de l'étude de divers états de langue que peut naître, par la confrontation de synchronies successives, une véritable grammaire historique.

éthique

On appelle *datif éthique* le datif exprimant l'intérêt pris à l'action par le sujet, ainsi en français le pronom *me* dans la phrase *Qu'on me l'égorge tout à l'heure* (MOLIÈRE).

ethnique

On appelle *adjectif ethnique* l'adjectif dérivé d'un nom de pays ou de région et indiquant l'appartenance à cette région ou ce pays (par l'origine ou la localisation), ou bien la possession de certaines propriétés reconnues à leurs habitants. Ainsi, *français* est un adjectif ethnique dérivé par adjectivisation de *France (l'industrie de France → l'industrie française).* Les adjectifs ethniques peuvent devenir des noms : *un Français.* Ce changement de catégorie se manifeste dans l'écriture par une majuscule à l'initiale du mot. Les affixes d'adjectifs ethniques forment en français un système particulier : *-ais (marseillais), -ois (lillois); -ien / -éen (brésilien / guinéen), -on /-ron (beauceron), -ain (africain), -in (florentin),* etc.

ethnolinguistique

Partie de la sociolinguistique*, au sens large du terme, l'*ethnolinguistique* est l'étude de la langue en tant qu'expression d'une culture et en relation avec la situation de communication.

Pour la spécialisation de ces termes, on constate la même tendance qu'à propos d'ethnologie et de sociologie. Par un glissement de sens qui se comprend dans la mesure où l'étude complète de la situation de communication est difficile dans les sociétés modernes, l'ethnolinguistique a fini par s'appliquer essentiellement aux sociétés dites « primitives ».

Les problèmes abordés par l'ethnolinguistique touchent aux rapports entre la linguistique et la vision du monde. C'est ainsi que le système du séri (Mexique), qui a des verbes différents pour *acheter* selon qu'on achète de la nourriture ou autre chose, ou pour *mourir* selon que c'est un être humain ou un animal, est révélateur d'une certaine manière d'organiser le monde. Une seconde série de problèmes concerne la place qu'un peuple déterminé fait au langage et aux langues (existence d'une mythologie du langage, de tabous linguistiques). La réflexion sur la motivation relève ainsi de l'ethnolinguistique.

Enfin, l'ethnolinguistique s'occupe également des problèmes de la communication entre peuples de langues différentes ou de l'utilisation par un peuple dominé de deux ou plusieurs langues (plurilinguisme). L'existence de langues sacrées (archaïsante ou même ésotérique), secrètes (aussi bien l'argot des malfaiteurs que le parler mixte des médecins callaways de Bolivie), techniques a son importance ici, de même que le choix entre de nombreux types de discours.

D'une manière générale, l'ethnolinguistique est dominée par le problème de l'isomorphisme* des structures linguistiques et des structures sociales.

étique. V. TAGMÉMIQUE.

étiquette. V. ARBRE, PARENTHÉTISATION.

étymologie

L'*étymologie* est la recherche des rapports qu'un mot entretient avec une autre unité plus ancienne qui en est l'origine.

I. SENS ANCIENS.

Dans l'Antiquité grecque, l'*étymologie* est la recherche du sens « vrai » ou fondamental qui sert à déceler la vraie nature des mots, à partir de l'idée que leur forme correspond effectivement et de façon naturelle aux objets qu'ils désignent. A défaut de pouvoir réduire le mot à une filiation onomatopéique*, on le rapproche, au moins, d'autres unités ayant de vagues ressemblances de forme et qui en révéleraient le sens exact, ou bien on le ramène à des syllabes d'autres mots dont la combinaison serait significative : ainsi Platon explique le nom du dieu *Dionusos* par *didous ton oinon*, « celui qui donne le vin », et les Latins interprétaient *cadaver* par *ca(ro) da(ta) ver(mibus)*, « chair donnée aux vers ».

Au Moyen Âge, l'*étymologie* est la recherche fondée sur la croyance que toutes les langues pouvaient provenir d'une langue connue déterminée, étudiée sous sa forme écrite. Ainsi, au XVIIe siècle encore, on démontrait que le français venait de l'hébreu (pris souvent comme langue-mère pour des raisons religieuses); le passage d'une langue à l'autre s'opérait par des transpositions, des suppressions, des additions ou des substitutions de lettres. Il faut signaler toutefois que MÉNAGE, en faisant remonter le français au latin, celui-ci au grec et ce dernier à l'hébreu, a trouvé un nombre non négligeable d'étymologies exactes.

II. SENS MODERNES.

Dans l'étude de la dérivation, l'*étymologie* est la discipline qui s'occupe de la formation des mots et par laquelle on réduit des unités plus récentes à des termes déjà connus : ainsi, *aborder* s'explique par le français *bord* et *linguiste* par *lingua* repris au latin.

En linguistique historique, l'*étymologie* est la discipline qui a pour fonction d'expliquer l'évolution des mots en remontant aussi haut que possible dans le passé, souvent au-delà même des limites de l'idiome étudié, jusqu'à une unité dite *étymon**, d'où on fait dériver la forme moderne. Pour le français, on remontera ainsi jusqu'au latin (formes attestées ou supposées) ou au germanique; *roi* sera expliqué par les transformations successives subies par le latin *regem*, alors que *savoir* ne peut venir que de **sapēre* (qui n'est pas attesté, comme l'indique dans ce cas l'astérique) au lieu du classique *sapĕre;* enfin, *blesser* sera rattaché à *blettjan*, mot germanique signifiant « meurtrir ». De même, la grammaire comparée des langues indo-européennes expliquera la plupart des mots signifiant « cent » (langues germaniques exceptées) par une racine unique aboutissant aussi bien au latin *centum*, au grec *(he)katon* qu'à la forme de l'avestique *satəm*. Dans ce cas, l'étymologie s'appuie surtout sur la phonétique historique, mais, contrairement à une pratique purement formelle, elle ne saurait ignorer la sémantique* dans la mesure où l'étymon a un sens assez différent de celui du dérivé (par exemple *necare* « tuer » aboutit à *noyer*, *tripalium* « instrument de torture » à *travail*).

La recherche de la racine d'un mot ou d'un groupe de mots ne peut être l'unique tâche de l'étymologie dans la perspective d'une linguistique moderne. On est, en effet, amené à suivre le mot, pendant toute la période où il fait partie de la langue, dans tous les systèmes de relations où il entre, sans jamais cesser de se poser les questions qui relèvent de l'étymologie proprement dite. La première série de ces relations est entretenue avec les unités des champs* sémantiques auxquels il appartient. S'occuper, par exemple, en linguistique, du signe *entendre*, c'est étudier le passage du latin *intendere* « faire attention » au sens actuel. Cela suppose qu'on détermine, à chaque époque, les rapports que l'unité entretient avec l'ancien verbe signifiant « entendre » et qui est *ouïr* (venant de *audire*). Cette évolution, qui aboutit à l'élimination de la forme la plus courte, ne peut s'expliquer que si l'on fait intervenir également *écouter*. Enfin, l'étymologie structurale conduit à remettre en cause partiellement la théorie de l'arbitraire du signe, telle que l'a définie F. DE SAUSSURE : on constate, en effet, l'existence de relations entre certains traits formels et certains invariants de sens (on est ramené ainsi, mais par des voies rigoureuses, aux ambitions des philosophes grecs). La forme d'un mot explique parfois, dans un système de relations complexes, le sens qu'il finit par prendre. Les manifestations les plus célèbres (mais qui ne sont sans doute pas les plus importantes) sont les phénomènes d'*étymologie populaire* (ou fausse étymologie). Selon P. GUIRAUD, il faut admettre l'existence de matrices lexicogéniques; à certains types de constitution radicale correspondent certains sens élémentaires *(protosémantismes)* qu'on retrouve combinés avec d'autres caractères sémantiques dans toutes les unités du type. Il en est ainsi pour les composés tautologiques (protosémantisme « tourner ») et les racines contenant deux consonnes *t* et *k* séparées par une voyelle; les unités, quelle que soit leur origine, finissent par inclure dans leurs sens celui de « coup »; au contraire, *toucher* (doublet étymologique de *toquer*), en perdant pour des raisons phonétiques le son *k* passé à une chuintante écrite -*ch*-, n'exprime pas l'idée de coup provoquant un bruit.

III. SENS PAR EXTENSION

On appelle aussi *étymologie*, l'*étymon* ou les évolutions successives (histoire) par lesquelles on est passé de l'étymon au mot dérivé.

IV. ÉTYMOLOGIE POPULAIRE.

L'*étymologie populaire*, ou *étymologie croisée*, est le phénomène par lequel le sujet parlant se fondant sur certaines ressemblances formelles rattache consciemment ou inconsciemment une forme donnée à une autre forme avec laquelle elle n'avait aucune parenté génétique; les mots soumis à cette *attraction paronymique* finissent par se rapprocher sur le plan sémantique : le français voit souvent dans *choucroute chou* et *croûte* alors que le mot vient de l'allemand dialectal *surkrut (sauerkraut)* « aigre chou »; de même *forcené*, rattaché à *force* par les sujets parlants et qui vient de *fors* « hors » et *sen* « sens ». L'*étymologie populaire* est appelée aussi *fausse étymologie*, et on lui oppose l'*étymologie savante*, fondée sur la connaissance des formes anciennes et des lois qui ont présidé à leur évolution.

On réserve parfois *étymologie populaire* aux erreurs individuelles comme *Trois-cadéro* pour *Trocadéro*, *étymologie croisée* désignant alors les faits consacrés par la langue.

étymon

On appelle *étymon* toute forme donnée ou établie dont on fait dériver un mot; il peut être le radical, la base à partir de laquelle on a créé avec un affixe un mot récent (ainsi, *automobile* est l'étymon de *automobiliste*, *putsch* celui de *putschiste* et le latin *turbare* « troubler » celui de *perturbateur*). Il peut être aussi la forme ancienne d'où une forme récente est venue : ainsi, *sanglier* a pour étymon *singularis*, abréviation de *singularis porcus*, « solitaire ».

Enfin, l'étymon peut être la forme hypothétique ou racine* établie pour expliquer une ou plusieurs formes modernes de la même langue ou de langues différentes.

euphémisme

On appelle *euphémisme* toute manière atténuée ou adoucie d'exprimer certains faits ou certaines idées dont la crudité peut blesser. L'euphémisme peut aller, dans l'antiphrase, jusqu'à l'emploi d'un mot ou d'un énoncé qui exprime le contraire de ce que l'on veut dire. Ainsi, dire de Pierre qu'*il est très prudent* peut être un euphémisme pour indiquer qu'il est très peureux.

euphonie

L'*euphonie* est la qualité des sons agréables à entendre; elle explique certains changements phonétiques dus à l'influence de phonèmes contigus ou proches; elle peut jouer soit comme facteur d'assimilation, pour éviter des contrastes phonétiques sentis comme discordants (c'est le cas, en particulier, pour les phénomènes d'harmonie vocalique), ou au contraire comme facteur de dissimilation, pour éviter certaines répétitions gênantes.

évaluatif

On appelle *méthode évaluative d'assertion* la procédure par laquelle, en analyse de contenu, on soumet aux sujets testés des propositions dont ils ont à établir les termes, ou qu'ils ont à apprécier. Généralement, les jugements à porter sont réduits à des réponses par plus ou moins. Ainsi, on classe les sujets ou les groupes selon le degré qui est choisi le plus fréquemment.

évanescent

Un phonème *évanescent* est un phonème en voie d'amuissement, comme le [i] et le [u] à la finale, en roumain et dans certains dialectes italiens méridionaux.

évolutif

Le terme *évolutif* est parfois employé à la place de *diachronique** pour caractériser les recherches qui s'occupent du changement de la langue dans le temps. On parle alors de *linguistique évolutive*, d'*étude évolutive*.

évolution

Toute langue est en continuel changement, toute langue a une histoire. L'histoire interne étudie les modifications que la structure d'une langue subit au cours de son *évolution*. L'histoire externe étudie les modifications qui se produisent dans la communauté linguistique et dans ses besoins (changement de lieu, accroissement des aires d'un parler, etc.). L'histoire externe détermine les conditions de l'évolution linguistique proprement dite.

exception

On appelle *exceptions* les phénomènes linguistiques qui, dans des domaines déterminés, enfreignent une règle A plus générale, en obéissant à une règle B plus limitée : cette règle B peut être soit une règle spécifique, distincte de toutes les autres, soit une règle plus générale différente de la règle A. Ainsi, on dira que dans la formation du pluriel en français les mots en -*al* constituent une exception puisqu'ils ont leur règle particulière *(al devenant aux)*; mais si cette modification *al → aux* est à son tour posée comme une règle, on dira que les mots *bal, carnaval, chacal, cal,* etc., constituent des exceptions à cette règle et que la règle qui leur est appliquée est alors la règle générale d'addition de *s*.

exclamatif

La grammaire traditionnelle qualifie d'*exclamatifs* les adjectifs interrogatifs* employés non plus pour poser une question, mais pour exprimer l'étonnement que l'on éprouve devant l'être ou l'objet désigné par le nom. *(Adverbe, phrase, pronom exclamatifs.* V. EXCLAMATION.)

exclamation

On appelle *exclamation* un type de phrase, parfois réduit à une interjection*, qui exprime une émotion vive ou un jugement affectif. La *phrase exclamative* est, en français, construite sur le même modèle que les phrases interrogatives (les adverbes et pronoms exclamatifs sont les mêmes que les interrogatifs : *quel, combien,* etc.), mais elle se distingue de la phrase interrogative par l'intonation (transcrite par un point d'exclamation) : *Quelle erreur!*

Combien ne sont pas revenus! Comment a-t-il pu faire ça!

exclusif

1. On dit que deux phonèmes sont dans un *rapport exclusif* quand ils ne s'opposent que par un trait pertinent, tout en étant les seuls à présenter tous les traits qu'ils ont en commun : / p / et / b / en français sont en rapport exclusif, ils ne se distinguent que par le trait de sonorité et ils sont les seuls à présenter à la fois les traits [+bilabial] et [−nasal].

2. *Noms* ou *pronoms personnels exclusifs*. V. INCLUSIF et PERSONNE.

exclusion. V. NON-INCLUSION

exemple

En lexicographie, les *exemples* sont des phrases ou des syntagmes comportant des occurrences du mot d'entrée et fournissant des informations linguistiques (sur les traits syntaxiques et sémantiques), au moyen de termes co-occurrents) et des informations culturelles (au moyen des messages ainsi constitués). Ces phrases (ou syntagmes) sont ou bien extraites d'un corpus (ce dernier pouvant se confondre avec l'ensemble de la littérature de la communauté socio-linguistique), ou bien forgées par le lexicographe, agissant en tant que sujet natif de la langue. Ainsi, les exemples (1) justifient la définition, dont ils sont même souvent une partie; (2) offrent les constructions syntaxiques les plus courantes ou les associations sémantiques les plus communes; (3) forment des phrases hors contexte et, même lorsqu'ils sont extraits d'un corpus, prennent dans un dictionnaire une nouvelle signification; (4) forment des commentaires culturels.

exhaustivité

Une étude ou un corpus sont *exhaustifs* quand ils prétendent prendre en considération tous les faits de langue impliqués par la recherche.

existentiel

1. *Causatif existentiel*. V. CAUSATIF.

2. *Phrase existentielle*, type de phrase où le prédicat de la structure profonde est constitué du verbe *être* suivi d'un syntagme prépositionnel de lieu; en français une transformation d'extraposition déplace le syntagme nominal sujet après le verbe *être*, lui-même transformé en *(il) y a* :
Des lions sont (en Afrique) → *Il y a des lions (en Afrique)*.

exocentrique. V. ENDOCENTRIQUE.

expansion

1. En linguistique structurale, si deux suites de morphèmes figurent dans le même environnement syntaxique, c'est-à-dire si elles ont la même distribution et que l'une soit au moins aussi longue que l'autre, c'est-à-dire contienne au moins le même nombre de morphèmes, tout en ayant une structure en constituants* différente, alors cette suite est l'*expansion* de la première, qui en est le modèle*.

Soit les deux suites de morphèmes : *l'enfant* et *le petit garçon*, qui figurent dans les mêmes environnements syntaxiques et qui ont une structure en constituants différente puisque l'une est de la forme Déterminant + Nom et l'autre Déterminant + Adjectif + Nom, on dit que *le petit garçon* est l'expansion de *l'enfant*. De même, si l'on considère les deux phrases :

(1) *Jean court*
(2) *L'enfant du gardien de l'immeuble lance la balle*,

on dira que la phrase (2) est l'expansion de la phrase (1) si les deux phrases peuvent être définies comme ayant la même distribution syntaxique.

2. Chez A. MARTINET, est *expansion* dans une phrase tout terme ou tout groupe de termes que l'on peut supprimer de la phrase sans que celle-ci cesse d'être une phrase et sans que les rapports grammaticaux entre les termes soient modifiés. Ainsi, dans la phrase : *Le chat de la concierge dort sur le tapis*, on dira que *de la concierge* est une expansion du syntagme nominal et *sur le tapis* une expansion du syntagme verbal puisqu'ils peuvent être extraits de la phrase sans que celle-ci cesse d'être une phrase : *Le chat dort*.

expiration

L'*expiration* est l'acte par lequel on expulse l'air pulmonaire; c'est la phase de la respiration pendant laquelle se situe l'acte phonatoire. La plupart des sons du langage utilisent l'air expulsé des poumons pendant l'expiration. Il existe cependant dans certaines langues des consonnes dites « consonnes récursives* » produites grâce à l'accumulation au-dessus de la glotte* d'une masse d'air que celle-ci expulse brusquement au moyen d'une sorte de coup de piston. On dit des langues qui opposent deux séries de consonnes appartenant respectivement à ces deux types qu'elles présentent une *corrélation d'expiration* (ou *corrélation de récursion**).

explétif

En grammaire traditionnelle, on appelle *mots explétifs* (adverbe de négation, pronom, préposition, etc.) des termes vides de sens, mais qui, présents dans d'autres énoncés, y sont significatifs. Ainsi, la négation *ne* (significative dans *je n'ose*) n'a pas de valeur négative dans *Il est plus bête que je ne croyais* : elle est explétive. Il en est de même pour la préposition *de* dans l'apposition *la ville de Paris*.

explicite

On qualifie d'*explicite* une grammaire dont les règles, décrites d'une manière précise et rigoureuse, peuvent être formalisées; la grammaire est dite alors *formelle*. (V. GÉNÉRATIF.)

explosif

En phonétique moderne, on réserve le nom d'*explosive* à toute consonne qui se trouve avant une voyelle, par opposition aux consonnes, dites consonnes implosives qui se trouvent après. Ainsi, dans le mot *mer*, la consonne [m] est explosive.

On trouve cependant encore le terme de consonne explosive pour désigner toute consonne occlusive, indépendamment de sa place dans la syllabe, par allusion au bruit que l'on entend à la fin de l'occlusion, quand l'air sort brusquement.

explosion

On appelle souvent *explosion* le bruit provoqué, à la fin d'une articulation occlusive, par la sortie de la bouche de l'air expiratoire lors de la séparation brusque des organes articulateurs.

Il y a lieu, cependant, de réserver ce terme au bruit produit par l'ouverture du chenal buccal au début d'une syllabe, afin de distinguer l'explosion de l'implosion*.

expressif

1. On appelle *fonction expressive* la fonction* du langage par laquelle le message est centré sur le locuteur, dont il exprime essentiellement les sentiments.

2. On appelle *trait expressif* un moyen syntaxique, morphologique, prosodique qui permet de mettre une emphase sur une partie de l'énoncé et suggère une attitude émotionnelle du locuteur.

I. expression

1. En grammaire traditionnelle on appelle *expression* tout constituant de phrase (mot, syntagme).

2. *Elément de l'expression,* l'unité la plus petite du plan de l'expression de la langue, distinctive sur le plan du contenu. (V. COMMUTATION, PLAN.)

II. expression

Le discours humain se présente comme une suite ordonnée de sons spécifiques. On appelle *expression* l'aspect concret de ce système signifiant. A ce titre, *expression* s'oppose à *contenu**. Chez L. HJELMSLEV, tout message comporte à la fois une expression et un contenu, c'est-à-dire peut être envisagé du point de vue du signifiant (expression) ou du signifié (contenu).

L'expression elle-même peut être considérée (comme d'ailleurs le contenu) sous deux aspects : comme une substance, sonore ou visuelle selon qu'il s'agit de l'expression orale ou écrite, c'est-à-dire comme une masse phonique ou graphique (on parlera alors de *substance de l'expression);* ou comme la forme manifestée par cette substance, c'est-à-dire comme la matière phonique ou graphique agencée, ce par quoi le plan de l'expression s'articule au plan du contenu. Ainsi, il n'y a aucun rapport entre les sons [b], [a] et l'idée de *bas,* mais il y a rapport entre la structure du plan de l'expression [ba] et la même idée, « bas ». Le même problème se pose pour le plan du contenu.

L'interdépendance entre la structure de l'expression et la structure du contenu se fait, selon les langues, par des rapports variables.

Par exemple, les mots exprimant les couleurs du prisme dessinent dans le vocabulaire une grille très différente selon les langues : même l'anglais et le français n'ont pas exactement le même paradigme de l'« arc en ciel ». A plus forte raison, on notera des découpages du spectre en quatre, trois et même deux couleurs. La taxinomie des noms ou adjectifs de couleur sera donc très différente selon les langues : plus nombreuses seront les couleurs fondamentales, moins la langue devra recourir à des opérateurs permettant de noter des nuances (suffixes du type *-âtre,* mots du type *sang, cerise,* locutions du type *tirer sur,* etc.). Il s'agit là exclusivement de la structure de l'expression : le contenu reste la perception des rayonnements lumineux, dépendant non de la culture mais de l'organisation physiologique.

De même que le lexique, la grammaire des langues comporte des contraintes variées : la perception de l'opposition des sexes est du domaine du contenu, mais la notation du sexe est obligatoire, selon les langues, exclusivement dans des conditions spécifiées. Par exemple, là où le français note seulement le genre du possédé *(il, elle) voit son père, sa mère,* l'anglais note aussi le genre du possesseur : *he sees his father,* « il voit son père »; *she sees her father,* « elle voit son père ».

La structure de l'expression s'opère à des niveaux distincts : un de ces niveaux est sans rapport direct avec le contenu, c'est le niveau phonématique; le phonème, unité phonique de la langue, est sans rapport direct avec le contenu, c'est dire que le phonème n'a pas de sens en lui-même. C'est au niveau morphématique que se fait la première liaison entre structure de l'expression et structure du contenu. Le morphème est l'unité du plan de l'expression entrant en relation avec le plan du contenu.

extensif

Un terme d'une opposition est dit *extensif* quand il est non-marqué*. (V. EXTENSION.)

extension

On définit un ensemble* *par extension* quand on énumère explicitement les éléments, tous et uniquement eux, qui peuvent appartenir à cet ensemble. L'ensemble A des cas du latin est défini par extension quand on écrit

A = { nominatif, vocatif, accusatif, génitif, datif, ablatif }

La définition par extension s'oppose à la définition *par compréhension**. En principe, tout ensemble peut être défini par compréhension, mais beaucoup ne peuvent l'être par extension (suite des nombres, par exemple). Un corpus, si long soit-il, est un ensemble qu'on peut décrire par extension. L'ensemble des phrases grammaticales d'une langue, en nombre indéfini, ne peut être décrit que par compréhension.

extraction

En grammaire générative, on appelle *extraction* une transformation qui consiste à extraire d'une phrase enchâssée un syntagme nominal (sujet) pour en faire le sujet ou l'objet de la phrase matrice. Par exemple, si la phrase *que Pierre est coupable* est enchâssée dans la phrase matrice *Paul juge (cela),* l'enchâssement est suivi de l'extraction du syntagme nominal *Pierre* qui devient l'objet de la matrice *Paul juge Pierre qu'il est coupable* qui devient *Paul juge Pierre coupable.* Cette opération d'extraction est nécessaire pour expliquer que, dans la transformation passive, on ait : *Pierre est jugé coupable par Paul* et non pas **que Pierre est coupable est jugé par Paul*.

extra-linguistique

On qualifie d'*extra-linguistiques* les facteurs qui n'appartiennent pas en propre à la grammaire, mais à l'utilisation de cette dernière dans la production et la compréhension des énoncés. Ces facteurs sont ceux du sujet et de la situation.

extra-nucléaire

On appelle *extra-nucléaire* ce qui est extérieur au noyau de la phrase : si on définit le noyau de la phrase par SN + SV (syntagme nominal + syntagme verbal), tout complément qui n'appartiendra pas à la réécriture de SV sera extra-nucléaire. Soit la phrase : *Il est venu à la maison avec ses amis,* le complément *avec ses amis* est extra-nucléaire, tandis que le complément *à la maison* est nucléaire puisque, en ce cas, SV se réécrit Aux + V + SP (auxiliaire + verbe + syntagme prépositionnel).

extraposition

En grammaire générative, la *transformation d'extraposition* déplace en fin de phrase le syntagme nominal sujet si ce dernier est issu d'une phrase enchâssée; l'extraposition est accompagnée de la formation du pronom neutre *il*. Soit la phrase : *Que Pierre est malade est évident,* où la phrase enchâssée *que Pierre est malade* est le syntagme nominal sujet de *est évident;* la transformation d'extraposition déplace ce syntagme nominal en fin de phrase avec formation de *il* : *Il est évident que Pierre est malade.* La transformation d'extraposition s'accompagne souvent d'une transformation d'extraction* (*Il semble que Pierre est heureux* → *Pierre semble être heureux*).

factitif

1. Le *factitif* est une forme de l'aspect du verbe; l'action exprimée par le verbe est le résultat d'une autre action accomplie par le sujet ou par d'autres que le sujet. Ainsi, dans la phrase *Pierre a fait tomber Paul,* le factitif *fait tomber* exprime le fait que Pierre a agi d'une certaine manière qui a eu pour résultat que Paul est tombé. Dans la phrase *Pierre a fait construire une maison,* le résultat « la construction de la maison » est dû à l'action non de Pierre, mais de ceux à qui Pierre a confié la tâche de le faire. Le factitif est, en français, exprimé très souvent par l'auxiliaire *faire* suivi d'un infinitif (ou de *laisser* suivi d'un infinitif), mais un même verbe peut avoir le sens actif et le sens factitif *(Pierre construit une maison en banlieue* est ambigu selon le métier de Pierre); dans certains cas, à une racine verbale intransitive correspond un verbe factitif, ainsi *tuer,* c'est *faire mourir.* Dans d'autres langues, comme en latin, il existe des affixes particuliers pour le factitif : ainsi, le redoublement et l'affixe *-i* dans *sistis* « tu fais tenir debout », s'opposant à *stas* « tu te tiens debout ». (V. CAUSATIF.)

2. La *transformation factitive* consiste à enchâsser une proposition en position objet dans une phrase matrice comportant le verbe *faire.* Si on a

1. *Pierre a fait ceci,*
2. *(On) construit une maison,* l'enchâssement de la phrase (2) dans la position de *ceci* au moyen de l'opérateur *que* donne : *Pierre a fait que l'on construit une maison.* La transformation passive de la phrase (2) [*la maison est construite*], l'effacement de la copule *(est)* et de l'opérateur *(que),* ainsi qu'une transformation infinitive donnent *Pierre a fait construire une maison.*

facultatif

En grammaire générative, dans une première étape de la théorie on a distingué les *transformations obligatoires* (comme la transformation affixale), qui s'appliquaient quel que soit le type de phrase, et les *transformations facultatives,* qui dépendaient d'une décision du locuteur [transformations interrogative, négative, passive, emphatique]. (V. TRANSFORMATION.)

faible

1. On emploie parfois l'expression de *consonne faible* pour désigner les consonnes douces* par opposition aux consonnes énergiques, ou fortes. En français, toutes les consonnes voisées [b], [d], [g], [v], [z], [ʒ] sont faibles.

2. On appelle *formations (cas, déclinaisons) faibles* celles qui, dans les langues flexionnelles, présentent le degré réduit du thème, par opposition à celles qui comportent le degré fort. (V. ALTERNANCE.)

faisceau

On appelle *faisceau d'isoglosses* l'ensemble de lignes d'isoglosses* dont la superposition ou la proximité permet de penser qu'on passe d'un dialecte à un autre dialecte. L'examen des faisceaux d'isoglosses est, en dehors de la référence au sentiment linguistique des locuteurs natifs, le seul moyen d'établir sur des bases solides les limites entre parlers. La notion de faisceau d'isoglosses fait ressortir par son existence même le flou des frontières linguistiques entre dialectes d'une même famille linguistique.

faits
C'est à partir du corpus recueilli que le linguiste descriptiviste va extraire les *faits* de langue qui lui permettront d'induire les règles (la grammaire) de la langue considérée. Il convient cependant d'observer que toute description « idéalise » les faits. F. DE SAUSSURE le remarque déjà dans son exemple du mot *messieurs* prononcé à diverses reprises au cours d'une même conférence : c'est par une décision que le linguiste assimile ces différents segments du corpus à un fait de langue unique.

N. CHOMSKY distingue les faits des données* linguistiques : c'est par l'intervention d'une compétence linguistique (celle du descripteur lui-même, ou celle de ses informateurs) que la matière linguistique brute est transformée en matière classée; les faits interprétés par une compétence constituent les données.

familier
On dit qu'un *style*, une *langue*, un *mot* sont *familiers* quand leur emploi implique un degré d'intimité entre les interlocuteurs et conjointement un refus des rapports cérémonieux qu'exige la langue soutenue ou académique.

Familier s'oppose également à *grossier* ou *trivial :* il s'agit donc d'un niveau de langue; le terme n'implique pas un jugement moral sur le contenu des termes, sur le sens d'un mot comme les qualificatifs « grossier » ou « trivial » mais seulement un écart par rapport à la langue écrite et au « bon usage ». La tendance des puristes, toutefois, est de confondre « familier » et « grossier ».

I. famille
1. En phonétique, on appelle *famille articulatoire* une famille de sons comprenant les phonèmes de même aperture.

2. En lexicologie, on appelle *famille de mots* des groupes de mots associés entre eux en raison d'un élément commun qui est la racine; ainsi, le mot *chef* et les mots *capital, décapiter* forment une famille de mots, car ils ont comme élément commun la racine latine *caput, capitis*, tête.

3. En grammaire générative, on appelle *famille de transformations* un ensemble de transformations apparentées qui appliquent une même analyse structurelle aux suites terminales : ainsi, les transformations négative, interrogative et emphatique constituent en anglais une famille de transformations.

II. famille (de langues)

I. La classification des langues

On dit que deux ou plusieurs langues appartiennent à la même *famille* quand elles sont apparentées génétiquement (historiquement), c'est-à-dire quand tout laisse à penser qu'elles se sont développées à partir d'une origine commune. Généralement, on réserve la dénomination de *famille de langues* à l'ensemble formé par toutes les langues connues de même origine; dans cet ensemble, les sous-ensembles constitués par certaines langues apparentées plus étroitement entre elles qu'avec les autres sont des *branches* ou *sous-familles*. Le terme de *groupe* s'applique indifféremment à un ensemble de familles, à une famille, à un ensemble de branches d'une même famille, à un ensemble de langues d'une même branche : il implique que le classement n'est pas encore établi. L'acquis le plus important de la linguistique au XIXe siècle a été l'établissement relativement rigoureux des principes et des méthodes grâce auxquels on a établi ces familles de langues au moyen des disciplines dites historiques, comparées ou comparatives (grammaire, philologie, linguistique).

La représentation visuelle des familles de langues se fait souvent à l'imitation des arbres généalogiques [en vertu d'une conception anthropomorphique] (*fig.* 1) ou sous la forme de diagrammes (*fig.* 2).

Fig. 1   Fig. 2

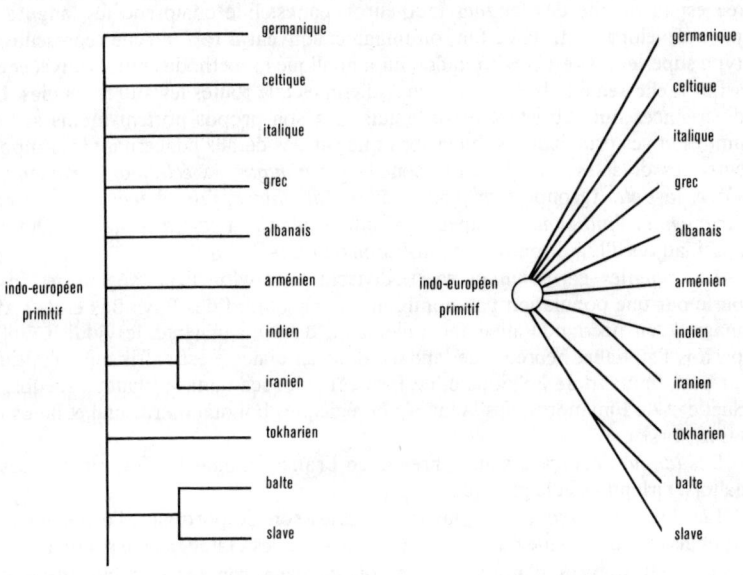

Le diagramme peut être partiel et représenter essentiellement les antécédents d'une langue (*fig.* 3) :

Fig. 3

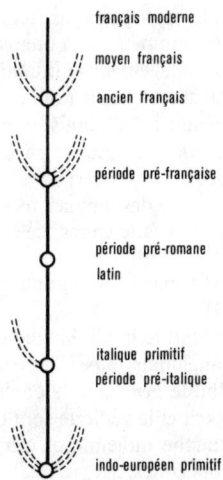

II. L'indo-européen

Parmi les familles de langues, celle qui a été la mieux établie par F. Bopp et dont l'étude a servi de modèle à toutes les recherches de la grammaire comparée est la famille des langues indo-européennes. Elle comprend les langues de pays développés et, de ce fait, on imagine, souvent à tort, qu'elle représente un type supérieur. C'est très tôt qu'on lui a appliqué la méthode comparative, et elle a fait à elle seule l'objet de plus de recherches que toutes les autres réunies. Les divergences qui subsistent entre linguistes à son propos portent moins sur ses limites et ses principales subdivisions que sur des détails concernant les rapports entre les diverses branches, qui sont la *germanique*, la *celtique*, la *romane*, la *slave*, la *balte* (groupées en balto-slave), l'*albanaise*, l'*arménienne*, la *grecque*, l'*iranienne*, l'*indienne* (groupées en indo-iranien), la *tokharienne* et, peut-être aussi, aujourd'hui disparue, l'*anatolienne* ou *indo-hittite*.

Les *langues germaniques* se subdivisent en anglo-frison (anglais, et frison parlé par une population peu nombreuse dans le nord des Pays-Bas et de l'Allemagne), en néerlando-allemand (allemand, dont un dialecte, le yiddish, utilise parfois l'alphabet hébreu, néerlandais, dont un dialecte est l'afrikaans d'Afrique du Sud, flamand de Belgique et de France) et en scandinave (danois, suédois de Suède et de Finlande, et les langues norvégiennes bokmål ou riksmål et landsmål ou nynorsk).

Les *langues celtiques* sont le breton, en France, et dans les îles britanniques le gallois, l'irlandais et le gaélique.

Les *langues romanes* les plus importantes sont le portugais, l'espagnol et le français (qui ont donné naissance à plusieurs créoles), l'italien et le roumain. Elles recouvrent souvent d'autres langues ou dialectes romans (catalan, provençal, sarde). Ces langues sont nées de l'évolution du latin populaire, mais des langues attestées dans l'Antiquité et aujourd'hui disparues, comme l'osque, l'ombrien et le vénète, formaient avec le latin la branche italique.

Les *langues slaves* comprennent une branche orientale (russe, biélo-russe, ukrainien), une branche occidentale (polonais, tchèque, slovaque), une branche méridionale (serbe et croate, notamment, en Yougoslavie, et bulgare).

La *branche balte* réunit essentiellement le lituanien et le lette (Lettonie soviétique). On la réunit souvent au slave sous le nom de balto-slave.

La *branche albanaise* se réduit à l'albanais, comme la *branche arménienne* à l'arménien. Sous le nom de *branche grecque*, ou *grec*, on réunit les divers « dialectes » grecs de l'Antiquité et le grec moderne.

La *branche iranienne* comprend des langues modernes (kurde, persan, afghan, baloutchi, tadjik) et des formes anciennes célèbres (vieux perse, avestique, pahlavi).

Le *tokharien*, aujourd'hui disparu, est connu grâce à des inscriptions sous deux formes (dialectes A et B).

La *branche indienne* comprend le hindi, langue officielle de l'Inde, et l'ourdou langue officielle du Pakistan, mais aussi le bengali, l'assamais, l'oriya, le mahratte, le goujrati, le sindhi, le pendjabi, le cachemirien ou darde, le népalais et enfin le cinghalais. Le sanskrit et le védique sont des formes anciennes, sacrées, relevant également de la branche indienne et qui ont permis de démontrer la parenté des langues indo-européennes.

III. Finno-ougrien, altaïque et langues caucasiennes

La *famille finno-ougrienne* comprend essentiellement le finnois, langue officielle de la Finlande, l'estonien et le hongrois ou magyar, mais aussi le lapon, le mordve, le tchérémisse, le votiak et les langues samoyèdes.

La *famille altaïque* se subdivise en branches *turque* (turc, azéri d'Azerbaïdjan, kirghiz, ouzbek, turkmène, kazakh), *mongole* et *mandchoue* (mandchou et toungouse).

Les *langues du Caucase*, à parenté lointaine et purement hypothétique, utilisées en Union soviétique comme langues de républiques fédérées ou autonomes ou de régions et de territoires autonomes, sont regroupées en une famille *sud-caucasienne* comprenant le géorgien et le mingrélien, et une famille *nord-caucasienne* réunissant l'abkhaze, l'avar, le tchètchène et le kabarde.

IV. La famille chamito-sémitique

La famille *chamito-sémitique* ou *afro-asiatique* se subdivise en cinq branches : la branche *sémitique* est représentée actuellement par l'hébreu, les diverses langues arabes (souvent dites dialectes) et les langues éthiopiennes (amharique, tigré ou tigrina, guèze ou éthiopien). Étaient aussi des langues sémitiques l'assyrien (ou akkadien ou babylonien), l'araméen, le syriaque, enfin le phénicien, dont le punique (ou carthaginois) n'était qu'un dialecte. La branche *égyptienne* est représentée par l'ancien égyptien, dont est sorti le copte actuel. La branche *berbère* réunit le kabyle, le chleuh, le zenaga et sans doute aussi le touareg (ou tamahek). La branche *couchitique*, ou d'Afrique orientale, comprend entre autres le somali, le galla et le bedja. La branche *tchadienne* réunit des langues peu parlées en dehors de l'haoussa, que d'autres rattachent aux langues négro-africaines.

Les familles soudanaises sont nombreuses et, à l'exception du songhai, de peu de diffusion. Il y a une mosaïque de langues que rien ne permet de rapprocher entre elles.

V. La famille nilotique

La famille *nilotique* ou *Chari-Nil* se divise en *nilotique* proprement dit ou *nilotique central* (dinka, nouër, chilouk, acoli de l'Ouganda, masaï et nandi du Kenya et du Tanganyika), en branche *nord-soudanaise*, dont seul le nouba est assez bien connu, et en *soudanais central* (surtout baguirmi et morou).

De la famille du *saharien central*, seul le kamouri est assez bien connu.

VI. La famille nigéro-congolaise

Dans la famille *nigéro-congolaise*, on range l'*atlantique occidental* (timné et boulom du Sierra Leone, ouolof du Sénégal, foulbé dans diverses régions du Sénégal), la branche *mandingue* du Libéria et du Sierra Léone (kpelle, loma, mendé, malinké et bambara), la branche *kwa*, disséminée du Libéria au Cameroun (akan divisé en fanti et tchi, baoulé, éwé, fon, yorouba, ibo, noupe, sans doute aussi bassa et krou), la branche *gur* (essentiellement le mossi). On peut penser que le *zandé* et le *sango*, parlés du Cameroun au Congo, forment une branche de la famille nigéro-congolaise, qui comprend également une branche *centrale* (essentiellement l'efik et le tiv, parlés du Cameroun au Nigeria) et le *bantou*.

Les langues et dialectes relevant du *bantou* sont si nombreux et parlés sur une étendue si grande que certains linguistes font du bantou non une branche de la famille nigéro-congolaise, mais une famille indépendante. Certaines langues bantoues sont véhiculaires (en Afrique orientale souhahéli, au Congo souhahéli, kongo, louba et ngala); d'autres sont des langues d'union* (chona de Zambie, ngamya du Nyassaland) ou simples langues de tribu (entre autres, ganda en Ouganda, kikouyou et kamba au Kenya, tchagga et nyamwézi du Tanganyika, ruanda, bemba en Zambie, mboudou en Angola, héréro en Afrique du sud-Ouest, zoulou, xhosa, swazi, sotho et tswana en Afrique méridionale).

La famille *khoin* comprend le sandawe et le hatsa du Tanganyika, et le bochiman et le hottentot d'Afrique du Sud.

VII. Les langues d'Asie orientale et de Polynésie

L'importante famille *sino-tibétaine* se subdivise en deux branches : le *tibéto-birman* (tibétain, birman et aussi, soit en Birmanie soit au Pakistan, garo, bodo, naga, kachin, sans doute aussi karen) et le *chinois* (chinois mandarin, langue officielle de la Chine, originaire du Nord, « dialectes » wou de l'embouchure du Yang-Tseu-Kiang, enfin, au sud, « dialectes » min, hakka et cantonnais). Les langues de la Chine du Sud (miatscu et lolo entre autres) sont mal connues et probablement sans aucune parenté avec le chinois.

Les familles *japonaise* (japonais proprement dit et ryu-kyu) et *coréenne* ont probablement entre elles une parenté lointaine.

La famille *kadaï* comprend entre autres le thaï du Siam, le lao et, en Birmanie, des langues *chan,* et n'a sans doute aucune parenté avec la famille sino-tibétaine.

La famille *malayo-polynésienne* est très étendue géographiquement : la branche *occidentale* ou *indonésienne* comprend en Malaisie le malais, en Indonésie l'indonésien proprement dit (proche du malais), le javanais, le soundanais, le madourai, le batak, le balinais de Bali, le dayak de Bornéo, le macassar des Célèbes, aux Philippines le tagal, le vigaya et l'iloko, à Guam le chamorro, à Madagascar le malgache. La branche *orientale* se subdivise en micronésien, polynésien (hawaiien, tahitien, samoan, maori) et mélanésien (fidjien notamment).

Le terme de *papou* désigne diverses langues de Nouvelle-Guinée dont la parenté reste à prouver, alors que les langues des aborigènes d'Australie forment une famille *australienne*.

La famille *dravidienne* comprend des langues parlées par des populations nombreuses en Inde méridionale (télougou, tamoul, canara, malayalam), ainsi que le brahoui du Baloutchistan et le gondi, le khouroukh et le koui en Inde centrale. On trouve en Asie du Sud-Est de nombreuses langues disséminées : mounda comprenant le santali, khasi de l'Assam, nicobarais (île du Bengale), palaoung, wa et mon en Birmanie, et enfin khmer (ou cambodgien) et vietnamien qui sont des langues d'États.

VIII. Les langues américaines

En Amérique, les langues les plus parlées sont les *langues indo-européennes* importées par les colonisateurs (anglais, espagnol, portugais, français et, dans des groupes d'immigrants ou de descendants d'immigrants non assimilés, toutes les langues d'Europe) ou les créoles dérivés de ces langues.

Certaines *langues indigènes* ont une certaine vitalité : il en est ainsi pour le guarani (Paraguay), le quechua (Pérou, Équateur, Bolivie), l'aymara (Pérou, Bolivie), ainsi que pour une langue mixte dite « lingua geral » à base de tupi-guarani. En Amérique centrale sont encore utilisées le nahua, le quiché, le cackniquel, le mam, le maya (État du Yucatan au Mexique), l'otomi, le zapotèque, le mixtèque et le totonaque. De même, dans le nord du Mexique, le navaho, qui connaît un regain certain.

D'une manière générale, quand il s'agit des langues indigènes d'Amérique on se réfère dans l'énumération et la classification au premier état connu, d'où la mention faite de langues disparues.

La *famille algonguine, ou algonquin-wakash,* parlée, entre autres, de la Caroline au Labrador, a fourni aux langues indo-européennes beaucoup de mots « indiens » : la branche *atlantique* comprend le massachusetts (dit algonquin), le powhatan, le delaware, le mohagan, le penobscot, le pasamaquoddy, le micmac; l'*algonquin central* est constitué par le fox (Wisconsin), le cree (baie d'Hudson), le menomini (Michigan) et l'ojibwa (Grands Lacs); la branche *occidentale* comprend le potawatomi (Michigan), l'illinois, le chawni (au Tennessee), le blackfoot, l'arapaho et le cheyenne.

La *famille natchez-muskogee* du sud-est des Etats-Unis comprend le creek, l'alabama, le chikasaw, le choctaw et le natchez.

La *famille iroquoise* comprend le cherokee, célèbre par son syllabaire, le tuscarora (Caroline), et en Pennsylvanie le huron, l'érié, l'oneida, les langues des Sénécas, des Onondagas et des Cayagas, enfin le conestoga et le susquehana.

La *famille sioux* (grandes plaines du Nord) est formée du biloxsi, de l'ofo, du tutélo, du katawba, du dakota, du mandan, du winnebago, du chiwera (avec les dialectes iowa et missouri), du dhéguiba (omaha, ponca, osage, kansa, quapaw, arkansa), enfin de l'hidatsa et du crow.

Les *familles caddo* (caddo proprement dit, wichita et pawnee), tunica (stakapa et chitimacha), ychi (au Tennessee), hoka (à l'Ouest), ne sont peut-être que des branches d'une famille *hoka-sioux.*

La famille *esquimau-aléoute* se subdivise en aléoutien et langues esquimaudes (inupik, yupik).

Les trois familles de la côte nord-ouest du Pacifique, *salish* (bella coola, cœur d'alène, chehalis, kalispel), *wakash* (nookta, kwakiutl, bella bella) et *chimakuan* (chimakum et quileute), sont parfois regroupées en une grande famille, le *mosan.* On considère généralement comme formant une famille l'haïda, le tlingit, le tsimshian et le kutenaï. On regroupe parfois en une seule famille le mosan, le kutenaï et l'algonquin.

En Oregon et en Californie, on a dénombré vingt-cinq familles : wintun, maidu, miwok, costanoan, yokuts, takelma, kalapuya, siuslaw, coos et surtout chinook: cette dernière a donné naissance à un sabir très important dit « chinook »; certaines autres sont rattachées aux groupes penutia et hoka (en Arizona et en Californie karok, shasta, chimariko, pomo, esselen, salinan, shumash et surtout yana; au Texas tonkawa; au nord du Mexique comecrudo; au sud du Mexique et au Nicaragua tlapanec, subtiabia et téquislate; au Honduras jicaque).

La famille *maya,* ou *maya-zoque,* comprend au Guatemala le mam, le ketchi, le quiché, le cackchiquel, le pokamam, le pokonchi, l'ixil; à l'ouest, le tzeltal, le tzotzil, le tojolabal, le chol et le chontal de Tabasco, qui sont de la même branche que le chorti du Honduras; au nord, le yacatèque; dans le Mexique central, le huaxtèque.

Dans le *sud du Mexique* on trouve trois groupes de langues, sans doute proches du maya, le mixe, le zoque et le popoloca de Vera-Cruz, le totonaque et le tepehua, enfin le huava. On trouve aussi d'autres groupes à parentés mal définies et dont certains sont réunis sous le nom d'otomangue : ce sont le potèque et le chatino, le mixtèque, le cuicatèque, le trique et l'amusgo, le mazatèque, le chocho, l'ixcatèque et le popoloca de Pueblo, l'otomi, le mazahua et le pame, enfin le tarasque.

La famille *uto-aztèque* comprend, au sud du Mexique, le nahatl (qui avait son écriture, antérieure aux contacts avec les Européens et qui a fourni beaucoup d'emprunts), dans le Colorado le shoshone, le painté, le tubatulabal et surtout le hopi, en Arizona et dans le nord-ouest du Mexique le papago, le pima, le tarahumara, le cora et le huichol. Le comanche était utilisé dans les grandes plaines du Sud. La famille uto-aztèque est souvent regroupée avec le *tanoa* et quelquefois le *zuni,* en aztèque-tanoa. Au contraire, on classe à part les langues keresa, dont beaucoup ne sont parlées que dans un seul village.

La famille *athabaska,* originaire du Canada et de l'Alaska central (sarsi, chipewyan), forme avec le haïda et le tlingit le groupe na-déné et comprend, au sud, les langues apaches (navaho notamment) et la branche de Californie septentrionale (hupa, chasta, costa, mattole).

IX. Problèmes en suspens

Ainsi, à côté de certitudes (familles indo-européenne, finno-ougrienne, afro-asiatique, etc.), bien des problèmes restent à résoudre en ce qui concerne les familles de langues. Certains sont secondaires ou concernent des langues peu connues, peu parlées ou même disparues. D'autres sont plus graves : on hésite encore à affirmer la parenté du basque avec les langues caucasiennes ou avec quelque autre famille. De même, les contours et les subdivisions de la famille chamito-sémitique restent à définir avec exactitude. Il en va de même pour la place du bantou. Enfin, il est difficile de corroborer ce qui peut être envisagé dans les regroupements des grandes familles (la réunion, par exemple, des familles finno-ougrienne et altaïque en une famille ouralo-altaïque qui pourrait comprendre aussi le japonais et le coréen, ou de l'indo-européen, du dravidien et du finno-ougrien, ou de l'indo-européen et du sémitique); on en est dans ce domaine à de pures hypothèses de travail. Malgré le caractère souvent séduisant de celles-ci, la science impose là-dessus la plus grande prudence.

fausset

On appelle *voix de fausset,* ou *voix de tête,* un timbre vocal spécial, plus aigu que le timbre normal, dû à une position particulière des cordes vocales qui, au lieu d'être accolées sur toute leur étendue, sont écartées dans leur partie antérieure, ce qui raccourcit l'étendue vibrante des cordes vocales et augmente la fréquence du fondamental*.

feed-back

On appelle *feedback,* ou *rétroaction,* la commande d'un système au moyen de la réintroduction dans ce système des résultats de son action. Si l'information qui revient en arrière est capable de modifier la méthode et le modèle de fonctionnement, on a un feed-back; c'est le principe d'action en retour par lequel une langue semble, comme un ordinateur perfectionné, éliminer d'elle-même certains dysfonctionnements. La langue peut être ainsi conçue comme un système autorégulateur : les exemples les plus connus de feedback, pris en un sens très large, concernent l'élimination de certaines homophonies gênantes que l'évolution phonétique avait pu produire. Ainsi, la distinction en anglais entre *-ea-* et *-ee-* a disparu; de ce fait, *queen* « reine » et *quean* « prostituée » se prononçaient de la même manière : cette équivoque a amené par une sorte d'autorégulation la disparition de *quean*. En gascon, *gat* provenait régulièrement à la fois des mots latins *cattus* « chat » et *gallus* « coq ». D'où l'utilisation de mots comme *faisan* ou *vicaire* pour désigner le coq. De même, d'après la connaissance qu'il a de la langue et de celui qui parle, le destinataire analyse les sons qu'il entend et élimine notamment les variations contextuelles.

Ainsi, il y a des différences considérables entre les [o] prononcés par un homme et par une femme, par un Méridional et un Bourguignon, mais l'émetteur et le destinataire ne remarquent pas ces différences. De même [t] devant [i] est assez différent de [t] devant [o] : le premier est mouillé et articulé plus avant que le second; sauf à certaines périodes de changement linguistique, le locuteur inconsciemment réprime la tendance naturelle à l'articuler trop en avant et maintient ainsi une similitude suffisante avec [t] placé devant [o]; en sens inverse, bien que cet effort inconscient ne supprime pas toute différence entre les deux variantes de [t], le destinataire les assimile inconsciemment. Sans feedback, la langue serait dépourvue du minimum de stabilité nécessaire à l'intercompréhension.

femelle

Dans la catégorisation sémantique des animés (personnes ou animaux), le terme *femelle* représente la classe des êtres femelles dans l'opposition du sexe. Ainsi, le nom *fille* a le trait sémantique distinctif [—mâle] (femelle) tandis que le nom *fils* a le trait sémantique distinctif [+mâle]. « Féminin » et « femelle » ne se confondent pas : un mot peut être masculin et « femelle »; ainsi, *docteur* est masculin et désigne un homme ou une femme; la représentation pronominale peut être différente : *J'ai vu le docteur, il m'a examiné* / *J'ai vu le docteur, elle m'a examiné.*

féminin

Le *féminin* est un genre* grammatical qui, dans une classification en deux genres, s'oppose au masculin, et qui, dans une classification en trois genres, s'oppose au masculin et au neutre. Le féminin représente souvent, mais non constamment, le terme « femelle » dans le genre naturel qui repose sur l'opposition de sexe entre « mâle » et « femelle ». Le mot *vendeuse* est noté [—masculin], [—mâle], ce qui signifie qu'il est féminin et désigne une femme; mais le mot *sentinelle* est noté [—masculin], [+mâle], ce qui signifie qu'il est féminin et désigne un « mâle ». Les noms non-animés féminins ont seulement le trait grammatical [—masculin] (c'est-à-dire féminin), comme *table, roche,* etc.

fermé

1. On appelle *classes fermées* les classes de morphèmes grammaticaux (les articles, les désinences temporelles, les pronoms, etc.) qui peuvent être définis par l'énumération de leurs termes, ceux-ci étant en nombre limité, par opposition aux *classes ouvertes,* classes de morphèmes lexicaux susceptibles d'accroissement rapide et qui ne peuvent être définis que par compréhension, c'est-à-dire par la description des propriétés de chacune des classes.

2. En phonétique, un *phonème fermé* est un phonème dont l'articulation comporte un resserrement ou une fermeture du chenal buccal. Les consonnes sont des phonèmes fermés par opposition aux voyelles. Les occlusives représentent le degré de fermeture maximale. Parmi les voyelles, on appelle *voyelles fermées* celles dont l'articulation comporte une élévation de la langue au-dessus de l'axe médian : [i], [u], [y] sont des voyelles fermées, [e], [o], [ø] sont des voyelles semi-fermées, par opposition aux voyelles ouvertes et semi-ouvertes. Du point de vue acoustique, la fermeture vocalique se traduit par le caractère diffus*.

fermeture

La *fermeture* est le mouvement de resserrement du chenal buccal qu'implique la réalisation des phonèmes fermés. Cette fermeture peut aller jusqu'à l'occlusion, pour la réalisation des consonnes maximales ou des consonnes qui combinent occlusion et écoulement libre de l'air.

figement

Le *figement* est un processus linguistique qui, d'un syntagme dont les éléments sont libres, fait un syntagme dont les éléments ne peuvent être dissociés. Ainsi, les mots composés (*compte rendu, pomme de terre,* etc.) sont des syntagmes figés.

figure

1. En rhétorique, les *figures* sont les divers aspects que peuvent revêtir dans le discours les différentes expressions de la pensée. On distingue : (1) les *figures de pensée,* qui consistent en certains tours de pensée indépendants de leur expression; celles-ci se font par « imagination » (ex. : la prosopopée), par « raisonnement » (ex. : la délibération ou la concession) ou par « développement » (ex. : la description); (2) les *figures de signification,* ou *tropes,* qui intéressent le changement de sens des mots (ex. : la métonymie, la métaphore et la synecdoque); (3) les *figures d'expression,* qui intéressent le changement de sens affectant des groupes de mots et des phrases; celles-ci se font par « fiction » (ex. : allégorie), par « réflexion » (« les idées énoncées se réfléchissent sur celles qui ne le sont pas »; ex. : la litote); par « opposition » (ex. : l'ironie); (4) les *figures de diction,* qui consistent dans la modification matérielle de la forme des mots (ex. : *encor, avecque,* en français; ex. : prothèse, épenthèse, apocope, métathèse, crase); (5) les *figures de construction* qui intéressent l'ordre naturel des mots; celles-ci se font par « révolution » (modification de l'ordre), par « exubérance » (ex. : apposition), par « sous-entendu » (ex. : ellipse);

(6) les *figures d'élocution,* qui intéressent le choix des mots convenant à l'expression de la pensée; ce sont l'« extension » (ex. : épithète), la « déduction » (ex. : répétition et synonymie), la « liaison » (ex. : asyndète); la « consonance » (ex. : allitération); (7) les *figures de style,* qui intéressent l'expression des relations entre plusieurs idées : elles consistent en « emphase » (ex. : énumération), « tour de phrase » (ex. : apostrophe, interrogation), « rapprochement » (ex. : comparaison, antithèse), « imitation » (ex. : harmonie imitative).

2. En glossématique, la *figure de contenu* est un élément qu'on peut identifier avec les traits ou les sèmes de l'analyse sémantique. On l'appelle aussi *plérème**. La *figure d'expression* est un élément de la chaîne linguistique, appelé aussi *cénème**, qui s'oppose au signe* et qui est privé de contenu propre. Une langue utilise un nombre relativement réduit de figures, mais construit, en les combinant, un nombre infini, ou du moins indéfini, de signes.

figuré

On dit d'un mot qu'il a un *sens figuré* ou qu'il est employé avec un sens figuré, quand, défini par les traits « animé » ou « concret », il se voit attribuer dans le contexte d'une expression ou d'une phrase le trait « non-animé » (chose) ou « non-concret » (abstrait). Ainsi, dans *le chemin de la vie, chemin,* qui a le trait « concret » et se voit attribuer le trait « non-concret », est employé au sens figuré. De même, dans *le chien d'un fusil,* le mot *chien* est employé dans un sens technique, non-animé : il a un sens figuré.

figurer

On dit d'un item lexical ou grammatical qu'il *figure* dans une phrase ou dans un constituant quand, étant une des valeurs possibles que peut prendre la variable « nom », « verbe », « adjectif », « temps », etc., il se substitue dans la structure de la phrase au symbole (N, V, Adj., T_{ps}, etc.) de cette variable. On dit, par exemple, que, dans la phrase *Mon père lit le journal, journal* figure dans la position (à la place) du nom objet dans la structure :

déterminant + nom + auxiliaire + verbe + déterminant + nom. (V. OCCURRENCE.)

filtre

On appelle *filtre acoustique* un mécanisme destiné à renforcer certaines fréquences d'un son complexe et à en affaiblir d'autres. Pendant la phonation, le conduit vocal se comporte comme un filtre à l'égard du son complexe créé dans le larynx par la vibration des cordes vocales, puisque chaque cavité du conduit vocal renforce les fréquences proches de celle qui est propre. Si les harmoniques* hauts sont renforcés, le son est aigu ([t], [i], etc.); si les harmoniques bas ou le fondamental sont renforcés, le son est grave ([p], [k], [u], etc.).

finale

La *finale* d'un mot est la position de son dernier phonème ou de sa dernière syllabe, qui se trouvent de ce fait soumis à un certain nombre d'altérations dues à l'anticipation de l'initiale du mot suivant. En français, une voyelle finale est omise devant un autre mot commençant par une voyelle, une consonne finale est omise devant un autre mot commençant par une consonne ou devant une pause : *un petit ami* vs *un petit camarade, un rude travail* vs *un rude hiver*.

flèche

Dans le système de notation de la grammaire générative, la *flèche* donne l'instruction de réécrire l'élément à gauche de la flèche par l'élément (ou la suite d'éléments) écrit à droite de la flèche. Si la règle de réécriture est de la forme
$$SN \rightarrow D + N$$
la flèche indique que le syntagme nominal (SN) doit être converti dans la suite d'éléments : D (déterminant) suivi de N (nom).

fléchi

On appelle *forme fléchie* un mot constitué d'un morphème lexical et d'un morphème affixal (désinence*) qui exprime la fonction grammaticale, le nombre, la personne, la catégorie sémantique, etc. (V. FLEXION.)

flexion

1. En grammaire classique, la *flexion* est un procédé morphologique consistant à pourvoir les racines (verbales, nominales, etc.) d'affixes ou désinences; ceux-ci expriment les fonctions syntaxiques (cas) les catégories grammaticales du nombre, du genre, de la personne, ou les catégories sémantiques de l'animé, du comptable, etc., selon les classes de mots déterminées par chaque langue. Ainsi, le latin connaît une flexion nominale : *dominus* est formé de la racine *domin-* de la voyelle thématique *-o-* et de la désinence casuelle de nominatif *-s*. La flexion a été appelée aussi *accidence*.

2. La *flexion* est l'ensemble de formes fléchies d'un mot (nom, pronom ou verbe) variant selon les cas, le genre et le nombre, la personne, etc. La flexion des noms et des pronoms constitue la déclinaison; celle des verbes constitue la conjugaison.

flexionnel

Les *langues* dont les mots sont pourvus de morphèmes grammaticaux qui indiquent la fonction des unités sont *flexionnelles* (par opposition aux langues agglutinantes*), toutes les fois que les éléments constituant chaque morphème ne peuvent être segmentés. Ainsi, contrairement à l'exemple du turc, dans le latin *boni* le *i* est à la fois marque du pluriel, marque du nominatif, marque du masculin. Des suites de mots forment des déclinaisons*, classées en types et, pour chaque type, existe un paradigme* ou modèle sur lequel doivent être déclinés tous les mots du type (certaines terminaisons peuvent être toutefois analysées en divers éléments si l'on se réfère à l'étymologie). Ainsi, la différence du latin avec le turc, où l'on peut toujours analyser les mots en leurs éléments, est frappante.

focaliser

Syn. de EMPHATISER.

focus

On utilise parfois l'expression de *mise en focus* pour désigner les procédés d'emphase*.

fonctif

En glossématique, *fonctif* s'applique aux deux termes (dits *termes fonctifs*) d'une fonction*. Celle-ci est, selon le statut des fonctifs*, soit une interdépendance*, soit une détermination*, ou une constellation*.

fonction

1. On appelle *fonction* le rôle joué par un terme (phonème, morphème, mot, syntagme, etc.) dans la structure grammaticale de l'énoncé, chaque membre de la phrase étant considéré comme participant au sens général de la phrase. En ce cas, on distingue les fonctions de sujet et de prédicat, qui définissent les relations fondamentales de la phrase, et les fonctions de complémentation (compléments), assurées par des termes qui sont là pour compléter le sens lacunaire de certains autres (compléments déterminatifs). Ainsi, dans la phrase *Pierre lit un livre,* le mot *livre* a la fonction de complément d'objet. (V. aussi ACCENT [*fonction démarcative, distinctive de l'*].)

2. En glossématique*, on appelle *fonction,* dans un sens voisin de celui que le mot a en mathématiques, toute relation entre deux termes. Selon que les termes sont ou tous les deux constants, ou l'un constant et l'autre variable, ou tous les deux variables, la fonction est une interdépendance*, une détermination*, une constellation*.

3. En grammaire générative, la fonction est la relation grammaticale que les éléments d'une structure (les catégories) entretiennent entre eux dans cette structure.

Soit la règle de réécriture du noyau P, constitué d'un syntagme nominal et d'un syntagme verbal : P → SN + SV, on dira que la catégorie SN a dans cette règle la fonction de sujet, et que SV a la fonction de prédicat. En revanche, dans la structure où le syntagme verbal est constitué d'un auxiliaire, d'un verbe et d'un syntagme nominal (SV → Aux + V + SN), on dira que SN a la fonction de complément (ou objet) dans la structure ainsi définie. La catégorie est distincte de la fonction.

4. Les *fonctions du langage,* c'est-à-dire les diverses fins qu'on assigne aux énoncés en les produisant, sont à la base des thèses de l'ÉCOLE DE PRAGUE. Le nombre des fonctions reconnues a varié selon les théories linguistiques. D'un commun accord, on reconnaît comme la plus importante la *fonction référentielle,* ou *cognitive,* ou *dénotative.* Le langage est ainsi considéré comme ayant pour but de permettre aux hommes de communiquer des informations. C'est l'existence de cette fonction qui permet de décrire le langage selon le schéma de la théorie de la communication. Certains courants, auxquels on a tendance à réduire le fonctionnalisme*, considèrent que la fonction cognitive est centrale et seule digne d'intérêt, et que les autres sont secondaires. On ajoute à la fonction référentielle la *fonction impérative,* ou *injonctive* (le langage est utilisé comme un moyen pour conduire autrui à adopter un certain comportement), et la *fonction expressive* (le locuteur tend non pas à apporter des informations, mais à exprimer des sentiments). R. JAKOBSON décrit les fonctions du langage en se référant aux éléments nécessaires à toute communication linguistique : existence d'un destinataire, d'un destinateur, d'un contexte auquel le message renvoie, d'un code, d'un contact (canal physique et connexion psychologique entre le destinataire et le destinateur, qui permettent d'établir et de maintenir la communication).

Par la *fonction référentielle,* le message est centré sur le contexte, par la *fonction émotive* sur le locuteur, par la *fonction conative* sur le destinataire, par la *fonction phatique* sur le contact, par la *fonction métalinguistique* sur le code, par la *fonction poétique* sur le message en tant que tel.

Chaque fonction du langage se manifeste dans le discours par des traits qui lui sont propres, mais il y a de nombreuses interférences dans un texte déterminé.

5. Le projet soviétique de dictionnaire explicatif et combinatoire exploite en particulier la notion de *fonction lexicale.* Une fonction lexicale est la relation de sens entre un mot clé C_o et d'autres mots C_i. Pour qu'il y ait fonction lexicale, il faut :

a) que cette relation intervienne entre de nombreux C_o (autrement, elle serait réputée *ad hoc*);

b) qu'elle concerne divers C_i ;

c) que le choix du bon C_i pour l'expression d'une relation $C_o - C_i$ soit déterminé par C_o.

On prendra quelques exemples de fonctions lexicales.

— Pour la relation marquant le point culminant, le symbole sera Centr. Nous donnons des exemples anglais correspondants, pour montrer la différence de réalisation sémantique des fonctions lexicales dans des langues diverses :

Centr (gloire) = comble Centr (glory) = summit
Centr (crise) = nœud, cœur Centr (crisis) = peak
Centr (ville) = centre Centr (city) = center
Centr (vie) = milieu Centr (life) = prime

— Pour la relation de synonymie, le symbole sera Syn. On remarquera bien sûr que cette fonction lexicale existe pour certains mots dans une langue, pour d'autres mots dans une autre langue :

Syn (aider) : assister Syn (to help) = to aid
Syn (vin de Bordeaux) = ø Syn (Bordeaux) = claret
Syn (fatal) = ø Syn (fatal) = woeful
Syn (se marier) = épouser Syn (marry) = ø

Enfin, Gener rendra compte du nom du genre, de l'espèce, en fonction de C_o. Par exemple :

Gener (liquide) = substance
Gener (bleu) = couleur
Gener (ramper) = bouger

La considération de ces diverses fonctions lexicales (47 fonctions standard, ainsi que diverses fonctions non-standard), entre pour une part majeure dans le dictionnaire explicatif et combinatoire en projet. De manière générale, ce dictionnaire envisage de présenter le processus de la génération (théorie explicite du passage de la structure profonde au niveau de l'énoncé réalisé) comme une succession intégrale de degrés.

fonctionnalisme

1. La réflexion de l'École de Prague sur la fonction (les fonctions*) du langage a donné naissance à divers *courants fonctionnalistes* qui ont tendance à privilégier telle ou telle des fonctions du langage. Ainsi, de l'œuvre d'A. Martinet, on peut dégager trois directions essentielles qui ont des rapports étroits entre elles : celle de la phonologie générale et descriptive, celle de la phonologie diachronique, celle de la linguistique générale. Le point central de la doctrine réside dans le concept de double articulation. La première articulation en monèmes intervient sur le plan de l'expression et sur le plan du contenu; grâce à elle, un nombre indéfini d'énoncés est possible à partir d'un inventaire limité de monèmes. La seconde articulation ne concerne que le plan de l'expression. La substitution de l'un des segments, ainsi défini, à un autre de même type n'entraîne pas chaque fois la même variation de sens. Ainsi, la substitution de [ɛ] à [ɔ] dans [pɔr] et [mɔr] donnent [pɛr] et [mɛr] qui ont d'autres signifiés; au contraire, dans la première articulation, la substitution de [re] à [ɛ] dans [mɑ̃ʒɛ] et [ʃɑ̃tɛ] correspond dans les deux cas dans le plan du contenu au sens d'action future. Grâce à la seconde articulation quelques dizaines de phonèmes permettent de former des dizaines de milliers de signifiants différents. En revanche, à la différence de R. Jakobson, A. Martinet ne considère pas qu'il soit nécessaire d'introduire une troisième articulation (celle des traits pertinents, une dizaine) constituant les phonèmes. En phonologie générale, A. Martinet évalue le rendement fonctionnel (fonction linguistique) des différences phoniques : partant de la distinction importante des faits phonétiques et des faits phonologiques, il oppose les nécessités de la communication (exigence d'un nombre maximum d'unités qui soient les plus différentes possibles) et la tendance au moindre effort (exigence d'un nombre d'unités les moins différentes possibles). La tendance à harmoniser ces deux exigences aboutit à l'économie dans la langue ou à l'amélioration du rendement fonctionnel. Chaque unité de l'énoncé est soumise à deux pressions contraires : une pression (syntagmatique) dans la chaîne parlée, exercée par les unités voisines, et une pression (paradigmatique) dans le système, exercée par les unités qui auraient pu figurer à la même place. La première pression est assimilatrice, la deuxième dissimilatrice.

Cette tendance fonctionnaliste a aussi ses applications dans la syntaxe. A. Martinet distingue ainsi des monèmes fonctionnels (comme les prépositions ou les désinences casuelles) et les modalités (comme le nombre ou l'article).

2. De son côté, R. Jakobson se fonde sur les fonctions* du langage (les points de vue du locuteur, de l'auditeur, du message, du contexte, du contact entre locuteur et récepteur, du code définissent la fonction émotive ou expressive, la fonction conative, la fonction poétique, la fonction dénotative, la fonction phatique et la fonction métalinguistique). Le fonctionnalisme de R. Jakobson est caractérisé par la réapparition de la diachronie, qui n'est plus seulement une succession d'études synchroniques, alors que, depuis F. de Saussure, on admettait que l'étude diachronique présuppose l'étude synchronique, la réciproque n'étant pas vraie. Pour R. Jakobson, il ne peut y avoir d'étude synchronique sans analyse diachronique : des changements interviennent constamment dans le système d'une époque, comme les tendances stylistiques par exemple (relevant des fonctions expressive et connotative); ainsi, tel type de prononciation est ordinaire pour les grands-parents, il est marqué et relevant du style soutenu pour les parents, qui en ont également un autre, il est totalement absent chez les enfants. La synchronie ne doit donc pas être conçue de façon statique, mais de façon dynamique. Contrairement à une affiche, la synchronie d'un film n'est pas une image, ou une série d'images considérées séparément, mais l'examen du film dans sa dynamique. Enfin, l'interprétation du changement doit être fondée sur la finalité des modifications intervenues.

L'utilisation d'un signe linguistique fait appel à la combinaison dans l'axe syntagmatique et à la sélection dans l'axe paradigmatique. En outre, la combinaison elle-même peut se faire par enchaînement ou par co-occurrence.

Une partie importante de l'œuvre de R. JAKOBSON présente une phonologie fondée sur la définition de traits distinctifs qui peuvent se présenter simultanément dans le phonème; celui-ci est constitué par leur réunion. Ces traits distinctifs ont un caractère binaire, les phonèmes étant caractérisés par la présence ou l'absence d'une certaine qualité. Ainsi, les consonnes se classent sur la base des oppositions, présence ou absence du caractère labial, dental, palatal, etc. On se dirige donc vers une sorte de classification unitaire dans laquelle les voyelles et les consonnes sont classées selon les mêmes catégories. Même si on peut contester l'hypothèse de travail selon laquelle une phonologie universelle se contenterait de 12 oppositions binaires, le schéma binariste est très pratique et se trouve notamment repris par la grammaire générative pour décrire le fonctionnement de la composante phonologique.

fonctionnel

1. On appelle *mots fonctionnels* les mots qui indiquent certaines relations grammaticales entre les syntagmes constituant une phrase (prépositions), ou entre les phrases (conjonctions), ou qui marquent la frontière d'un syntagme nominal qu'ils déterminent (articles). Les mots fonctionnels se distinguent des morphèmes lexicaux parce que ce sont des morphèmes non-autonomes qui n'ont de sens que relativement à la structure grammaticale dans lesquels ils entrent; ils sont dénommés aussi *marqueurs structurels* ou *mots-outils*.

2. On dit d'une *opposition* qu'elle est *fonctionnelle* dans une langue donnée quand elle est pertinente pour la communication des messages (v. FONCTIONNALISME) : ainsi, l'opposition /p/ : /b/ est fonctionnelle en français. (V. PERTINENT.)

fondamental

1. En acoustique, on appelle *son fondamental* le son provoqué par la vibration du corps vibrant en son entier, par opposition aux harmoniques* produits par la vibration des différentes parties du corps vibrant.

La vibration des cordes vocales produit une onde dont le spectre présente un grand nombre de composantes, qui sont toutes des multiples entiers de la fréquence fondamentale. La fréquence fondamentale correspond à la fréquence vibratoire des cordes vocales. Tout renforcement de la fréquence fondamentale rend le son plus grave.

2. On appelle *vocabulaire fondamental* d'une langue l'ensemble des items lexicaux les plus fréquemment utilisés dans un corpus étendu d'énoncés, écrits ou parlés, appartenant à l'usage le plus courant.

fonds commun

On peut appeler *fonds commun* d'une langue l'ensemble de mots ou de constructions que tous les locuteurs de cette langue emploient. Cette notion implique nécessairement que l'on fait abstraction des différences les plus minimes dans la manière de parler, celles qui reflètent les différences d'âge, de sexe, de groupe social, de milieu éducatif, d'intérêts culturels. Elle tend à présenter l'ensemble décrit comme homogène, car elle permet de minimiser les écarts.

force

La *force* est la qualité subjective (auditive ou perceptive) qui correspond à l'intensité*. L'intensité est la qualité objective, physique (acoustique) susceptible d'être mesurée par un équipement expérimental, indépendamment du sujet qui reçoit le message. La force, au contraire, comme toutes les qualités subjectives, relève des sensations éprouvées par l'auditeur et ne peut se mesurer sans lui.

formalisation

La généralisation des règles linguistiques explicites, exprimée par des règles formelles ou *formalisation*, correspond à un désir de répondre à certaines questions fondamentales sur la nature de l'aptitude linguistique et sur sa mise en œuvre. Une description formelle décrit les relations entre les unités d'une langue donnée sans faire état de leur interprétation ni de leur actualisation en des items spécifiques. Ces relations peuvent intéresser les unités de divers niveaux : les traits distinctifs, les phonèmes, les morphèmes, les lexèmes, la phrase.

Le mot d'*interprétation* ne doit pas prêter à confusion : ne pas faire état de l'interprétation, c'est pour une grammaire formelle s'interdire aussi bien la description du phonétisme d'une phrase que la description de son contenu sémantique. Une description formelle ne fournira donc pas de renseignements sur le contenu sémantique d'une catégorie grammaticale (par exemple masculin *vs* féminin) ou d'une fonction (par exemple syntagme prédicatif); elle ne renseignera pas non plus sur l'interprétation phonétique de la phrase.

Une grammaire formelle fournit une hypothèse sur l'ensemble des conditions que doit remplir une phrase pour recevoir, par ailleurs, une interprétation phonétique et sémantique. Cet ensemble formalisé est appelé *description structurelle*.

Donnons un exemple de formalisation. La phrase de base peut être représentée par le symbole Σ. Cette phrase de base est soumise à une réécriture, qui s'exprime par exemple dans la formule :

$$\Sigma \rightarrow \text{Mod} + \text{P},$$

où le symbole Mod note la modalité de la phrase (Déclaratif, Interrogatif, Impératif, etc.) pendant que le noyau est représenté par le symbole P. Dans le premier postulat d'une grammaire formelle (générative transformationnelle), la flèche est le symbole indiquant la réécriture de Σ en Mod + P, une instruction d'avoir à réécrire le symbole de gauche de la façon indiquée; le signe + indique la liaison des symboles Mod et P par l'opération de concaténation. La règle de réécriture proposée comme exemple est suivie de nombreuses autres règles, opérant toujours par des symboles abstraits.

Dans le premier projet de formalisation de la grammaire de N. CHOMSKY, la centralité de la syntaxe était un postulat essentiel : la composante centrale de la grammaire était une syntaxe, entièrement formalisée; son rôle était la description structurale : la composante phonologique transcrivait la description structurale en séquences de signaux sonores, la composante sémantique attribuait à la description structurale un contenu sémantique.

L'espoir mis dans la centralité exclusive de la syntaxe ayant été déçu puisque certains linguistes ont réintroduit tout ou partie de la composante sémantique à l'intérieur de la syntaxe, le projet de formalisation n'est pas pour cela abandonné. Mais la formalisation des données sémantiques nécessaires à la construction d'un modèle de compétence (dans le cadre d'une grammaire formelle) complique beaucoup le projet initial.

formant

1. En linguistique structurale, on appelle *formants de thème verbal* les suffixes servant à constituer avec des radicaux des thèmes verbaux (ex. : *-iser* dans *caraméliser; -ifier* dans *décalcifier*) et *formants du thème nominal* les suffixes servant à constituer des thèmes nominaux (ex. : *-age* dans *lavage; -ment* dans *nivellement*).

2. En linguistique classique, on appelle *formants thématiques* des affixes qui s'ajoutent au radical et qui sont suivis de la désinence casuelle ou temporelle; ainsi, en grec, le formant thématique de certains verbes (dits « thématiques ») est *e/o* comme *luomen, luete,* etc., sur le radical *lu-* (délier).

3. En grammaire générative, dans la première étape de la théorie, on oppose les morphèmes, éléments syntaxiques constitutifs des suites syntagmatiques terminales (suites sous-jacentes générées par la base* syntagmatique), aux *formants* ou *formatives,* éléments syntaxiques constitutifs des suites transformées terminales (dérivées par l'application des transformations aux suites sous-jacentes) et qui reçoivent une interprétation phonétique. Ainsi, en français, la suite sous-jacente *Le père lit le journal* est constituée des morphèmes :
Le + père + singulier + Prés + lire + le + journal + singulier,
alors que la suite passive dérivée est constituée des formants ou formatives :
Le + livre + singulier + Prés + être + participe passé + lire + par + le + père + ø.
La suite des formants est constituée de plus d'éléments que la suite des morphèmes.

4. En phonétique, on appelle *formants* les fréquences d'un son complexe renforcées par un filtre acoustique. Dans la phonation, les deux principaux formants, responsables du timbre particulier de chaque voyelle et de certaines consonnes, sont les fréquences renforcées par les deux principaux résonateurs de l'appareil vocal : le pharynx et la bouche. D'autres formants peuvent intervenir qui correspondent à l'adjonction d'un résonateur supplémentaire (le formant caractéristique des voyelles nasales, par exemple) ou qui accusent le timbre particulier de certains types vocaliques : ainsi, un troisième formant aux environs de 3 000 cycles par seconde accentue le timbre aigu de [i] et [y]. Les consonnes occlusives se caractérisent par l'absence de formants. Les fricatives se caractérisent par une structure de formants très peu nette.

formateur

Dans la terminologie sémantique de C. W. Morris, le *formateur* (anglais *formator*) est un signe comportant l'instruction implicite d'une opération linguistique (telle que négation, généralisation, etc.). U. Weinreich considère comme formateurs :

a) les opérateurs pragmatiques, tels que l'interrogation, l'ordre, etc., et tous les procédés linguistiques notant l'attitude du locuteur quant au contenu de son discours (marqueurs de la distance et de la modalisation*);

b) les signes déictiques; par exemple, les embrayeurs de R. Jakobson, puisque ces signes impliquent référence à l'acte de communication dans lequel ils sont utilisés : *ici/là, hier/demain* s'ordonnent par rapport au lieu ou au temps de la communication;

c) les opérateurs propositionnels, c'est-à-dire les solutions lexicales concurrençant tel autre type de formateur; par exemple, le mot *ignorer* sera un opérateur propositionnel, par opposition au formateur négation *(ignorer =* adjonction de la négation à *savoir);*

d) les quantificateurs *(certain, quelque, tous les,* etc.);

e) les formateurs purement syntaxiques, organisateurs de l'expression : certains éléments de l'ordre des mots, certains cas de déclinaison, etc. Par exemple, alors que des cas comme l'ablatif d'origine ou l'accusatif de but ont un contenu désignatif (un designatum), le nominatif sera un formateur, pour autant qu'il n'est que signe du sujet.

formation de mots

On appelle *formation de mots* l'ensemble de processus morpho-syntaxiques permettant la création d'unités nouvelles à partir de morphèmes lexicaux. On utilise ainsi, pour former des mots, les affixes de dérivation* ou les procédures de composition*.

formative. V. FORMANT

forme

En linguistique comme dans le vocabulaire général, le mot *forme* est polysémique.

1. Dans l'acception saussurienne, le terme *forme* est synonyme de *structure* et s'oppose à *substance* : la substance est la réalité sémantique ou phonique (masse non structurée), la forme est le découpage spécifique opéré sur cette masse amorphe et issu du système de signes. La forme d'une langue va donc s'exprimer par les relations que les unités linguistiques entretiennent entre elles. Aussi, pour E. BENVENISTE, la forme d'une unité linguistique se définit-elle comme sa capacité de se dissocier en constituants de niveau inférieur, pendant que le sens d'une unité se définit comme sa capacité d'intégrer une unité de niveau supérieur (c'est-à-dire que l'unité fera « partie intégrante » d'une unité de rang supérieur, ici le syntagme). La forme de *table* sera sa capacité à se dissocier en /t/, /a/, /b/, /l/, qui sont des phonèmes; le sens de *table* sera sa capacité à constituer avec d'autres unités du rang morphématique une unité syntaxique *table d'opération* (syntagme).

C'est sur ce sens du mot *forme* qu'opère L. HJELMSLEV, mais il réinterprète l'opposition forme *vs* substance de F. DE SAUSSURE; il oppose, tant au plan de l'expression (signifiants) qu'au plan du contenu (signifiés), la forme et la substance. Dans l'expression*, nous avons une substance (la masse phonique) structurée comme forme par la langue. La forme de l'expression fournira, par exemple, sept mots pour l'expression des « couleurs fondamentales » du spectre solaire en français. De même le contenu, fondé sur une substance (pensée amorphe), reçoit une forme propre à la langue donnée. Ce sont ces deux formes qui définissent linguistiquement la langue.

2. Dans une acception traditionnelle, le mot *forme* s'oppose à *contenu*, à *sens;* F. DE SAUSSURE parle en ce cas d'expression opposée à contenu. La forme est alors la structure de la langue non interprétée sémantiquement qui s'oppose au sens, à la signification.

E. SAPIR attire, dans cette perspective, l'attention sur l'absence de rapport, dans une langue donnée, entre forme et fonction. Par exemple, l'idée de négation peut être marquée en français par des procédures formelles très différentes : adjonction du préfixe *in- (inconnu),* ou emploi du morphème discontinu *ne ... pas (je ne le connais pas).*

3. Le mot *forme* peut désigner une unité linguistique (morphème ou construction) identifiée par ses traits formels. A ce titre, on opposera par exemple, avec L. BLOOMFIELD, forme régulière (toute forme qu'un locuteur peut composer sans l'avoir jamais entendue, par simple application de règles; par exemple *finirai*) et forme irrégulière (toute forme qu'il est nécessaire d'avoir déjà entendue pour la réaliser correctement; par exemple *courrai*). L. BLOOMFIELD distingue *forme libre* (free form)* et *forme liée* (bound form).* Sera dite forme libre toute unité susceptible de constituer un énoncé. *Jacques, heure,* etc., sont des formes libres; *-ant* dans *chantant, -eur* dans *chanteur* sont des formes liées. On remarquera les possibilités de phonétisme commun entre formes liées et formes libres ([œr] dans le suffixe-*eur* et le mot *heure*).

Les formes libres elles-mêmes se subdivisent en forme libre minimale (le mot) et forme libre non-minimale. Le mot, émis seul, possède un sens et ne peut être analysé en unités ayant toutes un sens; *malheureux* peut s'analyser en *malheur* (ayant un sens) et en *-eux; malheur* comme *malheureux* sont des mots, alors que *-eux* est une forme liée. La forme libre non-minimale est le syntagme; la phrase est elle-même une forme libre non-minimale.

formel

Dans l'analyse distributionnelle, la segmentation d'une unité supérieure en ses constituants permet de la réduire aux seuls éléments *formels* : en effet, l'analyse d'une unité par son environnement évite de faire entrer en ligne de compte sa signification : la division en cinq graphèmes (ou quatre phonèmes) de l'unité *table* ne conserve rien du sens que comporte le lexème *table*. L'analyse ainsi faite rend compte des rapports formels existants, mais non du sens, qui apparaît ici au niveau du morphème. Lorsque la comparaison (par exemple par la pratique du système des paires minimales) apporte la certitude qu'il y a en ce cas quatre phonèmes, on a défini les quatre constituants formels du morphème *table,* mais on n'a pas rendu compte du sens. Le projet de la grammaire formelle (v. FORMALISATION), fondé sur le postulat de la centralité de la syntaxe, vise à rendre compte, par une description structurale, des constituants de tout message linguistique, en dehors de toute considération d'interprétation phonétique et/ou d'interprétation sémantique.

fort

1. On appelle *aoriste fort,* l'aoriste grec caractérisé (1) par l'absence d'infixe (par opposition à l'aoriste sigmatique) et (2), généralement, par le degré réduit de la racine : *elipon,* aoriste fort (ou aoriste second) de *leipô.*

2. On appelle *formes fortes* celles qui présentent la forme pleine du thème. (V. ALTERNANCE.)

3. En phonétique, une *consonne forte* est une consonne pour l'articulation de laquelle le courant d'air expiratoire est plus intense, et donc la résistance au point d'articulation plus énergique et la tension des muscles plus grande. Les consonnes fortes du point de vue perceptif sont physiologiquement tendues et acoustiquement intenses. En français, toutes les consonnes non-voisées sont des fortes.

fracture

On appelle *fracture* ou brisure* un phénomène de dilation aboutissant à la diphtongaison de la voyelle concernée.

franchissement

Dans la terminologie de N. S. TROUBETZKOY et de l'ÉCOLE DE PRAGUE, on appelle *mode de franchissement de l'obstacle* la façon dont s'effectue le passage de l'air au lieu d'articulation des phonèmes consonantiques (on dit aussi mode d'articulation). Le mode de franchissement du premier degré oppose entre elles les séries occlusives, fricatives et sonantes. Le mode de franchissement de second degré oppose, à un même degré d'obstacle et à la même localisation, les phonèmes différents par la tension, le voisement et l'aspiration. Le mode de franchissement de troisième degré oppose les phonèmes géminés (c'est-à-dire une séquence des phonèmes identiques et contigus appartenant à deux syllabes différentes) aux phonèmes simples.

fréquence

La *fréquence d'un son* est le nombre de cycles accomplis par unité de temps. La fréquence se calcule en général en cycles/seconde, ou hertz. La période étant le temps mis par le corps vibrant pour effectuer un cycle, la fréquence correspond à l'inverse de la période. La fréquence de vibration d'un corps dépend de ses qualités spécifiques, entre autres, s'il s'agit d'une cavité, de son volume, de sa forme, de la grandeur de l'ouverture par rapport au volume. C'est pourquoi la modification de la forme du chenal buccal entraîne des variations de la fréquence du son du langage.

Le champ auditif de l'homme, entre le seuil de la douleur et le seuil absolu, est compris entre 20 et 20 000 cycles/seconde. Les fréquences auxquelles l'oreille est la plus sensible se situent entre 1 000 et 6 000 cycles/seconde. L'étendue des fréquences vocales du discours normal est de 60 à 350 cycles/seconde, c'est-à-dire plus de deux octaves.

fréquentatif

On appelle *fréquentatif* une forme verbale pourvue d'un affixe, qui indique la répétition de l'action exprimée par la racine du verbe. Ainsi *criailler, redire* sont des formes fréquentatives qui ont, l'une, le suffixe *-ailler*, l'autre le préfixe *re-*.

fricative

Une *consonne fricative* (dite aussi *constrictive* ou *spirante*) est une consonne caractérisée par un resserrement du chenal buccal qui entraîne sur le plan auditif une impression de friction ou de sifflement due au passage difficile de l'air à travers les parois du chenal buccal et, sur le plan acoustique, un aspect brouillé du spectre dû à la turbulence des ondes. Il est en principe possible de produire des fricatives en n'importe quel point de la bouche, depuis les lèvres jusqu'au pharynx et même au larynx. En français [f], [v], [ʒ], [ʃ], [s], [z] sont des fricatives. L'anglais et l'allemand présentent des fricatives laryngées (dans les mots House et Haus) inconnues en français. L'espagnol présente aussi des fricatives inconnues en français : la fricative bilabiale [ß] dans *haber*, la fricative interdentale [θ] dans *cinco*, la fricative apicodentale dans *nada*, les deux fricatives vélaires *hijo* et *hage*.

frontière

1. On appelle *frontière linguistique* la ligne idéale figurant le passage d'un dialecte à un autre dialecte ou d'une langue à une autre langue. Alors que les frontières entre langues de familles différentes sont généralement nettes, les frontières entre parlers apparentés sont floues; leur tracé varie en fonction des traits choisis comme caractéristiques. On parle plutôt d'isoglosses* (ou limite de deux traits différents) et de faisceaux d'isoglosses.

2. *Frontière de mot.* V. JONCTURE.

fusion

On appelle *fusion* la combinaison de deux éléments en contact à l'intérieur d'un mot, qui rend difficile l'analyse directe. Ainsi le latin *prudens* est issu par fusion de *providens*.

fusionnant

On emploie quelquefois *langue fusionnante* pour langue flexionnelle*, parce qu'une langue flexionnelle amalgame et opère la fusion des divers morphèmes casuels (désinences).

futur

1. Le *futur* est un temps* situant l'énoncé dans un moment après l'instant présent*, après le « maintenant ». Le futur s'exprime par des combinaisons d'affixes verbaux *(Il viendra, ils prendront)* ou par des adverbes *(Il vient demain).*

2. On donne le nom de *futur simple* à un ensemble de formes verbales du français constituées d'une racine verbale et d'affixes verbaux (r + affixe de présent → *ra, ront*, etc.) et exprimant le temps futur.

3. On donne le nom de *futur antérieur* à un ensemble de formes verbales du français constituées de l'auxiliaire *avoir* (ou *être*) et d'un participe passé, l'auxiliaire étant lui-même affecté des affixes verbaux du futur. Le futur antérieur traduit la catégorie de l'aspect (procès accompli) et celle du temps (procès dont l'achèvement se fait après l'instant de l'énoncé) : *Dès qu'il aura fini, qu'il vienne.*

gazouillis

On appelle *gazouillis* la suite de sons émis par un enfant entre un et cinq mois, non accompagnés de cris, qui présentent une extrême variété sans avoir encore de valeur phonologique.

gémination

On appelle *gémination* le phénomène de renforcement d'une articulation consonantique qui en prolonge la durée environ de moitié et en augmente l'intensité. Ce phénomène est parfois appelé aussi *redoublement,* bien qu'il n'y ait pas véritablement répétition de la consonne. La gémination peut avoir une valeur linguistique dans certaines langues, comme l'italien, qui opposent des consonnes simples à des consonnes géminées. Dans les autres langues, elle peut également apparaître avec une valeur expressive : ainsi en français, la gémination n'apparaît pratiquement que dans certaines prononciations académiques ou régionales, ou pour exprimer une violente émotion. « *C'est ab-bominable!* » Elle se produit par ailleurs lorsque le phonème final d'un mot et le phonème initial du mot suivant sont identiques : *il lit* (ll); *vous êtes têtu* (tt).

géminé

Une *consonne géminée* est une consonne plus longue qu'une consonne simple et dont l'articulation est plus énergique (ou plus intense). Une géminée se distingue d'une consonne longue par le fait qu'elle se trouve scindée par une frontière syllabique, la première partie pouvant être considérée comme implosive, l'autre comme explosive. L'italien oppose un certain nombre de géminées aux consonnes homorganiques correspondantes /pala/ *pelle* et /palla/ *balle,* /pani/ *pains* et /panni/ *vêtements,* /tuta/ *bleu de travail* et /tutta/ *toute,* /buka/ *trou* et /bukka/ *bouche,* etc.

généalogie

La linguistique ayant pris au XIXe siècle la biologie comme modèle, on a parlé pour les langues de « vie », de « mort », de « parenté » : c'est dans cette perspective qu'on emploie le terme *généalogie*. Établir la généalogie d'une langue, c'est déterminer la langue dont elle provient, ainsi que les langues de même origine qu'elle : établir la généalogie du français, c'est lui donner pour ancêtre le latin et préciser que l'italien, l'espagnol, le portugais et le roumain sont aussi issus du latin (on dit que ce sont les langues sœurs du français, le latin étant la langue mère). Établir la généalogie du latin, c'est, grâce à la grammaire comparée*, lui donner pour ancêtre l'indo-européen. (V. FAMILLE DE LANGUES.)

générale (grammaire)

La *grammaire générale* a pour objet d'énoncer certains principes (universaux) ou axiomes auxquels obéissent toutes les langues. Dans son souci d'élaborer une théorie de la phrase comme une partie ou un aspect de la logique formelle, afin de systématiser l'étude des propositions et des jugements, ARISTOTE a jeté les premières bases de la grammaire générale. Celle-ci se développe aux XVIIe et XVIIIe siècles comme un ensemble d'hypothèses sur la nature du langage considéré comme découlant des « lois de la pensée »; elle est consacrée par le succès de la *Grammaire générale et raisonnée* de Port-Royal : cet ouvrage qui, pendant deux siècles, servira de base à la formation grammaticale, explique les faits en partant du postulat que le langage, image de la pensée, exprime des jugements et que les réalisations diverses qu'on rencontre dans les langues sont conformes à des schémas logiques universels. Acceptée même par CONDILLAC et les philosophes empiristes, la grammaire générale a connu une longue éclipse pendant la période du positivisme. N. CHOMSKY y voit actuellement l'ancêtre des grammaires génératives; elle est aussi le fondement de recherches comme celles de C. FILLMORE sur la grammaire des cas.

généralisation

La *généralisation* est un processus cognitif qui consiste, en partant d'un certain nombre de constatations empiriques, à élaborer un concept : ainsi, le concept « chaise » est élaboré à partir de la perception d'objets comportant un certain nombre de propriétés communes. La généralisation est dite secondaire quand elle se produit non pas directement à partir des objets eux-mêmes, de leur voisinage physique, mais à partir de mots ou d'images qui évoquent cet objet. Il y aura *généralisation sémantique* quand une réponse provoquée par un mot-stimulus est aussi provoquée par des synonymes de ce mot : si on conditionne une réponse de sécrétion salivaire au mot *manière*, la même réponse sera évoquée, bien que plus faible, par un stimulus proche sémantiquement, comme *façon, sorte*.

généralisé

1. En grammaire générative, on appelle *transformation généralisée* la transformation* qui opère sur deux (ou plus de deux) suites générées par la base. Ainsi, les transformations relative et complétive sont des transformations généralisées puisqu'elles enchâssent une suite (relative ou complétive) dans une autre suite, dite « phrase matrice* ». Les transformations généralisées, ou transformations binaires, s'opposent aux transformations singulières qui opèrent sur une seule suite, comme les transformations passive, interrogative, affixale, etc.

2. On appelle quelquefois *comparatif généralisé* le superlatif relatif*.

généralité

Le critère de *généralité* des règles est un critère qui, avec la simplicité, permet d'évaluer la capacité d'une grammaire : la règle qui pourra rendre compte du plus grand nombre de faits possibles dans le plus grand nombre de langues satisfait à cette condition de généralité.

génératif

Une grammaire est *générative* quand elle est faite d'un ensemble de règles (avec un lexique associé) qui permet, pour toute combinaison des mots de la langue, de décider si cette combinaison est grammaticale et de lui fournir, dans ce cas, une description structurelle. Une grammaire générative est explicite en ce sens que la nature et le fonctionnement des règles sont décrits d'une manière rigoureuse et précise qui en permet la formalisation. Une grammaire générative n'a pas nécessairement des transformations comme la « grammaire générative » de N. CHOMSKY. (V. GÉNÉRATIVE [GRAMMAIRE]).

générative (grammaire)

La *grammaire générative* est une théorie linguistique élaborée par N. CHOMSKY et par les linguistes du Massachusetts Institute of Technology entre 1960 et 1965. Critiquant le modèle distributionnel et le modèle des constituants immédiats de la linguistique structurale, qui, selon eux, décrivent seulement les phrases réalisées et ne peuvent expliquer un grand nombre de données linguistiques (comme l'ambiguïté, les constituants discontinus, etc.), N. CHOMSKY définit une théorie capable de rendre compte de la créativité* du sujet parlant, de sa capacité à émettre et à comprendre des phrases inédites. Il formule des hypothèses sur la nature et le fonctionnement du langage : ce dernier, spécifique à l'espèce humaine, repose sur l'existence de structures universelles innées (comme la relation sujet/prédicat) qui rendent possible l'acquisition (l'apprentissage) par l'enfant des systèmes particuliers que sont les langues : l'environnement linguistique active ces structures inhérentes à l'espèce, qui sous-tendent le fonctionnement du langage. Dans cette perspective, la *grammaire* est un mécanisme fini qui permet de générer* (d'engendrer) l'ensemble infini des phrases grammaticales (bien formées, correctes) d'une langue, et elles seules. Formée de règles définissant les suites de mots ou de sons qui sont permises, cette grammaire constitue le savoir linguistique des sujets parlant une langue, c'est-à-dire leur compétence* linguistique; l'utilisation particulière que chaque locuteur fait de la langue dans une situation particulière de communication relève de la performance*.

La grammaire est formée de trois parties ou composantes :
— *une composante syntaxique*, système des règles définissant les phrases permises dans une langue;
— *une composante sémantique*, système des règles définissant l'interprétation des phrases générées par la composante syntaxique;
— *une composante phonologique et phonétique*, système de règles réalisant en une séquence de sons les phrases générées par la composante syntaxique.

La composante syntaxique, ou syntaxe, est formée de deux grandes parties : la *base*, qui définit les structures fondamentales, et les *transformations*, qui permettent de passer des structures profondes, générées par la base, aux structures de surface des phrases, qui reçoivent alors une interprétation phonétique pour devenir les phrases effectivement réalisées. Ainsi, la base permet de générer les deux suites :
(1) La + mère + entend + quelque chose,
(2) L' + enfant + chante.

La partie transformationnelle de la grammaire permet d'obtenir *La mère entend que l'enfant chante* et *La mère entend l'enfant chanter*. Il s'agit encore de structures abstraites qui ne deviendront des phrases effectivement réalisées qu'après application des règles de la composante phonétique.

La *base* est formée de deux parties :
a) La *composante* ou *base catégorielle* est l'ensemble des règles définissant les relations grammaticales entre les éléments qui constituent les structures profondes et qui sont représentés par les symboles catégoriels. Ainsi, une phrase est formée de la suite SN + SV, où SN est le symbole catégoriel de syntagme nominal et SV le symbole catégoriel de syntagme verbal : la relation grammaticale est celle de sujet et de prédicat;
b) Le *lexique*, ou dictionnaire de la langue, est l'ensemble des morphèmes lexicaux définis par des séries de traits les caractérisant; ainsi, le morphème *mère* sera défini dans le lexique comme un nom, féminin, animé, humain, etc. Si la base définit la suite de symboles : Art + N + Prés + V + Art + N (Art = article, N = Nom, V = verbe, Prés = Présent), le lexique substitue à chacun de ces symboles un « mot » de la langue : La + mère + t + finir + le + ouvrage, les règles de transformation convertissent cette structure profonde en une structure de surface : la + mère + finir + t + le + ouvrage, et les règles phonétiques réalisent *La mère finit l'ouvrage*.

On a donc obtenu, à l'issue de la base, des suites terminales de formants grammaticaux (comme nombre, présent, etc.) et des morphèmes lexicaux; ces suites sont susceptibles de recevoir une interprétation selon les règles de la composante sémantique. Pour être réalisées elles vont passer par la composante transformationnelle.

Les *transformations* sont des opérations qui convertissent les structures profondes en structures de surface sans affecter l'interprétation sémantique faite au niveau des structures profondes. Les transformations, déclenchées par la présence dans la base de certains constituants, comportent deux étapes; l'une consiste en l'analyse structurelle de la suite issue de la base afin de voir si sa structure est compatible avec une transformation définie, l'autre consiste en un changement structurel de cette suite (par addition, effacement, déplacement, substitution); on aboutit alors à une suite transformée correspondant à une structure de surface. Ainsi, la présence du constituant « Passif » dans la suite de base entraîne des modifications qui font que la phrase *Le père lit le journal* devient *Le journal est lu par le père.*

Cette suite va être convertie en une phrase effectivement réalisée par les règles de la composante phonologique (on dit aussi morphophonologique) et phonétique. Ces règles définissent les « mots » issus des combinaisons de morphèmes lexicaux et de formants grammaticaux, et leur attribuent une structure phonique. C'est la composante phonologique qui convertit le morphème lexical « enfant » en une suite de signaux acoustiques [ãfã].

La théorie générative doit fournir une théorie phonétique universelle permettant de dresser la liste des traits phonétiques et les listes des combinaisons possibles entre ces traits; elle repose donc sur une matrice universelle de traits phoniques. La théorie doit fournir une théorie sémantique universelle susceptible de dresser la liste des concepts possibles; elle implique donc une matrice universelle de traits sémantiques. Enfin, la théorie doit fournir une théorie syntaxique universelle, c'est-à-dire dresser la liste des relations grammaticales de la base et celles des opérations transformationnelles capables de donner une description structurelle de toutes les phrases. Ces tâches de la grammaire générative impliquent donc l'existence d'universaux linguistiques à ces trois niveaux.

générer

On dit d'une grammaire, considérée comme un mécanisme, qu'elle *génère des phrases* quand, au moyen de règles en nombre fini, elle énumère explicitement les phrases d'une langue, c'est-à-dire qu'elle permet de les former, en donnant une description de leur structure. Soit la grammaire constituée des seules règles :

$$P \rightarrow SN + SV$$
$$SN \rightarrow D + N$$
$$SV \rightarrow V + SN$$

ce qui signifie que le noyau de la phrase (P) est formé (réécrit) par un syntagme nominal suivi d'un syntagme verbal, que le syntagme nominal (SN) est formé d'un déterminant (D) et d'un nom (N) et le syntagme verbal d'un verbe (V) suivi d'un syntagme nominal (SN); cette grammaire génère un nombre très grand de phrases, car les noms et les verbes, c'est-à-dire les valeurs que peuvent prendre les symboles N et V, sont très nombreux : *Les enfants regardent la télévision, le père lit le journal, la mère fait la cuisine,* etc. Chaque phrase ainsi obtenue est grammaticale par définition puisqu'elle est produite et décrite par les règles de cette grammaire. Si les règles de cette grammaire sont récursives (par exemple la règle qui permet d'adjoindre une relative à un syntagme nominal), la grammaire génère un nombre infini de phrases de cette langue. *Le père qui lit le journal..., le père qui lit le journal qu'il a acheté*, etc. (Syn. : DÉCRIRE, ENGENDRER, PRODUIRE.)

générique
On dit d'un mot qu'il est *générique* (ou qu'il a un sens générique) quand il sert à dénommer une classe naturelle d'objets dont chacun, pris séparément, reçoit une dénomination particulière. Ainsi, le mot *poisson* est le générique d'une classe dont les membres sont *le maquereau, la sole, la truite*, etc. En français, l'article défini *(le)* peut conférer au syntagme nominal qu'il constitue avec un nom cette valeur de générique. Ainsi, *le maquereau* peut être à son tour un générique; la catégorie naturelle ainsi constituée a pour membres des « maquereaux » spécifiés; l'article indéfini *(un)*, au contraire, confère au syntagme nominal une valeur contraire à celle de générique *(un maquereau)*. [V. HYPONYMIE.]

génétique
En suivant la conception biologique qu'avait adoptée F. BOPP, on s'est représenté (et on se représente souvent) les langues comme des êtres humains, d'où les termes, *langue mère, langue sœur*, d'où l'utilisation de mots comme *naissance, vie* et *mort* à propos de la langue : le qualificatif de *génétique* a été appliqué à la linguistique dans cet esprit. Il tend aujourd'hui à devenir un simple équivalent d'*historique*, dans la mesure où la recherche d'états plus anciens implique nécessairement la recherche d'une filiation.

génitif
On appelle *génitif* un cas* exprimant dans un syntagme nominal une relation de possession. Dans *Le livre de Pierre*, *Pierre* est au génitif dans les langues casuelles (en latin *liber Petri*). Le génitif peut, dans certaines langues, assumer la fonction d'autres cas comme l'ablatif (ainsi le génitif grec). On appelle *génitif subjectif* le génitif qui représente le sujet dans une phrase avec un verbe et *génitif objectif* celui qui représente le complément d'objet. Ainsi, dans le syntagme nominal *La critique de Skinner de Chomsky* (qui équivaut à *Chomsky critique Skinner*), *Skinner* est un génitif objectif et *Chomsky* un génitif subjectif.

génotexte
En sémiologie, on appelle *génotexte* la structure profonde d'un texte ou énoncé long. (V. PHÉNOTEXTE.)

génotype
Dans la terminologie du linguiste soviétique CHAUMJAN, les *génotypes* sont des objets syntaxiques abstraits, indépendants des moyens linguistiques qui servent à les exprimer, ou phénotypes. (V. LINGUISTIQUE.)

genre
Le *genre* est une catégorie grammaticale reposant sur la répartition des noms dans des classes nominales, en fonction d'un certain nombre de propriétés formelles qui se manifestent par la référence pronominale, par l'accord de l'adjectif (ou du verbe) et par des affixes nominaux (préfixes, suffixes ou désinences casuelles), un seul de ces critères étant suffisant. Ainsi, d'après ces trois critères, on définit en français deux classes, les masculins et les féminins : *Le prince est mort; il était encore un enfant* s'oppose à *La princesse est morte; elle était encore une enfant*, par la référence pronominale *(il / elle)*, par l'accord *(mort / morte, un enfant / une enfant)* et par les affixes nominaux *(- / -esse);* en latin, on définit trois classes, les masculins, les féminins et les neutres : *dominus bonus est, hic..., domina bona est, haec..., templum altum est, hoc...*, par la référence pronominale *(hic, haec, hoc)*, l'accord *(bonus, bona, altum)* et les désinences casuelles *(us, a, um)*. Dans les descriptions linguistiques, un des genres est pris comme base du système (cas non-marqué), les autres genres étant décrits relativement à lui (cas marqués) : ainsi, en français, le féminin est généralement décrit par une variation morpho-

logique du masculin pris comme base (le féminin *maîtresse* est décrit par l'adjonction de l'affixe *-esse* au masculin *maître).* Cette classification en deux ou trois genres, la plus courante dans les langues indo-européennes, n'est pas la seule; les langues africaines connaissent des classes nominales plus nombreuses, fondées sur des critères grammaticaux analogues.

À cette catégorisation relevant de propriétés formelles (genre grammatical) est associée le plus souvent une catégorisation sémantique (genre naturel) relevant d'une représentation des objets du monde par leurs propriétés spécifiques. Les classifications les plus constamment associées sont : (1) l'opposition entre les personnes et les objets (animés et non-animés), les non-animés étant neutres relativement à la distinction de genre masculin / féminin; en français, cette classification apparaît dans la distinction entre *qui ? que ? quoi ?*; (2) l'opposition de sexe à l'intérieur des animés entre *mâle* et *femelle.* Ainsi, on peut avoir des animés mâles *(masculins),* des animés femelles *(féminins),* des non-animés *(neutres).*

En fait, les catégorisations grammaticale et sémantique ne se correspondent que partiellement dans les langues. En français, le genre naturel (mâle / femelle) et le genre grammatical (masculin / féminin) sont le plus souvent associés (mais non constamment) quand il s'agit de personnes; ils le sont moins systématiquement quand il s'agit d'animaux; quant aux noms non-animés, ils sont répartis en masculins et féminins selon leurs propriétés formelles inhérentes. Toutefois, lorsqu'un non-animé est recatégorisé en animé, son genre grammatical inhérent est interprété comme un genre naturel : en français, *la mort* est une femme dans les métaphores et les allégories, mais en anglais *death* est un homme dans le même cas. Inversement, lorsqu'un nom a un genre grammatical qui contredit le genre naturel *(conflit de genre),* les accords de l'adjectif attribut et les références pronominales se font sur le genre naturel : *Le professeur vient d'arriver; elle est nouvelle et donne une dictée,* mais les accords à l'intérieur du syntagme nominal entre le déterminant, l'adjectif et le nom font dominer le genre grammatical sur le genre naturel *(le docteur, l'ingénieur,* etc., peuvent être des femmes*).* Certains noms désignant des personnes (ainsi que les pronoms *je* et *tu*) ont un *genre commun* (mots épicènes), en ce sens que les accords et les références pronominales se font selon le genre naturel : *L'enfant est beau* vs *L'enfant est belle.*

géographie linguistique

La partie de la dialectologie qui s'occupe de localiser les unes par rapport aux autres les variations des langues s'appelle le plus souvent *géographie linguistique*. Elle est d'une certaine manière issue de la grammaire comparée. Celle-ci, après avoir postulé des langues mères uniformes et des ruptures soudaines et définitives, a été conduite à admettre que, quand une différenciation en langues diverses s'est produite, elle était préfigurée avant la rupture par des variations linguistiques, et qu'en sens inverse des parlers d'origine commune déjà différenciés peuvent subir des changements communs. En outre, en réaction contre les grammairiens du XVIIIe siècle qui croyaient que la langue standard était la forme la plus ancienne et que les dialectes locaux étaient des formes abâtardies, la grammaire historique a eu tendance à chercher les survivances et les régularités dans les dialectes et, de ce fait, à s'y intéresser en privilégiant leur étude.

1. L'atlas de Wenker

D'emblée, dès sa naissance, la géographie linguistique a tenté d'établir, ce qui justifie son nom, des cartes linguistiques regroupées en atlas linguistiques. Un Allemand, GEORG WENKER a commencé par publier en 1881 six cartes, premier élément d'un atlas de l'Allemagne du Nord et du Centre. Ayant étendu ses ambitions à tout l'Empire allemand, il procède ensuite à une vaste enquête. Avec l'aide du gouvernement, il fait traduire dans quarante mille dialectes locaux allemands, quarante phrases-tests. Le report sur une carte des diverses réponses obtenues pour une question donnée visualise les variations géographiques de la langue.

Pour imparfaites qu'aient été ces recherches, les cartes de GEORG WENKER ont fait apparaître comme évident que les dialectes locaux n'étaient pas plus proches des formes anciennes que la langue standard. En outre, les zones dans lesquelles on rencontrait des variations étaient loin de coïncider pour des traits différents : les lignes dites « isoglosses » qui réunissaient les points ultimes où on trouvait un trait linguistique donné avaient chacune son propre tracé.

En outre, cette tentative a permis de poser les problèmes qui sont encore aujourd'hui ceux de la géographie linguistique. D'abord, la carte ne vaut que ce que vaut l'enquête. Plus les points d'enquête sont serrés, plus la carte sera précise et exacte. De ce point de vue, avec leurs quarante mille points, les cartes de G. WENKER n'avaient rien à envier aux recherches les plus modernes. Mais il faut aussi, pour enregistrer toutes les variations possibles, relever la grammaire et le lexique tout entier avec, le cas échéant, toutes les variantes possibles. De plus, les relevés doivent être exécutés d'une manière scientifique, avec un alphabet phonétique, par des enquêteurs qualifiés. Enfin, l'enquête doit couvrir toutes les régions où on parle la langue, même en dehors des frontières politiques du pays. C'est dire qu'avec les quarante phrases-tests de G. WENKER, transcrites en écriture allemande ordinaire par des instituteurs sans formation linguistique, avec une étude qui excluait d'importantes régions ou des parlers de l'aire germano-hollandaise (Pays-Bas et Belgique, Suisse, Autriche, allemand balte, transylvanien, yiddish), on était loin du compte.

2. L'A. L. F. de Gilliéron

L'*Atlas Linguistique de la France* de JULES GILLIÉRON et EDMOND EDMONT pallie certains de ces défauts.

Conçu par J. GILLIÉRION, l'*A.L.F.* avait pour but d'asseoir sur des bases solides l'étude des patois gallo-romans (y compris donc la Belgique romane ou la Wallonie et la Suisse romande). Le questionnaire, d'environ 1 500 phrases et mots usuels (on était loin des 40 phrases-tests de WENKER), donnait l'essentiel des systèmes lexicaux, phonétiques, morphologiques et même syntaxiques; il devait faire surgir les archaïsmes et les néologismes, la flexion des pronoms, les conjugaisons, etc.

L'enquêteur unique, E. EDMONT, qui avait reçu une formation phonétique, devait parcourir les 630 points fixés à l'avance, y passer deux jours et y interroger un informateur unique, le plus apte à répondre au questionnaire. Les résultats étaient ensuite reportés par J. GILLIÉRON sur une carte du pays gallo-roman : l'enquête demanda quatre ans (1897-1901) et l'ouvrage fut finalement publié volume par volume vers 1910. Un atlas linguistique de la Corse, préparé par les enquêtes d'E. EDMONT, ne fut publié que très partiellement à cause de la guerre.

L'atlas de J. GILLIÉRON a été un moment de la géographie linguistique, et son expérience a été mise à profit par tous les atlas postérieurs, dans tous les pays où on a procédé à ce genre de recherches. Les reproches qui lui ont été faits sont les suivants : il ne recueille qu'une réponse, la première donnée, alors que parfois plusieurs formes étaient possibles; le questionnaire était à traduire, ce qui provoquait les calques, notamment en syntaxe; les conditions de travail ne permettaient pas une notation phonétique rigoureuse (pour Malmédy, en Ardenne liégeoise, le linguiste A. LEROND a trouvé pour 1 423 questions 2 450 fautes: plus d'une par mot); les témoins choisis rapidement n'ont pas toujours donné de bonnes réponses; les questions elles-mêmes étaient parfois peu satisfaisantes (alors qu'il existe des marmites à anse, des marmites sans anse, des marmites avec pied, sans pied, des marmites à mettre sur la cuisinière et d'autres à mettre dans la cheminée, chacune désignée par un terme spécifique, le témoin ne devait donner qu'un mot); les mailles de l'enquête étaient trop larges.

3. Les atlas régionaux français

Toutes ces raisons commandent l'établissement d'atlas régionaux. On a déjà terminé et publié sur la base d'enquêtes beaucoup plus scientifiques : l'*Atlas linguistique et ethnographique du Lyonnais, du Massif central, de la Champagne* et *de la Brie, de la Gascogne*, ainsi que celui *de l'Alsace* et *des Pyrénées-Orientales*. Ceux *du Centre, du Poitou, des Alpes du Nord* et *de la Wallonie* ont paru partiellement, et ceux *de l'Armorique romane, de la Normandie, de la Picardie* et *de la Bourgogne* sont bien avancés.

4. L'interprétation des cartes

L'examen des diverses cartes est riche en conclusions linguistiques et humaines. Ainsi, dans l'*A.L.F.*, pour *jument* on voit en gros trois familles de formes : une aire *ega* (venant du latin *equa*) qui occupe encore le Massif central où elle représente une zone cohérente, mais n'apparaît ailleurs que sous forme d'îlots plus ou moins vastes dans l'Hérault, les Pyrénées ou les Alpes. Une ère *cavale* (fém. du lat. *caballus*) occupe le Midi et des îlots très importants en Auvergne, en Lorraine et en Wallonie. Tout le reste du pays gallo-roman est couvert par *jument*. L'aspect de la carte permet de poser qu'à une couche primaire *ega* est venue se superposer une couche *cavale* (couche secondaire) recouverte elle-même par une couche *jument*. La disparition dans la moitié nord de la France du mot venant de *equa* (c'est *ive*, qu'on retrouve dans les anciens textes) a sans doute des raisons phonétiques. Le fait que dans le nord de la France le nom de la « bête de trait » (lat. *jumentum*) ait été utilisé pour désigner la femelle du cheval a sans doute des raisons socio-économiques. La généralisation de *jument*, non seulement sur l'ancienne aire *ega* mais aussi sur l'aire où *cavale* s'était implanté, tient à son adoption par la langue standard.

Les différenciations linguistiques doivent être mises en rapport avec des différences humaines. Dans les pays centralisés, les lignes importantes de division dialectale suivent certaines frontières politiques. Apparemment, la coutume des mariages entre membres d'une même unité politique provoque une certaine uniformité linguistique. On constate ainsi qu'une nouvelle frontière amène en moins de cinquante ans à une certaine différenciation linguistique et que les isoglosses qui suivent une frontière politique tendent à subsister avec des changements minimes pendant des siècles après la disparition de la frontière. En revanche, les isoglosses ne correspondent à des frontières géographiques que si elles sont aussi (ou ont été) des frontières politiques. C'est ainsi, par exemple, qu'à quarante kilomètres à l'est du Rhin on trouve le grand faisceau d'isoglosses qui sépare le bas allemand du haut allemand. Il est donc nécessaire de chercher la covariance ou parallélisme dans les variations entre les autres faits humains et les faits linguistiques. Ainsi, quand on constate l'existence en Allemagne d'une isoglosse *helpe* vs *helfe*, *lucht* vs *luft*, on ne peut se contenter d'y voir la limite des dialectes ripuaire et mosello-franconien. On constatera une série de covariances correspondant aux aires de Cologne et de Trèves que sépare la chaîne de l'Eifel. A l'opposition, *kend* vs *kenk* « enfant », *haus* vs *hus* « maison », *grumper* vs *erpel* « pomme de terre », etc., correspondront des oppositions « faux à lame longue » vs « faux à lame courte », « pain gris à miche ovale » vs « pain noir rectangulaire », « saint Quirin patron du bétail » vs « saint Quirin patron des chevaux ».

géolinguistique

On appelle *géolinguistique* l'étude des variations dans l'utilisation de la langue par des individus ou des groupes sociaux d'origines géographiques différentes. Le mot *géolinguistique* est ainsi la forme abrégée de GÉOGRAPHIE LINGUISTIQUE.

gérondif

1. Nom verbal, classé par la grammaire traditionnelle parmi les modes du verbe, le *gérondif* est formé d'une racine verbale et d'un affixe susceptible de recevoir une flexion en cas, en nombre et en genre, comme les substantifs. En anglais, le gérondif est formé avec l'affixe *-ing*, en français avec l'affixe *-ant* (distingué du participe présent par son invariabilité et par la présence quasi constante de la préposition *en*), en latin par l'affixe *-ndi* / *-ndo* / *-ndum*, etc.

2. En grammaire générative, la *transformation gérondive* enchâsse une phrase dans le syntagme prépositionnel d'une phrase matrice avec la valeur de complément circonstanciel, le syntagme nominal sujet de la phrase enchâssée étant identique au sujet de la phrase matrice; en français, l'affixe de temps est remplacé par l'affixe *-ant*. Soit les deux phrases

(1) J'ai appris la nouvelle + syntagme prépositionnel
(2) Je + Temps + lire + le journal
si l'on enchâsse la phrase (2) dans le syntagme prépositionnel de la phrase (1), la préposition étant *en* (« par ce moyen ») on obtient, si Temps est remplacé par *ant*, la phrase :
J'ai appris la nouvelle en lisant le journal
le sujet de la subordonnée, identique à celui de la matrice, étant effacé.

glide

Le terme de *glide*, emprunté à la phonétique anglaise, désigne les phonèmes appelés traditionnellement et avec une grande imprécision semi-consonnes ou semi-voyelles. Ces phonèmes, comme le [j] de [pje] *« pied »*, le [w] de [wi] *« oui »*, le [ɥ] de [nɥi] *« nuit »*, constituent une classe de phonèmes au même titre que les consonnes et les voyelles, caractérisés par le fait qu'ils ne sont ni vocaliques, ni consonantiques.

glissement de sens

1. Le *glissement* (ou *changement*) de *sens* est considéré par CH. BALLY comme un processus de dérivation implicite. Le glissement de sens consiste à faire passer un mot dans une autre catégorie sans changement de forme. (V. RECATÉGORISATION.)

La grammaire traditionnelle, classant ce phénomène sous le nom de *dérivation impropre*, le limitait à la notation de faits très apparents, comme le passage de l'infinitif ou de l'adjectif à l'emploi substantivé : *le boire et le manger, le doux et l'amer.*

CH. BALLY voit là un processus général de formation lexicale particulièrement productif en français. Les exemples fournis sont éclairants par leur diversité : *une femme-enfant, monter une caisse au grenier, un à-côté (enfant* sert d'adjectif qualificatif; *monter*, normalement intransitif, est construit transitivement au sens de « porter »; la locution adverbiale *à côté* est nominalisée).

Toute dérivation où le suffixe n'apparaît pas sera dite « dérivation implicite ». La catégorie nouvelle à laquelle appartient le mot se révèle à des signes extérieurs au mot lui-même : *une situation tragique / le tragique d'une situation.*

Dans les substantifs, le procédé de la métonymie sera particulièrement fécond : *le cuivre, la gloire,* nom de matière et nom abstrait, peuvent devenir des noms concrets désignant choses ou personnes *(faire jouer les cuivres; une gloire de la littérature).*

Un autre cas de glissement de sens dans les noms sera le refus d'employer la forme marquée du féminin dans des cas où elle existe pourtant : on dira peut-être « Aller chez la doctoresse », mais « Madame le docteur X ». Dans le cas de ces mots comportant un dérivé féminin, l'emploi de la forme non-marquée peut être considéré comme un phénomène de dérivation implicite.

Le glissement entre l'adjectif et le substantif est constant : *artiste* est pratiquement adjectif dans la phrase : *Paul est très artiste;* en revanche, l'adjectif sera très facilement substantivé : *un sage, un paresseux.*

Pour les verbes, on note les oppositions intransitif / transitif *sortir de l'écurie / sortir un cheval de l'écurie,* et transitif / intransitif *boire de l'eau / cet homme boit.* Il y a également glissement de sens entre l'emploi de compléments d'objet différents; on oppose *voler son patron* et *voler de l'argent* : la nature du sémantisme n'est déterminée que par la nature du complément.

2. En grammaire normative, on appelle *glissement de sens* une extension de sens rejetée par les puristes; on dira que c'est par un glissement de sens que *achalandé,* qui voulait seulement dire « pourvu de clients », a pris le sens de « pourvu de marchandises » dans l'expression *un magasin bien achalandé.*

glose
On appelle *glose* une annotation très concise que portent certains manuscrits au-dessus ou en marge d'un mot ou d'une expression qu'elle explique par un terme susceptible d'être connu du lecteur. Les gloses sont le plus souvent des traductions d'un mot rare ou inhabituel; aussi le *glossaire* est-il un dictionnaire des mots rares ou des termes d'une langue différente de la langue courante.

glossaire
On appelle *glossaire* un dictionnaire qui donne sous forme de simples traductions le sens de mots rares ou mal connus.

glossématique
Le mot *glossématique* a été créé par LOUIS HJELMSLEV, d'après le grec *glossa,* « langue », pour désigner la théorie linguistique qui se donnerait, conformément à l'enseignement de F. DE SAUSSURE, la langue comme but en soi et non pas comme moyen.

La glossématique implique une critique rigoureuse de la linguistique antérieure : celle-ci serait transcendante, se fonderait sur des données extérieures à la langue elle-même; elle se ramènerait en effet à des techniques ayant pour objet la connaissance des faits préhistoriques, historiques, physiques, sociaux, littéraires, philosophiques ou psychologiques. La science du langage que veut être la glossématique, au contraire, est immanente, elle se renferme dans la langue considérée comme une unité fermée sur elle-même, une structure *sui generis;* elle cherche des constantes qui ne soient pas extralinguistiques; elle veut déterminer ce qui est commun à toutes les langues humaines quelles qu'elles soient et ce qui fait qu'à travers diverses fluctuations une langue reste identique à elle-même. Elle s'oppose ainsi à la conception humaniste de la linguistique pour laquelle les phénomènes relevant de l'humain ne se produisent qu'une fois et ne peuvent, par conséquent, contrairement aux phénomènes naturels, être étudiés scientifiquement.

La glossématique pose ainsi une théorie générale qui s'applique à toutes les sciences humaines. A tout processus doit correspondre un système; le processus se laisse analyser au moyen d'un nombre limité d'éléments qui se combinent de diverses manières. La théorie sera d'abord appliquée à la linguistique et, si elle donne des résultats satisfaisants, elle pourra être utilisée dans les recherches des autres sciences humaines. Pour être acceptable, en effet, ses résultats doivent concorder avec les données de l'expérience. Fondée sur ce que L. HJELMSLEV appelle le « principe d'empirisme », la description doit être, dans l'ordre, (1) sans contradictions, (2) exhaustive, (3) la plus simple possible.

La méthode traditionnelle, dite « inductive » par L. HJELMSLEV, prétend aller du particulier (les données) au général (les lois). Elle est avant tout synthétique et généralisante. Elle ne peut dégager que des concepts valables pour un système linguistique donné; les termes comme *subjonctif, conditionnel, moyen, passif, nominatif,* etc. ne peuvent donner lieu à aucune définition commune et ne sont acceptables, en tant que catégorie grammaticale, que pour un système donné. On peut donc dire qu'il y a contradiction dans la description.

La glossématique part du texte, énoncé ou ensemble d'énoncés à analyser; le texte constitue une classe divisible en genres, eux-mêmes divisibles en classes. Quel que soit le texte, la description devra être non-contradictoire et exhaustive. Il s'agit de rendre compte non des substances elles-mêmes, mais des relations qu'elles entretiennent entre elles et que la linguistique a pour tâche de définir et de décrire. Appliquant avec rigueur la phrase finale du cours de F. DE SAUSSURE (« La linguistique a pour unique et véritable objet la langue envisagée en elle-même et pour elle-même »), L. HJELMSLEV fait de la structure immanente de la langue l'unique objet de la linguistique.

La notion de fonction définie comme une relation entre deux termes joue un grand rôle chez L. HJELMSLEV. En outre, le texte linguistique est caractérisé par son analysabilité en unités plus petites, contrairement à d'autres formes de communication*, tels que les feux de carrefour rouges ou verts, par exemple. Parmi les unités de l'analyse linguistique, les unes sont des signes* et ont une signification, d'autres sont des figures* d'expression, privées de contenu propre.

La langue apparaît donc comme un système de figures, contrairement aux systèmes de communication construits à partir de signes non analysables : systèmes symboliques (signalisation routière), systèmes gestuels, et même écritures idéographiques. La solidarité du contenu et de l'expression est un autre caractère important de la langue, étant bien entendu qu'un énoncé doit avoir un contenu, même si celui-ci est faux, incohérent ou invraisemblable. La définition du signe qui découle de cette conception est nécessairement fidèle à celle qui a été donnée par F. DE SAUSSURE, même si L. HJELMSLEV se contente de caractériser le signe à l'aide des fonctions internes qui le constituent et des fonctions externes qu'il entretient avec les autres unités linguistiques.

Le contenu et l'expression ont tous deux leur forme et leur substance. Il doit donc être possible d'analyser cette forme du contenu en figures de contenu, comme on analyse la forme de l'expression en figures d'expression. Ces dernières, appelées aussi *plérèmes*, s'opposent aux *cénèmes*. Ainsi, le signe *jument* analysé en cénèmes donnera [ʒ] + [y] + [m] + [ã] et analysé en plérèmes : « cheval + genre" elle" ». On distinguera ainsi des variantes* caractérisées par le fait que les différences morphologiques ne s'accompagnent pas de changements dans l'expression et des invariants* caractérisés par le fait que les différences morphologiques entraînent un changement dans l'expression. Ainsi, en français, l'objet et le sujet (mis à part le problème des pronoms) sont des variantes; en latin, ce sont des invariants.

La glossématique tend ainsi à attribuer à toutes les langues, comme caractère commun, le principe de la structure. Les langues se différencient simplement par la manière dont, dans chaque cas particulier, s'applique ce principe. Ressemblance et différence sont en rapport avec la forme, non avec la substance. Celle-ci est susceptible d'une description scientifique à travers la forme et non à travers les sons ou les significations. Cela exclut, par exemple, la possibilité d'un système phonétique universel. Allant jusqu'au bout de la conception saussurienne, L. HJELMSLEV présente le phonème comme une unité abstraite indépendante de la réalisation (phonétique) dans la parole.

Ainsi, la langue est une structure dans la mesure où :
— elle est constituée d'un contenu et d'une expression;
— elle est constituée d'un processus (ou texte) et d'un système;
— contenu et expression sont liés l'un à l'autre au moyen de la commutation;
— il y a des relations déterminées au sein du processus et au sein du système;
— il n'y a pas de correspondance directe entre contenu et expression, les signes étant divisibles en plus petits composants.

glossème

En glossématique, on appelle *glossèmes* les formes minimales que, sur le plan de l'expression comme sur le plan du contenu, l'analyse détermine comme invariants irréductibles.

glossolalie

Le terme de *glossolalie*, distingué de *glossomanie*, désigne les délires verbaux de certains malades mentaux. Elle est caractérisée par la création volontaire de mots déformés, associés systématiquement au même sens et aboutissant à un langage incompréhensible / pour / celui /qui /n'en « connaît » pas le vocabulaire. Ce trouble du langage est proche des langues conventionnelles comme les argots; les termes nouveaux sont des altérations de termes de la langue par additions, suppressions ou inversions systématiques.

glossomanie

Le terme de *glossomanie*, distingué de *glossolalie*, désigne le délire verbal de malades maniaques. Elle est caractérisée par des jeux verbaux, dépourvue d'un caractère systématique. Le malade, qui prétend pouvoir parler telle ou telle langue, inconnue ou imaginée, émet des suites de syllabes sans sens et sans règles syntaxiques définies.

glottal

Le terme de *glottal*, employé comme synonyme de *laryngé**, s'applique à tout ce qui a trait à la glotte et aux cordes vocales : les vibrations des cordes vocales sont dites parfois « vibrations glottales », les consonnes dues à une brusque ouverture de la glotte sont des occlusives glottales, etc.

glottalisé

Un *son glottalisé*, ou *éjectif**, est un son dont l'articulation comporte un coup de glotte; il en existe dans les langues indiennes d'Amérique et dans certaines langues d'Afrique, d'Extrême-Orient et du Caucase.

glotte

On appelle *glotte* l'espace normalement triangulaire compris entre les cordes vocales, long d'environ 16 mm et susceptible de s'ouvrir de 12 mm environ. L'ouverture et la fermeture totale ou partielle de la glotte est déterminée par l'écartement ou l'accolement des cordes vocales, elles-mêmes entraînées par le mouvement des aryténoïdes et des muscles qui les commandent. Pendant la respiration normale et pendant l'articulation de certaines consonnes dites « aspirées » (comme les occlusives non-voisées de l'anglais), la glotte est ouverte. Lors de la phonation (articulation des voyelles, des glides, de la plupart des consonnes voisées), la glotte est fermée et ne s'ouvre que périodiquement, sous la pression de l'air sublaryngal. Ces ouvertures et fermetures successives provoquent des ondes qui produisent le bourdonnement laryngé appelé *voix**. La glotte est à demi fermée pour la production de la voix chuchotée.

glottochronologie

La *glottochronologie* est une technique utilisée pour dater des langues communes primitives, c'est-à-dire pour établir l'époque à laquelle deux ou plusieurs langues apparentées se sont séparées d'une langue originaire commune. Cette technique a été proposée par M. SWADESH et R. B. LEES. La grammaire comparée essaie de dater les changements linguistiques et de déterminer le degré de parenté des langues (dont l'histoire ne nous est pas connue par ailleurs) grâce à la glottochronologie; ainsi, on constate que la disparition de morphèmes s'est faite à peu près au même rythme pour toutes les langues (lois de déperdition morphématique) : sur mille ans, le lexique fondamental défini sur les bases de concepts universels : *manger, boire, homme, tête,* etc., formant un ensemble de quelque 100 mots, perd environ 19 p. 100 des bases qu'il avait au départ. Si on prend deux langues qui se séparent complètement, on peut admettre que mille ans après, elles auront environ en commun 66 p. 100 du stock de base (dans la mesure où elles ne perdent pas les mêmes unités). En sens inverse, la glottochronologie fera remonter la date approximative de séparation à mille ans dès que le vocabulaire fondamental sera le même à 66 p. 100.

gnomique

On qualifie de *gnomique* une forme verbale (temps ou mode) employée pour marquer un fait général d'expérience. Dans les sentences et les maximes, en grec, on emploie ainsi l'*aoriste gnomique;* en français, le *présent gnomique* est utilisé dans les énoncés à valeur générale *(la Terre tourne autour du Soleil).*

gouverner

Syn. de RÉGIR.

gradation

1. La *gradation* est une figure de rhétorique qui consiste à présenter une suite d'idées ou de sentiments dans un ordre tel que ce qui suit dise toujours un peu plus *(gradation ascendante)* ou un peu moins *(gradation descendante)* que ce qui précède; exemple de gradation descendante : *Un souffle, une ombre, un rien, tout lui donnait la fièvre* (LA FONTAINE, *le Lièvre et les Grenouilles);* de gradation ascendante : *Marchez, courez, volez où l'honneur vous appelle* (BOILEAU, *Le Lutrin).*

2. Les adjectivaux*, ou adjectifs, se subdivisent en deux classes d'adjectifs selon qu'ils sont ou non susceptibles de *gradation,* c'est-à-dire selon qu'ils ont ou non la possibilité de recevoir des degrés *(de comparaison);* ainsi, l'adjectival *heureux* peut avoir un comparatif *(plus heureux, moins heureux)* et un superlatif *(très heureux, le plus heureux),* mais non les adjectivaux *dernier, aîné.*

graduel

Une *opposition graduelle,* selon le classement de N. S. TROUBETZKOY, est une opposition phonologique dont les deux termes sont caractérisés par des degrés différents d'une même particularité. Ainsi, les oppositions entre voyelles d'une même série de localisation comme en français [i] *vs* [e] ou [e] *vs* [a] correspondant à des degrés différents d'aperture sont des oppositions graduelles. Les oppositions graduelles peuvent aussi se fonder sur des différences de hauteur musicale dans les langues où ce trait est pertinent, comme les langues à ton.

grammaire

Le terme de *grammaire* a plusieurs acceptions selon les théories linguistiques; on peut en retenir quatre principales.

1. La *grammaire* est la description complète de la langue, c'est-à-dire des principes d'organisation de la langue. Elle comporte différentes parties : une phonologie (étude des phonèmes et de leurs règles de combinaison), une syntaxe (règles de combinaison des morphèmes et des syntagmes), une lexicologie (étude du lexique) et une sémantique (étude des sens des morphèmes et de leurs combinaisons). La grammaire est le modèle de compétence*.

2. La *grammaire* est la description des morphèmes grammaticaux et lexicaux, l'étude de leurs formes (flexion) et de leurs combinaisons pour former des mots (formation de mots) ou des phrases (syntaxe). En ce cas, la grammaire s'oppose à la phonologie (étude des phonèmes et de leurs règles de combinaison); elle se confond avec ce que l'on appelle aussi une morphosyntaxe.

3. La *grammaire* est la description des seuls morphèmes grammaticaux (articles, conjonctions, prépositions, etc.), en excluant les morphèmes lexicaux (noms, adjectifs, verbes, adverbes de manière), et la description des règles qui régissent le fonctionnement des morphèmes dans la phrase. La grammaire se confond alors avec la seule syntaxe* et s'oppose à la phonologie et au lexique; elle comporte l'étude des flexions, mais exclut l'étude de la formation des mots (dérivation).

4. En linguistique générative, la *grammaire* d'une langue est le modèle de la compétence idéale qui établit une certaine relation entre le son (représentation phonétique) et le sens (interprétation sémantique). La grammaire d'un langage L génère un ensemble de couples (*s*, I) où *s* est la représentation phonétique d'un certain signal et I l'interprétation sémantique affectée à ce signal par les règles du langage. La grammaire génère un ensemble de descriptions structurelles qui comprennent chacune une structure profonde, une structure de surface, une interprétation sémantique de la structure profonde et une représentation phonique de la structure de surface. (V. GÉNÉRATIVE [GRAMMAIRE].) GRAMMAIRE CONTRASTIVE, DE CORRESPONDANCE, DESCRIPTIVE, DE L'ÉMETTEUR, D'INTERPRÉTATION DE PHRASES, NORMATIVE, DU RÉCEPTEUR, etc. v. ces mots.

grammatical

1. On appelle *fonction grammaticale* le rôle joué par des syntagmes dans une phrase; les fonctions grammaticales sont ainsi celles de sujet, objet, objet indirect, complément de nom, agent, instrumental, etc. Elles se distinguent dans certaines théories des fonctions locales ou concrètes (lieu et temps).

2. On donne le nom de *sens grammatical* : *a)* au sens des items grammaticaux (articles, conjonctions, prépositions, affixes de temps, affixes de cas, etc.); *b)* aux fonctions grammaticales (sujet, objet, circonstant, etc.); *c)* au statut de la phrase (interrogation, négation, impératif, etc.).

grammaticalisation

En linguistique diachronique, on parle de *grammaticalisation* quand un morphème lexical, au cours de l'évolution d'une langue, ou dans la transformation d'une langue en une autre, est devenu un morphème grammatical. Ainsi, le mot latin *mens, mentis* (à l'ablatif *mente*) est devenu en français un suffixe d'adverbe de manière dans *doucement, violemment, bêtement*, etc.

grammaticalité

Chaque sujet parlant qui, par définition, possède la grammaire de sa langue, peut porter sur les énoncés émis des *jugements de grammaticalité*. Il peut dire si une phrase faite de mots de sa langue est bien formée, au regard des règles de la grammaire qu'il a en commun avec tous les autres sujets parlant cette langue; cette aptitude appartient à la compétence des sujets parlants, elle ne dépend ni de la culture ni du groupe social du locuteur. Ainsi, en français, *L'enfant aime le chocolat* est une *phrase grammaticale;* au contraire, **Aimer chocolat enfant* est une *phrase agrammaticale* (marquée par un astérisque). Autrement dit, le locuteur constate l'agrammaticalité ou la grammaticalité, il ne formule pas une appréciation. S'il y a des différences entre les locuteurs sur la grammaticalité d'une phrase, c'est que leurs compétences (leurs grammaires) sont des variantes du même système. Les jugements de grammaticalité ne se font pas seulement par rejets ou acceptations; il existe des *degrés de grammaticalité* qui peuvent être évalués par rapport à la nature de la règle violée : la phrase *?L'enfant n'a pas dû avoir eu de chocolat* est une phrase déviante, grammaticalement douteuse (marquée par un point d'interrogation), car sa structure n'est pas entièrement conforme aux règles de la grammaire. La grammaticalité se distingue : *a)* de la signification : *Le vestibule éclaire le néant* est une phrase grammaticale, mais difficilement interprétable, sinon métaphoriquement; *b)* de la vérité ou de la conformité à l'expérience générale de la communauté culturelle : *La lune est carrée* et *l'homme mort est vivant* sont des phrases grammaticales, mais fausses ou contradictoires; *c)* de la probabilité d'un énoncé : *Le rhinocéros regarde avec attention le film* a peu de chance d'être fréquemment réalisée; *d)* de l'acceptabilité ou possibilité de comprendre une phrase grammaticale, mais de grande complexité : *La soirée que le garçon que l'ami que tu as rencontré, connaît, donnait, était une réussite*, est inacceptable. La grammaticalité ne se fonde pas sur l'emploi d'un mot ou d'une construction, mais sur un jugement. Et ce jugement ne relève pas de l'expérience acquise, mais d'un système de règles générales intériorisées au cours de l'apprentissage de la langue. Aussi ce sont les jugements de grammaticalité qui vont servir à établir les règles d'une grammaire et les agrammaticalités recensées permettent de définir les contraintes qui s'exercent sur les règles générales (règles dépendantes du contexte).

grammème

Dans la terminologie de B. POTTIER, le *grammème* est un morphème grammatical, par opposition aux morphèmes lexicaux ou lexèmes. Le grammème peut être dépendant (ce sont les divers affixes : *in-* dans *increvable;* *-eux* dans *malheureux*) ou indépendant (articles, prépositions, certains adverbes : par exemple *le, pour, très*).

graphème

Un *graphème* est un élément abstrait d'un système d'écriture qui se réalise par des formes dites allographes* dont le tracé dépend des autres éléments du système : le graphème correspond donc, dans l'écriture alphabétique, à la lettre, les allographes étant les formes majuscule, minuscule, cursive, etc. Les graphèmes sont des unités de deuxième articulation dans l'écriture, comme les phonèmes dans la langue parlée; les morphèmes graphiques sont les unités de première articulation.

graphie

On désigne par *graphie* toute représentation écrite d'un mot ou d'un énoncé. Toute orthographe d'un mot est une graphie : ainsi, *pellons pour *pelons* est une graphie fautive, mais une graphie tout de même. La transcription en alphabet phonétique de *chat* par [ʃa] est aussi une graphie. Ce mot de graphie peut être soit associé à la notion d'orthographe, soit opposé à elle.

graphique
1. On appelle *unité graphique* un mot simple ou composé constitué d'une suite de graphèmes, compris entre deux blancs typographiques et considéré comme formant une seule unité significative : *blanc, bonheur, arc-en-ciel, laissez-faire,* etc., sont des unités graphiques, mais non *chemin de fer, pomme de terre,* puisque, dans ce dernier cas, les éléments composants ne sont pas réunis par un trait d'union, mais séparés par des blancs.
2. On appelle *morphème graphique* une unité de première articulation dans l'écriture, constituée de graphèmes ou unités de deuxième articulation.

grasseyé
On appelle *r grasseyé* la vibrante uvulaire produite par la vibration de la luette contre la partie postérieure du dos de la langue notée [R]. En français, cette articulation n'a pas de valeur proprement linguistique : elle caractérise une certaine prononciation, celle des « faubourgs » et celle d'une certaine génération de chanteurs, par opposition au [r] apical caractéristique de certaines provinces (Bourgogne, Corrèze, Cévennes, etc.) et au [ʁ] parisien du français standard. Mais il est des systèmes linguistiques tels que les dialectes franco-provençaux, le portugais de Lisbonne, certaines variétés d'espagnol d'Amérique latine, où la vibrante grasseyée s'oppose phonologiquement à la vibrante apicale. Dans ces cas, la vibrante uvulaire correspond en général à une ancienne vibrante apicale double : ainsi, le portugais oppose *caro* [karu] « cher » et *carro* [kaʁu] « voiture ».

grave
1. L'*accent grave* est un signe diacritique indiquant en français, en combinaison avec *e (è)*, la voyelle ouverte [ɛ], dans *dès, règlement,* ou en combinaison avec *a, u,* pour distinguer des homonymes *(où/ou, là/la).* Il a été utilisé pour la première fois par J. SYLVIUS en 1531.
2. En phonétique, un *son grave* est un son dont le spectre acoustique présente une concentration de l'énergie dans les basses fréquences. Sur le plan perceptif ou auditif, un son grave est dit *sombre* ou *obscur* par une association naturelle entre la sensation auditive et la sensation visuelle. Les sons graves sont articulatoirement les sons périphériques, dont le résonateur buccal est ample et bien compartimenté, comme pour les phonèmes labials et vélaires, [p], [k], [u], etc.

Grimm
On donne le nom de *loi de Grimm* à l'une des plus importantes lois phonétiques. Découverte en 1822 par JACOB GRIMM, cette loi explique les principales correspondances entre les langues germaniques par une mutation survenue à la période préhistorique du germanique : les consonnes aspirées de l'indo-européen [bh, dh, gh] sont devenues les non-aspirées [b, d, g], les sonores [b, d, g] sont devenues les sourdes [p, t, k], tandis que les consonnes sourdes sont devenues aspirées [f, θ, h]. Cette loi, qui ne rendait pas compte d'un certain nombre d'exceptions, a été complétée plus tard par la loi de VERNER, qui explique ces exceptions par le rôle de l'accent.

Cette loi est importante en soi, par la valeur des résultats qu'elle a dégagés, et aussi du point de vue épistémologique. Elle est apparue, en effet, comme la justification du principe de la régularité des lois phonétiques à partir duquel a pu se développer la phonétique historique et comparée.

groupe
1. En grammaire traditionnelle, un *groupe de mots* est un constituant de la phrase formé d'une suite de mots. *La ville de Paris, faire grâce, capable de bien faire,* etc., constituent des groupes de mots. Ces derniers correspondent en linguistique structurale aux constituants immédiats de la phrase, et en linguistique générative aux syntagmes nominal, verbal, adjectival ou prépositionnel.

2. En phonétique, on appelle *groupe phonétique* un groupe de mots qui tirent leur homogénéité du fait qu'ils sont entre deux pauses (groupe respiratoire) ou rassemblés autour d'un même accent (groupe accentuel).

3. Le terme de *groupe de langues* est employé pour désigner des ensembles de langues sans qu'on confirme ou infirme par son emploi la communauté d'origine. Il peut être utilisé pour des langues qu'on classe ensemble sur des critères extralinguistiques (géographiques, par exemple). De ce fait, il peut correspondre soit à un ensemble de familles, soit à une famille, ou à un ensemble de branches, soit à une branche, ou à un ensemble de familles appartenant à une même branche. (V. FAMILLE DE LANGUES, GÉNÉALOGIE.)

4. Dans les situations plurilingues, on appelle *groupe de langue maternelle* (G.L.M.) l'ensemble des individus pour lesquels l'une des langues données est l'idiome employé par la mère dans ses relations avec le tout jeune enfant. Quand une communauté linguistique est composée de deux G.L.M. d'égale importance, on a généralement le même pourcentage de bilingues de part et d'autre. Si l'un des deux G.L.M. a un pourcentage de bilingues nettement inférieur à l'autre, c'est que la langue qu'il utilise a une situation dominante. Les limites et l'importance des G.L.M. peuvent avoir une base géographique ou refléter la répartition en sous-groupe indigène et sous-groupe immigrant ou, d'une manière plus générale des différences socio-culturelles.

guillemets. V. PONCTUATION.

gutturale
Le terme de *gutturale* est parfois employé comme synonyme de *vélaire* pour désigner les consonnes réalisées soit au niveau du voile du palais (vélaires proprement dites, comme [k] et [g] ou comme le [x] de l'espagnol *rojo* [roxo] « rouge » et le [ɣ] de *paga* [paɣa]), soit au niveau de la luette (uvulaires, comme le /ʁ/ du français parisien de [mɛr] vs [mɛʁ], soit dans le pharynx, comme les consonnes arabes [ħ] ou [ʕ], soit dans le larynx, comme la consonne arabe appelée « hamza » [ʔ].

gutturalisation
Selon la terminologie de N. S. TROUBETZKOY et du Cercle de Prague, la *corrélation de gutturalisation* consiste dans l'opposition entre les consonnes non-vélarisées et d'autres consonnes dans lesquelles, outre l'articulation principale, se fait un travail guttural accessoire, c'est-à-dire une élévation du dos de la langue vers le palais mou. Cette corrélation apparaît dans certaines langues bantoues, notamment dans le groupe shona et dans une langue voisine, le venda. L'élévation de la langue peut être si forte qu'elle aboutit tout simplement à une occlusion vélaire, comme c'est le cas dans le dialecte zezourou du shona oriental et central; elle peut être plus faible, de sorte qu'il en résulte seulement un rétrécissement vélaire, ce qui est caractéristique des autres dialectes du shona oriental et central, en particulier du sous-groupe karanga. Dans le dialecte zezourou, cette corrélation existe dans les bilabiales et les palatales.

habituel
On appelle *habituel* l'aspect* du verbe exprimant une action qui se produit habituellement, qui dure et se répète habituellement; en français, on utilise l'expression *avoir l'habitude de* (avec un sujet animé) ou l'aspect non-accompli (présent, imparfait, futur) avec l'adverbe *d'habitude* (ex. : *Il se levait d'habitude très tôt*).

hapax
On donne le nom d'*hapax* à une forme, un mot ou une expression dont on ne connaît qu'un exemple dans un corpus défini.

hapaxépie
Le phénomène d'*hapaxépie* (ou *haplolalie* ou *haplologie*) est un cas particulier de dissimilation qui consiste à articuler une seule fois un phonème ou un groupe de phonèmes qui aurait dû l'être deux fois dans le même mot : par exemple, quand on dit *tragi-comique* pour *tragico-comique* ou *morphonologie* pour *morphophonologie*, etc.

haplographie
L'*haplographie* est une faute d'écriture qui consiste à n'écrire qu'une fois un groupe de caractères redoublés (ex. : *haplogie* pour *haplologie*).

haplolalie
Syn. peu usité d'HAPAXÉPIE.

haplologie
Le terme d'*haplologie* est le terme le plus fréquemment employé comme synonyme d'*hapaxépie**.

harmonie
1. On donne parfois le nom d'*harmonie phonétique* à l'ensemble des phénomènes d'assimilation* qui ont pour but de rapprocher le timbre d'un phonème (consonne ou voyelle) du timbre d'un phonème contigu ou voisin.

2. L'*harmonie vocalique* est un phénomène d'assimilation vocalique qui peut jouer sur plusieurs voyelles d'un même mot : le choix d'une ou de plusieurs voyelles dans une position donnée n'est pas libre, mais il est déterminé automatiquement par la présence d'une autre voyelle déterminée.

L'harmonie vocalique est particulièrement importante dans les langues finno-ougriennes et en turc. En finnois, le vocalisme de la désinence est conditionné à un certain degré par la voyelle du radical. Ainsi la même désinence casuelle est *-ssa* ou *-ssä* selon la voyelle du radical : *talo-ssa* « dans la maison », mais *metsä-ssä* « dans le bois ». En turc, selon que la première voyelle du mot est antérieure ou postérieure, toutes les voyelles sont antérieures (comme dans les mots *gözleriniz* « vos yeux », *gözümü* « nos yeux ») ou postérieures (comme dans les mots *kolum* « mon bras », *kollarımız* « nos bras »). De même, le choix entre les deux désinences du pluriel *-lar* ou *-ler* est déterminé par le vocalisme du radical (*atlar* « chevaux », mais *güller* « roses »). L'harmonie vocalique peut être progressive, comme dans les exemples précédents, ou régressive.

harmonique
On appelle *harmonique*, ou *ton partiel*, le son produit dans une vibration complexe

par l'une des parties du corps vibrant. Les fréquences des harmoniques sont des multiples entiers de la fréquence du ton fondamental*. Dans la phonation, les voyelles ou les tons sont produits par un renforcement de certains harmoniques ou un renforcement du ton fondamental de la vibration laryngée à travers les cavités vocales de même fréquence. C'est ce renforcement qui rend audibles les ondes sonores produites dans le larynx et qui détermine le timbre particulier de chaque son.

haut

1. On appelle parfois *formant haut* le formant buccal, ou deuxième formant, qui se situe dans la partie supérieure du spectre, par opposition au formant bas du pharynx, ou premier formant, qui se situe dans la partie inférieure. Les formants qui se trouvent dans des fréquences supérieures à celle du formant buccal sont appelés aussi formants hauts, comme le formant nasal ou le formant caractéristique des voyelles aiguës.

2. Une *voyelle haute* est une voyelle réalisée avec une position haute de la langue, c'est-à-dire avec la langue aussi proche du palais qu'il est possible sans gêner l'écoulement de l'air. Il existe deux degrés de hauteur vocalique, le deuxième correspondant à une position un peu plus basse de la langue, pour les voyelles semifermées. Les voyelles hautes sont diffuses* du point de vue acoustique.

hauteur

1. La *hauteur d'un son*, en acoustique, est la qualité subjective du son qui s'apparente à la fréquence, de même que la force est associée à l'intensité. Plus la fréquence d'un son est grande et plus le son est haut : mais ce rapport n'est pas directement proportionnel. L'oreille perçoit les vibrations sonores selon une échelle logarithmique, de sorte qu'une fréquence de vibration deux fois plus rapide est toujours perçue comme le même intervalle : l'octave de la musique. L'unité de hauteur est le mel; on a fixé à mille mels la hauteur d'un son de 1 000 hertz de fréquence, zéro mel égalant zéro fréquence. Un son de 2 000 mels est perçu comme deux fois plus haut qu'un son de 1 000 mels, alors que sa fréquence est quatre fois plus grande.

Les variations de hauteur sont utilisées différemment dans chacune des langues, à des fins distinctives, démarcatives ou culminatives, pour la phonologie du mot (accent de hauteur) ou pour la phonologie de la phrase (intonation*).

2. On appelle *accent de hauteur, accent musical* ou *ton*, les variations de hauteur utilisées dans certaines langues pour opposer des mots de sens différents présentant par ailleurs les mêmes phonèmes. L'accent de hauteur a une fonction distinctive dans certaines langues d'Europe, comme le serbo-croate, le lituanien, le suédois et surtout dans des langues d'Afrique et d'Extrême-Orient : ainsi, le chinois distingue quatre tons (uni, montant, brisé, descendant) qui permettent d'opposer les différents sens du mot *chu* « porc », « bambou », « seigneur », « habiter, vivre ». L'accent de hauteur existe aussi dans des langues qui ne sont pas des langues à tons, comme le français où l'accentuation en fin de mot ou de groupe de mots est marquée surtout par une élévation de la voix. L'accent de hauteur a alors une fonction démarcative.

hendiadys, hendiadyn

L'*hendiadys* est une figure de rhétorique qui consiste à remplacer un nom accompagné d'un adjectif (d'un complément ou d'une relative) par deux noms réunis par une conjonction; ainsi, lorsque l'on interprète *boire dans des patères et de l'or* pour *boire dans des patères d'or*.

hétéroclite

En grammaire traditionnelle, on dit d'un mot qu'il est *hétéroclite* quand son paradigme flexionnel est emprunté à plusieurs racines; ainsi, le verbe *aller* emprunte ses racines à *va-*, *all-*, *i-*.

hétérogène

On dit d'un nom qu'il est *hétérogène* quand il change de genre en changeant de nombre. Ainsi, *délice* est masculin au singulier et féminin au pluriel *(de grandes délices)*.

hétéroglosse

On appelle parfois *dictionnaire hétéroglosse* un dictionnaire bilingue, pour l'opposer au *dictionnaire homoglosse**.

hétéronyme

En grammaire traditionnelle, on appelle *hétéronymes* les mots de racine différente, mais formant ensemble une structure sémantique. Ainsi, les noms de parenté *(mère, sœur, tante, oncle,* etc.), les noms de couleur *(rouge, vert, jaune,* etc.*),* les grades militaires, etc.

hétérogarnique, hétérorgane

Deux phonèmes sont *hétérorganes* ou *hétérorganiques* quand ils ont des points d'articulation distincts comme [p] et [t], par opposition aux phonèmes homorganes.

hétérosyntagmatique

L. HJELMSLEV distingue la *fonction hétérosyntagmatique* entre des éléments appartenant à des syntagmes différents (ainsi la rection), et la *fonction homosyntagmatique,* entre des éléments appartenant au même syntagme (ainsi, interdépendance entre genre et nombre dans le nom latin).

hiatus

Un *hiatus* est un groupe de deux voyelles contiguës appartenant à deux syllabes différentes : *kaolin, créer.* Les langues s'efforcent souvent d'éviter les hiatus par différents procédés : épenthèse de phonèmes non vocaliques comme les glides ex. : *crier* prononcé [krije]; réduction de la première voyelle en un élément non-vocalique, ex. : *nuée* prononcé [nɥé]; contraction, etc.

hiéroglyphe

Ce mot désigne l'unité fondamentale du système idéogrammatique des anciens Égyptiens. (V. ÉCRITURE.)

histoire

1. On appelle *histoire de la langue* l'ensemble des changements qui affectent sa structure au cours du temps.

2. En grammaire générative, on appelle *histoire transformationnelle* d'une phrase la suite des opérations qui convertissent un groupe de marqueurs syntagmatiques sous-jacents (de structure profonde) en un marqueur syntagmatique dérivé final.

historique

1. On qualifie d'*historiques* la grammaire, les études, les recherches qui s'occupent de suivre de près (et de tenter d'expliquer) l'évolution d'une langue ou de plusieurs. Ainsi, la grammaire comparée* a souvent pour moyen ou pour fin la linguistique historique. *Historique* est un synonyme moins précis de *diachronique**.

2. On donne le nom de *passé historique* au passé simple du verbe français qui situe le récit (l'histoire) dans un moment considéré comme révolu. (V. PASSÉ.)

3. On donne le nom de *présent historique* à l'emploi du présent à la place du passé historique dans un récit (en particulier dans le genre historique).

homéotéleute

Quand, généralement à l'intérieur d'une même phrase, la terminaison de différents mots ou de différentes unités accentuelles est constituée par la même syllabe (ou les mêmes syllabes), on dit qu'on a un *homéotéleute;* ainsi, dans la phrase *Il est décidé à se défendre et non à se rendre.* La rime est un genre particulier d'homéotéleute, qu'on rencontre quand les unités terminées par les homéotéleutes entrent dans un ensemble rythmique harmonisé.

homogénéité

L'étude linguistique faite à partir d'un corpus d'énoncés exige, pour être valide, que ces énoncés répondent à un critère d'*homogénéité*. Celle-ci varie selon l'objet de l'enquête; pour déterminer les règles de la langue à partir du corpus, pris comme échantillon, il faut que les énoncés soient homogènes quant à l'état de langue (niveau de langue, intercompréhension complète des interlocuteurs, etc.).

homoglosse

On donne le nom d'*homoglosses* à des dictionnaires dont la langue d'entrée est un parler ou un dialecte de la langue de sortie (qui est alors la langue commune). Ainsi, un dictionnaire picard-français est dit *homoglosse,* par opposition aux dictionnaires bilingues, ou hétéroglosses, dont les entrées et les sorties appartiennent à deux langues différentes (français/anglais, allemand/français).

homographe

L'*homographie* est le phénomène linguistique par lequel deux formes de même écriture (et souvent de même prononciation) ont des signifiés différents. Par exemple, *rue* « voie de circulation » et *rue* « plante vivace » sont des *homographes;* ils ont des étymologies différentes, des sens différents, mais la même représentation graphique et la même prononciation. De même, dans les cas de polysémie*, quand une même forme vient à prendre deux ou plusieurs sens nettement différenciés, on peut également parler d'homographie. Deux homographes peuvent avoir des prononciations différentes : ainsi, *les* FILS *de Pierre et Jacqueline* et *les* FILS *de laine.*

homonyme

1. Dans le lexique, un *homonyme* est un mot qu'on prononce ou/et qu'on écrit comme un autre, mais qui n'a pas le même sens que ce dernier. A part les cas rares ou les curiosités, les homonymes à la fois homophones* et homographes* sont peu fréquents en français; leur existence s'explique notamment par des phénomènes de polysémie* (*bureau,* par exemple, au sens de « table de travail » et d'« ensemble de personnes travaillant dans un secteur déterminé »). On appelle souvent *homonymes* les homophones ou morphèmes qui se prononcent de la même façon, mais qui n'ont pas le même sens et ne s'écrivent pas de la même façon. A l'époque classique, on a accordé une grande importance à la distinction par l'écriture des homophones; c'est alors qu'on a spécialisé les orthographes de *dessein* et *dessin,* de *compte* et *conte.* Cette tendance explique la présence en français, et également en anglais, de beaucoup d'homophones et de peu d'homographes.

2. En grammaire générative, les *homonymes syntaxiques* sont des phrases de surface qui peuvent correspondre à deux structures profondes différentes. L'homonymie syntaxique correspond à l'ambiguïté*.

homonymie

L'*homonymie* est l'identité phonique (homophonie) ou l'identité graphique (homographie) de deux morphèmes qui n'ont pas, par ailleurs, le même sens.

homophone

On dit qu'un mot est *homophone* par rapport à un autre lorsqu'il présente la même prononciation, mais un sens différent : ainsi, en français, la séquence phonique [so] correspond à quatre homophones : *sceau, seau, sot, saut.* Ce terme est également employé pour désigner, dans l'écriture courante, deux signes graphiques qui transcrivent un même phonème; ainsi, en français, les lettres *s, c, ç, ss* représentent le phonème [s] dans le syntagme *si ça cesse.* Les suffixes *-ment* (servant à former des noms d'action) et *-ment* (servant à former des adverbes de manière) sont homophones. En français, l'orthographe sert souvent à distinguer des homophones : ainsi on a distingué par la graphie les deux termes [kɔ̃te], qui avaient la même origine latine *(computare) :* on a eu *compter (comptable)* et *conter (raconter).*

homophonie

L'*homophonie* est l'identité phonique entre deux ou plusieurs unités significatives, ou entre deux ou plusieurs signes graphiques appelés *homophones**.

homorgane, homorganique

On appelle *homorganes* ou *homorganiques* deux ou plusieurs phonèmes qui ont un même point d'articulation tout en différant par d'autres traits. Ainsi [p] et [b] sont homorganes puisqu'ils sont prononcés tous deux avec une occlusion labiale.

homosyntagmatique. V. HÉTÉROSYNTAGMATIQUE.

honorifique

On appelle *dimension honorifique*, le rôle joué par les pronoms personnels qui, dans certaines langues, définissent le statut social des participants à la communication ou déterminent le degré d'intimité qui existe entre eux : ainsi, l'opposition *tu* ou *vous* (deuxième personne du singulier) définit une dimension honorifique en français.

humain

On donne le nom de *noms humains* à une sous-catégorie des noms animés qui, sémantiquement, désignent des êtres vivants humains ou considérés comme tels et qui se caractérisent par une syntaxe différente des noms animés non-humains (désignant des animaux). Ainsi, certains verbes comme *penser, croire*, etc., impliquent un sujet animé humain, un adjectif comme *célibataire* implique un nom épithète animé humain. On dit aussi que des morphèmes comme *Jean, homme, enfant*, etc., ont le trait distinctif [+humain] et que des morphèmes comme *chien, chat, vipère*, etc., ont le trait [−humain], compte non tenu des métaphores possibles (passage d'une catégorie à l'autre) : ainsi, les noms collectifs ou les noms d'appareil peuvent être sujets des verbes qui n'admettent que des noms humains; en ce cas, ils se voient attribuer un trait [+humain] : *L'entreprise tout entière fait grève. La voiture démarra brusquement.*

hybride

En grammaire traditionnelle, un mot *hybride* est un mot composé dont les constituants sont empruntés à des racines de langues différentes. Ainsi, *automobile*, dont les racines sont l'une grecque (*autos*, « de soi-même ») et l'autre latine (*mobilis*, « qui peut se mouvoir »), est un *mot hybride*.

hyoide

L'*os hyoide* est un os qui se trouve en haut du larynx, en forme de demi-cercle ouvert vers l'arrière. Il est relié au cartilage du larynx par des ligaments et des muscles.

hypallage

En rhétorique, l'*hypallage* est une figure consistant à attribuer à un mot de la phrase ce qui convenait à un autre mot de la même phrase; ex. : *Ce marchand accoudé sur son comptoir avide* (V. Hugo).

hyperbate

L'*hyperbate* est une figure de rhétorique consistant à renverser l'ordre habituel des mots; ex. : *Là coule un clair ruisseau.*

hyperbole

L'*hyperbole* est une figure de rhétorique consistant à mettre en relief une idée par l'emploi d'une expression qui va au-delà de la pensée; ex. : *un géant* pour un *homme grand*, *un pygmée* pour un *petit homme*.

hypercorrection

On dit qu'il y a *hypercorrection* quand, en présence d'une forme altérée par l'évolution de la langue, on restitue une forme où les éléments que l'on croit disparus sont ajoutés par erreur. Ainsi, le verbe *savoir*, issu du latin *sapēre*, a été orthographié au XVIe siècle sous la forme *sçavoir*, parce qu'on le supposait issu de *scire*.

hyperdialectique

On qualifie d'*hyperdialectique* une forme dialectale créée selon une règle de correspondance qui n'est pas valable pour la forme donnée. Ainsi, le grec *philâsô* est une forme hyperdialectique du dorien (forme faussement dorienne qui répond à l'attique *philêsô*, d'après la correspondance ionien *glôttês* - dorien *glôttãs*) : en effet, dans *philêsô*, *ê* vient de l'allongement de *-e-* et non de l'allongement de *-a-* (radical en *-e-* : *phileo, philô*).

hyperonyme

Syn. de SUPERORDONNÉ.

hypocoristique

On appelle *hypocoristique* un mot traduisant une affection tendre. Les hypocoristiques sont le plus souvent des appellatifs comme *frérot, mon chou, fifille*, etc. Les procédés hypocoristiques sont en général la substitution de suffixe et le redoublement de la syllabe initiale.

hyponymie

Le terme d'*hyponymie* désigne un rapport d'inclusion* appliqué non à la référence, mais au signifié des unités lexicales concernées. Il est lié à la logique des classes : ainsi, *chien* entretient avec *animal* un certain rapport de sens; il y a inclusion du sens de *chien* dans le sens d'*animal;* on dit que *chien* est un hyponyme d'*animal* (v. GÉNÉRIQUE). Contrairement au terme inclusion, qui ne doit s'appliquer qu'aux unités qui ont une référence, *hyponyme* s'emploie aussi bien pour celles qui n'en ont pas. D'autre part, les rapports d'inclusion sont complexes; d'une certaine manière, plus l'extension d'un ensemble* est grande, plus il est inclusif : la classe des référés est plus large; mais, d'un autre point de vue, plus la classe des référés est petite, plus l'ensemble des traits définisseurs est grand et plus la compréhension s'accroît. Ainsi, *animal* est plus inclusif que *chien* pour ce qui est de la classe des référés (*animal* s'applique à *chat, lapin*, etc.), mais *chien* est plus inclusif qu'*animal* pour ce qui est des traits de compréhension *(chien* a tous les traits d'*animal,* qui n'a pas tous les traits de *chien).*

L'hyponymie établit un rapport d'implication unilatéral. *Cramoisi* étant un hyponyme de *rouge*, on peut poser x est *cramoisi* $\supset x$ est *rouge*, mais non x est *rouge* $\supset x$ est *cramoisi*. L'ordonnancement des unités lexicales en superordonnées* et en hyponymes se fera alors par test; on vérifiera quelle est l'implication admise et quelle est l'implication rejetée. De même l'existence de co-hyponymes* d'un terme superordonné permet d'établir la hiérarchie. On pose : x est une fleur; y est une fleur; z est une fleur; donc x, y, et z sont co-hyponymes entre eux et hyponymes de *fleur.*

Les relations de superordonné à hyponyme sont complexes. En effet, à divers niveaux, interviennent des unités qui peuvent être considérées comme résultant de la nominalisation de phrases de base ou de la lexicalisation de suites lexicales. On a considéré *œillet de Nice* et *tulipe noire* comme des hyponymes de *œillet* et *tulipe*. De même des co-hyponymes comme *bicyclette, moto(cyclette), vélomoteur* n'ont pas eu pendant longtemps d'archilexème* (générique, superordonné). On a fini par créer *deux-roues.* De même les langues utilisent comme superordonnés des éléments très vagues; en français par exemple, *personne, chose, truc, machin, faire*, etc.

L'hyponymie proprement dite se définit comme une relation d'implication unilatérale (asymétrique), contrairement à l'hyponymie conçue comme une relation réciproque et symétrique qui caractérise les synonymes. (V. SYNONYME.) L'hyponymie est également transitive en ce sens que si elle relie a à b et b à c, elle relie aussi a, b à c. (V. CLASSE.)

hypostase

On appelle *hypostase* le passage d'un mot d'une catégorie grammaticale dans une autre (on dit aussi *dérivation impropre*); par exemple *Harpagon*, nom propre, peut devenir un nom commun, synonyme d'avare ». (V. GLISSEMENT DE SENS.)

hypotaxe

On donne le nom d'*hypotaxe* au procédé syntaxique qui consiste à expliciter par une conjonction de subordination ou de coordination le rapport de dépendance qui peut exister entre deux phrases qui se suivent dans un énoncé long, dans une argumentation, etc. Ainsi : *Cet homme est habile, aussi réussira-t-il, Cet homme est habile et il réussira, Cet homme réussira parce qu'il est habile* sont des formes diverses d'*hypotaxe* (coordination ou subordination) s'opposant à la simple *juxtaposition* des phrases : *Cet homme est habile, il réussira*, procédé syntaxique appelé *parataxe**.

hypothétique

On appelle *hypothétique* une proposition conditionnelle introduite par *si*.

hystéron-protéron

L'*hystéron-protéron* est une figure de rhétorique consistant à renverser l'ordre naturel (chronologique ou logique) de deux termes (mots ou propositions). Ex. : *Laissez-nous mourir et nous précipiter au milieu des ennemis* (traduction de Virgile, *Énéide*, II, 353).

icône

Dans la terminologie de Ch. S. PEIRCE, on distingue *icône, indice* et *symbole*. Ce classement des signes se fonde sur la nature du rapport entretenu par le signe avec la réalité extérieure. Les icônes sont ceux des signes qui sont dans un rapport de ressemblance avec la réalité extérieure, qui présentent la même propriété que l'objet dénoté (une tache de sang pour la couleur rouge). Certains signes des écritures idéogrammatiques antiques (chinoise, égyptienne) semblent avoir été en rapport iconique avec la réalité désignée : par exemple, le signe chinois désignant l'homme, le signe hiéroglyphique désignant la mer, etc. Le portrait sera le type le plus évident d'icône : ce signe traduit un certain niveau de ressemblance avec l'objet modèle. A l'icône s'opposent l'indice* (sans rapport de ressemblance, mais avec un rapport de contiguïté) et le symbole* (où le rapport est purement conventionnel).

identification

1. On appelle *identification des unités* une des procédures (avec la segmentation) nécessaires pour déterminer les unités linguistiques et qui consiste à reconnaître un seul et même élément à travers ses multiples occurrences; ainsi, en dépit de différences phonétiques importantes dans la prononciation, on identifie comme étant un même phonème [t] les réalisations [t] devant [o] et [u], [t'] devant [i] ou [j], etc. En linguistique distributionnelle, deux occurrences sont considérées comme appartenant à la même unité quand elles se rencontrent dans les mêmes environnements.

2. On distingue parmi les fonctions du verbe *être,* la fonction existentielle et les fonctions copulative et prédicative : parmi ces dernières, outre les fonctions attributive et locative, on trouve la fonction identificatrice, ou fonction d'*identification*. Par elle, le verbe *être* exprime que le sujet a le même référé que l'attribut : ainsi, dans *Ce chien est Médor,* le verbe *être* exprime l'identité de *ce chien* et de *Médor.*

Il faut distinguer la fonction identificatrice de la fonction attributive *(Jean est professeur* et *Cette fille est charmante).*

identité

On appelle sens d'*identité* l'emploi prédicatif du verbe *être* exprimant l'identité de deux unités, comme dans *Cet enfant est Pierre* (où *enfant* et *Pierre* sont « identifiés »), par opposition aux sens d'appartenance* et d'inclusion*.

idéogramme

On appelle *idéogramme* un caractère graphique correspondant à une idée (concept, procès, qualité). On prend généralement pour exemples d'écriture idéogrammatique l'écriture chinoise et les hiéroglyphes égyptiens sous leur forme la plus ancienne.

(1) L'origine de l'idéogramme chinois est dans le pictogramme, représentation stylisée d'objets concrets et de quelques procès : l'homme, les animaux, les principaux mouvements, etc. Aux pictogrammes se sont adjoints, postérieurement sans doute, des notations proprement idéogrammatiques, dès lors qu'on a utilisé les indices (selon le raisonnement « X implique Y ») ou les symboles (le signe notant une idée, mais de façon purement conventionnelle).

Les idéogrammes complexes proviennent de l'analyse d'une idée en éléments déjà représentés dans l'écriture; par exemple, le signe *bon - aimer* (l'idéogramme ne note pas telle ou telle « catégorie grammaticale », notion étrangère au chinois) s'obtient par combinaison des signes *femme-femelle* et *enfant-mâle*. La réalisation phonique de l'idéogramme complexe n'a bien entendu aucun rapport avec l'un quelconque des signes composants.

Certains linguistes contemporains sont particulièrement attentifs au rôle joué par l'écriture idéogrammatique : la réflexion grammaticale, la conception du rapport entre la langue et le monde, et peut-être même la conception du monde elle-même peuvent être modifiées dans des proportions importantes par l'opposition entre l'usage de l'écriture idéogrammatique et celui de l'écriture phonétique. La grammatologie de J. DERRIDA a trouvé là son origine.

(2) L'écriture hiéroglyphique égyptienne, dans son état ancien, attesté, représente un état mixte évoluant vers la phonétisation. On relève conjointement dans les inscriptions des logogrammes (signes-mots), des phonogrammes qui fonctionnent à la fois comme logogramme d'un mot donné et comme transcription du consonantisme des mots homonymes, et des déterminatifs, logogrammes non prononcés servant à distinguer des homonymes en indiquant la classe dans laquelle on doit ranger le signe ambigu (par exemple *maison* s'ajoutera comme déterminatif aux signes désignant des bâtiments).

idéographique, idéogrammatique

On appelle écritures *idéogrammatiques* les systèmes où les graphèmes font référence à des morphèmes et non à des phonèmes. Les graphèmes représentent alors des idées, des notions et non plus des portions phoniques de la chaîne parlée. La plus connue des écritures idéographiques est sans doute le système chinois; à une époque ancienne, ce dernier représentait chaque notion par un caractère conventionnel (d'abord un dessin stylisé). Par la suite, beaucoup de morphèmes chinois étant formés d'une seule syllabe, les caractères qui les représentaient ont été aussi utilisés pour représenter dans les mots nouveaux polysyllabiques non plus la notion, mais la syllabe. On passe ainsi peu à peu d'un système purement idéographique à un système en partie phonétique. (V. ÉCRITURE.)

idiographème

On appelle *idiographème* toute variante individuelle ou stylistique d'un graphème dans une écriture manuscrite; par exemple, les différentes formes de *s*, de *f*, de *p*, etc., réalisées par le même scripteur, sont des idiographèmes, chaque idiographème conservant les traits pertinents graphiques de la lettre. L'ensemble des habitudes graphiques particulières à une même personne forme l'*idiographie*.

idiographie. V. IDIOGRAPHÈME.

idiolecte

On désigne par *idiolecte* l'ensemble des énoncés produits par une seule personne, et surtout les constantes linguistiques qui les sous-tendent et qu'on envisage en tant qu'idiomes ou systèmes spécifiques; l'idiolecte est donc l'ensemble des usages d'une langue propre à un individu donné, à un moment déterminé (son style). La notion d'idiolecte met l'accent sur certains caractères particuliers des problèmes de la géographie linguistique : tout corpus de parlers, dialectes ou langues n'est représentatif que dans la mesure où il émane de locuteurs suffisamment diversifiés; mais c'est, au moins au départ, sur des bases non linguistiques que sont choisis ces locuteurs et les énoncés qu'ils produisent; même si le chercheur relève pour un parler donné des énoncés en nombre suffisant de tous les locuteurs rencontrés dans l'aire étudiée, il postule implicitement que ces locuteurs ont le même parler. La notion d'idiolecte implique, au contraire, qu'il y a variation non seulement d'un pays à l'autre, d'une région à l'autre, d'un village à l'autre, d'une classe sociale à l'autre, mais aussi d'une personne à l'autre. L'idiolecte est au départ la seule réalité que rencontre le dialectologue.

idiomatique

On appelle *expression idiomatique* toute forme grammaticale dont le sens ne peut être déduit de sa structure en morphèmes et qui n'entre pas dans la constitution d'une forme plus large : *Comment vas-tu ? How do you do ?* sont des expressions idiomatiques. (V. IDIOTISME.)

idiome

1. On appelle *idiome* le parler* spécifique d'une communauté donnée, étudié dans ce qu'il a de particulier par rapport au dialecte ou à la langue auxquels il se rattache. **2.** Le terme d'*idiome* peut être pris au sens de « expression idiomatique »*. **3.** Le terme d'*idiome* peut être synonyme de « langue ».

idiosyncrasie

Devant un ensemble de données identiques, les sujets ont tendance à les organiser de manière différente selon leurs dispositions intellectuelles ou affectives particulières : ils ont ainsi, chacun, un *comportement idiosyncrasique* ou une *idiosyncrasie*. Un enfant qui dit *j'allerai* pour *j'irai* a un comportement idiosyncrasique : ses connaissances lui ont fait admettre que la langue formait le futur en ajoutant toujours *-ai* à l'infinitif, alors que justement il n'en est pas toujours ainsi (entre autres pour le verbe *aller*). Ainsi, la plupart des fautes individuelles sont dues à des comportements idiosyncrasiques. Quand ceux-ci se généralisent, on parle de langue courante ou familière, jusqu'au moment où la forme passe dans la langue écrite. Souvent, les comportements idiosyncratiques sont dus à des réactions affectives : ainsi tel enseignant emploiera systématiquement *philologie* là où il faut dire *linguistique* parce que ce mot est connoté de manière défavorable dans son milieu.

idiotisme

On appelle *idiotisme* toute construction qui apparaît propre à une langue donnée et qui ne possède aucun correspondant syntaxique dans une autre langue. Le présentatif *c'est* est un *gallicisme*, idiotisme propre au français; *how do you do ?* est un *anglicisme*. On a ainsi des *germanismes*, des *latinismes*, des *hellénismes*, etc.

illatif

On appelle *illatif* le cas* exprimant la pénétration dans un lieu (ex. : *Il entre* DANS LA MAISON).

illocutionnaire, illocutoire

A la suite de J.L. AUSTIN, on qualifie d'*illocutionnaire* (ou *illocutoire*) tout acte de parole réalisant ou tendant à réaliser l'action dénommée : par exemple, la phrase *Je promets de ne plus recommencer* réalise en même temps l'acte de « promettre ». On distingue notamment, parmi les verbes illocutionnaires, les verbes performatifs (*ordonner*) et les verbes d'attitude (*jurer*). Tout énoncé, pratiquement, peut être considéré d'une manière ou d'une autre comme illocutionnaire.

imitatif

On donne le nom de *mot imitatif* à des onomatopées qui reproduisent approximativement un son : *coin-coin* est un mot imitatif.

immanent

En linguistique structurale et, en particulier, en glossématique, on appelle *immanente* toute recherche qui définit les structures de son objet par les seules relations des termes intérieurs à cet objet. Ainsi, la glossématique est une linguistique immanente puisqu'elle exclut toute préoccupation transcendante (extralinguistique); de même, on dira qu'une structure est immanente quand elle peut être définie par les seuls rapports des termes entre eux (la structure phonologique d'une langue définie par les oppositions des phonèmes, indépendamment de toute référence à la substance phonique).

immotivé

Le qualificatif d'« arbitraire » ayant pu donner à tort l'idée que le signifiant dépendait du libre choix du sujet, F. DE SAUSSURE a ajouté le caractère *immotivé* : le signe est immotivé en ce sens que, contrairement aux théories sur l'origine onomatopoéique des mots, il n'y a eu au départ aucune raison d'utiliser pour désigner l'*arbre* les sons [arbr], ou en latin *arbor* ou en grec *dendron*. Ce n'est qu'à un second stade, dans la dérivation notamment, qu'*arboriculture* est motivé par rapport à *arbre* et que, au contraire, *couper*, dérivé de *coup*, est devenu immotivé, perdant la relation sémantique qui l'unissait au mot racine. Des théories plus récentes ont atténué la rigueur de F. DE SAUSSURE sur ce point : on constate, en effet, que les langues ont tendance à utiliser certaines racines pour certains signifiés de manière constante : ainsi, tous les mots dont la première syllabe commence par un [t] et la seconde par un [k] se voient associer la notion de bruit ou de choc provoquant un bruit alors qu'en sens inverse, quand le son [k] disparaît pour des raisons phonétiques, le sens s'affaiblit, comme dans *toucher,* venant du latin *toccare* « faire toc ».

imparfait

On donne le nom d'*imparfait* à un ensemble de formes verbales du français constituées d'une racine verbale et d'un affixe exprimant le passé *(-ais, -ait, -ions, -iez, -aient);* l'imparfait situe l'énoncé dans un moment indéterminé avant le moment présent ou avant le moment du récit. Cette indétermination est susceptible d'être interprétée comme une durée, une répétition, une continuité, un état, aussi bien qu'un instant précis. Il s'oppose au passé* historique ou passé simple.

imparisyllabique

On appelle *imparisyllabiques,* en grammaire latine, les noms ou les adjectifs, qui, dans leur flexion, comportent une syllabe de plus aux cas autres que le nominatif. Le mot *consul, consulis* est l'exemple traditionnel de la troisième déclinaison imparisyllabique (*consulis* étant le génitif du nominatif *consul*).

impératif

1. L'*impératif* est un mode* exprimant un ordre donné à un ou plusieurs interlocuteurs (dans les phrases affirmatives) ou une défense (dans les phrases négatives) : *Viens. Ne sors pas.*

2. En grammaire générative, l'*impératif* est un type de phrase (ou modalité de phrase), comme l'interrogation (phrase interrogative) et l'assertion (phrase déclarative); c'est un constituant de la phrase de base qui, compatible seulement avec un sujet de deuxième personne (ou incluant une deuxième personne, comme *nous*), déclenche une transformation impérative; celle-ci, entre autres opérations, efface le pronom sujet de la phrase : Impératif + Vous + venez + demain devient *Venez demain.*

3. On appelle *fonction impérative* la fonction du langage par laquelle l'émetteur tend à imposer au destinataire un comportement déterminé. On l'appelle aussi *conative.*

imperfectif

Syn. de NON-ACCOMPLI.

impersonnel

1. On appelle *construction impersonnelle* la phrase où le syntagme nominal sujet est représenté par un pronom neutre de la troisième personne *il,* substitué au sujet de la structure profonde de la phrase (ou *sujet réel**); ce dernier est, quant à lui, déplacé après le verbe. La phrase *Il est arrivé un malheur* est une construction impersonnelle issue de *Un malheur est arrivé,* car le syntagme verbal *est arrivé* a pour sujet apparent un pronom « impersonnel » *il* et pour sujet réel *un malheur,* placé après le syntagme verbal.

2. *Mode impersonnel.* V. PERSONNEL (MODE).

implication

1. On appelle *implication* entre deux propositions une relation telle que, la première étant vraie, la seconde est nécessairement vraie. Ainsi, *Tous les hommes sont mortels* étant admis, la proposition *Jacques est mortel* est impliquée par (contenue dans) la précédente. On écrit :

Tous les hommes sont mortels ⊃ *Jacques est mortel.*

Quand la vérité de la seconde proposition implique la vérité de la première, on dit qu'il y a double implication.

2. La *double implication* entre deux propositions A et B est le rapport réciproque d'implication qui existe quand la vérité de A entraîne la vérité de B et que la vérité de B entraîne la vérité de A.

implosif

1. Une *consonne implosive* est une consonne qui se trouve après la voyelle ou le noyau syllabique et qui correspond donc à la phase de tension décroissante de la syllabe. Dans le mot *rare* [ʁaʁ], la deuxième consonne est implosive, tandis que la première est explosive. Historiquement, les consonnes implosives, d'intensité plus faible que les consonnes explosives, s'affaiblissent et disparaissent plus facilement.

2. On appelle parfois *consonne implosive* une consonne dont l'articulation est limitée à la première phase de prononciation et n'est pas suivie de la tenue et de la catastase*, comme dans l'exclamation *hep!*, où la consonne est prononcée avec une vivacité qui arrête le souffle et ne permet pas le déroulement complet de la syllabe.

implosion

L'*implosion* est la fermeture qui se produit à la fin d'une syllabe pour la réalisation de la consonne dite « implosive ». On appelle parfois *implosion* la première phase de la prononciation d'une consonne occlusive comme [p] ou [t], phase qui précède la tenue et la catastase* (dite explosion), et pendant laquelle les organes phonateurs prennent la position de fermeture d'où résulte l'occlusion.

in absentia

La suite des mots qui par leur succession constituent la phrase réalisée est *in praesentia* pour F. DE SAUSSURE. L'ensemble des unités qui, à chaque place, peuvent être substituées aux unités effectivement utilisées est dit *in absentia*. Ainsi, dans la phrase *Les trains vont vite*, *les* et *trains* et *vont* et *vite*, et aussi la marque *-s* de *les* et *trains*, la terminaison de *vont* sont *in praesentia*. Au contraire, *ces*, *mes*, *ses*, *certains*, *les grands* (que je peux substituer à *les*), *voitures*, *charrettes*, *avions*, *gens*, *lapins* (que je peux substituer à *trains*), et ainsi de suite, sont *in absentia*.

La suite des unités *in praesentia* est la suite syntagmatique; la liste des unités *in absentia* est la liste paradigmatique.

inaccentué

Une voyelle (ou une syllabe) *inaccentuée* ou atone* est une voyelle ou une syllabe qui ne porte pas l'accent. En français, toutes les syllabes du mot, sauf la dernière, sont inaccentuées.

inaccompli

Syn. de NON-ACCOMPLI.

inachevé

On appelle *phrases inachevées*, ou *incomplètes*, ou *elliptiques*, les phrases dont les structures profondes comportent un syntagme nominal ou verbal qui n'est pas réalisé dans les phrases effectives. Ainsi, sont dites inachevées : les phrases passives sans agent exprimé (*Votre dossier sera étudié*); les phrases transitives actives sans objet exprimé (*Pierre lit le soir avant de se coucher*); les phrases nominales sans verbe exprimé (*Silence!*). Toutes ces phrases supposent la mise en jeu de règles d'effacement*.

inaliénable

La relation entre un nom et son complément indique une *possession inaliénable* (non-aliénable) quand le complément du nom est le tout dont le nom de base est une partie intrinsèque; ex. : *La jambe de Pierre*, *Les pieds de la table*, *Les aiguilles d'une montre*, etc. Ainsi, les parties du corps dont les compléments du nom sont inaliénables comportent dans leurs traits distinctifs le trait [−aliénable]. En revanche, les noms qui ne comportent pas cette relation grammaticale avec le possesseur ont le trait pertinent [+aliénable]; ex. : *La nappe de la table*, *L'heure de l'horloge*, *La cravate de Pierre*. Ces deux types de relations de possession se manifestent par une syntaxe différente; ainsi, le déterminant est défini dans *Pierre a mal à la tête*, *à la jambe* (inaliénable), mais possessif dans *Pierre a sa cravate mal mise* (aliénable); de même, *Pierre a une cravate* est acceptable, mais non **Pierre a une jambe*, si on donne au verbe *avoir* le sens de « posséder ».

inanimé

Syn. de NON-ANIMÉ. (V. ANIMÉ.)

inchoatif

On appelle *inchoatif* une forme verbale propre à indiquer le début d'une action qui va progresser. L'inchoatif est traduit en français par un préfixe (*en-*) dans *s'endormir* (« commencer à dormir »), ou par un suffixe dans *verdir* (« devenir vert »), ou encore par un auxiliaire modal *(commencer à* suivi de l'infinitif). En latin, l'inchoatif était traduit par un suffixe *(-sc-)* : *senesco* « je vieillis ».

incidente
Syn. de INCISE.

incise
On appelle *incise*, ou *incidente*, une proposition parenthétique enchâssée dans une autre proposition, sans mot de subordination. Ainsi, dans *L'argent, dit le sage, ne fait pas le bonheur,* la proposition *dit le sage* est une incise.

inclusif
1. On appelle *inclusif* le pronom (ou nom) personnel de première personne *nous* quand il inclut le pronom (ou nom) personnel *tu* et qu'il signifie « moi et toi », par opposition au *nous* exclusif qui exclut *tu* et signifie « moi et lui, par opposition à toi ».

2. On appelle *inclusif* le pronom (ou nom) personnel de deuxième personne *vous* qui inclut le pronom (ou nom) personnel *tu* désignant un deuxième interlocuteur et signifie « toi et toi par opposition à lui ou eux ». Le *vous* exclusif signifie au contraire « toi, Jean, et lui », par opposition à un deuxième interlocuteur « toi, Pierre ». En français, il n'existe qu'un système de pronoms à la fois inclusifs et exclusifs : *nous/vous*. (V. PERSONNE.)

3. On dit qu'un ensemble* A est *inclusif* par rapport à un autre ensemble B quand tous les éléments de cet ensemble B (qui sera dit *sous-ensemble*) appartiennent à A.

inclusion
1. On dit qu'il y a *inclusion* d'un sous-ensemble A' dans un ensemble A quand tous les éléments de A' appartiennent également à A et qu'il n'y a aucun élément de A' qui n'appartienne pas à A. Ainsi, dans la grammaire traditionnelle, les noms propres (A') forment un sous-ensemble de l'ensemble des noms (A); on dit que A' est inclus dans A, et on écrit

$$A' \subset A.$$

L'inclusion est une relation réflexive ($A \subset A$), transitive (si $A \subset B$ et $B \subset C$, $A \subset C$, mais non symétrique (si $A \subset B$, $B \subset A$ est impossible). (V. RÉFLEXIVITÉ, SYMÉTRIE, TRANSITIVITÉ.)

La notion d'inclusion a une grande importance en analyse sémique. Dans une famille sémique (champ lexical), le sens de chaque mot est un ensemble (S) de sèmes (s_1, s_2, s_3, s_4, par exemple). L'archisémème* A du champ lexical est un sous-ensemble de S.

2. On appelle *sens d'inclusion* l'emploi prédicatif du verbe *être* exprimant l'inclusion dans un ensemble, comme dans *Les professeurs sont des fonctionnaires,* ce qui signifie que les membres de la classe des « professeurs » sont inclus dans les membres de la classe des fonctionnaires. Le sens d'*inclusion* s'oppose aux sens d'*appartenance** et d'*identité**.

incompatibilité
1. L'*incompatibilité* est la relation qui s'établit entre deux propositions quand la vérité de l'une entraîne la fausseté de l'autre (on dit couramment que ces propositions sont contradictoires); si les propositions sont A et B, l'incompatibilité entre elles s'exprimera ainsi : $A \supset \text{non} - B$, qui se lira A implique que B n'est pas.

L'implication peut n'être qu'implicite. Ainsi, *Jacques est grand* est incompatible avec *Jacques est petit.*

Il est à remarquer que l'incompatibilité des noms de couleurs, quand ils n'entretiennent pas de relations de superordonné* à hyponyme*, n'est pas une conséquence secondaire de leur sens, mais est impliquée par l'apprentissage et la connaissance du sens de chacun des termes. Ces derniers recouvrent, en effet, un continuum : la connaissance du signifié de l'un des termes, *rouge* par exemple, suppose que l'on connaît aussi la frontière de ce qui n'est pas rouge.

L'incompatibilité doit être distinguée de la simple différence de sens. *Rectan-*

gulaire et *rouge* n'ont pas le même sens, mais ne sont pas incompatibles : on peut avancer simultanément à propos du même livre :
Le livre est rouge.
Le livre est rectangulaire.
On ne peut pas avancer à propos du même meuble :
Ce meuble est un fauteuil.
Ce meuble est une armoire à pharmacie.
Fauteuil et *armoire à pharmacie* sont incompatibles. Le problème de l'incompatibilité se pose surtout à l'intérieur d'un champ lexical* déterminé. Il est peu intéressant de se demander si *banque* et *bicyclette* sont compatibles ou incompatibles. Dans la hiérarchie des unités lexicales, il y a incompatibilité entre les termes de même niveau co-hyponymes*, mais non entre les termes entretenant des relations de superordonné à l'hyponyme.

La complexité des relations d'incompatibilité tient au fait que bien souvent deux (plusieurs) co-hyponymes n'ont pas de superordonné, ou que la langue utilise des suites (qu'on considère alors comme « lexicalisées ») pour tenir la place de l'item manquant, ou encore qu'elle crée des sous-catégories par des procédés morphologiques. Ainsi, *neige poudreuse*, créé par lexicalisation à partir de la phrase de base *La neige est poudreuse*, correspondra à un seul mot esquimau, hyponyme de *neige*. Les co-hyponymes *aîné* vs *cadet* correspondront à des termes anglais dérivés à partir d'adjectifs au moyen du suffixe superlatif.

2. En linguistique structurale, on dit que deux termes sont *incompatibles* dans une phrase quand leur combinaison en un constituant supérieur n'est pas interprétable sémantiquement ou que cette combinaison est sémantiquement anomale. Ainsi, le verbe *penser* a dans ses traits distinctifs celui de « à sujet humain », ce qui signifie qu'il n'est compatible qu'avec des syntagmes nominaux dont le nom se réfère à une personne (on notera *penser* par le trait [+[+humain]−] : *Pierre pense* est valide sémantiquement, les deux termes *penser* et *Pierre* sont compatibles, car *Pierre* a dans ses traits le trait « humain ». En revanche, *La table pense* est anomale, les deux termes *penser* et *table* sont incompatibles, car *table* a dans ses traits le trait « objet » qui exclut le trait humain. Si on a la phrase *Les animaux pensent,* la phrase n'est interprétable que si on donne à *animal* le trait distinctif « humain », ce qui signifie que l'on assimile, dans cette phrase, l'homme et l'animal.

incomplet
On qualifie d'*incomplètes* des phrases qui contiennent une ellipse. (Syn. : ELLIPTIQUE, INACHEVÉ.)

incrémentiel
Dans la théorie de Z. HARRIS, on appelle *transformation incrémentielle* une transformation, opération effectuée sur une phrase de base, ou opérande, caractérisée par l'addition d'un élément et par un effet de sens systématique. Ainsi, l'addition d'un adverbe dans

Il est heureux → *Il est très heureux*

est le résultat d'une transformation incrémentielle, entraînant une modification systématique du sens de la phrase. Les transformations interrogative et négative sont ainsi des transformations incrémentielles.

indéclinable
On appelle *indéclinables* les mots qui, appartenant à des catégories de mots déclinables, ont cependant la même forme à tous les cas, et les mots qui, n'étant pas susceptibles de recevoir des marques de genre, de nombre et de personnes, n'ont

qu'une seule forme invariable (adverbe, infinitif).

indéfini

1. On appelle *indéfini* un trait inhérent de certains articles, adjectifs ou pronoms, par opposition au trait *défini**, qui caractérise d'autres articles, adjectifs ou pronoms : ainsi, *il* est « défini » par rapport à *on;* *le* est « défini » par rapport à *un;* le trait indéfini [−défini] est interprété sémantiquement par l'absence de toute référence à un syntagme nominal antérieur *(Une personne a téléphoné,* par opposition à *La personne* [que tu sais] *a téléphoné)* ou à un élément précis de la situation, ou par la négation de la valeur générique *(Un homme ne saurait agir ainsi,* par opposition à *L'homme est un animal qui parle).* [V. ARTICLE.]

2. La grammaire traditionnelle a créé une classe d'*indéfinis* pour regrouper les *adjectifs* qui, n'étant ni qualificatifs, ni numéraux, ni possessifs, ni démonstratifs, ni relatifs, ni interrogatifs-exclamatifs, se joignent au nom pour exprimer en général une idée plus ou moins vague de quantité ou de qualité, d'identité, de ressemblance ou de différence; les *pronoms indéfinis* traduisent sous la forme nominale les mêmes notions. La définition traditionnelle des indéfinis est faite par énumération : les principaux adjectifs indéfinis sont *aucun, autre, chaque, certain, je ne sais quel, maint, même, n'importe quel, nul, pas un, plus d'un, quel, quelconque, quelque, tel, tout, différents, divers, plusieurs.*

On assimile souvent aux adjectifs indéfinis certains adverbes de quantité suivis de *de* ou *des* et d'un nom complément : ce sont *assez de, beaucoup, bien des, combien de, peu de, pas mal de, tant de, trop de,* etc.

De même, les pronoms indéfinis sont définis par énumération : *aucun, autre* précédé de l'article ou d'un déterminant, *autrui, chacun, je ne sais qui, le même, n'importe qui, nul, pas un, personne, plus d'un, quelqu'un, quiconque, qui que, tel, l'un, autre chose, grand-chose, peu de chose, je ne sais quoi, le même, n'importe quoi, quelque chose, quoi que, rien, tout,* *aucun, d'aucuns, certains, plusieurs, tous, les uns.*

C'est avec la plus grande prudence, ici plus encore qu'ailleurs, qu'on doit se reporter au « sens » : dans les énumérations données ci-dessus, certains mots sont véritablement « indéterminants » (« indéfinis »), mais d'autres, comme *le même* dans *Je veux le même livre que vous,* expriment une détermination complète. Les adjectifs indéfinis relèvent de la rubrique traditionnelle des adjectifs déterminatifs.

Les adjectifs indéfinis sont analysés en linguistique moderne comme des déterminants : les uns sont des préarticles, comme *tout (toute la ville),* les autres des postarticles *(une autre personne).* Beaucoup sont des quantificateurs *(assez de),* des distributifs *(chaque)* et des négatifs *(aucun, nul).*

3. On donne le nom de *passé indéfini* au passé* composé dans une analyse des formes verbales françaises où l'on met en évidence le caractère indéterminé dans le passé que revêt l'achèvement du procès traduit par ces formes.

indépendant

On appelle *proposition indépendante* une proposition qui ne dépend d'aucune autre (qui n'est enchâssée dans aucune phrase) et dont aucune proposition ne dépend (qui ne sert pas de matrice à une proposition enchâssée).

indéterminé

On dit d'un terme qu'il est *indéterminé* quand la notion exprimée n'est pas rapportée à des circonstances définies.

index

1. Dans le vocabulaire général, un *index* est la table alphabétique des noms cités (propres ou communs), des sujets traités, des termes techniques définis, etc.

2. En lexicographie, on appelle *index* le résultat d'un travail de dépouillement lexical. Selon la finesse du travail, on distingue : *a)* les *index de formes,* qui indiquent dans l'ordre alphabétique les formes dépouillées; l'index de formes ne distinguera pas les homonymes graphiques ou homographes *(marche* dans *la marche* et

il marche, vide dans *il vide* et *le vide, la bouteille est vide*, etc.); *b)* les *index de mots*, qui distinguent les unités de vocabulaire (vocables) et, selon le point de vue adopté, situent les occurrences dans les textes dépouillés, ou indiquent la fréquence de l'unité (index de fréquence).

Le développement des travaux de dépouillement entraîne la multiplication de ces ouvrages, précieux pour les études lexicales historiques en particulier. L'application des méthodes de la statistique lexicale à ces index permet souvent d'aboutir à d'intéressantes conclusions, en particulier sur le plan stylistique. (V. CONCORDANCE.)

indexation

On appelle *indexation* la classification des items lexicaux consistant à leur attribuer des traits distinctifs qui les décrivent à l'intérieur d'un ensemble défini (le lexique d'une langue). Ainsi, *Pierre* est indexé de la manière suivante :
PIERRE : [+ nom], [−commun], [+ animé], [+ humain], [+ mâle]...

indicateur

1. É. BENVENISTE donne le nom d'*indicateurs* aux déictiques* de temps et d'espace *(maintenant* et *ici)*.

2. *Indicateur syntagmatique.* V. MARQUEUR.

indicatif

1. On appelle *indicatif* le mode de la phrase assertive (affirmative ou négative). L'indicatif est le mode non-marqué définissant le statut de base de la phrase.

2. On appelle *indicatif* l'ensemble de formes verbales qui, en français, est le mode des phrases assertive et interrogative : *Paul vient. Paul vient-il ? Je dis que Paul viendra. Je demande si Paul vient.*

3. *Fonction indicative.* V. INDICE.

I. indice

1. Par le mot *indice,* on peut désigner un rapport causal mis entre un événement linguistique et l'objet signifié : l'élévation de la voix est l'indice d'une excitation. (V. SYMPTÔME.)

2. Dans la terminologie de CH. S. PEIRCE, on distingue *icône, indice* et *symbole*. L'indice est avec la réalité extérieure dans un rapport de contiguïté. Ainsi, on dira que la fumée est l'indice du feu; contrairement au cas de l'icône, il n'y a pas ici ressemblance; contrairement au cas du symbole, il n'y a pas lien conventionnel.

La sémiologie contemporaine définit l'indice en fonction du mécanisme de l'indication (L. PRIÉTO). L'indice est le fait qui fournit une indication. Or, le rapport entre l'indice et la chose indiquée n'est pas simple : loin de constituer exclusivement une liaison immédiate entre signe et réalité positive, l'indice procède aussi par un caractère négatif. L'indice classe un événement (par exemple, ici, l'apparition de fumée) par rapport à une classe plus générale, appelée en logique l'« univers du discours », à laquelle cette classe appartient. « Il n'y a pas de fumée sans feu » comporte référence à un univers du discours où le feu émet de la fumée; une combustion sans fumée ainsi qu'une fumée sans combustion demandent un univers du discours différent, où le rapport indiciaire est à revoir.

Le mécanisme de l'indication est sans doute le domaine sémiologique où se fait le plus aisément l'application des acquis de la logique moderne.

3. *Indice* est également utilisé en analyse du discours : la théorie des *mots-indices* constitue l'hypothèse − souvent implicite, mais parfois formulée − selon laquelle le discours de tel groupe socio-culturel ou politique pourrait être classé en fonction de termes révélateurs. On pourrait classer les locuteurs et déterminer leur appartenance en fonction de leur vocabulaire. Des travaux récents sur le discours politique ont établi les raisons pour lesquelles ce point de vue doit être rejeté : la compétence linguistique étant commune à tous les locuteurs, sauf pour des mots proprement techniques, le vocabulaire utilisé ne sera guère révélateur, puisque le locuteur peut masquer ses énoncés, les reformuler, les rejeter ou les assumer plus ou moins; d'autre part, un mot peut être assumé par des groupes socio-culturels ou politiques différents avec un contenu fort différent, que mettra en évidence l'étude des propositions de base qui sous-tendent les unités.

La théorie des mots-indices n'a donc guère d'efficacité : elle accentue de façon démesurée un domaine très restreint du processus général de la néologie*.

II. indice

1. Chez L. TESNIÈRE, par opposition aux *translatifs** et aux *jonctifs**, les *indices* révèlent simplement la catégorie du mot. Ainsi, l'article *le* dans *le jouet* a une *fonction indicative* et souligne, sans opérer de translation, le caractère substantif. Dans le cas de la translation, la catégorie préalable du mot à transférer est différente de la catégorie qui en résulte; ainsi, *le* dans *le bleu du ciel* est translatif, puisque *bleu*, à l'origine, est adjectif. Au contraire, il est *indice* dans *le livre*, puisque *livre*, à l'origine, est déjà substantif.

2. *Indice de classe.* V. CLASSIFICATEUR.

indiciel

L'aspect *indiciel* de l'énonciation est défini par les participants à la communication, par le temps et le lieu de l'énonciation et par le mode de relation du sujet à son énoncé *(je, ici, maintenant)*.

indirect. V. DISCOURS.

individuation

On appelle *individuation linguistique* le processus par lequel un groupe se caractérise face à un autre groupe grâce à des constantes de l'activité langagière. L'individuation peut être implicite ou explicite, volontaire ou involontaire, repérable ou non repérable.

inductif

La *méthode inductive* consiste, en linguistique, à recueillir un corpus d'énoncés et à en tirer, par segmentation et substitution, des classes (ou listes) d'éléments et de règles qui permettent de rendre compte de toutes les phrases.

inessif

On appelle *inessif* le cas* indiquant le lieu à l'intérieur duquel se place le procès du verbe (ex. : *Il est* DANS LA MAISON).

infection

L'*infection* est un système complet de coloration des consonnes, particulièrement important en vieil irlandais. Il résulte de l'anticipation de l'articulation caractéristique de la voyelle suivante : /ti/ est prononcé [t^{i}i], /te/ est prononcé [t^{e}e], /tu/ est prononcé [t^{u}u]. Ce processus phonétique peut prendre une valeur phonologique et morphologique en cas de confusion ou de disparition de certaines de ces voyelles. Ainsi, l'équivalent vieil irlandais du mot latin *vir* présente trois formes distinctes pour le singulier qui s'écrivent respectivement *fer* (nom., acc.), *fir* (voc., gén.) et *fiur* (dat.), mais qui se distinguent phoniquement par la coloration du *r* final.

infinitif

1. L'*infinitif* est une forme nominale du verbe qui exprime l'état ou l'action, mais sans porter de marques de nombre et de personne. Comme un verbe, il peut exprimer l'aspect* *(avoir lu* vs *lire);* il a un objet construit comme celui d'un verbe à un mode personnel *(lire un livre* vs *la lecture d'un livre);* comme un nom, il peut être précédé d'un article *(le boire et le manger).* En français, cette dernière possibilité est limitée; elle est, en revanche, très étendue en grec ancien.

2. On appelle *transformation infinitive* la transformation* déclenchée lors de l'enchâssement d'une complétive dans une phrase matrice, lorsque le sujet de cette complétive est sujet, objet ou complément prépositionnel de la matrice. Dans la phrase *Je veux que Pierre vienne,* le sujet de la complétive *Pierre* est différent du sujet de la phrase matrice *je;* si les deux sujets sont identiques *(*Je veux que je vienne),* la transformation infinitive, comportant un effacement du *je* de la complétive et l'introduction de l'affixe d'infinitif, sera appliquée : *Je veux venir.* De même *Je promets à Pierre que Paul viendra* devient, lorsque le sujet de la complétive *que Paul viendra* est identique au sujet *je* de *je promets* : *Je promets à Pierre de venir.* Dans la phrase *Je dis à Pierre de sortir,* le sujet de la complétive est identique au complément prépositionnel de la phrase matrice *(Pierre).*

infixe

On appelle *infixe* l'affixe* qui s'insère à l'intérieur d'un mot pour en modifier le sens; ainsi, en latin l'infixe nasal *n* s'insère parfois dans la racine du mot pour la constitution du verbe; la racine *frag-* avec infixe *n* devient *frango* (« briser »), la racine *jug-* avec infixe *n* devient *jungo* (« lier »).

inflexion

On donne parfois le nom d'*inflexion* à la modification de timbre que subit parfois une voyelle sous l'influence d'une voyelle voisine. Il s'agit d'un cas particulier de métaphonie*.

informant, informateur

Quand le linguiste réunit l'ensemble des énoncés qu'il veut soumettre à l'analyse (corpus), il s'adresse à des locuteurs qui ont pour langue maternelle le parler étudié et qui doivent, à propos de chaque phrase, dire si elle est acceptable ou non, grammaticale ou non (v. ACCEPTABILITÉ, GRAMMATICALITÉ). Ces locuteurs, qui peuvent également fournir au linguiste des données à analyser (listes de mots, phrases, etc.) sont les *informateurs,* ou *informants.* Le choix de l'informateur a une grande importance : on va aujourd'hui à l'encontre de la tendance qui consistait à croire que l'informateur ne devait ni être intelligent ni avoir des connaissances linguistiques.

information

1. Au sens que donne à ce terme la théorie de l'information, l'*information* est la signification que l'on attribue à des données à l'aide des conventions employées pour les représenter; ce terme désigne donc, techniquement parlant, tout ce qui peut se mettre, de quelque manière, sous une forme codée. Pour les théoriciens de la communication, le terme d'information — ou « message »* — désigne une séquence de signaux correspondant à des règles de combinaison précises, transmise entre un émetteur et un récepteur par l'intermédiaire d'un canal qui sert de support physique à la transmission des signaux. Pour la théorie de la communication, le sens de cette séquence de signaux codés n'est pas considérée comme un élément pertinent.

2. QUANTITÉ D'INFORMATION ET CALCUL DE LA QUANTITÉ D'INFORMATION.

Deux concepts sont à la base du calcul de la quantité d'information transmise : (1) le concept de capacité d'un code lié au nombre de signaux alternatifs de ce code; (2) le concept de quantité réelle d'information transmise, proportionnelle au nombre de possibilités du code.

(a) Informations et probabilité.

Plus un phénomène est probable, moins il est informant. Sa probabilité permet de quantifier et de mesurer sa quantité d'information. Prenons un exemple, celui de l'état du ciel; deux cas sont possibles : (1) il y a de gros nuages noirs, on dit « il va pleuvoir » : cela n'apprend pas grand-chose; la probabilité d'occurrence de l'événement est restreinte; si l'événement se produit, l'information sera plus grande.

On dit que la probabilité d'occurrence d'un fait est inversement proportionnelle à la quantité d'information.

(b) Calcul de la quantité d'information.

On peut définir trois sortes de probabilités :

(1) probabilité certaine positive : coefficient 1; (2) probabilité certaine négative : coefficient 0; (3) entre ces deux extrêmes, il y a des probabilités partielles (par exemple : il y a 60 chances sur 100 qu'il pleuve); on a alors une certaine information qui est calculable : s'il se met à pleuvoir, la probabilité devient certaine

et prend le coefficient 1. Lorsqu'on dit qu'il y a 60 chances sur 100 qu'il pleuve, la probabilité est de 0,60. Quand le fait est révolu, la probabilité devient égale à 1. La quantité d'information est alors égale à : $1 - 0,60 = 0,40$.

En raisonnant dans l'abstrait, nous pouvons dire qu'un phénomène de probabilité x a un contenu d'information égal à $1 - Px$. Pour des raisons pratiques, on mesure cette quantité d'information I non par la probabilité, mais par son logarithme. Soit

$$I : \log 1 - \log Px$$

et, comme $\log 1 = 0$:

$$I = \log Px.$$

c) On peut proposer comme mode de calcul un procédé tout à fait différent : le procédé dichotomique. Si nous prenons l'exemple des cartes à jouer, il s'agit, dans un jeu de 32 cartes, de deviner l'une d'entre elles. Le procédé choisi pour identifier la carte est alors l'identification par la *sélection binaire*. On divise chaque fois le champ des possibles en deux parties (noire - rouge; puis cœur-carreau, etc.).

Est-ce une noire? — Non.
Est-ce un cœur? — Oui.
Est-ce un honneur? — Oui.
Est-ce un as ou un roi? — Non.
Est-ce une dame? — Non.
Donc c'est un valet de cœur.

Il a fallu 5 questions pour arriver au résultat. 1/32 était la probabilité de la carte à trouver. Or, 5 est le logarithme à base 2 de 32. Ainsi, la probabilité définit le nombre d'opérations nécessaires pour identifier une forme.

Cette notion de sélection binaire nous amène à l'idée d'un code simple à deux signaux possibles, tous deux également probables (ou équiprobables). C'est ce genre de code qui a été choisi dans le cadre de la théorie de la communication.

d) L'information se mesure en unités appelées BITS.

Par définition, un code comportant 2 signaux possibles, tous deux également probables, a une capacité de 1 bit chaque fois qu'il est utilisé. Un code qui a 4 choix possibles a une capacité de 2 bits; un code qui a 8 choix possibles a une capacité de 3 bits. Autrement dit, la capacité en bits d'un code de ce type est le logarithme à base 2 du nombre de signaux alternatifs qu'il comporte :

$$\begin{array}{ll} 1 & 1 \log 2 \quad 1 = 0 \\ 1 \times 2 & 2 \log 2 \quad 2 = 1 \\ 1 \times 2 \times 2 & 4 \log 2 \quad 4 = 2 \\ 1 \times 2 \times 2 \times 2 & 8 \log 2 \quad 8 = 3 \\ 1 \times 2 \times 2 \times 2 \times 2 & 16 \log 2 \; 16 = 4 \end{array}$$

etc.,

$I = \log 2$ du nombre de signaux (x par exemple); soit $\boxed{I = \log 2\, x}$ quand le code est équiprobable.

Or, moins un signe est probable, plus il transmet d'information : la quantité d'information est inversement proportionnelle à la probabilité du signe

$$I = \log 2 \times \frac{1}{P}.$$

On définit la quantité d'information d'un signal par le logarithme à base 2 de l'inverse de la probabilité du signal :

$$P = 1 \quad I = \log 2 \, \frac{1}{1} = \log 2 \quad 1 = 0$$

$$P = \frac{1}{2} \quad I = \log 2 \, \frac{1}{\frac{1}{2}} = \log 2 \quad 2 = 1$$

$$P = \frac{1}{4} \quad I = \log 2 \, \frac{1}{\frac{1}{4}} = \log 2 \quad 4 = 2$$

$$P = \frac{1}{8} \quad I = \log 2 \, \frac{1}{\frac{1}{8}} = \log 2 \quad 8 = 3.$$

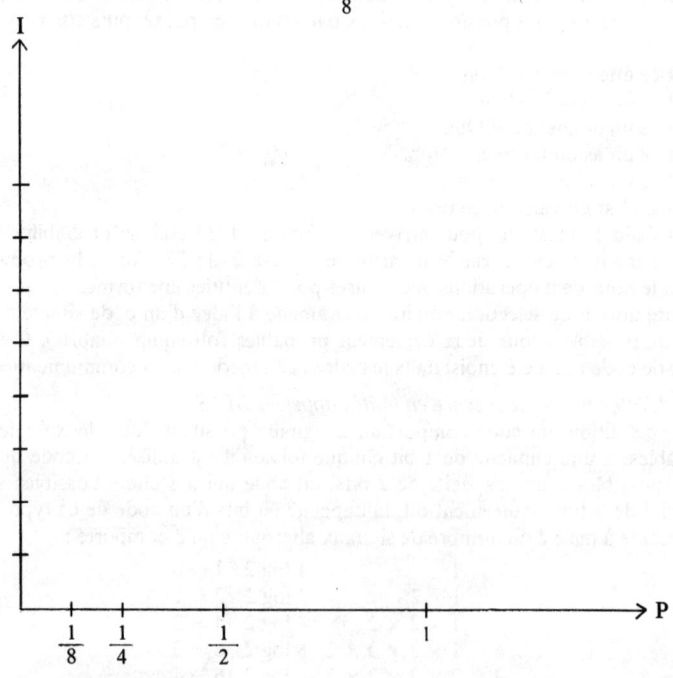

Considérons un code de deux signaux A et B. Nous faisons un calcul sur 16 occurrences; après observation, nous trouvons une occurrence de A pour 15 occurrences de B;

— la probabilité de A est $\frac{1}{16}$

— la probabilité de B est $\frac{15}{16}$.

Si l'on reprend la formule : $I = \log 2 \times \dfrac{1}{P}$

$IA = \log 2 \ \dfrac{1}{\frac{1}{16}} = \log 2\ 16 = 4$ bits

$IB = \log 2 \ \dfrac{1}{\frac{15}{16}} = \log 2 \ \dfrac{16}{15} = 0,093$ bit.

Donc, B, plus fréquent que A, transmet moins d'information. D'autre part, nous pouvons à partir de là quantifier l'information moyenne par signal :
1 occurrence de A = 4 bits.
15 occurrences de B = 0,09 × 15 = 1,39 bit.
16 occurrences portent au total = 5,39 bits.
La quantité moyenne d'information par signal est de $\dfrac{5,39}{16} = 0,34$ bit. Or, si les signaux étaient équiprobables, chaque signal aurait une capacité de 1 bit. Donc, la fréquence inégale des signaux réduit l'efficacité du code d'environ 1/3. La capacité totale d'un code n'est réalisée que si tous les signaux ont des probabilités égales d'occurrence. Cette perte d'information, due en particulier au bruit*, introduit la notion de redondance*.

3. INFORMATION, COMMUNICATION ET LANGUE.

Les langues naturelles possèdent certaines qualités communes à tous les systèmes de communication, si on les envisage, dans les limites imposées par les théoriciens de la communication, comme des systèmes de transmission de l'information au moyen d'un code caractérisable par leur nombre de signaux et leurs règles de combinaison. (V. CODE, COMMUNICATION, LANGUE. SIGNE.)

Les codes linguistiques présentent une particularité par rapport aux codes non-linguistiques; ils sont constitués de *deux sous-codes,* non indépendants l'un de l'autre, définis en linguistique comme relevant de deux niveaux d'analyse spécifique : le niveau morphématique et le niveau phonématique. (V. [DOUBLE] ARTICULATION.)

Les théoriciens de la communication se sont proposé d'évaluer la quantité moyenne d'information transmise par les langues naturelles en considérant le degré d'incertitude relatif aux différents signaux dans chacun des sous-codes. Ce faisant, ils rejoignaient les recherches poursuivies en linguistique depuis une vingtaine d'années par les distributionnalistes (v. DISTRIBUTIONNELLE [ANALYSE]), préoccupés de décrire les langues en termes de contraintes formelles apparaissant dans l'enchaînement des unités de base, chacune dans leur cadre respectif (morphématique et phonématique).

En réalité, les théoriciens de la communication présentaient aux linguistes le modèle mathématique implicite connu sous le nom de modèle à états finis*, ou de théorie des chaînes de Markov*, ou de modèle de Markov. (V. aussi COMMUNICATION.)

ingressif
On appelle *ingressif* une forme verbale qui exprime une action limitée à son stade initial. Ainsi, en français, la locution verbale *se mettre à* suivie de l'infinitif permet l'expression de l'ingressif.

inhérent
Trait inhérent. V. TRAIT.

initial

En grammaire générative, un élément est dit *initial* s'il n'est le constituant d'aucun autre élément et, par conséquent, s'il ne figure jamais à droite de la flèche dans aucune règle de réécriture. Ainsi, Σ est l'élément initial des grammaires génératives. En fait, dans une étape ultérieure de la théorie, les éléments à gauche de la flèche pourront se voir écrits aussi à droite, comme SN → SN et SN (syntagme nominal se réécrit : syntagme nominal *et* syntagme nominal). En ce cas, on voit apparaître Σ à droite de la flèche, par exemple dans la réécriture de SV, cela signifiant que le syntagme verbal se réécrit auxiliaire, verbe suivi d'un syntagme nominal ou d'une phrase :

$$SV \rightarrow Aux + V + \begin{Bmatrix} SN \\ \Sigma \end{Bmatrix}$$

Ex. : *Je vois le ciel* (V + SN), *Je vois qu'il ne viendra pas* (V + Σ). [V. TERMINAL.]

initiale

L'*initiale* d'un mot ou d'un syntagme est le phonème ou le groupe de phonèmes prononcés en premier : le phonème [p] dans le mot français *parent,* le groupe [pr] dans le syntagme *pris au piège*.

D'une façon générale, l'initiale est l'élément qui résiste le mieux : ainsi, dans l'évolution du latin aux différentes langues romanes, les phonèmes initiaux se sont maintenus plus souvent que les autres. Cette stabilité de l'initiale s'explique par le fait que c'est l'élément le plus riche en information. L'initiale n'est pas prévisible, tandis que, pour les éléments non initiaux, les règles distributionnelles et, dans une certaine mesure, la connaissance du lexique de la langue considérée réduisent considérablement les possibilités de choix.

Du fait de sa position à la frontière du mot, l'initiale peut subir, lors de l'insertion du mot ou du syntagme dans la chaîne parlée, un traitement particulier. Il s'agit de certaines altérations (aphérèse, assimilation, etc.) dues à l'influence du mot précédent, s'il n'y a pas de pause intermédiaire. On a, dans ce cas, un exemple de sandhi* initial (beaucoup plus rare que le sandhi final) avec alternance entre une forme absolue (qui correspond à l'initiale du mot prononcé isolément) et une forme incluse, comme en irlandais moderne (*bo* « vache », *an'vo* « une vache ») ou dans certains dialectes italiques (en corse : *'sarpi* « serpent », *una'zarpi* « un serpent », *'djakaru* « chien », *u'jakaru* « le chien »).

injective

Une *consonne injective* ou *inspiratoire* est une consonne dont l'articulation comporte un appel d'air brusque. Il s'agit d'une consonne à double occlusion, comme les clics* et les consonnes glottalisées*. Dans la cavité, l'air est raréfié par un mouvement de succion formé par les deux occlusions, de sorte que l'ouverture de l'occlusion antérieure provoque une entrée brusque d'air extérieur. L'occlusion postérieure (vélaire ou glottale) s'ouvre immédiatement après.

injonctif

1. Une phrase *injonctive* est une phrase qui exprime un ordre, donné au locuteur, d'exécuter (ou de ne pas exécuter) telle ou telle action. Les formes verbales spécifiques de ces phrases sont au mode *injonctif :* l'impératif est une des formes de l'*injonctif.* (V. JUSSIF.)

2. On emploie l'expression de *fonction injonctive* pour désigner la fonction du langage dite « conative » ou « impérative » : le locuteur pousse le destinataire à agir d'une certaine manière.

injure

On appelle *injure* toute parole, toute attitude ou allusion à contenu symbolique perçue et vécue par le sujet injurié comme dévalorisante et blessante pour lui.

inné

La théorie de la grammaire générative implique dans ses hypothèses que le langage repose sur une *structure innée,* activée par l'environnement, ce processus étant celui de l'acquisition du langage. Le langage apparaît, en effet, comme une aptitude propre à l'espèce humaine (au contraire de la communication, qui est un processus existant dans les espèces vivantes); cette aptitude repose sur des bases biologiques propres à l'espèce humaine, en particulier la localisation du langage dans la partie postérieure de l'hémisphère gauche du cerveau et la dissymétrie des deux hémisphères dans le fonctionnement de l'activité symbolique. L'hypothèse de la structure innée du langage implique un ensemble de caractéristiques qui définissent la grammaire générative : *a)* les universaux du langage, qui définissent la forme de la description linguistique; *b)* la forme explicite de la grammaire, qui présente la composante syntaxique comme l'élément central et les deux composantes phonologique et sémantique comme seulement interprétatives; *c)* le caractère formel des règles qui constituent chaque composante; *d)* l'ensemble des traits et constructions universels (phonologiques, syntaxiques et sémantiques) à partir desquels sont établies les règles spécifiques de chaque langue particulière; *e)* une méthode pour évaluer laquelle est la meilleure parmi les grammaires possibles d'une langue.

input
On appelle *input* l'ensemble d'informations qui parviennent à un système et que ce système (organisme, mécanisme) va transformer en informations de sortie (ou *output*).

insertion
En grammaire générative, l'*insertion lexicale* est le remplacement des symboles postiches par des items lexicaux en fonction de leurs traits.

insistance
On appelle *accent d'insistance* le renforcement expressif de l'articulation de certains phonèmes ou groupes de phonèmes. Ainsi, dans la phrase *C'est aBOminable!*, la syllabe *bo* est prononcée avec plus de force que la dernière syllabe normalement accentuée. Dans ce cas particulier, où le renforcement de l'articulation exprime un sentiment, on parle plutôt d'*accent émotionnel**. On réserve le terme d'*accent emphatique** aux cas où l'accent d'intensité a une signification intellectuelle et sert à mettre en relief une distinction : PIERRE *est venu* (sous-entendu : *et non Paul*).

inspiration
On appelle *inspiration* l'introduction de l'air extérieur dans les poumons. L'inspiration n'est en général pas utilisée dans la phonation, sauf dans certains cas de voix chuchotée*, où l'énergie expiratoire est trop faible pour produire une onde sonore.

inspiratoire
Une *consonne inspiratoire* est une consonne injective*.

instable
1. On appelle *phonème instable* un phonème qui n'est pas prononcé dans certaines positions, comme en français la voyelle centrale ou neutre dite *e* muet ou *e* caduc de *petit* [pəti] : « un petit garçon » [œptigarsɔ̃].

On dit aussi qu'un *phonème* ou un *groupe de phonèmes* est *instable* quand il est susceptible d'être altéré parce que d'articulation difficile dans la langue considérée. Ainsi, en espagnol, les consonnes de fin de syllabe sont très instables : dans le mot *Madrid*, le [d] final n'est pas prononcé.

2. Une *opposition phonologique* est dite *instable* quand elle est peu fréquente et a tendance à disparaître. En français, l'opposition [a] *vs* [ɑ] *malle* vs *mâle* n'existe presque plus dans le système phonologique des générations d'après 1940 (on peut dire [tas] ou [tɑːs] sans que cela compromette l'identification du message). De même, les distinctions d'ouverture intermédiaire [e]-[ɛ], [ø]-[œ], [o]-[ɔ] montrent aussi une instabilité remarquable : même dans les situations où l'opposition [e]-[ɛ] devrait fonctionner (en finale libre), le choix entre les deux termes a plutôt une valeur individuelle dans des mots comme *carnet, quai, (je) sais, les*. Une autre opposition instable, et qui a presque complètement disparu de la langue parisienne, est l'opposition [ɛ̃]-[œ̃] *brin - brun*. Ces distinctions instables sont aussi les plus subtiles, les moins caractérisées du point de vue phonétique : elles impliquent de menues différences articulatoires et acoustiques et de faibles nuances auditives. Il s'agit aussi, le plus souvent, d'oppositions ayant un faible rendement fonctionnel.

instance

On appelle *instances du discours* les actes de parole, toujours uniques, par lesquels le sujet parlant actualise la langue (compétence*) en parole (performance*).

instrumental

On appelle *instrumental* le cas* exprimant l'instrument, le moyen par lequel s'accomplit le procès exprimé par le verbe (ex. : *Il a coupé la pomme* AVEC UN COUTEAU).

intégration

La fonction d'*intégration* est un aspect de la fonction auditive, qui établit la liaison entre les vibrations reçues par la cochlée (forme modelée cochléaire) et le langage. Elle représente deux activités : la première, neuro-physiologique, concerne les voies auditives et les centres nerveux (elle peut être étudiée par l'électrophysiologie); la deuxième, psychophysiologique, repose sur des circuits mémoriels et fait appel à des facultés psychologiques. Les effets peuvent en être étudiés en partie par la physiologie, en partie par la psychologie. C'est le passage des faits aux phénomènes abstraits, des images aux symboles. La pathologie de cette fonction représente chez l'adulte la surdité verbale, chez l'enfant le défaut ou le retard d'intégration, suivant qu'il s'agit d'un dysfonctionnement des voies auditives ou des circuits mémoriels.

intelligibilité

On appelle *intelligibilité* l'état d'un énoncé qui peut être entendu distinctement et compris facilement.

I. intensif

On appelle *intensifs* les noms, adjectifs, adverbes ou verbes formés avec un préfixe ou un suffixe qui indique un degré élevé de la propriété indiquée par la racine. Les préfixes *ultra, extra, super, sur,* etc., ont servi à former des *intensifs* comme *ultraconfidentiel, extradur, supermarché, surdéveloppé*.

II. intensif

Dans une opposition*, on qualifie quelquefois d'*intensif* l'élément ou le cas marqué* (l'autre étant le cas non-marqué ou extensif).

intensité

1. L'*intensité sonore* est la puissance transmise sur un centimètre carré de surface perpendiculaire à la direction de propagation : elle se mesure en watts par centimètre carré (une intensité sonore d'un centième de watt par centimètre carré peut léser l'oreille). Cependant, il est plus commode le plus souvent, et en particulier dans le cas des ondes sonores utilisées pour la phonation, de mesurer les intensités en unités décibels (dB). Le décibel exprime un rapport d'intensité par rapport à une intensité de référence choisie arbitrairement. L'équivalent en décibels d'un rapport d'intensité vaut dix fois le logarithme de base 10 de ce rapport.

L'avantage de l'unité décibel est qu'elle permet de travailler avec des chiffres plus commodes : ainsi les sons les plus élevés que puisse percevoir l'oreille ont une intensité 10 millions de fois plus grande qu'un son à peine perceptible; or, cet énorme rapport se réduit à 130 décibels.

Le niveau de référence utilisé en pratique est de 10^{-16} watts par centimètre carré (une dix millionième de millionième de watt par centimètre carré), c'est-à-dire l'intensité minimale pour produire un son à peine audible. L'intensité moyenne de la parole à un mètre des lèvres est d'environ 60 décibels par centimètre carré, c'est-à-dire qu'elle est un million de fois plus grande que 10^{-16} watts par centimètre carré.

Les variations d'intensité dans la chaîne parlée sont utilisées différemment par les langues, à des fins distinctives ou expressives (accent d'intensité et intonation).

2. L'*accent d'intensité*, appelé aussi *accent dynamique* ou *accent expiratoire*, est la mise en relief d'une unité (phonème ou suite de phonèmes) par un renforcement de l'énergie expiratoire ou intensité. Selon que les syllabes d'un mot sont prononcées avec plus ou moins d'intensité, on distingue les syllabes plus fortes (accentuées) des syllabes plus faibles (atones). Dans certaines langues, l'accent a une place fixe dans le mot. En polonais, l'accent frappe toujours l'avant-dernière syllabe. En français, l'accent tombe toujours sur la dernière syllabe du mot, ce qui implique qu'il a une fonction démarcative et permet de distinguer les limites des unités accentuelles. L'accent exerce aussi cette fonction démarcative en tchèque, en finnois, où c'est la première syllabe du mot qui est accentuée. Dans d'autres langues, comme l'anglais, l'italien, l'espagnol, le russe, l'accent est libre, c'est-à-dire qu'il peut porter sur une, deux ou trois ou plus syllabes du mot, et faire varier par là le sens du mot. On dit alors que l'accent a une fonction distinctive qui permet, par exemple, d'opposer en italien /an'kora/ encore vs /'ankora/ ancre, ou /'kapitano/ ils arrivent par hasard vs /kapi'tano/ capitaine vs /kapita'nɔ/ il commanda, en anglais /'import/ (substantif) vs /im'port/ (verbe). (V. ACCENT.)

intercompréhension

On appelle *intercompréhension* la capacité pour des sujets parlants de comprendre des énoncés émis par d'autres sujets parlants appartenant à la même communauté. L'*intercompréhension* définit l'aire d'extension d'une langue, d'un dialecte ou d'un parler.

interconsonantique

On appelle *interconsonantique* un phonème ou un élément phonique placé entre deux consonnes; ainsi [a] dans [par] *part*.

interdentale

Une *consonne interdentale* est une consonne fricative prononcée avec la pointe de la langue placée contre les incisives supérieures, entre les deux rangées de dents légèrement écartées, comme le θ espagnol à l'initiale de *cinco*.

interdépendance

En glossématique, le terme d'*interdépendance* désigne la fonction qui existe entre deux termes constants.

interférence

On dit qu'il y a *interférence* quand un sujet bilingue (v. BILINGUISME) utilise dans une langue-cible A un trait phonétique, morphologique, lexical ou syntaxique caractéristique de la langue B. L'emprunt et le calque sont souvent dus, à l'origine, à des interférences. Mais l'interférence reste individuelle et involontaire, alors que l'emprunt et le calque sont en cours d'intégration ou sont intégrés dans la langue A. Un Français parlant espagnol ou russe pourra ne pas rouler la consonne *r* et lui donner le son qu'elle a en français. Un Allemand parlant français pourra donner au mot français *la mort* le genre masculin du mot allemand correspondant *Tod* (interférence morphologique). Pour dire *Je vais à l'école*, un Français parlant anglais pourra utiliser pour joindre *school* à *I am going* la préposition *at* (qui est parfois l'équivalent de *à*), alors que l'anglais utilise *to* après les verbes de mouvement (interférence syntaxique). Un Italien parlant français pourra dire *une machine (macchina)* pour *une voiture* (interférence lexicale).

intérieur

La *position intérieure* à un segment, morphème, mot ou phrase, est celle des phonèmes ou séquences de phonèmes qui ne se trouvent pas à la frontière (initiale ou finale). Cette position correspond parfois à un traitement phonique différent : ainsi, en français, l'opposition [e] *vs* [ɛ] qui se présente en syllabe finale ouverte *(lé - lait)* est neutralisée* à l'intérieur du mot.

interjection

On appelle *interjection* un mot invariable, isolé, formant une phrase à lui seul, sans relation avec les autres propositions et exprimant une réaction affective vive : onomatopées *(chut, eh, oh, ah,* etc.), syntagmes nominaux *(bonté divine, ma parole,* etc.), noms *(ciel, Dieu, diable,* etc.), verbes *(dis donc, allons,* etc.), adverbes *(bien, eh bien,* etc.), etc.

interlinguistique

On qualifie d'*interlinguistique* toute recherche ou tout mouvement qui se donne pour fin de créer, d'étudier ou de promouvoir des langues artificielles* (comme l'espéranto).

En dehors des ouvrages consacrés à telle ou telle langue artificielle, il existe même des manuels généraux. Des linguistes favorables à l'interlinguistique ont créé eux aussi une langue artificielle : l'interlingua; d'autres sont beaucoup plus réservés. Le point faible de l'interlinguistique, c'est qu'on y néglige deux des problèmes essentiels de la linguistique : le problème de la forme et le problème sémiologique. Le problème de la forme trouve sa solution dans le principe de la plus grande systématisation, ce qui semble être une grave erreur. Quant au problème du sens, on peut dire, avec l'école de Prague, que : « Les langues artificielles sont bonnes tout au plus pour s'entretenir des choses de la vie courante et alors elles sont en somme inutiles, car pour l'entretien de ce genre on apprend, dans une mesure suffisante et sans trop de difficultés, les langues naturelles. »

interlocuteur

On appelle *interlocuteur* le sujet parlant qui reçoit des énoncés produits par un locuteur ou qui y répond. (V. ALLOCUTAIRE.)

intermédiaire

En grammaire générative, on appelle *structures intermédiaires* les structures de phrases, issues des structures profondes, à chaque étape du cycle transformationnel et avant l'étape finale des structures de surface.

interne

1. L'*oreille interne* est un organe auditif placé en arrière de l'oreille moyenne et formé de menues cavités logées dans le crâne. Dans l'une de ces cavités, appelée *cochlée* ou *limaçon*, s'opère l'importante transformation des vibrations mécaniques en impulsions nerveuses.

2. *Accusatif d'objet interne*. V. ACCUSATIF.

interprétable

On dit d'un énoncé qu'il est *interprétable*, ou susceptible de recevoir une interprétation sémantique, quand le locuteur natif peut lui donner un sens, selon les règles sémantiques de la langue considérée. (V. ACCEPTABILITÉ.)

interprétation

1. On appelle *interprétation* l'attribution d'un sens à une structure profonde (*interprétation sémantique*) ou l'attribution de traits phonologiques et phonétiques à une structure de surface (*interprétation phonétique*) : la première de ces deux opérations consiste à appliquer des règles sémantiques à une structure profonde donnée; la seconde consiste à réaliser par la parole (phoniquement) une structure grammaticale interprétée sémantiquement.

2. *Grammaire d'interprétation de phrases*. Syn. DE GRAMMAIRE DU RÉCEPTEUR.

interprétative

En grammaire générative, on donne le nom d'*interprétatives* aux deux composantes phonologique et sémantique, parce que la composante sémantique attribue un sens à la structure profonde générée par la composante syntaxique et que la composante phonologique attribue une forme phonétique à la structure de surface dérivée de la structure profonde. Seule la composante syntaxique est centrale.

interro-emphatique

On appelle *interro-emphatique* un type de phrase interrogative dont l'interrogation porte sur une phrase emphatique. Si la phrase emphatique *C'est Paul qui a fait cela* subit une transformation interrogative, elle devient *Est-ce Paul qui a fait cela ?*

interrogatif

1. Les *interrogatifs* sont des pronoms, des adjectifs ou des adverbes qui indiquent que l'on pose une question sur la qualité ou sur une détermination d'un être ou d'un objet, ou sur une circonstance du procès exprimé par le verbe : seuls *est-ce que* et *si* interrogent sur la réalité du procès. Les *pronoms interrogatifs*, qui renvoient à un syntagme nominal ou à une phrase, servent à interroger sur l'être, ou l'objet, ou la notion dont ils rappellent ou annoncent l'idée; les formes simples ne s'organisent pas tout à fait de la même manière que celles du pronom relatif : à une forme unique de masculin-féminin *(qui ?)* s'opposent *que ?* (position atone) et *quoi ?* (position tonique et complément prépositionnel); les formes composées sont sujet, objet direct, attribut : *lequel ? / laquelle ? / lesquels ? / lesquelles ?*, complément prépositionnel par *de* : *duquel ? / de laquelle ? / desquels ? / desquelles ?*, complément prépositionnel par *à* : *auquel ? / à laquelle ? /*

auxquels ? / auxquelles ? Il existe des formes périphrastiques : pour les personnes *qui est-ce qui ?* (sujet) *qui est-ce que ?* (autres fonctions), pour les choses *qu'est-ce qui ?* (sujet), *qu'est-ce que ?* (autres fonctions).

L'*adjectif interrogatif*, qui est un adjectif déterminatif (un déterminant), sert à poser des questions directes ou indirectes sur la qualité, l'identité ou le rang; ses formes sont *quel, quelle, quels, quelles*. Il s'emploie également comme exclamatif. Les *adverbes interrogatifs* sont classés comme adverbes d'interrogation* totale *(est-ce que,* et dans l'interrogation indirecte *si)* et comme adverbes d'interrogation partielle, comme *quand* (temps), *où* (lieu), *comment* (manière), etc.

2. La *phrase interrogative* est un type de phrase exprimant une question, qui se distingue de la phrase assertive par l'emploi de pronoms ou de particules spécifiques, par une intonation particulière, par un ordre différent des mots ou, parfois, dans certaines langues, par un mode différent de l'indicatif. (V. INTERROGATION.)

interrogation

1. On appelle *interrogation* le mode ou type de communication institué par le sujet parlant entre lui et son (ou ses) interlocuteur(s) et consistant à faire dépendre ses propositions d'une phrase implicite *Je te demande si* (= « Je te pose la question »). [L'assertion dépend de la phrase implicite *Je te dis que* et l'ordre dépend de la phrase *Je t'ordonne que.*] La grammaire traditionnelle définit l'*interrogation* comme l'une des modalités de la phrase. L'interrogation est dite « totale » quand elle porte sur l'ensemble de la phrase (elle est exprimée par l'intonation interrogative, généralement accompagnée de l'interversion du sujet ou de la locution interrogative *est-ce que*). L'interrogation est dite « partielle » quand elle porte seulement sur un des éléments (identité, circonstances de temps, de lieu, etc.).

2. En grammaire générative, l'*interrogation* est un type de phrase (ou modalité de phrase) comme l'ordre (impératif) ou l'assertion. C'est un constituant de la phrase de base; s'il est choisi, il déclenche une transformation interrogative qui, entre autres opérations, déplace le syntagme nominal sujet, modifie le contour d'intonation, etc.

interro-négatif

On appelle *interro-négatif* un type de phrase interrogative dont l'interrogation porte sur un énoncé négatif. Ainsi, en français, les phrases : *Ne viendra-t-il pas me voir ? Est-ce qu'il n'a pas compris ? Qui n'aurait pas fait cela à sa place ?* sont des interro-négatives. En français, la réponse à une interro-négative (qui ne commence pas par un pronom ou un adverbe interrogatif) se fait au moyen des adverbes *non / si* (au lieu des adverbes *non / oui* pour les interrogatives positives).

interro-passif

On appelle *interro-passif* un type de phrase interrogative dont l'interrogation porte sur un énoncé passif. Ainsi, en français, la phrase *Paul a-t-il été heurté par la voiture ?* est une interro-passive.

intersection

On appelle *intersection* de deux ensembles* A et B les éléments (constituant un sous-ensemble de A et B) qui appartiennent à la fois à A et à B.

Soit A = { a, b, c, d, e, f } ,
soit B = { x, b, n, c, p, q } ;
b et c appartiennent à la fois à A et à B, ils constituent l'intersection de A et B et on écrit b, c = A ∩ B, ce qui se lit : intersection de A et B, ou A inter B.

La notion d'intersection a trouvé, en particulier, son application en sémantique. Quand on analyse le « sens » des mots en sèmes*, les traits sémantiques communs aux mots analysés forment l'archisémème* de ces mots. L'archisémème de tous les mots d'un champ lexical est l'intersection des sémèmes* de chacun des mots : c'est un sous-ensemble inclus dans les sémèmes de chacun des mots. De même, les semi-consonnes constituent un ensemble formant l'intersection des consonnes et des voyelles.

intersubjectif

On appelle *communication intersubjective* l'échange verbal entre deux sujets parlants, le locuteur et l'interlocuteur, considérés en tant que sujets d'énonciation. (V. COMMUNICATION.)

interversion

On dit qu'il y a *interversion* lorsque deux phonèmes contigus changent de place dans la chaîne parlée (ex. : *aéropage* pour *aréopage, aréoplane* pour *aéroplane*). Si les phonèmes sont éloignés, on parle plutôt de métathèse*.

intervocalique

Une consonne *intervocalique* est une consonne placée entre deux voyelles; ainsi [l] dans [balɔ̃] *ballon*.

intonation

On appelle *intonation* les variations de hauteur du ton laryngien qui ne portent pas sur un phonème ou une syllabe, mais sur une suite plus longue (mot, suite de mots) et forment la courbe mélodique de la phrase. Elles sont utilisées, dans la phonation, pour véhiculer, en dehors de la simple énonciation, des informations complémentaires, dont un certain nombre, les plus simples, sont reconnues par la grammaire : l'interrogation (phrase interrogative), la colère, la joie (phrase exclamative), etc. L'intonation porte les éléments d'information affectifs, connotatifs, esthétiques, par lesquels les sentiments et les émotions s'unissent à l'expression des idées.

L'intonation interrogative est marquée par une montée de la voix sur la dernière syllabe. L'intonation énonciative est marquée par un ton descendant qui termine la phrase. La courbe descendante est plus forte encore pour une phrase impérative. Dans la phrase énonciative, le ton descendant final se combine le plus souvent à une intonation interrogative dans la première partie, si la phrase comprend plusieurs groupes de mots. En français, les deux phrases *Il vient ?* et *Il vient* s'opposent uniquement par l'intonation (montée du ton dans l'interrogation, descente du ton dans l'énonciation). Ces deux types principaux qui ont une fonction distinctive peuvent être variés à l'infini en fonction des sentiments à exprimer.

L'intonation, considérée par certains linguistes structuralistes comme un fait marginal, n'a fait l'objet que de descriptions fragmentaires. Des expériences de synthèse du langage ont cependant montré qu'en faisant varier, dans une phrase de synthèse reconstituée, l'ampleur des écarts de la ligne du fondamental par rapport à la ligne initiale, on peut faire passer une phrase à caractère légèrement interrogatif par les nuances de la simple question, du doute, de la surprise, ou, au contraire, la rendre de plus en plus énonciative jusqu'au ton impératif.

intonème

On appelle *intonème* l'unité distinctive d'intonation au niveau de la phrase. On peut caractériser les deux phrases assertive *(Jean vient demain)* et interrogative *(Jean vient demain ?)* par l'existence de deux intonèmes différents (en particulier, courbe montante de l'interrogative). La linguistique américaine utilise plutôt la notion de morphème intonatif ou suprasegmental pour décrire les courbes d'intonation. (V. PROSODÈME.)

intoxication. V. PERSÉVÉRATION.

intralingual

R. JAKOBSON appelle *rewording*, ou *traduction intralinguale,* ou *reformulation* la suite d'opérations par lesquelles on tente d'exprimer un certain contenu, déjà exprimé dans une langue donnée au moyen de certains signes, par d'autres signes appartenant à la même langue. Le discours indirect, ou style indirect, est un cas particulier de la traduction intralinguale. (V. PARAPHRASE.)

intransitif

On appelle *intransitifs* les verbes qui, dans la structure du syntagme verbal, impliquent l'absence de syntagme nominal complément et la présence ou non d'un syntagme prépositionnel (syntagme nominal précédé d'une préposition). Par exemple, le verbe *mourir* est intransitif *(Pierre est mort)*, comme le verbe *aller,* qui implique un syntagme prépositionnel

(Il va à la maison), ou le verbe *parler (Pierre parle à Paul).* Les verbes qui impliquent un syntagme prépositionnel excluant tout syntagme nominal objet direct sont considérés dans les grammaires traditionnelles comme un groupe particulier de verbes transitifs : les transitifs indirects. Les grammaires structurales et génératives les analysent comme des intransitifs, ayant dans leurs traits distinctifs le trait attributif. Ce dernier trait caractérise aussi les verbes qui comportent à la fois un syntagme nominal complément et un syntagme prépositionnel *(pardonner quelque chose à quelqu'un, arracher quelque chose à quelqu'un).* [V. TRANSITIF.]

intuition. V. SUJET PARLANT.

invariable
On appelle *invariables* les mots qui n'ont pas de flexion*. (V. INDÉCLINABLE.)

invariant
On appelle en linguistique *invariants* les éléments qui restent constants (ou que l'on considère comme constants), par opposition aux *variables,* dont on étudie les diverses valeurs, par exemple lorsque l'on met en rapport une série de faits (sociaux) et une autre série de faits (linguistiques). Si l'on compare le comportement linguistique d'un individu à deux périodes de sa vie, l'individu lui-même, dans son intégrité physique, est l'invariant; les variations de son comportement seront ramenées à la variable temps (modification de sa personnalité, influences sociales, par exemple).

inverse
On appelle *verbes inverses* les verbes qui, sans modification, peuvent être transitifs ou intransitifs. Ainsi *casser : Le vent casse les branches* vs *La branche casse.* (On dit aussi *pseudo-intransitif.)*

inversif
1. On appelait autrefois *langues inversives* les langues dans lesquelles on peut modifier facilement l'ordre des mots. (V. CONSTRUCTION LIBRE.)
2. Dans certaines langues africaines, un *suffixe verbal* dit *inversif* permet de donner au radical un sens contraire à celui qu'il a. En réalité, mais d'une manière non systématique, toutes les langues ont des suffixes inversifs : ainsi, dans *défaire, dé-* se comporte comme un suffixe inversif.

inversion
L'*inversion* est le phénomène linguistique par lequel on substitue à un ordre attendu, habituel ou considéré comme normal, un autre ordre. En français, il y a inversion de l'attribut, par rapport à la place habituelle, dans *haute est la montagne;* il s'agit d'une inversion facultative, emphatique, due à une recherche d'expressivité, l'ordre neutre étant *la montagne est haute.* L'inversion peut être obligatoire avec certains mots, par rapport à l'ordre général de la langue. Le français met le complément d'objet direct après le verbe, sauf si c'est un pronom personnel ou relatif. *Je vois* LA VILLE. *La ville* QUE *je vois. La ville, je* LA *vois.* Ces inversions sont obligatoires. Le français connaît également l'inversion du pronom sujet (sujet après le verbe) dans l'interrogation : *Il vient.* → *Vient-il ?*

inverti
Les phonèmes rétroflexes (cacuminaux* ou cérébraux) sont parfois appelés aussi *phonèmes invertis,* car leur articulation comporte un retournement de la pointe de la langue contre la voûte palatale.

iotacisme
On appelle *iotacisme* l'évolution en grec postclassique de voyelles et de diphtongues vers le son *i;* le iotacisme affecte les sons *ê* long, *u, oi, ei* du grec classique.

irradiation
On appelle *irradiation* l'influence exercée par le radical d'un mot sur le sens d'un préfixe ou d'un suffixe. Le suffixe *-aille* avait la valeur d'un collectif *(pierraille);* il a pris un sens péjoratif *(antiquaille)* parce que les radicaux avec lesquels il entrait en combinaison étaient pris dans un sens péjoratif *(valetaille).*

irréel
En grammaire traditionnelle, le terme d'*irréel* désigne les formes verbales propres à exprimer que l'action indiquée dépend d'une condition que l'on juge improbable ou irréalisable. Si cette condi-

tion se rapporte au présent, le verbe de la proposition principale est en français au conditionnel présent *(irréel du présent)* et la proposition conditionnelle ou hypothétique est à l'imparfait de l'indicatif : *Si tu réfléchissais, tu verrais ton erreur* (mais tu ne réfléchis pas). Si la condition se rapporte au passé accompli, la principale est, en français, au conditionnel passé *(irréel du passé)* et la proposition conditionnelle ou hypothétique est au plus-que-parfait de l'indicatif : *Si tu avais fait cela, je t'aurais plaint.*

irrégulier

Les mots *irréguliers* sont ceux dont la déclinaison ou la conjugaison s'écartent du paradigme (du type) considéré comme constituant la norme. Le verbe *aller* est ainsi un verbe irrégulier de la première conjugaison en français, car ses temps et ses modes sont formés sur trois radicaux *all-, v-, ir-*.

isoglosse

On appelle *isoglosse* la ligne idéale séparant deux aires dialectales* qui offrent pour un trait donné des formes ou des systèmes différents. L'*isoglosse* (ou *ligne d'isoglosse*) est représentée sur une carte linguistique par une ligne qui sépare les points où l'on rencontre un trait donné de ceux où l'on ne le rencontre pas. Dans le nord de la France, l'isoglosse représentant le traitement de *k* latin suivi de *a* par [k] délimite les aires picardes et les aires franciennes (où k + a → [ʃ]). Un ensemble d'isoglosses superposés ou proches est dit *faisceau* *d'isoglosses* et marque des limites ou des frontières linguistiques.

isolable

On dit d'un élément composant qu'il est *isolable* quand il peut être délimité à l'intérieur du mot composé. Ainsi, le préfixe *ré- / re-* est isolable dans *réajuster* ou *refaire;* mais l'article défini *le* et la préposition *à* ne sont pas isolables dans l'article contracté *au*. (Syn. : SÉPARABLE). [V. AMALGAME.]

isolante

On appelle *langue isolante* (ou *analytique*) une langue dont les « mots » sont ou tendent à être invariables et où on ne peut pas, par conséquent, distinguer le radical et les éléments grammaticaux. Une langue est ainsi définie par son degré moyen d'isolation* caractérisé par le rapport entre le nombre de morphèmes de la langue et le nombre de mots. Aux langues isolantes (analytiques) on oppose les langues agglutinantes* et les langues flexionnelles*.

isolation

L'*isolation* définit le caractère de langue isolante*. Le *degré d'isolation* est fondé sur le plus ou moins grand caractère analytique de cette langue. De ce fait, l'unité de mesure est le rapport entre le nombre de morphèmes de la langue et le nombre de mots. Plus le rapport est bas et plus la langue est isolante. C'est ainsi que le degré d'isolation de l'anglais est 1,68, alors que celui du sanskrit est de 2,59 et celui de l'esquimau (très synthétique) de 3,72. Le degré d'isolation peut varier selon les classes de mots; une langue, par exemple, peut être isolante pour les verbes et non pour les noms.

isomorphisme

1. On dit qu'il y a *isomorphisme* entre deux structures de deux ordres différents de faits quand elles présentent toutes deux le même type de relations combinatoires : ainsi, si les lois combinatoires des morphèmes sont identiques aux lois combinatoires des sèmes (syntaxe = sémantique), on dit qu'il y a isomorphisme entre les deux structures. En linguistique, le problème le plus important de ce point de vue est celui de l'isomorphisme ou de l'absence d'isomorphisme entre les faits sociaux, la culture et la langue. B. L. WHORF et E. SAPIR ont posé, à titre d'hypothèse, l'isomorphisme de la langue et de la culture. Ils supposent que la langue d'un peuple est organisatrice de son expérience du monde. C. LÉVI-STRAUSS, en supposant qu'il y a homologie entre la langue, la culture et la civilisation, postule d'une autre manière le même isomorphisme. A propos des thèses de N. MARR, selon lesquelles à un stade déterminé d'évolution des structures sociales correspond un type de langue, on peut parler aussi d'isomorphisme. De même pour toutes les recherches qui postulent la dépendance étroite du linguistique par rapport au social (ou inversement).

2. Quand les sens des termes d'une structure sémantique d'une langue peuvent être mis en rapport, terme à terme, avec les sens d'une structure sémantique d'une autre langue, on dit que les deux langues sont *sémantiquement isomorphes;* il est évident que le *degré d'isomorphisme* varie selon les couples de langues mises en parallèle.

isotopie

Le terme *isotopie* désigne chez A. J. Greimas la propriété caractéristique d'une unité sémantique permettant d'appréhender un discours comme un tout de signification. Il peut exister plusieurs isotopies à un même discours. Par exemple, les deux sens du mot *cirque* (entreprise de spectacle *vs* situation désordonnée) permettent de comprendre de deux manières le discours *quel cirque!,* selon le contexte dans lequel il intervient. Dans les phrases, *le chien aboie, le commissaire aboie,* l'isotopie est assurée dans le cadre de l'énoncé. Au contraire, dans *le chien du commissaire aboie,* l'isotopie ne peut être assurée que dans un contexte plus large qui permettra de déterminer si *chien* est [+ ou − humain].

item

1. On appelle *item* tout élément d'un ensemble (grammatical, lexical, etc.), considéré en tant que terme particulier : on dira que les noms *père, frère, sœur, table, chaise* sont chacun des items lexicaux ayant des propriétés sémantiques particulières et que *présent, passé* sont des items grammaticaux.

2. La grammaire ou modèle à *item et arrangement* décrit un énoncé comme formé d'items linguistiques minimaux, grammaticalement pertinents, appelés *morphèmes,* combinés entre eux selon certaines règles d'arrangement les uns par rapport aux autres (selon une certaine combinatoire). Le modèle à item et arrangement est le modèle des constituants immédiats*. Une règle à item et arrangement est de cette forme : « la phrase est formée de la suite syntagme nominal + syntagme verbal »; ou bien « *mangeait* est constituée de la racine verbale *mange-* muni de l'affixe de passé *ait* ». La grammaire ou modèle à *item et procès* consiste à décrire les diverses formes réalisées dans un énoncé comme le résultat d'une opération effectuée sur une forme ou un item de base. Ainsi, on dira que le nom *construction* est le résultat d'un procès de dérivation s'appliquant à un item de base *construit* et entraînant des modifications morphologiques de cet item (ou racine). De même, on dira que la forme *mangeait* est obtenue par le procès du temps passé appliqué à la racine verbale (ou l'item) *mange-.* Une règle à item et procès est de la forme « *mange-* + passé donne *mangeait* ». Le modèle à item et procès est celui de la grammaire traditionnelle et de la linguistique fonctionnelle.

itératif

Syn. de FRÉQUENTATIF.

jargon
Le *jargon* a d'abord été une forme de l'argot, utilisée dans une communauté généralement marginale qui éprouve le besoin de ne pas être comprise des non-initiés ou de se distinguer du commun (dans ce sens, on a parlé du *jargon des précieuses*). Par extension, *jargon* est employé pour désigner soit une langue dont on juge qu'elle est déformée, ou incorrecte, ou incompréhensible : on parle ainsi de *jargon franglais* (français déformé par de nombreux anglicismes), du *jargon d'un mauvais élève*, du *jargon d'un philosophe*.

jargonagraphie
On appelle *jargonagraphie* l'énoncé écrit pathologique des aphasiques sensoriels, caractérisé par un grand nombre de paragraphies* qui en rendent la compréhension impossible ou difficile.

jargonaphasie
On appelle *jargonaphasie* l'énoncé pathologique des aphasiques sensoriels, caractérisé par une fluence plus rapide que le débit normal, par un nombre important de paraphasies* rendant la compréhension du discours difficile ou impossible.

jointure, joncture
On appelle *jointure*, ou *joncture*, une frontière linguistiquement pertinente entre deux segments, syllabes, morphèmes, syntagmes ou phrases. La joncture a donc une valeur démarcative, délimitative et doit être classée parmi les éléments suprasegmentaux ou prosodèmes*. Elle est symbolisée phonétiquement par le signe + ou # . Elle permet ainsi de distinguer en français *l'essence* et *les sens* [lesɑ̃s] vs [le#sɑ̃s] ou en anglais *a name* et *an aim* [ə#nejm] vs [ən#ejm]. La joncture est accompagnée prosodiquement d'une montée ou d'une retombée du ton initial, et surtout d'une pause virtuelle qui existe même dans le cas des jonctures internes au mot, comme *farouchement* [faruʃ#mɑ̃].

jonctif
L. Tesnière appelle *jonctifs* les mots vides dont la fonction est d'unir entre eux les mots pleins ou les nœuds qu'ils forment (jonction). Ce sont les mots traditionnellement appelés *conjonctions de coordination*. Il peut y avoir jonction sans jonctif : ainsi dans *Va, cours, vole*. Mais il ne peut y avoir de jonctif là où il n'y a pas de jonction. Il y a des jonctifs de mots et des jonctifs de phrases, des adjonctifs *(et, ni)* et des disjonctifs *(ou)*.

jonction
L. Tesnière appelle *jonction* l'opération par laquelle à un nœud on ajoute des nœuds de même nature, de telle sorte que la phrase devient plus longue. La notion de jonction, plus large que celle de jonctif*, recouvre ce que la grammaire traditionnelle désigne comme coordination et juxtaposition.

jussif
Les formes verbales ou les constructions qui ont pour fin d'exprimer l'ordre constituent le *jussif* (ou *injonctif*) : l'impératif* est un jussif, mais le subjonctif aussi dans certains cas *(qu'il sorte!)*. Enfin, le jussif peut se réduire à un mot-phrase *(silence!)*.

juxtaposition
Syn. de PARATAXE.

Kleene
On appelle quelquefois *grammaire de Kleene* une grammaire à nombre fini d'états. (V. Markov.)

l

labiale

Une *consonne labiale* est une consonne dont l'articulation principale consiste en un arrondissement des lèvres. Ainsi, on appelle *labiales* les consonnes réalisées avec les deux lèvres (bilabiales), comme [p] et [b], ou avec la lèvre inférieure et les incisives supérieures (labiodentales), comme [f] et [v]. Du point de vue acoustique, un son labial est diffus (puisque l'étranglement le plus étroit du canal vocal se trouve en avant de la cavité buccale) et grave (l'articulation étant périphérique, le résonateur buccal est ample et non compartimenté).

labialisation

La *labialisation* est le mouvement d'arrondissement des lèvres qui intervient comme articulation secondaire dans la réalisation des phonèmes dits « labialisés ». Ainsi, les fricatives palatales (postalvéolaires) du français [ʃ] et [ʒ] à l'initiale de *chou* et *joue* se distinguent des fricatives dentales correspondantes [s] et [z] par un léger recul du point d'articulation, mais aussi par une labialisation qui donne aux premiers phonèmes un timbre plus grave. De même, les voyelles vélaires sont en général réalisées comme des labialisées, mais certaines langues, comme le roumain, opposent des voyelles vélaires non-labialisées comme [ɯ] à des voyelles vélaires labialisées [u], de même que le français oppose la série de voyelles palatales non-labialisées [i, e, ɛ] aux voyelles palatales labialisées [y, ø, œ]. L'opposition de labialisation se traduit acoustiquement par une opposition de bémolisation*.

labialisé

Un *son labialisé* ou *arrondi* est un son dont l'articulation principale s'accompagne d'un arrondissement et souvent d'une protraction des lèvres. L'adjonction au chenal buccal de la cavité labiale, et donc d'un résonateur supplémentaire, entraîne un assombrissement du timbre du son considéré, ou bémolisation*. Les voyelles vélaires sont en général labialisées ou arrondies, [u], [o], [ɔ], bien que certaines langues opposent des voyelles vélaires arrondies à des voyelles vélaires non-arrondies (comme le roumain et le russe). Les langues qui présentent des systèmes vocaliques complexes, comme le français, opposent une série vocalique palatale non-labialisée [i], [e], [ɛ] à une série palatale labialisée [y], [ø], [œ]. Le suédois et le norvégien présentent deux degrés de labialisation vocalique.

Certaines consonnes sont dites « labialisées », comme les consonnes dites « chuintantes » [ʃ] et [ʒ], qui se différencient des sifflantes correspondantes [s] et [z] essentiellement par le jeu des lèvres.

labiodentale

Les *consonnes labiodentales*, ou *dentilabiales*, sont des consonnes dont l'articulation comporte un rapprochement ou un contact de la lèvre inférieure et les incisives supérieures, comme en français [f] et [v]. Les labiodentales présentent les caractéristiques acoustiques générales des labiales (diffus et grave), mais elles s'individualisent par rapport aux autres consonnes de la même classe par le caractère strident, dû à l'adjonction d'un deuxième obstacle constitué par la barrière des dents devant l'obstacle labial.

labiopalatale

On appelle *labiopalatale* une articulation complexe qui combine un resserrement du chenal vocal au niveau du palais dur avec un arrondissement des lèvres. Les prépalatales [ʃ] et [ʒ] sont des labiopalatales, ainsi que le glide [ɥ] et toutes les voyelles palatales labialisées [y], [ø], [œ]. Acoustiquement, les labiopalatales se distinguent des autres palatales par une bémolisation, c'est-à-dire un abaissement des composants et une concentration de l'énergie plus forte dans les basses fréquences du spectre.

labiovélaire

On appelle *labiovélaire* une articulation complexe qui combine un resserrement ou une occlusion au niveau du palais mou, ou voile de palais, avec un arrondissement des lèvres. C'est le cas des voyelles vélaires en général, comme [u], [o], [ɔ], du glide [w] dans le mot français *oui* [wi], du groupe consonantique [kw] ou [gw].

lâche

Un *phonème lâche* (faible ou doux) est un phonème dont l'articulation s'accompagne d'une décharge d'énergie expiratoire plus faible, donc d'une tension musculaire moins forte que son homorgane tendu, avec une déformation plus légère de l'appareil vocal par rapport à la position de repos. En français, toutes les consonnes voisées sont tendues. Toutes les voyelles brèves, comme en anglais le [i] de *sit* « être assis », sont lâches, tandis que les longues sont tendues, comme le [i] de *seat* « siège ». Pour noter les voyelles lâches, on utilise souvent l'exposant [2], l'exposant [1] étant employé pour les voyelles tendues. Le français standard oppose [te¹t] « tête » et [te²t] « tette ».

lallation

La *lallation* est un des stades prélinguistiques de l'enfant, survenant vers le troisième mois, qui consiste dans l'émission d'une gamme d'expressions sonores plus étendues que celles qui seront utilisées dans la langue et qui apparaissent comme le résultat d'une activité non symbolique (activité d'autorégulation des organes phonateurs, activité ludique, etc.).

langage

Le *langage* est la capacité spécifique à l'espèce humaine de communiquer au moyen d'un système de signes vocaux (ou langue*) mettant en jeu une technique corporelle complexe et supposant l'existence d'une fonction symbolique et de centres nerveux génétiquement spécialisés. Ce système de signes vocaux utilisé par un groupe social (ou communauté linguistique) déterminé constitue une langue particulière. Par les problèmes qu'il pose, le langage est le lieu d'analyses très diverses, impliquant des rapports multiples : la relation entre le sujet et le langage, qui est le domaine de la psycholinguistique, entre le langage et la société, qui est le domaine de la sociolinguistique, entre la fonction symbolique et le système que constitue la langue, entre la langue comme un tout et les parties qui la constituent, entre la langue comme système universel et les langues qui en sont les formes particulières, entre la langue particulière comme forme commune à un groupe social et les diverses réalisations de cette langue par les locuteurs, tout cela étant le domaine de la linguistique. Encore ces divers domaines sont-ils nécessairement et étroitement reliés les uns aux autres.

La meilleure définition que l'on puisse donner de la linguistique comme science du langage (englobant alors psycholinguistique et sociolinguistique) et science de la langue et des langues, à la fois dans leur fonctionnement et leur développement (ou changement), est fournie par la liste des articles les plus importants contenus dans ce dictionnaire. On se reportera donc aux articles suivants (par ordre alphabétique) :

- accent
- acoustique (phonétique)
- adjectif
- alphabet phonétique
- analyse de discours
- antonymie
- aphasie
- appliquée (linguistique)
- articulation double
- articulatoire (phonétique)
- bilinguisme
- cas
- champ
- changement
- classe
- communication
- componentielle (analyse)
- connotation
- consonne
- cordes vocales
- corpus
- dérivation
- diachronie
- dialecte
- dictionnaire
- discours
- distinctif (trait)
- distributionnelle (analyse)
- données
- écrit
- écriture
- embrayeur
- emphase
- emprunt
- énonciation
- étymologie
- expression
- familles de langues
- fonction
- fonctionnalisme
- formalisation
- forme
- générative (grammaire)
- genre
- géographie linguistique
- glossématique
- incompatibilité
- information
- langue
- langues
- lexème
- lexical (champ)
- lexicalisation
- lexicographie
- lexicologie
- lexique
- linguistique
- Markov (chaînes de)
- marque
- message
- mode
- morphème
- mot
- nasal
- néologie
- nom
- nombre
- opposition
- paraphrase
- parole
- parties du discours
- passif
- personne
- phonème
- phonétique
- phonologie
- phrase
- polysémie
- ponctuation
- rapport
- redondance
- référence
- règle
- sémantique
- sémiologie
- sens
- signe
- sociolinguistique
- son
- statistique lexicale
- structuralisme
- structure
- style
- stylistique

substance	théorie linguistique
substitution	trait
sujet	transformation
syllabe	translation
symbole	typologie
synchronique	universaux
synonymie	universelle (grammaire)
syntagmatique	verbe
syntagme	voix
temps	

I. langue

1. Au sens le plus courant, une *langue* est un instrument de communication, un système de signes vocaux spécifiques aux membres d'une même communauté.

On appelle *langue maternelle* la langue en usage dans le pays d'origine du locuteur et que le locuteur a acquise dès l'enfance, au cours de son apprentissage du langage. Les *langues vivantes,* nombreuses, sont toutes les langues actuellement utilisées, tant dans la communication orale que, pour certaines, la communication écrite, dans les différents pays. Les *langues mortes* ne sont plus en usage comme moyen oral ou écrit de communication; mais il subsiste des témoins de ces langues, utilisées il y a parfois des milliers d'années : textes littéraires, documents archéologiques, monuments, etc. L'écriture a permis de transmettre ces témoignages des langues éteintes, comme le latin, le grec ancien, etc.

A l'intérieur d'une même langue, les variations sont également importantes, synchroniquement parlant : pour les niveaux de langue, on parle de langue familière, soutenue, technique, savante, populaire, propre à certaines classes sociales, à certains sous-groupes (famille, groupes professionnels); dans cette catégorie, on place les différents types d'argot; pour les variations géographiques, on parle de dialectes et de patois.

Enfin, à l'intérieur d'une même langue, on distingue deux moyens différents de communication, dotés chacun d'un système propre : la *langue écrite* et la *langue parlée.*

Cette variété même, appréhendée par l'expérience commune, est source d'ambiguïté lorsqu'il s'agit de définir le terme de *langue.* D'une part, on a une infinité de langues diverses dont on peut étudier la typologie. D'autre part, on constate qu'au sein d'une communauté linguistique donnée tous les membres de cette communauté (tous les locuteurs du français, par exemple) produisent des énoncés qui, en dépit des variations individuelles, leur permettent de communiquer et de se comprendre, et qui reposent sur un même système de règles et de relations qu'il est possible de décrire. C'est à ce système abstrait, sous-jacent à tout acte de parole, que F. DE SAUSSURE a donné le nom de *langue.*

2. Pour F. DE SAUSSURE, pour l'école de Prague et le structuralisme américain, la langue est considérée comme un système de relations ou, plus précisément, comme un ensemble de systèmes reliés les uns aux autres, dont les éléments (sons, mots, etc.) n'ont aucune valeur indépendamment des relations d'équivalence et d'opposition qui les relient. Chaque langue présente ce système grammatical implicite, commun à l'ensemble des locuteurs de cette langue. C'est ce système que F. DE SAUSSURE appelle effectivement la *langue;* ce qui relève des variations individuelles constitue pour lui la *parole**.

L'opposition *langue* vs *parole* est l'opposition fondamentale établie par F. DE SAUSSURE. Le langage, qui est une propriété commune à tous les hommes et qui relève de leur faculté de symboliser, présente deux composantes : la langue et la parole. La langue est donc une partie déterminée du langage, mais une partie essentielle. C'est à l'étude de la langue telle que l'a définie F. DE SAUSSURE que se sont attachés les phonologues, les structuralistes distributionnalistes et fonctionnalistes. (V. FONCTIONNALISME, PHONOLOGIE, STRUCTURALISME.)

Dans cette théorie la *langue* est *un produit social,* tandis que la parole est définie comme la « composante individuelle du langage », comme un « acte de volonté et d'intelligence ». La langue est un produit social en ce sens que « l'individu l'enregistre passivement »; cette partie sociale du langage est « extérieure à l'individu », qui ne peut ni la créer ni la modifier. Elle est un contrat collectif auquel tous les membres de la communauté doivent se soumettre en bloc s'ils veulent communiquer. Dans le vocabulaire saussurien, la langue est tour à tour « un trésor déposé par la pratique de la parole dans les sujets appartenant à une même communauté », « une somme d'empreintes déposées dans chaque cerveau », « la somme des images verbales emmagasinées chez tous les individus ». Ainsi, la langue est la partie du langage qui existe dans la conscience de tous les membres de la communauté linguistique, la somme des empreintes déposées par la pratique sociale d'innombrables actes de parole concrets.

Un des principes essentiels de F. DE SAUSSURE, fondamental pour la linguistique moderne, est la définition de la *langue* comme un système de signes. « Dans une langue, un signe* ne se définit comme tel qu'au sein d'un ensemble d'autres signes. Il tire sa valeur, son rendement, des oppositions qu'il contracte avec eux. Un signe se définit donc par ses rapports avec ceux qui l'entourent... En extrayant le signe du système qui lui confère sa valeur, on se prive donc du seul moyen qu'on ait de définir son existence linguistique. » D'après cette théorie, la langue est donc un principe de classification. Dans un état de langue, tout repose sur des rapports — rapports d'opposition, de différenciation, d'association — entre les signes ou unités linguistiques, l'ensemble de ces rapports formant un système de symboles ou de signes, « un système qui ne connaît que son ordre propre », « un système dont toutes les parties doivent être considérées dans leur solidarité synchronique ».

F. DE SAUSSURE illustre cette idée par une comparaison avec le jeu d'échecs : « Si je remplace les pièces de bois par des pièces d'ivoire, le changement est indifférent pour le système, mais si je diminue ou augmente le nombre des pièces, ce changement là atteint profondément la grammaire du jeu... La valeur respective des pièces dépend de leur position sur l'échiquier, de même que dans la langue chaque terme a sa valeur par opposition avec tous les autres termes. »

A la suite de F. DE SAUSSURE, la linguistique moderne a repris et approfondi ce principe fondamental. (V. ÉCOLE DE PRAGUE, PHONOLOGIE, STRUCTURALISME.)

Si, pour F. DE SAUSSURE, la langue est un système « dont toutes les parties peuvent et doivent être considérées dans leur réalité synchronique », un problème important s'est alors posé à lui : quelles sont les unités de ce système? Comment les définir, les délimiter, afin d'étudier leur fonctionnement dans le système, étude qui est la base même de la linguistique? Le signe linguistique n'est pas une chose qui en remplace une autre, mais un lien, un rapport entre deux choses. Pour F. DE SAUSSURE, « le signe linguistique unit un concept et une image acoustique. » F. DE SAUSSURE appelle « entités concrètes de la langue » ces signes dont la langue est composée. On ne peut assimiler ces unités aux mots : on dit, par exemple, que *cheval* et *chevaux* sont deux formes d'un même mot; pourtant, prises dans leur totalité, elles sont bien deux choses distinctes. D'autre part, les mots sont des unités complexes où l'on distingue des sous-unités : *désir-eux, malheur-eux;* chacun d'eux se divise en parties distinctes dont chacune a un rôle et un sens évidents. F. DE SAUSSURE, à la recherche d'un critère de délimitation, examine tour à tour les critères d'identité synchronique, de réalité synchronique, de valeur.

L'identité synchronique serait « une même tranche de sonorité, signifiant un même concept », comme dans : « je ne sais *pas* », et « ne dites *pas* cela ». Or, lorsque, par exemple, dans une conférence, le terme *Messieurs* est prononcé à différentes reprises, les variations phoniques peuvent être appréciables, ainsi que les variations sémantiques. Le critère d'identité est donc insuffisant.

La réalité synchronique serait ceci : dans une expression comme *des gants bon marché,* la grammaire traditionnelle classe *bon* dans la catégorie des adjectifs et *marché* dans celle des noms. Comment rendre compte alors de *bon marché.* Est-ce ou non un adjectif? Donc, si les concepts forgés par les grammairiens sont imprécis, quelle réalité leur opposer? F. DE SAUSSURE conclut que les entités concrètes de la langue ne sont pas du domaine du donné observable immédiatement et qu'il faut les chercher à un autre niveau, au niveau des valeurs.

F. DE SAUSSURE définit un système de valeurs : (1) comme un système d'équivalences entre des choses d'ordres différents; (2) comme un système où « chaque terme a sa valeur, par opposition avec tous les autres termes et en vertu d'une convention ». L'unité de la langue étant une valeur, l'objet de l'étude de la langue est dans l'étude des valeurs, des rapports des éléments de cette langue.

a) *La valeur considérée dans son aspect conceptuel.*

Un mot n'a pas de signification en soi : « Il faut le comparer avec des valeurs similaires, avec les autres mots qui lui sont opposables. Son contenu n'est vraiment déterminé que par le concours de ce qui existe en dehors de lui. » Deux idées importantes sont ici dégagées : (1) la notion de système lexical, de champ sémantique; (2) l'idée que « les valeurs émanent du système », que la valeur propre des termes découle de leur opposition avec d'autres termes : « La partie conceptuelle de la valeur est constituée uniquement par des rapports et des différences avec les autres termes de la langue. »

b) *La valeur considérée dans son aspect matériel.*

La partie matérielle de la valeur est également constituée uniquement par des rapports et des différences : « Ce qui importe dans le mot, ce n'est pas le son lui-même, mais les différences phoniques qui permettent de distinguer ce mot de tous les autres, car ce sont elles qui portent la signification. » La notion de phonème est ici déjà développée; ce sont avant tout « des entités oppositives, relatives et négatives ».

c) *Le signe considéré dans sa totalité.*

F. DE SAUSSURE conclut de ce qui précède : « Dans la langue, il n'y a que des différences », différences conceptuelles et phoniques, « tout le mécanisme du langage repose sur des oppositions, et sur les différences phoniques et conceptuelles qu'elles impliquent ». Ces rapports d'oppositions, de différences, qui rapprochent les unités du système, sont de deux types : (1) les rapports syntagmatiques, ou combinatoires; (2) les rapports paradigmatiques, ou associatifs.

3. F. DE SAUSSURE, en dégageant les notions de système d'unités linguistiques et de valeurs, a jeté les bases d'une étude structurale de la langue. Il s'agit ensuite de trouver les règles d'assemblage, d'arrangement, des unités de ce système, ou structure* de ce système, règles reposant sur des processus de choix — ou sélection — et de combinaison.

Rapports syntagmatiques et axe syntagmatique* : les rapports syntagmatiques sont les rapports qui unissent les éléments de la langue sous l'angle de la successivité, de l'ordre linéaire de la chaîne parlée. Comme certaines successions d'éléments sont admises et d'autres exclues, on est amené à se représenter la structure d'une phrase essentiellement comme une suite finie de places et de positions, dont chacune peut être occupée par certains éléments. L'ensemble des positions possibles pour un élément, et des combinaisons possibles de cet élément avec ceux qui précèdent et qui suivent est appelé distribution, et les rapports qui unissent ces éléments sont les rapports syntagmatiques, ou combinatoires, qui se situent sur l'axe syntagmatique, axe de l'énoncé effectivement produit.

Parallèlement au processus de combinaison situé sur l'axe syntagmatique, le processus de sélection permet la commutation des unités entre elles dans un grand nombre d'énoncés. En effet, pour certaines positions, sinon pour toutes, le *choix* est possible entre un certain nombre d'éléments; ce qui permet de définir des classes d'éléments : appartiennent à une même classe les éléments qui peuvent se trouver à une même place, dans un cadre donné. L'ensemble des éléments d'une même classe forme un paradigme; ces éléments, entre lesquels le choix s'opère et qui peuvent commuter, sont situés sur l'axe paradigmatique.

4. Les processus de combinaison (axe syntagmatique) et de sélection (axe paradigmatique) peuvent se situer aux différents niveaux d'analyse de la langue. La langue, en effet, est, dans la perspective des structuralistes, « un complexe de structures de différentes natures » (H. A. GLEASON).

L'hypothèse, de la double articulation du langage, formulée ainsi par A. MARTINET, est une distinction entre deux niveaux linguistiques qui relèvent chacun d'une analyse linguistique spécifique. Les unités du niveau supérieur sont formées d'une suite d'éléments concaténés du niveau inférieur : (1) niveau inférieur ou seconde articulation du langage : celle des unités non-signifiantes et distinctives, les phonèmes, qui relèvent d'une analyse phonologique (v. PHONOLOGIE); (2) niveau supérieur ou première articulation du langage, unités signifiantes, appelées morphèmes (monèmes chez A. MARTINET). C'est en termes de morphèmes qu'est décrite la structure syntaxique des phrases. (V. GRAMMAIRE.)

5. Les phrases étant représentées au niveau syntaxique par des suites finies de morphèmes, le modèle le plus simple capable d'engendrer ces phrases trouve déjà une expression claire chez F. DE SAUSSURE : « Dans le discours, les mots (c'est-à-dire ici les morphèmes) contractent entre eux, en vertu de leur enchaînement, des rapports fondés sur le caractère linéaire de la langue, qui exclut la possibilité de prononcer deux éléments à la fois. Ceux-ci se rangent les uns à la suite des autres sur la chaîne de la parole. Ces combinaisons... peuvent être appelées *syntagmes*. Le syntagme se compose donc de deux ou de plusieurs unités consécutives. »

Les syntagmes, formés par la concaténation de morphèmes, se définissent par rapport à la phrase comme éléments constituants. Les syntagmes sont de différents types : syntagme verbal (SV), syntagme nominal (SN), syntagme prépositionnel (SP), etc. Ainsi, dans la phrase *L'enfant du voisin avait lancé un ballon dans le carreau de la cuisine,* on définit *l'enfant du voisin* comme le SN (sujet), et *avait lancé un ballon dans le carreau de la cuisine* comme le SV (prédicat); le SV lui-même formé d'un SN *(l'enfant)* et d'un SP *(du voisin);* le SV est lui-même constitué par V *(avait lancé)* + SN *(le ballon)* + SP *(dans le carreau de la cuisine),* etc. Les SN (sujet) et SV (prédicat) sont les constituants immédiats de la phrase.

L'analyse en constituants immédiats est, pour l'essentiel, une description structurale de la phrase, qui consiste à montrer comment celle-ci se décompose en syntagmes, et comment ceux-ci, à leur tour, se décomposent en unités plus petites; l'analyse en constituants immédiats revient à représenter la phrase sous la forme d'une construction hiérarchisée d'éléments emboîtés les uns dans les autres. Elle permet de montrer que des phrases différentes par leur aspect extérieur ont, partiellement, une même structure. (V. CONSTITUANT IMMÉDIAT.)

6. La langue est donc un système de signes dont le fonctionnement repose sur un certain nombre de règles, de contraintes. Elle est donc un code qui permet d'établir une communication entre un émetteur et un récepteur. Les travaux des théoriciens de la communication (v. COMMUNICATION), ceux de MARKOV* ont permis aux structuralistes de caractériser certains aspects de la description structurale des phrases, de préciser dans la langue le rôle de la redondance*, l'importance, pour le fonctionnement de la langue, de certains caractères du signe (le caractère discret*, par exemple), de s'engager dans des recherches reposant sur le calcul de la quantité d'information : calcul de probabilité, de fréquence. (V. [LOI DE] ZIPF.)

7. Pour F. DE SAUSSURE et les structuralistes, la langue est donc un système dont on étudie la structure à partir d'un corpus*, étude aboutissant à une classification, une taxinomie, des éléments du système.

N. CHOMSKY, dépassant le stade purement classificatoire, élabore des modèles hypothétiques explicites des langues et du langage. La distinction compétence-performance est chez lui très proche de la distinction saussurienne langue-parole : la compétence* (la langue) représente le savoir implicite des sujets parlants, le système grammatical existant virtuellement dans chaque cerveau, la performance * (la parole) représentant, au contraire, l'actualisation ou la manifestation de ce système dans une multitude d'actes concrets. N. CHOMSKY établit un modèle de compétence et un modèle de performance des sujets, le modèle de compétence étant une grammaire* de la langue qu'il parle, c'est-à-dire le mécanisme qui met en relation des sons et des sens, qui associe une interprétation sémantique à des séquences de signaux acoustiques.

La grammaire est constituée (1) d'un nombre fini de règles syntagmatiques capables d'engendrer les structures profondes, qui seules sont susceptibles d'interprétation sémantique, une fois les insertions* lexicales réalisées; (2) d'un nombre fini de règles de transformation faisant passer les phrases de la structure profonde aux phrases de la structure de surface, qui seules sont susceptibles d'une interprétation phonétique. (V. [GRAMMAIRE] GÉNÉRATIVE.)

La description chomskyenne de la langue présente donc deux parties : (1) une partie générative, description syntaxique des phrases de base de la structure profonde; (2) une partie transformationnelle, description des opérations permettant de passer de la structure de base à la structure de surface.

II. langues

On reconnaît l'existence d'une pluralité de *langues* dès qu'on parle de langue française, anglaise, etc. Ce terme entre en concurrence avec les autres mots (dialectes, parlers, patois) qui désignent aussi des systèmes de communication linguistiques. La notion de langue est une notion pratique introduite bien avant que la linguistique ne se constitue; le terme a été employé avec des valeurs si diverses par les linguistes et les non-spécialistes que personne n'est d'accord sur une définition qu'il serait pourtant essentiel d'établir avec précision.

1. Langues écrites et institutions

Quand on applique le mot aux pays modernes, les intitutions et les habitudes donnent par énumération la liste des langues. Il s'agit alors de réduire les langues aux formes standard dont les utilisateurs, généralement pour des raisons extralinguistiques, considèrent que ce sont des langues. Les caractères définitoires de la langue peuvent être alors l'existence d'une tradition d'écriture et même d'une littérature, mais aussi le statut institutionnel. Selon qu'on fait intervenir celui-ci ou non, le nombre de langues est plus ou moins grand. Ce statut institutionnel peut exclure tout enseignement au moins officiel (c'est le cas du sort réservé aux parlers corses), ou leur conférer un rôle de langue d'appoint (c'est le cas des langues qu'on peut présenter à certains examens en épreuves facultatives : occitan, breton). En France, on ne reconnaît le statut de langue maternelle, à apprendre à l'école primaire, qu'au français standard.

On ne peut pas non plus poser l'équation : un État (ou une nation) = une langue. Des pays comme la Belgique, la Suisse, le Canada utilisent comme langue nationale le français standard, alors que les formes dialectales (wallon ou québécois) peuvent en être très différentes. D'une manière générale, dans ces cas-là, l'existence d'une langue écrite importante a réduit les formes locales à l'état de dialectes. Il en va de même pour les dialectes allemands, qui ont été submergés par la forme écrite qui s'est imposée aussi aux dépens des dialectes germaniques de Suisse et d'Autriche, mais non aux dépens de ceux de Hollande (néerlandais) et de Belgique (flamand) qui se sont vu reconnaître le statut de langues. En sens inverse, l'existence de formes écrites différentes fait reconnaître la pluralité des langues scandinaves, pourtant très proches. Parfois, une grande œuvre (*la Divine Comédie* de Dante, pour le toscan devenu italien) impose un dialecte comme langue écrite; parfois, c'est un pouvoir politique (francien devenu français) ou une autorité juridique (comme pour l'allemand).

2. Langues à formes écrites non enseignées

On parle aussi de langues là où il n'y a pas d'enseignement ou, en tout cas, pas d'enseignement de certains systèmes linguistiques que l'on appelle langues (ainsi, au Sénégal, où l'enseignement est donné en français, le ouolof est une langue). On n'a pas toujours dans ce cas-là le critère de l'écriture pour dire qu'un ensemble de parlers locaux est une langue, par opposition à un autre ensemble voisin ou occupant la même zone qui est considéré comme une autre langue. Le critère qui semble le plus évident dans ce cas est celui de l'intelligibilité mutuelle ou intercompréhension. On poserait comme principe que si deux personnes ayant des dialectes différents se comprennent en parlant chacun son dialecte, elles parlent la même langue; sinon elles parlent des langues différentes. En réalité, l'intercompréhension est quelque chose de relatif : on ne se comprend jamais entièrement, on se comprend toujours un peu : un Bonifacien (de dialecte génois) comprend bien un Porto-Vecchiais (de dialecte corso-gallurais), mais l'inverse n'est pas vrai; et entre un Porto-Vecchiais et un Cap-Corsin (ayant tous deux conscience de parler la même langue) l'intercompréhension sera réduite et on aura recours au français.

Un autre critère peut être l'énumération des éléments communs. On peut établir une liste du vocabulaire fondamental de 100 mots et établir la concordance de 0 à 100 p. 100. On pourrait sans doute procéder de même pour la morphologie ou la syntaxe, mais le problème est de savoir à partir de quel pourcentage d'écarts on dira qu'il y a deux langues. Le problème est que le parler d'un village B sera proche de celui d'un village voisin A, celui de C proche de celui de B, et ainsi de suite jusqu'à Z, mais qu'il y aura un énorme écart entre les dialectes de A et de Z. Il y a très souvent continuité linguistique dans toute la zone des langues romanes, alors qu'on parle de langues différentes. De même, les isoglosses ne coïncident jamais entièrement, et il faut alors choisir entre les traits qu'on considère comme négligeables (v. DIALECTOLOGIE, FAISCEAU D'ISOGLOSSES, GÉOGRAPHIE LINGUISTIQUE). En réalité, il y a des limites nettes entre le roman et le germano-néerlandais (on ne se comprend pas d'un village à l'autre), mais non dans chacune de ces zones.

En dehors des formes écrites, la définition des langues (v. FAMILLES DE LANGUES) est donc compliquée dans la mesure où la continuité linguistique est chose fréquente.

III. langue

La *langue* est l'organe qui, grâce à sa souplesse, sa mobilité, sa situation dans la cavité buccale, joue le rôle principal dans la phonation. Ses mouvements entraînent des modifications dans la forme de la cavité buccale et exercent ainsi une influence sur l'onde sonore issue du larynx. La langue intervient en général comme l'articulateur inférieur et peut s'élever pour se rapprocher plus ou moins de l'articulateur supérieur jusqu'à entrer en contact avec lui dans l'occlusion. Les positions plus ou moins hautes de la langue par rapport à la voûte du palais déterminent les différents degrés d'aperture, depuis l'aperture maximale représentée par la voyelle la plus ouverte, pour la réalisation de laquelle la langue est basse, jusqu'à l'aperture minimale (fermeture maximale) représentée par les consonnes occlusives. Suivant la partie de l'articulateur supérieur vers laquelle se dirige la langue, on distingue les phonèmes antérieurs (dentales et palatales) ou postérieurs (vélaires). Suivant la partie de la langue qui est la plus proche de l'articulation supérieure, on distingue les articulations apicales* (réalisées avec la pointe de la langue, comme le [s] espagnol), apico-rétroflexes* (avec le revers de la pointe de la langue, comme la série de dentales hindi [ṭ, ḍ, ṇ, ḷ, ṛ]), prédorsales* (avec la partie antérieure du dos de la langue comme le [s] du français), médiodorsales* (avec le milieu du dos de la langue, comme les consonnes palatales), postdorsales (avec la partie postérieure du dos de la langue, comme le [k] et le [g] de *cou* et *goût*), radicales* (avec la racine de la langue, comme le [ʁ] du français *rail*). Mais l'intervention d'une partie de la langue plutôt que d'une autre dans la réalisation d'un phonème n'est pas toujours pertinente en soi, car elle est souvent automatiquement déterminée par la nature de l'articulateur supérieur : une articulation dentale peut difficilement être postdorsale ou même médiodorsale, une articulation vélaire peut difficilement être apicale, etc. Certaines articulations font intervenir deux parties de la langue : ainsi, la latérale vélarisée [ɫ], qui existe en russe, en polonais, qui existait en ancien français avant d'être vocalisée, est apicodentale, mais comporte un renflement de la racine de la langue au niveau du voile du palais.

langue écrite

On appelle *langue écrite* l'ensemble des énoncés d'une langue produits en vue d'une transmission visuelle. Ces énoncés sont du reste caractérisés non pas tellement par le fait qu'ils sont effectivement écrits, mais par l'intention qui a présidé à leur production. Ainsi, des énoncés oraux représentés selon un système de transcription phonétique ne sont pas de la langue écrite. Au contraire, un texte lu (discours rédigé, par exemple) relève de la langue écrite : on parle alors souvent d'écrit-parlé.

langue mère

Quand on établit des généalogies* (ou des familles*) de langues, on appelle *langue mère*, la langue dont l'évolution a abouti aux langues prises comme référence ou aboutissement. Ainsi, si on se réfère au français ou à l'italien, on dira que pour eux la langue mère est le latin.

langue sœur

On appelle *langues sœurs* des langues qui résultent des évolutions divergentes d'une même langue ancienne dite langue mère. Ainsi, le français, l'italien et l'espagnol sont des langues sœurs, le latin étant la langue mère.

langue d'union

Dans les régions morcelées linguistiquement et où aucune langue ne s'impose comme véhiculaire, il arrive qu'on procède à la constitution de *langues d'union*. Ainsi, en Zambie et en Afrique orientale portugaise, on rencontrait six groupes de dialectes chona différents, dont les utilisateurs réunis étaient environ un million; des linguistes ont établi, en se fondant sur la grammaire de certains grands dialectes et sur le vocabulaire de certains autres, le chona commun, dont l'usage s'est généralisé. La constitution des langues d'union est fondée sur le choix délibéré de certains systèmes linguistiques naturels.

large

Le terme de *large* est un terme synonyme de *lâche**; aujourd'hui tombé en désuétude, il s'opposait à *étroit* (synonyme de *tendu**).

laryngé, laryngien

On appelle *son laryngé*, ou *laryngien*, le son produit par la vibration des cordes vocales sous la pression de l'air issu des poumons. Ce son, semblable à celui d'un bourdonnement que rend audible son amplification à travers les différentes cavités du chenal buccal, est utilisé comme ton fondamental pour la production des voyelles et des consonnes voisées.

larynx

Le *larynx* est une espèce de boîte cartilagineuse qui termine la partie supérieure de la trachée et qui est composée de quatre cartilages : le cricoïde, le thyroïde, les deux aryténoïdes. A ces cartilages sont rattachés les muscles et ligaments qui forment les cordes vocales, dont le rapprochement empêche le passage de l'air à travers le larynx, et dont la vibration produit le bourdonnement laryngé indispensable à la phonation ou voix*.

latent

Un *phonème latent* est un phonème qui n'apparaît pas dans la chaîne parlée, mais dont on est obligé d'invoquer la présence dans le système de la langue pour expliquer certains phénomènes; ainsi, le phonème dit « *h* aspiré » n'existe plus en français, mais sa présence comme consonne latente explique l'absence de liaison à l'initiale de certains mots comme *héros*, etc.

latérale

Une *consonne latérale* est une consonne occlusive pour l'articulation de laquelle le contact entre l'articulateur inférieur (le plus souvent la langue) et l'articulateur supérieur (dents ou palais) ne se fait qu'au milieu du chenal buccal, l'air s'écoulant librement d'un côté (consonne unilatérale) ou des deux côtés (consonne bilatérale) de l'obstacle, avec un faible bruit causé par la friction de l'air contre les parois. Le français moderne ne connaît qu'une latérale, phonétiquement apicovélaire, le [l] de *lit, loup*, etc. L'anglais connaît une apicovélaire qui comporte, dans certaines positions, un relèvement du dos de la langue contre le palais mou : c'est le [ɫ] dit « *l* dur » ou « vélarisé », que l'on entend aussi en portugais, en catalan. Certaines langues, comme le russe, opposent phonologiquement une latérale apicodentale [l] et une latérale vélarisée [ɫ]. Le français ancien a connu un tel [ɫ] qui s'est transformé en un élément vocalique vélaire [u] par affaiblissement jusqu'à la disparition de la voyelle apicale : ainsi, dans l'ancien pluriel *chevals*, le [ɫ] s'est transformé en [u], puis la diphtongue [aw] s'est réduite à [o], d'où l'alternance actuelle *cheval* vs *chevaux* [ʃəval] vs [ʃəvo]. L'ancien français connaissait également la latérale dorsopalatale [ʎ], très fréquente dans les langues modernes comme l'espagnol *(llorar, calle)* ou l'italien *(gli, figlio)*, mais qui a été remplacée en français moderne par le glide [j] de *fille* [fij].

laudatif

On qualifie de *laudatif* un terme affecté d'un sens évoquant l'idée de « beau, bon », « de valeur morale », etc. Ainsi, les mots *beauté, ami, honnête, succès* ont un contenu laudatif.

laxité

La *laxité* est la caractéristique des phonèmes lâches*, par opposition à la tension; elle se manifeste par une faible déviation de l'appareil vocal par rapport à la position de repos. Dans de nombreuses langues comme le français, le trait de la laxité est concomitant avec le trait de voisement : il peut suffire à maintenir l'opposition des phonèmes normalement voisés avec leurs homorganes non-voisés, en cas de dévoisement des premiers ou de voisement des seconds.

lénition

On appelle *lénition* une mutation consonantique consistant en un ensemble de phénomènes d'affaiblissement des consonnes intervocaliques; ce phénomène est particulièrement important en phonétique historique pour l'évolution des langues celtes.

Ainsi, d'après A. MARTINET, l'évolution du système des occlusives brittonniques à l'intervocalique peut être décrite de la façon suivante : les géminées sourdes [pp], [tt], [kk] ont dû se simplifier en [p], [t], [k] (avant de s'aspirer et d'aboutir aux spirantes sourdes du gallois moderne); les occlusives sourdes [p], [t], [k] ont été voisées en [b], [d], [g], les occlusives voisées ont été affaiblies en spirantes [β], [ð], [ɣ].

La lénition doit son origine à la tendance des géminées à se simplifier : en s'affaiblissant, elles exercent une pression sur leurs partenaires intervocaliques simples, qui se sonorisent, exerçant ainsi à leur tour une pression sur leurs partenaires voisés qui deviennent des spirantes :

[atta] → [a-Ta] → [ata]
[ata] → [aḓa] → [aθa]
[adda] → [a-Da] → [ada]
[ada] →   [aða]

lettre

Le terme général de *lettre* s'emploie pour désigner chacun des éléments graphiques dont est constitué un alphabet et qui sont utilisés dans les écritures alphabétiques. Les lettres peuvent ne correspondre à aucun son effectivement réalisé (*h* dit « muet » ou *x* dans *chevaux*) ou noter toute autre chose qu'un son (le *h* dit « aspiré » en français note l'absence de liaison).

Les lettres peuvent noter un phonème, comme *a* prononcé [a], ou plusieurs, comme *x* prononcé [ks] ou [gz]. Elles peuvent aussi être un élément dans une suite de lettres représentant un phonème : ainsi *a, i,* et *n* dans *ain* prononcé [ɛ̃]. Dans l'enseignement, on confond très souvent les lettres et les sons. La terminologie qui a introduit les termes de *lettres-consonnes, lettres-voyelles* pour les sons représentés, *lettres-signes* pour les graphèmes a tenté de pallier cet inconvénient. La linguistique parle pour les premières de sons ou de phonèmes, pour les lettres-signes de graphèmes*.

lèvres

Les lèvres interviennent dans la phonation soit au titre d'articulation principale (articulation labiale [p, b, m], soit au titre d'articulation secondaire (articulation labialisée [ʃ, ʒ, w], etc.). L'articulation labiale est dite « bilabiale » si les deux lèvres entrent en jeu, « labiodentale » si une seule lèvre entre en jeu : il s'agit toujours dans ce cas de la lèvre inférieure, qui se rapproche des incisives supérieures, comme pour le [f] et le [v] français. L'intervention des lèvres qui se protractent a pour effet de prolonger la cavité buccale et d'aggraver, par bémolisation, l'influence de ce résonateur sur le son laryngé.

lexème

Le *lexème* est l'unité de base du lexique, dans une opposition lexique / vocabulaire, où le lexique est mis en rapport avec la langue* et le vocabulaire avec la parole*.

Selon les théories, cependant, le lexème sera assimilé au morphème (= morphème lexical) ou à l'unité de signification (souvent supérieure au mot).

A. MARTINET propose le terme de *monème* pour désigner l'unité significative de première articulation. Il suggère ensuite de distinguer lexèmes et morphèmes, le lexème « trouvant sa place dans le lexique » et le morphème « apparaissant dans la grammaire ». L'unité *travaillons* se divisera ainsi en un lexème *travaill-* et un morphème *-ons*. B. POTTIER préfère opposer les morphèmes lexicaux, ou lexèmes, appartenant à des inventaires illimités et ouverts (les radicaux ne peuvent être énumérés, et de nouveaux radicaux peuvent apparaître), et les morphèmes grammaticaux, ou grammèmes. En français, les lexèmes sont dépendants, c'est-à-dire que leur actualisation nécessite le recours aux grammèmes. Les grammèmes, eux, peuvent être dépendants (les divers affixes) ou indépendants (*le, très, pour, et,* etc.). Le lexème est pourvu d'un contenu sémique (ensemble de ses sèmes) ou sémème.

D'une manière générale, l'emploi du terme « lexème » permet d'éviter une ambiguïté du terme « mot ». Il est embarrassant d'avoir à dire que *chantant* est une forme du mot *chanter*, comme l'exige la grammaire traditionnelle. Le terme « mot » servant, en un sens beaucoup plus concret, dans une opposition mot / vocable (en linguistique quantitative*), il est fréquent que la linguistique moderne ait recours au terme de *lexème* pour indiquer une unité abstraite. On peut ainsi observer une opposition à trois termes : mot phonique ou graphique *vs* mot grammatical *vs* lexème. A ce titre, le mot phonique ou graphique (segment) *marche* représente plusieurs formes flexionnelles (mots grammaticaux : 1re et 3e personne du singulier de l'indicatif présent, 2e personne de l'impératif, 1re et 3e personne du singulier du subjonctif présent) d'un lexème *march-*. Il représente aussi l'une des formes flexionnelles du lexème *marche* (substantif).

Le lexème, unité de base de la lexicologie, doit-il être assimilé au sémème de la sémantique structurale, c'est-à-dire à l'ensemble des traits assurant la signification de l'unité? Du point de vue épistémologique, cette distinction peut paraître non fondée : les notions de lexème et de sémème ne sont que des façons différentes d'envisager un problème unique, celui de l'unité de signification; on pourra toutefois considérer avec F. DE SAUSSURE que tout se passe en linguistique comme si le point de vue créait l'objet. En pratique, l'assimilation pure et simple du lexème et du sémème a souvent faussé les tentatives pour constituer une sémantique linguistique : en effet, la sémantique structurale n'a parfois été qu'une addition de traits *ad hoc* à l'intérieur du lexème pris comme unité de signification.

La sémantique générative propose l'attitude inverse : partant des structures profondes sémantiques pour parvenir aux structures de surface, elle est amenée à envisager le sémantisme avant le lexème; l'histoire dérivationnelle de la phrase assigne en effet les traits sémantiques antérieurement à cette opération très tardive qu'est l'insertion des unités lexicales; cette grammaire rend compte ainsi de la capacité qu'a un item sémantique (abstrait) de se réaliser en surface tantôt dans une unité lexicale, tantôt dans un morphème ou une construction. L'analyse de discours confirme ces hypothèses, en rapportant l'ambiguïté des lexèmes à leur histoire dérivationnelle (cas des nominalisations en particulier).

lexical (champ)

Dans la terminologie la plus courante, la notion de *champ lexical* n'est pas clairement distinguée de celle de champ sémantique : il s'agit, dans un cas comme dans l'autre, de l'aire de signification couverte par un mot ou un groupe de mots. Une fois distinguée de la notion de champ conceptuel (aire des concepts couverte par un mot ou un groupe de mots; par exemple, le champ conceptuel des relations de parenté), la notion de champ lexical ainsi définie se dédouble en :

a) *Champ lexical d'un terme du vocabulaire :* il s'agit des diverses acceptions du terme, si l'on part d'un traitement polysémique du mot (par exemple, établissement du champ lexical de *fer* avec toutes les acceptions du mot) ou des divers emplois d'un sens unique du mot, en cas de traitement homonymique (par exemple, dans une étude de *fer*[1] = métal brut, établissement du champ lexical de cette acception dans un corpus comprenant : *ce minerai est riche en fer, le fer s'oxyde, le fer est solide, le fer fond*, etc., où malgré l'identité globale du sémantisme, les différences d'emploi sont évidentes);

b) *Champ lexical d'un groupe de termes :* il s'agit d'établir les liens entre une série de termes du vocabulaire, par exemple les verbes présentant la caractéristique commune d'inclure dans leur sémantisme une relation du type / A possède B /. Ce champ lexical comprendra *prêter, louer*[1] (= donner en location), *donner*, etc., mais non *emprunter, voler, louer*[2] (=prendre en location), par exemple.

Toutefois, à la différence du champ sémantique, le champ lexical peut aussi s'établir sur d'autres considérations. En reprenant la distinction précédente entre terme isolé et groupe de termes, on remarquera : (1) la possibilité pour le terme isolé de posséder un champ dérivationnel qui lui soit propre. Ainsi *raffiner* possède deux champs dérivationnels distincts, dégageant deux homonymes *raffiner*. *Raffiner*[1] (quelqu'un) aura pour nominalisation *raffinement*; *raffiner*[2] (du pétrole, du sucre) aura pour nominalisation *raffinage*; les dérivés *raffineur, raffinerie*, d'autre part, ne correspondront qu'a *raffiner*[2]; (2) la possibilité qu'ont les groupes de termes de se former en exploitant des termes du vocabulaire général comme opérateurs dérivationnels détournés de leur valeur sémantique du vocabulaire général. Un champ lexical (et non plus conceptuel) de la parenté peut s'établir sur la considération faite de l'usage des opérateurs *grand, petit, arrière* (pour noter les générations) et des opérateurs *beau, belle* (pour marquer la non-consanguinité) : sur la base lexicale *père, mère, fils, fille*, on établira ainsi le champ lexical comportant *arrière-grand-père, beau-père, grand-mère, belle-mère, petit-fils*, etc.

On note cependant une tendance à spécialiser les termes de *champ lexical* et *champ sémantique*. Dans cet esprit, le terme de *champ lexical* est réservé pour désigner l'ensemble des mots désignant les aspects divers d'une technique, d'une relation, d'une idée, etc. On a ainsi un champ lexical des relations de parenté orienté par un certain nombre de dimensions structurelles, variables selon les langues (génération, latéralité, sexe, âge relatif, etc.).

Le terme de *champ sémantique* est alors réservé à la notation de l'ensemble des distributions d'une unité de signification dans lesquelles cette unité possède un sémantisme spécifique. A ce titre, *grève* a deux champs sémantiques, *grève*[1] pour les distributions *Les ouvriers sont en grève, Briser la grève*, etc., et *grève*[2] pour les distributions *Il se promène sur la grève, La grève est battue des flots*, etc.

lexicalisation

La *lexicalisation* est le processus par lequel une suite de morphèmes (un syntagme) devient une unité lexicale. CH. BALLY considère la lexicalisation comme un processus de « dégrammaticalisation », un procès qui favorise le lexique aux dépens de la grammaire. Les termes d'un syntagme peuvent ainsi devenir inanalysables du point de vue de l'usage linguistique quotidien : *tout à fait* n'est pas senti comme trois unités et ne diffère pas, dans son comportement, de *complètement*.

En ce sens, il y a des degrés de lexicalisation : *se mettre à fuir* n'est guère lexicalisé, alors que *prendre la fuite* l'est davantage, par le sens très vague du verbe *prendre; s'enfuir* est plus lexicalisé que le précédent. Le procès de lexicalisation peut être mené jusqu'à son terme (exemple : *à mon corps défendant*), mais il arrive que la locution qui aurait pu se trouver lexicalisée engendre une nouvelle forme grammaticale : par exemple, les ablatifs absolus latins *pendente pugna*, *pendente somno,* loin de donner des expressions figées, lexicalisées, ont abouti à une nouvelle forme grammaticale, la préposition *pendant.*

Si l'on prend l'exemple des catégories du genre et du nombre, on s'aperçoit du caractère systématique de l'exploitation par la langue du procès de lexicalisation. Dans le domaine du nombre, la marque de pluralité ayant tendance à se porter sur le déterminant et le verbe en code oral (*Les enfants sont gentils* = lez - ɑ̃fɑ̃ - sɔ̃ - ʒɑ̃ti, soit [+ — + —]), le caractère secondaire pris par l'opposition singulier / pluriel dans les substantifs et adjectifs *(œil* vs *yeux* = [œj] *vs* [jø], *amical* vs *amicaux,* etc.) permet une exploitation sémantique particulière des noms pluriels et singuliers. A côté d'une opposition conforme au fonctionnement actuel de la langue *(L'émail fabriqué par cette firme est résistant, Les émails fabriqués par cette firme sont résistants),* le cas marqué de l'ancien système (pluriel) a subi le processus de lexicalisation (conservation de la forme avec glissement sémantique) : *les émaux* signifie « les ouvrages émaillés ».

La lexicalisation d'un terme reposant sur un cas marqué peut aller jusqu'à provoquer la réfection d'un cas non-marqué dans le cadre du système actuel. Ainsi, l'opposition *matériel* vs *matériaux,* perdue, entraîne conjointement une normalisation *matériel* vs *matériels* et la lexicalisation de *matériaux,* puis ensuite un nouveau paradigme *matériau* vs *matériaux.*

Les conditions de la lexicalisation dans le domaine du genre ne sont pas identiques. Dans la catégorie des animés, les possibilités sont limitées, puisque l'opposition de genre est exploitée pour noter le sexe. Les quelques lexicalisations seront du type *jardinière d'enfants.* Plus souvent, donc, l'opposition traduit par le jeu des lexicalisations les distinctions entre animés et non-animés. En face du couple animé *perforateur - perforatrice* désignant l'agent, la forme lexicalisée du féminin dénotera l'instrument ou l'appareil.

L'étude du mouvement du vocabulaire amène à constater la plus ou moins grande possibilité, à telle époque, pour une formation donnée, d'aboutir à des lexicalisations. Ainsi, les formations en *-ant* ne semblent plus être aussi aisément senties comme indépendantes et retournent au verbe : *ennuyant* disparaît comme adjectif, supplanté par *ennuyeux*. Il convient de mettre à part les formations en *-sant;* le suffixe reste formateur, même en l'absence d'un verbe (*anarchisant, communisant,* etc.). La même étude synchronique du mouvement du vocabulaire rencontre la tendance toujours plus vive à la lexicalisation de termes marqués du point de vue du genre et du nombre. Outre la série signalée plus haut (*batteuse, perforatrice,* etc.), on remarque des lexicalisations comme, pour le genre, *une blonde,* ou, pour le nombre, *les restrictions, les événements,* etc.

lexicaliste

En grammaire générative, deux hypothèses différentes s'affrontent dans l'explication des dérivés nominaux, comme *enrichissement, construction, refus, nettoyage,* etc., ou adjectivaux, comme *increvable, disponible, attaquable, répréhensible,* etc. L'hypothèse *lexicaliste* consiste à modifier les règles du lexique pour y intégrer directement le nom ou l'adjectif dérivé, c'est-à-dire que l'on constitue des entrées lexicales permettant de rendre compte de ces dérivés; cette hypothèse simplifie la composante transformationnelle en accroissant la composante de base. L'hypothèse *transformationniste,* au contraire, simplifie les structures de la base en excluant du lexique les formes dérivées; celles-ci sont alors obtenues à la suite d'opérations transformationnelles. Autrement dit, *La construction du pont* sera considéré par les lexicalistes comme un syntagme nominal directement généré par la base, ou bien sera analysé par les transformationnistes comme issu par nominalisation d'une phrase comme *Le pont est construit*.

lexicographie

1. La *lexicographie* est la technique de confection des dictionnaires et l'analyse linguistique de cette technique. Le terme est ambigu, comme *lexicographe*, qui peut désigner à la fois le linguiste étudiant la lexicographie et le rédacteur d'un dictionnaire. On distingue ainsi la science de la lexicographie et la pratique lexicographique et, de la même façon, le linguiste lexicographe et l'auteur de dictionnaire.

La pratique lexicographique est fort ancienne : les premiers témoignages écrits que nous possédions sont des glossaires et des nomenclatures. Toutefois, les premiers dictionnaires qui visent à une relative exhaustivité sont postérieurs à l'invention de l'imprimerie. En France, le XVIe siècle est témoin d'une intense activité lexicographique (dictionnaires des ESTIENNE), et le XVIIe, entre autres dictionnaires importants, voit paraître les dictionnaires de RICHELET, de FURETIÈRE, de l'Académie française. Le XVIIIe est marqué par l'édition des TRÉVOUX et de l'ENCYCLOPÉDIE, de D'ALEMBERT et DIDEROT. La seconde moitié du XIXe siècle voit naître, à côté d'un grand nombre de dictionnaires (BESCHERELLE, DUPINEY DE VORREPIERRE, etc.), deux ouvrages notables : le dictionnaire de langue d'É. LITTRÉ et le premier dictionnaire encyclopédique de P. LAROUSSE.

2. Une typologie des dictionnaires doit tenir compte des perspectives très diverses des auteurs de dictionnaires.

(1) La formule encyclopédique, dans la lignée de DIDEROT, vise à apporter à l'usager un bilan des connaissances humaines à une époque. Depuis P. LAROUSSE, les dictionnaires encyclopédiques ont un objet autre que celui de la linguistique, puisqu'ils envisagent essentiellement un rapport entre le signifié et l'expérience du monde.

(2) Le dictionnaire technique se distingue des précédents en tant qu'il ne raisonne pas sur les mots du vocabulaire général, mais sur les termes de la science ou de la technique considérée. Ainsi, *rayon* est ambigu dans le vocabulaire général, et l'article encyclopédique sur *rayon* devra rendre compte de « (a) rayon de cire, (b) rayon de soleil, (c) chef de rayon, (d) roue à rayon, (e) rayon X »; en revanche, dans les divers dictionnaires techniques, le terme sera non-ambigu : le dictionnaire d'apiculture ne retiendra que (a), le dictionnaire technologique (d), le dictionnaire d'électricité (e).

(3) Le dictionnaire de langue se réfère toujours, au moins implicitement, au besoin de fixation d'une norme lexicale ressentie par les gens cultivés du XVIIe siècle. La réponse à cette préoccupation ayant été médiocrement apportée par le dictionnaire de l'Académie française (dans ses diverses éditions), plusieurs tentatives ont été faites. Le succès le plus durable en ce domaine est celui du dictionnaire d'É. LITTRÉ, qui accordait à la langue des écrivains les plus officiels du XVIIe siècle un primat quasi total.

3. Une typologie des dictionnaires appelle quelques remarques :

(1) DIDEROT indique déjà l'intérêt qu'il porte aux problèmes de langue. De même, la formule de P. LAROUSSE se plie partiellement aux exigences de la lin-

guistique : la distinction est faite entre vocabulaire général, vocabulaire technique et information de caractère encyclopédique.

On hésite à classer dans les dictionnaires de langue l'énorme travail entrepris à l'aide de machines pour le *Trésor de la langue française*. En effet, la richesse du corpus donnera la possibilité de se défaire du souci normatif pour décrire une langue dans son fonctionnement réel;

(2) Le *Dictionnaire du français contemporain* (J. DUBOIS, R. LAGANE *et al.*), dictionnaire de langue lui aussi, demande un classement à part pour autant qu'il fait passer dans la pratique lexicographique bon nombre des apports de la linguistique moderne; il se montre accueillant au code oral (français parlé); il abandonne les familles étymologiques pour des séries dérivationnelles (ex. : *faction*^{1} → *factieux; faction*^{2} → *factionnaire*); il met en évidence les connexions sémantiques *(salle claire,* syn. *éclairé,* contr. *sombre; eau claire,* syn. *limpide,* contr. *trouble);*

(3) Dans la même direction, des travaux en cours vont plus loin : on attend des dictionnaires de traits* qui rendraient compte de la structuration sémantique des unités lexicales, et un dictionnaire combinatoire qui exploiterait plus à fond les connexions sémantiques, décrites sous le nom de « fonctions lexicales ».

(4) Enfin, il faut distinguer les dictionnaires monolingues et les dictionnaires bilingues (parfois plurilingues).

4. Sous la forme rudimentaire du glossaire (recueil de gloses, annotations commentant ou traduisant des mots d'une langue dans une autre), le dictionnaire bilingue est antérieur au dictionnaire monolingue. L'existence de glossaires suppose qu'on considère comme identique la syntaxe des langues, ou états de langue comparés, ou qu'on minimise le rôle de la syntaxe et de la distribution au point d'estimer possible d'établir l'équivalence de morphèmes entre la langue-source et la langue-cible. Exemple du premier cas : gloses des grammairiens latins de la décadence sur le texte de VIRGILE, auteur latin classique; exemple du deuxième cas, dans un dictionnaire anglais-français : les termes anglais *mutton* et *sheep* pourront tous deux être traduits par « mouton ».

On remarque que (1) ces présupposés théoriques implicites sont contrebalancés dans la pratique par certaines indications de caractère syntactico-sémantique; par exemple *mutton : mouton* (viande de); *sheep : mouton* sur pied; (2) les dictionnaires monolingues, eux aussi, présupposent un certain bilinguisme, puisqu'ils traduisent des termes de vocabulaires particuliers (termes fonctionnels, régionalismes, idiotismes, argots, etc.) en mots du vocabulaire général (par l'intermédiaire de procédures métalinguistiques originales).

Les entrées de dictionnaire

Il ne semble pas possible de lever la synonymie entre les termes *adresse* et *entrée :* tous deux désignent l'unité délimitée par deux blancs typographiques réduite à la forme du paradigme considérée comme fondamentale. Les habitudes lexicographiques en ce domaine peuvent différer : un dictionnaire latin-français et français-latin étudiant la relation verbale *X amat Y, X aime Y* présentera son entrée respectivement sous la forme *amo* (1re personne de l'indicatif présent) et sous la forme *aimer* (infinitif), sans créer de gêne chez les utilisateurs.

L'entrée de dictionnaire ne peut donc se confondre avec le mot de la performance verbale : *amo* et *aimer* représentent dans l'exemple proposé toutes les possibilités morphologiques du paradigme, soit quelques centaines de formes. L'entrée enregistre, d'autre part, certains affixes, mais non tous; on trouve dans un dictionnaire français l'affixe *-er (chanter)*, non l'affixe *-ons (chantons)*. Les dérivés et composés figurent souvent en entrées, alors que les syntagmes figés ont rarement ce traitement *(machine à laver* est généralement traité sous l'entrée *machine* ou *laver)*.

Traitement de l'homonymie et de la polysémie

Un problème essentiel en lexicographie est celui des critères de détermination entre cas d'homonymie et cas de polysémie. Quand deux termes sont graphiquement (parfois phoniquement) semblables avec différence de signifié, on parle d'homonymie; homonymie graphique entre *chef* (vieux mot pour « tête ») et *chef* (« celui qui commande »), homonymie phonique entre *seau, sceau* et *sot*. Quand deux termes sont suffisamment proches pour qu'on hésite à leur appliquer un traitement homonymique, on parlera de polysémie; *fer* dans *minerai de fer* et dans *fer à repasser* peut être traité comme cas d'homonymie justifiant deux entrées de dictionnaire, ou comme cas de polysémie à l'intérieur d'une entrée unique.

Divers critères sont mis en œuvre par les lexicographes soucieux de cohérence pour tenter de réduire la part de l'arbitraire dans ce type de décisions :

(1) Dans le cas où l'entrée est définie par la forme graphique, les homonymes phoniques disparaissent : *poids* est distinct de *pois, poix, pouah*. Toutefois, cette norme seule amènerait à traiter sous la même entrée *lire* (verbe) et *lire* (monnaie italienne). On ajoutera au premier critère de sélection la considération des catégories grammaticales, distinguant ici *lire* (v.t.) et *lire* (n.f.). Un troisième critère pourra être celui de l'étymologie : il permet de distinguer *négocier une affaire* (origine latine) de *négocier un virage* (origine anglaise).

On voit toutefois le défaut de semblables critères : certains mots sont de même orthographe, de même catégorie grammaticale, de même étymologie, tout en différant radicalement : *calcul* s'écrit de même façon dans ses deux sens (1) d'opération arithmétique et (2) de concrétion calcaire; il est dans les deux cas nom masculin; il vient dans les deux cas du latin *calculus;*

(2) L'auteur de dictionnaire peut, en revanche, prendre pour critère de son classement le sens des unités étudiées. Chaque entrée enregistrera alors un sens et un seul. En reprenant quelques exemples précédents, il y aurait à la limite autant d'entrées pour *négocier* ou *calcul* qu'il y a de sens à ces mots. Dans sa rigueur, le système est inapplicable : si l'on distingue *manger* dans *manger de la viande* et *manger de la soupe* comme deux mots différents, nécessitant deux entrées différentes, il faudra continuer à l'infini *(manger avec les doigts* devra être distingué de *manger à la fourchette,* etc.).

La solution sera de distinguer traits inhérents au sémantisme du mot et traits dépendant du contexte : dans *manger,* un certain sémantisme est commun à toutes les occurrences citées (paraphrasables par « apaiser sa faim »); l'opposition solide *vs* liquide apparue dans le premier couple étudié ne sera pas retenue, pour autant qu'elle se dégage du contexte et non du sémantisme propre au verbe. On remarque que la première solution étudiée laisse subsister beaucoup de sens différents sous une entrée commune, alors que celle-ci, poussée dans sa rigueur (sans le correctif apporté), tend à considérer chaque occurrence comme ayant un sens propre.

Cette distinction recoupe en gros l'opposition entre dictionnaires à traitement polysémique et dictionnaires à traitement homonymique. Dans le premier type, on trouve moins d'entrées, et les mots resteront ambigus : les diverses interprétations de *fer* dans *passe-moi le fer* (= « sac de minerai »; *fer à friser, à repasser; fer à cheval;* « talonnette », etc.) seront à trouver sous l'entrée générale *fer*. Dans le second type, les entrées seront plus nombreuses, et les mots seront désambiguïsés : *fer* sera à chercher sous des rubriques différentes selon le contexte (ici technologique).

Les définitions

Le postulat de base de toute définition — donc de la pratique lexicographique — est qu'il y a au moins une expression (mot, syntagme ou toute forme de paraphrase) sémantiquement équivalente à l'unité étudiée. On remarquera le problème que pose ce postulat, en observant que généralement les définitions de dictionnaire décrivent la réalité concrète désignée, et non le statut linguistique du mot : l'entrée *pomme* nous apprendra beaucoup sur l'objet botanique concret qu'est la pomme, beaucoup moins sur le fonctionnement linguistique du terme; ainsi, le dictionnaire, à *chou*, nous apprendra peut-être la possibilité de *il est chou, vous êtes un chou*, mais, à *pomme*, nous laissera tout ignorer de la possibilité ou de l'impossibilité d'un pareil transfert (?*il est pomme;* ?*vous êtes une pomme*).

On a mis cette carence sur le compte de l'absence d'une métalangue distincte de la langue-objet. La considération de la forme d'un énoncé n'est, en effet, pas suffisante pour que nous puissions décider s'il constitue une paraphrase qui donne la définition : on rapprochera : (1) *Une balustrade est un ornement architectural auquel on peut s'accouder* et (2) *Un livre est un témoin historique auquel on peut se référer.*

Pour constituer une définition, il faut certes que la phrase soit une paraphrase du morphème considéré, mais il faut aussi qu'elle soit la seule définition optimale (cas de 1, non de 2)

Cette remarque indique la nécessité du recours à des critères clairs de définition. Notons toutefois qu'il existe des opérateurs métalinguistiques propres au dictionnaire (ex. : action de, fait de, etc.).

Enfin, la présence d'exemples constitue un autre type de paraphrase possible du mot-entrée. On remarque que pour certaines catégories grammaticales (verbes, adjectifs, prépositions), les exemples sont généralement de portée syntaxique (comment l'unité fonctionne-t-elle dans la langue?) alors que pour les substantifs les exemples sont généralement à tendance culturelle. Le postulat implicite est que les premières catégories invoquées seraient relationnelles, alors que le nom serait une unité en soi. Un projet récent (celui de E. BENDIX) propose, au contraire, de tenir compte aussi des valeurs relationnelles des substantifs : *voisin* ne peut valablement se décrire qu'en considérant *A est voisin de B*, et *femme* en distinguant *A est une femme* de *A est la femme de B*.

Vers de nouveaux dictionnaires

Les progrès rapides de la lexicologie naissante ont provoqué, ces dernières années, une révision complète des problèmes de la lexicographie. Quelques dictionnaires modernes enregistrent déjà certains des acquis de la grammaire distributionnelle en particulier, ainsi que, dans une moindre mesure, de la grammaire générative transformationnelle. Les auteurs de dictionnaires restent toutefois tributaires des contraintes de l'usage, souvent vives dans le public, qui n'est pas toujours sensible à la part de convention des présentations traditionnelles, que trois cents ans de pratique font juger « naturelles » (ainsi des paraphrases circulaires, du type *« victoire : action de vaincre; vaincre : remporter la victoire »*).

lexicologie

On appelle *lexicologie* l'étude scientifique du vocabulaire. Il existe des études de formes lexicales dès l'Antiquité, la notion de mot* restant alors un *a priori*. Pourtant, une véritable lexicologie ne peut se fonder sans soumettre cette notion à la critique. La lexicographie (technique de la confection des dictionnaires) est largement antérieure à la lexicologie, démarche scientifique très récente.

1. La légitimité de la lexicologie

La question de la légitimité d'une lexicologie a été posée par le structuralisme à son début.

a) Si les mots ne constituent pas un système, si le lexique ne peut être que la liste des irrégularités fondamentales, le linguiste, soucieux de mettre au jour l'aspect systématique de la langue (perspective saussurienne), se détournera de l'étude lexicologique. Cette réflexion explique en partie le retard pris par les études lexicologiques sur les autres branches de la linguistique. Cependant, les exemples lexicaux donnés par F. DE SAUSSURE indiquaient bien que celui-ci considérait le vocabulaire comme un niveau linguistique tout à fait systématique. En fait, beaucoup de linguistes modernes ne posent plus la question en ces termes. Au lieu de se demander s'il y a une structure du lexique (ou des faits de syntaxe, des phonèmes, etc.), ils se demandent si l'on peut structurer le lexique (ou la syntaxe, le matériel phonique, etc.).

b) La légitimité de la lexicologie est aussi mise en question par toute une école refusant le recours au sens (L. BLOOMFIELD). Pour cette école, la signification d'un énoncé ne pouvant être établie que par la psychologie (par l'étude des situations et des comportements-réponses) et par les sciences concrètes (une pomme est un fruit pour le botaniste, non pour le linguiste), le descripteur linguistique ne pourra étudier les valeurs et les oppositions sémantiques des unités lexicales.

c) Pourtant, la lexicologie structuraliste est en germe dans l'enseignement de F. DE SAUSSURE. Bien que la première discipline née de cet enseignement ait été la phonologie, science des unités non-signifiantes inférieures au morphème, c'est en effet sur le mot que réfléchit généralement F. DE SAUSSURE. Parti de la critique de la notion naïve de la langue conçue comme une nomenclature (correspondance univoque entre le nom et la chose), il en vient à affirmer que le sens d'un mot est purement négatif, puisque le mot est engagé dans un système de rapports et que sa seule réalité signifiante provient des délimitations que lui impose l'existence de ce système.

Le mot est donc susceptible d'être étudié dans le cadre des rapports syntagmatiques et paradigmatiques. Tout mot d'une langue sera considéré comme participant à une structure qu'il conviendra d'étudier selon les deux axes. Sur l'axe des substitutions (axe paradigmatique), on étudiera les commutations possibles en un point de l'énoncé (commutations susceptibles de produire des significations identiques, synonymie, par exemple *enseignement* vs *éducation* vs *apprentissage,* ou des significations opposées, antonymie, par exemple *bon* vs *mauvais*); sur l'axe des combinaisons (axe syntagmatique), on étudiera les capacités du mot dans la chaîne parlée, avec les variations de signification qui en résultent (polysémie du mot; par exemple : *un chef de rayon, un rayon de soleil, une roue à rayons*).

2. L'unité lexicologique

a) L'étude lexicologique moderne travaille parfois encore à partir de la notion de « mot ». Elle définit alors le mot comme unité de signification, caractérisée par la non-séparabilité des divers éléments qui la réalisent phonétiquement et définie par ses possibilités de commutation dans l'unité linguistique qui lui est immédiatement supérieure, syntagme ou phrase. L'étude lexicologique prendra pour critère le rendement fonctionnel : le mot sera considéré comme une unité de signification réalisée par des phonèmes et toujours identifiable comme telle, en fonction de ses possibilités de commutation dans une phrase pour former de nouvelles phrases.

Toutefois, certaines recherches demandent des normes lexicales moins empiriques. Le mot n'est peut-être pas un univers linguistique : certaines langues, comme le basque ou l'esquimau, supportent mal un découpage en « mots ».

A. MARTINET propose la terminologie suivante : le monème sera la plus petite unité phonique porteuse de sens; on appellera syntagme toute combinaison de monèmes entretenant entre eux un rapport plus intime que celui qui les lie au reste de l'énoncé. Cette terminologie n'étant pas sans défaut, les linguistes en restent le plus généralement à la distinction des morphèmes, plus petites unités porteuses de sens, et des lexèmes, qui sont les unités lexicales de base.

b) La remise en question des divisions de la grammaire amène un point de vue neuf. En grammaire structurale, la distinction d'une morphologie indépendante tend à s'effacer. En grammaire générative, la morphologie est reliée à la phonologie pour constituer la composante morphophonologique de la grammaire.

Le problème cesse d'être celui des formes pour devenir celui des unités de signification. La lexicologie moderne constate la nécessité de distinguer des unités de signification supérieures au mot. La terminologie peut varier, les unités de signification de L. GUILBERT correspondant en gros aux synapsies d'É. BENVENISTE et aux lexies de B. POTTIER.

Par exemple, la synapsie se définit par la nature syntaxique de la liaison entre ses membres (par opposition à la liaison morphologique entre les éléments d'un mot composé : *machine à laver* est une synapsie pendant qu'*auto-radio* est un composé), l'emploi de certains procédés de jonction *(machine à laver, cran de sûreté),* l'ordre des termes, en français déterminé + déterminant, la forme lexicale pleine des éléments composants, l'absence d'article devant le déterminant *(fil de fer, fleur de lis),* la possibilité d'expansion et, enfin, le caractère monosémique du signifié (on opposera la monosémie de *fil de fer* et la polysémie de ses constituants *fil* et *fer*).

La définition de ces critères montre l'existence d'un mécanisme de création lexicale toujours susceptible de nouvelles formations. La lexicologie doit rendre compte de ce mécanisme. De manière plus générale, la lexicologie incorpore à son domaine tous les procédés de dérivation, c'est-à-dire d'agglutination d'éléments lexicaux en une forme unique, radical et affixes. La grammaire générative a déjà rendu compte des processus mis en jeu dans les nominalisations.

3. La perspective socio-historique

a) L'étymologie, histoire des mots, a longtemps consisté en la considération d'unités isolées. Une filière fait ainsi dériver, par exemple, *parler* d'une forme de basse latinité *paraulare (où l'astérisque indique le caractère hypothétique de la forme), elle-même issue du grec *parabolê*. L'histoire du signifiant était ainsi établie (avec restitution éventuelle des maillons manquants) sans considération de signifié.

F. DE SAUSSURE critique ce point de vue, qui ne tient pas compte du caractère de système du vocabulaire. Il faut aussi remarquer que la considération d'un « sens central » des mots amène à de graves erreurs de perspective. La filiation étymologique est généralement faite du mot d'objet *(marteau)* vers le mot de procès *(marteler);* or, ce mouvement lexical peut fort bien s'inverser.

Une analyse structurale de l'étymologie amène à reconnaître dans une langue des matrices lexicogéniques susceptibles de recueillir des formes d'origines diverses. Ainsi, la matrice TK = « frapper » se montre accueillante en français à des mots d'origine germanique aussi bien que latine. En revanche, si le *k* se palatalise, le sens de « frapper » disparaît *(toucher* en face de *toquer).* Ce sont donc les rapports d'opposition ou de ressemblance avec les autres unités de la langue qui entraînent le changement de sens, et non la considération de l'origine de la forme.

De plus, il convient de n'accorder aucun primat à l'étymologie savante par rapport à l'étymologie dite « populaire ». Un signe dont la filière étymologique n'est plus perçue peut se trouver re-motivé par d'autres facteurs. Par exemple, si *siffler* et *souffler* sont sentis comme en rapport, il faut tenir compte de ce rapport (phonique), bien que l'étymologie nous suggère le rapport savant de *souffler* avec *flatueux* et de *siffler* avec *assibilation*.

b) L'étude du mouvement du lexique donne nombre d'informations à partir de l'étude comparée de dictionnaires. On aboutit à des conclusions portant tant sur l'évolution de la masse lexicale que sur le développement et la richesse de certains éléments préfixaux ou suffixaux. Par exemple, les dérivés en *-erie, -oir* ont tendance à disparaître, ou à connoter l'archaïsme volontaire *(bagagerie, artisanerie, tissuterie),* pendant que certains suffixes sont toujours plus productifs *(-isme, -iste).*

La néologie (formation de nouvelles unités de signification) est une nécessité de la communication inter-humaine. Néologie de sens (utilisation d'une forme préexistante avec un sens nouveau: ex. : *guidon, volant, aile*) et néologie de forme (combinaison nouvelle d'éléments; ex. : *oléoduc, autoroute*) sont indispensables à la dénomination des objets et concepts nouveaux.

4. Lexicologie structurale

La linguistique structurale a envisagé diverses approches pour fonder une lexicologie scientifique. (Pour l'utilisation des méthodes quantitatives en lexicologie, v. STATISTIQUE LEXICALE.)
  a) *Les champs.*
  La lexicologie se heurte au problème des champs sémantiques. L'approche linguistique du rapport entre langue et expérience du monde est difficile, et les chercheurs ont souvent confondu *champ conceptuel* (aire dessinée par un ensemble de concepts issus de l'expérience : on étudie, par exemple, le vocabulaire de la parenté, alors que la parenté est avant tout un concept socialement vécu) et *champ lexical* (aire dessinée par les rapports privilégiés entre unités de la langue, constituant un microsystème à l'intérieur du système général; par exemple, le groupe homéotéleute *père -mère - frère* dessine en français une micro-structure phonique à l'intérieur des relations de parenté).

L'analyse componentielle* consiste à réduire la signification d'une unité à des traits sémantiques non susceptibles de réalisation indépendante. Appliquée aux champs sémantiques, elle apporte des renseignements importants sur le fonctionnement du vocabulaire.
  b) *Les dictionnaires structuraux*
  La notion de traits sémantiques amène à prévoir une refonte de la lexicographie. On se reportera à trait* pour y voir évoquée la possibilité de dictionnaires de traits sémantiques, et à fonctions* lexicales pour une présentation d'un dictionnaire combinatoire reposant sur la recherche des relations systématiques du mot.

5. Lexicologie et grammaire générative

De même que la syntaxe générative transformationnelle intègre les acquis de la syntaxe structurale (règles syntagmatiques), de même la lexicologie générative intègre les résultats de la lexicologie structurale (notion de traits, analyse componentielle).

Mais la théorie générative cherche en outre à assigner à la grammaire et au dictionnaire leur place respective. Il s'agit de déterminer la place d'une composante sémantique dans la grammaire. (V. THÉORIE SÉMANTIQUE.)

6. Lexicologie et analyse d'énoncé

Les progrès de l'analyse de discours, ainsi que de la théorie de l'énonciation, amènent à poser en termes nouveaux les problèmes lexicologiques. L'étude de l'unité lexicale isolée ne doit pas être privilégiée, pour autant que l'analyse du vocabulaire ne constitue qu'une partie de l'analyse du discours et qu'elle ne peut en être isolée.

lexicostatistique. V. STATISTIQUE LEXICALE et GLOTTOCHRONOLOGIE.

lexie
Dans la terminologie de B. POTTIER, la *lexie* est l'unité de comportement lexical. Elle est opposée au *morphème*, plus petit signe linguistique, et au *mot,* unité minimale construite. C'est donc l'unité fonctionnelle significative du discours. La lexie simple peut être un mot : *chien, table, cégétiste.* La lexie composée peut contenir plusieurs mots en voie d'intégration ou

intégrés : *brise-glace*. La lexie complexe est une séquence figée : *faire une niche, en avoir plein le dos, C.G.T.* (on ajoutera les proverbes, « la Marseillaise », etc.). B. POTTIER propose que la distinction traditionnelle des parties du discours prenne pour unité la lexie et non plus le mot. En effet, le comportement syntaxique de *avoir peur, machine à coudre, dès lors que* encourage à classer ces lexies dans les catégories grammaticales respectives : verbe, nom, conjonction.

lexique

1. Référé à la lexicographie, le mot *lexique* peut évoquer deux types d'ouvrages : un livre comprenant la liste des termes utilisés par un auteur, par une science ou par une technique, ou bien un dictionnaire bilingue réduit à la mise en parallèle des unités lexicales des deux langues confrontées. A ce titre, *lexique* s'oppose à *dictionnaire*.

2. Comme terme linguistique général, le mot *lexique* désigne l'ensemble des unités formant la langue d'une communauté, d'une activité humaine, d'un locuteur, etc. A ce titre, *lexique* entre dans divers systèmes d'opposition selon la façon dont est envisagé le concept.

La statistique lexicale oppose *lexique* et *vocabulaire;* le terme de *lexique* est alors réservé à la langue, le terme de *vocabulaire* au discours. Les unités du lexique sont les lexèmes, pendant que les unités du discours sont les vocables et les mots (le mot désignant toute occurrence d'un vocable quelconque). Le vocabulaire d'un texte, d'un énoncé quelconque de la performance n'est dès lors qu'un échantillon du lexique du locuteur ou, selon la perspective adoptée, du lexique de la communauté linguistique considérée. La considération de l'énoncé ne saurait déterminer le lexique source et ne peut pas fournir plus que des indications sur le lexique. De la performance on ne peut déduire la compétence lexicale.

A l'intérieur de cette opposition *lexique* vs *vocabulaire,* on pourra successivement envisager le lexique à divers points de vue. Le lexique envisagé est celui d'un locuteur (dans le cas où le texte émane d'une source locutionnaire unique, ou dans le cas où le corpus est constitué par regroupement des actes de parole isolés d'un locuteur unique). Si considérable soit-il, le corpus constitué ne peut fournir qu'un vocabulaire et ne saurait rendre compte du lexique (potentialités lexicales, ou compétence) du locuteur. Le lexique envisagé est celui de plusieurs interlocuteurs : on définira le vocabulaire du groupe considéré comme l'ensemble des unités repérées dans le corpus. Le lexique, en revanche, pose un problème : de la considération des performances des locuteurs A, B, ...N, on ne peut conclure à l'identité de la compétence (lexique). Selon le point de vue, la description lexicale aboutit alors à un lexique fondamental (intersection des divers ensembles que sont le vocabulaire de A, de B, ...de N) ou, au contraire, à un « trésor » (réunion des divers ensembles).

Le passage du vocabulaire au lexique demande en particulier que soit prise en compte la possession, par le locuteur-auditeur, d'un vocabulaire passif : tout locuteur possède en fait une double compétence lexicale, non réductible à une opposition entre compétence et performance. En effet, de nombreux lexèmes sont compris (donc participent au modèle de la compétence du locuteur) sans être jamais réalisés; la considération de la situation suffira à faire comprendre ce cas : certains mots, couramment enregistrés et correctement décodés par le locuteur (par exemple, à la radio, dans les journaux), peuvent n'avoir chez le locuteur aucune probabilité d'emploi actif.

En outre, il faut tenir compte, dans la description d'un lexique, de la liaison essentielle entre syntaxe et sémantique; certains lexèmes faisant appel à une règle de formation constante (nominalisation, par exemple) et à un radical banal peuvent n'avoir jamais donné lieu à une performance du locuteur-auditeur; ils n'en sont pas moins disponibles et doivent figurer, au moins au titre des potentialités offertes par les règles et le stock des bases lexicales, dans la description de la compétence lexicale du locuteur-auditeur.

On notera que, dans l'évocation ci-dessus, le terme de *lexique* n'a pas été pris dans l'acception large d'abord proposée en définition. En effet, le terme linguistique de *lexique* est généralement utilisé pour désigner les unités signifiantes non essentiellement grammaticales (par opposition aux prépositions, adverbes, etc.).

La considération des difficultés rencontrées par la linguistique descriptive dans la détermination du lexique (d'un individu, d'une collectivité, d'une langue) a amené la linguistique moderne à diverses tentatives pour préciser la place du lexique dans la grammaire — et dans la compétence linguistique en général.

3. La grammaire générative considère le lexique comme un des éléments de la composante de base de la grammaire. La composante de base (engendrant la structure profonde) comprend la composante catégorielle et le lexique. La composante catégorielle représente les règles de réécriture aboutissant à un indicateur syntagmatique, pendant que le lexique spécifie les propriétés syntaxiques, sémantiques et phonologiques de chaque unité lexicale. Les unités lexicales ainsi définies seront appliquées à l'indicateur syntagmatique selon les règles d'insertion lexicale.

La difficulté éprouvée par la grammaire générative à préciser la place de la sémantique dans la théorie linguistique amène toutefois des incertitudes terminologiques; pour N. CHOMSKY, l'unité lexicale est définie par trois ensembles de traits : syntaxiques, sémantiques et phonologiques; c'est donc un symbole complexe; pour J. KATZ, le lexique ne comporte que les traits syntaxiques et phonologiques, alors que la composante sémantique de la grammaire comprend un dictionnaire (présentant le sens des unités sous forme de traits sémantiques, de différenciateurs sémantiques et de restrictions de sélection) et des règles de projection, fournissant les processus combinatoires.

4. L'analyse de discours est elle aussi amenée à revoir la notion de lexique. Constatant, à la lumière des travaux de la grammaire générative, que les mots du vocabulaire sont sous-tendus par des propositions, elle est amenée à déplacer la perspective de l'opposition vocabulaire *vs* lexique. De récentes études ont montré que les propositions sous-tendant les mots demandent à être prises en compte dans la description du modèle de compétence : une description mécaniste du lexique, comme une combinatoire de traits, ne saurait rendre compte du jeu de l'énonciation (présence du locuteur dans son énoncé), non plus que des modifications de la compétence générale (contenu idéologique des unités).

liaison

On appelle *liaison* l'insertion entre deux phonèmes vocaliques d'un élément consonantique de soutien (consonne ou glide). En français, la liaison qui se produit à la jointure de deux mots dans certains syntagmes (Art + N; Adj + N, Adv + Adj) se traduit par la prononciation d'une consonne latente présente dans un état antérieur de la langue, et qui réapparaît dans la graphie : *très heureux, un savant anglais,* etc. Les dialectes italiques insèrent un glide palatal après ou avant une voyelle palatale : en piémontais, par exemple, la désinence *-ita* du participe passé, la désinence *-wa* de l'imparfait sont devenues *-ija* à travers *-ia :* finija « finie », « je finissais »; les mots italiens *paese, maestro, idea* sont prononcés dans les variétés méridionales de la langue commune *pajese, majestro, ideja.*

liberté

On appelle *liberté d'occurrence* la possibilité pour un segment découpé dans la chaîne parlée de pouvoir figurer dans d'autres énoncés.

libre

1. On qualifie de *libre* un type de *discours* (ou *style*) *indirect* quand le verbe introducteur *(il disait que)* du discours indirect est supprimé.

2. L. BLOOMFIELD désigne par *forme libre* toute forme linguistique susceptible de se présenter dans une phrase; les morphèmes radicaux sont des *formes libres minimales.* Une forme libre peut être composée de deux formes (ou plus de deux formes) libres minimales, par exemple *petit Pierre;* c'est alors un syntagme. Lorsqu'une forme libre n'est pas un syntagme, c'est un mot, qui n'est pas entièrement composé de formes libres minimales; ainsi, un mot comme *beauté* est constitué d'une forme libre *beau* et d'une forme liée *-té.*

3. Pour L. HJELMSLEV, une variante* est *libre* quand elle n'est pas entraînée automatiquement par l'environnement. Une variante libre est dite aussi « variation ».

4. Une *voyelle libre* est une voyelle qui n'est pas suivie d'une consonne dans la même syllabe. C'est la voyelle des syllabes ouvertes, par opposition aux voyelles entravées* des syllabes fermées. Dans le mot français *avant* [avɑ̃], les deux voyelles sont libres.

5. Par opposition aux langues analogues*, les langues inversives ont la faculté de modifier l'ordre des mots dans la phrase sans que le sens change. Le terme inversif ayant l'inconvénient de laisser supposer qu'un ordre est premier et fondamental (l'ordre sujet-verbe-complément, par exemple), on préfère parler aujourd'hui de *langues à construction libre.*

lié

1. L. BLOOMFIELD appelle *forme liée* toute forme linguistique qui n'est jamais prononcée seule. Les désinences de temps et de personne sont, par exemple, des formes liées.

2. Selon L. HJELMSLEV, une *variante** est *liée* quand elle est entraînée automatiquement par l'entourage. Une variante liée est une *variété.* (V. CONDITIONNÉ.)

limite

On appelle *limites* les frontières* linguistiques de toutes sortes qui séparent des aires à langues ou dialectes différents ou des aires se différenciant par deux traits distincts correspondant à un seul critère.

linéarité

En linguistique structurale et distributionnelle, la *linéarité* est une des propriétés fondamentales du langage. Les énoncés sont des suites d'éléments discrets ordonnés de façon linéaire. Chaque morphème est une suite de phonèmes, chaque phrase est une suite de morphèmes, chaque discours une suite de phrases. Lorsque des éléments linguistiques paraissent se chevaucher, comme les morphèmes et les traits d'intonation, on peut toujours obtenir une représentation linéaire, conforme à l'hypothèse d'une succession linéaire des événements linguistiques. Ainsi, les phonèmes et les morphèmes d'intonation, d'accent et de hauteur sont simultanés aux morphèmes lexicaux et grammaticaux : on peut soit ordonner les phonèmes et morphèmes prosodiques (ou suprasegmentaux) avant ou après les phonèmes (ou morphèmes) impliqués, soit représenter un énoncé comme la résultante de deux suites parallèles, l'une segmentale (les morphèmes), l'autre suprasegmentale (l'intonation). Cette conception de la chaîne parlée comme une suite ordonnée de segments qui a été analysée comme une grammaire à états finis, relevant des chaînes de Markov, est inadéquate à rendre compte de certains phénomènes comme les constituants discontinus, l'ambiguïté, etc.

lingua franca
On donne le nom de *lingua franca* au sabir parlé jusqu'au XIXe siècle dans les ports méditerranéens. Il est à base d'italien central et comprend divers éléments des langues romanes. On appelle aussi *lingua franca* toute langue composite du même type.

lingual
Une *consonne linguale* est une consonne dont l'articulation comporte l'intervention de la langue, comme [t], ou [k], ou [r], etc., par opposition aux consonnes qui n'utilisent pas la langue, comme les labiales.

linguistique
1. On s'accorde généralement à reconnaître que le statut de la linguistique comme étude scientifique du langage est assuré par la publication en 1916 du *Cours de linguistique générale* de F. DE SAUSSURE. A partir de cette date, toute étude linguistique sera définie comme apparue « avant » ou « après » SAUSSURE.

Cependant, si nous considérons la période antérieure, nous constatons que, depuis l'Antiquité, les hommes se sont penchés sur le langage et ont réuni une somme d'observations et d'explications non négligeables. L'héritage est énorme — pensons à cette analyse de la langue que représente l'écriture, modèle de la double articulation du langage.

Dès l'Antiquité, trois soucis principaux apparaissent qui donnent naissance à trois sortes d'études. Le souci religieux d'une interprétation correcte des textes anciens, textes révélés ou dépositaires des rites (les Veda, les textes homériques) met en évidence l'évolution de la langue et, en se laïcisant, donne naissance à la philologie. La valorisation du texte ancien, sacré ou respectable, fait de toute évolution une corruption et développe une résistance au changement. D'où l'apparition d'une attitude normative qui se fige, à l'occasion, en purisme. Parallèlement, aux grandes époques de la philosophie, le langage est appréhendé en tant qu'institution humaine et son étude s'intègre à la philosophie (cf. les réflexions sur la nature du langage chez PLATON).

On peut retrouver, tout au long de l'histoire de la grammaire, ces trois points de vue, plus ou moins développés selon les époques. Le résultat de ces recherches est considérable : formation des notions de phrase, sujet, objet, parties du discours, découverte des rapports de parenté entre les langues, etc.; et la linguistique actuelle travaille sur cet acquis. Considérable est aussi la diffusion de certaines idées sur le langage, venues directement ou indirectement de l'idéalisme platonicien (la langue représente la pensée, laquelle existe donc en dehors de toute réalisation), idées dont une linguistique scientifique doit retrouver l'origine, ne serait-ce que pour pouvoir les utiliser ou les contester.

2. Si on pose, face à ces recherches, la première définition de la linguistique comme étude scientifique du langage, on trouve en fait peu ou point d'études se fixant cet objet. La préoccupation majeure ne semble jamais être celle du langage; même au XIXe siècle, si riche en études grammaticales, c'est l'histoire des langues et les rapports qu'elles entretiennent qui sont visés, non la langue en elle-même. De plus, divers points de vue sont souvent mêlés.

C'est à cette définition de l'objet de la linguistique que F. DE SAUSSURE, après une condamnation de ces prédécesseurs qui n'ont pas défini leur objet, consacre les premiers chapitres de son *Cours*. Le terme de langage recouvre un ensemble de réalités fort diverses, physiologiques et psychologiques, auditives et vocales, et toutes les sciences ou presque peuvent y trouver des objets qui les concernent. Le domaine propre d'une linguistique n'est pas évident, bien que F. DE SAUSSURE soit certain de la possibilité d'une telle science avant même de découvrir son objet spécifique.

Toutes les sociétés humaines possèdent un moyen de communication « articulé », le langage — mais les langues sont différentes. Entre ce constat de diversité et cette similarité de comportement, il y a place pour une hypothèse, pour un « point de vue », et l'indication d'un objet et d'une méthode. Cet objet, c'est la « langue », composante sociale du langage, qui s'impose à l'individu et s'oppose à la « parole », manifestation volontaire et individuelle. La langue est un système de signes. Ainsi défini, le langage se trouve rapproché des autres systèmes symboliques (morse, signaux maritimes) et devient de ce point de vue l'objet de la sémiologie, qui doit étudier « la vie des signes au sein de la vie sociale », science nouvelle que F. DE SAUSSURE constitue dans l'acte même de fondation de la linguistique, et au sein de laquelle cette dernière a pour rôle de fournir les caractères spécifiques de la langue, le plus élaboré de ces systèmes de signes.

De la définition de l'objet découlent certains principes méthodologiques.

(a) Tout d'abord, la linguistique générale ne peut se placer à la fin des diverses enquêtes menées sur les langues, mais à leur origine. C'est à elle de diriger ces enquêtes. On retrouve là l'attitude des grammaires générales et raisonnées des XVIIe et XVIIIe siècles. La coupure épistémologique opérée par SAUSSURE est donc rupture avec les études grammaticales du XIXe siècle et reprise, avec une autre méthode et dans un autre contexte scientifique, d'un point de vue plus ancien sur le langage.

(b) Tous les faits de langue sont étudiés : le point de vue normatif est exclu. Les lois recherchées sont des lois de fonctionnement du langage, ce ne sont pas des normes sociales. Il faut se défaire des idées de bon sens et des préjugés sociaux et nationaux. D'où la constitution d'une terminologie nouvelle et rigoureuse.

(c) La langue parlée, oubliée pendant longtemps, devient l'objet (presque) privilégié de la recherche. Du coup se dégagent les particularités de la langue écrite et la possibilité d'une étude de l'interdépendance de ces deux codes.

(d) La langue (au sens saussurien) étant définie en synchronie*, cette perspective devient dominante. La séparation radicale avec le point de vue diachronique est une nécessité fondamentale (le principe de cette séparation radicale, sera réétudié par la suite).

(e) Enfin, postulat ou résultat de l'observation : la langue est une structure, une forme et non une substance. Elle est un système de valeurs, ses unités étant différentielles, oppositives, négatives. Le linguiste est détourné de l'étude de la substance (pensée, sons) et dispose d'un critère de pertinence lui permettant de constituer et d'appréhender les objets linguistiques, qui ne sont jamais des faits isolés, mais des valeurs.

Tel est l'arsenal de concepts de la linguistique structurale de F. DE SAUSSURE, et on peut considérer l'histoire de notre science jusque vers les années 1960, ainsi que la configuration d'une partie de son champ actuel, comme le développement des hypothèses saussuriennes.

3. En définissant le phonème comme l'unité minimale capable de changer le sens, dans la technique des paires minimales, c'est sur l'acte de communication que s'appuient les phonologues de l'École de Prague dans les années trente, comme lorsqu'ils s'intéressent aux fonctions de langage; ils exploitent donc la proposition que la langue est une donnée sociale. Cette méthode, avec la détermination des structures phonologiques (des phonèmes et de leurs oppositions), a constitué pendant longtemps le modèle linguistique le plus rigoureux, et le plus séduisant pour les autres sciences humaines. Cependant, les phonèmes sont définis en termes de traits articulatoires, procédure dénoncée comme un retour à la substance et une entorse à la conception de la langue en tant que forme.

4. C'est un aspect formel de la langue (« la langue est une algèbre qui n'a que des termes complexes ») que privilégie l'École danoise de la glossématique, qui vise une description du système à partir d'éléments qui ne sont ni des sons, ni des lettres, ni des significations, mais des relations. Repoussant la linguistique « transcendante » (se fondant sur des données extérieures à la langue, la phonétique par exemple), Hjelmslev veut la remplacer par une linguistique immanente, c'est-à-dire concevant la langue comme une totalité absolument autonome, régie par des lois purement internes. D'où, par rapport à F. de Saussure, un raffinement de formalisation dans la théorie de signe, dont chacun des constituants se trouve divisé en forme et substance, le signe n'étant que la liaison de la forme du contenu et de la forme de l'expression.

5. Bien qu'assez isolée par rapport à l'Europe, et confrontée à des problèmes bien particuliers (l'étude des langues amérindiennes), dans le contexte philosophique du béhaviourisme, la linguistique américaine se développe sans contradiction fondamentale avec les hypothèses structurales, et est assez proche de la glossématique. Fondée sur la constatation que les parties d'une langue ne se rencontrent pas arbitrairement, la méthode distributionnelle cherche à constituer, dans un corpus achevé, à partir des environnements des unités et sans recours au sens, les classes grammaticales d'une langue. Cette méthode peut aussi dépasser les limites de la phrase et se développer en analyse de discours, faisant apparaître des lois de fonctionnement à un niveau qui échappait jusqu'alors à l'analyse parce qu'on considérait qu'il relevait d'une totale liberté. L'établissement de lois de distribution aux divers niveaux de la langue amène les linguistes à rencontrer les méthodes et les résultats des théoriciens de l'information et à développer une linguistique quantitative qui étudie et classe les éléments de la langue en fonction de leur probabilité d'apparition et qui dégage des lois.

6. Pour le distributionnalisme, comme pour les écoles précédentes, il s'agit de décrire le système d'une langue — les différences résidant essentiellement dans les méthodes employées pour dégager les unités —, d'aboutir donc à une taxinomie à partir de l'observation. S'il est vrai que toutes les sciences passent par un stade « descriptif - inductif » nécessaire, il leur faut pour se constituer véritablement passer au stade déductif-explicatif, par la constitution de modèles hypothétiques toujours plus opératoires, capables de rendre compte, en le simulant, du fonctionnement de la réalité. Notons que les concepts de structure et de valeur ne sont pas chez F. de Saussure directement dérivés de l'observation, mais créés pour rendre compte de la langue. La problématique ne se résume plus alors par : la langue est-elle structurée? si oui, recherchons cette structure pour la décrire; mais par : peut-on structurer la langue et dans l'affirmative comment? A une démarche de recherche d'une structure par l'observation succède la structuration du champ par le chercheur.

C'est cette nouvelle configuration épistémologique que l'on trouve à la base des grammaires génératives et transformationnelles qui se sont constituées aux U.S.A. et en U.R.S.S. ces quinze dernières années, et dont les auteurs se fixent pour tâche de rendre compte de l'aptitude (compétence) des sujets parlants à produire et à comprendre (performance) une infinité de phrases (N. CHOMSKY); c'est la créativité linguistique qu'il faut étudier, aspect essentiel de la compétence, et pour cela rendre explicite cette compétence sous la forme d'un modèle constitué d'un nombre fini de règles (fini, car leur apprentissage est rapide). Ces règles doivent être de telle nature qu'elles puissent engendrer un nombre infini de phrases. Deux niveaux sont donc établis dans le langage : une structure profonde et une structure de surface ou, selon la terminologie de CHAUMJAN, le niveau des génotypes linguistiques (objets syntaxiques indépendants des moyens linguistiques qui servent à les exprimer) et celui des phénotypes linguistiques (formes extérieures dont sont revêtus les génotypes). Des règles de transformation expliquent le passage de la structure profonde à la structure de surface (construction d'un « modèle d'engendrement appliqué » pour CHAUMJAN). A la notion de langue comme système de signes est substituée celle de langue comme système de règles.

7. Avec le concept de performance (manière dont le locuteur utilise les règles), la linguistique annexe le domaine de la parole, jusque-là tenu à l'écart, parce que considéré comme ne relevant d'aucune loi. Ce mouvement se confirme par le développement de la théorie de l'énonciation, qui replace le sujet dans son discours et étudie ce dernier en fonction de son producteur. Ainsi se trouve comblé le fossé que la dichotomie langue *vs* parole avait creusé dans le langage.

Parler est agir; étudier la parole est donc étudier un acte dans lequel l'individu se pose et s'affirme. Celui-ci n'est donc plus le sujet passif dont F. DE SAUSSURE avait donné le modèle. Si on rappelle maintenant le caractère social de la langue (la conception actuelle de la société n'étant plus celle, monolithique, de É. DURKHEIM, d'une extériorité et d'une contrainte), cette hypothèse s'est enrichie et fournit un modèle plus dynamique du langage dans lequel la parole, avec sa valeur d'acte social, est un point de rencontre entre individu et société, un point de tension.

Ainsi, la linguistique, après une période de fondation caractérisée par une limitation étroite et rigoureuse de l'objet « langue » et un repli derrière des frontières précises, annexe à présent la parole, le discours, les rapports de la langue avec le sujet et le monde, grâce à des méthodes explicites rigoureuses.

Puisqu'il n'est pas de science qui finalement n'aboutisse à un discours, on comprend la position centrale qu'occupe la linguistique dans le profil épistémologique de notre époque, dans la mesure où elle vise à élaborer des modèles de production, de communication et de compréhension de ces discours.

liquide

On donne souvent le nom de *liquides*, d'un terme hérité des grammairiens de l'Antiquité, à une classe de consonnes qui combinent une occlusion et une ouverture du chenal buccal, de manière simultanée comme les latérales, ou de manière successive comme les vibrantes. Elles sont caractérisées par un degré de sonorité proche de celui des voyelles et, de fait, leur spectre acoustique présente les caractéristiques vocaliques, avec une structure de formants assez nette. Acoustiquement, les liquides sont à la fois consonantiques et vocaliques. La distinction entre les deux types de liquides est peu fréquente et instable. Peu de langues, en dehors du monde occidental, distinguent [r] et [l]. Les grandes langues de l'Extrême-Orient, le chinois, le japonais, par exemple, l'ignorent. Il n'y a dans ces langues qu'un seul phonème liquide, réalisé comme vibrant ou comme latéral, suivant le contexte. C'est, selon R. JAKOBSON, une des dernières distinctions que les enfants acquièrent. On retrouve cette instabilité de la distinction entre les deux types de liquides en phonétique diachronique, puisque le développement de l'ibéroroman et celui de l'italique montrent de nombreux exemples de confusion [r] - [l]. Certains parlers espagnols d'Amérique les ont même confondues rapidement, sous l'influence des langues indigènes au contact desquelles ils se trouvent.

lisibilité

Pour mesurer l'intercompréhension entre des locuteurs de parlers différents, on utilise la notion de *lisibilité* empruntée à la psychologie en lui donnant une acception plus restreinte.

La *lisibilité* d'un texte se mesure par comparaison avec d'autres textes selon des méthodes utilisées en analyse de contenu : on prend un seul sujet (ou un groupe de sujets) considéré comme homogène (lecteur invariant); on lui (leur) propose de restituer, dans les textes, des mots qu'on a supprimés. Les textes dans lesquels le nombre de mots restitués sans faute sera le plus élevé seront les plus lisibles.

litote

La *litote* est une figure de rhétorique consistant à se servir d'une expression qui affaiblit la pensée, afin de faire entendre plus qu'on ne dit : dans *le Cid* de Corneille, les mots *« Va, je ne te hais point »*, que Chimène dit à Rodrigue, forment une *litote*.

littéral

On qualifie de *littéral* un état de langue représenté par des textes écrits et maintenu dans une communauté linguistique comme langue de culture, par opposition à la langue parlée ou langue vulgaire. Ainsi, l'*arabe littéral,* ou littéraire, ou classique, ou coranique, s'oppose à l'arabe parlé, ou dialectal, ou moderne.

local

Fonctions locales. V. CONCRÈTES (FONCTIONS).

locatif

Par opposition au « directionnel » on appelle *locatif* un cas* exprimant le déroulement dans un lieu du procès du verbe (ex. : *On construit beaucoup* À PARIS). Dans certaines langues, le locatif se trouve distingué en inessif*, abessif* et adessif*.

locus

En phonétique acoustique, le *locus d'une consonne* est le point du spectre acoustique vers lequel tendent les formants (essentiellement le deuxième formant ou formant buccal) de la voyelle qui précède ou qui suit la consonne considérée.

En effet, chaque consonne apporte dans le spectre de la voyelle contiguë des modifications qui correspondent au changement graduel de la forme des différents résonateurs lors du passage de la consonne à la voyelle ou de la voyelle à la consonne. Ces inflexions de formants, ou transitions*, convergent vers un même point, le locus, qui permet l'identification des consonnes, et en particulier des occlusives. La direction vers laquelle pointent les formants est plus importante, à cet égard, pour la perception des distinctions linguistiques que les fréquences de bruit typiques de la consonne.

Le locus de l'occlusive [p] se situe dans les basses fréquences (environ 700 cycles par seconde), celui de [t] dans des fréquences plus hautes (environ 1 800 cycles par seconde). Le locus de [k] se situe dans de basses fréquences pour les voyelles vélaires (environ 1 000 cycles par seconde) et dans des fréquences plus élevées pour les voyelles palatales (environ 3 000 cycles par seconde).

locuteur

1. Le *locuteur* est le sujet parlant qui produit des énoncés, par opposition à celui qui les reçoit et y répond. (V. ALLOCUTAIRE, AUDITEUR, INTERLOCUTEUR.)

2. Le *locuteur natif* est le sujet parlant sa langue maternelle, considéré comme ayant intériorisé les règles de grammaire de sa langue, c'est-à-dire pouvant formuler sur les énoncés émis des jugements de grammaticalité, de synonymie et de paraphrase; cela revient à savoir distinguer les phrases correctes, grammaticales, les phrases qui ont le même sens, les phrases qui peuvent être appariées (par exemple actif-passif), ou qui présentent des différences systématiques. (V. aussi INFORMATEUR.)

locutif

J. DAMOURETTE et E. PICHON appellent *locutif* la personne qui parle. (V. PERSONNE.)

locution

En grammaire traditionnelle, une *locution* est un groupe de mots (nominal, verbal, adverbial) dont la syntaxe particulière donne à ces groupes le caractère de groupe figé et qui correspondent à des mots uniques. Ainsi, *faire grâce* est une locution verbale correspondant à *gracier; mettre le feu* est une locution verbale équivalant à *allumer; en vain* est une locution adverbiale correspondant à *vainement; mise en jeu* est une locution nominale.

On appelle *locutions toutes faites* celles de ces locutions qui expriment un comportement culturel lui aussi figé : ainsi l'expression « Comment allez-vous? (Comment ça va?) » est une locution toute faite utilisée pour faire commencer un échange verbal dans certaines situations.

logatome

On appelle *logatome* une syllabe ou une suite de syllabes appartenant à une langue, mais ne formant pas un mot ou un syntagme significatif; ex., en français, *intonda, iturpala, porbida*, etc. Les logatomes sont utilisés dans les épreuves psycholinguistiques de rappel immédiat pour tester la perception auditive et la mémoire immédiate des signes verbaux non significatifs.

logogramme

Dans les descriptions des écritures idéogrammatiques*, comme l'écriture hiéroglyphique égyptienne en son état ancien, on appelle *logogramme* le dessin correspondant à une notion (logogramme sémantique ou idéogramme) ou à la suite phonique constituée par un mot (logogramme phonétique ou phonogramme); enfin, certains logogrammes (ou déterminatifs) sont utilisés comme signes diacritiques permettant de préciser l'interprétation à donner d'un signe pouvant par lui-même avoir plusieurs sens.

logorrhée

La *logorrhée* est un flux de paroles rapide, caractérisé par un besoin incoercible de poursuivre un énoncé; elle caractérise certains aphasiques sensoriels. (V. APHASIE.)

loi phonétique

Le terme de *loi phonétique* désigne le principe de la régularité d'un changement phonétique donné. Il a été employé dans la seconde moitié du XIXe siècle par les phonéticiens néo-grammairiens, comme SCHERER et H. PAUL, et s'est ensuite généralisé. Pour ces linguistes, les lois phonétiques sont immuables : le même phonème, dans un entourage phonétique donné, subit dans la même langue et pendant une certaine période le même changement dans tous les mots de la langue en question : si [a] latin passe à [ɛ] dans le nord du domaine gallo-roman, ce changement doit avoir lieu dans tous les mots latins conservés en français, où le [a] est en position libre. Les seules exceptions admises étaient des variations en conformité avec d'autres lois, ou des variations dues à l'analogie. L'une des lois phonétiques les plus importantes est celle qui a été formulée par GRIMM* (qui n'a d'ailleurs reçu qu'ultérieurement le nom de « loi ») pour expliquer la mutation consonantique du germanique.

long

Un *phonème long* est un phonème qui se distingue d'un autre, phonétiquement ou phonologiquement, par une durée* supérieure.

Du point de vue linguistique, un phonème long, dans un environnement phonétique donné, a une durée suffisamment supérieure à celle du phonème bref pour que le locuteur ait nettement l'impression de la distinction. Les « longues » sont en général plus longues que les « brèves » d'environ 50 p. 100. Par l'opposition entre une voyelle longue et une voyelle brève, le latin distinguait des mots tel que *vēnit* « il vient » et *vĕnit* « il vint ». Cette opposition existe en français, où elle est cependant en voie de disparition : *mettre* [mɛtr] - *maître* [mɛ:tr]. Une consonne longue est appelée *géminée** quand elle est scindée en deux par une frontière syllabique (par exemple, en italien *fatto* « fait » *fato* « hasard »).

longueur

On appelle *longueur,* ou *quantité,* la durée d'un phonème. La longueur d'un phonème peut varier suivant la nature physique intrinsèque de ses réalisations concrètes : ainsi, les voyelles ouvertes sont plus longues que les voyelles fermées. Elle dépend aussi dans certaines langues d'un choix linguistique qui permet de distinguer des mots et des formes : en latin, le parfait *vēnit* se distinguait du présent *vĕnit* par une voyelle *e* plus longue. Le français standard oppose un [ɛ:] long à un [ɛ] bref dans les paires minimales *bête - bette, reine - renne, mètre - mettre,* etc.

luette

La *luette* (en latin *uvula*) est l'extrémité mobile du voile du palais qui intervient dans la phonation pour définir le timbre oral ou nasal des différentes articulations. Pour la réalisation d'un phonème oral, la luette est relevée; elle est abaissée pour l'articulation d'un phonème nasal. La luette intervient aussi comme articulateur supérieur pour la réalisation des sons uvulaires, qu'ils soient fricatifs comme le [ʁ] du français standard dans *mer* ou vibrants comme la variante [R] dite « *r* grasseyé » de ce même phonème.

macrocontexte

1. On appelle *macrocontexte* d'un mot un environnement plus large que le mot qui précède ou suit le terme envisagé, par opposition au *microcontexte* : ce macrocontexte peut être la phrase, le paragraphe ou le discours tout entier.

2. En stylistique, on appelle plus particulièrement *macrocontexte* l'ensemble des données contextuelles présentes à l'esprit du lecteur quand il lit un texte : le macrocontexte est alors constitué par la situation culturelle du lecteur.

macrosegment

En linguistique distributionnelle, le *macrosegment* est un segment de discours énoncé avec une seule et même intonation; il correspond à peu près à la « phrase ».

majesté

On appelle *pluriel de majesté* le pluriel du pronom de la première personne utilisé à la place de *je* dans le style officiel par les personnes revêtues d'un caractère d'autorité; ainsi dans les formules *Nous, président de la République...* (V. [DIMENSION] HONORIFIQUE.)

mâle

Dans la catégorisation sémantique des animés (personnes ou animaux), le terme mâle représente la classe des « êtres mâles » dans l'opposition de sexe. Ainsi, le nom *étudiant* a le trait sémantique distinctif [+mâle], tandis que le nom *étudiante* a le trait sémantique distinctif [—mâle] (femelle). « Masculin » et « mâle » ne se confondent pas : un mot peut être « féminin » et « mâle », ainsi *sentinelle*. (V. GENRE.)

mande

Dans la théorie béhaviouriste du langage, les *mandes* (angl. *mand*) sont des réponses verbales renforcées par leurs conséquences, c'est-à-dire des ordres, des souhaits, des menaces; l'ordre est ainsi un mande parce qu'il est exécuté.

manifestation

Ayant posé les trois niveaux de la matière* (réalité sémantique ou phonique), de la substance* (organisation de la matière par la langue), de la forme* (réseau de relations), L. HJELMSLEV dit que la substance est la *manifestation* de la forme dans la matière.

Markov (modèle de), théorie des chaînes de Markov

Sur la base de la théorie de la communication et du calcul de la quantité d'information (v. COMMUNICATION, INFORMATION), les théoriciens de la communication se sont proposé d'évaluer la quantité moyenne d'information transmise par les langues naturelles en considérant le degré d'incertitude relatif aux différents signaux des sous-codes. Ce faisant, ils rejoignent les distributionnalistes de l'école américaine structuraliste, préoccupés de décrire les langues naturelles en termes de contraintes formelles apparaissant dans l'enchaînement des unités de base, chacune dans son cadre respectif (morphématique et phonématique). En réalité, les théoriciens de la communication présentent aux linguistes un modèle mathématique, sous-jacent aux recherches structuralistes, connu sous le nom de *modèle à états finis*, ou de *théorie des chaînes de Markov*, ou de *processus de Markov*, ou de *modèle de Markov*.

A l'intérieur des deux sous-structures, les éléments, phonèmes et morphèmes, subissent dans leurs combinaisons, dans leur distribution*, un certain nombre de contraintes, inhérentes à tout code* de communication. Ces processus de dépendance des éléments entre eux portent le nom de *chaîne de Markov*, du nom du statisticien russe qui, en 1907, étudia les contraintes imposées sur la succession des lettres ou groupes de lettres en calculant les probabilités conditionnelles de réalisation d'une lettre quelconque étant donné les probabilités conditionnelles de réalisation du contexte de gauche, de longueur N. Une séquence de signaux (lettres ou phonèmes) où tous les signaux sont indépendants les uns des autres est dite d'*ordre zéro* ou *sans mémoire*. Si la probabilité d'apparition du signal dépend du seul signal qui le précède, on dit que ce signal a une source qui est d'ordre *1*, ou qui a une mémoire d'ordre *1*; cette source est alors dite *source de Markov d'ordre 1*.

Si la source du signal a une mémoire d'ordre 2, la probabilité de réalisation d'un signal est conditionnée par la probabilité des deux signaux qui précèdent. Dans les langues naturelles, les dépendances sur l'ordre séquentiel des phonèmes, par exemple, sont de longueur finie et ne dépassent pas l'ordre 5.

D'autre part, la probabilité d'apparition d'un signal dépendant du signal précédent, l'émetteur (ou locuteur) est considéré comme une machine qui peut prendre un certain nombre d'états successifs, dont le nombre est fini, mais qui sont récurrents*, c'est-à-dire qu'ils peuvent se reproduire régulièrement au cours de l'émission du message (la présence de l'état /f/ en un point de la chaîne parlée n'exclut pas l'apparition d'un nouvel état /f/ ultérieur). Le premier état (début de la séquence) est appelé état initial; à la fin de l'émission de la séquence, l'émetteur (ou locuteur) se trouve dans l'*état final*.

Dans les langues naturelles, dès l'état initial, un certain nombre de restrictions apparaissent au niveau phonématique, puisque tous les signaux ne sont pas équiprobables en début d'énoncé.

Soit l'état initial /t/; en français, ce phonème peut être suivi par l'une quelconque des voyelles, mais non par un phonème consonantique tel que /p/ ou /b/, ou par un autre /t/. Donc, en français, dans l'état /t/, la probabilité d'obtenir une voyelle ou un /r/ augmente. Si /r/ est émis, l'émetteur se trouve dans l'état /tr/ et le choix du phonème suivant cette séquence est à nouveau soumis à un certain nombre de contraintes et limité à un sous-ensemble restreint de phonèmes appartenant au code : la probabilité d'une consonne est nulle, seule une voyelle est possible.

La concaténation des morphèmes suit les principes généraux de la théorie de MARKOV. L'ensemble des morphèmes d'une langue naturelle représente le stock d'éléments qui peuvent se combiner pour former un message. Des restrictions de nature syntaxique interviennent et restreignent le nombre des combinaisons théoriquement possibles. Elles opèrent sur des classes d'éléments qui peuvent prendre un certain nombre de positions dans la chaîne, à l'exclusion de toutes les autres. D'où les deux processus qui sont à la base du fonctionnement de la langue : le processus de sélection de certaines entités linguistiques, impliquant la possibilité de substituer l'un des termes à l'autre, et qui se situe sur l'axe paradigmatique*, et le processus de combinaison de ces éléments en unités linguistiques d'un plus haut degré de complexité, qui se situe sur l'axe syntagmatique*. Les relations entre les éléments sont analysées comme des systèmes de dépendances linéaires, orientées de la gauche vers la droite, où l'émission d'un élément est déterminé par l'ensemble des éléments précédemment émis. Ainsi, l'ordre des deux classes, articles et noms communs, est totalement contraignant : nous ne pouvons émettre que *la table* et non *table la*. D'autre part, le premier élément émis étant l'article *la*, il ne peut être suivi que par un sous-ensemble des noms communs comportant la caractéristique « féminin ».

Ainsi, dans la seule perspective linguistique, outre les applications importantes du modèle informationnel aux deux domaines de la traduction automatique et de la psycholinguistique, les études entreprises par les théoriciens de la communication ont permis (1) d'éclairer les fondements théoriques et mathématiques de l'analyse distributionnelle*, en marquant du même coup ses limites (particulièrement en syntaxe), et (2) de préciser les rapports qu'entretient la linguistique avec certaines branches des mathématiques; de ces rapports sont issues de nouvelles recherches fondées sur des types d'opérations logico-mathématiques abstraites. (V. STOCHASTIQUE.)

marquant

Le terme *marquants* désigne chez L. TESNIÈRE les unités qui permettent la translation (le transfert) d'un mot ou d'une suite de mots d'une classe dans une autre. Dans *le train de Paris, de* est le marquant de la translation en adjectif du substantif *Paris*. Le marquant n'est pas nécessaire à la translation : le transfert du substantif *citron* en adjectif dans *une robe citron* se fait sans marquant.

marque

1. En phonologie, on appelle *marque* une particularité phonique dont l'existence ou la non-existence dans une unité donnée suffit à l'opposer aux autres unités de même nature de la même langue. En français, le phonème /b/ s'oppose au phonème /p/ par la présence dans son articulation de la vibration des cordes vocales ou voisement. On dit que l'unité /b/ est positive ou marquée, tandis que l'unité /p/ est négative ou non-marquée. En position de neutralisation, c'est la forme non-marquée qui réalise l'archiphonème : ainsi, en allemand, en russe, l'opposition entre /t/ et /d/ est neutralisée à la finale, et la forme qui apparaît dans cette position est la forme non-voisée /T/. Il en est de même en italien, ou l'opposition de voisement /s/ *vs* /z/ est neutralisée à l'initiale au profit de la forme non-voisée /s/. La forme non-marquée a donc une distribution plus large que la forme marquée.

Une marque phonologique est appelée *marque de corrélation** quand elle permet d'opposer respectivement les termes de plusieurs paires minimales : le voisement en français permet d'opposer les séries marquées /b d g v z / aux séries non-marquées /p t k f s/, la nasalité vocalique permet d'opposer les séries marquées /ã, ɔ̃, ɛ̃, œ̃/ aux séries non-marquées /a, ɔ, ɛ, i/, etc.

2. On a étendu la notion de *marque* de l'analyse phonologique à l'analyse morphologique et lexicale. Le cas marqué présente l'ensemble des caractéristiques de la forme non-marquée plus une, et on retrouve les divers problèmes posés par la notion de marque (détermination du cas marqué, caractère pertinent de la marque, etc.), ainsi que les notions complémentaires de celle de marque (par exemple notion de neutralisation).

C'est d'abord dans le domaine des « mots grammaticaux » que la notion de marque s'est révélée féconde. La description morphologique a, en effet, largement exploité l'opposition marqué *vs* non-marqué, par exemple pour l'étude de la catégorie grammaticale du genre (masculin non-marqué, et féminin marqué), ainsi que du nombre (singulier non-marqué, et pluriel marqué). L'étude a été étendue à des inventaires lexicaux clos du type des pronoms; le schéma de la communication et l'étude du système des marques se recoupent en partie pour la détermination du système des pronoms (opposition *je* vs *tu*, et neutralisation de la forme de la deuxième personne dans le pluriel *nous;* opposition secondaire *je, tu* vs *il;* opposition *je, tu, il* vs *on*).

Toutefois, la grammaire distributionnelle, conduite à réviser les concepts de « parties du discours », débouche sur la constatation de la coexistence de procédés linguistiques fort différents pour la notation de la même « catégorie grammaticale » : l'opposition de nombre peut être rendue par l'opposition marqué *vs* non-marqué *(l'enfant / les enfants),* mais aussi par des procédés lexicaux *(une paire de gants, un trio sympathique, une foule, la plupart).*

Forte de cette constatation, la lexicologie structurale s'est penchée sur les divers « petits groupes », ou microstructures, évoqués par A. MEILLET et s'est assigné pour tâche de décrire leur structure. Pour autant qu'il s'agit de groupes (par exemple le paradigme des sièges *pouf, tabouret, chaise, fauteuil*, etc.) ou d'antonymes *(bon* vs *mauvais),* ce sont plus souvent les oppositions multilatérales dans le premier cas ou équipollentes dans le deuxième cas de N. TROUBETSKOY qui ont permis de décrire ces microstructures. On remarquera toutefois qu'un couple antonymique du type *nuit* vs *jour* est susceptible d'une description par non-marqué *vs* marqué, la neutralisation attestée par certains contextes *(ce jour-là, à minuit)* permettant de définir *nuit* comme le cas marqué de l'opposition. Toutefois, d'une manière générale, c'est à la méthode d'analyse du phonème en traits distinctifs que se référera la sémantique structurale pour constituer l'analyse sémique et ses unités, le sème et le sémème.

L'opposition marqué *vs* non-marqué a cependant permis d'intéressantes études distributionnelles. J. DUBOIS constate que les unités lexicales dont les distributions sont les plus proches (les synonymes) jouent les unes par rapport aux autres le rôle de cas non-marqué et de cas marqué. Toutefois, ce rôle peut varier selon les distributions.

Par exemple, dans l'opposition *aigu / pointu,* on constate que : *a)* quand le substantif inanimé précédant *pointu* admet aussi *effilé, arrondi,* alors *aigu* est également possible, et *aigu* est le cas marqué (en tant que sous-ensemble, et en vertu du fait que le cas marqué est moins fréquent que le cas non-marqué), ex. : *un crayon, un bec pointu / aigu* (+); *b)* quand le substantif précédant *aigu* admet *sourd, perçant,* ou est précédé du verbe *entendre,* alors *pointu* est possible et constitue le cas marqué : *une voix aiguë / pointue* (+).

On remarque qu'une troisième distribution ne réalise pas l'opposition : quand le nom admet *chronique, grave* ou le verbe *guérir, pointu* est un ensemble vide.

3. On appelle *marques de rejet* les expressions (unité, suite d'unités ou signes graphiques) par lesquels le sujet parlant manifeste son refus d'assumer son énoncé ou son discours. La détermination des marques de rejet a une grande importance quand on veut mesurer les degrés de passage d'une forme de langue, employée par un premier locuteur, dans le discours d'un second locuteur opérant la reformulation* des énoncés du premier. Les exemples les plus typiques de marques orales ou écrites de rejet sont des formules comme *ce qu'il appelle, prétendu, soi-disant*, etc.; les guillemets sont la marque la plus connue, essentiellement écrite, mais transcrivant parfois un contour d'intonation spécifique. (V. MODALISATION.)

marqué

On dit d'une unité linguistique qu'elle est *marquée* lorsqu'elle possède une particularité phonologique, morphologique, syntaxique ou sémantique qui l'oppose aux autres unités de même nature de la même langue. Cette unité marquée est alors le cas marqué d'une opposition binaire où le terme opposé, privé de cette particularité, est appelé non-marqué. (V. MARQUE.)

marqueur

1. On appelle *marqueurs structurels*, les morphèmes grammaticaux (affixes, désinences, prépositions, ordre des mots, etc.) qui indiquent la structure syntaxique d'une phrase, par opposition aux morphèmes lexicaux. (V. FONCTIONNEL [MOT].)

2. On appelle *marqueur* (ou *indicateur*) *syntagmatique* en grammaire générative l'analyse de la structure en constituants d'une phrase et sa représentation, donnée le plus souvent sous forme d'arbre ou de parenthèses. (V. ARBRE, PARENTHÉTISATION.)

3. Le dictionnaire, chargé en grammaire générative d'assurer, avec les règles de projection, l'interprétation sémantique des structures issues de la composante catégorielle, comporte des *marqueurs syntaxiques* et des *marqueurs sémantiques* : les premiers sont des catégories grammaticales (p. ex. Nom; Masculin, etc.), les seconds sont des catégories sémantiques (p. ex. [objet physique], [animé], [humain], etc.). Les marqueurs sémantiques peuvent également servir à indiquer les restrictions de sélection d'une unité (conditions nécessaires à un amalgame sémantique satisfaisant).

masculin

Le *masculin* est le genre* grammatical qui, dans une classification en deux genres, s'oppose au féminin et qui, dans une classification en trois genres, s'oppose au féminin et au neutre. Le masculin représente souvent, mais non constamment, le terme « mâle » dans le genre naturel qui repose sur l'opposition de sexe entre « mâle » et « femelle ». Le mot *vendeur* est noté [+masculin], [+mâle], mais *sentinelle* est [−masculin], [+mâle]. Le mot *fauteuil* est seulement noté [+masculin], s'opposant à *table* [−masculin]. (V. MÂLE.)

masquage

On donne le nom de *masquage* à un procédé, opposé à celui de connivence* et de simulation*, par lequel un locuteur, supposant qu'une forme de langue le ferait classer comme appartenant à un groupe socio-politique auquel il appartient effectivement, évite de l'employer.

masque

On appelle *effet de masque*, en acoustique, le phénomène par lequel certains sons en submergent ou en masquent d'autres dans des conditions données (le bruit de la rue, par exemple, couvre le son d'une conversation particulière et la rend inaudible). Le son qui domine l'autre est appelé *composante masquante*, celui qui est dominé est appelé *composante masquée*. L'intensité pour laquelle la composante masquante est juste audible en excluant la composante masquée est appelée *seuil de masque*. L'intensité pour laquelle la composante masquée, prise isolément, est juste audible est appelée *seuil absolu*.

L'effet de masque peut être mesuré en décibels par le rapport entre le seuil de masque et le seuil absolu. Les effets de masque varient donc suivant l'intensité des deux composantes, mais aussi suivant leur fréquence. Aux intensités modérées, les sons tendent à mieux masquer les sons de fréquence voisine que les sons de fréquence éloignée. Si les sons de basse fréquence masquent efficacement les sons de haute fréquence, de leur côté les sons de haute fréquence réussissent beaucoup mieux à masquer ceux de basse fréquence.

massif, massique

Noms massifs, ou *massiques*, syn. de noms *non-comptables*. (V. COMPTABLE.)

mat

Un *phonème mat,* ou phonème *à bords lisses,* est un phonème dont le spectre acoustique est caractérisé par une diffusion de l'énergie plus faible, mais plus régulière et plus uniforme que celle des phonèmes stridents correspondants. Cet aspect acoustique correspond, du point de vue articulatoire, à une moindre turbulence de l'air et à une articulation moins complexe. Les bilabiales [p], [b], [ß], dont l'articulation ne comporte que l'obstacle des lèvres, sont mates par rapport aux labiodentales [f] et [v] correspondantes (stridentes), qui emploient l'obstacle supplémentaire des dents. Les dentales [θ], [δ] et les palatales non sifflantes et non chuintantes, les vélaires proprement dites [k], [g], [γ] sont des consonnes mates, à la différence des labio-palatales, des labio-vélaires, des uvulaires, des sifflantes, des chuintantes.

Du point de vue de la perception, les sons mats sont moins audibles que les sons stridents correspondants, puisque leur intensité est moins forte. L'occlusive optimale est donc mate, tandis que la fricative optimale est stridente. De fait, dans beaucoup de langues, en français par exemple, l'opposition entre les occlusives et les fricatives se double d'une opposition mat *vs* strident. Les occlusives [p, b, t, d, k, g] sont mates, les fricatives [f v s z ʃ ʒ ʁ] sont stridentes. Cependant, l'anglais oppose des fricatives mates [θ] [δ] aux occlusives mates [t], [d] et aux fricatives stridentes [s], [z] correspondantes. Le portugais oppose à l'intervocalique des fricatives mates [ß, δ, γ] (dues à une spirantisation des occlusives homorganiques [b d g]) aux fricatives stridentes [v z ʒ].

maternel

On appelle *langue maternelle* la première langue apprise par un sujet parlant (celle dont il est le locuteur* natif) au contact de l'environnement familial immédiat.

matière

1. En linguistique traditionnelle, la *matière* est le matériau physique dans lequel est composée la substance et à qui est imposée une forme particulière qui donne à cette substance son identité et sa permanence; par exemple, la matière peut être phonique ou graphique.

2. L. HJELMSLEV appelle *matière* la réalité sémantique ou phonique considérée indépendamment de toute utilisation linguistique.

I. matrice

On appelle *matrice* un arrangement ordonné d'un ensemble d'éléments.

II. matrice

En grammaire générative, la *phrase matrice,* ou *suite matrice,* est une suite Σ_1 dans laquelle une autre suite Σ_2 vient s'enchâsser au cours d'une opération d'enchâssement. La notion de phrase matrice correspond à celle de proposition principale, compte tenu du fait que la matrice peut elle-même ensuite devenir une phrase enchâssée dans une autre proposition (V. ENCHÂSSEMENT). Dans la phrase composée *J'ai bien aimé le cadeau que tu m'avais fait,* la phrase *J'ai bien aimé le cadeau* est la matrice. Dans la phrase *J'ai regardé à la télévision le film que mes parents que j'ai vus avant hier m'ont conseillé,* la phrase *Mes parents m'ont conseillé ce film* est la matrice de la phrase enchâssée *que j'ai vus* et elle est elle-même la phrase enchâssée de la matrice *J'ai regardé à la télévision le film.*

matronyme

On appelle *matronyme* un nom de famille formé d'après le nom de la mère.

mécanisme

En linguistique générative, la grammaire est un *mécanisme* fini capable de générer un ensemble infini de phrases grammaticales auxquelles elle associe automatiquement une description structurelle. (V. ANALYSE STRUCTURELLE.)

médian

Un *phonème médian* est un phonème dont le lieu d'articulation se situe à l'intérieur et non à la périphérie de la cavité buccale. Il s'agit des articulations palatales et dentales [t, d, ɲ], par opposition aux articulations labiales et vélaires [p, b, k, g] définies de ce point de vue comme périphériques.

Au plan acoustique, la réduction du résonateur buccal et son aspect compartimenté entraînent une concentration de l'énergie dans les hautes fréquences du spectre; les phonèmes médians sont donc aigus, par opposition à la tonalité grave des phonèmes périphériques.

médiation

Entre le stimulus initial (objet, propriétés de l'objet) et la réponse verbale qui se trouve à la fin d'une chaîne d'actions, il y a des chaînons intermédiaires qui sont à la fois les réponses aux stimuli qui les précèdent et à leur tour des stimuli pour les chaînons qui suivent (stimulus $_1$ → réponse ... stimulus $_2$ → réponse). Les théories de la médiation jouent un rôle important dans les théories linguistiques béhaviouristes, comme chez L. BLOOMFIELD.

médiodorsal

Une consonne *médiodorsale* est une consonne réalisée avec une élévation du milieu du dos de la langue, le plus souvent au niveau du palais dur, dans la région médio-palatale. La latérale et la nasale palatales [λ] et [ɲ] sont en général réalisées comme des médiodorsales.

médiopalatal

Une *consonne médiopalatale* est une consonne réalisée au niveau du milieu du palais dur comme [ʎ] et [ɲ]. Le [k] français devant [a] est également réalisé comme une médiopalatale, par un rapprochement du point d'articulation dû à l'assimilation de la voyelle suivante.

médiopassif

Syn. de DÉPONENT.

mélioratif

On qualifie de *mélioratif* un terme dont le sens comporte un trait connotatif présentant sous un aspect favorable l'idée ou l'objet désigné. Ainsi, les adjectifs *grand* et *petit* peuvent être, dans certaines de leurs acceptions, le premier un mélioratif *(un grand homme)*, le second un péjoratif *(un petit esprit)*.

mélodie

La *mélodie,* ou *intonation**, est la courbe des variations de hauteur dans une phrase ou dans un mot.

membre

On appelle *membre* une partie d'un constituant ou un constituant d'une unité d'un rang supérieur; ainsi le nom est un constituant ou un membre du syntagme nominal.

mentalisme

L'École bloomfieldienne donne le nom de *mentalisme* à l'attitude des linguistes qui définissent les unités linguistiques et les règles de combinaison par leur signification, celle-ci étant définie empiriquement et de manière intuitive. (V. ANTIMENTALISME, BÉHAVIOURISME.)

mentaliste

1. On a donné le nom de *conception mentaliste* à une conception de la nature phonique des sons du langage qui remonte à BAUDOUIN DE COURTENAY. Ce linguiste oppose un son imaginé ou intentionnel au son effectivement émis, comme un phénomène « psychophonétique » au fait « physiophonétique », distinction qui annonce la distinction moderne entre *phonème* et *son.*

2. V. MENTALISME.

mérismatique

É. BENVENISTE appelle *niveau mérismatique* le niveau phonologique, inférieur au niveau des phonèmes, dont l'unité minimale est le trait distinctif.

mérisme

Dans la terminologie d'É. BENVENISTE, le *mérisme* est le trait distinctif, unité minimale, comme « voisé », « nasal », etc.

message

Techniquement parlant, pour les théoriciens de la communication*, *message* désigne une séquence de signaux qui correspondent à des règles de combinaison précises et qu'un émetteur transmet à un récepteur par l'intermédiaire d'un canal. Celui-ci sert de support physique à la transmission. Pour la théorie de la communication, la signification du message n'est pas considérée comme un élément pertinent : ce qui est transmis, c'est une forme et non un sens. Cette forme varie selon la nature du système de communication et du code* qui sert à transmettre le message : vibrations sonores, lumières, mouvements, impulsions mécaniques ou électriques, etc. Cette forme étant codée, la signification du message est dégagée lors de l'opération du décodage : le récepteur-destinataire, machine ou être humain, « recherche en mémoire » les éléments du code qui ont été sélectionnés pour la transcription du message à transmettre en une forme codée qui est la forme transmissible du message. R. JAKOBSON, parlant de la communication linguistique, précise que cette opération du décodage va du son au sens.

La transmission du message établit un rapport social (l'information, l'interrogation ou l'ordre); cette information, cette interrogation ou cet ordre constituent la substance du message que l'émetteur essaie de transmettre en se servant d'un signal ou d'une séquence de signaux. La forme du message est le support de cette information, de cette interrogation ou de cet ordre, c'est-à-dire de la substance du message. La mise en forme de la substance du message s'appelle le *codage*. Il arrive souvent qu'après l'identification de cette forme, ou *décodage*, par le récepteur, le message reçoive une nouvelle forme dans un nouveau code ou soit recodé dans sa forme primitive : ainsi le message graphique codé en morse (forme mécanique), transmis par impulsions électriques et retranscrit (ou recodé) graphiquement après décodage de la forme de transmission par impulsions électriques.

Transmettre un message, c'est accomplir ce qu'on appelle un « acte sémique », puisque la transmission du message suppose l'utilisation d'un signal ou d'un système de signaux — ou *code*. Un acte sémique a lieu, par exemple, lorsqu'une personne demande l'heure à une autre en émettant une séquence de signaux sonores [kɛlœrɛtil] *Quelle heure est-il ?* : la substance du message est ici constituée par l'interrogation, et la forme codée et transmissible en est la forme sonore, vocale. L'acte sémique ainsi accompli, une fois terminé, c'est-à-dire après le décodage des signaux, a établi entre l'émetteur et le récepteur un rapport social, c'est-à-dire que la communication s'est établie entre les deux interlocuteurs : le récepteur, ayant connaissance du code de l'émetteur, a pu décoder la forme du message et en comprendre la signification. Transmettre un message, c'est donc accomplir un acte sémique destiné à établir une communication entre un émetteur et un récepteur, entre une source et un destinataire.

Quelle que soit la nature de l'acte sémique accompli (information, interrogation ou ordre), nous appellerons du terme général d'*information** la substance du message. Dans la mesure où nous considérons le message en dehors de son sens et dans sa seule forme, le message peut donc être encore défini comme le support d'une information. La théorie de la communication permet de mesurer cette information.

Dans la mesure où la fonction essentielle du langage est la fonction de communication, le terme *message,* en linguistique, garde le sens technique que lui ont donné les théoriciens de la communication; comme tout autre procès de communication, tout procès linguistique, tout acte de communication verbale requiert six facteurs constitutifs analysés par R. JAKOBSON. Le destinateur envoie un message au destinataire. Pour être opérant, le message requiert un contexte auquel il renvoie (ce contexte est encore appelé référent); ensuite, le message requiert un code, commun en tout, ou tout au moins en partie, au destinateur et au destinataire; enfin, le message requiert un contact, un canal physique et une connexion physiologique entre le destinateur et le destinataire, contact qui leur permet d'établir et de maintenir la communication. Selon R. JAKOBSON, chacun de ces six facteurs donne naissance à une fonction linguistique différente. Aucun message ne remplit seulement une seule fonction : réduire le message à assumer une seule des six fonctions serait réduire arbitrairement sa capacité informationnelle. La diversité des messages réside non dans le monopole de l'une ou l'autre fonction, mais dans les différences de hiérarchie entre elles. La structure verbale d'un message dépend de sa fonction prédominante.

(1) La première fonction est la fonction dénotative, orientée vers le contexte, fonction assumée par de nombreux messages, communiquant des informations.

(2) La fonction dite « expressive » est centrée sur le destinateur; elle tend à donner l'impression d'une certaine émotion, vraie ou feinte. La fonction expressive colore tous nos propos à tous les degrés; les éléments expressifs du message (intonation, interjection, etc.) transmettent une information au même titre que l'aspect cognitif du langage.

(3) La fonction conative trouve son expression grammaticale plus particulièrement dans le vocatif et l'impératif. Cette troisième forme d'information, transmise par un message conatif, est orientée vers le destinataire.

Aux trois derniers facteurs constitutifs de la communication verbale correspondent trois fonctions linguistiques.

(4) La fonction phatique est assumée par des messages qui servent à établir, prolonger ou interrompre la communication, à vérifier si le circuit fonctionne (« Allô, vous m'entendez? – Eh bien, vous m'écoutez », etc.).

(5) Une cinquième forme de message découle de la fonction métalinguistique. Chaque fois que le message sert au destinateur ou au destinataire à vérifier si l'un et l'autre utilisent bien le même code, il remplit une fonction métalinguistique (« Que signifie sécher? – Sécher, c'est échouer à un examen. ») Tout procès d'apprentissage du langage a recours à des opérations métalinguistiques. L'information fournie par de tels messages, formés souvent de phrases équationnelles, porte sur le code lexical de la langue commune au destinateur et au destinataire.

(6) Enfin, la visée du message en tant que tel, l'accent mis sur le message pour lui-même relèvent de la fonction poétique. Selon R. JAKOBSON, cette fonction met en évidence le côté palpable des signes; loin de se limiter à la poésie à proprement parler, elle intéresse toutes les autres formes de message. L'étude linguistique de cette fonction poétique dépasse donc le cadre de la poésie; d'autre part, l'analyse linguistique de la poésie ne doit pas se limiter à la

fonction poétique, mais doit envisager les autres fonctions. Quelles que soient les autres formes d'information transmises par le message, la fonction poétique, approfondissant la dichotomie fondamentale des signes et des objets, nous interdit d'oublier que le langage est du langage et non pas une référence, non pas la vérité matérielle des choses. Par exemple, si on me demande « Qu'est-ce que c'est que ça? » et que je réponde : « C'est une fleur », c'est la fonction référentielle qui est en jeu. Le message est de type cognitif. J'affirme l'identité de la chose avec un mot qui est dans le code commun. Mais si je dis avec Mallarmé : « Je dis " une fleur " et musicalement se lève, idée même et suave, l'absente de tout bouquet », c'est la fonction poétique insistant sur le signe qui est cette fois en cause; cette « fleur » chère au poète, c'est le *signe fleur*.

De nombreux procédés de rythme, de gradation syllabique, l'emploi de certaines figures phoniques relèvent de cette fonction poétique du message linguistique. R. JAKOBSON donne plusieurs exemples de ces emplois.

Premier exemple : « — Vous ne dites jamais de deux sœurs jumelles Marguerite et Jeanne, vous dites toujours Jeanne et Marguerite. Est-ce que vous préférez la première? — Pas du tout, si je dis Jeanne et Marguerite, c'est que ça sonne mieux. » Autre exemple : R. JAKOBSON analyse le slogan politique *I like Ike* et démontre que l'arrangement des phonèmes de ce slogan — qui relève de la fonction poétique de ce message — renforce le poids et l'efficacité de la formule électorale.

R. JAKOBSON rend compte de la fonction poétique du message en rappelant les deux modes fondamentaux d'arrangement du processus verbal : la sélection et la combinaison (cf. F. DE SAUSSURE : axe paradigmatique et axe syntagmatique). Soit *enfant* le thème d'un message : le locuteur fait un choix parmi une série de termes existants et plus ou moins semblables : *enfant, gosse, mioche, gamin,* etc.; ensuite, pour commenter ce thème, il choisit l'un des verbes sémantiquement apparentés : *dort, sommeille, somnole,* etc. Les deux mots choisis se combinent alors sur la chaîne parlée, sur l'axe syntagmatique.

La sélection est produite sur la base de l'équivalence, de la similarité, de la dissimilarité, de la synonymie et de l'antonymie. La combinaison — ou construction de la séquence — repose sur la contiguïté. Pour R. JAKOBSON, la fonction poétique projette le principe d'équivalence de l'axe de sélection sur l'axe de combinaison. L'équivalence devient un procédé constitutif de la séquence. Dans le message poétique, la superposition de la similarité sur la contiguïté est source de symbolisme, de polysémie, d'ambiguïté. Tout élément de la séquence est une comparaison, source d'ambiguïté, qui est une propriété intrinsèque de tout message centré sur lui-même. La prééminence de la fonction poétique dans un message rend sa fonction référentielle ambiguë : le message a alors un double sens, le destinateur, le destinataire et la référence sont dédoublés; tout message poétique présente tous les problèmes du « discours à l'intérieur du discours » étudié par les linguistes.

L'étude du message, de ses diverses formes et des sortes d'information qu'il transporte a conduit un certain nombre de linguistes à conclure avec R. JAKOBSON, « qu'il semble n'y avoir aucune raison valable pour séparer les questions de littérature des questions linguistiques en général ».

métachronie

L. HJELMSLEV opposait la *métachronie*, étude des conditions de changement contenues dans la structure fonctionnelle de la langue elle-même, à la diachronie, étude de l'intervention des facteurs extérieurs à la langue sur l'évolution de cette dernière.

métadiscours

Le *métadiscours* est au discours ce que la métalangue est à la langue : c'est le discours tenu sur les règles de fonctionnement du discours; il est ainsi la réalisation concrète de la métalangue. Ainsi, tout discours sur la langue est un métadiscours. Il faut distinguer le métadiscours explicite (l'étude linguistique, par exemple, une fois rédigée) et le métadiscours implicite qu'on dégage des énoncés. Ainsi, dans la phrase « Franglais » *est un mot de création récente*, nous avons un métadiscours explicite (sur le statut linguistique du terme *franglais*). En revanche, quand je rencontre : *La langue est la meilleure et la pire des choses*, j'ai un discours implicite qui établit le synonyme *langue = la meilleure des choses = la pire des choses*. C'est ainsi que dans *Français, le socialisme s'adresse à vous*, il y a un discours implicite posant indirectement *le socialisme = les socialistes*.

métalangue

La *métalangue* est une langue artificielle servant à décrire une langue naturelle (1) dont les termes sont ceux de la langue objet d'analyse, mais qui ont une seule acception et (2) dont les règles de syntaxe sont aussi celles de la langue analysée. La métalangue est, par exemple, le *langage grammatical*, dont le linguiste se sert pour décrire le fonctionnement de la langue; c'est le *langage lexicographique*, dont l'auteur de dictionnaire se sert pour les définitions des mots. Toute langue a sa propre métalangue dans la mesure où elle utilise des mots comme *c'est-à-dire, signifier, pour ainsi dire, vouloir dire*, etc.

métalepse

On appelle *métalepse* la figure de rhétorique par laquelle on fait entendre la cause en exprimant la conséquence, ou l'antécédent par le conséquent; ex. : *nous le pleurons* (pour *il est mort*), *ils ont vécu* (pour *ils sont morts*).

métalinguistique

La *fonction métalinguistique* est la fonction* du langage par laquelle le locuteur prend le code* qu'il utilise comme objet de description, comme objet de son discours, du moins sur un point particulier. Des membres de phrases comme *ce que j'appelle X c'est Y*, par exemple, relèvent de la fonction métalinguistique.

métaphonie

On appelle *métaphonie* la modification du timbre d'une voyelle sous l'influence d'une voyelle voisine. Il s'agit d'un phénomène de dilation vocalique qui reçoit aussi le nom d'*inflexion* ou plus rarement de *mutation* (en allemand *Umlaut*). La métaphonie peut être diachronique : ainsi s'explique en italien le vocalisme des mots *uscio, biscia* (du latin *ostium, bestiam*) avec une fermeture de la voyelle accentuée, sous l'influence du *i*. La métaphonie sur un plan synchronique marque, ou tout au moins renforce, certaines oppositions morphologiques. Ainsi, dans les dialectes italiques centroméridionaux (Latium, Campanie) les voyelles toniques autres que [a] se ferment sous l'influence de la voyelle finale neutre [ə], de sorte que l'opposition entre la forme du féminin singulier [a] et celle des autres paradigmes [ə] est renforcée par l'alternance vocalique du radical [e] - [i], [o] - [u]. Ex. : [nera] « noire » − [nirə] « noir, noirs, noires ».

métaphore

En grammaire traditionnelle, la *métaphore* consiste dans l'emploi d'un mot concret pour exprimer une notion abstraite, en l'absence de tout élément introduisant formellement une comparaison; par extension, la métaphore est l'emploi de tout terme auquel on en substitue un autre qui lui est assimilé après la suppression des mots introduisant la comparaison (*comme*, par exemple) : à l'origine, *il brûle d'amour* contenait une métaphore du premier type, et *cette femme est une perle* une du second. Quand elle introduit plusieurs rapprochements successifs, la métaphore est *filée* ou *suivie*, comme dans *cette femme tend les filets de ses charmes pour chasser le gibier des naïfs;* au contraire, elle est *heurtée* ou *brisée* quand elle rapproche des notions incompatibles, comme dans *Le char de l'État navigue sur un volcan.*

La métaphore joue un grand rôle dans la création lexicale; beaucoup de sens figurés ne sont que des métaphores usées.

métaplasme

On appelle *métaplasme* un changement phonétique consistant dans l'altération d'un mot par la suppression, l'addition ou la permutation de phonèmes : l'élision et la syncope sont des exemples de métaplasmes.

métastase

Le nom de *métastase* a été proposé par le phonéticien M. GRAMMONT pour désigner la phase de détente* dans l'articulation d'une occlusive.

métathéorie

On appelle *métathéorie* la théorie linguistique qui définit l'ensemble des conditions auxquelles les grammaires de toutes les langues naturelles doivent satisfaire: autrement dit, la métathéorie est une théorie des grammaires, ces dernières étant elles-mêmes des théories de langues spécifiques.

métathèse

Le phénomène de *métathèse* est celui par lequel certains phonèmes changent de place dans la chaîne parlée. On limite parfois ce terme aux cas où les phonèmes sont à distance, et on emploie le terme d'*interversion** s'ils se trouvent en contact. Ainsi s'explique en français la formation du mot *fromage* (du latin *formaticum*), en italien les mots *chioma* (de *comula*), *fiaba* (de *fabula*), en espagnol les mots *peligro* (de *periculum*), *milagro* (de *miraculum*), etc.

méthodologie

On distingue la *théorie,* qui étudie les propriétés générales des langues naturelles et détermine la forme de la grammaire susceptible de rendre compte de ces propriétés, de la *méthodologie,* qui fournit un ensemble de procédures de découverte susceptibles d'aider le linguiste à déterminer les règles d'une langue.

métonymie

D'une manière générale, conformément à l'étymologie, la *métonymie* est un simple transfert de dénomination. Le mot est réservé toutefois pour désigner le phénomène linguistique par lequel une notion est désignée par un terme autre que celui qu'il faudrait, les deux notions étant liées par une relation de cause à effet (la *récolte* peut désigner le produit de la cueillette et non pas seulement l'action de cueillir elle-même), par une relation de matière à objet ou de contenant à contenu *(boire un verre),* par une relation de la partie au tout *(une voile à l'horizon).*

microcontexte

Le *microcontexte* désigne le contexte immédiat du mot envisagé, c'est-à-dire le mot qui précède et le mot qui suit, par opposition au macrocontexte, qui désigne un environnement plus large (par exemple la phrase, le paragraphe, le discours).

microglossaire

On appelle *microglossaire* un dictionnaire strictement limité aux mots et aux significations nécessaires pour traduire des textes appartenant à des domaines particuliers, scientifiques ou techniques.

microsegment

En linguistique distributionnelle, le *microsegment* est une partie d'un macrosegment (ou phrase) isolée par un phénomène de joncture (il correspond grossièrement à un mot ou à un morphème, selon le cas).

microstructure

On donne le nom de *microstructures* à certains sous-systèmes qui, à l'intérieur d'une structure plus large, présentent des régularités spécifiques et une organisation qui leur assurent une relative autonomie de fonctionnement. Ainsi, les noms de parenté constituent une microstructure formée, en français, d'unités linguistiques en nombre fini, déterminées (1) sémantiquement par les rapports qu'elles entretiennent entre elles et par rapport à un « moi » *(ego)* imaginaire, et (2) morphologiquement par un système particulier de morphèmes (*grand* et *petit* dans *grand-mère, petit-fils*, etc.).

mi-fermé

Une *voyelle mi-fermée* est une voyelle réalisée avec la langue élevée vers le palais sans être aussi haute que pour une voyelle fermée. Le deuxième degré de fermeture est utilisé phonologiquement dans les langues qui présentent deux degrés d'aperture intermédiaire, comme le français ([e], [o], [ø]) ou l'italien ([e], [o]), etc.

mimique

On désigne du nom de *mimique* le langage par gestes et attitudes du visage.

mi-occlusive

Les affriquées* sont dites aussi *mi-occlusives* parce qu'elles sont occlusives pendant le début de leur réalisation. Même à ce moment-là, l'occlusion n'est d'ailleurs jamais aussi complète que pour les véritables occlusives : ainsi, dans la réalisation des séquences [ts, dz, tʃ, dʒ] des mots italiens *zio, zappa, cena, giro*, l'attaque est moins occlusive qu'elle ne l'est pour la réalisation des phonèmes [t, d].

mi-ouvert

Une *voyelle mi-ouverte* est une voyelle pour la réalisation de laquelle la langue est abaissée, sans l'être autant que pour la réalisation de [a]. Les voyelles mi-ouvertes apparaissent dans les langues qui ont deux degrés d'aperture intermédiaire, comme le français ([ɛ], [œ], [ɔ]) ou l'italien ([ɛ], [ɔ]).

mixte

1. On qualifie de *mixtes* des langues artificielles ou naturelles empruntant certains traits à une langue et certains autres traits à d'autres. Ainsi, les créoles peuvent avoir été au départ des langues mixtes de syntaxe africaine et de vocabulaire européen. Les sabirs, les pidgins peuvent être aussi des langues mixtes.

2. Un *son mixte* est un son intermédiaire entre deux sons définis : les voyelles moyennes*, par exemple [e, ɛ, ɔ, o], sont dites aussi parfois *voyelles mixtes*.

modal

1. On appelle *modaux*, ou *auxiliaires modaux*, la classe des auxiliaires du verbe qui expriment les modalités logiques (contingent *vs* nécessaire, probable *vs* possible) : le sujet considère l'action exprimée par le verbe comme possible, nécessaire, comme une conséquence logique ou comme le résultat d'une décision, etc. En français, les auxiliaires modaux sont *pouvoir* et *devoir*, suivis de l'infinitif (*Il peut pleuvoir demain. La mine doit sauter à 10 heures, si rien n'intervient entre-temps*); en anglais, les auxiliaires modaux sont *can, may, will, must*, etc. (*He could come*).

2. L. Tesnière appelle *propositions modales* les phrases qui, après une translation*, deviennent des adverbes de manière. Ainsi *comme il respire* dans *Il ment comme il respire*.

modalisateur

On appelle *modalisateurs* les moyens par lesquels un locuteur manifeste la manière dont il envisage son propre énoncé; par exemple, les adverbes *peut-être, sans doute*, les incises *à ce que je crois, selon moi*, etc., indiquent que l'énoncé n'est pas entièrement assumé ou que l'assertion est limitée à une certaine relation entre le sujet et son discours. (V. MODALISATION.)

modalisation

Dans la problématique de l'énonciation (acte de production du texte par le sujet parlant), la *modalisation* définit la marque donnée par le sujet à son énoncé.

L'évocation des différents concepts utilisés dans l'analyse de l'énonciation permet de mieux comprendre la notion de modalisation. (1) Le concept de distance envisage le rapport entre sujet et monde par l'intermédiaire de l'énoncé : dans le cas de distance maximale, le sujet considère son énoncé comme partie intégrante d'un monde distinct de lui-même; la distance minimale est le fait de l'énoncé totalement assumé par le locuteur. (2) Le concept de transparence étudie la présence ou l'effacement du sujet d'énonciation : le discours pédagogique (livre scolaire) aura une transparence maximale, la poésie lyrique une opacité maximale. (3) Le concept de tension enregistre les rapports entre locuteur et interlocuteur par le moyen du texte : *être* et *avoir* marqueront la tension minimale, les auxiliaires *vouloir, pouvoir*, etc., la tension maximale.

Le concept de modalisation sert à l'analyse des moyens utilisés pour traduire le procès d'énonciation. L'adhésion du locuteur à son discours est ressentie par l'interlocuteur tantôt comme soulignée, tantôt allant de soi, tantôt en baisse : de même que le concept de tension rend compte de l'opposition entre l'orateur qui agit sur son public et celui qui « ignore son public », de même le concept de modalisation permet de rendre compte de la perception par l'interlocuteur du fait que l'orateur croit, tient à ce qu'il dit. La modalisation de l'énoncé est donc du domaine du contenu : une ou plusieurs phrases, un « état » du discours, sont ressentis comme comportant un certain degré d'adhésion du sujet à son discours. Le paradoxe de la théorie de l'énonciation reste que cette ligne continue de la modalisation se réalise dans le discours par des éléments discrets. U. WEINREICH exploite ainsi les travaux de R. JAKOBSON sur les embrayeurs; toutefois, le recours au modèle génératif lui permet d'inclure dans les modalisateurs certains faits impliquant la considération des structures profondes : les transformations peuvent être modalisatrices. Ainsi, à côté d'adverbes modalisateurs *(peut-être, bien sûr*, etc.), du jeu des niveaux de langue (présence inattendue d'un mot argotique dans un discours soutenu), certaines transformations comme l'emphase, certaines constructions comme l'insertion de l'énoncé rapporté constituent aussi des marques de la modalisation

modalité

1. Comme synonyme de mode*, la *modalité* définit le statut* de la phrase : assertion, ordre ou interrogation.

2. Chez CH. BALLY, dans une analyse logique de la phrase, la *modalité* est une série d'éléments qui indiquent que le dictum*, procès pur et simple considéré comme débarrassé de toute intervention du sujet parlant, est jugé réalisé ou non, désiré ou non, accepté avec joie ou regret, et cela par le sujet parlant ou par quelqu'un d'autre que le sujet parlant.

Toute phrase est donc caractérisée par une modalité apparente ou implicite. Les modes* grammaticaux ne sont qu'un des moyens utilisés pour exprimer la modalité qui prend souvent la forme d'une « proposition principale » de forme SN + *(croit, se réjouit, craint que)*. Les adverbes jouent aussi souvent ce rôle *(peut-être, à mon avis*, etc.).

3. En grammaire générative, la *modalité* est, avec le noyau, un constituant immédiat de la phrase de base. Ce constituant de modalité (abréviation Mod ou Const) représente les éléments obligatoires suivants : Déclaratif, Interrogatif, Exclamatif et Impératif, et les éléments facultatifs : Emphase, Négatif (ou Affirmatif), Passif (ou Actif). Il définit donc le type de phrase ou le statut de la phrase : la phrase est interrogative, déclarative, exclamative, impérative et facultativement emphatique, négative ou passive; ou bien, si deux éléments facultatifs (ou plus) sont combinés avec un élément obligatoire, la phrase est interro-négative, déclarative, passive et négative, etc. *(Pierre n'est-il pas venu ?... Pierre n'a pas été blessé par cette remarque.)* En effet, parmi ces éléments, les uns sont obligatoires : une phrase ne peut être que déclarative, interrogative ou impérative (et non les deux ou les trois en même temps). Les autres sont facultatifs : une phrase peut être passive ou active, emphatique ou neutre, négative ou affirmative. Chaque constituant de modalité déclenche une transformation spécifique, c'est-à-dire un changement structurel dans la phrase.

4. A. MARTINET appelle *modalités* les monèmes grammaticaux qui ne peuvent pas servir à marquer la fonction : le monème de pluriel est une modalité.

5. On appelle *modalités logiques* les diverses manières d'envisager le prédicat de la phrase comme vrai, contingent (ou nécessaire), probable (ou possible). Les modalités de la contingence (*vs* nécessité) ou de la probabilité (*vs* possibilité) sont traduites par des auxiliaires de mode; la modalité du vrai est traduite par l'absence d'auxiliaire de mode et la seule présence du temps. La modalité logique est distincte de la modalisation (où le locuteur assume ou n'assume pas son énoncé qui peut comporter une modalité logique); ainsi les deux phrases : *Le train doit arriver à cinq heures* et *Le train devrait arriver à cinq heures* ont toutes deux la modalité « probable », mais la première est assumée par le sujet parlant alors que la seconde ne l'est que partiellement ou ne l'est pas. (V. MODALISATION.)

mode

Le *mode* est une catégorie grammaticale associée en général au verbe et traduisant (1) le type de communication institué par le locuteur entre lui et son interlocuteur (statut de la phrase) ou (2) l'attitude du sujet parlant à l'égard de ses propres énoncés.

Dans le premier cas, le *mode,* ou *modalité,* de la phrase s'exprime par l'opposition entre *(a)* l'assertion exprimée dans la phrase assertive, affirmative ou négative: *Paul vient. Paul ne vient pas;* (b) l'interrogation exprimée dans une phrase interrogative, affirmative ou négative : *Paul vient-il ? Paul ne vient-il pas ?* Le mode de l'assertion et de l'interrogation est en français l'indicatif, nom donné au mode de base; *(c)* l'ordre ou le souhait (le désir) exprimé dans une phrase impérative ou optative, affirmative ou négative. Le mode de l'ordre et du souhait est en français l'impératif ou le subjonctif : *Paul, viens. Puisse Paul venir demain.* Dans d'autres langues, l'ordre est exprimé par le mode impératif et le souhait par le mode optatif. Des phrases de ce type peuvent être directes (comme ci-dessus) ou indirectes, dépendant de « je dis que » pour l'assertion, de « je demande si » pour l'interrogation, de « je t'ordonne de » pour l'impératif, de « je désire que ou je souhaite que » pour l'optatif. En français, le mode de l'assertion et de l'interrogation indirecte est l'indicatif (mais en latin le mode de l'interrogation indirecte est le subjonctif) et le mode de l'impératif et de l'optatif est le subjonctif : *Je dis que Paul est venu / Je demande si Paul est venu / J'ordonne que Paul vienne / Je souhaite que Paul vienne.*

Dans le deuxième cas, le *mode,* ou *modalisation,* s'exprime par l'opposition entre une attitude du sujet parlant assumant (prenant en compte) ses énoncés et celle du locuteur n'assumant pas (rejetant) partiellement ou totalement ses énoncés. En français, le mode de l'énoncé assumé est l'indicatif; le mode du non-assumé est le conditionnel dans les phrases directes et le subjonctif ou le conditionnel dans les phrases indirectes : *Pierre viendra. Pierre viendrait parce que Paul est venu / Quand bien même Paul viendrait.* (L'impératif direct exclut le non-assumé.)

La modalisation peut être indiquée aussi par d'autres moyens : les adverbes *(peut-être, sans doute,* etc.*),* les incises *(à ce que l'on dit),* les changements de registre (les guillemets dans l'écrit), etc. Le mode est distinct des modalités logiques où le prédicat est contingent, probable, nécessaire, possible (cette contingence, cette probabilité peut être elle-même assumée ou non).

Les *modes personnels* sont ceux qui marquent par des désinences spéciales les personnes grammaticales (indicatif, subjonctif, impératif); les *modes impersonnels* sont ceux qui n'ont pas de désinences spéciales pour distinguer les personnels (infinitif et participe). La grammaire traditionnelle distingue en français les modes indicatif, subjonctif, impératif, conditionnel, infinitif et participe.

modèle

1. On appelle *modèle* une structure logique ou mathématique utilisée pour rendre compte d'un ensemble de processus qui possèdent entre eux certaines relations.

2. En linguistique structurale, une suite de morphèmes est le *modèle* d'une autre (qui est son expansion*) quand cette dernière, plus longue, a la même distribution.

modificateur

1. Dans une construction endocentrique*, le *modificateur* est celui des constituants dont la distribution est différente de celle de la construction tout entière (le constituant dont la distribution est identique est appelé *tête*). Par exemple, dans *L'homme à l'oreille coupée,* la tête de la construction est le syntagme nominal *l'homme,* qui a la même distribution; *à l'oreille coupée* en est le modificateur. Si l'on considère ensuite le syntagme *l'oreille coupée,* la tête de la construction est *l'oreille* et le modificateur est *coupée*.

2. V. MODIFICATION.

modification

La grammaire traditionnelle et la linguistique structurale utilisent le terme de *modification* pour définir le rôle syntaxique des constituants du syntagme nominal autres que le nom « tête » et ses déterminants, et celui des constituants du syntagme verbal autres que le verbe, son auxiliaire et le syntagme nominal objet. Ainsi, d'une part, l'adjectif épithète, le complément du nom et la relative sont des modificateurs du syntagme nominal et, d'autre part, les adverbes de manière, les subordonnées et adjoints de temps, de lieu, etc., sont des modificateurs du syntagme verbal.

modifier

Le terme *modifier* est utilisé, particulièrement en grammaire traditionnelle, pour définir la fonction de l'adverbe par rapport au verbe *(Il l'aime* BEAUCOUP*)* ou par rapport à l'adjectif *(Il est* TRÈS *fort)*.

modiste

Au Moyen Âge, les *modistes* affirmaient l'autonomie de l'expression *(modus significandi)* et de la grammaire par rapport à la logique. Selon leurs principes (qui seront remis en cause par les grammairiens de Port-Royal, mais repris par la linguistique moderne), une catégorie grammaticale ne doit pas être définie par son signifié, mais par le rapport qui existe entre ce signifié et la manière dont on l'exprime.

modus

Le *modus* est l'attitude que le sujet parlant manifeste vis-à-vis du contenu de ce qu'il dit, ou dictum.

momentané

Les consonnes *momentanées* ou discontinues sont les consonnes qui comportent une fermeture complète suivie d'une ouverture brusque du chenal buccal, comme les occlusives, les vibrantes, les affriquées [p, t, d, tʃ, r], etc., par opposition aux consonnes continues.

monème

Dans la terminologie d'A. MARTINET, le *monème* est l'unité significative élémentaire. Ce peut être un mot simple, un radical, un affixe, une désinence. Par l'emploi du terme de *monème,* A. MARTINET entend réagir contre l'extension du terme de *morphème* à la désignation d'unités significatives de base aussi bien lexicales que proprement morphologiques.

a) *Monème autonome :* si le rapport de l'unité avec l'énoncé est simplement impliqué dans le contenu sémantique de l'unité, le monème est dit *autonome* parce qu'il peut figurer en toute position, moyennant quelques réserves. Ex. : AUJOURD'HUI, *Aujourd'hui c'est ta fête, C'est aujourd'hui ta fête, C'est ta fête aujourd'hui.* Il en va de même pour *hier, vite, souvent,* etc.

b) *Monème fonctionnel :* la langue utilise des monèmes fonctionnels pour l'introduction d'unités qui ne comportent pas en elles-mêmes, dans leur signification, leur rapport au reste de l'énoncé. Le rapport à l'énoncé est alors spécifié par un ou divers autres monèmes, dont c'est là le rôle et qu'on appellera *monèmes fonctionnels.* Ex. : *depuis ta fête; depuis,* monème fonctionnel, spécifie le rôle de l'unité syntagmatique *ta fête.*

c) *Monème dépendant :* on appelle

ainsi tout monème ne comportant pas en soi l'indication de sa fonction (cas du monème autonome) et n'ayant pas pour rôle d'indiquer la fonction d'un autre monème (cas du monème fonctionnel), c'est-à-dire l'immense majorité des monèmes de la langue.

On remarque qu'il serait difficile de dresser la liste des monèmes : le monème autonome *(aujourd'hui, vite)* devient dépendant dans *depuis aujourd'hui, plus vite*, le monème fonctionnel *(pour, contre)* devient monème dépendant dans *compter les pour et les contre*.

A cette liste essentielle des monèmes, on ajoute :

— les modalités, monèmes et syntagmes qui actualisent, spécifient, complètent un monème dépendant. Ex. : articles et possessifs, comme *son* dans *son chien*, *la* dans *la voiture*.

— les monèmes prédicatifs, qui ne pourraient disparaître de l'énoncé sans détruire celui-ci en tant que tel. C'est l'élément autour duquel s'organise la phrase. Le monème prédicatif peut constituer la totalité de l'énoncé : *merci, ici, sensationnel*, etc.

monolingue
Syn. de UNILINGUE.

monophonématique
Une séquence phonique a une *valeur monophonématique* et apparaît comme la réalisation d'un phonème unique si, d'après les règles de la langue en question, elle est traitée comme un phonème unique ou si la structure générale du système des phonèmes de cette langue exige une telle valeur. Ainsi, en espagnol, la séquence [tʃ] que l'on entend dans *mucho* a une valeur monophonématique parce qu'il n'est pas possible de la segmenter en deux phonèmes distincts [t], [ʃ], ce deuxième phonème n'existant pas en espagnol. En italien, la séquence [dʒ] doit être considérée comme monophonématique pour les mêmes raisons, [ʒ] n'existant pas dans la langue.

monophtongaison
On appelle *monophtongaison* le passage d'une diphtongue ou d'une triphtongue à une monophtongue, comme la réduction, en latin impérial, de [œ] à [e] *(/pœnam/ → /penam/ « peine »);* de [ae] à [ɛ] *(/káelum/ → /kɛlum/ « ciel »);* de [au] à [ɔ] *(/aúrum/ → /ɔrum/ « or »)*. Le passage de l'ancien français au français moderne offre aussi des exemples de monophtongaison : *lait* [lɛ] anciennement prononcé [lajt], *reine* [rɛn] anciennement prononcé [rejn].

monophtongue
Une *monophtongue* est une voyelle qui ne change pas sensiblement de timbre au cours de son émission, comme [ɛ], [a], etc., par opposition aux diphtongues [ɛj], [aw], aux triphtongues*, etc.

monosémique
Un morphème ou un mot sont *monosémiques* quand ils n'ont qu'un seul sens, par opposition aux mots qui ont plusieurs sens (polysémiques). La plupart des termes appartenant aux terminologies scientifiques n'ont qu'un sens : *laryngologie, appendicectomie, névralgie*, etc.

monosyllabe, monosyllabique

1. Un mot *monosyllabe* est un mot formé d'une syllabe : *pain, roi, lait*, etc.

2. Les *langues monosyllabiques* sont ainsi appelées parce que les morphèmes lexicaux et grammaticaux sont pour la plupart des mots d'une seule syllabe (le chinois est une langue monosyllabique, mais possède aussi des mots polysyllabiques).

monotonisation
La *monotonisation* est un aspect d'une technique des méthodes de synthèse du langage appelée « technique de perturbation » : elle consiste à faire dire un texte, préalablement analysé, par un synthétiseur du langage, mais en supprimant les éléments d'intonation, puis à le soumettre à l'audition et au jugement d'un auditeur. L'intelligibilité n'est guère changée, mais l'accentuation et toutes les clauses de style verbal sont pratiquement détruites. Il s'agit de savoir dans quelle mesure le sujet reconstitue ces éléments manquants et, par là, de comprendre le rôle que ceux-ci jouent dans la communication.

more

Une *more* est l'unité prosodique inférieure à la syllabe, dont la durée est équivalente à une brève. Dans les langues qui comptent les mores, la différenciation entre les deux unités prosodiques d'une même syllabe se fait par la hauteur de l'accent musical : il y a élévation du ton sur la more culminante.

En lituanien, dans le mot *lova* [lo.ova] « lit », seule la première more de la première syllabe est aiguë; dans *lostas* [.lo·ostas] « famille, race », c'est la seconde more de la première syllabe; dans *losejas* [.loo·ʃe·ejas] « joueur », c'est la première more de la deuxième syllabe; dans *lovys* [.loovi·is] « ange », c'est la seconde more de la deuxième syllabe. Dans chacun de ces mots, toutes les autres syllabes sont graves.

Le latin de l'époque classique était aussi une langue à more : l'accent délimitant le mot frappait toujours l'avant-dernière more avant la dernière syllabe, c'est-à-dire soit l'avant-dernière syllabe (pénultième) si celle-ci était longue, soit l'antépénultième si celle-ci était brève.

morphe. V. ALLOMORPHE et MORPHÈME.

morphématique

On qualifie de *morphématique* ce qui est constitué de morphèmes, ce qui relève du morphème : le rang ou niveau morphématique, dans l'analyse structurale, est fait de la séquence des unités minimales de signification que sont les morphèmes.

morphème

1. Dans une acception désormais vieillie, le *morphème* est une partie d'un mot ou d'un syntagme indiquant la fonction grammaticale dans l'énoncé. Le morphème est ici l'unité qui intéresse la morphologie en tant que science étudiant les désinences casuelles et verbales et les divers termes grammaticaux (articles, prépositions, conjonctions). Le terme *morphème* peut être pris dans un sens plus restrictif encore : il ne désigne plus alors que l'élément qui confère au mot (substantif ou verbe) son aspect grammatical (désinences).

2. Dans la terminologie de la grammaire distributionnelle et dans l'analyse en constituants immédiats, le terme de *morphème* désigne le plus petit élément significatif individualisé dans un énoncé, que l'on ne peut diviser en unités plus petites sans passer au niveau phonologique. C'est donc l'unité minimale de la première articulation, la première unité porteuse de sens; à ce titre, il s'oppose au *phonème*, unité minimale de la deuxième articulation.

Le rapport du morphème à la signification peut être direct ou indirect. Les distributionnalistes notent la différence entre le sens ainsi postulé et le sens tel qu'il est défini en sémantique; par exemple *de*, dans *se souvenir de*, joue un rôle essentiellement structurel et son sens ne peut être défini selon les critères de la sémantique.

Le morphème peut être défini comme constituant immédiat du mot. L'interprétation à donner de cette définition demande toutefois à être précisée. En effet, on pourra demander que le morphème soit un segment identifiable du mot; les morphèmes seront déterminés par la segmentation. C'est à ce titre qu'on parle du morphème *in-* dans *invalide, incapable, indigeste*. De même pour *-eux* dans *malheureux, paresseux*. Dans cette optique, on dégage un morphème pluriel *-s* pour le français (morphème du code écrit); on note la présence de ce morphème dans *tables, chaises, enfants;* mais quel morphème de pluriel dégager dans *chevaux, jeux* ? De même, comment rendre compte, avec une telle théorie du morphème, du rapport entre *Le livre du garçon* et *Le livre de la fille,* c'est-à-dire du caractère complexe du segment *du*?

Aussi le morphème est-il pour certains un constituant grammatical abstrait. Le rapport entre *à* et *au* est identique au rapport entre *à* et *à la;* le rapport *cheval* / *chevaux* est identique au rapport *table* / *tables.* Les morphèmes seront alors les éléments grammaticaux abstraits que le descripteur pourra rétablir dans *au* (deux morphèmes), *du* (deux morphèmes); ces éléments abstraits n'auront donc pas toujours une représentation segmentale propre. Cette nouvelle optique amène à distinguer *morphème* et *morphe* : le morphe sera le constituant immédiat isolable comme segment dans l'énoncé, et donc représentant du morphème. L'allomorphie sera la faculté pour un morphème unique d'être réalisé par plusieurs morphes : on appellera *allomorphes* les diverses représentations segmentales de ce morphème unique. Ainsi, le morphème /aller/ est-il réalisé en français par les morphes (allomorphes) *all-, v-, i-*.

La terminologie de la grammaire distributionnelle distingue, en outre, morphème simple et morphème composé, morphème segmental et morphème suprasegmental, et définit certaines unités comme morphèmes uniques.

Le *morphème composé* résulte de la composition de deux ou de plusieurs morphèmes uniques, Dans cette terminologie, l'unité *travaillons* est un morphème composé, formé par la juxtaposition des morphèmes uniques *travaill -et- ons.*

Le *morphème segmental* forme tout ou partie d'un mot, alors que le *morphème suprasegmental* ne fait pas partie du mot (par exemple, l'intonation, le ton, l'accent).

Enfin, l'on parlera de *morphèmes uniques* pour désigner les unités minimales significatives qui n'entrent que dans une seule combinaison. Il s'agit en fait d'éléments faisant partie de locutions figées, provenant d'états de langue antérieurs. On en prendra pour exemple *fur* dans *au fur et à mesure, for* dans *dans son for intérieur.*

3. Dans la terminologie d'A. MARTINET, *morphème* est réservé aux éléments grammaticaux, comme les désinences verbales et casuelles, les affixes, etc.; par exemple *-ons* dans *travaillons*. Le morphème est ici opposé au lexème* : par exemple, *travaill-* dans *travaillons*. Le terme regroupant ces deux ensembles est celui de *monème* : *travaillons* comporte deux monèmes. On remarque que l'opposition entre morphèmes et lexèmes recouvre la distinction de la grammaire traditionnelle entre affixes et radicaux.

4. Les difficultés signalées ci-dessus au sujet du morphème n'apparaissent qu'en grammaire structurale; la grammaire générative, travaillant sur des éléments abstraits jusqu'à l'application des règles morphophonologiques, ne se pose pas le problème de la définition du morphème.

En grammaire générative, le morphème est un élément de la structure profonde; il s'oppose au formant* (angl. *formative*), élément de la structure de surface. Dans une telle optique, un classement des morphèmes selon leurs caractéristiques superficielles serait sans objet. Cette opposition entre grammaire structurale et grammaire générative se retrouve au sujet du sens : alors que la grammaire générative vise à établir la structure d'une théorie sémantique et la place de la composante sémantique dans la grammaire, la grammaire structurale se heurte au problème de l'opposition entre morphèmes ayant un sens par eux-mêmes et morphèmes n'ayant de sens que dans une distribution. Le premier cas doit être pris en compte par une sémantique structurale; le deuxième relève de la combinatoire.

Aussi la grammaire distributionnelle a-t-elle cherché à réduire le sens (grammaticalement pertinent) au postulat suivant : deux morphèmes qui ont des significations différentes diffèrent aussi quelque part dans leur distribution (Z. HARRIS).

morphologie

1. En grammaire traditionnelle, la *morphologie* est l'étude des formes des mots (flexion et dérivation), par opposition à l'étude des fonctions ou syntaxe.

2. En linguistique moderne, le terme de *morphologie* a deux acceptions principales :

a) ou bien la *morphologie* est la description des règles qui régissent la structure interne des mots, c'est-à-dire les règles de combinaison entre les morphèmes racines pour constituer des « mots » (règles de formation des mots) et la description des formes diverses que prennent ces mots selon la catégorie de nombre, de genre, de temps, de personne et, selon le cas (flexion des mots), par opposition à la syntaxe qui décrit les règles de combinaison entre les morphèmes lexicaux (morphèmes, racines et mots) pour constituer des phrases;

b) ou bien la *morphologie* est la description à la fois des règles de la structure interne des mots et des règles de combinaison des syntagmes en phrases. La morphologie se confond alors avec la formation des mots, la flexion et la syntaxe, et s'oppose au lexique et à la phonologie. En ce cas, on dit plutôt *morphosyntaxe*.

morphologique

On qualifie de *morphologique* (1) ce qui relève de la morphologie; (2) ce qui relève des morphèmes, ce qui est constitué de morphèmes. (Syn. : MORPHÉMATIQUE.)
Rang ou *niveau morphologique*. V. RANG.

morphophonologie

1. La *morphophonologie* (ou *morphonologie*) est pour l'ÉCOLE DE PRAGUE l'étude de l'emploi en morphologie des moyens phonologiques d'une langue. La morphophonologie devrait, pour N. TROUBETSKOY, étudier : *a)* la structure phonologique des morphèmes (par exemple, l'étude des différences de structure entre les morphèmes-racines nominaux et les racines pronominales dans les langues sémitiques); *b)* les modifications combinatoires dans les groupes de morphèmes (le sandhi interne du sanskrit, essentiel dans certaines langues agglutinantes); *c)* les mutations phoniques jouant un rôle morphologique (par exemple, le rôle des changements de quantité des voyelles).

2. En grammaire générative, la *morphophonologie* est la description de toutes les opérations par lesquelles les suites terminales des structures de surface reçoivent une interprétation phonologique et phonétique pour devenir des énoncés réalisés. La morphophonologie correspond à la phonologie et à la phonétique en linguistique structurale lorsque les items lexicaux insérés à la place des symboles reçoivent une interprétation phonétique; elle correspond à la morphologie, à la phonologie et à la phonétique lorsque les items grammaticaux (comme Présent, Passé, Défini, etc.) se voient substituer des formes de la langue (parmi ces items, il en est qui se voient substituer des phonèmes prosodiques et des intonèmes).

morphosyntaxe

La *morphosyntaxe* est la description (1) des règles de combinaison des morphèmes pour former des mots, des syntagmes et des phrases, et (2) des affixes flexionnels (conjugaison et déclinaison).

mort

On appelle *langue morte* une langue qui a cessé d'être parlée, mais dont le statut dans une communauté socio-culturelle est parfois de jouer encore un rôle dans l'enseignement, dans les cérémonies rituelles, etc., comme le latin.

mot

1. En linguistique traditionnelle, le *mot* est un élément linguistique significatif composé d'un ou plusieurs phonèmes; cette séquence est susceptible d'une transcription écrite (idéogrammatique, syllabaire ou alphabétique) comprise entre deux blancs; elle garde sa forme, soit totalement, soit partiellement (dans le cas de la flexion), dans ses divers emplois syntagmatiques; le mot dénote un objet (substantif), une action ou un état (verbe), une qualité (adjectif), une relation (préposition), etc.

Une telle conception rencontre diverses réserves portant : *a)* sur l'identité postulée entre graphisme et fonctionnement sémantique; *b)* sur le fait qu'un mot possède, en général, non pas un seul sens, mais plusieurs; *c)* sur le fait que les mêmes notions, comme la qualité ou l'action, peuvent être marquées indifféremment par des mots de diverses natures grammaticales (par exemple, pour la qualité, *blanc* et *blancheur,* pour l'action *bondir* et *bond*).

2. En linguistique structurale, la notion de *mot* est souvent évitée en raison de son manque de rigueur.

a) Elle intervient encore dans une opposition *terme* vs *mot.* « Terme » désigne ici l'emploi monosémique (possédant une signification unique) qui sera fait d'une unité lexicale dans telle ou telle science, soucieuse d'établir une correspondance univoque entre ses concepts et les termes de sa nomenclature (par exemple, *rayon* est un terme scientifique de l'électrostatique, dans *rayon X, rayon gamma* etc.). « Mot » désignera, dans cette opposition, l'unité lexicale du vocabulaire général, essentiellement polysémique (susceptible de significations variées). Ex. : *rayon* dans *chef de rayon, rayon de soleil, roue à rayons,* etc.

b) On retrouve également la notion de mot dans une opposition *mot* vs *vocable.* Pour la statistique lexicale, le mot est l'unité de texte inscrite entre deux blancs graphiques. Chaque nouvelle occurrence est un nouveau mot. Dans cette optique, *Le Cid* compte 16 690 mots, selon la norme de Ch. Muller; il est indispensable au statisticien lexical de se créer une unité de compte, et la reconnaissance du mot peut poser un problème. Par exemple, faut-il compter *depuis que* pour deux mots et *dès lors que* pour trois? Faut-il compter *de la gare* pour trois mots et *du quai* pour deux? Si l'on optait pour trois mots dans *du quai* (= de le quai), faudrait-il trois mots aussi pour *du Havre,* qui commute pourtant avec *de Paris* ? On comprend la nécessité de décisions normatives rigoureuses.

En face du mot, unité de texte, le vocable sera l'unité de lexique. C'est-à-dire que tous les emplois du « même mot » seront alors regroupés. On dira alors que *le Cid* compte 1 518 vocables. Mais la reconnaissance de deux mots du texte comme vocables identiques peut poser problème. En reprenant l'exemple donné plus haut, il est difficile de trancher si les mots *rayon* dans *chef de rayon* et dans *roue à rayons* seront considérés comme le même vocable.

3. Le terme de *mot,* par son manque de rigueur, est volontiers banni au profit de la recherche d'unités significatives minimales. Pour A. Martinet, la notion de mot, issue des langues flexionnelles où a pris naissance la réflexion grammaticale, doit être abandonnée au profit des notions de monème et de syntagme.

Pour É. Benveniste, B. Pottier et L. Guilbert, la recherche d'un niveau propre à l'étude lexicologique conduira à prendre en considération des entités nommées, respectivement, synapsies, lexies et unités de signification.

4. La grammaire générative, tout en intégrant en partie l'analyse structurale en matière de lexique (v. ANALYSE COMPONENTIELLE, ANALYSE SÉMIQUE), entend par ailleurs rendre compte de l'interprétation sémantique des énoncés : elle ne donne donc qu'une importance très relative aux unités lexicales qui se manifestent dans les performances. Dans les énoncés (1) *La peur des éléphants mit les Romains en déroute* et (2) *La peur des éléphants peut les rendre méchants*, elle rendra compte essentiellement des relations syntactico-sémantiques qui font que (1) n'a qu'une interprétation naturelle, et que (2) en a deux, dont une dominante. (Pour le traitement de l'unité lexicale en grammaire générative, v. THÉORIE SÉMANTIQUE.)

motivation

1. On appelle *motivation* l'ensemble des facteurs conscients ou semi-conscients qui conduisent un individu ou un groupe à avoir un comportement déterminé dans le domaine linguistique : ainsi, on peut parler de motivation quand un locuteur, pour réagir contre une mode ou ce qu'il croit être une mode, évite systématiquement d'employer le mot « structure ».

2. On appelle *motivation* la relation de nécessité qu'un locuteur met entre un mot et son signifié (contenu) ou entre un mot et un autre signe. Sauf en ce qui concerne les onomatopées, F. DE SAUSSURE a soutenu que le signe était immotivé (qu'entre [arbr], par exemple, et la notion d'arbre il n'y avait aucun rapport de nécessité).

É. BENVENISTE a contesté cette description en remarquant que le rapport entre signifiant et signifié, loin d'être arbitraire, était nécessaire : c'est en fait entre le signe (ensemble formé du signifiant et du signifié) et le référent (la « chose », l'objet ou procès du monde extérieur, de la réalité non linguistique) que le rapport est arbitraire.

Dans la dérivation, il y a toujours motivation : ainsi, *vingtième* est motivé par rapport à *vingt*. Enfin, l'attraction paronymique (par exemple, *forcené*, anciennement *fors sené* « hors de sens », rattaché à *force*) est fondée sur une fausse motivation.

motivé

Selon F. DE SAUSSURE, la relation entre le signifiant et le signifié a un caractère non-motivé, ou immotivé, parce qu'il n'y a eu aucune raison, au départ, pour faire correspondre à un signifiant donné, /animal/ par exemple, un signifié donné (ici la notion d'animal). En revanche, une fois la relation établie, les dérivés sont *motivés* par rapport à la base : ainsi, le choix fait par la langue latine de la chaîne de sons *mare* pour désigner la notion de « mer » n'était pas motivée, du moins au niveau du latin; les dérivés français de la série *marin, marine, marinier, marinière* sont motivés par rapport à la base *mar-* empruntée au latin, et *amerrir* est motivé par rapport au français *mer*, *amerrissage* étant lui-même motivé par rapport à *amerrir*.

mot-phrase

L. TESNIÈRE appelle *mots-phrases* ou *phrasillons* des unités qui ne se laissent pas analyser selon les principes des stemmas*, mais qui jouent sémantiquement le même rôle qu'une phrase entière. Parmi les *mots-phrases*, il faut ranger les interjections de la grammaire traditionnelle : *aïe! A la bonne heure! Au secours!*, mais aussi *voici, voilà, oui*, qui sont des *mots-phrases*.

mot-portemanteau. V. MOTVALISE.

mot-racine

On appelle *mot-racine*, en le distinguant alors de la racine* proprement dite, un dérivé ayant une forme identique à celle du mot dont il dérive, ou plus brève encore. Ex. : *marcher → marche; bondir → bond.*

Il semble opportun de préciser qu'il s'agit d'un niveau terminal, celui du segment réalisé dans l'énoncé (morphe); en effet, à un niveau abstrait, tout rapproche le mot-racine du mot formé par dérivation suffixale. CH. BALLY note que le signe de transposition est, pour ainsi dire, caché à l'intérieur du transposé.

Les mots-racines répondent à un processus de création d'unités lexicales beaucoup moins rigoureux que les autres dérivés du français. En face de la régularité des paradigmes *jardin, jardinier, jardinage, outil, outiller, outillage, brigand, brigander, brigandage,* etc., il est difficile d'indiquer les règles de formation des mots-racines du français. Les féminins sont relativement réguliers : *marche, gêne, estime;* mais les masculins revêtent les formes les plus diverses : *chant, tri, retour, gain, élan,* etc.

Dans certaines langues, le système de variations vocaliques donne de l'unité à la catégorie : en allemand, le rapport *finden / Fund, singen / Sang,* etc., permet le classement des substantifs en question dans une catégorie aisément repérable. En français, l'irrégularité et l'imprévisibilité de la variation vocalique contribuent, au contraire, à faire passer le mot-racine pour un mot simple, en masquant son caractère de dérivé (*jouer / jeu, soigner / soin,* etc.).

Les mots-racines sont parfois désignés comme déverbaux (au sens de « mots dérivés à partir des verbes »); toutefois, par déverbatifs, A. SAUVAGEOT entend à la fois les mots-racines et les dérivés de type traditionnel formés sur des radicaux verbaux (aussi bien *marche, nage,* etc., que *nettoyage, prononciation,* etc.).

mot-valise

Un *mot-valise* résulte de la réduction d'une suite de mots à un seul mot qui ne conserve que la partie initiale du premier mot et la partie finale du dernier : *bit*, dont une autre forme est *binit*, est un mot-valise pour *binary digit*. C'est le mathématicien poète L. CARROLL qui, sous le nom de *mots porte-manteaux*, a plaisamment fait la théorie des mots-valises dans *De l'autre côté du miroir* : Humpty-Dumpty explique certains mots du « Jabberwocky »; par exemple, *slithy* signifie à la fois *little* et *slimy*.

mou

1. Le terme de *consonne molle* est parfois employé comme synonyme de *consonne lâche**.

2. *Palais mou.* V. PALAIS.

mouillé

Une *consonne mouillée* est une consonne caractérisée par rapport à son homorgane non-mouillé par une élévation du dos de la langue contre le palais dur, qui a pour effet de diminuer le volume de la cavité buccale et de conférer au son une coloration semblable à celle de *i* ou de *j*. Ces consonnes ont une valeur phonologique dans les langues slaves et peuvent être notées par différents signes diacritiques, par exemple, le signe ['] : le russe oppose /mat'/ « mère » - /mat/ « échec ».

mouillure

1. Syn. de PALATALISATION. (V. MOUILLÉ.)

2. La *mouillure emphatique* est un type particulier de mouillure ou palatalisation qui apparaît dans certaines langues du Caucase oriental, comme le tchétchène, le lakke, l'ingouche, etc., et qui comporte une position particulière du larynx provoquant un bruit fricatif spécial, « enroué », qui s'étend aussi aux voyelles voisines.

I. moyen (adj.)

1. Le terme de *moyen* est l'intermédiaire entre *ancien* et *moderne* (le *moyen français* est le français des XIVe-XVe siècles).

2. En phonétique, une *voyelle moyenne* est une voyelle produite avec le dos de la langue s'articulant vers le milieu de la voûte palatine à la limite du palais dur et du palais mou, par opposition aux voyelles antérieures et aux voyelles postérieures : le timbre de ces voyelles est donc intermédiaire entre celui des voyelles palatales et celui des voyelles vélaires. Les voyelles de ce type peuvent être arrondies ou non-arrondies : l'anglais connaît une voyelle moyenne mi-ouverte et non-arrondie (dans les mots *sir, girl,* etc.), le norvégien connaît une voyelle moyenne fermée arrondie (dans le mot *hus* « maison »), le suédois connaît une voyelle moyenne mi-ouverte et arrondie (dans le mot *hund* « chien »). On peut aussi considérer la voyelle [ə] du français, dite « *e* muet », comme une voyelle moyenne, d'ouverture intermédiaire, non-arrondie.

On désigne parfois aussi, sous le nom

de *voyelles moyennes,* les voyelles d'ouverture intermédiaire, surtout dans les systèmes phonologiques qui ne connaissent que trois degrés d'ouverture vocalique, comme l'espagnol, où [e] et [o] sont les voyelles moyennes.

II. moyen (n.)

Le *moyen* est une voix des verbes indo-européens, qu'on retrouve notamment en grec. Il a une flexion spécifique par rapport à la flexion active et à la flexion passive, et indique que le sujet de la phrase est à la fois l'agent et l'objet (ce qui correspond au pronominal français : *Pierre se lave*), ou que le sujet est distinct de l'agent (ce qui correspond à l'intransitif français : *La branche casse*), ou encore que le bénéficiaire de l'action est l'agent lui-même (en français, le pronominal à double complément : *Pierre se lave les mains*). [V. DÉPONENT.]

muet

On appelle *phonème muet* un phonème qui est conservé dans l'écriture, mais qui n'est pas prononcé, tout au moins dans certaines positions; ainsi, les consonnes finales de l'espagnol, le phonème [ə] du français qui se maintient dans certains contextes pour éviter un groupe difficile à prononcer (« un petit garçon » [œ̃ptigarsɔ], mais « une petite fille » [ynpətitfij]), le *h* dit « aspiré », qui ne se prononce pas, mais qui joue un rôle dans la prononciation puisqu'il empêche les liaisons (on dit « un héros » [œ̃ ero], mais « un éclair » [œ̃neklɛr]).

multidimensionnel

On qualifie de *multidimensionnelle* l'analyse de la chaîne parlée quand celle-ci est considérée comme une structure à deux dimensions. L'une des dimensions est celle des séquences de phonèmes (objet de l'analyse phonologique); l'autre est celle des séquences de traits prosodiques, accents, tons, intonations, pauses (objet de l'analyse prosodique), combinés aux phonèmes, aux groupes de phonèmes, aux mots ou aux phrases. L'analyse phonologique isolée est unidimensionnelle. (V. LINÉAIRE.)

multilatéral

Une *opposition multilatérale* est une opposition phonologique dont la base de comparaison est commune non seulement aux deux termes de l'opposition considérée, mais aussi à d'autres termes du même système. Ainsi, en français et en allemand, l'opposition /d/ - /b/ est multilatérale, les traits communs occlusif et voisé se retrouvant aussi dans le phonème /g/. Dans tout système d'opposition, les oppositions multilatérales sont plus nombreuses que les bilatérales : le système allemand possède 20 consonnes, soit 190 oppositions possibles, dont 13 bilatérales et toutes les autres multilatérales, soit 93 p. 100 du système. Tout phonème fait nécessairement partie d'une opposition multilatérale, tandis que rares sont ceux qui font partie d'une opposition bilatérale.

multilingue

Syn. de PLURILINGUE.

multilinguisme

Syn. de PLURILINGUISME.

mutation

1. On emploie parfois le terme de *mutation vocalique* comme synonyme de *métaphonie**.

2. On donne le nom de *mutation consonantique* à une série de changements consonantiques qui peuvent apparaître en chaîne dans l'histoire d'une langue, dans un processus couvrant parfois plusieurs siècles : par exemple, en germanique primitif, les ténues deviennent des aspirées, les moyennes perdent leur sonorité, puis les sonores aspirées perdent leur aspiration, devenue redondante après désonorisation des moyennes.

Une *mutation phonologique* est une modification qui se manifeste dans le système phonologique, par l'apparition d'oppositions nouvelles (phonologisation*), la disparition d'oppositions anciennes (déphonologisation*), le déplacement d'une opposition phonologique (rephonologisation*). Le terme de *mutation* est employé pour montrer que les changements phonologiques se produisent par bonds. Ainsi, en grand-russe méridional, il y a eu confusion du [o] inaccentué avec [a] : les étapes intermédiaires phonétiquement possibles (le passage du phonème à un [ɔ] très ouvert, puis à [a·], puis à [a] par une perte progressive du caractère arrondi) n'intéressent pas le point de vue phonologique, pour lequel existent seulement le point de départ et le point d'aboutissement de l'évolution. Tout changement phonique peut être le véhicule d'une mutation phonologique : ainsi, la tendance phonétique à l'avancement du point d'articulation du phonème [k] en [t] devant [j], très fréquente dans différentes langues et parlers (en français populaire « cinquième » est souvent prononcé [sɛ̃tjɛm] et non [sɛ̃kjɛm]), aboutit en toscan ancien à une mutation par l'apparition d'un nouveau phonème /c/ attesté au XVIe siècle. On réserve parfois le terme de *faisceau de mutations phonologiques* à plusieurs mutations qui se produisent en série : ainsi, en espagnol, le passage du système phonologique ancien au système moderne s'est accompagné de la disparition de trois phonèmes (/ʃ/, /ʒ/, /z/) et de l'apparition de deux phonèmes /θ/ et /x/, avec une redistribution de l'ensemble du système phonologique.

3. Le terme *mutation* désigne les opérations de commutation* ou remplacement d'une unité dans une suite donnée par une unité qui n'y figurait pas; ainsi, on parlera de mutation si on substitue *barrière* à *porte* dans *Le gardien ouvre la porte*. La mutation est aussi la permutation ou le remplacement d'une unité dans une suite donnée par une autre unité de la suite, celle-ci étant elle-même remplacée par la première; on dira qu'il y a permutation ou mutation sujet-objet dans la phrase : *Pierre aime Jacqueline et Jacqueline aime Pierre.*

n

narration
On appelle *infinitif de narration* l'infinitif employé stylistiquement avec la valeur d'un indicatif dans les récits (ex. : *Et grenouille de sauter*).

nasal
Un *phonème nasal*, comme le [m] de *mal* ou le [ɔ̃] de *pont*, est un phonème caractérisé du point de vue articulatoire par l'écoulement d'une partie de l'air issu du larynx à travers les fosses nasales, grâce à l'abaissement de la luette. Cette bifurcation de l'air entraîne l'adjonction au résonateur buccal d'un résonateur supplémentaire. Du point de vue acoustique, les phonèmes nasals s'opposent aux phonèmes oraux correspondants par la réduction de l'intensité des formants, la diffusion de l'énergie sur de plus larges bandes de fréquence et par l'introduction de formants additionnels : pour les voyelles, un formant situé entre le premier et le deuxième formant; pour les consonnes, deux formants constants et nets situés environ, l'un à 200 c/s et l'autre à 2 500 c/s.

L'opposition entre consonnes orales et consonnes nasales est à peu près universelle : certaines langues, cependant, l'ignorent, comme le wichita. Toutes les classes de localisation (labiale, dentale, palatale, vélaire) peuvent comporter une consonne nasale, mais les nasales les plus fréquentes sont la nasale labiale [m] et surtout la dentale [n]. Le français présente aussi une nasale palatale [ɲ], comme dans *agneau*. L'anglais, l'allemand présentent également une nasale vélaire [ŋ] que l'on entend à la fin des mots *song* « chanson » et *jung* « jeune ». Les consonnes nasales sont en général voisées : elles peuvent perdre ce trait au contact de phonèmes non-voisés, par assimilation, comme dans les terminaisons en *-isme* prononcées [ism] ou inversement [izm] dans les mots *communisme, prisme,* etc. Seules quelques langues de faible rayonnement opposent des nasales voisées et des nasales non-voisées (comme le kuanyama, dans le Sud-Ouest africain, qui oppose [na] « avec » et [n̥a] « calme »). Les consonnes nasales sont des continues et des sonantes.

L'opposition entre les différentes nasales d'un même système phonologique peut être neutralisée à la finale ou à l'intérieur du mot devant une consonne (comme en grec ancien, en italien, en espagnol, en croate, en finnois, en japonais, etc.); le choix du représentant de l'archiphonème est alors conditionné extérieurement par la nature de la consonne suivante : en espagnol, les oppositions [m], [n] et [ɲ], admises à l'initiale, sont neutralisées à la finale, où la nasale est réalisée comme [m] devant [p, b, m] *(un beso)*, comme [n] devant les dentales *(un tonto)*, comme [ɲ] devant une palatale *un llano)*, comme [ŋ] devant une vélaire *(un gato)*. De cette simplification il résulte, dans quelques langues et dans certaines positions, un phonème nasal de localisation indéter... appelé *nasale indéterminée,* caractérisé uniquement par le degré minima d'obstacle (par exemple en chinois central, en tamoul).

L'opposition entre voyelles nasales et voyelles orales est très rare. En Europe, toutes les langues l'ignorent, sauf le français et, partiellement, le polonais et le portugais. Le français présente quatre voyelles nasales qui s'opposent aux quatre voyelles orales correspondantes, bien que le point d'articulation ne soit pas en tous points semblables ([ɑ̃], [ɔ̃], [ɛ̃], [œ̃] de *an, on, pain, un*). Les voyelles [ɛ̃] et [œ̃] tendent à se confondre dans la langue parisienne, où l'on ne distingue plus *brin* et *brun.* Cette confusion, qui n'a pas d'équivalent pour les voyelles orales, s'explique par la subtilité de la distinction de nasalité : celle-ci implique un affaiblissement de l'intensité des autres formants qui rend plus difficile la perception des différences de labialisation et d'ouverture. De fait, la distinction entre les voyelles nasales et orales apparaît tard dans le système phonologique de l'enfant français.

nasalisation

On appelle *nasalisation* la résonance nasale qui accompagne une articulation orale, qu'elle ait une valeur phonologique ou qu'elle résulte de l'assimilation d'une voyelle par la consonne suivante. Sur le plan diachronique, la *nasalisation phonétique* peut être le véhicule d'une mutation phonologique, comme celle qui a abouti en français à la formation du système des voyelles nasales : l'orthographe des mots *bon* [bɔ̃], *ban* [bɑ̃], etc., atteste encore l'ancienne présence d'une consonne dont le timbre nasal s'est transféré sur la voyelle précédente avec un affaiblissement progressif de l'occlusion.

nasalisé

Un *phonème nasalisé* est un phonème qui s'accompagne d'une résonance nasale (appelée *nasalisation* ou *nasalité*). Ce terme est parfois employé comme synonyme de *nasal*;* parfois, on réserve le terme de *nasal* aux consonnes et celui de *nasalisé* aux voyelles. Enfin, en général, le terme de *nasalisé* est réservé de préférence au trait phonétique dû à l'assimilation d'un phonème voisin, et celui de *nasal* au trait phonologique indépendant du contexte : dans *bonne terre,* la première voyelle est une voyelle nasalisée; dans *bon temps,* la première voyelle est une voyelle nasale.

nasalité

Le terme de *nasalité* désigne la résonance nasale due à l'écoulement de l'air laryngé par les fosses nasales, pendant l'articulation d'une voyelle ou d'une consonne. On réserve parfois ce terme aux consonnes et celui de nasalisation aux voyelles. En général, ce terme désigne les cas où la résonance nasale a une valeur phonologique, se différenciant ainsi de la nasalisation*.

natif. V. LOCUTEUR

naturel

1. Certains philosophes grecs disaient que la langue est *naturelle* pour affirmer qu'elle existe en dehors de toute société ou avant toute société, les rapports entre les mots et les choses désignées étant imposés par la nature ou par des réalités extérieures à l'homme. Cette théorie, qui s'oppose à celle de la langue conçue comme une convention*, n'explique que quelques phénomènes comme les onomatopées.

2. On oppose les *langues naturelles* aux langues artificielles*. Les premières (français, anglais, hindî, russe, chinois, etc.) sont spécifiques à l'espèce humaine dans sa totalité; instruments de communication et d'expression, elles reposent sur des propriétés universelles propres à tout langage humain. Les secondes sont des constructions particulières, fabriquées par l'homme (elles sont créées de toutes pièces), en utilisant certaines des propriétés des langues; ce sont des codes

...e) ou des langages (comme ...ques).

...urel. V. GENRE.

...ire

...AUSSURE définit la relation exis... entre le signifiant et le signifié (v. SIGNE) comme arbitraire, c'est-à-dire comme libre de toute contrainte naturelle qui obligerait à prendre tel ou tel signifiant pour tel ou tel signifié; mais É. BENVENISTE met l'accent sur le caractère *nécessaire* qui fait que le signifiant choisi par la langue ne dépend plus du choix des locuteurs, mais s'impose à eux. L'utilisateur ne peut modifier en quoi que ce soit le choix fait à l'origine, et la société elle-même ne peut exercer que très difficilement une réglementation quelconque sur les relations entre signifiant et signifié. C'est donc en ce qu'il s'impose aux individus de manière inéluctable que le signe linguistique est nécessaire : ainsi, le signifiant [pwɑsɔ̃], toutes les fois que je l'emploierai, évoquera chez mes interlocuteurs la notion de « poisson », et il ne m'est pas possible de décider qu'il désignera tel ou tel quadrupède. (V. CONTINGENT.)

négatif

La *phrase négative,* opposée à la *phrase affirmative,* se définit par son statut, la négation : *Paul ne viendra pas* est une phrase négative opposée à *Paul viendra,* qui est une phrase affirmative.

négation

La *négation* est un mode de la phrase de base (assertive ou déclarative, interrogative et impérative) consistant à nier le prédicat de la phrase : *Paul n'est pas heureux* est une négation; cette phrase est une assertive négative. *Paul n'est-il pas heureux ?* est une négation; la phrase est une interro-négative. *Ne viens pas* est une négation; la phrase est une impérative négative.

néoforme

On appelle *néoformes* dans le discours des aphasiques les paraphasies* formées de termes qui ne correspondent à aucun mot de la langue et qui apparaissent à la place des mots normalement attendus dans le discours; ainsi, on a relevé *linduranche* dans un énoncé d'aphasique sensoriel. (V. APHASIE.)

néo-grammairiens

Tout en mettant en évidence le fonctionnement de la loi de mutation consonantique dans les langues germaniques, J. GRIMM avait admis au XIXe siècle qu'elle ne jouait jamais de façon complète. Au contraire, les néo-grammairiens, chez qui prédominent les conceptions positivistes, ont suivi sans hésitation W. SCHERER, qui attribue l'évolution phonétique à des « lois » « qui n'admettent de variation qu'en conformité avec d'autres lois ». Malgré la hardiesse de l'affirmation selon laquelle les lois phonétiques ne comporteraient pas d'exceptions, les néo-grammairiens ont expliqué, grâce à de brillantes découvertes, beaucoup d'irrégularités constatées par leurs prédécesseurs. On ne nie plus l'importance des travaux de ceux qui se sont donné par fierté le nom de « néo-grammairiens », utilisé d'abord par mépris, à leur intention, par leurs adversaires. Mais on ne croit pas autant qu'eux à l'universalité et à l'immuabilité des lois phonétiques.

néologie

La *néologie* est le processus de formation de nouvelles unités lexicales. Selon les frontières qu'on veut assigner à la néologie, on se contentera de rendre compte des mots nouveaux, ou l'on englobera dans l'étude toutes les nouvelles unités de signification (mots nouveaux et nouvelles combinaisons ou synapsies).

On distingue *néologie de forme* et *néologie de sens*. Dans les deux cas, il s'agit de dénoter une réalité nouvelle (nouvelle technique, nouveau concept, nouveaux *realia* de la communauté linguistique concernée). La néologie de forme consiste à fabriquer pour ce faire de nouvelles unités; la néologie de sens consiste à employer un signifiant existant déjà dans la langue considérée certains grammairiens ont-ils soutenu l'existence d'un neutre en français.

2. Une *voyelle neutre* est une voyelle qui est intermédiaire entre les positions cardinales (ni ouverte, ni fermée, ni antérieure, ni postérieure, ni arrondie, ni rétractée), comme le [ə] du français dans *petit* prononcé [pəti] ou du roumain dans *mîna* ['mɯnə].

3. On appelle parfois *verbes diathétiquement neutres* les verbes symétriques*, comme *casser, brûler,* etc. (*Il a cassé la branche. La branche a cassé.*)

nexie
L. HJELMSLEV appelle *nexie* un groupement de plusieurs nexus (ou phrases); la nexie correspond au paragraphe ou au discours.

nexus
L. HJELMSLEV appelle *nexus* ce qui correspond à *phrase :* le noyau du nexus est le verbe.

I. niveau
1. En linguistique structurale, *niveau* est synonyme de *rang : niveau phrastique, morphématique, phonématique.* (On dit encore NIVEAU DE STRUCTURE.) Le concept de *niveau* implique que la langue est une structure où des unités d'un niveau A sont composées d'unités plus petites, constituant un niveau inférieur B; les unités de niveau A, en se combinant entre elles, constituent des unités d'un troisième niveau ou niveau C. La langue est donc faite d'une hiérarchie de niveaux. (V. STRUCTURALISME.)

2. En linguistique générative, le *niveau de représentation* est le système de concaténation représentant une phrase comme une suite d'éléments discrets; il y a donc plusieurs niveaux de représentation d'une phrase (phonétique, phonologique, syntagmatique, transformationnel); chaque niveau est alors défini par un ensemble fini d'éléments (par exemple, les morphèmes au niveau morphématique) et un ensemble fini de règles qui déterminent les rapports entre ces éléments. Les relations entre les niveaux sont définies par un ensemble de règles de représentation exprimant la manière dont les éléments d'un niveau supérieur sont représentés par les éléments d'un niveau inférieur.

II. niveau de langue
Dans une langue donnée, on constate que certains usages apparaissent uniquement dans des milieux déterminés et d'autres dans d'autres milieux déterminés ou par référence à eux. Chacune de ces utilisations de la langue commune jouit généralement du même prestige ou souffre du même mépris que son milieu d'origine. La notion de *niveaux de langue* est donc liée à la différenciation sociale en classes et en groupes de divers types.

Les locuteurs peuvent employer plusieurs niveaux différents selon les milieux dans lesquels ils se trouvent (cas du lycéen utilisant dans sa famille la langue cultivée et dans la cour de l'école des termes d'argot). L'utilisation d'un niveau de langue déterminé est donc liée à la contrôlabilité* ou à la non-contrôlabilité des performances et aux intentions du locuteur, à son « vouloir-paraître ».

Les clivages peuvent être seulement d'ordre lexical (argot et langue courante, vocabulaire technique et langue courante) ou d'ordre phonétique, morphologique, syntaxique et lexical (langue cultivée et langue populaire, langue courante et patois). Il est à noter que des dialectes* proches de la langue officielle peuvent jouer le rôle de langue populaire.

Toutefois, quelles que soient les situations linguistiques, on retrouve toujours au moins les trois niveaux suivants : une *langue soutenue,* qui tend à ressembler au parler cultivé, utilisé dans la couche qui jouit du prestige intellectuel, une *langue courante* qui tend à suivre les usages du parler populaire* et des *parlers patois*.

nœud
1. *Nœud d'un arbre* en grammaire générative. V. ARBRE.

2. L. TESNIÈRE appelle *nœud* l'ensemble constitué par le régissant* et ses subordonnés*. Il est localisé dans le stemma par la

place du terme régissant lui-même. Ainsi, dans la phrase :
La jeune fille chante une chanson gaie représentée par le stemma

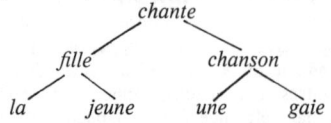

chante est le *nœud central* (nœud des nœuds), puisqu'il forme le nœud de *chante, fille* et *chanson,* c'est-à-dire de *chante* et des nœuds *fille* et *chanson, fille* étant le nœud de *fille, la* et *jeune, chanson* de *chanson, une* et *gaie*.

nom

1. La grammaire traditionnelle définit comme *noms* soit les seuls substantifs c'est-à-dire les mots par lesquels on désigne les êtres animés et ce qu'elle a regroupé comme « choses », à savoir les objets, les sentiments, les qualités, les phénomènes, etc., soit l'ensemble des substantifs et des adjectifs; la première acception est la plus courante. De ce fait, sont noms au même titre : *André, chat, chaise, révolution, remise, tranquillité, méchanceté, compote, verre, maison.* Du point de vue de l'extension (du nombre plus ou moins grand d'éléments auxquels l'idée peut s'appliquer), on a opposé les *noms communs,* qui peuvent s'appliquer à des éléments appartenant à des ensembles d'êtres ou de choses auxquels le nom s'applique de la même manière, et les *noms propres,* qui ne s'appliquent qu'à un être ou une chose pris en particulier (prénoms, noms de famille, noms de dynasties, noms de peuples, noms géographiques de pays, de contrées, de villes, de fleuves, de montagnes).

On a considéré toutefois que *lune, soleil* étaient des noms communs, bien que l'ensemble ne comprenne qu'un seul élément; par ailleurs, les noms propres peuvent devenir noms communs (un *judas*). On a réparti aussi les noms en *concrets* et *abstraits* et en *individuels* et en *collectifs* selon la nature de ce qu'ils désignent. En français, le nom peut être caractérisé formellement par un genre et varie en nombre. Les fonctions traditionnelles du nom sont : sujet, comme dans *Jacques est mécontent;* attribut, comme dans *Il est (le) maître chez lui;* apposition, comme dans *Ajaccio, chef-lieu de la Corse;* complément d'objet direct, comme dans *Je vois des nuages;* complément d'objet indirect, comme dans *Je profite des vacances;* complément d'attribution, comme *André* dans *Je donne des livres à André,* et complément circonstanciel.

2. La linguistique distributionnelle définit comme appartenant à la classe des *noms* tout morphème qui peut être précédé d'un morphème appartenant à la classe des déterminants, pour former avec lui un syntagme nominal, constituant immédiat de la phrase de base.

3. La linguistique générative définit comme *nom* tout morphème susceptible d'être inséré à la place d'un symbole postiche Δ, dominé par le symbole catégoriel N.

4. On appelle quelquefois *noms de nombre* les termes que la terminologie officielle considère comme des adjectifs numéraux cardinaux *(un, deux, trois).* En réalité, ce ne sont ni des noms, ni des adjectifs, à proprement parler; ils appartiennent à une catégorie de déterminants*, celle des quantifieurs ou quantificateurs.

nombre

Le *nombre* est une catégorie grammaticale reposant sur la représentation des personnes, animaux ou objets, désignés par des noms, comme des entités dénombrables, susceptibles d'être isolées, comptées et réunies en groupes par opposition à la représentation des objets comme des masses indivisibles. Le nombre oppose donc les noms susceptibles d'être comptés aux noms qui ne le sont pas : les noms comptables et les noms non-comptables. Ces représentations varient d'une langue à l'autre en fonction de la structure lexicale : le français *fruit* est comptable, l'anglais *fruit* est non-comptable. A l'intérieur des noms comptables, le nombre oppose la représentation d'un « objet » individualisé, isolé (singularité), à la représentation de plus d'un objet individualisé (pluralité). La pluralité peut être, à son tour, conçue dans la seule opposition « un » à « plus d'un », mais elle peut être aussi conçue comme une opposition entre « deux » et « plus de deux » *(dualité* opposé à *pluralité),* ou comme opposition entre « deux », « trois » et « plus de trois » objets *(dualité* opposé à *triel,* opposé à *pluralité).* La pluralité peut être conçue comme un dénombrement indéterminé *(les enfants)* ou déterminé *(deux enfants).* La réunion en un ensemble d'objets individualisés oppose ainsi « une entité » à « un ensemble d'entités » conçu comme une unité (« singularité » opposé à « collectif »).

Le nombre est une catégorie du groupe nominal qui s'exprime :

(1) par l'opposition entre le singulier (traduisant la singularité) et le pluriel (traduisant la pluralité) dans les noms comptables, et parfois par le singulier, le duel (traduisant la dualité) et le pluriel (plus de deux), ou par le singulier, le duel, le triel et le pluriel (plus de trois). Cette opposition de traits distinctifs [+sing] (singulier) et [−sing] se réalise au moyen d'affixes, de désinences ou de variations morphophonologiques des racines nominales (en français *journal / journaux;* en latin *lupus / lupi,* etc.);

(2) par l'opposition entre le singulier déterminé ou indéterminé désignant l'unité isolée et le pluriel exprimant un dénombrement, déterminé ou indéterminé, au moyen de numéraux *(un enfant, deux, trois enfants)* ou de quantificateurs *(beaucoup, peu d'enfants).* Dans certaines langues, l'opposition est faite par la présence ou l'absence de quantificateurs numéraux, sans qu'il y ait une opposition entre singulier et pluriel;

(3) par l'opposition entre le singulier, représentant l'unité individualisée (singularité), et le singulier collectif représentant la réunion d'objets dans un ensemble (pluralité), ceci s'exprimant souvent par une affixation nominale *(chêne / chênaie).*

Le singulier peut donc exprimer la singularité, déterminée ou indéterminée dans l'opposition au pluriel, mais il peut traduire aussi l'absence d'opposition, par exemple dans les noms non-comptables *(Le vin est bon cette année)* ou la pluralité indéterminée (collectif, générique : *L'homme est mortel).* De même, le pluriel, s'il traduit la pluralité, peut exprimer la singularité, comme dans *les ciseaux, les obsèques,* etc. Le singulier est le cas non-marqué en nombre des noms tandis que le pluriel est le cas marqué.

Le nombre, catégorie grammaticale du groupe nominal, peut déclencher une transformation d'accord* à l'intérieur du syntagme nominal et entre le syntagme nominal et le syntagme verbal *(être* + adjectif) ou un seul constituant de ce syntagme verbal, le verbe.

nomenclature

Une *nomenclature* est un ensemble de noms qu'on donne d'une manière systématique aux objets relevant d'une activité donnée. On parle de la nomenclature des pièces d'une voiture. La nomenclature suppose la biunivocité du rapport signifiant-signifié : un seul nom pour chaque chose, une seule chose pour chaque nom. Ce mot doit être distingué de *terminologie*, lexique*, vocabulaire**.

I. nominal (n.)

En grammaire générative, on appelle *nominal*, un nom (ou une expression) issu d'une nominalisation, comme *(la) construction*, issu de *(on) construit* / *(il) est construit*.

II. nominal (adj.)

1. On appelle *phrase nominale* la phrase assertive dont le prédicat ne comporte ni verbe ni copule; par exemple, *Omnia praeclara rara* est une phrase latine où il n'y a pas la copule *sunt*. On appelle aussi *phrase nominale* une phrase impérative, interrogative, emphatique sans verbe : la phrase française *Admirable, ce tableau!* est une phrase emphatique nominale. *Silence!* est une phrase impérative sans verbe.

2. On appelle *formes nominales du verbe*, l'infinitif et le participe [présent et passé] qui jouent respectivement le rôle de nom et d'adjectif verbal, et qui n'ont d'affixe ni de personne, ni de nombre.

3. On appelle *syntagme nominal* (abréviation SN) un syntagme constitué d'un nom (abréviation N) éventuellement précédé d'un déterminant (abréviation D) article, démonstratif, etc. Ainsi, dans les phrases *Pierre dort* et *Le chat dort*, *Pierre* et *Le chat* sont des syntagmes nominaux, respectivement constitués l'un d'un nom seul, l'autre d'un nom précédé d'un déterminant. Dans les phrases effectivement réalisées, on définit comme syntagme nominal toute expansion* du syntagme nominal de base constitué d'un déterminant et d'un nom. Ainsi, dans la phrase *Le chat de la concierge dort*, *le chat de la concierge*, expansion de *le chat*, est un syntagme nominal, comme *le petit chat gris* dans la phrase *Le petit chat gris dort*. Le nom est la « tête » du syntagme nominal.

nominalisateur

On appelle *nominalisateur* un affixe permettant la transformation d'un verbe ou d'un adjectif en un nom; ainsi, l'affixe *-age (essuyer → essuyage)* et l'affixe *-isme (social → socialisme)* sont des nominalisateurs.

nominalisation

Une *nominalisation* est une transformation qui convertit une phrase en un syntagme nominal et qui l'enchâsse dans une autre phrase, dite « phrase matrice* » : la phrase enchâssée joue alors le rôle d'un syntagme nominal. Soit les deux phrases :

(1) *Pierre croit cela.*
(2) *Paul est arrivé.*

Si la phrase (2) est nominalisée et enchâssée dans la phrase (1), on obtient à la fin des opérations la phrase transformée :

Pierre croit que Paul est arrivé.

La complétive *que Paul est arrivé* est une phrase nominalisée.

Soit des deux phrases :

(1) *Ceci a été retardé.*
(2) *Les ouvriers construisent le pont.*

Si la phrase (2) est nominalisée, après avoir subi une transformation passive *(Le pont a été construit par les ouvriers)*, puis enchâssée dans la phrase matrice (1), on obtient la phrase :

La construction du pont par les ouvriers a été retardée.

Le syntagme nominal *La construction du pont par les ouvriers* est issu d'une nominalisation de la phrase (2).

nominatif

Le *nominatif* est le cas* exprimant la fonction grammaticale de sujet (ex. : PIERRE *vient*). Le latin confond sous ce nom le nominatif proprement dit et l'*ergatif**.

non-accompli

On appelle *non-accompli* la forme de l'aspect* indiquant, par rapport au sujet de l'énonciation (« je dis que »), l'action dans son déroulement : *Pierre mange, Pierre mangeait, Pierre mangera* sont respectivement un non-accompli présent, un non-accompli passé et un non-accompli futur. En français, le non-accompli est exprimé par les formes simples des verbes dans les grammaires traditionnelles. On utilise dans le même sens *inaccompli* ou *imperfectif*.

non-animé. V. ANIMÉ.

non-apparié

Un *phonème non-apparié* est un phonème qui ne fait partie d'aucune paire corrélative* : en français, les phonèmes [ɥ] et [l] sont des phonèmes non-appariés, ou hors système.

non-appartenance

Par la *non-appartenance*, un élément O est caractérisé comme n'étant pas l'un des éléments qui constituent un ensemble déterminé.

O ∉ A, O n'appartient pas à l'ensemble A.
Ainsi,
[a] ∉ O
si O est l'ensemble des occlusives.

non-arrondi

Une *voyelle non-arrondie* est une voyelle réalisée avec les lèvres tendues, comme [i, e, ε, a].

non-comptable. V. COMPTABLE, MASSIF.

non-défini. V. DÉFINI.

non-écrit

On oppose aux langues écrites les langues *non-écrites* (qui n'ont pas de textes ni même de système d'écriture) et qu'on rencontre à l'état purement oral (cet oral pouvant être transcrit, ce qui est différent de l'écrit).

non-fonctionnel

On qualifie de *non-fonctionnelle* toute distinction qui n'a pas de valeur pertinente, c'est-à-dire qui ne remplit pas ces fonctions distinctives. (V. FONCTIONNALISME, PERTINENT.)

non-humain

On appelle *non-humain* un trait des noms désignant des êtres vivants qui n'appartiennent pas à la catégorie des humains; les noms non-humains désignent les animaux*. Ainsi, dans le lexique les items lexicaux, *tigre, chat, pigeon, moustique*, etc., sont affectés du trait [—humain].

non-inclusion

Par *non-inclusion*, on désigne un ensemble caractérisé comme ne faisant pas partie (comme sous-ensemble) d'un autre ensemble déterminé. (Syn. : EXCLUSION.)

non-motivé. V. MOTIVÉ.

non-nasal

Un *phonème non-nasal* est un phonème oral*.

non-phrase

En grammaire générative, on appelle *non-phrase* une suite d'items lexicaux qui ne constitue pas une phrase de la langue, c'est-à-dire qui ne peut pas être générée par les règles de la grammaire de cette langue. Les phrases agrammaticales* sont des non-phrases.

non-qualificatif

On appelle quelquefois *non-qualificatifs* les adjectifs déterminatifs*.

non-spécifique, non-spécifié

On dit parfois que les phrases passives sans complément d'agent correspondent à des phrases actives à sujet *non-spécifique*, ou *non-spécifié*, ou sujet *vide*, comme dans *Le tapis a été sali* (issu de *quelque chose a sali le tapis, quelque chose*, représentant le sujet non-spécifique). [V. EFFACEMENT.]

non-voisé

Un *phonème non-voisé*, ou sourd*, est un phonème réalisé habituellement sans vibration des cordes vocales : celles-ci sont trop étroitement accolées pour céder à la pression de l'air pulmonaire et le laisser s'écouler librement ou par petites bouffées à travers le larynx. Les phonèmes non-voisés, qui ne présentent pas de murmure laryngé, sont audibles grâce au bruit provoqué soit par l'occlusion ou le resserrement du chenal buccal après la réalisation d'une voyelle, soit par son ouverture avant la voyelle. Il s'agit en général de consonnes, par exemple en français [p t k s ʃ].

normalisé

On peut dire qu'une langue est *normalisée* quand les usages de la langue ont été relativement stabilisés par les institutions sociales : en France, le français a été normalisé par l'effet de l'enseignement et l'influence des mass media. (V. STANDARDISÉ.)

normatif

La grammaire s'est longtemps réduite à une série de préceptes *normatifs*, c'est-à-dire à une série d'instructions qui finalement se résolvent à *dites X, ne dites pas Y*.

La *grammaire normative* se fonde sur la distinction de niveaux* de langue (langue cultivée, langue populaire, patois, etc.); et, parmi ces niveaux, elle en définit un comme langue de prestige à imiter, à adopter; cette langue est dite la « bonne langue », le « bon usage ». Dans cette détermination, il est bien évident qu'entrent non des raisons proprement linguistiques, mais des raisons d'ordre socioculturel : la langue choisie comme référence du *Dites...* est celle du milieu qui jouit du prestige ou de l'autorité (milieux de « bonne bourgeoisie », par exemple). Un autre facteur pris en considération par la *grammaire normative* est l'imitation des « bons auteurs ». Des raisons stylistiques peuvent évidemment jouer ici; mais, plus souvent, seule la tradition entre en ligne de compte; en outre, dans cette perspective, tous les écarts qu'un « bon auteur » s'est permis sont justifiés et toutes les lacunes dues à des goûts d'auteur, ou même simplement au hasard, incitent à la méfiance. C'est parce que CL. MAROT a, sur une fantaisie, défini des règles du participe passé calquées sur l'italien qu'aujourd'hui on utilise dans ce domaine un système compliqué.

On invoque aussi une prétendue logique tendant à établir des analogies sur des bases étroites et à proscrire tout ce qui ne leur est pas conforme : ainsi, *dans le but de* ne serait pas correct parce que *but* signifie à l'origine « cible ». On ne tient pas compte de l'apparition de *but* dans un environnement qui lui donne le sens d'« intention ».

En réalité, une véritable grammaire normative serait celle qui donnerait à l'enfant la maîtrise de la langue, de ses règles fondamentales qu'on ne peut pas transgresser, et non de détails destinés à compliquer ce qui est simple.

norme

1. On appelle *norme* un système d'instructions définissant ce qui doit être choisi parmi les usages d'une langue donnée si l'on veut se conformer à un certain idéal esthétique ou socio-culturel. La norme, qui implique l'existence d'usages prohibés, fournit son objet à la grammaire normative* ou *grammaire* au sens courant du terme.

2. On appelle aussi *norme* tout ce qui est d'usage commun et courant dans une communauté linguistique; la norme correspond alors à l'institution sociale que constitue la langue.

3. Le mot *norme* est quelquefois employé avec un sens très différent de celui qu'il a d'habitude. Chez L. HJELMSLEV, la norme, c'est le trait, ou l'ensemble des traits, qui permet de distinguer un élément de tous les autres éléments. Soit la consonne [r], qui est la seule vibrante en français : le caractère vibrant constitue donc la norme de [r]. Mais [r] se présente toujours avec d'autres traits. C'est une sonore roulée alvéolaire, ou une constrictive sonore uvulaire, etc. Tous ces traits, qui ne sont pas distinctifs et qui ne permettent pas de caractériser le phonème [r] puisqu'on peut ne pas les rencontrer, constituent l'usage*.

notation

On appelle *notation phonétique* l'ensemble de symboles utilisés pour transcrire les sons. (V. ALPHABET PHONÉTIQUE.)

notionnel

On appelle *grammaire notionnelle* la grammaire qui part de l'hypothèse que le langage traduit des catégories de pensée universelles, extra-linguistiques, indépendantes des accidents que sont les langues.

noyau

En grammaire générative, la structure profonde d'une phrase est constituée d'un Noyau (abréviation P) et d'un autre constituant appelé, selon les auteurs, Modalité* (abréviation Mod), ou Constituant de phrase (abréviation Const) ou Type de phrase, dont la présence déclenche une transformation (interrogative, passive, négative, etc.). Le noyau est constitué de deux parties, le syntagme nominal (SN) et le syntagme verbal (SV), qui en sont les constituants immédiats (P → SN + SV). Le choix du symbole P pour le noyau s'explique par le fait que, dans la première étape de la théorie, le noyau représentait la phrase active, déclarative, affirmative, appelée aussi *phrase-noyau* ou *phrase nucléaire*. Dans une étape ultérieure, le noyau est une partie seulement de la phrase de base. (V. aussi PHRASE-NOYAU.)

nu

Une racine est dite *nue* quand elle se présente sans l'addition d'aucun élément de formation (infixe, voyelle thématique, etc.).

nucléaire

1. On qualifie de *nucléaire* ce qui appartient au noyau de la phrase. Le syntagme nominal sujet et le syntagme verbal prédicat sont des constituants nucléaires. (V. EXTRA-NUCLÉAIRE.)

2. Dans une première étape de la grammaire générative, la *phrase nucléaire*, ou *phrase-noyau*, est la phrase active, déclarative, affirmative, constituée d'un syntagme nominal et d'un syntagme verbal réduits dans leur réalisation à leurs constituants élémentaires. Ainsi, *L'enfant lance la balle, Pierre court, Georges est heureux* sont des exemples de structures de phrases nucléaires. (V. aussi PHRASE-NOYAU.)

nucléus

1. L. TESNIÈRE appelle *nucléus* le noyau de la phrase; mais la notion de nucléus fait intervenir notamment les fonctions (fonction sémantique, fonction modale, fonction translative, alors que le *nœud* n'est que l'expression matérielle et le point géométrique de la fonction modale et se caractérise uniquement par les relations de régissant à régi (subordonné).

2. On donne parfois, en grammaire générative, le nom de *nucléus* au noyau* de la phrase de base.

numéral

En grammaire traditionnelle, les *numéraux* sont des adjectifs cardinaux ou ordinaux; les numéraux cardinaux sont aussi appelés noms de nombre. C'est par pure convention qu'on les classe parmi les adjectifs.

Les *numéraux cardinaux* appartiennent à la classe des déterminants; ils précèdent le nom *(deux hommes)* et ils peuvent à eux seuls constituer le syntagme nominal *(deux d'entre eux sont arrivés)*. Ils ne varient pas en genre (sauf *un, une*); seuls *vingt* et *cent* varient quand ils sont précédés (mais non suivis) d'un autre numéral cardinal qui les multiplie (quatre-vingts, mais non quatre-vingt-dix).

Les *numéraux ordinaux* sont de véritables adjectifs qualificatifs antéposés qui indiquent le rang tenu par le nom *(premier, deuxième, troisième)*. Ils sont pour la plupart dérivés des numéraux cardinaux qui les remplacent dans certains de leurs emplois *(livre III, acte IV, Louis XIII, l'an mille, le chiffre huit, etc.)*.

Il existe également des adjectifs numéraux *multiplicatifs*, comme *simple, double, triple, quadruple*, etc. En revanche, c'est avec une locution formée par la répétition du numéral au moyen de la préposition *par* que le français exprime le *distributif*, alors que le latin a une série distributive *singuli, bini, terni (trini)*, le français dit *un par un, deux par deux, trois par trois*.

Une série de noms est également rattachée aux numéraux : ce sont les noms de fractions de l'unité, comme *le demi, le tiers, le quart, le cinquième* : à partir de *cinquième*, ces substantifs se forment avec *le* suivi de l'ordinal *(le cinquième, le sixième*, etc.).

Peuvent être également classés parmi les noms numéraux certains dérivés en *-ain, -aine, -aire* qui sont aussi parfois adjectifs *(quatrain, sizain, dizaine, douzaine, octogénaire*, etc.*)*.

objectif

On appelle *complément du nom objectif*, *génitif* objectif*, le complément du nom, le génitif qui, dans la phrase active correspondante, joue le rôle d'un complément d'objet; soit le syntagme nominal *la crainte des ennemis* (latin *timor hostium*), la phrase active correspondante peut être : *On craint les ennemis* (*ennemis* est objet direct); dans le cas où la phrase correspondante serait *Les ennemis craignent*, le complément du nom serait dit « subjectif ».

objet

1. En grammaire traditionnelle, on appelle *complément d'objet* le syntagme nominal complément du verbe qui désigne l'être ou la chose qui subit l'action faite par le sujet : *Il lit un livre. Il serre la main*, etc. On appelle *complément d'objet direct*, ou simplement *objet direct**, le syntagme nominal complément d'un verbe transitif* non précédé d'une préposition (*Il lâche la corde*) et *complément d'objet indirect*, ou *objet indirect*, le syntagme nominal complément d'un verbe transitif indirect précédé de la préposition *à* ou *de* (*La grêle a nui aux récoltes*).

On a restreint parfois le concept du *complément d'objet* aux seuls *compléments d'objet direct* des verbes transitifs en liant la définition aux propriétés syntaxiques suivantes : *a*) impossibilité de permuter le syntagme nominal (*L'enfant lit le livre* → **Le livre l'enfant lit*); *b*) possibilité de passif (*Le livre est lu par l'enfant*); *c*) forme de l'interrogation (*Que lit l'enfant ?*); *d*) pronominalisation (*Il le lit*).

2. En grammaire générative, le *complément d'objet*, ou *objet*, est le syntagme nominal dans la réécriture suivante du syntagme verbal :

SV → Aux + V + SN

(V, dans cette formulation, est nécessairement affecté du trait [+transitif]).

3. On donne le nom d'*objet interne* au complément d'objet indiquant l'action verbale elle-même précisée (*Il vit une vie agréable*), ou le résultat de l'action intransitive (*Il a pleuré plus d'une larme*).

obligatoire

En grammaire générative, on appelle *transformations* obligatoires* celles qui s'appliquent à toutes les phrases de base (comme la transformation affixale), par opposition aux *transformations facultatives*, qui ne s'appliquent que si un marqueur structurel défini est présent dans la structure de base (comme les transformations interrogative, emphatique, négative, impérative).

oblique

Par opposition aux cas directs, qui expriment les fonctions grammaticales de sujet et de complément (nominatif, ergatif et accusatif), les *cas obliques* expriment les fonctions grammaticales de l'attributif (datif) ou les fonctions concrètes* (génitif, ablatif, locatif, instrumental). [V. CAS.]

obstacle

En phonétique, on appelle *obstacle* la fermeture ou le resserrement du chenal buccal pendant la phonation. L'établissement d'un obstacle et le franchissement de cet obstacle constituent l'essence de la consonne. L'absence d'obstacle caractérise les voyelles. Chaque consonne est caractérisée par la localisation de l'obstacle (bilabial, labiodental, interdental, apico-dental, etc.) et par le mode de franchissement de cet obstacle. Suivant les degrés d'obstacle, on distingue : les occlusives, qui correspondent au plus haut degré; les fricatives, qui correspondent au degré moyen; les sonantes (nasales, liquides, vibrantes, glides), qui correspondent au degré d'obstacle le plus bas, soit que la présence de l'obstacle en un point du chenal expiratoire se combine simultanément ou successivement à l'absence d'obstacle, comme pour les nasales, les liquides et les vibrantes, soit que le chenal buccal ne soit presque pas resserré, comme pour les glides.

La présence de l'obstacle provoque une interruption de l'écoulement de l'air laryngé qui se traduit, dans le spectre acoustique, par une absence d'intensité et donc une absence de structure de formant, ou une turbulence de l'air laryngé qui brouille les structures de formant.

occlusif

Une *consonne occlusive* est une consonne dont l'articulation comporte essentiellement une occlusion du chenal vocal. Le son consonantique provient du déclenchement ou de l'arrêt brusque de l'écoulement de l'air.

Acoustiquement, les occlusives sont caractérisées par le trait discontinu, c'est-à-dire, dans le spectre, par un silence (du moins pour les fréquences situées au-dessus des vibrations des cordes vocales, dans le cas des occlusives voisées) suivi et/ou précédé d'une diffusion de l'énergie sur une large bande de fréquences. Chaque occlusive est différenciée des autres par son locus*, c'est-à-dire par la fréquence vers laquelle tendent, sans l'atteindre, les formants (surtout le formant buccal) de la voyelle précédente et/ou suivante. Pour [p], les formants vocaliques pointent vers les basses fréquences, pour [t] vers les fréquences du milieu du spectre.

La prononciation d'une occlusive comporte trois phases correspondant à la mise en place des organes (catastase), à la tension plus ou moins prolongée (tenue), au relâchement des organes (métastase). Les occlusives sont dites aussi *plosives*, et on distingue parfois, suivant que l'occlusion interrompt ou précède l'écoulement, entre les explosives qui précèdent une voyelle et les implosives qui la suivent.

Les occlusives pures se distinguent des consonnes combinant une occlusion et un écoulement de l'air fricatif (affriquées) ou libre (nasales, liquides, vibrantes).

Les occlusives sont les consonnes maximales. De toutes les occlusives, l'occlusive diffuse [p] qui représente le minimum d'énergie, et qui se rapproche le plus du silence, est la consonne maximale.

occlusion

Une *occlusion* est la fermeture complète et momentanée du chenal phonatoire en un point quelconque, obtenue par un rapprochement si étroit des deux articulateurs que l'air ne peut plus passer, et précédée et/ou suivie d'une ouverture brusque. L'occlusion peut être *buccale* si elle se produit en un point ou un autre de la cavité buccale [t, d, k, g]; *labiale* si elle se situe au niveau des lèvres [p, b]; *laryngale* (ou glottale) si elle est réalisée par le rapprochement des cordes vocales (elle est, dans ce cas, suivie du coup de glotte), par exemple le hamza arabe [ʔ].

occurrence

Toutes les fois qu'un élément linguistique (type) figure dans un texte, on parle d'*occurrence* (token). L'apparition du terme *socialisme* dans un texte analysé du point de vue linguistique sera une occurrence du mot *socialisme*.

onde

1. Une *onde sonore* est la propagation des particules d'air sous l'impulsion d'une vibration qui peut être périodique ou apériodique (non-périodique), simple ou composée. Dans la phonation, les ondes qui constituent le son peuvent être provoquées soit par la vibration des cordes vocales (voyelles), soit, essentiellement, par la présence brusque d'un obstacle sur le passage de l'air (consonnes).

2. La *théorie des ondes,* ou *Wellentheorie,* a été conçue par le linguiste JOHANES SCHMIDT pour expliquer les convergences entre langues géographiquement voisines. Dans cette perspective, les innovations se répandent progressivement à partir de certains centres qui jouissent de la prépondérance politique et/ou sociale. Les changements se transmettent de proche en proche, progressivement, aussi loin que s'exerce l'influence du point d'origine. Les changements politiques ou sociaux expliquent que chaque innovation ait son aire d'extension spécifique.

Cette théorie de la vague ou des ondes explique que des langues différentes subissent des modifications du même ordre et paraissent de ce fait, avoir une parenté génétique : ainsi, le nom du *chanvre,* qu'on retrouve avec des formes qui semblent remonter à une origine commune indoeuropéenne, a été emprunté par les Grecs aux Scythes ou aux Thraces; à partir du grec, le mot s'est répandu dans diverses langues indo-européennes. La théorie des ondes s'oppose à celle de l'arbre généalogique.

onomasiologie

L'*onomasiologie* est une étude sémantique des dénominations; elle part du concept et recherche les signes linguistiques qui lui correspondent. Dans l'optique de L. HJELMSLEV, on dira que l'onomasiologie part de la considération de la substance du contenu (concept) pour aboutir à la forme du contenu (signes linguistiques correspondant au découpage du champ conceptuel). Par exemple, la démarche onomasiologique établira les structures conceptuelles de la parenté dans une culture donnée : cette culture retient, par exemple, comme pertinentes l'opposition des sexes, la hiérarchie des générations, telle organisation de la lignée (patrilinéaire ou matrilinéaire), etc. De là, les signes linguistiques seront examinés. Dans une telle démarche, *mère* ne sera pas d'abord étudié pour son fonctionnement linguistique (distribution et oppositions paradigmatiques) et dans sa polysémie (*mère d'un enfant, mère de vinaigre, la terre mère,* etc.), mais comme signe linguistique correspondant à une relation particulière dans la taxinomie des relations de parenté.

L'onomasiologie s'oppose à la sémasiologie, qui part du signe pour aller vers l'idée.

onomastique

L'onomastique est une branche de la lexicologie étudiant l'origine des noms propres. On divise parfois cette étude en *anthroponymie* (concernant les noms propres de personnes) et *toponymie* (concernant les noms de lieu).

onomatopée

On appelle *onomatopée* une unité lexicale créée par imitation d'un bruit naturel : *tic-tac,* visant à reproduire le son du réveil; *cocorico,* imitant le chant du coq, sont des onomatopées.

On distingue l'imitation non-linguistique (reproduction par un imitateur, parfois à la perfection, du chant du coq) et l'onomatopée. Celle-ci s'intègre dans le système phonologique de la langue considérée : tous les phonèmes de *cocorico, tic-tac, oua-oua* sont français, même si leur agencement diffère quelque peu des combinaisons les plus fréquentes de la langue. En outre, l'onomatopée constitue une unité linguistique susceptible d'un fonctionnement en langue, affectée d'un système de distribution et de marques : on dira *des cocoricos, un oua-oua agressif;* éventuellement, des dérivés seront possibles : un néologisme *cocoriquer* recevra aisément une interprétation sémantique. On notera toutefois la moindre capacité d'accueil du français pour l'onomatopée, comparée à celle d'autres langues; l'anglais, plus grand producteur d'onomatopées, les intègre également plus facilement à des séries dérivationnelles *(splash, to splash, splasher, splashy).*

Beaucoup d'unités apparemment onomatopéiques sont simplement le produit de l'évolution phonétique : si *fouet* ou *siffler* nous paraissent imiter des sons non-linguistiques, les sources latines *flagellum* et *sibilare* sont beaucoup plus éloignées de l'onomatopée. La motivation que le français peut découvrir ici n'est donc que remotivation (comparable au phénomène plus général de l'étymologie populaire).

L'hypothèse de l'origine onomatopéique du langage humain est assez généralement abandonnée de nos jours. F. DE SAUSSURE indique déjà que ce processus de création lexicale ne saurait être que marginal. La théorie de l'arbitraire du signe s'oppose radicalement à une conception onomatopéique de l'origine des langues.

ontif

Le terme *ontif* désigne chez L. TESNIÈRE les première et deuxième personnes du verbe, qui se réfèrent aux êtres qui participent à l'acte de communication. L'ontif s'oppose à l'anontif* (troisième personne) et correspond aux noms personnels de la grammaire générative.

opacité

Le concept bipolaire de transparence *vs* opacité, utilisé dans l'analyse du discours, note la présence ou l'effacement de l'émetteur par rapport à son discours et du point de vue du récepteur. Dans le cas de transparence parfaite, le récepteur assume entièrement le discours qui lui est tenu (ou du moins, le locuteur s'efface le plus qu'il peut pour obtenir cette transparence) : on peut prendre comme référence d'opacité minimale le cas du livre scolaire, où le sujet d'énonciation est nié : chaque élève doit pouvoir assumer le discours tenu dans le livre, discours déjà réassumé par le maître, qui y reconnaît son enseignement.

A l'opposé, l'opacité sera maximale dans la poésie lyrique (fonction expressive du langage, centrée sur l'émetteur) : la lecture du poème lyrique demande elle aussi au récepteur de devenir sujet d'énonciation; à l'inverse du discours pédagogique, c'est un énoncé fortement modalisé qu'il s'agit cette fois d'assumer, c'est-à-dire que le poète a fortement marqué de sa subjectivité l'énoncé qu'il demande paradoxalement au récepteur d'assumer entièrement.

opérande

Dans la théorie transformationnelle de Z. HARRIS, on appelle *opérande* la phrase, élémentaire ou non, sur laquelle s'applique une transformation, et *résultante* le produit de la transformation.

Si on a la transformation
Paul fait des histoires → *Paul est un faiseur d'histoires.*
on appelle opérande la phrase *Paul fait des histoires* et la résultante est *Paul est un faiseur d'histoires.*

opérateur

On appelle *opérateur* un élément linguistique vide de sens qui sert à constituer une structure phrastique. On dit ainsi que la copule *être* est un opérateur existentiel dans la phrase prédicative : *Pierre est heureux,* que la conjonction *que* et la préposition *de* sont des opérateurs dans les transformations complétive et infinitive du type : *Je crains* QU*'il vienne. Je crains* DE *venir.*

opératif

Dans la linguistique de G. GUILLAUME, le *temps opératif* est le temps très court pendant lequel un système linguistique s'actualise dans le discours.

opinion

Verbes d'opinion. V. DÉCLARATIF (VERBE).

opposant

On appelle *opposant* la fonction assurée dans le récit par un personnage (ou une force quelconque) qui s'oppose à la réalisation du désir du héros.

opposition

1. Une *opposition phonologique* est la différence entre deux ou plusieurs unités distinctives. C'est une différence phonique qui a une valeur linguistique : par exemple, en français, la différence de voisement entre /p/ et /b/, qui permet d'opposer les mots *pain* à *bain,* est une opposition. On appelle aussi *opposition* une paire de phonèmes d'un même système linguistique : /p/ et /b/ constituent une opposition. Suivant la nature des rapports entre les deux termes de l'opposition, on distingue les oppositions homogènes ou hétérogènes, bilatérales ou multilatérales, privatives ou graduelles, proportionnelles ou isolées.

2. D'une manière plus générale, en linguistique, l'opposition est le rapport existant entre deux termes d'un même paradigme.

Opposition et *contraste* sont, en linguistique descriptive, dans le même rapport que substitution et combinaison. Toutefois, on notera que la distinction opposition *vs* contraste n'est pas faite chez F. DE SAUSSURE, qui se contente d'indiquer qu'il ne faut pas confondre *opposition* et *différence*. Pour cet auteur, la langue fonctionne dans son entier par un réseau de différences sans termes positifs. Mais, dès lors que l'on rapproche des signes complets (signifiant *et* signifié), il n'y a plus différence, mais opposition.

Sur le plan conceptuel (signifié), une unité ne reçoit de valeur que par les limitations qu'elle subit du fait d'autres unités en rapport virtuel avec elle. Selon F. DE SAUSSURE : *« redouter, craindre, avoir peur* n'ont de valeur propre que par leur opposition. Si *redouter* n'existait pas, tout son contenu irait à ses concurrents ».* C'est parce que ces mots sont dans un rapport différentiel qu'ils entrent dans une série d'oppositions.

Sur le plan phonique (signifiant), il en va de même : le signifiant linguistique est « constitué non par sa substance matérielle, mais uniquement par les différences qui séparent son image acoustique de toutes les autres : ici encore, les différences perçues fournissent une série d'oppositions : « Les phonèmes sont avant tout des entités oppositives, relatives et négatives. »

Ainsi, les unités obtenues à chaque niveau (phonologique, lexicologique, phrastique) par ce processus purement négatif apparaissent comme des termes positifs. Entre ces termes positifs (signes), le rapport est d'opposition.

Dès la mise au point d'une phonologie, la notion d'opposition devra s'affiner. On n'accepte plus guère le propos de F. DE SAUSSURE : « Placé dans un syntagme, un terme n'acquiert sa valeur que parce qu'il est opposé à ce qui précède ou à ce qui suit, ou à tous les deux. » On spécialise le terme d'*opposition* au plan paradigmatique *(bon - mauvais - passable* sont en opposition paradigmatique*)*, pendant que les rapports contractés au plan syntagmatique sont désignés comme *contrastes* ([b] / [ɔ̃] sont en contraste syntagmatique dans *bon*).

optatif

On appelle *optatif* un mode* du verbe exprimant le souhait, le désir. En grec, l'optatif est traduit par un système de formes autonomes; en français, l'optatif est traduit par le mode subjonctif : *Puisse-t-il se remettre vite. Je souhaite qu'il se remette très vite.*

oral

1. La *langue orale* (1) est synonyme de *langue parlée;* (2) désigne plus précisément la forme écrite de la langue prononcée à haute voix (lecture).

2. Un *phonème oral* (ou non-nasal) est un phonème réalisé par une élévation du voile du palais qui détermine la fermeture des fosses nasales et l'écoulement de l'air expiratoire à travers la cavité buccale : la voyelle [a], *a* du français, s'oppose comme voyelle orale à [ɑ̃] *an;* les consonnes [t] et [d] s'opposent, comme consonnes orales, à [n], consonne nasale.

ordinal

On appelle *adjectifs numéraux ordinaux* (ordinairement dérivés des adjectifs numéraux cardinaux) les adjectifs qui expriment le rang, l'ordre des êtres ou des objets; par exemple, en français, *premier, deuxième* ou *second, troisième,* etc. Les adjectifs ordinaux, qui ont une syntaxe comparable aux adjectifs qualificatifs antéposés, peuvent être utilisés comme nom *(le second, le centième).*

I. ordre

1. Des phonèmes forment un *ordre* quand ils sont caractérisés par une même articulation située en un point déterminé du canal expiratoire, ne se distinguant l'un de l'autre que par une autre articulation distinctive; ainsi, [p, b, m] forment l'ordre bilabial.

2. *Ordre des transformations.* V. TRANSFORMATION.

II. ordre

1. On appelle *ordre* un mode, ou type, de communication institué par le sujet parlant entre lui et son (ou ses) interlocuteur et consistant à faire dépendre ses propositions d'une phrase implicite *Je t'ordonne que* (= je te donne l'ordre de faire). L'assertion dépend de la phrase implicite *Je te dis que* et l'interrogation de la phrase *Je te demande si*.

2. Les *verbes d'ordre* sont des verbes qui expriment la volonté de quelqu'un de faire accomplir quelque chose par un autre : *J'exige de Pierre qu'il réponde tout de suite. Les autorités ont sommé les insurgés de se rendre.* De même *commander, ordonner, obliger*, etc., sont des verbes d'ordre.

III. ordre des mots

Dans la chaîne parlée et sa représentation linéaire écrite, les mots apparaissent dans la phrase les uns après les autres : ils se présentent dans un certain *ordre*. Dans les langues flexionnelles, à déclinaisons, la place respective des mots n'a pas une très grande importance pour indiquer leur fonction, bien que certaines habitudes s'imposent (ainsi, dans certains cas, le verbe en latin tend à se trouver à la fin de la phrase). Les compléments tendent toutefois à précéder ou à suivre les mots dont ils sont compléments. De plus, dès qu'un certain ordre tend à être habituel, tout changement se présente comme une inversion pouvant avoir une valeur expressive. C'est pourquoi quand on dit qu'en latin l'ordre des mots n'a aucune importance, on signifie par là simplement que l'ordre des mots seul ne permet pas de reconnaître le sujet du complément d'objet, par exemple : *agnum est lupus* (« le loup mange l'agneau ») et *lupus est agnum* ont le même sens, le changement d'ordre ne modifiant pas le sens dans ce cas (il en irait autrement en français avec « l'agneau mange le loup »!). En réalité, toutes les langues ont des cas où l'ordre des mots est rigoureusement fixe et des cas où se manifeste une certaine liberté. Disons que l'ordre des mots est un procédé syntaxique moins important en latin qu'en français. Exception faite peut-être de la déclinaison, les langues diffèrent plus par l'importance relative accordée aux divers procédés syntaxiques que par la liste de ces procédés.

Dans une langue donnée, quand il existe une certaine liberté dans l'ordre des mots, on parle d'*ordre grammatical* ou *ordre canonique* pour celui qui est le plus conforme aux règles générales de la langue; d'*ordre logique* pour celui qui paraît conforme à la démarche supposée de la pensée; d'*ordre psychologique* pour celui qui résulte de l'état d'esprit de celui qui parle.

organes de la parole

On désigne sous le nom d'*organes de la parole* tous les organes qui entrent en jeu dans la phonation et les muscles qui les commandent (poumons, larynx, bouche, langue, etc.). En fait, aucun des organes de la parole n'est destiné à accomplir cette fonction phonatoire, sociale et non biologique : leurs fonctions sont au départ essentiellement de respiration ou de digestion.

orienté

Orienté vers l'agent, vers le procès. V. AGENT.

orthoépie

L'*orthoépie* est la science qui définit la prononciation correcte d'un phonème (du grec *orthos*, « droit », « correct »).

orthographe

Le concept d'*orthographe* implique la reconnaissance d'une norme écrite par rapport à laquelle on juge l'adéquation des formes que réalisent les sujets écrivant une langue; l'orthographe suppose que l'on distingue des formes correctes et des formes incorrectes dans une langue écrite, contrairement à la *graphie**, qui n'implique pas la référence à une norme grammaticale. En principe, dans l'écriture à référence phonologique, on essaie de représenter la langue orale. Si cette dernière était représentée fidèlement par une suite univoque de signes alphabétiques, il n'y aurait que des problèmes de graphie, de transcription, et non des problèmes d'orthographe. Mais les signes graphiques correspondent à plusieurs phonèmes (*ch* représente [ʃ] ou [k]) et un phonème peut être représenté par plusieurs signes graphiques : [o] est représenté par *o, au, eau, ot,* etc. De plus, les signes alphabétiques tendent à donner sur le message des indications autres que phonologiques. Ainsi, la « faute » consistant à confondre l'écriture de *j'irais* et l'écriture de *j'irai* tient à ce que l'opposition [ɛ] *vs* [e] n'étant plus perçue, au moins dans cette distribution, la règle impose de marquer par l'orthographe que la première forme est le conditionnel, et que la deuxième est le futur (l'orthographe sert alors à noter une différence morphologique). Dans *Les fleurs que j'ai cueillies,* la terminaison *-es,* non prononcée, signale que *cueillir* a un complément d'objet direct, qui lui est antéposé et qui est féminin pluriel (phénomène syntaxique). Dans *dessein* et *dessin, ei* vs *i* attire l'attention sur une opposition des signifiés; c'est là un procédé pour distinguer les homonymes*. Enfin, pendant longtemps, l'écriture *j'aimois,* alors que *j'aimais* commençait à se répandre et que tous deux se prononçaient [ʒemɛ], signalait le désir d'utiliser une forme de langue soutenue.

La plupart de ces fonctions (fonction syntaxique, fonction lexicale, fonction morphologique, fonction stylistique) de l'orthographe sont secondes : sauf exception, l'orthographe n'a pas pris telle ou telle forme pour les assurer; au contraire, la langue ayant évolué, et l'orthographe ayant changé moins vite, l'écriture a fini par représenter des faits de langue autres que les phénomènes phonologiques.

Plus souvent, l'orthographe assume une fonction étymologique. Dans *temps* [tã] plusieurs lettres sont maintenues pour rappeler que ce mot vient du latin *tempus.* Dans ce domaine, l'orthographe a été compliquée à dessein pour rappeler le lien génétique qui existait, par exemple, entre certains mots français et les mots latins correspondants. C'est pour des raisons de ce type que l'orthographe française a été refaite et rendue « étymologisante ».

orthophonie

1. L'*orthophonie* est la rééducation de malades atteints de défauts de prononciations, de difficultés à effectuer les programmes moteurs nécessaires à la réalisation des phonèmes.

2. L'*orthophonie* est la prononciation considérée comme correcte et normale d'un phonème ou d'une suite de phonèmes (mots).

oscillogramme

Un *oscillogramme* est la représentation graphique, à l'aide d'un appareil appelé *oscillographe,* des variations d'intensité du message vocal. Celles-ci sont notées par une courbe oscillographique qui, selon le théorème de Fourier, peut être analysée en ses courbes composantes correspondant aux partiels de l'onde sonore. Cette analyse permet de déterminer avec précision la composition du son vocal.

oscillographe

Un *oscillographe* est un appareil qui permet l'étude des composantes du son vocal par la représentation sur un diagramme de ses variations d'intensité en fonction du temps. Les variations de pression de l'air, transformées par le microphone en variations de tensions électriques et enregistrées sous forme de variations d'aimantation, sont transmises à l'oscillographe.

L'oscillographe cathodique à caméra fonctionne par le déplacement d'un spot lumineux, au rythme des variations du signal électrique, sur un écran fluorescent devant lequel se trouve une caméra qui déroule de façon continue un film à vitesse convenable pour développer au long du temps les signaux quasi périodiques. Il est ainsi possible d'étudier la vibration individuelle, dont la forme est fournie dans son intégrité. L'inconvénient de cet appareil est d'exiger une grande quantité de film nécessaire; il peut être pallié par l'utilisation de l'oscillographe à enregistrement permanent, ou storascope*, qui permet l'économie de la caméra (grâce à l'utilisation directe du spot lumineux) et l'effacement de la trace du phénomène, une fois celui-ci étudié. Mais l'inconvénient majeur vient de ce que le linguiste s'intéresse moins à la vibration individuelle qu'à la succession des vibrations dans le flux de la chaîne parlée : il préfère donc à la représentation de l'intensité en fonction du temps, celle des intensités relatives des différentes fréquences en fonction du temps fourni par le sonagraphe.

ostensif

On appelle *définition ostensive* une définition consistant à montrer l'objet que dénote un mot. Ainsi, dans les manuels d'enseignement des langues étrangères, la définition ostensive est largement utilisée *(Ceci est la craie, ceci est le tableau, etc.)*.

Osthoff (loi d')

En vertu de la loi dite *d'Osthoff* formulée par le néo-grammairien allemand H. OSTHOFF (1847-1909), une voyelle longue ancienne devient en grec une voyelle brève devant les semi-voyelles *i, u*, devant une nasale et devant une liquide, suivies de consonne; la forme *gnōntos* est issue d'une forme hypothétique *gnōntos*.

outil

Mot-outil, syn. de MOT FONCTIONNEL.

output. V. INPUT.

ouvert

1. *Classe ouverte*. V. FERMÉ.

2. Une *voyelle ouverte* est une voyelle qui, par opposition aux voyelles fermées, est prononcée avec une position basse de la langue, de sorte que le chenal buccal est ouvert. Il y a deux positions d'ouverture vocalique : l'une où la langue est très basse, comme pour [a]; l'autre où elle l'est un peu moins (comme pour les voyelles mi-ouvertes [ɛ] et [ɔ]). Du point de vue acoustique, les voyelles ouvertes sont compactes.

oxymoron

On appelle *oxymoron* une figure de rhétorique qui, dans une alliance de mots, consiste à réunir deux mots apparemment contradictoires, par exemple, *un silence éloquent*.

oxyton

Un *oxyton* est un mot accentué sur la dernière syllabe, comme en italien *città* (du grec *tonos* « accent » et *oxus* « aigu » : il s'agissait, chez les grammairiens grecs, seulement de l'accent de hauteur, et non de celui d'intensité). En français, tous les mots sont des oxytons.

oxytoniser

Oxytoniser c'est faire porter l'accent d'intensité sur la dernière syllabe. Ainsi, le français oxytonise la dernière syllabe des mots qu'il emprunte; l'anglais *camping*, accentué sur l'avant-dernière syllabe, est oxytonisé en français.

paire

1. On appelle *paire minimale* une paire de mots ayant un sens différent et dont le signifiant ne diffère que par un phonème, comme en français les mots *pain* [pɛ̃] et *bain* [bɛ̃].

2. *Paire corrélative.* V. CORRÉLATIF.

palais

Le *palais* est la paroi supérieure de la cavité buccale, limitée en avant par les alvéoles des dents supérieures, en arrière par la luette. Le palais est constitué au deux tiers, dans sa partie antérieure, par la voûte palatine, partie osseuse et fixe appelée aussi *palais dur*. La partie qui se trouve en arrière est une cloison molle, relativement mobile, appelée *palais mou*, ou voile du palais, qui se termine par la luette (lat. *uvula*). Le palais dur comprend, lui, trois régions : prépalatale, médiopalatale, postpalatale, et le palais mou comprend aussi trois régions : prévélaire, postvélaire, uvulaire. Le palais mou provoque l'ouverture ou la fermeture des fosses nasales.

palatal

Un *phonème palatal* est un phonème dont l'articulation principale se situe au niveau du palais dur, comme les consonnes [ɲ] du français *monta*GNE, de l'espagnol *maño*na, [ʎ] de l'italien *mag*LIA, de l'espagnol *ca*LLe, le glide [j] du français *ra*Yon, les voyelles [i, e, ɛ, y, ø], etc.

Le phonème palatal est acoustiquement compact et aigu, la cavité de résonance buccale très compartimentée et plus importante en avant qu'en arrière de l'étranglement le plus étroit.

palatalisation

La *palatalisation* est le phénomène particulier d'assimilation que subissent certaines voyelles ou certaines consonnes au contact d'un phonème palatal : la réalisation du phonème [k] dans le mot français *qui* est une consonne postpalatale sous l'influence de la voyelle [i] phonétiquement très différente du [k] de *cou*. Il s'agit dans ce cas d'une assimilation. Ce phénomène est très important en phonétique historique; la consonne vélaire [k] du latin a avancé son point d'articulation sous l'influence des voyelles palatales suivantes [i] et [e] ou d'un yod; cela s'est traduit par le passage à l'affriquée d'abord alvéodentale [ts] attestée en ancien français, puis prépalatale [tʃ] comme en espagnol et en italien ([tʃera]), qui a eu ensuite des aboutissements différents dans différentes langues romanes ([s] en français *cent*, [θ] en espagnol *ciento*, [tʃ] en italien *cento*) : lat. *centum* → fr [sɑ̃], it. [tʃɛnto], esp. [θjento]. Il s'agit dans ce cas d'une palatalisation régressive. Le passage du groupe [kt] puis [jt] à l'affriquée [tʃ] en espagnol (comme dans l'évolution lat. *noctem* → esp. *noche*) correspond à un phénomène de palatalisation progressive.

palatalisée

Une *consonne palatalisée* est une consonne dont le point d'articulation se rapproche du palais dur : ainsi, la consonne vélaire [k] est palatalisée dans les mots français *qui, cinquième*. On donne aussi cette appellation aux consonnes ayant un point d'articulation palatal comme point d'articulation secondaire.

palatine

La *voûte palatine,* ou palais* dur, est la partie antérieure du palais, constituée par une paroi osseuse et inerte.

palatogramme

Un *palatogramme* est la représentation, par un diagramme ou une photographie, de la surface de rencontre entre la langue et le palais pendant la prononciation de certains sons.

palatographique

La *méthode palatographique* est une méthode de phonétique expérimentale utilisée pour connaître la position de la langue pendant la prononciation de certains sons. Cette méthode consiste à introduire dans la bouche un palais artificiel qui reçoit l'empreinte du contact de la langue avec la partie supérieure de la cavité buccale. Cette méthode, inventée par RUDOLF LENZ, a été modifiée et perfectionnée : on peut revêtir le palais d'une certaine couleur, et on obtient ainsi une coloration de la partie de la langue entrée en contact avec le palais. Enfin, pour éviter les inconvénients inhérents à l'introduction du palais artificiel qui gêne la prononciation, on photographie directement les surfaces de la langue entrées directement en contact avec le palais coloré.

palilalie

On appelle *palilalie* un trouble du langage consistant dans la répétition spontanée des mêmes suites de mots plusieurs fois de suite; l'écholalie* est la répétition des expressions de l'interlocuteur.

paliphrasie, palimphrasie

Chez certains malades mentaux, la *paliphrasie* est la répétition continuelle de la même phrase ou du même mot.

panchronique

On qualifie de *panchronique* tout phénomène linguistique qui traverse une longue période de temps sans subir de changement : ainsi, la relation entre la fonction et l'ordre des mots est en français un phénomène panchronique.

Par opposition à l'étude synchronique ou à l'analyse diachronique, l'étude panchronique met l'accent sur les faits permanents d'une structure linguistique, sur ceux qui semblent indépendants des modifications inhérentes à la durée.

paradigmatique

Les *rapports paradigmatiques* sont les rapports virtuels existant entre les diverses unités de la langue appartenant à une même classe morphosyntaxique et/ou sémantique.

La prise en considération par F. DE SAUSSURE des rapports virtuels, saisis par l'esprit, entre divers termes, est empruntée à la théorie psychologique alors dominante, l'associationnisme; aussi parle-t-il plutôt de rapports associatifs. C'est la linguistique issue de son enseignement qui généralise l'appellation de rapports paradigmatiques. (V. PARADIGME.)

Chaque terme relevé en un point de l'énoncé entretient avec d'autres termes de la langue un rapport différent de celui qu'il entretient avec les autres termes de l'énoncé. Ce rapport est celui des associations qu'il entraîne – et qui conditionnent sa signification. Une unité ne reçoit de signification que de l'existence d'autres termes de la langue qui la délimitent et la contredisent.

L'exemple de F. DE SAUSSURE est celui d'*enseignement*. *Enseignement* est, du point de vue du radical, en rapport paradigmatique avec *enseigner, enseignons,* etc.; du point de vue du suffixe, en rapport paradigmatique avec *armement, changement,* etc.; du point de vue sémantique, en rapport paradigmatique avec *instruction, apprentissage, éducation* etc.; du point de vue phonique, en rapport paradigmatique avec les homéotéleutes *justement, clément,* etc.

Les rapports entretenus par une unité avec d'autres unités de l'énoncé (rapports syntagmatiques) et avec d'autres unités dans une ou plusieurs séries virtuelles (rapports paradigmatiques) ne sont pas de même nature. La linguistique post-saussurienne a pris l'habitude de désigner comme *contrastes* les différences au plan syntagmatique, réservant l'appellation d'*oppositions* aux différences apparaissant au plan paradigmatique. (V. COMBINAISON, SUBSTITUTION.)

paradigme

1. En grammaire traditionnelle, un *paradigme* est l'ensemble typique des formes fléchies que prend un morphème lexical combiné avec ses désinences casuelles (pour un nom, un pronom ou un adjectif) ou verbales (pour un verbe), selon le type de rapport qu'il entretient avec les autres constituants de la phrase, selon le nombre, la personne, le temps : on dit *déclinaison** pour un nom, un pronom ou un adjectif et *conjugaison** pour un verbe. Ainsi, le paradigme de la première déclinaison latine est formée de l'ensemble des formes de *rosă* (« la rose ») : *rosae, rosā, rosam* au singulier, *rosae, rosārum, rosis, rosās*, au pluriel.

2. En linguistique moderne, un *paradigme* est constitué par l'ensemble des unités entretenant entre elles un rapport virtuel de substituabilité. F. DE SAUSSURE retient surtout le caractère virtuel de ces paradigmes. En effet, la réalisation d'un terme (= sa formulation dans l'énoncé) exclut la réalisation concomitante des autres termes. A côté de rapports *in praesentia* (v. SYNTAGME, RAPPORTS SYNTAGMATIQUES), les phénomènes du langage impliquent également des rapports *in absentia*, virtuels. On dira ainsi que les unités *a, b, c, ... n* appartiennent au même paradigme si elles sont susceptibles de se substituer les unes aux autres dans le même cadre typique (syntagme, phrase, morphème). Les paradigmes de flexion des langues exploitant un système flexionnel comme la déclinaison ou la conjugaison ne sont donc que des cas particuliers des rapports associatifs. La linguistique issue de F. DE SAUSSURE parlera d'une manière générale de *rapports paradigmatiques** là où le linguiste genevois parlait de rapports associatifs.

paragogé

On appelle *paragogé*, ou *épithèse*, le phénomène qui consiste à ajouter un phonème non étymologique à la fin d'un mot (du préfixe grec *para-*, qui implique une idée d'addition). La paragogé est fréquente en italien dans l'assimilation des mots étrangers se terminant par une consonne *(Davidde, Sémiramisse)*. Elle a caractérisé l'évolution des finales consonantiques latines dans les formes verbales *sono* ← *sum, cantano* ← *cantan ← *cantant*. Ce phénomène fonctionne encore régulièrement dans la prononciation populaire, où *filobus* est prononcé *filobusse*, *lapis* « crayon » est prononcé *lapisse*. Il faut noter aussi la paragogé de syllabes finales comme *-ne (-ni)* en Italie centrale et méridionale *(mene* « moi », *perchene* « pourquoi », en Toscane, etc., et *-di* en Italie méridionale (Calabre septentrionale et Lucanie).

paragrammatisme

On appelle *paragrammatisme* un trouble du langage parlé consistant en une désorganisation syntaxique des phrases *(paragrammatisme expressif)* ou en une substitution de formes grammaticales incorrectes, ou néoformes, aux formes correctes attendues *(paragrammatisme impressif)*.

paragraphe

On appelle *paragraphe* une unité de discours constituée d'une suite de phrases, formant une subdivision d'un énoncé long et définie typographiquement par un alinéa initial et par la clôture du discours ou par un autre alinéa.

paragraphie

Chez les aphasiques, les *paragraphies* sont des troubles de même nature que les paraphasies* (substitutions de termes ou néoformes), qui se manifestent dans l'écriture de ces malades.

paralexème

On donne parfois le nom de *paralexème* au mot composé *(pomme de terre)*, par opposition au lexème *(abricot)*.

paralexie

Dans la lecture à haute voix chez les aphasiques, les *paralexies* sont des substitutions de termes aux mots attendus ou des néoformes, qui ne correspondent à aucun terme de la langue.

paralogue
On appelle *paralogue* une suite de syllabes appartenant à une langue donnée, mais qui est dépourvue de signification. Ainsi *porbida, chokabé, sivolur* sont en français des paralogues. (Syn. : LOGATOME.)

paraphasie
Dans le langage des aphasiques, les *paraphasies* sont des substitutions de termes plus ou moins éloignés sémantiquement *(paraphasies verbales;* ex. : *deux mètres,* pour *deux ans)* ou morphologiquement *(paraphasies littérales;* ex. : *livrer* pour *niveler)* des termes attendus; ce sont aussi des formes qui n'existent pas dans la langue *(néoformes),* mais dont la constitution phonique obéit aux règles morphophonologiques de la langue du locuteur. Ainsi, on a observé chez un sujet : *J'avais toutes les élèves à faire travailler et à s'occuper de la* [vokdisk] *et aussi à s'occuper de tous les* [tak] *qu'elles se mettaient en même temps que moi.*

paraphrase
1. Un énoncé A est dit *paraphrase* d'un énoncé B si A contient la même information que B, tout en étant plus long que lui. On peut dire ainsi que la phrase passive est la paraphrase de la phrase active correspondante. (V. PARAPHRASTIQUE.)

2. D'une manière plus courante, on appelle *paraphrase* le développement explicatif d'une unité ou d'un texte. La notion de paraphrase, issue de la rhétorique, est particulièrement exploitée en linguistique.

En lexicographie, la définition du mot-entrée est constituée en général d'un groupe de paraphrases synonymes du mot-entrée, chaque paraphrase correspondant à une acception. Le mot aura autant d'acceptions qu'il y aura de paraphrases synonymes du mot-entrée qui ne soient pas synonymes entre elles. On distinguera cependant le traitement lexicographique homonymique du traitement polysémique. Le premier consiste en ce que chaque entrée correspond à une seule paraphrase; les mots ne sont pas ambigus. Le traitement polysémique prend pour entrée un mot graphique défini par un ensemble de paraphrases ayant des traits communs.

E. BENDIX, étudiant la relation *A has B (A possède B),* pose ainsi le problème : il s'agit de définir cette relation par une classe de constructions de même forme, mais ne contenant pas le verbe étudié (ici *posséder);* cette classe représente des phrases paraphrasant la relation entre A et B. On part du fait empirique que les locuteurs considèrent les membres de cette classe de constructions comme des paraphrases des phrases contenant le verbe *posséder.*

Comme le remarque l'auteur, une définition de ce type est comparable à une règle transformationnelle en grammaire générative : la relation *A has B* est, en effet, ici formalisée. La grammaire générative est essentiellement fondée sur la notion de paraphrase; cette notion lui sert en particulier dans sa critique du modèle syntagmatique : une grammaire structurale est incapable d'indiquer la relation de paraphrase existant entre *Pierre aime Marie* et *Marie est aimée de Pierre,* et d'exclure de cette relation *Marie aime Pierre;* le compte rendu de ces relations de paraphrase est un des objectifs de la grammaire générative. De même, la grammaire générative s'assigne pour tâche de définir le type différent de relations de paraphrase existant entre *La route est déviée par la gendarmerie* et sa structure profonde (phrase de base : *La gendarmerie dévie la route),* et entre *La route est déviée par un chemin de campagne* et sa structure profonde

([*On*] *dévie la route par un chemin de campagne*), et de montrer en quoi les systèmes de paraphrases diffèrent.

Enfin, l'analyse du discours doit elle aussi se faire une théorie de la paraphrase. Le système des classes* d'équivalence de Z. HARRIS n'est pas entièrement satisfaisant; la notion d'équivalence linguistique amène à des assimilations sémantiques étendues par simplification des mécanismes de la paraphrase; un travail récent à montré qu'un syntagme d'emploi général en une synchronie donnée, comme *indépendance de l'Algérie*, ou *personnalité algérienne*, etc., dans le discours politique de la guerre d'Algérie, est en relation de paraphrase avec des énoncés sous-jacents différents, éventuellement radicalement opposés; l'étude de la reformulation* d'énoncés (rapports de paraphrase entre énoncé-source et énoncés rapportés) est particulièrement importante pour la définition des méthodes de l'analyse contrastive du discours.

paraphrastique

La *transformation paraphrastique*, dans la théorie de Z. HARRIS, se définit comme une transformation qui n'apporte pas d'information supplémentaire par rapport à la phrase sur laquelle a été effectuée l'opération; ainsi, la transformation de nominalisation est une transformation paraphrastique : *Le général a trahi* → *La trahison du général*.

La transformation paraphrastique n'augmente pas la structure initiale; mais elle est soumise à des restrictions souvent difficiles à énumérer (ainsi les verbes susceptibles d'entrer dans la nominalisation). En général, les transformations paraphrastiques aboutissent à des phrases ambiguës : ainsi, les transformations paraphrastiques d'effacement font passer la phrase *Je crois que mon fils est malade* à *Je crois mon fils malade,* qui est ambiguë puisqu'elle peut être aussi issue d'une autre phrase de base (= j'ai confiance en mon fils malade).

parasite

Un *son parasite* est un élément phonique adventice ou épenthétique* qui apparaît à l'intérieur d'un mot pour faciliter le passage d'une articulation à une autre. Ainsi dans la prononciation populaire [bifətɛk] pour [biftɛk] le [ə] est un son parasite.

parasynonyme

On appelle *parasynonyme* un terme qui est presque synonyme d'un autre, c'est-à-dire qui présente une grande partie de traits pertinents en commun; ainsi, *bois* et *forêt* sont des parasynonymes l'un de l'autre, la différence étant celle de « grandeur ».

parasynthétique

Un mot *parasynthétique* est formé par l'addition combinée d'un préfixe et d'un suffixe; ainsi, *dévitaliser* est formé avec le préfixe *dé-* et le suffixe *-iser,* alors que *dévital* et *vitaliser* ne sont pas attestés.

parataxe

La *parataxe* est un procédé syntaxique consistant à juxtaposer des phrases sans expliciter par une particule de subordination ou de coordination le rapport de dépendance qui existe entre elles dans un énoncé, dans un discours, dans une argumentation; c'est-à-dire, en termes de grammaire générative, sans procéder à l'enchâssement d'une phrase dans l'autre, ni coordonner l'une à l'autre. Il y a parataxe quand on a les deux phrases : *Cet homme est habile, il réussira,* par opposition à l'*hypotaxe* que constituent les phrases *Cet homme réussira parce qu'il est habile. Cet homme est habile, aussi réussira-t-il. Cet homme est habile, et il réussira*, etc. On parle aussi de juxtaposition, par opposition à subordination et à coordination.

parenté

La linguistique historique définit deux sortes de *parentés,* l'une historique ou génétique, l'autre typologique. Deux langues sont apparentées génétiquement quand elles proviennent de l'évolution d'une langue unique. L'histoire permet parfois de fonder la parenté historique; c'est le cas, par exemple, pour les langues romanes issues du latin. Plus souvent, la parenté est prouvée par comparaison (V. GRAMMAIRE COMPARÉE, GLOTTOCHRONOLOGIE); c'est le cas pour les groupes de langues relevant de la famille indo-européenne. On peut établir aussi des parentés typologiques; on constate ainsi que, dans certaines régions, des langues, différentes au départ, tendent à converger, à se rapprocher (V. CONTACT DE LANGUES). Il se produit aussi des convergences fortuites, comme on en a constaté, entre le tswana d'Afrique du Sud et le germanique (consonantismes ressemblants) : de même, le takelma et l'indo-européen ont six importants traits typologiques en commun. Il vaut mieux réserver le nom d'affinité* aux convergences fortuites et parler de parenté quand on pose l'hypothèse d'une origine commune.

parenthèses

1. V. PONCTUATION.

2. En grammaire générative, les *parenthèses* font partie du système de notation et indiquent, dans les règles de réécriture, un élément facultatif. Si la règle de réécriture du noyau de la phrase est la suivante :

$$P \rightarrow SN + SV (SP)$$

cela signifie que les éléments syntagme nominal et syntagme verbal sont obligatoires (dans cet ordre) et que le constituant syntagme prépositionnel (SP) est facultatif. Lorsque le syntagme prépositionnel est choisi, on a :

Le chat boit son lait dans la tasse.

Si le syntagme prépositionnel n'est pas choisi, on a :

Le chat boit son lait.

(V. PARENTHÉTISATION.)

parenthétisation

La *parenthétisation* est une représentation de la structure en constituants d'une phrase au moyen d'un système de *parenthèses* emboîtées les unes dans les autres et de plus en plus incluantes; chaque parenthèse porte une étiquette qui est la catégorie syntaxique du constituant mis entre deux parenthèses; cette étiquette est un symbole souscrit aux parenthèses.

Soit la phrase *Le père lit le journal;* elle peut recevoir une représentation sous la forme de parenthèses étiquetées :

(((le) (père))
P SN D   D N   N SN

((lit) ((le) (journal))))
SV V   V SN D D N   N SN SV P

Cela signifie que la phrase P *(Le père lit le journal)* est formée de deux constituants SN *(le père)* et SV *(lit le journal),* que le constituant SN est formé de deux autres constituants *le* et *père* (qui reçoivent respectivement les étiquettes de D et de N), et que SV est formé des deux constituants *lit,* qui reçoit l'étiquette de V (verbe), et *le journal,* qui reçoit l'étiquette de SN; ce dernier constituant peut à son tour être analysé en *le* (déterminant D) et *journal* (N). La *parenthétisation étiquetée* a les mêmes propriétés que l'arbre* mais, dès que la phrase devient complexe, sa lisibilité laisse à désirer.

parfait

Syn. d'ACCOMPLI.

parisyllabique

On appelle *parisyllabique* un type de déclinaison caractérisé en latin par le fait que le nombre de syllabes n'est pas modifié par l'adjonction des désinences casuelles; ainsi, *civis* nominatif singulier fait au génitif singulier *civis,* au datif *civi,* nominatif pluriel *cives.* (Seuls les cas obliques pluriels datif et ablatif présentent une syllabe de plus : *civibus.)*

parlé

Il n'y a jamais correspondance exacte entre les unités qu'on utilise dans les échanges oraux et celles qu'on utilise dans la représentation écrite, même quand on fait la transcription des conversations. Ainsi, en français, la *langue parlée* marque le nombre des noms surtout grâce aux variations de l'article, alors que l'écriture a des terminaisons de pluriel (très souvent la marque *-s*). De même, certains mots sont utilisés dans la langue écrite, alors que, dans la communication orale, on en emploierait d'autres : on écrira plus facilement qu'on ne dira *la grève* pour *la plage.* D'une manière plus nette, notamment dans les régions qui conservent un dialecte, on utilisera en parlant des formes ou des tournures locales qu'on n'écrira pas. Un méridional dira très souvent, mais écrira rarement : *Il se la mange,* et en Suisse alémanique on dira couramment *ksij* pour le participe passé de *être,* mais on écrira *gewesen.* On oppose quelquefois à l'ordre de la langue parlée l'ordre scriptural.

I. parler (n. m.)

1. Par opposition au *dialecte,* considéré comme relativement uni sur une aire assez étendue et délimité au moyen des critères linguistiques de la dialectologie* et de la géographie* linguistique, le *parler* est un système de signes et de règles de combinaison défini par un cadre géographique étroit (vallée, par exemple, ou village) et dont le statut social est indéterminé au départ. Une langue ou un dialecte étudiés en un point précis sont donc étudiés en tant que parlers.

2. Le *parler* est une forme de la langue utilisée dans un groupe social déterminé ou comme signe de l'appartenance ou de la volonté d'appartenir à ce groupe social : le *parler patois* est rural et s'utilise pour des activités campagnardes; le *parler courant* est neutre et peut s'employer en toutes circonstances; le *parler cultivé* est le signe d'un certain niveau d'instruction ou de culture, contrairement au *parler populaire.* Chacun de ces parlers (pour ne signaler que les principaux) a des vocables et des règles syntaxiques qui lui sont particuliers et beaucoup d'autres qui sont communs à plusieurs parlers de la langue ou même à tous.

II. parler (v.)

Parler, c'est communiquer avec d'autres locuteurs selon un système défini appartenant à une communauté linguistique particulière (langue).

parleur

Syn. de LOCUTEUR.

parole

1. D'une manière courante, la *parole* est confondue avec le langage. Dans les théories innéistes, la *parole* est considérée comme la « faculté naturelle de parler ». Définir ainsi la parole, c'est faire d'elle un acte comme l'acte de marcher, de manger, actes naturels, c'est-à-dire instinctifs, innés, reposant sur des bases biologiques spécifiques à l'espèce humaine. Dans les théories béhaviouristes, si la parole, comme l'écrit E. SAPIR dans *le Langage* (trad. fr., p. 11), « semble aussi naturelle à l'homme que la marche [...], il ne faut qu'un instant de réflexion pour nous convaincre que cette façon de juger n'est qu'une illusion. Le processus d'acquisition de la parole est, en réalité, absolument différent de celui de la marche [...]. La marche est une fonction biologique inhérente à l'homme [...]. La parole est une fonction non instinctive, acquise, une fonction de culture. Si l'individu parle, communique son expérience, ses idées, ses émotions, il doit cette faculté au fait qu'il est né au sein d'une société. Éliminons la société, l'homme aura toutes chances d'apprendre à marcher; il n'apprendra jamais à parler ».

2. En linguistique, F. DE SAUSSURE donne à la *parole,* distinguée du langage, une place particulière en l'opposant à la « langue ».

1. Théorie de la parole chez F. de Saussure

Partant du langage, F. DE SAUSSURE définit la première bifurcation « que l'on rencontre dès qu'on cherche à faire la théorie du langage » (p. 38), c'est-à-dire la distinction *langue / parole.* Pour lui, en effet, « l'étude du langage comporte deux parties : l'une, essentielle, a pour objet l'étude de la langue, qui est sociale dans son essence et indépendante de l'individu; l'autre, secondaire, a pour objet la partie individuelle de la langue, c'est-à-dire la parole, y compris la phonétique : elle est psychophysiologique ». Cette distinction entre la *langue** et la *parole* entraîne, pour F. DE SAUSSURE, une série de distinctions.

La langue existe dans et par la collectivité. « C'est un produit social de la faculté du langage et un ensemble de conventions nécessaires adoptées par le corps social, pour permettre l'exercice de cette faculté chez les individus ». La langue est donc une institution sociale spécifique. La parole se distingue alors de la langue comme ce qui est individuel se distingue de ce qui est social. La parole est « un acte individuel de volonté et d'intelligence ». « Le côté exécutif [du langage] reste hors de cause, car l'exécution n'est jamais le fait de la masse; elle est individuelle et l'individu en est toujours le maître; nous l'appellerons la parole ».

Dans une deuxième opposition, F. DE SAUSSURE distingue la langue, « produit que l'individu enregistre passivement », et la parole, « acte de volonté et d'intelligence », acte libre, acte de création. En effet, précisant que la langue ne peut être « ni créée, ni modifiée par un individu », il confirme de ce fait, par opposition, le caractère créateur et libre de la parole. A l'acte créateur qu'est la parole, domaine de la liberté individuelle, s'oppose le processus passif d'enregistrement, de mémorisation qu'est la langue.

La langue apparaissant alors comme l'ensemble des moyens d'expression, comme un code commun à l'ensemble des individus appartenant à une même communauté linguistique, la parole, au contraire, est la manière personnelle d'utiliser le code; elle est, dit F. DE SAUSSURE, « la partie individuelle du langage », le domaine de la liberté, de la fantaisie, de la diversité.

— *Les rapports associatifs (ou paradigmatiques) et les rapports syntagmatiques.*

Selon la définition de F. DE SAUSSURE, les rapports associatifs ou paradigmatiques sont ceux qui unissent des termes *in absentia* dans une série mnémonique virtuelle. « Leur siège est dans le cerveau; (ils) font partie de ce trésor intérieur qui constitue la *langue* chez chaque individu. » C'est sur cet axe que s'opère la sélection, parmi des termes mis en mémoire et associés par une relation quelconque, d'un terme qui sera réalisé sur l'axe syntagmatique et combiné sur cet axe avec d'autres éléments pour former un syntagme.

La question se pose donc de savoir si le syntagme fait partie du domaine de la langue ou de celui de la parole, dans quelle mesure tous les syntagmes sont libres, le propre de la parole étant la liberté des combinaisons. F. DE SAUSSURE estime que, en ce qui concerne les syntagmes, un grand nombre d'expressions appartiennent à la langue; ce sont les locutions toutes faites, auxquelles l'usage interdit de rien changer : c'est le cas de *à quoi bon, comment ça va, prendre la mouche, forcer la main à quelqu'un*, etc., tours qui ne peuvent être improvisés et qui sont fournis par la tradition. F. DE SAUSSURE attribue également à la langue tous les types de syntagmes construits sur des formes régulières, ces types n'existant « que si la langue en a enregistré des spécimens suffisamment nombreux »; c'est le cas de : *la terre tourne, que vous dit-il ?* etc.

Mais il ajoute qu'« il faut reconnaître que, dans le domaine du syntagme, il n'y a pas de limite tranchée entre le fait de langue, marque de l'usage collectif, et le fait de parole, qui dépend de la liberté individuelle ».

Quant à la phrase, elle échappe à cet usage collectif et relève de la parole : « Elle appartient à la parole, non à la langue ».
— *L'aspect créateur du langage est le fait de l'acte de parole.*
Pour F. DE SAUSSURE, l'aspect créateur du langage est éliminé de la langue, domaine des signes et des règles de fonctionnement transmis comme un héritage, déposés dans la mémoire où ils sont sélectionnés; pour lui, l'aspect créateur est essentiellement le fait de l'acte de parole, domaine de la liberté, de la fantaisie, où n'existent pas de règles.
— *Mécanisme psychophysiologique de l'acte de parole.*
Cet acte suppose au moins deux individus; soit deux personnes A et B. F. DE SAUSSURE décrit le circuit suivi par la parole dans cet acte de *communication;* pour lui, le point de départ du circuit est dans le cerveau de la personne A, où les faits de conscience (concepts) se trouvent associés aux représentations des signes linguistiques ou images acoustiques servant à leur expression. Lorsqu'un concept déclenche dans le cerveau l'image acoustique correspondante, nous avons un phénomène psychique. Suit alors un phénomène physiologique : le cerveau transmet aux organes de la phonation une impulsion corrélative à l'image. Un procès physique ensuite : les ondes sonores se propagent de la bouche de A à l'oreille de B, l'air jouant le rôle de canal de communication. Ensuite, le circuit se prolonge en B dans l'ordre inverse : de l'oreille au cerveau, transmission physiologique de l'image acoustique; dans le cerveau, association psychique de cette image avec le concept correspondant. Si B parle à son tour, le nouvel acte de parole suivra la même marche que le premier.

2. Les organes de la parole

— *La parole, phénomène phonétique.*
La parole est un phénomène physique et concret qui peut être analysé soit directement, à l'aide de l'oreille humaine, soit grâce à des méthodes et à des instruments analogues à ceux qu'on utilise en sciences physiques. La parole est, en effet, un phénomène phonétique : l'articulation de la voix donne naissance à un segment phonétique, immédiatement audible à titre de pure sensation. L'acte de la parole comprend physiquement trois phases : *a)* la production de la chaîne sonore par les organes dits de la parole (articulation et phonation); *b)* la transmission du message à l'aide d'une onde sonore; cette phase comprend la structure physique des phénomènes vibratoires et l'acoustique de la parole; *c)* la réception de cette onde sonore par une oreille humaine; cette phase comprend la perception de la chaîne sonore, c'est-à-dire son interprétation comme une série d'éléments de valeur distinctive.
— *L'appareil phonatoire et la production des sons du langage.*
Il s'agit d'étudier les organes de la parole. E. SAPIR remarque que « même au niveau de la production des sons, le langage est autre chose qu'une simple fonction biologique, puisqu'il a fallu que les mécanismes primaires de l'activité laryngée soient totalement transformés par les modifications que leur impose le jeu de la langue, des lèvres, du voile du palais pour qu'un « organe de la parole » fût enfin constitué. C'est peut-être parce que cet « organe de la parole est, en réalité, un réseau secondaire et comme surajouté d'activités physiologi-

ques qui ne correspondent pas aux fonctions primaires des organes impliqués que le langage a pu se libérer de l'expressivité corporelle directe ».

Dans *le Langage* (trad. fr., p. 16), E. SAPIR précise cette idée que : « Il n'y a, à proprement parler, pas d'organes de la parole; il y a seulement des organes qui sont fortuitement utiles à la production des sons du langage : les poumons, le larynx, le palais, le nez, la langue, les dents et les lèvres sont utilisés pour la parole, mais ne doivent pas être considérés comme les organes essentiels de la parole [...]; la parole n'est pas une activité simple qui est produite par des organes biologiques adaptés à cette fonction; c'est un réseau très compliqué et constamment changeant d'adaptations variées : du cerveau, du système nerveux, des organes d'audition et d'articulation, tout cela tendant vers un seul but désiré : la communication des idées. » En résumé, la parole, physiologiquement, est « une fonction, ou, pour mieux dire, un groupe de fonctions qui empiètent sur les autres. Elle obtient tout ce qu'elle veut d'organes et de fonctions soit nerveuses, soit musculaires, qui, en réalité, ont été créés et se sont maintenus pour des fins bien différentes ».

3. Reformulation des concepts de langue et de parole. Parole et performance

N. CHOMSKY remet en cause plusieurs aspects de la théorie saussurienne et, en particulier, l'association faite par F. DE SAUSSURE de la langue et de la mémoire. D'où la nécessité de reformuler les concepts de langue et de parole tels que F. DE SAUSSURE les a définis; il réexamine en particulier le problème de la phrase, qui, selon F. DE SAUSSURE, appartenait au domaine de la parole, était « un problème de création libre et volontaire plutôt qu'une question de règles systématiques » (N. CHOMSKY, *Analyse formelle des langues naturelles,* p. 63). La langue, en effet, n'était considérée que « comme une nomenclature de signes emmagasinés (par exemple, des mots, des syntagmes fixés [...], y compris peut-être certains types de syntagmes » *(ibid.).* L'aspect créateur étant ainsi éliminé de la langue, c'est de la parole que relève, pour F. DE SAUSSURE, cette créativité du langage, mais il s'agit d'une créativité libre, fantaisiste, sans règles, comme tout ce qui relève du domaine de la parole. Il ne peut donc être question, en ce qui concerne la phrase, de règles systématiquement appliquées. Pour N. CHOMSKY, au contraire, la phrase devient l'élément premier de la théorie : il s'agit de rendre compte de l'aptitude des sujets parlants à produire et à comprendre des phrases jamais rencontrées auparavant. Cette créativité linguistique relève essentiellement du domaine de la compétence, qui peut être définie comme « un système de règles qui relie les signaux à l'interprétation sémantique de ces signaux ». Le concept de langue défini par F. DE SAUSSURE comme un « système de signes » est reformulé par N. CHOMSKY, qui lui substitue le concept de compétence, « système de règles » dont la phrase relève désormais, échappant au domaine de la fantaisie individuelle. Au niveau de la compétence, l'accent est mis par N. CHOMSKY sur la créativité, qui était exclue par F. DE SAUSSURE du système de la langue et qui relevait uniquement de la parole. N. CHOMSKY, en effet, distingue deux types de créativité; en ce qui concerne la compétence, il s'agit d'une créativité gouvernée par les règles, qui tient au pouvoir récursif des règles. Quant au concept de parole, il est reformulé par N. CHOMSKY en celui de performance, définie par la manière dont le locuteur utilise les règles. En ce sens, certains facteurs entrent en jeu : attention, mémoire, etc. Nous remarquerons donc que la mémoire, qui était un des éléments essentiels permettant le stockage des signes de la langue chez F. DE SAUSSURE, devient un des facteurs de fonctionnement de la performance chomskyenne. Enfin, pour N. CHOMSKY, la créativité relève également de la performance, comme chez F. DE SAUSSURE pour qui l'aspect créateur du langage était le fait de la parole; mais il s'agit pour N. CHOMSKY d'un deuxième type de créativité qui consiste en ces multiples déviations individuelles, dont certaines, en s'accumulant, finissent par changer le système.

paronomase

On appelle *paronomase* la figure de rhétorique qui consiste à rapprocher des mots qui présentent soit une similarité phonique, soit une parenté étymologique ou formelle (ex. : *qui se ressemble s'assemble. Traduttore, traditore*, etc.).

paronyme

On appelle *paronymes* des mots ou des suites de mots de sens différent, mais de forme relativement voisine. Ainsi, *collusion* et *collision*, *allocution* et *allocation* sont paronymes. Les paronymes sont souvent soumis à des phénomènes d'attraction* paronymique ou d'étymologie* populaire.

paroxyton

Un *paroxyton* est un mot accentué sur l'avant-dernière syllabe, ou pénultième : la majorité des mots italiens (*páne* « pain », *cása* « maison », etc.) sont des paroxytons.

paroxytonique

Une *langue paroxytonique* est une langue où les paroxytons sont les mots les plus nombreux et tendent à le devenir encore davantage. L'italien est une langue paroxytonique.

participant

On appelle *participants à la communication* le sujet parlant et son ou ses interlocuteurs. (V. PERSONNE.)

participe

1. On appelle *participes* des formes dérivées des racines verbales et employées comme adjectifs. Ainsi les formes *ému, agacé, vu, omis, fini*, etc., sont des dérivés des radicaux verbaux, *émouvoir, agacer, voir, omettre, finir*, qui ont subi des modifications consécutives à l'adjonction d'un affixe dit de participe passé *-u, -é, -u, -is, -i*. De même les formes *émouvant, agaçant, voyant, omettant, finissant* sont dérivées de radicaux verbaux avec l'adjonction d'un affixe en *-ant*. Les adjectifs* verbaux en *-ant* sont distincts des formes en *-ant* de participe présent qui fonctionnent non comme des adjectifs, mais comme des verbes. (V. GÉRONDIF.)

2. En grammaire générative, la *transformation participe*, ou *participiale*, que subit une relative enchâssée efface le pronom relatif et substitue l'affixe *-ant* à l'affixe temporel du verbe. Soit la phrase :
Pierre qui était dans l'embarras fit appel à ses amis,
qui est issue de
Pierre qui + T_{ps} + être + dans l'embarras.
On remplace T_{ps} par l'affixe *-ant* et on efface *qui*, ce qui donne après la transformation affixale :
Pierre étant dans l'embarras fit appel à ses amis.

L'affixe de *participe passé* appartient à la classe des affixes verbaux (avec l'infinitif) qui entraînent la transformation affixale*. Si l'on a la structure profonde
Pierre + Prés + être + PP + venir,
où PP est l'abréviation pour « participe passé », on insère à la place de PP l'affixe *-u*. La transformation affixale entraîne le déplacement de l'affixe de participe passé derrière la racine verbale, ici « venir », et on obtient alors la forme de surface : *venu (Pierre est venu).*

particule

Une *particule* est un morphème grammatical non-autonome, qui forme avec un morphème lexical une unité accentuelle ou mot. Sous le nom de *particules*, on regroupe souvent les affixes (suffixes, préfixes), les conjonctions de coordination (comme le latin *-que*), les adverbes négatifs (comme le français *ne*, le grec *mê*), les prépositions (comme le français *de*).

partiel

1. Un *partiel*, ou *harmonique**, est, dans une vibration composée, l'onde sonore produite par l'une des parties du corps vibrant. Dans la phonation, les ondes sonores produites par la vibration des cordes vocales sont composées d'un certain nombre de partiels de fréquences variées. Chaque partiel est renforcé par la cavité supraglottique dont la fréquence est équivalente à la sienne. Le pharynx, par exemple, renforce les partiels de basse fréquence.

2. Une interrogation est dite *partielle* quand, au lieu de porter sur toute la phrase (interrogation totale), elle ne porte que sur certains éléments de la phrase : ainsi quand on demande *Qui est venu ? Quand est-il venu ?* on interroge sur l'auteur ou sur le temps de l'action, non sur l'action de « venir » elle-même. (V. PORTÉE.)

parties du discours

On appelle *parties du discours*, ou *espèces de mots*, les classes de mots (ou catégories lexicales) définies sur la base de critères syntaxiques (définition formelle) et sur celle de critères sémantiques (définition notionnelle). Syntaxiquement, les classes sont définies : (1) par le rôle réciproque des mots dans la constitution de la phrase; le *nom*, tête du syntagme nominal, s'associe au *verbe*, tête du syntagme verbal, pour former la phrase; (2) par la spécificité des flexions (modifications du mot selon sa fonction syntaxique, son mode spécifique de référence). Le nom et le verbe se distinguent parce que la flexion nominale du premier supporte les catégories grammaticales du genre et du nombre, tandis que la flexion verbale du second supporte les catégories grammaticales de la personne et du temps, du moins dans les langues indo-européennes.

C'est le rôle syntaxique qui détermine les neuf classes des *noms*, des *pronoms*, des *verbes*, des *adjectifs*, des *déterminants* (ou *articles*), des *adverbes*, des *prépositions*, des *conjonctions* et des *interjections*. C'est la présence ou l'absence de flexion qui distingue les espèces de mots *variables* (noms, pronoms, adjectifs, verbes, déterminants) et les espèces de mots *invariables* (prépositions, conjonctions, interjections).

Sémantiquement, à chaque partie du discours est associée une signification particulière ou une référence au monde extérieur, même lorsque la définition formelle et la définition notionnelle se sont que partiellement coextensives. Ainsi, les *noms* désignent des personnes, des objets ou des endroits : ce sont des *substantifs*. Les *verbes* et les *adjectifs*, groupés sous le nom de *verbaux*, désignent des procès et des états; ils se distinguent secondairement par le fait que les premiers indiquent surtout un procès et les seconds une qualité. Les *adverbes* représentent une propriété de même nature que l'adjectif, mais concernant le procès, donc le verbe (d'où sa dénomination), ou concernant une qualité, donc l'adjectif. *Prépositions* et *conjonctions* indiquent une relation logique entre les parties du discours ou les phrases. Les *articles* déterminent les substantifs, les *pronoms* se substituent aux noms ou se réfèrent aux actants de la communication. Les *interjections*, isolées dans le système, sont des intrusions directes du sujet parlant dans le discours, et elles se définissent par l'absence de rôle syntaxique. On oppose ainsi les parties de discours *majeures* (nom, verbe, adjectif et adverbe), qui ont un sens, et les parties de discours *mineures* (prépositions, conjonctions), qui ne signifient rien elles-mêmes. On a aussi hiérarchisé ces catégories en trois degrés. Le nom forme la catégorie primaire; associé au verbe ou à l'adjectif (avec copule), qui forment les catégories secondaires, il constitue la phrase. L'adverbe est une catégorie de troisième degré, car elle se combine avec le verbe ou avec l'adjectif.

partitif

1. On appelle *partitif* un cas* exprimant la partie d'un tout (ex. : *Il mange* DE LA CONFITURE).

2. On appelle *partitifs* certaines formes de l'article ou certains articles qui indiquent que le contenu désigné par le nom qu'ils accompagnent n'est pas concerné en totalité par le procès, mais seulement en partie. En français, historiquement, l'*article partitif* est né de la préposition *de* suivie de *le, la, les*. En français moderne, on est en droit de considérer cette série de formes *du (de l'), de la, des* comme entièrement autonome. Certains grammairiens considèrent toutefois que le pluriel *des* est toujours le pluriel de l'indéfini *un, une*. Comme l'ancien français, qui disait *manger païn* pour *manger du pain*, beaucoup de langues, comme l'italien, expriment le partitif en supprimant simplement tout article. En français, il ne reste dans les formes négatives que la préposition : *ne pas manger de pain*.

passé

1. Le *passé* est un temps* situant l'énoncé dans un moment avant l'instant présent*, avant le « maintenant »; le passé s'exprime par des affixes verbaux (imparfait et passé historique : *il écoutait, il écouta*) ou par des adverbes *(il est venu* HIER*)*.

2. On donne le nom de *passé simple, passé défini, passé historique* à un ensemble de formes verbales constituées d'une racine verbale et d'affixes exprimant le passé dans un discours narratif, un récit, un énoncé historique; le passé historique situe le récit dans un moment révolu.

3. On donne le nom de *passé composé, passé indéfini* à un ensemble de formes verbales constituées de l'auxiliaire *avoir* (ou *être*) et d'un participe passé et traduisant l'aspect accompli. Le passé composé situe l'énoncé par rapport au sujet parlant; le procès est achevé au moment de l'énonciation (*Pierre a bien mangé* = il se trouve dans l'état de celui qui a mangé).

4. On donne le nom de *passé antérieur* à un ensemble de formes verbales constituées de l'auxiliaire *avoir* (ou *être*) et du participe passé d'une racine verbale, l'auxiliaire étant lui-même affecté des affixes verbaux du passé historique. Le passé antérieur traduit la catégorie de l'aspect (procès accompli) et celle du temps (procès révolu par rapport à un passé historique) : *Dès qu'il eut fini de boire, il tomba mort.*

passif

1. On appelle *phrase passive* une phrase correspondant à une phrase active transitive dans laquelle le sujet de la phrase active est devenu l'agent (introduit par la préposition *de* ou *par* en français) et où l'objet de la phrase active est devenu le sujet d'un verbe constitué de l'auxiliaire *être* et du participe passé du verbe transitif. Soit la phrase active transitive :

(1) *Le vent a cassé la branche*

la phrase passive correspondante est :

(2) *La branche a été cassée par le vent.*

On considère qu'il y a quasi-synonymie entre la phrase active (1) et la phrase passive (2).

2. En grammaire générative, on appelle *transformation passive* les opérations de transformation que subit la phrase active transitive de structure profonde

pour devenir la structure de surface passive. Dans une première étape de la théorie, on a formalisé la correspondance actif-passif à partir de la grammaire traditionnelle sous la forme suivante :

$SN_1 + Aux + V + SN_2 \rightarrow SN_2 + Aux + être + PP + V + par + SN_1$

(SN_1 et SN_2 : syntagmes nominaux; Aux : auxiliaire; V : radical verbal; PP : affixe de participe passé). La transformation était facultative et ne modifiait pas le sens de la phrase active sous-jacente. Dans une deuxième étape de la théorie, on a considéré que la transformation passive était déclenchée par la présence en structure profonde d'un complément de manière (abréviation Man) formé de *par* et d'une proforme à la place de laquelle venait le syntagme nominal sujet de la phrase active :

$SN_1 + Aux + V + SN_2 + Man \rightarrow SN_2 + Aux + être + PP + V + par\ SN_1$

3. On appelle *ellipse*, ou *effacement de l'agent du passif*, la transformation qui efface le complément d'agent du verbe passif :
La vitre a été cassée par quelqu'un (ou quelque chose). → *La vitre a été cassée.*

4. Les *formes du passif* varient selon les langues. Si l'on considère que le passif se caractérise par l'inversion des rôles syntaxiques sujet-objet, avec équivalence lexicale et sémantique, on peut considérer qu'il y a en français trois grandes formes de « phrases passives » :
Le soleil jaunit le papier. →
   (1) *Le papier est jauni par le soleil.*
   (2) *Le papier se jaunit au soleil.*
   (3) *Le papier jaunit au soleil.*

La première forme correspond au passif des grammaires traditionnelles; la seconde forme correspond au pronominal « à sens passif » des grammaires; la troisième forme correspond au verbe intransitif; la préposition est *de* ou *par* avec la première forme; elle varie dans les autres formes *(à, sous l'action de,* etc.), l'ellipse de l'agent étant plus constante avec les formes (2) et (3).

patient
Par opposition à l'actant*, le *patient* est l'être ou la chose qui subit l'action (le procès); le sujet animé des phrases passives et l'objet animé des phrases actives à verbe transitif sont en général des « patients ».

patois
On appelle *patois*, ou *parler patois*, un dialecte* social réduit à certains signes (faits phonétiques ou règles de combinaison), utilisé seulement sur une aire réduite et dans une communauté déterminée, rurale généralement. Les patois dérivent d'un dialecte régional ou de changements subis par la langue officielle; ils sont contaminés par cette dernière au point de ne conserver que des systèmes partiels qu'on emploie dans un contexte socio-culturel déterminé (paysans parlant à des paysans de la vie rurale, par exemple).

patronyme
Le *patronyme* est le nom de famille formé d'après le nom du père, soit directement (en France, *Dupont, Durand,* etc.), soit sous la forme de dérivé *(fils de Jean,* etc.).

pattern
On appelle *pattern* un modèle spécifique représentant d'une façon schématique une structure de la langue ou du comportement verbal des locuteurs. (Syn. : SCHÈME.)

pause
Une *pause* est un silence ou un arrêt dans la chaîne parlée coïncidant le plus souvent

avec une articulation plus ou moins importante du raisonnement. Dans l'intonation, la pause est annoncée par une inflexion descendante plus ou moins prononcée. L'opposition pause *vs* non-pause a une fonction distinctive dans certaines langues, par exemple en russe, où la séquence énumérative *ljudi, zveri* « les hommes, les bêtes » s'oppose à la phrase assertive *ljudi zveri* « les hommes sont des bêtes ». Dans la transcription, la pause est marquée, suivant son importance, par une, deux ou trois barres verticales ou obliques ou par les signes ↓, ↑, accompagnés ou non des exposants 1 à 4, comme chez CH. F. HOCKETT.

La pause exerce sur les phonèmes contigus des effets phonologiques comparables à ceux d'une consonne et mérite, d'après certains linguistes, le statut consonantique. Ainsi, les consonnes géminées de l'italien ne peuvent pas apparaître après une consonne ni après une pause. Le linguiste allemand H. WEINRICH formule la règle irréversible : si un phonème manque après une consonne, il manque aussi après une pause.

péjoratif

Un affixe ou un morphème lexical sont *péjoratifs* quand ils impliquent un jugement de mépris, une nuance dépréciative. Le *trait péjoratif* fait partie de la définition d'un terme, par opposition aux *connotations* péjoratives,* qui peuvent toujours être associées à n'importe quel terme. Ainsi, en français, le suffixe *-ard* est un suffixe péjoratif dans *fuyard, chauffard, bagnard,* etc., qui sont des mots péjoratifs. (V. MÉLIORATIF.)

pénultième

On appelle *pénultième* l'avant-dernière syllabe d'un mot : dans *prévoir,* la syllabe *pré* est la pénultième.

perfectif

Syn. d'ACCOMPLI.

performance

En grammaire générative, la *performance* est la manifestation de la compétence des sujets parlants dans leurs multiples actes de parole. (V. PAROLE.)

Les performances linguistiques des sujets parlants sont les phrases réalisées dans les situations diverses de communication; elles forment les données observables qui constituent le corpus de l'analyse linguistique. La performance, concept de la grammaire générative, correspond au concept de « parole » de la linguistique structurale.

La performance dépend de la compétence* (le système de règles), du sujet psychologique, de la situation de communication; elle dépend, en effet, de facteurs très divers, comme la mémoire, l'attention, le contexte social, les relations psychosociales entre le locuteur et l'interlocuteur, l'affectivité des participants à la communication, etc. Les deux modèles de performance, celui de l'émetteur et du récepteur, sont du domaine d'analyse de la psycholinguistique et de la sociolinguistique.

performatif

1. J. L. AUSTIN appelle *verbes performatifs* les verbes dont l'énonciation revient à réaliser l'action qu'ils expriment et qui décrivent une certaine action du sujet parlant. *Je dis, je promets, je jure* sont des verbes performatifs parce que, en prononçant cette phrase, on fait l'action de dire, de promettre, de jurer.

2. É. BENVENISTE oppose les verbes performatifs au sens 1 et les verbes d'attitude*, qui décrivent l'action que l'on accomplit en énonçant la proposition qui suit le verbe d'attitude.

3. On a qualifié de performatifs ceux des énoncés illocutionnaires* qui signifient qu'on essaie d'imposer par la parole un certain comportement (ordre).

I. période

En acoustique, on appelle *période* d'une vibration le temps mis par le corps qui vibre pour effectuer un cycle, c'est-à-dire pour aller et venir de l'une à l'autre des positions extrêmes du mouvement en repassant chaque fois par le point de départ. La fréquence est l'inverse de la période, puisque c'est le nombre de cycles accomplis en une seconde.

II. période

La rhétorique classique donne le nom de *période* à une phrase de prose assez longue et de structure complexe dont les constituants sont organisés de manière à donner une impression d'équilibre et d'unité. La période se termine généralement par un trait brillant ou une suite qui, par ses caractères prosodiques, constitue une clausule*. Selon le contenu de la phrase, on oppose les périodes narratives (ou historiques), qui groupent tous les éléments d'un récit, et les périodes oratoires, qui rassemblent des suites d'arguments.

En poésie, c'était un système de plus de deux éléments, plus grand que le vers, plus petit que la strophe et constituant une sorte d'unité intermédiaire.

périodique

Une *onde périodique* est une onde dont le profil reproduit constamment le même type de variation. Les voyelles sont des sons produits par des ondes à peu près périodiques; les consonnes sont produites par des ondes apériodiques ou bruits*.

périphrase

1. La *périphrase* est une figure de rhétorique qui substitue au terme propre et unique une suite de mots, une locution, qui le définit ou le paraphrase.
2. La notion de *périphrase* a permis de rendre compte des correspondances entre le latin, langue flexionnelle et synthétique qui rend plusieurs notions par la même forme et le français, langue analytique, qui tend à exprimer chacune d'elles par des mots graphiques différents, relativement autonomes les uns des autres, et parfois séparables. Ainsi, *feci* se traduit par *j'ai fait* : *feci* regroupe dans la même forme le radical de *faire*, l'aspect (parfait), le mode indicatif et le temps (référence au présent), ainsi que le rapport locuteur / actant (première personne du singulier); *j'ai fait* les distribue sur trois formes (personne sur *je* et *ai*, temps sur *ai*, aspect sur la combinaison *ai + fait*, radical verbal sur *fait*).

En principe, la périphrase relève de la syntaxe, alors que la locution (verbale adjective, nominale) relève du lexique.

Des périphrases grammaticales qui tiennent aux tendances analytiques des langues, il faut distinguer les périphrases poétiques ou stylistiques par lesquelles un écrivain notamment peut remplacer la désignation simple d'une notion par une suite de mots exprimant les principaux caractères de cette notion : ainsi, *la grande bleue* pour désigner « la mer » a commencé par être une périphrase.

périspomène

En grec, on appelle *périspomène* tout mot qui porte l'accent circonflexe sur la dernière syllabe.

périssologie

Il y a *périssologie* quand la même notion se trouve exprimée plusieurs fois, apparemment sans besoin aucun, comme dans *panacée universelle, panacée* signifiant étymologiquement « remède universel ».

perlocutoire

On donne le nom de *perlocutoires* aux fonctions du langage qui ne sont pas inscrites directement dans l'énoncé, mais qui dépendent entièrement de la situation de parole (« flatter, faire plaisir, faire peur, etc. »). Par exemple, une interrogation peut avoir pour objet non pas d'obtenir une information, mais de faire croire à son interlocuteur qu'on le fait participer à la décision (fausse interrogation).

permissif

On appelle *permissive* une classe de verbes comprenant en français *autoriser, permettre* (« donner la permission de ») et *pouvoir* (« avoir la permission de »), qui ont le sens de « X fait en sorte que Y ait la possibilité de faire quelque chose » : *Pierre autorise Paul à partir, Georges permet à Henri de sortir. Paul peut partir, nous le lui permettons.*

permutable

Deux *sons permutables* sont deux sons qui peuvent se trouver dans le même entourage phonologique, que leur différence ait une valeur phonologique comme celle de [r] et de [l] en allemand, ou qu'elle n'en ait pas, comme celle de [r] et de [l] en japonais.

permutatif

On qualifie de *permutatives* les relations qui sont fondées sur la réciprocité* ou qui présupposent, ou laissent prévoir, ou préparent, une autre action. Ainsi : [A + *répondre* + *à B*] présuppose [B + *demander* + *à A*].

permutation

La *permutation* est une opération consistant à modifier l'ordre d'éléments adjacents dans une structure linguistique (permutation de lettres, de mots, etc.). En phonologie, plus précisément, la permutation consiste à intervertir deux phonèmes de la chaîne parlée sur l'axe syntagmatique, par opposition à la commutation qui consiste à les substituer l'un à l'autre sur l'axe paradigmatique.

On appelle *transformation de permutation* l'opération consistant à faire permuter, sans modification de sens et dans certaines conditions, les constituants d'une phrase. Ainsi, il y a permutation de l'attribut dans la phrase *Telle était sa réponse*, pour *Sa réponse était telle*. La permutation dépend souvent de transformations antérieures. Ainsi, la permutation du sujet-verbe dans *Pierre arrive* dépend de l'insertion d'une relative : *Arrive Pierre qui nous annonce la bonne nouvelle.*

persévération

Chez les aphasiques, la *persévération* est la répétition ou la continuation anormale d'une activité verbale. Ainsi, dans une épreuve consistant à dénommer des objets, il y a persévération quand le malade répète pour tous les objets la première dénomination qu'il a donnée. (On dit aussi *intoxication*.)

personne

1. La *personne* est une catégorie* grammaticale reposant sur la référence aux participants à la communication et à l'énoncé produit. La situation de communication est définie par une relation entre un sujet parlant qui énonce et un autre sujet parlant à qui cet énoncé est adressé pour qu'à son tour il donne une réponse : « je te dis que » (communication intersubjective). La phrase implicite, sous-jacente à tout énoncé, « je te dis que » représente l'énonciation* et les phrases effectivement produites l'énoncé*. La communication, ou échange verbal, implique donc un locuteur (première personne), le « je » ou « ego » qui est le centre de la communication (celle-ci est égocentrique); un interlocuteur ou allocutaire (deuxième personne), le « tu », et un objet énoncé (ce dont on parle), le « il » (troisième personne). La distinction est d'abord entre « ego » et ce qui n'est pas « ego », puis, dans ce qui n'est pas « ego », entre l'interlocuteur qui, dans l'échange verbal, peut à son tour devenir un locuteur, et ce qui est l'objet de la communication (personnes ou choses).

La situation de communication peut impliquer d'autres relations entre les trois termes ou personnes : le locuteur « je » peut associer l'interlocuteur (moi et toi nous disons que) ou d'autres personnes que « tu » (moi et lui, moi et elle, moi et eux, nous disons que); dans le premier cas, la première personne est *inclusive* (incluant « tu »), dans le second elle est *exclusive* (excluant « tu »); ce sont des pluriels, car il y a « plus d'un » interlocuteur. De même, l'interlocuteur peut être associé à d'autres interlocuteurs présents, à qui s'adresse l'énoncé (toi et toi, vous dites que), ou à d'autres personnes que l'interlocuteur présent (toi et lui, toi et eux, vous dites que). Dans le premier cas, la deuxième personne est *inclusive* (incluant un autre interlocuteur) ou *exclusive* (excluant un deuxième « tu », mais incluant d'autres personnes) : ce sont des pluriels, car ces « personnes » impliquent plus d'un interlocuteur.

Les première et deuxième personnes renvoient à des êtres humains et s'expriment par des *noms personnels* dont les propriétés sémantiques et syntaxiques sont proches de celles des noms propres : ils sont indéterminés (se référant aux participants à la communication, ils peuvent désigner n'importe quelle personne), définis (impliquant un locuteur défini ils supposent la présence d'un article défini, sous-jacent, exprimé dans certains cas : *Le pauvre Jean, Les Dupont que tu connais).* La troisième personne, qui renvoie à des êtres ou des objets du monde, s'exprime par des *pronoms personnels* dont les propriétés sémantiques et syntaxiques sont proches de celles du syntagme nominal, constituant de la phrase qui est toujours lui-même une troisième personne. Les noms personnels et les pronoms personnels peuvent être réunis dans une même catégorie par les grammaires sous le nom de *pronoms personnels.*

La personne (exprimée par les noms personnels, les pronoms personnels ou implicite aux syntagmes nominaux) se manifeste dans la catégorie verbale par des marques en accord avec la « personne » du sujet : *nous disons (que).* Des phénomènes de syntaxe propres à certaines langues font que ces marques verbales de la personne sont les seules à apparaître dans les phrases comme en général en latin ou, en français, à l'impératif.

La communication implique aussi un jugement porté par le sujet parlant sur la relation sociale qu'il institue entre lui et son interlocuteur; la communication a un statut : le locuteur définissant une distance sociale entre lui et l'allocutaire (en français différence entre *tu* et *vous,* singulier) et entre lui et son énoncé (valeurs péjorative, méliorative, neutre, etc., au regard des êtres et des choses dont il parle : en latin, différence entre *iste* et *ille);* dans certaines communautés socio-culturelles fortement différenciées, les systèmes de personnes peuvent être relativement complexes.

2. J. DAMOURETTE et E. PICHON distinguent le locutif, personne se référant à celui qui parle (première personne), l'allocutif, personne se référant à celui à qui on parle (deuxième personne), le délocutif, personne se référant à celui et à ce dont on parle (troisième personne).

3. L. TESNIÈRE oppose parmi les *personnes* du verbe l'anontif, (qui se réfère aux êtres ou aux choses absents de l'acte de communication) et l'ontif qui se réfère aux personnes ou aux êtres présents. L'ontif se divise lui-même en auto-ontif, se référant à la personne qui parle (première personne), et en antiontif, se référant à la personne à qui on parle (deuxième personne).

personnel

1. On appelle *modes personnels* les modes du verbe qui comportent des flexions indiquant le temps et la personne : l'indicatif, le subjonctif, le conditionnel, l'optatif, l'impératif sont des modes personnels. Au contraire, on appelle *modes impersonnels* les modes du verbe qui ne comportent pas une flexion indiquant la personne : l'infinitif, le participe et le gérondif sont des modes impersonnels.

2. *Noms, pronoms personnels.* V. PERSONNE.

personnification

La *personnification* est une figure de rhétorique qui consiste à faire d'un être inanimé ou d'un être abstrait, purement idéal, une personne réelle, douée de sentiment et de vie. Ex. : *Argos vous tend les bras, et Sparte vous appelle* (RACINE, *Phèdre)* est une personnification par métonymie; *Les vainqueurs ont unrlé. L'esclavage en silence Obéit à leur voix, dans cette ville immense* (VOLTAIRE, *l'Orphelin de la Chine)* est une personnification par synecdoque; *Sur les ailes du Temps, la Tristesse s'envole* est une personnification par métaphore.

pertinence

1. La *pertinence* est la propriété qui permet à un phonème, à un trait phonologique, etc., d'assurer une fonction distinctive dans une langue donnée, en s'opposant aux autres unités de même niveau. Il n'y a plus pertinence quand l'unité considérée perd cette fonction distinctive.

2. Les *positions de pertinence* d'une opposition phonologique sont les positions dans le mot où cette opposition ne peut être neutralisée. Ainsi, en français, l'opposition entre les phonèmes /e/ et /ε/ ne connaît comme position de pertinence que la finale tonique ouverte /le/*les vs* /lε/*lait*. Dans toutes les autres positions, l'opposition est neutralisée soit au profit du terme le plus ouvert (en syllabe fermée /ε/ : *vert, perdant*), soit par une liberté de réalisation entre les deux termes /e/ ou /ε/, ou un terme intermédiaire. Les traits de semi-ouverture et de semi-fermeture ne sont donc pas pertinents dans ces positions.

pertinent

Le terme *pertinent* est souvent employé comme synonyme de *distinctif** pour désigner un trait phonique dont la présence ou l'absence dans la réalisation d'un phonème entraîne un changement de sens de l'unité significative. Ainsi, le trait qui oppose les latérales aux vibrantes (simultanéité ou successivité de l'occlusion et de l'écoulement de l'air dans la bouche) est pertinent en espagnol, où il permet, par exemple, d'opposer *pero* et *pelo*, ainsi que dans de nombreuses langues romanes, mais non en japonais, où dans n'importe quel mot *l* peut être substitué à *r* et vice versa sans que cela entraîne aucun changement de signification.

Certains linguistes, avec R. JAKOBSON, préfèrent donner au terme *pertinent* une acception plus large. Dans ce sens, un trait pertinent est un trait phonique qui joue un rôle dans la communication, même s'il n'a pas de fonction distinctive. Les traits qui accompagnent la réalisation habituelle d'un phonème dans une langue donnée et facilitent son identification sont des traits pertinents : par exemple, en anglais, l'aspiration qui accompagne la réalisation des occlusives non-voisées, en français le trait de laxité qui accompagne la réalisation des consonnes voisées, dans de nombreuses langues le trait de labialisation qui accompagne la réalisation des voyelles postérieures.

pharyngal, pharyngalisé

Une *consonne pharyngalisée* est une consonne dont l'articulation implique un rapprochement de la racine de la langue et de la paroi arrière du pharynx, ce qui produit un effet de bémolisation. Les langues sémitiques présentent ce type de phonèmes. L'arabe, en particulier, oppose des aspirées pharyngalisées et des aspirées non-pharyngalisées (*ḥadam* « il faisait chaud » *vs hadam* « il démolissait »,*jaḥdim* « il fait chaud » vs *jahdim* « il démolit »), des fricatives pharyngalisées et des fricatives non-pharyngalisées (*ši:n* « Chine » vs *si:n* « nom de la lettre *s* »).

Du point de vue acoustique, les consonnes pharyngalisées présentent une concentration de l'énergie dans les plus basses régions du spectre et dirigent vers le bas le second formant de la voyelle suivante.

pharyngalisation

La *pharyngalisation* est une variation de l'orifice buccal postérieur due à une contraction du pharynx qui a pour effet, comme la labialisation et la pharyngalisation, de bémoliser les sons qu'elle affecte. L'acuité des sons aigus est atténuée, la gravité des sons graves est renforcée.

pharynx

Le *pharynx* est la partie du conduit vocal qui relie le larynx à la bouche et aux fosses nasales. Il est limité vers le bas par le larynx, vers le haut par la racine de la langue. On a remarqué relativement récemment que le pharynx, par les mouvements de la langue et du larynx, change de forme au cours de la phonation; on connaît encore mal la façon dont il affecte la prononciation. En tant que résonateur supraglottique (le plus long), il favorise les basses fréquences de la vibration laryngée : les harmoniques qu'il renforce constituent le premier formant (F_1 ou formant haut).

phatique

La *fonction phatique* est la fonction* du langage par laquelle l'acte de communication a pour fin d'assurer ou de maintenir le contact entre le locuteur* et le destinataire*. Des mots comme *allo* ou *vous m'entendez* utilisés au téléphone relèvent essentiellement de la *fonction phatique* (V. aussi COMMUNION PHATIQUE.)

phénotexte

En sémiologie, on appelle *phénotexte* le texte que révèle une simple lecture.

phénotype

Dans la terminologie du linguiste soviétique CHAUMJAN, le *phénotype* est la forme extérieure que revêt un *génotype* ou objet syntaxique abstrait. L'opposition entre *phénotype* et *génotype* recoupe l'opposition entre *performance* et *compétence*.

philologie

Linguistique et philologie ne sont pas synonymes, et les sciences avec lesquelles elles sont en contact sont très différentes; cette distinction est récente dans la mesure où la linguistique ne s'est développée qu'à la fin du XIXe s.

La *philologie* est une science historique qui a pour objet la connaissance des civilisations passées par les documents écrits qu'elles nous ont laissés : ceux-ci nous permettent de comprendre et d'expliquer ces sociétés anciennes.

Si l'archéologie cherche à connaître les civilisations de l'Antiquité à travers les vestiges matériels, la philologie, dans le sens que le mot a pris en France, étudie surtout les témoignages écrits littéraires; elle est donc d'abord une science auxiliaire de l'histoire, au même titre que l'épigraphie, la numismatique ou la papyrologie.

Toute science historique cherche à fonder la validité des documents sur lesquelles elle travaille, à vérifier ainsi l'authenticité et la véracité du texte par une critique interne et externe. La philologie est critique des textes; elle cherche à « établir le texte » au moyen de critères internes et externes qui lui sont fournis à la fois par ses techniques propres (comparaison des textes, des variantes, histoire des manuscrits) et par les données externes que lui fournissent d'autres techniques : la statistique linguistique pour la datation des documents ou l'histoire littéraire, économique, sociale, etc. C'est dans la mesure où l'établissement du texte réclame une masse de données fragmentaires que l'on parle d'érudition. L'œuvre principale des philologues est donc l'édition des textes; l'utilisation des ordinateurs, en diminuant le temps des comparaisons et le subjectivisme inhérent à ce type de recherche, permet d'envisager une rationalisation de cette activité.

phonation

La *phonation* est l'émission des sons du langage par un ensemble de mécanismes physiologiques et neurophysiologiques dont les étapes principales sont la production du souffle par un mouvement respiratoire spécifiquement adapté à l'acte de parole, la production de la voix par la mise en vibration des cordes vocales, la modulation de la voix en fonction des unités phoniques à réaliser par l'excitation des différents résonateurs.

phone

On appelle parfois *phones* les sons du langage, c'est-à-dire chacune des réalisations concrètes d'un phonème, variables suivant le contexte phonique, le locuteur, les conditions générales d'émission.

I. phonématique (adj.)

On qualifie de *phonématique* ce qui est constitué de phonèmes, qui relève du phonème. (On dit plutôt *phonologique*.)

Rang ou *niveau phonématique*. V. RANG.

II. phonématique (n. f.)

1. Suivant la terminologie la plus courante en Europe, la *phonématique* est la partie de la phonologie* qui étudie plus particulièrement les phonèmes, c'est-à-dire les unités distinctives minimales. Le but de la phonématique est de dégager l'inventaire des phonèmes de la langue ou des langues étudiées, de les classer, d'étudier leurs combinaisons, etc. Différentes méthodes s'offrent à la phonématique. La première, la plus traditionnelle, s'appuie sur les différences de sens entre les quasi-homonymes : deux unités s'opposent en tant que phonèmes si, en les faisant commuter dans un même contexte, on obtient des mots de sens différents; cette méthode, dite des « paires minimales », a l'inconvénient d'impliquer, de la part de celui qui étudie le système phonématique d'une langue donnée, une connaissance préalable assez approfondie de cette langue. Les autres méthodes s'efforcent plus ou moins imparfaitement d'éviter le recours au sens. La deuxième consiste à faire entendre aux locuteurs de la langue étudiée la paire de mots obtenue par commutation : s'ils les différencient linguistiquement, il s'agit de deux phonèmes différents. Enfin, la troisième méthode a été utilisée pour l'étude des langues amérindiennes, totalement inconnues des linguistes qui s'y intéressaient : elle consiste à rassembler un corpus très large et à étudier les rapports syntagmatiques entre les unités qui y apparaissent; seules peuvent être considérées comme en opposition les unités apparaissant dans le même contexte. Cette méthode est l'application de la technique cryptanalytique* aux recherches phonologiques.

2. Le terme de *phonématique* est parfois employé, comme traduction de l'anglais *phonemics,* pour désigner l'ensemble de la phonologie.

phonème

Le *phonème* est la plus petite unité dépourvue de sens que l'on puisse délimiter dans la chaîne parlée. Chaque langue présente, dans son code, un nombre limité et restreint de phonèmes (une vingtaine à une cinquantaine suivant les langues) qui se combinent successivement, le long de la chaîne parlée, pour constituer les signifiants des messages et s'opposent ponctuellement, en différents points de la chaîne parlée, pour distinguer les messages les uns des autres. Cette fonction étant sa fonction essentielle, le phonème est souvent défini comme l'unité distinctive minimale. Le caractère phonique du phonème est accidentel (L. HJELMSLEV propose le terme de *cénème,* « unité vide, dépourvue de sens »); il est néanmoins important puisque toutes les langues connues sont vocales. Le phonème est donc défini, en référence à sa substance sonore, par certaines caractéristiques qui se retrouvent aux différents niveaux de la transmission du message (niveau moteur ou génétique, niveau acoustique, niveau perceptif, etc.).

Ces caractéristiques phoniques, dites « traits distinctifs » ou « pertinents », ne se présentent jamais isolées en un point de la chaîne parlée : elles se combinent à d'autres traits phoniques qui peuvent varier en fonction du contexte, des conditions d'émission, de la personnalité du locuteur, etc., et que l'on appelle *traits non-distinctifs*. Le locuteur d'une langue donnée a appris à produire certains mouvements des organes phonatoires de façon à placer dans les ondes sonores un certain nombre de traits que l'auditeur de la même langue a appris à reconnaître. Un même phonème est donc réalisé concrètement par des sons différents, formant une classe ouverte mais possédant tous en commun les traits qui opposent ce phonème à tous les autres phonèmes de la même langue. Ces sons différents, qui réalisent un même phonème, sont appelés *variantes* ou *allophones*. Dans le mot français *rare,* le phonème /r/ peut être prononcé comme une vibrante dentale [r] dite « *r* bourguignon », comme une vibrante uvulaire [R] dite « *r* grasseyé », comme une fricative uvulaire [ʁ] dite « *r* parisien » : il s'agit de trois sons différents, ou de trois variantes différentes (ici, des variantes régionales et sociales) réalisant un même phonème.

Le phonème français /a/ s'oppose à /i/, /e/, /ɛ/, /y/, /u/, /o/, /α/, etc., comme le montre la série minimale *la, lis, les, lait, lu, loup, lot, las,* etc., et à tous les autres phonèmes du français parce qu'il est le seul à posséder ensemble les traits vocalique, non-consonantique, palatal (aigu), ouvert (compact). Ce sont ces traits que l'on retrouve dans la voyelle des mots suivants, *chat, lac, cale, patte,* mêlés à d'autres traits articulatoires (acoustiques) qui dépendent du contexte et n'ont pas de fonction linguistique.

Certains traits constants dans la réalisation concrète d'un phonème donné peuvent ne pas avoir de fonction distinctive et être cependant importants pour l'identification du phonème : ainsi, en français, le /l/ est suffisamment défini phonologiquement comme une latérale (vocalique, consonantique, continue) puisque il n'y a pas d'autre latérale dans le système phonologique : mais si l'on ne tient pas compte de l'articulation dentale, habituelle en français, et si on prononce une latérale palatale [λ], on risque de confondre des mots comme *fil* /fil/ prononcé [fiλ] et *fille* /fij/. De même, en anglais, l'aspiration n'a pas de valeur phonologique, mais elle facilite l'identification des occlusives initiales, dans des mots comme *pin, tin, kick,* etc.

Deux phonèmes appartenant à deux langues différentes ne peuvent jamais être semblables, puisque chacun se définit par rapport aux autres phonèmes de la langue à laquelle il appartient. Ainsi, le /s/ français est défini comme consonantique, non-vocalique, dental (diffus et aigu), fricatif (continu), non-voisé; en espagnol, le phonème /s/ est défini par les mêmes caractéristiques sauf la dernière, puisqu'il n'y a pas dans cette langue de sifflante voisée comme en français; le phonème /s/ est réalisé en espagnol tantôt comme non-voisé [s], tantôt comme voisé [z], en fonction du contexte. Moins les phonèmes sont nombreux dans une langue et plus ils présentent de variantes.

phonémique

Le terme de *phonémique* est employé comme synonyme de *phonématique* pour désigner tout ce qui a trait au phonème. Ce terme est employé aussi, toujours comme synonyme de *phonématique,* pour désigner la partie de la phonologie qui se consacre exclusivement à l'étude des phonèmes et des traits distinctifs (unités segmentales et infrasegmentales), et se distingue de la prosodie, consacrée plus particulièrement à l'étude de traits supra-segmentaux.

phonétique

La *phonétique* étudie les sons du langage dans leur réalisation concrète, indépendamment de leur fonction linguistique (V. PHONOLOGIE). « Ce qui caractérise particulièrement la phonétique, c'est qu'en est tout à fait exclu tout rapport entre le complexe phonique étudié et sa signification linguistique... La phonétique peut donc être définie : la science de la face matérielle des sons du langage humain » (N. TROUBETZKOY). La *phonétique générale* étudie l'ensemble des possibilités phoniques de l'homme à travers toutes les langues naturelles. La *phonétique comparée* étudie, en les comparant, les sons qui apparaissent dans deux ou plusieurs langues. Il existe aussi un type d'étude phonétique qui se limite aux particularités phoniques d'un système vocal déterminé, langue ou dialecte (phonétique française, anglaise). Enfin, la phonétique peut suivre l'évolution des sons au cours de l'histoire de la langue *(phonétique historique)* ou les étudier à un moment donné de cette évolution *(phonétique descriptive* ou *statique).*

Mais les principales distinctions entre les différentes branches de la phonétique sont déterminées par la nature complexe du message vocal et la diversité des méthodes grâce auxquelles il peut être appréhendé et décrit. On distingue traditionnellement deux branches de la phonétique : la *phonétique articulatoire**, ou *physiologique*, qui étudie les mouvements des organes phonateurs lors de l'émission du message, et la *phonétique acoustique**, ou *physique*, qui étudie la transmission du message par les vibrations de l'air et la façon dont il frappe l'oreille du récepteur. Un secteur beaucoup moins exploré de la phonétique est celui qui touche à la neurophysiologie et à la psychologie et qui étudie les mécanismes cérébraux et neurologiques de l'encodage et du décodage du message chez l'émetteur et chez le récepteur.

La *phonétique expérimentale* (ou *instrumentale*) utilise des appareils destinés à compléter et à enrichir le témoignage de l'oreille et de l'observation directe dans l'étude du processus de formation et de perception de la voix. On l'appelle aussi parfois phonétique moderne par opposition à la phonétique classique qui préfère s'en tenir à l'observation directe. On peut dater ses débuts aux environs de 1875, avec la machine parlante du hongrois W. VON KEMPELEN, première tentative de synthèse du langage. La phonétique expérimentale s'est surtout développée dans la deuxième moitié du XIXe siècle après la découverte du kymographe en 1847 par le physiologue allemand KARL LUDWIGE, avec les travaux des physiciens allemands VON HELMHOTZ sur la résonance (1863) et LUDIMAR HERMANN sur les formants (1890), ainsi que ceux de l'abbé ROUSSELOT dont *Les Principes de phonétique expérimentale* (1897-1908) conservent encore une grande valeur. Le développement de méthodes telles que la palatographie*, la stroboscopie (v. STROBOSCOPE), la radiographie, etc... ont permis d'élucider l'anatomie et la physiologie des organes de la phonation. La phonétique expérimentale a connu de nouveaux progrès après 1930, avec l'apparition d'enregistrements électriques de grande qualité (oscillographe*, spectrographe*. sonagraphe*) et le développement des méthodes de synthèse* du langage.

Pour représenter les principaux sons qui reviennent dans les langues naturelles de façon abrégée, les phonéticiens recourent à des systèmes de symboles ou alphabets* phonétiques,

phonétographe
Le *phonétographe* est un appareil permettant de transformer le langage parlé en texte écrit, à partir des spectres acoustiques caractéristiques de chaque son.

phonie
Syn. de PHONATION.

phonique
Le terme de *phonique* s'applique à tout aspect relatif aux sons du langage, qu'il ait ou non une importance linguistique.

phonochronologie
La *phonochronologie* est une science encore à l'état embryonnaire qui se donne pour objet l'étude du rythme des changements phonologiques, supposé régulier (V. GLOTTOCHRONOLOGIE).

phonogramme
Dans les écritures idéogrammatiques, on appelle *phonogramme* un signe qui, capable de fonctionner par ailleurs avec sa pleine valeur d'idéogramme, est utilisé pour la transcription du consonantisme d'un mot homonyme de celui que désigne l'idéogramme. Ainsi, en égyptien, le mot [mçDr] « entendre » était représenté par les symboles de [mç] « poussière » et [Dr] « panier ». Dans l'écriture aztèque, le nom de lieu *Teocaltitlan*, littéralement « dieu-maison-gens », était représenté par les symboles de *tentli* « lèvres », *otli* « chemin », *colli* « maison » et *tlantli* (*tli* étant un suffixe inflexionnel). A un stade plus développé, les phonogrammes représentent des sons syllabiques, comme dans l'écriture des anciens Mésopotamiens qui disposaient de caractères pour noter des syllabes comme *ma, mi, mu, am, im, um, muk, mut, nam, tim*.

phonologie
La *phonologie* est la science qui étudie les sons du langage du point de vue de leur fonction dans le système de communication linguistique. Elle étudie les éléments phoniques qui distinguent, dans une même langue, deux messages de sens différent (la différence phonique à l'initiale dans les mots français *pain* et *bain*, la différence de place de l'accent dans les mots italiens *an'cora* « encore », *'ancora* « ancre », etc.) et ceux qui permettent de reconnaître un même message à travers des réalisations individuelles différentes (voix différentes, prononciations différentes, etc.). Elle se différencie en cela de la phonétique, qui étudie les éléments phoniques indépendamment de leur fonction dans la communication.

On distingue habituellement deux grands domaines dans la phonologie :

— la *phonématique* étudie les unités distinctives minimales ou phonèmes, en nombre limité dans chaque langue, les traits distinctifs ou traits pertinents qui opposent entre eux les différents phonèmes d'une même langue, les règles qui président à l'agencement des phonèmes dans la chaîne parlée; les deux opérations de la phonématique sont la segmentation et la commutation;

— la *prosodie* étudie les traits suprasegmentaux, c'est-à-dire les éléments phoniques qui accompagnent la réalisation de deux ou plusieurs phonèmes et qui ont aussi une fonction distinctive : l'accent, le ton, l'intonation.

Les éléments phoniques qui ont une valeur phonologique ne sont pas les mêmes dans les différentes langues, c'est pourquoi on distingue à côté de la phonologie particulière à une langue donnée : la *phonologie générale*, qui étudie les principaux systèmes phonologiques du monde et les lois générales de leur fonctionnement; la *phonologie contrastive*, qui étudie les différences de systèmes phonologiques de deux ou plusieurs langues. On distingue également la *phonologie synchronique*, qui étudie le système phonologique dans un état donné de la langue, et la *phonologie diachronique*, qui étudie les changements phonologiques, la transformation du système phonologique lors du passage d'un état de langue à un autre (phénomènes de phonologisation, déphonologisation, rephonologisation).

Pendant longtemps, la phonologie a été confondue avec la phonétique. Quand le terme de *phonologie* a commencé à être employé, vers 1850, il l'a été concurremment avec celui de *phonétique*, chaque école, parfois chaque linguiste, donnant une implication différente aux deux termes, qui ont par ailleurs le même sens étymologique (« étude des sons »). Cette confusion de termes, qui correspond à une confusion de concepts, se dissipe avec l'avènement de la phonologie comme science linguistique liée au développement du structuralisme linguistique dans la première moitié du XXe siècle.

En fait, la nécessité de distinguer deux types d'éléments phoniques dans la langue, d'un côté ceux qui jouent un rôle dans la signification et apparaissent constamment dans la réalisation d'un même message, de l'autre ceux qui dépendent de la réalisation individuelle du message, avait été entrevue très anciennement, comme en témoignent la théorie du « sphota » ou « son signifiant » chez les grammairiens hindous, et comme en témoigne la création des alphabets.

Les exigences normatives, l'importance donnée à la langue écrite au détriment de la langue orale, l'intérêt prédominant pour l'étude historique des sons, plus tard le développement même des méthodes expérimentales en phonétique ont fait perdre de vue, pendant plusieurs siècles, cette distinction fondamentale. Elle réapparaît à la fin du XIXᵉ siècle, chez les linguistes préstructuralistes comme BAUDOUIN DE COURTENAY, dont la distinction entre une physiophonétique et une psychophonétique correspond approximativement à notre distinction actuelle entre phonétique et phonologie.

Le véritable départ de la phonologie en Europe n'a été possible que par l'application systématique à l'étude des sons des notions linguistiques élaborées par F. DE SAUSSURE, en particulier les notions de système et de valeur, de langue et de parole, de code et de message, de syntagme et de paradigme. Les travaux du Cercle linguistique de Prague, en particulier avec les contributions de N. TROUBETZKOY et de R. JAKOBSON, le retentissement qu'ils ont eu au 1ᵉʳ Congrès international de linguistique de La Haye, en 1928, ont conféré à la phonologie son statut définitif de science linguistique.

Des recherches parallèles menées à peu près à la même époque en Europe et aux États-Unis aboutissent à des résultats semblables, malgré un certain nombre de divergences de principe et de méthode. Le Cercle de Copenhague, avec L. HJELMSLEV, développe à l'extrême la distinction entre phonétique et phonologie en faisant abstraction de la substance phonique du langage, considérée comme accidentelle. Les unités distinctives minimales sont appelées *cénèmes,* c'est-à-dire « unités vides (de sens) », par opposition aux *plérèmes* ou *morphèmes* : la phonologie devient la *cénématique*. Les linguistes américains arrivent à des résultats semblables à ceux des linguistes européens, en particulier avec les travaux de L. BLOOMFIELD. Mais l'exigence d'un structuralisme plus rigoureux pousse les Américains à se méfier du mentalisme européen, à privilégier la segmentation aux dépens de la commutation, à donner plus d'importance à l'étude prosodique.

La phonologie générative représente un développement et un dépassement du structuralisme : en reprenant systématiquement l'idée des premiers phonologues structuralistes selon laquelle le phonème n'est pas une entité indivisible, mais un complexe de traits, elle conduit à nier l'existence d'un niveau intermédiaire entre le niveau des morphèmes et celui des traits. Ce sont les traits distinctifs qui opposent entre eux les morphèmes, les mots et les messages (sauf les homonymes) : le voisement, par exemple, oppose *bain* [bɛ̃] à *pain* [pɛ̃].

La phonologie générative distingue deux niveaux de traits : les traits phonologiques (niveau abstrait), qui opposent deux morphèmes et les traits phonétiques (niveau dérivé) qui désignent la prononciation. Ainsi, le mot français *mer* présente à la finale les traits phonologiques [liquide] [non-latéral], tandis que les traits phonétiques peuvent être, suivant la prononciation, soit ceux d'une dentale roulée (« accent bourguignon ») soit d'une vélaire roulée (« accent grasseyé ») ou d'une vélaire constrictive (« accent parisien »).

Les traits distinctifs forment un ensemble universel et sont empruntés aux représentations phonologiques binaires de R. JAKOBSON qui, bien qu'elles n'apparaissent pas entièrement adéquates dans leur nombre et leur nature, présentent l'avantage scientifique de la simplicité et de l'universalité.

phonologique
On qualifie de *phonologique* ce qui appartient à la phonologie, ce qui a fonction en phonologie.

Les *règles phonologiques,* en grammaire générative, donnent à chaque structure de surface une représentation phonétique dans un alphabet phonétique universel.

phonologisation

On appelle *phonologisation* l'apparition d'une nouvelle opposition distinctive dans une langue donnée. Des variations combinatoires peuvent aboutir à une paire de phonèmes corrélatifs ou à une corrélation : ainsi, lors du passage du latin en français, la variation phonétique pour certaines voyelles entre une réalisation orale et une réalisation nasalisée par assimilation de la consonne nasale suivante (entravée ou finale) s'est transformée, lorsque la nasalisation a été totale, en une corrélation phonologique. La corrélation de gémination résulte de la phonologisation des variantes stylistiques à renforcement affectif qu'étaient les géminées en indo-européen. Une phonologisation peut résulter de l'appropriation par une langue donnée d'un phonème étranger, comme celle du phonème /f/ en russe.

phonostylistique

La *phonostylistique* est une partie de la phonologie qui étudie les éléments phoniques ayant dans le langage humain une fonction expressive (émotive) ou appellative (conative), mais non représentative (référentielle). Ainsi, tous les aspects qui caractérisent le sujet parlant dans son origine sociale, son appartenance à un groupe d'âge déterminé, son sexe, son degré de culture, sa provenance géographique. Dans certaines sociétés peu différenciées du point de vue social, ce sont surtout les différences d'âge et de sexe qui se manifestent dans la prononciation ou la réalisation de certains sons du langage : dans certains parlers siciliens de la région de Messine, le même phonème est réalisé par la consonne cacuminale [d] chez les hommes (*jaḍu* « coq ») et par la séquence [tr] chez les femmes *(jatru),* selon une discrimination qui se manifeste dès l'enfance; chez les Tchouktes du Kamtchatka, un même phonème de la langue est prononcé [tʃ] par les hommes et [ts] par les femmes (ce qui correspond à une accentuation de la féminité par une plus grande acuité du son). Dans d'autres sociétés, les différences dans la prononciation sont symptomatiques d'une origine régionale, comme la prononciation du « *r* apical roulé » qui, en France, traduit une origine provinciale, ou bien en Italie l'absence de géminées caractéristique d'une origine septentrionale. Il est des sociétés très hiérarchisées où certaines prononciations sont interdites à certaines couches, comme dans les langues de l'Inde : en tamoul, un seul et même phonème doit être prononcé [ts] ou [s] suivant la caste du sujet parlant. Dans presque toutes les sociétés, il existe une prononciation « mondaine » propre aux snobs, caractérisée le plus souvent par un certain relâchement : ainsi, le [ʁ] fricatif, moins énergique que la vibrante qu'il a remplacée ou qu'il tend à remplacer dans de nombreux pays, est d'abord apparu dans les capitales et dans la haute société, par exemple en France celle de la cour de Versailles. Il caractérise en Italie un milieu intellectuel mondain. La prononciation de l'américain de New York présente deux variantes pour le phonème /r/ et trois variantes pour le phonème /θ/ correspondant à des stratifications sociales.

phrase

1. En grammaire traditionnelle, la *phrase* est un assemblage de mots formant un sens complet qui se distingue de la proposition en ce que la phrase peut contenir plusieurs propositions (phrase composée et complexe). Cette définition, qu'on rencontre encore dans certains manuels, s'est heurtée à de grandes difficultés. Pour définir la phrase, on ne peut avancer l'unité de sens, puisque le même contenu pourra s'exprimer en une phrase *(Pendant que je lis, maman coud)* ou en deux *(Je lis. Maman coud).* Si on peut parler de « sens complet », c'est justement parce que la phrase est complète. En outre, on a posé à juste titre le problème de telle phrase poétique, par exemple, dont l'interprétation sera fondée uniquement sur notre culture et notre subjectivité, et de tel « tas de mots » ayant un sens clair et ne formant pas une « phrase », comme dans *Moi y en a pas d'argent.*

2. La grammaire moderne, plutôt que de définir la phrase, préfère dire ce que c'est que « faire des phrases » ou donner la liste des traits qu'on retrouve dans tout ce qu'on appelle « phrase ». Dans cette perspective, une *phrase* est un énoncé dont les constituants doivent assumer une fonction* et qui, dans la parole, doit être accompagné d'une intonation. Dans les phrases sans verbe, l'intonation permet de reconnaître si on a affaire à un mot ou à un groupe de mots isolé, sans fonction, ou bien à une phrase, même constituée par un seul mot (mot-phrase). Une phrase a également une fin déterminée : elle énonce quelque chose (prédicat) à propos de quelqu'un ou de quelque chose (thème). La phrase peut ne comporter qu'un élément qui est le thème (la phrase est alors incomplète), ou le prédicat, comme dans *Formidable!* où le thème n'est pas évoqué; ou bien deux éléments sans verbe comme dans *Bon, ce gâteau.* Les phrases ayant un verbe se divisent en phrases simples et phrases complexes. Les phrases simples ne comportent qu'un membre organisé autour d'un verbe (à un mode personnel ou à l'infinitif). Les phrases complexes comportent plusieurs membres dits « propositions », celles-ci étant soit juxtaposées, soit coordonnées, soit subordonnées. Dans les phrases complexes, les propositions juxtaposées ou coordonnées ont une autonomie grammaticale complète permettant à chacune de fonctionner le cas échéant comme une phrase simple. La proposition subordonnée, au contraire, ne peut pas fonctionner telle quelle, comme une phrase simple; elle a besoin du support de la proposition principale, qui contient un terme dont elle est dépendante; ainsi, dans : *Chaque matin, il constatait qu'on lui avait volé des poires, qu'on lui avait volé des poires* est la subordonnée et dépend de *constatait; Chaque matin, il constatait* est la principale, support de cette subordonnée. La phrase simple ou complexe peut être énonciative*, ou exclamative*. ou interrogative*, ou impérative*. On donne aussi pour définir la phrase une règle scolaire essentiellement orthographique : « Une phrase est une suite de mots commençant par une majuscule et se terminant par un point. » Cette règle n'est évidemment pas une définition.

3. En grammaire générative, la *phrase* est un axiome de base; elle est représentée par une suite de symboles générés à partir du symbole initial Σ par les règles syntagmatiques de la base*. La phrase, développée à partir de la première règle $\Sigma \rightarrow \text{Mod} + \text{P}$ (où P est le noyau de la phrase et Mod est la modalité interrogative, négative, passive, etc.), est constituée de la dérivation de Σ, aboutissant à la suite terminale de Σ.

4. *Type de phrase.* Syn. de STATUT* DE LA PHRASE.

phrase - noyau

1. En grammaire structurale, la *phrase-noyau* est la phrase déclarative active transitive réduite à ses constituants fondamentaux. *L'enfant lit un livre* est une phrase-noyau.

2. En grammaire générative, syn. de PHRASE NUCLÉAIRE*.

phraséologie

On appelle généralement *phraséologie* une construction propre à un individu, à un groupe ou à une langue. Toutefois, le terme d'idiolecte servant souvent à désigner le phénomène linguistique propre à un individu, on réserve parfois le terme de phraséologie à l'évocation d'une construction propre à une langue.

Un dictionnaire phraséologique s'assigne pour objet le recensement et la présentation des expressions figées spécifiques à une langue. En principe, il n'enregistre pas les proverbes, pour autant que ceux-ci représentent des unités phrastiques complètes. Il devra également exclure le cliché de son champ d'étude : à la différence du cliché, écart stylistique banalisé par la répétition *(l'astre des nuits, des doigts de fée)*, la phraséologie se définit non par l'écart qu'elle représente par rapport à la langue, mais par le caractère stabilisé de la combinaison qu'elle constitue.

L'étude de la phraséologie devra également rester distincte de l'étude des combinaisons de mots : un dictionnaire phraséologique n'est qu'un sous-ensemble particulier d'un dictionnaire syntagmatique, qui envisagerait les types de combinaisons les plus courants d'une langue dans une synchronie donnée.

phrasillon

Le terme *phrasillon,* chez L. TESNIÈRE, est synonyme de *mot-phrase**, mais s'applique à des suites de plusieurs unités.

phrastique

On qualifie de *phrastique* ce qui est relatif à la phrase.

On appelle *rang* ou *niveau phrastique* le rang ou niveau de la phrase. (V. RANG.)

physiophonétique

Le terme de *physiophonétique* est le terme proposé par le linguiste BAUDOUIN DE COURTENAY pour désigner la partie de la linguistique qui correspond approximativement à ce que nous appelons aujourd'hui la *phonétique*. Le terme est aujourd'hui rejeté par les linguistes, car il fait abstraction des mécanismes psychologiques et neurologiques aussi importants pour la phonétique que les mécanismes physiologiques auxquels ils sont d'ailleurs étroitement liés.

pictogramme

On appelle *pictogrammes* des dessins de divers types en une ou plusieurs couleurs qui, en dehors de leur intérêt ornemental et esthétique, reproduisent le contenu d'un message sans se référer à sa forme linguistique. Ces dessins racontent une histoire, mais sans relation visible avec un énoncé parlé unique, l'histoire se reconstituant un peu comme le sujet d'un tableau. Cette forme de préécriture s'est rencontrée chez des populations de pêcheurs et de chasseurs, à relations régulières, comme les Indiens d'Amérique, les Esquimaux, les Sibériens et les Bochimans d'Afrique. On distingue des pictogrammes-signaux qui peuvent être employés comme aide-mémoire servant à déclencher une récitation (sur les robes de peau des sorciers-prêtres en Sibérie, ils correspondent à des strophes de chant) — et des pictogrammes-signes qui portent en eux-mêmes leur signification, qui parlent à la vue. D'une certaine manière, un dessin humoristique sans paroles est aussi un pictogramme-signe. (V. ÉCRITURE.)

pictographie

On appelle *pictographie* l'utilisation de dessins figuratifs en vue de la communication écrite (ex. : chez les Esquimaux). [V. PICTOGRAMME.]

pidgin

On appelle *pidgin* une langue seconde née du contact de l'anglais avec diverses langues d'Extrême-Orient (chinois notamment) afin de permettre l'intercompréhension de communautés de langues différentes. Le système du pidgin est beaucoup plus complet que celui du sabir*, son vocabulaire couvrant de nombreuses activités. Plus particulièrement, le *pidgin-english,* ou *pidgin*, est une langue composite à base grammaticale chinoise et à vocabulaire anglais (par opposition au *pidgin mélanésien* ou bichlamar*).

pitch

Le terme de *pitch* est un terme emprunté à la linguistique anglaise et américaine pour désigner l'accent de hauteur, ou ton* par opposition au stress* ou accent de force.

place

Dans une terminologie dérivée de la logique, on appelle *structure* (de phrase) *à une place* une phrase intransitive simple, comme *Pierre meurt*, où *Pierre* occupe l'unique place associée à *mourir*. La *structure à deux places* est celle des phrases transitives avec un seul complément, comme *Pierre aime Marie*, où *Pierre* et *Marie* occupent les deux places de sujet et d'objet. La *structure à trois places* est celle des phrases transitives à double complément, comme dans *Pierre montre un livre à Georges*, où *Pierre, Georges et livre* occupent les trois places de sujet, d'objet, et de complément prépositionnel attributif. De même, les intransitifs sont dits *verbes à une place*, les transitifs sont dits *verbes à deux places*, et les verbes transitifs, qui ont en outre le trait attributif, sont dits *verbes à trois places*.

plan

Le concept de *plan* (distinct de celui de niveau* ou de rang*) a été introduit en linguistique structurale pour définir la relation entre le signifiant, ou *plan de l'expression*, et le signifié, ou *plan du contenu*.

plein

1. On appelle *forme pleine* la forme d'un mot existant à côté d'une forme réduite (par apocope, élision, etc.); ainsi le latin *nihil* existe à côté de la forme réduite *nil*.

2. On appelle *mots pleins*, par opposition aux *mots vides**, les morphèmes lexicaux opposés aux termes grammaticaux.

3. La grammaire traditionnelle appelle *pleines* les prépositions qui ont un signifié propre *(malgré, sans)* qui les oppose à d'autres qui expriment les seuls rapports syntaxiques *(de)*.

pléonasme

1. Une suite de mots est *pléonastique* dès que les éléments d'expression sont plus nombreux que ne l'exige l'expression d'un contenu déterminé : *suffisamment assez* est un pléonasme. (V. REDONDANCE.)

2. On appelle *pléonasme*, ou *transformation pléonastique*, une transformation d'addition qui, ne modifiant pas le sens de la phrase initiale, n'ajoute rien du point de vue qualitatif. Ainsi, on dira que la phrase *J'ai mal à mon bras gauche* est la transformation pléonastique de *J'ai mal au bras gauche*.

plérématique

L. HJELMSLEV appelle *plérématique* la théorie glossématique du contenu visant à définir les plérèmes*.

plérème

En glossématique, le *plérème* est l'élément de contenu dont la définition permet de ramener des variantes infiniment nombreuses à un nombre limité d'invariants et de réduire les signes infiniment nombreux à des combinaisons d'un nombre limité de plérèmes. Ainsi, on minimisera certains écarts en posant un plérème du type « genre-elle » (genre naturel femelle, à ne pas confondre avec le genre grammatical féminin). Ce plérème permettra de rendre compte du contenu de *jument* en posant que c'est « cheval + genre-elle ».

plosive

Syn. de OCCLUSIVE.

pluralité

La *pluralité* est un trait distinctif de la catégorie du nombre* indiquant la représentation de plus d'une seule entité isolable. La pluralité est exprimée en français par le pluriel *(les tables)*, par l'affixe des collectifs *(une hêtraie)*, par le générique *(l'homme est mortel)*. La pluralité est notée par le trait [− singularité].

pluriel

Le *pluriel* est un cas grammatical de la catégorie du nombre* traduisant la pluralité dans les noms comptables : *tables* est pluriel et exprime la pluralité (« plus d'un ») ou, plus rarement, la singularité : *les ciseaux, les obsèques*. Il existe des noms singuliers exprimant la pluralité, comme les collectifs *(chênaie, hêtraie,* *cerisaie,* etc.). Le pluriel est noté par le trait [−sing].

plurilingue

On dit d'un sujet parlant qu'il est *plurilingue* quand il utilise à l'intérieur d'une même communauté plusieurs langues selon le type de communication (dans sa famille, dans ses relations sociales, dans ses relations avec l'administration, etc.). On dit d'une communauté qu'elle est plurilingue lorsque plusieurs langues sont utilisées dans les divers types de communication. (V. BILINGUISME.) Certains pays, comme la Suisse, où le français, l'allemand, l'italien et le romanche sont langues officielles, connaissent le *plurilinguisme* d'Etat.

plurivalence

On appelle *plurivalence* la propriété pour une unité linguistique (mot ou phrase) de pouvoir recevoir plusieurs interprétations, d'avoir plusieurs sens ou valeurs.

plurivoque

Un morphème appartenant à une catégorie grammaticale ou lexicale définie est *plurivoque* quand il présente, selon les contextes, plusieurs sens : ainsi, le verbe *appréhender* (un danger, une personne, etc.) est plurivoque. (V. POLYSÉMIE.)

plus-que-parfait

On donne le nom de *plus-que-parfait* à un ensemble de formes verbales du français constituées de l'auxiliaire *avoir* (ou *être*) et d'un participe passé, l'auxiliaire étant lui-même affecté d'affixes d'imparfait. Le plus-que-parfait traduit l'aspect accompli relativement à un imparfait de l'énoncé *(Quand il avait bu, il n'était plus maître de lui).* [V. PASSÉ.]

poétique

Chez R. JAKOBSON la *fonction poétique* est la fonction du langage par laquelle un message peut être une œuvre d'art. La *poétique* peut être une partie de la linguistique dans la mesure où celle-ci est la science globale des structures linguistiques. Toutefois, bon nombre des procédés que la poétique étudie ne se limitent pas aux problèmes du langage, mais relèvent d'une manière plus générale de la théorie des signes.

point

Point d'exclamation, point d'interrogation, points de suspension, point-virgule. V. PONCTUATION.

point d'articulation

On appelle *point d'articulation* l'endroit où se produit le resserrement ou la fermeture du chenal phonatoire, par le rapprochement ou le contact des deux articulateurs*. Le point d'articulation est à distinguer du lieu d'articulation. Les différences de point d'articulation n'ont pas de fonction phonologique bien qu'elles caractérisent souvent les habitudes articulatoires de certains phonèmes et soient très importantes pour leur identification. Le lieu d'articulation correspond à une zone plus vaste, dont chacune couvre les points d'articulation dont l'écart n'entraîne pas une différence de sens. Ainsi, les consonnes dentales correspondent à un même lieu d'articulation dans différentes langues, mais elles ont souvent des points d'articulation différents : le phonème français /s/ comme à l'initiale de *sac* est une alvéolaire prédorsale, tandis que le phonème espagnol /s/ qu'on trouve par exemple à l'initiale de *suerte* « sort » est une dentale apicale.

polysémie

On appelle *polysémie* la propriété d'un signe linguistique qui a plusieurs sens. L'unité linguistique est alors dite « polysémique ». Le concept de polysémie s'inscrit dans un double système d'oppositions : l'opposition entre polysémie et homonymie et l'opposition entre polysémie et monosémie.

L'unité polysémique est souvent opposée à l'unité monosémique, comme le « mot » (du vocabulaire général) est opposé au « terme » (d'un vocabulaire scientifique ou technique). On remarque, en effet, que les vocabulaires spécialisés se constituent souvent par emprunt et spécialisation d'un terme du vocabulaire général. Ainsi, *fer* est un terme monosémique du vocabulaire de la chimie : son symbole Fe lui est toujours substituable, il peut se présenter sous l'un ou l'autre des états de la matière, etc.; or, le terme *fer* de la chimie est emprunté au vocabulaire général, où l'unité est largement polysémique : sans évoquer les tropes (ou figures) possibles *(un cœur de fer; ce siècle de fer; brandir le fer),* dont on peut considérer qu'ils relèvent de la rhétorique et non de la lexicologie, le mot *fer* du vocabulaire général comporte divers sens possibles, souvent exprimés par des sous-adresses dans le dictionnaire : fer_1 = métal; fer_2 = objet (indéterminé) en fer; fer_3 = objet (déterminé) en fer...

Le caractère polysémique du vocabulaire général a souvent été senti comme une contrainte pour la pensée scientifique (par exemple par Leibniz). Les linguistes établissent parfois, en revanche, une corrélation entre le développement d'une culture et l'enrichissement polysémique des unités (M. Bréal).

La polysémie est en rapport avec la fréquence des unités : plus une unité est fréquente et plus elle a de sens différents. G. K. Zipf a tenté de formuler une loi rendant compte de ce rapport. On a essayé de chiffrer sa formule sous la forme $M = F\ 1/2$, où M indique le nombre des sens de l'unité, et F la fréquence relative de l'unité. Certes, le développement de la lexico-statistique* permettra des études plus complètes sur ce point. Il reste que la vérification d'une telle formule demande que soit édifiée une théorie lexicale permettant d'évaluer scientifiquement les sens des unités : la vérification de la formule de Zipf sur des dictionnaires offrant des mots polysémiques riches en sous-sens et sur des dictionnaires préférant distinguer des unités monosémiques différentes offrirait des résultats contradictoires pour une langue donnée.

La question essentielle reste, en fait, l'opposition entre polysémie et homonymie : le traitement lexicographique des unités exige, en effet, que soient précisées les frontières entre unité susceptible d'une description par plusieurs sous-sens et unités nécessitant des descriptions différentes. En particulier, si l'on peut, avec les auteurs cités plus haut, établir certaines corrélations entre polysémie et culture, polysémie et fréquence, sans doute n'en va-t-il pas de même pour l'homonymie : par exemple, une corrélation entre longueur des mots et homonymie semble beaucoup plus évidente; il y aura d'autant plus d'homonymes qu'une langue a plus de mots d'une ou de deux voyelles (d'où une plus grande richesse en homonymes de l'anglais et du français par rapport à l'allemand ou à l'italien).

Cette question de l'opposition entre polysémie et homonymie, difficile à résoudre dans l'optique proprement structuraliste, devient beaucoup moins cruciale dans l'optique générative. La véritable opposition est alors entre le rendement offert par le traitement homonymique ou polysémique de telle unité ou de tel groupe d'unités dans le dictionnaire, ce rendement étant mesuré conformément aux critères de simplicité et d'économie. A ce titre, l'opposition polysémie *vs* homonymie n'est plus guère exploitée dans les théories sémantiques de J. Katz ou de U. Weinreich.

On pourrait toutefois être tenté de chercher des critères de la polysémie et de l'homonymie. Si, par exemple, le critère étymologique fonctionnait, on pourrait distinguer un mot polysémique et des mots homonymes par le recours à la diachronie. Il n'en est rien en pratique : par exemple, *dessin* et *dessein*, traités comme homonymes dans les dictionnaires actuels, ont une étymologie commune; si l'on prenait l'étymologie comme pierre de touche, ils devraient, en bonne logique, être traités comme deux sous-sens d'une unité commune.

Si le critère de désambiguïsation pouvait jouer, l'on pourrait repérer dans la langue des procédures distinctes pour lever l'ambiguïté entre deux sous-sens d'une unité polysémique et pour lever l'ambiguïté entre deux homonymes : ici encore, on s'aperçoit que les mêmes processus linguistiques fonctionnent. Par exemple, *vrai* est généralement traité comme un adjectif unique, susceptible des sous-sens : « conforme à la vérité » et « réel »; la désambiguïsation est assurée par la différence dans l'ordre des mots : *un vrai discours* (un discours proprement dit) vs *un discours vrai* (un discours conforme à la vérité). Or, on retrouve la même exploitation dans les homonymes : *la montre* vs *montre-la*. La même remarque vaut pour le genre *(le pendule* vs *la pendule)* ont une grande part de leur sémantisme en commun, au contraire de *le vase* vs *la vase)*, et aussi pour les distinctions orthographiques *(pot* vs *peau)*, etc.

polysyllabe
On appelle *polysyllabe* ou *polysyllabique* tout mot constitué de plus d'une syllabe.

ponctuation
Pour indiquer les limites entre les divers constituants de la phrase complexe ou des phrases constituant un discours, ou pour transcrire les diverses intonations, ou encore pour indiquer des coordinations ou des subordinations différentes entre les propositions, on utilise un système de signes dits de *ponctuation*. Ce système comprend en français le point (**.**), le point d'interrogation (**?**), le point d'exclamation (**!**), la virgule (**,**), le point-virgule (**;**), les deux-points (**:**), les points de suspension (**...**), les parenthèses (**( )**), les crochets (**[ ]**), les guillemets (**« »**), le tiret (**−**), l'astérisque (*****) et l'alinéa.

Le POINT signale la fin d'une phrase, mais il est aussi utilisé pour détacher d'une proposition principale une proposition subordonnée sur laquelle on veut mettre l'accent. Par rapport à l'énoncé oral, le point correspond à un silence ou à une pause. Il est aussi utilisé après toute abréviation ou élément d'une suite d'abréviations comme dans O.N.U.

Le POINT D'INTERROGATION correspond à l'intonation ascendante, suivie d'une pause, de l'interrogation directe et s'emploie uniquement à la fin des phrases qui en expriment une.

Le POINT D'EXCLAMATION correspond à l'intonation descendante suivie d'une pause et s'emploie soit à la fin d'une simple interjection, soit à la fin d'une locution interjective ou d'une phrase exclamative.

La VIRGULE correspond à une pause de peu de durée ou distingue des groupes de mots ou des propositions qu'il est utile de séparer ou d'isoler pour la clarté du contenu. Elle s'emploie aussi pour séparer des éléments de même fonction qui, dans les asyndètes, ne sont pas reliés par une conjonction de coordination : *Il a tout vendu : voiture, chevaux, champs, maison.* Elle permet aussi d'isoler tout élément ayant une valeur purement explicative ou certains compléments circonstanciels : *Son père mort, il a dû élever ses frères et sœurs.*

Le POINT-VIRGULE correspond à une pause de moyenne durée, intermédiaire entre celle que marque la virgule et celle que marque le point. Dans une phrase, il délimite des propositions de même nature qui ont une certaine étendue.

Les DEUX-POINTS correspondent à une pause assez brève et ont une valeur logique : ils permettent d'annoncer une explication ou une citation plus ou moins longue.

Les POINTS DE SUSPENSION correspondent à une pause de la voix, sans qu'il y ait chute de la mélodie, à la fin du mot qui précède : c'est que l'expression de la pensée n'est pas complète pour une raison sentimentale ou autre (réticence, convenance, prolongement de la pensée sans expression correspondante, etc.). Elle permet ainsi, parfois, de mettre en valeur ce qui est dit à la suite.

Les PARENTHÈSES introduisent et délimitent une réflexion incidente, considérée comme moins importante et dite d'un ton plus bas. Quand, à l'endroit où on « ouvre » la parenthèse, la phrase demande un signe de ponctuation, celui-ci se place une fois la parenthèse fermée.

Les CROCHETS sont utilisés quelquefois comme les parenthèses, ou mieux pour isoler des suites de mots contenant elles-mêmes des unités entre parenthèses.

Les GUILLEMETS correspondent généralement à un changement de ton qui commence avec l'ouverture des guillemets et s'achève avec leur fermeture. Ils constituent un moyen d'indiquer qu'on refuse d'assumer le mot ou la suite de mots ainsi isolés (marques de rejet). Les guillements sont ainsi le moyen d'introduire la citation d'un discours direct ou d'une suite de mots étrangère au vocabulaire ordinaire et sur laquelle on veut attirer l'attention.

Le TIRET indique dans le dialogue le changement d'interlocuteur et sert aussi, comme les parenthèses, à isoler une suite de mots qu'on veut distinguer du contexte à des fins diverses.

L'ASTÉRISQUE a différentes valeurs selon les discours scientifiques. En linguistique, on indique par l'astérisque, que telle forme ou telle phrase n'est pas attestée ou est agrammaticale.

L'ALINÉA est constitué par un blanc qui s'étend du point de fin de phrase jusqu'au bout de la ligne, et par un blanc d'une longueur conventionnelle au début de la ligne suivante. Il marque le passage d'un groupe d'idées à un autre groupe d'idées et délimite ainsi des paragraphes qui, par extension, prennent le nom d'*alinéa*.

ponctuel
On appelle *ponctuel* l'aspect* exprimant l'action envisagée à un moment de son développement (aoriste), à son commencement (inchoatif) ou à son achèvement (parfait).

populaire
1. En histoire de la langue, l'adjectif *populaire* est généralement opposé à *savant* avec deux sens différents.

Qualifiant *mot* ou *forme*, *populaire* implique qu'il y a eu une évolution phonétique « normale » : le mot a été transmis d'une génération à l'autre et a subi l'effet des lois phonétiques les plus générales de la langue, alors que le mot *savant* a été emprunté sous sa forme primitive, généralement écrite, et n'a subi qu'une adaptation. Le *mot* (la *forme*) *populaire* et le *mot savant* ou la *forme savante* peuvent former des doublets*. En français, *livrer*, qui vient du latin *liberare*, est une forme *populaire*, alors que *libérer* est une forme *savante*.

Populaire s'oppose aussi à *savant* ou à *vrai* dans *étymologie* populaire*. Il indique alors qu'on prête au mot concerné une origine qui n'est pas la sienne. *Forcené* est rattaché à *force* par un phénomène d'étymologie populaire ou d'attraction paronymique.

2. En dialectologie sociale, l'adjectif

populaire s'oppose à *cultivé*, à *grossier*, à *trivial*, à *technique*, etc., et caractérise tout trait ou tout système linguistique exclu de l'usage des couches cultivées et aristocratiques et qui, sans être grossier ou trivial, se réfère aux particularités du parler utilisé dans les couches modestes de la population. L'emploi d'un *parler* (d'une *langue*) *populaire* révèle soit l'origine modeste du locuteur (quand il n'y a pas contrôle*), soit la volonté de paraître franc, spontané ou sans façons.

portée

La *portée* d'une interrogation, d'une négation, d'une emphase est définie par la portion de la phrase sur laquelle porte l'interrogation, la négation ou l'emphase; on dira ainsi que l'interrogation a une portée limitée (elle est partielle*) lorsqu'elle porte sur un syntagme nominal *(Qui est venu ? Comment se porte-t-il ?)* et que la portée de l'interrogation est la phrase dans *Est-il venu ?* La portée de la négation est la phrase dans *Il n'est pas venu;* elle est limitée au syntagme nominal sujet dans *Personne n'est venu*.

posé

On appelle *posé* l'assertion explicite d'un énoncé, par opposition au *présupposé*, qui implique un énoncé implicite, connu ou allant de soi. Ainsi, dans la phrase *Jacques est guéri,* le présupposé est que « Jacques a été malade » et le posé est que « Jacques a cessé d'être malade ».

positif

Le *positif* est le degré de comparaison d'un adjectif ou d'un adverbe énonçant la qualité telle quelle. Dans les phrases *Pierre est heureux* et *Pierre conduit prudemment,* l'adjectif *heureux* et l'adverbe *prudemment* sont au positif. (V. COMPARAISON, COMPARATIF, SUPERLATIF.)

position. V. DÉTACHEMENT, EMPHASE, ORDRE DES MOTS.

positivisme

On donne le nom de *positivisme* en linguistique à toute position théorique qui considère que relèvent seuls de la linguistique les comportements verbaux directement observables, déterminés par les seules lois qui les régissent directement (ainsi la liaison stimulus-réponse). L. BLOOMFIELD s'inscrit directement dans ce courant positiviste puisque, pour lui, la linguistique est celle des phénomènes, et non celle de la nature des choses. En cela, il y a des problèmes qui appartiennent à la métaphysique, et non à la science; c'est à ce titre que, pour lui, « les questions de sens n'ont pas de sens ».

possesseur

On appelle *possesseur* le sujet d'une phrase comportant le verbe *avoir* et un complément d'objet : *Pierre a un chapeau.* (V. POSSESSION.)

possessif

1. La grammaire traditionnelle définit les *possessifs* comme des adjectifs ou des pronoms indiquant que les êtres ou les objets auxquels ils s'ajoutent (adjectifs) ou dont ils représentent le nom (pronom) appartiennent à quelqu'un ou à quelque chose. Par « appartenir », on entend des rapports de toutes sortes qui sont loin de se réduire à la seule possession, comme on le constate dans *J'ai entrepris ce voyage pour* MON *malheur* ou dans NOTRE *homme est mécontent.*

Les possessifs se présentent avec une double variation : en personne et en nombre comme les pronoms personnels*, en genre et en nombre selon le nombre et le genre du nom déterminé ou représenté; on a en français pour les adjectifs possessifs qui sont des adjectifs déterminatifs les formes suivantes :

1re personne du sing. :
    atone : *mon,* fém. *ma,* plur. *mes*
    tonique : *mien,* fém. *mienne,* plur. *miens*

2e personne du sing. :
    atone : *ton,* fém. *ta,* plur. *tes*
    tonique : *tien,* fém. *tienne,* plur. *tiens*

3e personne du sing. :
    atone : *son,* fém. *sa,* plur. *ses*
    tonique : *sien,* fém. *sienne,* plur. *siens*

1re personne du plur. : *notre,* plur. *nos*
2e personne du plur. : *votre,* plur. *vos*
3e personne du plur. : *leur,* plur. *leurs.*

Les pronoms possessifs sont constitués de l'article défini *le, la, les,* suivi de l'adjectif possessif *mien, tien, sien, nôtre, vôtre, leur.*

2. En linguistique générative, les *adjectifs possessifs* sont issus en structure profonde d'un syntagme nominal constitué d'un article défini *(le)* et d'un complément du nom *(de moi, de toi, de lui,* etc.*). Mon chapeau* est issu de *le chapeau de moi.* Cette dérivation explique que la variation en genre et en nombre ait lieu, d'une part, en relation avec le nom ainsi déterminé *(chapeau)* et, d'autre part, en relation avec le pronom complément sous-jacent : *leur chapeau* est issu de *le chapeau d'eux* et *leurs chapeaux* de *les chapeaux d'eux.* Les pronoms possessifs sont simplement des syntagmes nominaux constitués d'un déterminant *le,* d'un adjectif *mien* et d'un nom effacé.

3. On appelle *phrase possessive,* une phrase dont le prédicat exprime avec la copule la possession : en français *être à quelqu'un,* en anglais *be* + N + cas possessif, etc.; par exemple : *Ce livre est à Jean, This book is John's.*

possession
Un complément du nom indique la *possession* quand il peut être le sujet d'une phrase sous-jacente avec le verbe *avoir;* celui-ci a pour objet le nom qui devient complément dans la phrase réalisée. Dans *le chapeau de Pierre, Pierre* indique la *possession;* c'est le possesseur; il peut être le sujet de la phrase sous-jacente *Pierre a un chapeau,* où le nom *(chapeau)* dont il était le complément est l'objet du verbe *avoir.* On distingue la possession aliénable et la possession inaliénable. (V. ALIÉNABLE.)

postalvéolaire
Une *consonne postalvéolaire* est une consonne qui est réalisée avec la pointe ou la partie antérieure du dos de la langue relevée vers la partie du palais qui se trouve en arrière des alvéoles. Ainsi, les consonnes [ʃ] et [ʒ] dans *chou* et *joue* se différencient essentiellement des consonnes [s] et [z] dans *sans* et *zan* par la labialisation et par un recul du point d'articulation, qui est postalvéolaire (ou prépalatal) pour les premiers phonèmes au lieu d'être dental ou alvéolaire comme pour les autres.

postarticle
On donne le nom de *postarticle* à une sous-catégorie des déterminants, placés après l'article et avant le nom, et qui se distinguent des adjectifs, car ils ne peuvent être attributs. Ainsi, *même* dans *les mêmes personnes* est un postarticle. Le déterminant est alors formé de Article + Postarticle + Nom. On dit aussi *postdéterminant* quand on fait de ces termes des constituants du syntagme nominal (le syntagme nominal est alors formé de Prédéterminant + Déterminant + Postdéterminant + Nom et non plus des constituants du déterminant. (V. PRÉARTICLE.)

Les postarticles appartiennent, en grammaire traditionnelle, à la classe des adjectifs indéfinis.

postdental
Une *consonne postdentale* est une consonne réalisée avec la pointe ou la partie antérieure du dos de la langue appuyée contre la paroi intérieure des incisives supérieures. Il s'agit en général des consonnes dites « dentales », comme le [t] français ou le [s] espagnol, qui se distinguent ainsi des interdentales comme le [θ] espagnol de l'initiale de *cinco.* Dans un même système phonologique, la différence entre l'articulation postdentale et l'articulation interdentale peut avoir une importance phonologique comme en espagnol. Elle correspond à l'opposition acoustique entre phonème mat [θ] et phonème strident [s].

postdéterminant V. POSTARTICLE.

postdorsale
Une *consonne postdorsale* est une consonne dont l'articulateur inférieur est la partie postérieure du dos de la langue. Du point de vue du lieu d'articulation, les postdorsales sont des vélaires [k, g, x], etc.

postérieur
Un *phonème postérieur* est un phonème dont le point d'articulation se trouve en arrière de la cavité buccale, par opposition aux phonèmes antérieurs réalisés au

niveau du palais dur, des dents ou des lèvres. Il s'agit des voyelles vélaires [u, o, ɔ. α, w], des consonnes vélaires [k, g, x], ainsi que des consonnes uvulaires, pharyngales et laryngales.

postiche

En grammaire générative, les *symboles postiches* (représentés par Δ) sont substitués dans les suites terminales générées par la base aux symboles catégoriels qui représentent des catégories lexicales; les postiches indiquent les positions où seront insérées des unités lexicales ayant les propriétés impliquées par les symboles catégoriels qui les dominent. Chaque symbole de la base définissant une catégorie lexicale N, V, Adj, Art, etc., quand il ne peut plus être réécrit par une règle de réécriture de la base, est réécrit par un symbole postiche suivant la règle A → Δ. Les règles d'insertion lexicale vont insérer à la place de ce symbole postiche un terme du lexique qui aura dans ses traits ceux qui sont impliqués par les symboles qui le dominent. Ainsi, si N domine le postiche, le mot (ou symbole complexe) inséré dans cette position devra être un nom, animé ou non-animé, concret ou abstrait, etc. Les éléments grammaticaux, comme le Temps (Présent, Passé, etc.) ou le Nombre, ne sont pas remplacés par des symboles postiches : ce sont des formants grammaticaux.

postnominatif

Syn. de DÉNOMINATIF.

postpalatal

Une *consonne postpalatale* est une consonne réalisée avec le dos de la langue relevée vers la partie postérieure du palais dur, à la limite entre le palais dur et le palais mou. En français, la consonne [k] de *qui* est réalisée phonétiquement comme une consonne postpalatale (bien qu'elle se caractérise phonologiquement, dans le système français, comme une vélaire), à la différence du [k] de *cou,* réalisé comme une vélaire. La différence entre postpalatale et vélaire n'a pas ici de conséquences phonologiques, puisqu'il n'existe pas en français de phonème occlusif palatal.

postpositif

Une préposition est dite *postpositive* quand elle se place après le mot qu'elle régit; ainsi, en latin, les prépositions *causa* et *gratia* suivent le nom (au génitif) qu'elles régissent.

postposition

1. On appelle *postposition* la place d'un mot à la suite d'un autre avec lequel il forme une unité accentuelle. Ainsi, la préposition latine *cum* suit le pronom dans les groupes *vobiscum, nobiscum,* etc.

2. Par opposition aux prépositions*, on appelle *postpositions* des morphèmes grammaticaux invariables (ou particules) qui se placent après les syntagmes nominaux qu'ils régissent : ainsi, les mots latins *causa* et *gratia* sont des postpositions qui suivent le nom au génitif qu'elles régissent *(mortis causa).*

post-tonique

Un *phonème* ou une *syllabe post-tonique* sont ceux qui se trouvent après une syllabe accentuée. Cette position entraîne une certaine instabilité; ainsi, les voyelles post-toniques du latin se sont souvent amuïes lors du passage aux différentes langues romanes : lat. *óculum* → *oclum → fr. *œil,* it. *occhio,* esp. *ojo,* etc.

postvélaire

Une consonne *postvélaire* est une consonne dont le point d'articulation se trouve dans le palais mou, soit au niveau de la luette, comme la consonne uvulaire du français standard de l'initiale de *rat* (réalisée comme une vibrante [R] ou comme une fricative [ʁ]), soit dans le pharynx ou dans le larynx. Phonologiquement, les postvélaires sont à classer parmi les vélaires.

potentiel

1. On appelle *énoncé potentiel, phrase potentielle* tout énoncé, toute phrase qui peut être formé à partir des règles de grammaire d'une langue et qui peut être interprété au moyen des règles sémantiques de cette langue, mais qui n'a pu être relevé dans un corpus.

2. Le *potentiel* exprime, dans les phrases hypothétiques, l'action qui se réaliserait dans l'avenir si la condition était réalisée. Le potentiel s'oppose à l'irréel*. Dans la phrase *Si je gagnais au tiercé dimanche prochain, je vous paierais un bon repas,* on a un potentiel.

praesentia V. IN ABSENTIA.

pragmatique

L'aspect *pragmatique* du langage concerne les caractéristiques de son utilisation (motivations psychologiques des locuteurs, réactions des interlocuteurs, types socialisés de discours, objet du discours, etc.) par opposition à l'aspect syntaxique (propriétés formelles des constructions linguistiques) et sémantique (relation entre les entités linguistiques et le monde).

Prague (école de)

On associe souvent au nom de F. DE SAUSSURE celui de l'*école de Prague,* bien que celle-ci ne se soit pas réclamée du linguiste genevois. Le lien établi entre eux s'explique plus par des traits communs décelés *a posteriori* que par une parenté génétique. L'activité de l'école de Prague s'étend d'octobre 1926 à la Seconde Guerre mondiale; si les participants aux *Travaux* furent nombreux (on compte parmi eux les Français L. BRUN, L. TESNIÈRE, J. VENDRYÈS, E. BENVENISTE, G. GOUGENHEIM, A. MARTINET), les protagonistes furent incontestablement S. KARCHEVSKIJ, R. JAKOBSON et N. S. TROUBETZKOY. Les théories (dites « thèses ») de l'école de Prague présentées en 1929 se trouvent notamment illustrées dans les huit volumes des *Travaux du Cercle de linguistique de Prague,* publiés de 1929 à 1938.

La méthodologie du Cercle de linguistique de Prague est fondée sur une conception de la langue analysée comme un système qui a une fonction, une finalité (celle d'exprimer et de communiquer) et, en conséquence, qui a des moyens appropriés à ce but. Sans considérer comme insurmontable la distinction entre la méthode synchronique et la méthode diachronique, les linguistes du Cercle de Prague se sont plutôt préoccupés de faits de langue contemporains, parce que seuls ces derniers forment un matériau complet et dont on peut avoir un « sentiment direct ». La comparaison des langues ne doit pas avoir pour seule fin des considérations généalogiques; elle peut, en effet, permettre d'établir des typologies de systèmes linguistiques sans parenté aucune. On établit ainsi des lois rendant compte de l'enchaînement des faits, alors que, dans le domaine de la langue, on avait tendance jusque-là à expliquer des changements isolés et produits accidentellement.

préarticle

On donne le nom de *préarticle* à une sous-catégorie des déterminants, placés avant l'article et non précédés d'un article. Ainsi, *tout* est un préarticle dans les syntagmes *toute une ville, toute la classe, tous les gens.* En ce cas, en grammaire générative, on donnera au déterminant la règle de réécriture

D → (Préart) Art (Postart).

On donne parfois aux préarticles le nom de *prédéterminants;* on en fait en ce cas non des constituants du déterminant, mais directement des constituants du syntagme nominal, que l'on réécrit alors :

SN → (Prédéterminant) Déterminant (Postdéterminant) Nom.

Les déterminants sont alors les articles et les démonstratifs.

En français, les préarticles appartiennent en grammaire traditionnelle à la classe des adjectifs indéfinis.

préaspiré

Une *consonne préaspirée* est une consonne dont l'articulation est précédée d'une aspiration, comme il en existe dans certaines langues amérindiennes (fox, hopi).

prédéterminant V. PRÉARTICLE.

prédicat

1. Dans une phrase de base constituée d'un syntagme nominal suivi d'un syntagme verbal, on dit que la fonction du syntagme verbal est celle de *prédicat.* Ainsi, dans *Pierre écrit une lettre à sa mère,* le syntagme nominal est le sujet (c'est-à-dire le thème de la phrase) et le syntagme verbal *écrit une lettre à sa mère* est le prédicat (c'est-à-dire le commentaire du thème).

2. Dans une phrase de base dont le syntagme verbal est constitué d'une copule (*être*) ou d'un verbe assimilé à la copule (*rester, paraître,* etc.), on appelle *prédicat* l'adjectif, le syntagme nominal ou le syntagme prépositionnel constituants du syntagme verbal. Ainsi, dans les phrases *Pierre reste à la maison, Pierre est heureux, Pierre est devenu un ingénieur,* les syntagmes *à la maison, heureux* et *un ingénieur* sont appelés des *prédicats.*

3. En grammaire traditionnelle, on appelle parfois *prédicat* le seul adjectif attribut constituant d'une phrase avec la copule *être.* Ainsi, dans *Pierre est intelligent, intelligent* est le prédicat de la phrase.

4. En grammaire générative, le *prédicat* (abrév. Préd) [1] indique la fonction du syntagme verbal dans la règle de réécriture de la phrase de base SN + SV, le syntagme nominal étant sujet de ce prédicat *(Le père lit le journal);* [2] indique la fonction du syntagme nominal, du syntagme prépositionnel et de l'adjectif dans une structure où le verbe *être* est suivi d'un attribut.

SV → Aux + *être* + { SN / SP / Adj }

peut s'écrire : Aux + être + préd

5. On appelle *prédicat logique* la propriété qui est affirmée d'un sujet logique.

prédicatif

1. En grammaire traditionnelle, on appelle *phrase prédicative* une phrase réduite au seul prédicat; celui-ci est soit un adjectif ou un syntagme nominal attribut, soit un verbe à l'infinitif, le thème n'étant pas exprimé ni rappelé par un pronom personnel : *Très beau! Comment faire ?*

2. On appelle *emploi prédicatif* du verbe *être* son utilisation dans une phrase avec un attribut du sujet. (V. APPARTENANCE, IDENTITÉ, INCLUSION.)

3. On donne le nom de *syntagme prédicatif* au syntagme verbal dans la phrase composée d'un sujet et d'un prédicat. Dans la phrase *L'homme est heureux, est heureux* est le syntagme prédicatif. Dans la phrase *La voiture a renversé le passant, a renversé le passant* est le syntagme prédicatif.

prédication

On appelle *prédication* l'attribution de propriétés à des êtres ou à des objets au moyen de la phrase prédicative*. Les différents modes de prédication représentent les différents modes d'être des objets et des êtres animés (prédication de lieu, de qualité d'action, etc.).

prédictif

Une grammaire est dite *prédictive* quand, ayant établi un système de règles à partir d'un échantillon de la langue, on peut, grâce à ce système, non seulement décrire toutes les phrases réalisées de la langue, mais aussi toutes les phrases qui peuvent être produites dans cette langue (les phrases potentielles). [V. EXPLICITE, GÉNÉRATIF, PROJECTIF.]

prédiquer

Prédiquer c'est donner un prédicat à un syntagme nominal, c'est-à-dire fournir un commentaire* à un sujet topique*.

prédorsal

Une *consonne prédorsale* est une consonne réalisée avec la partie antérieure du dos de la langue. En français, les phonèmes [s], [t], [d] sont réalisés phonétiquement comme des prédorsales, alors que le [s] et le [t] de l'italien et de l'espagnol sont des apicales. Cette particularité phonique peut constituer une habitude articulatoire dans une langue donnée, mais elle n'entraîne pas de différence acoustique sensible, et n'est jamais un trait phonologique à valeur distinctive. Les consonnes réalisées comme prédorsales font partie de la classe des dentales.

préfixe

On appelle *préfixe* un morphème de la classe des affixes figurant à l'initiale d'une unité lexicale, position dans laquelle il précède immédiatement soit un second préfixe (*in-* dans *indéracinable*), soit l'élément radical ou lexème (*re-* dans *refaire*). On remarque qu'une séquence de trois préfixes est parfois possible, par exemple *in-dé-com* dans *indécomposable.*

A la différence du suffixe, le préfixe ne permet pas à l'unité lexicale nouvelle le changement de catégorie grammaticale : *défaire* est verbe comme *faire*, *déraison* est substantif comme *raison*, etc., alors que la suffixation de *malheur* aboutit à l'adjectif *malheureux* et à l'adverbe *malheureusement*. En outre, si le suffixe est incapable d'autonomie, il n'en va pas de même de tous les préfixes; *contre* est préfixe dans *contredire*, *contradiction*, mais forme libre dans *parler contre* (adverbe) ou *contre le mur* (préposition); de plus, la troncation (abréviation syntagmatique) peut amener le préfixe à assumer la charge sémantique de l'unité entière (*une auto, une mini*, pour *automobile, mini-jupe*, etc.); le phénomène est beaucoup plus rare pour les suffixes : on peut citer *ase*, par troncation de *diastase*, etc.; mais le mot simple obtenu fonctionne comme archilexème d'un groupe et non comme abréviation.

prégnant

On donne le nom de *valeur prégnante* au sens de l'attribut proleptique*.

premier

On appelle *sens premier* d'un mot le sens originel, celui qui, apparu d'abord, est le plus proche du sens de l'étymon et qui, dans l'analyse lexicologique traditionnelle, définit les traits pertinents sémiques fondamentaux. Les sens dits *par extension, figuré, par analogie*, etc., dérivent du sens premier.

prépalatal

Une *consonne prépalatale* est une consonne articulée au niveau de la partie antérieure du palais dur avec la pointe ou le dos de la langue. Les consonnes [ʃ], [ʒ] sont des prépalatales. Les prépalatales sont classées phonologiquement parmi les dentales, dont elles partagent les caractéristiques acoustiques : aigu et compact.

prépositif   Syn. de PRÉPOSITIONNEL.

préposition

La *préposition* est un mot invariable qui a pour rôle de relier un constituant de la phrase à un autre constituant de la phrase tout entière, en indiquant éventuellement un rapport spatio-temporel. Le mot ou le groupe de mots ainsi reliés sont appelés « régime »; les prépositions traduisent donc des relations grammaticales et spatio-temporelles.

On a distingué des prépositions vides, qui sont de simples outils syntaxiques, et des prépositions pleines, qui, outre l'indication du rapport syntaxique, ont un sens propre. Ainsi, *de* dans *Il est temps de partir* est une préposition vide, ainsi que *à* dans *Il aime à plaisanter*. Au contraire, *avant*, par exemple, introduit un « complément circonstanciel de temps » comme *après*, mais exprime l'antériorité alors qu'*après* exprime la postériorité.

Les prépositions comprennent les prépositions proprement dites et les locutions prépositives comme *à côté de, autour de, à l'exception de, en deçà de*, formées de prépositions vides et d'adverbes ou de noms et dont la liste n'est pas close.

Il n'existe pas de distinction nette entre l'adverbe et la préposition; c'est ainsi que des prépositions comme *après, avant, avec, contre, depuis, derrière, devant, entre, hors, outre*, etc., s'emploient souvent comme adverbes avec ellipse du régime : *Il marche devant. Depuis, il n'a cessé d'être malade*, etc. D'une manière générale, le régime suit immédiatement la préposition, la suite « préposition + régime » formant une unité dont les éléments entretiennent entre eux des rapports plus étroits qu'avec le reste de la phrase. Cependant, il existe des langues dans lesquelles les prépositions se placent immédiatement après leur régime; ce sont alors des « postpositions ».

prépositionnel

1. On appelle *locution prépositionnelle*, ou *locution prépositive*, un groupe de mots (adverbe ou locution nominale suivie d'une préposition) jouant le rôle d'une préposition : *à côté de, le long de, dans l'intention de, proche de*, etc.

2. On appelle *syntagme prépositionnel* (abréviation SP) un syntagme constitué d'une préposition (abrév. Prép) suivie d'un syntagme nominal (SN). Ainsi, dans les phrases *Pierre est allé à Paris, Pierre a été blessé par une voiture, Pierre est fier de son fils*, les syntagmes prépositionnels sont, respectivement, *à Paris, par une voiture, de son fils.* Le syntagme prépositionnel peut être un constituant du syntagme verbal, comme *à Paul* dans *Pierre parle à Paul,* ou un constituant de phrase comme *depuis trois heures* dans *Pierre parle depuis trois heures.*

présent

On appelle *présent* un temps* situant l'énoncé dans l'instant de la production du discours, dans le « maintenant ». Le présent s'exprime par des affixes verbaux *(Ils viennent)* ou par des adverbes *(Il vient aujourd'hui).*

Le nom de *présent* est donné aux formes verbales du français, constituées de racines verbales suivies d'affixes verbaux de présent, qui sont utilisées aussi comme « non-passé » et « non-futur », c'est-à-dire comme le cas non-marqué du système verbal : le présent atemporel traduit les propositions considérées comme toujours vraies *(Le soleil se couche à l'ouest)* et le présent historique est utilisé dans les récits pour le passé historique*.

présentatif

On appelle *présentatifs* en grammaire traditionnelle les mots ou les expressions qui servent à désigner quelqu'un ou quelque chose pour le mettre en rapport avec la situation. La locution *c'est* est un présentatif dans *c'est Henri, c'est ici, c'est maintenant,* etc. Le mot *voici* est un présentatif dans *voici Pierre.*

pression

On donne parfois le nom de *pression* à l'intensité (ou énergie) de l'air expiré utilisé pendant la phonation. La différence de pression ou d'intensité correspond approximativement à la différence de tension*, car plus la tension musculaire est forte et plus la pression de l'air pour surmonter l'obstacle est intense.

présupposé

Les *présupposés* d'un énoncé sont une sorte de contexte immanent; ce sont les informations qu'il contient en dehors du message proprement dit et que le locuteur présente comme indiscutables, comme allant de soi. Ainsi, l'énoncé *C'est Pierre qui viendra* présuppose l'énoncé *quelqu'un viendra* que ne présuppose pas l'énoncé *Pierre viendra.* Plus généralement, on dira qu'un énoncé A présuppose un énoncé B si A contient toutes les informations véhiculées par B et si la question « Est-ce que A » comporte encore les mêmes informations. On constate ainsi que la question *Est-ce que Pierre viendra ?* contient les informations de *Pierre viendra,* mais non celles de *C'est Pierre qui viendra.* La distinction entre ce qui est posé* (dit) et ce qui est présupposé implique l'opposition entre la *présupposition* et la *position* (dictum).

présupposition

1. On appelle *relation de présupposition* la relation entre deux grandeurs (deux unités linguistiques) telle que la présence dans la chaîne de l'une d'entre elles est la condition nécessaire de la présence de l'autre; ainsi, la présence du déterminant entraîne nécessairement celle d'un nom. Cette relation est dite « unilatérale » si l'une des deux grandeurs est la condition de l'autre, mais non pas *vice versa;* ainsi, le déterminant entraîne la présence du nom, mais inversement la présence d'un nom (nom propre, par ex.) n'est pas la condition nécessaire de la présence du déterminant. La relation de présupposition est dite « réciproque » si une grandeur est la condition de l'autre et *vice versa.*

2. *Présupposition d'une phrase.* V. PRÉSUPPOSÉ.

prétérit

On donne le nom de *prétérit* à la forme verbale qui exprime le passé dans les langues qui ne connaissent pas d'imparfait, de parfait ou d'aoriste. On parle ainsi du prétérit en anglais.

prétérition

La *prétérition* est une figure de rhétorique qui consiste à feindre de ne pas vouloir dire ce que néanmoins on dit clairement et même avec force; ex. BOSSUET dans l'*Oraison funèbre de la duchesse d'Orléans : Je pourrais vous faire remarquer qu'elle connaissait si bien la beauté des ouvrages de l'esprit..., mais pourquoi m'étendre... ?*

préterminal

En grammaire générative, la suite générée par la composante catégorielle de la base est une *suite préterminale;* elle est constituée de *symboles préterminaux,* ces symboles étant soit des formants grammaticaux, comme Prés [Présent], n_o [nombre], etc., soit des symboles postiches dominés par les symboles des catégories lexicales, comme N [Nom], qui domine un symbole postiche. Une fois les items lexicaux et les formants grammaticaux insérés à la place des symboles de la suite préterminale, cette dernière devient la suite terminale de la base.

prétonique

Une *syllabe prétonique* est une syllabe qui se trouve avant la syllabe accentuée, comme la syllabe [la] dans le mot italien *laguna*.

prévélaire

Une *consonne prévélaire* est une consonne réalisée contre la partie antérieure du palais mou, qui se confond parfois avec une articulation postpalatale, comme le [k] dans *qui*. Les prévélaires se confondent phonologiquement avec les vélaires.

préverbe

On donne le nom de *préverbe* au préfixe lorsque ce dernier est antéposé à une racine verbale. Ainsi, *re-* ou *pré-* sont des préverbes dans les formations comme *refaire, reprendre, remettre,* etc.; ou *préexister, préposer, etc.*

prévisibilité

La notion de *prévisibilité*, empruntée à la théorie de la communication, indique que tout énoncé, tout élément linguistique, étant déterminé plus ou moins par le contexte, est plus ou moins probable; et cette probabilité de l'occurrence d'un énoncé, d'un élément permet de quantifier son « sens ». Moins un énoncé ou un élément est probable *(prévisible)* et plus il porte de sens dans un contexte défini.

primaire

En grammaire traditionnelle, toute forme linguistique est dite *primaire* quand elle ne peut être réduite à des formes plus simples, par opposition aux formations secondaires que sont les dérivés et les composés. Ainsi, les morphèmes ou les racines sont des formations primaires.

primitif

1. On a qualifié parfois de *primitives* des langues parlées par des populations de civilisation primitive. Cet emploi, qui pose l'homologie du développement de la civilisation et de la langue, doit être rejeté.

2. La grammaire comparée qualifie de *primitifs* les états de langue de relative unité qui ont précédé historiquement (ou dont on pense qu'ils ont précédé) des périodes de dialectisation, de diversification linguistique. *Primitif* est ainsi synonyme de *commun* dans certains de ses emplois. On parlera ainsi de germanique primitif pour l'ensemble des formes linguistiques antérieures au détachement, de la famille germanique, du germanique westique (anglo-frison). On parlera d'anglo-frison primitif pour la période antérieure à la diversification en vieil anglais et en frison, etc. Ce qualificatif est à éviter, car il entretient toujours une certaine confusion entre l'histoire de la langue et le niveau de civilisation.

principal

1. On appelle *constituant principal d'un syntagme* la tête* de ce constituant, le constituant qui est le centre de ce syntagme (le nom, par exemple, dans le syntagme nominal).

2. En grammaire traditionnelle, on appelle *proposition principale* la phrase à laquelle sont subordonnées des complétives, des relatives, des circonstancielles et qui n'est elle-même subordonnée à aucune autre phrase. La proposition principale est appelée en grammaire générative *phrase matrice**, avec la restriction que cette dernière, qui sert de base à des enchâssements, peut elle-même être enchâssée. Ainsi, en grammaire traditionnelle, dans la phrase *Je dis que Pierre est venu au rendez-vous que je lui avais fixé,* la proposition *je dis* est la principale; en grammaire générative, *Pierre est venu au rendez-vous* est la matrice de *que je lui avais fixé* et *je dis* est la matrice de *que Pierre est venu au rendez-vous que je lui avais fixé.*

prise de parole
Quand, après un silence, ou l'arrêt du discours d'un autre locuteur, un locuteur commence à parler, son acte constitue la *prise de parole*.

privatif
1. Une *opposition privative* est une opposition entre deux termes dont l'un est caractérisé par l'existence d'un trait distinctif appelé *marque* et l'autre par l'absence de ce trait : ainsi, l'opposition voisé *vs* non-voisé, l'opposition nasal (nasalisé) *vs* oral (non-nasalisé), l'opposition labial *vs* non-labial. Les oppositions entre les séries /p, t, k, f, s, ʃ/ et /b, d, g, v, z, ʒ/, entre les séries /i, e, ɛ/ et /y, ø, œ/ sont des oppositions privatives.

Dans le classement et la terminologie de l'École de Prague, les oppositions privatives se différencient donc des oppositions graduelles, dont les termes sont caractérisés par différents degrés de la même particularité (/i/ et /e/ par exemple), et des oppositions équipollentes, dont les termes sont logiquement équivalents (k/g et b/m par exemple).

2. On appelle *alpha privatif* le préfixe grec *a-* indiquant dans les composés l'absence ou la négation du signifié exprimé par le radical : ainsi *akephalos* « privé de tête », *akêratos,* « non mêlé ».

probabilité
Principe fondamental de la théorie de la communication*, la *probabilité* définit la quantité d'information que porte une unité linguistique dans un contexte donné. La quantité d'information d'une unité est définie en fonction de sa probabilité dans un énoncé : elle est inversement proportionnelle à la probabilité d'apparition de cette unité. (V. PRÉVISIBILITÉ.)

procédure
Une théorie linguistique doit être capable de fournir une *procédure de découverte,* c'est-à-dire une méthode d'analyse permettant, à partir d'un corpus d'énoncés, de dégager la grammaire d'une langue; elle doit être capable de fournir une *procédure d'évaluation,* c'est-à-dire une méthode qui permette, deux grammaires d'une langue étant construites, de décider laquelle est la meilleure (la plus simple).

procès
1. On dit d'un verbe qu'il indique un *procès* quand il exprime une « action » réalisée par le sujet de la phrase *(Pierre court, Pierre lit un livre, Pierre mange,* etc.*),* que le verbe soit transitif ou intransitif, par opposition aux verbes qui indiquent un « état », comme les intransitifs *être, ressembler, paraître,* etc., ou les transitifs qui indiquent le résultat d'un procès comme *savoir*. On dit aussi que les verbes statifs* (verbes d'état) s'opposent aux verbes non-statifs (verbes indiquant un procès ou une action).

2. *Orienté vers le procès.* V. AGENT (ORIENTÉ VERS L').

processus
1. *Processus* est un synonyme fréquent de *mécanisme* (grammatical, linguistique) impliquant un ensemble d'opérations successives.

2. En glossématique, la notion de *processus* est liée à celle de système. Le processus est réalisé par l'application de la fonction ET (conjonction logique) à des unités déterminées. Ainsi, dans un texte* donné, le processus est le résultat de la juxtaposition les unes après les autres des lettres de l'alphabet. Si le texte « Stop » le processus sera réalisé par s + t + o + p. Le processus de la glossématique doit être rapproché des termes couramment employés de combinaison* et d'axe* syntagmatique.

proche
Dans la catégorie de la personne, une distinction est faite entre la personne *proche* et la personne éloignée*; cette opposition, traduite dans certaines langues par la flexion verbale et nominale, apparaît en français dans certains emplois de *celui-ci / celui-là*.

proclise
On appelle *proclise* le phénomène qui consiste à traiter un mot comme s'il faisait partie du mot suivant. Les préposi-

tions (tout au moins certaines), les articles, les conjonctions de coordination subissent souvent un phénomène de proclise, de sorte qu'ils finissent parfois par se confondre avec le mot suivant, formant avec lui une unité accentuelle. Dans la forme populaire *un lévier,* la consonne initiale vient de ce que dans *l'évier* l'article *l'* a été senti comme étant l'initiale du mot suivant. C'est par le phénomène de proclise que s'est formé le mot *lierre (l'yerre* en ancien français, *edera* en italien, etc.). [V. PROCLITIQUE.] Dans les parlers corses, les faits de proclise ont pour conséquence les phénomènes de sandhi*.

proclitique

On appelle *proclitique* un mot privé d'accent propre qui s'appuie sur le mot qui suit et forme avec lui une unité accentuelle. Ainsi, les articles et les pronoms conjoints jouent en français le rôle de proclitiques.

production

1. On appelle *production* l'action de produire, de créer un énoncé au moyen des règles de grammaire d'une langue. (Contr. : COMPRÉHENSION, RÉCEPTION.)
2. *Grammaire de production de phrases.* Syn. de GRAMMAIRE DE L'ÉMETTEUR*.

productivité

On dit d'un processus lexical qu'il est *productif* lorsqu'il peut produire de nouvelles expressions nominales, adjectivales, etc., c'est-à-dire des expressions qui ne se sont pas encore rencontrées dans les phrases réalisées. Ainsi, le processus lexical consistant à former des verbes préfixés par *a* / *en* (comme *atterrir, embarquer, encaserner,* etc.) est productif, comme l'indique, par exemple, le néologisme *alunir.*

profonde (structure)

En grammaire générative, toute phrase réalisée comporte au moins deux structures : l'une, dite *structure de surface,* est l'organisation syntaxique de la phrase telle qu'elle se présente; l'autre, dite *structure profonde,* est l'organisation de cette phrase à un niveau plus abstrait, avant une ne s'effectuent certaines opérations, dites transformations*, qui réalisent le passage des structures profondes aux structures de surface. La structure profonde est une phrase abstraite générée par les seules règles de la base* (composante catégorielle et lexique). Par exemple, les règles de la composante catégorielle* définissent une structure de phrase comme :

Nég + D + N + Pas + V + D + N,

où Nég est négation, D déterminant, N nom, Pas passé, V verbe. Si l'on substitue des mots de la langue aux symboles catégoriels, on obtient la structure profonde :

Ne pas + le + père + ait + lire + le + journal,

qui, après une série de transformations, donnera la structure de surface de la phrase ainsi transformée :

Le + père + ne + lire + ait + pas + le + journal.

Les règles de la composante phonétique et phonologique donneront la phrase effective : *Le père ne lisait pas le journal.*

Toutefois, dans l'évolution de la grammaire générative, la structure profonde devient un objet de plus en plus abstrait, éloigné des structures de surface. Par exemple, la phrase transitive *Pierre construit une maison* a pu se voir attribuer une structure profonde comportant un causatif, du type « Pierre fait cela qu'une maison est construite ». (V. ABSTRAIT, SOUS-JACENT.)

proforme

En grammaire générative, la *proforme* est le représentant d'une catégorie (N, par exemple), c'est-à-dire que la proforme représente l'ensemble des propriétés qui sont communes à tous les membres de la catégorie, abstraction faite des traits sémantiques qui distinguent chaque membre de la catégorie en question. Ainsi, *chose* peut être considéré comme une proforme qui représente l'ensemble de la catégorie des noms (*chose* nom commun et *Chose* nom propre), c'est-à-dire des items affectés du trait [+N]; mais, en combinaison avec *qu(e)* interrogatif, la proforme [+N, +humain] est *i (qui est venu ?).* De même, *lieu* peut être considéré comme une proforme qui représente l'ensemble de la catégorie des noms susceptibles d'entrer dans un syntagme prépositionnel de lieu, c'est-à-dire des items affectés des traits [+N, +lieu]. On aura ainsi des proformes nominales, adjectivales, etc. Les proformes restent des objets abstraits et ce sont les règles de la composante phonologique qui peuvent ensuite les réaliser sous différentes formes.

progressif

On appelle *progressif* une forme verbale indiquant qu'une action est en train de se faire (non-accompli); en particulier, le progressif est le nom de la forme verbale de l'anglais composé du verbe *be* et de la forme en *-ing (I am going)*.

projectif

Une grammaire est *projective* quand on peut projeter un ensemble de règles grammaticales, établies à partir d'un échantillon de la langue, sur un ensemble plus vaste des phrases de la langue, c'est-à-dire leur assigner une description structurelle. (V. PRÉDICTIF.)

projection

En sémantique générative, on parle de *règles de projection* pour évoquer un système de règles qui opèrent sur la description grammaticale des phrases et sur les entrées du dictionnaire adjoint à la théorie syntaxique, pour donner une interprétation sémantique à toute phrase de la langue.

Les concepts représentés par des traits sémantiques tels que [humain], [animé], [objet manufacturé], etc., sont d'abord regroupés sous un trait plus général, par exemple [objet physique], pour autant que le système conceptuel des langages humains comporte une certaine hiérarchie. Cette procédure est nécessaire à l'économie de la description et permet d'importantes généralisations. Mais, avant l'insertion des items lexicaux, il faudra appliquer les règles de redondance, qui procèdent à l'expansion de ces traits généraux en traits spécifiques. Un trait [humain], par exemple, devra être glosé en [objet physique], [animé], [humain], etc.

Les règles de projection interviennent alors : elles doivent fournir la combinatoire des lectures glosées *(expanded readings)* de façon à permettre la formation des lectures dérivées (au sens qu'a *dérivation* en grammaire générative). Les règles de projection vont en remontant vers le niveau profond, et leur application est terminée lorsque (la phrase) a été associé à un ensemble de lectures dérivées.

prolepse

On appelle *prolepse* le procédé syntaxique qui consiste à extraposer dans la phrase principale un terme de la subordonnée. Ainsi, en grec, le sujet de l'interrogative indirecte peut devenir par prolepse le complément d'objet direct de la principale. Un équivalent français serait difficilement considéré comme grammatical, par exemple *Tu sais Jean comme il aime le chocolat*. Les pauses et l'intonation peuvent toutefois rendre cette phrase acceptable en langue parlée.

proleptique

On appelle *attribut proleptique* l'adjectif qualificatif exprimant le résultat d'une action antérieure à celle qu'il qualifie. Ainsi, dans la phrase latine *Premit placida aequora* (Il abat les flots calmés). [Syn. : PRÉGNANT.]

pronom

Dans toutes les langues, il existe des mots qui s'emploient pour renvoyer et se substituer à un autre terme déjà utilisé dans le discours (emploi anaphorique) ou pour représenter un participant à la communication, un être ou un objet présents au moment de l'énoncé (emploi déictique). Selon les contextes, le mot remplacé peut être n'importe quel nom (d'où « pronom »), mais aussi un adjectif comme dans *Es-tu courageux ? — Oui, je le suis,* ou même une phrase dans *Vas-tu écrire à ta mère ? — Je suis en train de le faire*. C'est pourquoi on tend à appeler les pronoms *substituts*.

Selon leur nature, leur fonction dans la phrase et leur sens, la grammaire traditionnelle distingue des pronoms personnels* (qui sont différents selon qu'ils remplacent le nom de celui qui parle, de ceux parmi lesquels se trouve celui qui parle, de celui à qui on parle ou de ceux parmi lesquels se trouve celui à qui on parle, ou enfin de celui ou de ceux qui ne parlent pas et à qui on ne parle pas), des pronoms possessifs, démonstratifs, relatifs, indéfinis, interrogatifs (v. CES MOTS). La définition traditionnelle du pronom permettrait d'y inclure les « noms propres » : dans la phrase *Jacques est venu*, le prénom *Jacques* fonctionne à la place d'un nom comme *un homme* sans être lui-même un nom commun. C'est la raison pour laquelle, en ce qui concerne les pronoms personnels, les linguistes ont distingué d'un côté la catégorie des « pronoms personnels » proprement dits (3ᵉ personne du singulier et du pluriel) et d'un autre côté celle des « noms personnels » (pronoms de 1ʳᵉ et 2ᵉ personnes du singulier et du pluriel dans la grammaire traditionnelle) qui jouent le rôle de noms propres.

pronominal

1. On appelle *voix pronominale* en français les verbes précédés d'un pronom réfléchi *(se, me, te, nous, vous)* de même personne que le sujet du verbe *(il s'enfuit / nous nous enfuyons)* et qui, aux formes composées, ont l'auxiliaire *être (Pierre s'est vexé)*. Les verbes pronominaux correspondent en français aux verbes moyens de l'indo-européen (le sujet et l'agent, qui peuvent être distincts, exercent une action sur eux-mêmes à leur bénéfice, ou dans leur intérêt, ces verbes pouvant être sans « objet » comme les intransitifs). Dans l'analyse traditionnelle, on distingue plusieurs groupes de verbes pronominaux ou plusieurs emplois de la voix pronominale :

a) les *verbes pronominaux proprement dits*, qui correspondent à des verbes intransitifs (sans objet) et dont la forme active correspondante a un sens différent (ou n'existe pas) : *s'enfuir, s'apercevoir de, s'adonner à, s'emparer de*, etc.;

b) les *verbes pronominaux* dont la forme passive correspondante représente l'aspect accompli : *ça se fait / c'est fait; les fruits se vendent / les fruits sont vendus*, etc. On dit aussi, dans les grammaires traditionnelles, *verbes pronominaux à sens passif;*

c) les *verbes pronominaux réfléchis* et *réciproques*, dans lesquels le complément du verbe, identique au sujet de la phrase active, est remplacé par un pronom réfléchi singulier ou pluriel : *Paul lave Paul* → *Paul se lave; Paul nuit à Paul* → *Paul se nuit; Pierre et Paul battent Paul et Pierre* → *Paul et Pierre se battent*.

2. *Transformation pronominale*. V. PRONOMINALISATION.

pronominalisation

La *pronominalisation* est une transformation qui remplace un syntagme nominal par un pronom. La pronominalisation comporte une substitution suivie d'un déplacement quand il s'agit d'un pronom personnel : *L'enfant lance la balle* → *L'enfant lance la* → *L'enfant la lance*. Elle comporte une substitution sans déplacement quand il s'agit d'un démonstratif : *L'enfant lance cette balle-là* → *L'enfant lance celle-là*. Le pronom garde les marques de genre et de nombre du syntagme nominal sous-jacent. (On dit aussi *transformation pronominale*.)

proparoxyton

Un *proparoxyton* est un mot dont l'accent porte sur la syllabe qui précède l'avant-dernière syllabe (antépénultième), comme dans le mot italien *fúlmine* « foudre ».

proparoxytonique

Une *langue proparoxytonique* est une langue qui a tendance à accentuer les mots sur la syllabe antépénultième, précédant l'avant-dernière, et donc à augmenter la proportion de proparoxytons dans son lexique.

propérispomène

On appelle *propérispomène* un mot qui, en grec, a un accent circonflexe sur l'avant-dernière syllabe.

proportionnel

Une *opposition proportionnelle* est une opposition dont les deux termes sont dans un rapport semblable à celui qui existe entre les termes d'une ou plusieurs autres oppositions : l'opposition /p/ *vs* /b/ est une opposition proportionnelle en français et en allemand, parce que les rapports entre les deux termes (présence ou absence de la vibration des cordes vocales) sont ceux qui existent entre les phonèmes /t/ *vs* /d/, /k/ *vs* /g/, etc. Une opposition proportionnelle s'oppose à une opposition isolée : l'opposition entre les phonèmes

/l/ et /ʀ/ en français est une opposition isolée.

propos
On appelle *propos* le prédicat* ou commentaire d'une phrase.

proposition

1. En grammaire traditionnelle, on donne le nom de *propositions* aux phrases élémentaires dont la réunion par coordination ou subordination constitue la phrase* effectivement réalisée : la proposition est constituée d'un sujet et d'un prédicat. Ainsi, *Le film que j'ai vu hier m'a beaucoup intéressé* comporte deux propositions, l'une dite *principale,* ou phrase matrice, est *Le film m'a beaucoup intéressé;* l'autre, la relative enchâssée dans la phrase matrice, est *que j'ai vu hier.*

En général, on considère qu'il y a autant de propositions dans une phrase qu'il y a de propositions (matrice, subordonnées ou coordonnées) dont le verbe est réalisé à un mode personnel ou impersonnel : la phrase *Je lui promets de finir demain* comporte deux propositions, la principale *Je lui promets* et une complétive à l'infinitif *de finir demain,* dont le sujet est *je (je finirai demain);* certains restreignent le nombre de propositions au nombre de propositions à un mode personnel. On a pu aussi considérer (en grammaire générative et dans la grammaire de Port-Royal) qu'il y a autant de propositions que de phrases de base; or, ces dernières peuvent être enchâssées dans la matrice, ou principale, avec un effacement de la copule. Ainsi, la phrase *L'homme habile réussit* comporte deux propositions comme *L'homme qui est habile réussit,* l'adjectif épithète *habile* pouvant être analysé comme issu d'une relative enchâssée dans le syntagme nominal.

Sémantiquement, il y a proposition toutes les fois qu'il y a énonciation d'un jugement; en ce sens, dans la phrase précédente, il y a deux affirmations dépendantes l'une de l'autre : *L'homme est habile. L'homme réussit.*

2. En linguistique, on appelle *proposition* le noyau de la phrase de base. Si on définit ainsi la phrase Σ par

$$\text{Mod} + P,$$

où Mod est un constituant indiquant la modalité* (Interrogatif, Déclaratif, Impératif, etc.), P sera le noyau ou la proposition

$$P \rightarrow SN + SV,$$

c'est-à-dire que le noyau P est constitué (se réécrit) par la suite syntagme nominal + syntagme verbal.

propre

On appelle *nom propre* une sous-catégorie des noms formée de termes qui, sémantiquement, se réfèrent à un objet extralinguistique, spécifique et unique, distingué par sa dénomination des objets de même espèce : le nom propre n'a pas d'autre signifié que le nom (l'appellation) lui-même. Par exemple, le nom propre *Jean* se réfère à autant de personnes particulières qu'il y a d'individus nommés *Jean,* la seule référence de *Jean* est l'appellation *Jean.* Syntaxiquement, les noms propres présentent des propriétés particulières; ils sont autodéterminés, ce qui entraîne souvent l'absence d'article défini dans l'emploi courant *(Jean, Dupont, Paris)* ou bien la présence obligatoire du seul article défini *(le Brésil, la France).* Dans l'écriture française, les noms propres commencent par une lettre majuscule, mais tous les noms commençant par une majuscule ne sont pas des noms propres (ainsi dans *un Anglais, un Français,* etc., il s'agit d'adjectifs ethniques* substantivés).

prosodème

Un *prosodème* est une unité prosodique, c'est-à-dire un trait qui affecte un segment autre que le phonème (plus petit, comme la more, ou plus grand, comme la syllabe, le morphème, le mot, la phrase) en faisant jouer des éléments présents dans tout énoncé comme la hauteur (ton et intonation), l'intensité (accent), la longueur. Aucun prosodème ne peut avoir d'existence indépendante, il affecte nécessairement un segment de la chaîne parlée. D'autre part, aucun des prosodèmes n'est caractérisé de façon intrinsèque par ses particularités physiques : il ne peut être défini que par rapport aux unités voisines de celles qu'il affecte. Dans les langues où l'accent d'intensité a une fonction distinctive, ce n'est pas la présence en soi du renforcement de l'articulation d'une syllabe donnée qui assume cette fonction, mais c'est la place de l'accent qui permet de distinguer un mot d'un autre. De même, pour l'accent de hauteur, ou ton, le trait important est la hauteur relative de la syllabe en rapport avec la syllabe qui précède ou celle qui suit. Enfin, l'opposition prosodique longue *vs* brève est basée sur la différence relative de longueur dans une séquence donnée.

Chez certains linguistes américains et chez les linguistes britanniques, le terme de *prosodème* a un contenu plus large : il désigne tous les faits qui s'étendent au-delà des limites phonématiques, appelés *phonèmes suprasegmentaux* ou *composantes longues* (« long components »). Ainsi, dans les langues qui pratiquent l'harmonie vocalique, comme le hongrois, le finnois, le turc, le trait qui affecte toutes les voyelles d'un même mot (le trait d'arrondissement et le trait antérieur ou postérieur) est considéré comme un prosodème. Il en est de même pour la nasalité, qui, en portugais, affecte deux voyelles finales, et pour la palatalisation, qui, en russe, affecte la séquence consonne palatalisée + voyelle.

Les prosodèmes peuvent avoir, comme les phonèmes, une fonction distinctive (surtout les tons), culminative (accent d'intensité) ou démarcative (accent d'intensité et intonation de phrase). L'intonation a aussi une fonction significative : l'intonation montante indique une interrogation, quel que soit, par ailleurs, le contenu de la phrase. Des prosodèmes différents peuvent se superposer : en français, l'accent d'intensité qui marque la fin du mot est aussi un accent de hauteur.

prosodie

La *prosodie* est l'étude des traits phoniques qui, dans les différentes langues, affectent des séquences dont les limites ne correspondent pas au découpage de la chaîne parlée en phonèmes, qu'elles soient inférieures, comme les mores, ou supérieures, comme la syllabe ou différentes parties du mot ou de la phrase. La prosodie est donc une partie de la phonologie, au même titre que la phonématique, qui étudie uniquement les unités phonématiques.

Traditionnellement, on limite la prosodie à l'étude de trois éléments tels que l'accent dynamique (ou accent d'énergie, lié à la plus ou moins grande force avec laquelle est expulsé l'air expiratoire), l'accent d'intonation (ou accent de hauteur, lié à la fréquence plus ou moins grande du son fondamental) et la durée, ou quantité, liée à la tenue plus ou moins longue du phonème. Cependant, certains linguistes, en particulier ceux de l'école anglaise ainsi que certains linguistes américains, considèrent qu'il y a lieu de classer dans le domaine de la prosodie certains traits relevant habituellement de la phonématique, mais qui, dans certaines conditions, affectent des séquences de plusieurs phonèmes : ainsi, en portugais, la nasalité, qui affecte toujours deux voyelles successives (*não, sertão*, etc.), ou, en turc, le trait de vélarité, qui affecte de la même façon toutes les voyelles du mot, ou le trait d'arrondissement, qui ne peut affecter positivement que la première voyelle du mot ou les suffixes à voyelle haute.

prospectif

É. BENVENISTE donne le nom de *prospectif* au futur périphrastique français *(Il va partir, Il devait venir)*, opposé ainsi au futur ordinaire *(Il partira)*.

prosthèse

Syn. peu usité de PROTHÈSE.

protase V. APODOSE.

prothèse

On appelle *prothèse* le développement, à l'initiale d'un mot, d'un élément non étymologique comme, en français, l'introduction d'un [e] à l'initiale de tous les mots commençant par les groupes consonantiques [sp-], [st-], [sk-], etc., *étoile* de *stella(m)*, *épaule* de *spatula(m)*, *écu* de *scutu(m)*, etc.

protosémantisme

Dans la terminologie de P. GUIRAUD, le protosémantisme d'une matrice lexicale est une relation étymologique entre la forme et le sens de l'unité. Mais *étymologie* est à comprendre ici très différemment de l'emploi courant : une racine tk du français regroupe, avec le protosémantisme *frapper*, des termes d'origine diverse (latine, germanique, éventuellement onomatopéique dans le cas de *tic-tac*). Pour établir le protosémantisme d'un champ morphosémantique, il conviendra de trouver la part de signifiant et la part de signifié commune à toutes les unités du champ. Il y a donc un « commun dénominateur lexical » du champ, susceptible d'intégrer les différents termes. Ce commun dénominateur aura pour expression une matrice lexicogénique, et pour contenu un protosémantisme.

protraction

En phonétique on appelle *protraction* le mouvement vers l'avant des lèvres qui accompagne souvent leur arrondissement et a pour effet d'amplifier le résonateur buccal en donnant plus de gravité au son.

pro-verbe

On appelle *pro-verbe* un substitut verbal qui joue, relativement aux verbes, le même rôle que le pronom de troisième personne relativement aux noms : il remplace le verbe ou le syntagme verbal pour en éviter la répétition. Ainsi le mot *faire* est un pro-verbe qui peut remplacer un verbe intransitif ou pronominal, un verbe transitif et son objet, un syntagme verbal (il est souvent accompagné du pronom *le*), etc.

Pierre court. Que FAIT-*il ?*
Pierre n'a pas écrit à sa tante. Il le FERA.
Pierre ne travaille pas autant qu'il l'a FAIT *l'année dernière.*

Le pro-verbe porte les marques de temps, de nombre et de personne comme le verbe.

proximité

La *proximité* définit une catégorie de déictiques* indiquant les objets proches* *(voici, ceci)*, par opposition aux déictiques indiquant des objets éloignés *(voilà, cela)*.

pseudo-clivage

En grammaire générative, la *transformation de pseudo-clivage* déplace en tête de la phrase un syntagme nominal en lui donnant la forme d'une relative avec antécédent générique, tout en constituant une matrice avec *c'est*. Soit la phrase : *Pierre aime le chocolat.* La transformation de pseudo-clivage la convertit en *Ce que Pierre aime, c'est le chocolat* ou *Celui qui aime le chocolat, c'est Pierre*, selon le syntagme nominal sur lequel porte la transformation. Cette transformation est ainsi appelée parce qu'elle aboutit à une fausse subordination (pseudo-subordonnée), ou faux clivage, entre deux propositions issues en fait d'une seule phrase de base. (V. EMPHASE.)

pseudo-copulatif

On donne parfois le nom de *pseudo-copulatifs* aux verbes *sembler, paraître, devenir*, etc., qui se comportent dans de nombreuses constructions comme la copule *être*.

pseudo-intransitif

Syn. de INVERSE.

pseudo-sabir

Un *pseudo-sabir* est un sabir* de type unilatéral, utilisé par l'une des communautés de manière à reproduire plus ou moins bien la langue de l'autre communauté. C'est une forme de langue assez instable qui évolue selon les sujets parlants dans le sens d'une correction toujours plus grande ou, au contraire, selon ses voies propres, en se libérant de la langue qu'elle prétendait imiter au départ.

pseudo-subordonnée

V. PSEUDO-CLIVAGE

psilose

On appelle *psilose* la perte de l'aspiration. Ce mot est issu d'un terme grec qui désigne ce phénomène, fréquent dans les dialectes ionien et dorique (passage de l'« esprit dur » à l'« esprit doux »). Ainsi, dans les textes d'Hérodote (dialecte ionien) on a *ippos* pour *hippos* (le cheval).

psycholinguistique

La *psycholinguistique* est l'étude scientifique des comportements verbaux dans leurs aspects psychologiques. Si la langue, système abstrait qui constitue la compétence linguistique des sujets parlants, relève de la linguistique, les actes de parole qui résultent des comportements individuels et qui varient avec les caractéristiques psychologiques des sujets parlants sont du domaine de la psycholinguistique, les chercheurs mettant en relation certains des aspects de ces réalisations verbales avec la mémoire, l'attention, etc. La psycholinguistique s'intéresse en particulier aux processus par lesquels les sujets parlants attribuent une signification à leur énoncé, aux « associations de mots » et à la création des habitudes verbales, aux processus généraux de la communication (motivations du sujet, sa personnalité, situation de la communication, etc.), à l'apprentissage des langues, etc.

psychomécanique, psychosystématique

Le nom de *psychomécanique,* ou *psychosystématique,* est donné à la théorie structurale du linguiste français G. GUILLAUME. La langue est formée d'un ensemble de morphèmes, unités discrètes où se coule, à chaque acte de parole, une pensée continue. Le linguiste doit définir en langue chaque morphème par un seul sens, de façon à rendre compte de toutes les possibilités d'emploi (ou effets de sens) de cette forme grammaticale dans le discours. Chaque valeur de langue est alors conçue comme le signe d'un mouvement de pensée inconscient, produisant différents effets de sens selon qu'il est intercepté par la conscience plus ou moins près de son début; la linguistique de G. GUILLAUME est une linguistique de position : il y a une ligne continue sur laquelle se placent des moments de la pensée (alors que la linguistique de F. DE SAUSSURE est une linguistique d'opposition, où les unités discrètes se définissent par leurs relations).

psychophonétique

Le terme de *psychophonétique* est le terme proposé à la fin du siècle dernier par le linguiste BAUDOUIN DE COURTENAY pour désigner la partie de la linguistique qui correspond approximativement à ce que nous appelons aujourd'hui la *phonologie,* par opposition à la *physiophonétique,* dans une distinction entre la conception « intérieure » du phonème, purement psychologique, et sa réalisation concrète, purement physiologique. Cette distinction est aujourd'hui rejetée par les linguistes, malgré l'intérêt de la discrimination entre les deux sciences, car la phonologie est moins un fait de psychologie individuel qu'un fait social, et la phonétique fait intervenir des mécanismes psychologiques et neuro-physiologiques autant que des mécanismes purement physiologiques.

psychosystématique. V. PSYCHOMÉCANIQUE.

puissance

On dit d'une *règle* qu'elle est plus *puissante* qu'une autre lorsqu'elle rend compte de plus de faits et d'une manière plus adéquate.

On dit d'une *grammaire* qu'elle est plus *puissante* qu'une autre quand elle assigne une structure à un ensemble de phrases plus important qu'une autre. (V. CAPACITÉ.)

purisme

Comportement de certains locuteurs vis-à-vis de leur langue, caractérisé par le désir de fixer celle-ci à un stade de son évolution, considéré comme une norme idéale et intangible à laquelle tous les écarts doivent être réduits, le *purisme* cherche à se justifier par des considérations morales (préservation de la pureté de la langue).

q

quadrangulaire

Les *systèmes vocaliques quadrangulaires* sont ceux dans lesquels tous les phonèmes vocaliques possèdent non seulement des particularités phonologiques de degré d'aperture, mais aussi des particularités distinctives de localisation. Ce sont des systèmes qui possèdent deux voyelles d'ouverture maximale, mais de localisation différente. Ainsi, le système phonologique du français standard, si l'on considère qu'il possède encore l'opposition des deux phonèmes [a] et [ɑ] de *patte* et *pâte*, est un système quadrangulaire, dont les pôles sont [i], [u], [a], [ɑ]. Les systèmes quadrangulaires s'opposent aux systèmes triangulaires, beaucoup plus fréquents, qui présentent une seule voyelle d'ouverture maximale (italien, espagnol, etc.), et aux systèmes linéaires, beaucoup plus rares, où la localisation de l'articulation n'a pas de fonction distinctive (langues du Caucase occidental).

quadrisyllabe

Un *quadrisyllabe* est un mot de quatre syllabes, comme *as-sour-dis-sant*.

qualificatif

La grammaire traditionnelle classe comme *qualificatifs* tous les adjectifs qui ne sont pas pour elle déterminatifs. (V. ADJECTIF.)

qualité

Les *qualités d'un son* sont ses caractéristiques phoniques, qu'elles aient ou non une valeur distinctive.

quantificateur

Terme de logique, le mot *quantificateur* est utilisé en linguistique avec deux emplois très différents. Il peut garder sa valeur logique et être utilisé à ce titre pour l'étude de relations lexicales, ou bien désigner un type de formateurs particuliers étudiés en sémantique.

Dans le sens logique, le *quantificateur existentiel* transforme une fonction en proposition, c'est-à-dire qu'à la suite de $f(x)$, par exemple *x est un homme*, il permet d'écrire « il y a au moins une valeur de x telle que la fonction $f(x)$ soit vérifiée », qu'on notera $(\exists x) f(x)$. Or, l'analyse componentielle* de E. H. BENDIX cherche à résoudre l'ambiguïté de *A has B* (*A possède B*), susceptible de noter une relation inhérente ou une relation accidentelle. La relation est accidentelle quand on peut paraphraser *A a B* par *B est X A (Y)*, où $X = sur;$ par exemple : *Cette liste a quatre noms* → *Quatre noms sont sur cette liste;* il en va de même pour *Le carton a une étiquette verte*, etc. La relation est dite « inhérente » lorsqu'on ne trouvera pas de *B est X A (Y);* en pareil cas, le quantificateur existentiel servira de critère à la désambiguïsation de *A a B*. *C est le B de A* produira seulement *A a un B*, alors que *B est X A Y* produira aussi bien *A a un B* et *il y a un B X A Y*. *Le bras de Jean* ne pourra guère donner *Il y a un bras sur Jean, à Jean*, etc.; alors que *Il y a une étiquette sur le carton* est possible.

La quantification est beaucoup plus riche dans les langues naturelles que dans un système logique. La généralisation peut sans doute s'exprimer par une forme logique spécialisée (latin *quicumque*, anglais *whoever*) du type de la logique formelle, mais on trouve plus souvent des rapprochements de catégorie, par exemple, *toujours* est adverbe comme *hier, tout* peut être pronom ou adjectif, etc. Le quantificateur existentiel trouve son expression dans toutes les langues (français *il y a*..., latin *sunt qui*..., anglais *there is, there are*); on notera toutefois que toutes les catégories grammaticales ne sont pas représentées; si l'on a des pronoms indéfinis, des adjectifs indéfinis, il n'existe pas de verbe indéfini (type *quelque chose* + affixe verbal).

Pour U. WEINREICH, l'étude des quantificateurs d'une langue s'intègre dans l'étude de la classe des formateurs, unités logiques de la langue, en opposition avec les désignateurs.

quantifieur, quantificateur

On appelle *quantifieurs* les déterminants qui indiquent la quantité par laquelle le nom est défini *(tout, deux, chaque, un,* etc. sont des quantifieurs).

quantitatif

On appelle parfois *quantitatifs* les termes (pronoms, adjectifs, déterminants, adverbes) qui indiquent une quantité : les numéraux sont ainsi des *quantitatifs*.

quantité

La *quantité d'un son* est sa durée* d'émission. On distingue : (1) la *quantité objective* (mesurable), qui peut être calculée pour chaque son concret et dépend des qualités intrinsèques des sons et de certains facteurs tels que la vitesse du débit et l'entourage phonétique, et (2) la *quantité subjective,* qui a une fonction linguistique et caractérise le phonème. Les langues qui utilisent linguistiquement la quantité opposent au moins deux types de phonèmes, dont la différence de durée est suffisante pour être perçue par l'oreille et soutenir des différences de signifié. Ainsi, le français standard oppose des voyelles longues et des voyelles brèves dans des mots tels que *bête* [bɛːt] vs *bette* [bɛt], *mètre* [mɛːtr] vs *mettre* [mɛtr]; etc. L'italien et les dialectes italiques méridionaux opposent dès consonnes longues* (géminées*) à des consonnes brèves : *fato* « destin » vs *fatto* « fait ».

quasi-homonyme

On appelle *quasi-homonymes,* en phonématique, des mots de signifiés différents et dont les signifiants s'opposent seulement par la présence, en un même point de la chaîne parlée, d'un phonème respectivement différent pour chaque mot. Ainsi, les mots *capot, canot, calot, cadeau, cagot, cabot, caveau, cachot, cageot* sont des quasi-homonymes, ils ne diffèrent que par le phonème consonantique intérieur. Deux quasi-homonymes forment une paire* minimale, plusieurs quasi-homonymes forment une série minimale.

quatrième proportionnelle

F. DE SAUSSURE utilise le terme de *quatrième proportionnelle* pour désigner dans la langue l'action d'analogie. Le modèle mathématique de la quatrième proportionnelle est

$$\frac{A}{B} = \frac{C}{X}$$

où A, B, C étant connus, l'on peut déduire X. Le principe de la quatrième proportionnelle a pour F. DE SAUSSURE les deux conséquences suivantes : (1) de la proportion $\frac{oratorem}{orator} = \frac{honorem}{x}$ on déduira *honor,* qui viendra se substituer en latin classique à *honos*. La quatrième proportionnelle justifie ainsi l'évolution des formes de la langue; (2) des proportions $\frac{pardonner}{pardonnable} = \frac{décorer}{x}$ et $\frac{connu}{inconnu} = \frac{décoré}{y}$ on déduit *indécorable.* La quatrième proportionnelle justifie ainsi la création des formes de la langue.

La théorie de la quatrième proportionnelle vise à se substituer à l'usage linguistique de la filière étymologique (par laquelle c'est la forme *honosem* qui passe à *honorem*) et à fournir un modèle de caractère grammatical du fonctionnement de l'analogie.

racine

D'une manière générale, on appelle *racine* l'élément de base, irréductible, commun à tous les représentants d'une même famille de mots à l'intérieur d'une langue ou d'une famille de langues. La racine est obtenue après élimination de tous les affixes et désinences; elle est porteuse des sèmes essentiels, communs à tous les termes constitués avec cette racine. La racine est donc une forme abstraite qui connaît des réalisations diverses; on parlera ainsi de la racine verbale française [ven], qui signifie « venir » et qui comporte deux radicaux* : *ven-/vien-;* elle se réalise dans les formes *venons, venue, vienne,* etc.

En linguistique romane, la *racine* est une forme généralement latine, dont l'existence est attestée ou supposée et dont est venue une forme plus récente attestée dans l'une des langues ou dans l'un des parlers romans. La racine de *mère* est la forme latine *matrem*.

En linguistique indo-européenne, la *racine* est un symbole hypothétique constitué le plus souvent de deux consonnes et d'un élément vocalique, et exprimant une certaine notion. En principe, la racine est débarrassée de tous les éléments de formation (préfixes, infixes, suffixes, etc.) apparaissant dans un contexte ou avec un degré d'alternance déterminé. Elle est irréductible et n'apparaît dans les mots que sous la forme de radicaux, formes servant de base à la flexion. L'élément vocalique de la racine indo-européenne se présente souvent non comme une voyelle, mais comme un système de voyelles alternantes; l'apparition de l'une ou de l'autre de ces dernières est liée au type du radical formé à partir de la racine : pour la racine $g^{e/o}n$ exprimant la notion d'engendrer et de naissance, on aura des radicaux à base *gen-, gon-, gn,* etc.

En linguistique sémitique, la *racine* est une suite de trois consonnes, ou trilitère, liée à une notion déterminée et qui, complétée de voyelles, donne la base des mots. En arabe, la racine *ktb* exprime la notion « écrire », *katab* signifie « il a écrit », *katib* « écrivain », *kitab* « ce qui est écrit ».

E. SAPIR appelle *racine secondaire* l'élément qui, comme les suffixes, n'apparaît jamais sans le soutien d'une racine, mais dont la fonction est aussi concrète que celle de la vraie racine elle-même.

I. radical (n.)

On appelle *radical* une des formes prises par la racine dans les réalisations diverses des phrases. Le radical est donc distinct de la racine, qui est la forme abstraite servant de base de représentation à tous les radicaux qui en sont les manifestations. Ainsi, on dira que la racine /ven/ « venir » a deux radicaux, *ven* et *vien*, qui se réalisent avec adjonction de désinences grammaticales dans *venons, venue, venait, vienne, viennent,* etc. De même, la racine /chant/ « chanter » a deux radicaux, *chant-* et *cant-,* qui se réalisent dans les formes *chantait, chantre, chanteur, cantatrice, cantilène,* etc. Une racine peut n'avoir qu'un radical; en ce cas, racine et radical se confondent. Ainsi, en grec, la racine /lu/ « délier » ne comporte que le radical *lu-,* que l'on trouve dans *luô, luete, leluka,* etc. Le radical est ainsi la base à partir de laquelle sont dérivées les formes pourvues d'affixes : en grec, le radical *gonos* est dit « thématique » parce qu'il est dérivé de la racine /gen/, qui connaît l'alternance vocalique *e/o* par l'adjonction de la voyelle thématique *-o (gono-).* Le radical /thē/ « poser », qui se confond avec la racine, est dit « athématique » parce qu'il ne comporte pas cette voyelle thématique *e/o;* c'est à partir de lui que sont constituées les formes *tithēmi* « je place », *thēso* « je placerai »

II. radical (adj.)

1. On appelle *radical* celui des morphèmes* d'un mot qui n'est pas un affixe et auquel est lié le signifié. Dans *amateur, ama-* est le morphème radical. *Table* est un morphème *radical.*

2. On appelle *radical* ce qui fait partie des éléments constituant le radical* et non des affixes. Dans *amateur, -teur* étant le suffixe, les deux *a* sont des voyelles radicales, *m-* est une consonne radicale.

3. Une *consonne radicale* est une consonne dont la réalisation implique une intervention de la partie postérieure du dos de la langue, ou racine, qui se trouve à la limite de la cavité buccale et de la cavité pharyngale. Les consonnes radicales, comme le /ʁ/ français, sont phonologiquement des vélaires.

rang

En linguistique structurale, la langue est une structure comportant des *rangs* ou niveaux successifs, hiérarchiquement subordonnés les uns aux autres, à partir d'une unité supérieure (l'énoncé), et s'achevant par des unités élémentaires, inanalysables en unités plus petites (traits distinctifs des phonèmes). Chaque rang constitue une « couche » d'analyse; il a ses règles spécifiques et il est formé d'unités dont les combinaisons gouvernées par des règles spécifiques forment les unités du rang immédiatement supérieur, alors qu'inversement les unités de ce rang sont formées de la combinaison des unités du rang immédiatement inférieur. L'ensemble des règles de combinaison, établies pour chaque rang, constitue la grammaire d'une langue.

On distingue ainsi :

a) le rang de la phrase (niveau phrastique), dont les unités constituantes sont les syntagmes, chaque syntagme étant formé d'unités du rang inférieur, les morphèmes. Les combinaisons de phrases donnent l'énoncé.

Soit l'énoncé formé de deux phrases : *Le garçon courait, il tomba.*

Chaque phrase est formée de syntagmes; par exemple, *Le garçon courait* est formé de deux syntagmes *le garçon* et *courait* (v. CONSTITUANT IMMÉDIAT). Chaque syntagme est formé de morphèmes : ainsi *le garçon* est formé des morphèmes *le + garçon; courait* est formé des morphèmes *cour + ait;*

b) le rang du morphème (niveau morphologique ou morphématique), chaque morphème étant constituée d'unités élémentaires du rang immédiatement inférieur, les phonèmes; ainsi, *garçon* est formé de la combinaison [g] + [a] + [r] + [s] + [õ]; les combinaisons des morphèmes donnent les syntagmes de la phrase, rang immédiatement supérieur;

c) le rang du phonème (niveau phonématique ou phonologique); chaque phonème est analysé en traits distinctifs, non segmentables, constituant le premier niveau élémentaire. La combinaison des phonèmes donne les morphèmes. Ainsi, *cour-* est constitué de la succession des phonèmes [k], [u] et [r]. Le phonème [k] est défini par les traits distinctifs : occlusion, non-voisé, postérieur, etc.

rapport

La notion de *rapport,* mise en pleine clarté par F. DE SAUSSURE, est essentielle à la linguistique moderne; celle-ci part de la constatation que, dans un état de langue donné, tout repose sur des rapports : les signes de la langue sont en rapport aux objets réels; le signe linguistique est lui-même le produit d'un rapport entre signifiant et signifié; la valeur linguistique est constituée d'un double rapport, rapport à une chose dissemblable (une idée) susceptible d'être « échangée » contre un mot et rapport à une chose similaire susceptible d'être comparée à un mot (un autre mot). Au même titre que les faits lexicaux, les faits de grammaire (opposition singulier *vs* pluriel, par exemple) et les faits de phonologie (contraste d'une voyelle avec une consonne, ou opposition de deux voyelles, par exemple) sont essentiellement des rapports, et non des caractères positifs.

La distinction saussurienne entre rapports syntagmatiques et rapports associatifs a été conservée par la linguistique structurale sous les noms de *rapports syntagmatiques* et *rapports paradigmatiques*.

Le *rapport syntagmatique* est pour F. DE SAUSSURE du domaine de la parole : dans le discours, les mots contractent entre eux des rapports fondés sur le caractère linéaire de la chaîne parlée; le syntagme est la combinaison des unités ayant contracté ces rapports; par exemple, les éléments constituant *re-lire, contre tous, la vie humaine*, etc., sont dans un rapport syntagmatique. Le *rapport paradigmatique* est, lui, du domaine de la langue : un rapport paradigmatique oppose des termes qui reçoivent leur valeur de cette opposition et dont un seul sera réalisé dans l'énoncé produit; par exemple, *enseignement* est en rapport paradigmatique, en langue, avec *éducation, apprentissage*, d'une part, avec *enseigner, enseignons*, d'autre part, etc.

Mais cette confusion entre l'opposition langue *vs* parole et l'opposition rapports paradigmatiques *vs* rapports syntagmatiques, en germe chez F. DE SAUSSURE, ne se retrouve pas chez tous les linguistes. On peut constater, en effet, l'existence de rapports syntagmatiques et paradigmatiques tant en langue qu'en parole. Prenons un exemple :

— en langue, sur l'axe syntagmatique, [ɔ] et [m] sont en rapports contrastifs pour former l'unité [ɔm] (homme); sur l'axe paradigmatique, *homme* est en rapport d'opposition à la fois dans une série (1) *enfant, vieillard*, etc., dans une série (2) *femme, fille*, etc., dans une série (3) *statue, robot, animal*, etc.;

— en parole, sur l'axe syntagmatique, *homme* est en rapport contrastif avec les autres segments d'un énoncé [sɛt ɔm ɛ ʒenerø] *(Cet homme est généreux);* sur l'axe paradigmatique, *homme* est en rapport d'opposition avec les seuls mots qui, dans l'énoncé, pourraient commuter avec lui. Soit, dans la phrase *Cet homme est généreux*, on peut, pour la série (1), substituer, *enfant* à *homme* et non à *vieillard* (exclu par la forme [sɛt]); pour la série (2), on ne peut rien substituer (la commutation étant rendue impossible par la forme [ʒenerø]), et pour la série (3), on ne peut rien substituer non plus : *animal*, phonétiquement et syntaxiquement possible, étant exclu pour des raisons sémantiques.

realia

Dans un dictionnaire, les *realia* sont les illustrations représentant les objets désignés par les mots. Ce sont les représentations des « choses » dénotées par les entrées lexicographiques (les *denotata*).

réalisation

On utilise le terme de *réalisation* dans les théories linguistiques qui établissent une distinction entre un système abstrait commun à tous les locuteurs d'une même communauté linguistique (compétence*, langue*) et des phrases effectives, diverses selon les locuteurs (performance*, parole*); on oppose les phrases abstraites aux *phrases* (énoncés) *réalisées* (syn. : ACTUALISÉES). Il y a différents types de réalisation selon la substance (phonique ou graphique) dans laquelle les unités se réalisent : sons ou lettres.

recatégorisation

On appelle *recatégorisation* tout changement de catégorie affectant un morphème lexical. Soit le morphème *veau*, qui peut être défini comme un nom animé et comptable en ce sens que, par exemple, on peut réaliser la phrase *Trois veaux sont nés ce mois-ci à la ferme.* Il peut être recatégorisé en un nom non-animé et non-comptable, ce qui permet de réaliser une phrase comme *J'ai mangé du veau à midi.* Le terme *beauté* est un nom non-animé, mais non-comptable et non-concret (abstrait); il peut être recatégorisé comme animé, comptable, concret dans *De jeunes beautés présentaient une collection de robes.* La recatégorisation peut affecter la catégorie grammaticale (un nom devenant un adjectif, comme *marron, cerise,* etc.; ou l'inverse, un adjectif devenant un nom, comme *(le) bon, (le) beau,* etc.); ou affecter les catégories sémantiques fondamentales (animé, humain, concret, comptable, etc.).

récepteur

1. Dans la communication*, on appelle *récepteur* celui qui reçoit et décode un message réalisé selon les règles d'un code spécifique (Syn. : INTERLOCUTEUR.)

La communication* étant le transfert d'une information*, d'un message* d'un lieu ou d'une personne à un autre lieu ou à une autre personne, par l'intermédiaire d'un canal* et sous une forme codée, on appelle émetteur* l'appareil ou la personne qui est à la source du message, et *récepteur* l'appareil grâce auquel le message est reçu (émetteur radio, par exemple, ou appareil auditif s'il s'agit d'une personne). L'appareil récepteur est en même temps un appareil décodeur* qui procède au décodage* du message, c'est-à-dire à la « recherche en mémoire » des éléments appartenant au code qui ont été sélectionnés pour la transcription du message.

2. On appelle *grammaire du récepteur* une grammaire d'interprétation de phrases destinée à donner à l'utilisateur la possibilité d'analyser et de décrire toute phrase de la langue en lui donnant un sens; la grammaire du récepteur est l'ensemble des règles qui permettent de rendre compte de la compréhension des phrases (par opposition à la grammaire de l'émetteur, qui rend compte de la production des phrases).

réception

On appelle *réception* l'action de recevoir un message. Ce terme est utilisé par référence au schéma de la théorie de communication, où le message de l'émetteur est transmis par un canal au récepteur.

réciprocité

La *réciprocité* est l'une des trois relations (v. ANTONYMIE, COMPLÉMENTARITÉ) qui est impliquée quand on dit qu'un mot est le contraire de l'autre. La réciprocité intervient quand on peut avancer (relations permutatives*)

SN_1 A à $SN_2 \supset SN_2$ B à SN_1.

A et B seront, par exemple, *acheter* et *vendre* ou *mari* et *femme.*

Il est à noter que la relation de réciprocité (en utilisant des moyens purement grammaticaux) se trouve dans le passage de l'actif au passif :

SN_1 frappe $SN_2 \supset$
SN_2 est frappé par SN_1.

L'analyse par la réciprocité permet de tirer au clair certains rapports, dont les plus souvent étudiés sont, par exemple, ceux du mariage. En français :

SN_1 épouse $SN_2 \supset SN_2$ épouse SN_1.

Le verbe *épouser* peut apparaître dans les deux contextes. Il n'en est rien en latin, où l'on aura SN_1 (N_1 étant « femelle ») + *nubere* + SN_2 (N_2 étant « mâle »), SN_2 + *ducere in matrimonium* + SN_1.

Il en est de même en grec, où *gamein* s'emploiera comme en latin *ducere (ducere in matrimonium)* et *gameisthai* comme *nubere.*

C'est dans les termes de parenté que la relation de réciprocité a le plus d'importance.

réciproque

1. On dit qu'une relation entre deux termes est *réciproque* quand un terme présuppose l'autre et *vice versa.* Ainsi, en latin, dans une forme, le cas présuppose le nombre et le nombre les cas puisqu'une même désinence signale les deux. (V. RÉCIPROCITÉ, UNILATÉRAL.)

2. *Verbe pronominal réciproque.* V. PRONOMINAL.

récit

On appelle *récit* un discours rapporté à une temporalité passée (ou imaginée comme telle) par rapport au moment de l'énonciation. L'opposition entre le *discours* (énonciation directe) et le *récit* (énoncé rapporté) se manifeste en français par des différences dans l'emploi des temps (passé composé dans le discours, passé simple dans le récit).

recomposition

On appelle *recomposition* la restitution à un élément d'un mot composé de la forme qu'il avait comme mot simple. Ainsi, le latin *recludere* a été recomposé en bas latin en *reclaudere,* sur le modèle du mot simple *claudere; retinere* a été recomposé en *retenere* sur le modèle de *tenere.*

rection

On appelle *rection* la propriété qu'a un verbe d'être accompagné d'un complément dont le mode d'introduction est déterminé. Par exemple, on dira que la rection est directe si le complément d'objet du verbe transitif est introduit sans préposition (ou est à l'accusatif); ou, au contraire, que la rection est indirecte si ce complément d'objet est introduit par une préposition (ou est au datif, au génitif, à l'ablatif, etc.). La rection est directe dans *Pierre lit le journal;* elle est indirecte dans *Pierre obéit à ses parents.*

On parle aussi de rection pour les prépositions lorsque l'on considère que la préposition régit (gouverne) le cas qui est celui du syntagme nominal qui suit; ainsi, on dira que la rection de la préposition latine *ex* est l'ablatif.

reçu

On dit d'un mot qu'il est *reçu* quand il est considéré comme appartenant à la norme standard du français dit « cultivé ».

récursif

1. Une *consonne récursive,* ou *éjective*,* est une consonne dont l'articulation n'utilise pas l'air pulmonaire, et qui est réalisée par un mouvement de récursion. Le terme de « glotto-occlusive » a également été employé par N. S. TROUBETZKOY. On trouve des consonnes récursives en Afrique, dans le Caucase oriental, dans certaines langues de l'Inde.

2. V. RÉCURSIVITÉ.

récursion

On appelle *récursion,* ou *éjection*,* le mouvement articulatoire par lequel l'air supraglottique, après avoir été rassemblé par une occlusion antérieure, au-dessus de la glotte fermée, est expulsé brusquement par une remontée brusque de la glotte. (V. RÉCURSIF.)

récursivité

On appelle *récursivité* la propriété de ce qui peut être répété de façon indéfinie, propriété essentielle des règles de la grammaire générative. Soit une grammaire comportant une règle d'adjonction d'un adjectif à un syntagme nominal au moyen d'une relative; en simplifiant, nous avons par exemple :

Un mur qui est gris → *Un mur gris*

Cette proposition relative contient un relatif *qui,* issu lui-même d'un syntagme nominal; elle peut donc être à son tour l'objet d'une nouvelle relative, et le syntagme se voit adjoint un second adjectif : *Un mur gris, moussu;* la deuxième relative comporte un relatif *(qui),* issu d'un syntagme nominal, qui peut à son tour être l'objet d'une troisième relative comportant un adjectif :

Un mur gris, moussu, délabré,

et ainsi de suite.

Un deuxième type de récursivité apparaît avec des règles comme

SN → SN et SN,

qui rendent compte de la coordination. En ce cas, on peut obtenir en réécrivant chaque SN par SN et SN les suites (l'élément SN est alors autodominant) :

SN et SN
SN et SN et SN
SN et SN et SN et SN

c'est-à-dire *Pierre et Georges (sont partis), Pierre et Georges et André (sont partis), Pierre et Georges et André et Paul (sont partis).*

La récursivité est dite à droite si c'est le

second SN qui est réécrit SN et SN, et à gauche si c'est le premier SN qui est réécrit SN et SN.

La grammaire générative, grâce à cette propriété, peut énumérer un ensemble infini de phrases. La limitation effective (nombre d'adjectifs épithètes à un syntagme nominal) dépend du type de communication écrite ou parlée, du degré d'attention ou de culture, etc., c'est-à-dire non de la grammaire mais de la performance*.

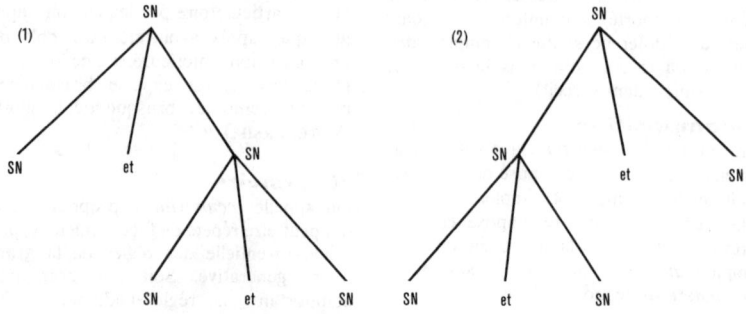

redondance

Le terme de *redondance* a été emprunté à la rhétorique par les théoriciens de la communication et par les linguistes. Pour les rhétoriciens, c'était une figure de style; il avait à peu près le même sens que *répétition* et désignait communément un excès dans les ornements de style.

La cybernétique, la théorie de l'information ou théorie de la communication* ont ensuite emprunté ce terme à la rhétorique, en lui donnant un sens technique précis. La théorie cybernétique de l'information définit la *redondance* comme un rapport dont l'écart à l'unité est habituellement mesuré en pourcentage entre une quantité d'information donnée et son maximum hypothétique.

Considérons dans le cadre de la théorie de la communication, telle que l'ont définie les ingénieurs des télécommunications C. E. SHANNON et W. WEAVER, l'ensemble du processus de la transmission d'un message : un des éléments de ce processus est le code*, ou système de signes permettant la transmutation de la forme d'un message* en une forme permettant sa transmission (forme mécanique, gestuelle, auditive, graphique etc.); la capacité totale de ce code, c'est-à-dire la quantité d'information* qu'il peut transmettre, n'est réalisée que si tous les signaux ont une probabilité égale d'occurrence. Lorsque tous les signaux sont équiprobables, chaque signal émis a, par convention, une capacité de 1 bit. Or, la fréquence inégale des signaux réduit l'efficacité du code, sa capacité théorique, la quantité d'information transmise.

La théorie de la communication a, en effet, permis de quantifier l'information transmise par un système de communication. Car, pour les théoriciens des télécommunications comme pour le cybernéticien, la signification du message transmis n'entre aucunement en ligne de compte : ce qui est transmis c'est une forme, non un sens. Les théoriciens ont insisté sur cet aspect essentiel de la transmission de l'information, dans le cadre de la théorie de la communication : « Il va sans dire que l'ingénieur des télécommunications ou que le cybernéticien spécialiste doit faire abstraction complète du contenu significatif de l'information, et ne traiter celle-ci qu'opérationnellement comme une grandeur physique *sui generis*. »

Si la fréquence inégale des signaux du code, leur non-équiprobabilité, réduit l'efficacité du code (sa capacité théorique, la quantité d'information transmise), on appellera *redondance* la capacité inutilisée du code (la perte d'information qui résulte de cette non-équiprobabilité des signaux).

Nous prenons comme exemple un code comportant deux signaux A et B, tous deux également probables (ou équiprobables). Ces signaux peuvent être émis à raison d'un par seconde. Ce code a donc par convention une capacité de 1 bit d'information par seconde. Si nous émettons pendant 4 secondes, nous pouvons émettre une séquence AAAA, ou BBBB, ou BAAA, ou ABAA; chacune de ces séquences forme un nouveau signal; 16 signaux de probabilité égale peuvent ainsi être émis :

AAAA AAAB AABA AABB ABAA ABAB ABBA ABBB
BAAA BAAB BABA BABB BBAA BBAB BBBA BBBB

Si nous nous reportons à la règle de calcul du contenu de l'information d'un code à 2 signaux équiprobables, la capacité d'un code de ce type est le logarithme à base 2 du nombre de signaux alternatifs qu'il comporte.

Un code comportant 16 signaux équiprobables représente donc une capacité de 4 bits ($I = \log 2$ de $16 = 4$). Chacun de ces signaux réclamant 4 secondes pour leur transmission, nous retrouvons une capacité de 1 bit par seconde.

Si nous décidons de répéter deux fois chaque signal A et B, nous ne pouvons plus envoyer en 4 secondes que l'un des 4 signaux suivants :

AAAA AABB BBAA BBBB

Nous avons donc maintenant un code à 4 signaux équiprobables; en appliquant la règle précédemment énoncée du calcul de la capacité du code, nous obtenons :

$$I = \log 2 \text{ de } 4 = 2$$

Le code n'a plus qu'une capacité de 2 bits pour 4 secondes; soit $1/2$ bit pour une seconde. La capacité du code a été réduite de moitié et cette réduction, cette diminution d'information transmise, résulte de la décision de répéter les signaux. Cette diminution de la capacité — désignée sous le nom de *redondance* — est définie comme la différence entre la capacité théorique d'un code et la quantité moyenne d'information transmise; elle s'exprime par un pourcentage de la capacité totale. D'autre part, si la non-équiprobabilité des signaux est cause d'une diminution de la capacité théorique du code et d'une perte d'information, par contre la répétition des signaux peut être considérée comme l'émission d'un surplus d'information.

En ce sens, la redondance est un élément positif dans la transmission et la réception d'un message. En effet, au cours du processus de transmission d'un message, des causes diverses viennent diminuer la quantité d'information transmise en entravant la bonne marche de la transmission : canal de transmission défectueux, mauvaise réception due à des causes techniques ou tout simplement à des bruits au sens ordinaire du terme; ces causes diverses, quelle qu'en soit la nature, sont appelées *bruits*. La perte d'information au cours de la transmission doit être compensée par un surplus d'information. C'est finalement la perte d'information compensée par un surplus d'information, concrétisé par la réception des signaux, qui constitue ce que la théorie de la communication appelle *redondance*.

Outre le bruit, d'autres éléments sont facteurs de redondance au cours de la transmission d'un message; ce sont, en particulier, les contraintes inhérentes au code : nombre restreint des signaux du code et règles de combinaison des signaux du code qui limitent les choix théoriquement possibles, et, de ce fait, augmentent ou diminuent la probabilité d'apparition des signaux les uns par rapport aux autres.

Si nous considérons les langues naturelles comme des codes, ou systèmes de signes susceptibles de transmettre une information dans des conditions analogues à celles qui président à la transmission de l'information par un système (mécanique ou autre) dont la caractéristique essentielle est la forme codée du message transmis, nous pouvons introduire également la notion de *redondance* lorsque nous parlons du fonctionnement du code linguistique.

Comme tout autre système de communication, en effet, la communication linguistique est susceptible d'être rendue défectueuse par une des raisons que les théoriciens de la communication rassemblent sous le terme de *bruits* : bruits proprement dits, mauvais état du conduit auditif, etc.

D'autre part, les contraintes, sources de redondance inhérentes au code, sont nombreuses dans le code linguistique :

a) *Variation dans les fréquences de phonèmes.*

C'est ainsi que les études statistiques indiquent d'importantes variations en français : fréquence de 8 p. 100 pour /a/, 7 p. 100 pour /l/, 7 p. 100 pour /o/, 1,7 p. 100 pour /z/, 0,5 p. 100 pour /g/.

b) *Restrictions dans les séquences de phonèmes.*

Les signaux émis (phonèmes ou morphèmes) ne sont pas indépendants les uns des autres. Lorsqu'un signal est émis, la probabilité d'apparition du signal suivant dépend du premier. Ces processus de dépendance des éléments entre eux portent le nom de *chaîne de Markov*. En ce qui concerne les phonèmes, prenons par exemple l'état initial /t/. En français, l'une quelconque des voyelles peut lui succéder; mais un phonème consonantique comme /p/ ou /b/, ou un autre /t/, ne pourrait être émis à la droite du /t/; la probabilité d'apparition d'un /p/, d'un /b/ ou d'un /t/ est nulle; par contre, la probabilité de l'émission d'une voyelle ou d'un /r/ augmente; si le /r/ est émis, la probabilité d'apparition d'une consonne à droite du groupe est nulle; seule une voyelle est possible.

Toutes ces limitations augmentent la redondance en rendant les phonèmes individuels plus probables dans certains environnements et moins probables dans d'autres.

c) *Non-utilisation de morphèmes possibles.*

Certains schémas de signaux sont ainsi totalement absents de telle ou telle langue. Z. S. HARRIS appelle ainsi *redondance* ce fait que, dans un ensemble donné de combinaisons possibles à partir des unités de la langue, il n'existe qu'un sous-ensemble de ces combinaisons qui appartient à la langue.

d) *Variation dans la fréquence des morphèmes.*
Variation plus difficile à établir par les méthodes statistiques que la variation dans la fréquence des phonèmes; certaines différences de fréquence apparaissent pourtant nettement : le morphème /tablə/, par exemple, est moins fréquent que le morphème /la/; d'autre part, les variations de fréquence des morphèmes ne sont pas indépendantes des variations de fréquence des phonèmes : la fréquence élevée du phonème /l/ est liée à la fréquence élevée du morphème /la/, /lə/, /le/.

e) *Restrictions sur les séquences de morphèmes.*
Toutes les restrictions de ce genre augmentent obligatoirement la redondance. Or, les restrictions dans la distribution sont essentielles pour que la langue ait une structure et soit un code explicite et commun à tous les individus faisant partie d'une même communauté linguistique. Une langue dans laquelle les morphèmes pourraient être placés dans n'importe quel ordre serait inopérante. Ces restrictions sont de nature syntaxique et opèrent sur des classes d'éléments qui peuvent prendre un certain nombre de positions à l'exclusion de toutes les autres : ainsi, avec les deux morphèmes « la » et « table », la seule séquence admise est « la table », et non « table la ». Les relations entre les éléments sont analysées comme des systèmes de dépendances linéaires orientées de la gauche vers la droite.

f) *Restrictions sémantiques sur ce qui est susceptible d'être dit.*
Certaines phrases, tout à fait acceptables du point de vue grammatical, ont peu de chance d'être prononcées parce qu'il n'existe pour elles aucun contexte. Il y a cent ans, une phrase de ce type aurait été peu imaginable : « La lumière est à la fois particule et onde », bien que le matériel lexical et le schéma syntaxique aient été disponibles.

Ces divers exemples prouvent que dans les langues naturelles les signaux subissent des contraintes séquentielles extrêmement fortes; ces contraintes sont, dans ces langues, la source de redondance la plus importante.

Dans les langues naturelles, le taux de redondance, compte tenu de ces nombreux facteurs, est très élevé : 50 p. 100 en moyenne en anglais et en français. Les manifestations de la redondance y sont diverses et se retrouvent à tous les niveaux de la langue : niveau phonétique, morphématique, syntaxique, sémantique.

Dans presque tous les énoncés, on constate en effet la présence d'unités phonématiques, morphématiques ou syntagmatiques dont la présence n'est pas strictement nécessaire à la communication, mais qui, compte tenu des conditions de la transmission, sont indispensables pour que la communication puisse effectivement s'établir. La redondance permet la conservation de l'information que les « bruits » peuvent supprimer.

A tous les niveaux également, les contraintes imposées dans le choix des unités et dans leurs combinaisons, leurs relations — en un mot l'organisation de la langue en structure — sont une cause de redondance et représentent même la cause essentielle de redondance.

Tout ce qui implique, en effet, un choix (choix entre des unités, d'autant plus contraignant que ces unités sont en nombre restreint, choix entre diverses combinaisons − ou relations − possibles de ces unités) postule une redondance, puisque la nécessité de choix modifie la probabilité des signes.

Au niveau phonématique, la redondance s'arrête et la liberté de tout locuteur particulier s'accroît substantiellement, encore qu'il ne faille pas sous-estimer le nombre des énoncés stéréotypés.

Ainsi donc, la redondance se trouve également au niveau de la syntaxe. Il n'y a pas de syntaxe sans redondance. C'est ainsi, par exemple, que ce que la grammaire traditionnelle considère comme un phénomène d'accord peut en fait être expliqué comme une redondance de la marque du nombre ou du genre d'un syntagme à un autre syntagme.

Dans la phrase *Les enfants sont gais,* nous observons pour le code oral deux marques de pluriel, pour le code écrit quatre marques de pluriel :

code oral
[le-z-ɑ̃ f ɑ̃sɔ̃gɛ]
+   0 + 0

code écrit
les enfants sont gais
 +   +   +   +

Dans le code oral, les deux marques se répartissent sur chacun des deux syntagmes; dans le code écrit, la redondance est très grande, dans la mesure où la liberté de choix entre des phonèmes en nombre restreint est inexistante et où les possibilités de combinaisons sont également relativement restreintes, comme l'ont montré les travaux de A. A. MARKOV. Au fur et à mesure que l'on monte dans l'échelle des unités, les contraintes relatives au choix et aux combinaisons des unités deviennent moins grandes; l'imprévisibilité d'apparition des signes augmente, tandis que, corollairement, le taux de redondance diminue. R. JAKOBSON a remarqué qu'il existe dans la combinaison des unités « une échelle ascendante de liberté »; il écrit en particulier : « Dans la combinaison des traits distinctifs en phonèmes, la liberté du locuteur individuel est nulle; le code a déjà établi toutes les possibilités qui peuvent être utilisées dans la langue en question. La liberté de combiner les phonèmes en mots est circonscrite, elle est limitée à la situation marginale de la création des mots. Dans la formation des phrases à partir des mots, la contrainte que subit le locuteur est moindre ». Ainsi, par l'action des règles contraignantes de la syntaxe, les quatre marques sont réparties régulièrement sur chacun des deux syntagmes. Enfin dans la combinaison des phrases en énoncés, la liberté du locuteur est très grande.

L'exemple nous permet de comprendre le rôle joué par la redondance au niveau syntaxique; ce rôle est double :

1º La redondance conserve l'information que des « bruits » peuvent supprimer;

2º La redondance fonctionne comme facteur de cohésion syntagmatique. La solidarité, la relation des deux groupes essentiels est assurée par leur position réciproque et confirmée par la redondance de marque.

En particulier, la redondance de marque permet de modifier l'ordre des syntagmes tout en assurant leur cohésion − ou concaténation.

Au niveau du lexique également, nous trouvons de la redondance. Là encore, il y a redondance lorsque la probabilité d'apparition d'un signe est maximale et égale à 1, ou proche du maximum. Dans ce cas, le signe n'apporte pas d'information, ou en apporte peu, mais peut cependant être considéré comme une conservation (compensatrice) de l'information. Dans la phrase : *J'ai joué au...,* nous attendons d'une part un substantif, de probabilité maximale égale à 1; la catégorie « substantif » est donc ici redondante au niveau syntaxique : l'information apportée à ce niveau est nulle; d'autre part, la phrase : *J'ai joué au...* détermine le choix entre un nombre relativement restreint de substantifs (ballon, tennis, etc.) : la probabilité de l'unité choisie est inférieure à 1, le contenu d'information varie lui aussi avec la probabilité d'apparition de l'unité; nous avons là un exemple de redondance au niveau lexical.

En conclusion : la redondance est inhérente au fonctionnement d'un code, y compris du code linguistique; elle est nécessaire à la conservation de l'information masquée par les « bruits », même si, par ailleurs, elle diminue la capacité théorique du code. D'autre part, tout code impliquant un nombre restreint d'unités et un choix dans les combinaisons de ces unités, la redondance est un des facteurs essentiels du fonctionnement de ce code. En ce sens, c'est grâce à la redondance qu'un code peut être économique, c'est-à-dire qu'il peut transmettre le maximum d'information avec un minimum de signes. Enfin, définies en terme de redondance, donc de probabilité, les relations syntaxiques et lexicales peuvent être appréciées en fonction de leur contenu d'information ou quantité d'information; elles peuvent donc être quantifiées, mesurées et formalisées.

redoublement

1. On appelle *redoublement* la répétition d'un ou de plusieurs éléments (syllabes) d'un mot ou du mot entier à des fins expressives, comme dans les hypocoristiques *(fifi, mémère),* les intensifs *(c'est très très petit),* etc. (V. RÉDUPLICATION.)

2. Dans la constitution du parfait grec, on appelle *redoublement syllabique* le processus qui consiste à répéter devant une racine commençant par une consonne la consonne initiale, en la faisant suivre d'un *e (luein* a pour parfait *leluka),* et *redoublement temporel* le processus qui consiste à faire précéder une racine commençant par une voyelle par la voyelle *e (êgmai* parfait de *agomai,* c'est-à-dire *e + agomai).*

réduction

On appelle *réduction* la transformation d'un mot en un mot plus court par abrègement, apocope, évolution phonétique, etc. *Cinéma* est une réduction de *cinématographe.*

réduplication

On appelle *réduplication* le redoublement d'un mot entier; ainsi, les mots latins *jamjam* et *quisquis* sont des réduplications respectivement de *jam* et de *quis*. (V. REDOUBLEMENT.)

réécriture

En grammaire générative, on appelle *règle de réécriture* une règle de grammaire donnée sous la forme d'une instruction et consistant à convertir un élément en un autre élément ou suite d'éléments. Si la règle de réécriture est de la forme

$$A \rightarrow B,$$

cela signifie que A doit être réécrit B. Si la règle est de la forme

$$A \rightarrow B + C,$$

cela signifie que A doit être réécrit par B suivi de C. Si la règle de réécriture est de la forme

$$A \rightarrow \left\{ \begin{array}{c} B + C \\ D \ (E) \end{array} \right\}$$

cela signifie que A se réécrit soit B suivi de C, soit D, suivi ou non de E; les parenthèses indiquent les éléments facultatifs et les accolades indiquent le choix entre deux réécritures. La flèche est le symbole donnant l'instruction de réécrire ce qui est à gauche de la flèche. Si on a, par exemple, la règle de réécriture

$$P \rightarrow SN + SV,$$

cela signifie que le symbole P (noyau de la phrase) doit être converti en une suite constituée d'un syntagme nominal (SN) suivi d'un syntagme verbal (SV).

Les règles de réécriture constituent la base*, ou modèle syntagmatique, d'une grammaire générative.

réel

Dans une construction impersonnelle, on appelle *sujet réel* le syntagme nominal ou la proposition infinitive ou complétive qui sont sujets du verbe et qui, déplacés après le verbe, ont été remplacés par un pronom neutre *(il* ou *ce)*. La phrase *Un malheur est arrivé* peut être transformée en *Il est arrivé un malheur;* en ce cas, *un malheur*, sujet de la structure profonde, est *sujet réel* de la structure de surface; le pronom *il* est le *sujet apparent* (v. SUJET). [On dit aussi *complément* du sujet.*]

On parle également de *réel* à propos de phrases qui ne sont ni au potentiel*, ni à l'irréel*.

référé

On appelle *référé* l'être ou l'objet signifié par les mots. La relation entre le signifié et la chose (être ou objet) est la *référence**.

référence

1. La *référence* est la fonction par laquelle un signe linguistique renvoie à un objet du monde extra-linguistique, réel ou imaginaire. La fonction référentielle est essentielle au langage. Il serait toutefois inexact de limiter la description du procès de communication à cette seule fonction. R. JAKOBSON a décrit les divers pôles de l'acte de communication : si la fonction référentielle est toujours présente, divers procédés de subversion du langage peuvent amener le locuteur à polariser l'acte de communication sur diverses autres fonctions. (V. FONCTIONS DU LANGAGE.)

D'une manière générale, tout signe linguistique, en même temps qu'il assure la liaison entre un concept et une image acoustique (définition saussurienne du signe), renvoie à la réalité extra-linguistique. Cette fonction référentielle met le signe en rapport, non pas directement avec le monde des objets réels, mais avec le monde perçu à l'intérieur des formations idéologiques d'une culture donnée. La référence n'est pas faite à un objet réel, mais à un objet de pensée; par exemple, percevant la même radiation lumineuse que moi (identité du phénomène physique), un locuteur étranger pourra référer cette sensation à un découpage différent du spectre solaire : sa référence au spectre solaire pourra, par exemple, n'être qu'à deux termes, et non à sept comme en français.

Le triangle sémiotique, imaginé par ODGEN et RICHARDS, rend compte de la différence entre sens et référence :

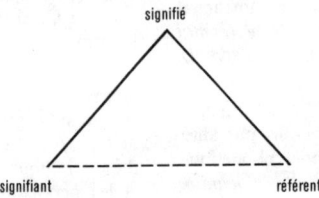

La terminologie adoptée ici pour présenter le triangle sémiotique est une des plus fréquentes : on remarquera que le signe linguistique se constitue sur l'oblique de gauche, par la liaison du signifié (concept) et du signifiant (image acoustique); la liaison directe entre signifié et référent (objet du monde) est marquée par l'oblique de droite, elle aussi en traits pleins. Les pointillés marquent le caractère indirect de la liaison entre l'image acoustique et le référent.

Le rapport référentiel est souvent désigné comme la dénotation* d'un signe.

2. La *référence* d'un phonème est caractérisée par la portion de la chaîne parlée ou la notion qu'il est censé représenter. Dans certains cas, la référence est phonologique, mais les faits sont souvent complexes : ainsi, *a* représente un phonème et *i* également, mais la combinaison *a* + *i* a la même référence que *è* (et que d'autres combinaisons). En sens inverse, en anglais, un seul signe comme *-y* pourra avoir, dans *by* par exemple, comme référence /a + j/. Ces distorsions entre l'écriture et la référence phonologique permettent d'évaluer l'adéquation* plus ou moins grande de la première à la seconde.

Parfois, la référence est morphologique : ce qui est alors représenté c'est un mot déterminé et non les phonèmes qui le constituent. Ainsi, & représente la conjonction *et*, et elle seule. On n'écrira ni & *tait* ni & *ait* pour l'imparfait du verbe *être* troisième personne du singulier. De même, le -*s* de pluriel en français a, sauf cas de liaison, une référence purement morphologique. Quand l'écriture généralise un système de référence morphologique, on dit qu'elle est *idéogrammatique**.

référent

1. On appelle *référent* ce à quoi renvoie un signe linguistique dans la réalité extra-linguistique telle qu'elle est découpée par l'expérience d'un groupe humain.

Le référent (ou désignatum, dans l'opposition designatum *vs* denotatum) ne doit pas être conçu comme un donné immédiat du réel. Sans doute certaines des « choses » correspondant aux signes linguistiques semblent-elles universellement découpées antérieurement à toute perception culturelle. Il n'en est rien cependant, et une langue donnée exigera du locuteur la fourniture de certains renseignements sur le référent que d'autres langues négligeront : telle langue exigera la notation du sexe, telle autre la laissera facultative; telle langue exigera qu'un procès verbal soit situé dans la temporalité, telle autre ne le permettra pas (auquel cas des procédures non-syntaxiques devront être mises en jeu).

Enfin, l'existence d'un rapport entre le signe et la réalité extra-linguistique ne doit pas être confondue avec l'existence même du référent. Un mot peut référer à une notion inexistante : le signe *hippogriffe* a un référent, sans que l'existence des hippogriffes soit pour autant postulée.

2. On donne parfois le nom de *référent* à la situation (au contexte) à laquelle le message renvoie; on parlera de *fonction référentielle* lorsque le message sera centré sur le contexte.

référentiel

La *fonction référentielle* est la fonction* cognitive ou dénotative par laquelle le référent* du message est considéré comme l'élément le plus important.

réfléchi

1. On qualifie de *réfléchie* toute construction dans laquelle le syntagme nominal sujet et le syntagme nominal objet se réfèrent à la même personne ou à la même chose. Ainsi, dans *Pierre lave Pierre*, si *Pierre* sujet est identique à *Pierre* objet, ce dernier est remplacé par un *pronom réfléchi (Pierre se lave)*. Les pronoms réfléchis sont en général distincts des pronoms personnels objets (anglais : *myself, himself* / *me, him*), au moins à la troisième personne (français : *me, te, se* / *me, te, le-lui*). En grammaire générative, cette substitution s'obtient par une transformation réfléchie (ou réflexivisation). On dit aussi que *se laver* est une *forme pronominale réfléchie* du verbe. (V. voix.)

La construction réfléchie est implicite quand le verbe n'est pas accompagné du pronom réfléchi; ainsi, en anglais, *Peter shaves* (Pierre se rase) est une construction réfléchie implicite, le verbe *to shave* étant par ailleurs transitif. Enfin, l'opposition entre construction transitive et construction réfléchie peut être faite au moyen des flexions verbales (en grec, l'actif et le moyen correspondant parfois au transitif et au réfléchi français).

2. *Transformation réfléchie.* V. RÉFLEXIVISATION.

réflexivisation

On appelle *réflexivisation* la transformation qui substitue un pronom réfléchi au syntagme nominal complément quand ce dernier est identique au syntagme nominal sujet dans la phrase de base. Par exemple, *Pierre lave Pierre* devient *Pierre se lave*. La transformation réfléchie s'applique aussi au syntagme nominal constituant du syntagme prépositionnel des verbes attributifs, c'est-à-dire à celui qui suit les verbes dits « transitifs indirects » en grammaire traditionnelle (ainsi, *Pierre nuit à Pierre* devient *Pierre se nuit*) ou qui suit les verbes à double complément (syntagme nominal + syntagme prépositionnel) : *Pierre ne pardonnera jamais cela à Pierre* devient *Pierre ne SE le pardonnera jamais*.

réflexivité

La *réflexivité* est la propriété de l'égalité de l'ensemble qu'on considère comme égal à lui-même; elle s'écrit A = A comme l'égalité de deux ensembles s'écrit A = B.

reformulation

On appelle *reformulation* le comportement verbal par lequel, dans une langue donnée, un locuteur prétend reproduire sous une autre forme exactement ce qui a été exprimé par un autre locuteur dans la même langue. La reformulation, ou rewording, est dite aussi *traduction intralinguale,* par opposition à la *traduction interlinguale.*

régime

1. En grammaire traditionnelle, on donne le nom de *régime* à un mot ou une suite de mots (nom ou pronom) qui dépend grammaticalement d'un autre mot de la phrase. Par exemple, on dira que dans la phrase *Pierre lit le journal, le journal,* complément d'objet, est le régime de *lit;* dans la phrase latine *Claudius Claudiam amat,* l'accusatif *Claudiam* est déterminé grammaticalement par le verbe *amat;* il en est le régime. De même, dans le syntagme *ex urbe,* l'ablatif latin *urbe* est le régime de la préposition *ex.* (V. RECTION, RÉGIR.)

2. On appelle *cas régime* un cas exprimant en ancien français les fonctions grammaticales autres que celles de sujet. Le cas régime est marqué par l'absence de toute désinence spécifique relativement au cas sujet : ainsi, le cas régime singulier *mur* s'oppose au cas sujet singulier *murs.*

régir

Un mot *régit* (ou gouverne) un autre mot qui est son complément si la forme grammaticale de ce dernier semble déterminée par la nature du premier : on dira ainsi que la préposition latine *ex* régit l'ablatif. On fait ainsi abstraction, entre autres, de la notion exprimée primitivement par le cas. Le mot qui semble gouverner le cas ou la forme grammaticale de l'autre est dit *régissant;* celui qui paraît gouverné est dit *régi.* (V. RECTION.)

L. TESNIÈRE emploie parfois le terme *régir* à la place de *subordonner.*

régissant

1. V. RÉGIR.

2. Dans la terminologie de L. TESNIÈRE le *régissant* est constitué dans une connexion* par les termes dont dépendent

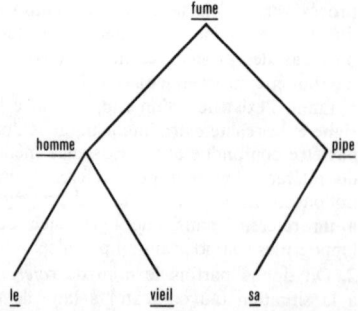

d'autres termes, dits « subordonnés ».

Ainsi, dans la phrase
Le vieil homme fume sa pipe
représenté par le stemma de la page précédente : *fume* régit *homme* et *pipe, homme* régit *le* et *vieil, pipe* régit *sa*.

registre

1. Le *registre* vocal d'un phonème, d'une syllabe, d'un mot, d'une phrase est la bande de fréquence dans laquelle se situe acoustiquement chacun de ces éléments. Les voyelles palatales se situent dans un registre aigu, les voyelles vélaires dans un registre grave, etc. On dira aussi que la voix des femmes et des enfants se situe dans un registre plus aigu que celles des hommes adultes. Les différences de registre sont utilisées dans certaines langues pour différencier des mots (ainsi dans les langues dites « langues à tons », en Extrême-Orient, en Afrique); mais la différence de registre se combine le plus souvent à une différence dans la direction du mouvement de l'intonation du mot : ton montant, ton descendant, ton uni, ton brisé comme dans le dialecte chinois de Pékin, où l'on oppose les mots grâce à ces différents tons. Les différences de registre opposant les phrases sont plus fréquentes : l'intonation de continuité caractérise également la phrase interrogative et la phrase assertive non terminée, mais dans certaines langues comme l'allemand, le russe, une élévation du registre de la phrase permet d'opposer l'interrogation à l'assertion non terminée; comme en allemand *er soll kommen* « il doit venir? » et *er soll kommen... und sich selbst überzeugen* « il doit venir... et s'en assurer par lui-même »; en russe : *on ljubit igrat' f-karty ?* « Il joue volontiers aux cartes? » et *on ljubit igrat' f-karty... no tol'kajn'i-na den'gi* « il joue volontiers aux cartes..., mais pas pour de l'argent ». Un abaissement du registre de la voix peut caractériser les propositions incidentes. Cependant, dans la phrase comme dans le mot, l'opposition de registre est toujours liée à une intonation de phrase déterminée, tout au moins dans les langues européennes.

Un emploi indépendant du changement de registre apparaît cependant avec une fonction d'appel et avec une fonction expressive : une certaine affectation dans la conversation d'une femme se traduit par le choix d'un registre plus aigu que son registre normal (trait par lequel elle accentue sa féminité), les sentiments violents s'expriment par des registres aigus, etc.

2. On appelle *registres de la parole* les utilisations que chaque sujet parlant fait des niveaux* de langue existant dans l'usage social d'une langue.

règle

1. En grammaire traditionnelle, une règle constituait un précepte pour bien parler ou bien écrire. En linguistique, une règle est une hypothèse au sujet d'un mécanisme de la langue.

Il est un autre sens du mot *règle :* le terme est parfois synonyme de *loi*. Le positivisme du XIXe siècle a formulé comme lois de nombreuses observations, en particulier dans le domaine phonétique. La loi prétend décrire ce qui se passe dans la réalité; en linguistique moderne, la règle est une hypothèse au sein d'une théorie linguistique générale. On pourra opposer loi et règle comme recherche empirique des structures de la langue (méthode inductive de la grammaire distributionnelle) et tentative de production d'un modèle linguistique par structuration des faits de langue (méthode hypothético-déductive de la grammaire générative).

2. C'est, en effet, en grammaire générative que le concept de *règle* est essentiel. Une grammaire générative consiste en un alphabet (de symboles) et en un ensemble de règles de production. Les règles de production se subdivisent elles-mêmes en sous-ensembles, constituant les composantes de la grammaire : selon les oppositions (1) composante de base / composante transformationnelle / composante interprétative, et (2) composante syntaxique / composante sémantique / composante morphophonologique.

Les règles syntaxiques se divisent en règles de réécriture et règles transformationnelles.

Les règles de base (règles de la composante de base) sont les règles de réécriture et les règles lexicales (correspondant au lexique). Les règles de réécriture peuvent être indépendantes du contexte *(context free rules)* :

A → N, à lire : le symbole abstrait A se réécrit en la suite de symboles N (la deuxième partie de l'alphabet marquant ici le caractère complexe d'un symbole);

Elles peuvent être dépendantes du contexte :

A → N / − B, à lire : le symbole abstrait A se réécrit en la suite de symboles N dans un contexte où N est suivi de B.

Les règles de réécriture conduisent du symbole le plus abstrait (dans une version précédente de la théorie : P) à des symboles terminaux, c'est-à-dire à des symboles qui ne sont plus susceptibles de réécriture. Une autre distinction à faire parmi les règles de réécriture est entre les règles de branchement *(branching rules)* : A → Z, analysant A en séquence de symboles, et règles de sous-catégorisation* *(subcategorisation rules)* : Article → [+ Défini], introduisant des traits syntaxiques.

Les règles lexicales servent à l'introduction d'un formant lexical. Les instructions peuvent se présenter ainsi : « Si Q est un symbole complexe dans une séquence préterminale, et si (D, C) est une entrée lexicale où C n'est pas distinct de Q, alors Q peut être remplacé par D. »

Viennent ensuite les règles transformationnelles; elles opèrent sur l'indicateur syntagmatique (arbre) correspondant à la série des règles de réécriture appliquées précédemment. Une règle transformationnelle simple donne les instructions pour la transformation de la séquence terminale de l'indicateur syntagmatique d'un énoncé de base en énoncé transformé; par exemple, la transformation d'emphase fait passer des symboles abstraits qui pourraient correspondre à un énoncé réalisé *Pierre mange la pomme* à l'indicateur syntagmatique correspondant à des énoncés comme *Pierre la mange, la pomme,* ou *C'est Pierre qui mange la pomme,* etc. Les règles de transformation généralisée permettent la fusion de deux indicateurs syntagmatiques en vue de la réalisation d'une phrase unique (par exemple, *Pierre mange la pomme* + *Je vois la pomme* → *Pierre mange la pomme que je vois*).

Les règles de la grammaire générative doivent être évaluées, c'est-à-dire que le linguiste doit avoir à sa disposition les critères permettant de conclure qu'un ensemble de règles est meilleur qu'un autre : on pourra faire intervenir la conformité avec l'intuition linguistique, la similarité avec les processus mentaux, etc. Ce sont beaucoup plus généralement les critères de simplicité et d'économie qui sont retenus.

Pour les règles de la composante sémantique, v. THÉORIE SÉMANTIQUE; pour les règles morphophonologiques, v. MORPHOPHONOLOGIE et PHONOLOGIE.

regroupement

En lexicographie, le *regroupement* est la procédure qui consiste à regrouper sous une même entrée le terme simple et ses dérivés dans la mesure où ceux-ci apparaissent avec les mêmes sens fondamentaux que le mot de base. Ainsi, sous l'adresse *affiche*, on réunit *afficher* (mettre une affiche), *affichiste* (celui qui dessine les affiches), *afficheur* (celui qui pose les affiches), *réafficher* (afficher de nouveau). Les regroupements mettent en évidence les relations sémantiques et syntaxiques qui existent entre les différents mots dérivés d'un même terme racine. (V. DÉGROUPEMENT.)

régularité

La grammaire distributionnelle fonde sa procédure de segmentation, de détermination des unités discrètes de la langue à un niveau déterminé (phonèmes, morphèmes) sur la présence, dans les énoncés choisis comme objet d'analyse, de *régularités* récurrentes, c'est-à-dire de segments identiques revenant dans des environnements comparables. (V. DISTRIBUTION.)

Les néo-grammairiens ont établi leurs lois phonétiques par l'observation de régularités dans les mutations phonétiques ; on dira ainsi que le gallo-roman *e* bref en syllabe ouverte est devenu en français [je] (*pedem* → *pied*) parce qu'on observe que ce changement est régulier dans la plupart des mots ainsi constitués, les « exceptions » étant explicables par d'autres facteurs (interférences, emprunts, etc.).

régulier

On qualifie de *régulière* toute forme linguistique conforme au paradigme (de déclinaison, de conjugaison, de statut de phrase, etc.) considéré comme fondamental. Le paradigme régulier est celui qui rend compte du plus grand nombre de formes. (V. ANALOGISTE, ANOMALISTE.)

On dit d'un changement qu'il est *régulier* quand il s'applique à tous les segments placés dans les mêmes conditions sans exception.

rejet

On appelle *marques de rejet* l'ensemble de notations (*par abus, néologisme*, etc.) qui, en lexicographie, indiquent qu'un mot, un sens ou une expression ne sont pas admis dans la norme du français dit « cultivé ». On parle aussi de *marques de rejet* à propos de notations comme les guillemets mis devant et après un mot et une suite de mots que le locuteur ne prend pas à son compte.

relâché

On donne parfois le nom de *phonèmes relâchés* aux phonèmes *lâches**, appelés aussi *doux* ou *faibles*, par opposition aux phonèmes *tendus (durs* ou *forts)*.

I. relatif

1. En grammaire traditionnelle, les pronoms *relatifs*, appelés quelquefois *conjonctifs*, sont les mots qui servent à rapporter, à joindre, au nom ou au pronom qu'ils représentent (et qui est dit *antécédent du pronom relatif*), une proposition subordonnée dite *relative* qui explique ou détermine l'antécédent. Les formes du pronom relatif sont dites *simples* ou *composées* : les formes simples, qui varient selon la fonction et quelquefois le genre, sont sujet *(qui)*, objet direct et attribut *(que)*, objet indirect et complément prépositionnel masculin-féminin *(qui;* neutre *quoi;* et dans certains cas *dont* et *où)*. Les formes composées sont :

Sujet :
    sing. *lequel*, fém. *laquelle;*
    plur. *lesquels*, fém. *lesquelles*.

Complément par *de* :
    sing. *duquel*, fém. *de laquelle;*
    plur. *desquels*, fém. *desquelles*.

Complément par *à* :
    sing. *auquel*, fém. *à laquelle;*
    plur. *auxquels*, fém. *auxquelles*.

Les formes composées sont en réalité des formes de pronoms, mais aussi d'adjectifs relatifs (relevant des adjectifs déterminatifs). L'emploi de l'adjectif relatif sujet ou objet direct est rare en français, de style archaïsant ou juridique : *On a vu arriver un dénommé Théodore, lequel Théodore se prétendait roi de Corse.*

2. En linguistique structurale, les *relatifs* sont des opérateurs de phrase qui permettent l'expansion d'un syntagme nominal par une phrase; les pronoms relatifs (en français *qui, que, quoi, dont, où*) ont alors la même fonction que la conjonction *que*, permettant l'expansion du syntagme verbal ou du syntagme nominal *(je crains qu'il ne vienne; la crainte qu'il ne vienne)* : le relatif *que* et la conjonction *que* ne sont alors que le même mot.

3. En linguistique générative, les *relatifs* appartiennent à la classe des déterminants* et ils entrent dans la transformation relative. (V. RELATIVISATION.)

II. relatif

1. On dit d'un *superlatif* qu'il est *relatif* quand il est suivi d'un complément qui précise dans quelles limites est vraie l'assertion dans laquelle le comparatif est impliqué : ainsi, dans *Jacques est le plus grand des élèves*, l'assertion *Jacques est le plus grand* ne se trouve vraie que si on se réfère aux élèves (elle ne sera peut-être pas vraie si on compare *Jacques* aux professeurs, par exemple). Le superlatif relatif est dit aussi *comparatif généralisé*. Le contraire du superlatif relatif est le superlatif absolu.

2. On donne le nom de *temps relatifs* à des formes de l'accompli qui expriment le futur ou le passé par rapport à un futur ou à un passé de l'énoncé. (V. ABSOLU.)

3. *Transformation relative*. V. RELATIVISATION.

relation

1. On appelle *relation* un rapport existant entre deux termes au moins, ces termes pouvant être des phonèmes, des morphèmes ou des phrases. Les relations peuvent être entre des éléments se succédant dans la chaîne parlée (rapports syntagmatiques) ou pouvant être substitués les uns aux autres dans une même position (rapports paradigmatiques). Les relations peuvent exister entre les termes à l'extérieur d'un même champ sémantique, etc. (V. RAPPORT.)

2. *Accusatif de relation*. V. ACCUSATIF.

relationnel

On appelle *adjectifs relationnels* ou *de relation* des adjectifs dérivés d'un nom et qui expriment l'existence d'un rapport entre le nom auquel l'adjectif est joint et le nom dont l'adjectif est dérivé : ainsi, dans *problèmes sucriers et pétroliers*, *sucriers et pétroliers* désignent les problèmes dont il est question en indiquant simplement qu'il s'agit de ceux qui ont rapport au sucre ou de ceux qui ont rapport au pétrole. La langue moderne a tendance à multiplier ce genre d'emplois qui est pourtant condamné par certains grammairiens puristes.

relative

On appelle *relative* une proposition comportant un relatif, enchâssée dans le syntagme nominal constituant d'une phrase matrice (ou phrase principale). Le syntagme nominal qui sert de base à l'enchâssement est appelé *antécédent**. Soit la phrase

J'ai lu le livre que tu m'avais donné,
la proposition *que tu m'avais donné*, où le relatif *que* est issu d'un syntagme nominal, Déterminant + *livre*, est une relative enchâssée dans le syntagme nominal *(le livre)* de la phrase matrice *j'ai lu le livre;* ce syntagme nominal *(le livre)* est l'antécédent de *que; livre* est le nom antécédent.

On distingue deux types de relatives :

La *relative déterminative*, qui restreint ou précise le syntagme nominal antécédent par l'addition d'une propriété nécessaire au sens; syntaxiquement, elle joue le même rôle qu'un démonstratif;

La *relative appositive*, qui ajoute une propriété contingente, non indispensable au sens; syntaxiquement, elle joue le rôle d'un complément ou d'un adjectif apposé.

Ainsi, dans les phrases :

(1) *Prends le livre qui est sur mon bureau*,

(2) *L'ami qui m'accompagnait fut surpris de voir Paul*,
les relatives sont déterminatives.

Au contraire, dans les phrases :
(1) *Prends mon livre, qui est sur le bureau*,
(2) *Mon ami, qui ne le connaissait pas, fut surpris de voir Paul*,
les relatives sont appositives.

Les relatives appositives sont souvent séparées du nom antécédent par une virgule qui joue le rôle de parenthèses; les relatives déterminatives sont coreliées au déterminant du syntagme nominal antécédent *(le... qui est sur le bureau).*

relativisation

En grammaire générative, on appelle *relativisation* la formation d'une relative par une transformation qui enchâsse une phrase (phrase constituante) dans le syntagme nominal d'une autre phrase (phrase matrice) au moyen d'un relatif.

Soit les deux phrases :

(1) *Je lis* D + *livre,*

(2) *Tu m'as donné* D + *livre,*

la phrase (2), où le déterminant D est le relatif *que,* va venir s'enchâsser dans le syntagme nominal constituant de la phrase (1) D + *livre* (où D est un déterminant). L'effacement des éléments identiques donnera alors :

Je lis le livre que tu m'as donné.

(V. RELATIVE.)

rendement fonctionnel

Le *rendement fonctionnel* d'une opposition est la capacité que possède une opposition existant dans une langue donnée de se réaliser dans un plus ou moins grand nombre de séries paradigmatiques structurées selon cette opposition. C'est donc l'importance d'une opposition dans le fonctionnement de la langue. Aussi est-ce surtout dans l'optique d'une linguistique fonctionnelle (v. FONCTIONNALISME) qu'on pourra poser la question du rendement fonctionnel d'une opposition. La notion de fonction recoupe celle de pertinence linguistique : sont pertinents les éléments de l'énoncé dont la présence n'est pas due à des automatismes, mais qui portent une information. Un élément d'énoncé ne sera linguistique qu'en considération de sa fonction. A ce titre, le critère du rendement fonctionnel prend de l'importance : on remarque que le français possède deux phonèmes /$\tilde{\epsilon}$/ et /$\tilde{œ}$/ qui n'entrent en opposition distinctive que dans quelques paires minimales : on cite toujours *brin* et *brun*. Ainsi, cette opposition a-t-elle un rendement fonctionnel particulièrement faible. On peut voir là la raison de sa disparition dans le système phonologique des jeunes français.

Cependant, le rendement fonctionnel élevé d'une opposition ne met pas automatiquement celle-ci à l'abri de la désuétude : l'opposition du /a/ antérieur et du /ɑ/ postérieur est d'un rendement plus élevé en français (*patte / pâte, tache / tâche, là / las,* etc.); elle est cependant à peu près perdue elle aussi en français contemporain.

rephonologisation

La *rephonologisation* est un type de mutation phonologique qui aboutit à transformer une opposition phonologique donnée en une autre opposition phonologique hétérogène, qui entretient des rapports différents avec l'ensemble du système phonologique, cela sans qu'il y ait réduction ni élargissement du système phonologique.

En français standard, le changement de réalisation du phonème [r] a entraîné la disparition d'un phonème non-apparié, s'opposant aux autres uniquement par le trait vibrant (acoustiquement : consonantique, vocalique, discontinu) et l'apparition d'un nouveau phonème [ʁ] qui s'oppose aux autres comme fricative (acoustiquement : consonantique, non-vocalique, continu) et comme vélaire (acoustiquement : compact, grave).

Ainsi, le passage en polonais ancien du *r'* mouillé à la chuintante *r* s'est traduit par la disparition de l'une des oppositions formant la corrélation de mouillure et par l'apparition d'une opposition isolée.

réponse

Dans la théorie behaviouriste, on appelle *réponse* une réaction verbale (r) ou non-verbale (R) à un stimulus verbal (s) ou non-verbal (S). [On dit aussi ACTION-RÉPONSE.]

représentant

On donne le nom de *représentant* au pronom (personnel, démonstratif, possessif) considéré dans sa fonction principale, celle de représenter un mot ou un groupe de mots énoncés précédemment ou dénotant un objet de la situation : dans *Pierre est arrivé, je le vois, le* est un représentant, car il s'est substitué à *Pierre*. Dans *Ceci est grave, ceci* représente un élément de la situation qui peut être dénoté par un mot, un groupe de mots ou une proposition. (V. ANAPHORIQUE, SUBSTITUT.)

représentation
Dans la perspective associationniste de F. DE SAUSSURE, la *représentation* est l'apparition de l'image verbale mentale chez le locuteur.

représentativité
Un ensemble d'énoncés est *représentatif* quand il contient tous les traits concernés par la recherche et sur lesquels on veut formuler des conclusions; un corpus représentatif d'une langue doit comporter toutes les caractéristiques structurelles de cette langue impliquées par la recherche.

résonance
Le phénomène de *résonance* est celui par lequel une onde sonore voit son mouvement renforcé par son passage à travers une cavité remplie d'air dont la fréquence est proche de la sienne. La fréquence de vibration de la cavité, et donc l'influence acoustique qu'elle exerce sur l'onde qui la traverse et la fait entrer en vibration, dépend de sa forme et de son volume. Ainsi, dans la phonation, le conduit vocal exerce sur l'onde issue du larynx une influence résonnante qui varie suivant la forme qu'il assume, en fonction des différents mouvements des organes vocaux. Le conduit vocal agit, en ses différentes parties, comme un résonateur.

résonateur
Un *résonateur* est une cavité qui a pour effet d'amplifier l'onde sonore qui la traverse et dont la fréquence de vibration est voisine de sa fréquence propre. Les cavités supraglottiques du conduit vocal, essentiellement le pharynx et la cavité buccale, éventuellement les fosses nasales et la cavité labiale, agissent comme des résonateurs sur l'onde sonore provoquée par la vibration des cordes vocales. Le pharynx renforce les plus basses fréquences, les fosses nasales les fréquences basses, mais à un degré moindre. La cavité labiale renforce les fréquences basses ou élevées suivant la forme que lui confèrent les différentes articulations, en fonction du message à émettre.

respective
En sémantique générative, on appelle *transformation respective* (ou *transformation-respectivement*) l'opération qui consiste à dériver *Pierre et Jean aiment leurs maisons respectives* de la phrase abstraite *Pierre aime la maison de Pierre et Jean aime la maison de Jean*.

résultante. V. OPÉRANDE.

résultatif
1. On appelle *résultatifs* les morphèmes lexicaux et, en particulier, les verbes qui impliquent un état présent résultant d'une action passée (ce sont des accomplis), comme *savoir, tenir, vivre, rester,* par opposition à d'autres verbes qui impliquent une action en voie d'accomplissement ou une action momentanée (ce sont des non-accomplis), comme *apprendre, prendre, naître, venir*. Les verbes résultatifs ont souvent le même sens que les accomplis (passé composé) d'autres verbes : *je sais* implique *j'ai appris; je tiens, j'ai pris; il vit, il est né; il reste, il est venu.*

2. On appelle *objet résultatif* le complément d'objet du verbe transitif dont il indique le résultat; ainsi, dans *Il écrit une lettre, lettre* est l'objet résultatif de *il écrit*, mais dans *Il lit une lettre, lettre* est un complément d'objet ordinaire.

rétracté
On appelle *rétractée* la position des lèvres dans laquelle celles-ci sont en retrait par rapport à leur position neutre, comme pour la réalisation de la voyelle [i] ou [e], au lieu d'être *protractées*, c'est-à-dire tendues en avant, comme pour la réalisation des voyelles arrondies françaises (par exemple [y, o, œ]).

rétroaction
On appelle quelquefois le feedback* *rétroaction*.

rétroflexe
Un *phonème rétroflexe* est un phonème dont l'articulation implique le relèvement du revers de la pointe de la langue vers le palais. Une articulation rétroflexe est dite aussi *cacuminale* ou *cérébrale*.

Les consonnes rétroflexes sont en général des rétroflexes qui opposent une série de dentales rétroflexes à une série de dentales non-rétroflexes. On en trouve dans les dialectes de l'Inde, en arabe, en quelques points isolés d'Europe (Sicile, Sardaigne, sud de la Corse, quelques points des Asturies). Le trait rétroflexe double parfois un autre trait distinctif comme le trait de force.

Des voyelles rétroflexes existent en suédois et dans certaines variétés d'anglais, où elles sont dues à la fusion de la voyelle avec le [r] suivant : dans les mots *girl*, *far*. Le suédois présente aussi ce type d'articulation qui résulte d'une fusion entre un [r] et le [t] ou le [d] suivant dans les mots *kort* « bref », *bord* « table ».

Acoustiquement, les rétroflexes sont bémolisées, comme les consonnes labiales et pharyngales. Elles sont notées par un point placé au-dessous de la consonne ou par le signe musical de bémolisation.

réunion

La *réunion* de deux ensembles* A et B est constituée par la totalité des éléments appartenant à A et des éléments appartenant à B. On dit que R égale A union B et on écrit R = A ∪ B. Dans une certaine tradition de la grammaire, l'ensemble des « noms » est constitué par la réunion des substantifs et des adjectifs.

réversible

En linguistique transformationnelle, on dira qu'une transformation* est *réversible* quand les membres des classes sont identiques dans les deux constructions, la phrase de base et la phrase transformée. Ainsi, la pronominalisation dans *Pierre voit Paul* → *Pierre le voit* est *réversible*, puisque toute construction avec SN + Vt + SN (syntagme nominal suivi du verbe transitif et syntagme nominal objet) est transformable en SN + Pronom + Vt et que la réciproque est vraie. Une transformation est dite *irréversible* quand une partie des membres qui satisfont une construction ne satisfont pas l'autre. Ainsi, à cause de phrases comme *Pierre est obéi de Paul* (Paul obéit à Pierre), on ne peut pas dire que toute phrase passive est la transformée d'une phrase active ayant un verbe transitif.

rewording

On appelle *rewording* le phénomène de traduction intralinguale* plus connu sous le nom de *reformulation*.

rhème

Syn. de COMMENTAIRE.

rhétorique

On appelle *rhétorique* l'étude des propriétés des discours (on parle aussi d'ANALYSE DE DISCOURS). La rhétorique comporte en particulier l'étude des trois composantes essentielles du discours : l'*inventio* (thèmes et arguments), la *dispositio* (arrangement des parties) et surtout l'*elocutio* (choix et disposition des mots); on y ajoute parfois la *pronuntiatio* (ou mode d'énonciation) et la *memoria* (ou mémorisation). L'*elocutio*, objet principal de la rhétorique, se définit essentiellement par l'étude des figures* ou tropes. Les types de discours définis par la rhétorique sont le délibératif (discours tenu pour persuader ou conseiller), le judiciaire (discours tenu pour accuser ou défendre) et l'épidictique (discours tenu pour louer ou blâmer). [V. aussi STYLISTIQUE.]

rhotacisme

On appelle *rhotacisme* la transformation de la sifflante sonore [z] en [r] apical. Ce processus s'observe dans la phonétique historique du latin, où les infinitifs *amare, legere, audire*, etc., sont issus de la racine verbale à laquelle s'ajoute une désinence d'infinitif *-se*, où le [z] intervocalique devient [r].

Par extension, le terme de *rhotacisme* désigne la transformation en [r] d'autres consonnes comme [d] et surtout [l]. Ainsi, dans un grand nombre de dialectes italiques (piémontais, lombard ancien, ligure, romanesque, calabrais, etc.), le [l] intervocalique latin a connu un phénomène de rhotacisme dans certaines positions : soit à l'intervocalique, soit devant consonne. A Milan, surtout dans les couches les moins cultivées, on dit *gora* (ital. *gola*) « gorge », *fiora* (ital. *figliola*) « fille »; à Lucques, on a des formes *mignoro* (ital. *mignolo*) « petit doigt », *pentora* (ital. *pentola*) « marmite »; à Sora (Latium), on a *tawəra* (ital. *tavola*) « table », etc.;

à Rome, l'article masculin singulier est *er* (italien *il*).

rime

Il y a *rime* quand, à la fin de certains mots voisins ou peu distants, ou à la fin de certains groupes rythmiques (des vers, par exemple), on rencontre la même voyelle (rime pauvre) comme dans *cela* et *dada,* ou la même voyelle suivie de la même consonne (rime suffisante) comme dans *sortir* et *dormir,* ou la même voyelle suivie de la même consonne et précédée de la même consonne ou des mêmes consonnes ou des mêmes syllabes, comme dans *bâtir* et *partir.*

roulé (r)

On appelle *r roulé* la vibrante apicale [r] telle qu'elle est réalisée en différentes régions de France (Bourgogne, Cévennes, Pyrénées, Corrèze, etc.) dans la prononciation des mots tels que *rue, mer, terre, terreau,* etc. Cette consonne est réalisée par un ou plusieurs battements de la pointe de la langue contre les dents, les alvéoles ou la région prépalatale; le [r] roulé est la réalisation primitive du phonème auquel il correspond. C'était sans doute le *r* du latin, du grec, de l'indo-européen. La tendance qui a consisté à remplacer un *r* antérieur par un *r* postérieur, produit soit par la vibration de la luette contre la racine de la langue (*r* grasseyé, ou *r* des faubourgs noté [ʀ]), soit par le resserrement du passage entre ces deux organes (*r* fricatif ou parisien noté [ʁ]), s'est produite dans plusieurs langues d'Europe, parfois simultanément, sous l'influence d'un phénomène urbain. L'articulation fricative, plus faible, est d'abord apparue dans la prononciation des classes socialement supérieures (la cour de Versailles, par exemple) et s'est répandue ensuite progressivement dans les autres couches de la population et à travers la campagne. Le phénomène s'est produit en France, en Suède, en Norvège, au Danemark, en Allemagne, en Hollande, en Italie du Nord, dans certaines variétés de portugais (Lisbonne et Brésil) et d'espagnol d'Amérique. Cette évolution suppose sans doute une étape intermédiaire, où le *r* vibrant postérieur a d'abord été la prononciation de la consonne longue, par exemple dans *terre, carré* (le *r* antérieur se maintenant pour le phonème simple); cette étape intermédiaire correspond à la situation actuelle dans les dialectes franco-provençaux et en portugais de Lisbonne.

rythme

On appelle *rythme* le retour régulier, dans la chaîne parlée, d'impressions auditives analogues créées par divers éléments prosodiques. Dans l'alexandrin classique français, le rythme est créé (1) par la rime, c'est-à-dire par la présence d'une douzième syllabe identique dans deux ou plusieurs vers, accompagnée d'une retombée de la voix, et (2) par la césure, c'est-à-dire la montée de la voix sur la sixième syllabe.

Le rythme de quantité est fondé sur l'opposition entre des syllabes longues, qui sont les sommets du rythme, et des syllabes brèves. Ce rythme existe dans les langues indo-européennes anciennes (sanskrit, grec, latin classique, arabe ancien, etc.). Dans de nombreuses langues, comme les langues romanes ou l'arabe moderne, le rythme de la quantité a été remplacé par un rythme accentuel consistant en l'opposition entre des syllabes accentuées et des syllabes non-accentuées.

S

s adverbial

Le *s* adverbial est une caractéristique non étymologique de certains adverbes en français, consistant en l'addition d'un *s :* ainsi *alors* (issu de *ad illam horam*), *à reculons,* etc.

sabir

Les *sabirs* sont des systèmes linguistiques réduits à quelques règles de combinaison et au vocabulaire d'un champ lexical déterminé; ce sont des langues composites nées du contact de deux ou plusieurs communautés linguistiques différentes qui n'ont aucun autre moyen de se comprendre, notamment dans les transactions commerciales. Les sabirs sont des langues d'appoint, ayant une structure grammaticale mal caractérisée et un lexique pauvre, limité aux besoins qui les ont fait naître et qui assurent leur survie. Ils se différencient des pidgins*, qui sont des systèmes complets seconds, et des créoles*, qui, nés comme sabirs ou pidgins, sont devenus les langues maternelles de communautés culturelles.

Le nom de *sabir* a été d'abord celui de la *lingua franca;* il a été par la suite étendu à tous les systèmes de même type. Certains sabirs, comme aux États-Unis le chinook, à base de chinook proprement dit, ont servi de langue commerciale sur une grande étendue géographique.

On distingue parfois les sabirs proprement dits (utilisés sous la même forme par les locuteurs de communautés différentes) et les pseudo-sabirs.

samprasarana

On appelle *samprasarana* le développement d'une voyelle au contact d'une sonante, qui devient une consonne. Ainsi, dans le latin *certus* (en grec *kritos*), de la racine *krtos,* un *e* s'est développé, le *r̥* devenant la consonne *r.*

sandhi

Le terme de *sandhi* est un terme hérité des anciens grammairiens de l'Inde; il signifie littéralement « mettre ensemble, joindre ». Ce terme désigne les traits de modulation et de modification phonétique qui affectent l'initiale et/ou la finale de certains mots, morphèmes ou syntagmes. La forme prononcée en position isolée est la forme absolue, les formes qui apparaissent en position incluse sont les formes sandhi. La liaison en français est un phénomène de sandhi : le mot *six,* par exemple, présente une finale absolue, comme dans la phrase *ils sont six* [il sɔ̃ sis], et deux finales sandhi, qui apparaissent dans les syntagmes suivants : *six oiseaux* [sizwazo] et *six livres* [silivr]. Le sandhi final affecte en français les articles *(la sœur* vs *l'amie);* les pronoms *(vous êtes* [vuzɛt] vs *vous venez* [vuvəne]); les adjectifs *(savant* [savɑ̃], *un savant anglais* [œ̃savɑ̃tɑ̃glɛ]); certains adverbes *(très beau* [trɛbo] vs *très intéressant* [trɛzɛ̃terɛsɑ̃]), les morphèmes du pluriel *(des livres* [delivr] vs *des livres anciens* [delivrəzɑ̃sjɛ̃]), etc.

Le sandhi final est le plus fréquent. Le sandhi initial se rencontre cependant dans certaines langues celtes, comme l'irlandais moderne, qui prononce le mot correspondant à « vache » en position absolue [ˈboː], mais en position incluse [an vo] « une vache » et [ar'mo] « notre vache ».

On distingue le sandhi irrégulier, qui n'affecte que certaines formes (comme en français), du sandhi régulier ou général, qui affecte tous les mots dans un contexte donné. Le sandhi général était fréquent en sanskrit. Dans certains dialectes italiques (parlers corses, par exemple), on trouve un phénomène de sandhi régulier initial avec l'alternance entre une initiale absolue non-voisée et une initiale incluse voisée qui affecte presque toute la série de consonnes fricatives : ['saku] « sac », [u'zaku] « le sac », ['foku] « feu », [u'voku] « le feu », [' ʃuk:a] « chèvre », [a'ʒuk:a] « la chèvre ».

schéma

L. HJELMSLEV donne le nom de *schéma* à ce que F. DE SAUSSURE appelle « langue »; chez lui, le *schéma*, qui est la langue comme forme pure (système ou pattern), est opposé d'une part à la *norme*, qui est la langue comme forme matérielle, déjà définie par une certaine réalisation sociale, mais indépendante encore du détail de cette réalisation, d'autre part à l'*usage*, qui est la langue comme ensemble d'habitudes articulatoires d'une société donnée. Ainsi, le *r* est, dans le schéma, défini par rapport à la structure phonologique et aux autres unités de ce système abstrait; dans la norme, c'est une consonne définie par ses propriétés articulatoires ou acoustiques, relativement aux autres phonèmes; dans l'usage, ce sont les types divers d'articulations par lesquels les sujets parlants peuvent réaliser ce phonème (*r* roulé, *r* grasseyé, *r* uvulaire).

schème

1. Syn. de PATTERN.

2. On appelle *schème de phrase* un type de phrase défini par les règles de combinaisons de ses constituants.

schwa

Syn. de CHVA.

scripteur

On appelle *scripteur* le sujet qui écrit (par opposition à *parleur*, sujet parlant, locuteur).

scriptural

On qualifie de *scriptural* ce qui appartient à la langue écrite, par opposition à *oral*, qui appartient à la langue parlée. On parle de code ou d'ordre *scriptural* pour se référer au système spécifique d'utilisation des signes linguistiques qui se crée toutes les fois qu'une langue est représentée par l'écriture.

secondaire

On qualifie de *secondaires* celles des fonctions* du langage qui ne sont pas centrales; ainsi, la fonction conative* et la fonction émotive* sont des fonctions secondaires.

segment

Le *segment* est le résultat de l'opération consistant à découper une chaîne parlée en unités discrètes, en considérant les éléments identiques qui figurent dans des environnements différents, et inversement les éléments différents qui figurent dans des environnements identiques. Par exemple l'analyse de *La table est grande, La table est petite, Les tables sont petites, Les tables sont grandes,* etc., permet de découper cette phrase en isolant l'unité discrète *table* grâce aux environnements identiques *(la - est)* et différents *(les - sont).* (V. COMMUTATION.)

segmentation

En linguistique structurale, la *segmentation* est une procédure consistant à segmenter l'énoncé, c'est-à-dire à le diviser en unités discrètes dont chacune représentera un morphème. Chaque morphème sera segmenté en unités constituantes, les phonèmes. La segmentation est indissociable de l'opération d'identification des unités discrètes (v. COMMUTATION); elle précise la classification des unités selon les rapports paradigmatiques et syntagmatiques qu'elles entretiennent entre elles.

sélectif

Trait sélectif. V. TRAIT.

sélection

On appelle *sélection* l'opération par laquelle le locuteur choisit une unité sur l'axe paradigmatique. On oppose parfois l'axe des sélections à l'axe des combinaisons, comme l'axe paradigmatique à l'axe syntagmatique. Dans la perspective de F. DE SAUSSURE, chaque maillon de la chaîne parlée (à chaque niveau d'analyse) offre la possibilité d'un choix sélectif. Chaque unité de la chaîne est donc en rapport de sélection avec les unités capables de commuter avec elle.

Dans l'expression *pas de clerc*, les rapports de sélection seront en prenant le premier phonème /p/ pour base :

/p/ : rapport de sélection avec /b/ (et indirectement avec tous les phonèmes);

pas : rapport de sélection avec *saut, bond*, etc. (et indirectement avec tous les lexèmes);

pas de clerc : rapport de sélection avec *belle gaffe* (et indirectement avec toute phraséologie);

un pas de clerc : rapport de sélection avec *une erreur, une belle gaffe* (et indirectement avec tous les syntagmes nominaux).

En grammaire générative, on appelle *règles de sélection* les règles qui imposent au choix des morphèmes dans la suite préterminale des contraintes dépendant de la structure sémantique de ces morphèmes. Ainsi, le verbe *penser*, par les règles de sélection, ne peut avoir pour sujet le nom *table* (*La table pense est anomal).

sémanalyse. V. SÉMIOTIQUE.

sémantème

1. Pour CH. BALLY, le *sémantème* est un signe exprimant une idée « purement lexicale » (c'est-à-dire une substance, une qualité, un procès, une modalité de la qualité ou de l'action), à l'exclusion des « signes grammaticaux ». Le sémantème est susceptible de revêtir des formes grammaticales variées : radical *lup-, march-;* mot simple : *loup, rouge;* mot composé *loup-garou, faim de loup, rouge foncé.* (V. LEXÈME.)

2. Pour B. POTTIER, le *sémantème* est un des éléments composants du sémème*. Parmi les sèmes*, trois groupements sont possibles à l'intérieur du sémème : les sèmes génériques constituent le classème, les sèmes occasionnels le virtuème; c'est l'ensemble des sèmes spécifiques de l'unité considérée qui constitue son sémantème. Ainsi, quelque classème et, éventuellement, quelque virtuème qu'on attribue au sémème *chaise*, son sémantème comprendra les traits spécifiques qui distinguent l'unité des autres mots du paradigme des sièges.

I. sémantique (n. f.)

1. Dans le cadre de la théorie linguistique générale telle qu'elle est envisagée par la grammaire générative transformationnelle, la *sémantique* est un moyen de représentation du sens des énoncés. La *théorie sémantique* doit rendre compte des règles générales conditionnant l'interprétation sémantique des énoncés, comme la théorie phonologique doit rendre compte des règles phonologiques universelles dont chaque langue n'utilise qu'un sous-ensemble. Au point de départ des recherches sur une théorie sémantique, on trouve la constatation de l'impossibilité d'études sémantiques portant sur une langue donnée, antérieurement à la constitution d'une sémantique générale.

Il convient de distinguer *théorie sémantique* et *théorie de la référence*. On peut décrire le sens du mot *chaise* à partir de traits* sémantiques (dossier, pieds, etc.) récurrents, c'est-à-dire apparaissant dans la description d'autres termes de l'ensemble des sièges (*fauteuil, tabouret*, etc.); la référence du mot *chaise*, en revanche, c'est le rapport (dit dénotation) qui existe entre ce mot et les différents objets « chaises ». En termes de logique, on peut dire que la définition du mot *chaise* en compréhension intéresse la sémantique, tandis que la définition du mot *chaise* en extension (« A, B, C, N sont des chaises ») intéresse une théorie de la référence.

Concernant la théorie sémantique, le point essentiel pour une grammaire générative est celui de la place de la composante sémantique dans la grammaire.

Après avoir tenté une théorie complètement non sémantique de la structure grammaticale, N. CHOMSKY a dû modifier son point de vue. Pour caractériser toute la compétence linguistique du locuteur-auditeur, une grammaire doit comprendre des lois d'interprétation sémantique. Elles sont plus complexes que les générativistes ne l'avaient d'abord cru lorsqu'ils pensaient possible d'isoler une composante sémantique chargée une fois pour toutes d'assigner à la structure profonde une interprétation sémantique. En fait, il faut admettre que des aspects de la structure superficielle interviennent aussi dans l'interprétation sémantique.

La théorie de Katz et Fodor

Cette théorie, fondée sur les premiers travaux de N. CHOMSKY, réclame : une grammaire (préexistante), un dictionnaire, des « règles de projection ». La théorie devra dire quel dictionnaire et quelles règles peuvent s'associer à la grammaire pour former l'interprétation sémantique.

a) *Le dictionnaire* : La forme suivante semble d'abord devoir être satisfaisante :

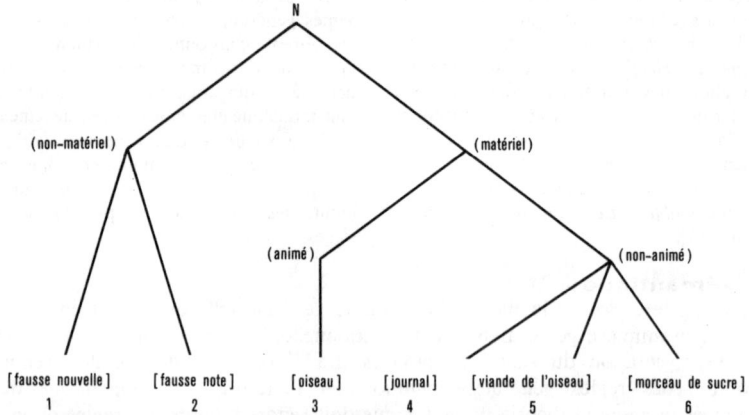

Sans parenthèses : catégories grammaticales;

Entre parenthèses : catégories sémantiques;

Entre crochets : différenciateurs sémantiques (= tout ce que la signification a d'idiosyncrasique).

Comme ce schéma offrirait des ambiguïtés *(Il mange un canard* = 5 ou 6, *J'entends un canard* = 1 ou 2), il faut réécrire l'article selon le schéma de la page suivante.

Il reste à introduire les restrictions sélectives précisant les conditions nécessaires et suffisantes d'une combinaison sémantique acceptable. Cette information est fournie entre crochets [...], adjointe au dernier élément d'une branche.

Par exemple, *honnête* aura une branche HONNÊTE Adj. (évaluatif) (moral) [innocent de relations sexuelles illicites] (humain) et (femelle). A lire : une occurrence d'*honnête* peut recevoir cette interprétation sémantique quand le substantif modifié a une branche contenant les catégories sémantiques (humain) et (femelle).

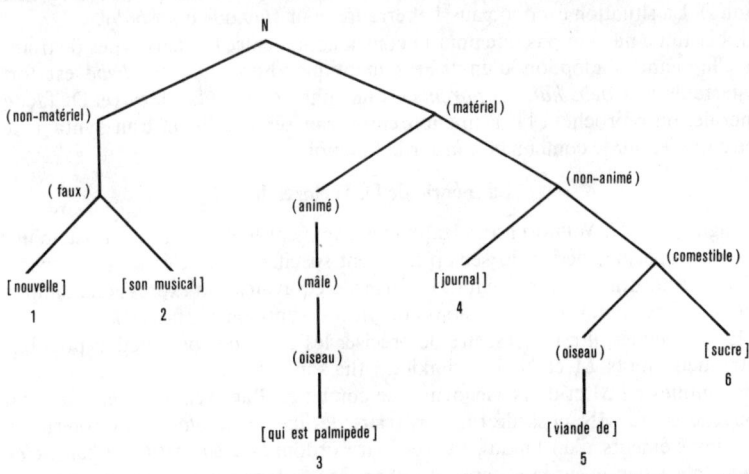

b) *Les règles de projection.* D'une manière générale, la théorie linguistique doit fournir l'indication des processus par lesquels l'ensemble fini des phrases rencontrées (par un locuteur) est projeté sur l'ensemble infini des phrases grammaticales de la langue. Le terme de règles de projection conviendrait à toute règle visant à cet effet. Il est donc à prendre ici, dans le cadre de la théorie sémantique, au sens plus restreint de règles permettant la concordance entre un indicateur syntagmatique et un dictionnaire de type KATZ-FODOR.

Le dictionnaire ayant choisi pour chaque morphème la branche compatible avec la structure syntaxique, les règles de projection vont assurer les amalgames. En particulier, après que le dictionnaire a signalé les impossibilités grammaticales entre les combinaisons, les règles de projection prennent en compte les restrictions sélectives et évaluent les possibilités de combinaison sémantique.

c) Diverses critiques ont été formulées contre cette théorie. On signalera les plus importantes.

La différenciation des sous-sens peut aller à l'infini. Si nous distinguons *manger la soupe* de *manger le pain* par un différenciateur sémantique [liquide], nous devrons également distinguer *manger avec les doigts* de *manger à la fourchette,* etc.

Les traits sémantiques font problème : ils peuvent avoir le même nom que des traits syntaxiques, avec des valeurs différentes. Les exemples cités appartiennent à l'anglais :

BABY   trait sémantique   trait syntaxique
        (humain)   (non humain)

En effet, *baby* (enfant) demande à être sémantiquement décrit comme « petit homme »; or, en syntaxe anglaise, il a pour substitut *it* (pronom neutre) :

SHIP   trait sémantique   trait syntaxique
        (non humain)   (humain)

En effet, *ship* (bateau) a pour substitut *she* (pronom féminin, réservé aux animés). La situation est donc aussi aberrante pour *ship* que pour *baby*.
La critique ne vaut pas que pour la contradiction entre les deux types de traits. En elle-même, l'adoption d'un trait sémantique /humain/ pour *bébé* est fort contestable : *Le bébé hait ses parents* est une phrase tout à fait bizarre. De façon générale, on reproche à la distinction entre trait sémantique et trait syntaxique d'être fondée sur le contenu et non sur la fonction.

La théorie de U. Weinreich

Il s'agit, pour U. WEINREICH, d'expliquer comment le sens d'une phrase, d'une structure spécifiée dérive du sens pleinement spécifié de ses éléments. L'objectif est d'atteindre à une représentation formelle équivalente d'expressions simples (mots, par exemple) et d'expressions complexes (syntagmes, phrases).

En particulier, il est nécessaire de préciser les types de construction possibles entre deux mots M et N. Le « linking » (liaison*) se produit si certains traits sémantiques de M et de N viennent à se combiner. Par exemple, *mur blanc* : la nouvelle entité MN possède tous les traits de *mur* et de *blanc*. On notera que certains éléments d'un linking peuvent être ordonnés : *Un petit éléphant, c'est grand* n'est pas absurde à cause du caractère ordonné des sèmes du mot *éléphant*. En revanche, les constructions non-linking n'apportent pas de nouveaux groupes de traits. Par exemple, la « délimitation » convertit un terme général (*mouton*) en *des moutons, cinq moutons*.

On comprend par ces quelques exemples tout ce que cette réflexion doit à la logique moderne. En prenant un exemple français, nous pourrons dire qu'une telle théorie sémantique s'assigne pour objet de rendre compte de la différence sémantique entre *un poète français* (X est poète et est Français), *un poète maudit* (X est poète, mais n'est « maudit » qu'en tant que poète) et *un poète manqué* (X n'est pas poète, et n'est manqué qu'en tant que poète).

Cette nouvelle théorie sémantique refuse, d'autre part, la notion de restriction sélective. Prenons l'exemple anglais du terme *pretty* (« joli »), qui ne peut pas s'appliquer à un nom possédant le trait [+mâle]. La théorie sémantique précédente aurait assigné le trait [+mâle] en restriction sélective. La théorie de U. WEINREICH préfère la notion de trait de transfert : c'est le mot *pretty* qui fera apparaître dans le contexte le trait [−mâle]. En face d'un système qui vérifie seulement les possibilités combinatoires, et rejette les expressions incorrectes, celui-ci est actif et permet de rendre mieux compte de la créativité de la langue.

Par l'intervention d'un mécanisme assez complexe (calculateur sémantique), la théorie sémantique rendra compte à la fois de l'interprétabilité et de la bizarrerie de nombreuses expressions.

La sémantique soviétique

Certains travaux des sémanticiens soviétiques contemporains prennent pour base une théorie stratificationnaliste : il s'agit de décomposer la relation entre expression et contenu en multiples relations partielles relativement simples; la langue est alors conçue comme une *série de codes superposés*.

Pour I. A. MELCUK et A. K. ZOLKOVSKIJ, la première tâche d'un modèle du fonctionnement linguistique sera d'assurer l'opération *sens → texte*. La langue est en effet définie ici comme « un mécanisme traduisant le sens en texte ». Autrement dit, au lieu de se poser la question de savoir si « cela se dit » dans une langue donnée, les auteurs se demandent comment, dans cette langue, « exprimer un sens ».

Le premier objectif est, en conséquence, de générer les énoncés par un mécanisme appelé *synthèse sémantique*. Le niveau de représentation initial est dit *inscription de sens*. Il semble que les linguistes soviétiques conçoivent cette inscription de sens comme la représentation structurée en pensée d'une situation extralinguistique. Ainsi, le problème de la représentation du sens d'une situation donnée est introduit dans le modèle théorique de la langue, et mis à l'origine du processus linguistique.

La notion de *synonymie* est essentielle à cette théorie, puisque le modèle devra rendre compte, non pas d'une *unique* expression linguistique du sens d'une situation, mais de *toutes* les expressions de ce sens dans la langue considérée. Dans l'optique des auteurs, sera considéré comme identique le sens des phrases dont le rapport de paraphrase peut être justifié par des considérations linguistiques; s'il faut recourir à des informations extralinguistiques (tenant à la situation), le sens sera considéré comme différent.

Les travaux signalés ici rejoignent ceux de certains générativistes américains amenés à s'opposer à N. CHOMSKY. Là où celui-ci voulait édifier une théorie complètement non-sémantique de la structure linguistique, ceux-là ont pour projet d'élaborer une grammaire générative à base sémantique. (V. SÉMANTIQUE GÉNÉRATIVE.)

2. En linguistique structurale, la *sémantique* est constituée par l'analyse sémique* ou l'analyse componentielle*.

3. Dans le système de H. HIZ, on distingue deux utilisations de la sémantique : une *sémantique faible,* qui renvoie à une équivalence sémantique entre deux ou plusieurs énoncés, sans définition de la signification exacte de ces énoncés et sans justification de cette équivalence, et une *sémantique forte,* qui étudie les relations entre les énoncés et la réalité extralinguistique.

II. sémantique (adj.)

1. On appelle *champ sémantique* l'aire couverte, dans le domaine de la signification, par un mot ou par un groupe de mots de la langue.

a) On pourra ainsi tenter de décrire le champ sémantique du mot *table*. Si l'on procède à partir d'une conception polysémique, le champ sémantique qu'on établira devra rendre compte de toutes les significations du mot *table* dans un état de langue donné, soit en 1972 à la fois *table de travail, table de salle à manger, table de logarithmes, table d'écoute, tables de la Loi,* etc. Si l'on part d'une conception homonymique, le champ sémantique de *table* l, par exemple, plus restreint, devra encore rendre compte des différences de sémantisme entre *lever la table* et *dresser la table,* entre *placer la table* et *mettre la table,* entre *se mettre à table* au propre et au figuré, etc.

b) On pourra également étudier le champ sémantique d'un groupe de mots, par exemple les verbes comportant dans leur sémantisme un élément commun. On pourra ainsi étudier un groupe *donner, raconter, dessiner, ordonner,* etc., pour autant qu'il comporte comme élément commun / A est en rapport avec C par B/ (A donne B à C, etc.).

En face de cette double possibilité d'étude inhérente à la notion de champ sémantique, on se gardera d'une confusion fréquente (et originelle, puisqu'elle remonte à J. TRIER) entre champ sémantique et champ conceptuel. C'est par confusion du signifié et de l'objet signifié que l'étude des schèmes conceptuels rendant compte d'un aspect de la réalité non-linguistique a été considérée comme dégageant des champs sémantiques. En fait, l'établissement du champ des relations de parenté, de la classification populaire des plantes ou des animaux, etc., est précieux pour les renseignements qu'il fournit; il ne rend toutefois pas compte du fonctionnement linguistique des unités considérées. Par exemple, *mère* peut être étudié au titre de la perception conceptuelle des liens de parenté, mais le champ sémantique de *mère* ne saurait se confondre avec le champ conceptuel ainsi étudié. L'étude sémantique de *mère* doit rendre compte aussi, entre autres, du rapport : *mère de famille - maison mère - filiale*.

2. En grammaire générative, les *règles sémantiques* sont les règles qui donnent à chaque paire, structure de surface et structure profonde, générée par la syntaxe, une interprétation sémantique relevant d'une sémantique universelle. L'interprétation sémantique porte uniquement sur les relations grammaticales définies dans les structures profondes; elles peuvent impliquer aussi certaines propriétés des structures de surface.

III. sémantique générative

On appelle *sémantique générative* une théorie linguistique, issue de la grammaire générative et transformationnelle, mais qui remet en cause certains des principes de base de la théorie de N. CHOMSKY. Ce dernier posait que la structure profonde syntaxique recevait une interprétation de la composante sémantique (d'où le nom de *sémantique interprétative*) et qu'elle servait d'entrée à une composante transformationnelle qui, par une série d'opérations successives (suite d'indicateurs syntagmatiques dérivés les uns des autres), aboutissait à une structure de surface qui recevait alors une interprétation phonétique de la composante phonétique, pour devenir la phrase réalisée. Dans la sémantique générative, le niveau syntaxique profond est supprimé; c'est une structure sémantique profonde qui, par une série de transformations, aboutit directement à la structure de surface. Cette structure sémantique est constituée d'un ensemble de traits de type prédicatif comme /Cause/ causatif, de type substantiel comme /vivant/, etc. : on expliquera ainsi que la structure profonde sémantique de *Pierre tue Georges* est « Pierre fait que Georges devient non-vivant », ce qui implique la succession des traits : /Pierre/ /Cause/ /Georges/ /devenir/ /non/ /vivant/; la combinaison de ces traits peut aboutir ou non à un morphème lexical (*tuer* = faire devenir non-vivant).

sémasiologie

Par opposition à l'onomasiologie*, la *sémasiologie* est une étude qui part du signe pour aller vers la détermination du concept. C'est dire que la démarche sémasiologique type est celle de la lexicologie structurale, visant à représenter des structures (axe paradigmatique et axe syntagmatique) rendant compte d'une unité lexicale. Selon cette démarche, le mot *chaise* sera étudié selon ses environnements (distribution) et selon les paradigmes dans lesquels il figure (méthode des commutations) avant d'être référé à un champ conceptuel donné (champ des objets manufacturés, champ du mobilier, champ des sièges), étude terminale à laquelle, en partant du concept, la démarche onomasiologique donnerait au contraire la priorité.

sème

Dans la terminologie de l'analyse sémique*, le *sème* est l'unité minimale de signification, non susceptible de réalisation indépendante, et donc toujours réalisée à l'intérieur d'une configuration sémantique ou sémème. Par exemple, l'analyse sémique rend compte de l'opposition *chaise* vs *fauteuil* par l'adjonction, au sémème de *chaise* (composé des sèmes S_1 S_2 S_3 S_4 « avec dossier », « sur pieds », « pour une seule personne », « pour s'asseoir »), du sème « avec bras », absent du sémème de *chaise* et présent dans le sémème de *fauteuil*.

Comme *sème* est en fait synonyme des termes *trait sémantique* et *composant sémantique*, il se rencontre également, quoique non systématiquement, chez les linguistes qui pratiquent l'analyse componentielle ou développent une théorie sémantique dans le cadre de la grammaire transformationnelle. (V. SÉMANTIQUE n. f.)

sémème

Dans la terminologie de l'analyse sémique*, le *sémème* est l'unité qui a pour correspondant formel le lexème; il est composé d'un faisceau de traits sémantiques appelés *sèmes* (unités minimales non susceptibles de réalisation indépendante).

Le sémème de *chaise* comporte les sèmes S_1, S_2, S_3, S_4 (« avec dossier », « sur pieds », « pour une seule personne », « pour s'asseoir »); on remarque que l'adjonction d'un sème S_5 (« avec bras ») réalise le sémème de *fauteuil*.

semi-auxiliaires

On donne le nom de *semi-auxiliaires* à des membres d'une catégorie grammaticale comprenant des verbes ou des locutions verbales qui jouent le rôle d'auxiliaires dans le syntagme verbal. En français, les semi-auxiliaires, ou *auxiliaires de temps*, sont *aller* (indiquant le futur proche), *venir de* (passé proche), *être en train de* (progressif), *être sur le point de* (futur immédiat), *finir de* (résultatif immédiat), *commencer à* (inchoatif), *faire* et *laisser* (factitifs), etc., ils expriment le déroulement ou l'achèvement du procès du verbe relativement au sujet de l'énoncé, procès considéré dans sa durée *(aller, venir de,* etc.), ou bien ils expriment la médiation de l'action par un autre agent *(faire);* ils s'opposent aux modaux*, qui expriment les modalités du possible et du nécessaire *(pouvoir, devoir),* aux temps qui expriment les relations du procès à un moment donné de l'énoncé et aux aspects qui impliquent une relation avec le sujet de l'énonciation. Proches cependant de ces derniers, puisqu'ils expriment une représentation du temps, ils sont souvent confondus dans la même catégorie de l'aspect* ou sont dénommés aspectuels*.

semi-consonne

On appelle *semi-consonne* ou *semi-voyelle* un type de sons caractérisé par un degré d'aperture de la cavité buccale intermédiaire entre celui de la consonne la plus ouverte et celui de la voyelle la plus fermée, comme le [j] de *pied* [pje], le [w] de *oui* [wi], le [ɥ] de *nuit* [nɥi]. Cette caractéristique articulatoire se traduit sur le plan acoustique par l'absence d'une structure de formants nettement définie, ce qui les distingue des voyelles (non-vocalique), et par la présence d'une énergie dans le spectre due à l'absence d'obstruction dans le chenal vocal, ce qui les distingue des consonnes (non-consonantique).

La distinction entre semi-consonne et semi-voyelle est établie par certains linguistes en fonction de critères syntagmatiques : on donnerait le nom de *semi-consonne* à l'unité qui se trouve en début de syllabe, devant la voyelle, et celui de *semi-voyelle* à celle qui se trouve après la voyelle. En fait, cette distinction ne semble pas justifiée linguistiquement. C'est pourquoi on préfère de plus en plus à ces deux termes le terme global, emprunté à l'anglais, de *glide**.

Ce type de son peut être la réalisation d'un phonème, ou avoir simplement une valeur de variante combinatoire d'un phonème vocalique ou consonantique : en italien, le glide palatal est un phonème en début de syllabe (*iato* « hiatus » ≃ *lato* « côté ») et un allophone du phonème /i/ en fin de syllabe (*mai* « jamais » est prononcé [maj] ou [mai]; en vénitien [w] est parfois une variante du phonème /u/ ou du phonème /v/. Ce type de son peut aussi apparaître très fréquemment dans une langue (où il n'a pas de valeur phonématique) comme son de liaison* entre deux phonèmes, comme appui entre deux voyelles ou comme transition entre une consonne et une voyelle.

semi-fermé
Syn. de MI-FERMÉ.

sémiologie

La *sémiologie* est née d'un projet de F. DE SAUSSURE. Son objet est l'étude de la vie des signes au sein de la vie sociale : elle s'intègre à la psychologie comme branche de la psychologie sociale. En ce cas, la linguistique n'est qu'une branche de la sémiologie. Le paradoxe souligné par F. DE SAUSSURE est que, simple branche de la sémiologie, la linguistique est nécessaire à la sémiologie pour poser convenablement le problème du signe. En particulier, une étude du signe antérieure à la fondation d'une linguistique scientifique échoue par son incapacité à distinguer dans les systèmes sémiologiques ce qui est spécifique du système et ce qui est dû à la langue. F. DE SAUSSURE insiste donc sur le caractère essentiellement sémiologique du problème linguistique : « Si l'on veut découvrir la véritable nature de la langue, il faut la prendre d'abord dans ce qu'elle a de commun avec tous les autres systèmes du même ordre; et des facteurs linguistiques qui apparaissent comme très importants au premier abord (par exemple le jeu de l'appareil vocal) ne doivent être considérés qu'en seconde ligne s'ils ne servent qu'à distinguer la langue des autres systèmes. »

Parmi les autres systèmes sémiologiques, F. DE SAUSSURE énumère rites et coutumes. Toutefois, la sémiologie, dans son esprit, aura à s'interroger sur l'inclusion dans son domaine des pratiques signifiantes non arbitraires (non fondées sur l'arbitraire du signe); ainsi, le code de la politesse, doué d'une certaine relation avec l'expressivité naturelle, est-il un système sémiologique? La réponse est positive, pour autant que les signes de politesse sont employés en fonction d'une règle (d'un code) et non pas pour leur valeur intrinsèque.

R. BARTHES souligne l'actualité de ces recherches à une époque de développement des communications de masse. Mais la pauvreté des champs offerts à toute sémiologie (code de la route, sémaphore, etc.) l'amène à noter que chaque ensemble sémiologique important demande à passer par la langue : « Tout système sémiologique se mêle de langage. » Ainsi, la sémiologie serait une branche de la linguistique, et non l'inverse. La sémiologie est la science des grandes unités signifiantes du discours : on note qu'une telle définition de la sémiologie la rapproche de la sémiotique, étude des pratiques signifiantes prenant pour domaine le texte.

sémiotique

La *sémiotique* reprend le projet de sémiologie de F. DE SAUSSURE et s'assigne pour objet l'étude de la vie des signes au sein de la vie sociale. A la différence cependant de la sémiologie issue de l'enseignement de F. DE SAUSSURE, elle refuse de privilégier le langage et la société. La sémiotique veut être une théorie générale des modes de signifier.

Le terme de *sémiotique,* dans son emploi moderne, est d'abord utilisé par CH. S.

PEIRCE. La sémiotique qu'il envisage est une doctrine des signes : quels doivent être les caractères des signes utilisés par l'intelligence humaine dans sa démarche scientifique? Pour les sémioticiens modernes (A. J. GREIMAS, J. KRISTEVA), la sémiologie de PEIRCE a pour défaut de se préoccuper, avec le signe, d'un produit de type secondaire, que ce produit revête la forme d'une valeur (le ticket, le chèque, la mode) ou d'une rhétorique (l'« expression » d'un sentiment, la « littérature »).

La sémiotique moderne devra donc se garder de privilégier le signe linguistique; on peut, avec J. KRISTEVA, trouver déjà dans le *Cours de linguistique générale* de F. DE SAUSSURE cette mise en garde. La sémiotique devra refondre les systématisations linguistiques, ainsi que les modèles logiques ou mathématiques; elle devra s'appuyer sur une science du sujet et de l'histoire : cette pratique antérieure et indispensable à la sémiotique sera la *sémanalyse*. On trouvera chez J. DERRIDA le refus de la problématique du signe comme fondement de la démarche sémanalytique. En retrait par rapport aux sciences, puisqu'elle se veut métascience, puisqu'elle prend position d'observation par rapport aux systèmes signifiants, la sémiotique vise les modes de la signification. Le domaine de la sémiotique est le texte comme pratique signifiante. Mais les questions posées au texte seront bien différentes selon l'orientation du chercheur : à côté d'une sémiotique structurale, avec A. J. GREIMAS, il y a place pour une sémiotique fondée sur une optique gnoséologique (J. KRISTEVA).

semi-ouvert
Syn. de MI-OUVERT.

sémique
L'*analyse sémique* vise à établir la composition sémantique d'une unité lexicale par la considération de traits sémantiques ou sèmes, unités minimales de signification non susceptibles de réalisation indépendante.

L'analyse sémique calque ses unités sur celles de l'analyse phonologique. Le trait sémantique, ou sème, sera le trait pertinent de signification (*cf.* le trait pertinent, en phonologie), le sémème sera l'ensemble des sèmes d'une unité lexicale (*cf.* le phonème, unité minimale réalisée en phonologie), l'archisémème sera l'ensemble des traits pertinents en cas de neutralisation (*cf.* l'archiphonème, en phonologie), enfin l'allosème sera le sème susceptible de réalisations différentes selon l'environnement sémantique (*cf.* l'allophone, en phonologie).

On peut illustrer cette terminologie à partir de l'exemple désormais classique des sièges (B. POTTIER). Par exemple, les sémèmes de *chaise* et *fauteuil* possèdent en commun les sèmes (S);
S_1 (avec dossier), S_2 (sur pieds), S_3 (pour une seule personne), S (pour s'asseoir).

Le sémème de *chaise* étant $S_1 + S_2 + S_3 + S_4$, le sémème de *fauteuil* sera $S_1 + S_2 + S_3 + S_4 + S_5$, où S_5 = avec bras.

Pour l'ensemble des sièges, on obtiendra un archisémème $S_2 + S_4$ (« sur pied » + « pour s'asseoir »).

L'analyse sémique trouve son origine dans des recherches de classification technologique. On remarquera que les sèmes dégagés n'ont pas de valeur métalinguistique et n'apportent que des renseignements classificatoires sur la chose décrite. En effet, *bras* dans *le fauteuil a deux bras* n'a rien de commun avec *bras* dans *l'homme a deux bras*. Le sème [avec bras], technologiquement pertinent pour le fauteuil, ne comporte pas la référence à la même réalité que dans *bras humain*. Si l'on voulait procéder, avec J.-Cl. GARDIN, par une systématique des traits technologiquement pertinents, mieux vaudrait rapprocher *bras* (de fauteuil) d'*anse* (de pot) plutôt que de *bras* (humain).

Le problème linguistique est repoussé de l'opposition *chaise* vs *fauteuil* à l'opposition *bras* (de fauteuil) vs *bras* (d'homme), puisque le sème [bras] dans cette analyse ne réfère en définitive qu'à *bras de fauteuil,* aboutissant à la tautologie : *Le fauteuil a des bras qui sont des bras de fauteuil.*

semi-voyelle

Les *semi-voyelles* constituent, avec les semi-consonnes*, dont il n'y a pas de raison de les distinguer, une classe de sons intermédiaires entre les consonnes et les voyelles; les semi-voyelles sont aussi appelées *glides**. Ainsi le [j] de *pied* [pje] est une semi-voyelle.

sens

1. On négligera ici parce que non linguistique l'acception du mot *sens* comme mise en rapport d'un objet et d'un mot. Pour F. DE SAUSSURE, le sens d'un signe linguistique est constitué par la représentation suggérée par ce signe lorsqu'il est énoncé. Toutefois, le linguiste genevois ne définissant pas le terme de *sens*, il importe de remarquer que, chez lui, les approches du problème du sens sont multiples : le sens apparaît comme résultat d'un acte de découpage, comme une valeur émanant d'un système, comme un phénomène associatif.

L'image de la langue comme feuille de papier, ayant la pensée pour recto et le son pour verso, n'est pas sans faire problème : lorsque cet exemple est donné, la langue vient d'être définie comme intermédiaire entre la pensée et le son. Bien que la pensée ait été définie comme « chaotique de sa nature », on ne peut s'empêcher de craindre que, dans cette image, le sens ne soit interprété comme préexistant. Dans la pensée de F. DE SAUSSURE, toutefois, il s'agit de faire résider le sens dans la concomitance des découpages de la masse amorphe de la pensée et de la masse amorphe des sons. D'autre part, la valeur d'un terme n'est qu'un élément de sa signification : la signification de l'anglais *sheep* et du français *mouton* est identique, mais leur valeur est différente, pour autant que le premier a à côté de lui un second terme *mutton*, alors que le terme français est unique.

Les différentes métaphores consacrées par F. DE SAUSSURE au sens permettent ainsi l'approche suivante : le sens provient d'une articulation de la pensée et de la matière phonique, à l'intérieur d'un système linguistique qui détermine négativement les unités.

2. Le béhaviourisme américain va refuser cette conception. Pour L. BLOOMFIELD, le sens d'une unité c'est la somme des situations où elle apparaît comme stimulus et des comportements-réponses que ce stimulus entraîne de la part de l'interlocuteur. Étant donné l'impossibilité de faire cette somme, il s'agit d'un refus de poser le problème du sens. L'étude du sens est alors renvoyée à une psychologie du comportement (étude des conduites stimulus-réaction) et aux sciences particulières : la pomme pourra être définie comme « un fruit qui..., etc. » par le botaniste, mais non par le linguiste. Au lieu d'être au départ de l'étude linguistique, le sens sera donc rejeté, soit hors de la linguistique, soit au terme, toujours repoussé, de l'analyse formelle. Z. S. HARRIS envisage cependant la possibilité pour l'étude distributionnelle de déboucher sur certaines conclusions touchant le sens des unités ou des constructions; tout morphème différent d'un autre dans sa distribution doit aussi différer de lui dans sa valeur sémantique. J. APRESJAN, travaillant sur ce postulat distributionnaliste, parviendra à d'intéressantes conclusions sur la signification syntaxique des unités lexicales.

3. Pour A. MARTINET, le *sens* est la mise en rapport du concept et de l'unité de première articulation (monème). Alors que la glossématique postule une organisation du sens analogue à celle de la forme phonique, A. MARTINET précise

le caractère successif des deux articulations; d'abord en monèmes, puis en phonèmes (en se plaçant d'un point de vue non génétique, bien entendu). Le sens apparaissant au niveau de la première articulation, les phonèmes sont les « garants de l'arbitraire du signe ».

4. La question du *sens*, essentielle en grammaire descriptive, quelles que soient les attitudes prises par les linguistes, perd beaucoup de son acuité en linguistique générative : la difficulté est transférée à la théorie sémantique*, où la distinction entre *sens, signification, valeur*, etc., perd son intérêt. La théorie linguistique doit permettre d'aboutir à l'interprétation sémantique de tout énoncé grammatical engendré régulièrement; loin de se demander « quel est le sens de cette unité, de cette construction ? » ou bien « en quoi consiste le sens de cette unité, de cette construction ? », la grammaire générative doit produire des énoncés sémantiquement corrects, c'est-à-dire permettre de rendre compte de l'interprétation sémantique de tout énoncé appartenant à la langue considérée. Les conséquences d'une telle attitude sont :
(1) que le sens de deux phrases diffère par suite de la différence de leurs indicateurs syntagmatiques :

J'ai reçu un livre de lui $\begin{cases} = \textit{un livre qu'il a écrit} \\ = \textit{un livre qu'il m'a envoyé} \end{cases}$

(2) que la grammaire générative distingue phrases grammaticales et phrases ayant un sens.

La phrase connue *D'incolores idées vertes dorment furieusement* est grammaticale et asémantique, pendant que *Moi vouloir manger* est agrammaticale et sémantique.

sentiment linguistique
On donne le nom de *sentiment linguistique* à l'intuition du sujet parlant qui lui permet de porter sur des phrases des jugements de grammaticalité.

séparable
Syn. de ISOLABLE.

séquence
En linguistique, on appelle *séquence* une suite ordonnée d'éléments appartenant à un ensemble non vide.

série
On appelle *série* une classe de phonèmes consonantiques caractérisés par le même trait pertinent. Ainsi, en français, la série [b, v, d, z, g, ʒ] est caractérisée par le même trait voisé.

shifter
Syn. de EMBRAYEUR.

sifflante
Une *sifflante* est une consonne fricative* réalisée comme alvéolaire ou dentale, et apicale ou prédorsale. En français, les sifflantes [s] et [z] de *sac* et de *zan* sont des prédorso-alvéolaires, en espagnol la sifflante à l'initiale de *suerte* est normalement une apico-dentale.

Sur le plan acoustique, les sifflantes sont des consonnes diffuses, aiguës, continues, stridentes.

Les sifflantes, comme les chuintantes, sont réalisées avec une spirantisation renforcée par la forme de gouttière que prend la langue en son axe médian (d'où le terme de *fricative à langue en creux* qu'on leur donne parfois), qui aggrave la turbulence de l'air. Mais le terme particulier de *sifflante* correspond, au stade de la perception, à l'impression auditive que produit un registre de fréquences plus élevé que pour les chuintantes et pour toutes les autres fricatives, de l'ordre de 8 000 à 9 000 hertz (cycles/seconde).

Les sifflantes sont très répandues comme phonèmes dans les langues du monde, bien que quelques-unes les ignorent, comme le nouba oriental, langue du Soudan. De nombreuses langues (parmi les langues romanes : le roumain, l'espagnol, les dialectes italiques méridionaux) ne présentent qu'un phonème sifflant, réalisé le plus souvent comme non-voisé [s] et dans certains contextes comme voisé [z].

sifflé
On appelle *langues sifflées* des langues dont les unités sont codées par des sifflements de formes diverses : ces langues ont une portée plus grande que la voix.

sigle
On appelle *sigle* la lettre initiale ou le groupe de lettres initiales constituant l'abréviation de certains mots qui désignent des organismes, des partis politiques, des associations, des clubs sportifs, des États, etc. : ex. U.R.S.S. *(Union des républiques socialistes soviétiques)*, P.M.U. *(Pari mutuel urbain)*, S.N.C.F. *(Société nationale des chemins de fer français)*, P.U.C. *(Paris Université Club)*, etc. Les sigles peuvent entrer en composition avec des chiffres : 11 CV (11 chevaux-vapeur). Les sigles ont deux prononciations possibles : ou bien la suite des lettres constitue un mot qui peut être intégré au lexique français; en ce cas le sigle a une prononciation syllabique : C.A.P.E.S. [kapɛs] *(certificat d'aptitude pédagogique à l'enseignement du second degré);* ou bien la suite des lettres ne constitue pas des syllabes; en ce cas, le sigle est prononcé alphabétiquement, comme P.M.U. [pe-ɛm-y]. Certains sigles ont les deux prononciations comme U.R.S.S. [yɛrɛsɛs] (prononcé aussi [yrs]).

sigmatique
On appelle *sigmatique* une forme linguistique caractérisée par un infixe *s*. On appelle ainsi *futur, aoriste, parfait sigmatique* les futurs, aoristes, parfaits caractérisés en grec et en latin par la présence d'un *s* (en grec, futur *lusomai*, aoriste *elusa;* en latin, parfait *dic-s-i* → *dixi*).

signe
Le *signe,* au sens le plus général, désigne, tout comme le symbole, l'indice ou le signal, un élément A — de nature diverse — substitut d'un élément B.

1. *Signe* peut d'abord être un équivalent d'*indice;* l'indice* — ou signe — est un phénomène, le plus souvent naturel, immédiatement perceptible, qui nous fait connaître quelque chose au sujet d'un autre phénomène non immédiatement perceptible : par exemple, la couleur sombre du ciel est le signe — ou l'indice — d'un orage imminent, l'élévation de la température du corps peut être le signe — ou l'indice — d'une maladie en train de couver.

2. *Signe* peut, en deuxième lieu, être un équivalent de *signal*. En ce sens, le signe — ou signal — fait partie de la catégorie des indices; il possède les caractéristiques du signe-indice (comme le signe-indice, le signe-signal est un fait immédiatement perceptible qui fait connaître quelque chose au sujet d'un autre fait non immédiatement perceptible); mais deux conditions sont nécessaires pour qu'un signe puisse être considéré comme un signal :
a) il faut que le signe ait été produit pour servir d'indice. Il n'est donc pas fortuit, mais produit dans une intention déterminée;
b) il faut, d'autre part, que celui à qui est destinée l'indication contenue dans le signal puisse la reconnaître. Un signe-signal est donc volontaire, conventionnel et explicite. Combiné à d'autres signes de même nature, il forme un *système de signes* ou *code*. Dans un même code, les signes peuvent être de différentes formes :
— *forme graphique* : lettres, chiffres, traits inscrits sur un agenda pour rappeler un rendez-vous, panneaux routiers, etc.;

— *forme sonore :* sons émis par l'appareil vocal d'un individu considéré comme émetteur d'un message;
— *forme visuelle :* signaux gestuels comme ceux de l'aveugle levant sa canne blanche.

3. *Signe,* enfin, peut être un équivalent de *symbole**. Le signe-symbole est plus communément une forme visuelle (et même graphique) figurative. Le signe-symbole est le signe figuratif d'une chose qui ne tombe pas sous le sens; par exemple, le signe figuratif représentant une balance est le signe-symbole de l'idée abstraite de justice.

4. Dans le *Cours de linguistique générale* de F. DE SAUSSURE, le terme *signe* a pris une autre acception : celle de *signe linguistique*. F. DE SAUSSURE distingue entre le symbole et le signe (pris maintenant au sens de *signe linguistique*) : il pense, en effet, qu'il y a des inconvénients à admettre qu'on puisse se servir du mot symbole pour désigner le signe linguistique. Le symbole, au contraire du signe, a pour caractère de n'être jamais tout à fait arbitraire, c'est-à-dire qu'il y a un lien naturel rudimentaire entre le signifiant et le signifié. Le symbole de la justice, par exemple, ne pourrait être remplacé par un char. Avec F. DE SAUSSURE, le signe linguistique est instauré comme unité de langue. Il est l'unité minimale de la phrase susceptible d'être reconnue comme identique dans un environnement différent, ou d'être remplacée par une unité différente dans un environnement identique.

5. Les *signes linguistiques,* essentiellement psychiques, ne sont pas des abstractions. Le signe — ou unité — linguistique est une entité double, faite du rapprochement de deux termes, tous deux psychiques et unis par le lien de l'association. Il unit, en effet, non une chose et un nom, mais un concept et une image acoustique; F. DE SAUSSURE précise que l'image acoustique n'est pas le son matériel, mais l'empreinte psychique de ce son. Elle est la représentation naturelle du mot en tant que fait de langue virtuel, en dehors de toute réalisation par la parole. F. DE SAUSSURE appelle le concept *signifié* et l'image acoustique *signifiant*. Le signe linguistique est donc ce que F. DE SAUSSURE appelle une entité psychique à deux faces, la combinaison indissociable, à l'intérieur du cerveau humain, du signifié et du signifiant. Ce sont des réalités qui ont leur siège (leur « trace ») dans le cerveau; elles sont tangibles, et l'écriture peut les fixer dans des images conventionnelles.

6. Le *signe linguistique,* tel que le définit F. DE SAUSSURE, présente un certain nombre de caractéristiques essentielles :
a) *Arbitraire du signe.* Le lien qui unit le signifiant et le signifié est arbitraire. L'idée de « sœur » n'est liée par aucun rapport avec la suite des sons qui lui sert de signifiant : /s/-/œ/-/ʀ/. De même, telle idée peut être représentée dans des langues diverses par des signifiants différents : *bœuf* en français, *Ochs* en allemand, etc.
b) *Caractère linéaire du signifiant.* Le signifiant, étant de nature auditive, se déroule sur la chaîne du temps, si bien que les signes se présentent obligatoirement l'un après l'autre, formant ainsi une chaîne, la chaîne parlée, dont la

structure linéaire est de ce fait analysable et quantifiable. Ce caractère est encore plus évident quand on examine la transcription graphique des formes vocales.

c) *Immutabilité du signe.* Si, par rapport à l'idée qu'il représente, le signifiant apparaît comme librement choisi, par rapport à la communauté linguistique qui l'emploie, il n'est pas libre, il est imposé. La langue apparaît, en effet, toujours comme un héritage du siècle précédent, comme une convention admise par les membres d'une même communauté linguistique et transmise aux membres de la génération suivante. D'autre part, il est communément admis aujourd'hui que la langue est un système de communication qui, comme tous les systèmes de communication, fonctionne au moyen d'un *code* fondé sur un *système de signes* (on entend par *code,* ou *système de signes,* la nature des signes, leur nombre, leurs combinaisons, les règles qui président à ces combinaisons). Il est évident que, pour que la communication puisse s'établir grâce à ce système au sein d'une communauté linguistique, il est nécessaire que les signes du code soient conventionnels, c'est-à-dire communs à un grand nombre d'émetteurs et de récepteurs, acceptés, compris et gardés par tous.

d) *Mutabilité du signe.* Selon F. DE SAUSSURE, le temps, qui assure la continuité de la langue, a un autre effet, en apparence contradictoire : celui d'altérer plus ou moins les signes linguistiques. Les facteurs d'altération sont nombreux, mais sont toujours extérieurs à la langue. Ces changements peuvent être phonétiques, ou morphologiques, ou syntaxiques, ou lexicaux. Quand il s'agit du signe, ils se situent aux niveaux phonétique et sémantique : ils aboutissent, en effet, à un déplacement du rapport signifié/signifiant. C'est ainsi que le mot *necare,* qui signifiait « tuer », est devenu en français *noyer.*

Un dernier problème à soulever quand on parle du signe linguistique est celui de son fonctionnement. Essentiellement, depuis F. DE SAUSSURE, la linguistique a défini la langue comme un *système de signes,* une structure, d'où le nom de *structuralisme* donné, dans le domaine des recherches linguistiques, à l'étude systématique de la langue fondée sur les théories de F. DE SAUSSURE.

7. Selon F. DE SAUSSURE, dans le système qu'est la langue, il n'y a que des différences. Un système linguistique est une série de « différences de sons » combinée avec une série de « différences d'idées ». Dans cette perspective, tout le mécanisme de la langue repose sur des rapports de deux sortes :

— rapports syntagmatiques, ou rapports entre eux des éléments de l'énoncé effectivement réalisé, parlé ou écrit. Ces éléments, ou groupements d'éléments, de la chaîne parlée ou écrite, qui trouvent leur valeur dans leurs relations avec les autres éléments du système, sont appelés *syntagmes**;

— rapports « associatifs », ou rapports des éléments de l'énoncé avec d'autres éléments, absents de l'énoncé, chaque élément linguistique suscitant chez le sujet parlant ou l'auditeur l'image d'autres éléments.

Le mot *enseignement* éveille des associations avec *enseigner, renseigner,* et avec des termes de signification voisine comme *éducation, apprentissage.* Par la suite, la linguistique a remplacé le terme saussurien *associatif,* par celui de *paradigmatique,* la série des termes mis ainsi en relation étant appelée *paradigme.*

D'autre part, que ce soit sur l'axe syntagmatique (axe de la chaîne parlée ou écrite) ou sur l'axe paradigmatique (axe des relations *in absentia*), les relations peuvent être de deux sortes :

a) L'idée de base de F. DE SAUSSURE est qu'entre deux signes linguistiques il y a opposition. Tout signe linguistique est en opposition avec un autre, et c'est en vertu de cette opposition qu'il reçoit sa valeur, sa fonction. Dans un tel système, ce qui constitue le signe, c'est ce qui le distingue. Pour délimiter le signe, l'entité linguistique, il faut le délimiter par opposition avec ce qui l'entoure. Un signe ne se définit comme tel qu'au sein d'un ensemble d'autres signes. Il tire sa valeur, son rendement, des oppositions qu'il contracte avec eux. Un signe se définit donc par ses relations avec les signes qui l'entourent.

b) Quand il n'y a pas opposition, il y a identité. Un troisième terme est exclu. Cette conception saussurienne du signe linguistique a été largement appuyée par la théorie moderne de la communication*, qui, partant de recherches sur l'économie des systèmes de communication, a dégagé l'idée de l'importance du caractère binaire, alternatif, des signaux d'un système de communication. La théorie saussurienne du signe, opposé ou semblable aux autres signes, a permis le développement d'une linguistique appuyant ses recherches sur celles des théoriciens et des ingénieurs de la communication.

Développant la théorie saussurienne du système linguistique, les linguistes de l'école de Prague et leurs successeurs (distributionnalistes ou glossématiciens) ont mis au point une méthode d'analyse de la structure de la langue tant sur le plan syntagmatique que sur le plan paradigmatique. Sur le plan syntagmatique, la notion de base de cette recherche est celle de l'environnement : étudier l'environnement d'un élément, d'un signe, c'est étudier quels éléments le précédent ou le suivent dans l'énoncé, et dans quel ordre. On appelle *distribution* l'ensemble des environnements dans lequel un signe, une unité, peut apparaître. On parvient ainsi à dégager un petit nombre de règles générales, règles combinatoires, appelées *rapports syntagmatiques*. On parvient à ce résultat grâce à des procédés de permutation*, de commutation*.

Ces différentes recherches ont permis aux linguistes structuralistes de préciser la notion saussurienne de structure linguistique et de signe linguistique. C'est ainsi que s'est dégagée la théorie de la double articulation du langage. On entend par là que les messages des langues naturelles sont, en tant que systèmes de signes, articulés, c'est-à-dire structurés, construits avec des signaux minimaux de deux espèces, deux types d'unités hiérarchiquement disposés :

— la première articulation, structuration en monèmes — ou morphèmes —, unités significatives minimales pourvues d'une forme* et d'un sens*;

— la deuxième articulation, structuration en phonèmes, unités minimales distinctives*, non-significatives.

Cette distinction a permis de préciser la théorie du signe linguistique saussurien : combinaison d'un signifié et d'un signifiant; le signe saussurien est en effet l'équivalent du morphème. Chez F. DE SAUSSURE, le phonème est encore le son matériel, au moins dans ses chapitres « phonologiques »; par contre, dans le chapitre sur la valeur, il donne l'expression théorique du phonème tel que les phonologues le concevront plus tard : le signifiant linguistique, dans son essence, est incorporel, constitué non par sa substance matérielle, mais uniquement par les différences qui séparent son image acoustique de toutes les autres. Enfin, certains éléments de la théorie du phonème et de l'articulation de la langue en phonèmes sont présents dans le *Cours* de SAUSSURE : s'appuyant sur les exemples du *r* français et du *ch* allemand, du *t* et du *t'* (= *t* mouillé), différenciés en russe, F. DE SAUSSURE explicite la valeur distinctive de deux phonèmes par leur commutation.

8. Avec la naissance de la théorie de la communication et l'influence directe de cette théorie sur les recherches linguistiques, le *signe linguistique* prend une nouvelle dimension : il devient signal, constituant du code de signaux qu'est la langue, considérée désormais comme un système de communication. Les signes de ce code linguistique sont les phonèmes — signaux en nombre restreint de nature vocale, dont les combinaisons (les règles de la combinatoire) permettent la transmission d'une information maximale, en l'occurrence toute l'expérience humaine. La théorie de la communication et ses méthodes de recherche ont été le point de départ de nouvelles recherches en linguistique; on fait la comparaison entre les machines de communication inventées par les techniques modernes et les systèmes de communication des êtres vivants, en particulier le système linguistique; la recherche montre que ces deux types de systèmes fonctionnent de la même façon; les calculs de fréquence, de probabilité sont étendus aux signes linguistiques, on mesure la quantité d'information qu'ils transportent; les méthodes statistiques et mathématiques deviennent usuelles en linguistique.

signifiant

Dans la terminologie de F. DE SAUSSURE, le signe linguistique est le résultat de l'association d'un *signifiant* et d'un signifié*, ou encore de l'association d'une image acoustique et d'un concept.

En employant *image acoustique* comme synonyme de *signifiant*, F. DE SAUSSURE entend retenir seulement le caractère spécifique de la suite de phonèmes appelée *signifiant* : en se référant à la première science linguistique issue de son enseignement, on peut dire que le signifiant représente l'aspect phonologique de la suite des sons qui constituent l'aspect matériel du signe. Les variations individuelles, le timbre, les défauts de prononciation concernent la phonétique (l'actualisation des sons de la langue), mais le signifiant, restant virtuel, est commun à l'ensemble de la masse parlante.

Le signifiant linguistique se déroule sur la ligne du temps : chaque instant de la locution ne permet qu'un acte phonique unique, à la différence d'autres systèmes sémiologiques où les signifiants peuvent présenter des co-occurrences selon plusieurs dimensions (cas du sémaphore) ; le caractère linéaire du signifiant, à l'origine des combinaisons syntagmatiques, est pour F. DE SAUSSURE une donnée fondamentale de la langue. La conception saussurienne du signifiant n'est pas sans faire problème : si le signe est l'association d'un signifiant et d'un signifié, faut-il l'assimiler au mot? Il faudrait pour cela négliger des faits importants : malgré la différence des signifiants, *cheval* et *chevaux* représentent-ils moins le même mot que *table* et *tables* ? Le signe minimal est-il inférieur au mot? c'est-à-dire un préfixe, une désinence, etc., sont-ils des signes, pour autant qu'ils combinent un signifiant et un signifié? F. DE SAUSSURE n'a pas non plus de doctrine sur les amalgames de signifiants : *au* est-il un signe? En ce cas, il correspond à deux signifiés. Constitue-t-il deux signes? En ce cas, son signifiant inanalysable doit figurer en combinaison avec deux concepts différents.

signifié

Dans la terminologie de F. DE SAUSSURE, *signifié* apparaît comme synonyme de *concept*. En effet, le signe linguistique tel qu'il le conçoit résulte de la combinaison d'un signifiant et d'un signifié, ou, dans une autre formulation, d'une image acoustique et d'un concept.

Sur la nature exacte du concept ou signifié entrant dans la composition du signe linguistique, F. DE SAUSSURE dit peu de chose. Les exemples donnés utilisent des mots courants du vocabulaire général, le mot *arbre* en particulier.

Réfléchissant sur le lien entre signifiant et signifié, F. DE SAUSSURE affirme l'arbitraire du signe : « L'idée (signifié) de « sœur » n'est liée par aucun rapport intérieur avec la suite de sons /sœr/ qui lui sert de signifiant. » É. BENVENISTE fait remarquer que cette affirmation est soustendue par le recours à la chose même : l'idée de « sœur » est, au contraire, fondamentalement liée au signifiant *sœur,* en fonction même de la théorie saussurienne sur le caractère fondateur du signe en langue : c'est entre le signe linguistique, associant signifiant et signifié, et la réalité extralinguistique, que le rapport est nécessairement arbitraire. Bien sûr, ainsi présenté, le problème rejoint la polémique traditionnelle sur le caractère naturel ou conventionnel du mot *(physei/thesei)* et ne concerne plus seulement la linguistique.

simple

1. On appelle *mot simple* un morphème racine par opposition au *mot dérivé* ou *composé*.

2. Le nom de *passé simple* est donné à des formes verbales françaises constituées de la racine verbale et d'un affixe de temps passé; elles traduisent dans le récit le passé révolu. Le passé simple s'oppose dans cette terminologie au *passé composé*, formé de l'auxiliaire *avoir* (ou *être*) et du participe passé. (V. PASSÉ, TEMPS.)

3. On appelle *phrase simple,* par opposition à *phrase complexe,* une phrase qui ne comporte qu'une seule proposition.

4. On appelle *temps simple* en français une forme sans auxiliaire de la conjugaison du verbe.

simplicité

Le critère de *simplicité* permettrait, en évaluant les différentes grammaires possibles d'une langue, de retenir celle qui serait la plus simple, c'est-à-dire celle qui aurait besoin du plus petit nombre de règles pour rendre compte du plus grand nombre de faits possibles.

simulation

Le concept de *simulation,* utilisé dans l'analyse de l'énonciation*, s'oppose au masquage* et à la connivence : le locuteur, après avoir maîtrisé plus ou moins bien le langage des membres d'un groupe autre que celui auquel il appartient, utilise les formes de langue qui font reconnaître ces derniers. Mais, alors que la connivence* suppose qu'on ne cherche pas à tromper les locuteurs sur l'appartenance effective à tel ou tel groupe, la simulation implique une tentative pour induire en erreur.

singularité

La *singularité* est un trait distinctif de la catégorie du nombre*, indiquant la représentation d'une seule entité isolable. Elle est exprimée en général par le singulier, mais peut être aussi traduite par le pluriel dans *les ténèbres, les obsèques, les ciseaux, les pantalons.* La singularité est notée par le trait [+ singularité].

I. singulier

Le *singulier* est un cas grammatical de la catégorie du nombre* traduisant (1) la singularité dans les noms comptables *(un* vs *plus d'un),* (2) la pluralité dans les noms collectifs ou l'emploi générique des noms comptables, (3) l'absence de toute opposition de nombre dans les noms non-comptables. Un nom peut être singulier et exprimer la singularité, comme *table* (opposé à *tables*), singulier et exprimer la pluralité, comme *chênaie* (opposé à *chêne),* ou singulier et exprimer la généralité, comme le générique *l'homme* dans *L'homme est mortel.* Le singulier est noté par le trait [+ sing].

II. singulier

En grammaire générative, la *transformation singulière* est une transformation* qui opère sur une seule suite générée par la base. Ainsi, les transformations passive, négative, interrogative et emphatique sont des transformations singulières, par opposition aux transformations qui portent sur au moins deux phrases, comme les transformations relative et complétive, qui sont dites *transformations généralisées*.

situation

On appelle *situation* l'ensemble des conditions psychologiques, sociales et historiques (ou facteurs extralinguistiques) qui déterminent l'émission d'un (ou de plusieurs) énoncé à un moment donné du temps et en un lieu donné. En linguistique, on parle plutôt de *contexte* ou de *contexte situationnel*. (V. COMMUNICATION.)

sociolinguistique

La *sociolinguistique* est une partie de la linguistique dont le domaine se recoupe avec ceux de l'ethnolinguistique*, de la sociologie* du langage, de la géographie* linguistique et de la dialectologie*.

La sociolinguistique se fixe comme tâche de faire apparaître dans la mesure du possible la co-variance des phénomènes linguistiques et sociaux et, éventuellement, d'établir une relation de cause à effet.

Contrairement à une pratique affirmée ou implicite, la sociolinguistique n'a pas pour but de faire ressortir les répercussions linguistiques des clivages sociaux. Elle doit procéder à des descriptions parallèles indépendantes l'une de l'autre : d'un côté, on a des structures sociologiques, de l'autre des structures linguistiques, et ce n'est qu'une fois ces descriptions préalables achevées qu'on peut confronter les faits de chacun des deux ordres.

La sociolinguistique peut prendre en considération comme donnée sociale l'état de l'émetteur (origine ethnique, profession, niveau de vie, etc.) et rattacher à cet état le modèle de performance dégagé. Il est bien clair que, définie ainsi, la sociolinguistique englobe pratiquement toute la linguistique procédant à partir de corpus*, puisque ceux-ci sont toujours produits en un temps, en un lieu, en un milieu déterminés.

On peut aussi se placer du point de vue du destinataire. Le genre de discours utilisé est, en effet, fonction des individus auxquels il s'adresse.

Parfois, ce sont les notions exprimées (le contenu des énoncés) qui sont sociales. On a ainsi une sociolinguistique qui s'occupera du vocabulaire politique, du vocabulaire technique, etc. C'est là une partie de la linguistique très bien établie qui, d'une manière ou d'une autre, se trouve admise, du moins dans certains de ses objets, par les études traditionnelles de langue.

Il faut, en revanche, insister sur l'importance des conditions sociales de la communication. On peut considérer le groupe humain formé par le malade et son patient comme un groupe social (instable) d'un certain type. Il faut poser que ce groupe se différencie des autres par certaines manières de parler; il y a le mode d'énonciation du docteur qui n'est pas celui du malade, qui n'est pas non plus celui du docteur dans des conditions sociales différentes. On aboutit ainsi à la définition de types de discours sans lesquels il est difficile de rendre compte de la variation du langage. Les méthodes les plus fructueuses dans ce domaine semblent faire appel à l'analyse* de discours et à l'étude du mode d'énonciation*.

Il suffit aussi que le chercheur ait pour but d'éclairer simplement telle ou telle recherche dans l'une des sciences humaines autre que la linguistique en faisant appel à la langue. C'est ainsi qu'on a une sociologie du langage, ou bien l'utilisation de faits linguistiques pour illustrer telle ou telle donnée historique. Ces recherches sont en marge de la linguistique parce qu'elles privilégient la composante non-linguistique. D'une manière générale, elles impliquent la dépendance du linguistique par rapport au social.

Relève aussi de la *sociolinguistique* l'étude des jugements portés sur le comportement verbal des individus. Les jugements sur les niveaux de langue, notamment les déclarations du type *dites, ne dites pas*, méritent à plus d'un titre d'être un objet d'étude. Il en va de même de l'attitude du locuteur vis-à-vis de son énoncé, qu'on caractérise selon la distance ou la modalisation*.

L'examen des variations géographiques de la langue n'est qu'un cas particulier de la sociolinguistique, quoique souvent on désigne cette recherche sous des dénominations particulières (dialectologie, géographie linguistique).

Il existe enfin une sociolinguistique appliquée qui s'occupe des problèmes de « planification linguistique »; ainsi, dans les pays en voie de développement et sans unité linguistique, on a pu mettre au point, à partir de l'examen des différents dialectes, des langues* d'union proposées comme langues officielles. De même, le planificateur peut s'occuper de contrôler ou de freiner les variations de la langue sans aucun souci de beau langage ou de tradition et en négligeant le point de vue normatif traditionnel.

sociologie du langage

On appelle *sociologie du langage* une discipline sociologique qui utilise les faits de langue comme indices de clivages sociaux. Chez J. A. FISHMAN, le terme désigne la sociolinguistique* vue plutôt sous l'angle de la sociologie ou s'intégrant dans les perspectives de celle-ci. Parfois, le mot est employé comme un simple équivalent de *sociolinguistique*.

solécisme

On appelle *solécisme* une construction de phrase qui n'est pas générée par les règles de la grammaire d'une langue à une époque déterminée ou bien qui n'est pas acceptée dans une norme ou un usage jugé correct. Ainsi, un groupe nominal comme **Tous plusieurs personnes* est un solécisme (agrammaticalité) du point de vue des règles de la grammaire; *Des cravates pour 20 francs chaque* est jugé un solécisme par les grammairiens puristes au regard de la norme qu'ils définissent.

solidarité

En glossématique, la *solidarité* est le caractère d'une fonction* dont les deux fonctifs* se conditionnent mutuellement. La relation entre le contenu et l'expression, par exemple, est une solidarité puisque leur combinaison est la condition de la langue : si l'expression sans contenu est un abracadabra sans caractère linguistique, il n'y a pas non plus fait de langue quand il y a pensée sans expression.

sollicitation

En linguistique distributionnelle, on appelle *techniques de sollicitation d'énoncés* les techniques de tests qui permettent l'apparition d'énoncés pertinents pour une caractéristique étudiée, sans que le locuteur soit cependant amené à produire des énoncés peu naturels. On fournit à un locuteur un environnement déterminé dans lequel il peut émettre spontanément l'énoncé sollicité.

sombre

Une *voyelle sombre* est une voyelle acoustiquement grave, comme [u] de *jour* ou de *loup*, et toutes les voyelles vélaires. Ce terme, comme le terme opposé de *clair*, qui désigne les voyelles aiguës (palatales), vient d'une association courante entre la sensation auditive de gravité et la sensation visuelle d'obscurité.

sommet

On appelle *sommet syllabique* le phonème qui, dans un noyau* de syllabe comportant plusieurs phonèmes, est plus ouvert que les autres. Ainsi, dans la syllabe initiale du mot espagnol *puerta*, le sommet syllabique du noyau [we] est [e]; dans le monosyllabe français *nuit*, le sommet de syllabe est [i].

son

Un *son* est une onde qui se déplace dans l'air (ou dans d'autres corps) à une certaine vitesse (340 m/s environ dans l'air), produite par une vibration qui peut être périodique* ou apériodique, simple ou composée. Les sons habituellement perçus par l'homme sont ceux qui sont produits par des vibrations dont la fréquence se situe entre 16 hertz (seuil de l'audition) et 16 000 hertz (seuil de la douleur). Les sons inférieurs au seuil de l'audition sont les infrasons, ceux qui sont supérieurs au seuil de la douleur sont les ultrasons.

Parmi les sons utilisés dans la phonation, certains sont les ondes produites par la vibration périodique des cordes vocales renforcées différemment par les cavités du canal vocal qu'elles traversent : ces ondes périodiques ou quasi périodiques sont les voyelles* ou tons*. D'autres sons du langage sont produits par des vibrations non périodiques : il s'agit des consonnes* ou bruits*. Les voyelles, comme les consonnes, étant produites par une vibration composée, le son est composé d'un son fondamental* et de sons partiels. Dans les voyelles, la vibration étant périodique, les fréquences des partiels ou harmoniques sont toutes des multiples entiers de la fréquence du fondamental. Dans les consonnes, il n'y a aucun rapport entre les fréquences des différents partiels, d'où le son désagréable qui est produit.

Chaque son est caractérisé acoustiquement par un certain nombre de données, en particulier la vitesse de vibration ou fréquence, l'amplitude de la vibration ou intensité, la durée d'émission, etc. Chacune de ces données a des équivalents aux autres niveaux de la transmission du message (moteur, perceptif, neuropsychologique). Mais ces données ne sont pas utilisées de la même façon par toutes les langues : chacune effectue un tri linguistique différent dans les propriétés de la substance sonore. Dans certaines langues, par exemple, la différence de durée n'est pas utilisée à des fins distinctives. D'autres langues, au contraire, se serviront du fait que l'émission d'un son peut durer plus ou moins longtemps pour différencier les signifiants de deux messages.

Le locuteur et l'auditeur d'une langue donnée ont appris à faire abstraction des caractéristiques phoniques qui n'ont pas d'importance dans cette langue : c'est pourquoi, bien qu'un son ne soit jamais prononcé ni reçu par l'oreille de la même façon, ces différences ne sont pas sensibles lorsque la transmission du message s'effectue normalement. Ces différences sont objectives, elles peuvent être mesurées physiquement (c'est ce que fait la phonétique), mais elles n'ont pas de valeur subjective et linguistique.

Différents sons réalisent une même unité linguistique, un même phonème lorsqu'ils présentent dans leur configuration les traits distinctifs du phonème, mêlés aux autres traits qui n'ont pas de fonction linguistique.

sonagramme

Un *sonagramme* est la représentation graphique des composants phoniques (spectrogramme) d'une succession de sons, obtenue par l'analyse acoustique d'un fragment de la chaîne parlée d'une trentaine de phonèmes au moyen d'un appareil appelé *sonagraphe*. Les spectres des différents sons se succèdent : pour chaque spectre, les formants s'ordonnent de haut en bas de l'échelle des fréquences, l'intensité est exprimée par le caractère plus ou moins net de la structure de formant, la durée du son correspondant approximativement à la longueur du spectre (un sonagramme, pour une trentaine de phonèmes qui durent environ 2,4 secondes, est long d'environ 24 cm). L'écart entre le formant haut et le formant bas (F1 et F2) exprime le caractère plus ou moins compact ou plus ou moins diffus du son, la hauteur des fréquences dans lesquelles se situent le formant de la bouche F2 et les formants supérieurs traduit son acuité. Toutes les autres caractéristiques acoustiques peuvent être ainsi identifiées à l'observation du sonagramme.

Le sonagramme, par rapport aux types de spectrogramme qui ne représentent que la structure acoustique d'un seul son, a l'avantage de présenter la transition entre les différents sons; celle-ci est particulièrement importante pour l'identification de certains sons : les consonnes occlusives, en particulier, ne peuvent être identifiées que par l'inflexion, vers le haut ou vers le bas, que subissent les formants des voyelles contiguës.

sonagraphe

Le terme de *sonagraphe* est une adaptation du nom anglais « Sona-graph », sous lequel a été lancé commercialement, aux États-Unis, un type nouveau de spectrographe (ou spectromètre) permettant de représenter une succession d'une trentaine de sons (ou plus si on place bout à bout les différents sonagrammes d'un fragment de chaîne parlée), alors que les spectrographes traditionnels ne permettaient de représenter qu'un son isolé et nécessairement vocalique.

sonante

1. Le terme de *sonantes* désignait anciennement les voyelles, capables d'être entendues sans le soutien d'un autre son, par opposition aux consonnes (« qui sonnent avec »), inaudibles isolément.

2. Dans la linguistique moderne, on emploie souvent le terme de *sonante* pour désigner un type de consonnes qui présentent le degré d'obstacle le plus faible (nasales, liquides, vibrantes, glides) et se rapprochent par là des voyelles, par opposition aux fricatives et aux occlusives, appelées *bruyantes,* qui se réalisent acoustiquement comme des bruits.

sonantisme

Certaines langues où la différence entre occlusives et fricatives n'a pas de valeur phonologique présentent une *corrélation de sonantisme* opposant une série de bruyantes à une série de sonantes (le tamoul, par exemple).

sonore

Un *phonème sonore,* ou *voisé,* est un phonème dont l'articulation s'accompagne d'une vibration des cordes vocales qui sont accolées et ne s'ouvrent que sous la pression périodique de la masse d'air subglottique accumulée. Les ouvertures et fermetures successives de la glotte sous cette pression sont à l'origine de l'onde sonore qui constitue les voyelles (à peu près universellement voisées) et caractérise l'articulation des consonnes sonores ([b, d, g, v, z, ʒ], etc.), par opposition aux consonnes *sourdes.*

sonorisation

Le phénomène de *sonorisation* est celui par lequel un phonème sourd (non-voisé) acquiert le trait de sonorité au contact d'un phonème sonore. En français, par exemple, le phonème [p] dans le mot *capot* [kapo] est réalisé phonétiquement comme voisé et ne s'oppose que par le trait de tension à son partenaire normalement voisé [b] de *cabot.*

sonorité

La *sonorité,* ou *voisement*,* est le trait dû à la vibration des cordes vocales qui caractérise les phonèmes sonores ou voisés.

source

1. La *source* est le lieu du codage d'un message (par exemple le sujet parlant) en fonction de son référent; elle fonctionne alors comme émetteur.

2. En traduction, on appelle *langue source* la langue connue d'un texte que l'on traduit dans une autre langue ou *langue cible.*

sourd

Un *phonème sourd,* ou *non-voisé,* est un phonème dont l'articulation ne comporte pas de vibration des cordes vocales : la glotte étant fermée, l'air pulmonaire ne passe pas à travers le larynx, il n'y a donc pas d'onde sonore d'origine laryngée. Le son est produit dans ce cas par la mise en vibration de l'air du chenal buccal lors de son ouverture pour la réalisation de la voyelle qui suit ou lors de sa fermeture à la fin de la voyelle qui précède. Les phonèmes non-voisés sont en général plus rares dans l'inventaire phonématique des langues que les phonèmes voisés. En français, seules six consonnes sont phonologiquement sourdes [p, t, k, f, s, ʃ].

sous-adresse
En lexicographie, le terme de *sous-adresse* désigne, à l'intérieur d'un article, les entrées notées par une typographie spécifique (petit gras, italique) qui indique des acceptions distinctes de l'acception principale ou correspondant à une forme de l'item lexical différente de celle du mot d'entrée. Ainsi, *classeur* étant l'adresse (celui, celle qui classe les entrées), *classeur*, nom masculin (objet ou meuble de bureau, divisé en compartiments, servant à classer des papiers), et *classeuse,* nom féminin (appareil destiné au classement et à l'endossement des chèques), sont des sous-adresses.

sous-catégorie
En grammaire générative, les *sous-catégories* sont les subdivisions des catégories de la base syntagmatique. Ainsi, en français, le déterminant a comme sous-catégories l'article (Art), le préarticle* (PréArt), le postarticle* (PostArt) et le démonstratif (Dém) : D → (PréArt) (Dém) (Art) (PostArt).

sous-catégorisation
En grammaire générative, on appelle *règles de sous-catégorisation* les règles qui imposent une limitation au choix des morphèmes en raison de leur distribution en sous-catégories grammaticales. Les verbes (catégories grammaticales) peuvent être subdivisés (sous-catégorisés) en transitifs et intransitifs : si l'on a une phrase de la forme SN + Aux + V + SN, le verbe ne pourra pas être un verbe intransitif.

Les règles de *sous-catégorisation* distinguent donc des sous-catégories à l'intérieur d'une catégorie. Ainsi, il y a plusieurs sous-catégories de noms, noms propres et noms communs, comptables et non-comptables :

$$N \rightarrow \left\{ \begin{array}{l} N \text{ commun} \\ N \text{ propre} \end{array} \right\}$$

$$N \text{ commun} \rightarrow \left\{ \begin{array}{l} N \text{ comptable} \\ N \text{ non-comptable} \end{array} \right\}$$

(Pour *trait de sous-catégorisation stricte,* v. TRAIT.)

sous-code
Le terme de *sous-code* est utilisé par le Cercle de linguistique de Prague et maintenu par R. JAKOBSON pour désigner le système de relations particulières que, à l'intérieur d'une fonction* donnée du langage, les éléments du code global de la langue entretiennent entre eux. Contrairement à la notion de parole*, telle qu'on la trouve définie par F. DE SAUSSURE et qui exclut à ce niveau toute idée d'ordre qui ne soit pas celui de la langue*, la notion de sous-codes, se manifestant en tant que traits pertinents linguistiques, fonde la linguistique de la parole. Ainsi, l'opposition entre *je* et *nous* n'est pas du même ordre dans la conversation familière et dans le discours politique.

sous-entendu
En grammaire traditionnelle, on appelle *sous-entendu* ce qui, dans la phrase effectivement réalisée, n'est pas exprimé, mais qui est impliqué par l'interprétation sémantique ou par le cadre syntaxique auquel correspond cette phrase. Ainsi, dans la phrase impérative *Venez demain à cinq heures,* le sujet *vous* est sous-entendu par référence au cadre syntaxique de la phrase assertive; l'interprétation sémantique peut laisser supposer un complément de lieu comme *à la maison, chez moi,* qu'il est aisé de suppléer par le contexte. (V. EFFACEMENT.)

sous-famille
On appelle quelquefois *sous-famille* un sous-ensemble de langues d'une famille*. Ce terme est synonyme de *branche,* qui est employé plus couramment.

sous-jacent

En grammaire générative, on qualifie de *sous-jacent* un élément linguistique impliqué dans la structure profonde ou dans les structures intermédiaires et qui n'est pas manifesté sous cette forme dans la phrase réalisée. Ainsi, on dira que le syntagme nominal complément est sous-jacent en structure profonde dans la phrase *Pierre mange,* qui implique l'effacement de « quelque chose de comestible ».

soutenu

Dans chaque langue, il existe une série de formes, de tours ou de prononciations qui ne sont utilisées que dans des situations sociales contraignantes (relations officielles ou mondaines, politesse); la recherche dans le choix des mots, les constructions syntaxiques ou la prononciation caractérisent alors la *langue soutenue,* opposée à la *langue familière,* qui ignore ces contraintes, et à la *langue relâchée,* qui viole les règles les plus importantes du « bon usage ».

spectre acoustique

On appelle *spectre acoustique* la représentation graphique des composants d'une voyelle. Un spectre peut être réalisé mathématiquement par l'application du théorème de Fourier. De tels calculs, très compliqués, ont été facilités par l'apparition des machines à calculer séquentielles comme IBM 1620 (à Strasbourg) ou Gamma 60. Un spectre acoustique peut être obtenu par un appareil analyseur du son appelé *spectrographe* ou *spectromètre.* Les partiels s'ordonnent horizontalement, de gauche à droite selon la fréquence. La hauteur des traits qui les représentent indique l'intensité des partiels; la longueur du spectre correspond à la durée de la voyelle.

spectromètre, spectrographe

On appelle *spectromètre,* ou *spectrographe,* un appareil analyseur du son qui permet de décomposer une onde sonore en ses partiels, en les isolant les uns des autres à l'aide de filtres acoustiques, d'enregistrer chacun des partiels indépendamment des autres composants du son et de rendre visibles les résultats de l'analyse sous forme d'un spectre. Le premier prototype de ces appareils a été construit en Allemagne avant la Seconde Guerre mondiale; il en existe de nombreux dans l'industrie pour des besoins d'acoustique technique. Le type le plus répandu aujourd'hui est le sonagraphe*.

spirante

Syn. de FRICATIVE ou CONSTRICTIVE.

spirantisation

On appelle *spirantisation* le resserrement du chenal buccal en son axe médian, qui se produit en particulier pour la réalisation des fricatives et des constrictives. Ce terme désigne aussi, en linguistique diachronique et synchronique, le passage d'un son dont l'articulation comporte une occlusion du chenal buccal à un son dont l'articulation comporte un resserrement du chenal buccal, par exemple en espagnol le passage des occlusives [b, d, g] aux fricatives [β, δ, γ] à l'intervocalique.

standard, standardisé

Une forme de langue est *standard* quand, dans un pays donné, au-delà des variations locales ou sociales, elle s'impose au point d'être employée couramment, comme le meilleur moyen de communication, par des gens susceptibles d'utiliser d'autres formes ou dialectes. C'est d'une manière générale une langue écrite. Elle est diffusée par l'école, par la radio, et utilisée dans les relations officielles. Elle est généralement normalisée et soumise à des institutions qui la régentent. Dans ce sens, on parle aussi souvent, par exemple, de *français commun.* La langue standard tend à supprimer les écarts en imposant une forme unique entre toutes les formes dialectales. Elle ne se confond pas nécessairement avec la langue soutenue, bien qu'elle tende à s'en rapprocher. Ainsi, une prononciation tend à être adoptée comme celle du français courant, central dans toutes les provinces. On dira que cette prononciation est *standardisée.* Dans la pratique, *standardisé* et *normalisé* ont des sens voisins, bien que ce dernier terme insiste davantage sur l'existence d'institutions régulatrices (Académie française, école, etc.).

statif
On appelle *statifs* les verbes ou les adjectifs indiquant une durée, un état permanent : *grand* est un adjectif statif, *ivre* est non-statif (V. DURATIF.)

statique
On donne le nom de *statique* au terme accompli dans l'opposition aspectuelle définie par le couple *être* (accompli : statique) et *devenir* (non-accompli : dynamique).

statistique lexicale
La *statistique lexicale* est une application des méthodes statistiques à la description du vocabulaire. Devant l'énormité des dépouillements nécessaires pour répondre à certaines questions simples (ex. « le vocabulaire de Corneille est-il plus riche que celui de Racine? »), elle permet un travail sur échantillon prélevé scientifiquement dans l'ensemble du corpus.

(1) La statistique permet de résoudre des questions stylistiques sur la « richesse » objective d'un vocabulaire, en particulier sur les oppositions stylistiques à l'intérieur d'un même texte. Ces procédures peuvent également aider à résoudre des problèmes de datation (« richesse » lexicologique du texte comparé à la « richesse » lexicale considérée à telle période de la production d'un écrivain) ou d'attribution du texte (« richesse » lexicologique du texte référé à la richesse lexicale de tel et tel auteur).

Un dépouillement intégral permettrait seul de tout dire sur la façon dont le lexique (virtuel) s'actualise en discours. Confrontés à l'intérêt de cet objectif et à l'impossibilité pratique des dépouillements complets, les statisticiens appliquent au texte des méthodes du type de celles qu'a définies CH. MULLER.

Toutefois, la statistique lexicale se heurte encore à l'écueil de la norme lexicologique. Les lexies plus ou moins fixées par l'usage sont une source de difficulté : *avoir peur* est-il moins une unité de signification que *trembler*? Pratiquement, dans leur définition du mot (unité du texte, par exemple « *le Cid* compte 16 690 mots ») et du vocable (unité du lexique, par exemple « *le Cid* compte 1 518 vocables »), les statisticiens acceptent l'usage des lexicographes, mais dans une certaine confusion, inévitable dès lors qu'une norme conventionnelle n'a pas été adoptée. On sait que, de même, tous les dictionnaires ne présentent pas les mêmes entrées.

(2) La tentative d'enregistrement du français fondamental constitue une autre approche quantitative. Il s'agit de définir les mots les plus employés de la langue, pour en assurer l'enseignement prioritaire aux non-francophones. Les enquêtes menées pour la définition des diverses listes (français élémentaire - français fondamental) ont établi la différence entre fréquence et probabilité d'occurrence. Un mot d'une fréquence élevée dans le français fondamental (*classe,* par exemple) peut avoir, dans une situation donnée, une probabilité d'occurrence voisine de zéro. Toute lexicologie quantitative doit tenir compte de la situation de communication. Il reste que les deux milliers de mots d'un dictionnaire élémentaire forment 75 à 80 p. 100 de tous les textes.

statut
On appelle *statut de la phrase* la structure de la phrase définie par le mode de communication qu'elle instaure entre le locuteur et l'interlocuteur; le statut de la phrase est l'assertion (on déclare), l'interrogation (on pose une question) ou l'impératif (on ordonne).
Statut de la communication. V. COMMUNICATION.

stemma

Chez L. TESNIÈRE, les relations existant entre les mots d'une phrase (les connexions) sont représentées par des traits reliant les mots de la phrase. L'ensemble de ces traits constitue le *stemma*. Celui-ci est destiné à faire ressortir la hiérarchie des connexions, à faire apparaître schématiquement les différents nœuds* de la structure de la phrase. En fait, il matérialise ce que L. TESNIÈRE considère comme tel. Malgré les ressemblances formelles, la notion de stemma n'a rien à voir avec celle d'indicateur syntagmatique de la grammaire transformationnelle et générative. Prenons la phrase :

La jeune fille lit un beau livre

représentée chez L. TESNIÈRE par le stemma :

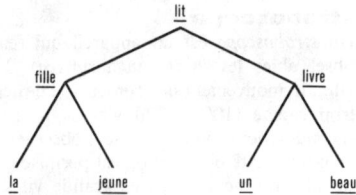

L'indicateur syntagmatique de cette phrase dans la théorie générative

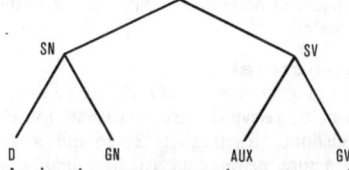

n'a rien de commun avec le stemma, puisque SN est constitué par D et GN, *fille* se retrouvant dans SN et dans GN, *la* se retrouvant dans SN et dans D.

stimulus

Dans la théorie béhaviouriste, un *stimulus* est un événement (S) qui provoque une réponse (R). Le stimulus verbal peut être à la fois une réponse (r) au stimulus S et un stimulus (s) pour la réponse finale (R). En ce cas, le schéma est de la forme SrsR.

stochastique

Un processus est dit *stochastique* quand il est soumis aux lois du hasard et quand on peut lui appliquer le calcul des probabilités. Ce processus a pu servir de base à un modèle linguistique. Ce dernier est conçu comme un mécanisme qui permet de produire de manière automatique un message constitué d'un nombre fini de symboles élémentaires, possédant chacun une durée particulière. Chaque message est produit en allant de gauche à droite (ordre linéaire figurant le temps). Le choix du premier symbole de la suite constituant le message est libre, mais le symbole suivant est déterminé par celui qui vient d'être émis; il doit être choisi en fonction du premier symbole, et ainsi de suite. Lorsque la machine a émis un symbole, elle passe à un autre état qui dépend de l'état précédent. En mathématiques, ce processus est appelé *modèle de Markov*. Le système possède donc un nombre fini d'états possibles et une série de probabilités de passages d'un état à un autre. Les états successifs seront chaque fois fonction des « mots » antérieurs. Si l'on introduit dans le programme de la machine toutes les données nécessaires pour former les phrases d'une langue, ce modèle peut générer toutes les phrases de cette langue. Une langue, selon le processus markovien, est constituée d'un certain nombre de suites de symboles (ou phrases) déterminés par un ensemble fini de règles de grammaire; chaque règle caractérise dans quel état du système elle doit être appliquée et quel symbole est produit lors du passage d'un état à l'autre.

storascope

Un *storascope* est un type particulier d'oscillographe cathodique qui permet de visualiser les oscillations des ondes sonores tout en faisant l'économie de la caméra (et de tous les inconvénients liés au délai de déroulement du film et surtout à l'énorme quantité de film nécessaire pour filmer une seule vibration). Cet appareil comporte un écran fluorescent constitué d'une grosse lame cristalline entre deux électrodes. La trace de l'oscillation s'inscrit sous forme d'ions colorés au point d'impact de cette lame et du rayon cathodique focalisé sur elle. Cette trace subsiste pendant au moins vingt-quatre heures, ce qui permet de l'étudier et de l'effacer si elle est inutile.

strate

Le terme *strate* est utilisé dans la linguistique américaine comme synonyme de *rang**.

stratificationnaliste, stratificationnel

Les *linguistes stratificationnalistes*, comme l'Américain S. LAMB, partent de l'idée que la relation entre la forme phonique (ou graphique) et le sens des énoncés est beaucoup plus complexe que ne l'ont pensé les structuralistes ou même les générativistes. Ils proposent donc de décomposer cette relation en plusieurs relations partielles caractérisées par des niveaux (strates) de représentation beaucoup plus nombreux et dont il faut pouvoir rendre compte spécifiquement (niveau sémantique, syntaxique, morphémique, phonique, etc.). [V. SÉMANTIQUE.]

stress

Le terme de *stress*, emprunté à la linguistique anglaise et américaine, désigne l'accent de force, ou accent d'intensité, afin de le distinguer de l'accent de hauteur, désigné de la même façon par le terme de *pitch**.

stridente

Une *consonne stridente* est caractérisée, en opposition aux consonnes mates, par la présence dans son spectre acoustique d'un bruit d'intensité particulièrement élevé et par une répartition irrégulière de l'intensité. Ces particularités sont dues à la présence, dans l'articulation des consonnes stridentes, d'un obstacle supplémentaire qui crée des effets tranchants au point d'articulation et provoque une plus grande turbulence de l'air. Les consonnes stridentes sont dites aussi « consonnes à bords rugueux », par opposition aux « consonnes à bords lisses » que sont les consonnes mates. Les affriquées s'opposent comme des stridentes aux consonnes occlusives correspondantes, puisque l'articulation complexe de l'affriquée suppose la combinaison d'un obstacle occlusif et d'un obstacle fricatif. Les labiodentales, les chuintantes, les uvulaires sont également des phonèmes stridents. En français, toutes les fricatives [f, v, s, z, ʃ, ʒ] sont des stridentes, les occlusives [p, t, d] étant toutes mates. En anglais, le [s] s'oppose comme strident au [θ], car, dans l'articulation de ce deuxième phonème, la rangée des dents du bas, couverte par la langue, n'obstrue pas le passage de l'air.

stroboscope

Un *stroboscope* est un appareil qui rend observables les vibrations laryngées. En effet, le mouvement des cordes vocales est trop rapide (100 à 300 vibrations à la seconde) pour qu'on puisse l'observer à l'œil nu. Cette observation est permise par un film tourné à une très grande vitesse (jusqu'à 4 000 images à la minute) et passé ensuite au ralenti : une vitesse de déroulement de 16 images à la seconde donne une image très nette du mouvement des cordes vocales.

structural

On qualifie de *structural* (1) ce qui appartient ou relève du structuralisme* (ou linguistique structurale); (2) ce qui a une structure, ce qui concerne la structure; en ce sens, en grammaire générative, on emploie plutôt *structurel (changement structurel, description structurelle),* afin d'éviter une confusion avec le sens (1).

structuralisme

Le terme *structuralisme* s'est appliqué et s'applique, selon les personnes et les moments, à des écoles linguistiques assez différentes. Ce mot est utilisé parfois pour désigner l'une d'entre elles, parfois pour en désigner plusieurs, parfois pour les désigner toutes. Elles ont en commun un certain nombre de conceptions et de méthodes qui impliquent la définition de structures* en linguistique.

1. Si on laisse pour le moment le structuralisme transformationnaliste (v. GÉNÉRATIVE [GRAMMAIRE]), les diverses écoles (v. DISTRIBUTIONNALISME, FONC-

TIONNALISME, GLOSSÉMATIQUE) fondent la linguistique sur l'étude des énoncés réalisés. La linguistique a ainsi pour but d'élaborer une théorie du texte qu'on considère comme achevé (clos) et d'utiliser à cette fin une méthode d'analyse formelle. Ainsi, le structuralisme pose d'abord le principe d'immanence, le linguiste se limitant à l'étude des énoncés réalisés (corpus*) et tentant de définir leur structure (l'architecture, l'indépendance des éléments internes). En revanche, tout ce qui touche à l'énonciation* (notamment le sujet et la situation considérés en quelque sorte comme des invariants) est laissé hors de la recherche. Sur ce point, toutefois, il faut noter des divergences importantes : l'école de Prague, avec R. JAKOBSON et É. BENVENISTE, se préoccupe d'analyser les rapports locuteur-message (v. FONCTIONS DU LANGAGE, ÉNONCIATION), et les successeurs de F. DE SAUSSURE, CH. BALLY notamment, posent une linguistique de la parole tout aussi importante et opposée à une linguistique de la langue; au contraire, L. BLOOMFIELD et le structuralisme américain considèrent qu'il est impossible de définir le sens et la relation du locuteur au monde réel (selon eux, trop de facteurs entrent en jeu et nous sommes incapables d'ordonner de manière explicite les traits pertinents de la situation). Un autre trait important du structuralisme est la distinction sous diverses formes d'un code* linguistique (langue*) et de ses réalisations (parole*). On va donc tirer du texte ou des textes analysés qui résultent d'actes de parole le système de la langue, alors que justement l'étude de la parole elle-même a été laissée de côté pendant longtemps, réservée qu'elle était à des études ultérieures. On est ainsi conduit à une étude du système tel qu'il fonctionne à un moment donné en équilibre (étude synchronique*) dans la mesure où l'étude historique (diachronique*) semble la négation même du système. Ainsi, le structuralisme fonde l'économie linguistique dans le fonctionnement synchronique du code. On pose *a priori*, pour un ensemble d'énoncés, l'existence d'une structure qu'on doit ensuite dégager en se fondant sur une analyse immanente; les codes sont considérés comme irréductibles les uns aux autres; on se demande alors comment la traduction d'une langue à l'autre est possible et on soutient, avec Y. BAR-HILLEL, qu'elle n'est jamais totale. Pour peu qu'on persévère, les microstructures d'une même langue (un champ lexical par rapport à un autre champ lexical) sont irréductibles elles aussi les unes aux autres.

Cette indépendance d'une structure par rapport à une autre s'accompagne d'un certain nombre de postulats concernant le plan des signifiés et le plan des signifiants. La relation entre signifié et signifiant est considérée comme arbitraire* et, sauf exceptions (motivation), il n'y a pas de rapport entre la forme du signe et l'objet désigné. De même on postule, parfois implicitement, parfois explicitement, d'abord la distinction entre la forme et la substance, ensuite le principe de l'isomorphisme* entre elles.

2. Les conséquences méthodologiques de ces principes permettent aussi de rapprocher diverses écoles structurales. Les structuralistes définissent des niveaux ou des rangs : l'énoncé est étudié comme une série de rangs hiérarchisés où chaque élément est déterminé en fonction de ses combinaisons avec le rang supérieur. Les phonèmes sont considérés par leurs combinaisons au rang du morphème et les morphèmes par leurs combinaisons dans la phrase. Les écoles s'opposent ici quand elles cherchent à mesurer l'importance relative des transitions d'un rang à un autre : A. MARTINET privilégie le passage du niveau des phonèmes au niveau des morphèmes alors qu'É. BENVENISTE, suivant en cela l'école de Prague, situe la transition importante entre les traits pertinents du phonème et le phonème lui-même.

La méthode du structuralisme est d'abord inductive, même si elle peut aboutir à la projection des résultats sur divers corpus qui n'ont pas été réalisés et dont on attend que les résultats rendent compte. C'est dire que, d'une manière ou d'une autre, le structuralisme tend toujours à lire un texte selon une certaine grille qui le réorganise, mais c'est dire aussi que le résultat n'est qu'une nouvelle présentation du texte qui ne pourra pas donner plus que ce que le texte contient. Tous les structuralismes tendent à établir des taxinomies.

3. Le structuralisme rejoint la théorie de l'information* dans la mesure où il fait appel à l'étude de l'environnement d'une unité. Lorsqu'on a émis la syllabe *ma* un grand nombre de mots reste possible *(maternité, mamelle, mal, marxisme, machine, manichéisme,* etc.), mais beaucoup sont déjà exclus (tous ceux qui ne commencent pas par *m* et tous ceux qui, commençant par *m,* font suivre cette consonne d'un phonème autre que *a : mine, mère, mutation, mot, moitié,* etc.); dès qu'on prononce, après la syllabe *ma,* la syllabe *ta* une nouvelle série se trouve exclue *(maternité, mamelle, mal, marxisme, machine, manichéisme, etc.),* mais restent encore possible *matador, matamore,* ce dernier mot devient impossible quand la troisième syllabe est *dor.* Des recherches de ce genre ont permis l'introduction de la statistique dans la linguistique, même si elles s'appliquent beaucoup mieux à la chaîne phonématique qu'aux unités lexicales.

4. Enfin, la linguistique structurale se définit par la recherche des différences qui aboutit au binarisme; les oppositions peuvent être d'ordre syntagmatique* (opposition d'une unité avec celles qui précèdent ou avec celles qui suivent) ou d'ordre paradigmatique* (opposition avec toutes les unités qui auraient été possibles au point de la chaîne où se trouve l'unité étudiée).

5. Un des mérites du structuralisme est d'avoir établi la linguistique comme science des langues, grâce aux distinctions qu'il a introduites (synchronie/diachronie; règles du code/réalisations individuelles; traits pertinents/traits redondants, etc.). Améliorant de manière considérable la description des langues, il a permis de limiter en linguistique le subjectivisme qui substituait des impressions à l'étude systématique et contrôlable des faits de langue. De même, l'ethnocentrisme occidental (qui tendait à décrire tous les idiomes en se fondant sur la grille catégorielle utilisée pour les langues indo-européennes) a tendu à disparaître, chaque système étant considéré par la linguistique structurale comme autonome et relevant d'une description propre.

Le structuralisme a posé les bases théoriques de la science du langage dans la mesure où il a tendu à en décrire le fonctionnement. Les premiers schémas de représentation (linéarité de la chaîne de Markov, rejet systématique de toute interprétation fondée sur une théorie du sujet) se sont certes révélés par trop simples. Ils ont conduit toutefois le linguiste à s'occuper de recherches proprement scientifiques dans le domaine des applications (pathologie du langage, apprentissage programmé des langues, traitement formel des textes, classement documentaire). Ce type de recherches n'est devenu possible qu'à partir du moment où le structuralisme a mis en avant le problème du fonctionnement synchronique des langues corelié aux problèmes généraux du langage. Les difficultés du structuralisme résident pourtant dans ce qui a fait son succès : l'analyse à partir de textes réalisés a conduit à négliger la créativité du langage sur laquelle la grammaire générative met l'accent; la notion de système, sans exclure entièrement la diachronie (l'histoire), n'en a pas moins conduit à négliger l'étude historique de la langue; le désir d'objectivité, minimisant les manifestations du sujet parlant, a fait abandonner les recherches sur l'incidence du locuteur dans son discours. Le structuralisme a fini par se trouver en contradiction avec lui-même : n'étudiant que des corpus (et non l'ensemble des phrases possibles), il refusait de prendre en considération leurs conditions de production.

structure

Un ensemble de données linguistiques a une *structure* (est structuré) si, à partir d'une caractéristique définie, on peut constituer un système ordonné de règles qui en décrivent à la fois les éléments et leurs relations, jusqu'à un degré déterminé de complexité : la langue peut être structurée au regard de divers critères indépendants les uns des autres (changement historique, sens, syntaxe, etc.). [V. PROFONDE (STRUCTURE), SUPERFICIELLE]

Le concept de *structure,* si l'on se réfère à la diversité des structuralismes*, est difficile à définir. Aussi est-il nécessaire de partir d'un certain nombre d'invariants communs à toutes les écoles.

Une *structure* est d'abord un système qui fonctionne selon des lois (alors que les éléments n'ont que des propriétés) et qui se conserve ou s'enrichit par le jeu même de ces lois sans l'apport d'éléments extérieurs ou sans qu'il soit exercé une action sur des éléments extérieurs. Une structure est un système caractérisé par les notions de totalité, de transformation, d'autorégulation.

Tous les structuralistes sont d'accord pour opposer les structures aux agrégats, ces derniers étant constitués d'éléments indépendants du tout. On met ainsi en avant comme caractère de la structure la totalité. Les éléments qui peuvent former la structure sont donc régis par des lois caractéristiques du système en tant que tel et qui confèrent au tout des propriétés d'ensemble. On peut prendre ici l'exemple des nombres entiers : ils n'existent pas isolément, ils ne se présentent pas dans un ordre quelconque. C'est dans la même perspective que le structuralisme linguistique décrira le système des phonèmes d'une langue. La conséquence de cette manière de voir est que les structures se définissent par une série de relations entre les éléments; ce n'est ni l'élément ni le tout, mais leurs relations qui constituent la structure, et le tout n'est que leur résultat.

On est conduit ainsi à un des problèmes centraux de la structure, celui de savoir si cette dernière connaît une genèse ou si elle existe de tout temps, *a priori*. Puisque ce sont les lois qui sont structurantes, on est conduit à avancer la notion de transformation*. Le système de la langue à une époque donnée est loin d'être immobile. Toutes les structures connues sont des systèmes de transformations soit intemporelles, soit temporelles. Si on conçoit les structures comme intemporelles, on privilégie dans les sciences les systèmes logico-mathématiques. On peut, au contraire, se préoccuper de leur généalogie et concevoir les structures intemporelles comme formant simplement un groupe de structures.

Enfin, les transformations inhérentes à une structure ne nous conduisent jamais en dehors de ses frontières (en dehors du tout qu'elle constitue) et n'engendrent que des éléments appartenant toujours à la structure et qui conservent ses lois. C'est en ce sens que la structure se referme sur elle-même. Dans la mesure où elle reste stable tout en construisant indéfiniment de nouveaux éléments, on peut dire qu'il y a autorégulation, celle-ci s'effectuant selon des procédés ou des processus divers. Cette autorégulation, qui corrigerait les erreurs au vu des résultats des actes ou qui imposerait même une sorte de précorrection, ne peut pas être conçue de la même manière pour les structures en sciences humaines que pour les structures logiques ou mathématiques.

structurel

On qualifie de *structurel* ce qui a une structure, qui concerne la structure. En grammaire générative, les transformations se définissent par une *analyse* structurelle* de la suite générée par la base et par un *changement structurel* affectant cette suite. (V. STRUCTURAL.)

I. style

Le *style,* que l'époque classique définissait comme « un je ne sais quoi », est la marque de l'individualité du sujet dans le discours : notion fondamentale, fortement idéologique, qu'il appartient à la stylistique* d'épurer pour en faire un concept opératoire et la faire passer de l'intuition au savoir.

1. Deux dichotomies fondamentales dans la tradition occidentale fondent le style : l'opposition thème *vs* prédicat (ou énoncé *vs* énonciation) qui marque la place du sujet dans son énoncé; et le dualisme esprit *vs* matière qui présente le langage comme composé de dénotations (sens purs, perçus par l'intellect) et de connotations (s'adressant à la sensibilité valorisée et/ou dévalorisée). La grammaire, dès ses débuts, se double d'une rhétorique, art de la persuasion (orale d'abord, donc matérielle, visant la sensibilité), catalogue des formes élégantes et convaincantes. La même idéologie sous-tend la stylistique de CH. BALLY.

La linguistique saussurienne, dans sa première manifestation, ne bouleverse pas profondément cette conception. Le style relève de la parole; il est « le choix fait par les usagers dans tous les comportements de la langue » (CRESSOT). Que ce choix soit « conscient et délibéré », ou une simple déviation, le style réside dans l'écart entre la parole individuelle et la langue. Des langues particulières peuvent être élaborées, réduisant cet écart (langue littéraire, langue de la comédie, etc.); on utilise la statistique pour faire apparaître les fréquences relatives de tels mots, de telles tournures; une stylométrie (utilisation des comptages pour l'étude du style) est possible.

2. L'analyse plus poussée des fonctions du langage, la théorie de l'information, les développements du structuralisme approfondissent la notion. Il existe une fonction stylistique qui souligne les traits significatifs du message et qui met en relief les structures qui représentent les autres fonctions. « La langue exprime, le style souligne » (RIFFATERRE). Les effets où se manifeste cette fonction forment une structure particulière : le style. Ces effets, cependant, n'existent pas en eux-mêmes, mais dans une opposition binaire dont l'autre pôle est le contexte qu'ils rompent de manière non prévisible. Ce contexte même peut devenir effet de style dans son opposition à un macro-contexte. C'est dire que c'est le texte qui sert de base à l'analyse (niveau transphrastique) et que le style ne réside plus dans une opposition paradigmatique* (ce qui aurait pu être dit), mais syntagmatique* (rapport effet de style *vs* contexte).

Même avec cette dernière analyse, nous ne sommes pas très éloignés de la conception classique selon laquelle le style ne fait qu'ajouter des ornements pour mieux faire passer un message à l'élaboration duquel il ne participe pas. Nous ne sommes pas loin non plus de Ch. Bally et de toute une tradition occidentale pour qui le style est aussi un « écart » par rapport à la logique, un écart pathologique dû à la faiblesse de notre nature. Mais ici, avec la linguistique saussurienne, l'écart est devenu structurel. Cette définition ressortit donc à « une certaine idée de la linguistique tributaire des évidences de la perception et des évidences pédagogiques » (J. Sumpf).

Les propos des écrivains sur leur propre pratique nient, depuis un siècle, cette conception : « Le style c'est la continuité » (Flaubert). « On ne fait pas un poème avec des idées » (Mallarmé). Les analyses purement structurales essaient d'éviter cet écueil, mais c'est surtout la grammaire générative et ses développements qui permettent de dépasser cette problématique.

3. Reconnaître un texte de Hugo, ou le pasticher, c'est utiliser une compétence poétique qui s'ajoute à la compétence linguistique. Il existe des structures profondes et des règles de transformation propre à chaque auteur : une grammaire que le lecteur apprend (ou qu'il ne peut pas apprendre, d'où le refus de la poésie moderne, par exemple). Grammaire particulière (ou style) qui doit engendrer la phrase grammaticale de la langue, mais aussi les semi-phrases, celles que la grammaire générale ne peut pas produire.

En mettant l'accent sur la syntaxe et son caractère central, et sur le processus de production, la grammaire générative fait sortir le problème du style de l'opposition dénotation *vs* connotation, ou il est souvent enfermé. Par ailleurs, le travail effectué sur les concepts de littérarité, de texte d'auteur, de lecteur, restructurent le champ de la création et de la lecture de l'œuvre.

4. Dans le texte considéré comme pratique signifiante, non une « structure plate », mais son « propre engendrement », le style comme « résistance d'une expérience à la pratique structurante d'une écriture » (G. Granger, *Essai d'une philosophie de style*) est le texte. Il est donc création de sens. Sa lecture n'est pas un déchiffrement passif, mais un travail de structuration du signifiant, de production du signifié. Ainsi peut-on dépasser dans un « monisme matérialiste, homogénéité de la pensée et du langage » (Meschonnic) le dualisme forme *vs* sens, dénotation *vs* connotation et ses dichotomies dérivées : individuel *vs* social, écriture *vs* lecture. Reste cependant, pour rendre ces théories vraiment opératoires, à créer une théorie de la genèse du texte et un modèle du sujet.

II. style direct, indirect

On emploie quelquefois *style direct* ou *indirect* pour *discours* direct ou indirect. *Discours* est moins ambigu car il se réfère avant tout au mode d'énonciation, alors que *style* a plusieurs sens nettement différents. Le *style direct* est le mode d'énonciation impliquant directement les participants de la communication; le *style indirect* est le mode d'énonciation des discours rapportés.

stylistique

1. Ch. Bally définit ainsi la *stylistique :* « Étude des faits d'expression du langage organisé du point de vue de leur contenu affectif, c'est-à-dire l'expression

des faits de la sensibilité par le langage et l'action des faits de langage sur la sensibilité. » La *stylistique,* branche de la linguistique, consiste donc en un inventaire des potentialités stylistiques de la langue (« effets de style ») au sens saussurien, et non dans l'étude du style de tel auteur, qui est un « emploi volontaire et conscient de ces valeurs ». Cette définition rattache le style à la sensibilité, qui est ainsi définie : « Le sentiment est une déformation dont la nature de notre moi est la cause », ainsi la métaphore existe parce que nous pouvons rendre l'esprit « dupe de l'association de deux représentations ». C'est aussi sur une semblable analyse de la « nature de notre moi » que se fondait la rhétorique, art de persuader en faisant appel à la sensibilité, passé de la tribune à la littérature écrite. Quant à la limitation de la stylistique au domaine de la langue, G. GUILLAUME la réfute ainsi : « Ce n'est pas le langage qui est intelligent, mais l'utilisation qu'on en fait. »

2. La *stylistique* est plus souvent l'étude scientifique du style des œuvres littéraires, avec pour première justification cette prise de position de R. JAKOBSON : « S'il est encore des critiques pour douter de la compétence de la linguistique en matière de poésie, je pense à part moi qu'ils ont dû prendre l'incompétence de quelques linguistes bornés pour une incapacité fondamentale de la science linguistique elle-même... Un linguiste sourd à la fonction poétique comme un spécialiste de la littérature indifférent aux problèmes et ignorant des méthodes de la linguistique sont d'ores et déjà, l'un et l'autre, de flagrants anachronismes. »

Face au projet d'une stylistique qui se veut étude scientifique du style, il faut poser un certain nombre de problèmes théoriques. Son objet tout d'abord : le style reste dans la plupart des stylistiques actuelles dégagé d'une manière empirique, le critère de pertinence étant le jugement ou le goût du stylisticien. Cette spécificité de l'objet et de sa recherche est peut-être justifiée, encore faudrait-il la fonder de manière scientifique. Liée à la linguistique, la stylistique n'en doit pas moins se forger des méthodes propres. Enfin, son objet ayant été longtemps étroitement lié aux notions de beau et de goût, doit-elle se désintéresser ou non de cette question de valeur? Peut-elle, et au nom de quoi, conclure sur la valeur d'un texte?

Sans dire avec P. GUIRAUD que la « vocation de la linguistique est l'interprétation et l'appréciation des textes littéraires », on peut constater avec lui que, par-delà la ruine de la rhétorique, la linguistique renoue avec l'ancienne grammaire qui, il y a 2 000 ans, donna naissance à la critique littéraire; ce contact avec la littérature, la stylistique le retrouve grâce à ses propres développements, grâce aussi à une nouvelle pratique des écrivains qui, depuis une centaine d'années, définissent l'œuvre comme langage. Encore faut-il spécifier les caractéristiques de l'œuvre littéraire. Elle est un objet linguistique (manifestation d'une langue naturelle), clos (limité, structurellement fini), qui entretient avec le référent des relations particulières.

3. A l'intérieur de l'hypothèse saussurienne, tout texte relevant de la parole, création individuelle, le style est défini par référence à une norme, comme un *écart*. Écart par rapport au code tout d'abord (peu souvent transgressé dans le passé, plus souvent aujourd'hui, comme chez Queneau et Michaux), écart par rapport à un niveau non-marqué de la parole, sorte d'usage moyen et « simple », écart par rapport au style du genre dont l'œuvre fait partie, et qui constitue une sorte de langue établie préalablement (on peut étudier ainsi le style de Racine à l'intérieur du style de la tragédie). Dans tous les cas, il s'agit d'étudier des « effets de style sur fond de langue ».

Outre que la constitution de ces normes (langue simple, style tragique, etc.) risque d'aboutir à de purs artefacts, et qu'on ait là une rhétorique modernisée (le style est un ornement), cette stylistique de l'écart atomise le texte et nie la pratique des écrivains; elle relève d'une tendance fondamentale « qui est de toujours faire de l'individu un épiphénomène » au nom d'une norme dont on oublie de dire comment on l'a construite.

A cette stylistique de l'écart on peut rattacher, bien que leur auteur s'en défende, les travaux de RIFFATERRE, pour qui « le message exprime et le style souligne ». Cette stylistique s'appuie sur une définition de la fonction stylistique (autre dénomination, plus générale, de la fonction poétique de R. JAKOBSON), sur la théorie de l'information et sur les principes méthodologiques du béhaviourisme pour la perception du fait de style. « La tâche de la stylistique est d'identifier la réaction du lecteur devant le texte et de retrouver la source de ces réactions dans la forme de texte. Le stylisticien est un archilecteur, sorte de somme de tous les lecteurs, c'est-à-dire qu'il se donne la culture maximale (lecture des critiques, dictionnaires, etc.) pour repérer les unités dont l'auteur a balisé son texte. » Du fait de sa clôture, à côté des « codes *a priori* » (langue, genre), l'œuvre ajoute un code *a posteriori,* un surcodage (codage supplémentaire), des significations supplémentaires où les valeurs jouent différemment. L'œuvre crée ainsi son propre modèle de référence. Ce « surcodage » est analysé en termes de prévisibilité : plus un élément est imprévisible, plus il fait impression sur le lecteur; tel est le procédé stylistique, qui tire sa valeur de son contraste avec un micro-contexte (contexte stylistique court) et de son rapport avec un macro-contexte (ensemble des données contextuelles présentes à l'esprit du lecteur), qui modifie ce contraste en l'amplifiant ou en l'atténuant (si l'effet est souvent répété). Le contexte est donc lui aussi surcodé et détient dans le style un rôle aussi important que le procédé. Ainsi se dégagent des patterns (ou motifs) stylistiques.

En incorporant le contexte aux effets de style, RIFFATERRE tend à considérer le texte en entier comme effet. Telle est la position des stylisticiens qui constatent que, du fait de sa clôture, système et discours coïncident dans le texte, et le considèrent comme un dialecte relevant donc d'une étude structurale propre. L'œuvre est « non une langue mais un langage de connotation (un langage de connotation n'est pas une langue : son plan de l'expression est constitué par les plans du contenu et de l'expression d'un langage de dénotation). C'est donc un langage dont l'un des plans, celui de l'expression, est une langue » (L. HJELMSLEV). Le texte doit donc être premièrement l'objet d'une analyse linguistique dégageant les unités de la langue qui servent à constituer les unités du second niveau (ou connotateurs). Il n'y a pas isomorphisme entre les deux niveaux, plusieurs signes linguistiques peuvent constituer un seul connotateur (les passés simples d'un texte constituent un connotateur dont le signifié peut être : « littérature »). Au second niveau, la sémiologie remplace la linguistique, et la stylistique se rapproche de la sémantique : « Les deux démarches, sémantique et stylistique, ne sont que les deux phases d'une même description » (A.J. GREIMAS). Le terme de *connotation* n'a pas été employé au sens de « connotation sémantique » attachée aux mots par différents facteurs (histoire, traditions, expériences individuelles), mais définit le rapport du double système de la langue et du texte, les connotations sémantiques du premier niveau étant les parties constituantes des connotateurs. Par exemple, les connotations (au premier niveau) de vulgarité de *cochon, poire,* dans *Réponse à un acte d'accusation* de V. HUGO, sont les parties constituantes d'un connotateur dont le signifié est intégration à la poésie ou nouveau style poétique.

Cependant, malgré son intérêt théorique (faire apparaître le texte comme une structure double et rendre compte ainsi de la possibilité de lectures différentes), ce modèle est peu opératoire. De plus, le concept de connotation apparaît discutable. Enfin, aucune procédure ne nous est donnée pour reconnaître les connotateurs (éléments qui connotent le texte) : nous nous retrouvons devant le texte avec notre subjectivité.

4. C'est aussi comme un dialecte particulier que la grammaire générative voit le texte, mais son but est de retrouver les structures profondes et les transformations qui en sont à l'origine. Il s'agit donc d'établir un modèle de compétence et de performance propre au texte, déviant par rapport à certains aspects de la compétence générale, semblable par d'autres, ce qui explique que le lecteur puisse l'assimiler (ou qu'il le refuse). Le style est alors une façon caractéristique de déployer l'appareil transformationnel d'une langue. Certains rapports peuvent être établis entre ces caractéristiques grammaticales et les jugements esthétiques. Les poèmes dans lesquels les phrases ne diffèrent des phrases de la langue standard qu'au niveau de la structure de surface sont souvent de « mauvais » poèmes. De même qu'il existe des degrés de grammaticalité, on peut envisager la constitution d'une « échelle de poéticité » liée à la complexité des transformations en cause. La grammaire générative ouvre donc de riches perspectives dans le domaine de la stylistique, dans la mesure où se constituent des modèles qui rendent compte de phrases agrammaticales, mais non dépourvues de sens.

5. Face à cette introduction de la créativité par la grammaire générative, on peut poser le témoignage des écrivains modernes pour qui le langage est bien matière à expériences ou laboratoire, l'œuvre une production, un vécu ou un rapport au monde, la poésie une manière de vivre (T. TZARA), action d'un « je » remis en question par la psychanalyse et la sociologie, depuis le « je est un autre » de Rimbaud, et donc plus complexe que le sujet des générativistes. Dans l'opération de lecture/écriture, le génotexte (structure profonde du texte) que l'analyste reconstruit n'est pas le reflet du phénotexte (texte tel que le révèle la lecture naïve), mais « opérerait avec des catégories linguistiques engendrant une séquence signifiante » (J. KRISTEVA).

Si c'est toujours une lecture qui reconstruit le génotexte, l'empirisme de celle-ci est dénoncé et en même temps se constitue une nouvelle pratique et un nouveau concept, celui de lecture-écriture : « lecture qui vise à transformer dans et par les textes la pensée d'entrée discontinue en une pensée de l'unité prise au fonctionnement de l'écriture. Forme de connaissance, procès de scientificité. S'oppose à la lecture littérature, lecture qui ramène un texte à des catégories préexistantes; lecture essentialiste, taxinomique; forme de conscience, reflet de la pratique sociale. Toute lecture est soit écriture, soit littérature » (H. MESCHONNIC).

D'autres concepts sont nécessaires pour jalonner un champ qui s'est étendu, essentiellement celui de littérarité : « spécificité de l'œuvre comme texte; ce qui le définit comme espace littéraire orienté, c'est-à-dire une configuration d'éléments réglés par les lois d'un système. S'oppose au parler quotidien espace entièrement ouvert, ambigu, puisque sa systématisation est indéfiniment remise en cause » *(ibid.)*. Le jugement de valeur que le structuralisme peut se refuser, faute de critères, est alors possible. « Est mort l'écrivain qui parle code..., la sous-littérature est dans l'idéologie au sens large (idéologie des gens, par exemple), alors que l'œuvre se construit contre une idéologie » *(ibid.)*.

De ce point de vue, la perception du style se trouve reliée à un ensemble d'opérations qui dépassent le cadre formel du texte débordant sur la vie, le monde, l'idéologie. Débordement qui se comprend par l'extension du terme de style dans le langage courant, extension qui requiert un examen philosophique de la notion.

6. Dans l'*Essai d'une philosophie du style*, G. GRANGER fait apparaître la notion de *style* en dehors de la littérature, comme résultat d'un travail. « Le passage de l'amorphe au structuré n'est jamais le résultat de l'imposition d'une forme venue toute constituée de l'extérieur... Toute structuration résulte d'un travail qui met en rapport tout en les suscitant forme et contenu du champ exploré » : le style est la solution individuelle apportée aux difficultés que rencontre tout travail de structuration, il est l'individuel comme côté négatif des structures. Le style est présent dans toutes les constructions scientifiques. On peut envisager une stylistique générale, théorie des œuvres, qui a sa place entre l'épistémologie et l'esthétique.

Dans le domaine littéraire, la structuration linguistique du vécu étant travail, le style naît du décollage entre structures et significations, la signification étant ce qui échappe à une structuration manifeste, le résidu, sorte de connotation, que la lecture constitue en code *a posteriori*. Le style n'est donc pas dans la structure (code *a priori*). Le champ d'application du concept se trouve donc déplacé, de la structure au travail, à l'écriture, et au travail de lecture (qui est aussi structuration) — il échappe ainsi à une définition subjective ou purement béhaviouriste.

Si une partie des problèmes semble résolue au niveau de la théorie, la pratique est encore hésitante, et de nouveaux flous s'installent, voilant les frontières entre stylistique, sémiotique et littérature.

7. Il existe un modèle du style que l'école cherche à faire reconnaître et acquérir, lié à une certaine conception de l'homme et de la société : de ce point de vue, l'étude des rédactions d'élèves permet de dégager ce modèle. De même, il existe un modèle du discours stylistique, une sorte d'énoncé-grille — et l'apprentissage consiste à comprendre et refaire dans la dissertation le récit qui relie une classe d'abstraits (ironie, mélancolie) à une classe de concrets (les auteurs). C'est-à-dire qu'il s'agit de constituer une singularité en une universalité en fonction d'une certaine idéologie.

stylométrie

On appelle *stylométrie* l'utilisation des statistiques pour l'étude des faits de style. (V. STATISTIQUE LEXICALE.)

stylostatistique

On appelle *stylostatistique* l'étude des procédés de style par les moyens statistiques. Cette étude, fondée sur l'hypothèse que les écarts relatifs à la norme sont stylistiquement significatifs, interprète en termes de valeur la relation fréquent/rare.

subjectif

On appelle *subjectif* le complément de nom ou le génitif* qui, dans la phrase active correspondrait au syntagme nominal, serait le sujet du verbe; ainsi, dans *L'amour des enfants pour les parents*, *enfants* est un complément du nom subjectif, car il correspond à LES ENFANTS *aiment leurs parents.* (V. OBJECTIF.)

subjectivité

On appelle *subjectivité* la présence du sujet parlant dans son discours; ainsi, la subjectivité du discours se manifeste par les embrayeurs*.

subjonctif

On appelle *subjonctif* l'ensemble des formes verbales qui, en français, traduisent, (1) dans les phrases directes, le mode optatif *(Puisse-t-il venir)* et le mode impératif à la troisième personne *(Qu'il parte)*, (2) dans les phrases indirectes et subordonnées, le mode du non-assumé (par opposition à l'indicatif qui est le mode de la phrase assumée) : *Je doute qu'il vienne. Bien qu'il soit malade*,... (V. MODE.)

subordination

1. La *subordination* est le rapport qui existe entre un mot régissant et un mot régi, et par lequel la forme du second semble dépendre nécessairement de la nature du premier. Dans ce cas, *subordination* est synonyme de *rection*.

2. Plus généralement dans les phrases complexes, la *subordination* est la situation dans laquelle se trouve la proposition qui dépend de la principale (ou d'une autre subordonnée jouant par rapport à elle le rôle de principale [v. PROPOSITION]). De ce fait, d'une manière générale (à certaines exceptions près, notamment celle de l'infinitive), le rapport de subordination est exprimé par les conjonctions* de subordination comme *si, quand, comme, que* et les composés de *que*, par les relatifs* et par les interrogatifs* indirects.

On caractérise les rapports de subordination selon la nature du subordonnant (conjonction, relatif, interrogatif, subordonnant zéro), selon le rapport existant avec le verbe ou la proposition principale, selon le « sens » de la subordonnée (cause, but, conséquence, concession, etc.).

subordonnant

On appelle *subordonnants* les mots qui instituent un rapport de subordination*, comme les conjonctions de subordination, les relatifs, les interrogatifs indirects. (V. OPÉRATEUR.)

subordonné

Pour L. TESNIÈRE, dans la connexion*, le *subordonné* est le terme inférieur alors que le régissant est le terme supérieur. Ainsi dans la phrase :

Mon jeune ami lit un beau livre,

représentée par le stemma :

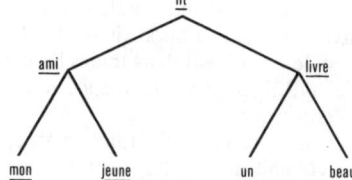

livre et *ami* sont subordonnés à *lit*, *mon* et *jeune* le sont à *ami*, *un* et *beau* le sont à *livre* — *lit* est ainsi le nœud* des nœuds ou nœud central. (Syn. : RÉGI.)

subordonnée

Dans une phrase complexe, la *subordonnée*, ou proposition subordonnée, ou proposition dépendante, est la proposition (ou membre de phrase centré autour d'un verbe) qui est subordonnée à une autre, qui lui est liée par un rapport de subordination; la subordonnée n'a pas d'autonomie grammaticale, et ne pourrait pas être utilisée telle quelle comme une phrase simple. On classe les subordonnées selon le mot introducteur (relatives, conjonctives, interrogatives indirectes) ou le mode du verbe (infinitives), selon la fonction des syntagmes nominaux ou prépositionnels dont elles occupent la place (sujet, complément du verbe, complément de l'antécédent, complément circonstanciel), enfin selon leur place par rapport à la principale (antécédentes, incidentes, conséquentes).

subphonémique
On appelle *traits subphonémiques* les traits pertinents des phonèmes; par exemple, les traits de voisement, de nasalité, etc., sont des traits subphonémiques.

substance
L'opposition entre *substance* et *forme*, en linguistique moderne, trouve son origine dans la formule de F. DE SAUSSURE : « La langue est une forme et non une substance. » L'opposition deviendra essentielle chez L. HJELMSLEV. La substance est alors définie de façon essentiellement négative : est substance tout ce qui n'est pas forme, c'est-à-dire qui n'entre pas dans le système de dépendances constituant la structure de tout objet donné. La glossématique s'assigne pour objet de caractériser les rapports entre forme et substance linguistiques. Forme et substance linguistiques concernent le plan de l'expression et le plan du contenu.

Au plan de l'expression, on pourra prendre comme exemples de formes les types de combinaisons phonologiques possibles dans une langue donnée : les unités sont décrites par leur aptitude à contraster au plan syntagmatique et à s'opposer au plan paradigmatique; la substance de l'expression sera dans ce cas la matière phonique exploitée, pour autant qu'elle permet la manifestation de la forme linguistique. La mise en rapport de la forme et de la substance utilise et transforme la matière (phonique dans l'exemple choisi).

Au plan du contenu, on pourra prendre l'exemple des termes de couleur : la substance du vocabulaire désignant les couleurs est un continuum de longueurs d'ondes lumineuses; la forme introduite par la considération des oppositions lexicales dénotant les diverses couleurs dépend des langues, qui transforment le continu en discret en établissant des distinctions, en nombre égal ou différent d'une langue à l'autre, tantôt au même point du continuum, tantôt en des points différents; par exemple, le mot anglais *brown*, comme les mots français *brun* et *marron*, correspond à une certaine classe de vibrations (substance); mais le découpage qu'il opère dans la substance n'est pas identique à celui qu'opèrent ses équivalents français, comme l'établit l'existence de deux termes français échangeables contre un terme unique de l'anglais.

Par ces considérations de L. HJELMSLEV, le rapport établi par F. DE SAUSSURE entre forme et substance est modifié : la forme est indépendante de la substance, mais l'inverse n'est pas vrai; une forme linguistique peut n'être pas manifestée par une substance linguistique (cas des signes zéros, cas où l'ordre des mots est signifiant, etc., cas qui posent à F. DE SAUSSURE autant de problèmes insolubles); mais une substance linguistique manifeste, en revanche, nécessairement une forme de la langue.

L. HJELMSLEV, dont la théorie débouchait sur le structuralisme le plus rigoureux (primauté de la forme sur la substance, nécessité de l'antériorité de l'étude de la forme), a dû apporter des correctifs à ses hypothèses : la nécessité méthodologique de la commutation demande le recours à une théorie au moins implicite de la substance linguistique.

substantif

Substantif est souvent employé comme synonyme de *nom :* les termes *table, rocher, cheval* sont, dans la sémantique traditionnelle des substances qui s'opposent aux accidents* que sont les adjectifs et les verbes.

substantivé

Quand un mot, qui n'est pas classé originellement parmi les noms ou substantifs, est employé comme nom, c'est-à-dire à une place où on ne peut avoir qu'un nom, on dit qu'il est *substantivé*. En français, la substantivation a pour conséquence de pourvoir le mot substantivé des déterminants propres au nom; dans *le bleu du ciel*, on dira que *bleu* est substantivé parce qu'il est précédé de l'article qui signale en français, formellement, le nom. Il faut noter toutefois que dans l'absolu rien ne permet de poser que *bleu* ne puisse appartenir à deux catégories grammaticales, celle du nom et celle de l'adjectif. Mais la tradition considère que l'emploi fondamental de *bleu* est un emploi d'adjectif.

substituabilité

On appelle *substituabilité* la propriété qu'une partie détachable d'un énoncé (mot, syntagme) a de pouvoir être remplacée par une autre dans un autre énoncé, sans que ce dernier perde son caractère d'énoncé grammatical. C'est cette propriété qui permet d'isoler les unités discrètes dans la chaîne parlée et de définir ensuite les règles de combinaison de ces unités. La substituabilité implique l'existence d'un « juge » (locuteur natif) qui réponde de la grammaticalité des énoncés en question. (V. COMMUTATION, SUJET PARLANT.)

substitut

On donne le nom de *substituts* aux pronoms (personnel, démonstratif, possessif) considérés dans leur fonction principale qui est de se substituer à un mot ou à un groupe de mots, qu'ils représentent ou remplacent. Dans *Il lui parle, lui* est un substitut remplaçant un syntagme nominal animé, masculin ou féminin, singulier. (V. REPRÉSENTANT.)

substitution

1. Quand deux langues sont en contact, on désigne comme *substitution* d'une langue A à une langue B le fait que la langue A finit par être employée exclusivement, la langue B tombant dans l'oubli. On admet que le français vient du latin sans apport important des langues celtiques parlées en Gaule : il y a eu substitution du latin aux parlers locaux, après une période de commutation* ou usage alterné. Si un individu finit par ne plus parler sa langue maternelle B pour utiliser une langue apprise A, il y a également substitution de A à B.

2. En grammaire traditionnelle, on appelle *substitution* l'élimination d'un mot par un autre au cours de l'évolution d'une langue; ainsi *entendre* s'est substitué à *ouïr, tête* à *chef*, etc.

3. En linguistique structurale, la *substitution* est une opération consistant à remplacer une partie détachable d'un énoncé par un autre élément qui garde à l'énoncé sa valeur grammaticale. Ainsi, dans la phrase *Le concierge monte les lettres*, je peux substituer *ce, ton, mon* à *le* sans que la phrase soit incorrecte. De même, je peux substituer *gardien, facteur, employé* à *concierge*. Cette opération de substitution (commutation) permet de déterminer les classes de morphèmes.

Le terme est complémentaire de celui de *combinaison*. On opposera l'axe paradigmatique considéré comme axe des substitutions à l'axe syntagmatique comme axe des combinaisons.

Toutefois, il convient de ne pas confondre *substitution* et *paradigme*. Prenons l'exemple de F. DE SAUSSURE :

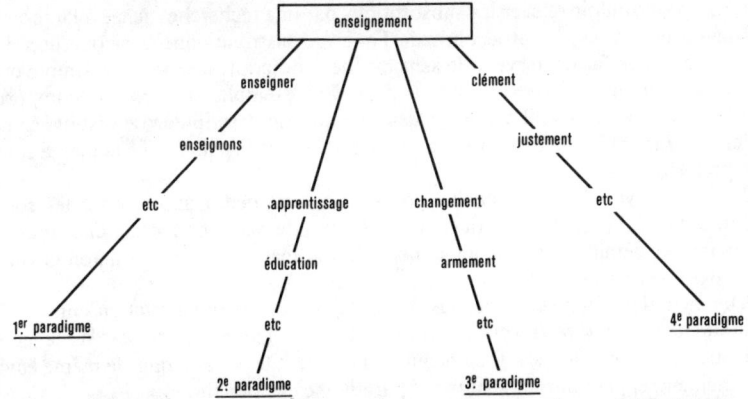

Nous remarquons que ces divers rapports paradigmatiques (virtuels) entretenus par l'unité considérée avec d'autres unités de la langue ne peuvent pas *tous* recevoir une actualisation en parole (par substitution).

On peut justifier ces quatre paradigmes par le raisonnement suivant :
a) Dans une situation métalinguistique comme celle du lexicographe, certaines *substitutions de flexion* (1er paradigme) sont possibles. Ainsi *amo : aimer,* dans un dictionnaire latin-français, enregistre une première personne de l'indicatif présent latin, mais un infinitif présent en français;
b) Dans un énoncé du type *Chaque Français a droit à l'enseignement,* la substitution des unités du deuxième paradigme est seule possible : *Chaque Français a droit à l'apprentissage* (*l'éducation*, etc.).

On remarquera toutefois que les unités du troisième paradigme peuvent — avec moins de proximité sémantique — également se substituer à *enseignement* dans cette perspective;
c) Dans un énoncé du type *Il existe en français un suffixe « -ment » marquant l'action, comme dans « enseignement »,* la subtitution du troisième paradigme est seule possible;
d) Enfin, en poésie, la rime à *enseignement* devra être prélevée dans le quatrième paradigme (si du moins l'on tient compte des restrictions classiques interdisant de puiser dans le troisième).

Il doit être clair que les situations *(a), (b)* et *(d)* ne concernent pas la description linguistique au sens étroit. Le caractère métalinguistique des énoncés *(a)* et *(c),* ainsi que le caractère poétique des énoncés *(d)* les excluent de la problématique de la linguistique descriptive (v. FONCTIONS DU LANGAGE, pour l'aptitude de la langue à se polariser sur elle-même — fonction métalinguistique —, ou sur le message — fonction poétique).

La linguistique descriptive revendique, au contraire, la tâche de rendre compte de *(b),* c'est-à-dire de la possibilité de substituer à *enseignement* tout terme du paradigme synonymique *apprentissage, éducation* et la majorité des termes du paradigme partiellement synonymique des noms d'action.

Le repérage des *substitutions* pose (sous le nom de *commutation* ou parfois — moins bien — *permutation*) un problème à la linguistique structurale :

(1) On peut vouloir relever les substitutions par une recherche menée à l'intérieur d'un corpus. C'est la procédure de l'analyse distributionnelle rigoureuse. Le désir de ne pas faire intervenir le sens amène le descripteur à ne tenir compte que des substitutions relevées dans le corpus. Par exemple, si le corpus comporte *je te vois* et *je le vois*, il y aura possibilité pour le descripteur de distinguer un élément variable *te/le* défini par sa possibilité de substitution dans le même environnement;

(2) Une analyse distributionnelle moins rigoureuse peut s'appuyer sur les commutations : elle se permet de faire intervenir le sens, non pour une analyse sémantique détaillée, mais comme mode de vérification d'identité ou non-identité entre deux énoncés.

En face d'un énoncé du corpus *je te vois*, le test de commutation entre *te/le* aboutit à l'énoncé *je le vois* et à la constatation par le descripteur de la non-identité des deux énoncés. Il en déduit la non-identité de *te/le* dans le même environnement, et peut ainsi constituer le paradigme des substituts.

4. En glossématique, le terme de *substitution* s'applique aux remplacements d'une unité qui ne constituent pas une mutation*. Il y a substitution quand on remplace, par exemple, une variante de phonème par une autre variante du même phonème. Ainsi, en français, le remplacement du *r* roulé par un *r* parisien, variante du même phonème, est une substitution.

5. En grammaire générative, la *substitution* est une opération consistant à mettre à la place d'un constituant que l'on a effacé (v. EFFACEMENT) un autre constituant que l'on a déplacé (v. DÉPLACEMENT). Par exemple, si l'on analyse la transformation passive comme s'appliquant à une phrase (Pass + P) dont l'analyse structurelle est

$$\text{Prép} + \text{SN}_{\text{PAS}} + \text{Aux}_{\text{ÊTRE}} + \text{SN}_1 + \text{Aux} + \text{V} + \text{SN}_2$$

et où Pass (passif) est formé de SP_{PAS} (syntagme prépositionnel passif, composé de Préposition + SN_{PAS}, ce dernier étant identique à SN_1 sujet), on constate que, dans la suite, il y a un déplacement de Prép + SN_{PAS} en fin de phrase, un effacement de SN_{PAS} sujet et son remplacement par SN_2, qui est déplacé à cet effet. On peut donc dire qu'il y a substitution de SN_2 à SN_1 et que SN_2 est mis à la place de SN_{PAS}.

substrat

Le *substrat* désigne toute langue parlée à laquelle, dans une région déterminée, une autre langue s'est substituée pour diverses raisons, quand on considère l'influence que la langue antérieure a pu avoir sur la langue qui lui a succédé : les parlers celtiques utilisés en Gaule avant la conquête romaine sont les substrats du gallo-romain, où ils ont d'ailleurs laissé peu de traces. (V. ADSTRAT, SUPERSTRAT.)

suffixe

Le *suffixe* est un affixe qui suit le radical auquel il est étroitement lié. On distingue les *suffixes flexionnels*, ou *désinentiels*, qui forment les marques casuelles, celles de genre et de nombre de la flexion des noms, et les marques de temps, de nombre et de personne des verbes, et les *suffixes dérivationnels*, qui servent à former de nouveaux termes à partir des radicaux. Ainsi, *-esse* dans *duchesse* (féminin de *duc*) est un *suffixe flexionnel;* et *-age* dans l'*asphaltage des routes* (issu de *les routes sont asphaltées*) est un *suffixe dérivationnel.*

suite

En linguistique, on appelle *suite* une réunion d'éléments appartenant à un ensemble non vide : *séquence* et *suite* sont souvent donnés pour synonymes et désignent une succession quelconque d'éléments quelconques réunis par l'opération de concaténation*.

Ainsi, SN + SV (syntagme nominal suivi de syntagme verbal, le signe + indiquant la concaténation) forme une suite, comme aussi *Le + père + lit + le + journal.*

(Pour *suite terminale, préterminale*, v. ces mots.)

I. sujet

1. La grammaire traditionnelle définit le *sujet* comme celui qui fait ou subit l'action exprimée par le verbe (v. ACTANT). C'est ainsi un terme important de la phrase puisqu'il est le point de départ de l'énoncé et qu'il désigne l'être ou l'objet dont on dit quelque chose en utilisant un prédicat. Le sujet est constitué le plus souvent par un nom (nom proprement dit ou mot substantivé) ou un pronom; quelquefois une proposition entière joue le rôle de sujet, comme dans *Qu'il s'en aille m'étonnerait beaucoup*. Se fiant à la logique, la tradition a complété cette définition par les notions de sujet réel et de sujet apparent : les verbes impersonnels ou employés impersonnellement sont précédés des pronoms *il* et (quelquefois) *ce*, comme dans *Il est temps de partir, Il faut que je parle, Ce n'est pas beau de mentir : il* et *ce* sont des sujets apparents et *de partir, que je parle, de mentir* les sujets réels. D'autres grammairiens estiment que le sujet apparent est le sujet, vague toutefois et constituant comme un sujet d'attente, alors que le prétendu sujet réel est un complément de sujet particulièrement important quant au contenu. Mentionnons pour mémoire la position de F. BRUNOT, qui voit dans les prétendus sujets réels de véritables compléments d'objet du verbe impersonnel.

Le sujet se place normalement avant le verbe en français, et RIVAROL a bâti là-dessus la doctrine selon laquelle notre langue suivrait ainsi un ordre naturel et logique *(Discours sur l'universalité de la langue française)*. En réalité, cet ordre est celui de la phrase non-marquée sans intention expressive; l'ordre est tout différent dans le style affectif, et les inversions y sont fréquentes, comme du reste dans la langue parlée, plus expressive que la langue écrite. On a ainsi : *Louis est venu* (neutre) et *Il est venu, Louis* (expressif). Quand le sujet est un pronom, la règle de la place du sujet connaît une notable exception dans les phrases interrogatives directes n'utilisant pas d'adverbe interrogatif : à l'affirmatif *Il vient* et à *Est-ce qu'il vient ?* correspond *Vient-il ?* Quand le sujet n'est pas un pronom, on a des phrases comme *Ton ami vient-il ?* Le verbe prend les marques de nombre (et de personne) du nom sujet, avec toutefois le problème particulier de la syllepse, ou accord selon le sens dans des phrases comme *La majorité des gens sont hargneux*.

On parle également de sujet dans des phrases sans verbe, soit qu'il y ait eu ellipse, comme dans le télégramme *Colis arrivé hier,* soit que le verbe doive être suppléé entièrement, comme dans *Lui ici! Lui* constitue bien alors le sujet au sens logique (ce sur quoi on dit quelque chose), mais les critères de forme (accord du verbe) et de position (place par rapport au verbe) ne s'appliquent plus. On préfère alors parler de sujet-thème ou de thème*.

2. La linguistique moderne définit le *sujet* comme la fonction grammaticale du syntagme nominal dans la phrase de base composée de la suite : syntagme nominal + syntagme verbal; la phrase de base, qui est de la forme

$$P \rightarrow SN + SV$$

peut être représentée par l'arbre

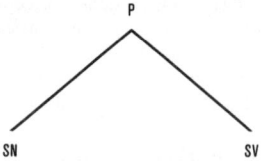

Ainsi, dans les phrases *Pierre aime Marie* et *La grue soulève les cloisons préfabriquées*, les syntagmes nominaux *Pierre* et *la grue* sont des sujets de la phrase, ou du prédicat *aime Marie* et *soulève les cloisons préfabriquées*. Les autres syntagmes nominaux que contiennent ces énoncés ne répondent pas à cette règle de constitution de la phrase, mais sont les constituants du syntagme verbal; ils ont une autre fonction grammaticale (ici celle d'objet ou de complément). Le syntagme nominal sujet peut être un pronom substitué au syntagme nominal : dans *Il aime son fils, il* est un pronom, sujet de *aime son fils*. Le sujet peut être aussi une complétive ou un infinitif (issus de la nominalisation d'une phrase); ainsi, dans *Finir un tel travail est impossible,* le sujet est *finir un tel travail,* et dans *Qu'il soit malade n'est pas pour m'étonner,* la complétive *qu'il soit malade* est sujet de *n'est pas pour m'étonner*. Dans ces deux cas, la complétive ou l'infinitif peuvent être déplacés après le verbe et remplacés devant le verbe par le pronom *il;* on a alors les constructions dites impersonnelles : *Il m'est impossible de finir ce travail, Il n'est pas étonnant qu'il soit malade* (l'infinitif étant alors précédé de la préposition *de*). En ce cas, le sujet est toujours la complétive *qu'il soit malade* ou l'infinitif *de finir ce travail;* on les appelle *sujets réels* en grammaire traditionnelle; quant au *il*, on l'appelle *sujet apparent* ou *sujet anaphorique*. Sémantiquement, le sujet est défini comme le thème dans la combinaison thème + commentaire : le sujet est ce dont on dit quelque chose.

En grammaire générative, on distingue le sujet de la phrase de structure profonde du sujet de la phrase de structure de surface. Dans la phrase
La voiture renverse le passant,
la voiture est en même temps le sujet de la structure profonde et le sujet de la structure de surface dérivée. Mais dans la phrase passive :
Le passant est renversé par la voiture,
le sujet de la structure de surface *Le passant* n'est pas le sujet de la structure profonde *(la voiture)*. Il y a un syntagme nominal sujet de la structure profonde et un syntagme nominal sujet de la structure dérivée, qui sont différents. Cette distinction recoupe en partie celle de sujet et d'agent. (V. AGENT, ERGATIF.)

3. On appelle *cas sujet* le cas exprimant en ancien français la fonction grammaticale de sujet. Le cas sujet est marqué dans le plus grand nombre de déclinaisons par la présence de la désinence *s* : ainsi, le cas sujet singulier *murs* s'oppose au cas régime* *mur*.

II. sujet parlant
On appelle *sujet parlant* un être humain capable de langage et possédant une compétence linguistique qui est la grammaire de sa langue; ainsi, tout francophone est un sujet parlant le français.

On appelle *intuition du sujet parlant* la capacité du sujet parlant, qui a intériorisé la grammaire spécifique d'une langue, de formuler sur les énoncés émis dans cette langue des jugements de grammaticalité, de synonymie et de paraphrase. (V. GRAMMATICALITÉ, LOCUTEUR NATIF.)

superficiel

En grammaire générative, la *structure superficielle* est synonyme de STRUCTURE DE SURFACE. (V. PROFONDE [STRUCTURE].)

superlatif

On appelle *superlatif* le degré de comparaison de l'adjectif ou de l'adverbe exprimant la qualité ou la modalité à un degré très élevé, supérieure ou inférieure à d'autres ou indépendamment de toute référence. Le *superlatif relatif (Pierre est le plus heureux, le moins heureux des hommes)* représente la qualité supérieure ou inférieure par rapport à tous les êtres ou objets susceptibles d'avoir cette qualité; dans *Pierre est très heureux*, le superlatif absolu représente la qualité à son degré le plus élevé sans comparaison avec d'autres. En français, le superlatif relatif est constitué du déterminant *(le, la, les)* et de la forme du comparatif *(plus* + adjectif ou adverbe); le *superlatif absolu* est formé avec les adverbes *très, bien, fort, tout à fait*, ou avec des préfixes comme *extra-, sur-, super-* (qui sont des augmentatifs) ou des suffixes comme *-issime*. En latin, le superlatif est formé avec un suffixe *-issimus*.

superordonné

On appelle *superordonné* le terme dont le sens inclut le sens (ou les sens) d'un ou de plusieurs autres termes, appelés alors *hyponymes**. Le sens du nom de la partie d'un tout est hyponyme du sens du tout qui lui est superordonné. Ainsi, *animal* est superordonné à *chien, chat, âne,* etc. (V. GÉNÉRIQUE.)

superstrat

Le *superstrat* désigne toute langue qui s'introduit largement sur l'aire d'une autre langue, mais sans s'y substituer, et qui peut disparaître finalement tout en laissant quelques traces. Après les Grandes Invasions, les langues germaniques ont fini par disparaître, mais elles ont exercé sur le roman une influence lexicale et syntaxique qui n'est pas négligeable : la présence de l'aspiration ancienne de *haut*, issue du latin *altus*, est due à l'existence du terme germanique *hoch*. (V. ADSTRAT, SUBSTRAT.)

supersystème

Syn. de DIASYSTÈME. (V. DIASYSTÉMATIQUE.)

supin

En grammaire latine, le *supin* est une forme nominale du verbe constituée d'un suffixe *-tu-* ajouté à la racine. On le rencontre sous trois formes : supin en *-um*, jouant le rôle d'un accusatif *(eo lusum*, je vais jouer), en *-ui*, ayant le rôle d'un datif, et en *-u* avec le rôle d'ablatif *(facilis dictu*, facile à dire); le supin en *-um* est dit *supin premier*, les supins en *-ui* et *-u* sont dits *supins seconds*.

suppléance

On appelle *suppléance* le cas où les allomorphes d'un même morphème appartiennent à des radicaux différents; ainsi, le verbe *aller* a trois allomorphes : *all-/ir-/v-;* c'est un phénomène de suppléance.

supplétif

Une forme est dite *supplétive* quand elle est capable de compléter les formes manquantes dans le paradigme des verbes ou des noms défectifs. Ainsi, on dira que les formes avec les radicaux *va* et *i-* sont les formes supplétives du verbe *aller (il va, il ira)*.

supradentale

On donne parfois le nom d'*articulation supradentale* aux articulations rétroflexes (dites aussi *cacuminales, cérébrales* ou *inverties)*, parce qu'elles sont réalisées par le contact de la pointe de la langue contre le sommet de la voûte palatale, au-dessus de la racine des dents.

supralocale

On qualifie de *supralocale* (ou de véhiculaire*) une langue qui est utilisée hors de son aire d'origine par des peuples qui ont des langues maternelles différentes. Ainsi, le bantou est parlé par des populations non bantoues, de langues différentes, pour communiquer entre elles.

suprasegmental

Un *trait suprasegmental,* ou *trait prosodique,* est une caractéristique phonique qui affecte un segment plus long que le phonème : l'accent, l'intonation, la durée sont des traits suprasegmentaux. Certains traits, traditionnellement considérés comme n'affectant que le phonème, peuvent être considérés comme suprasegmentaux dans la mesure où ils affectent plusieurs phonèmes d'un même mot ou d'un même syntagme : par exemple, le trait de nasalité dans les langues où il affecte aussi la voyelle qui précède ou qui suit la consonne nasale, le trait d'aperture ou de localisation dans les langues où l'harmonie vocalique joue un rôle important, etc. (V. PROSODIE.)

surcomposé

On appelle *formes surcomposées* les formes verbales du français constituées d'une suite de deux auxiliaires *avoir* (ou d'un auxiliaire *avoir* et d'un auxiliaire *être*) et d'un participe passé *(Quand il aura eu fini).* Les formes surcomposées expriment l'aspect accompli et le temps futur ou passé par rapport à un futur ou à un passé de l'énoncé. Les formes surcomposées sont analysées en grammaire générative comme la suite de deux constituants « parfaits » de l'auxiliaire (accompli par rapport au moment où l'on parle et accompli par rapport à un procès futur ou passé de l'énoncé).

surdi-mutité

On appelle *surdi-mutité* l'état d'un enfant sourd dont la mutité est la conséquence directe de cette surdité et, de ce fait, peut être surmontée par une rééducation linguistique spéciale.

surdité

On appelle *surdité verbale* un trouble de la perception auditive qui, indépendamment de toute altération au niveau de l'oreille, est limité aux seuls sons du langage et se manifeste par l'impossibilité de comprendre la signification des mots parlés. (V. APHASIE.)

surface. V. PROFONDE (STRUCTURE).

survivance

Syn. d'ARCHAÏSME au sens 2.

svarabhakti

On appelle *svarabhakti* le développement d'une voyelle à l'intérieur d'un groupe de consonnes; ainsi, *arc-bouter* est prononcé [arkəbute].

syllabaire

Un *syllabaire* est un ensemble de signes d'écriture dans lequel chaque symbole représente non un phonème (sauf exception), mais une syllabe. Le syllabaire est à l'écriture syllabique* ce que l'alphabet est à l'écriture alphabétique*.

syllabation

La *syllabation* est l'opération qui consiste à décomposer en syllabes différentes des séquences phoniques de la chaîne parlée.

syllabe

On appelle *syllabe* la structure fondamentale qui est à la base de tout regroupement de phonèmes dans la chaîne parlée. Cette structure se fonde sur le contraste de phonèmes appelés traditionnellement *voyelles* et *consonnes.* La structure phonématique de la syllabe est déterminée par un ensemble de règles qui varient de langue à langue. La syllabe ouverte (c'est-à-dire se terminant par une voyelle) est biphonématique, répondant au schéma CV, comme en français *ma;* c'est le seul type de syllabe universel. Toutes les langues ont des syllabes de ce type. Il n'y a pas de langue qui n'ait que des syllabes fermées de types VC ou CVC. Dans l'évolution des langues, l'apparition de syllabes fermées correspond souvent à un nouveau découpage, tardif, de syllabes antérieurement ouvertes; ainsi, en espagnol, la présence de diphtongues en syllabe fermée dans des mots comme *puerta* laisse supposer une étape où la première syllabe était ouverte, la consonne /r/ faisant partie de la deuxième syllabe. Toute séquence phonématique se fonde sur la récurrence régulière d'un ou plusieurs types syllabiques existant dans une langue déterminée, V, CV, VC, ou CVC. Une forme libre, c'est-à-dire une forme isolable au moyen de pauses, doit contenir un nombre entier de syllabes.

La *frontière syllabique* a une fonction distinctive dans les langues où elle coïncide nécessairement avec la frontière de morphèmes, comme en allemand ou en anglais : ainsi, en anglais, la différence de découpage syllabique entre les deux séquences *a name* [ə'neim] « un nom » et *an aim* [ən'eim] permet de les opposer linguistiquement. On dit dans ce cas que la frontière syllabique, ou jointure, notée / +/. a une valeur de phonème [ə + neim] *vs* [ən + eim].

Le principe de la structure syllabique se fonde sur le contraste de traits successifs à l'intérieur de la syllabe; une partie de la syllabe, appelée *centre* ou *noyau*, prédomine par rapport aux autres. Les phonèmes qui la composent sont appelés *phonèmes centraux* (ou *phonèmes syllabiques* ou *syllabèmes*). Les phonèmes qui constituent la partie marginale de la syllabe sont appelés *phonèmes marginaux* ou *asyllabèmes*. D'habitude, les phonèmes vocaliques sont des syllabèmes et les consonnes des asyllabèmes, mais il y a des exceptions. Dans certaines langues, certains phonèmes consonantiques ou liquides ont des allophones syllabiques (comme /r/ en tchèque dans le nom de ville *Brno*, qui comporte deux syllabes), certains phonèmes vocaliques ont des allophones asyllabiques, comme le /i/ italien à la finale de *mai* [maj] « jamais ». Le noyau de syllabe contient alors deux ou plusieurs phonèmes, dont l'un, appelé *sommet de syllabe,* est élevé par rapport aux autres au moyen du contraste compact *vs* non-compact, diffus *vs* non-diffus, voyelle *vs* consonne. Les consonnes qui précèdent le centre de la syllabe sont dites *explosives* ou *ascendantes,* celles qui suivent le centre de syllabe sont dites *implosives* ou *descendantes*. Parmi les consonnes du bord de syllabe, les plus audibles sont les consonnes les plus proches du centre de syllabe.

Certains linguistes refusent à la syllabe une identité physique et ne lui attribuent qu'une existence psychologique et phonologique. D'autres, au contraire, comme R. JAKOBSON et M. HALLE, attribuent à la syllabe une existence phonétique définie par certaines caractéristiques articulatoires et acoustiques : une liaison plus intime et un degré de coarticulation plus étroite du centre de syllabe par rapport aux bords, dus à une augmentation de la fréquence du fondamental.

syllabème
Certains linguistes classent sous le nom de *syllabèmes* les unités phoniques qui peuvent fonctionner comme centre de syllabe, c'est-à-dire les voyelles et les consonnes liquides [l] et [r] dans certaines langues comme le tchèque. On appelle inversement *asyllabèmes* les phonèmes, surtout consonantiques, qui constituent la partie marginale de la syllabe.

syllabique
L'*écriture syllabique* est le système d'écriture dans lequel chaque signe (graphème) représente une consonne et la voyelle précédente (ou suivante). Ainsi, pour transcrire *ba* et *bo* on aura non pas trois signes pouvant se combiner, mais deux signes représentant l'un *ba*, l'autre *bo*. L'écriture syllabique japonaise est née de l'adaptation des caractères chinois à la langue japonaise, qui n'est pas une langue agglutinante* mais une langue flexionnelle*. Son existence démontre la possibilité d'utiliser un système de ce type pour des pays lettrés ou modernes. L'écriture syllabique correspond, du reste, à certaines données linguistiques; ainsi, les consonnes n'existent jamais isolément. Concrètement, seules existent des voyelles et des syllabes; c'est par un effort d'ab-

straction que l'on pose la réalité des consonnes. L'inconvénient du système syllabique est qu'il exige la connaissance d'un bien plus grand nombre de signes que l'écriture alphabétique. L'écriture syllabique doit être distinguée d'une écriture alphabétique qui ne note pas les voyelles.

syllepse
On appelle *syllepse* l'accord des mots en genre et en nombre non d'après la grammaire, mais d'après le sens. Ainsi, on peut dire *Une foule de gens* L'ATTENDENT, l'accord se faisant avec le caractère de pluralité du sujet, ou *Une foule de gens* L'ATTEND, l'accord se faisant avec le singulier, *une foule*. De même, on parlera de *syllepse* quand un terme est pris dans la même phrase au propre et au figuré; ainsi, *Galatée est pour Corydon plus douce que le miel du mont Hyda.*

symbole
1. Le *symbole* entre, chez CH. S. PEIRCE, en opposition avec *icône* et *indice*. Un symbole est la notation d'un rapport — constant dans une culture donnée — entre deux éléments. Alors que l'icône vise à reproduire en transférant (cas du portrait, reproduisant sur la toile une impression sensorielle) et que l'indice permet un raisonnement par inférence (la fumée comme indice du feu), le symbole procède par établissement d'une convention (la balance comme symbole de la justice).

On constatera que ces diverses fonctions peuvent se trouver cumulées : une typologie des icônes, indices et symboles se fonde sur l'accentuation d'un des pôles sémiotiques dans les divers signes. Par exemple, le portrait comporte une part de règles acquises : si le contenu iconique est identique dans le portrait et dans la caricature, l'aspect symbolique (conventions du genre) est bien distinct dans l'un et l'autre cas. Si, en revanche, la balance est symbole de la justice, F. DE SAUSSURE note « un rudiment de lien naturel entre le signifiant et le signifié », donc un reste du processus iconique ou indiciel.

2. En grammaire générative, on donne le nom de *symboles* à tous les éléments de l'« alphabet » nécessaires à la notation des abstractions antérieures à la réalisation morphophonologique. Le symbole initial de la grammaire générative, qui a d'abord été noté P, est désormais noté Σ. C'est le symbole noté à gauche dans la première règle de réécriture; il représente la construction du niveau le plus profond; toutes les autres constructions engendrées par les règles de réécriture, puis par les règles transformationnelles, en sont des constituants. Dans l'état actuel de la théorie générative, la réécriture du symbole initial est généralement :
$$\Sigma \rightarrow \text{Mod} + \text{P},$$
à lire : le symbole initial Σ se réécrit par les symboles Modalité de Phrase + Noyau.

Au terme des règles grammaticales, nous aurons une série de symboles référant à une classe particulière d'éléments lexicaux. Ces symboles sont appelés *symboles terminaux;* c'est à eux que les règles d'insertion lexicale substituent les items lexicaux pris dans le lexique.

Il reste à signaler l'existence de symboles postiches *(dummy symbols)*. Une règle du type $A \rightarrow \Delta$, où Δ est un symbole postiche et A une catégorie lexicale, permet à la composante catégorielle d'engendrer des indicateurs pour des séquences composées de diverses occurrences de Δ (marquant la position des catégories lexicales) et de formants grammaticaux.

Les symboles catégoriels les plus généralement utilisés sont les suivants :

Σ	phrase de base	P	noyau de la phrase
SN	syntagme nominal	SV	syntagme verbal
N	nom	D	déterminant
V	verbe	Aux	auxiliaire
Mod	modalité	M	mode
PP	participe passé	Inf	infinitif
Nég	négation	Inter	interrogation
Emph	emphase	Pass	passif
Imp	impératif	Décl	déclaratif
Pas	passé	Prés	présent
SP	syntagme prépositionnel	Prép	préposition
SA	syntagme adjectival	Adj	adjectif

etc. (V. CATÉGORIEL.)

symbolisme phonique

On appelle *symbolisme phonique* la tendance à supposer qu'il existe une relation nécessaire entre le mot et l'objet signifié et à attribuer aux sons une valeur sémantique dénotative ou connotative. Cette relation est saisissable dans les onomatopées ou les mots expressifs *(cocorico, miauler);* cette hypothèse se vérifierait dans le rapport qui existerait entre la voyelle [i], par exemple, et les petits objets. Cette théorie de l'origine naturelle du langage s'oppose à la théorie de l'origine conventionnelle. (V. ARBITRAIRE.)

symétrie

La *symétrie* est la propriété de l'égalité des ensembles* qui permet d'inverser la proposition A = B en B = A.

symétrique

On appelle *verbes symétriques* les verbes susceptibles de figurer avec le même système de marques morphologiques dans la phrase active et dans sa transformée passive. On peut considérer l'emploi du verbe symétrique comme une forme particulière de la transformation passive. A la structure SN_1 V SN_2 correspond alors SN_1 V prép. SN_1 ; prép pouvant être *à, au contact de, sous l'effet de*, etc. Par exemple *jaunir* dans *Le soleil jaunit les papiers* vs *Les papiers jaunissent au soleil.*

symptôme

On dit d'un événement linguistique qu'il est un *symptôme* quand il est lié à un locuteur dont il exprime l'état intérieur (v. SIGNE, SYMBOLE). Ainsi, si nous constatons des variations caractéristiques dans l'intensité de la voix du locuteur, nous en concluons que le locuteur est excité.

synalèphe

La *synalèphe* est un phénomène de fusion vocalique par lequel deux émissions se confondent en une seule (1) par élision (l'une des voyelles disparaît : en français, l'article singulier s'élide devant voyelle), (2) par contraction (deux voyelles se fondent en une voyelle longue : en italien, le mot *varii* « variés » peut être réalisé par [varii] ou [vari]; le mot *Sahara* peut être prononcé ['saara] ou ['sa:ra], par synérèse*).

synapsie

Dans la terminologie d'É. BENVENISTE, la *synapsie* est une unité de signification composée de plusieurs morphèmes lexicaux. La synapsie *(machine à coudre, hirondelle de mer)* se distingue du mot composé *(timbre-poste, marteau-pilon)* ou du dérivé *(antipoète, archiécriture, maoïste, ferblanterie)* par les critères suivants : *a)* la liaison entre les éléments est de nature syntaxique (à l'opposé du caractère morphologique de la composition par le trait d'union ou le *-o* final du premier terme : *timbre-poste, sino-japonais); b)* la synapsie s'opère par des éléments de jonction particuliers (en français, *de* et *à*); *c)* l'ordre suivi est en français du déterminant vers le déterminé; *d)* les éléments gardent leur forme lexicale pleine (opposer *pied de table*, unité synaptique, et *pédicure, podomètre,* dérivés); *e)* le déterminant ne reçoit pas l'article (opposer *chemise de nuit* et *il met une chemise pour la nuit*); *f)* les deux membres gardent leur

possibilité d'expansion *(bête à cornes, grande bête à cornes, bête à grandes cornes)*; *g)* le signifié a un caractère unique : on remarque la monosémie de *fil de fer* par opposition à la polysémie de *fil* (de couturière, de métal, du rasoir, = téléphone, = lien logique de la conversation, etc.) et de *fer* (à repasser, à souder, = minerai, = métal, = entraves, etc.).
(Sur l'importance que revêt la considération des unités synaptiques pour la lexicologie moderne, v. LEXICOLOGIE.)

syncatégorématique
On appelle *syncatégorématique* tout terme qui détermine l'extension du sujet (comme le quantificateur *tous*) ou modifie le prédicat (comme la négation ou les modaux).

synchronie
On appelle *synchronie* un état de langue considéré dans son fonctionnement à un moment donné de temps. (V. SYNCHRONIQUE.)

synchronique

1. On qualifie de *synchroniques* les études qui envisagent la langue, à un moment donné, comme un système étale (étude, recherche, linguistique synchroniques), les faits qui sont étudiés comme éléments d'un système fonctionnant à un moment donné et considérés comme étales (faits, données synchroniques).

2. L'*étude synchronique* de la langue porte sur un état déterminé (à un moment donné du temps). Cet état peut être parfois très reculé : on peut faire une description, une étude synchronique du latin ou du grec ancien, pourvu que ces études se situent à un moment du passé et ne prennent pas en considération l'évolution de la langue. Il reste toutefois que les hypothèses qu'on pourra alors formuler seront invérifiables dans la mesure où on ne pourra pas les soumettre au jugement des locuteurs* natifs.

C'est à F. DE SAUSSURE que revient le mérite d'avoir insisté sur l'importance de l'étude synchronique, de la description, en linguistique. La synchronie sera pour lui soit la perspective selon laquelle une langue est considérée à un moment donné comme constituant un système, soit l'ensemble des faits de langue étudiés ainsi ou situés à un moment déterminé du temps et conçus comme formant un système, ou d'une manière plus générale la discipline qui s'occupe de la description linguistique. F. DE SAUSSURE a illustré l'opposition diachronie/synchronie en utilisant l'image du jeu d'échecs. Pendant une partie d'échecs, la disposition des pièces se modifie à chaque coup, mais à chaque coup la disposition peut être entièrement décrite d'après la place où se trouve chacune des pièces. Pour la conduite du jeu, à un moment donné, il importe peu de savoir quels ont été les coups joués précédemment, dans quel ordre ils se sont succédé : l'état particulier de la partie, la disposition des pièces peuvent être décrits synchroniquement, c'est-à-dire sans aucune référence aux coups précédents. Si l'on suit F. DE SAUSSURE, il en va de même pour les langues; celles-ci changent constamment, mais on peut rendre compte de l'état où elles se trouvent à un moment donné.

On peut prendre l'exemple des cas, du latin au français. En latin, les différentes terminaisons indiquent les relations que les mots entretiennent dans une phrase. Une étude synchronique de ce système pourra donc se faire en tenant compte des éléments tels qu'ils se présentaient, par exemple, au Ier siècle av. J.-C. L'état* de langue pourra être délimité en prenant des textes correspondant, par exemple, à une trentaine d'années. On supposera qu'il n'y a pas entre 60 av. J.-C. et 30 av. J.-C. de variations dignes d'intérêt. Ce n'est donc pas la nature

Le concept de *synonymie complète* est lié à la distinction qu'on fait entre le sens cognitif et le sens affectif. La pratique de la langue met en jeu d'un côté l'entendement, de l'autre l'imagination et les émotions : les mots de la langue quotidienne, à la différence du vocabulaire scientifique et technique, sont chargés d'associations affectives (connotations*) en dehors de leur sens purement dénotatif (v. DÉNOTATION). C'est ainsi que le mot *bifteck* n'a pas la même valeur* (les mêmes connotations) quand on commande *trois biftecks* au boucher et quand on exige de pouvoir *gagner son bifteck*. Dans ce dernier emploi *bifteck* peut se voir substituer *pain, vie,* mais chacun de ces mots, équivalents ici du point de vue de la dénotation, a sa valeur affective propre. On dira qu'il y a synonymie complète quand le sens affectif et le sens cognitif des deux termes sont équivalents.

D'une manière générale, et pour des raisons pédagogiques, on s'intéresse à une *synonymie incomplète,* limitée à la dénotation. On considère comme synonymes des mots de même sens cognitif et de valeurs affectives différentes.

La *synonymie* peut aussi être définie par l'équivalence des phrases. Si on a deux phrases P_1 et P_2 différant seulement par le fait que P_1 a une unité x et P_2 a une unité y là où P_1 a une unité x, et si $P_1 \supset P_2$ et $P_2 \supset P_1$ (double implication), on pourra dire que x et y sont synonymes.

L'analyse componentielle* permet de caractériser les synonymes dans la mesure où les unités contiennent les mêmes traits définitoires. Ainsi, *chat* désignant un mâle et *matou* pourront être dits synonymes en raison du fait que *chat* peut avoir les mêmes traits (animal, félin, mâle, adulte) que *matou*.

La synonymie dépend du contexte beaucoup plus que les autres rapports de sens (hyponymie*, antonymie*). Elle n'est pourtant pas indispensable à la langue. On pourrait très bien exprimer tout ce qu'on a à dire sans synonymes. La langue y perdrait notamment une certaine possibilité de variation stylistique. Mais l'importance du contexte est telle qu'elle neutralise les oppositions entre deux termes. Dans un énoncé comme *leur chien vient de mettre bas,* la cooccurrence, dans l'énoncé, de *vient de mettre bas* conduit à conférer à *chien,* antonyme de *chienne* pour ce qui est du sexe, le caractère [femelle] qui est spécifique de *chienne*. L'opposition mâle *vs* femelle étant impossible ici, *chien,* générique, prend nécessairement le trait [+femelle]. Ainsi le contexte permet de donner à des unités un sens assez restreint comme à *chien,* plus haut, ou comme à *prendre* dans *Il s'asseoit à la terrasse de café pour prendre un verre de bière.*

La synonymie peut être considérée comme une hyponymie* symétrique. En principe, un superordonné* n'implique pas ses hyponymes, mais le contexte situationnel ou syntagmatique peut conférer au superordonné le signifié de l'un de ses hyponymes. Ainsi, si x est hyponyme de y et y de x (si la relation est réciproque ou symétrique), on dira que x et y sont synonymes.

syntagmatique
1. On appelle *rapport syntagmatique* tout rapport existant entre deux ou plusieurs unités apparaissant effectivement dans la chaîne parlée. Une fois reconnue l'existence de relations privilégiées entre certaines unités (mots, groupes de mots, unités complexes de toute dimension), il reste à se demander si

ces liaisons, constatées dans l'énoncé, appartiennent à la langue ou à la parole. F. DE SAUSSURE hésite en constatant que « (la phrase), type par excellence du syntagme » appartient à la parole, alors que de nombreuses combinaisons syntagmatiques appartiennent nettement à la langue (*à quoi bon!, allons donc!, prendre la mouche, avoir mal à*, etc.). De même, l'activité créatrice qui fait naître *indécorable* sur le modèle de *impardonnable,* etc., est à attribuer à la langue.

L'existence de rapports syntagmatiques à un niveau inférieur à celui du signe est parfois évoquée par F. DE SAUSSURE : « Dans le groupe imaginaire *anma,* le son *m* est en opposition syntagmatique avec ceux qui l'entourent et en opposition associative avec tous ceux que l'esprit peut suggérer. » Cette considération est à l'origine du développement de la phonologie.

Signalons que l'hésitation notée devant l'attribution du syntagme* à la langue ou à la parole est résolue par la substitution à ces concepts de ceux de compétence et de performance. La difficulté offerte par le passage de l'acte individuel (fait de parole) à l'acte prédéterminé (fait de langue) est résolue par l'opposition entre créativité* gouvernée par les règles (du domaine de la compétence) et créativité hors des règles (du domaine de la performance). A ce titre, les régularités syntagmatiques sont toutes du domaine de la compétence.

2. En grammaire générative, on appelle *règles syntagmatiques* les règles de la base qui décrivent certaines catégories dans les termes de leurs constituants. Ainsi, le syntagme nominal est décrit comme constitué d'un déterminant suivi d'un nom; la règle syntagmatique est la suivante :

$$SN \rightarrow D + N$$

Les règles syntagmatiques sont de la forme $XAY \rightarrow XZY$, A étant un symbole unique, Z un symbole unique ou une suite de symboles, X et Y étant des suites de symboles et pouvant être nuls. La règle signifie que A se réécrit Z dans le contexte $X - Y$. On distingue deux types de règles syntagmatiques selon que X et Y sont ou ne sont pas nuls. Si X et Y sont nuls, comme dans la règle $P \rightarrow SN + SV$ (le noyau se réécrit par un syntagme nominal suivi d'un syntagme verbal), on a des règles *indépendantes du contexte* (le contexte étant ici X et Y). Si X et Y ne sont pas nuls, on a en ce cas des règles *dépendantes du contexte,* comme dans la règle :

$$V \rightarrow V_{tr} / - SN$$

qui se lit V (verbe), se réécrit verbe transitif (V_{tr}) dans le contexte d'un syntagme nominal (*Pierre mange sa soupe;* Y étant alors SN). Les grammaires syntagmatiques qui sont l'ensemble des règles syntagmatiques de la base catégorielle des grammaires génératives peuvent contenir ou non des règles dépendantes du contexte; on aura donc des grammaires dépendantes du contexte ou des grammaires indépendantes du contexte.

On donne le nom de *grammaire syntagmatique* à la grammaire de constituants* dont N. CHOMSKY a fait la base* de la composante syntaxique et dont les règles sont appelées *règles syntagmatiques.*

syntagme

1. F. DE SAUSSURE appelle *syntagme* toute combinaison dans la chaîne parlée. Cette définition a été maintenue par certains linguistes; ainsi, pour A. MARTINET, « on désigne sous le nom de *syntagme* toute combinaison de monèmes* ».

Les exemples de syntagmes fournis par SAUSSURE sont *re-lire; contre tous; la vie humaine; Dieu est bon; s'il fait beau temps, nous sortirons*. On remarquera qu'ils vont d'un plan infralexical *(re-lire,* aboutissant à l'unité lexicale *relire)* jusqu'au plan de la phrase (les deux derniers exemples).

Toutefois, la description des mécanismes de la langue par la seule étude des syntagmes est incomplète. Il faut distinguer deux axes, l'axe des rapports syntagmatiques et l'axe des rapports associatifs ou paradigmatiques. Le rapport paradigmatique est celui qui associe une unité de la langue réalisée dans un énoncé avec d'autres (non présentes dans l'énoncé considéré) [v. PARADIGME]. Le rapport syntagmatique, lui, est contracté entre certaines des unités présentes dans l'énoncé.

Prenons la phrase *Le petit chat est mort.*

(1) Il y a, en *chaque point de l'énoncé,* des possibilités de substitution :

$$\left\{\begin{array}{l}le\\ce\\mon\\un\end{array}\right\} petit\ chat\ est\ mort.$$
etc.

$$le \left\{\begin{array}{l}petit\\gros\\vilain\end{array}\right\} chat\ est\ mort.$$
etc.

Les rapports entretenus par les unités *le/ce/mon/un* (et respectivement les unités *petit/gros/vilain*) sont des rapports paradigmatiques.

(2) Il y a, entre divers éléments de l'énoncé, des rapports plus étroits à constater :

a) Il semble moins naturel de découper en *le / petit chat est mort* qu'en *le petit chat / est mort;*

b) De même, il semble moins naturel de découper en *le petit / chat* qu'en *le / petit chat.*

2. En linguistique structurale, on appelle *syntagme* un groupe d'éléments linguistiques formant une unité dans une organisation hiérarchisée. Le terme de *syntagme* est suivi d'un qualificatif qui définit sa catégorie grammaticale (syntagme nominal, syntagme verbal, syntagme adjectival, etc. [abréviations : SN, SV, SA]; v. ces mots). Le syntagme est toujours constitué d'une suite d'éléments et il est lui-même un constituant d'une unité de rang supérieur; c'est une unité linguistique de rang intermédiaire. Ainsi, le syntagme nominal est le constituant du noyau de la phrase en grammaire générative, ce noyau étant formé de la suite : syntagme nominal (SN) + syntagme verbal (SV) *(Pierre + est venu à la maison);* il est le constituant du syntagme verbal dans la règle SV → V + SN *(lance* [verbe] *+ la balle* [SN]); il est constitué des éléments déterminant (D) suivi du nom (N) dans la règle SN → D + N.

Dans l'analyse en constituants* d'une phrase réalisée, comme *L'enfant du voisin avait lancé le ballon dans le carreau de la cuisine,* on définit *l'enfant du voisin* comme le syntagme nominal (sujet) et *avait lancé le ballon dans le carreau de la cuisine* comme le syntagme verbal (prédicat); le syntagme nominal sujet est formé d'un syntagme nominal *(l'enfant)* suivi d'un syntagme prépositionnel *(du voisin)*, et le syntagme verbal est formé d'un verbe et de son auxiliaire *(avait lancé)* suivi d'un syntagme nominal *(le ballon)* et d'un syntagme prépositionnel *(dans le carreau de la cuisine)*, lui-même constitué d'une préposition *(dans)*, d'un syntagme nominal *(le carreau)* et d'un nouveau syntagme prépositionnel *(de la cuisine)*, et ainsi de suite.

Les éléments linguistiques constitutifs d'un syntagme peuvent être des morphèmes lexicaux ou grammaticaux; *le + garçon, le + age, amour + eux; viv + ant*, etc., sont des exemples de syntagmes dont les éléments constituants sont des morphèmes autonomes ou des affixes.

syntaxe

1. On appelle *syntaxe* la partie de la grammaire décrivant les règles par lesquelles on combine en phrases les unités significatives; la *syntaxe*, qui traite des fonctions, se distingue traditionnellement de la morphologie*, étude des formes ou des parties du discours, de leurs flexions et de la formation des mots ou dérivation. La syntaxe a été parfois confondue avec la grammaire elle-même.

2. En grammaire générative, la *syntaxe* comporte plusieurs composantes : la base (composante catégorielle et lexique) et la composante transformationnelle. (V. GÉNÉRATIVE (GRAMMAIRE), TRANSFORMATION.)

synthème

Dans la terminologie de A. MARTINET, le *synthème* est un segment d'énoncé formé de plusieurs monèmes lexicaux qui fonctionne comme une unité syntaxique minimale; les synthèmes sont, par exemple, les mots dérivés *(désirable, refaire,* etc.), qui sont, pour A. MARTINET, le résultat d'un choix unique parmi les ressources de la langue. *Synthème* s'oppose à *syntagme**.

synthèse

La *synthèse de la parole* est une méthode d'étude de la phonation qui consiste à reconstruire du langage parlé à partir d'une analyse des sons. De plus en plus, la synthèse s'avère être une étape indispensable de l'étude des sons et une étape complémentaire de l'analyse, dont elle permet de contrôler les résultats. En effet, l'analyse ne permet pas de savoir ce qui, dans les différentes composantes du son, est pertinent linguistiquement, ni de connaître les fonctions spécifiques qui reviennent à chacun des éléments identifiés. D'autre part, on n'est jamais sûr, dans l'analyse, d'avoir prélevé la totalité des aspects du phénomène vocal, et de ne pas être passé à côté d'un phénomène qui pouvait être essentiel. La synthèse du langage pourrait permettre de transformer automatiquement un texte écrit en langage parlé et fait ainsi concevoir l'espoir de le faire « lire » aux aveugles sans l'aide de personne.

Le courant de synthèse de la parole est l'un des courants les plus anciens de la phonétique; inauguré au XVIIIe siècle par le baron VON KEMPELEN et sa « machine à parler », il a recommencé à se faire jour dès 1939 par la découverte de différents appareils : le Vocoder à filtres de DUDLEY (1939), qui réalise sa synthèse à partir de l'analyse du discours d'un orateur prononcé devant un microphone et fonctionne instantanément, au débit de la parole; le dispositif dit « play back » de HASKINS, qui reconstruit la voix à partir d'un sonogramme et dont le modèle le plus perfectionné a été construit à Moscou à des fins musicales; le synthétiseur à formants, mis au point en 1954 par G. FANT, dont les modèles les plus perfectionnés se trouvent à Edimbourg (PAT) et à Stockholm (OVE 3); l'ordinateur à convertisseur digital analogique.

synthétique

1. On qualifie de *synthétiques* les langues flexionnelles* comme le latin et les langues agglutinantes* comme le vietnamien. *Synthétique* s'oppose ici à *analytique*. Est synthétique une langue qui tend à réunir en un seul mot plusieurs morphèmes. Le français est une langue analytique parce qu'il exprime les fonctions par des mots autonomes appelées *prépositions* et que dans une phrase chacune des unités reste relativement indépendante des autres. (V. ANALYTIQUE.)

2. *Procédure synthétique*, v. ANALYTIQUE.

synthétiseur

Un *synthétiseur* est un appareil de phonétique expérimentale qui permet d'effectuer une synthèse* du langage.

système

1. En linguistique, la langue est considérée comme un *système* en ce sens qu'à un niveau donné (phonème, morphème, syntagme) ou dans une classe donnée, il existe entre les termes un ensemble de relations qui les lient les uns par rapport aux autres, si bien que, si l'un des termes est modifié, l'*équilibre du système* est affecté.

2. On donne aussi le nom de *système* à tout ensemble de termes étroitement coreliés entre eux à l'intérieur du système général de la langue (v. CORRÉLATION). On parle ainsi du *système du nombre* en français (singulier *vs* pluriel), du *système phonologique*, du *système vocalique*, etc. De même, on dira que l'ensemble des règles syntagmatiques en grammaire générative est un *système de réécriture*. (V. STRUCTURE.)

Le terme de *système* recouvre finalement tout ensemble de règles reliées entre elles ou tout groupe de termes associés entre eux.

3. En glossématique, la notion de *système* est liée à celle de processus*. Le système est caractérisé par une relation OU (AUT). Ainsi, si nous prenons l'unité *père*, nous pouvons la transformer en *mère* en remplaçant *p* par *m*, et nous pouvons transformer les deux unités en d'autres si nous remplaçons *è* par *u*. Cette opération de remplacement est une commutation*, et *m* et *p*, *è* et *u* forment des paradigmes*.

tabou

Il existe des contraintes sociales qui, dans certaines circonstances, empêchent ou tendent à empêcher l'utilisation de certains mots : ces *tabous linguistiques* sont caractérisés par le fait que le mot existe bien mais qu'on ne peut pas l'employer : il est interdit de « nommer » la chose. Ainsi, chez certains peuples, les femmes ne doivent pas employer le mot signifiant « mari ». Le non-respect du tabou linguistique conduit les locuteurs à considérer certaines phrases comme inacceptables (v. ACCEPTABILITÉ) : ainsi, dans l'exemple donné plus haut, la phrase *La femme dit : mon mari va arriver bientôt* n'est pas acceptable, alors que la phrase au style indirect *La femme dit que son mari va arriver bientôt* est acceptable. Il est important, dans ce cas-là, de déterminer la cause du rejet : ici ce n'est pas son caractère agrammatical (la phrase est grammaticale), ni non-véridique (il est probable toutefois que, puisqu'il y a un tabou, la femme le respecte et de ce fait ne puisse prononcer le membre de phrase qu'on lui prête), ni asémantique. La reconnaissance des tabous linguistiques est d'une grande importance pour l'enquêteur qui tente d'établir un corpus de la langue. Dans les cultures des communautés des pays développés, il existe aussi des mots tabous (tabous sexuels, tabous religieux, tabous politiques) : la transgression des tabous a pour conséquence le rejet du locuteur du groupe social ou, du moins, la dépréciation qui s'attache alors à son comportement.

tactique

L. BLOOMFIELD appelle *tactique* la disposition grammaticale conventionnelle susceptible d'être porteuse de sens (d'avoir un épisémème); ainsi, l'ordre SN + V a le sens en français actant-action; c'est une forme tactique. (V. TAGMÈME.)

tagmème

L. BLOOMFIELD considère qu'une forme grammaticale est constituée d'une disposition grammaticale (forme tactique) et de son sens (épisémème); ainsi, l'ordre des syntagmes dans *Jean lit un livre* est une disposition grammaticale (SN + V + SN) et cet ordre est en français porteur d'un certain sens (sujet de V − objet de V). Les *tagmèmes* sont les plus petites unités signifiantes d'une forme grammaticale; leur sens est un épisémème. Dans la phrase *Viens!* la modulation (intonation) injonctive est un tagmème, qui peut se présenter avec n'importe quelle forme grammaticale qui a un sens impératif. En revanche, dans *Jean, viens!* on trouve plusieurs taxèmes; c'est une forme grammaticale complexe où il y a trois tagmèmes : la modulation impérative, l'appellatif visant le destinataire qui doit faire l'action, et l'utilisation du schéma de phrase actant-action.

tagmémique

La *théorie tagmémique* du linguiste structuraliste américain K. L. PIKE oppose deux analyses des comportements verbaux. Ces derniers peuvent être décrits en termes de distribution, c'est-à-dire selon des critères spatio-temporels; ce point de vue, dit « étique », est celui du distributionnalisme qui fait de la langue un objet. Mais les comportements verbaux peuvent être décrits aussi en termes de fonction par rapport au monde culturel dans lequel ils se situent : les discours sont des béhaviourèmes, des unités de comportement; cette analyse, dite « émique », définit les unités par la fonction que les sujets parlants leur attribuent.

taxème

L. BLOOMFIELD appelle *taxème* un trait simple de disposition grammaticale, cette dernière prenant quatre formes : l'ordre des constituants, la modulation (ou intonation), la modification des phonèmes selon l'environnement, la sélection de formes qui ont la même disposition grammaticale, mais des sens différents. Par exemple, la phrase impérative *Viens!* contient deux taxèmes ou traits grammaticaux; la modulation injonctive indiquée par le point d'exclamation et le trait sélectif qui consiste en l'utilisation d'un verbe à la deuxième personne de l'impératif.

taxinomie

On appelle *taxinomie* une classification d'éléments, de suites d'éléments et de classes de suites pour former des listes qui rendront compte, par leurs règles de combinaison, des phrases d'une langue. Le modèle structural (modèle distributionnel et modèle de constituants* immédiats) est un modèle taxinomique*.

taxinomique

On qualifie de *taxinomiques* toutes les procédures d'analyse qui, appliquées à un texte donné, ont pour seule fin de le réorganiser selon les données de la recherche, en ne tirant de lui que ce qu'il contient (v. IMMANENT). Quand on essaie de définir les unités linguistiques par les segments qui précèdent ou qui suivent et qu'on aboutit ainsi à définir des classes de phonèmes, de morphèmes, etc., la taxinomie est syntagmatique. C'est le genre de taxinomie que préfèrent les structuralistes américains. Il existe aussi une taxinomie paradigmatique qu'ont utilisée (conjointement avec la précédente) les Écoles de Genève, de Copenhague ou de Prague. En général, on se sert de l'opération de substitution (commutation), qui consiste à mettre dans la même classe d'équivalence les termes qui peuvent commuter en entraînant une variation concomitante de sens en un point de la chaîne parlée : ainsi la classe des noms de personne. Il faut considérer la taxinomie paradigmatique comme une taxinomie syntagmatique abrégeant les étapes d'une analyse purement distributionnelle.

télescopage

On appelle *télescopages* les formes issues (1) de la réunion en un seul mot de deux mots contigus dans la chaîne parlée, (2) de la contamination d'un terme par un autre appartenant à la même classe paradigmatique. Ainsi, on a *« avec le copain, c'est pas parin » (pareil + copain);* cette erreur est fréquente dans les cas d'aphasie* sensorielle.

temps

1. On appelle *temps* une catégorie grammaticale généralement associée au verbe et qui traduit diverses catégorisations du temps « réel » ou « naturel ». La catégorisation la plus fréquente est celle qui oppose le *présent,* moment de l'énoncé produit (ou « maintenant ») au *non-présent,* ce dernier pouvant être le *passé,* avant le moment de l'énoncé (« avant maintenant »), et le *futur,* après le moment de l'énoncé (« après maintenant ») : ce sont les *temps absolus.* Mais le présent est aussi le non-passé et le non-futur, ce qui le rend propre à traduire les vérités intemporelles *(La terre tourne autour du soleil).* Passé et futur peuvent être considérés comme des instants révolus relativement au présent de l'énoncé ou dans leur écoulement relativement à ce même présent : cette opposition entre la « date » et la « durée » est traduite en français par l'opposition entre le passé historique, ou passé simple *(il mourut),* et l'imparfait *(il mourait).* Lorsque le futur et le passé sont considérés comme des moments dans le temps réel, il se constitue des oppositions secondaires (ou *temps relatifs)* entre le futur et l'avant-futur (futur antérieur : *Quand il aura fini, il viendra*), entre le passé et l'avant-passé (passé antérieur : *Quand il eut fini, il vint;* plus-que-parfait : *Quand il avait fini,* *il venait*). D'autres catégorisations sont possibles, ainsi entre le moment proche et le moment éloigné : en français, les formes *il mourut* et *il est mort* recoupent cette opposition, mais elles traduisent aussi une opposition d'aspect*.

Le temps, qui est une catégorie du syntagme verbal, recoupe fréquemment les catégories du mode* (le futur peut être ainsi une modalité [possible ou probable] : *il partira* = il doit ou il peut partir), de la modalisation* (par le conditionnel le sujet parlant n'assume pas son énoncé; mais le conditionnel est aussi un futur dans le passé), de l'aspect (le passé composé *il est venu*, qui traduit l'accompli, exprime aussi parfois le proche dans le passé). La catégorie du temps dépendra du statut* de communication, c'est-à-dire de l'opposition entre l'énonciation et le récit.

La catégorie du temps, souvent exprimée par des affixes du verbe, est fréquemment traduite par des adverbes de temps *(hier, maintenant, demain)*.

2. En grammaire générative, le *Temps* (abréviation T_{ps}) est le constituant obligatoire de l'auxiliaire, dont la règle de réécriture en français peut être la suivante :
$$\text{Aux} \rightarrow T_{ps} \ (\text{Parf}) \ (\text{M}) \ (\text{Parf}).$$
Autrement dit, l'auxiliaire se réécrit par le temps et facultativement par des constituants parfaits Parf (*avoir* ou *être* + participe passé) et modaux M (*devoir, pouvoir, aller,* etc., et l'infinitif).

Le temps est réécrit de la manière suivante :

$$T_{ps} \rightarrow (\left\{ \begin{array}{c} \text{Futur} \\ \text{Subjonctif} \end{array} \right\}) \left\{ \begin{array}{c} \text{Présent} \\ \text{Passé} \end{array} \right\}$$

ce qui signifie que la combinaison du futur et du présent donne le futur du français et celle du futur avec le passé donne le conditionnel. Le subjonctif est, dans cette analyse, considéré comme un temps en combinaison avec le présent et le passé et de même niveau que le futur.

Le passé est lui-même réécrit de la manière suivante :

$$\text{Passé} \rightarrow \left\{ \begin{array}{c} \text{Imparfait} \\ \text{Passé historique} \end{array} \right\}$$

ce dernier étant le passé simple.

tendance

Dans la variation linguistique, on constate parfois que, pour des raisons peut-être difficiles à éclaircir, les changements ont comme une orientation commune, sont comme régis par une loi générale qu'on ne peut toutefois formuler avec précision : on parle alors de *tendance linguistique;* on explique ainsi la disparition progressive du « passé simple », qu'on constate non seulement en français, mais aussi, pour les formes correspondantes, dans des parlers non romans de l'Europe occidentale.

tendu

Un *phonème tendu* est un phonème caractérisé (par opposition à son contraire *lâche*) par une plus grande déformation de l'appareil vocal par rapport à sa position de repos. Cette différence est due à une plus grande tension musculaire de la langue, des parois mobiles du chenal vocal, de la glotte, sans qu'on en connaisse exactement les effets acoustiques.

Le sommet de la déviation des formants par rapport à la position neutre est plus grand pour les voyelles et les consonnes tendues que pour leurs partenaires lâches. Au contraire du phonème lâche correspondant, le phonème tendu déploie un intervalle de son plus long et une intensité plus forte. Aussi son spectre acoustique est-il caractérisé par des zones de résonance plus nettement définies et par un accroissement de la quantité totale d'énergie et de celui de son expansion dans le temps. Au plan de la perception, les phonèmes tendus possèdent une plus grande audibilité que les phonèmes lâches.

Dans beaucoup de langues (en français, en angláis), l'opposition entre consonnes tendues (fortes) et consonnes lâches (faibles) double l'opposition non-voisée *vs* voisée, mais c'est la première qui est distinctive et plus constante que la seconde. En français, la consonne lâche voisée [ʒ] de *tu la jettes* devient non-voisée devant la non-voisée [t] de *vous la jetez* [vulaʃte], mais est encore différente de la non-voisée tendue de *vous l'achetez* [vulaʃte]. Dans les langues slaves, l'inverse se produit : c'est l'opposition non-voisé *vs* voisé qui est distinctive, l'opposition tendu *vs* lâche étant redondante et facultative à certains degrés.

Un exemple d'opposition tendu *vs* lâche pour les liquides est offert par le [r] de l'espagnol, avec la vibrante roulée (tendue) de *perro* « chien » et la vibrante battue (lâche) de *pero* « mais ».

Parmi les voyelles, l'opposition tendu *vs* lâche double souvent l'opposition de longueur, comme en anglais où les brèves sont lâches : la voyelle lâche de *sit* « être assis » s'opposant à la voyelle tendue de *seat* « siège ». Les voyelles tendues sont plus éloignées que les voyelles lâches du centre du triangle vocalique.

I. tension

La *tension* est un renforcement de l'effort musculaire fourni par les organes phonateurs de la bouche, accompagné d'une plus forte pression de l'air pulmonaire. La différence de tension entre deux articulations, par ailleurs identiques, permet d'opposer dans de nombreuses langues des phonèmes tendus (consonantiques ou vocaliques) à des phonèmes lâches.

II. tension

1. Dans la linguistique de G. GUILLAUME, la *tension* est le mouvement qui préside à l'organisation du système de la langue et qui correspond à un partage du langage en deux plans, le plus « précoce », celui de la « puissance » (ou langue), et le plus « tardif », celui de l'« effet » (ou discours). Entre la langue (langage puissanciel) et le discours (langage effectif) se place l'« effection », qui est le moment du passage de l'un à l'autre se manifestant par le mot.

2. Le concept de *tension* évalue le discours dans son rapport à autrui et au monde. Le système des embrayeurs (R. JAKOBSON) permet une appréhension de la tension par un système de marques : le verbe, opérateur de la phrase, mettant en rapport les syntagmes nominaux, devra être étudié dans son temps et son aspect; les articles, les déterminants, les pronoms permettront d'affiner cette étude par la relation avec l'énoncé antérieur, le monde et le sujet d'énonciation; enfin, les verbes *être* et *avoir* caractérisent l'absence de tension, pendant que les factitifs et les désidératifs (*faire, pouvoir, vouloir,* etc.) marquent un énoncé plus ou moins tendu.

Comme tout concept tendant à rendre compte de l'énonciation, le concept de tension entre en conflit théorique avec l'usage qui en est fait : alors que la tension entre le moi et le monde est par essence du domaine du continu, le repérage analytique de la tension par des marqueurs discrets privilégiés contredit le concept; l'analyse du discours devra sans doute affiner sa recherche des marques de la tension, mais la solution théorique serait dans la prise en charge par l'analyste de l'aspect continu des processus d'énonciation.

tenue

La *tenue* d'un phonème est la seconde phase de son articulation, pendant laquelle les organes phonateurs sont dans une position à peu près stable, propre à l'émission de ce phonème. La tenue d'une occlusive se situe entre les phases de transition que sont la catastase et la métastase.

Une voyelle tenue est une voyelle dont le spectre présente la persistance de la même image acoustique, avec cependant une moins bonne différenciation des formants aigus au début et à la fin de la voyelle qui correspond à des impulsions de démarrage et d'arrêt moins brusques, moins tranchées.

ténue

Le terme de *ténue* est un terme emprunté aux anciens grammairiens pour désigner les consonnes muettes, ne comportant aucune émission d'air, telles que [n], par opposition aux consonnes denses* (ou aspirées*) telles que [p] et aux consonnes moyennes, telles que [β].

terme

1. En syntaxe, un *terme* est un mot qui assume, dans une phrase, une fonction déterminée. Ainsi, dans un dictionnaire, l'adresse n'est pas un terme au sens strict.

2. *Terme* s'emploie parfois comme synonyme de *mot, item, élément,* lorsqu'il s'agit de décrire une structure, car *terme* implique une forme définie par les relations de l'item avec les autres items de la structure.

terminal

En grammaire générative, un *élément* est dit *terminal* quand, dans les règles de réécriture de la base, il ne figure jamais à gauche de la flèche : cela veut dire que l'élément terminal ne peut pas être réécrit par d'autres symboles catégoriels. Ainsi, Aux (auxiliaire) peut se réécrire par T_{ps} (temps), qui peut lui-même se réécrire par Prés (présent) ou Pass (passé); Aux est un élément non-terminal et Prés un élément terminal, car il ne peut être réécrit par aucun autre symbole catégoriel.

On dit d'une *suite* qu'elle est *terminale* quand, après avoir appliqué toutes les règles de la base, elle est uniquement composée d'éléments terminaux. Cette suite terminale de la base doit être distinguée de la suite terminale transformée, qui est le produit final de la composante transformationnelle (obtenue après l'application de toutes les transformations).

terminologie

Toute discipline, et à plus forte raison toute science, a besoin d'un ensemble de termes, définis rigoureusement, par lesquels elle désigne les notions qui lui sont utiles : cet ensemble de termes constitue sa *terminologie*. Dans le cas de la linguistique, la terminologie officielle (et traditionnelle) repose en partie sur celle des grammairiens latins, empruntée par eux aux Grecs, adoptée (et adaptée, mais assez peu) aux XVIIIe et XIXe siècles.

Chaque école linguistique se constitue une terminologie particulière, plus ou moins complète et spécifique; il n'y a pas de science sans terminologie.

tête

Dans l'analyse en constituants immédiats, la *tête* d'un constituant ou syntagme est celui des constituants d'un syntagme ou de la construction dont la distribution (ou la fonction) est identique à celle du syntagme ou de la construction envisagée. Ainsi, dans la phrase *L'ami qui m'accompagnait hier s'est fait renverser par une voiture,* la tête de la construction *L'ami qui m'accompagnait hier* est le syntagme nominal *l'ami,* qui a la même distribution dans cette structure. La construction *qui m'accompagnait hier* est le modificateur* de cette tête.

texte

1. On appelle *texte* l'ensemble des énoncés linguistiques soumis à l'analyse : le texte est donc un échantillon de comportement linguistique qui peut être écrit ou parlé. (Syn. : CORPUS.)

2. L. HJELMSLEV prend le mot *texte* au sens le plus large et désigne par là un énoncé quel qu'il soit, parlé ou écrit, long ou bref, ancien ou nouveau. « Stop » est un texte aussi bien que le *Roman de la Rose*. Tout matériel linguistique étudié forme également un texte, qu'il relève d'une ou de plusieurs langues. Il constitue une classe analysable en genres, eux-mêmes divisibles en classes, et ainsi de suite jusqu'à épuisement des possibilités de division.

thématique

On appelle *voyelle thématique* une voyelle qui s'ajoute à la racine d'un morphème pour former le thème*. Cette voyelle est souvent l'alternance *e/o;* ainsi dans la forme du verbe grec *luomai,* la racine est *lu,* la voyelle thématique *o,* la désinence *mai;* le thème est *luo-*.

On appelle *verbe thématique* un verbe dont la racine est suivie d'une voyelle thématique précédant les désinences verbales (comme ci-dessus le verbe grec *luomai*).

thème

1. Dans une phrase assertive, on appelle *thème* le constituant immédiat (syntagme nominal) au sujet duquel on va dire quelque chose (prédicat*) : le thème peut être ou non sujet de la phrase (ex. : *le livre* dans *Le livre est sur la table*. *Pierre* dans *C'est Pierre que j'ai vu hier* sont des thèmes). [V. TOPIQUE.]

2. On appelle *thème* le radical* constitué de la racine et d'une voyelle dite « thématique » *(e/o)* à laquelle s'ajoutent directement les désinences casuelles pour les noms et les adjectifs et les désinences verbales pour les verbes. Dans le latin *dominus* (issu de *dominos*), la racine est *domin-*, la voyelle thématique *o* et la désinence *s;* dans le grec *luete,* la racine est *lu*, la voyelle thématique *e* et la désinence *te*.

théorie linguistique

Dans l'optique de la grammaire générative, la *théorie linguistique* générale a pour objectif de fournir aux grammaires particulières des langues les moyens de remplir leurs tâches. Toute grammaire repose sur l'hypothèse – formulée ou implicite – d'une théorie générale. L'hypothèse théorique générale de la grammaire générative transformationnelle est qu'il y a des traits communs à toutes les langues humaines (universaux* du langage). Par leur existence, ces universaux constituent autant de contraintes apportées à la forme des grammaires; autrement dit, nulle grammaire ne peut, sous peine d'être invalidée, négliger les réalités linguistiques constituées par ces universaux. Par exemple, si la notion de double articulation est universelle, et figure comme telle dans la théorie linguistique générale, nulle grammaire particulière ne pourra s'édifier sans tenir compte de cet universel; toute grammaire devra donc, au moins, rendre compte et des unités de première articulation et des unités de seconde articulation de la langue décrite.

La théorie linguistique devra comporter :

(1) une phonologie générale; cette composante de la théorie est assez avancée, les traits phonologiques universels de R. JAKOBSON ayant été repris et adaptés par la phonologie générative;

(2) une théorie sémantique générale, d'où l'on dérivera la composante sémantique propre aux grammaires des diverses langues;

(3) une méthode unifiée de description structurale, dont les grammaires particulières feront l'application aux diverses langues;

(4) un corps d'hypothèses sur la liaison entre phonologie, composante sémantique, et description structurale;

(5) enfin, les critères généraux permettant de choisir entre les diverses descriptions possibles des langues particulières, donc entre les grammaires restant possibles compte tenu des précédents impératifs.

La théorie générale doit donc fournir les procédures d'appréciation des grammaires particulières des langues. Pour N. CHOMSKY, l'erreur des linguistes structuralistes a été de croire à la possibilité, pour la théorie linguistique, de fournir une procédure de découverte des grammaires. Cela ne saurait être vrai que si l'on propose à la grammaire des objectifs très modestes; par exemple, si l'on conçoit la description grammaticale d'une langue comme un simple travail de segmentation et de classification à partir d'un corpus (attitude de Z. HARRIS). Si, en revanche, la grammaire est conçue comme la construction d'un modèle de compétence, la théorie linguistique se proposera non plus de fournir une procédure de découverte des grammaires des langues, mais une procédure d'évaluation des différentes grammaires possibles. Autrement dit, il ne s'agit plus de fournir la grammaire G d'une langue L, mais de dire, parmi les grammaires G_1, G_2, G_3 construites pour la langue L, quelle est la plus acceptable. A côté de la théorie générale, la méthodologie linguistique, qu'on ne confondra pas avec elle, fournit l'ensemble des procédures de découverte. La théorie linguistique prendra comme critères, pour sa procédure d'évaluation, l'économie ou simplicité. G_1 est plus économique que G_2 si elle rend compte des mêmes faits avec moins de règles ou d'éléments. Par exemple, la récurrence des composants est une garantie de supériorité dans une description : ainsi, le trait [mâle] est utilisé dans la définition de très nombreux termes de la langue; éventuellement, il y aura surcroît d'économie si une dimension peut être exprimée en terme de négation d'une autre : une description par [+mâle] *vs* [−mâle] sera plus économique qu'une description par mâle *vs* femelle.

Dans un autre domaine, une grammaire comportant une règle de réécriture regroupant divers éléments jusque-là décrits en termes de transformations possibles sera plus économique; on en prendra pour exemple la description de la phrase en Mod + P, où Mod (modalité de phrase) est à réécrire

$$\text{Mod} \rightarrow \left\{ \begin{array}{l} \text{Déclaratif} \\ \text{Inter} \\ \text{Imp} \end{array} \right\} \text{(Nég) (Emph) (Passif)}$$

Inter = Interrogatif; Imp = Impératif; Nég = Négatif; Emph = Emphatique.

thèses de Prague
V. PRAGUE (ÉCOLE DE).

tilde
Un *tilde* est un signe diacritique emprunté à l'orthographe espagnole et consistant en une barre horizontale ondulée placée au-dessus de la lettre à laquelle il correspond, et qui permet de noter certaines qualités phoniques, différentes suivant les systèmes de transcription. Ainsi la palatalisation, comme pour le [ñ] ou [ɲ] de *agneau* [aɲo] ou [año], la nasalité comme pour le [5] de *sombre* s'opposant au [ɔ] de *sobre*, parfois la longueur comme pour le [r] de l'espagnol *perro* « chien » s'opposant au [r] de *pero*, etc.

timbre
Le *timbre*, ou coloration, d'une voyelle ou d'une consonne est une qualité acoustique ou un ensemble de qualités acoustiques résultant du renforcement et de l'audibilité de certains harmoniques lors du passage de l'onde sonore à travers les différentes cavités du chenal phonatoire.

Ce terme est souvent employé aussi comme synonyme de qualité acoustique. On dira ainsi que la voix a un timbre plus ou moins aigu suivant la longueur des cordes vocales et leur degré de tension.

La voyelle [u] a un timbre vélaire par opposition à la voyelle [i] qui a un timbre palatal. Les consonnes [p, b] ont un timbre labial. Les voyelles [ɑ̃, ɔ̃, ɛ̃], etc., ont un timbre nasal, etc.

tiret V. PONCTUATION.

tmèse
On appelle *tmèse* la séparation de deux éléments d'un mot, habituellement adjacents; ainsi, le préverbe peut être séparé du verbe dans la poésie grecque.

token V. TYPE II.

ton
En acoustique, un *ton* est un son musical consistant en vibrations périodiques (tous les harmoniques sont des multiples entiers de la fréquence du fondamental). Les voyelles sont des tons, par opposition aux consonnes, qui sont des bruits, c'est-à-dire des sons non musicaux, consistant en vibrations non périodiques.

En linguistique, le terme de ton est parfois, mais de plus en plus rarement, employé comme synonyme d'*intonation*. Le plus souvent, on réserve ce terme aux variations de hauteur à l'intérieur d'un même mot, qui permettent d'opposer deux mots de sens différent, mais dont les signifiants sont par ailleurs identiques. Ces variations mélodiques, qui jouent donc le même rôle que les phonèmes dont le mot est composé, sont utilisées surtout dans les langues de l'Extrême-Orient (chinois, japonais, vietnamien) et en Afrique (hottentot), mais aussi dans quelques langues européennes comme le serbo-croate, le lituanien, le suédois et le norvégien. La langue japonaise distingue deux tons relatifs, l'un normal et l'autre plus haut : *(hana)* « nez » a un ton normal sur les deux syllabes, *('hana)* « début » a un ton plus haut sur la première syllabe, /ha'na/ « fleur » a un ton plus haut sur la seconde. Le chinois du Nord distingue quatre tons : l'un haut uni, le second haut montant, le troisième bas montant, le quatrième bas descendant, qui correspondent à quatre sens différents de la séquence *ma* : /mǎ 1/ « mère », /má 2/ « chanvre », /mā 3/ « cheval », /mà 4/ « jurer, insulter ». Il conviendrait d'ajouter à cette liste la particule interrogative *ma* atone. En chinois moderne, l'utilisation de mots dissyllabiques permet de lever l'ambiguïté des homophones d'une syllabe : *mā* (3) ou *māma*, *mà* (4) ou *zhoumà*. Dans ce type de langues à tons, il y a combinaison, semble-t-il, de la hauteur relative du registre et de la direction du mouvement musical. En suédois et en norvégien, il n'y a possibilité d'opposition entre deux tons que si le mot contient au moins deux syllabes. Le suédois oppose, par exemple, *buren* 1, « la cage » et *buren* 2 participe passé du verbe « porter »; *tanken* 1, « le tank » et *tanken* 2 « la pensée »; *komma* 1 « virgule » et *komma* 2 « venir ». Dans les mots placés sous l'accent 1, la première syllabe est plus haute. Dans les mots placés sous l'accent 2, c'est la deuxième syllabe qui est plus haute. On a longtemps cru qu'il s'agissait plutôt d'un accent de force, la syllabe accentuée étant plus intense : en fait, les expériences de synthèse du langage ont montré que c'est bien la différence de schéma tonal qui permet d'opposer ces mots de sens différents.

tonal

Le terme de *tonal* qualifie tout ce qui a rapport au ton, c'est-à-dire à la hauteur du son fondamental. L'*accent tonal*, ou accent de hauteur, appelé aussi *accent musical* ou *mélodique*, consiste en une mise en relief d'une partie du mot par une élévation du fondamental.

tonalité

Syn. de HAUTEUR.

tonème

Un *tonème* est une unité accentuelle de hauteur qui permet d'opposer deux unités significatives. Le tonème est au ton ce que le phonème est au son. Deux tons différents dont les conditions d'apparition sont déterminées par le contexte, mais qui ont la même fonction distinctive, sont les allotones* d'un même tonème.

tonique

Le terme d'*accent tonique*, réservé chez les grammairiens de l'Antiquité à l'accent de hauteur ou ton, seul connu en grec ancien et en latin classique, a fini par désigner l'accent de force ou accent dynamique. Les termes oxyton, paroxyton, etc., ont connu le même glissement de sens.

La syllabe ou la voyelle sur laquelle porte l'accent tonique sont dites *syllabe* ou *voyelle tonique;* ainsi, dans le mot espagnol *mañana* « matin », la deuxième syllabe est une syllabe tonique.

On oppose en français les *formes toniques* des pronoms personnels (*moi, toi, soi*, etc.) aux formes atones *(me, te, se, le)*.

topicalisation

La *topicalisation* est une opération linguistique consistant à faire d'un constituant de la phrase le topique, c'est-à-dire le thème, dont le reste de la phrase sera le commentaire. Dans l'assertion, la topicalisation fait du syntagme nominal sujet le topique de la phrase. Mais il peut y avoir topicalisation d'un autre constituant, comme le syntagme nominal objet ou le syntagme prépositionnel, constituant du syntagme verbal; ainsi dans les phrases dites « emphatiques » comme PIERRE, *je*

J'ai vu hier. C'est À PARIS, *que je me rends la semaine prochaine.*

topique
On appelle *topique* le sujet du discours défini comme « ce dont on dit quelque chose », ce qui est donné comme thème* par la question de l'interlocuteur ou par la situation, par opposition au commentaire*, qui est « ce qui est dit de la personne ou de la chose ». Dans les langues indo-européennes le topique est souvent identifié au sujet* de la phrase assertive, mais il peut être différent. (V. TOPICALISATION.)

topologie
On appelle parfois *topologie* l'étude des propriétés combinatoires des objets ou êtres linguistiques indépendamment de leurs sons, c'est-à-dire l'étude de leurs positions relatives.

toponymie, toponomastique
La partie de la linguistique qui s'occupe de l'origine des noms de lieux, de leurs rapports avec la langue du pays, les langues d'autres pays ou des langues disparues, est la *toponymie*. La matière est généralement divisée selon la géographie (il existe des spécialistes des noms de fleuves, des noms de montagnes, des spécialistes aussi pour telle ou telle région déterminée).

La principale constatation de la toponymie sur un plan général est le peu de rapports qui existe entre les noms de lieux d'un pays et la langue du peuple qui l'habite. On explique cela par la forte résistance des substrats dans ce domaine.

C'est ainsi que, malgré le sort qui a été réservé aux Amérindiens, la plus grande partie des noms d'États, aux États-Unis, sont d'origine indienne (Oregon, Massachusetts, Minnesota, Mississippi, Missouri, etc.).

total
Une interrogation est dite *totale* quand elle porte sur l'existence même du procès exprimé par le verbe : ainsi, en demandant *Vient-il ?*, on n'essaie pas de savoir qui, comment, pourquoi, quelqu'un vient, mais si l'action elle-même de venir a lieu. (V. PORTÉE.)

traduction (automatique)
Le remplacement de l'homme par la machine dans les activités de traduction est désigné en linguistique sous le nom de *traduction automatique*. Le développement des calculateurs électroniques a permis de fonder beaucoup d'espoirs, au cours des dernières années, dans la traduction automatique. Ces espoirs, sans disparaître, se sont estompés au fur et à mesure que les difficultés rencontrées ont permis de mieux poser les problèmes théoriques. La machine n'a pas d'intuition; on pensait à l'origine que, dépourvue de cette faculté, elle y suppléerait par la finesse des analyses que permet la grammaire structurale appuyée sur les études concernant les machines logiques : la critique faite par N. CHOMSKY du modèle syntagmatique et du modèle des grammaires de constituants immédiats fait comprendre l'impossibilité théorique du succès, dès lors que les problèmes de correspondance entre langues sont posés en ces termes.

Il reste que la linguistique contemporaine s'est approchée des conditions théoriques rendant possible la traduction automatique. Une grammaire générative est, en effet, autre chose qu'une description occasionnelle d'une langue donnée. En même temps qu'elle tend à formuler les règles (de réécriture, de transformation, d'insertion lexicale) permettant l'engendrement du plus grand nombre possible de phrases grammaticales, et d'elles seules, pour une langue donnée, toute grammaire générative d'une langue est sous-tendue par une théorie linguistique générale, qu'elle contribue par ailleurs à améliorer.

traduire
Traduire, c'est énoncer dans une autre langue (ou langue cible) ce qui a été énoncé dans une langue source, en conservant les équivalences sémantiques et stylistiques.

trait

1. En grammaire générative, on appelle *trait sémantique* l'unité sémantique minimale non susceptible de réalisation indépendante. Ainsi, le trait sémantique [+humain] est une unité sémantique minimale spécifiant des mots comme *garçon, vendeur, architecte*, etc. Chaque mot apparaît donc comme un ensemble de traits. Selon les écoles et les procédures, ce terme peut avoir pour synonymes *sème* ou *composant sémantique*.

L'analyse sémique parle de sème pour caractériser le trait sémantique [avec bras] dans la description du sémantisme de *fauteuil*, et l'analyse componentielle parle de composant sémantique pour caractériser le trait [causalité non naturelle] dans la description du sémantisme de *jwok* (« principe divin » en soudanais).

On cherche généralement à donner à la définition du trait sémantique autant de rigueur et de capacité que possible, pour rendre compte des mécanismes sémantiques d'une manière élégante et économique (conformément aux critères de la grammaire générative transformationnelle). Dans cette optique, on signalera la tentative faite pour étudier des traits sémantiques relationnels (v. COMPONENTIELLE [ANALYSE] : par exemple, pour *donner,* on mettra en évidence dans *A donne B à C* un trait sémantique relationnel [A possède B].

Le traitement de la valeur sémantique d'une unité en traits sémantiques ou sèmes pose en particulier le problème des allosèmes* : certains linguistes acceptent de concevoir pour un sème la possibilité de réalisations différentes selon l'entourage sémantique; ainsi pourrait-on rendre compte de la variation du sème [extrémité supérieure d'un ± animé] dans les expressions *la tête de l'homme* vs *la tête de la fusée*. Un autre traitement consiste à distinguer traits sémantiques inhérents et traits sémantiques de transfert : les traits sémantiques différents d'*homme* et de *fusée* font jouer des potentialités combinatoires différentes du mot *tête*, aboutissant à deux traits de transfert distincts [+animé] ou [−animé].

2. En grammaire générative, chaque morphème du lexique est ainsi défini par un ensemble de *traits distinctifs* dont chacun représente une propriété syntaxique ou sémantique (on dit souvent *traits lexicaux)*, ou phonologique *(traits phonologiques)*. Ainsi, les noms peuvent être animés *(Jean, chien)* ou non-animés *(table, pierre, ville);* les premiers ont le trait animé et les seconds ne l'ont pas; chaque morphème est ainsi affecté d'un trait positif ou négatif, placé entre crochets, et définissant sa valeur en ce qui concerne la distinction en question. Dans le cas présent, le morphème *chien* a le trait [+animé] et le morphème *table* a le trait [−animé]. Les morphèmes sont donc définis par une suite de traits non ordonnés les uns par rapport aux autres; par exemple, *table* sera défini [+commun, −animé, +comptable,...], ce qui signifie que *table* est un nom commun, non-animé, comptable (les trois points indiquent que la définition n'est pas achevée).

On distingue deux types de traits : les *traits inhérents,* qui définissent les propriétés spécifiques de chaque morphème, indépendamment des relations qu'il peut contracter avec d'autres morphèmes dans la phrase; les *traits contextuels,* qui indiquent avec quels types de termes le morphème défini est combinable dans le cadre de la phrase. Ainsi, le verbe *penser* implique un nom sujet [+humain].

comme *homme, je, Pierre,* etc. (ou, par métaphore, un animal); on dira qu'il a le trait contextuel [+sujet humain]. On représente souvent un trait contextuel par l'indication du trait inhérent du morphème impliqué avant ou après un tiret horizontal représentant le morphème défini. Ainsi, *penser* sera défini dans ce cas par [+ [+ animé] Aux—]; le tiret est précédé de Aux (auxiliaire), ce qui indique qu'il s'agit d'un verbe et le [+ animé] indique que son sujet, placé avant, doit être un nom affecté de ce trait. Le cas le plus simple de trait contextuel est celui qui définit la catégorie lexicale à laquelle appartient le morphème. Ainsi, *penser* appartient à la catégorie du verbe; il est affecté du trait [+verbe]; ces traits sont appelés *traits catégoriels.*

Parmi les traits contextuels, on distingue deux types :
(a) les *traits de sous-catégorisation stricte,* qui indiquent que le morphème en question doit être suivi ou précédé de telle ou telle catégorie syntaxique : ils définissent le contexte du morphème en termes de catégorie. Ainsi, le verbe *penser* exige un syntagme prépositionnel *(penser à quelqu'un)* comme complément, il est affecté du *trait syntaxique* [—SP], le tiret long indiquant la place du verbe;
(b) les *traits sélectifs,* qui définissent le contexte du morphème en termes de traits syntaxiques et sémantiques; par exemple *penser* est, comme nous venons de le voir, [+[+ animé] Aux—].

3. E. H. BENDIX a pu ainsi proposer l'établissement d'un dictionnaire fondé sur la notion de traits sémantiques : chaque lexème est analysé en fonction de sa configuration en traits sémantiques (unités minimales de signification, non susceptibles de réalisation indépendante). Ces traits sémantiques sont de nature relationnelle. Le dictionnaire est, en effet, fondé sur la logique symbolique, par référence à la notion de quantificateur existentiel et au calcul des fonctions.

Jean a un chien est analysé en :
il y a un B tel que (= quantificateur)
   A possède B   ⎫
   A est Jean   ⎬ (= fonctions)
   B est un chien ⎭

Le dictionnaire donne les fonctions qui définissent la relation *A a B.* Par exemple, dans *Jean a un rhume,* la fonction [A possède B] n'est pas présente, alors qu'elle est présente dans *A perd B* (A possède B au temps T^{-1}).

— *Chien* est une fonction à une place, à noter dans le dictionnaire *A est un chien.*

— *Avoir* est ici une fonction à deux places, à noter dans le dictionnaire *A possède B.*

— *Donner* est une fonction à trois places, à noter dans le dictionnaire *A donne B à C.*

Le système possède trois avantages principaux : les termes sont repérés par leur fonction, et cette organisation systématique du dictionnaire évite d'oublier d'indiquer les fonctionnements particuliers; les homonymes sont distingués par la différence de leur fonction *(femme$_1$,* fonction à une place : *Jeanne est une femme; femme$_2$,* fonction à deux places : *Jeanne est la femme de Jean);* les unités

se présentent dans leur fonction sémantique de base prête à subir les transformations propres à ses traits sémantiques de base et elles seules :
*devenir femme*₁ → *se féminiser;*
*devenir femme*₂ → *épouser.*

Rappelons que dans cette perspective les composants sémantiques des mots-fonctions sont eux-mêmes des fonctions apparaissant sous forme de phrase sémantique. Par exemple, la fonction [A possède B] aura elle-même pour composant essentiel [il y a une relation entre A et B], à décomposer en quantificateur et fonctions.

transcendant

En glossématique, la linguistique est dite *transcendante* quand elle s'occupe de ce qui est extérieur à son objet propre (la langue), c'est-à-dire qu'elle s'occupe de données extérieures à la langue. Pour L. HJELMSLEV, toute la linguistique antérieure à F. DE SAUSSURE est transcendante. La glossématique, au contraire, est une linguistique immanente*.

transcription

Transcrire c'est faire correspondre terme à terme les unités discrètes de la langue parlée et les unités graphiques; la transcription phonétique fait aussi correspondre à des phonèmes de la langue des symboles uniques empruntés à l'alphabet phonétique international. La *transcription* (quel que soit l'alphabet choisi) doit être nettement distinguée de l'*écriture*. La transcription tend à conserver sous forme graphique ce qui a été dit, sans rien ajouter, sans rien supprimer. Au contraire, l'écriture existe en tant que système relativement autonome.

transfert

L. TESNIÈRE emploie le mot *transfert* pour désigner le passage d'une unité d'une classe dans une classe différente au cours d'une translation; dans *le qu'en-dira-t-on, qu'en dira-t-on* a subi un transfert : de phrase interrogative, il devient nom. Par extension, *transfert* s'emploie comme synonyme de *translation**.

transformation

1. En grammaire générative, les *transformations* convertissent les structures profondes générées par la base en structures de surface, soumises ensuite à la composante phonologique et phonétique. Une transformation s'applique donc à une (ou plusieurs) suite terminale* générée par la base, c'est-à-dire à un (ou plusieurs) marqueur* syntagmatique (v. ARBRE), en le (ou les) convertissant en un marqueur syntagmatique dérivé.

Les transformations, ou composante transformationnelle de la syntaxe d'une langue, n'affectent pas le sens des phrases de base, qui seules reçoivent une interprétation sémantique : les transformations sont des opérations purement formelles intéressant les suites générées par la base. Ces opérations, ou procédure transformationnelle, sont celles de déplacement ou de permutation (réarrangement des constituants), de substitution (un constituant se voit remplacer par un autre, cela revenant à l'effacer et à mettre à sa place un autre constituant) et d'addition.

Les transformations comportent deux aspects principaux, le premier est celui de l'analyse* structurelle et le second celui du changement* structurel*. L'analyse structurelle consiste à voir si la suite générée par la base a une structure qui rende possible l'application d'une transformation définie, le changement structurel consiste en diverses modifications et réarrangements de la structure en constituants ainsi analysée.

Par exemple, si nous avons la suite terminale générée par la base

Nég + le père + Prés + lire + le journal,

où Nég est négation, écrit ensuite Ne + pas, et où Prés est présent, la transformation négative analyse cette phrase comme étant

Nég + SN_1 + T_{ps} + V + SN_2

(T_{ps} étant Temps, ici le présent); cette structure permet l'application de la transformation négative. (V. ANALYSABILITÉ.)

La suite

Ne + pas + le père + Prés + lire + le journal

est modifiée par une série d'opérations de déplacement : Ne est déplacé devant Prés + V, pas est déplacé derrière Prés + V. On a ainsi la suite

le père + ne + Prés + lire + pas + le journal.

Une autre transformation, dite *transformation affixale,* va déplacer l'affixe Prés derrière V (verbe) :

le père + ne + lire + Prés + pas + le journal.

Cette suite, obtenue après l'application de toutes les transformations (y compris celle d'accord), est appelée *suite terminale dérivée*. Elle constitue la structure de surface de la phrase réalisée (à laquelle a été appliquée la composante phonologique) :

Le père ne lit pas le journal.

Les transformations portent le plus souvent le nom du résultat de l'opération. Ainsi, la transformation relative (ou relativisation*) est le nom donné à la transformation qui relativise une phrase à un syntagme nominal d'une autre phrase *(Le père qui est rentré lit son journal)*. Parfois elles portent le nom du constituant sur lequel porte l'opération : ainsi, la transformation affixale décrit l'opération de déplacement qui affecte les constituants affixes de l'auxiliaire (V. AFFIXAL). La transformation est représentée par le symbole T, qui porte en indice l'abréviation du type d'opération impliqué : ainsi, la transformation relative est symbolisée par T_{rel}.

Dans une première étape de la théorie générative, la suite générée par la phrase était la phrase noyau active et affirmative; on distinguait alors les *transformations facultatives* et les *transformations obligatoires*. Les premières, comme les transformations passive, interrogative, négative et emphatique, étaient dites « facultatives » en ce sens qu'on pouvait choisir de les appliquer ou non à la phrase-noyau. En revanche, la transformation affixale, qui déplace les constituants affixes de l'auxiliaire après un verbe, est obligatoire, car, dans tous les cas, il y a au moins un constituant affixe de l'auxiliaire dans chaque phrase-noyau. Dans une deuxième étape de la théorie, on écrit les constituants interrogation, passif, négation et emphase dans la base; aussi toutes les transformations deviennent-elles obligatoires; mais le constituant qui déclenche la transformation (interrogation, passif, négation) peut lui-même être choisi ou non.

On distingue deux types de transformations selon que les opérations effectuées intéressent une ou deux suites générées par la base; dans le premier cas, on parlera de *transformations unaires* ou *singulières* et, dans le second cas, de *transformations binaires* ou *généralisées* : la transformation passive est une transformation singulière, et la transformation relative, qui intéresse deux phrases, est une transformation généralisée. A l'intérieur des transformations généralisées, on distingue deux grands groupes : les transformations par coordination *(et)* et les transformations par enchâssement (relative, complétive). Lorsque, dans une étape ultérieure de la théorie générative, il a été nécessaire de prévoir que dans la première phrase une seconde phrase viendrait s'inscrire et que la seconde était déjà prévue pour entrer dans la première, on a fait figurer le symbole Σ de la phrase de base à gauche de la flèche dans la règle de réécriture comme dans

$$SN + SV (\Sigma)$$

On pouvait alors faire l'économie de la différence terminologique entre la transformation singulière et la transformation généralisée, puisque la première opère sur des suites comprenant une seule occurrence de Σ, tandis que la seconde opère sur des suites comprenant plus d'une occurrence de Σ. Mais la différence entre les deux transformations se maintient quel que soit le processus envisagé.

Les *transformations* sont *ordonnées* en ce sens que l'ordre dans lequel elles se font est défini. Ainsi, la transformation affixale doit toujours avoir lieu après la transformation passive. Soit en effet la suite

$$... \text{Prés} + \text{être} + \text{PP} + \text{lire}...$$

obtenue au cours de la transformation passive; Prés est déplacé derrière *être* et PP (participe passé affixe) est déplacé derrière *lire*, ce qui donne: être + Prés (est) et lire + PP (lu). Au contraire, si on effectuait le déplacement de l'affixe Prés dans la suite

$$\text{Prés} + \text{lire}$$

avant de faire la transformation passive (être + PP), on obtiendrait la suite : être + PP + lire + Prés; cela donnerait (après une nouvelle application de la transformation affixale)

$$\text{être} + \text{lire} + \text{PP} + \text{Prés},$$

suite qui n'est pas réalisable.

Quand les transformations sont appliquées à un couple de phrases (ou à plus de deux phrases), par exemple quand la transformation passive est appliquée à une phrase matrice et à une phrase enchâssée, se pose la question de l'ordre dans lequel les transformations sont appliquées à chacune des phrases : on parlera alors de cycle* transformationnel.

2. Dans la grammaire transformationnelle de Z. HARRIS, la *transformation* est définie de la manière suivante : si deux ou plusieurs constructions (ou séquences de constructions) qui contiennent les mêmes *n* classes apparaissent avec les mêmes *n-tuples* de membres de ces classes, on dit que les constructions sont des transformées l'une de l'autre et que chacune peut être dérivée de l'autre par une transformation particulière. Si l'on a les constructions *La voiture a renversé le passant* et *Le passant a été renversé par la voiture,* les constructions $SN_1 + V_t + SN_2$ (syntagme nominal suivi de verbe transitif et de syntagme nominal) et $SN_2 + \text{être} + V_{part} + \text{par } SN_1$ contiennent les mêmes triplets SN, V, SN, et tout choix des membres que nous trouvons dans une phrase, nous le trouvons dans l'autre.

transformationnel

1. On appelle *grammaire transformationnelle* une grammaire comportant des règles qui établissent des équivalences entre divers types de phrases, dont elle rend compte par des opérations explicites. Une grammaire transformationnelle rend compte ainsi par une opération d'effacement de l'équivalence entre l'adjectif épithète et la relative avec *être* : *La route bombée provoque des accidents. La route qui est bombée provoque des accidents.* (V. TRANSFORMATION.) Une grammaire générative n'est pas nécessairement transformationnelle.

2. On appelle *composante transformationnelle*, la partie de la syntaxe d'une grammaire générative contenant les règles qui permettent de générer à partir des suites issues de la base syntagmatique d'autres suites qui peuvent recevoir une interprétation phonétique. La composante transformationnelle permet de passer de la structure profonde à la structure de surface. (V. TRANSFORMATION.)

transformationniste

On appelle, en grammaire générative, *hypothèse transformationniste* la position qui consiste à considérer les noms, adjectifs et verbes dérivés comme obtenus par la composante transformationnelle, et non pas inscrits directement dans la base. (V. LEXICALISTE.)

transitif

Les *verbes transitifs* sont ceux qui, dans la structure du syntagme verbal, impliquent la présence d'un syntagme nominal complément. On a ainsi la règle SV → Aux + V + SN, qui signifie que le syntagme verbal est formé d'un auxiliaire, d'un verbe et d'un syntagme nominal. Par exemple, le verbe *renverser* est transitif, ou affecté du trait distinctif [+transitif], et on le rencontre dans des phrases comme *La voiture renverse le passant,* où *le passant* est le syntagme nominal complément, dit « complément d'objet direct » dans la nomenclature traditionnelle. On peut aussi dire, d'une autre manière, que tout verbe est un verbe transitif dans le contexte d'un syntagme nominal complément; en grammaire générative, on posera la règle V → V_{tr}/—SN (le verbe se réécrit *verbe transitif* quand il est suivi d'un syntagme nominal). Les phrases comportant un verbe transitif suivi d'un syntagme nominal sont susceptibles de subir une transformation passive *(Le passant est renversé par la voiture),* sauf exceptions intéressant un petit nombre de verbes comme *avoir*. Les syntagmes nominaux compléments des verbes transitifs peuvent être effacés : *Pierre mange quelque chose* → *Pierre mange;* sans cesser d'être transitifs, ces verbes sont alors *employés intransitivement.*

Dans cette analyse, seuls sont transitifs les verbes qui sont suivis d'un syntagme nominal, présent ou effacé; sont intransitifs les autres verbes, que ceux-ci ne comportent pas de syntagme nominal dans la structure du syntagme verbal *(Pierre est mort),* ou qu'ils comportent un syntagme prépositionnel, c'est-à-dire un syntagme nominal précédé d'une préposition *(Pierre parle à Paul, Pierre obéit à Paul).* Les grammaires traditionnelles ont distingué ces deux groupes de verbes intransitifs en réservant le nom d'intransitif au premier groupe *(mourir, vivre, naître venir,* etc.) et en donnant la dénomination de « transitif indirect » au groupe de verbes qui ont nécessairement un syntagme prépositionnel dans la structure du syntagme verbal, comme *obéir, parler,* etc. Chez d'autres grammairiens, en particulier en grammaire générative, ce dernier groupe de verbes forme une classe d'intransitifs attributifs; on les rapproche des verbes comportant un double complément : SN + SP (syntagme nominal suivi d'un syntagme prépositionnel), comme *pardonner quelque chose à quelqu'un, arracher quelque chose à quelqu'un, puiser de l'eau d'un puits,* etc.

transition

On appelle *transition phonétique* le passage, dans la chaîne parlée, du point d'articulation caractérisant un phonème au point d'articulation qui caractérise le phonème suivant. Dans cet intervalle s'effectue le changement graduel de la forme des résonateurs vocaux, pour passer d'une voyelle à une consonne et *vice versa;* ce changement se traduit dans le spectre acoustique par un glissement vers le haut ou vers le bas, en divers angles aigus, des formants, en particulier du formant 2 ou formant buccal.

Les transitions sont très importantes pour l'identification des phonèmes. Les consonnes occlusives, en particulier, qui n'ont pas de formant propre, ne peuvent être identifiées que par les transitions des voyelles contiguës; [t] et [d] entraînent une transition positive du deuxième formant, c'est-à-dire que la fréquence de ce formant descend d'une valeur plus haute si la consonne précède la voyelle et monte vers une valeur plus haute si la consonne suit la voyelle, tandis que, dans le cas des consonnes [p] et [b], la transition du deuxième formant est négative : le formant monte d'une valeur plus basse et descend vers une valeur plus basse. Le point vers lequel s'oriente le formant est le locus* de la consonne.

D'autre part, les phases de transition suffisent à provoquer l'impression subjective de la consonne en question : parmi toutes les évolutions possibles d'une articulation à partir d'un point donné, celle qui est voulue par le locuteur se dégage progressivement par rapport aux autres images acoustiques possibles; lorsque le mouvement est assez avancé pour qu'il n'y ait plus de doute pour l'auditeur, le phonème est reconnu même si le point d'articulation n'est pas atteint.

transitivité

1. Quand un ensemble* est égal à un second et à un troisième, le second et le troisième sont égaux entre eux par *transitivité.*

2. On appelle *transitivité* la propriété d'un verbe transitif*, c'est-à-dire d'un verbe suivi en français d'un syntagme nominal complément d'objet non précédé d'une préposition.

translatif

1. On appelle *translatif* un cas* exprimant le changement, le passage d'un lieu à un autre (ex. : Il va de PARIS A MARSEILLE par Lyon), ou indiquant l'état, la qualité résultant d'un processus (ex. : *Il est devenu un ingénieur),* par opposition à l'essif* (ex. : *Il est ingénieur*).

2. L. TESNIÈRE appelle *fonction translative* la fonction d'un mot vide « marquant* », quand celui-ci révèle (et permet) le passage d'une unité d'une catégorie dans une autre. *Le* a une fonction translative dans *le bleu du ciel* et une fonction indicative dans *le livre*.

translation, transposition

CH. BALLY appelle *transposition* ou *translation* le rapport qui existe entre deux mots ou suites de mots de nature différente, mais ayant la même fonction. Ce rapport est proche par certains côtés de la transformation, mais recouvre plus de faits et ne s'intègre pas dans le même type de théorie. Plus précisément, pour L. TESNIÈRE, la translation consiste à faire passer un mot plein d'une classe grammaticale dans une autre classe grammaticale, c'est-à-dire à « transformer une espèce de mot en une autre espèce de mot ». Ainsi, *bleu,* dans *le bleu du ciel,* a été transféré de la classe des adjectifs dans la classe des substantifs. La notion de *translation* doit permettre de ne pas s'inquiéter des phrases ambiguës comme les suites contenant *de : le train de Paris, le chien de Pierre* (alors que la transformation doit rendre compte de l'ambiguïté) : on posera simplement que *de Paris* et *du maître* se comportent syntaxiquement comme des adjectifs puisqu'ils suivent un nom comme ces derniers; on admettra que, grâce à *de, Pierre* et *Paris* sont devenus des (ont été transférés en) adjectifs. Les translations sont adjectivales, verbales, substantivales ou adverbiales quand le mot concerné devient (assume la fonction de) adjectif, verbe, substantif, adverbe. Elles sont désubstantivales, déadjectivales, déadverbiales, déverbales quand le mot transféré, les unités concernées, cessent d'avoir la fonction de substantif, d'adjectif, d'adverbe ou de verbe.

Les translations sont au premier degré quand les unités concernées sont de même niveau (ainsi *de Paris* et *parisien*). Elles sont au deuxième degré quand c'est une proposition qui, subordonnée, est transférée en substantif, adjectif, adverbe grâce à un marquant. La translation adjectivale peut être désubstantivale *(habit vert* dans *l'homme à l'habit vert)*, déadverbiale (dans *les gens bien*), déverbale (dans *l'enfant jouant avec la balle)*; la translation adjectivale déverbale au premier degré revêt généralement la forme du participe (participe présent, participe passé). Au deuxième degré, on a une relative dans *l'enfant qui travaille, qui travaille* étant l'équivalent de *travailleur*.

La translation substantivale peut être déadjectivale *(le rouge)*, déadverbiale *(le pourquoi des choses)*, déverbale *(le rire,* et *réussir* dans *j'espère réussir)*, soit au premier degré dans *je veux leur échec,* soit au deuxième degré dans *je veux qu'ils échouent*. La translation adverbiale peut être désubstantivale *(avec tendresse)*, déadjectivale *(y aller fort)*, déverbale *(avant de parler, en pleurant)*. Pour une translation adverbiale déverbale au deuxième degré, on a notamment les propositions dites « circonstancielles », puisque tout circonstant est (ou assume la fonction d') un adverbe.

Il y a aussi des translations de prépositions en noms *(le pour)*, d'adjectifs en préposition *(sauf)*, de participes en prépositions *(excepté)*, de propositions en noms *(le qu'en-dira-t-on)*.

La théorie de la translation est fondée sur l'hypothèse que le verbe occupe le sommet de la hiérarchie des classes de mots. On s'explique ainsi que les propositions subordonnées soient des translations déverbales, ce qui paraît assez discutable (la grammaire générative pose l'enchâssement d'une phrase et non la translation du verbe).

On peut dire aussi que la notion de *translation* a l'inconvénient de faire intervenir des critères différents qui peuvent être contradictoires : critère de synonymie quand on pose *travailleur = qui travaille;* critère fonctionnel traditionnel quand on utilise pour caractériser la translation substantivale les notions de sujet, d'objet, d'attribut; critère distributionnel aussi (le nom étant caractérisé, par exemple, grâce aux prédéterminants) : au contraire la transformation se fonde uniquement sur la synonymie syntaxique. Enfin, trop souvent la théorie de la translation mêle l'explication diachronique (cf. ci-dessus pour *sauf)* à la description proprement dite.

translittération

Quand on veut représenter dans un système d'écriture une suite de mots d'une autre langue utilisant généralement un autre système d'écriture, il est possible soit de représenter les sons effectivement prononcés (on a alors une transcription plus ou moins phonétique), soit de se contenter de rechercher, pour chaque lettre ou suite de lettres, une lettre ou une suite de lettres correspondante sans s'inquiéter des sons effectivement prononcés : c'est là une *translittération*. Ainsi, en russe, la lettre qui termine ce qu'on transcrit par *Popov* est représentée d'une manière générale aujourd'hui par un *v,* alors que *v* final se prononce comme *f* (ce que l'ancienne transcription rendait en écrivant *Popoff).*

transparence

Pour le concept bipolaire de *transparence* vs *opacité,* rendant compte d'un des processus de l'énonciation, et nécessaire à l'analyse de discours, v. OPACITÉ.

transphrastique
On appelle *niveau transphrastique* le niveau d'analyse linguistique constitué par l'ensemble du texte formé d'une suite de phrases. Les relations transphrastiques sont indiquées par des conjonctions, des adverbes, etc. (V. HYPOTAXE, PARATAXE.)

transposition V. TRANSLATION.

triangulaire
Les *systèmes vocaliques triangulaires* sont ceux dans lesquels tous les phonèmes possèdent des particularités distinctives de degrés d'aperture, et où tous possèdent des particularités distinctives de localisation, à l'exception de la voyelle la plus ouverte. Le système vocalique du français moderne, de quadrangulaire qu'il était, tend à devenir triangulaire puisque l'opposition entre les deux voyelles d'ouverture maximale /a/ et /ɑ/ de *patte* et *pâte* est en voie de disparition.

Il y a des systèmes triangulaires à deux classes, selon le schéma du système vocalique latin, comme en espagnol :

et en italien :

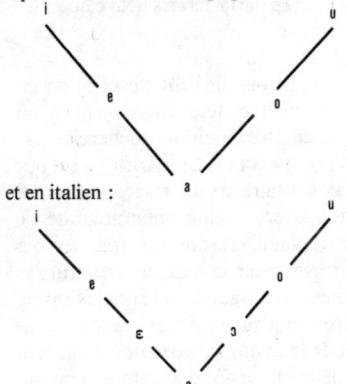

Dans ces systèmes s'opposent une série de voyelles antérieures non-arrondies et une série de voyelles postérieures arrondies. Ces systèmes sont les plus répandus dans toutes les parties du monde.

Il existe aussi des systèmes triangulaires à trois classes : une classe antérieure non-arrondie, une classe postérieure arrondie, une classe moyenne le plus souvent antérieure arrondie, mais qui peut être aussi postérieure non-arrondie comme en roumain :

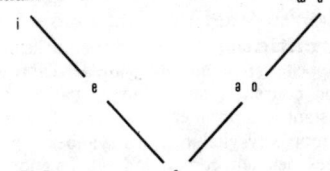

triel
On appelle *triel* un cas grammatical de la catégorie du nombre* exprimant dans les noms comptables de certaines langues le concept de « trois » par opposition à « un » (singulier), « deux » (duel) et « plus de trois » (pluriel).

triformantique
Les spectres acoustiques de certains sons du langage se caractérisent par une structure *triformantique*, lorsqu'ils présentent trois formants principaux. Les consonnes et les voyelles nasales présentent un troisième formant (correspondant à la résonance de l'onde laryngée à travers les fosses nasales) qui se situe entre le formant du pharynx ou formant bas (F1) et le formant buccal ou formant haut (F2). Les voyelles aiguës présentent aussi un troisième formant qui se situe dans les fréquences les plus élevées.

trilitère
On appelle *trilitère*, dans les langues sémitiques, la suite de trois consonnes auxquelles se réduit la racine*

triphtongue
Une *triphtongue* est une voyelle qui contient trois timbres vocaliques différents, par exemple l'ancien français *beau* ou les mots anglais *fire* et *house*.

trivial
En lexicographie, *trivial* (abréviation *triv.*) est une marque stylistique attribuée à des termes qui appartiennent à divers niveaux de langue (mais surtout familiers ou populaires) et qui sont condamnés par les contraintes socio-culturelles parce qu'ils dénotent des objets jugés « indécents » ou expriment des attitudes « grossières » ou « obscènes » : le mot *cul* est dit trivial, alors que son emploi est familier ou popu-

laire dans un grand nombre d'expressions stéréotypées *(bouche en cul de poule)* et neutre dans un composé comme *cul-de-basse-fosse.*

troncation

On appelle *troncation* un procédé d'abréviation courant dans la langue parlée et consistant à supprimer les syllabes finales d'un mot polysyllabique; les syllabes supprimées peuvent correspondre à un morphème dans *une radio* (radiographie), *une dactylo* (dactylographe), mais les coupures se produisent le plus souvent arbitrairement après la deuxième syllabe : *vélo* (vélocipède), *frigo* (frigorifique). Dans la langue populaire, la troncation s'accompagne parfois de l'addition de la voyelle -o : *un prolo* (prolétaire), un *apéro* (apéritif).

trope

La rhétorique ancienne opposait aux figures de pensée (litote, ironie, interrogation oratoire, etc.) et aux figures de construction (ellipse, syllepse, etc.) les tropes ou figures* de mots. *Trope,* toutefois, a fini par s'appliquer à toutes les espèces de figures qu'on pouvait considérer comme un détournement (en grec *tropos*) du sens du mot.

I. type

1. On donne le nom de *type de phrase* aux formes fondamentales de la phrase : phrase déclarative, interrogative, impérative et exclamative, et à leurs combinaisons avec les formes négative, passive et emphatique. (V. PHRASE.)

2. *Type linguistique.* V. TYPOLOGIE.

II. type/token

On appelle *type/token* le rapport de nombre de mots différents (type) au nombre total de formes d'un texte (token). Dans ce rapport, le type est, par exemple, *table* et les tokens sont toutes les occurrences de *table* (et parfois aussi celles du pluriel *tables*). Le rapport type/token mesure la richesse du vocabulaire : plus il y a de mots différents par rapport au nombre de mots du texte et plus le vocabulaire est riche. Ce rapport décroît avec la longueur du texte : car, au début, le nombre de mots différents s'accroît rapidement, mais plus le texte s'allonge et moins l'auteur emploie de termes nouveaux.

typologie

L'examen typologique des langues, ou *typologie,* a pour fin leur description en fonction de certains caractères choisis préalablement et leur classement selon les affinités* qui se découvrent ainsi; il peut permettre, mais ne recherche pas nécessairement, l'établissement de généalogies* (v. FAMILLE DE LANGUES). Tous les traits linguistiques peuvent entrer dans une étude de la sorte : pour les phonèmes, nombre, quantité et distribution dans le système phonologique ou dans le discours; pour les traits prosodiques, place et rôle des tons et des accents toniques, contour de la mélodie de phrase; pour la syllabe, structure et rôle par rapport au morphème; pour les morphèmes, longueur et rapports divers entre eux; organisation du système des genres et des nombres, existence de « personnes » ou d'éléments modaux divers; pour la syntaxe, existence d'accords et de cas, etc. Les classements typologiques peuvent se fonder uniquement sur un de ces traits (nombre de voyelles, par exemple), ou sur un grand nombre d'entre eux, ou par rapport à une norme fondée sur la fréquence ou la moyenne. Les linguistes ont proposé diverses listes de critères permettant de caractériser les langues : (1) rapports entre la syllabe et le morphème; (2) rapports entre la forme et la fonction; (3) expression de certaines caractérisations grammaticales ou sémantiques.

On définit ainsi soit trois types : isolant, agglutinant, flexionnel, le type isolant se subdivisant en type isolant proprement dit et en type polysynthétique, et le type flexionnel, dit aussi « fusionnant », se subdivisant en type flexionnel externe et type flexionnel interne. Une langue isolante ou analytique (comme le vietnamien ou le français dans sa forme orale) a des mots invariables. Quand les mots résultent de la combinaison d'unités lexicales plus petites, on dit que la langue isolante est polysynthétique. Ainsi, le chinois mandarin est polysynthétique parce que avec *yu* signifiant « voyager » et *tsou* « aller », on forme « se promener » en combinant *yu* et *tsou*. Une langue agglutinante ajoute à une forme du mot une série de morphèmes qui le caractérisent, mais chacun de ces morphèmes est analysable séparément. Ainsi, en turc, « maison » au nominatif se dit *ev*; le morphème de pluriel est *-ler*, le morphème de possessif est *-i*, et « ma maison » se dira *evi*, « les maisons » se dira *evler*, « mes maisons » *evleri*. Dans les langues flexionnelles, les morphèmes sont amalgamés : ainsi, le latin *domini* a une désinence *-i* qui est à la fois marque de pluriel et marque de nominatif-vocatif, ou bien à la fois marque de singulier et de génitif (v. AMALGAME). Le type flexionnel peut être externe (par suffixe — cf. *domini* plus haut — ou préfixe) ou interne (on trouve en latin des variations à l'intérieur de la racine, *facio* présent vs *feci* parfait, ou des infixes, *vinco* présent [« infixe nasal » -*n*] vs *vici* parfait). Le latin fournit ici des exemples de flexion externe et de flexion interne, l'allemand aurait pu en donner pour la flexion externe (déclinaison), interne *(trinken, trank)*, pour l'agglutination* polysynthétique : *Apfel* « pomme » et *Baum* « arbre » donnant *Apfelbaum* « pommier »; cela montre assez que c'est en terme de degrés qu'il faut raisonner et non dans l'absolu. Le latin est plutôt flexionnel, mais quand il dit *in oppidum* pour « dans la place forte (direction) », il est aussi un peu analytique du fait de l'utilisation de *in* pour introduire *oppidum* complément du lieu où l'on va. De même, le français est plutôt isolant, mais la variation *cheval* vs *chevaux* est de type flexionnel. Ce qui est important, c'est de définir pour chaque langue le caractère dominant.

umlaut
Syn. de INFLEXION VOCALIQUE.

unaire
Transformation unaire, syn. de TRANSFORMATION SINGULIÈRE*. (V. TRANSFORMATION.)

unidimensionnel. V. MULTIDIMENSIONNEL.

unilatéral
On dit que des relations sont *unilatérales* quand, un terme présupposant l'autre, l'inverse n'est pas vrai. (V. RÉCIPROQUE.)

unilingue
1. On dit des locuteurs qu'ils sont *unilingues* quand, dans leurs communications à l'intérieur d'une même communauté sociolinguistique, ils n'utilisent qu'une seule langue (compte tenu des différences de niveaux de langue); par opposition, sont *multilingues* ou *plurilingues* ceux qui utilisent plusieurs langues différentes dans leurs relations sociales ou familiales (V. BILINGUISME.)

2. Un *dictionnaire unilingue* (ou *monolingue*) est un dictionnaire dont les entrées et les sorties appartiennent à la même langue, par opposition aux dictionnaires *bilingues*.

union
1. On lit *union* le symbole de la réunion* ∪.
2. *Langue d'union*. V. LANGUE.

unipersonnel
On appelle parfois *unipersonnels* des verbes usités seulement à la troisième personne du singulier, comme *il neige, il vente, il pleut*.

unité
On appelle *unité linguistique* un élément discret identifié à un certain niveau* ou rang. Ainsi, les phonèmes sont des unités linguistiques (au rang phonématique), les morphèmes (au rang morphématique) et les phrases (au rang phrastique). [V. DISCRET, ITEM.] Chaque unité linguistique est définie par les rapports qu'elle entretient avec les autres unités linguistiques dans un système donné; elle est donc définie par sa place ou sa position dans ce système.

On appelle *unités significatives minimales* les morphèmes identifiés au rang morphématique, par opposition aux phonèmes ou *unités minimales non-significatives*. (V. ARTICULATION [DOUBLE].)

univers
1. On appelle *univers d'énoncés* la totalité des énoncés réunis pour la recherche sans qu'on fasse la distinction entre ceux dont le chercheur a jugé ou jugera qu'ils doivent être soumis à l'analyse (et formeront le corpus) et ceux dont il ne s'occupera pas.

2. L'*univers du discours* peut être défini comme le minimum irréductible de contexte nécessaire à un énoncé.

Considérer un énoncé comme discours*, c'est tenter de dire les règles qui président à sa production. Lorsqu'on fait abstraction du fait que le contexte général d'un acte de communication se développe constamment par suite de l'énonciation même, lorsqu'on néglige donc le renouvellement des conditions de production du discours par le progrès même du discours, les échanges, les objections, etc., il reste à rendre compte de l'univers du discours, c'est-à-dire des formations idéologiques spécifiques dans lesquelles un discours trouve son origine (croyances, conventions, etc.). Pendant que le contexte se développe en intégrant ce qui se dit et se passe au long du discours, l'univers du discours est la condition même, originelle, de la production de l'énoncé — ce qui le rend possible.

La linguistique structurale a tendu à neutraliser le locuteur et à s'en tenir au système et à ses règles. En réalité, considéré du point de vue de l'univers du discours, un énoncé du type *la terre tourne* est anormal avant Copernic; mais le critère de l'anomalie ou de la normalité d'un tel énoncé ne réside pas dans la langue (ou compétence); on n'en rendrait pas compte en indiquant pour le français des composantes syntactico-sémantiques différentes avant et après Copernic. C'est à la considération du mécanisme discursif spécifique (donc de l'univers du discours) que l'analyste pourra reporter l'assignation d'un tel énoncé (1) à la fantaisie individuelle ou (2) à la science collective.

A la distinction saussurienne entre l'individuel (incarné dans la parole) et le collectif (de l'ordre de la langue), il convient d'ajouter la considération de multiples sous-codes (R. JAKOBSON); ces systèmes de formations idéologiques déterminent autant d'univers de discours, dont l'analyste devra tenir compte pour son étude des conditions de production du discours.

La notion d'univers de discours demande donc que soit adjointe à la description des énoncés A, B, C... N la considération de *X dit* (A, B, C... N). Cette proposition *X dit* dépasse le cadre traditionnel de la linguistique. Les recherches actuelles dans le cadre de l'analyse de discours montrent la nécessité de reconsidérer la neutralisation du locuteur, pour expliquer les processus de production discursifs. Cela demande la prise en compte des conditions de production du discours : contexte et univers.

universaux du langage

On appelle *universaux du langage* les similarités existant dans toutes les langues du monde. Certains universaux relèvent de la psycholinguistique, pour autant qu'ils dépendent du rapport entre langue et pensée humaine; d'autres relèvent de l'ethnolinguistique, pour autant qu'ils dépendent du rapport entre langue et culture.

La recherche des universaux du langage a pris une particulière acuité dans les années 60, sous la pression de deux types de recherches : les recherches concernant la traduction automatique et la théorie des grammaires génératives. En effet, la métalangue nécessaire aux machines à traduire et la théorie grammaticale nécessaire aux grammaires génératives des langues ont en commun de constituer un pont entre des langues distinctes. Il importe dans les deux cas de savoir dans quel domaine, dans quel ordre de faits, on peut s'attendre à trouver des universaux.

Comme exemple d'universaux linguistiques, on peut citer la double articulation du langage humain : toutes les langues connues partagent ce caractère de comporter une articulation non significative de la chaîne parlée (niveau des phonèmes) et un agencement de ces phonèmes en unités de rang supérieur, les morphèmes, premier niveau d'unités significatives. Dans le même domaine de la phonologie, d'autres universaux sont plus frappants : chaque langue comportant un inventaire limité de phonèmes (entre 20 et 50), les traits binaires nécessaires à réaliser la trentaine de formes exploitées par une langue pour ses oppositions phonologiques devraient être peu nombreux : on constate qu'ils sont, dans toute langue, à peu près deux fois plus nombreux que nécessaire (par exemple, telle langue exploitant l'aspiration après les occlusives sourdes ne l'exploitera pas après les sonores — cas du grec par opposition au sanskrit; telle langue nasalisant une voyelle ne nasalisera pas les autres, etc.). On peut parler d'un universel du langage (sous réserve de vérification totale) consistant en ce que les langues tendent à n'exploiter les oppositions de leurs traits phonologiques qu'avec un rendement moyen de 50 p. 100.

Une première typologie des universaux oppose parfois : (1) les *universaux de substance,* qui sont les traits communs aux diverses langues du monde pour l'organisation de la substance de la langue; par exemple, des catégories syntaxiques telles que verbe, nom existent dans la structure de toute langue; (2) les *universaux de forme,* qui sont les combinaisons par lesquelles la substance linguistique est manifestée : ainsi, les objets utilitaires sont dénommés, dans tout langue naturelle, non en considération de leurs qualités physiques, mais par référence à l'activité humaine qu'ils permettent.

On distingue ensuite quatre types d'universaux; un premier ensemble, celui des universaux phonologiques, grammaticaux et sémantiques, concerne un aspect seulement du signe (signifiant ou signifié); les universaux symboliques, en revanche, concernent les rapports du signifiant et du signifié, constitutifs du signe. Nous avons donné des exemples d'universaux du premier type. Certains universaux du domaine symbolique sont aussi frappants. Ainsi, dans de nombreuses langues le mot désignant la mère possède une consonne nasale; et le schéma hypothétique d'acquisition des oppositions phonologiques tel que l'ont dressé N. TROUBETZKOY et R. JAKOBSON établit le caractère privilégié de la nasale labiale : aussi certains ont été jusqu'à mettre en rapport ce phonétisme minimal avec la conceptualisation minimale, celle de l'autre, donc la mère.

Un autre domaine de recherches, dans le cadre d'une enquête sur les universaux, est celui de la diachronie. Le rôle de la métaphore dans le changement sémantique semble universel.

L'établissement d'une théorie linguistique générale, nécessaire à l'élaboration des grammaires génératives des langues, a fait faire de grands progrès non tant encore à notre connaissance des universaux du langage qu'à la problématique du sujet. On en prendra pour exemple la polémique entre J. KATZ, J. FODOR, P. POSTAL, d'une part, U. WEINREICH, d'autre part, pour la structuration d'une théorie sémantique. Il reste que la vision purement grammaticale de cette question des universaux est à corriger dans l'optique du discours* : les problèmes de l'énonciation* amènent à reformuler nombre de questions concernant les universaux du langage.

universelle (grammaire)

1. On fait généralement remonter aux cartésiens le projet de *grammaire universelle :* les termes de *grammaire générale, grammaire philosophique* et *grammaire universelle* sont synonymes en cet emploi. La grammaire universelle formule « des observations qui conviennent à toutes les langues » (DU MARSAIS). La grammaire universelle s'assigne donc pour objet d'étude des mécanismes nécessaires et communs à toutes les langues, les universaux du langage. Toutefois, le projet des cartésiens reste limité par leur conception du rapport entre pensée et langue. L'innéisme cartésien amène à la croyance en un « ordre naturel des pensées »; dès lors, les règles universelles du discours appartiennent non plus à la linguistique, mais à la logique. Le préjugé culturel en faveur du français vient conforter cette tendance : l'ordre naturel des pensées, c'est de façon générale celui de la phrase française. Dès lors, la grammaire universelle étant concrétisée dans la langue française, la grammaire des autres langues pourra s'édifier par considération des écarts constatés au regard de ce modèle.

Pour le XXe siècle, on remarque que les grammaires descriptives ne se posent pas le problème de l'universalité. C'est avec la grammaire générative que la question est à nouveau formulée. Les grammaires génératives des langues naturelles doivent découler d'une théorie linguistique. La théorie linguistique s'assigne pour objet d'élaborer un traitement des universaux* du langage. Or, ces universaux sont de deux natures, et seule la première catégorie a été jusqu'ici suffisamment étudiée. Toute langue contient des universaux de substance : par exemple, la grammaire universelle affirme que des catégories syntaxiques telles que verbe, nom, etc., fournissent la structure sous-jacente générale de toute langue. Mais toute langue contient aussi des universaux formels : par exemple, les objets manufacturés sont définis par référence à l'activité humaine, et non par rapport à des qualités physiques. L'existence de cette seconde catégorie d'universaux demande à être prise en compte par la théorie linguistique générale, « grammaire universelle » couronnant les grammaires génératives des langues : ce qui est impliqué par de telles constatations, c'est que toutes les langues sont bâties sur le même modèle. Certes, la correspondance ainsi établie ne postule pas l'isomorphisme des langues, qui ne coïncident jamais point par point.

2. Il existe une acception plus limitée de *grammaire universelle,* distinguée alors de grammaire générale. La grammaire universelle est constituée de l'ensemble des règles linguistiques constatées dans les langues du monde (on parlera alors d'universaux ou de quasi-universaux de langue). On réserve le nom de *grammaire générale* à la démarche inverse qui consiste à définir un ensemble de règles considérées comme des universaux du langage dont sont déduites les règles particulières à chaque langue.

usage

1. On appelle *usage* l'ensemble des règles de grammaire relativement stabilisées et utilisées par le plus grand nombre de locuteurs à un moment donné et dans un milieu social déterminé.

2. Un *dictionnaire d'usage* est un dictionnaire de langue unilingue dont la nomenclature correspond au lexique commun à l'ensemble des groupes sociaux constituant la communauté linguistique.

3. *Bon usage.* V. ce mot.

4. Chez L. HJELMSLEV, l'*usage* s'oppose à la *norme** et est constitué par l'ensemble des caractères non distinctifs.

uvulaire

Une *consonne uvulaire* est une consonne réalisée par le contact ou le rapprochement de l'extrémité du voile du palais ou luette (en latin *uvula*) contre la partie postérieure du dos de la langue. Les uvulaires sont en général des dorsales. Elles peuvent être fricatives, comme le phonème français dit « [r] parisien », que l'on trouve à la finale de *mer* ou de *barre :* la partie postérieure du dos de la langue forme un rétrécissement du passage de l'air contre la luette. Les uvulaires peuvent aussi être vibrantes, comme le phonème dit « [r] grasseyé », que l'on trouve souvent à la place du [r] vibrant apical. Les phonèmes uvulaires sont caractérisés par une très forte turbulence de l'air, due à l'intervention sur le passage de l'air de la barrière supplémentaire de la luette, qui en fait des phonèmes stridents, par opposition aux phonèmes vélaires correspondants, qui sont des phonèmes mats.

I. vague (n. f.)

La *théorie de la vague* (ou mieux *théorie des ondes*) explique les variations des langues par la propagation des innovations linguistiques à partir de certains centres.

II. vague (adj.)

On qualifie de *vague* un trait que l'on attribue à certains mots dont le sens varie selon les situations dans lesquelles il est employé, sans que l'on puisse définir de manière discrète, les unes par rapport aux autres, ces diverses variations; ainsi, on pourra dire que certains verbes français comme *construire* ont le sens actif ou factitif selon les phrases, et que ce sens varie dans une aire continue selon la nature du sujet de la phrase.

valeur

On appelle *valeur linguistique* le sens d'une unité définie par les positions relatives de cette unité à l'intérieur du système linguistique. La valeur s'oppose à la signification définie par référence au monde matériel (à la substance). Ainsi, les pièces de monnaie, les billets de banque et les chèques sont des manifestations différentes d'une seule et même valeur; de même, les unités linguistiques demeurent les mêmes quels que soient les sons qui les représentent; elles gardent la même valeur, qu'elles soient réalisées phoniquement ou graphiquement. F. DE SAUSSURE a utilisé l'image du jeu d'échecs pour faire comprendre la notion de valeur linguistique; une pièce du jeu, la reine par exemple, est définie essentiellement par sa position dans les règles du jeu; cette « valeur » peut être assumée par des formes matérielles diverses.

variable

On appelle *variable* une quantité susceptible de prendre différentes valeurs. Par exemple, on peut considérer SN (syntagme nominal) comme une variable capable de prendre différentes valeurs* : *je, Pierre, l'enfant,* etc.

variante

1. Si deux unités linguistiques (phonème ou morphème) figurent dans le même environnement (phonémique ou morphémique) et si elles peuvent être substituées l'une à l'autre sans qu'il y ait une différence dans le sens dénotatif du mot ou de la phrase, alors les deux phonèmes ou les deux morphèmes sont des *variantes libres* d'un phonème ou d'un morphème unique; on dit aussi *variante stylistique.*

Si deux unités linguistiques (phonèmes ou morphèmes) ne se présentent jamais dans le même environnement (phonémique et morphémique) et si elles présentent entre elles une parenté (articulatoire ou acoustique pour les phonèmes; sémantique pour les morphèmes), ces unités sont des *variantes combinatoires* du même phonème ou du même morphème. *All-, i-* et *v-* sont les variantes combinatoires d'un même morphème signifiant « aller », car elles figurent chacune dans des environnements exclusifs : *i* avec le futur *-ra (ira), v* avec le présent *-a, -ais,* etc. *(va, vais), all-* avec l'imparfait, la première et deuxième personnes du pluriel du présent *(allons).* On dit aussi *variante contextuelle.*

2. Chez L. HJELMSLEV, la *variante* est une forme d'expression différente d'une autre pour la forme, mais n'entraînant pas de changement de contenu par rapport à cette autre. Les variantes peuvent être liées*, c'est-à-dire conditionnées par l'entourage, ou libres*.

variation

1. On appelle *variation* le phénomène par lequel, dans la pratique courante, une langue déterminée n'est jamais à une époque, dans un lieu et dans un groupe social donnés, identique à ce qu'elle est à une autre époque, dans un autre lieu, dans un autre groupe social. La *variation diachronique* de la langue donne lieu aux divers travaux de grammaire historique, la *variation dans l'espace* fournit son objet à la géographie* linguistique et à la dialectologie au sens courant du terme; la sociolinguistique s'occupe de la *variation sociale*.

2. Syn. de VARIANTE, et parfois simplement de VARIANTE LIBRE.

variété

La *variété* est une variante* liée*.

vedette

On donne le nom de *terme vedette* au mot servant d'entrée à un article de dictionnaire (syn. : *adresse, entrée*). De même, la manchette d'un journal est un *énoncé vedette*.

véhiculaire

Dans les régions où vivent plusieurs communautés linguistiques différentes, une des langues de la région peut être utilisée d'une manière privilégiée pour l'intercommunication. On dit alors que la langue est *véhiculaire* ou supralocale. Ainsi, dans toute l'Afrique orientale et dans l'est du Congo-Kinshasa, le souahéli, langue bantoue, permet à des populations ayant pour langues maternelles d'autres langues, bantoue ou non, de se comprendre. Par extension, dans toute l'Afrique dite francophone, le français peut être considéré comme une langue véhiculaire. Il est utilisé pour assurer l'intercompréhension, par exemple, entre un locuteur ouolof et un locuteur bambara. Une langue officielle est aussi une langue véhiculaire si les locuteurs ont également des dialectes ou des langues différentes : ainsi, le français, langue commune de Corses, de Bretons, d'Alsaciens et de Flamands, est, d'une certaine manière, une langue véhiculaire ou une langue commune*.

vélaire

Un *phonème vélaire* est un phonème dont la réalisation comporte l'intervention de la partie postérieure de la voûte palatale, appelée *palais mou* ou *voile du palais*. Ainsi, les voyelles [u, o, ɔ, ɑ] du français, les consonnes [k, g], etc., sont des consonnes vélaires, appelées parfois aussi *postpalatales*.

En phonologie, le terme de *vélaire* a une extension plus large et désigne tous les phonèmes réalisés en arrière du palais, dans des zones (vélaire, uvulaire, pharyngale, laryngale) dont les différences n'entraînent pas de différences phonologiques. Les consonnes vélaires sont, en effet, toutes graves et compactes; phonologiquement, les voyelles vélaires sont toutes graves.

verbal (adj.)

1. On appelle *syntagme verbal* (abréviation SV) un syntagme constitué soit d'un verbe (V) et de son auxiliaire (Aux), suivi ou non d'un syntagme nominal (SN) ou d'un syntagme prépositionnel (SP), soit de la copule *être* et de l'auxiliaire suivis d'un syntagme nominal (SN), adjectival (SA) ou prépositionnel (SP). Ainsi, dans les phrases *Pierre a lancé une balle, Pierre court, Pierre va à Paris, Pierre est heureux, Pierre est un ingénieur, Pierre est à la maison,* les syntagmes verbaux sont, respectivement, *a lancé une balle, court, va à Paris, est heureux, est un ingénieur, est à la maison.* En grammaire générative, la formulation du syntagme verbal peut être donnée sous la forme

$$SV \rightarrow Aux + \begin{Bmatrix} \hat{e}tre + \begin{Bmatrix} SA \\ SN \\ SP \end{Bmatrix} \\ V \\ V + SN \\ V + SN + SP \\ V + SP \end{Bmatrix}$$

Le verbe est la tête* du syntagme verbal.

2. On appelle *noms verbaux* les formes nominales et adjectives du verbe (infinitifs et participes).

3. On appelle *thème* ou *racine verbale* le radical servant de base à la flexion d'un verbe.

verbal (n.)

On donne le nom de *verbaux*, en grammaire générative, à l'ensemble formé par les verbes et les adjectifs, considérés comme appartenant à la même catégorie; adjectifs et verbes ne se distinguent que par le fait que les premiers impliquent dans la constitution du syntagme verbal la copule *être*, qui peut d'ailleurs être absente dans certains cas.

verbe

1. En grammaire traditionnelle, le *verbe* est un mot qui exprime le procès, c'est-à-dire l'action que le sujet* fait (comme dans *L'enfant écrit*) ou subit (comme dans *Cet homme sera battu*), ou bien l'existence du sujet (comme dans *Les méchants existent*), ou son état (comme dans *Les feuilles jaunissent*), ou encore la relation entre l'attribut* et le sujet (comme dans *L'homme est mortel*). D'une manière purement conventionnelle et sans que le sens le justifie vraiment, on a admis que « faire l'action » s'étendait dans ce cas à des phrases comme *La maison a reçu une bombe* (où en réalité la maison subit l'action). On a subdivisé les verbes en transitifs, qui appellent en principe un complément d'objet désignant ce qui est visé par l'action, et en intransitifs, qui, en principe, excluent l'existence d'un complément d'objet. Les transitifs ont été divisés eux-mêmes en transitifs directs, quand le complément d'objet n'est pas précédé d'une préposition, et transitifs indirects, quand le complément d'objet est introduit par une préposition.

Le verbe, en français, se conjugue, c'est-à-dire varie formellement d'une manière qui lui est propre (1) en personne selon que le sujet est celui qui parle, à qui on parle ou dont on parle alors qu'il est absent, (2) en nombre, selon qu'il y a un ou plusieurs sujets, (3) en voix selon le rôle qui est attribué au sujet dans l'énonciation de l'action, (4) en mode ou manière de concevoir et d'énoncer le procès, (5) en temps selon les rapports établis entre le déroulement du procès et le moment où on l'énonce.

La conjugaison est fondée sur la variation des éléments du verbe que sont le radical et la terminaison (ou désinence).

Le sens et la construction des verbes ont conduit à opposer à des verbes de sens plein des auxiliaires de temps (*être* et *avoir* dans certains de leurs emplois) ou de voix (*être*) et des semi-auxiliaires comme *aller, devoir, être sur le point de, être en train de, venir de, pouvoir,* etc., suivis d'un infinitif, qui expriment diverses nuances de temps* ou d'aspect*. Enfin, à la plupart des verbes qui offrent une conjugaison complète, on oppose une liste de verbes défectifs qui ne peuvent pas se conjuguer à certains temps et à certaines personnes, comme *absoudre, advenir, ardre, braire, chaloir, choir* et ses composés, *éclore, férir, gésir, moudre, occire, oindre, ouïr, paître, poindre, promouvoir, saillir, sourdre,* etc.

2. En linguistique structurale, le *verbe* est un constituant du syntagme verbal dont il est la tête; il se définit par son environnement, c'est-à-dire par le fait qu'il est, en français par exemple, précédé d'un syntagme nominal sujet et suivi éventuellement d'un syntagme nominal objet. Il se définit aussi par ses marques de temps, de personne et de nombre.

3. En linguistique générative, le symbole V (verbe) entre dans la réécriture du syntagme verbal :

$$SV \rightarrow Aux + \left\{ \begin{array}{l} V + SN \\ V \end{array} \right\}$$

L'item lexical qui sera substitué au symbole V est une forme abstraite correspondant au radical du verbe de la grammaire traditionnelle *(chant-)*.

verbigération

Le terme de *verbigération* désigne chez les malades mentaux un bavardage animé, incessant, généralement déclamé ou prononcé sur un ton pathétique, comprenant des termes vides de sens ou des mots orduriers.

Verner (loi de)

On appelle *loi de Verner* une loi phonétique formulée en 1875 par le linguiste danois K. VERNER, qui a permis de compléter la loi de GRIMM (1822) sur la mutation en germanique primitif en rendant compte des apparentes exceptions à cette loi. K. VERNER a montré que ces exceptions sont régulières si l'on tient compte de la position de l'accent, car le passage des spirantes sourdes du germanique primitif à des spirantes sonores ne s'effectue pas lorsque la syllabe précédente porte l'accent tonal indo-européen. La découverte de cette loi a apporté un nouveau fondement à la thèse de la régularité des changements phonétiques soutenue par les néo-grammairiens.

versus

Le terme conventionnel de *versus* (abréviation *vs*) signifie « opposé à » dans les notations comme : masculin *vs* féminin, nominatif *vs* accusatif, etc.

vibrante

Une *consonne vibrante* est une consonne orale dont l'articulation comporte un écoulement libre de l'air, interrompu par une ou plusieurs occlusions dues à la mise en vibration d'un articulateur (pointe de la langue, lèvres, luette) sur le passage de l'air. On a un exemple de vibrante labiale dans le cri qui sert à arrêter les chevaux. Le [r] le plus fréquent dans les langues, entre autres dans les langues romanes et dans les langues slaves, est une vibrante apico-dentale. La vibrante peut être aussi une vibrante uvulaire, comme c'est le cas pour les réalisations fortes du phonème [r] en franco-provençal et dans toutes les étapes de transition historique entre le [r] vibrant et le [r] fricatif.

La vibration peut consister (1) en une seule occlusion (il y a dans ce cas une vibrante battue ou *flap*, comme en anglais), ou (2) en plusieurs occlusions (il y a dans ce cas une vibrante roulée ou *trill*).

vide

1. On dit d'un élément linguistique qu'il est *vide de sens* quand sa présence ou son absence n'apporte aucune modification au sens de la phrase et qu'elle est due seulement aux contraintes syntaxiques. Ainsi, l'analyse des trois phrases *Il commence à travailler, Il commence de travailler, Il commence son travail* fait apparaître que l'alternance des prépositions *à (de)* vs *zéro* ne modifie pas la fonction grammaticale des formes *travailler* et *le travail*, mais qu'elle résulte de la nature du syntagme objet (infinitif ou nom). On dit en ce cas que les prépositions *à* et *de* sont vides de sens. La grammaire traditionnelle oppose aussi les prépositions *vides*, comme *de* et *à* dans la mesure où elles ont un rôle purement syntaxique de combinaison, aux prépositions pleines dont leur signifié oppose entre elles alors qu'elles expriment les mêmes rapports syntaxiques.

2. Quand deux ensembles* n'ont aucun élément commun, on dit que leur intersection est nulle et se réduit à un *ensemble vide*. On écrit A $\cup$ B = ø.

vieux, vieilli

La marque stylistique *vieux* ou *vieilli* (abréviation : vx) indique, dans un dictionnaire, un emploi ou une expression qui, dans un état de langue donné, est senti par la majorité des locuteurs comme n'appartenant plus à leur usage courant.

virgule V. PONCTUATION.

virtuel
En linguistique, les adjectifs *virtuel* et *actuel* sont à entendre par référence à l'opposition saussurienne entre langue et parole. Pour F. DE SAUSSURE, la langue est le domaine des virtualités, tandis que la parole est une réalité actuelle. La linguistique post-saussurienne se donnera pour tâche d'induire, à partir d'un corpus (actuel) de faits de parole, la langue (virtuelle) qui les sous-tend. Sans doute devrait-on dès lors distinguer radicalement comme virtuel tout ce qui relève de la langue, et comme actuel tout ce qui appartient à la parole. Ainsi, parler de phonème actuel est inadéquat, le phonème étant l'unité phonologique (de la langue) qui correspond au son, unité phonétique (de la parole). Toutefois, CH. BALLY, soucieux d'étudier l'actualisation*, c'est-à-dire la réalisation de la langue en parole, distingue phonème virtuel et phonème actualisé : un phonème est virtuel tant qu'il est isolé, considéré en soi, mais actualisé dès qu'il figure dans une chaîne parlée significative. Pour B. POTTIER, la différence entre *dénotation* et *connotation* se ramène à l'opposition entre *actuel* et *virtuel*. Ainsi, en face des sèmes actuels de « rouge », qui permettent de classer le rouge parmi les couleurs, on considérera un sème virtuel de « rouge », qui permettra la connotation « danger » dans telle combinaison de discours. L'ensemble des sèmes virtuels constitue le *virtuème,* élément du classème.

virtuème
Dans la terminologie de B. POTTIER, le *virtuème* est un ensemble de sèmes* constituant l'élément variable de la signification d'une unité lexicale. Ces sèmes variables sont connotatifs, c'est-à-dire qu'ils ne s'actualisent que dans certaines combinaisons données du discours. Par exemple, l'adjectif *rouge* possédera, dans la langue d'un grand nombre de locuteurs français, un sème *danger* qui ne s'actualisera que dans certains contextes. L'ensemble des sèmes virtuels de l'adjectif *rouge* (danger + classement politique + x) constituera le virtuème de l'unité lexicale *rouge*. Le virtuème est donc une partie du contenu sémique de l'unité lexicale : le groupe de sèmes connotatifs qu'il constitue entre en combinaison avec les sèmes dénotatifs du classème et du sémantème pour constituer le sémème*.

vivant
On appelle *langue vivante* (par opposition à *langue morte*) une langue actuellement parlée dans une communauté linguistique.

vocable
Le terme *vocable* désigne l'occurrence d'un lexème dans le discours, dans la terminologie de la statistique lexicale. Le terme de *lexème* étant réservé aux unités (virtuelles) qui composent le lexique et le terme de *mot* à n'importe quelle occurrence réalisée en parole, le vocable sera l'actualisation d'un lexème particulier dans le discours. Ainsi, *petit,* entrée de dictionnaire, est un lexème. En revanche, la phrase réalisée *Le petit garçon caresse le petit chat* comporte sept mots, dont deux fois le vocable *petit.*

Dans cette optique, le lexème est une unité du lexique (stock potentiel de l'individu ou de la langue), pendant que le vocable et le mot sont des unités de vocabulaire (unités effectivement employées dans un acte de communication donné); le mot représente alors toute unité émise (*le Cid* comporte 16 690 mots), pendant que le vocable représente une unité particulière émise considérée en référence au lexique (*le Cid* comporte 1 518 vocables).

vocabulaire
Dans un sens banal, attesté dès le XVIIIe siècle, un *vocabulaire* est une liste de mots. DOUCHET et BEAUZÉE écrivent : « Le vocabulaire n'est que le catalogue des mots d'une langue, et chaque langue a le sien. » A ce titre, divers ouvrages à objectif pédagogique s'intituleront *vocabulaires*.

Dans la terminologie linguistique, un vocabulaire est une liste exhaustive des occurrences figurant dans un corpus. Toutefois, l'opposition entre *lexique* et *vocabulaire* n'est pas toujours faite : dans des expressions comme vocabulaire de base, vocabulaire commun, vocabulaire général, vocabulaire du français élémentaire, rien n'indique si les mots figurant dans la liste figurent en tant qu'occurrences relevées dans un corpus, ou en tant qu'unités de la langue.

Tous les linguistes structuralistes ne font d'ailleurs pas cette opposition : L. HJELMSLEV emploie indifféremment les termes de *lexique* et de *vocabulaire*. Il est pourtant de bonne méthode d'opposer le lexique comme concernant les unités de la langue et le vocabulaire comme liste des unités de la parole. Par exemple, la statistique lexicale, travaillant sur les occurrences relevées dans un corpus, donc sur le vocabulaire d'un texte, d'un auteur, d'une époque, cherche à en induire des potentialités lexicales (le lexique). Travaillant sur corpus, la lexicologie structurale ne peut viser que le vocabulaire : dans cette optique, le lexique — qui ne saurait être que le lexique d'une langue — ne peut, en effet, être induit que de la somme des vocabulaires étudiés (dans les divers corpus retenus).

Pour la grammaire générative, le problème se pose avec moins d'acuité : le modèle de la performance étant provisoirement écarté, seul le lexique demande à être intégré dans la grammaire. C'est l'analyse du discours qui pose à nouveau cette question dans une optique neuve : comment les potentialités lexicales s'actualisent-elles dans un vocabulaire? En reformulant le concept de compétence, l'analyse du discours est amenée à revoir la dichotomie lexique *vs* vocabulaire à la lumière d'une problématique du sujet d'énonciation.

Le terme de *vocabulaire* reste pleinement motivé dans les études portant sur des corpus spécialisés : vocabulaire de l'aviation, vocabulaire politique, etc. Pour R.L. WAGNER, « le terme de vocabulaire désigne conventionnellement un domaine du lexique qui se prête à un inventaire et à une description ».

vocal. V. CHENAL.

vocalique

Les *phonèmes vocaliques* sont caractérisés par un écoulement libre de l'air à travers l'appareil vocal, les ondes sonores provenant uniquement de la vibration des cordes vocales. Les phonèmes vocaliques ont donc une seule source périodique, la voix. Acoustiquement, les phonèmes vocaliques sont caractérisés par rapport aux phonèmes non-vocaliques par une structure de formants nettement définie. Les phonèmes vocaliques sont constitués essentiellement par les voyelles* [i, e, y, u, etc.], et aussi par les liquides [l] et [r], qui possèdent les traits caractéristiques des voyelles en même temps que ceux qui sont caractéristiques des consonnes.

vocalisation

On appelle *vocalisation* le passage d'un élément consonantique consonne (ou glide) à une voyelle, soit historiquement, soit dans une alternance synchronique. Ainsi, la forme moderne des mots *aube, aude, chevaux* est due à une vocalisation de la latérale vélaire [l] présente dans les formes anciennes *albe, chevals*, etc. Le terme de *vocalisation* est parfois employé aussi comme synonyme de *voisement** ou *sonorisation* pour désigner la mise en vibration des cordes vocales qui produit la voix*.

vocatif

On appelle *vocatif* un cas* exprimant l'interpellation directe au moyen d'appellatifs*. Dans *Pierre, viens*, le nom *Pierre* sera au vocatif dans les langues casuelles.

voile du palais

On appelle *voile du palais*, ou *palais mou*, la partie postérieure du palais, en arrière du palais dur, dont l'extrémité mobile, appelée *luette*, peut fermer ou ouvrir le passage des fosses nasales, permettant ainsi de distinguer les articulations buccales des articulations nasales.

voisé

Les *phonèmes voisés* sont caractérisés par la présence dans leur réalisation d'un son harmonique dû à la vibration des cordes vocales, comme [b, d, g, v, z, ʒ]. Le spectre des consonnes voisées inclut des formants qui sont dus à cette source harmonique se superposant au bruit de la consonne. Les consonnes voisées sont donc caractérisées par la présence conjointe de deux sources sonores.

La manifestation la plus frappante du voisement est l'apparition d'un composant très bas, le long de la ligne de base du spectrogramme, qui correspond à l'excitation laryngée.

L'opposition voisé *vs* non-voisé est très fréquemment utilisée dans les langues, à travers toutes les parties du monde. En Europe, toutes les langues romanes, germaniques, slaves, aussi bien que le hongrois la connaissent. Elles ne concernent cependant pas toutes les consonnes d'une langue donnée : ainsi l'extension de ce trait aux liquides est très rare (le gaélique oppose cependant deux liquides voisées [r] à deux liquides non-voisées). Les voyelles sont normalement voisées, sauf peut-être dans certaines langues amérindiennes comme le comanche.

L'opposition consonantique voisé *vs* non-voisé est souvent concomitante avec l'opposition entre consonnes tendues et consonnes lâches, en français par exemple.

voisement V. VOISÉ.

1. voix

La *voix* est une catégorie grammaticale associée au verbe et à son auxiliaire, et qui indique la relation grammaticale entre le verbe, le sujet ou l'agent et l'objet; chaque voix se manifeste par des flexions verbales spécifiques (désinences ou préfixes, formes différentes des auxiliaires, etc.). [Syn. : DIATHÈSE.]

Lorsque le sujet du verbe est l'agent d'une action qui s'exerce sur un objet, le verbe est à la *voix active;* la phrase est une *phrase active*. Ainsi, en français : *Pierre écoute Paul*.

Lorsque le sujet de la phrase est en fait l'objet d'un verbe actif dans une phrase sous-jacente, le verbe est à la *voix passive,* la phrase est une *phrase passive*. Ainsi, en français, *Pierre a été blessé par Paul* est issu de la phrase *Paul a blessé Pierre;* en ce cas, *Paul,* sujet de la phrase active sous-jacente, est devenu l'agent de la phrase réalisée (complément d'agent) et l'objet *Pierre* est devenu le sujet. Dans la phrase *Pierre a été blessé,* le sujet de la phrase sous-jacente, devenu l'agent de la phrase réalisée, n'est pas spécifié : la voix passive a pour principal objet de réaliser des phrases sans agent spécifié. En français, la voix passive est marquée par l'auxiliaire *être* suivi du participe passé du verbe transitif.

Enfin, si le sujet de la phrase est en même temps l'objet de l'action indiquée par le verbe (que ce sujet soit ou non l'agent de l'action), le verbe est à la *voix moyenne;* cette voix moyenne (qui existe en grec, par exemple) correspond en français (1) soit à la voix pronominale, ex. : *Pierre lave Pierre = Pierre se lave,* où *Pierre* est à la fois le sujet, l'objet et l'agent, (2) soit à la forme intransitive du verbe, ex. : *le rocher bouge,* où *le rocher* est le sujet, mais pas nécessairement l'agent de l'action (la voix moyenne est proche alors de la voix passive qui, historiquement, en grec, en est issue), (3) soit à la forme pronominale avec un double objet, le sujet (agent) exerçant l'action sur un objet distinct, mais au bénéfice de lui-même, ex. : *Pierre se cire ses chaussures*.

Les voix ont été définies sur le modèle grec : en grec, la voix active, la voix moyenne et la voix passive ont des flexions verbales relativement spécifiques (voix moyenne et voix passive n'étant cependant distinctes qu'au futur et à l'aoriste); en latin, la voix active et la voix passive ont des flexions spécifiques, et il existe une *voix déponente* dont la flexion s'apparente à celle du passif et dont l'utilisation correspond en général à la voix moyenne; ainsi, *sequi* en latin, qui signifie « suivre ». En français, il existe une opposition entre voix active, voix passive et voix pronominale correspondant en général à la distinction indiquée *(Le vent a cassé la branche; la branche a été cassée; la branche s'est cassée);* mais la voix active recouvre souvent à la fois ce qui serait la voix active et la voix moyenne du grec, les phrases actives étant transitives ou intransitives : *Pierre fuit Paul. Pierre fuit* ou *s'enfuit.*

II. voix

1. La *voix* est l'ensemble des ondes sonores produites dans le larynx par la vibration des cordes vocales sous la pression de l'air subglottique. Entre le larynx et la sortie de la bouche, le complexe acoustique fourni au départ est très modifié : son intensité a fortement diminué, la hauteur est la même, le timbre a été remanié par les différents résonateurs. Il reste un support constant qui constitue la voix.

L'analyse de la voix permet de comparer différentes voix entre elles : la voix d'homme, la plus grave, présente un fondamental qui oscille entre 80 et 250 c/s. La voix de femme est plus aiguë et varie de 150 à 350 c/s. La voix d'enfant, plus aiguë encore, se situe au-dessus de 250 c/s. La voix chuchotée est produite par un souffle laryngé. Sa structure de fréquence est distincte, mais sa portée est trop faible pour qu'elle soit audible.

2. *Voix* s'emploie comme synonyme de VOYELLE et de VOISEMENT. (V. VOISÉ.)

volitif

On appelle *volitif* une forme verbale ou une construction exprimant la volonté du sujet d'énonciation. Ainsi, en latin, le subjonctif *eamus,* « allons », est un volitif.

vouloir-paraître

On appelle *vouloir-paraître* une motivation psychologique de l'acte verbal par lequel un sujet déterminé utilise un niveau de langue autre que celui qu'il utilise habituellement afin de se prévaloir du prestige qui lui est attaché. La notion de *vouloir-paraître* implique la contrôlabilité* de certains comportements verbaux.

voyelle

Les *voyelles* sont des phonèmes présentant le trait vocalique et n'ayant pas de trait consonantique. Ce sont des sons musicaux dus aux vibrations périodiques de l'air laryngé qui s'écoule librement à travers le chenal buccal. La diversité des voyelles résulte de la variation de la forme qu'assume le résonateur buccal à cause du déplacement des muscles (langue, lèvres, luette) qui le délimitent. Du point de vue acoustique, les voyelles peuvent être identifiées au moyen d'un nombre limité de positions des trois premiers formants. Mais le formant le plus important pour l'intelligibilité de la voyelle est la zone fréquentielle formée par la cavité buccale.

En effet, le formant pharyngé ne donne qu'une distinction de groupes de phonèmes, comme le montrent les confusions des sourds : les voyelles confondues entre elles sont celles qui ont un formant pharyngé semblable et ne peuvent être différenciées lorsque le formant buccal n'est pas perçu par suite de l'amputation du champ auditif (par exemple [u, i, ɥ, y]. Le formant nasal intervient entre le formant pharyngé et le formant buccal pour distinguer les voyelles correspondantes.
[V. aussi CARDINAL, QUADRANGULAIRE et TRIANGULAIRE]

vs

Abréviation de *versus* (« opposé à »).

Whorf-Sapir (hypothèse de)

Indépendamment de la tradition romantique selon laquelle les correspondances entre les phénomènes de langue et le comportement humain s'expliquent par le fait que le génie particulier de chaque peuple s'exprime à travers sa langue, certains linguistes américains ont avancé l'idée connue communément comme l'*hypothèse de Whorf-Sapir,* selon laquelle la langue d'une communauté donnée organise sa culture*, c'est-à-dire l'appréhension que ce peuple a de la réalité et la représentation qu'il se forme du monde. Pour E. SAPIR et pour B. L. WHORF, la différence de langue a pour conséquence une structuration intellectuelle et affective différente; il s'agit ainsi de deux mondes différents et non pas du même monde sous deux séries d'étiquettes différentes. B. L. WHORF a poussé l'hypothèse à l'extrême en supposant, par exemple, qu'un peuple dont la langue ignore la catégorie du temps grammatical vit dans un éternel présent. Au contraire, pour E. SAPIR, il s'agit simplement d'un principe général; il faut éviter de voir dans chaque catégorie grammaticale l'expression directe d'un aspect de la culture. C'est ainsi qu'un peuple qui n'a que trois noms de couleurs aura tout de même la notion de « nuances » de ces couleurs : l'organisation de la réalité en trois couleurs est en rapport non pas avec une appréhension tricolore du monde, mais avec d'autres faits bien plus profonds (importance des divisions ternaires chez ce peuple, liées par exemple à des facteurs religieux). On doit faire intervenir aussi le décalage qui existe entre les changements culturels et les changements linguistiques : le mot *boucher* désigne celui qui vend de la viande quelle qu'elle soit, mais le mot est dérivé de *bouc;* le fait qu'on ne se représente plus le boucher comme abattant du bouc (changement culturel) n'a pas entraîné de changement linguistique (substitution à *boucher* soit de l'ancien mot *macelier,* soit d'un autre mot à inventer). Les rapports langue-culture sont rendus complexes par les faits historiques (v. DIACHRONIE). Enfin, l'hypothèse de Whorf-Sapir concerne la langue d'un peuple et son modèle de compétence et non pas nécessairement les faits de parole (modèle d'utilisation).

zéro

1. Le terme zéro, dans *degré zéro, désinence zéro, état zéro, morphème zéro,* etc., indique l'absence d'un trait formel ou sémantique dans un système où les unités se définissent les unes par rapport aux autres par la présence ou l'absence de ce trait. L'absence est alors aussi significative que la présence du trait; elle constitue un trait pertinent*. Ainsi, en français, l'opposition masculin *vs* féminin se manifeste par la présence dans le féminin d'un morphème comme *-esse (docteur* vs *doctoresse), -e,* dans la graphie *(rival* vs *rivale);* on peut décrire le système en disant que le masculin présente la désinence zéro. D'une autre manière, le système du verbe en français présente une opposition, aux temps simples, entre l'imparfait *-ait,* le futur *-ra* et le conditionnel *-rait;* le présent est alors formé avec la désinence zéro :

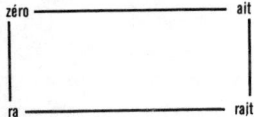

Le qualificatif zéro est donc lié à un certain type de description structurale de la langue. Les oppositions de même nature seront traitées de manière très différente par la linguistique générative, qui note par moins l'absence d'un trait; ainsi, le mot *doctoresse* sera indiqué [−masculin], le mot *docteur* par [+masculin], sans considérer la réalisation morphologique. (Le symbole de zéro est ø.)

2. On dit qu'il y a un *phonème zéro* lorsqu'un phonème s'oppose à l'absence de tout phonème dans le même environnement. Ainsi, en anglais, l'aspiration prévocalique [h] s'oppose à l'attaque non-aspirée d'une voyelle. Le premier phonème est un glide tendu, le deuxième un glide lâche qui est en fait un phonème *zéro,* comme dans les paires minimales suivantes : *hill* « colline » vs *ill* « malade » (comme *pill* vs *bill*); *hue* /hju:/ « couleur » vs *you* /ju:/ « vous » (comme *tune* /tju:n/ « air de musique » vs *dune* /dju:n/ « dune »).

zeugma

On appelle *zeugma* le tour par lequel, dans plusieurs énoncés successifs de même organisation, l'un des termes n'est exprimé qu'une fois, comme dans *L'un prit une bêche, l'autre une pioche et le troisième un râteau.*

zézaiement

On appelle *zézaiement* un défaut de prononciation où les sons [ʃ] et [ʒ] sont remplacés par [s] ou [z] : *sarmant* (« charmant »), *serser* (« chercher »).

Zipf (loi de)

Étudiant le rapport qui existe entre la fréquence des mots dans un texte (mots plus ou moins fréquents, plus ou moins rares) et le rang de ces mots classés par fréquence (mot n° 1, mot n° 2, etc.), ZIPF a établi que rang × fréquence = constante.

On construit la courbe de ZIPF en mettant en abscisse les rangs des mots classés par fréquence décroissante et en ordonnée les fréquences effectives. La ligne droite qui en résulte indique que le produit rang × fréquence est constant.

Pour B. MANDELBROT, la formule de ZIPF exprime le fait que le vocabulaire dont se servent le locuteur et l'auditeur est constitué de signes individuels discrets dont les combinaisons obéissent à des lois statistiques. Il peut y avoir des déformations de la courbe de ZIPF : les fréquences des mots fréquents s'élèvent (en ce cas il y a restriction de vocabulaire, appauvrissement du lexique) ou les fréquences des mots rares s'élèvent (en ce cas il y a soit vocabulaire néologique, soit distorsion pathologique, comme chez les schizophrènes).

Édition 1982
Imprimerie BERGER-LEVRAULT, Nancy.
Janvier 1974. — Dépôt légal 1974-1er.
N° 778347 — N° série Éditeur 11218.
IMPRIMÉ EN FRANCE *(Printed in France).*
34 0216-G-7-82.

OHIO UNIVERSITY LIBRARY

Please return this book as soon as you have finished with it. In order to avoid a fine it must be returned by the latest date stamped below.

QUARTER LOAN

JUN 1 4 1992

QUARTER LOAN

SEP 1 3 1992

SEP 14 1992

JAN 4 1993

Quarter Loan

MAR 30 1993

QUARTER LOAN
MAR 3 1 1993

JUL 6 2005

CF